Karl Eduard Napiersky

Russisch-livländische Urkunden

Karl Eduard Napiersky

Russisch-livländische Urkunden

ISBN/EAN: 9783743440074

Hergestellt in Europa, USA, Kanada, Australien, Japan

Cover: Foto ©ninafisch / pixelio.de

Manufactured and distributed by brebook publishing software (www.brebook.com)

Karl Eduard Napiersky

Russisch-livländische Urkunden

РУССКО-ЛИВОНСКІЕ АКТЫ

СОБРАННЫЕ

К. Е. Напьерскимъ

ИЗДАНЫ

АРХЕОГРАФИЧЕСКОЮ КОММИССІЕЮ.

САНКТПЕТЕРБУРГЪ.

ВЪ ТИПОГРАФІИ ИМПЕРАТОРСКОЙ АКАДЕМІИ НАУКЪ.

(Вас. Остр., 9 лин., № 12.)

1868.

RUSSISCH-LIVLÄNDISCHE URKUNDEN

GESAMMELT VON

K. E. Napiersky.

HERAUSGEGEBEN

VON DER ARCHÄOGRAPHISCHEN COMMISSION.

ST. PETERSBURG.

BUCHDRUCKEREI DER KAISERLICHEN AKADEMIE DER WISSENSCHAFTEN.

(Wass.-Ostr., 9. Linie, № 12.)

1868.

ПРЕДИСЛОВІЕ.

Одну изъ самыхъ чувствительныхъ утратъ, понесенныхъ древне-русскою письменностію, преимущественно отъ пожаровъ и въ особенности во время борьбы съ Литовцами, Татарами и Поляками, составляетъ уничтоженіе почти всѣхъ древнѣйшихъ письменныхъ памятниковъ Западной и отчасти Юго-западной Россіи. О важности этой потери можно судить уже по содержанію Волынско-галицкой лѣтописи, обнимающей все XIII столѣтіе и бросающей, мѣстами, яркій свѣтъ на исторію древне-русскихъ княжествъ по Западной Двинѣ и Нѣману. Хотя и этотъ памятникъ (подобно продолженію Кіевской лѣтописи XII столѣтія) не дошелъ до насъ въ первобытномъ своемъ видѣ, тѣмъ не менѣе однако въ Западной Россіи нѣтъ ничего подобнаго этимъ юго-западнымъ источникамъ. О существованіи же западно-русскихъ лѣтописей можно заключать уже изъ того, что почти вездѣ, гдѣ удѣльные князья достигали нѣкоторой силы и значенія, составлялись также лѣтописи, или по крайней мѣрѣ велись записки о современныхъ событіяхъ, и что русскому бытописанію подражали даже въ странѣ литовскихъ Гедиминовичей. Слѣды западно-русскихъ историческихъ записовъ можно почти безошибочно указать въ позднѣйшихъ сокращенныхъ лѣтописяхъ. Не вдаваясь здѣсь въ разсмотрѣніе Татищевскихъ отрывковъ, которые, какъ онъ говоритъ, принадлежали къ лѣтописи, наполненной извѣстіями, относящимися къ Полоцку, мы укажемъ только на два источника, — польскій и русскій, относительная важность которыхъ для исторіи Западной Россіи доселѣ еще не выяснена съ надлежащею точностью. Въ рукахъ польскаго хрониста Длугоша († 1480), принадлежащаго, правда, къ тѣмъ средневѣковымъ лѣтописцамъ, у которыхъ историческая истина часто искажена фантазіей и риторствомъ, безъ всякаго сомнѣнія, по нѣкоторымъ періодамъ исторіи Западной

VORREDE.

Von den Verlusten, welche das altrussische Schriftwesen vorzugsweise durch die zerstörende Kraft des Feuers und insbesondere in der Zeit der Kämpfe mit den Litauern, Tataren und Polen erlitten hat, ist einer der empfindlichsten, — der Untergang fast aller älteren Denkmäler, welche einst im westlichen und zum Theil im südwestlichen Russland entstanden und verbreitet waren. Wie sehr dieser Verlust zu beklagen ist, kann man schon aus der Beschaffenheit der wolynisch-galizischen Chronik entnehmen, welche das ganze 13. Jahrhundert umfasst und einzelne bedeutende Streiflichter auch auf die Geschichte der altrussischen Gebiete an der Düna und am Niemen wirft. Leider ist auch diese Quelle, gleich der fortgesetzten kiewer Chronik des 12. Jahrhunderts, nicht in ihrer ursprünglichen Gestalt auf uns gekommen; allein das eigentliche Westrussland hat diesen südwestlichen Quellen nichts Aehnliches an die Seite zu stellen. Die Existenz von westrussischen Chroniken lässt sich aber schon daraus folgern, dass fast überall, wo einzelne Theilfürsten zu Macht und Ansehn gelangten, auch Chroniken angelegt oder wenigstens historische Aufzeichnungen veranstaltet wurden und dass sogar die russische Annalistik Nachahmung fand in dem Reiche der litauischen Gediminowitschen. Spuren von westrussischen historischen Aufzeichnungen lassen sich bei späteren Epitomatoren ziemlich sicher nachweisen. Ohne hier näher in die von Tatischtschew herrührenden Fragmente einzugehen, welche nach seiner Aussage aus einer mit Nachrichten über Polozk angefüllten Chronik stammten, sei hier nur auf zwei Classen von Quellen, nämlich auf eine polnische und auf eine russische hingewiesen, deren relative Bedeutung für die Geschichte des westlichen Russlands noch nicht genügend festgestellt ist. Der Pole Dlugosz († 1480) gehört allerdings zu jenen die historische Wahrheit durch Phantasien und Rhetorik entstellenden mittelalterlichen Chronisten; allein ihm standen ohne Zweifel

и Южной Россіи было болѣе русскихъ источниковъ, чѣмъ у насъ въ настоящее время. Намъ еще не удалось опредѣлить положительно, въ какомъ отношеніи литовскія лѣтописи, написанныя на русскомъ языкѣ, находятся къ потеряннымъ западнорусскимъ лѣтописямъ. Внутренній составъ этого разряда литовско-русскихъ источниковъ, которыми, между прочимъ, уже пользовался польскій компилаторъ Стрыйковскій († послѣ 1582 г.), тогда только можетъ быть опредѣленъ по достоинству, когда намъ будетъ доступно полное собраніе ихъ, печатаніе котораго уже начато Археографическою Коммиссіею. Теперь же критическая оцѣнка ихъ пока представляетъ большія затрудненія, потому что первоначальная редакція ихъ по видимому потеряна, а хронологическихъ данныхъ при нѣкоторыхъ событіяхъ или вовсе не имѣется, или онѣ отчасти невѣрны. Вслѣдствіе чего является необходимость критическаго сравненія ихъ какъ съ русскими, такъ и съ другими источниками, въ особенности съ *грамотами*.

Прежнія попытки дать, при помощи подлинныхъ документовъ, исторіи всей Западной Россіи, начиная съ XIII вѣка, возможно-болѣе прочную основу, не могли привести къ важнымъ результатамъ, потому что число такихъ документовъ было слишкомъ ограничено. Въ теченіе послѣднихъ десятилѣтій недостатокъ этотъ устраненъ если не вполнѣ, то въ значительной степени. Къ сожалѣнію, оффиціальныя бумаги княжествъ смоленскаго, полоцкаго, витебскаго и др. за древній періодъ ихъ существованія уже давно погибли на родинѣ своей; даже древняя Литовская Метрика не богата документами, относящимися къ до-ягайловскому періоду. Стараясь пополнить эти и другіе пробѣлы преимущественно извѣстіями, извлеченными изъ архивовъ Ватиканскаго, Кенигсбергскаго, Варшавскаго, историки упускали изъ виду близкую къ Западной Россіи Лифляндію. Между тѣмъ было извѣстно, что въ Ригѣ находятся архивы, помѣщенные въ каменныхъ зданіяхъ, уцѣлѣвшихъ отъ пожаровъ и разрушительныхъ осадъ. Хотя уже 80 лѣтъ тому назадъ напечатанъ былъ нѣмецкій переводъ одной, хранящейся въ Ригѣ грамоты смоленскаго князя, но первая мысль воспользоваться рижскими сокровищами, въ особенности же находящимися тамъ грамотами на русскомъ языкѣ, не въ видахъ только одного мѣстнаго интереса, принадлежитъ покойному К. Э. Напьерскому.

Здѣсь не мѣсто распространяться о важныхъ, неотъемлемыхъ заслугахъ, оказанныхъ Напьерскимъ, въ теченіе 40 лѣтъ, исторіи нашего Прибалтійскаго края вообще: этотъ ученый принадлежитъ къ отборному кружку тѣхъ немногихъ историческихъ изслѣдователей, дѣятельность которыхъ никогда не можетъ быть забыта, хотя бы труды ихъ были отодвинуты на задній планъ другими лучшими и болѣе обширными изслѣдованіями. Уже по его первому историческому сочиненію о ливонскихъ лѣтописцахъ, явившемуся въ 1824 году, можно было видѣть, съ какихъ многообъемлющихъ точекъ зрѣнія онъ намѣренъ былъ, на сколько могъ, устранить и пополнить недо-

reichlichere russische Quellen über gewisse Perioden der Geschichte des westlichen und und südlichen Russlands zu Gebote, als wir besitzen. Noch ist es nicht mit Sicherheit ermittelt, in welchem Verhältniss die in russischer Sprache abgefassten litauischen und daher richtiger litauisch-russischen genannten Chroniken zu verloren gegangenen westrussischen stehen. Diese unter andern einst schon von dem polnischen Compilator Stryjkowski († nach 1582) benutzte Classe von litauisch-russischen Quellen wird hinsichtlich ihrer Composition erst dann gebührend gewürdigt werden können, wenn die von der archäographischen Commission bereits begonnene Sammlung derselben allgemein zugänglich sein wird. Einstweilen unterliegt ihre Kritik noch grossen Schwierigkeiten, da die Originalredactionen derselben verloren zu sein scheinen und ihre Chronologie theils an Dürftigkeit, theils an Fehlern leidet. Demnach ist eine kritische Vergleichung derselben sowohl mit russischen als andern Quellen, namentlich mit *Urkunden* unumgänglich.

Die früheren Versuche, der Geschichte des gesammten westlichen Russlands seit dem 13. Jahrhundert mit Hülfe von echten Documenten eine möglichst sichere Grundlage zu geben, konnten zu keinen bedeutenden Resultaten führen, da zu wenig Schriftstücke der Art zugänglich waren. Diesem Uebelstande ist nun im Laufe der letzten Jahrzehende, wenn auch nicht durchgängig, doch in beträchtlichem Maasse abgeholfen worden. Leider sind die officiellen Papiere aus der Zeit der ehemaligen Fürstenthümer der Ruriker von Smolensk, Polozk, Witebsk u. s. w. in ihrer Heimath längst zu Grunde gegangen und auch das alte litauische Staatsarchiv (Литовская Метрика) enthält wenig Ergiebiges für die Zeit vor Jagailo. Während man zur Ausfüllung dieser und anderer Lücken vorzugsweise aus den Archiven des Vaticans, von Königsberg, Warschau zu schöpfen suchte, vergass man das dem westlichen Russland benachbarte Livland. Und doch wusste man, dass gerade die Stadt Riga Archive in steinernen Gebäuden aufbewahrt, die dem Feuer und den Belagerungen getrotzt hatten. Zwar war schon vor 80 Jahren eine in Riga befindliche smolensker Urkunde in deutscher Uebersetzung verbreitet worden; allein der Gedanke die rigaischen Schätze, besonders die dort befindlichen Urkunden in russischer Sprache in einem nicht ausschliesslich provinciellen Interesse auszubeuten, ist zuerst von dem verstorbenen K. E. Napiersky ausgegangen.

Es ist hier nicht der Ort, die bleibenden grossen Verdienste zu schildern, welche sich Napiersky um die Geschichte unserer baltischen Provinzen überhaupt im Laufe von 40 Jahren erworben hat: er gehört zu jenem auserwählten Kreise von historischen Forschern, deren Wirken unvergesslich bleibt, auch wenn ihre Arbeiten und Unternehmungen durch bessere und erweiterte in den Hintergrund treten. In seiner im J. 1824 erschienenen historischen Erstlingsschrift über die livländischen Geschichtsschreiber liess er bereits erkennen, von welchen umfassenden Gesichtspuncten aus er die in der alten livländischen Geschichte fühlbaren Mängel und Lücken nach Kräften zu beseitigen und aus-

статки и пробѣлы, встрѣчавшіеся въ исторіи древней Ливоніи. Съ 1829 года, когда онъ былъ переведенъ въ Ригу директоромъ училищъ, ему представлялся случай пользоваться рукописными сокровищами, находившимися въ этомъ городѣ. Первоначально онъ обратилъ главное вниманіе на собраніе копій съ многочисленныхъ грамотъ изъ Кенигсбергскаго архива, которое было начато на счетъ дворянства, а потомъ, благодаря ходатайству Карамзина, приведено къ окончанію на средства, дарованныя императоромъ Александромъ I. Между этими копіями находились многія съ такихъ документовъ, которые относились къ Россіи, въ особенности къ мѣстностямъ, входившимъ въ составъ прежняго великаго княжества литовскаго. Это собраніе, увеличенное копіями съ актовъ Рижскихъ архивовъ, составляетъ 21 томъ большаго формата, описаніе которыхъ Напьерскій издалъ въ двухъ большихъ томахъ въ листъ, безъ всякаго вознагражденія за копотливый трудъ.[1])

Составленіе и изданіе этого подробнаго указателя расширили кругозоръ и историческія знанія Напьерскаго. Въ немъ родилось желаніе напечатать особую выборку изъ описанныхъ или открытыхъ имъ сокровищъ, и такимъ образомъ сдѣлать ихъ общедоступными. Особенный интересъ его возбуждали находящіяся въ архивѣ рижскаго магистрата грамоты на русскомъ языкѣ, которыя сохранились или въ подлинникахъ, или въ старинныхъ спискахъ, и обнимали время отъ конца XII до XVII столѣтія. Напьерскій, не занимавшійся до того спеціальнымъ изученіемъ русской и литовской исторіи, не побоялся труда, отчасти при посторонней помощи, вникнуть въ смыслъ этихъ разнородныхъ документовъ, и успѣлъ опредѣлить не только вообще содержаніе ихъ, но вмѣстѣ съ тѣмъ, на сколько было возможно, и время или по крайней мѣрѣ столѣтіе, къ которому относились русскіе документы безъ обозначенія года.

Напьерскій не ограничился впрочемъ собраніемъ однихъ только русскихъ документовъ, а присоединилъ къ нимъ много грамотъ подобнаго содержанія на нѣмецкомъ и латинскомъ языкахъ. Документы послѣдняго рода онъ извлекалъ преимущественно изъ двухъ коллекцій: Рижскихъ городскихъ архивовъ[2]) и фоліантовъ мѣстнаго дворянскаго архива, списанныхъ въ Кенигсбергскомъ архивѣ. Нѣсколько болѣе или менѣе любопытныхъ документовъ ему было доставлено его друзьями и корреспондентами. Такимъ образомъ онъ успѣлъ собрать болѣе 200 документовъ объ историческихъ отношеніяхъ Лифляндіи и Ганзы къ Россіи или къ великому кня-

---

[1]) Index Corporis historico-diplomatici Livoniae, Esthoniae, Curoniae;
oder
Kurzer Auszug aus derjenigen Urkunden-Sammlung, welche für die Geschichte ... Liv-, Ehst- und Kurland's mit Unterstützung ... des ... Kaisers Alexander I. ... aus dem geheimen, ehemaligen Deutsch-Ordens-Archive zu Königsberg ... zusammengebracht worden ist. I. Theil. Riga 1833. II. Theil. 1835.

[2]) Такъ называемыхъ внутренняго и внѣшняго архивовъ.

zufüllen gesonnen wäre. Als Schuldirector im Jahre 1829 nach Riga versetzt, hatte er nun Gelegenheit, die dort aufgespeicherten handschriftlichen Schätze zu benutzen. Zunächst richtete er sein Hauptaugenmerk auf eine in Copien vorhandene Sammlung von Urkunden, welche einst im königsberger Archiv auf Kosten des Adels begonnen und dann, Dank sei es der Verwendung von Karamsin, durch die vom Kaiser Alexander I. gewährten Mittel beendigt worden war. Unter diesen Copien bezogen sich manche auf Russland und insbesondere auf Gegenden, welche einst einen Bestandtheil des Grossfürstenthums Litauen ausgemacht hatten. Im Ganzen bestand die durch viele Abschriften aus den rigaer Archiven vermehrte Sammlung aus 21 Foliobänden, deren Beschreibung von Napiersky in zwei Foliobänden veröffentlicht wurde, ohne dass er für diese mühsame Arbeit irgend eine Entschädigung in Anspruch nahm.[1])

Durch die Abfassung und Herausgabe dieses detaillirten Urkundenanzeigers hatte der Blick Napiersky's und sein historisches Wissen sich vielfach erweitert. Es entstand darauf in ihm der Wunsch, wenigstens einen Theil der von ihm entdeckten oder beschriebenen Schätze durch den Druck allgemein zugänglich zu machen. Sein besonderes Interesse erregten die in dem Rathsarchiv der Stadt Riga aufbewahrten Urkunden in russischer Sprache, die im Original oder in alten Copien sich erhalten hatten und von dem Ende des 12. bis zum 17. Jahrhundert reichten. Obgleich er aus der russischen und litauischen Geschichte kein Specialstudium gemacht hatte, so scheute er doch keine Mühe, um in den Sinn dieser verschiedenartigen Documente, zum Theil mit Hülfe eines Geschichtsfreundes, so weit einzudringen, dass er den Inhalt derselben im Allgemeinen und zugleich, so viel als möglich, die Zeit oder wenigstens das Jahrhundert bestimmen konnte, dem eine nicht geringe Anzahl dieser russischen Documente ohne Datum angehörte.

Napiersky blieb aber bei dem Sammeln der russischen Documente nicht stehen, sondern er dachte auch daran, diese mit einer Auswahl von Urkunden ähnlichen Inhalts zu vermehren, welche in deutscher oder lateinischer Sprache abgefasst waren. Aus zwei Sammlungen entlehnte er vorzugsweise die Documente der letzteren Art, nämlich aus den städtischen Archiven Riga's[2]) und den Folianten des Ritterschaftsarchivs, welche einst im Königsberger Archiv copirt worden waren. Einzelne Stücke mehr oder minder werthvollen Inhalts wurden ihm von Freunden und Correspondenten zugestellt. Auf diese Weise brachte er mehr als 200 Documente zusammen, die sich entweder auf die geschichtlichen

---

[1]) Index Corporis historico-diplomatici Livoniae, Esthoniae, Curoniae,

oder

Kurzer Auszug aus derjenigen Urkunden-Sammlung, welche für die Geschichte ... Liv-, Ehst- und Kurland's mit Unterstützung ... des ... Kaisers Alexander I. ... aus dem geheimen, ehemaligen Deutsch-Ordens-Archive zu Königsberg ... zusammengebracht worden ist. I. Theil. Riga 1833. II. Theil. 1835.

[2]) Aus dem innern und dem äussern Rathsarchiv.

жеству Литовскому. Ему также казалось полезнымъ присоединить къ этому собранію небольшое число уже напечатанныхъ грамотъ на латинскомъ и нѣмецкомъ языкахъ, потому что онѣ или имѣли безусловное значеніе и поясняли содержаніе неизданныхъ грамотъ, или въ прежнее время изданы были неудовлетворительно. Кромѣ того Напьерскій счелъ нелишнимъ включить въ свой трудъ нѣкоторыя уже обнародованныя грамоты въ формѣ регестовъ, съ необходимыми историческими или литературными поясненіями.

Къ составленію сборника привели Напьерскаго главнымъ образомъ изслѣдованія его по лифляндской исторіи, и отсюда весьма понятно желаніе его въ одно и тоже время сдѣлать сборникъ этотъ доступнымъ спеціальнымъ изслѣдователямъ исторіи Россіи, Лифляндіи, Ганзы и Литвы. Толкованіе мѣстъ замѣчательныхъ въ отношеніи языка или историческаго ихъ содержанія не входило въ программу его труда, но при всемъ томъ онъ иногда присоединялъ къ тексту небольшія примѣчанія.

Сборникъ, начатый Напьерскимъ вскорѣ послѣ переселенія его въ Ригу, въ началѣ пятидесятыхъ годовъ уже достигъ довольно значительнаго объема. Въ это время онъ частнымъ образомъ сообщилъ о своемъ трудѣ и о планѣ его члену Археографической Коммиссіи Куннку, при чемъ выразилъ желаніе со временемъ видѣть напечатаннымъ этотъ Сборникъ. По полученіи одобрительнаго отзыва, Напьерскій привелъ всѣ документы въ хронологическій порядокъ и отправилъ ихъ въ Санктпетербургъ на разсмотрѣніе. Въ 1852 году главный Редакторъ иностранныхъ Актовъ, Куникъ, представилъ Коммиссіи эту рукопись.

Само собою разумѣется, что прежде всего Коммиссія обратила вниманіе на русскія грамоты, заключавшіяся въ этомъ Сборникѣ; нѣкоторыя изъ нихъ имѣли важное значеніе во многихъ отношеніяхъ. Вмѣстѣ съ тѣмъ, однакоже, оказалось необходимымъ подвергнуть тщательному пересмотру какъ введенія къ нимъ, такъ и самый текстъ документовъ. Напьерскій не только принялъ отзывъ этотъ съ свойственною ему скромностью, но и самъ, съ разрѣшенія рижскаго магистрата, постепенно выслалъ въ Петербургъ почти всѣ русскіе подлинные документы и старинныя копіи съ потерянныхъ оригиналовъ. Коммиссія признала необходимымъ сдѣлать съ самыхъ древнихъ изъ нихъ литографическіе снимки и издать ихъ сначала отдѣльно.[3])

---

[3]) Приложены были всѣ старанія къ воспроизведенію въ достойномъ видѣ столь важныхъ въ палеографическомъ, лингвистическомъ и историческомъ отношеніяхъ документовъ, между которыми находился одинъ довольно обширный, составленный отъ имени великаго князя Александра Невскаго. Изготовитель снимковъ, художникъ Берсеневъ, старался съ точностію передать общій характеръ почерка различныхъ документовъ, составленныхъ или писанныхъ въ Новгородѣ, Полоцкѣ, Смоленскѣ и Ригѣ, а члены Археографической Коммиссіи Куникъ и Коркуновъ порознь, а въ сомнительныхъ случаяхъ сообща,

Verhältnisse Livlands und der Hanse zu Russland oder zum Grossfürstenthum Litauen bezogen. Es schien ihm angemessen zu sein, auch eine gewisse Anzahl von schon bekannten Urkunden in lateinischer und deutscher Sprache seiner Sammlung einzuverleiben, entweder weil sie von absoluter Bedeutung waren und so den Inhalt unedirter Urkunden aufklärten, oder weil sie früher auf eine wenig genügende Weise veröffentlicht waren. Endlich hielt Napiersky es nicht für überflüssig, manche bereits edirte Urkunden in Form von Regesten mit den nöthigen historischen oder literarischen Nachweisungen in seine Arbeit aufzunehmen.

Auf die erwähnte Sammlung von Urkunden war Napiersky zunächst durch seine Studien in der livländischen Geschichte geführt worden und sein Wunsch war ein ganz natürlicher, dieselbe den Bearbeitern der russischen, livländischen, hanse'schen und litauischen Specialgeschichte zugleich zugänglich zu machen. Dunkle oder merkwürdige Stellen in sprachlicher oder historischer Hinsicht zu commentiren, lag ausserhalb der Aufgabe, die er sich gestellt hatte; doch fügte er bisweilen dem Texte Anmerkungen in kurzer Form bei.

Die nicht lange nach der Uebersiedlung Napiersky's nach Riga begonnene Sammlung hatte bereits im Anfange der fünfziger Jahre einen ziemlichen Umfang erreicht, als er das Mitglied der archäographischen Commission Kunik privatim von seinem Plane in Kenntniss setzte und seinen Wunsch zu erkennen gab, dieselbe einst veröffentlicht zu sehen. Die ihm darauf zu Theil gewordene aufmunternde Antwort bestimmte ihn, alle Documente in eine chronologische Ordnung zu bringen und dieselbe nach Petersburg zur Begutachtung zu schicken. Im J. 1852 legte jenes Mitglied der archäographischen Commission das Manuscript Napiersky's derselben vor.

Aus ganz natürlichen Gründen richtete die Commission zunächst ihr Hauptaugenmerk auf die in dem Napiersky'schen Manuscript enthaltenen Urkunden in russischer Sprache, da deren eminente Bedeutung in mehr als einer Hinsicht in die Augen sprang. Es ergab sich aber zugleich die Nothwendigkeit, dass sowohl die Einleitungen zu denselben als auch der Text der Urkunden selbst einer sorgfältigen Revision unterworfen werden müssten. Napiersky nahm diese Erklärung nicht nur mit der ihm eigenen Bescheidenheit auf, sondern sandte auch selbst, mit Bewilligung des rigaischen Magistrats, nach und nach fast alle russischen Originaldocumente und alte Copien von verloren gegangenen Originalen nach Petersburg. Die Commission hielt es für nothwendig, die ältesten von ihnen zunächst besonders herauszugeben und sie zugleich lithographiren zu lassen.[2])

---

[2]) Keine Mühe wurde gescheut, um die in paläographischer, linguistischer und historischer Hinsicht so merkwürdigen Documente, worunter ein ziemlich umfangreiches von dem Grossfürsten Alexander Nowski ausgegangen war, in einer ihrer würdigen Gestalt zu reproduciren. Nicht nur wurde der allge-

Когда Археографическая Коммиссія опредѣлила напечатать этотъ Сборникъ, то вся коллекція грамотъ, собранныхъ Напьерскимъ, постепенно была приготовлена къ печати и еще дополнена нѣсколькими новыми документами. Хотя почтенный собиратель старался хронологически опредѣлить документы, но при всемъ томъ члену Коммиссіи, которому поручено было изданіе этого Сборника, нерѣдко представлялся поводъ снова перерабатывать, либо болѣе или менѣе пополнять иныя историко-хронологическія объясненія грамотъ. Многія темныя мѣста нельзя было разъяснить немедленно, потому что нѣкоторые документы относились къ такому времени или къ такой мѣстности, о которыхъ въ русскихъ и другихъ источникахъ сохранились самыя скудныя свѣдѣнія. Въ особенности это должно замѣтить о напечатанныхъ въ Сборникѣ западно-русскихъ грамотахъ, или нѣмецкихъ и латинскихъ документахъ, касающихся сношеній Риги съ западно-русскими и литовскими князьями и городами. Но именно вслѣдствіе упомянутыхъ документовъ это изданіе пріобрѣтаетъ такое важное значеніе, что мы считаемъ нелишнимъ нѣсколько ближе ознакомить съ содержаніемъ этого Сборника.

Въ немъ напечатано болѣе 200 документовъ, изъ которыхъ 49, писанные на русскомъ языкѣ, представляютъ частію подлинники, частію древніе переводы. Латинскихъ документовъ не болѣе 38; наибольшее число, а именно 167 грамоты написаны на нѣмецкомъ языкѣ. Изъ послѣднихъ не малая часть относится къ тому времени, когда въ нынѣшнихъ прибалтійскихъ губерніяхъ нижне-нѣмецкое нарѣчіе было въ извѣстномъ сословіи господствующимъ разговорнымъ и дѣловымъ языкомъ; даже русскіе и литовскіе князья въ сношеніяхъ своихъ съ Ливоніею, кромѣ русскаго языка, употребляли иногда нижне-нѣмецкій языкъ, такъ называемый платтдейтшъ (plattdeutsch). Между тѣмъ въ остзейскомъ краѣ рано стало проявляться вліяніе и верхне-нѣмецкаго нарѣчія, такъ что нѣкоторые документы нашего Сборника писаны на болѣе или менѣе смѣшанномъ нѣмецкомъ языкѣ. Нѣкоторые изъ древнѣйшихъ документовъ на нижне-нѣмецкомъ языкѣ очень важны для точнаго опредѣленія древне-русскихъ терминовъ, особенно тѣхъ, которые употреблялись въ торговлѣ. Иные русскіе документы явно составлены по образцу нижне-нѣмецкихъ оригиналовъ, а нѣкоторыя русскія грамоты дошли до насъ въ одномъ только нижне-нѣмецкомъ переводѣ.

Что касается времени составленія этихъ документовъ, то къ XII вѣку относится одна только грамота новгородскаго князя Ярослава Владиміровича, дошед-

---

повѣрили снимки всякаго документа и отдѣльно каждое слово въ самомъ съ особымъ свойственнымъ ему почеркомъ. Это великолѣпное изданіе, въ листъ, вышло въ 1857 году, подъ заглавіемъ:

«Грамоты, касающіяся до сношеній сѣверо-западной Россіи съ Ригою и ганзейскими городами, въ XII, XIII и XIV вѣкѣ. Найдены въ Рижскомъ Архивѣ К. Э. Напьерскимъ и изданы Археографическою Коммиссіею. (Съ 8 литографированными снимками.)»

Nachdem die archäographische Commission die Herausgabe der ganzen Sammlung der Napiersky'schen Urkunden beschlossen hatte, wurde dieselbe allmählich zum Druck vorbereitet und hin und wieder noch mit einzelnen Stücken vermehrt. Hatte auch der Veranstalter der Sammlung es sich angelegen sein lassen, die einzelnen Documente chronologisch zu bestimmen, so gab es für das Mitglied der Commission, welches hier den Druck leitete, noch Veranlassung genug, manche historisch-chronologische Erörterung neu auszuarbeiten oder sie mehr oder minder zu ergänzen. Alle Dunkelheiten konnten nicht sogleich aufgehellt werden, da so manches Document einer Zeit oder einem Orte angehört, worüber russische wie andere Quellen nur dürftige Kunde uns erhalten haben. Es gilt dies besonders von den hier abgedruckten westrussischen Urkunden und auch von manchen deutschen und lateinischen Documenten, welche auf den Verkehr Riga's mit westrussischen Fürsten und Städten Bezug haben. Gerade aber durch die eben erwähnten Documente erlangt die Napiersky'sche Sammlung eine so grosse Bedeutung, dass es nicht unangemessen sein dürfte, den Inhalt derselben etwas näher anzudeuten.

Die Zahl der in dieser Sammlung abgedruckten Documente beträgt mehr als 200, wovon 49 in russischer Sprache entweder ursprünglich abgefasst oder in altrussischer Uebersetzung auf uns gekommen sind. Die Zahl der lateinischen Urkunden übersteigt nicht die von 38, dagegen ist die grössere Anzahl sämmtlicher Documente, nämlich 167 in deutscher Sprache abgefasst. Von den letzteren stammen aber nicht wenige aus jener Zeit, wo bei einigen Classen der Bevölkerung der heutigen Ostseegouvernements die niederdeutsche Mundart als Verkehrs- und Geschäftssprache herrschend war, so dass selbst russische und litauische Fürsten in ihrem Verkehr mit den Livländern, ausser dem Russischen, sich des Niederdeutschen bedienten. Indessen begann in den Ostseeprovinzen sich auch früh der Einfluss der hochdeutschen Mundart geltend zu machen, so dass manche Documente unsrer Sammlung in einer mehr oder weniger gemischten deutschen Sprache abgefasst sind. Von den älteren niederdeutschen Documenten erweisen sich einige auch als sehr brauchbar zur schärferen Bestimmung gewisser altrussischen technischen, besonders im Handelsverkehr üblichen Ausdrücke. Einige russische Documente sind offenbar nach niederdeutschen Originalurkunden abgefasst und andere russische sind nur in einer niederdeutschen Uebersetzung auf uns gekommen.

---

meine Character der Schrift der einzelnen in Nowgorod, Polozk, Litauen und Riga aufgesetzten oder abgeschriebenen Documente von dem Verfertiger des Facsimile treu wiedergegeben, sondern die Mitglieder der Commission Kunik und Korkunow verglichen jeder für sich und dann in zweifelhaften Fällen gemeinschaftlich das Facsimile eines jeden Documents nach den einzelnen Wörtern und den besonders ihm eigenthümlichen Schriftzügen. Diese Prachtausgabe erschien im J. 1857 in fol. unter dem Titel: «Грамоты, касающіяся до сношеній сѣверо-западной Россіи съ Ригою и ганзейскими городами, въ XII, XIII и XIV вѣкѣ. Найдены въ Рижскомъ Архивѣ К. Э. Напьерскимъ и изданы Археографическою Коммиссіею. Съ 8 литографированными снимками.)»

шая до насъ въ древне-русскомъ спискѣ (№ 1, стр. 1). Представителями XIII столѣтія являются уже 7 документовъ, всѣ на русскомъ языкѣ (№ 16, стр. 8; № 25ª и 25ᵇ, стр. 12; № 26, стр. 13; № 27, стр. 14; № 34, стр. 17; № 37, стр. 19), и связанные, по содержанію своему, съ именами Александра Невскаго, брата его, князя новгородскаго Ярослава Ярославича, литовскаго князя Гердена, полоцко-литовскаго удѣльнаго князя Изяслава и князя смоленскаго Өедора Ростиславича. Еще богаче становится Сборникъ съ XIV столѣтія, къ началу котораго относятся 6 русскихъ грамотъ; изъ нихъ особеннаго вниманія заслуживаетъ грамота неизвѣстнаго доселѣ православнаго полоцкаго епископа Іакова (№ 38, стр. 19) и длинная челобитная, поданная совершенно неизвѣстному до сихъ поръ витебскому князю Михаилу Константиновичу (№ 49, стр. 25). Съ 1323 года (стр. 30 и слѣд.) выступаетъ могучая личность Гедимина; о тѣсныхъ сношеніяхъ, существовавшихъ въ XIII вѣкѣ между Ригою и Полоцкомъ (уже въ то время подпавшимъ Литвѣ), свидѣтельствуетъ нѣсколько весьма любопытныхъ документовъ; съ этого же времени въ нашемъ Сборникѣ и Новгородъ и его ганзейскіе торговые гости встрѣчаются чаще прежняго.

Особенное обиліе разныхъ во многихъ отношеніяхъ новыхъ свѣдѣній представляютъ помѣщенные въ Сборникѣ документы XV столѣтія. Ихъ слишкомъ сто, изъ которыхъ бо́льшая часть или прямо относится къ Полоцку, или болѣе или менѣе касается его. Къ великому княжеству Литовскому также относится нѣсколько документовъ и въ нѣсколькихъ грамотахъ (напр.: № 132, стр. 103; № 138, стр. 109; № 158, стр. 123; № 167, стр. 133; № 176, стр. 140; № 205, стр. 166; № 206, стр. 168; № 262, стр. 228), кромѣ Новгорода, говорится и о Псковѣ, о которомъ за тѣмъ почти нѣтъ помина въ документахъ нашего Сборника[1]). Съ началомъ XVI столѣтія отношенія Риги къ Полоцку отступаютъ на второй планъ; особенное вниманіе возбуждаетъ только рижская православная церковь, подчиненная полоцкому епископу (№ 370, стр. 345; № 374, стр. 355). Взамѣнъ этого, съ 1503 года выступаетъ новое государство Московское, съ которымъ ганзейскіе города, столь могущественные нѣкогда, и лифляндскіе города, въ видахъ собственнаго интереса, стараются жить въ ладу, на сколько возможно. Документы XVI вѣка почти исключительно, прямо или косвенно, относятся къ тому положенію, которое старая Ливонія занимала или старалась занять къ Москвѣ въ политическомъ и торговомъ отношеніяхъ. Сборникъ оканчивается нѣсколькими грамотами царя Бориса Өеодоровича Годунова къ лицамъ, которыхъ онъ, какъ это извѣстно и по другимъ источникамъ, употреблялъ для торговыхъ и иныхъ цѣлей.

---

[1]) О томъ, какъ уже средневѣковые писцы смѣшивали имена города *Пскова* (Pleskow. Pleskau) и *Полоцка* (Полтескъ, Ploskow; Paltisca, Palteskju въ скандинавскихъ источникахъ), см. ниже № 282, стр. 265, № 370, стр. 345 (ср. стр. 73) и Уч. Зап. Акад. Наукъ по I и III Отдѣл. Томъ II, стр. 776. Ср. также разсужденіе Прейса объ этимологіи эстонскаго имени города Пскова (Pihkwa, der Ehstnische Name für Pleskau), помѣщенное въ дерптскомъ журналѣ: Inland 1839 г., № 13.

Was die Zeit der Abfassung der Documente anbetrifft, so gehört dem 12. Jahrhundert nur eins an, das von dem nowgorodschen Fürsten Jaroslaw Wladimirowitsch ausgegangen und nur in einer altrussischen Copie (№ 1, pag. 1) auf uns gekommen ist. Das 13. Jahrhundert ist bereits mit 7 Documenten vertreten, welche sämmtlich in russischer Sprache abgefasst sind (№ 16, pag. 8; № 25[a] und 25[b], pag. 12; № 26, pag. 13; № 27, pag. 14; № 34, pag. 17; № 37, pag. 19) und ihrer Entstehung oder ihrem Inhalt nach an die Namen von Alexander Newski und seines Bruders Jaroslaw Jaroslawitsch, als Fürsten von Nowgorod, an den Namen des litauischen Fürsten Gerden, des litauischen Theilfürsten Isiaslaw von Polozk und an den von Feodor Rostislawitsch von Smolensk sich knüpfen. Noch reichhaltiger wird die Sammlung von dem 14. Jahrhundert an, in dessen Anfang noch 6 russische Urkunden gehören, von denen die des sonst unbekannten orthodoxen Bischofs Jakow von Polozk (№ 38, pag. 19) grosses Interesse gewährt, während eine lange rigaische Beschwerdeschrift in russischer Sprache an einen bis jetzt ganz unbekannten witebskischen Fürsten Michael Constantinowitsch (№ 49, pag. 25) gerichtet ist. Mit dem Jahre 1323 (pag. 30 und flgd.) tritt uns in unsrer Sammlung die gewaltige Persönlichkeit Gedimin's entgegen und der innige Verkehr, welcher zwischen Riga und dem schon seit dem 13. Jahrhundert Litauen unterworfenen Polozk bestand, wird für das 13. Jahrhundert durch mehrere höchst bedeutende Documente bezeugt. Auch Nowgorod mit seinen hansischen Handelsgästen tritt nun noch mehr als früher in den Vordergrund.

Am zahlreichsten und in vielfacher Beziehung als an neuen Nachrichten besonders ergiebig erweisen sich die abgedruckten Documente des 15. Jahrhunderts. Es sind deren mehr als hundert, von denen die überwiegende Mehrzahl entweder sich direct auf Polozk bezieht oder dasselbe mehr oder minder betrifft. Auch die Geschichte der Grossfürsten von Litauen geht für diese Zeit nicht leer aus und, ausser Nowgorod, wird in mehreren Documenten (z. B. № 132, pag. 103; № 138, pag. 109; № 158, pag. 123; № 167, pag. 133; № 176, pag. 140; № 205, pag. 166; № 206, pag. 168; № 262, pag. 228) auch über Pskow gehandelt, das aber darauf aus unsrer Sammlung fast verschwindet[4]. Mit dem Beginn des 16. Jahrhunderts treten auch die Beziehungen Rigas zu Polozk in den Hintergrund, und nur noch das Geschick der unter dem Bischof von Polozk stehenden russischen Kirche in Riga (№ 370, pag. 345; № 374, pag. 355) erregt ein besonderes Interesse. Dagegen aber

4) Ausländische Schriftsteller vermengen nicht nur bisweilen den Namen von Plock (Плоцкъ) in Masowien an der Weichsel mit der Stadt der russischen Kriwitschen Polozk (Полоцкъ) an der in die Düna sich ergiessenden Polota, sondern noch öfters die Namen der Städte Pskow (Pleskau; vgl. den Aufsatz von P. Preiss: «Pihkwa, der Ehstnische Name für Pleskau» im dorpater Journal: Das Inland. 1839. № 13; und Polozk, die bei Heinrich von Lettland, so wie in manchen lateinischen und deutschen Urkunden (vgl. unten 73, 245 und pag. 348) von einander unterschieden werden. Uebrigens haben spätere Copisten der Livländischen Chronik und Urkunden sich schon Verwechselungen der Art zu Schulden kommen lassen.

Въ заключеніе скажемъ здѣсь нѣсколько словъ о правилахъ, которыхъ держались при печатаніи предлагаемыхъ документовъ. Покойный Напьерскій въ теченіе нѣсколькихъ десятковъ лѣтъ открылъ, списалъ и издалъ такое множество болѣе или менѣе обширныхъ источниковъ, что у него составился опредѣленный взглядъ на то, какъ должно печатать старинные документы, писанные на латинскомъ, средне-верхне-нѣмецкомъ и средне-нижне-нѣмецкомъ языкахъ.*) Издатель не считалъ себя въ правѣ отступать отъ этого взгляда Напьерскаго даже и въ такихъ случаяхъ, когда онъ не былъ вполнѣ согласенъ съ мнѣніями почтеннаго ученаго, уже и потому, что часть текстовъ состояла изъ старинныхъ или новѣйшихъ списковъ, подлинники которыхъ частію потеряны, или не могли быть получены. Впрочемъ предлежащій Сборникъ главнымъ образомъ предназначенъ для расширенія нашихъ историческихъ свѣдѣній; со временемъ, конечно, представится случай какъ эти, такъ и другіе у насъ или за границею изданные иноязычные документы, относящіеся къ Россіи, сличить съ подлинниками, на сколько удастся отыскать ихъ.*)

Что касается русскихъ грамотъ, то при обнародываніи ихъ можно было слѣдовать совершенно инымъ правиламъ. Печатая ихъ, издатель пользовался, исключая немно-

---

*) Будучи изслѣдователемъ добросовѣстнымъ и вынужденный неудовлетворительнымъ состояніемъ лифляндской исторіи къ изслѣдованію и разъясненію многихъ частныхъ вопросовъ, Напьерскій при изданіи старинныхъ документовъ всемѣрно старался приводить ихъ въ удобопонятную форму, не уничтожая первоначальнаго ихъ склада. При изданіи актовъ, предназначенныхъ не для обыкновенной публики, а для спеціальныхъ изслѣдователей, онъ вообще считалъ непозволительнымъ измѣнять свойственный этимъ документамъ колоритъ въ отношеніи правописанія и знаковъ препинанія. Правда, не онъ одинъ держался такого правила, но мы считаемъ нелишнимъ замѣтить, что по мнѣнію нѣкоторыхъ историковъ, и въ томъ числѣ лицъ весьма почтенныхъ, не только позволительно, но и необходимо издавать латинскіе, нѣмецкіе и другіе средневѣковые тексты по извѣстнымъ правиламъ въ формѣ болѣе доступной для чтенія и пониманія нынѣшнихъ читателей. Какъ ни многочисленны доказательства, которыя можно привести въ пользу такого взгляда, но нельзя не сознаться въ томъ, что слишкомъ большая свобода и послѣдовательность въ этомъ случаѣ влекутъ за собою разныя неудобства для критической оцѣнки старинныхъ документовъ. Если даже допустить извѣстнаго рода однообразіе при изданіи текста актовъ, все-же въ отношеніи большей части передѣланныхъ такимъ образомъ документовъ окажется необходимымъ описать первоначальный видъ текста каждаго изъ нихъ болѣе или менѣе подробно. Необходимость эта еще болѣе становится очевидною при изданіи сборниковъ, состоящихъ изъ документовъ, относящихся къ разнымъ вѣкамъ и писанныхъ въ разныхъ странахъ.

*) Главный редакторъ иностранныхъ актовъ при Археографической Коммиссіи Куникъ уже приступилъ къ обширному собранію матеріаловъ для Указателя всѣхъ иноязычныхъ актовъ, относящихся къ до-петровской Россіи, въ которомъ, на сколько возможно, будутъ означены и мѣста храненія изданныхъ и еще неизданныхъ подлинниковъ, что само собою поведетъ со временемъ къ сравненію нѣкоторыхъ текстовъ, давно уже напечатанныхъ въ разныхъ изданіяхъ, съ подлинными документами и къ точнѣйшему ихъ описанію. Нѣкоторые отдѣлы этого краткаго Указателя, для котораго уже собрано болѣе 3000 нумеровъ, издадутся одновременно съ нижеупомянутымъ хронологическимъ Указателемъ напечатанныхъ уже русскихъ актовъ, для котораго Археографическая Коммиссія собрала около 10,000 нумеровъ.

erscheint seit dem J. 1503 der neue Staat von Moscau, mit dem die ehemaligen Hansestädte im Verein mit den livländischen Handelsstädten sich in ihrem eigenen Interesse so gut als es eben ging, zu vertragen suchen. Die Documente, welche seit dieser Zeit in der Sammlung vorkommen, beziehen sich fast ausschliesslich, sei es direct oder indirect, auf die Stellung, welche Livland zu Moscau in politischer und commercieller Hinsicht einnahm oder einzunehmen versuchte. Die ganze Sammlung schliesst mit einigen Documenten des Zaren Boris Godunow, in Betreff von Personen, die, wie wir auch nach andern Quellen wissen, von ihm zu commerciellen und andern Zwecken benutzt wurden.

Schliesslich mögen hier einige Angaben darüber folgen, welches Verfahren beim Abdruck der Documente beobachtet wurde. Der verstorbene Napiersky hatte im Laufe von Jahrzehenden so viele Quellen grösseren und geringeren Umfangs entdeckt, copirt und gedruckt, dass er sich eine feste Ansicht darüber gebildet hatte, wie bei dem Abdruck von älteren Documenten in lateinischer und mitteldeutscher Sprache zu verfahren wäre.[5]) Der Herausgeber hat auch da, wo er in dieser Hinsicht mit den Ansichten Napiersky's nicht ganz einverstanden war, dem verdienten Veteran die seinigen nicht verübeln wollen, ganz abgesehen davon, dass ein Theil der Texte aus älteren und neueren Copien bestand, deren Originale zum Theil verloren oder nicht herbeizuschaffen waren. Uebrigens ist die nächste Bestimmung der Napiersky'schen Sammlung, unser historisches Wissen zu vermehren, und die Gelegenheit wird nicht ausbleiben, die bei uns und anderwärts gedruckten und auf Russland sich beziehenden Texte mit den Originalen, so weit sie sich wieder auffinden lassen, zu vergleichen.[6])

---

[5]) Als gewissenhafter Forscher und durch den ihn wenig befriedigenden Zustand der livländischen Geschichte auf die Ergründung und Beleuchtung von Detailfragen hingewiesen, scheute Napiersky beim Abdruck von alten Documenten keinen Fleiss und keine Mühe, um sie lesbar und verständlich zu machen, ohne ihre ursprüngliche Fassung zu verwischen. Es war seiner Ueberzeugung zuwider, bei der Herausgabe von Documenten, welche seiner Ansicht nach nicht für das grössere Publicum, sondern nur für Fachgelehrte bestimmt waren, das alterthümliche Colorit zu verwischen, wie es sich namentlich hinsichtlich der Rechtschreibung und Interpunction zu erkennen giebt. Bekanntlich stand er mit dieser Ansicht nicht allein da, obgleich nicht unerwähnt bleiben darf, dass andre, und unter ihnen sehr hervorragende Historiker es nicht nur für erlaubt, sondern sogar für nothwendig halten, lateinische, deutsche und andre mittelalterliche Texte nach bestimmten Regeln dem Auge und Verständnise des modernen Lesers näher zu bringen. Wie viel auch zu Gunsten der letzteren Ansicht angeführt werden kann, so lässt sich doch nicht läugnen, dass ein zu freies und zu consequentes Verfahren der Art zu Uebelständen verschiedener Art, besonders bei der kritischen Würdigung der Documente, führt. Selbst wenn man auch eine gewisse Gleichförmigkeit in der Behandlung urkundlicher Texte zulässt, so wird sich doch in Betreff der Mehrzahl der so modernisirten Urkunden die Nothwendigkeit herausstellen, dass die ursprüngliche Beschaffenheit des Textes derselben bei jeder einzelnen mehr oder minder umständlich beschrieben werde. Diese Nothwendigkeit dürfte besonders in Betreff solcher Sammelwerke einleuchten, deren Urkundentexte zu verschiedenen Zeiten und in verschiedenen Ländern aufgezeichnet wurden.

[6]) Bereits sind von dem Hauptredacteur der ausländischen Quellen, Kunik, umfassende Sammlungen zu einem Index sämmtlicher auf Russland sich beziehenden Urkunden in ausländischen Sprachen angelegt

гихъ случаевъ[1]), либо подлинниками, либо старинными копіями, и слѣдовательно оставалось только издать русскія грамоты такъ, чтобы онѣ могли служить, на сколько это возможно, и къ разъясненію исторіи русскаго языка и письменности. Въ предлежащемъ Сборникѣ находятся документы, отчасти относящіеся къ такимъ мѣстностямъ и къ такому времени, отъ которыхъ до насъ не дошло почти никакихъ другихъ свидѣтельствъ подобнаго рода. За тѣмъ нѣкоторые отличаются особенностями правописанія и строя рѣчи, и сгладить ихъ было бы не позволительно. Съ такою-же точностью печатались и документы, дошедшіе до насъ не въ подлинникахъ, а въ копіяхъ. Изъ нихъ нѣкоторые поражаютъ насъ способомъ ихъ составленія. Не во всѣхъ случаяхъ мы вправѣ приписать это неумѣнію или небрежности позднѣйшихъ переписчиковъ: нѣкоторыя ошибки находились, можетъ быть, уже въ потерянныхъ нынѣ подлинникахъ, въ особенности если послѣдніе были писаны не слишкомъ грамотными переводчиками, находившимися у западно-русскихъ князей, у литовскихъ намѣстниковъ и въ городѣ Ригѣ. Въ нѣсколькихъ документахъ послѣдняго отдѣла встрѣчаются мѣста, смыслъ которыхъ остается загадочнымъ. При тщательномъ сравненіи ихъ съ другими документами, какъ русскими такъ и иноязычными, нашего Сборника и при развивающемся изученіи древне-русскаго нарѣчія и быта, нѣкоторыя изъ этихъ темныхъ мѣстъ конечно со временемъ будутъ разъяснены.

Хотя въ предлагаемомъ изданіи собрано и сообщено немало данныхъ, служащихъ къ хронологическому опредѣленію русскихъ и другихъ документовъ, равно какъ и къ разъясненію тѣхъ историческихъ отношеній, которыя послужили поводомъ къ ихъ составленію, но этимъ далеко еще не исчерпаны изслѣдованія по этой части. Для знатоковъ дѣла собственно излишне распространяться здѣсь объ этомъ. Съ одной стороны самъ издатель успѣлъ уже собрать къ этимъ историко-хронологическимъ изслѣдованіямъ немало дополненій, на дальнѣйшую разработку которыхъ однакоже потребовалось бы довольно продолжительное время, потому что при этомъ пришлось бы войти также въ разсмотрѣніе противоположныхъ взглядовъ, высказанныхъ въ послѣднее время нѣкоторыми русскими, лифляндскими, восточно-прусскими и польскими историками, на различные факты, упомянутые въ русско-ливонскихъ актахъ. Съ другой стороны наше богатое собраніе документовъ и заключающіяся въ немъ историко-хронологическія разысканія уже послужили пособіемъ для критическо-хронологическаго труда, объясняющаго исторію великаго княжества литовскаго. Обшир-

[1]) См. № 26, стр. 13 (Ср. ниже стр. 653). — № 122, стр. 94. — № 154, стр. 120.

Von einem ganz andern Gesichtspuncte aus konnte in der vorliegenden Sammlung an den Abdruck der russischen Urkunden gegangen werden: sie lagen mit Ausnahme einiger wenigen[7]) dem Herausgeber bei dem Abdruck vor, sei es im Original oder in mehr oder weniger alten Copien. Es galt demnach dieselben so herauszugeben, dass sie auch, so viel als möglich, zur Aufhellung der Geschichte der russischen Sprache und des russischen Schriftwesens überhaupt benutzt werden könnten. In der vorliegenden Sammlung stossen wir zum Theil auf russische Documente, die Gegenden und Zeiten angehören, aus welchen fast keine andre der Art auf uns gekommen sind. Ferner zeichnen sich einige durch Eigenthümlichkeiten in der Rechtschreibung und Diction aus, die zu verwischen kein Grund vorhanden war. Dieselbe peinliche Genauigkeit wurde auch bei dem Abdruck von Documenten beobachtet, die sich nicht im Original, sondern nur in Copien erhalten haben. Einige der letzteren fallen durch die Art und Weise ihrer Abfassung auf. Nicht überall dürfte es erlaubt sein, dieselbe der Ungeschicklichkeit und Unachtsamkeit späterer Copisten anzurechnen, sondern manche Versehen mögen schon den verloren gegangenen Originaldocumenten angehören, besonders wenn dieselben von nicht sehr schriftkundigen deutsch-russischen Dolmetschern westrussischer Fürsten, litauischer Statthalter und der Stadt Riga aufgesetzt waren. In mehreren Documenten der Art kommen dunkle Stellen vor, deren Sinn zweifelhaft bleibt. Manche derselben werden vermittelst einer genauen Vergleichung andrer Documente, sowohl in russischer als auch in lateinischer und deutscher Sprache, und mit der steigenden Einsicht in das altrussische Idiom und in altrussische Zustände verschwinden.

Obgleich für die chronologische Bestimmung der russischen und andrer Documente, sowie für die Aufhellung der geschichtlichen Verhältnisse, unter denen sie aufgezeichnet wurden, Manches gesammelt und in der vorliegenden Ausgabe mitgetheilt worden ist, so ist doch damit die Untersuchung darüber noch nicht abgeschlossen. Für Sachkenner braucht dies eigentlich gar nicht bemerkt zu werden. Auch hat der Herausgeber bereits mehrfache Nachträge zu diesen chronologischen Erläuterungen gesammelt, deren Verarbeitung aber längere Zeit erfordern würde, da dabei auch auf die abweichenden Ansichten einiger russischen, livländischen, polnischen und ostpreussischen Historiker der Gegenwart eingegangen werden müsste, die sich unlängst über verschiedene in den

---

werden, in welchem auch, so viel als möglich die Aufbewahrungsorte gedruckter und ungedruckter Originale angegeben sind, was von selbst zu einer Vergleichung mancher hier und anderwärts schon längst gedruckter Texte mit den Originaldocumenten und zu deren näherer Beschreibung führen wird. Die Veröffentlichung einzelner Partien jenes Index, für welchen bereits mehr als 3000 Nummern verzeichnet sind und der nur als Vorarbeit zu einer Regestensammlung zu betrachten ist, wird Hand in Hand gehen mit dem noch unten zu erwähnenden chronologischen Index (Указатель) der bereits gedruckten russischen Urkunden, von denen von der Commission bereits gegen 10,000 Nummern verzeichnet sind.

[7]) S. № 26, p. 13 (Vgl. unten p. 153); № 122, p. 94; № 154, p. 120.

ный рукописный трудъ этотъ, имѣющій заглавіе: «Литовская Хронографія» и планъ котораго постепенно созрѣлъ въ продолженіе печатанія русско-ливонскихъ актовъ, уже приготовленъ къ изданію и въ свою очередь послужитъ пособіемъ для разработки составляемаго Археографическою Коммиссіею Указателя всѣхъ обнародованныхъ русскихъ грамотъ. Неизбѣжныя въ этомъ случаѣ хронологическія разысканія о нѣкоторыхъ западно-русскихъ грамотахъ сами собою дадутъ поводъ возвращаться къ замѣчаніямъ, высказаннымъ въ изданныхъ русско-ливонскихъ актахъ.

Остается намъ еще сказать нѣсколько словъ о приложеніи къ Сборнику. Веденіе всего труда Коммиссія поручила главному редактору иностранныхъ актовъ, Академику Кунику, который печаталъ документы, собранные Напьерскимъ, по соглашенію съ нимъ и сообщая ему всѣ свои дополненія и поправки. Такъ какъ въ распоряженіи издателя, сверхъ этихъ документовъ, находилось еще нѣсколько, отчасти довольно значительнаго объема, то невольно родилась у него мысль присоединить ихъ къ Сборнику, но не желая задерживать его выхода, онъ ограничился только сообщеніемъ смоленскихъ грамотъ XIII вѣка. Ближайшимъ поводомъ къ тому послужили напечатанныя въ Сборникѣ подъ № II[a] и № II[b] свѣдѣнія о знаменитомъ договорѣ смоленскаго князя Мстислава Давыдовича. Такъ какъ издатель мало по малу сталъ сомнѣваться въ правильности мнѣній, высказанныхъ Напьерскимъ и имъ объ этомъ договорѣ (см. стр. 2 и 3), то по этому была вытребована изъ Рижскаго городскаго архива вся связка древнѣйшихъ договоровъ Смоленска съ Ригою и Готландомъ. Къ немалому удовольствію своему, издатель нашелъ въ ней не три, а пять болѣе или менѣе отличающихся одинъ отъ другаго пергаментныхъ списковъ этого замѣчательнаго документа и, кромѣ того, совершенно неизвѣстную, прекрасную подлинную грамоту одного изъ непосредственныхъ преемниковъ Мстислава Давыдовича. При находкѣ такого рода издатель Сборника не могъ остаться равнодушнымъ и рѣшился изслѣдовать ее подробнѣе. Для этого необходимо было ближе заняться исторіею смоленскаго княжества въ XIII столѣтіи, которую, за отсутствіемъ спеціальныхъ подготовительныхъ трудовъ по этому предмету, пришлось изучать къ сожалѣнію по весьма скуднымъ источникамъ. Чтобы предварительно завершить дѣло, изъ подробнаго изслѣдованія сдѣлано извлеченіе соотвѣтственное потребности настоящаго изданія русско-ливонскихъ грамотъ, вслѣдъ за которымъ отпечатанъ текстъ договоровъ по 5 рижскимъ рукописамъ и по пергаментному списку, хранящемуся въ Москвѣ. Въ различныхъ мѣстахъ предлагаемый текстъ расходится съ текстомъ договоровъ, неоднократно напечатавшимся съ 1819 года, что произошло какъ отъ неточнаго чтенія прежними издателями, такъ и отъ неяснаго различенія ими двухъ главныхъ редакцій

russisch-livländischen Urkunden berührte Verhältnisse geäussert haben. Dazu kommt noch, dass die vorliegende werthvolle Sammlung von Documenten und die in ihr enthaltenen historisch-chronologischen Erläuterungen bereits bei der Abfassung einer chronologischen Arbeit über die Geschichte des ehemaligen Grossfürstenthums Litauen benutzt worden sind: das umfangreiche Manuscript der «Litauischen Chronographie», deren Plan überhaupt während des Druckes unserer Urkunden gereift ist, wird seinerseits bei der Veröffentlichung des von der archäographischen Commission angelegten Index (Указатель) sämmtlicher bis jetzt gedruckten russischen Urkunden verwerthet werden. Gewisse dabei unvermeidliche chronologische Discussionen in Betreff mancher westrussischen Documente werden natürlich Veranlassung genug geben, auf die chronologisch-historischen Einleitungen zu einzelnen Urkunden der Napiersky'schen Sammlung zurückzukommen.

Noch bleibt übrig einige Worte über den den russisch-livländischen Urkunden beigefügten Anhang zu sagen. Die Commission hatte die Leitung des ganzen Unternehmens dem Hauptredacteur der ausländischen Quellen zur russischen Geschichte, Akademiker Kunik, übertragen, der den Druck im Einverständniss mit Napiersky besorgte. Letzterem wurden auch regelmässig alle vom Herausgeber gemachten Zusätze und Veränderungen mitgetheilt. Der Gedanke lag nahe, der Sammlung noch eine Anzahl von Documenten, die zum Theil von beträchtlichem Umfang waren und dem Herausgeber zur Verfügung standen, hinzuzufügen; doch hat er, um das Erscheinen der ganzen Sammlung nicht länger aufzuschieben, sich fast nur auf die Mittheilung von smolenskischen Urkunden aus dem 13. Jahrhundert beschränkt. Die nächste Veranlassung dazu gaben die Nachrichten, welche in der Sammlung unter № II[a] und № II[b] (pag. 2 und 3) über den berühmten Vertrag des Fürsten von Smolensk, Mstislaw Dawydowitsch, mit Riga und den gemeinen Kaufleuten auf Gothland abgedruckt sind. Da der Herausgeber nach und nach an der Richtigkeit der von Napiersky und ihm darüber aufgestellten Ansichten irre wurde, so liess man aus dem rigaischen Stadtarchiv das ganze Convolut der ältesten smolensker Verträge mit Riga und Gothland kommen. Zu seiner freudigen Ueberraschung fand der Herausgeber darin nicht 3, sondern 5 mehr oder minder von einander abweichende auf Pergament geschriebene Exemplare von jenen merkwürdigen Documenten, die an den Namen von Mstislaw Dawydowitsch geknüpft sind, und noch ausserdem eine ganz unbekannte prächtige Originalurkunde eines unmittelbaren, jedoch nicht genannten Nachfolgers von Mstislaw Dawydowitsch. Ein Fund dieser Art konnte den Herausgeber dieser Sammlung nicht gleichgültig lassen und er beschloss, denselben umständlicher zu untersuchen. Dazu war eine genauere Erforschung der Geschichte des Fürstenthums Smolensk im 13. Jahrhundert nöthig, die bei dem Mangel an speciellen Vorarbeiten nach den leider sehr dürftigen Quellen angestellt werden musste. Um zu einem vorläufigen Abschluss zu kommen, wurde

Мстиславова договора, нижне-нѣмецкіе подлинники котораго до сихъ поръ не могли быть отысканы. Извѣстно только что въ Стокгольмскомъ реестрѣ документовъ, вывезенныхъ въ 1621 году изъ Архива ливонскаго ордена въ Швецію, значится грамота Мстислава 1229 г., писанная въ готландскомъ городѣ Висби.*)

---

*) Вслѣдствіе важнаго значенія, которое имѣютъ упомянутые документы смоленскихъ князей во многихъ отношеніяхъ, издатель распорядился изготовленіемъ снимковъ съ первыхъ трехъ строкъ всѣхъ 7 экземпляровъ. Приготовленные литографическіе снимки будутъ сообщены изслѣдователямъ русской палеографіи либо отдѣльно, либо въ задуманномъ Археографическою Коммиссіею изданіи полнаго Собранія древнѣйшихъ русскихъ грамотъ, въ которомъ отведено будетъ надлежащее мѣсто и другимъ рижскимъ грамотамъ на русскомъ языкѣ.

aus der ausführlichen Untersuchung des Herausgebers ein dem gegenwärtigen Bedürfnisse entsprechender Auszug für die russisch-livländische Urkundensammlung veranstaltet. Die Verträge selbst wurden nach den 5 rigaischen Handschriften und nach der in Moskau befindlichen alten Copie auf Pergament abgedruckt. An verschiedenen Stellen weicht der hier vorliegende Text von dem der Ausgaben ab, welche seit dem J. 1819 davon erschienen sind, was seinen Grund darin hat, dass die früheren Herausgeber theils die Handschriften der Urkunden nicht ganz genau entzifferten, theils die zwei Hauptredactionen des Vertrages nicht recht zu unterscheiden verstanden, dessen niederdeutsche Urschriften noch nicht aufgefunden werden konnten. Man weiss nur, dass in dem stockholmer Verzeichniss der im J. 1621 aus dem livländischen Ordensarchiv nach Schweden abgeführten Documente auch der in Wisby 1229 zuerst entworfene Vertrag Mstislaw's erwähnt ist.[8])

---

[8]) Bei der Wichtigkeit, welche jene Documente in vielfacher Beziehung haben, hat der Herausgeber dieser Sammlung von allen 7 Exemplaren je die ersten drei Zeilen sorgfältig lithographiren lassen. Diese lithographirten Exemplare sollen den Bearbeitern der russischen Paläographie nicht vorenthalten bleiben, sei es dass sie entweder besonders erscheinen oder der von der archäographischen Commission beschlossenen Ausgabe einer vollständigen Sammlung der ältesten russischen Urkunden, in welchen auch die andern rigaischen Urkunden in russischer Sprache ihre gebührende Stelle finden werden, beigelegt werden.

№ I.

Des Fürsten Jaroslaw Wladimirowitsch mit Zuratheziehung des Possadnik Miron und des Tausendmannes Jacob und aller Nowgoroder abgeschlossener (erster und ältester) Einigungsvertrag mit dem Abgesandten Arbud und allen Deutschen und Gothländern und Lateinern, unter Feststellung von Strafgeldern für mancherlei Vergehungen, ohne Datum (1189—1199). (1189—99)

Dieser Vertrag ist uns nur erhalten als Anhang der späteren Friedensurkunde von Alexander Newski (S. unten № XVI.). Er trägt dort kein Datum. Aber nach den darin vorkommenden Namen ist die Abfassung des Originals in das letzte Decennium des XII. Jahrhunderts zu setzen. Jaroslaw Wladimirowitsch herrschte drei Mal in Nowgorod (zum zweiten Mal 1187—1196, zum dritten 1197—1199 (S. I. Nowgor. Chronik unter den Jahren 6695, 6704, 6705 u. 6707). Miroschka Nesdinitsch war Possadnik von 1189—1203 (I. Nowg. Chron. 6696 u 6711). Der Vertrag fällt also jedenfalls in die Jahre 1189—1199, wahrscheinlich in Jaroslaw's zweite Regierung, 1197—1199, wo er wohl in Verbindung mit den Nachrichten aufzufassen ist, die der Nowgoroder Chronist unter den Jahren 6696 u. 6709 giebt (I. Nowg. Chron. 20. 23). Die kurzen Andeutungen der Chronik weisen darauf hin, dass zu jener Zeit der Verkehr mit den Warägern, worunter nach damaligem Sprachgebrauch, wenn nicht immer, doch oft die auf Gothland ansässigen Kauffahrer zu verstehen sind, gestört worden war. In den Извѣстія II. Отдѣленія Академіи Наукъ, T. VI, Sp. 161—166 (= Историческія Чтенія о языкѣ и словесности въ засѣданіяхъ II. Отдѣленія Академіи Наукъ 1856 и 1857 гг. Спб. 1857, 8., p. 303—310), wird der Vertrag in die Jahre 1199—1201 gesetzt, jedoch ohne zwingende Beweisführung, so dass man noch annehmen muss, der Vertrag sei zwischen 1189—1199 oder, wenn man der Kürze wegen eine mittlere Zahl gebrauchen will, circa 1195 abgefasst worden. Herausgegeben ist dieses Document (in Facsimile, und Abdruck) zum ersten Mal in Грамоты, касающіяся до сношеній сѣверо-западной Россіи съ Ригою и ганзейскими городами, въ XII, XIII и XIV вѣкѣ. Найдены въ Рижскомъ Архивѣ К. Э. Напіерскимъ и изданы Археографическою Коммиссіею. Спб. 1857. fol., № 1ᵇ, und danach in Извѣстія II. Отд. Акад. Н., T. VI, Sp. 155—161 (= Истор. Чтен. о языкѣ и словесн., 1856 и 1857. Спб. 1857, p. 295—302).

Се язъ князь Ярославъ Володимѣричь, сгадавъ с посадникомь с Мирошкою и с тысяцкымь Яковомь и съ всѣми Новгородьци, потвердихомъ мира старого, с посломь Арбудомь и съ всѣми Нѣмьцкыми сыны, и съ Гты, и съ всемь Латиньскымь языкомь, послалъ есмь посла своего Григу на сем правдѣ. Первое: ходити Новгородцю послу и всякому Новгородцю в миръ в Нѣмечьску *) землю и на Гъцкъ бе-

*) Im Original: немечь || нѣмечьску.

регъ. Такоже ходити Нѣмчичю и Готянину в Новъгородъ, безъ пакости, не обидимъ ни кымъ. Аче будеть судъ князю Новгородцкъму Новъгородѣ, или Нѣмецкому в Нѣмчьхъ, а в томь миру ити гостю домовь, бес пакости. А кого Богъ поставить князя, а с тѣмь мира потвердить, любо ли земля без миру станеть. А оже убьють Новгородця посла за моремъ, или Нѣмецкыи посолъ Новѣгородѣ, то за ту голову к҃ гривенъ серебра. А оже убьють купчину Новгородця, или Нѣмчина купчину Новѣгородѣ, то за ту голову і гривенъ серебра. А оже мужа свяжють без вины, то ві гривенъ за соромъ старыхъ кунъ. Оже ударить мужа оружиемь, любо колоть, то г҃ гривенъ за рану старые. Оже ушьхныть, любо пителъ ридрыть, то г҃ гривны старые. Оже повинбесть мужеску жону, любо дчьрь, то князю м҃ гривенъ ветхыми кунами, а женѣ или мужьское дчери д҃ гривенъ ветхыми кунами. Оже съгренеть чюжее женѣ повои с головы, или дчери, видится простоволоса, і гривенъ старые за соромъ. Оже тяжа родится бес крови, свядутся послуси, и Русь и Нѣмци, то вергуть жеребее: кому ся выиметь, ротѣ шедъ, свою правду възмуть. Оже емати скотъ Варягу на Русинѣ, или Русину на Варязѣ, а ся его запреть, то ві мужь послухы: идеть ротѣ, възметь свое. Оже родится тяжа в Нѣмцехъ Новгородцю, любо Нѣмчичю Новѣгородѣ, то рубежа не творити, на другое лѣто жаловати: оже не правять, то, князю ява и людемъ, взяти свое у гостя, оже тяжа родится в Новѣгородѣ. Оже тяжа родить а ыное земли в Руськыхъ городѣхъ, то у тѣхъ свое таже правити, искати Новугороду не наобе, а тяжа на городы. А Нѣмчичъ свободь и Новгородци, оже придеть въ своеи лодьи в Нѣмецкои домовь. Аче самъ не поидьть в неи опять, мужь дасть кърмьнику. Нѣмчина не сажати в погребъ Новѣгородѣ, ни Новгородця в Нѣмцьхъ: нъ имати свое у виновата. Оже кто робу повержеть насильемъ, а не соромить, то за обиду гривна. Паки ли соромить, собѣ свободна. Оже убьють таль или попъ Новгородцкое, или Нѣмецкъе Новѣгородѣ, то к҃ гривенъ серебра за голову.

№ II*.

1229 Fürst Mstislaw Dawydowitsch von Smolensk schliesst durch seinen besten Popen Jeremei und seinen Mann Pantelei, unter Bemühung des Gottesritters Rolfo aus Kassel und des Smolenskers Tumasch, zugleich für Smolensk und die Fürsten von Polozk und Witebsk, mit den Rigischen und den Handelsleuten am gothländischen Ufer (in Wisby), eine Vereinbarung auf gegenseitige Rechtspflege und Handelseinigkeit, nach Ablauf des Jahres der Geburt des Herrn 1228 unter dem Rigischen Bischof — im Eingang der Urkunde wird B. Albrecht als verstorben bezeichnet —, Propst Johann, Meister Volkwin dem Gottesritter, und den Rigischen Bürgern, vor allen lateinischen Kaufleuten, deren waren Reginbod, Dethard und Adam vom gothischen Ufer, Membern und Friedrich Dumbe aus Lübeck, Heinrich Got und Udiger aus Soest (Жатъ statt Жюжатъ = Sosat), Konrad Scheel und Johann Kint aus Münster, Bernhard und Volker (Вълкеръ) aus Groningen, Hermbrecht (Iермьбрьхтъ) und Albrecht aus Dortmund, Heinrich Zisbick aus Bremen, Albrecht Sluk, Bernhard und Walter und Albrecht der Vogt aus Riga. *R.*

Von dieser Urkunde befinden sich im innern Rig. RA. zwei Pergament-Originale, das eine mit einem an rother, aber ganz verblichener Flockseide, das andere mit zwei an verblichener Seidenschnur hängenden Blech-Siegeln, und im äussern RA. eine alte Abschrift auf Pergament ohne Siegel. Abdruck nach dem Original mit zwei Siegeln in der Собраніе Государственныхъ Грамотъ и Договоровъ, II, 1—3, № 1. (Moskau 1819. fol.) und daraus in Rakowiecki's Prawda Ruska czyli Prawa wielkiego Xiecia Jarosława (Warschau 1820—22, 2 Bände in 4°); ferner in E. S. Tobien's Aeltesten Tractaten Russlands (Dorpat und Leipzig 1845. 4°), S. 33—72, und in v. Bunge's Liv-, Esth- und Curl. Urkundenbuch. I. 120—134, № CI., Text II. Auszug daraus in den Rig. Stadtblätt. 1814. S. 121. 125—127; deutsche Uebersetzung von Brotze geliefert in Ewers und Engelhardt's Beitr. zur Kenntniss Russlands (oder Sammlung russ. Gesch. Bd. X. Dorpat 1818, S. 325—335 und dazu Verbesserungen von Ewers nach dem Abdrucke der Собр., ebend. S. 703—706.

№ II[a].

Fürst Mstislaw Dawydowitsch von Smolensk schliesst in dem Jahre, als Bischof 1229
Albrecht von Riga gestorben war, durch seine Männer Geremei den Popen und den Hundertmann Pantelei, unter Bemühung des Rolf von Kassel und des Tumasch Michailowitsch, zugleich für Smolensk und die Fürsten von Polozk und Witebsk, mit den Rigischen und den deutschen Kaufleuten und denen auf dem gothländischen Ufer, eine Vereinbarung auf gegenseitige Rechtspflege und Handelseinigkeit, d. d. im J. nach der Kreuzigung 1230 weniger eins, zur Zeit des rigischen Bischofs Nicolaus, des Popen (Propst's) Johann, des Meister Volkwin, vor den rigischen Männern und vielen Kaufleuten des römischen Reichs, deren waren Reginbod, Dethard und Adam vom Gothenufer, Membern, Friedrich Dumbe aus Lübeck, Heinrich Got und Ildiger aus Soest (Shushashat = Sosat), Konrad Scheel (Кондратъ Крывыи), Johan Kint aus Münster, Bernhard (Берникъ) und Volker (Фолькыръ) aus Gröningen (Груль), Hermbrecht und Albrecht aus Dortmund, Heinrich Tschishick (Чижовъ) aus Bremen, Albrecht Sluk, Bernhard, Walter, Albert dem Richter aus Riga. *R.*

Von dieser Urkunde befindet sich im innern Rig. RA. ein Pergament-Original mit zwei an rothseidenen Schnüren hangenden Siegeln, wovon aber eins abgerissen ist, und im äussern RA. eine alte Abschrift auf Pergament ohne Siegel. Abdruck mit Facsimile nach jenem Original in E. S. Tobien's Aeltesten Tractaten Russlands, S. 33—72, und in v. Bunge's Livl. UB. I. 119—134. № CI., Text I.; nach einer Handschrift aus der Bibliothek des Grafen Mussin-Puschkin in Karamsin's Ист. Росс. Госуд., Th. III., Anm. 248. deutsche Ueb. III., 304—310. Anm. 119; nach einer Handschrift auf Pergament, die von Kalaidowitsch der Moskauschen Gesellschaft für Geschichte und Alterthümer Russlands überlassen wurde, in deren Sammelschrift Русскія Достопамятности. Bd. II. (Moskau 1843), S. 243—286 mit Anmerk. von Dubenski. Vgl. über diese zweite Urkunde von 1229 Köppen's Списокъ Русскимъ Памятникамъ (Moskau 1822. 8°.), S. 51, № 49 und 50 und dessen Erläuterungen zur paläographischen Tabelle der slawisch-russischen Schrift vom XI. bis zum XV. Jahrhundert. (Aus dem Bulletin hist.-philol. de l'Académie des sciences de St.-Pétersb., Tom. V., № 3, Sp. 33—48.

besonders abgedruckt. St. Petersb. 1857. 8°.), S. 7—10 und 16—18; und über beide Urkunden und ihr gegenseitiges Verhältniss Tobien a. a. O. S. 41—54 und v. Bunge's UB. I. Reg., S. 27 und III. Reg., S. 18. 19. Das Richtige hat wohl darin Aug. Engelmann getroffen im Bull. hist.-philol. T. XII., № 21—23 = Mélanges Russes, II. 570—73. Vgl. desselben Хронологическія изслѣдованія въ области русской и ливонской исторіи XIII вѣка. Спб. 1858.

In Betreff der in den Urkunden erwähnten Bischöfe von Riga ist zu bemerken, dass der Tod des Bischofs Albrecht im J. 1229 erfolgte (nach dem Chron. Alberici in G. G. Leibnitii Access. histor. II. 533 und nach Albertus Stad. in Jo. Schilter's Scriptor. rer. German., p. 306, vgl. Script. rer. Livon. I. 323. 326) und zwar zufolge dem Necrologium Hamburgense (in Langebeck's Script. rer. Danic., V. 388) am XVI. Kal. Febr., d. i. am 17. Jan. Nach der vorliegenden Urkunde muss auch B. Nicolaus schon 1229 zur bischöflichen Weihe gelangt sein, was man auch gewöhnlich annimmt (s. Voigt's Gesch. Preuss. II. 323 und die dort Anm. 3 citirten Quellen); wenn er aber eine Urkunde vom 9. Aug. 1231 (in Nettelbladt's Fasc. rer. Curland. p. 148, Gruberi sylva docum., № XLIX., p. 269. 270 und Ziegenhorn's Kurl. Staatsrecht, Beil. № 8, S. 7) aus seinem ersten Pontificatsjahre datirt, so rechnete er wohl von seiner Bestätigung durch Papst Gregor IX., auf Vorstellung des Balduin von Alna, Pönitentiars und Nuntius des Legaten, Cardinals Otto. Vgl. Orig. Livon. p. 186, not. g.

№ III.

«Scra — in deme hove der dudesscen to Nogarden». *D.*

Diese alte Rechtsbestimmung findet sich im äussern Rig. RA. und bildet ein aus zwei ungleichen Lagen zusammengeheftetes Pergamentbuch von 12 Blättern, von deren Seiten die allererste und die beiden letzten unbeschrieben geblieben sind; auf der letzten ist nur von späterer Hand der Queere nach aufgeschrieben: «Das Nouwgardisch Recht». Dem Inhalte nach umfasst es:

1) Bis S. 7 die älteste Skra des Hofes der Deutschen zu Nowgorod, aus der Mitte des 13. Jahrhunderts, welche Lappenberg in der Urkundl. Gesch. des Ursprungs der deutschen Hansa, II. 16—27, als nach dem J. 1225 gegeben, nach zwei Lübecker Abschriften und einer Kopenhagener geliefert hat, gegen welche die unsrige in einzelnen Stücken abweicht (am nächsten scheint sie seiner II zu kommen), und welche auch abgedruckt ist im Lübecker Urk.-Buche, I. 700—703.

2) S. 7—21 die neuere Skra, dem Hofe zu Nowgorod von Lübeck gegeben, welche von Lappenberg, S. 200—212, als vom Ende des 13. oder Anfange des 14. Jahrhunderts stammend, mit Varianten der Kopenhagener Handschrift, die sie auch enthält, und gleichfalls im Lübecker Urk.-Buche, I. 703—711, als aus der zweiten Hälfte des 13. Jahrh. herrührend, aufgenommen ist.

Beide in diesen zwei Abdrücken getrennte Stücke laufen in der Rigischen Handschrift, wie in der Kopenhagener zusammenhängend fort, wie gleiche Zusammenstellungen auch im Lüb. Archive sich finden. Die fehlerhafte Kopenhagener Handschrift ist auch besonders abgedruckt worden unter dem Titel: De Skra van Nowgarden, d. i. Die Handels-, Gerichts- und Polizei-Ordnung des deutschen Handels-Hofes zu Nowgorod in uralten Zeiten, ins jetzige Deutsche übertragen, nebst einer einleitenden Vorerinnerung, einer Vergleichung derselben mit dem lübschen Recht, und erläuternden Anmerkungen von Heinr. Behrmann. Kopenhagen 1828 (1825), 137 Seiten in 8°; desgleichen bei Андреевскій О договорѣ Новгорода съ Нѣмецкими городами и Готландомъ, заключенномъ въ 1270 году. Спб. 1855, in 8°, p. 62—94. Beiträge zum richtigen Verständniss des Textes giebt A. Engelmann in einer Recension der letztern Ausgabe in Отечественныя Записки 1855, T. XCIX., Отд. III., p. 16—30.

№ IV.

König Myndowe von Lithauen ertheilt, an dem Tage seiner Salbung zu einem christlichen 1253
Könige, den Rigischen Handelsfreiheit in seinen Landen, d. d. 1253. *L.*

Pergam. Orig. ohne Siegel (wahrscheinlich nur ein Entwurf) im innern Rig. RA.; Abdruck in der Ergänz. der Livl. Reimchronik des Ditleb von Alnpeke (Riga und Leipzig 1844, in 4°), S. 51, in der Ausgabe ders. Chronik in Scriptor. rer. Livon., I. 752 und in v. Bunge's Livl. UB., I. 312, № CCXLIII. Vgl. Index № 114 und Sjögren, Ueber die Wohnsitze und Verhältnisse der Jatwägen, in den Mémoires de l'Académie Impériale des Sciences de St.-Pétersbourg. VIe Série. Sciences polit., Histoire, T. IX, p. 207, und im Sonderabdruck (Petersb. 1858, in 4°) p. 47.

№ V.

P. Innocenz IV. bestätigt die vom Könige Myndowe in Lithauen dem DO. gemachte (1253)
Schenkung der Lande Wangen und Carsow, nebst halb Daynowe und Rassione, d. d. Assisii,
XII. Kal. Sept. Pont. a. XI. (21. Aug. 1253). *L.*

Transsumt d. d. Riga 7. März 1352, ferner Riga 26. Mai 1388 im Kgsb. GA.; Abdruck in Dreger's Cod. dipl. Pomer., p. 360, № CCLII.; Raczynski, Cod. dipl. Lith., p. 7, № IV. und v. Bunge's Livl. UB., I. 338, № CCLV. Vgl. Index № 146, 453, 1. Die bei Dreger und Raczynski angesetzte Jahrzahl 1254 ist nicht richtig. Vgl. über diese Urkunde Sjögren, Ueber die Wohnsitze und die Verhältnisse der Jatwägen, p. 209 (49) ff., wo sie übrigens gleichfalls irrthümlich in das J. 1254 gesetzt ist.

№ VI.

König Myndowe von Lithauen ertheilt schenkungsweise dem Bischofe seines Reichs, 1254
Christian, gewisse Besitzungen, d. d. IV. Idus Mart. (12. März) 1254. *L.*

Transsumte d. d. Riga 31. März 1352 und 26. Mai 1388, im Kgsbg. GA.; Abdruck bei Raczynski, p. 4, № II.; Dreger, Cod. dipl. Pomer., p. 352, № CCXLIII. und v. Bunge's Livl. UB., I. 345, № CCLXIII. Vgl. Index № 394. 454, 3. S. Sjögren, Jatwägen, p. 206 (46).

№ VII.

Christian, erster Bischof von Lithauen, erlässt dem DO. den Bischofszehnten in denjeni- 1254
gen Ländern, die ihm der lithauische König Myndowe geschenkt, damit jener ihn und
sein neues Bisthum beschütze, d. d. in Riga, 1254. VIII. Idus April. (6. April). *L.*

Transsumte d. d. Riga, 7. März 1352 und 26. Mai 1388 im Kgsbg. GA.; Abdruck in Dreger's Cod. dipl. Pomer., p. 355, № CCXLVII.; Raczynski, p. 17, № XI. und v. Bunge, I. 348, № CCLXVI. Vgl. Index № 160, 454, 4 und Sjögren, a. a. O. p. 206 (46).

№ VIII.

1254 P. Innocenz IV. nimmt die Personen und das Hospital des DO. in Livland, sammt dessen jetzigen und künftigen Gütern in seinen Schutz, und bestätigt dem Orden den Besitz der ihm einst vom russischen König Constantin geschenkten Güter oder Schlösser Allecten, Kalwe, Selen, Medene und Nitzegale, d. d. Assisii, X. Kal. Jun. Pont. a. XI. (23. Maj 1254). *L.*

Transsumte d. d. Fellin XII. Kal. Maji (20. Apr.) 1349 und Marienburg 29. Maj 1393, im Kgsbg. GA.; Abdruck in E. Raczynski, Cod. dipl. Lith., p. 6. № III. und v. Bunge, I. 351, № CCLXIX. Vgl. Index № 117, 499. 1 und Sjögren, Jatwägen, p. 207 (47) ff.

№ IX.

1254 P. Innocenz IV. meldet dem König Myndowe von Lithauen, dass der neue B. Christian, auf die Bitte des Königs, von dem dem Rig. EB. geleisteten Eide entbunden und von ihm der Eid für den päpstlichen Stuhl gefordert worden, weil der B. nur allein diesem unterworfen sei, d. d. Anagni, III. Non. Sept. Pont. a. XII. (3. Sept. 1254). *L.*

Transsumt d. d. Riga 26. Mai 1388 im Kgsbg. GA.; Abdruck bei Dreger, p. 357, № CCXLIX.; Raczynski, p. 8, № V.; v. Bunge, I. 354, № CCLXXII. Vgl. Index № 453, 2.

№ X.

1254 P. Innocenz IV. meldet dem B. Christian von Lithauen, dass er von seinem, dem EB. von Riga geleisteten Eide entbunden sei und dem B. von Neuenburg (Naumburg?) den Eid für den päpstlichen Stuhl leisten solle, d. d. Anagni, III. Non. Sept. Pont. a. XII. (3. Sept. 1254). *L.*

Transsumt vom 26. Mai 1388 im Kgsbg. GA.; Abdruck bei Dreger, p. 358, № CCL. Vgl. Index № 453, 3.

№ XI.

1254 P. Innocenz IV. beauftragt den Bischof von Dorpat, dafür zu sorgen, dass der B. Christian in der Eidesleistung an den römischen Stuhl von Niemand behindert werde, d. d. Anagni, XII. Kal. Oct. Pont. a. XII. (20. Sept. 1254). *L.*

Transsumt vom 26. Mai 1388 im Kgsbg. GA.; Abdruck bei Dreger, p. 359, № CCLI.; Raczynski, p. 9, № VI. und v. Bunge, I. 356, № CCLXXV. Vgl. Index № 453, 4.

№ XII.

P. Alexander IV. empfiehlt den B. Christian von Lithauen und dessen Kirche dem 1255
Schutze und der Vertheidigung des Königs Myndowe, d. d. Neapoli, Non. Mart. Pont. a. I. (7. März 1255). *L.*

Transsumt vom 26. Mai 1388 im Kgsbg. GA.: Abdruck bei Dreger, p. 352. № CCXLIV.; in den Mittheilungen aus der Gesch. Liv-, Ehst- und Kurland's, VIII. 116 und bei v. Bunge, III. 50. № CCLXXIX. a.

№ XIII.

König Myndowe von Lithauen schenkt dem livländischen Orden das Land Selen, d. d. 1255
1255 mense Octob. *L.*

Perg. Orig. mit Siegel und Transsumt vom 18. Mai 1393 im Kgsbg. GA.; abgedruckt in Dreger's Cod. dipl. Pomer., p. 382. № CCLXXI.; Raczynski, Cod. dipl. Lith., p. 11. № VII. und v. Bunge, I. 371. № CCLXXXVI.; im Auszuge bei Lucas David, VII. 188. Anm.

№ XIV.

König Myndowe ersucht P. Alexander IV., dass er das dem deutschen Orden in Liv- 1255
land gegebene Land Selen demselben bestätigen möge, d. d. 1255 mense Octob. *L.*

Transsumt vom 18. Mai 1393 im Kgsbg. GA.; Abdruck in Dreger's Cod. dipl. Pomer., p. 381. № CCLXX.; Raczynski, p. 13. № IX. und v. Bunge, I. 372. № CCLXXXVI. Vgl. Index № 497 und Sjögren, a. a. O., p. 218 (58).

№ XV.

König Myndowe von Lithauen bestimmt die Gränzen des dem Livländischen Orden ge- (c. 1255
schenkten Landes Selen, o. O. u. J. (c. 1255). *L.*

Alte unvollständige, weil ohne Schluss gelassene Abschrift (oder nur Entwurf?) in Kgsbg. GA. Vgl. Index № 122. Wahrscheinlich ein Machwerk des Ordens. Eine dieser Urkunde sehr ähnliche, aber mit dem Datum: anno domini millesimo ducentesimo sexagesimo primo VII. Idus Augusti, versehene Urkunde hat Hennig in d. Anm. zu Lucas David, VII. 140, nach einem in demselben Archive befindlichen Transsumte des B. Johann von Reval, d. d. Reval 16. May 1392, abdrucken lassen, und beide hat v. Bunge in s. Livl. UB., I. 461—464. № CCCLXIII. neben einander geliefert.

№ XVI.

(1257—63.) Des Fürsten Alexander und seines Sohnes Dmitri, so wie des Possadniks Michael, des Tausendmannes Shiroslaw und aller Nowgoroder Vertrag, abgeschlossen mit dem deutschen Gesandten Siwert und dem Lübecker Gesandten Dietrich und dem Gesandten der Gothen Alsten und mit allen Lateinern wegen gegenseitiger Handels- und Rechtsverhältnisse nach dem alten Recht. Ohne Dat. (1257—63).

Das Original im äussern Rathsarchiv zu Riga. Es ist ein längliches, auf beiden Seiten beschriebenes Pergamentblatt, an dessen oberem Rande drei an rothseidenen Schnüren hängende Siegel von Goldblech, am untern aber drei an Hanfschnüren hängende Siegel von Blei, auf beiden Seiten bedruckt, von gleichem Gepräge. Das erste stellt die Mutter Gottes mit dem Christkinde vor und zeigt zu Seiten des Kopfes der Mutter Gottes die Buchstaben мр — [ѳу] und zur Rechten der Figur co; auf der Rückseite eine Inschrift, von welcher man folgende Buchstaben erkennt: дал || матъ а || хоіепнъ н || овъгор || адск, und wobei man an den nowgorodischen Erzbischof Dalmat (von 1251—1273) erinnert wird; das zweite zeigt den Heiligen der griechischen Kirche Theodor Stratilat so, wie er in den Heiligenbildern dargestellt wird, mit einem Speere in der Rechten und einem Schilde in der Linken, und mit Inschriften zu beiden Seiten, von denen nur die zur rechten Seite zu lesen ist als ѳе || ωд || ор; auf der Rückseite ebenfalls einen Heiligen, dessen Gestalt sehr unkenntlich ist, mit einer links befindlichen Inschrift, die kaum leserlich ist, aber doch die Buchstaben enthalten zu haben scheint ао || ан || ас || н. Das dritte, nicht mehr ganz kenntliche Siegel stellt den Heiland mit segnender Rechten dar, wie die kaum mehr leserliche Inschrift іс — хс (Іисусъ Христосъ) beweist; die Kehrseite hat folgende Inschrift: † пач || атъ вск || го нов || город. —

Es sind in dieser Urkunde zwei Verträge zusammengestellt: der erste, oben excerpirte, kann keinem andern angehören, als Alexander Jaroslawitsch Newski, welcher öfters, zuletzt in den Jahren 1257 (s. I. Nowg. Chron. b. J. 6765) bis 1259 sich in Nowgorod aufhielt. Im J. 1257 wurden gewählt Michael Fedorowitsch zum Possadnik und Shirocha (Diminutivform des Namens Жирославъ = Shiroslaw, der in unsrer Urkunde vorkommt) zum Tausendmann. Im J. 1259 (6767) verliess Alexander Newski Nowgorod (nachdem er seinen Sohn Dimitrij auf den Thron gesetzt hatte), welcher im Herbste 1262 (s. I. Nowg. Chron. z. J. 6770) einen erfolgreichen Feldzug gegen die Stadt Jurjew (Dorpat) unternahm. Bald nach dem Tode des Vaters, der am 14. Nov. 1263 starb und am 23. dess. Mon., an einem Freitage, beerdigt wurde, entthronten die Nowgoroder, unter Mitwirkung des Possadniks Michael, den Dimitri Alexandrowitsch (I. Nowg. Chron. z. J. 6771, 6772). Hiernach wäre diese Urkunde zwischen den Jahren 1257—63 geschrieben. Für eine genauere Zeitbestimmung bieten sich zwei Möglichkeiten. Erwägt man nämlich zunächst, dass nach dem Nowgoroder Chronisten Alexander Newski zuletzt in Nowgorod in den J. 1257—59 sich aufhielt und dass bis dahin sein Sohn Wassili Fürst von Nowgorod war, der in der Urkunde nicht vorkommt, so kann man annehmen, dass sie der Zeit des letzten Aufenthalts Alexanders in Nowgorod, also den Jahren 1257—59 angehöre. Andererseits hängt der Vertrag vielleicht, wie Sreznewski (Извѣстія etc. T. VI, Sp. 171 = Истор. Чтенія 1856 и 1857, p. 316—317) wahrscheinlich macht, mit dem Feldzug der russischen Fürsten zusammen, von dem die Nowg. I. Chron. unter dem J. 6770 berichtet. Dann wäre er in das Ende des Jahres 1262 zu setzen (nicht, wie Sreznewski annimmt, in 1263; s. Engelmann in Хронологическія изслѣдованія въ области русской и ливонской исторіи XIII вѣка. Спб. 1858, p. 8, Anm. 20). Alexander Newski's damalige Gegenwart in Nowgorod könnte zufällig vom Chronisten nicht angemerkt sein. — Zuerst abgedruckt ist die Urkunde (mit Facsimile) in Грамоты, касающіяся до сношеній сѣверо-западной Россіи съ Ригою и ганзейскими городами etc., № 1, und danach in den Извѣстія II. Отдѣл. Акад. Наукъ, T. VI, Sp. 166—160 = Историч. Чтенія 1856 и 1857, p. 311—315.

Се язъ князь Олександръ и сынъ мои Дмитрии, с посадникомь Михаилъмь, и с тысяцькымь Жирославомь, и съ всѣми Новгородци, докончахомъ миръ с посломь Нѣмецькымь Шиворломь, и с Любьцкымь посломь Тидрикомь, и с Гъцкымь посломь Олъстенъмъ, и съ всѣмъ Латиньскымь языкомь. Что ся учинило таже межи Новгороци и межю Нѣмци и Гты и со всѣмъ Латиньскымь языкъмь, то все отложихомь, а миръ докончахъмъ на сеи правдѣ: Новгородцамъ гостити на Гоцкыи берегъ бес пакости, а Нѣмцьмъ и Гтъмъ гостити в Новъгородъ бес пакости, и всему Латиньскому языку, на старыи миръ. Пудъ отложихомъ, а скалви поставихомъ по своеи воли и по любви. А в Ратшину тяжю платили есмы К гривенъ серебра за двѣ голове, а третьюю выдахомъ. А Нѣмцьмъ и Гтъмъ и всему Латиньскому языку платити по двѣ кунѣ отъ капи, а отъ всякого вѣсного товара, что кладуть на скалви, и продавше и купивше. А старыи миръ до Котлингѣ. А Новгородцьмъ въ становищи на Гоцкомъ березѣ бес пакости въ старыи миръ. А зимнии гость оже не поиметь нашего посла, ни Новгородцьскыхъ купець из Новагорода, или съ Гъцького берега, а что ся учинить ис Котлингъ до Новагорода, или из Новагорода до Котлингъ Немецкъму гости, оже бес посла поидуть, то Новугороду тамо не надобе, въ старыи миръ. Оже кто гостить в Корѣлу, или Нѣмци или Гтане, а что ся учинитъ, а то Новугороду тажа не надобе. А которыхъ трее дворць въпросили ваша братья посли, а тѣхъ ся есмы отступили по своеи воли. А се старая наша правда и грамота, на чемь цѣловали отци ваши и наши крестъ. А гдѣ ся тяжя родить, ту ю кончати. А иное грамоты у насъ нѣтуть, ни потавили есмы, ни вѣдаемъ; на томь крестъ цѣлуемъ.

Auf demselben Pergamentblatte steht hinter der Urkunde Alexander Newski's die oben unter № I. abgedruckte Urkunde des Fürsten Jaroslaw Wladimirowitsch von Nowgorod.

№ XVII.

König Myndowe von Lithauen schenkt dem Orden in Livland verschiedene Ländereien, unter der Bedingung, dass er ihm und seinen Nachkommen gegen ihre und des Glaubens Feinde beistehe, d. d. 1257. *L.* 1257

Transsumt d. d. Riga 7. März 1352. im Kgsbg. GA. (Index № 146); Abdruck in Act. Boruss. III. 738; Dreger's Cod. dipl. Pomer. p. 410, № CCXCVIII; Raczynski Cod. dipl. Lith. p. 12, № VIII; O. Kienitz 24 Bücher der Gesch. Livl., Bd. II, Beil. 1. S. V. (überall mit dem J. 1257 bezeichnet), und in v. Bunge's UB. I, 333, № CCLII mit dem J. 1253, weil ein in einer Bestätigungsurkunde Kaiser Karl des IV. enthaltener Text (bei Lucas David VI. 137, Anm.) das Datum vom Juli 1253 enthält und diese Schenkung schon am 21. Aug. 1253 vom Papste bestätigt ist (s. oben № V). Vgl. darüber, sowie über die folgenden Urkunden: Sjögren, Ueber die Wohnsitze und die Verhaltnisse der Jatwägen, p. 209 (49) ff.

№ XVIII.

König Myndowe schenkt demselben das Land Samaiten, d. d. 1257. *L.* 1257

Abdruck nach einem auf dem Kgsbg. GA. liegenden Transsumte des B. Johann von Reval, d. d. Reval 16. März 1392, in Hennig's Anmerk. zu Lucas David VII, 142 und v. Bunge's UB. I, 382, № CCXCIV.

№ XIX.

(1257) P. Alexander IV. bestätigt die vom König Myndowe von Lithauen an den livländischen Orden gemachte Schenkung des Landes Selen auf des Königs Bitte (vom J. 1255, s. № XIV), d. d. Viterbo, III. Idus Jul. Pont. a. III. (13. Juli 1257). *L.*

Transsumt vom 16. Mai 1393, im Kgsbg. GA.; Abdruck bei Raczynski p. 13, № IX. und in v. Bunge's UB. I. 394, № CCCVIII. Vgl. Index № 497, 2.

№ XX.

1259 König Myndowe von Lithauen schenkt dem livländischen Orden die Länder Denowe (Jetwesen), Schalauen und Sameiten, d. d. VII. Idus Aug. (7. Aug.) 1259. *L.*

Perg. Orig. mit Siegelspur, und Transsumt d. d. Riga 7. März 1352 im Kgsbg. GA.; Abdruck in Dreger's Cod. dipl. Pomer. p. 424, № CCCXII; Acta Boruss. III. 739; Kotzebue II. 291 mit der unrichtigen Jahrzahl 1252; Raczynski p. 15, № X. und bei v. Bunge I. 436, № CCCXLIII; auszugsweise bei Lucas David VII, 130, № III.

№ XXI.

(1260) P. Alexander IV. bestätigt den Zehntenerlass des B. Christian von Lithauen für den Orden von Livland in den diesem vom König Myndowe geschenkten Ländereien, d. d. Anagni, VIII. Kal. Febr. Pont. a. VI. (25. Jan. 1260). *L.*

Transsumte, d. d. Riga 7. März 1352 und 26. Mai 1388, im Kgsbg. GA.; Abdruck in Dreger's Cod. dipl. Pomer. p. 429, № CCCXV; Raczynski p. 18, № XI. und v. Bunge's UB. I, 442, № CCCXLVII. Vgl. Index № 160, 2; 434, 2.

№ XXII.

(1260) P. Alexander IV. erklärt sich zum beständigen Schutzherrn derjenigen Länder, welche dem DO. in Russland oder von den Tataren, entweder durch Schenkung, oder durch die Waffen zufallen würden, sobald sie das Christenthum angenommen haben, unterwirft sie der weltlichen Botmässigkeit des Ordens und gestattet den griechischen Geistlichen in Russland die fernere Ausübung ihrer geistlichen Macht, wenn sie zum Gehorsam der römischen Kirche zurückkehren, d. d. Anagni, VIII. Kal. Febr. Pont. a. VI. (25. Jan. 1260). *L.*

Orig. auf Pergament und Transsumt vom 29. Mai 1393 im Kgsbg. GA.; Abdruck in v. Bunge's livl. UB. I. 440, № CCCXLV. Vgl. Index № 162, 504, 3. — Durch eine gleiche Bulle, von demselben Datum, nahm derselbe Papst alle Länderrien, die der DO. von den Heiden erobern würde, wenn dieselben seit Menschengedenken noch nicht im Besitze der Christen gewesen, in den Schutz der römischen Kirche und schenkte sie dem DO. Diese Bulle befindet sich in zwei Original-Transsumten 1) des B. Engelbert von Dorpat, d. d. Segewalde, am Tage der Märtyrer Crispin und Crispinian (25. Oct.) 1324; 2) d. d. Marienburg, 29. Mai 1393 — auf dem Kgsbg. GA. (Vgl. Index № 308, 1; 504, 4.); Abdruck bei Dogiel IV, 29, № XXXIII. und v. Bunge I, 441, № CCCXLVI.

№ XXIII.

König Myndowe von Lithauen vermacht sein ganzes Königreich dem DO. aus Dankbarkeit für dessen Verdienste, wenn er ohne Erben sterben sollte, d. d. Littovie in curia nostra 1260 in medio mensis Junii. *L.* 1260

Transsumte d. d. Riga 17. Dec. 1392 und Thorn 18. Mai 1393, im Kgsbg. GA.; Abdrücke bei Dreger p. 438, № CCCXXVII; Acta Boruss. III, 749; Raczynski p. 19, № XII.; v. Bunge's livl. UB. I, 449, № CCCLIV. Vgl. Index № 498 und 1743 und über die Mindowe'schen Schenkungen Lucas David Preuss. Chronik, herausgegeben von E. Hennig VII, 131 ff; Voigt's Gesch. Preuss. III, 176 und Sjögren, Jatwägen. p. 256 (96, ff.

№ XXIV.

P. Urban IV. bestätigt den Ordensbrüdern in Liv- und Ehstland den Besitz der ihnen vom russischen Könige Constantin geschenkten Güter, d. d. Rom, XIII. Kal. Sept. Pont. a. III. (20. Aug. 1264). (1264)

Transsumte d. d. XII. Kal. Maji (20. Apr.) 1349, 29. Mai 1393, 14. Dec. 1415 im Kgsbg. GA. (Vgl. Index № 490, 2; 504, 5; 713, 3.); Abdruck bei v. Bunge I, 484, № CCCLXXX. Die erwähnte Schenkung bestätigte dem Orden schon P. Innocenz IV. im J. 1254 (s. oben № VIII) und heissen in dessen Bestätigungsbulle die geschenkten Länder (Güter oder Schlösser) Allecten, Kalwe, Selen, Medene und Nitzegale.

№ XXV.

Des (lithauischen) Fürsten Gerden Friedensschluss zwischen dem livländischen Meister und Riga und den Polozkern und den Witebskern, worin diese zu Gunsten jener dem Lande der Lettgallen entsagen, wie es schon Fürst Constantin mit Brief und Siegel abgetreten hatte, jene aber zu Gunsten dieser sich des polozkischen Landes begeben, und worin gegenseitige Handelsfreiheit festgesetzt wird, d. d. Riga, drei Tage vor Chr. Geburt (22. Dec.) 1264. 1264

№ XXV^a.

Des polozkischen Fürsten Isäslaw Erklärung zugleich für den (witebskischen?) Fürsten Isäslaw, die beide Woischelg's Untersassen, an den livländischen Bischof und Meister und die Stadt Riga wegen gegenseitigen Friedens und gegenseitiger Handelsfreiheit der Polozker und Witebsker in Riga, am gothischen Ufer und in Lübeck, ohne Datum.

Alte Abschrift beider Urkunden auf einem und demselben Pergamentblatte im äussern Archive des rigischen Raths. — Die Angaben der lithauisch-russischen und der eigentlich russischen Chroniken über das genealogische Verhältniss der lithauischen Fürsten zu einander und über die Herrschaft der Fürsten lithauischen Stammes in Polozk sind zum Theil sehr unbestimmt und widersprechen öfters einander. Das Zeitalter Gerden's, der auch Herden und Erden genannt wird, lässt sich indessen mit ziemlicher Sicherheit bestimmen, da Dowmant, der als Abkömmling des lithauischen Fürstenhauses eine Zufluchtsstätte in Pskow gefunden hatte und dort im Jahr 1266 zum Fürsten erwählt worden war, öfters mit ihm in Krieg verwickelt erscheint. S. I. Pskowsche Chron. (in Полное Собр. Русск. лѣт. IV. p. 180). Unter dem in der ersten Urkunde vorkommenden »Mester« ist Conrad von Mandern zu verstehen (seit 1263 oder 1264 bis 1267, siehe Script. rer. livon. I. p. 889 und den Artikel von Aug. Engelmann im Bull. histor.-philol. de l'Acad. Imp. des sciences Tome XII, colum. 306), der auch bei den lithauisch-russischen Chronikschreibern (s. Narbutt. Pomniki do dziejów Litewskich. Wilno 1846. 4°. p. 12 und vergl. Stryjkowski I. p. 322 der Warschauer Ausgabe) erwähnt wird. Noch ist zu bemerken, dass Papst Urban IV. am 20. Aug. 1264 auf Bitte der Schwertritter ihnen die, vom Fürsten Constantin ihnen abgetretenen, Länder bestätigte (s. die vorhergeh. »I« und unten p. 27). In unserer Urkunde erscheint nun als Oberherr von Polozk und Witebsk, nach Mindow's Tode († im Herbst 1263?), der lithauische Fürst Gerden.

Die zweite Urkunde ist eben so, wie die erste, durch verschiedene Schreibfehler entstellt. In dem Worte »molschelgowe« kann man den Namen des lithauischen Fürsten »Woischelg Mendegowitsch« nicht verkennen, von dem die Chroniken (S. die wolhynische Chronik im Ипат. спис. unter dem Jahre 6772 und Lith. Chron. edit. Narbutt in Wilna, 1846, p. 9) sagen, dass er regierte »über Nowogródek und die russischen Städte« oder wie Stryjkowski (ed. Wars. von 1846. I. p. 306) hat: »er war Grossfürst von Lithauen, Nowogródek, Polozk und Schamaiten«. Leider ist die Chronologie der Chronik von Wolhynien sehr verworren, die lithauischen Chroniken aber sind sehr arm an Daten für die Geschichte des XIII. Jahrhunderts. Es ist daher unmöglich, die Persönlichkeit der beiden in der Urkunde genannten Isäslaw zu bestimmen, es sei denn, dass man annehme, der erste von ihnen sei der Fürst von Polozk, dessen in der I. Chron. Nowg. z. J. 6771 Erwähnung geschieht, der zweite aber — ein Fürst von Witebsk, und dass beide den Woischelg als ihren Oberherrn anerkannten. Zuverlässig ist nur soviel, dass Woischelg, Mindow's Sohn, zweimal in Lithauen regierte, zu Lebzeiten und nach dem Tode seines Vaters, der im Herbst 1263 erschlagen wurde (S. Ipat. Chron. 6770. 6772. Stryjkowski p. 297. 298 und besonders Nowg. I. Chron. unter dem 6771. Märzjahre). Bei demselben 6771-sten Jahre wird in der Nowg. I. Chron. die Ermordung »des guten Fürsten von Polozk Towtiwil« durch die Mörder Mindow's erzählt und hinzugefügt: »dass damals die Lithauer ihren eignen Fürsten (Isjaslaw?) in Polozk einsetzten«. Diese Begebenheit kann man in das Jahr 1264 oder in das folgende setzen. S. Ipat. Chron. z. J. 6771. In unserer Abschrift steht die Urkunde Isäslaw's, Fürsten von Polozk, hinter der des Gerden. Wenn wir uns erlauben, daraus den Schluss zu ziehen, dass die erste früher geschrieben sei, als die zweite, so kann man annehmen, dass Isäslaw's Urkunde nicht vor 1265 ausgefertigt sei. — Nach den Chronisten (s. Ipat. Chron. 6771) »floh Woischelg«, auf die Kunde von des Vaters Ermordung »nach Pinsk, und da lebte er«. Erst nach der Ermordung Towtiwil's, Fürsten von Polozk, und Trenäta's, Fürsten von Lithauen; »zog Woischelg mit den Pinskern nach Nowogorodok- und bemächtigte sich in kurzer Zeit ganz Lithauens (Wolhyn. Chronik im Ipat. Codex z. J. 6771—73; Livländ. Reimchronik in Script. rer. Livon. I. p. 644 und Nowg. I. Chron. 6773). Einige Jahre später (s. die wolhynische Chronik in dem Ипат. Списокъ unter d. J. 6776) übergab Woischelg das Grossfürstenthum Lithauen dem Schwarn Danilowitsch. In Erwägung der dargelegten Thatsachen kann man einstweilen annehmen, die Urkunde Isäslaw's sei nicht vor 1265 geschrieben. Beide Urkunden wurden zum ersten Mal gedruckt mit Facsimile in den Грамоты, касающіяся до сношеній сѣверо-западной Россіи съ Ригою. Спб. 1857. № II^a und II^b.

XXV^a.

Князь Гердень кланяеться всемь темь, кто видить [с]ую грамоту, тие люди, што ныне живи суть, а темь [ж], кто напосле приидуть, тѣмь вѣдомо буди, [—] какъ миръ есмы створили промежи местеря и с ратьманы Рижьскыми, и с Полочаны и Видьбляны тако, како грамота написано, тако имъ надо всею землею отступити, што есть Лотыгольская земля, какъ не вступатися на тую землю, што князь Костянтинъ далъ местерю съ своею братьею, съ своею грамотою и съ печатью, како боле того на ту землю не поискывати. Верху того, про ту пакость, што ся в розмирьи створило, какъ имъ отъ обою сторону отступити, што Руськая земля словетъ Полочьская; отъ тое земли местерю и братьи его отступити с всею правдою. Верху того, Немечькому гостю в Полочьскую волно ехати торговати, купити и продати. Также Полочаномъ и Видьблянину волно гостити в Ригу и на Готьскы берегъ. А где будеть кто кому виноватъ, в томь городе правити, где тотъ человѣкъ живеть; инде суда ему не искати, в которои волости человѣкъ извиниться, ту ему правда дати, или вина его. А старому миру стояти князя Герденя, князь тыихъ, кто по немъ будеть што поклепани на рѣзне и што словеть Лотыгольская земля, отъ того ся отступили с всею правдою. Местерь также братья его отступили, што словеть Полочьская земля со всею правдою. Сию грамоту тогды написана в Ризе, коли Богъ былъ ã лѣтъ и ĉ лѣтъ в ѯ лѣтъ и д̃ лѣта по Роже[нь]и Божии дни за три дни.

XXV^b.

Слово Изяслава, князя Полочького, къ епископу и къ местерю и къ все[м]ь вельневицемъ и ратьманомъ, всемъ горожаномъ. Полоте[ц]скъ Видьбескъ одно есть, а воли есми Божии и въ [с]Мольшелгове. А Изяславъ со мною одно. На семь къ мне целовати крестъ въ правду, любовь имѣти и миръ, какъ было при первыхъ князьяхъ Полочьскы[х]ъ. Полочаномъ Видьбляномъ волное торгованье въ Ризе, на Готьскомь бере[зѣ] и в Любьце. А рубежа не дѣяти. А кому с кымъ тяжа, судъ дати безъ перевода. А суженого не посуживати. А где кому годно, ту тяжеться. Поручники, и должникы, и холопы выдати. А што ся въ рать дѣяло, и въ рубежехъ, про то вамъ не мыцати, ни намъ вамъ мещати. Чего ся есме отступили въ Ризе, к тому вамъ не приискывати ни люден, ни земли, ни воды, ни борти. На семь же целуите ко мнѣ крестъ по любьви в правду без всякого навѣта.

№ XXVI.

Des Fürsten Jaroslaw Jaroslawitsch mit Bewilligung Mengu Temir's, des Chans der goldnen Horde, ertheiltes Sichergeleit für die rigischen und andre (fremde) Gäste durch sein Gebiet. Ohne Datum (zwischen 1266—1272). (1266—72)

Alte Abschrift im äussern rigischen RA. Zur Bestimmung der Zeit, in welche diese Urkunde gehören kann, dient die Uebertragung der Fürstenwürde durch Mengu Temir auf Jaroslaw Jaroslawitsch, den Bruder Alexander Newski's. Mengu Temir regierte von 1266 oder 1267 an bis zum J. 1281. Wahrscheinlich bald nach seiner Thronbesteigung verlieh er dem russischen Metropoliten einen nur in russischer Sprache auf uns gekommenen Jarlyk oder Freibrief (s. darüber die Schrift: О достовѣрности ярлыковъ, данныхъ ханами Золотой Орды Русскому духовенству. Историко-филологическое изслѣдованіе В. Григорьева. Москва 1842, in-8°. p. 13, 85. 93 und 124). Jaroslaw Jaroslawitsch trat die Regierung als Grossfürst von Wladimir im Sommer 1264 an und am 27. Januar 1266 oder 1265 (s. I. Nowg. Chron. unter d. J. 6773) setzten ihn auch die Nowgoroder auf ihren Fürstenstuhl. Auf der Rückseite eines um 1271 abgefassten Vertrages Jaroslaw's mit den Nowgorodern steht geschrieben (s. Собраніе Государственныхъ Грамотъ и Договоровъ. Томъ I. № 3), dass «von dem Zaren Mengu Temir zwei Gesandte mit einem Schreiben» gekommen wären, um Jaroslaw als Fürsten von Nowgorod einzusetzen. Wie es sich aber auch mit dem Beginn der Herrschaft des genannten Chans verhalten möge, die obige Urkunde dürfte zwischen 1266—1272 erlassen worden sein, da Grossfürst Jaroslaw Jaroslawitsch entweder Ende 1271 oder Anfang 1272 auf der Rückkehr vom Hoflager des Chans, zu dem er sich nicht lange vorher begeben hatte, starb. Vgl. darüber Энгельмана Хронологическія изслѣдованія въ области русской и ливонской Исторіи. Спб. 1858. Abh. I. S. 37.

Менгу Темерево слово къ Ярославу князю: дай путь Немецкому гости на свою волость. Отъ князя Ярослава ко Рижаномъ и к болшимъ и к молодымъ, и кто гостить, и ко всемъ: путь вашь чиста есть по моеи волости. А кто мнѣ ратныи, с тимъ ся самъ вѣдаю. А гостю чисть путь по моей волости.

№ XXVII.

(1266) Vergleichsurkunde zwischen Teschata und Jakim, unter Feststellung der Strafsumme von hundert Griwnen Silber im Falle einer Verletzung des Vergleichs, o. O. u. J. (wahrsch. Polozk, nach 1266).

Perg. Original mit Bleisiegel an einer Hanfschnur im äussern Rig. RA. Das Bleisiegel zeigt auf der einen Seite das Brustbild eines Heiligen, zu dessen rechter Seite der Namen тимо || өеи zu lesen ist; auf der andern Seite ist ein Doppelkreuz mit zwei für «Jesus» abgekürzten Buchstaben. Erster Abdruck nebst Facsimile und Siegelzeichnung im Bulletin hist. philol. de l'Acad. Imp. des sciences de St.-Pétersbourg VIII. 170—172 (1850) und ein eben solches mit Erklärungen von J. Sresnewski und K. Newolin in den Записки Импер. Археологическаго Общества III. 221—267 (1851).

Was die Zeit der Ausstellung dieser Urkunde betrifft, so weist uns der darin angeführte «Schreiber Dowmont's» auf die zweite Hälfte des 13. Jahrhunderts hin. Im J. 1266 kam nämlich ein lithauischer Fürst Dowmont — es gab im 13. Jahrhundert mehrere lithauische Fürsten dieses Namens — nach Pleskau, wurde dort Fürst, nahm das Christenthum und in der Taufe den Namen Timotheus an (daher wohl das oben beschriebene Siegel das seinige ist und uns auf die Ausstellungszeit einen Schluss machen lässt), machte sich um Pleskau sehr verdient und starb nach vielen Kämpfen mit den Livländern 1299. Mehr von ihm siehe in den russ. Chroniken, bei Karamsin, D. Ueb. IV, 82 ff. 91. 135—137 und in den lithauisch-russischen Chroniken, die von der Eroberung von Polozk durch Dowmont nach seiner Niederlassung in Pskow sprechen. Dieselbe Nachricht steht auch bei Stryjkowski (I. p. 324 der Warschauer Ausgabe) und wird bei ihm auf das J. 1281 bezogen.

Ob nun die Urkunde in Pleskow oder Polozk geschrieben worden, bleibt unbestimmt: die Wahrscheinlichkeit ist einer Seits für Pleskau, weil sich Dowmunt dort wohl meistens und am längsten aufgehalten, anderer Seits für Polozk, da sich die Urkunde unter lauter polozkischen Papieren in einem Archive befindet, wo keine pleskauischen Briefschaften vorkommen, wie denn überhaupt Riga mit den Pleskauern nicht in Verbindung gestanden zu haben scheint, welche mehr (oder bloss?) Verkehr mit Dorpat hatten, dagegen es mit Polozk vielfache Verbindungen und daselbst ungefähr eine eben solche Niederlassung und ein Comptoir hatte, wie Lübeck und die Hanse in Nowgorod, wovon das obengenannte Archiv so viele Beweise enthält.

Се порядися Тѣшата съ Якымомъ || про складьство, про первое и про задьнее, и на дѣвпѣ. Якымъ серебро взялъ, а мониста Тѣшатина у Якымовы жены свободна Тѣшатѣ взяти и рощетъ учинила промежи себе. А болѣ не надобѣ Якыму Тѣшята, ни Тѣшятѣ Якымъ. А на томъ послуси: Давидъ попъ, Дорожка, Домославъ Вѣкошкынъ, Боянъ, Кузма Лоиковичь, Жидило Жихновичь, Иванъ Смолнянинъ. А кто сии рядъ переступить, Якымъ ли, Тѣшята ли, тотъ дасть ҃ѕ гривенъ серебра. А псалъ Довмонтовъ писець.

№ XXVIII.

Der livl. OM. Conrad von Mandern erklärt, dass die Lübecker und alle Kaufleute dem Verkehr mit Russland entsagt haben, jedoch unter verschiedenen Bedingungen, d. d. Lubeke, fer. IV. dierum sacrorum Pentecostes (30. Mai) 1268. *L.* 1268

Urschrift auf Perg. mit abgefallenem Siegel in der Weddelade zu Lübeck; abgedruckt bei Sartorius-Lappenberg II. 94, № XXXI; im Lüb. Urk. Buche I. 290, № CCCV; in den Mittheilungen aus der livl. Gesch. IV, 256 und bei v. Bunge I. 512, № CDVIII.

№ XXIX.

Otto, Landmeister des DO. in Livland, ersucht die Stadt Lübeck, vor dem mit ihrer Beihülfe zu bewirkenden völligen Abschlusse des Friedens mit den Nowgorodern, keine Handelsverbindungen mit diesen einzugehen, o. J. (wahrsch. 1269). *L.* (1269)

Urschrift auf der Trese zu Lübeck, mit wohlerhaltenem Siegel; Abdruck im Lübecker Urk. Buche I. 297, № CCCXV, und bei v. Bunge I. 514, № CDX.

№ XXX.

Vogt und Rathmänner von Riga verkünden den Lübeckern die erfolgte Einnahme von Pleskau und ermahnen sie, nicht eher als bis der Friede mit Nowgorod befestigt sei, Kaufleute dorthin gehn zu lassen, o. J. (aber wohl 1269). *L.* (1269)

Orig. mit anhängendem Siegel auf der lübeckschen Trese; Abdruck im Lüb. Urk. Buche I. 298, № CCCXVI. und bei v. Bunge I. 515, № CDXI.

№ XXXI.

1270. Uebereinkunft des Königs (Grossfürsten und Fürsten von Nowgorod) Jaroslaw Jaroslawitsch und der Nowgoroder mit den deutschen und gothländischen Abgeordneten, zur Bestätigung und Festsetzung der alten Freiheiten der Deutschen und Gothländer in Nowgorod, o. J. (1270). *D.*

Alte Abschrift, oder vielleicht Uebersetzung des russischen Originals, in der Weddelade zu Lübeck; Abdruck bei Sart.-Lapp. II. 95—101, № XXXII; im Lüb. Urk. Buche I. 299, № CCCXVII, in Liljegren's Diplom. Suecan. II. 655—658, № 1708; in E. S. Tobien's Samml. der Quellen der Gesch. des Russ. Rechts I. 2. 85 und bei v. Bunge I. 518—528, № CDXIV. Die Grundlage dieses Vertrags scheint wohl der «Entwurf eines Vertrags oder eines zu erhaltenden Freibriefs von Seiten der Nowgoroder für die Deutschen und Gothländer, oder Darstellung der Freiheiten, welche Beide in Russland und Nowgorod, von alten Zeiten her, inne gehabt zu haben behaupteten o. Dat. — L.» zu sein, wovon sich ein Original oder alte Abschrift auf der Trese zu Lübeck befindet und der abgedruckt ist bei Dreyer, im Specim. jur. publ. Lubec. pag. CLXXVII, fehlerhaft, bei Sart.-Lapp. II. 29—52, № XI. b; im Lüb. Urk. Buche I. 695—699, bei Liljegren II. 651—655, № 1712, bei Tobien a. a. O. und bei v. Bunge I, 517—527, № CDXIII. Vgl. C. A. Lehrberg's Untersuch. z. Erläut. der ält. Gesch. Russl. (St. Petersb. 1816. 4°.) S. 239—316, wo dieser Entwurf als ein abgeschlossener Vertrag angesehen und ins J. 1201 gesetzt wird, und P. Krug's Vorrede dazu S. XIII. f. der ihn ins J. 1231 zu setzen geneigt war; aber er steht ohne Zweifel in unmittelbarer Verbindung mit dem Vertrag Jaroslaw's, der von A. Engelmann in d. J. 1270 gesetzt wird. S. Bulletin historico-philologique de l'Académie Impériale des Sciences Tome XII. p. 366 (= Mélanges Russes II. 542. 551), und dessen Хронологическія изслѣдованія. Спб. 1858. стр. 4—13, 13—37.

№ XXXII.

1270 Beschreibung der Schifffahrt von Dänemark nach dem Westen von Europa, nach dem mittelländischen Meere bis nach Sicilien und Messina, ferner östlich von Dänemark nach Finnland und Ehstland. 1270. *L.*

Abgedr. in Langebeck's Scriptor. rer. Danic. V. 622.

№ XXXIII.

1279 EB. Johann von Riga, OM. Ernst von Livland, und Eylard (bei Sart. irrig Sy(mon)), Ritter von Oberch, dänischer Hauptmann zu Reval und Wirland, danken der Stadt Lübeck und allen Kaufleuten, welche die Ostsee besuchen, dass sie ihren Wünschen gemäss den Handel in Russland auf einige Zeit untersagt haben, d. d. Rige, Non. Febr. (5. Febr.) 1279. *L.*

Perg. Orig. in der Trese zu Lübeck, wo sich auch noch gleichlautende Urkunden der BB. von Dorpat und Oesel befinden; Abdruck bei Sartorius-Lappenberg II. 111, № XXXVIII, im

Lüb. Urk. Buche I, 360, № CCCXCI, coll. № CCCXCII, p. 361 u. bei v. Bunge I, 575, № CDLVII, coll. № CDLVIII unter d. J. 1278, welches aber Bd. III, Reg. S. 31, nach A. Engelmann (im Bulletin historico-philologique. Tome XII, p. 367, = Mélanges russes II, 384) in 1279 berichtigt wird.

№ XXXIV.

Schreiben des Metropoliten (Erzbischofs) von Riga an den Grossfürsten Feodor Rostislawitsch (von Smolensk), das geistliche Oberhaupt, den Statthalter und die Bojaren wegen einer nach seiner gewonnenen Ueberzeugung unberechtigten Klage der Witebsker gegen die Rigischen, welche er seiner Entscheidung zu überlassen bittet, o. J. u. T. (viell. zwischen 1281—1297). (1281—97)

Alte Abschrift auf Pergament im äussern rig. Rathsarchive, auf deren Rückseite von alter Hand geschrieben steht: »Dat sint de breue van nougarde«, und von der Hand eines späteren Archivars: »Des Ertzbischoffs zu Riga endtschuldigung der Rigischen, das sie bey dem Grossfursten Gwiedor wegen eines todtschlags vnnd raubs vnrecht beschuldiget etc.« — Der in diesem Documente vorkommende Name Withläne bezeichnet die Witebsker: denn wie von Курскъ die Form Куряне gebildet wird, so von Витебскъ, (das auch Витьбескъ, in älteren deutschen Schriften *Vittebeke* geschrieben wurde), Витьбляне, mit Einschiebung eines л zwischen б und я um des Wohllautes willen, wie zwischen б und я, z. B. in любляше statt любяше, ferner in dem Namen der *Дреляне* in Wolhynien neben den polabischen *Drewane*. Diese Benennung Витьбляне zeigt den Ursprung des lettischen Namens *Wiplante* für das sogenannte polnische Livland (die drei lettischen Kreise des Gouvernements Witebsk oder die Kreise Dünaburg, Ludzen und Rositen).

Was die Zeitbestimmung der Urkunde anbetrifft, so ist die Angabe des alten Archivars, der dieselbe auf Nowgorod bezog, mehr als zweifelhaft. Zwar kommt hier 1226 ein Feodor Jaroslawitsch, Bruder von Alexander Newski, vor, allein dieser starb am 10. Juni 1233 (s. I. Nowg. Chron. 6741) noch bei Lebzeiten seines Vaters. Genauer wird sich die Zeit der Abfassung der Urkunde bestimmen lassen, wenn wir zunächst die in ihr erwähnten Localitäten in Betracht ziehen. Unter *Bränsk* dürfte nämlich schwerlich jenes verstanden werden, welches jetzt ein Flecken (заштатное мѣсто) des Gouvernements Grodno ist, sondern man hat dabei ohne Zweifel an das südöstlich von Smolensk liegende Брянскъ zu denken. Dasselbe ist heute zwar nur eine Kreisstadt des Gouvernements Orel; früher aber war es der Sitz von russischen Theilfürsten, die in vielfachen Beziehungen zu den Fürsten von *Smolensk* standen. Unter den Letztern kommen in der That während des XIII. u. XIV. Jahrhunderts mehrere, Namens Feodor vor. Der erste dieses Namens war Feodor Rostislawitsch der Schwarze, welcher 1284 mit Riga einen Handelsvertrag schloss (s. Собр. Госуд. Грамотъ II, p. 6, № 3; vergl. unten die Urkunden № XXXVII. und XLVII.). Er bestieg den Thron von Smolensk 1280 (s. Karamsin IV, Anmerk. 171. D. Ueb. IV, 93). Nach Jaroslawl zurückkehrend, im Jahre 1281, setzte er seinen Neffen Alexander Glebowitsch als seinen Statthalter in Smolensk ein. Dadurch, scheint es, erregte er den Unwillen des Roman Michailowitsch, Fürsten von Bränsk, der 1285, wenn auch erfolglos, Smolensk belagerte (s. Chron. Nicon. z. J. 6794). Im J. 1297 (s. IV. Nowg. Chron. z. J. 6805) strebte Alexander Glebowitsch nach Unabhängigkeit; und im J. 1299 starb Feodor Rostislawitsch, der auf dem Siegel der Urkunde von 1284 auch »Grossfürst« genannt wird. (s. Собр. Госуд. Грамотъ II, p. 6, Anm. und Index I, 38, № 230). In derselben Urkunde werden der Kaufmann Helmik aus Münster, der Siegelbewahrer Moisei und der Schreiber Fedorko erwähnt. Unter dem »Metropoliten von Riga« muss, scheint es, einer der drei rigischen Erzbischöfe Johann I. (von Lünen, 1272—86) oder Johann II. (von Fechten, 1286—94) oder Johann III. (von Schwerin, 1294—1300) verstanden werden, da auch in einer Urkunde, die circa 1286 abgefasst ist, Helmik (Helmicus dictus de Monasterio; S. Cod. dipl. Lubecen. I, p. 556) ungerechter Umtriebe beschuldigt wird; wobei gesagt wird, dieser Kaufmann habe auf der Düna noch zur Zeit des Meisters Ernst von Ratzeburg, des Erzbischofs Johann I. und des lithauischen Fürsten Troiden, also, wenn man diesen Angaben glauben will, zwischen 1274 und 1279, Handel getrieben. Aus allem Angeführten kann man folgern, dass diese Urkunde in die Zeit zwischen 1281 und 1297 gehört und vielleicht um dieselbe Zeit geschrieben ist, wie die Urkunden (S. Собр. Госуд. Грамотъ und unten № XXXVII), in denen als Statthalter von Smolensk Fürst Andrei Michailowitsch, Artemi und Grigori erwähnt werden. — Abgedruckt wurde diese Urkunde zuerst nebst Facsimile in den Грамоты касающіяся до сношеній сѣверо-западной Россіи съ Ригою. Спб. 1837. № III, wo das erste Wort aber in Благословеніе aufgelöst worden ist.

† Благоволеные отъ митрофолита Рижького, ко своему милому сынови, князю великому Феодору, и къ его дѣтемъ, и ко владычѣ, и къ намѣстьнику, и ко всемъ бояромъ. То буди тобе ведомо про тую жалобу, что Витьбляне жалобилися на Рижаны, чимь то хотели оправитися противу Гѣлмика, а ихъ слово тоново; хотели ся темь словомь оправити и рекли такъ предъ княземъ Бряньскымь: въехали й-ть мужь изъ Рыгы и убили чоловека, и узяли ї-ть бѣрковьскомъ воску. И ныне я митрофолитъ тако молвю, както Витьбляне неправдою жалобилися на Рижаны, и ныне то есть мнѣ ведомо, аже Рижане суть в томь невиновати. И ныне я тому дивлюся, аже твои намѣстьникъ слушаеть всякого чоловѣка слова. А та правда есть промѣжи васъ и насъ, кдѣ ся тяжа почнеть, ту кончать. И ныне я молюся вамъ, както можите стояти у тои правдѣ, и у крестномь целованию: аже иметь жалобитися васъ кто на Рижаны, или Гѣлмико или кто иныи, и вы шлите к намъ, а мы правду дамы по Божьи правдѣ.

№ XXXV.

1282 Rath und Gemeine der Stadt Riga urkunden über das mit den Lübeckern und mit den Deutschen zu Wisby zum Schutze der deutschen Kaufleute auf der Fahrt von Lübeck nach Nowgorod in der Ostsee auf acht Jahr geschlossene Bündniss, d. d. in festo natiuitatis domine nostre (8. Sept.) 1282. *L.*

Orig. mit Siegel auf der Trese in Lübeck; Abdruck bei Sartorius-Lappenberg. II, 120, № XLVIII; Liljegren's Diplom. Svecan. II, 659, № 1731; im Lüb. Urk. Buche I, 394, № CDXXXV und bei v. Bunge I, 593, № CDLXXXI.

№ XXXVI.

1284 Grossfürst Feodor (Rostislawitsch) von Smolensk errichtet einen Handelstractat mit Riga, d. d. Smolensk, am Himmelfahrtstage (27. Mai) 1284. *R.*

Orig. mit Siegel im innern rig. RA.; Abdruck in der Собр. Госуд. Грам. и Догов. II, 6, № 3 und bei v. Bunge I, 605, № CDXCII; Vgl. Index № 230 (mit 1283).

№ XXXVII.

**Des Fürsten Feodor (Rostislawitsch) von Smolensk Entscheidung einer Streitsache 1284
zwischen (einem Deutschen) Birel und (einem Russen) Armanowitsch, unter Zuziehung seiner Bojaren und deutscher (Kaufleute), vom J. 1284.**

Das Original — ein Pergamentblatt in Octavgrösse mit einem an grüner Flockseide hängenden Siegel von zwei zusammengelötheten Blechplatten, welches auf der einen Seite einen schreitenden Löwen mit vorgestreckter Zunge und erhobenem Schweife, auf der andern die Inschrift enthält: ѳл(и) || хоро || вичм(о) || ѳедо... — befindet sich im äussern Rathsarchive zu Riga. Auf der Rückseite ist von alter Hand geschrieben: «Van den loeden tho Smollenske», und von der Hand eines spätern Archivars: «Des Fursten Fedors zu Smolensko Vrteil zwischen Birel, klegern, vnnd Armanowitz beklagten wegen etzlicher löede, darinne beklagter condemniret vnnd mit seinem hoffe dem kleger auszgeandtwortett A° 1283». Als Statthalter ist in der Urkunde der Bojar Grigori genannt, doch wird weder Fürst Alexander Glebowitsch (s. oben № XXXIV.), noch Fürst Andrei Michailowitsch in ihr erwähnt. Noch ist zu bemerken, dass in der Urkunde von 1284 (s. Собр. Госуд. Грамотъ) steht: «Damals war in Smolensk anstatt des Fürsten Feodor, Andrei Michailowitsch Fürst und Artemi Statthalter». Daselbst werden ausser dem letztern noch Mikula Dädkowitsch (vielleicht das Patronymicum des Amtsnamens дядька), Moisei und Fedorko erwähnt. — Abgedruckt zuerst im Original nebst Facsimile in Грамоты, касающiяся до сношенiй сѣверо-западной Россiи съ Ригою. Спб. 1857. № IV.

Се азъ князь Смоленьскыи Федоръ судилъ есмь Бирела съ Арманоничемь про колоколъ про Немецьскый. Бирель правъ, а Арманоничь виноватъ. Выдалъ есмь Армановича и съ дворомь Немьцомъ за колоколъ. А ту были на суде со мною бояре мои: Григорь намѣстьникъ, Данило, Артѣмии, Микула Дядковичь, Лука околничiи, Путята Дядковичь. А отъ Немець были на суде, искали колокола Янъ, Альбратъ изъ Брюньшика, Геньцн, Яганъ Варенъдорьпръ. Моисѣи, княжь печатникъ Федоровъ, печаталъ. Си же грамота псана бысть, илько было отъ рожества Господня до сего лѣта, а лѣтъ и дтесте летъ и осмьдесятъ лѣтъ и три лѣта, а на четвьртое лѣто псана. А Федорко писець княжь псалъ.

№ XXXVIII.

Der polozkische Bischof Jakow erklärt sich gegen den Propst (von Riga) als Statthalter des Bischofs und die (dortigen) Rathsherren, in Veranlassung eines mit (dem lithauischen Fürsten) Witen abgeschlossenen Vertrages, über die in den Handelsverhältnissen zu beobachtende Gegenseitigkeit und verlangt, die Livländer sollten den Kornhandel nicht abschneiden. O. J. u. T.

Das Original — ein ganz unregelmässig zugeschnittenes Stück Pergament, welches auf beiden Seiten, doch auf der zweiten nur zur Hälfte, beschrieben ist, mit einem an einer schlechten Hanfschnur hängenden Bleisiegel, welches auf der einen Seite in rohen Umrissen die Mutter Gottes mit dem Kinde, auf der andern in vier Zeilen die sehr deutliche Inschrift darstellt: яко || въ моих || молот || ъсаи — befindet sich im äussern Rathsarchive zu Riga und scheint schon seinem Inhalte nach einem hohen Alterthume anzugehören; die Schrift auf dem Pergament und dem Siegel ist sehr deutlich und enthält wenig Abkürzungen.

Eine genaue Zeitbestimmung für dieses Document lässt sich nicht geben, da uns die Reihenfolge der polozkischen Bischöfe nicht vollständig bekannt ist. Ein früherer Archivar hat den Inhalt desselben so darauf geschrieben: «Des Polotzkern Bischoffs Jakowen vorschrifft einem, mitt nahmen Witte, gegeben, wegen seines Korns zu Poloczko. Darunter kein Datum.» Nach unserm Dafürhalten ist solcher so, wie oben, auszudrücken. Von Witen, der in der Urkunde erwähnt wird, lässt sich mit einiger Wahrscheinlichkeit annehmen, er sei der bekannte lithauische Fürst Witen oder Witenes, der, wie gewöhnlich angenommen wird, von 1283 bis 1315 regierte. Die Geschichte dieses kriegerischen Fürsten, dessen Nachfolger Gedimin war, ist bis jetzt sehr verworren. Will man den russischen Quellen Glauben beimessen (s. Karamsin IV, Anmerk. 266, IX, Anm. 181), so stammte Witen aus dem Geschlechte der polozkischen (lithauisch-polozkischen?) Fürsten und übersiedelte nach Samogitien aus Polozk. Im J. 1307 wurde Pskow auf kurze Zeit von den Schwertrittern besetzt (s. Rüssow in Script. rer. Livon. II, p. 23; vgl. Karamsin IV, Anm. 213). Stryjkowski dagegen (I, 349. ed. Warsch.) behauptet auf Grundlage altrussischer Chroniken, dass in diesem selben Jahre nicht Pskow, sondern Polozk an Lithauen kam, fügt jedoch nicht hinzu, von wem und an wen namentlich. Im Jahre 1326 war Theilfürst zu Polozk Woini, der Sohn des Witen. Zuerst wurde diese Urkunde nebst Facsimile herausgegeben in Грамоты, касающіяся до сношеній сѣверо-западной Россіи съ Ригою. Спб. 1857. № VI.

† Поклонъ и благословѣнье*) || отъ Якова, епископа Полотьского, || бровстова, намѣстьнику пискуплю, и дѣтемъ моимъ ратманомъ. Былъ есмь не дома, во отьца своего митрополита, а нынѣ есмь на своемь мѣстѣ, у святоѣ Софьѣ, а нынѣ есмь увѣдалъ любовь ваша правая съ сыномь моимъ с Витенемь. Такоже, дѣти, была любовь ваша первая с Полочаны, съ дѣтми моими: што вамъ было надобѣ, то было ваше. А нынѣ, што дѣтемъ моимъ надобѣ, того имъ не боронитe. А нынѣ абы сте пустили жито у Полотеско. А азъ кланяюся и благословляю і Бога молю за васъ, дѣти свої.

Аже будеть Полочанинъ чимъ виноватъ Рижанину, я за тѣмь не стою с моими дѣтми, исправу дамь. Аже будеть Рижанинъ чимь виноватъ Полочанину, вы дaите имъ исправу такоже. А азъ вамъ кланяюся, дѣтемъ своимъ, и благословляю*) и Бога молю.

*) Lies благословѣнье.

*) Für благословляю

№ XXXIX.

(1286—94) EB. Johann II. von Riga rechtfertigt, in einem an Lübeck gerichteten Schreiben, die Stadt Riga wegen der Beschuldigung zweier Kaufleute, Helmicus, genannt de Monasterio, und Johannes, genannt Lerto, und erzählt die Streitigkeiten, wie sie unter seinem Vorfahren im Amte, dem EB. Johann I. (1272—86) und dem LM. Ernst (1273—79) mit dem lithauischen Fürsten Trayden verlaufen wären, d. d. Rigae, die Agathe (5. Febr.) o. J. (aber zwischen 1286—94). L.

Nach dem Orig. im Archive zu Lübeck abgedruckt bei Sart.-Lapp. II, 148—150, № LXIV; im Lüb. Urk. Buche I, 535, № DCXV und bei v. Bunge I, 626, № DVII.

№ XL.

Der HM. des DO. Burchard von Svanden bestätigt den Theilungsvergleich der Brüder 1289
in Livland und Preussen wegen der (den Lithauern entrissenen) Ländereien Schalauen, Karsau, Twerkiten u. a. m., d. d. Rom, VII. Idus Febr. (7. Febr.) 1289. *L.*

Perg. Orig. mit Siegel im Kgsbg. GA.; Abdruck in Voigt's Cod. dipl. Pruss. II, 26, № XX; Raczynski p. 20, № XIII, und bei v. Bunge I, 653, № DXXVII. Vgl. Index № 238.

№ XLI.

Der livl. OM. Halt giebt dem preussischen LM. Meinhard von Querfurt von seinen (1290)
Rüstungen gegen die Lithauer von Samaiten und gegen deren König Butegeyde Nachricht und bittet ihn, gegen erstere noch in demselben Winter marschiren zu lassen, o. O. u. J. (aber vom Nov. oder Dec. 1290). *L.*

Perg. Orig. mit Siegelspur im Kgsbg. GA.; Abdruck in Voigt's Cod. dipl. Pruss. II, 26, № XXII; O. Kienitz 24 Bücher der Gesch. Livl. II. Beil. 1, S. XII und bei v. Bunge I, 670, № DXXXVIII. Vgl. Index № 239; Voigt's Gesch. Preuss. IV, 49, 50.

№ XLII.

Bericht einer Gesandtschaft der deutschen Städte an den Fürsten und die Stadt von Now- (1292)
gorod, die unverrichteter Sache zurückgekehrt war, d. d. in Tharbatho, VII. Kal. Apr. (26. März, o. J., aber nach 1291 und wahrscheinlich 1292). *L.*

Nach der verloren gegangenen pergam. Urschrift, die sich sonst in Lübeck befand, abgedruckt bei Sartorius-Lappenberg II, 163—166, № LXXXIII b. und bei v. Bunge I, 682, № DXLVI.

№ XLIII.

Des Grossfürsten Andrei (Alexandrowitsch), des EB., des Possadniks Andrei, des (1294—1304)
Tausendmannes von Nowgorod und ganz Nowgorods Credenzbrief für ihre Gesandte, den Sohn des Grossfürsten und die Nowgoroder Kusma und Ilja, an die Mannen des Königs von Dänemark in Koliwan (Reval). O. Datum (zwischen 1294—1304).

Das Original, ein schmaler Pergamentstreifen von nur $7^1/_2$ Zeilen mit einem mittelst einer Hanfschnur daran gebundenen Bleisiegel, das auf der einen Seite, wie es scheint, einen segnenden Heiligen mit einem Buche in der Linken, auf der andern einen rechtshin gekehrten Reiter mit einem Vogel in der Rechten zeigt, — befindet sich im äussern Archive des rig. Raths.

Unter dem Grossfürsten Andrei, der diese Urkunde ausgestellt hat, kann wohl kein anderer, als Andrei Alexandrowitsch (d. h. der Sohn des Grossf. Alexander Newski) anzunehmen sein, und zwar muss die Abfassung des Schreibens in die Zeit seiner zweiten Regierung in Nowgorod (von 1294—1304; s. die I. Nowg. Chronik unter den Jahren 6801 und 6812) fallen, weil nur in dieser Zeit Andrei Klimowitsch und Andrei Swätscha das Amt eines Possadniks in Nowgorod bekleideten. Da Andrei Klimowitsch erst im J. 1303 (s. I. Nowg. Chron. unter d. J. 6811) zum zweiten Mal zum Possadnik erwählt wurde, so ist in unserer Urkunde vielleicht Andrei Swätscha gemeint, der gleich nach der zweiten Thronbesteigung des Grossf. Andrei Alexandrowitsch, so wie unter dem Jahre 1299 in der I. Nowgorodschen Chronik als Possadnik erwähnt wird. Der Sohn des Grossfürsten, dessen unsere Urkunde erwähnt, ist Boris Andrejewitsch (s. I. Nowg. Chron. z. J. 6807=1299). Unter dem J. 1302 ist in der I. Nowg. Chronik auch die Rede von einer Gesandtschaft, die nach Dänemark abging und von da bald darauf nach Abschluss eines Friedensvertrags zurückkehrte. Vgl. Karamsins Gesch. des Russ. Reichs, D. Ueb. IV. 139, wo die kurze Aussage der Nowgorodschen Chronik in folgender Weise erläutert wird: «Die Nowgoroder schickten ihre Gesandten übers Meer und schlossen (1302) mit Erich VI., König von Dänemark, einen Frieden, um dadurch ihren häufigen Kriegen mit Esthland, welches ihm gehörte, ein Ende zu machen». Unter dem in der Urkunde erwähnten Wolodimir ist vielleicht ein Mann des Königs von Dänemark zu verstehen. — Herausgegeben wurde diese Urkunde zuerst nebst Facsimile in den Грамоты, касающіяся до сношеній сѣверо-западной Россіи съ Ригою. Спб. 1857. № V.

От великого князя Андрѣя, от владыкы благословение, от посадника Андрѣ||я, от тысячьского, от всего Новагорѣда ко королевыно мужьмо || в Колывань. Что есте присылали послы ко князю и ко всему Нову-||горѣду, с любовию и с ласкою, князь великыи послалъ к вамо своего сына, а вашего племянника Володимира, а от Новагорода Кузмъ и Илию, с любовию же и с ласкою. Что имуть молвити посьло*) великого князя и Новгородьскыи, тому веру имѣть, послове нашими усты молвяте к вамъ.

*) Anstatt послове.

№ XLIV.

(1295) Verzeichniss der Städte, welche von den Sprüchen des Hofs zu Nowgorod nach Lübeck appelliren, worunter auch Riga, o. O. u. J. (um 1295). *L.*

Von einem kleinen Pergamentstreifen im Archiv zu Lübeck abgedr. bei Sart.-Lapp. II, 186, № LXXXII.; im Lüb. Urk. Buche I, 578, № DCXLII. und bei v. Bunge I, 699, № DLVI.

№ XLV.

1298 Der Rath von Riga, der Prior und Convent der rigischen Kirche, der Abt zu Dünamünde, die Predigermönche, die Minoriten, der Hauptmann der Pilgrimme und die damals gegenwärtigen Deputirten anderer Städte in Riga bezeugen die Bereitwilligkeit der umliegenden Heiden (Lithauer), das Christenthum anzunehmen, ungeachtet der deutsche Orden ihnen allerlei Hindernisse in den Weg lege, d. d. III. Kal. Apr. (30. März) 1298. *L.*

Pergam. Orig. mit zehn Siegeln, wovon aber einige abgefallen, im innern rig. RA.; Abdruck in der Ergänz. der livl. Reimchronik Ditleb's von Alnpeke (Riga und Leipzig 1844, 4°), S. 52; in der Ausgabe dieser Chronik in den Scriptor. rer. Livon. I, 753 und bei v. Bunge I, 714, № DLXX. Vgl. Index № 253.

№ XLVI.

Transsumt des Domcapitels zu Lübeck, der Predigermönche und Minoriten daselbst über eine Urkunde o. J. und Tag, worin die Stadt Riga erklärt, dass ohne ihr Wissen der Namen der Stadt Lübeck in der Nowgoroder Skra ausgelöscht worden sei, und dass sie, die Stadt Riga, der Skra folgen werde, so wie sie lautete, bevor die Auslöschung des Namens der Stadt Lübeck in derselben Statt gefunden hatte, d. d. (Lübeck), die Johannis ante portam latinam (6. Mai) 1298. *L.* 1298

Orig. im Archive der Stadt Lübeck; Abdruck bei Sart.-Lapp. II, 190, № XC; im Lüb. Urk. Buche I, 607, № DCLXXVI und bei v. Bunge I, 713, № DLXIX.

№ XLVII.

Des Fürsten von Smolensk, Alexander Glebowitsch, Erbieten an die Rigischen zu gegenseitigem Frieden und Handelsverbindungen, ohne Ort und Jahr (um 1300). (1300)

Das Original im äussern rigischen Rathsarchive. Es ist dieses ein kleines Stück Pergament, worauf nur 10 kurze Zeilen, und in deren letzter nur ein Wort geschrieben und woran an rother Flockseide ein kleines Siegel von weissem (gelbem) Wachse sich befindet, das auf der einen Seite, wie es scheint, den heil. Georg mit einer unleserlichen Schrift zur Seite, auf der andern einen stehenden Heiligen mit dem Heiligenscheine um den Kopf und einem Schwerte in der Rechten und dem Schilde (?) in der Linken darstellt. Auf der Rückseite des Pergaments ist von einer Hand des 14. Jahrhunderts geschrieben: «van eyneme Reynen weghe vp van dale tho varen tuschen Smollenscke van der Righe». — Der in dieser Urkunde erwähnte smolenskische Fürst Gleb (Rostislawitsch) starb 1277 (s. Nikon. Chron. III, z. J. 6786, Karamsin IV, Anm. 171) und hatte zunächst seinen jüngeren Bruder Michael und darauf Feodor Rostislawitsch zum Nachfolger, welcher 1284 am Himmelfahrtstage (27. Mai) einen Handelstractat mit Riga errichtete (s. oben № XXXVI), auch in dieser Urkunde genannt wird und dem Gleb's Sohn Alexander, folgte, der 1313 starb (s. Nikon. Chron. z. J. 6821, Index I, 83, Anm.). Aus der Urkunde selbst ist nicht ersichtlich, ob sie von diesem zu Lebzeiten oder nach dem Tode Feodor's des Schwarzen († 1299), seines Onkels, ausgefertigt worden. Wahrscheinlicher ist es, dass es nach Feodor's Tode geschah. Herausgegeben wurde diese Urkunde zuerst nebst Facsimile in: Грамоты, касающіяся до сношеній сѣверо-западной Россіи съ Ригою и Ганз. городами. Спб. 1857. № VIII.

† Поклонъ отъ князя Смоленьского отъ Оле[ксандра отъ Глѣбовича к ратманомъ] к Рижьскимъ і ко всѣмъ горожаномъ. [] Како есте были въ л[юб]ви*) съ отцемь моимь Глѣбомь і с моимь стрыемь Федоромь, тако будете і со мною въ любви. А язъ тоѣже любви хочю с вами. Гость ко мнѣ пущаите, а путь имъ чистъ. А мои мужи к вамъ ѣдуть, а путь имь чисто.

*) Im Original ли.

№ XLVIII.

(1301) Des Grossfürsten Andrei Alexandrowitsch, des Possadniks Semen, des Tausendmannes Maschka und ganz Nowgorods Geleitsbrief für die Abgesandten der deutschen Kaufleute Johann Witte (Иванъ Бѣлый) aus Lübeck, Adam vom Gothenufer (Wisby) und Hinze Holste (Ничя Олчать) aus Riga, zu Lande und Wasser, o. J. u. T. (aber wohl 1301).

Das Original befindet sich im äuss. rig. RA. und ist ein länglichtes Pergamentblättchen, an welchem an gedrehten Hanfschnüren drei Bleisiegel hängen, die noch ganz wohl erhalten sind: 1) auf der einen Seite: сво || нова || оцча || ть; auf der andern: ало || нос || нча. — 2) eine undeutliche Figur, vielleicht ein Reiter zu Pferde; auf der anderen Seite Figuren, die man nicht entwirren kann. — 3 der Weltheiland(?), zur Seite nicht ganz deutliche Buchstaben; auf der nach oben gekehrten Rückseite: ты || самко || го нкч || ат. Auf der Rückseite des Pergaments steht von der Hand eines registrirenden Archivars: »Des Fursten vand des Rahts von Naugarden Passzettel den Lübischen, Gottlendischen vnd Rigischen gesandten gegeben ohne Jahrzeit«. Diese läst sich einigermassen aus den angeführten Namen der damaligen nowgorodschen Würdenträger entnehmen; denn 1) Alexander Newski's Sohn Andrei Alexandrowitsch war Fürst von Nowgorod seit dem Jahr 1282 oder 1283 (eigentlich seit den grossen Fasten des Weltjahres 6790, s. I. Nowg. Chron.) und dann zum zweitenmale (s. oben p. 22) von 1294—1304; 2) Semen Klimowitsch wird 1294 (s. I. Nowg. Chron. beim J. 6801) kurz vor der Ankunft des Grossf. Andrei in Nowgorod als Gesandter der Nowgoroder an den Tatarenchan Duden erwähnt; doch scheint er damals nicht die Würde eines Possadniks bekleidet zu haben, da bald darauf, unter demselben J. 6801 sein Bruder Andrei — neben dem Tausendmann Andrian — und eben so unter dem J. 1299 als Possadnik erwähnt wird. Bald darauf aber muss Semen an dessen Stelle getreten sein, denn unter dem J. 1303 (s. I. Nowg. Chron. b. J. 6811) heisst es, dass man die Würde des Possadniks dem Semen Klimowitsch abgenommen und solche seinem Bruder Andrei übertragen habe; 3) ein Maschko oder Matschko, eigentlich Matwei, wird als Tausendmann beim J. 1316 und als Gesandter nach Schweden 1339 genannt, während ein Bruder von ihm in der Schlacht mit den Deutschen bei Isborsk im J. 1369 getödtet wurde. Demnach gehörte diese Urkunde in die Zeit von 1299—1303. Doch eine in drei Abschriften im lübeckschen Archive befindliche und darnach abgedruckte lateinische Urkunde (s. unten b. J. 1335, № LXXVI) giebt eine interessante Nachricht, die sich direct auf die Gesandschaft des Iwan Bely, Adam und Hinrik Holste bezieht und so lautet: »Anno Domini MCCC (nach den Abschriften B. und C. MCCC primo) occidebantur Teuthonici et mercatores bone memorie inter Nogardiam et Plescowiam, tam rore quam aquis — — — Hec omnia facta sunt eadem estate et autumpno. Eadem hyeme venerunt nuncii civitatum Nogardiam, domini Johannes Albus (d. i. Joh. Witte = Иванъ Бѣлый) de Lubeke, Adam de Gotlandia, Hinricus Holste (nach den Abschr. B. und C.: Holtzatus = Олчать; Ничя = Hinze für Heinrich) de Riga. Hij computaverunt dampna de occisis supra scriptis et aliis viventibus in bonis eorum facta super duo mill' marcarum argenti. Post recessum dominorum nunciorum de Nogardia Teuthonicis mercatoribus euntibus cum bonis eorum de Narwia Nogardenses furati sunt Henrico de Bremis octo cappales panni et Gerhardo de Yborch undecim cappales panni«. Wenn man zur Ergänzung dieser Nachricht noch die Aussage der I. Nowg. Chron. über die Ankunft des Grossf. Andrei Alexandrowitsch nach Nowgorod im J. 1301 und über seine Abreise im nächsten Jahre in die Horde (s. Karamsin IV, cap. VI.) hinzuzieht, so scheint es, dass die von ihm in Nowgorod ausgestellte Urkunde ins J. 1301 zu setzen ist.

Uebrigens ist unsere Urkunde schon bekannt, wird mit einer andern verwandten Inhalts im Rumänzow'schen Museum unter den Mscr. № XLIII. in einem Original mit Siegeln aufbewahrt und steht bereits nach einem einst im lübecker Archiv befindlichen Original abgedruckt 1) im Вѣстникъ Европы 1811. № 23, 24, mit Anm. von Christian v. Schlözer, denen Kalaidowitsch

Erläuterungen folgen Hess, ebendas. 1812, № 3, 15. — 2) in den Дополненія къ Актамъ Историч. изд. Археогр. Ком. Том. I, № 6 (und 7). Vergl. Wostokow's Описаніе рукописей Румянцовскаго Музеума (СПб. 1842, 4°), S. 59, № XLIII; Köppen's Списокъ русск. памятниковъ (Moskau 1822, 8°) S. 60, № 60; Dess. Erläut. z. paläograph. Tabelle der slawisch-russ. Schrift (St. Pbg. 1848, 8°) S. 11, № 11. — Auch Schlözer, Kalaidowitsch und Wostokow halten sie für einen Reisepass, vielleicht ist sie aber ein vollständiger Friedensvertrag, in welchem bloss die Formel «докончаша, schlossen ab» weggelassen worden. Darauf scheint auch der Umstand hinzuweisen, dass sich von der Urkunde mehrere Exemplare erhalten haben. Vielleicht wurde für jeden der Contrahenten ein solches ausgefertigt. Nach dem rigischen Exemplare wurde die Urkunde nebst Facsimile veröffentlicht in Грамоты, касающіяся до сношеній и проч. СПб. 1857, № IX.

† Отъ великого князя Андрѣя, отъ посадника Семена, || отъ тысячкого Машка, отъ всего Новагорода, се приѣ||ха Иванъ Бѣлыи из Любка, Аламъ съ Гочкого берега, Ивча Олчять из Рыгы, отъ своеи братии отъ всѣхъ купѣчь своихъ латиньского языка, и дахомъ имъ г҃ пути горнии по своеи волости, а четвертыи в рѣчкахъ; гости ехати бесъ пакости, на Божии руцѣ, и на княжи, и на всего Новагорода. Оже будеть не чисть путь в рѣчкахъ, князь велить своимъ мужемъ проводити сии гость, а вѣсть имъ подати.

№ XLIX.

Des rigischen Rathes Beschwerde bei dem Fürsten Michail Konstantinowitsch von Witebsk über mehrfach erlittene Unbill und Beeinträchtigungen. O. Dat.

Diese Klageschrift findet sich im äussern Archive des rigischen Raths auf einem grossen Pergamentblatte, welches nur auf einer Seite beschrieben und zu Anfange mit einer goldenen, mit Roth und Blau ummalten Initiale versehen ist, aber kein Siegel hat; dass es aber wirklich Original und, wenn nicht abgesandt worden, wenigstens zur Absendung bestimmt gewesen, kann man daraus ersehen, wie es zusammengelegt ist. Es ist nämlich das Blatt dreimal in die Länge, also in vier aufeinander liegende Streifen, und dann in drei Theile der Queere nach zusammengelegt gewesen, die Enden dieser Queertheile in einander geschoben, das Ganze dann nochmals in der Mitte umgebogen und an zwei Stellen, mit zwei Einschnitten durchschnitten, durch welche eine Schnur oder Pergamentstreifen zum Anhängen des Siegels und festen Verschliessen des Briefes gezogen werden konnte. Auf der äussern Seite dieses so zusammengebogenen und geschnürten Briefes befindet sich folgende Aufschrift in Schriftzügen des 13. oder 14. Jahrhundert: «Dit is van der Claghe an den Koninc van Vitebeke». Dieser heisst im Text der Urkunde Fürst Michail und sein Vater wird gegen den Schluss derselben Constantin genannt. Wenn unter dem in dieser Klageschrift vorkommenden Gerlach der rigische Bürgermeister Gerlach Rese zu verstehen sein sollte, so würde die Urkunde ungefähr um 1286—1307 zu setzen sein (vgl. Arndt II, 359; Böthführ's Rig. Rathslinie S. 31, № 68). Wer unter Constantin, dem Vater Michael's, zu verstehen sei, lässt sich einstweilen noch nicht ermitteln. Man wird dabei zunächst an jenen «rex Constantinus» erinnert, der dem Orden gewisse Gebiete abtrat und dessen Schenkung von P. Innocenz IV. im J. 1254 und von P. Urban IV. im J. 1264 (s. oben № VIII und XXV) bestätigt wurde. Wenn aber jener «rex Constantinus», wie vermuthet worden ist, mit dem von Heinrich dem Letten erwähnten Wladimir von Polozk, identisch ist und jene Schenkung i. J. 1212 erfolgte, so würde unter dem in unserer Urkunde genannten Fürsten Constantin von Witebsk ein andrer zu verstehen sein. Es wäre möglich, dass derselbe ausser seinem kirchlichen Namen Constantin noch einen weltlichen geführt hätte. Wir können indessen nicht einmal vermuthen, ob er noch russischen Stammes oder ob er ein Abkömmling eines zum Christenthum bekehrten lithauischen Fürstenhauses war. Bei einem solchen Mangel an zusammenhängenden

Nachrichten über die Reihenfolge der Theilfürsten von Witebsk, sowohl russischen als auch lithauischen Stammes, dürfen wir die Thatsache nicht unbeachtet lassen, dass in der oben p. 13 unter № XXV[b] abgedruckten Urkunde Polozk und Witebsk um 1265 in innigstem Zusammenhange und dass beide Fürstenthümer dem lithauischen Grossfürsten Woischelg untergeordnet erscheinen. Um jene Zeit oder nicht lange darauf herrschte in Polozk ein Fürst, Namens Constantin, von dem sich ein interessantes Gespräch, das er mit dem gelehrten Simeon über das Schicksal, welches Fürsten und die Tiune nach dem Tode zu erwarten haben, erhalten hat. S. Karamsin. IV. прим. 178). Simeon, der selbst aus einem polozkischen Fürstenhause abstammen soll, verwaltete die Eparchie von Twer vom J. 1271 bis 1289, wo er starb. S. Näheres über ihn in den russischen Chroniken und bei Karamsin an verschiedenen Stellen.

Поклонъ отъ ратмановъ Ризкихъ и отъ всехъ горожанъ ко князю Витебьскому Мих-хаилу. И ныне пришли предъ насъ наши горожане, и то намъ поведали со великою жалубою, котории были зимусь с тобою у Витебьске, както еси товаръ у нихъ от-ялъ силою и неправдою. То было и первое: былъ у тебе одинъ дѣтина, нашь горожанинъ, а иногды не бывалъ у васъ, тогды рать была Литовьская подъ городомь, онъ же хотелъ у рать ити, дѣвкы купити и взялъ мець со собою, по нашее повелиние. Тогды, идя путемь, заблудилъ в манастыреви, и выскочивше г҃ черньци, жо четвертыи человѣкъ иныи с ними, ту его емьшо били и рвали, и мець вызетали силою у него. И потомь, княжо, ты на другыи день емъ его, оковалъ еси и дѣржалъ его еси до того же дне, а товара еси от-ялъ на г҃ берковьскы воску. Княжо, то еси неправду дѣялъ. Забылъ еси, княжо, своего крестнаго целования, занеже самъ ведаешь, княжо, како не тако есть миръ доконцанъ. Миръ доконцанъ на старыи миръ, и на томъ крестъ целованъ, както намъ вашеи братьи правда дати, а обиды не створити, ни малу ни велику; тако было и вамъ по крестному целованию обиды не створити, ни малу ни велику, нашеи братии правда дати, товара силою не грабити, человѣка не мучити безъ вины. Княжо, слышишь самъ отъ своие братье, както мы вашее братие не обидѣли, ни грабили товара силою безъ правды, както ты, княжо, дѣешь. А се тобе поведываемъ другую обиду: за грѣхы пригодило ся такъ, както се дѣла дружина, у пиру пиюче, другъ друга заразилъ до смерти; и както тыи бои удѣялъ ся, тогды онъ, убоявъ ся живота[1]), утеклъ к тобе, княжо. Немчижо, то уведавше, ажо к тобе утеклъ розбойникъ, и пришли предъ княжо Немчи и молися тобе: выдаи намъ розбойника. И ты, имъ выдавъ розбойника, потомь, княжо, шолъ еси у розбойникову клеть, товаръ еси розбойниковъ взялъ; и иныхъ людии товаръ былъ тутоть, и то поималъ еси, княжо. Тоть еси неправду дѣялъ. Ты самъ ведаешь, както не тако есть миръ доконцанъ межи земле. Аже другъ друга убиеть до смерти, а имуть[2]) того человѣка, кто розбои учинилъ, тому дати виноу, по его дѣлу; а товаръ его свободѣнъ своему племени. И ныне мы молимъ ся тобе, абы тыи товаръ отдалъ его племении. А се тобе г҃-юю обиду поведываемъ, про тую дѣтину, что товаръ его былъ со розбойниковымъ товаромъ у клети, както поехалъ изъ Витебьска у Смольнескъ, попустилъ жо у розбойникове клети волкы жо овчины на г҃ серебра. Онъ же у Смоленьске услышавъ, аже ты его товаръ со розбойниковымъ товаръмъ узялъ, и онъ узбораѣ на конь въсѣдъ, поехалъ у Витьбескъ, и молилъ ся тобе, княжо, абы ты его товаръ отдалъ, что еси взялъ с розбойниковымъ товаромъ изъ клети, то ты ему не далъ. То еси, княжо, неправду дѣялъ. И ныне, княжо, мы ся тобе молимъ, както тыи товаръ отдаи, что еси взялъ безъвиньное вины сеи. Еще, княжо, мы тобе

1) Im Original stand zuerst: смерти; dies ist ausradirt und unmittelbar darauf geschrieben: живота.

2) Im Original: имуть.

поведываемъ д҃-ю обиду, у чомь то еси неправду дѣлалъ, както ныне новую правду ставишь, както есме не чювали отъ отчовъ, ни отъ дѣдовъ, ни отъ прадѣдовъ нашихъ. Аже ты велишь кликати сквозѣ торгъ: гость со гостемь не торгуи! Княжо, у томь еси неправду дѣлалъ. Княжо, аже еси тако у своемь сердчи, тоть то еси неправою думою думалъ. Будуть тобе, княжо, лихии людье тую думу подъдали, тоть не у честь тобе дали тую думу: то есть тобе, княжо, достоино, аже бы тые люди казнилъ, както быша иныи людие боли ся, кто лихую думу подъдаваеть. Княжо, нашь горожанинъ Фредрикъ продалъ челові ку мехъ соли, и онъ услышалъ, ажо ты не велелъ гостеви[1] со гостемь торговати, и обесталъ[2] ся тобе, княжо, и ты ему велелъ продати, и онъ шолъ с темь человѣкомъ, соли весить, както еще соли не весили. Твои дворяне стояли ту у дворе: у Фредрика ключь взяли силою клетьныи, и пошли прочь. Потомь твои дѣтьскыи Плосъ, пришолъ, реклъ Фредрику: пойди ко князю. И онъ пошолъ к тобе, по твоему слову. И както пришолъ к мостови, реклъ Плосъ: пойди семо, здѣ князь, не ведя его к тобе, княжо, но к собе в ыстобъку, и ту порты с него снемъ за шию оковалъ, и рукы и ногы, и мучилъ его такъ, както були Богу жиль. И потомь ты дѣтьские свое пославъ на его подворие, и велелъ еси товаръ его розграбити, на д̃ капи воску. И ныне мы ся тобе молимъ, абы ты тыи товаръ отдалъ княжо. И самъ ведаешь, ажо неправдою еси свое крестное целование забылъ. И се ныне е҃-ю обиду поведываемь, както Немчи послали свое коне изъ Смоленьска у Витебескъ, то ты, княжо, тые коне обзарелъ, и улюбилъ еси одиного коня, тои конь былъ Герлаховъ, тоть ты его хотелъ безъ измены. Тии людье рекли: княжо, мы коня не дамы, ни продамы его, не смеемъ: конь Герлаковъ. И ты, княжо, давалъ еси на кони і҃ изроевъ, в они не взя(ш). Тоть ты реклъ, княжо: дайте вы мне конь, я васъ проважю изъ Смоленьска и сквозѣ Каспля, а учаны хочю проводити с коньми и до Полотьска. Тоть дали тобе конь, по твоему слову, княжо, далъ жо еси приставъ, своего человѣка Прокопию, и приехалъ Прокопии къ Смоленьску тои первое, и дали ему скорлата портъ жо чаторъ. Прокопьево слово такъ: у которыи день вы будѣте готови, я с вами готовъ буду. Въ тыи жо день, по его слову, приготовили ся есме были, и рекли есмо Прокопии: се мы готови, поедимъ! Прокопиево[1]) такъ: не могу я изъ свѣта во тыу ехати. Прокопии, на конь свои уселъ, поехалъ у Витьбескъ, а нашю братью попустилъ. Княжо, тимь словомь не дослужилъ ся еси того коня. Аже бы ты у своемь слове стоялъ, а нашю братию проводилъ бы, мы быхомъ не поминали того коня. И ныне мы ся тобе молимъ, както отдаи Герлаху конь, а любо і҃ изроевъ, что еси самъ первое давалъ на кони. Или того не даси, ни коня ни серебра, Герлахъ хочеть своего коня искати, како мога. А се еще ѕ҃[-ю] обиду поведываемь, про Ильбранта, что твои братъ торговалъ с нимь на л҃ изроевъ: з҃і изроевъ заплатилъ, а тринадьсять изроевъ не заплатилъ. И ныне, княжо, мы ся тобе молимъ: отдаи Ильбранту товаръ, своего брата душе постерега. И ныне з҃-ю обиду поведываемъ, както было нашеи братии поехати изъ Витобеска у Смолнескъ, тогды Литва изъимали ихъ на пути, у твоемь городѣ, княжо, вязали ихъ, и мучили, и товаръ от-имали в нихъ. А у твоеи волости ся то дѣяло. Товара взяли ту на б̃-ть гривенъ серебра корного, и на г̃ серебра. Княжо, тобе было тое обиды постеречи. Аже бы ся то дѣяло при отчи твоемь[2]) Костянтине, тая бы обида николи же была нашеи братьи, какъ ся тогды удѣяло. И ныне, княжо, мы ся тобе молимъ, както темъ людемъ отплати

1) Das ursprüngliche куп…. ist im Original ausradirt.

2) Wahrscheinlich für обестилъ (= объявилъ).

1) Scil. слово.

2) Im Original fehlerhaft: при твоемь отчи твоемь

тыи товаръ, которымъ то дѣяло ся у твоеи волости и у твоемь городѣ. И ныне, княжо, пришолъ предъ насъ шахматъ жо Фредрикъ, и то намъ поведалъ се жалобою, както еси торговалъ с нима, и не заплатилъ. Княжо, то было тобе достоино, у кого купишь, тому заплати, то они бышь на тя не жаловали. И ныне й-ю обиду поведываемъ, про весы, както слышимъ отъ своие братие, аже ты княжо лишнее емлешь, както[1]) есме не чювали ни изъ отчины, ни отъ дѣдовъ, ни отъ прадѣдовъ.

1) Im Original verschrieben: каквто.

И ныне мы ся вамъ молимъ всемъ сердцемь, княжо, както есть миръ докончанъ и крестъ целовалъ на старыи миръ, тако и нынe, княжо, отложи лишнее и всяку неправду: атъ стоить[1]) старыи миръ твердо, како докончано. И нынe, княжо, то буди тобе ведомо: аже не отложишь лишнего дѣла и всякое неправды, мы хочемъ Богу жаловати ся, и темъ, кто правду любить, а криву ненавидить. Мы свое обиды не положимъ, а боле не можемъ терпети.

1) Im Original steht ziemlich deutlich: стостоить.

№ L.

(1299—1307) Der nowgorodsche Bischof Theoktist, der Possadnik, der Tausendmann und ganz Nowgorod und alle Kaufleute fordern vom rigischen Bischof und den Rathsherren, deren zwei mit ihren Namen Gerlach und Lambert vorangestellt werden, und von allen Rigischen Gerechtigkeit wegen ihrer bei ihnen erschlagenen und ihrer Waaren beraubten Angehörigen, o. J. u. T. (aber wohl zwischen 1299 und 1307).

Das Original, im äussern rigischen Rathsarchive, ist ein kleines Stück Pergament nur auf einer Seite beschrieben; an demselben hängen drei Bleisiegel an Hanfschnüren: 1) Ein Heiliger mit einem Spiesse in der Rechten und — undeutlich — einem Schilde in der Linken; auf der Rückseite in drei Zeilen: [а]ндр || [н]ва пн || чать.; 2) Die Mutter Gottes mit dem Kinde, zu beiden Seiten ein Paar unleserliche Buchstaben; auf der Rückseite ein griechisches Doppelkreuz, daneben іс — хс; 3) Auf der einen Seite: андр || ва пн || ать; auf der andern: тыся || кор || о. Auf der Rückseite hat ein Archivar geschrieben: »Naugarder schreiben an die Statt Riga, darinne sie begehren die Räuber, welche die irigen ermordet vnnd ihre gutter genommen, ihnen auszuandtworten sampt den guttern«. Zur Zeitbestimmung dieser Urkunde dient: 1) Arndt II, 349 und Bötheführ's Rig. Rathslinie S. 31 und 33, № 48 und 97, wo die Rigischen Burgermeister Lambert Seyme (1294—1309) und Gerlach Rese (1286—1307) aufgeführt werden; 2) Die I. Nowg. Chron. um das J. 6807, der gemäss nach dem am 22. Mai 1299 erfolgten Ableben des nowgorodschen Erzbischofs Clemens (Климентъ) die Wahl auf den Abt Theoctist (Феоктистъ) fiel. Im Winter 1308/9 legte er krankheitshalber die Mitra nieder und zog sich ins Einsiedlerleben zurück (I. Nowg. Chron. 6816); 3) Unter dem Possadnik Andrei, dem das erste Siegel gehört, ist vielleicht nicht Andrei Swätscha (Свяша, s. oben p. 22) zu verstehen, da derselbe zum letzten Mal im J. 1299 bei der Wahl Theoctist's erwähnt wird. Im J. 6811 (1303) wurde nach der Chronik von Nowgorod der Possadnik Semen Klimowitsch abgesetzt und die von ihm bekleidete Würde seinem Bruder Andrei Klimowitsch übertragen, die dieser allem Anschein nach bis zum Winter 1308/9 behauptete; 4) Die abgekürzte Inschrift auf dem dritten Siegel bezieht sich wahrscheinlich auf den Tausendmann Andrian (Андрѣянъ Олоерьевичь), der sein Amt zum ersten Mal zugleich mit dem Possadnik Andrei Klimowitsch im Winter 1286/7 (s. I. Nowg. Chron. a. 6794) antrat und dann wieder unter den Jahren 1293 und 1315 erwähnt (I. Nowg. Chron. 6801 und 6823: Тимофея Андрѣянова сына тысяцьского) wird.

† Благоволѣние отъ владыкы Феклиста и отъ посадника и отъ тысяцьского и отъ всего Новагорода и отъ всѣхъ купьць къ пископу к Римьскому и Гърлаку и к Ламбрату и къ всѣмъ ратманомъ и къ всѣмъ Рижаномъ. Что избили братию нашю у васъ и товаръ поимали, за то вамъ Богъ помози. Аже есте розбойниковъ изыскали, по хрестьному челованию правду держите, братеи нашеи товаръ дайте и розбойникы, а тъ не будеть про межи насъ рѣци. А кто привезлъ грамоту сию, тому вѣры имите.

№ LI.

B. Heinrich von Reval, B. Hartung von Oesel, der revalsche Landeshauptmann Age 1313
Saxeson, die Vasallen des Königs von Dänemark in Ehstland nebst den dortigen Bürgern und alle öselsche Vasallen fordern durch eine Gesandtschaft von Männern aus der Vasallenschaft und von zweien Bürgern aus Reval, zweien aus Dorpat, den Rath und die Gemeine zu Riga auf, sich der Freundschaft mit den Lithauern zu begeben, wobei aber deren Handel nach dem Alten fortdauern solle, und sich auf gewisse Bedingungen mit dem deutschen Orden in Livland wieder freundschaftlich zu vereinigen, d. d. beim Dorfe Wosel, am Dienstage nach dem Feste der Märtyrer Nereus und Achilleus (15. Mai) 1313.

Perg. Orig. im Rev. RA. Es haben daran vier Siegel gehangen, wovon 1) das des B. Heinrich von Reval wohlerhalten, in rothem Wachs, ein zierliches Tabernakel darstellend, in dessen oberem Theile die Mutter Gottes mit dem Jesuskinde, im mittleren zwei Heilige neben einander, aber getrennt, und im Fussende ein auf den Knien betender Geistlicher zu sehn ist, mit der Umschrift: S. FRATRIS HENRICI DEI GRA: EPI: REVALIEN.; 2) das des B. Hartung von Oesel in weissem Wachs, etwas beschädigt, sonst ganz so, wie es im Index № 288, Anm. beschrieben ist; 3) abgefallen von den Riemen, wahrscheinlich das des dänischen Hauptmannes; 4) sehr abgerieben das revalsche Stadtsiegel in weissem Wachs. In demselben Archive befindet sich auch noch ein zweites, mutatis mutandis gleichlautendes Original d. d. eod., ebenfalls mit 4 Siegeln, wovon sich aber nur das revalsche Stadtsiegel einigermaassen erhalten hat, gerichtet an »G. magistro ceterisque fratribus domus theutonice per lyvoniam«. Man irrt wohl nicht, wenn man in dieser Aufforderung zur Vereinigung mit dem Orden einen Nachhall des Bündnisses erkennt, welches der Orden am 25. Febr. 1304 zu Dorpat mit mehreren livl. Landständen geschlossen hatte (abgedr. in den Mittheil. aus der livl. Gesch. II, 470—477 und bei v. Bunge II, 7, № DCVIII.), und einen Beweis sieht, wie sehr der Orden bemüht war, durch seine Freunde die Stadt Riga von aller politischen Verbindung mit den Lithauern abzuziehen, zu welcher die Handelsverbindung, welche man doch nicht gradezu untersagen konnte und mochte, wohl guten Theils mit den Anlass gegeben haben mag; denn schon damals musste es sich herausstellen und einleuchten, dass die Düna mit ihrem Seehafen der natürliche Handelsweg für die weiter aufwärts an derselben belegenen lithauischen Lande sei. Wie es kommt, dass diese Briefe sich im revalschen Archive wiederfinden, erklärt sich aus der am Schlusse derselben gestellten Forderung der Rückgabe derselben. Abdruck bei v. Bunge II, 78, № DCXLIV.

№ LII.

1316 Freundschafts- und Schutzversicherung der Herzoge Andreas und Leo von Russland an den Hochmeister von Preussen, Carl Beffart von Trier, d. d. Wladimir, am Abend des Märt. Laurentius (9. Aug.) 1316. *L.*

Pergam. Orig. mit zwei Doppelsiegeln im kgsbg. GA.; Abdruck in Voigt's Cod. dipl. Pruss. II. 92. № LXXV. Vgl. Index № 286.

№ LIII.

(1323) Schreiben des rigischen Raths an den König der Lithauer und Ruthenen Gedemynde wegen eines von ihm und mit ihm zu schliessenden Friedens, woran die Brüder des deutschen Ordens hinderlich seien, o. Dat. (vor 1323).

Ein kleines Blättchen Pergament im rig. äuss. RA., wahrscheinlich das Concept (jedoch frei von jeder Correctur), worauf eine spätere Hand unten in einem kleinen leeren Raume geschrieben: »Exemplum literarum Ciuitatis Rigensis ad Regem Lithuaniae Gedemonde de iniuriis fratrum militiae, pacem impedientium: igitur ne cum ijsdem pacem faciat, Rex rogatur«. Da der Friede, von dem hier die Rede ist, um Michaelis 1323 zu Stande kam (s. unten № LVIII), so muss dieser Brief um etwas früher geschrieben sein. Diess erhellt auch aus dem, was auf der Rückseite des Blattes von anderer Hand geschrieben und wahrscheinlich ein erster Entwurf zu diesem Briefe ist, aber gleichfalls durchaus keine Correctur zeigt; es wird uns nämlich merkwürdig durch einen Zusatz, worin der rig. Rath den lithauischen König um Fürsprache bei dem Könige von Pleskau Dawid bittet. Dieser Dawid stammte aus einem der lithauischen Fürstengeschlechter und ist aus dem Dusburger (Chron. Pruss., cap. 336) unter dem Namen des »Castellanus de Gartha«, d. h. Hauptmann von Grodno, bekannt. Als im Herbst 1322 (s. die I. Chronik von Pskow a. 6831) die »Deutschen«, d. h. die Vasallen des Königs von Dänemark in Ehstland, pleskauische Fischer auf der Narowa und Kaufleute auf dem »See« erschlugen, riefen die Pleskauer, wahrscheinlich mit Genehmigung des Grossfürsten Gedimin, jenen Fürsten Dawid zu Hülfe herbei, welcher auch bereits Anfangs Febr. 1323 (s. die Chron. von Pskow) in Pskow anlangte. Nachdem er mit einem lithauisch-russischen Heere — in carnisprivio, heisst es in einer fast gleichzeitigen Urkunde in Voigt's Cod. diplom. und v. Bunge's UB. II, № DCXCV — die dänische Landschaft bis Reval verheert hatte, wobei auch das Bisthum Dorpat hart mitgenommen wurde, scheint er nach Lithauen zurückgekehrt zu sein. In demselben Frühjahr, im Monat März (...... nach der Chron. v. Pskow) wurde die Stadt Pskow auch von den Deutschen (von den Livländern oder einem vereinigten deutsch-dänischen Heerhaufen?) angegriffen, jedoch ohne Erfolg. Im Mai aber erschienen sie nochmals mit verstärkter Macht vor Pskow, wurden aber wieder durch den aus Lithauen herbeieilenden Fürsten Dawid zerstreut, worauf dann nach der Chron. von Pskow der Friede mit »dem ganzen deutschen Lande« in Pskow selbst zu Stande kam, vielleicht unter Gedimin's Mitwirkung (s. den Text der Urkunde № LVIII). Uebrigens sei noch bemerkt, dass Gedimin's Vorgänger in der Regierung des Grossf. Lithauens, Witen, in dem Schreiben sein *Bruder* genannt und dass durch dasselbe die Existenz eines Bündnisses zwischen dem Grossf. Witen und der Stadt Riga bestätigt wird, was dieser von der Gegenpartei so oft zum Vorwurfe gemacht, aber von ihr nicht offenkundig eingestanden wurde.

Da der auf der Rückseite des Schreibens befindliche Zusatz in Betreff des Fürsten Dawid kaum später als in den grossen Fasten des J. 1323 niedergeschrieben sein kann, so dürfte die Abfassung des Briefes selbst vielleicht noch in das J. 1322 fallen; den ersten Entwurf desselben könnte man sogar mit einiger Wahrscheinlichkeit auf die »vigilia Andree«, also auf den 29. Nov. 1322 setzen.

Illustri principi domino Gedemynde dei gratia lethwinorum ruthenorumque regi.. Consules Ciuitatis rigensis || salutem in domino. Noueritis nos litteram vestram breuiter destinatam recepisse, in qua percepimus, quod pacem et || treugas nobiscum contrahere essetis parati, sicut Vithene bone memorie, frater vester et antecessor, nobiscum habuit, et quod || super eo nuncios nostros ad vos secure mitteremus, vnde sciatis, quod nuncios nostros pro eo ad vos libenter mitteremus, sed pro fratribus hoc facere non possumus: nam ipsi mittunt nuncios suos ad vos, quando volunt, quod nos facere non poterimus, et quicquid ipsi ordinant, penitus ignoramus, nichil ipsi nobis reuelant. Quare petimus prouidenciam vestram instanter et obnixe, ut nullam specialem pacem et treugas contrahatis cum eisdem fratribus, nisi cum consensu trium parcium, videlicet archiepiscopi et sui capituli, Magistri fratrum Theuthonicorum et nostre ciuitatis Rigensis, secundum quod consuetum est ab antiquo. Praeterea de statu archiepiscopi nostri petiuistis rescribendum, vnde sciatis, quod dominus noster archiepiscopus in curia Romana contra fratres antedictos in omnibus suam optinuit voluntatem, sicut veraciter percepimus et speramus ipsum breuiter cum gaudio venturum, domino concedente. Ceterum noscat vestra dominatio, quod vestri latrunculi nobis magna dampna inferunt iuxta nostram ciuitatem, quare vobis supplicamus, ut taliter ordinare dignemini latrunculis, ut huiusmodi dampna nobis de cetero non contingant. Valete.

(Auf der Rückseite:)

Regraciamur scinceritati vestre pro amicabili littera nobis nuperrime destinata, || vnde noscat vestra regalis munificencia, quod fratres nos grauiter ac multipliciter perturbant, eo quod nostros || conciues infra treugas tam in nostra ciuitate quam extra crudeliter occidere non formidant. quare nescimus, || vtrum vel quando nos hostiliter et nostram inuadere voluerint ciuitatem. Quocirca rogamus vestram serenitatem studiose, quatenus, si dicti fratres nos impugnare presumpserint, nobis succurratis occasione remota. sicut nobis in vestris litteris demandastis; propterea rogamus, ut nullam pacem cum antedictis fratribus ineatis, quin nos simus in eadem pace sicut ipsi. Ceterum scripsistis nobis, vt de statu nostri archiepiscopi vobis mandaremus vnde sciatis quod negocium suum est in curia in bono statu, vt breuiter percepimus et speramus ipsum breuiter aduenturum. Valete! Scripta vigilia Andree.

Ceterum percepimus, quod dominus Dawid sit rex plescowie. Cum igitur vos et ipse estis amici speciales, quare scinceritatem vestram petimus studiose, vt taliter ordinare dignemini vestra gracia mediante, quod ipse sit amicus nostre ciuitatis et promotor nostrorum conciuium, quia per terram suam multociens proficiscuntur, quod intendimus deseruire.

№ LIV.

Gedeminne's, Königs der Lithauer und Russen, Fürsten und Herzogs von Semgallen, Schreiben an alle Christgläubige und insbesondere an die grossen Städte, zur Erklärung seiner Absicht, christliche Kirchen in seinem Reiche zu gründen und seine Länder für die Aufnahme von Geistlichen, Kriegsleuten, Kaufleuten, Handwerkern, Ackerbauern zu eröffnen, d. d. Vilna, am Tage der Bekehrung Pauli (25. Jan.) 1323. 1323

Ein mehr breites, als langes Pergamentblatt in Schriftzügen der Ausstellungszeit, ohne Siegel und Siegelspur, im äussern rigischen Rathsarchive. Man kann dasselbe nur als einen Entwurf ansehn, der nie zum Vollzuge gekommen. Denn wir stehen nicht an, dieses Archivstück gegen die

Meinung eines frühern Archivars, der solches als des »Littowschen Fürsten Diploma drin er iederman Länder auszutheilen anbeut etc.« bezeichnet hat, für ein Product derselben mönchischen Urkundenschmiederei zu erklären, welcher die berüchtigten, erweislich unächten drei Briefe Gedimin's ihren Ursprung verdanken, von denen der an die Seestädte (abgedruckt in Dreyer's Specimen pag. CLXXXIII; bei Kotzebue II. 354—357 und in Rucaynski's Cod. dipl. Lith. p. 28) mit diesem Schreiben grosse Aehnlichkeit und manche gleiche Stelle hat. Vgl. № LVI.

Christicolis vniuersis in toto orbe diffusis, viris et mulieribus, precipue cum aliquibus ciuitatibus prerogatiuis, Lubicensi, Sundensi, Broemensi, Maydeborgeensi, Colloniensi, Ceteris vero vsque Romam, Gedeminne dei gratia Letphinorum Ruthenorumque Rex, princeps et dux Semigallie, honoris et fauoris constantiam cum salute. Tenore presencium significamus tam presentibus absentibus, quam futuris, nostrum nuncium cum litteris nostris domino apostolico et patre nostro sanctissimo sub Katholice fidei receptione direxisse, cuius responsum nouimus: et suorum legatorum tediosissime omni die exspectamus; quod si ad vos veniunt ipsos promouentes honorifice nostre presencie transmittendo. Quod volumus promereri casu simili vel maiori; quia quidquid eis beneficii fecistis, nobis fecisse dinoscatis. Quum cuncta, que sanctissimo patre et domino nostro summo pontifice litteraliter conscripsimus, ad laudem Dei et honorem ecclesie sancte inuiolabiliter studebimus obseruare, ecclesias erigere, sicuti jam fecimus: vnam de ordine predicatorum sciatis nos infra duos annos erectam in ciuitate nostra Vilna de nouo. Quas vero de ordine minorum vnam in Vilna ciuitate nostra predicta, aliam in Noggardis quam cruciferi Prucie ob destructionem christianitatis et fratrum minorum exstirpationem terre nostre igne combusserunt. Quam hoc anno iterum ad honorem Dei omnipotentis et sue genitricis virginis Marie, et beati Francisci fecimus reedificare, vt laus Christi ad vtilitatem nostram et in remedium salutiferum filiorum et vxorum nostrarum et etiam omnium verum Deum Jhesum Christum colentium ab eisdem fratribus iugiter perseueret. Episcopos, sacerdotes, religiosos ordinis cuiuscunque[1]) dummodo eorum vita non sit vitiata, sicut illorum qui claustra edificant, et tollunt elemosinas bonorum hominum et tunc vendunt, et implent dictam ciuitatem (vos autem fecistis speluncam latronum) — talibus exceptis: nam eorum amicicia non erit nobis socia. Insuper terram, dominium et regnum vnicuique bone voluntatis patefacimus, militibus, armigeris, mercatoribus, curensibus, ferrariis, carpentariis, sutoribus, pellificibus, pistoribus, tabernariis, artis Mechanice cuiusque — hiis omnibus prescriptis volumus terram diuidere, vnicuique secundum suam dignitatem. Hi qui coloni venire voluerint, annis decem colant terram nostram absque censu. Mercatores intrent et exeant sine exactione et teloneo libere omni inpedimento procul moto. Milites et armigeri, si mane[1]) voluerint, dotabo eos rebus et possessione, prout decet. Omne vero vvlgus gaudeat jure ciuili Rygensis ciuitatis, nisi tunc melius fuerit inuentum de concilio discretorum. Quicunque predicta inpedierit, et venientes perscrutare prenotata etiam inpedierint, grauiter nos molestant, et non eis, sed nostre regali magnificentie cognoscant esse factum. Nam post istud tempus nulli obesse, sed omnibus prodesse volumus, ac pacem, fraternitatem karitatemque veram cum omnibus fidelibus Christi firmare federe sempiterno. Vt hec maneant illibata nostrum sigillum presentibus in testimonium dedimus et munimen. Datum in ciuitate nostra Vilna, matura deliberatione, Anno domini M°CCC°XXIII° in conuersatione sancti Pauli apostoli. Rogamus vniuersos consules, ut hec litera exscribatur, et exscriptum ad ecclesie postes affigatur, et ipsa litera amore nostri sine aliqua dilatione ad vicinam ciuitatem transmittatur, vt Dei gloria sic innotescat vniuersis. Orate Deum pro nobis.

1) Hier fehlt wohl etwas.

1) Wohl zu lesen: manere.

№ LV.

Einige Comthure und Ritter urkunden über eine von ihnen mit den Nowgorodern abge- 1323
schlossene Verbindung gegen die Lithauer, d. d. am Freitag vor dem heiligen «Kerstes»-Tage (28. Jan. oder 23. Dec.) 1323. *D.*

Pergam.-Orig. im RA. zu Reval. Siegel sind nicht daran, sondern nur die Einschnitte, um die Pergamentstreifen zum Anhängen derselben einzuziehen. Abdruck in v. Bunge's UB. II, 137, № DCLXXXV. Die nähere Veranlassung dieser vom Orden in Gemeinschaft mit den Vasallen des Königs von Dänemark in Ehstland geschlossenen Verbindung ist nicht bekannt. Aus dem Inhalt der Urkunde ergiebt sich aber, dass das Bündniss gegen Pskow und seine lithauischen Beschützer (s. oben p. 30) gerichtet war. Nach der Chron. von Pskow (s. unter d. J. 6831) scheinen die Pleskauer darüber ungehalten gewesen zu sein, dass ihnen die Nowgoroder im Sommer 1323 keine Hülfe zur Abwehr der Invasion der Deutschen geschickt hatten, während ihrerseits die I. Chron. von Nowgorod berichtet, dass damals die Lithauer bis zum Lowatflusse feindlich vorgedrungen waren. Der in der Urkunde erwähnte Bischof Dawid starb (5. Febr. 1325); der Possadnik Bartholomäus und der Tausendmann Abraham kommen auch in dem schwedisch-nowgorodischen Vertrage von 1323 (s. unten p. 42) vor. Das Datum der Urkunde: «1323, des lesten vridages vor des *heiligen kerstes dage*» wird bis jetzt auf den sogenannten *Kerzentag* kersdag, kirstmesse; s. Brinckmeier im Glossar. diplom. I, 1095, d. i. Lichtmesse (2. Febr.) bezogen, so wie der in den rigischen Gildestatuten von 1353, § 73 (s. Monum. Liv. ant., T. IV, p. CXCIII) vorkommende «hilghe kerstes dagh» wohl auch kein andrer sein kann, da die Gildeversammlungen um Fastnacht, nicht Weihnachten, gehalten wurden; doch könnte man jene Benennung sprachlich auch als *Weihnachtstag* deuten. Vgl. «Vrydaghis na *Kirstis Daghe* = *Nativitatis domini*», bei Weidenbach (Calendarium historico-christianum medii et novi aevi, Regensb. 1855, p. 198) und das Wort *kerstendom* = *Christen*thum in der Urkunde selbst.

№ LVI.

Gedimin's, Königs der Litthauer und Russen, vier Briefe zur Bezeugung seiner guten 1323
Absicht, das Christenthum annehmen zu wollen:

1) an den P. Johann XXII., mit Klagen über die Treulosigkeit und Grausamkeit des Ordens in Livland, welcher den Abfall vom Christenthume in seinem Reiche veranlasst habe, o. Dat.;
2) an die Predigermönche, d. d. 1323, ipso die corporis Christi (26. Mai);
3) an die Seestädte Lübeck, Rostock, Sund (Stralsund), Greifswalde, Stettin und die Kaufleute und Handwerker in Gotland, mit der Aufforderung zur Einwanderung in sein Land, d. d. Vilna 1323;
4) an die Minoriten, besonders in Sachsen, mit der Bitte um Sendung von Priestern in sein Land, d. d. Vilna 1323, ipso die corp. Christi. *L.*

Der erste dieser Briefe befindet sich in einer alten Abschrift auf dem kgsbg. GA. und ist abgedruckt in Voigt's Gesch. Preuss. IV, 626 (vgl. ebendas. S. 364 und Index № 1739) und bei v. Bunge II, 140, № DCLXXXVII; die drei übrigen in den Archiven zu Lübeck und Königsberg in einem Notariatsrecess der Verhandlung im Consistorium zu Lübeck am 18. Julius 1323 (Index № 298), und daraus, nicht aber nach den Originalen, wie dort behauptet ist, abgedruckt in Kotzebue's Preuss. ält. Gesch. II, 353—358, in v. Bunge's UB. II, 141 ff., № DCLXXXVIII, DCLXXXIX,

DCXC und mit dem ganzen Notariatsrecess bei Raczynski. Cod. dipl. Lith. p. 27—32, № II; ebendaher auch der 3. in Dreyer's Specimen juris publ. Lubec. p. CLXXXIII; das Notariatsrecess allein bei Sart.-Lapp. II. 305—308, № CXXX, wo auch noch Berichtigungen zu den Abdrücken der Briefe bei Dreyer und Kotzebue, dergl. auch in Voigt's G. Pr. IV, 360, 307 und bei v. Bunge II. 146, № DCXCI. Ueber die Erdichtung dieser Briefe s. unten p. 44. Zu dem 3-ten vgl. № LIV.

№ LVII.

1323 Der Landeshauptmann von Reval, Johann Kanne, die geschwornen Räthe des Königs von Dänemark und die Gesammtheit der Vasallen desselben in Ehstland verkündigen auf königl. Befehl Sichergeleit, freien Weg und Befreiung vom Strandrechte für alle Kaufleute, die mit ihren Waaren nach Nowgorod gehen, so lange die Nowgoroder Freunde der (lateinischen) Christen sein würden, d. d. Reval, am Tage nach Mariae Geburt (9. Sept.) 1323.

Perg. Orig. Transsumt des Abts Gobelin von Gutwall auf Gotland und der Predigermönche in Wisby von 1343, woran zwei Siegel gehangen haben, wovon aber nur noch die Riemen vorhanden sind, im rev. RA.; die Urkunde selbst abgedruckt bei v. Bunge II, 149, № DCXCII. Im rig. RA. befindet sich von dieser Urkunde ein früher (1323) ausgestelltes Transsumt (s. Index № 299), das abgedruckt ist in den Mittheil. aus d. livl. Gesch. V, 334, № 53. und ein anderes auch auf der Trese in Lübeck, woraus die Urkunde selbst im Lüb. UB. II. 392, № CDXLIII abgedruckt steht.

Omnibus presens scriptum cernentibus frater Gobelinus Abbas Gutualie Claustri, Cisterciensis ordinis, in terra Gotlandie, et frater || hinricus subprior totusque conuentus fratrum predicatorum in Wisby salutem in domino sempiternam. Presentibus protestamur, nos vidisse || literas infrascriptas non cancellatas non abolitas non rasas, nec in aliqua sui parte viciatas, sed sub veris sigillis in eisdem annotatis || integras in hec verba.

Omnibus presens scriptum cernentibus Johannes Kanna Capitaneus Reualiensis, Consiliarii iurati Illustris Regis Dacie ac vniuersitas vasallorum eiusdem Estoniam inhabitancium salutem in omnium saluatore, Noueritis nos secundum graciam et mandatum supradicti domini nostri Regis per patentes literas suas specialiter concessum vniuersis et singulis mercatoribus de quibuscunque locis versus Nogardiam cum mercimoniis pacifice transeuntibus securum conductum et plenam securitatem ex parte nostra infra dominium prefati nostri Regis tam in terra quam in aqua plenarie contulisse per presentes, quamdiu ipsi Ciues Nogardienses amici christianitatis fuerint et fautores. Ceterum adicimus quod si dicti mercatores infra limites dicti dominii naufragium quod deus auertat patiantur bona sua ad terram nostram libere deducere valeant Ita quod laborantes et coadiutores eorum ad hoc iuste remunerent pro labore. Qui vero prememoratos mercatores contra hanc nostram presentem litteram et consensum in bonis impodiuerit vel personis indignacionem prefati domini nostri Regis et nostram inimiciciam se nouerit incursurum. Scriptum Reualie sub sigillo mei Johannis Kanna Capitanei, ac sigillo communitatis vasallorum terre prenotate Anno domini M°CCC° vicesimo tertio, in Crastino Natiuitatis beate Marie virginis gloriose.

Et nos frater Gobelinus Abbas, frater hinricus et conuentus fratrum predicatorum predicti duximus huic transcripto nostra sigilla appendere in euidenciam premissorum. Datum Wisby Anno domini M°CCC°XL° tercio in Crastino beati Vitalis Martiris.

№ LVIII.

Frieden zwischen dem Grossfürsten Gedimin von Lithauen und den Landen und Städten von Ehst-, Liv- und Kurland, d. d. Wilna, am Sonntag nach Michaelis (2. Oct.) 1323. 1323

Perg. Orig. mit 13 Siegeln im innern rig. RA.; Abschriften davon bei der livl. Ritterschaft und in Brotze's Syll. II, 42, 43; Abdrücke nach der letztern Copie in Suhm's hist. af Danm. XII, 353, in d. Monum. Liv. ant. T. IV, p. CLXXI, № 85 und in Raczynski's Cod. dipl. Lith. p. 39, № IV, wo sich auch p. 37 eine lat. Uebersetzung dieses Friedensschlusses findet in des P. Johann XXII. Bestätigung und Befehl an den HM. und Orden wegen Aufrechthaltung dieses Friedens (p. 33—38, № III, d. d. avinion II. Kal. Sept. anno [Pontificatus] octavo, nach den Regesten dieses Papstes, obwohl sich im kgsbg. Archive auch ein Exemplar dieser Bulle findet. Sie gehört aber nicht ins J. 1323, wohin sie Raczynski gestellt hat, sondern ihr Datum ist nach unsrer Zeitrechnung der 31. August 1324, weil man die Pontificatsjahre dieses Papstes nicht vom Tage der Wahl [7. Aug. 1316], sondern vom Tage der Krönung [5. Sept. 1316] zählt). Die lateinischen und deutschen Ausfertigungen sind auch abgedruckt bei v. Bunge II, 150—158, № DCXCIII, DCXCIV. Vgl. Index I, 77, № 300; Arndt II, 84; Gadebusch I. 1. S. 404, 405; Brotze in d. N. nord. Misc. XI, XII, 488—491; Voigt's Gesch. Preuss. IV, 369—371, 389 und dess. Cod. dipl. Pruss. II, 136, 143, № CV u. CX, wo noch zwei Urkunden abgedruckt sind, welche die Aechtheit dieses Friedens ausser Zweifel setzen.

Ausser jenem pergamentnen Original im innern rig. Rathsarchive, befindet sich auch noch im äussern rig. Stadtarchive eine Abschrift auf einem grossen Blatte Pergament, welche, während das Original bloss die Ausfertigung des Friedens von Seiten der livl. Sendboten enthält, die des Königs oder Grossfürsten selbst liefert und noch mit einem merkwürdigen, die Entstehung dieses Friedensschlusses erläuternden Eingange und mit der Ausfertigung der Sendboten versehen ist, daher wir hier deren Anfang liefern. Einen eigenen Schluss hat sie nicht.

Alle denghenen de desse iegenwardighe scrift ansen, ofte horen, den wunschit vnde en budeth hinrich der godesghenaden prouest ludfart prior vnn dat mene Capitel der hilgen kerken van der Ryge, arnolt pleban van Cokenhusen in geistliken saken vicarius vnn an der stede des eraftegen an christo vaders heren vredericus des ersebischopis van der Ryge, broder Wessel de prior der predekerer, broder werner de gardian der baruoten, vnde de rat der stades van der ryge, ewich heyl an gode, Juwer eraftegen bescedenicheit do wi witlich vnde openbaret, dat de menen landesheren van Estlande vnde van liflande in sante laurentius dage tho edermis[1]) dor sprake willen thosamende quamen vt thogande de breue de gedeminne de koning van letowen an dudesche lande vnn ocb an de vorgenomeden landes heren van[2]) estlande vnn van[2]) liflande ge sant hadde vppe deme vorgenomeden

1) Ob hierunter etwa Ermes zu verstehen?

2) van ist von anderer Hand hinzugeschrieben.

dage tho edermis de menen heren der vorgenomeden lande Estlande vnde liflande[1]) eyndrachtich worden ere eraftegen boden de heren de hir na ge screuen stat, tho sendende an dat laut tho letowen vnn benomet worden[2]) van des stichtes wegene van der Ryge her arnolt stoyue de an des[3]) bischopes stede is van der Rige vnn[4]) Woldemer van Rosen ein Ryddere, her iohan molendinum von her thomas de Canonike sint van der Ryge, van der stades wegene van der Ryge her hinric van der Mytowe her iohan langeside vnn her ernest van Munstere[5]), broder wessel de prior der predekere, vnn broder albrech sclutb van den baruoten, van des eraftegen bischopes wegene van Osele her ludolof van deme Wittenbone ein dombere tho

1) *Estl. vnde lifl.* ausgestrichen.

2) vnn ben. w. ausgestrichen.

3) Von anderer Hand darüber geschrieben: *arn.*

4) Desgl. Arr.

5) van *M.* ist ausgestrichen und von anderer Hand darüber geschrieben: *rike vulmanne.*

hapeselle, van her bartholomeus van vellin ein Ryddere[1]) van des stichtes wegene[2]) van darbethe her herman lange eyn ratman van darbete, van des hogen[3]) koninges wegen van danemarken des landes van Reuele broder arnolt eyn prior der predekere van Reuele vnde her hinrich van parenbeke eyn Riddere. Desse vorgenomeden boden tho hant na vnser vrowen dage der lateren[4]) thogen vt tho lethowen warth. do se vor den koning quamen se erliken worden vnt fangen vnn ge handeleth. deme koninge se wiseden sine breue de he ut gesant hadde de eme dar ge lesen worden Tho hant[5]) bekande he des ingheseghelis vnde der breue vnn der stuchke de an den breuen scoden. Do vrageden de eme oft he bi den breuen vnn bi den articulen de an den breuen stunden bliuen wolde. Do antwarte de koning, so wanne des pauses boden der ich alle dage wachtende bin to mi komet, wat ich an mime herten hebbe dat got wol wet vnn ich sulnen, wante ich dat ge hort hebbe van minen olderen dat de paues vser aller vader is, dar nagbest de erste bischop dar na andere bischope. vortmer sprak he Ich late leuen an mine lande enen iewelikem minschen na sinen seten vnn na siner E Darna sprach de vorgenomede koning, latit nu de breue liehgen vnn spreket vmme enen vrede dar mach man van godes wegene binnen alle gode dinch tho godes ere weruen. Do worden de vorbenomeden boden menliken to rade wante eme iewelikem boden van sinen oversten vullenkomene macht to donde vnn to latende mede gegenen was des der brodere boden des duschen huses, sunderliken broder iohan van lowenbroke de kummeldur van der Mytowe vnn broder otto bramborn de van der brodere wegene an den vorgenomeden saken boden waren to lethowen vor dem koninge van lethowen vnn sinen mannen van den menen vorgenomeden boden openbare bekanden sich to don vnn to latende vullenkomene macht hebben Mit deme vorgenomeden koninge enen steden vrede to makende vor den menen cristendom[1]) Des vredes vullenkominicheyt antwarden vns de vorbenomeden boden opene vullenkomene breue an dusche ge screuen vnder waren hangenden ingezegele dat he och an andere lant vore ghe sant hadde de vorgenomede antwarde des koninges wart vns ghe antwart he screuen vnder der openbaren menen hant, van des vredes breue de de boden van deme koninge vntfingen van worde tho worden ludet aldus. Alle den yenen de dessen bref an sen vnn horen do let groten Gedeminne de koning van lethowen vnn wuschet en heil vnn vrede an gode. Wi don witlich an desseme iegenwardigen breue dat to vns komen sint na vnsen breuen boden van des bischopes wegene van der Ryge, her Woldemer van Rosen vnde her arnolt stoyue de in des bischopes stede is, van des capitules weghene her iohan Molendinum vnn her thomas, van des bischopes wegene van osele her bartholomeus van vellin vnn her

1) Von anderer Hand mit dem Zeichen der Einfuge hinzugeschrieben: van des mesters weghene vnde des orden der brodere des dudeschen huses broder johan van lewenbroke eyn commendur van der mytowe vnn broder otto bramborn.

2) Von anderer Hand druber geschrieben: van der steden.

3) Ausgestrichen und druber geschrieben: edelen

4) d. i. Mariae Geburt, 8. Sept. Vgl. Haltaus Jahrzeitbuch der Deutschen S. 134.

5) Von anderer Hand ist uber Tho — de geschrieben und hant ausgestrichen.

1) Diese Relation der livl. Sendboten findet sich, kurzer gefasst, auch noch auf einem Papierblatte, in gleichzeitiger Abschrift oder Original, ohne Siegel, im aussern rig. Rathsarchive, in folgenden Worten:

Do wi boden vor den koningh to lethowen mit sinen breuen quemen de eme dar lesen worden, do bekande he des ingheseghelen vnde alle der stucke de dar inden breuen stunden. Do leghede wy eme vore ofte he by dessen breuen vnn by allen articulen de inden breuen stunden bliuen wolde. Do antworde he also. Wanne des paues boden der ych alle daghe wachtende byn to my komet wat ich an myme herten hebbe dat wet god wol vnde ich suluen, wante ich dat ghe hort hebbe van minen olderen dat de paues vser aller vader is. Dar negest de Ercebyschop dar na andere byschope, vortmer sprach he, Ich late leuen an myme lande yewelikem mynschen na sinen seden vnde na siner. E. Dar na sprach he latet nu de breue liggen van spreket vmme enen vrede dar mach men van godes weghene bynnen alle gode dyngh werven, do worde wy des menliken to rade dat wy myt Eme enen vrede makeden vor den menen krystendom, also alse an sinen breuen vnde in eenen vullenkommeliken bewysen steyt.

ludolf van den wittenhone eyn dombere van hapeselle, van des bischopes wegene van darbete vnn siner menen man von siner stad her herman lange, van des houetmannes wegene des edelen koninges van denemarken vnn siner menen man broder arnolt de prior van Reuele vnn her hinric van parenbeke, van des Meysters wegene vnn der menen brodere van liflande broder iohan van lowenbroke de kummeldur van der Mytowe broder otto bramborn, van des stedes weghene van der Ryge her hinric van der Mytowe her iohan langeside vnn her Ernest, van der suluen Stad broder wessel prior der predekere, van der minneren brodere wegene broder albrech sclutb. Wi mit dessen vorbenomeden hebbet mit rade vnn mit vulborde vnser wisesten enen steden vrede ge maket mit allen Cristenen luden de ere boden tho vns sendet vnn vrede mit vns holden willet, in al dus da ner wise Dat alle weghe in lande — — — — eme vulles rechtes helpen[1]). vortmer sin ienegbe dinch vntforet in dat andere lant, dat scalmen vt antworden wan dat ge eschetb werth. vortmer wil en vri man varen van eneme lande an dat andere des scal he weldich wesen. lopt en drelle — — — wan dat ghe eschet wert[1]). Desse vrede de scal stede bliuen vnn vast, dat den nen man breken scal. Wereth ouer also dat ienich man de vnder vns besetben is dessen vrede breken wolde dene scal des nene macht hebben sunder vnse vulborth. Sue ouer dessen vrede vpsagen wolde mit rechter sake de scal tome anderen tue mande vore tho seggen. Uppe dat alle dinch tuschen vns vrunthliken vnn leflіken stan so geue wi an vnseme lande enem iewelіken menschen de tho vns kumpt, ofte van vns varet, Ryges recht van en gewelicht copman van beyden syden de mach copen allerleyge copenscap de eme vellich is. Uppe ene betugbinge desser vore benomeden dinch vnn up ene bebingdinge enes steden vredes so hebbe wi vnse koninglike ingbesegel tho dessen breuen ge hangen. Desse bref is vt ge geuen vppe vnseme hus to de vilne na vnses heren borth dusent iar drehundert iar in drevntwintbegesten iare des sunnendages na sunte Micheles dage. Uppe ene bebindunge von ene sekerheit desses vore screuenen vredes geuen de vorgbenomeden boden deme koninge van letbowen vnder eren hangenden ingesegelen opene breue de aldus luden van worden tho worden also hir na ge screuen steyth. alle de iene de dessen bref — — — — des sunnendages na sunte Michaeles daghe[1]).

1) Das Ausgelassene siehe in den Monum. Liv. ant. T. IV, p. CLXXII.

1) Das Fehlende, wie im Abdrucke in d. Monum. T. IV, p. CLXXII, CLXXIII.

№ LIX.

Verschiedene preussische Prälaten dringen in die Prälaten, den Orden und andere 1323
Oberbehörden von Liv- und Ehstland, welche mit König Gedimin von Lithauen einen Separatfrieden geschlossen haben, sie möchten diesen, zu ihrem beiderseitigen Verderben führenden Frieden so schnell als möglich widerrufen, d. d. in Elbingo, feria secunda ante festum beatorum Symonis et Jude (24. Oct.) 1323. *L.*

Perg. Orig. im kgsbg. GA.; Abdruck in Voigt's Cod. dipl. Pruss. II, 135, № CV und bei v. Bunge II, 160, № DCXCVI. Vgl. Index № 301 und Reg. Dan. I, 232, № 1939.

№ LX.

1323 Zeugniss des Custos und der Gardiane des Minoritenordens in Preussen an P. Johann XXII., dass König Gedimin von Lithauen von dem DO. an der Annahme des Christenthums nicht behindert sei, im Gegentheile sich als ein Feind des Christenthums betragen habe, d. d. Kulm, am Tage der heiligen Katharina (25. Nov.) 1323. *L.*

Doppeltes Original auf Pergament, jedes mit fünf Siegeln, und Transsumt d. d. Gniewa (Mewe), XVII. Kal. Febr. (16. Jan.) 1324 im kgsbg. GA., das letztere auch auf der königl. Bibliothek zu Königsberg: Abdruck des ersten bei v. Bunge II. 162, № DCXCVIII und des letztern in Voigt's Cod. dipl. Pruss. II. 138, № CVI. Vgl. Index № 302, 303, 304, 306.

№ LXI.

1324 Abt Paul von Oliva und Abt Jordan von Pölplin zeugen bei dem P. Johann XXII., dass der DO. den König der Lithauer, Gedimin, an der Annahme des Christenthums keineswegs verhindert habe, d. d. Gemewa (Mewe), XVI. Kal. Febr. (17. Jan.) 1324. *L.*

Perg. Orig. mit zwei grösstentheils abgefallenen Siegeln in der königl. Bibliothek zu Königsberg: Abdruck in Voigt's Cod. dipl. Pruss. II. 141, № CVIII und bei v. Bunge II. 163, № DCXCIX. Vgl. Index № 305.

№ LXII.

(1324) Der rigische Rath rechtfertigt sich gegen den lübeckischen in Betreff der vom DO. angeblich gegen ihn vorgebrachten Verunglimpfungen wegen des mit dem König von Lithauen geschlossenen Friedens und spricht sich noch über mehr darauf Bezügliches aus, die ungerechte Handlungsweise des Ordens anklagend, o. J. u. T. (1324).

Gleichzeitige, saubere, aber in sehr kleinen Schriftzügen, die noch durch überreichliche Abbreviaturen schwer zu entziffern sind, verfasste Abschrift auf Pergament im äussern rig. Rathsarchive, welche in das oben beigesetzte Jahr zu stellen ist, weil im Eingange gesagt wird, dass der rig. Rath im vergangenen Sommer des lithauischen Königs Briefe dem lübeckischen Rathe übersandt habe, die in Lübeck schon im Juli 1323 transsumirt worden (Raczynsky's Cod. dipl. Lith. p. 27—32). Das Original befindet sich wahrscheinlich noch zu Lübeck, in dessen Urkundenbuch Bd. II wir aber einen Abdruck nicht finden.

Honorabilibus et discretis viris dominis consulibus in lubeke, Consules ciuitatis Rigensis, Obsequii et honoris promptitudinem cum affluencia omnis boni, Innotuit nobis relacione quorundam| veridicorum, scriptis eciam auctenticis, videlicet publicis instrumentis, quod fratres ordinis theoth. domus apud vos suis litteris, nos grauiter infamarunt, racione litterarum Regis letho||wye, quas vobis in estate preterita misimus eiusdem Regis ex parte, quas quidem fratres predicti a nobis dicunt confectas et sigillatas, quod in verbo veritatis dicimus, quod deus hoc in nobis non nouit neque tollerat, neque mundus, prout in veritate pacis, quia terrarum domini lyuonie et estonie, et precipue fratres ordinis memorati vnanimiter et concorditer, pro se quispiam solempnes suos direxit nuncios ad Regem lethowye supradictum, ad inuestigandam et perscrutandam veritatis formulam de litteris, vobis et ceteris ciuitatibus principibus et ceterarum dominis in theothonia et in nostra prouincia Rigensi ab ipso Rege missis, qui nuncii cum ad presenciam dicti regis peruenerunt cum litteris suis antedictis, quibus perlectis et examinatis coram universis nunciis, quare Rex recognouit. publice sigillum litteris appensum esse suum, et articulos in ipsis litteris conscriptos ex ore suo perlatos, Rursum, rex requisitus si secundum predictos articulos se regere vellet, respondit quando legati domini pape ad me venerint, quorum aduentum prestolor desiderio summo, quod in corde meo habeo, hoc deus scit et ego, et sic singulos articulos, in ipsis litteris scriptos adeo firmauit rationibus[1]), prout dictorum nunciorum ab ipso rege reuersorum vniuersitas se .....[2]) testabatur, Quod dicti nuncii non causa metus aut violencie, sed considerata necessitate et vtilitate christianitatis, cum ipso Rege et suis pacem firmam inierunt, pro cunctis hominibus christianis, quam predicti nuncii et precipue nuncii fratrum domus theotonice predictorum, scilicet frater johannes de leuenborgh commendator Mithowye et frater otto bramhorn, qui interrogati ab honesto milite vno de nunciis, domino Woldemaro de Rosen, quatuor vicibus responderunt, se habere ex parte ordinis sui domus theoth. faciendi dimittendi liberam facultatem primo et principaliter dicti fratres pro se et eorum ordine, reliqui vero nuncii cum premissis fratribus, a dominis predictorum terrarum emissis, pro se et eorum dominis obseruare inviolabiliter iurauerunt, et scripta super predictam pacem confecta prefati fratres suis sigillis cum sigillis aliorum omnium nunciorum muniuerunt, committendo sepedicto Regi in predicte pacis testimonium et cautelam, prout inuenietis in transscriptis dictarum litterarum, quas exhibitor presencium vobis et aliis habet ostendere in commissum, cum predicti regis responso nunciorum processibus predictorum, et aliis articulis in eisdem litteris scriptis plenius continere. Huic vero paci fratres domus theoth., licet nuncii eorundem supradicti vt dictum pacem firmam ex parte ordinis predicti iuramentis receperunt sigillisque suis eandem in euidenciam signauerunt, contra deum, iusticiam, et in graue preiudicium tocius christianitatis, lyuonie et estonie dedixerunt, et partibus non consencientibus eisdem fratribus in premisse pacis renunciacione sicuti domino Episcopo osiliensi et sue dyocesi et ciuitati Tharbatensi atque nobis, quare nullatenus fieri aut inueniri periuri intendimus domino Innuente, publice et occulte, adinuencionibus quibuscunque poterunt aduersantur, et magis tam nobis quam ceteris, quibus manifestum est, quare modo in hyeme Magister et fratres ordinis memorate domus theoth. cum Ruthenis in Nogardia pacem osculando crucem inierunt, tali condicione, quod omnes de nostris conciuibus, nogardia aduentantes priuati sint corporibus atque rebus, ipsi vero Rutheni bona predictorum nostrorum ciuium obtinendo, capita vero eorundem dictis fratribus presentando, quod dux et borgrauius ibidem in nogardia in foro communi, et in publico colloquio coram cunctis astantibus publicarunt, quod iidem Nogardici nostris quibusdam ciuibus responderunt[1]), quominus forma perhibita occuparunt, quod pro eorundem vita et bonis posuerant fideiussoriam caucionem, qui communi mercatorum adiutorio tunc ibidem existentium[2]) de vestra ciuitate et aliis ciuitatibus dimissi sunt liberi et soluti, pro quo vobis et ipsis immensas gratiarum referimus actiones, post hec cum breuiter venit

1) Oder: responsionibus.
2) fqmio —?

1) Geschr. oüderüt.
2) Geschr. exiit.

in Nogardiam frater otto bramhorn predictus, qui vt dictum est in lethowya cum ceteris nunciis predictam pacem cum iuramentis pro se et suo ordine sepedicto acceptauit, quosdam ibidem in Nogardia tunc nostros ciues primo quitos dimissos, denuo in pristina formula occupauit, qui ab arrestacione iterum dei clemencia et mercatorum predictorum auxilio suffragante dimissi sunt liberi et soluti. Ista et alia importabilia grauamina nobis in bona securitate non dedicendo inferunt, ea de ratione, quod ut supra diximus nolumus fieri aut inueniri periuri, dei nos gratia conseruante, in predicte pacis contradictionem, consenciendo fratribus domus theoth. memoratis. Ceterum, quoniam episcopus et capitulum ecclesie Warmiensis forte nutu aliorum vobis presumpsit scribere, quod nos lucri causa quarundam rerum temporalium, cito euanescentium, quasi criminose mendose dolose et falsiter, querentes victum ordinassemus premissa omnia inportune. Ad quae respondemus et probare volumus euidentius, quod quantum in nobis fuit in pace predicta firmanda, ad vtilitatem tocius christianitatis, per nostros nuncios manifeste cum ceteris nunciis predictarum terrarum dominorum lyuonie et estonie decreuimus laborare, sed nobis luce clarius manifestum est, quod predicti fratres domus theoth. propter mercimonia que habent in castris suis, scilicet duneborgh. Mythow. et Rositen et in aliis municionibus cum lethowinis et eisdem in vicinio adiacentibus, pacem nituntur infringere memoratam, quam tum in castris, et municionibus predictis cum ipsis lethowinis predicti fratres seruant clam destine[1]) sine consensu parcium, mercacionis gratia specialem. Ceterum antequam predicta communis pax per sepedictos nuncios cum Rege et suis fuisset firmata, jllustris princeps katholicus, Dux mazowye, qui eiusdem Regis lethowye dudum christianitatis ritu filiam sibi matrimonio copulauit, magna precum instancia apud eundem regem in adiutorio optinuit lethowinorum exercitum super inimicos suos in terram scilicet matertere sue, ducisse de doberin deducendum, qui propere ante dicte pacis ordinacionem ad propria redierat[1]). Insuper deuastacio terrarum videlicet dyocesis Tharbatensis et Regis daciae, prius quam predictus Rex aliquas emisit litteras fuit facta, et qui contra promissa vobis perscripta vel per verba aut amplius vestris auribus scriptis vel dictis referre presumpserint quibuscunque. Scire debetis et in bona consciencia dicimus, quod tales quicunque fuerunt in premissis procedunt contra formulam equitatis, quod ad probandum scriptis super premissam pacem hinc inde confectis sigillis predicti regis lethowye et nunciorum omnium prefatorum quicumque requisiti fuerimus officiosius nos paratos, et quod predicti episcopus et capitulum Warmiensis ecclesie et quidam monachi vestre honestati contra nos scripserant[2]), non debetis in veritate aliqualiter inuenire, verum vestre discrecioni presentibus deuote et attencius supplicamus, quatenus si aliqui vt dictum est contra perbibita materiam dicere vel scribere presumpserint, nullam fidem donec nostris scriptis responsum nostrum audieritis dignemini adhibere sed nos fovere protegere diligere, causa nostri perpetui seruicii in omnibus promouere, quod apud vos et vestros quibuscunque poterimus intendimus promereri, et memoratas litteras vobis diu libentissime misissemus, sed non potuimus propter passagii protrahenciam et insultus fratrum predictorum domus theoth., qui non permittunt aliquas deduci litteras extra terram, et quia predicti fratres rata et grata non seruant, quae inter ipsos et nos in persona placitata et ordinata fuerant, iuramentis et scriptis vallata, presentibus terrarum dominis lyuonie et estonie sepedictis, nec nos frui permittunt nostris libertatibus, quas secundum nostra privilegia et

1) For. clandestine.

1) Vgl. Voigt's Gesch. Preuss. IV, 362.

2) Hier wird wohl auf die von preussischen Geistlichen ausgestellten Zeugnisse für den Orden und Abmahnungen von dem mit dem Grossf. Gedimin geschlossenen Frieden gezielt, welche verzeichnet sind im Index № 301—308, meistentheils abgedruckt in Voigt's Cod. dipl. Pruss. II, 136 ff. 141, № CV, CVI, CVIII. — Vgl. dess. Gesch. Preuss. IV, 370 ff. und oben № LIX—LXI.

libertatem quiete possedimus ab antiquo. Timemus vt percepimus, nobis ab ipsis fratribus gwerram magnam et contenciones breuiter imminere, contra quam si pro nostra defensione quidquam fecimus, scitote pro certo et testamur in deum patrem omnipotentem et in matrem misericordie virginem mariam, quod hoc racione iusticie nostre et defensione necessaria faciemus, et petimus vniuersitatem vestram attencius et deuote, quatenus vna nobiscum ipsum deum fauctorem iusticie et beatissimam virginem mariam ipsius iusticie protectricem partem iusticie protegant et defendant. Amen.

№ LXIII.

P. Johann XXII. empfiehlt seine an den König von Lithauen und Russland Gedimin abgehenden beiden Nuntien, B. Bartholomaeus von Alet und Abt Bernhard vom Benedictiner-Kloster St. Theofried im Gebiet von Puy, der ganzen Geistlichkeit und dem Johanniter-, Deutschen und Calatrava-Orden, d. d. Avignon, Kal. Jun. Pont. a. VIII. (1. Jun. 1324). *L.* 1324.

Transsumt im GA. zu Kgsbg.; Abdruck in Voigt's Cod. dipl. Pruss. II. 135, № CIV; bei Raczynski p. 41, № V; Turgenjew, hist. Russiae monum. I. 95, № CI; v. Bunge II. 176, № DCCIV. Vgl. Index № 297 (wo die Jahrzahl unrichtig als 1323 angegeben ist).

№ LXIV.

Derselbe verbietet dem Meister des DO. und dem ganzen Orden, den König Gedimin zu befehden, wenn er den christlichen Glauben angenommen, d. d. Auinion, Kal. Jun. (Pont.) anno octauo. *L.*

Auf dem GA. zu Kgsbg. in dem Registranten der Briefe P. Johann XXII.; Abdruck bei Raczynski p. 25, № I; in Voigt's Cod. dipl. Pruss. II, 142, № CIX; Turgenjew, hist. Russiae monum. I, 96, № CII; v. Bunge II. 178, № DCCV.

№ LXV.

Peter Jonsson, Vogt zu Wiborg, thut kund, dass zwischen Schweden und dem König Georg von Nowgorod und der dortigen Gemeine ein fester Frieden geschlossen, vermöge dessen die Kaufleute von Lübeck, Wisby und anderswoher durch den Fluss Ny (Newa) mit ihren Waaren nach Nowgorod ziehen und sowohl zu Wasser als zu Lande, sicher und unbehindert zurückreisen können. D. D. Stockholmis 1324, feria tertia ante diem b. Lucae evangelistae (16. Oct.). *L.* 1324.

Perg. Orig. auf der Trese zu Lübeck; Abdruck im Lüb. UB. II. 401. № CDLVI und bei v. Bunge III. 120. № DCCVII. a. — Der in der Urkunde genannte König Georg von Nowgorod ist der Grossf. Juri Danilowitsch (1319—1325; vgl. oben p. 33) und der darin erwähnte Frieden der sogen. Orechowsche oder Nöteburgische vom Aug. 1323. Vgl. Porthan's Syll. Monum. p. 77—84; Lehrberg's Untersuchungen S. 232; Karamsin IV, прим. 255; d. Uebers. IV, 167, 283; P. Butkow's Abhandlung: Три древние договора Руссовъ съ Норвежцами и Шведами im Журналъ Министерства Внутреннихъ Дѣлъ für 1837. Ч. 23, p. 346 u. flgd.; die Zeitschrift Suomi, Helsingfors 1841. Band I. 1, p. 62 u. folgd.; B. E. Hildebrand's Diplom. Svecanum III, 606—623, № 2518, 2519, desselben Abhandlung: Om Nöteborgska Freden och Sveriges gräns mot Ryssland från år 1323 till början af 17:de århundradet, in den Kongl. Vitterhets, Historie och Antiquitets Academiens Handlingar. Tjugonde delen. Stockholm, 1852 in-8°, p. 171—260; P. A. Munch in Antiquités Russes, Copenhague, 1852, II, p. 490 und flgd.; desselben Abhandlung: Om Grændse-Traktaterne mellem Norge, Sverige og Rusland i det 14-de Aarhundrede in der Norsk Tidskrift for Videnskab og Litteratur. V. Aargang. Christiania 1852, p. 303—386 und die Abhandlung von K. Lenstrem: O мирныхъ договорахъ между Россiею и Швецiею въ XIV столѣтiи, in den Ученыя Записки, издаваемыя Императорскимъ Казанскимъ Университетомъ. Казань 1855, книжка II. p. 103—151.

№ LXVI.

1324 Die päpstlichen Nuntien, B. Bartholomaeus und Abt Bernhard, senden dem preussischen Landmeister (Friedrich von Wildenberg) ihre Ratification des Friedens zwischen den Ständen des rigischen Erzstifts und Gedemin, dem Könige der Lithauer und Russen, und befehlen demselben, als dem Vorgesetzten des Ordens in Livland, unter Androhung der Kirchenstrafen, nicht nur sich selbst darnach zu achten, sondern auch den Orden in Livland zur Befolgung anzuhalten, d. d. Riga, den 20. Oct. 1324. *L.*

Perg. Orig. mit zwei Siegeln, wovon aber nur Reste des einen vorhanden, im GA. zu Kgsbg.; Abdruck in Voigt's Cod. dipl. Pruss. II. 143, № CX und v. Bunge's livl. UB. II. 184, № DCCVIII. Vgl. Index № 307.

№ LXVII.

(1324) Bericht der Abgeordneten gewisser päpstlichen Legaten (des Bischofs Bartholomaeus von Alet und des Abts Bernhard vom Benedictiner-Kloster S. Theofried im Gebiete von Puy), des Erzbischofs (Friedrich von Riga) und der Stadt Riga an den König von Lithauen (Grossf. Gedimin) in Betreff seiner angeblich durch eigene Briefe desselben erklärten Bereitwilligkeit zur Annahme des Christenthums, welche er aber gänzlich in Abrede stellt. O. O. u. J. (aber vom Nov. oder Dec. 1324).

Diese Aufzeichnung — ein Pergamentblatt von 10,4 rheinl. Zoll Länge und 7,45 Zoll Breite — ist zwar nicht der Originalbericht an die päpstlichen Gesandten, aber wahrscheinlich der Originalentwurf dazu und findet sich im äussern rigischen Rathsarchive. Die Schrift ist sehr klein und voll der mannigfaltigsten Abbreviaturen, hier so genau als möglich wiedergegeben und zur grösseren Verständlichkeit mit Interpunction versehen; auch noch aus einer zweiten, in demselben Archive verwahrten Ab- oder Reinschrift, auf einem langen, an der einen Seite unregelmässig beschnittenen Pergamentblatte, wovon nur eine Seite beschrieben, die vorkommenden, wenigen Varianten in den Anmerkungen hinzugefügt, ungerechnet einige geänderte Wortstellungen. — Für den Sachkundigen kann es keinem Zweifel unterliegen, dass dieses Archivstück, worin die Namen der Hauptpersonen fehlen, die durch die in der Aufschrift beigesetzten Namen angedeutete Beziehung habe, und es wird gewiss zur Aufhellung der Sache und weiteren Begründung und Vervollständigung der durch Voigt in seiner Gesch. Preussens IV, 364 ff., 386 ff., 626 ff. gegebenen Darstellung der damaligen Verhältnisse und Begebenheiten nützlich befunden werden. Der preussisch-livl. Ordensstaat hatte unter seinen Nachbaren keinen mächtigeren und gefährlicheren Feind als das starke Volk der Lithauer, das ihm und dem Christenthume am längsten widerstand; und unzählig waren die Kämpfe, welche mit demselben vom Anbeginn der Ordensherrschaft bis zu dem Zeitpunkte geführt wurden, wo Lithauens Schicksale sich mit denen Polens einigten. Die Feindschaft der Lithauer gegen den Orden, ihre Kampfrüstigkeit und Raublust gaben im Anfange des vierzehnten Jahrhunderts der mit dem Orden in offenem Kampfe liegenden erzbischöflichen Partei in Livland, wozu insbesondere die Stadt Riga gehörte, eine erwünschte und bald benutzte Gelegenheit, sich einen auswärtigen Bundesgenossen gegen den so nah gesessenen Feind zu verschaffen, und es gehörte zu den stehenden Klagen und Vorwürfen des Ordens gegen den Erzbischof, dass dieser sich gegen seine christlichen Mitbrüder mit Heiden im Bündnisse einlasse, während die geistliche Partei den Rittern Schuld gab, dass sie es eben wären, welche diese Heiden vom Uebertritte zum Christenthume abhielten und beständig daran verhinderten. Damals (seit 1315) regierte über Lithauen ein kräftiger Regent, der Grossfürst Gedemin, dessen Tapferkeit der Orden schon häufig gefühlt hatte und dem für sich ebenso, wie schon früher seinem Vorgänger in der fürstlichen Würde, Witen, zu gewinnen der erzbischöflichen Partei und der ihr verbundenen Stadt Riga aufs äusserste angelegen war. Da verbreitete sich im Jahr 1323 die Nachricht: Gedimin habe durch ausgesandte Briefe aller Welt seine Bereitwilligkeit zur Annahme des Christenthums, aber auch seine Behinderung daran durch den Orden, erklären lassen. Solcher Briefe kamen vier zum Vorscheine: einer, ohne Datum, an den Papst und die Cardinäle (abgedruckt bei Voigt a. a. O. S. 626; vgl. Index № 1739) und drei d. d. Vilna anno domini 1323 ipso die corporis christi (26. Mai), wovon einer an die Seestädte Lübeck, Rostock, Sund, Greifswalde, Stettin und nach Gothland (abgedr. in Dreyer's specim. jur. publ. Lubec. p. CLXXXIII), der zweite an den Prediger-Orden in Sachsen, der dritte an die Minoriten gerichtet waren und ähnliche Klagen und Bitte um Unterstützung enthielten (alle drei abgedruckt in Kotzebue's ält. Gesch. Preuss. II, 353—358; Verbesserungen dazu bei Voigt S. 367 Anm.). Sie sind uns erhalten in einem im Consistorio zu Lübeck am 18. Juli 1323 aufgenommenen Transsumte, welches mit den Briefen Raczynski in s. Cod. diplom. Lith. p. 27—32, ohne dieselben, mit Verweisung auf Kotzebue, aber Lappenberg in der von ihm herausgegebenen Urkundl. Gesch. des Ursprungs der deutschen Hanse von Sartorius, II, 305—308 hat abdrucken lassen. (Vgl. Index № 298; Voigt's Gesch. IV, 636).

Gleich nach dem Erscheinen jener Briefe traf aus Livland die Kunde von einem am Sonntage nach Michaelis desselben Jahres mit Grossf. Gedimin Seitens der Lande Livland geschlossenen Frieden (s. unten S. 46, Anm. 3) ein, dessen Bestätigung beim Papste nachgesucht wurde. Da riethen nicht nur die preussischen Landesbischöfe den Machthabern in Livland von diesem Frieden ab (vgl. Index № 301; Voigt's Cod. dipl. Pruss. II, 136, № CV), sondern auch die Mönchsorden in Preussen nahmen sich beim Papste des Ritterordens vertheidigend an (vgl. Index № 302—306; Voigt ibid. p. 138, 141, № CVI und CVIII). Obwohl nun im Herbste 1323 von dem Papste zu Avignon EB. und HM. persönlich über ihre Streitpunkte vernommen und ihnen ein Bescheid gegeben war (s. Voigt's Gesch. S. 373 ff.), und obwohl Gedimin's Feindseligkeit gegen die Ordenslande nicht ruhte (Voigt S. 386), so glaubte doch der Papst Johann XII. mit seinen Cardinälen, dem durch EB. Friedrich vorgebrachten und empfohlenen Wunsche Gedimin's nach Aufnahme in den Schooss der Kirche entgegenkommen zu müssen, und sandte als seine Bevollmächtigten den Bischof Bartholomaeus von Alet und den Abt Bernhard vom Benedictinerkloster S. Theofried, um durch sie das erfreuliche Werk der Bekehrung eines so mächtigen Fürsten und seines Volkes ausführen zu lassen. Der Papst empfahl diese seine nach Lithauen und Russland bestimmten Legaten der ganzen Geistlichkeit und dem Johanniter-, dem deutschen und dem Calatrava-Orden schon am 1. Juni 1324 (s. oben № LXIII). Sie kamen am 22. Sept. 1324 zusammen mit EB. Friedrich nach Riga (nicht mit dem HM. Werner von Orselen, wie Voigt S. 388 aus einem wenig haltbaren Grunde annimmt; denn es heist ausdrücklich in unserer Urkunde: «qui (legati) domino annuente salui in rigam cum domino archiepiscopo peruenerunt»), und liessen ihr erstes Geschäft sein, an Gedimin einige Geistliche abzuordnen, um sich von seiner Bereitwilligkeit zum Christenthum zu vergewissern. Diese kamen, wie unsere Urkunde aussagt, am 3. Nov. in Wilna an, kehrten (nach Voigt S. 392, Anm. 1) am 25. Nov. zurück und brachten den unten abgedruckten Bericht mit.

Die Antwort, welche Gedimin den Abgeordneten der Bevollmächtigten des Papstes in Wilna ertheilte, ist zwar schon aus einer andern Quelle bekannt und lautete nämlich dahin, dass er den Glauben seiner Väter nicht aufgeben wolle (s. Voigt 392). Diese Angabe und andere Umstände haben auch längst Zweifel an der Aechtheit der Briefe, welche i. J. 1323 zum Vorschein kamen, hervorgerufen. Schon Dreyer bezeichnete in seinem Spec. jur. publ. Lub. p. CCCIV den von ihm dort abgedruckten Brief, als falsch und untergeschoben. Kotzebue erklarte freilich alle drei Briefe, die er lieferte, für unbezweifelt ächt und auch Karamsin (IV, прим. 279; d. Uebers. IV, 178 und 292) nahm deren Aechtheit in Schutz; allein Voigt ist (S. 626—637) mit vielen Gründen gegen diese Ansicht aufgetreten und hat deren Grundlosigkeit überzeugend dargethan. Hier haben wir nun ein Actenstück vor uns, das gar keinen Zweifel mehr an der Unächtheit jener Briefe aufkommen und uns noch tiefer in jenes Gewebe von Trug und Arglist blicken lässt. Denn es wird aus diesem Berichte klar

1) dass der König zwar von Absendung gewisser Briefe etwas gewusst, aber ihren eigentlichen Inhalt nicht gekannt habe («quesiuit, quid continebatur in literis» — «respondebat, quod non jussisset hoc scribere»);

2) dass sie wirklich in Wilna von dem Minoritenbruder Berthold geschrieben worden, dem zuletzt die Schuld beigemessen wurde, den König hintergangen zu haben («fr. bertoldus respondit, quod scripsisset vltimas litteras que fuerunt misse per consules rigenses» — «ipse esset qui regi fecerat talem confusionem»);

3) dass die Briefe durch einen Abgeordneten der Stadt Riga nach Rom gesandt wurden, der ein Mönch und jetzt auch wieder unter den an den König Abgeschickten war («consules — sc. rigenses — miserunt me.. cum litteris vestris — i. e. regis — ad dominum nostrum summum pontificem»), die Briefe aber zuerst dem EB., der damals in Avignon war, überlieferte, worauf dieser sie dem Papste vorlegte, der sie mit Freuden las («qui — sc. papa — vestras litteras procurante domino archiepiscopo cum inenarrabili gaudio recepit»). — Endlich ist

4) nicht zu übersehen, wie die Minoritenbrüder, auf welche die Hauptschuld der nach dem Wunsche des EB. geschmiedeten Briefe fiel, sich durch leere Ausflüchte zu schützen, dabei aber den Hauptverdacht, den König von seinem guten Vorsatze des Uebertritts zum Christenthum abgebracht zu haben, auf den Bruder Nicolaus, welcher zu den «fratribus maioribus» gehört zu haben scheint, d. i. wohl zu den Dominicanern oder Predigermönchen, zu wälzen suchen («de quo habebant suspicionem eius mali et auersionem propositi boni»), indem sie die von ihm dem König gegebenen und dem EB. wenig beifälligen Rathschläge noch nachträglich anführen. Auch suchen sie sich noch einen Beweis der Unschuld zu verschaffen durch die ernstliche Befragung des Dolmetschers des Königs, Namens Hennekin, dessen Verhältniss sich aber nicht genauer herausstellt.

Sciendum quod nos.. missi a dominis legatis sedis apostolice.. domino archiepiscopo et consulum ciuitatis rigensis[1]) ad regem lethowie.. veni-

1) dom. arch. — rig., fehlt.

mus in ciuitatem suam || vilnam sabbato post festum omnium sanctorum et circa horam vesperarum fecit nos vocare ad suam presenciam. Cum venimus ad || eum, cum consiliariis in aula sua sedentem, presentauimus sibi literas dominorum legatorum, domini archiepiscopi, Episcopi osiliensis et thar || batensis et consulum de riga, quas recepit gratiose. Postea sibi diximus, quod negocia haberemus secum volutare ex parte domini apostolici et dominorum premissorum, qui respondit, quod tali hora non expediret, quia venimus de via et post labores deberemus recreari, et esse leti ac jocundi. Sequenti mane iuimus ad fratres minores audire missam, et ante missam loquebamur cum fratre nicolao, inquirendo, si rex esset ejusdem voluntatis, sicut domino apostolico scripserat et toti mundo, petendo instanter consilium suum, ex quo percepimus, eum esse de consilio regis, quod nos informaret amore christianitatis, sub qua forma possemus persequi negocium domini apostolici nobis commissum, qui respondit, quod propositum suum esset mutatum, ita quod nequaquam vellet recipere fidem Christi, et aliud concilium [1]) non poteramus ab ipso optinere, et sic intrauimus ecclesiam audire missam. Finita missa loquebamur cum fratre hinrico et bertoldo, minoribus fratribus, inquirendo consilium sicut prius, qui responderunt quod rex habuerat bonum propositum, sed proh dolor superuenientibus aliis totaliter esset mutatus et auersus, qui quidem per integrum annum in concilio suo non fuerunt, sed solum frater nicolaus, de quo habebant suspicionem eius mali et auersionem propositi boni ex instinctu spiritus sancti quod incepit. Interim quod fuimus in missa, rex misit post fratrem nicolao (*sic*) et post missam volebamus redire ad hospicium, fratre bertoldo nobis comitiuam faciente, venit nuntius regis et vocauit fratres bertoldum et hinricum ad presenciam regis. Peracta [2]) comestione rex misit post nobis: venientibus autem nobis, invenimus eum in aula sua cum conciliariis [1]) suis circa viginti, quod nobis multum displicuit, quia sperauimus ipsum solum invenire. Habito concilio inter nos, videbatur nobis consultum, ex quo percepimus eum auersum, propter captandam [2]) suam beneuolentiam, incepimus loqui de aduentu dominorum et processu facto contra fratres [3]) et restitutionem captiuorum ac bonorum suorum infra pacem, de quo multum regratiabatur ac gaudebat. Postea sibi narrauimus, qualiter litteras suas misisset dominis consulibus in riga, significans, quod non posset mittere nuntios suos ad ciuitatem [4]) cum litteris, quia precedenti anno nuntium suum misit ad ciuitatem [4]) qui captus fuit in via, fame afflictus et male cruciatus, rogando consules, ut ipsi aliquem de suis cum litteris et negociis suis ad presenciam domini apostolici destinarent, et quod non parcerent expensis, quia tempus veniret, quod maius solueret cum minuta, de quo consules gauisi miserunt me.. cum litteris vestris ad dominum nostrum summum pontificem, qui vestras litteras procurante domino archiepiscopo cum inenarrabili gaudio recepit, et sequenti die fecit vocare cardinales ad consistorium, quibus significauit vestram voluntatem secundum quod in vestris litteris continebatur, vbi dominus archiepiscopus et ego presentes fueramus, et statim non poterat invenire personas ydoneas ad tantum factum et salutiferum perficiendum; sed mora aliqua transacta, misit reuerendos in Christo patres ac dominos.. cum plenaria potestate secundum desiderium vestrum, prout domino apostolico et archiepiscopo scripseratis, qui domino annuente [5]) salui in rigam cum domino archiepiscopo peruenerunt, mittentes nos ad vestram presenciam, cupiendo vestrum statum de bono in melius prosperari, et missi sunt pro expeditione conuer-

1) consilium.
2) Forte.

1) consiliariis.
2) captare.
3) Hier ist ohne Zweifel die Verhandlung zwischen EB. Friedrich und HM. Karl von Trier im Herbste 1323 am päpstlichen Hofe zu Avignon gemeint, über welche s. Voigt IV, 373.
4) curiam.
5) adiuuante.

sionis vestre, pro qua vos et progenitores vestri multo tempore laborarunt. qui cum magno desiderio cupiunt vos videre. quia missi sunt pro vestra salute et exaltatione vestri regni. Postea quesiuit rex, si sciremus, quid continebatur in litteris, quas domino apostolico, domino archiepiscopo et toti mundo destinasset: respondimus, quod intencio litterarum fuit, quod vellet recipere fidem christi et baptizari. Tunc ipse respondebat, quod non iussisset hoc scribere; sed si frater bertoldus scripsisset, in capud suum redundaret. Sed si unquam habui in proposito, dyabolus me baptizaret[1]). Postea[2]) affirmabat, quod vellet tenere dominum apostolicum pro patre, sicut scripsit, quia est antiquior me, et tales tenebo sicut patres, et dominum archiepiscopum similiter pro patre teneo, quia est antiquior me, et qui sunt similes mei tenebo pro fratribus, et minores me pro filiis, et christianos facere deum suum colere secundum morem suum, ruthenos secundum ritum suum, polonos secundum morem suum et nos colimus deum secundum ritum nostrum, et omnes habemus vnum deum et breuiter dictum tenorem litterarum, totaliter confirmabat excepto solo baptismo, quia nollet baptizari, et sic protulit ista verba: quid dicitis mihi de christianis? vbi invenitur maior iniuria, maior iniquitas, violentia, perdicio et vsura, quam in hominibus christianis et precipue in illis, qui videntur religiosi, sicut cruciferi, qui faciunt omne malum, captiuauerunt episcopos, incarcerauerunt eos et tenuerunt in miseria, quousque oportebat eos componere cum eis secundum eorum voluntatem, quosdam exulauerunt, clericos et religiosas personas occiderunt, ciuitati rigensi maxima dampna intulerunt, et a primeua plantatione istius christianitatis, quicquid iuramentis promiserant, minime tenuerunt, precipue anno preterito, cum nuncii dominorum terre hic fuerunt, cum consensu eorum omnium, non coacti pacem[3]) fecerunt pro tota christianitate, et iuramentis ea[1]) confirmabant, et super ea osculati fuerunt crucem et statim postea, quicquid iuramentis confirmauerant[2]) nichil[3]) penitus tenuerunt, quia meos nuncios occiderunt, quos pro pace misi confirmanda sicut compromisimus, et non solum illos, sed multos alios et multociens occiderunt, captiuauerunt, ad vincula posuerunt et grauiter tenuerunt, et pro tanto omnibus iuramentis eorum non credo. Sequenti die iuimus ad ecclesiam minorum et audiuimus missam. Finita missa reuersi fuimus ad hospicium nostrum, et facta comestione, rex misit ad nos nuncios suos de suo concilio, qui requirebant a nobis, vtrum vellemus tenere pacem, quae facta fuit, vel qui essent, qui vellent tenere vel non tenere, et si aliqui essent, qui vellent tenere pacem: ipse paratus esset tenere secundum quod promisit, et qui nollent tenere, ipse vellet eis satis dare ad manus; et super ista petiuerunt responsum. Consilio inter nos habito, respondimus, ex quo rex esset auersus a proposito bono, sicut domino apostolico, domino archiepiscopo et toti mundo demandauit, nesciremus, quid domini legati, archiepiscopus et sui suffraganei intenderent facere; sed si[4]) sibi placeret, quod mitterent[5]) nuncios suos nobiscum, qui eum de pace seruanda vel non seruanda plenius possent informare. Et hoc sibi placuit tali condicione, quod reciperemus illos nuncios super capud nostrum, quod secure possent ire et redire, quod et fecimus. Postea die subsequente[6]) vocauit nos interpres regis et christianus ad hospicium fratrum minorum. Ibi invenimus aduocatum suum videlicet regis cum consiliariis ipsius presente[7]) maio-

1) baptizet.

2) Preterea.

3) Dies ist der zwischen dem Grossf. Gedimin und den Landen Livland zu Wilno am Sonntage nach Michaelis 1323 geschlossene Friede, oder eigentlich nur ein Vertrag über Sicherheit der Reisenden und Handelnden, bei dem auch zwei Brüder des DO. zugegen waren. Vgl. oben № LVIII (vom 2. Oct. 1323, u. ff.

1) eam.

2) *et super — confirmauerunt*, fehlt.

3) n+.

4) fehlt.

5) mitteret.

6) sequenti die.

7) presentibus.

ribus fratribus et minoribus[1]), et idem aduocatus regis quesiuit a minoribus, a quo ille littere, domino apostolico directe, primum[2]) habuerunt processum. Respondit frater hinricus, quod ipse scripsisset litteras, cum quibus rex nuncium suum proprium misit ad ciuitatem, qui male fuit tractatus in via, incarceratus et fame afflictus, et littera domino pape reportata[3]). Tunc quesiuit a fratre bertoldo, si ipse scripsisset litteras, quod rex vellet baptizari. Respondit quod scripsisset vltimas litteras que fuerunt misse per consules rigenses, et in eis nichil scripsit nisi ex ore regis, quod vellet esse filius obedientie et venire ad gremium sancte matris ecclesie, et recipere christianos et fidem christi breuiter dictum ampliare; nam cognoscebat, se stare in errore. Et sic respondit aduocatus: ergo recognoscis, quod non iussit te scribere de baptismo? Tunc ipse bertoldus et frater nicolaus de ordine maiorum responderunt et nos omnes, quod esse filius obediencie et venire ad gremium sancte matris ecclesie, aliud non esset nisi baptismus. Tunc respondit aduocatus et frater nicolaus, quod ipse frater bertoldus esset, qui regi fecerat[4]) talem confusionem, et cum talibus responsionibus recesserunt, et in recessu eorum rogauimus aduocatum constantissime, quod solitarii et ad partem possemus loqui cum rege, qui dixit, quod vellet nunciare regi. Et die sequenti rex misit eundem aduocatum suum cum quibusdam aliis de concilio suo, qui nobiscum secrete deberent loqui, quia rex ad partem non poterat loqui nobiscum; nam cum tartaris erat impeditus, et sic incepimus ipsis narrare negocium secundum quod a dominis nostris nobis erat iniunctum, et informauimus eos in quantum potuimus, rogando, quod ipsi per consilium informarent regem, si maneret firmus et stabilis in bono proposito, ipse tantum bonorem consequeretur, sicut aliquis rex christianus haberet in mundo et maiorem, et regnum suum exaltaret et tota gens sua. Praeterea dominus apostolicus dedit istis dominis nostris[1]) legatis omnem potestatem, quam ipse personaliter haberet, et quicquid ipse desideraret vnum, ipsi darent duo, et breuiter, tam potens et magnus efficeretur dominus et rex, sicut aliquis esset in mundo. Insuper rogauimus, ut mitteret responsum dominis nostris legatis, archiepiscopo et ciuitati per suas litteras, qui dixerunt quod rex vellet facere et mittere cum suis nunciijs, quod non fecit.

(Auf der Rückseite:)

Hec, que secuta sunt, que secrete audiuimus de isto facto, post audiuimus a fratre hinrico, fratre bertoldo || et aliis fratribus et eciam[2]) laycis, quod fratres de pruscia dederunt multas tunicas et bona potencioribus || de sameytis, ita quod ipsi insurrexerunt contra regem, dicendo[3]), si ipse reciperet fidem ipsi vellent eum, filios et || omnes sibi adherentes expugnare et vna cum fratribus de domo theuthonica expellere de suo regno et totaliter exstirpare. Ista verba minatoria multocies isto anno loquebantur in facie regis, et similia verba minatoria habuerunt rutheni contra eum, et propter ista rex esset auersus a fide, ita quod non auderet amplius loqui de baptismo. Insuper audiuimus ab eisdem fratribus minoribus, se audiuisse a socio fratris nicolai de ordine maiorum, et etiam nos[3]) ab ore suo audiuimus, sed secrete inter nos, quod frater nicolaus sibi retulisset ista verba: quadam vice ego sedebam cum rege in collacione, tunc rex incepit loqui de conuersione sua, petens concilium[4]) a me, qvid faceret[5]). Ego respondi: videtur mihi, quod non sapienter facitis[6]); vos elegistis archiepiscopum rigensem in patrem, ipse se ipsum non potest

1) Unter »fratres minores« sind die Franciscaner zu verstehen; unter »fratres maiores« dann wohl Prediger-Mönche, Dominicaner.
2) primo.
3) confracta.
4) facerel.

1) fehlt.
2) add. a.
3) fehlt.
4) consilium.
5) facere.
6) fecistis.

defendere, nam iacuit bonis .XII. annis in ciuitate[1] romana pro negociis suis; adhuc non habet finem, qualiter ergo ille vos defendet, qui se ipsum non potest iuuare, et dominus apostolicus est ita remote, antequam ipse vobis veniret in adiutorium, vos essetis radicitus et totaliter destructus; sed si velletis per illam viam procedere, tunc debetis eligere aliquem regem potentem, sicut regem vngarie vel boemie: illi possent vos defendere ac tueri. Et multa de ista materia audiuimus, quod non possumus ad memoriam reuocare. Postea cum debebamus recedere, traximus ad patrem hennekinum[2]) interpretem regis, dicentes sibi ista verba: Hennekine[3]), tu es homo christianus et teneris diligere christum et christianam fidem, ut scimus, te facere ex toto corde. Nos monemus te per baptismum, quod recepisti, ut cogites in salutem anime tue et in extremum iudicium christi, vbi vnusquisque tenetur reddere de omnibus factis suis manifestis et occultis rationem, ut dicas nobis veritatem, si rex fuerit illius propositi, sicut domino nostro summo pontifice scripsit de sua conuersione et fide ihesu christi recipienda, quia intelleximus, te fuisse interpretem inter regem et fratrem ber., cum scripsit litteras predictas. Ad hoc respondit, rogans, quod ea, quae diceret, nobis teneremus sub sigillo confessionis, quia si alicui innotesceret, ipse amitteret vitam: Vos, domini, ita profunde monuistis me, quod oportet me vobis dicere veritatem. Ego scio, quod rex firmus fuit in proposito sue conuersionis, quia cum magno desiderio fecit conscribi litteras; sed qualiter est auersus, ignoro; sed dyabolus suum semen seminauit, et rogo, ut prius, quod ista apud vos secrete teneatis. Postea audiuimus de quodam fratre minore[1]), quod vna mulier de familia regine sibi reuelauit, quod rex omni nocte interim, quod fuimus ibi, post discessum nostrum de collacione, intrauit cubiculum suum assumpto secum cognato suo erudone[2]) et fleuit amarissime, et facto interuallo iterum incepit flere, et qualibet nocte hoc fecit tribus vicibus, et secundum quod illa mulier poterat indicare, hoc fecit ratione illius, quod deberet retrocedere a proposito incboato.

1) curia.
2) henaihinum.
3) henaihine.

1) minorum.
2) erudone.

№ LXVIII.

1325 Friedens- und Freundschafts-Versicherung des Herzogs Georg von Russland an den HM. Werner von Urseln, d. d. Thorn 1325. *L.*

Perg. Orig. mit einem Doppelsiegel im GA. zu Kgsbg.; Abdruck in Voigt's Cod. dipl. Pruss. II, 154, № CXVI. Vgl. Index № 309; Karamsin's Gesch. des Russ. Reichs, 5. Orig. Ausg. Bd. IV, Anm. 276, Sp. 109.

№ LXIX.

(1325, Gedemin, König der Litbauer und Ruthenen (Russen), beklagt sich bei den BB. von Dorpat und Oesel, dem (dänischen) Statthalter des Landes Reval und dem rigischen Rathe über die Nichthaltung des (am Sonntag nach Michaelis 1323) geschlossenen Friedens von Seiten der deutschen Ordensritter und über die vielfältigen Beschädigungen und Unbilley, welche er von ihnen zu erdulden habe, d. d. Wilna, am Tage der heiligen Dreieinigkeit, o. J. (aber wohl von 1325, also vom 2. Jun.).

Alte gleichzeitige, etwas beschädigte Abschrift auf Pergament ohne Siegel, im äussern rig. RA. Dass wir diesem alten Documente obige Zeitbestimmung gegeben haben, hat seinen Grund in der darin vorkommenden Erwähnung der Rückkehr des EB. Friedrich von der römischen Curie, von wo er mit den päpstlichen Gesandten am 22. Sept. 1324 wieder in Riga eingetroffen war (s. Voigt IV. 388. Wir können aber nicht umhin, diesen königlichen Brief für einen im Voraus für eine gute Gelegenheit bereit gehaltenen Entwurf, um ein solches Schreiben dem Grossf. unterzuschieben, offen zu erklären; nehmen ihn aber, obwohl von der Unächtheit desselben und davon, dass er wohl nie ausgeführt sein mag, überzeugt, hier doch auf, weil mancher dem Geschichtforscher bemerkenswerthe Zug, manche darin enthaltene Angabe dem Kundigen nicht entgehen wird.

Godeminnus lethowinorum Ruthenorumque Rex. REuerendis in christo patribus et dominis Episcopis, tharbatensi Osyliensi et capitaneo terre reualiensis necnon consulibus ciuitatis rygensis, ceterisque omnibus pacem nobiscum tenentibus amiciciam suam cum plenitudine omnis boni. Notum facimus vobis omnibus et singulis, et cum dolore cordis nostri conquerimur, quod pax quae inter nos et vos facta et litteris ex vtraque parte munita, et per dominum papam confirmata, nullis nostris demeritis nunc hostiliter est violata per fratres cruciferos de domo theuthonica, qui formam litterarum non seruantes in hoc, vt quum pacem seruare nollent, duobus mensibus eandem ante renunciare deberent hiis omnibus obmissis nec attendentes quod iustum est nobis in terris dominio nostro subiectis dampna plurima intulerunt, tanquam homines immemores proprie salutis et primo in hoc quia sinogthones[1]) .VI. ceperunt quos oportebat vt se ab eis redimerent, et duos crudeliter occiderunt, Item omnes vias tam in terra quam in aquis suis custodiis munierunt, ita quod nullo a nobis ad vos vel a vobis ad nos valeat transmeare, cum hoc sit directe contra ordinacionem vtrarumque litterarum, Item de vpiti vnum venatorem occiderunt et duos captos deduxerunt, Item Woynatoni tres equos abstulerunt, qui ad fratrem dictum vagnade sunt deducti. Item medelo castrum nostrum fere ceperant si non fuissemus premuniti, sed homines plurimos occiderunt, et alios secum deduxerunt. Item terram ploscensem hostiliter vastauerunt, homines et equos rapientes deduxerunt, de quibus partem reddiderunt, et adhuc XX. personas in animarum suarum non modicum detrimentum tenent violenter, Item eandem terram modo in quadragesima transacta, denuo tamquam lupi rapaces, octogenta homines ense crudeli confectam[1]) necauerunt, quosdam secum deduxerunt .L. equos notabiles, vestes et res alias quarum numerus sciri non potest. Item famulos obnoxios bene[2]) ad CCC° qui . . .[3]) dominio nostro fuerunt, quos receperunt, nec vnum ex eis reddiderunt. Ita omnia et plurima alia que longum esset enarrare, infra ordinacionem et tempore dicte pacis nobis sunt illata per dictos fratres cruciferos, qui deum non timent nec homines verentur, tamquam homines qui in potentia sui brachii confidunt. quo[4]) autem pena sit posita hanc pacem violantibus vobis omnibus patet, Nos igitur iusticiam ac permissum[5]) nostrum coram vobis ostendentes, eis in nullo aliquam iniuriam fecimus in hanc horam, quod sub specie pacis predicte dampna percepimus infinita. quid vero vltra sit faciendum, aut cum quibus pax sit tenenda nos de hoc quantocius informetis. Datum

1) — ?

1) Wenn richtig gelesen; aber das Wort scheint nicht gut in den Zusammenhang zu passen. Geschrieben steht . 9'fcam.

2) Soll wohl s. v. a. circiter bedeuten.

3) Durchgerieben. Vielleicht stand: profugi.

4) Für quo. — 5) Vielleicht promissum.

Wilno in die Sancte trinitatis. in signum credencie sigillum nostrum duximus presentibus apponendum. Item in hoc fidem violauerunt quod nunciis nostris securitatem dederunt ad se veniendi qui postquam venerunt eos captiuauerunt, excepto lessone quem membris defectis dimiserunt reliquis in hodiernum diem nescimus quid factum sit de eis, equos et omnes res eorum detinentes Item postquam audiuimus ff.[1]) dominum archiepiscopum de curia rediisse nuncium nostrum ad eum misimus, de sanitate sua inquirentes dictum nuncium suspenderunt. Item in ordinacione fuit quod duo castra reddere debebant videlicet düneborch et medizota[1]) quod non fecerunt. Ista omnia predicta dampna percepimus infra tempus dicte pacis. Insuper vbicunque possunt hanc pacem nituntur destruere.......[2]) ad homines nostros pro posse eorum. Ita quod pax inter nos diu durare non potest, nisi aliam viam ad hoc inueniatis.

1) D. i. Fridericum.

1) Mezoten?

2) pcio ac pce —?

№ LXX.

(1325) B. Eberhard von Ermland und sein Capitel rechtfertigen die Ordensbrüder wegen der ihnen vorgeworfenen Grausamkeiten gegen die Lithauer, unter Anführung der von diesen in Livland und Preussen verübten Greuelthaten, d. d. .... burg (Braunsberg oder Frauenburg) in castro nostro, in die beati Galli (16. Oct.) a... (wahrsch. 1325). *L.*

Perg., sehr beschädigtes Original mit zwei Siegeln im GA. zu Kgsbg.; Abdruck in Voigt's Cod. dipl. Pruss. II, 139, № CVII und in v. Bunge's livl. UB. II, 157, № DCXCV (z. J. 1323, vgl. Reg. S. 59, № 817). Vgl. Hennig zu Lucas David V, 218; Voigt's Gesch. Preuss. IV, 399, 400; Index № 312.

№ LXXI.

1326 Notarial-Instrument über die von einem Gesandten des lithauischen Königs Gedeminne, Namens Lesse, in seines Herrn Namen vorgebrachten Klagen über das Nichthalten des unlängst geschlossenen Friedens von Seiten der Kreuzherren, ungeachtet der päpstlichen Confirmation desselben, d. d. Riga, am 2. März 1326.

Perg. Orig. im äussern rig. RA. — Zu bemerken ist, dass der Notarius die Indictionszahl nicht richtig angegeben, welche für 1326, IX war.

In nomine domini amen. Anno eiusdem № CCC°XXVI° Indictione . VIII. Pontificatus Sanctissimi patris ac domini domini Johannis diuina prouidentia pape . XXII. anno . X°. mensis marcii die secunda || hora quasi tertia In presencia mei notarii publici et testium subscriptorum Constitutus quidam nomine Lesse nuncius magnifici principis domini Gedeminni lethowinorum et multorum ruthenorum || regis, hec vel similia verba proposuit atque dixit. Domini Reuerendi, et precipue tu clerice et notarie publice, quedam vobis habeo proponere et dicere ex parte domini mei Gedeminnen regis || lethowinorum, cuius nuncius vt scitis existo et pluries extiti manifeste, ex cuius corde loquor que dico, et volo ut sciatis luculenter quod predictus rex dominus meus cum omnibus suis sub||ditis et obedientibus et adherere volentibus pacem nuper inter christianitatem et nos lethowinos factam, a romana curia confirmatam a domino nostro archiepiscopo et nunciis domini preposito[1], abbate et episcopo publicatam, cuius pacis patentes litteras vos nostras hic, et nos vestras in nostris partibus habemus, a dicto vero domino papa litteras confirmacionis etiam super pace huiusmodi hic habetis, iuxta contenta earundem litterarum videlicet super pace et confirmacione iam dicta confectarum, intendit firmiter obseruare, nisi necessitate coactus quod emulorum suorum insultibus se defendat, quibus cottidie vt patet publice impugnamur, quia postquam dicta pax firmata et confirmata fuerat, a cruciferis homines nostri regis sunt captiuati, spoliati, crudeliter et occisi, vt iam in ipsius domini regis patet nunciis manifeste, quia cum dicta pax confirmata et firmata fuerat nuncius tunc vt nunc domini mei regis extiti, ad partes istas, quod omnibus vobis constat, in ascradis a fratribus domus theot. cum comitatu et sociis meis captiuati, spoliati, de castro ad castrum deducti fuimus, misere perituri pro tempore et detenti grauissime, quousque dicti nuncii domini pape nos suis protestationibus, promotionibus et mandatis quitos et liberos cum rebus nobis ablatis a captiuacione et vinculis reddiderunt, quibus dominus deus noster refundat pro nobis, socios vero meos, videlicet ruthenos vna mecum missos, bonis sibi post captiuacionem restitutis in itinere ad propria redeuntes, iidem fratres in castro suo duneborch denuo spoliarunt, et quod super omnia conquerimur, famam domini nostri regis predicti et omnium nostrorum lethowinorum apud dominum apostolicum, cardinales, reges, principes, ciuitates, et alios quoscunque christianos quibus possiut denigrare nituntur, in eo videlicet, quod nos predicte paci renunciauerimus. quod non est in aliqua veritate, quia hoc nec ipse dominus noster rex nec aliquis nostrum concepit hucusque in mentem, nisi quod deus auertat, ut dictum est, necessitate aliqua imminente, quia dictam vero pacem iuxta sui ordinacionem, vt supradicte littere expostulant, quod omnes vie in terris et in aquis vnicuique per omnia libere debent esse, dictos fratres domus theoth. inuenimus non seruare, vt plenius liquet in nauibus lodigen dictis, que versus rusciam iter suum cum mercimoniis arripuerunt, quas iidem fratres in castro suo duneborch ut nobis innotuit occuparunt, nec ultra eas ad partes quas tendebant ire, in graui suarum rerum dispendio permiserunt, et vehiculis nuper ad lethowiam euntibus quibus vltra dimidietatem itineris peruenientibus grauibus laboribus et expensis quos captiuarunt rebus spoliarunt, quosdam etiam vinculatos iidem fratres secum ad castrum suum Mythowe deduxerunt pro tempore grauiter detinendo et post hec eosdem redire imperfecto negocio ad propria coegerunt, quod dum predicto nostro regi innotuit, quod dicta pax secundum sui contenta minime seruaretur, me versus pruciam ad fratres theot. domus transmisit, ad inuestigandum de obseruacione iam dicte pacis, quare non seruarent eandem, vbi placitatum fuerat, quod omnes nuncii etiam quorumcumque inter terras christianorum et lethowinorum transire deberent libere et secure donec perscrutetur rei veritas de premissis. Posthec misit predictus rex noster Gedemione nuncios suos, quorum quidam nomine Curso exstitit capitaneus ad partes lyuonie, qui in aschrad occupati a fratribus memoratis fuerant et detenti, nec permissi sunt ad presenciam dominorum, ad quos scilicet erant missi. Dehinc simile accidit in Mythovia a fratribus, cum nunciis iam dictis. Ideo iidem rex noster et nos omnes vltra modum et indicibiliter miramur, et mirari non sufficimus, quod dicti fratres domus theot. dominum suum papam, qui vt dicitis in terra est in loco dei et est caput et dominus tocius mundi curant minime vt videtur,

1) Wohl statt *papae* oder *pontificis*.

quod pacem videlicet ab ipso domino papa confirmatam, iuxta sui contenta minime seruare nituntur, super quo dominus noster rex predictus desiderat et est sue voluntatis ut nuncii modo sibi mittantur, qui eum expediant finaliter in omnibus de premissis. Actum ryge, anno domini, Indiccione, pontificatu, mense, die, quo supra, presentibus honorabilibus et discretis viris, dominis, Johanne Langheside, bodolas, Ernesto de monasterio, hinrico de calmer, hermanno de monasterio et hinrico meye, testibus ad hec vocatis specialiter et rogatis.

(L. S. not.) Et ego arnoldus de vyfhusen, publicus sancti romani Imperii auctoritate notarius publicus, predicta omnia ut audiui de verbo ad verbum scripsi, et in hanc publicam formam redegi, et rogatus solito meo signo signaui.

Nº LXXII.

1327 Freundschaftsversicherung des Fürsten Georg von Russland an den HM. Werner v. Urseln und seinen Orden, d. d. Wladimir, am Dienstage nach Reminiscere (10. März 1327). *L.*

Perg. Orig. mit Doppelsiegel im GA. zu Kgsbg. Abdruck in Voigts Cod. dipl. Pruss. II. 157. (Nº CXIX. Vgl. Index (Nº 316. Georg Andrejewitsch † 1337 oder 1338 war der letzte Fürst von Rothreussen, d. h. von Lodomer (Wladimir in Wolhynien) und Halitsch, aus dem Hause der Ruriker.

Nº LXXIII.

1330—1359 Vertragsbrief des Fürsten Iwan Alexandrowitsch von Smolensk mit dem rigischen Meister und Bischof und Rittern, den Rathmännern und allen Rigischen, zur Bestätigung der nach früheren Verträgen bestehenden Freiheiten und Rechte für die Deutschen, die nach Smolensk kommen, und für die Smolensker, die sich in Riga aufhalten, o. O. u. J. (aber nach 1313, vielleicht zwischen 1330 und 1359). *R.*

Original auf starkem Lumpenpapier mit einem an einer rothseidenen Schnur hangenden gelbwächsernen Doppelsiegel im innern rig. RA. Iwan († 1359) giebt sich in der Urkunde für einen Enkel Glebs und für einen jüngeren Bruder Gedimins († 1339) aus. Abdruck in d. Собр. госуд. грам. II. 10. (Nº 8) mit Siegelabzeichnung, und in v. Bunges Livl. UB. II. 332. (Nº DCCXCVI) z. J. 1340, vgl. Reg. S. 105. (Nº 950). deutsche Uebers. in J. C. Berens Bombe Peters des Grossen Riga 1787. Bl. 5. (S. 13), wozu Berichtigungen in den Neuen nord. Misc. XVIII. 273. Vgl. Index (Nº 256.

Nº LXXIV.

c. 1330 Gewichtsordnung für Polozk und den Handel zwischen Riga und Polozk, o. J. (1330?).

Von dieser Urkunde finden sich im äussern rig. Rathsarchive zwei Exemplare

1) ein pergamentenes Original, mit slavonischer Majuskel geschrieben und versehen mit zwei Bleisiegeln, wovon das eine an einfach grüner Flockseide hängende, auf der einen Seite das Bild der Mutter Gottes mit dem Kinde, mit aufgehobenen Händen, auf der andern die Inschrift [illegible]; das andere, an zusammengedrehter grüner und rother Flockseide, auf der

einen Seite einen Reiter, wahrscheinlich den heiligen Georg, auf der andern die Inschrift: печа || ть кня || жа глѣ || бова, zeigt;

2) eine alte Abschrift auf Pergament, unter der auf derselben Seite eine altdeutsche, ohne Zweifel gleichzeitige Redaction (Uebersetzung oder Paraphrase), mit einer sehr deutlichen Minuskel geschrieben, sich befindet.

Nach den russischen, wie deutschen Schriftzügen kann man dieses Actenstück in den Anfang des vierzehnten Jahrhunderts setzen. Auf die erste Hälfte des vierzehnten Jahrhunderts weisen ohne Zweifel auch die auf den zwei Siegeln, welche der Urkunde angehängt sind, vorkommenden Personennamen hin. Die Reihenfolge der Bischöfe von Polozk bietet zwar noch einige Lücken dar; doch wird im J. 1331 in der ersten Chronik von Nowgorod, zur Zeit des Metropoliten Theognost, ein Bischof von Polozk, Namens Grigori (Новгор. I. Лѣтопись: Въ лѣто 6839. Владыка... Григорiи Полотьскiи) genannt. Zu jener Zeit regierte über Lithauen der Grossfürst Gedimin, zu dessen Reiche auch das ehemalige russische Fürstenthum Polozk gehörte. Bekanntlich nahmen schon im 13. Jahrhundert einige lithauische Fürsten das Christenthum nach dem Ritus der griechisch-katholischen Kirche an, wobei sie einen christlichen Taufnamen bekamen, neben welchem sie auch ihren heidnisch-lithauischen Namen beibehielten, wie wir dies unter andern von Dowmont, dem Fürsten von Pskow und Polozk, wissen, dessen kirchlicher Name Timotheus (Тимоѳей) auch auf einem einer Urkunde (s. oben № XXVII) angehängten Siegel vorkommt. Wenn wir nun noch in Betracht ziehen, dass zu jener Zeit auch ächt russische Fürsten öfters einen doppelten Namen, einen weltlichen und einen kirchlichen, führten, so dürfen wir unter dem Fürsten Gleb, der auf der Inschrift des zweiten Siegels genannt wird, wohl einen Abkömmling eines lithauischen Fürstenhauses verstehen. Unter Gedimin's Söhnen wird öfters der Fürst Narimunt genannt, der von seinem Vater bei der Theilung des Grossfürstenthums Lithauen — Pinsk (s. die von Danilowitsch herausgegebenen Chronik von Lithauen oder Учёные Записки der 2. Abth. der Kais. Acad. der Wissensch. Часть I. p. 27; vgl. Stryjkowski, Warszawa 1846, I. p. 381), erhielt, während Polozk, wie es scheint, noch einige Zeit unter der Herrschaft einer Seitenlinie, nämlich eines Bruders Gedimin's, genannt Woini, stand, der im J. 1326 (s. die I. Chron. v. Nowg. a. 6834 Воинъ Полотьскыи князь und vgl. unten p. 68) nach Nowgorod zur Abschliessung eines Friedensvertrages geschickt wurde. In der sogen. I. Chron. v. Nowgorod wird unter dem Märzjahr 6841 (vgl. die Лѣтопись по Воскресенскому списку, a. 6839) erwähnt, dass im October (des J. 1333) nach Nowgorod der Fürst Narimunt kam, wobei ausdrücklich bemerkt wird, dass derselbe in der Taufe den Namen Gleb erhalten hatte (Наримонтъ, нарецаемыи въ крещении Глѣбъ). Es giebt Gründe anzunehmen, dass die Berufung Narimunt's von Seiten der Nowgoroder keine freiwillige war, dass sie vielmehr durch Gedimin selbst, der seine Herrschaft immer weiter (vgl. oben p. 30) auszudehnen suchte, veranlasst wurde. Narimunt erhielt, wie die Chronik von Nowgorod bezeugt, in jenem Jahr (1333) Ladoga, Orechow etc. als Erbfürstenthum; doch kehrte er bald nach Lithauen zurück. Als im J. 1338 (s. die I. Chron. v. Nowg. 6846) die Nowgoroder ihn zurückriefen, weigerte er sich, diesem Rufe Folge zu leisten. Unter seinem kirchlichen Namen wird er auch in einer andern russischen Urkunde (s. die vorhergeh. № Братъ мои старѣишии Кгелменъ.., и его дѣти Глѣбъ и Андреи) erwähnt. Ungewiss bleibt es aber, ob Narimunt-Gleb Theilfürst von Polozk vor oder nach dem J. 1333 war.

Der hier gelieferte Abdruck ist, wie billig, nach dem oben angezeigten Original gemacht, aber mit Angabe der in der Copie vorkommenden Varianten unterhalb des Textes und mit Hinzufügung der alten deutschen (d. h. mittelniederdeutschen) Uebertragung, die zum Verständnisse des russischen Textes in einigen Ausdrücken beiträgt und der leichteren Vergleichung wegen neben denselben gestellt worden ist, obgleich sie auf dem Pergamentblatte selbst erst auf denselben folgt. Da dieselbe aber in einzelnen Fällen verständlicher als das russische Original (oder als der nach einem niederdeutschen Entwurf ausgearbeitete russische Text?) ist, so ist aus dem angeführten Grunde die russische Redaction des Textes nicht in fortlaufenden Zeilen gedruckt worden. Bekannt gemacht wurde der russische Text zuerst nebst Facsimile in den Грамоты, касающiяся до сношенiй сѣверо-западной Россiи съ Ригою и Ганзейскими городами. СПб. 1857, № VII.

Тако хочемъ мы горожане с мештеремь*): вереже, како вѣсити воскъ на скалвахъ, а вамъ чинити также, въ тяжелѣй вашего полупуда[1]).

Тотъ товаръ, который вѣсити на скалвахъ, а языкъ пускати[2]) на товаръ; а коли товаръ на стану станеть, отступи[3]) прочь, а рукою не примай[4]).

А вѣсцѣви[5]) престъ цѣловати, какъ ему право вѣсити, какий ни товаръ[6]) будеть.

А Немцѣмъ дати вѣсчего отъ берковьска заушия отъ воску, отъ мѣди, отъ олова.

А соль вѣсити у пудный рѣмѣнь[7]), отъ берковьска узяти ему долгая, отъ рубля дати ему долгая. А в Ризѣ Рускому купцѣви отъ вѣса дати ему отъ берковьска[8]) полъ овря, отъ воску, отъ мѣди, отъ олова, отъ хмѣлю. А соль вѣсити пудным рѣмѣнемъ[9]), отъ берковьска дати ему отъ вѣса любѣцьскый,

отъ гривны серебра любѣцьский. А вѣсти чистый воскъ безъ подъсады, безъ смолы, безъ сала, какъ верхъ, тако исподъ.

1) Полупудовъ.
2) пустити.
3) отступити весцом.
4) не прияти.
5) а на томъ ему.
6) какъ ни товаръ.
7) у пундурны ремень.
8) воску.
9) пундурнымъ.

*) Unter diesem Herrmeister (dominus magister) ist entweder Gerdt von Jocke (1307—1328), oder Eberhard von Monheim (1328—1340) oder Burchard von Dreylewen (1340—1345) zu verstehen. In den Jahren 1324. 1327 u. 1328 kommt aber noch ein Vicemeister, Namens Reymer vor.

Dit is de wille des mesters van liflande vnde des stades van der Righe. dat men to Ploscowe mit ener schalen[1]) weghen schal. dat dat schippund to Ploscowe enes baluen liuespundes swarer wesen schal den dat Rigesche schippund. ¶ Vortmer dat gud dat men vp der schalen weghet. dat gud schal dat lode[2]) dor thien[3]), wente[4]) de schale in den clouen[5]) steit. so schal he de hant aff doen. vnde laten de schalen vry ghan. ¶ Vortmer so schal de wegher dat cruce kussen dar vp dat he eme iewelikem manne vul gheue ¶ Vortmer al dat gud dat men to Ploscowe deme dutschen coopmanne vp der schalen weghet. dar schal he van deme schippunde gheuen ene zausen[6]), dat si van wat gude dat men vp der schalen weghet ¶ Vortmer dat solt schal men wegen in dem pundere[7]) vnde dar van schal de dutsche coopman geuen ene dolghen[8]) ¶ Vortmer so schal de Rusche coopman to righe van deme schippunde vp der schalen gheuen enen baluen öre[9]) van allerleye gude ¶ Vortmer so schal men dat solt wegen mit eme pundere, vnde van deme schippunde schal he geuen enen Lubeschen pennyng ¶ Vortmer schal de dutsche coopman to Ploscowe van eme iewelken stucke suluers geuen ene dolghen to wegende, vnde de rusche coopman to Rige schal geuen van iewelkeme stucke suluers to wegende enen lubeschen pennyngh ¶ Vortmer so schal men reyne was to markte bringhen. dat vnder also reyne si alse bouen sunder smeer[10])

1) Wage mit zwei Schalen, lat. *libra*.
2) das Gewicht.
3) herunterziehen.
4) bis.
5) Nom. *klof*, der Theil des Wagebalkens, worin die Zunge geht, domunculus, Spalte, worin das Zünglein der Wage geht und steht, auch *kloeve*.
6) Da im russischen Text dafür заушия steht, so ist das anlautende z wie ein französisches z auszusprechen.
7) *Ponder*, *punder*, *pynder*, lat. *pondarium*, die grosse Schnellwage, altrussisch genannt пудный рѣмѣнь.
8) Das altrussische Femininum долгая (долгая, d. h. die lange) kommt als ein Werthzeichen auch in nowgorod'schen Urkunden, z. B. unter dem Jahre 1309 vor. А дворяномъ уноемъ, како пошло, потомъ взяти: отъ князя по пяти купъ, а отъ тіуна по двѣ долгеи.
9) (*Ör* = Ohr) eine Münze, deren 48 eine Mark machten.
10) Fett, Schmalz, Talg, unreine Fettigkeit, lat. *adeps porcinus*.

Ажо привѣзеть нечистый товаръ, а нелюбъ будеть, поехати ему назадъ со своимь товаромь, а свой князь тамо казнить его.
Аже найдуть у Нѣмѣць нечистый товаръ у Руской земли, пойти ему назадъ с товаромь у Ригу, тамъ его свой князь судить.

sunder harpoys[11]) ¶ Vortmer worde valsch gud vnder den russen to Rige bevunden, dat schal men to plescowe wedder senden mit deme manne. vnn dar schal men dat richten ¶ Vortmer worde valsch gud vnder deme dutschen coopmanne to ruslande bevunden dat schal men wedder senden to der Rige mit dem manne. vnde dat schal men to Rige richten.

11. Harz, im Holl. noch *Harpuis* = Harz oder Theer, oder vielmehr ein Gemenge von Pech, Theer und Harz; nämlich *haere*, *here*, *harte*.

№ LXXV.

Bericht an den rigischen Rath über einen Auflauf der Russen zu Nowgorod gegen die dort befindlichen deutschen Gäste und den deshalb getroffenen Vergleich, d. d. in vigilia beati Martini episcopi (10. Nov.) 1331. 1331

Das pergamentne Original — 25,7 Zoll rheinl. lang und 11,2 Zoll breit — mit der Aufschrift: »Honorabilibus viris ac discretis proconsulibus ac consulibus ciuitatis rygensis d. d.«, aber ohne ein Siegel, dergleichen auch nie daran gehangen zu haben scheint, im Stadtarchive zu Riga. Dieses interessante Actenstück, welches uns die Verhältnisse der Deutschen zu Nowgorod gleichsam lebend vorführt, behandelt eine der vielen Zwistigkeiten zwischen Russen und Deutschen und der darauf erfolgten, mittelst Kreuzküssung bestätigten Verträge, von welchen Sartorius (in s. Urkundl. Gesch. des Ursprungs der deutschen Hanse, herausgeg. von J. M. Lappenberg, I, 120), sagt: »Indess sind mehrere Urkunden in dieser Zeit (bis 1370) ausgefertigt, einige davon uns auch überliefert worden, welche den alten Schutz bestätigten. An Ursachen fehlte es nie, solche Vergleiche oder Kreuzküssungen vorzunehmen, da nur zu oft die entstandenen Zwiste zwischen beiden Theilen endlich wieder beizulegen waren. Selten verliefen einige Jahre, dass nicht Einzelne von der einen oder andern Seite wären erschlagen, gefangen, ihrer Güter beraubt worden: der eine Theil maass dem andern die Schuld bei, und den gemisshandelten Landsleuten suchte man dadurch Genugthuung zu verschaffen, dass man an den unschuldigen Fremdlingen das Wiedervergeltungsrecht übte; so verfuhr denn auch hinwieder der andere Theil, und nachdem die Folgen eines solchen Verfahrens für Beide endlich unerträglich geworden waren, beide aber die Wiederherstellung des unterbrochenen Verkehrs doch gleichmässig wünschten, so fand man sich zu einem Vergleiche geneigt, der leichter dann zu Stande kam, als gehalten ward, denn stets führten neue Streitigkeiten neue Störungen des Verkehrs herbei, welchen wieder neue Kreuzküssungen folgten. Diese aber, so viel wir wissen und so viele auf uns gekommen sind, bestätigten nur den alten Frieden und enthielten keine neuen Freiheiten«. Von einer ähnlichen Zwistigkeit, wie in unserer Urkunde, und dem darüber im J. 1338 zu Dorpat getroffenen Vergleich, s. Sartorius a. a. O. I, 121; II, 369, Urk. CXLII.

Das hier abgedruckte Schreiben ist zwar an den Rath der Stadt Riga gerichtet; doch geht aus dem Inhalt desselben hervor, dass der Vergleich zwischen Nowgorodern und Hanseaten überhaupt abgeschlossen wurde. In dieser Hinsicht ist besonders von Interesse, dass die deutschen (überseeischen = ghesie van ouer sey) Gäste jede Schuld an dem Tode des nowgorod'schen Gesandten Jowane Cypowe — in unserer Urkunde wird er ein »boyer«, d. h. Bojar, genannt — von sich abwälzen, der zu Dorpat erschlagen worden war und für dessen Kinder der Burggraf oder Possadnik von Nowgorod, als ihr Oheim, Sühnegeld verlangte. Die erste Chronik von Nowgorod berichtet die Ermordung jenes Iwan Syp. als eines angesehenen Bürgers, ganz kurz unter dem Jahre 1329 »Въ лѣто 6837. Того же лѣта убиша въ Юрьевѣ Новгородьского посла, мужа честна, Ивана Сыпа.« Die in dem Schreiben erwähnten, jedoch nicht namentlich angeführten Hauptpersonen kommen unter demselben Jahre auch in der I. Chronik von Nowgorod vor: nach ihr kam »im J. 6839 (= 1331) im Monat December, am Tage des heiligen Patapius« — also am 8. Decbr. — »an einem Sonntage der Erzbischof Wassili aus Wolhynien in Nowgorod an und zwar unter dem Fürsten Iwan Danilowitsch, dem Possadnik Bartholomäus und dem Tausendmann Eustathius (Ostafi): »а при князѣ Иванѣ, при посадницѣ Варфоломеи, при тысяцкомъ Остафьи«. Die letzteren zwei werden in unserer Urkunde als *borchgreue* und *hertogh* angeführt, ausser ihnen auch der намѣстникъ (s. unten p. 58, Spalte 1, Note 8) oder *Statthalter* (vgl. auch die Chronik unter dem J. 6851). Der Fürst Iwan selbst tritt in der Urkunde nicht handelnd auf, was sich aber daraus erklärt, dass er in demselben Jahre eine Fahrt nach der goldenen Horde angetreten hatte, wie die Chronik von Nowgorod ausdrücklich berichtet: Того же лѣта поиде князь великiи Иванъ въ орду.

Weten scolen alle deghene de dessen breyf sen vnn horen, dat de schelinghe[1]) tuschen den duschen vnn den Rusren to Naugarden aldus[2]) alreyst[3]) vp stunt, de duschen de in der goten[4]) houe stunden de scolden ere knapen[5]) in sunte peters hof brenghen eynes auendes eyn beyr to eockende. wenne vorbrachtent vor de Rusren dat se kerkenslepere[6]) in den hof brachten. vppe dat unse recht de[7]) beter were. Do se weder to der goten houe gan scolden, vnn quemen tuschen de holtenen kerken. vnn de grydnissen[8]), do worden de rusren der duschen ware de to der grydnissen borden, vnn lepen to, vnn sloghen de duschen. des werden sich de duschen do ghengbit ouer de duschen, vnn repen, tyodute[1]). dat vornemen de duschen de in der goten houe stunden, vnn in anderen houen, vnn lepen dar to mit Coopelen vnn mit Swerden. dar worden duschen vnn rusren ghewnt, vnn eyn rusce blef do dot. do vloghen de duschen de vt anderen houen weren, eyn del in der goten hof. vnn bleuen darinne de nacht, des morghens ghenc malc[2]) weder in den hof dar he inne stont. do worden de duschen ghewarnt, van rusceu de er vrent weren dat se ere gut vlugheden[3]) in de kerken vnn ghenghen to male in sunte peters hof. wente it wolde dar ouele gan, de rusren wapenden sich alto male. do deden de duschen, na der rusren rade, de se warnet hadden. du ludden[4]) de rusren eyn dinc[5]), vnn brachten de doden rusren. in dat dinc. dar weren de meynen Naugarder komen alto male wapent, vnn mit vp ghe rechteden banyren in dat dinc vppe des konighes boue[6]), des sunden

1) Uneinigkeit, Mishelligkeit, Streitigkeit, von *schelen* unterschieden, uneinig, in Streit sein.

2) Also

3) Auch *alrest*, allererst d. i. anfänglich, der superl. von *alrede* oder *alreyde* bereits, schon, allbereit, engl. *already*.

4) Die Kaufleute aus Gotland oder von Wisby.

5) *Knape*, 1) ein Edelknabe; 2) ein Knabe, Jüngling, Junggesell; hier ein Junge oder Knecht.

6) Leute, die die Nacht (etwa zur Wache) in der Kirche zubringen sollten.

7) Für *desto*.

8) Das altrussische гридница = *gridnizа* ist seiner Form nach ein Diminutiv von гридня = *gridn'a*, das selbst von гридь = *grid'* stammt. Letzteres ist eines der wenigen Wörter, welche aus der Sprache der Normannen in das Ostslawische eingedrungen sind. (S. Krug's Forsch. in der ält. Gesch. Russl. I, Petb. 1848, Einl. p. CCXLVIII. Das altnord. Etymon ist *gridh* = pax, securitas). *Gridniza* kommt zwar in der Bedeutung von Saal oder Zimmer überhaupt vor; vorzugsweise aber war es der Saal oder die Wohnung der Leibwächter (гридь, гридьба) der Fürsten — also, um einen moderneren Ausdruck zu gebrauchen, die Caserne der Leibgarde —, in die bisweilen Einzelne, welche sich die Ungnade des Fürsten zugezogen hatten, abgeführt wurden. Krug hat dieses auch in einer andern niederdeutschen Urkunde vorkommende Wort durch »Wachtstube« zu verdeutlichen gesucht. S. Sartorius-Lappenberg II, 273, Anm. 3 oder Krug's Forschungen. II, p. 633. Von погребъ oder »dem Loch« wird aber гридница, z. B. in der Chron. von Nowgorod unter d. J. 1216, ausdrücklich unterschieden.

1) Ob von отдуть?

2) *malk* zusammengezogen aus *manlik*, *manniglich*, quilibet, ein *jeder*, *jedermann*.

3) In Sicherheit bringen durch die Flucht.

4) Lauteten, durch Lauten (Anziehen einer Glocke, des russischen колоколъ) zusammenberufen; oder *laden* d. i. beriefen.

5) Gerichts- oder Volksversammlung, die вѣче hiess.

6) Hierunter ist der sogenannte Jaroslaw'sche Hof (Ярославовъ дворъ) zu verstehen, zu dem der deutsche und auch der gothländische Kaufhof stiess.

se boden vte deme dinghe to den duschen. eynen de heyt phylippe. van eynen de heyt syder den olderman. vnd andere ruscen darmede de spreken aldus dat men altohant de schuldeghen vt gheue. ede gi[1]) scholen altomale also vort steruen, do spreken de duschen dat men en rechtede na den breuen. vnn na der crucekussinghe. de se to hope[2]) hedden. do spreken de ruscen. se en kerden sich nicht an de breue. noch an de crucekussinghe. men[3]) gheuet altohant[4]) vt de schuldeghen eder gi sit alle dot. do beden de duschen dat men en gheue eyne tit. dat de duschen vter ghoten houe to en mochten komen so mochten se de hantdadeghen[5]) soken. went se nicht en wysten we he[6]) were. des wolden de ruscen den duschen neyne tit gheuen. wenne spreken. jo aldus gheuet vs de schuldeghen. eder gi scolen alle steruen. vnn worpen en Jowanen vor. de to darbete slaghen wart. do spreken de duschen gi hebbet des wol macht, dat gi vns to male dot slan, wi sin jo komen vppe des groten konighes hant. van der meyne Naugarder, do sprach eyn rusce de heyt Thyrentekey[7]). de Tit is nu komen dat gi altomale steruen scolen. van vuser hant, darmede lepen se weder in dat dinc. do sloten de duschen eren hof to, darna quemen de ruscen vt deme dinghe. mit wapenen. vnn mit banyren, vnn howen plancken[8]). vnn porten, do de duschen dat horden. do lepen se in ere kerke, vnn sloten de to. vnn satten ere dinc also. dat se lyph vnn gut in der kerken weren wolden, Do der plancken eyn del nider weren von de porte des houes dor howen was, do lepen de ruscen mit wapen nicht to de kerken wenne in den cleten[9]) von howen de vp vnn nemen wat darinne was neden vnn bouen, darna quam des konighes rechter eyn vnn sloch de ruscen vt deme houe, darna sanden de ruscen echter vt deme dinghe ander boden, eynen de heyt Malphe Coseken. vnn eynen de heyt zylvester van Oliferien den Olderman. to den duschen vnn spreken dat de duschen to en vt quemen. se wolden mit en deghedinghen[1]), vnn deden den duschen sykerheyt, Do ghengen der duschen .iiij. vter kerken to en, do spreken de ruscen. gheuet rasch de schuldeghen vt. eder gi scolen altomale steruen, Do spreken de duschen rychtet vns na vsen breuen, dar en wolden sich de ruscen nicht an keren. wenne se spreken. de rede de se vore hadden ghesproken. do spreken de duschen lat vns herre komen de duschen vter goten houe. dat wi iu[2]) de rechtschuldeghen[3]) moghen antworden, do spreken de ruscen .ij. man wele[4]) wi iu[2]) halen laten vter goten houe vnn neyne mer, des worden .ij. man ghe ledet vter kerken in der goten hof. to vraghende vmme den dotslach, de seghedden so, se ne wysten des nicht, wenne sanden van erer weghene .ij. man to den duschen in de kerken. vnn gheuen en volle macht to donde vnn to latende. vppe liph. vnn vppe gut, do de .ij man quemen in de kerken. do sochten de duschen de schuldeghen, vnn vonden eynen dem was sin swert vore[5]) blodich. Och hadde he sproken des auendes. do de slachtinghe scheyn was. were got en recht got he heddes eyme also vele gheuen. dat he neyn brot mer en ete, dit tugherden gude knapen. de van eme de rede horden, na desser bekantnysse. wart he vtgheantwordet, do men des neynen vmmeganc hebben[6]) mochte, do antworde men en vt den

1) Oder ihr.

2) Zusammen, nämlich alle Deutschen.

3) men oder man, 1) nur; 2) aber, sondern; 3) man bei den unpersönlichen Zeitwörtern.

4) Sogleich.

5) Für *hantdedige* d. i. der Thäter; der etwas verübt hat.

6) Er oder es.

7) Ob Терентій Даниловичъ, der unter d. J. 1333 in der Chron. von Nowgorod erwähnt wird?

8) Der Zaun, womit der Hof der Deutschen umgeben war.

9) *clet*, ein slawisches Wort (клѣть), bedeutet ein kleines Haus, eine Kammer; sonst eine Stube oder Kammer im Allgemeinen, jetzt gewöhnlich eine Vorrathskammer. In Livland ist der Ausdruck *Klete* für Vorrathshäuschen allgemein bekannt. Vgl. Karamsin's Gesch. des russ. Reichs, II, Anm. 78; D. Ueb. II, 40; Sart.-Lapp. II, 205, Anm. 3.

1) unterhandeln, rechten.

2) Euch, acc. oder dat. von gi.

3) Die zu Rechte schuldigen.

4) wollen.

5) Adv. vorn d. i. an der Spitze.

6) Keine Weitläufigkeiten machen.

ruscen, do spreken de ruscen se en wolden des nicht, it were eyn hanenbredere[1]). wenne se wolden hebben .L. man van escheden[2]). vnschuldeghe lude vt, vnn spreken. se hedden mit eyme here wesen vor erer grydnisse. daranne blef dit bestanden den dach, vnn de ruscen satten ere bodelt[3]) in den hof, vnn andere ruscen darmede de duschen to warende[4]). des nachtes ghenghen .iij. duschen vor den hertoghen vnn legherden[5]) den Sacwolden[6]) dor noyt, mit .LXXX. stucken sylvers[7]). wenne se weren ghewarnet, queme de dode rusce in dat dinc des morghens, ere sake were vele de argher worden. Och in der seluen nacht wart de borchgreue leghert mit .X. stucken sylvers vnn den namestnicke[8]) mit .V. stucken de hertoghe ne wolde neyn ghelt, dit scach al in der ersten nacht. Des anderen daghes do ludden de ruscen echter[9]) eyn dinc, wenne de dode en wart nicht in dat dinc ghebracht, do sanden de ruscen de seluen boden vt deme dinghe to den duschen, de escheden .L. man vt, de se beschreuen hadden. vnschuldegher lude, eder driddehalf dusent stucke sylvers. den naugarteren. dusent stucke. deme konighe. dusent stucke. deme Sacwolden. vifhundert stucke. Do spreken de duschen wi hebbet gheleghert den sacwolden. des wart den boden malkem louet[10]) eyn phyolittes[11]) cleyt. vnn dar en houen eyn tunne wynes dor noyt. do ghenghen de boden weder in dat dinc, vnn seghedēn den Naugarderen, de duschen hedden sich vorliket mit dem Sacwolden, Do worden de Naugarder ere[1]). vnn spreken. warvmme dat he sich vorliket hedde mit den duschen. an ere hete[2]). Des quemen de boden weder vt deme dinghe vnn escheden echter Twe dusent stucke sylvers vor ere smaheyt[3]), den Naugarderen dusent. vnn dem konighe dusent stucke, Do wart en gheboden .XL. stucke. also na legheden se it den duschen. dat was en sere vnmere[4]). vnn lepen tornich van danne, Hir bi blep dit bestanden bit des auendes, des seluen auendes do quam eyn de heyt boris zyluesters sone vnn sprach ene hedden vighesant .CCC. guldene gordele[5]). groten Naugarden. hedde gudes ghenauch, se en wolden neyn gut. wenne se wolden hebben de .L. houede[6]). de se beschryuen hedden, Och sprach he eme were bevolen aldus. wi seghet dat gi vs den herman also bewaren de iu olderman is, vnn den conrade. dat gi vns morghen se vtantworden. mit dessen worden stunt he vp. mit tornighen mode vnn wolde en wech. des wart he weder nedertoghen mit saphten[7]) reden. do satte he sich echter nidere. vnn sprach noch gi ghevet vs gut. noch gi ne wellen vns de houede vtgheuen. prouet seluen wer gi recht sin eder nicht. Och is mi aldus bevolen to weruende[8]). de vnschuldeghen gan mit erme gude vter kerken vnn laten de schuldeghen in der kerken. wi willet vs mit en wol beweten[9]). nicht min welle wi och hebben. Do spreke de duschen

1) ?

2) heischen, fordern, verlangen.

3 Buttel, Heuker; hier gerichtlicher Aufseher oder eine Wache.

4) bewahren, sicherstellen.

5) liegen machen, zur Ruhe bringen, beruhigen.

6) Brem. niedersachs. Wörterb. IV, 574: »*Sake-wold* hiess vor Zeiten die Hauptperson in einem Process, vornehmlich in einer Criminalsache, die an der Sache, oder an der Schuld den meisten Antheil hat. Von *Sake* ein Rechtshandel und *Wald*, *Wold* Gewalt. Also etwas anderes als *Sachwalter*, das von walten, verwalten herkommt, obwohl beide Ausdrücke oft mögen vermengt worden sein.

7) Geldstück, hier ohne Zweifel Rubel, oder Griwna, nach der älteren Bezeichnung.

8) Der Statthalter des Grossfürsten.

9) Nochmals.

10) gelobet, versprochen.

11) violett, purpurfarben.

1) Richtiger *erre*, wie es auch später geschrieben ist: *irre*, vielleicht auch ärgerlich, böse.

2, Geheiss.

3 Schmach, Verschmähung; Unrecht, das einem angethan worden.

4) ? — Vielleicht vom Pos. *meh*, Comp. *mehr*, plus. vnmere = zu wenig.

5) Gurtel; hier offenbar Männer mit goldenen Gurteln, d. i. angesehene, reiche Männer, namentlich Kriegsmänner, Fursten, Regenten.

6) Häupter, Köpfe, Personen.

7) Ob für *sanften*?

8) antragen, an- und vorbringen.

9) Wir werden uns an sie wohl zu halten wissen. *Beweten*, gesetzlich sich vorsehen, von *wet* Gesetz. Vgl. Sart.-Lapp. II, 274, Anm. 1.

de rechtschuldeghen hadde wi in utgheghevuen. des ne wolde nicht wenne gi wolden hebben de .L. houede de gi beschreuen hedden. got wet dat wol dat gi vnschuldeghe lude vtescheden, do sprach de rusce. also he vore hadde ghesproken mit sere harden worden. do worden en gheboden .C. stucke syluers dor noyt wente wi nicht mer vormoghen von beden dat he dat seghede den dren hundert guldenen gordelen. de en vtghesant hadden von worue unse beste. wi wolden eme gheuen eyn phyolitten cleyt. darmede schedede he van danne. in derseluen nacht do sante de borchgreue an de duschen. vnu boden[1]) aldus wolden se der sake eyn ende hebben so scolden de duschen eme gheuen .XX. stucke syluers. vnn .ij. Scharlakens cleyt nicht min wolde he och hebben. Och warf deselue olyferie de Olderman. men scholde eme gheuen .V. stucke sylvers. vnn syluester .V. stucke. van matphe coseken eyn scarlakens cleyt. aldus ne wolde sich de borchgreue. vnn desse anderen in erre ersten louede[2]) nicht ghenoghen laten. Do sanden de duschen in derseluen nacht. eynen anderen ruscen an den borchgreuen to horende de warheyt ofte it also were do sprach de borchgreue it ne scolde anders nicht wesen. vnn sprach och dit sculde wi don. so wolde he alle sake vppe sich nemen aldus wart dat ghelouet dor noyt. Och scoldame[3]) eyme de heyt zacharie physilate. vnn eyme de heitet jacone symonen sone possatnicke malckeme louen eyn phyolyttes cleyt des morghens do quemen deseluen .iij. mit dessen anderen .ij. den desse ghyfte[4]) ghelouet weren. vnn spreken aldus dat de Nogarder wolden nemen de .C. stucke vor ere smaheyt vnn wolden de duschen beghrnnden do sprach eyn van des konighes weghene de darbi sat de konigh scolde och also vele hebben. do sprach eyn de heyt matphe Coseke wat deme Namesnicke louet were dat scolde men eme gheuen. de Nogarder wolden de C. stucke behalden. vnn se wolden sich mit dem konighe wol beweten wa ouer de duschen segheden van der welde[1]) de en ghescheyn was. so stunden vp. vnn wolden en wech. vnn ne wolden des jo nicht horen. dat de duschen vro weren dat se sweghen. wenne de ruscen spreken aldus. wat den duschen were ghescheyn dat scolden se altomale vnder weghene laten[2]) vnn scolden darvp dat cruce kussen dat se nicht wreken[3]) ne wolden. Och sprach de borchgreue er desse lickinghe[4]) togheue siner suster kindere solden vtgheuen de LXXX. stucke syluers vnn scolden treden in des Sacwolden stede. vnn eschede .L. houede vt. dat siner suster kindere eren vader an den duschen wreken wolden de to darbete slaghen wart, de dar heytet Jowane Cypowe, des mochten se an den heren van Nogarden nicht hebben, do quam de borchgreue darna. vnn eschede vann Jowanen kindere weghene sines swaghers .L. stucke syluers. Do spreken de duschen se ne hedden mit Jowanen nicht to donde se weren gheste van ouer sey. do leghedet de borchgreue van siner suster kinder weghene den duschen also na dat se dor noyt eme de .L. stucke boden. vnn spreken dat he prouede dat de Crucekussinghe nicht darmede broken were. darna do let de borchgreue de .L. stucke vppe XXX. stucke. darna .XXX. vppe XX. stucke. dar helt he sich waste vppe. Do spreken de duschen dat se dat ghelt wolden vtgheuen wolde he en gheuen eynen bref. dat siner suster kindere eren vater nicht mer vorderen scolden vppe de van darbete. noch vppe dat stichte. Do quemen de heren van Nogarden vnn vorghenen den duschen. de XX. stucke syluers eme des borchgreuen dane vnn spreken de duschen hedden mit den landen nicht to doude, se weren gheste van ouer sye Och spreken de ruscen, se ne wolden eren boyernen Jowanen noch nicht

1) hiess entbieten.

2) Gelübde, was gelobt oder angeboten, versprochen worden.

3) sollte man, f. scolde men.

4) Gabe, Geschenk.

1) Gewalt.

2) unterwegs lassen = unberücksichtigt, oder unberührt, ungerügt lassen.

3) rächen.

4) Vergleich.

gheuen vmme dusent stucke syluers, do danckeden en de duschen vnn spreken dat se sich nicht beworen darmede. Och spreken de ruscen se wolden scriuen eynen bref dar scolden de duschen dat cruce vp cussen. de bref is aldus. De duschen ghenghen vor der soltmenghere grydnissen bi nacht ghewapent vnn hebbet lude tohowen. vnn ghewndet, we dar quam to deme clocken slaghe, do de clocke gheslaghen wart eder to deme rechte deseluen wolden se och tohowen. vnn jageden se mit swerden. des morghens do ludden de nogarder eyn dinc vnn sanden to den duschen. komet vnn seyt de wnden. vnn och de doden. warvmme si gi mit eyme here vtghelopen in der nacht. gi sit vns neyne herlude. gi sit gheste, do ne wolden de duschen nicht gan to dinghe vnn sen wat dar ghescheen were. van doden vnn van wnden. de duschen spreken also wi sit schuldich. wi weren vordruncken[1]). vnn iu heren ala wi vnse houet. wi sin schuldich. vorbarmet iu ouer vns. wat dorichteghes[2]) volkes van ruscen heuet ghelopen sunder der Nogarder wort vppe der duschen hof. dat scolen de duschen nicht mer dencken vnn de Nogarder hebbet sich ouer de duschen vorbarmet. na erre[3]) bede. vnn na erme houetslande. vor dat dude houet. dat hebbet se gheendeghet de duschen sunder der Nogarder witschap. Och scolen de duschen den Nogarder gheuen hundert stucke syluers vor ere smaheyt wat de duschen ghelouet hebbet dem Namesnicke vnn dem borchreuen van dem hertoghen. vnn den boden dat scolen se vtgheuen. vnn de vrede na den alden breuen vnn na den alden sede[4]) in der nacht scolen de duschen nicht gan. noch vppe der strate scolen se nicht staen. vor den manslacht[5]) van vor de wnden von och vor slaghenen dat en scholen de Nogarder nicht mer vorderen van den sacwolden. vnn vann alden[6]) duschen dat scal tomale wesen gheleghert. vnn wat den duschen an erme houe ghescheen is. vnn vat de Nogarder den duschen ghenomen hebbet in erme houe. dat scolen de duschen nicht mer vorderen eder dencken. darvp. vnn vppe alle dinc. hebbet de Nogarder dat cruce den duschen ghecust. vnn de duschen weder dat cruce ghecust den Nogarder sunder girleye[1]) sake vppe de ruscen to vorderen. do de duschen desse bref horden. do spreken sye. it is vns swarlich to donde. dat wi hir dat cruce vp cussen scolen. vnn vns tomale vnrecht maken darmede blef dit bestanden bit des morghens. hir en binnen scriuen de duschen eynen bref also de sake ghescheen was vnn sanden .ij. duschen mede to den hertogen vnn leten em den bref vorstan. vnn spreken aldus sit de sake hir wille wi dat cruce vp cuscen. de bref was aldus. ¶ It scach eynes auendes dat de duschen vter goten houe scolden ere knapen brenghen in sunte peters hof. do se weder quemen vppe des konighes hof. tusschen de holtenen kerken vnn de grydnissen. do worden de ruscen der duschen ware de in der grydnissen druncken vnn lepen to. vnn sloghen de duschen. vnn wnden erer iiij. des werden sich de duschen vnn sloghen eynen ruscen doyt. vnn wnden .iij. des morghens quemen de ruscen mit eyme here wapent vor den hof. vnn howen porten vnn planken vnn howen och vp de cleten bouen vnn beniden vnn nemen wat se darinne vonden. dat is vorliket also dat men dat cruce darvp cussen scal. vor doden vnn vor wnden. vnn breuen dar vp to bezeghelende. dat dar neyn wrake mer af en schey[2]). noch van ruscen. noch van duschen. do de hertoghe dessen bref hort hadde, do spreken de duschen altohant hertoghe lat vns vppe dessen breyf dat cruce cussen. wente vs de bref aldus recht duncket wesen. wente vppe inwen bref. is vs dat cruce swar to cuscene. wante he maket vns tomale vnrecht.

1) betrunken, berauscht.
2) thörichtes, unverständiges.
3) ihrer.
4) Nach der alten Weise (Sitte).
5) Todschlag, eig. Menschen- oder Mannestödtung.
6) Für all den.

1) Für gewerley, jeniger, was immer für ein, irgend ein.
2) Es solle deshalb keine Rache mehr genommen werden.

des wart de hertoghe erre[1]) vppe de doschen de to eme sant weren mit den breue van sprac de bref en dochte nicht se spreken quade[2]) wort dat se vro weren dat se sweghen darmede blef it bestanden bit de hertoghe witlich dede den borchgreuen van den heren van Nogarden der duschen bref. des sanden se deseluen boden to den duschen de se en och er ghesant hadden. van spreken also de hertoghe sproken hadde. de bref de gi vor dem hertoghen lesen. de en dochte nicht. groten Nogarden is vp iu ere[3]) wenne vppe den bref den wi in gysteren lesen leten dar scolen alle de doschen dat cruce vp cuscen olt van iunc. dat wille wi also hebben. von des mach och nicht min wesen. hir custen de duschen dat cruce vp bi dwanghe. darna gheuen de Nogarder ere hondert stucke quid. mer dat costede vns .XX. stucke de wi vorloueden solcken heren van Nogarden. van och den roperen[4]) bi der heren rade. den wi louede louet hadden. Hirna do desse dinc tomale gheendeghet weren mit den ruscen do ghenghen de sacwolden de in vlocke van in verde wesen[5]) hadden tosamende van vorlikeden sich mit minne[6]). mit demegheuen de den ruscen vtgheghenen wart. na siner eghenen bekantnisse van na tughe[7]). van na den wartekene[8]) dat an eme vonden wart. aldusdane wis wente he bekant hadde in eyner meynen steuenen[9]) vp ghenade. van sprac och he ne nor

1) irre, vielleicht auch ärgerlich.

2) bose, häßliche, ehrenrührige Schaltworte.

3, Für erre.

4) Gerichtsdiener, eigentlich Einlader, citator.

5) Theilnehmer sein: besonders gebraucht von der Theilnahme an einer Schlägerei oder der Verwickelung in eine Criminalsache. Vgl. Brem. niedersächs. Wörterb. 1, 420, Bart.-Lapp. II, 23.

6) Liebe, Freundschaft.

7, Zeugniss oder Zeuge.

8, Wahr- oder Kennzeichen, sichtbare Merkmale.

9, Allgemeine Versammlung.

mochte nicht mer wenne[1]) .XV. stucke syluers de wolde he darto gheue van bat dat men ene quid[2]) lete. aldus beden sine vrent och vor ene. de he in sine achte korn[3]) hadde. desse bede nemen deghene de in vlocke van in verde wesen hadden van leten ene ledich van los van nemen dat ander ghelt vp sich tosamende hirna leten de sacwolden vppe .VII. man. we se it likeden. dat wolden steden laten. hi .L. marken syluers. des ghenghen de VII. man. de se ghekorn hadden tosamende van satten malken na erre samwitteghevt[4]) also se eren eyt. darto don wolden. do den ersten setten se .ij. duschen. de vliepen van den anderen duschen van makeden den kif[5]). an erre kumpenye danc. eynen juweliken vppe .XI. stucke syluers. den dat beyr tohorde. der weren .iij. de worden sat to .IX. stucken. de mitten swerden. sat to .V. stucken .XV. soltnicke min[6]). de dar mit Coopelen mede weren de worden. to iij stucke syluers gesat .Viij. soltnicken min. de summe der slachtinghe was .C. stucke syluers. van LXXX. aldus sit desse sake endeghet. also hir vore bescriuen steyt. Dit hebbe wi. darvmme dan. van scriuen dat gi prouen wo wi bi rechte sin to Nogarden mit den ruscen. Dit scach allet na der ghebort vnses heren .M°CCC°XXXI°. in vigilia beati martini Episcopi.

1) als.

2) los oder frei.

3) Von kiesen, partic. korn, erwählen; in sine achte korn, bei der über ihn ausgesprochenen Aechtung erwählt (zu seinen Fürsprechern oder Caventen). Uebrigens bedeutet *Achte* auch den Stand, so wie es der Namen für ein Landgericht ist. Vgl. Bart.-Lapp. II, 330, Anm. 1 und S. 734.

4) Wie sie es zusammen (in gemeinschaftlicher Berathung) wissen und festsetzen konnten.

5, Zank, Streit.

6) Weniger 15 Solotnik. *Soltnik*, altdeutsch *soltingh*, ist das lat. solidus, nämlich der byzantinische Gold-Solidus. Vgl. Bart.-Lapp. II, 277, Anm. 3 und Krug Zur Münzkunde Russlands, Petersb. 1805. p. 48 u. flgd.

№ LXXVI.

1334 Fürst Georg (Andrejewitsch) von Russland und seine Magnaten erneuern das Freundschaftsbündniss mit dem Orden in Preussen für den HM. Herzog Luder von Braunschweig, d. d. Lemberg, am Freitag vor Invocavit (11. Febr.) 1334. *L.*

Perg. Orig. mit acht Siegeln, wovon aber nur fünf vorhanden, im GA. zu Kgsbg.; Abdruck in Voigt's Cod. dipl. Pruss. II. 190. № CXLV. Vgl. Index № 330; Karamsin IV. прим. 276 und 329. D. Ueb. IV, 290 und Исторія древняго Галичско-Русскаго княжества. Сочиненіе Д. Зубрицкаго. Часть III. Львовъ 1855, p. 252.

№ LXXVII.

(1335) Verzeichniss der den deutschen Kaufleuten auf der Fahrt zwischen Nowgorod und Pleskau seit 1288 zugefügten Beschädigungen und daselbst von den Russen verursachten Beschwerungen, o. D. (aber wohl 1335 oder früher). *L.*

Drei unbeglaubigte gleichzeitige Abschriften auf Pergament in der Trese zu Lübeck: Abdruck nach den Abschriften A. und B. bei Sart.-Lapp. II. 155—160, № LXX, LXXI, und mit Benutzung aller drei im Lüb. Urk. Buche II, 565—569, № DCXX. Vgl. oben p. 24.

№ LXXVIII.

1335 Freundschaftszusicherung des Fürsten Georg (Andrejewitsch) von Russland an den HM. Dietrich von Altenburg, d. d. Wladimir, XIII. Kal. Nov. (20. Oct.) 1335. *L.*

Perg. Orig. mit acht Siegeln im GA. zu Kgsbg.; Abdruck in Preussens ältere Geschichte von Kotzebue II. 397, in Karamsin's Gesch. des Russ. Reichs, 5. Orig.-Ausg. Bd. IV, Anm. 276 und bei Зубрицкій, l. c. III, p. 253, прим. 252. Vgl. Index № 334. Im Abdrucke bei Kotzebue sind folgende kleine Abweichungen anzumerken:

statt coarcare......... lies coartare
» Kudrynowicz . .. » Kodynowicz
» inire............. » mire.

№ LXXIX.

1337 Der römische Kaiser Ludwig IV. schenkt dem DO. ganz Lithauen, mit den dazu gehörenden Ländern, nebst Samaiten, Karsau und Russland, und stiftet in der Hauptstadt desselben durch seinen Neffen, Herzog Heinrich von Baiern, ein Erzbisthum, unter dem Namen Baiern, d. d. Monaci, XVII. Nonas Dec. (wohl: XVII. Kal. Dec. d. i. 15. Nov.) 1337. *L.*

Perg. (Quasi-) Orig. mit zwei Siegeln, Transsumt von B. Gerhard von Pomesan d. d. Riesenburg 10. Mai 1421 und beglaubigte Abschrift aus dem 15. Jahrhundert im GA. zu Kgsbg.; Abdruck in Ludewigs Reliq. Manuscr. I, 336. № 239; Lünig's Reichs-Archiv, pars spec. T. V, p. 6; Acta Boruss. III, 549; Cortreji Corp. jur. publ. § 70, p. 314; Raczynski p. 42. № VI und nach dem im königl. preuss. Geh. Staatsarchive zu Berlin aufbewahrten Originale in den Märkischen Forschungen. Herausgegeben von dem Vereine für Geschichte der Mark Brandenburg. Bd. IV (Berlin 1850, gr. 8°), S. 199—202. — Diese Urkunde wird auch als Schenkungsschrift desselben Kaisers an den HM. Theodorich Burggraf von Altenburg und den ganzen Orden über das Land der Lithauer, nämlich Ochsteten, Samaiten, Karkow, Ruzen und die angränzenden Länder zum Erb- und Eigenthume, d. d. Monaci, feria sexta ante Luciae Virginis (12. Dec.) 1337. *L.*, nach einem im GA. zu Kgsbg. befindlichen Original-Transsumt des Benedictiner Abts Wolfgang zu St. Egidii in Nürnberg vom 28. Febr. 1508 aufgeführt. Vgl. Index № 341, 342; Lucas David VI, 126; Voigt's Gesch. Preuss. IV, 557—559 und J. F. Böhmers Regesten Kais. Ludwigs des Baiern (Frankfurt am Main 1839, 4°) S. 117, der sich dahin ausspricht, dass »der gedruckte Text stark gefälscht oder auch ganz erfunden sei«. —

№ LXXX.

Vergleich zwischen den Abgeordneten der überseeischen Städte Lübeck und Gothland 1338 (Wisby) und denen der Nowgoroder vor dem B. von Dorpat, dem Stellvertreter des OM., und einigen Rittern, wegen vorgefallenen Mordes und Beraubung einiger Russen und Deutschen, in Folge dessen beliebt ward, dass die Beraubten oder der Ermordeten Nachkommen an die Thäter sich halten und sie vor Gericht verfolgen sollen, die Freiheit und Sicherheit des Verkehrs aber den Kaufleuten beider Theile ungestört bleiben soll, d. d. Dorpat, Sonntags vor Christi Himmelfahrt (17. Mai) 1338. *D.*

Nach der perg. Urschrift in der Trese zu Lübeck abgedruckt bei Sart.-Lapp. II, 349, № CXLII und bei v. Bunge II, 311, № DCCLXXXI.

№ LXXXI.

Die Sendboten der Städte Lübeck und Wisby, Marquard von Cosvelt und Wenemar (1338) von Essen, zeigen dem rigischen Rathe an, dass die Fahrt nach Nowgorod den Kaufleuten wieder frei zu geben, da die Nowgoroder die dem letzten deutschen Kaufmanne abgenommenen Güter wiedererstattet und ferner keine Unbill zu üben versprochen haben. D. D. am Abend vor Himmelfahrt (wahrsch. 1338, also am 20. Mai, und aus Dorpat).

Pergamentnes Original im äussern rig. RA. — Diesem Briefe die obige Zeit- und Ortsbestimmung zu geben, hat uns der bei Sart.-Lapp. II, 349 aufbehaltene Vergleich (s. die vorhergeh. №) veranlasst, der mit demselben in genauester Beziehung zu stehn und in demselben den Rigischen angezeigt zu werden scheint.

Viris prouidis et famosis, dominis.. Consulibus Rigensibus amicis suis caris. Marquardus de Cosuelt || Lubecensis et Wenemarus de Essende, Wisbyensis Ciuitatum nuncii, cum amicitia et fauore ad quaelibet se paratos. || Noueritis quod nos dei gratia sani Tarbatum in vigilia beati laurencii proxime de nogardia reuertebamur nostris nego||ciis terminatis. Nam nogardenses bona vltimo mercatori Teuthonico ablata nobis totaliter reddiderunt Crucis osculo affirmantes, quod de se ipsis predicto mercatori, violencie et iniurie peramplius contingere non debeant uel inferri Et si dissencio uel controuersia in eorum terminis, in aliquos quoscunque in posterum oriatur, propterea totus mercator non debet perturbari. nec ei debet imputari. sed persona actoris solum personam rei vbicunque eam inveniet, impetat et querat forma iuris, vnde vos petimus quam instanter, quatenus conciues vestros et mercatores vobiscum stantes Rusciam vt prius sueuerant, frequentari permittatis. mandatum super eadem rrysa institutum, reuocantes. Insuper prouidencie vestre multimodas gratiarum referimus actiones, quod predictum mandatum vobiscum est firmiter obseruatum. Regraciamur eciam vobis multum pro literis vestris Ruthenicis ad negocium nostrum amicabiliter nobis missis, quas vobis remittimus per hermannum dictum de riga presencium ostensorem, In Christo valete nobis perceptibiles ...[1]) In vigilia assumpcionis.

In dorso: Prouidis viris .. Consulibus Rigensibus vniuersis d. l^re^ (d. i. detur litera).

1) Sigle, die nicht zu entziffern.

№ LXXXII.

(1338) Gesetze für den deutschen Hof zu Nowgorod, ertheilt von der Versammlung der gemeinen Kaufleute aus allen Städten in Gotland. (Wahrscheinlich vom J. 1338).

Das Original — ein langes Pergamentblatt von 2 Fuss 2 Zoll rheinl. Länge und 9½ Zoll Breite — im äussern rig. RA., hat auf der Rückseite die Aufschrift: »Dit is dat ghesette van nowgarden«, und ist sehr deutlich mit einer Mainscula cursiva, ohne alle Abkürzungen und correct geschrieben. Da diese Gesetze mit der bei Sart.-Lapp. II, 350—354, № CXLIII abgedruckten nowgorodschen Skra, welche wahrscheinlich, nach einer von späterer Hand darauf gesetzten Jahrzahl, 1338 verfasst sein mag, denselben Inhalt, nur mit wenigen Abweichungen, Veränderungen oder Zusätzen und mehrfachen Umstellungen der Artikel, haben, so sind sie wohl in dasselbe Jahr oder etwas später anzusetzen. Die von Lappenberg beigefügten Anmerkungen zur Erläuterung sind hier benutzt worden. Die Abfassung unserer Urkunde übertrifft aber die der Lappenberg'schen bei weitem und verhält sich zu ihr fast wie das Mundum zum Concept. Vgl. oben № III, p. 6.

Deme Oldermanne. vnde den Ratgeuen. vnde al dengenen. de den hof to Nogar den soket wunschet de mene copman van allen steden vordernisse. ande ere. an liue. vnde an gude. vnde ewige vroude. mit vnseme herren gode. vnde openbaret aldus in dessem breue. Wante gi den Steden. vnde vns dicke geclaget hebbet. vmme meneger||hande kumber. vnde noth. de gi weder recht. swarliken doget[1]). So si wi des to rade worden van den menen Steden. dat wi uppe deme lande to Gotlande, van enem menen wilkore[1]), hebbet desse dinc[2]) bescreuen laten. vnde gestediget. vnde willet. dat en iewelk man. de den hof to Nogarden soket. desse dinc ganzliken holde bi also danen rechte. alse hir bescreuen is. vnde manet den Olderman. vnde sine Ratgeuen. dat se desse dinc also vordern. dat en de mene

1) leiden, ausstehen, erdulden; jetzt nur noch im Holländischen gebräuchlich.

1) Hieraus ersieht man, dass die frühere Vereinigung der gemeinen deutschen Kaufleute (mercatorum communium) zu Gothland (Wisby), auch im vierzehnten Jahrhunderte fortdauerte und nicht bloss die Grundlage, sondern auch der Bestand der deutschen Hanse war.

2) Officielle Festsetzung.

kopman. dar vmme negene scult ne geue. De mene kopman wil dat. So welk mesterman[1]) in den hof to Nogarden komet. it si tu lande. oder to watere. de knapen de he mit sic bringet. de scal he mit sic dannen voren. Were oc ieman so dumkone[2]). de sinen knapen achter[3]) sic lete. de scal dat betern[4]) mit vif marken siluers. Were oc ieneck knape de achter bleue. ane sins herren wille. de scal betern den seluen broke[5]). nochten scal he to der seluen stunt dennen varen. So welk man komet in den hof. vppe sines selues kost. de scal mesterman bliuen. al wante[6]) he weder ut deme houe vare. So mach he don wu[7]) it eme geuellet. Neman scal oc liggen in deme houe dor dat[8]). dat he vorcope. vn de weder cope. mer[9]) so wanne he vorcoft heuet also dan gut. alse he dar gebracht heuet. so scal he van dennen varen. hir ne is de wandelinge in deme houe nicht mede neder geleget[10]). Were oc ieman de bastlike vorcopen wolde. dat mochte en iewelk bederne man wol copen. he si herre. oder knape. de dar liggen scal toder lesten kopinge[11]). so scal he te dat gut vorcopen. mit sines selues gude. dat he dar gebracht heuet. vnde reden sic[12]) van denne. to siner rechten tit. Dat is. van deme wintere. to dem lesten wege oder to deme ersten watere. Likerwis mach de gene liggen. de bi somere kumpt. to deme lesten watere. oder to deme ersten wege. Were oc ieman de vatsete (*od.* vutsete[1]). mit also danen gude alse he dar gebracht heuet. de mach sitten sunder broke. also lange dat eme kopinge vellet. Wil oc de mesterman dannen varen. de mach laten sinen knapen bi sineme gude sunder broke. So wanne auer dat gut vorcoft is. so scal de knape mit deme gude von dennen varen. So wanne so komet de bisteruare[2]). vnde de varehonige[3]) in den hof. It si wintervare. oder somervare. se scolen so gedanes rechtes geneten. alse de lantfare dot. beyde an husen. vnde an scote[4]). So wanne de wintervare eren Prester willet begnaden. so scolen se eme geuen vyer marc siluers. van erme koninges scote[5]). Likerwis mach de somervare geuen erme Prestere vyer marc siluers. van erme koninges scote. We so mer geuen wille. de do dat. ut sines selues bursen[6]). kompt it oc also. dat dar is en prester. twischen der wintervare. vnde der somervare. oder twischen der somervare. vnde der wintervare. so mach man eme geuen. enen haluen verding to der weken. van des koninges scote. mer seluen scolen se ene bekostigen. Oc ne si ieman so kone. de dar en bouen taste. Min. geue we so wille[7]). So weme de prester scriuet enen bref van kopmanscope. de scal eme dre marc bouede[8])

1) Ein selbstständiger Kaufmann oder Herr, im Gegensatze der *Knapen*, Gesellen oder Gehülfen, Commis.

2) dummdreist. — 3) nach.

4) bessern, d. h. durch Gelderlegen gut machen.

5) Strafe, von *breken* überschreiten, in Strafe fallen.

6) bis, bis dass. — 7) wie.

8) Darum oder in der Absicht. Mit dem *liggen* ist ein fortdauerndes Bleiben im Hofe zu Nowgorod angedeutet.

9) aber, sondern; jetzt nur noch im Holländischen maar.

10) *Wandelinge* ist das Vertauschen deutscher Waare gegen russische, oder das Verkaufen jener und das Einkaufen dieser. Dieses soll also dadurch nicht untersagt (*nedergelegt*) sein.

11) Eine dunkle Stelle, die Sart. II, 331, Anm., also versteht: Wenn dem Kaufmanne die Zeit seiner Abreise naht (und es wird nachher gesagt, dass man ein halbes Jahr des Handels wegen sich daselbst aufhalten durfe), so soll er sein Handelsgeschäft abschliessen, sowohl wegen des in Nowgorod eingetauschten, als auch wegen des von ihm aus Deutschland mitgebrachten Gutes, und scheide von da zu rechter Zeit.

12) sich bereiten, sich fertig- und aufmachen.

1) Die erste Lesart giebt keinen rechten Sinn, die andre = *uhtsete*, wenn er aussitzt zum Feilhaben seiner Waaren.

2) Irregefahrene, von *bister* oder *buster*, wüste, wild; *buster gaan*, irren.

3) — ? In der Skra bei Sart.-Lapp. fehlen die Worte: *vnde de vareh.*, ganz.

4) Schoss, Abgabe.

5) Abgabe, die für den Fürsten von Nowgorod zu entrichten ist, aber, wie hier zu sehen, auch zu andern Zwecken verwandt wurde. Vielleicht war es aber auch eine für allgemeine Zwecke der Compagnie bestimmte Abgabe, die nur solchen besondern Namen führte, ohne dass dabei weiter an den Fürsten von Nowgorod zu denken war. Vgl. Koningstinse im Brem. niedersächs. Woerterb. V, 72.

6) Börse, Tasche, Cassa.

7) Niemand unterstehe sich, darüber (über das hier Bestimmte) hinaus zu geben; wer aber weniger (*min*) geben will, kann es thun.

8) *marc bouede* ist das, was sonst *marc kunen*, oder *kunen* allein, oder *bouede* allein heisst, ursprünglich Marderschnautzen, capita martarorum, ein Ledergeld; aber wahrscheinlich schon im 13. Jahrh. wurde *kunen* für Geld überhaupt, gebraucht und man bezeichnete damit die sogen. lingots oder Silberstangen.

geuen. Dar ne scal oc neman besceten[1]) holden in deme houe. Noch neman scal paclenwant vorcopen. it ne si bi helen packen. oder bi helen stucken. De lantfare de van Rusen ut komet. de sculen scelen[2]) sodan schot. alse de dot de van dudischen lande ut komet. mer met des koninges scote. ne hebbet se nicht to donde. Men ne scal oc negene Mekelere in deme houe holden[3]). En iewelk man scal also kopslagen in deme houe. it si mitteme koninge. oder mit den anderen luden. dat sente peter[4]) dar vmbesweret van bliue. vnde de hof gemeyne. Neman scal oc walen[5]) gut. noch engelschen gut. noch borgen. noch to kumpanie. noch to sendeue[6]). in den hof to Nogarden voren. Oc ne scal neman vleminge gut. to kumpanie. noch to sendeue. in den hof voren. bir so ne is de borgh mit den vlemingen nicht mede neder geleget. Neman scal oc gut. van den Rusen borgen. noch to kumpanie. noch to sendeue nemen. Swe des vorwnnen[1]) wert. de scal dat gut gans vor varen[2]) hebben. Gift men eme oc dar vmme scult. sonder ticht[3]). he scal sic des vntseggen mit siner eynes hant uppe den heligen[4]). Neman scal oc bouen dusent marc in den hof voren[5]). noch senden. it si wintervare. oder somervare. Were ieman de des vorwnnen worde. de scal hebben vor varen. al dat dar vmbouen is[6]). half an sente peters behof[7]). vnde half in de stat dar he borger is. Swe dat wederspreken wille. de do dat in deme houe to Nogarden[8]). Men ne scal oc in deme houe. negene hosen. noch hoyken. sniden. noch negenerhande scrodwerc[9]). dat men vort vorcopen wille. Swelkeme Rusen de hof wert vorboden. dat eyn iar vorvolget is. bey-

---

1) Dies Wort ist auch Lappenberg unbekannt, welcher aus dem Zusammenhange vermuthet, dass es etwas bedeuten solle, was in kleinen Partien verkauft wird, vielleicht was in anderen Urkunden Resten heisst: denn gleich darnach wird gesagt, dass Packleinewand nur in ganzen Packen oder Stucken verkauft werden soll. Auch kommt weiterhin Manches vor, wodurch der Kleinhandel den Deutschen mehr untersagt wird und den Russen verbleiben soll.

2) schiessen, d. i. zahlen, wie noch vorschiessen und Vorschuss gebrauchlich ist.

3) Spater gab es im Hofe zu Nowgorod wohl Makler, die denn das Bedurfniss und der steigende Verkehr nothig machte. Aus dem funfzehnten Jahrhundert giebt es eine Makler-Ordnung fur den Hof zu Nowgorod.

4) Da die Kirche im Hofe der Deutschen zu Nowgorod dem heiligen Apostel Petrus gewidmet und unter dessen Schutz der ganze Hof gestellt war, so dient sein Name auch oft fur die gesammte Compagnie-Verwaltung.

5) Unter *Walen* verstanden sonst die Deutschen die romanisch Redenden, auch Walsche genannt, hier aber sind darunter wahrscheinlich wallonisch redende Niederlander zu verstehen, neben welchen hier nun noch die Flaminger, d. i. die deutsch redenden Niederlander, erwahnt werden, welchen zwar, nach dem fruheren, zu borgen erlaubt war, aber nicht Waaren zu gemeinschaftlichem Handel oder zur Versendung zuzufuhren.

6) Die Deutschen sollen den Fremden eben so wenig borgen, als sich mit ihnen in Handelsgesellschaft einlassen, und ihnen dienen, ihre Guter weiter zu fuhren, oder nach heutigem Ausdrucke ihnen als Commissionare oder Spediteure zu dienen, um ihnen behulflich zu sein, ihre Guter dahin zu bringen, wohin sie sie ohne Vermittelung der Deutschen nicht fuhren konnten. Die Lesart *to sendeue* ist ganz deutlich und nicht zu bezweifeln, aber nicht wohl zu erklaren; man findet dafur anderwarts to *sendene*.

1) *vorwinnen* = uberwinden, uberweisen oder uberfuhren.

2) verlieren.

3) *ticht* = tuch, Zeugniss, Beweis.

4) Die hier erwahnte Art der Eidesleistung im Mittelalter — durch Sprechen der Eidesformel, wahrend eine Hand auf einem Reliquienkastchen (*uppe den heligen*) ruhete, vgl. Hullmann's deutsches Stadtewesen IV, 271. — ist in der Skra bei Lappenberg l. c. verwechselt mit: *he scal sic des self dridde entseggen*, er soll sich von der ihm gegebenen Schuld durch das Zeugniss Zweier befreien konnen, wahrend hier der Ausdruck *mit siner eynes hant* nur besagt, dass er allein den Reliquienkasten zur Erhartung der Wahrheit beruhren soll. Welche Fassung spricht nun fur das hohere Alterthum?

5) Ueber den Werth von tausend Mark soll der Einzelne nicht Guter auf den Hof fuhren, zur Erhaltung auch der minder Vermogenden.

6) was daruber hinaus geht, was mehr betragt.

7) Behuf, Nutzen, Vortheil.

8) Wer sich daruber, dass er fur mehr als 1000 Mark Waaren nach Nowgorod gebracht oder gesendet, rechtfertigen will und muss, der widerspreche, wenn er dessen beschuldigt wird, auf dem Hofe zu N. Das Widersprechen kann hier nicht auf Einwendungen gegen die Vorschrift, damit solche aufgehoben werde, sich beziehen, da diese ganz entschieden ist und ihre Uebertretung durch den Verlust des gesammten Mehrbetrages uber 1000 Mark gestraft wird. Uebrigens lautet dieser Punkt etwas anders bei Lappenberg, wo Alles, was mehr gefuhrt worden, an Sanct Peter allein fallt.

9) Im Hofe Tuch abzuschneiden zu *hosen* (eng anliegenden Beinkleidern mit Strumpfen daran), *hoyken* (Manteln) und anderer Schneiderarbeit (*scrodwerc*, von *scroder*, Schroder = Schneider), ist den Deutschen untersagt, offenbar darum, weil die Tucher nur en gros, nicht en détail, wie wir jetzt zu sagen pflegen, auf dem Hofe den Russen verkauft werden sollen und diesen der Ausschnitt uberlassen bleibt.

de van wintervaren. vnde van someruaren. De scal des houes vmberen[1]). al wante he den nach weder wernen[2]). uppe deme lande to Gotlande. van den menen kopmanne. De besegelden scra ne scal men ut sente peters kerken nicht dregen. mer men scal se ut scriuen. beyde an Ruscischen. vnde an dudischen. Were oc ienich man de sic nicht genogen ne lete. an desseme bescreuenen rechte. vnde enen anderen bescreue hemlike. oder openbare. wert he des vorwnnen. he scal betern mit. vif marken siluers. Gift men eme oc dar vmme ene mene scult. he scal sic des vntseggen. mit siner eynes hant uppe den heligen. Vortmer de potklete[3]) dar de herren ere drenke. vnde ere spise. inne hebbet. de scolen vri wesen. van kameren[4]). vnde van allerhande binderuisse. Dar ne scolen oc de knapen negenerhande drenke[5]). noch negenerhande dinc[6]) inne hebben. dar de herren van gehindert werden. vnde gemoyet.

1) entbehren, missen, davon ausgeschlossen sein.

2) sich um etwas bemühen, bewerben, erwerben oder erlangen.

3) *Potklete*, aus dem deutschen *Pot*, Topf, Krug, und dem slavischen *klet*, ein kleines Haus, Stube oder Kammer, besonders Vorrathskammer (s. oben p. 57, Note 16) zusammengesetzt, bezeichnet die Trinkstube der Kaufherren, worin sie ihre Speisen und Getränke haben, selbst auch zu trinken pflegen; darin soll nichts sein, was sie an deren freiem Gebrauche hindere.

4) Schlafkammer, Schlafstelle.

5) Trinkgelage.

6) Gemeinschaftliche Berathung, um etwas abzumachen oder festzusetzen.

Vortmer na der tit dat men in stouen[1]) sitten beginnet. So wanne de selscap sic van der taflen delet. slapen to gande. so ne scal negen selscap. na der tit. sic to drinkende setten. Were ieman de dat dede. de scal betern eyne marc siluers. ofte untseggen sic. mit siner eynes hant uppe den heligen. Queme oc ieman van deme wege. vnde na sete[2]). oder hedde in sineme arbede wesen[3]). de ne scal dar vmme negenen broke hebben. De geue de ge set sint. dat vur to besende. de scolen des ware nemen. Na der tit dat se dat vur besen hebbet. So wene se sittende vindet dat se den melden. Worden se oc des vorwnnen. dat se ienegen vndertogen[4]) vnde sin nicht ne melden. Se scolen liken broke beteren. alse de dar sittet. Were ieman so dumkone. de alle desse dinc. nicht en helde. alse hir bescreuen is. de scal dat beteren mit vif marken siluers. Vortmer dit bescreuene recht. scal men iewelkes iares. in deme houe to Nogarden twie lesen. eynes in der wintervare. vnde eynes in der somervare. An godes namen. AMEN.

1) Versammlungen oder Zusammenkünfte zur Verhandlung gemeinschaftlicher Angelegenheiten, bei denen es nie ohne einen Trunk abging.

2) später, nachher noch sasse und tränke.

3) gewesen, part. praet., wobei wesen sein, mit hebben construirt wird.

4) Von *undertogen* buchstäblich: unterziehen, wegziehen, d. i. unangezeigt lassen.

№ LXXXIII.

Friedensschluss zwischen dem Meister und Orden und dem rigischen Rathe einerseits und 1338
dem Könige (Grossfürsten) von Lithauen und seinen Bojaren, dem Bischofe von Polozk, dem Grossfürsten und der Stadt von Polozk, so wie dem Grossfürsten und der Stadt von Witebsk andererseits auf zehn Jahre, mit Bestimmung eines gefriedeten Landstriches und gegenseitiger Sicherheit in Handelssachen, d. d. am Tage aller Heiligen (1. Nov.) 1338.

Alte, gleichzeitige Abschrift auf Pergament, aber ohne Siegel und Siegelspur, im äussern rig. RA. — Von einem solchen Friedensschlusse aus obigem Jahre wissen unsre Geschichtschreiber nichts; nur Gadebusch (Jahrb. I. 1, S. 421) deutet auf Kämpfe der livländischen Ritter mit den

Schamaiten hin, und Hiaern (Chron. S. 151) spricht davon, dass um jene Zeit der Herrmeister mit den Reussen, Lithauern und Samaiten viel zu schaffen gehabt, bis er sie endlich zum Frieden gezwungen; aber die Zeitrechnung sei ungewiss und die Thatsachen unter einander vermischet. Vgl. auch Russow Bl. 166 unten (Ausg. von 1584).

Unter dem Grossf. von Lithauen ist natürlich Gedimin zu verstehen, der nach Einigen im J. 1339, nach der I. Chronik von Nowgorod erst im Winter des Märzjahres 6859, also im Winter 1351/52 starb. Einen Bischof Grigori von Polozk erwähnt die Chronik von Nowgorod unter d. J. 1331 (s. ob. p. 53). Auch kommt derselbe auf der Inschrift eines Siegels der Urk. „1." LXXIV nebst dem Fürsten Narimunt-Gleb, dem Sohne Gedimin's vor. Im J. 1338 befand sich Narimunt wieder »in Lithauen«, wozu damals Polozk gerechnet wurde. Aus einer lithauisch-russischen Chronik (vgl. auch Stryjkowski, ed. Warsav. 1846, I, 382) erfahren wir, dass Olgerd die einzige Tochter des Fürsten von Witebsk heirathete und dadurch auch Fürst von Witebsk wurde. Dorthin (въ Витебскъ къ князю Олгерду Гедиминовичю) wandten sich auch die Pleskauer im Frühjahr 1341 mit der Bitte um Hülfe gegen die Deutschen, nachdem diese im Winter Neuhaus (Новыи Городокъ) erbaut hatten. In dem darauf vorrückenden Hülfsheere des Grossf. von Lithauen befand sich auch der Furst Liubko, Sohn des Fürsten Woini von Polozk (Любко князь, сынъ Воиневъ Полотьского князя), der in der Schlacht fiel. S. darüber die Chroniken von Nowgorod und Pskow unter d. J. 6853.

Dit is de vrede den de mester van liflande vnde de konigh van lettowen hebbet ghemaket. vnde ludet in aldus danighen worden. Van der Ewesten munde To Reghte in den wegh den ghodeminne de konigh van lettowen herede tho der nytevre. Unde van der Ewestenmunde dvers[1]) over dune tho ener hofstede dese het vspalde Vnde van deme Reghte tho eme dorpe dat het scripayne. bouen deme dorpe scal nen her dvers over den wegh nogh in den wegh slan Nogh van lettowen nogh van des mestres lude noch scrodere[2]). Dit sint de vrede lant, ymme lande tho lettowen, balnike, kedraythe nemeresyanne. Vortmer scal de vrede gare van der Eweste vp. wente an de beke. de ghe heten is. de pedene Vnde vort van der beke wente an den olden vrede tho adsellen tho. In den vrede vnde bouen den vrede schal nyn her vt nogh yn selan ofthe nyn scroder. Vortmer scal de dvne vrigh wesen eneme jeweliken kopmanne he sy Cristen eder heyden vp vnde nedder thu varende also hoghe alse de dune gheyt vnde alde beke da dar In gat buven der ewesten Vort scal de dudesche kopman varen also wyde alse de konigh van lettowen Ret[1]) over ruscen vnde over lettowen seker lyves vnde ghudes Vort scal over van beyden syden der dune benedder der Eweste nedderwart veligh[2]) wesen enenie iewelikem kopmanne also verne alse he myt ener keygen[3]) werpen magh. Weret ok dat eyn vnbrevredet man inden vrede queme de scal veligh wesen Wonede he ok in deme vrede vnde queme he vt deme vrede worde he ghe selaghen dar ane scholde nen part scult ane hebben neweder de mester ofte de konigh Vortmer scal de kopman hebben eynen vrighen wegh de ghe heten is de loyse wegh svan de dusche kopman kumt int lant tho lettowen ofte to Ruslande so magh he varen in dat lant wor dat he wil. Des ghelik de ruscesche efte de lettowesche copman svan he kvmt to Ryghe so magh he varen wor he wil int lant tho liflande also verne alse de mester ret Vortmer is dat de dutsche copman ymme lande tho lettowen is queme tot eme eyn kersten de kopman scal

1) querr.

2) Schneider. Dergleichen mussten sich wohl als Spione haben brauchen lassen, dass man nöthig fand, ihnen die Kriegswege zu verlegen.

1) Von ruthen = consulere, s. v. a. regieren, zu sagen haben.

2) sicher, gefahrlos.

3) Dieses Wort findet sich nicht in den Wörterbüchern. Vielleicht zeigt es einen Wurfspiess oder Speer an. In der livl. Reimchronik Ditlebs von Alnpeke V. 3886 keye. — Im Altrussischen bedeutet кій (vgl. poln. kij) einen Stock oder Stab.

bliuen bi sineme ghude veligh men[1]) worde he ghe sclaghen van deme here daren schulde de konigh nen schult ane hebben Desghelik were dat eyn lettowesch her thoghe int kerstene lant vnde sclughen se eren copman he were rusce ofte lettowe dar sculde de mester nene scult ane hebben Vortmer worde eme dudeschen copmanne to lettowen efte tho ruscelande wat vor stolen dat scal men righten dar dat schut Weret ok dat de dudesche eme ruscen efte eme lettowen wat vor stele des ghelik scal men dat righten dar dat schut: Weret ok dat de dudesche copman schelende[2]) worde vnder sik to lettowen efte tho ruscelande dat scholen se thogheren[3]) wante to righe vnde dar scal men dat righten Desghelik worden ruscen efte lettowen schelende indes mesters lande vnder syk dat scholen se thogeren. wente vor eren oversten Vortmer worde de dudesche copman schelende wedder lettowen efte rutseen Efte ruscen efte lettowen wedder den dudeschen dat sal men righten dar dat schut Vlut eyn lettowe efte rusce dor de vredelant tome kerstendome bringhet he gut mit sik vnde wil de konigh sine hant dar vp dou dat dat ghut eme anderen thu hore dat gut schal men wedder gheuen Des suluen ghelik vlut eu man van deme cerstendome dor de vredelant tho lettowen efte to ruscelande bringhet he gut mit sik vnde wil de mester efte de lantmarscalk er hant dar vp don dat eme anderen dat ghut tho hore dat ghut scal men wedder gheuen Vnde vlut eyn lettowe efte eyn rusce dor de vnbevrede lant tome kerstendome bringhet he ghut mit sik dat ghut darf men night wedder gheuen Vortmer scalmen van beyden parten nene pandinghe don Mer[1]) wil eyn lettowe efte rucse eme dudeschen scult gheuen vmme olde sake. des scal he ten[2]) vor den ghenen dar he vnder beseten is. Des suluen ghe lik scal don eyn dudesche eyme lettowen efte ruscen. Desse vrede is ghe maket na ghodes bort dusent iar drehundert Jar vnde aghteendertich iar In allegbodes billeghe daghe van vulbort des mesters vnde des lantmarscalkes vnde vele anderer bredere[3]) vnde des rades van der Ryghe de hir vp hebbet dat Cruce ghekusset Vnde van vulbort des konighes van lettowen vnde siner kindere vnde alle siner boyarlen de oc ere billigh hir vp hebben ghe dan. Vnde mit vulbort des biscopes van ploscowe des konighes vnde des stades van ploscowe vnde des konighes van vytebeke vnde des stades van vitebeke de alle vppe dessen vorbenomeden vrede dat Cruce hebben ghekusset Desse vrede scal waren Theyn Jar vnghebroken.

1) aber.
2) schelen, Streit haben; schelende werden, in Streit gerathen.
3) zögern, aufschieben.

1) aber, oder sondern.
2) ziehen, hier s. v. a. bringen.
3) forte leg.: bredere, oder brodere; viell. auch bedere = Gebieter, Gebietiger.

№ LXXXIV.

Schreiben der Stadt Dorpat an Lübeck wegen angehaltener Güter und Bedrückung der Kaufleute durch den Ritter Conrad Preen, vormals Hauptmann zu Reval, auf ihrer Fahrt zwischen Narwa und Nowgorod, d. d. (Dorpat) octava corporis Christi (nach 1340). (nach 1340)

Nach der Urschrift mit einem hinten aufgedruckten Siegel in der Weddelade zu Lübeck abgedruckt bei Sart.-Lapp. II, 362—364, № CXLVII und bei v. Bunge II, 352, № DCCCIX (z. J. 1342).

№ LXXXV.

(1343) Ludwig der Aeltere, Markgraf von Brandenburg, bietet sich dem DO. zum Friedensvermittler mit dem Könige von Polen, Kasimir, an und verlangt, dass der Orden, in Verbindung mit dem Könige, sogleich einen Zug gegen die Lithauer und Russen unternehme, o. O. u. J. (wahrscheinlich Krakau 1343). *L.*

Abschrift im GA. zu Kgsbg.; Abdruck in Turgenjew's Suppl. ad hist. Russiae monum. p. 285. № CVII. Vgl. Index № 338.

№ LXXXVI.

(1345—60) Schreiben Rostocks an den livländischen OM. Goscevoin von Hereke wegen eines Lombarden zu Nowgorod, o. J. u. T. (1345—60). *L.*

Nach einem Entwurfe auf Pergament im Archiv der Stadt Rostock abgedruckt bei Sart.-Lapp. II, 391, № CLXI^e.

№ LXXXVII.

1345 Bruder Goswin, Vice-Landeshauptmann von Reval, und Ritter Heinrich von Lechtes urkunden darüber, dass der Russe Artemij Pametyn mit seinen benannten Gefährten die namentlich specificirten Güter (Handelswaaren) eines getödteten Russen, Namens Nasarij, welche nach Reval gebracht waren, vollständig in Empfang genommen habe, d. d. Reval, am Sonntage nach Mariae Geburt (11. Sept.) 1345.

Perg. Orig. mit zwei anhangenden Siegeln im rev. RA. Abdruck bei v. Bunge II, 385. № DCCCXXXV. Von den Siegeln stellt das kleinere, das des Ritters von Lechtes, in weiss Wachs ohne Kapsel gedrückt, das Familienwappen mit einer Umschrift dar, beides schon ziemlich verwischt; das etwas grössere, das des Vicehauptmanns, welcher kein anderer, als ein DO.-Bruder und zwar der nachherige oder gleichzeitige (1345—60) OM. Goswin von Herike war (vgl. Brevern in v. Bunge's Archiv III, 323), ist in gelb Wachs ohne Kapsel gedrückt und stellt, so viel man erkennen kann, die Auferstehung Christi dar, mit der Umschrift: S. MINORIS CASTRI REVALIEN. Was war nun dieses »minus Castrum Revaliense«? Sollte es etwa im Gegensatze des grösseren, welches der eigentliche dänische Landeshauptmann, damals (1343—48) Stigot Anderson (vgl. Brevern a. a. O.), bewohnt haben mochte, das gewesen sein, was die Unterschrift der livländischen Reimchronik von 1296 die »Kumentur zu rewel« nennt, wo vielleicht damals schon, wie wahrscheinlich 1345, eine Ordens-Besatzung gelegen haben kann. Vgl. Scriptor. rer. Livon. I. 502 u. 783.

№ LXXXVIII.

Beschluss der Aeltermänner und der gemeinen deutschen Kaufleute zu Nowgorod über die Art und Weise, wie der Handel von denen, welche zum Rechte der gemeinen Kaufleute gehören wollen, dort zu führen und was dabei zu beobachten sei, d. d. am Tage Petri Stuhlfeyer (22. Febr.) 1346. 1346

Gleichzeitige Abschrift auf einem langen Pergamentstreifen, mit theilweise erloschenen Schriftzügen und einigen Correcturen, im äussern rig. RA. Die einzelnen Artikel dieses Beschlusses finden sich auch meistens in der grossen Skra für die Deutsche Niederlage zu Nowgorod, wie sie von 1355—1371 zusammengetragen und aufbehalten ist bei Sart.-Lapp. II, 265—291, № CXXV. — Im rev. RA. haben wir auch ein pergam. Exemplar dieses Beschlusses gefunden, welches nicht das Conceptartige des rigischen Exemplars hat, sondern eine förmlich übersandte Ausfertigung ist, in Briefform zusammengelegt, mit einem vom untern Rande abgeschnittenen Pergamentstreifen durchzogen und mit einem kleinen in roth Wachs gedruckten Siegel versiegelt, welches ein Monogramm und eine Umschrift enthält, die beide nicht mehr gut zu erkennen sind; es fehlt ihm aber das Datum. Da der Abweichungen im rev. Exemplar von dem rigischen zu viele sind, um sie bloss auszuziehen, so geben wir hier beide unter *a* und *b*, obwohl das revaler Exemplar sich schon abgedruckt findet bei v. Bunge II, 393, № DCCCXLII. Zur bequemen Vergleichung beider Redactionen sind dieselben hier neben einander gedruckt.

a.

Witlik zi dat alden gheuen de dessen bref seen vnn heren dat de olderlude von de wisisten vnn de meyne dudesche koopman de do to nogharden weren des to rade zint[1]) ghe worde[2]). mit eyner vollenkomener eendracht ‖ na den breuen vun den bode[3]) van den steden buten landes vun binnen landes bi der see Dat nen man schal meer reyse dun to nog. he zi we he zi den des iares ene, noch ghut wedder to bringhende den des iares enes dat zi an sendeue[4]) ‖ edder an kumpanie edder welkerlleyge[5]) wys dat ghut zi. Were dat zake dat ienichman[6]) mit desseme vorbenomeden ghode worde be vonden dat schal men an spreken vor vor varen[7]) ghut dat zi buten landes edder binnen landes it zi we ‖ it zi to sunte peters behuf. Vootmeer welk man de biir bi sledenweghe[8]) kymt de schal bi sledenweghe wech varen it en were zake dat it worde een

b.

Honorabilibus viris ac discretis dominis consulibus ciuitatis reualie Oldermanni seniores necnon vniuersi mercatores teutonici in nogardia existentes quidquid ‖ poterint sinceri plus honoris. Juwer erafticheyt do wi to weten dat wi sint to rade worde[2]) mit ener wllenkomen edracht na den breuen ‖ vnde na den boden[3]) der stede buten landes vnde binnen landes der ze dat nen man mer reyse dou schal to nogarden he si we he si den des ‖ iares enes, Noch dat gut nicht mer weder komen schal den des iares enes. Dat si an kumpanige eder an sendeve[4]) eder an welkerley wis dat gut si, Were dat sake dat ihenich man[6]) an desseme vorbenomeden gude breke dat schal men anspreken vor ver varen[7]) gut to sunte petres behuf. Vortmer we bi scledeweghe[8]) to nogarden kumet de schal bi scledeweghe wech varen it

1) Vorher ausgestrichen: *sint*.

2) *to rade werden*, beschliessen.

3) Dat. von *bot*, Gebot.

4) Ueber diesen und andre hier vorkommende kaufmannische Ausdrucke s. die Anm. zur Nowg. Skra von 1338.

5) Unter dem ersten *l* in der dritten Sylbe stehn zwei . ., die wohl anzeigen sollen, dass es wegzustreichen ist.

6) Jemand.

7) verfahren Gut. Waaren, deren der Eigenthümer verlustig geht.

8) Schlittenbahn.

meyne besedtnighe[1]) edder een hastich doynchge[2]) dat men be wysen mochte de schal varen mit deme eerste watere Were dat zake dat he dat eerste vorbenomede water vorleghe[3]) So schal he heten een somervaar Vortmer welk man de hiir bi water weghe kymt de schal bi water weghe vt varen It en were sake dat it worde een men .....[4]) alse hiir be serenen steyt den winter varen Were dat zake dat ienich man dat vorbenomede leste water vor zumede[5]) de schal heten een winter vaar Desse dinc scholen an staan to winachten de nu was wente[6]) voort ouer dre iaar ...... sunder aarge list Voortmer so nen schal nyn man riden vmme lant mit ghude dat zi dor prucen edder dor sweden noch de wake vaart[7]) varen also to Osele edder to kurlande edder ieneghen wech de wake waart mochte heten bi line vnde[8]) vnn bi ghude sunder allene vt to zeghelende to de righe to reuele edder to de pernow Were dat zake dat ienich man desse vorbenomeden dink[9]) breke de hedde vor boret[10]) lif vnn gut vnn des nicht to latene Vortmer van dem vorbenomeden makeden werke[11]) tho de stede hir boden hebbet vppe desse tyt so hastighe nicht an setten moghen wi motent[12]) vor volgen[13]) mit den russen. Zo sint wi des to rade worden mit ener vollenkomen endracht dor der nut willen des meynen kopmannes dat men na sunte michaelis daghe de nu to komende is nen valsch werk kopen sal noch toghen werk noch nen harwerk dat en russe maket heft, noch neyde[14]) edder inghebunden doynissen[15]) noch nen werk dat ghe make is buten sin wesen sunder hernest werk mach men wol kopen vnn des ghelikes na sinen werde Dit vorbenomede werk sal nen man kopen na deme vorbenome-

were sake dat it worde en mene bisettinghe[1]) eder en hastich doynghe[2]) dat men bewisen mochte de schal varen mit den ersten watere. were dat sake da he dat erste water vor leghe[3]) so schal he heten en somervare. Wortmer welk man de to nogarden bi watere kumet de schal bi watere wech varen it were sake dat it worde en besettinghe mene vorsumet be den dat leste water so schal he heten en wintervare desse vorbenomeden dincht alse van desser vorbenomeden reyse van winachten de nu was schal stan dre iar vp en behach vnde desse vorbenomeden dinche to holdene sunder allerhande arghelist. Vortmer sint wi des to rade worden na den breuen dat nen man vmme lant mit gude riden schal noch dor prusen. noch dor kurelant noch dor sweden Och dat neman to der wake varen[7]) schal. noch to osele noch to kurelant noch nerghen dat wakevare heten mach Sunder allene vt to seghelde van der righe van reuele van der pernowe. Were dat sake dat ihenich man an dessen vorbenomeden dinghe[9]) breke de hedde vorloren lif vnde gut vn des nicht to latene de in des kopmannes rechte wesen wil. Vortmer van deme walschen makeden werke[11]) alse de stede hir en boden hebben vp desse tyt also hasteliken nicht ansetten moghen wi moten it erst vor volghen[13]) mit den rusen. szo sint wi des to rade worde mit ener wllenkomme edracht dor mit willen des menen kopmannes dat men na sunte michelis daghe de nu to komen is nen valsch werk kopen schal noch nen toghen werk noch nen harwerk dat en russe maket heft. noch nene neygede[14]) noch limede eder in nebunden doynissen[15]). noch nen werk dat ghe maket si buten sinen wesen sunder hernest werk unde des ghelik mach men wol kopen na sinen werde Dit vorbenomede valsche

1) Ob nicht s. v. a. besate, Beschlag, Arrest.

2) — ? Vgl. unten Note 15.

3) verliegen, wie man sagt: einen Termin versitzen.

4) Hier ist die Schrift verloschen.

5) Vorher ausgestrichen *leghe*.

6) bis.

7) Wasserfahrt, von *wake* feucht, *waken* Wellen werfen; aber offenbar zur Bezeichnung eines unerlaubten Weges, über den man auch aus dieser Stelle nicht klar sieht. Vgl. Sart.-Lapp. II, 278, Anm. 1.

8) wenn richtig gelesen; das Wort ist sehr verblichen.

9) Festsetzung, Gesetz, Abmachung.

10) verboren verlustig gehen.

11) *makede werk*, gekünsteltes Pelzwerk.

12) müssen es.

13) weiter verhandeln.

14) — ?

15) Krug (Forschungen in der älteren Gesch. Russl. II, p. 677) war geneigt, dies Wort für ein slawisches zu halten.

den daghe sunte micheles de nu to komende is Noch to noygarden noch to plschowe[1]) noch to ploscowe[2]) noch to ryghe noch to darbate noch to reuele noch to velin noch to gotlande noch nerghene dar russen pleghen to varende We dit vor benomede werk kofte de breke[3]) also vele an eneme timmere[4]) also an eneme dusende dit werk sal nen man kopen de indes kopannes[5]) rechte wesen wil he si we he si. Were dat sake dat ienich man an dessene vorbenomeden werke breke de schulde vor boret hebben dat gut van teyn march suluers van des nicht to latende to sunte peteres behof Vortmer dat nen man hebben sal to nogarden des iares mer wan dusent mark noch an kumpanighe noch an sendeve noch an nener leyge dinge. Were dat sake dat yenich man dar bouen[6]) her vorde[7]) dat sulde vor varen gut wesen to sunte peters behof dat andere an sunte petres behof nummer to komende it ensi an sunte peters minne[8]). Vortmer so bewaren sich sunte petres olderlude hir an also dat se van ytliken manne sinen ed nemen aldus dat em got also helpe. vnn alle godes hilgen vnde de gude here sunte peter dat he den willekore des breues sunder allerhande argelist hebbe gheholden[9]) Were dat sake dat men yenigen man mede beuore[10]) de hemeliken wech vore edder mit argerlist den scholde men anspreken it were buten landes edder binnen landes alse de bref sprekt Hir ane bewaren sich ylike sunte peteres olderlude dat se an de broke nicht en komen also in den breue screuen steyt. Vortmer dat nen lerekint bouen twintich iar olt is in deme rechte to nogarden noch to nogarden an binnen[11]) leren schal[12]) de in des kopmannes rechte wesen wil he si we he si. Datum anno domini M°CCC°XLVI° katbedra sancti petri. Hir bi scholeghi weten hinan

werk schal neman kopen na deme vorbenomeden daghe sunte michahelis de nu to komen is. noch to nogarden noch plescowe[1]). noch to ploscowe[2]) noch to ryghe noch to reuele noch to darbate noch to vellin noch to gotlande noch nerghene dar rusen pleghen to varende de in des kopmannes rechte wesen wil he si we he si. We dat vorbenomede werk koft de brekt[3]) alse vele an eneme timmer[4]) alse in eneme dusende. Were dat sake dat ihenich man an dem vorbenomeden valschen werke breke de scholde vorboret hebben dat gut vnde X mark sulvers van des nicht to latene to sunte petres behuf. Vortmer so sint wi des to rade worden dor mit willen des menen kopmannes dat nen man hebben schal bouen dusent mark to nogarden noch an kumpanige noch an sendeve noch an nenerley dinghe. Were dat sake dat ihenich man bouen[6]) dusent mark to nogarden worde[7]) bin eneme iare dat scholde vorvaren gut wesen to sunte petres bihuf vnde dat andere gut nummer mer to komende to nogarden it en si an sunte petres minne[8]) Vortmer so schollen sic sunte petres olderlude hir ane also bewaren dat se van yliken manne sinen et nemen aldus dat eme got also helpe vnde alle godeshilghen vnde de gude sunte peter dat he den willekore des breues sunder allerhande arghelist holden hebbe. Were dat sake dat ihenich man hir mede wnden worde dat he hemiliken eder mit argherlist van denne queme wore men dat gut eder ene biwnde dat were wor it were dat scholden anspreken vor vor varen gut to sunte petres bihuf vnde des nicht to latene Vortmer sint wi des to rade worden na des menen kopmannes behuf dat lerekindere bouen XX. iar olt to nogarden binnen[11]) noch in deme rechte leren schollen de in des kopmannes rechte wesen willen wente de kopman grote lin-

1) Pleskau, Псковъ.
2) Polozk.
3) brechen = verschulden, in Strafe verfallen.
4) ein Schock, von Pelz-Lederwerk und Fellen vornehmlich gebraucht.
5) *leg.* kopmannes.
6) darüber.
7) herführte.
8) Einwilligung, gutwilliges Zugeständniss.
9) Die zwei letzten Worte sind unter dem Text geschrieben mit einem Zeichen, wohin sie gehoren.
10) überführen.
11) innerhalb dieser Zeit.
12) Diese zwei Worte stehen unter dem Texte mit einem Zeichen der Einfuge.

dat dit en vtscrift is des breues dan men segelen schal vor dat schep[1]). bliuet gesunt lone vronde. dinghe vnde swaheyt heft van den groten leve kinderen.

1) Schrank, hier das Archiv der deutschen Niederlage zu Nowgorod. Das russische Wort [illegible] (= Schrank) ist offenbar entlehnt.

№ LXXXIX.

1350 Der Landeshauptmann von Finnland, Gerhard Scytte, gestattet Namens Königs Magnus von Schweden den revalschen Bürgern, überall zu Lande und Wasser mit ihren Waaren sicher und frei auszustehen und sich aufzuhalten, wenn sie nur nicht nach Nowgorod gingen; würden sie aber beschuldigt, dort gewesen zu sein und Handel getrieben, auch russische Waaren von dort vertrieben zu haben, so sollten sie sich mit ihren Eiden reinigen können, d. d. Reval, am Montage nach dem 8. Tage nach Frohnleichnam (7. Juni) 1350. *L.*

Perg. Orig. im rev. RA., mit einem an einem vom untern Rande gelösten Pergamentriemen hangenden Siegel in grün Wachs, darstellend zwei Kleeblätter in verschieden tingirten Feldern, mit der Umschrift: sigillum ...... de skytta; Abdruck bei v. Bunge II, 460, № CMI.

№ XC.

(1350) Schreiben Lübecks an Riga wegen Absendung eines Schlüssels zur Kiste in Nowgorod, um daraus des Hofs Bedürfnisse zu bestreiten, o. Dat. (wahrsch. nach 1350). *L.*

Perg. Orig. in der Weddelade zu Lübeck; abgedruckt bei Sart.-Lapp. II, 218, № CII und bei v. Bunge II, 464, № CMVI.

№ XCI.

(1350) Schreiben der Vorsteher des Hofs zu Nowgorod an Dörpt wegen gewisser, nicht mehr nach Russland zu führender Tücher, d. d. (Nowgorod) die invencionis Sancti Stephani protomarturis (3. Aug.), o. J. (aber wohl nach 1350). *D.*

Perg. Ausfertigung in der Weddelade zu Lübeck; abgedruckt bei Sart.-Lapp. II, 222, № CVI und bei v. Bunge II, 466, № CMVIII.

№ XCII.

Schreiben Lübecks an Stralsund wegen eines in Livland erlassenen Verbots des Salz- und (1366)
Häringshandels mit den Russen, o. Dat. (wahrsch. 1366). *L.*

Alte Abschrift im lübecker Archiv; Abdruck bei Sart.-Lapp. II, 395. № CCXXVII.

№ XCIII.

Johann Schepenstede und Damcke von der Heyde in Dorpat melden dem reval- (1370)
schen Rath von einem wegen der in Pernau mit Beschlag belegten Güter der Dorpater, welche sie wieder frei zu erhalten wünschen, gefassten Beschluss, dass kein russisch Gut verschifft werden möge, was der Rath auch bei den Seinen zur Ausführung bringen möchte, d. d. in profesto beati Gregorii pape et confessoris (o. J., aber 11. März 1370).

Pap. Orig. mit aufgedrucktem kleinen Siegel von grün Wachs unter einer Papierscheibe, im rev. RA. Eine andere Aufzeichnung hat Sart.-Lapp. II, 290. № XVII mit der Sera, der sie angehängt ist, und darnach Bunge III, 251. № MLXXI geliefert.

Amicabilis seruicii et salutationis condigne. eulogio pregustato. Juwe bescedenheit scal weten. dat wy myd || vuller endracht des menen kopmannes van ouer zee. vnde myd vulbord des rades To || Tarbate enes zynd ghewordin. dat men nyn Rusch ghud scal vd dem lande voren. noch van || der pernowe. id zy ok van wenne dat id zy. Hir vmme zo bidde wy iuwe wisheyt vrontelken. dat gi dat ok maken myd den iuwen. eft dar jenich Rusch ghud ghesceped. zy. van den iuwen. edder van andern kopluden. dat id wedder vp ghesceped werde. desse ding to boldende sunder argbelist. vnn jenigherhande behendegheit Hir vor warned de Juwe. wer dat Jenich Rusch ghud. ouer de ze queme. dat wil wy, also bewaren myd breuen. dat id scole vorvaren ghud wesen. id zy ok van wenne dat id zy. de in des kopmannes rechte zy. Dyd is ghedan. dor des ghudes willen. dat to der pernowe is besed. Ok zo bidde wi iu. konde gi wad ghudes dar to don. dat. dat ghud to der pernowe to male vryy. vnn los worde dat dar besad is. dat seghe wy gherne. dor der van Tarbate willen. In domino feliciter valete et viuite. Responsum petimus nobis rescribi. Scriptum In profesto beati gregorij pape et confessoris.

per Nos Johannem Scepenstede et
damcke van der heyde In Tarbato.

In dorso: Prudentibus et honorabilibus viris dominis Proconsulibus et Consulibus Ciuitatis Reualiensis Nostris dilectis littera detur.

№ XCIV.

P. Gregor XI. befiehlt dem Herzog von Masowien, seine zwischen den Ländern des (1371)
Ordens und der Lithauer und Russen wohnenden Unterthanen dahin anzuhalten, dass sie diesen letztern, bei deren Kriegen mit dem Orden, keine heimliche Unterstützung oder sonst einen Vorschub leisten, d. d. Avignon, IX. Kal. Dec. Pont. a. I. (23. Nov. 1371). *L.*

Perg. Orig. im GA. zu Kgsbg.; Abschrift bei der livl. Ritterschaft; Abdruck in Voigt's Cod dipl. Pruss. III, 135, № CI und bei Raczynski p. 53, № VII. Vgl. Mittheilungen aus der livl. Gesch. II, 156.

№ XCV.

(1371) Derselbe bittet die Königin von Ungarn, Elisabeth die Aeltere, ihren Untergebenen, den Herzog von Masovien, anzuhalten, dass dessen Unterthanen die Lithauer und Russen bei deren Kriegen mit dem DO. nicht unterstützen, d. d. Avignon, IX. Kal. Dec. Pont. a. I (23. Nov. 1371). *L.*

Perg. Orig. im GA. zu Kgsbg. Vgl. Index № 425.

Gregorius episcopus seruus seruorum dei Carissime in christo filie Elizabet seniori Regine Vngarie Illustri Salutem et apostolicam benedictionem. Grauis querela pro parte dilectorum filiorum.. Magistri et fratrum hospitalis sancte Marie Theotonicorum Jerusalemitani nobis nuper exposita continebat, quod licet ipsi, ut est notorium, contra infideles Litwanos et nonnullos Ruthenos scismaticos subiectos eisdem, impugnantes ipsos fratres et alios christianos, bellum continuum prosequantur, tamen nonnulli subditi dilecti filii nobilis viri.. Ducis Mazouie subiecti tui inter terras eorundem Magistri et fratrum ac Litwanorum et Ruthenorum consistentes apparatus et progressus eorundem Magistri et fratrum ex uicinitate locorum sepius sencientes, illos eisdem Litwanis notificant, et ut se defendant, ac gentes dictorum Magistri et fratrum offendant, et prepediant, reddunt premonitos et etiam premunitos, et econtra cum ijdem Litwani contra ipsos Magistrum et fratres et terras eorum procedunt hostiliter, eos amicabiliter recipiunt et pertractant, ipsis uictualia et conductum in locis inuijs et solitudinibus exhibendo, in magnum detrimentum eorundem Magistri et fratrum ac fidei christiane, super quibus fuit nostre prouisionis remedium postulatum. Vnde nos dictum Ducem per litteras nostras rogamus et hortamur attente, nichilominus sibi per apostolica scripta mandantes, quod dictos subditos suos, ut desistant a predictis et aliis fauoribus, eisdem infidelibus impendendis, studeat, pro reuerentia dei sueque fidei, et honore ipsius, sic fideliter et realiter coercere, quod non oporteat per apostolicam super hoc aliter prouideri. Quare deuotam Serenitatem tuam cui non dubitamus talia displicere affectuose rogamus quatinus, tam circa Ducem quam subditos suos prefatos, super hijs pro dicta reuerentia apponas remedium oportunum Datum Auinioni VIIII Kal. Decembris Pontificatus nostri anno Primo.

№ XCVI.

1373 Vertragsurkunde des Erzbischofs Alexei von Nowgorod, des Possadniks Juri und des Tausendmannes Matwei im Namen von ganz Nowgorod mit lübeckischen und gothländischen Abgeordneten in Betreff der den Nowgorodern vor der Mündung der Newa und an den Ostseeküsten weggenommenen Waaren. 1373 zu Michaelis.

Das pergamentne mit zwei Siegeln versehene Original dieser russischen Urkunde wurde früher wahrscheinlich im Archiv der Stadt Lübeck (vgl. oben № XLVIII, p. 24 und 25) aufbewahrt. Zuerst wurde sie nebst Facsimile von Christian v. Schlözer veröffentlicht und erklärt im Вѣстникъ Европы (Jahrg. 1811, № 24, p. 275—299, 331—334; vgl. Allgem. deutsche Zeitung für Russl. Mitau 1811, № 88), woran sich die Erläuterungen von Калайдовичъ (Вѣстн. Европ. 1812, № 3, p. 214—232) und Евгеній (ebendas. № 13, p. 229) schlossen. Später wurde dieses Document vom Kanzler Romänzow (s. Списокъ Русскимъ памятникамъ, собраннымъ Петромъ Кеппеномъ, Москва, 1822, p. 70) erworben, in dessen Museum es sich noch befindet. Nach dem Original wurde ein neuer Abdruck der Urkunde von der archäographischen Commission veranstaltet in den Дополненіяхъ къ Актамъ Историческимъ (Томъ I, СПб. 1846, № 7, p. 8), wo sie in die Jahre 1360—1387 gesetzt wurde, während der in der Urkunde erwähnte Erzbischof Alexei von Nowgorod eigentlich vom 13. Sept. 1359 bis März oder April 1388 (s. die Chron. v. Nowgor. a. 6867 und 6896) sein Amt verwaltete. Die eine Seite des ersten Siegels enthält die Inschrift Печа || ть Ма || тѳ- || ѣва || Ѳалел || еевич., die zweite: Ты || сячко || го Нов || городско || го. Das zweite Siegel hat auf der einen Seite die Inschrift Юрья || на печа || ть Іван || ..ви., und auf der andern: посл || днива Нов-горо || дского, so dass schon darnach die Annahme (s. Опытъ о посадникахъ Новгородскихъ, Москва 1821, p. 192), als sei der in den J. 1371 und 1376 erwähnte Possadnik Юрій mit Юрій Онаньфоровичъ Eine Person gewesen, berichtigt werden kann. Auch kommt der Possadnik Juri, mit dem Patronymicum Iwanowitsch, so wie der Tausendmann Mattwei (Matthäus) mit dem Patronymicum Falelejewitsch noch in einigen andern nowgorod'schen Urkunden vor, deren Abfassungszeit indessen noch einer näheren Bestimmung bedarf. Uebrigens wird Juri Iwanowitsch als Possadnik auch in den Chroniken von Nowgorod unter dem Jahre 6879 (1371), wo er bei der Abschliessung des Friedens mit den Livländern zu Neuhausen (подъ Новымъ Городкомъ; vgl. die sogen. erste Chronik von Pskow a. 6879) zugegen war, und dann noch unter dem J. 6883 (1376) erwähnt. Auf den zu Neuhausen (Nyenhus) abgeschlossenen Frieden bezieht sich auch ein Schreiben der Stadt Dorpat vom 22. Aug. 1371 (abgedruckt in v. Bunge's UB. III, p. 270). Die Zeit der Abfassung unserer russischen Vertragsurkunde lässt sich aber noch genauer bestimmen. Es existirt nämlich im Rathsarchiv zu Reval ein Document (abgedr. in v. Bunge's UB. III, № MXCV, p. 285—288; vgl. Regesten 1299, p. 91), das verschiedene Beschlüsse der hanseatischen Kaufleute zu Nowgorod enthält. Wir erfahren daraus, dass am Tage des heiligen Philippi und Jacobi (am 1. Mai) 1373 die hanseatischen Städte eine Versammlung zu Lübeck hatten, um sich über das Verfahren der Nowgoroder gegen die Nowgorodefahrer, so wie über den gesperrten Handel dahin zu berathen. Allem Anschein nach herrschte damals unter den Hansen eine allgemeine Unzufriedenheit mit Nowgorod, das auch seinerseits Beschwerden (vgl. verschiedene Urkunden mit der Aussage der Chronik von Nowgorod unter d. J. 6875 = 1367) gegen die livländischen Städte erhob. Auf jenem Tage zu Lübeck wurde nun beschlossen, Gesandte nach Nowgorod zu senden, welche die Städte gegen die ihnen gemachten Vorwürfe rechtfertigen sollten, und auch Riga, Dorpat und Reval verstanden sich, von den überseeischen Hansastädte dazu aufgefordert, zur Abfertigung von Boten nach Nowgorod. Der Gegenstand jener Rechtfertigung macht den Inhalt der russischen Urkunde aus, wie aus einer Vergleichung derselben mit einem Abschnitte des angeführten reval'schen Documents hervorgeht, vermittelst desselben wir als die Zeit der Abfassung der russischen Vertragsurkunde Michaelis des J. 1373 anzusetzen berechtigt sind. Damals waren die Nowgoroder (s. Новгор. I Лѣтоп. unter dem J. 6881: Пріиде въ Новгородъ князь Володимеръ, по Сборѣ на недѣлю, и сѣдѣ въ Новѣгородѣ до Петрова дни, и поиде прочь) sich selbst überlassen, da der im Winter 1373 angelangte Fürst Wladimir im Sommer wieder von dannen gezogen war, weshalb wahrscheinlich bei der Abfassung des Vertrages der Erzbischof seine Stelle vertreten musste.

Da der Zusammenhang aller dieser Begebenheiten und Verhältnisse bis jetzt noch nirgends erörtert worden ist, so liefern wir hier zur Veranschaulichung des Gesagten den Text der russischen Urkunde nebst dem darauf sich beziehenden Abschnitte des Schreibens der Stadt Reval.

Отъ архиепископа Новгородьского владыкы Олексѣя, отъ посадника Юргя, отъ тысячкого Матфѣя, отъ всего Новагорода о той жалобѣ, что у насъ былѣ на Любинѣ и на Гольцкѣ бережанѣ, что взялѣ у насъ товаръ передъ Невою розбойники[1]). Той товаръ творилѣ есми въ ихъ городѣхъ. Тако и тый товаръ, что у Стеколмѣ взялѣ, такоже есмя творилѣ во ихъ городѣхъ, в Любкѣ, да у Гочкого берега то есма с ними доконцалѣ с ними правдою, какъ мы и наши с тыхъ есмя спустилѣ на земь чисто[2]) ни в которое веремя не помнивать. То есмя доконцалѣ с посломъ, съ Яковомъ и съ Иваномъ из Любка, да съ Григорьею[3]) да съ Иваномъ[4]) из Гоцкого берега. На томь Яковъ да Иванъ из Любка, да Григорѣй, да Иванъ из Гоцкого берега креетъ цѣловалѣ про тыи товаръ безъ хытрости.

8) Item in dem jare unses Heren MCCCLXXIII, in s. Michalis dage, do wer hir to Nogarden vorboden van over see, also her Jacob Plescowe und her Johann Luneborg van Lubeke, her Gerd von Wedderden und her Bode Volte van Godland, de sik to entschuldigeden tegen de Russen alse umme ere rovede gud der Russen, dat se clageden, dat en genomen were vor der Nu, und to me Holmen. Dar do de selven vorbenomeden boden umme derselven schuldinge van den Russen scheden mid rechte, also dat et einen gansen enden nam, und de Russen en de sake vordrogen. Dar bevoren in deme selven jare, in s. Philippe und Jacobi dage, do hedden de meine stede ene vorgadderinge to Lubeke, dar quam vor de stede vele klage van Nogarders varen, de sik beklageden van deme rechte, dat to Nogarden geschein was, van der verbodene reise wegen, also dat de stede des to rade worden, dat se boden senden wolden, de alle ding rechtvordigen solden van dem gerichte, und dat de van der Rige und van Derpte und van Revele ere boden dar to senden sollen. Des weren se hir uppe desser selven tid to samene mid dessen vorbenomeden boden, also her Brun Koveld van der Rige, her Herbord Kurler van Darpte, her Conrad Kegeler van Revele, de mid den vorbenomeden boden alle dink gerechtvordiget hebben, und hebbet dit bok boord overlesen, und al dat vulborden, dat in dessene boke gesereven steit, und wi willen, dat men dit vaste holden sal, sunder jenerhande weddersprake, ane her Brun Koveld van der Rige, de en hevet des nicht vulbord, also mit den twen oldermanne, wente si den derden hebben wolden, und kunde des noch nicht eines werden mit den van Lubeke und van Godlande.

---

1) Man hat unter diesen Seeräubern die Victualienbrüder oder Vitalienbrüder (s. 1. Новгор. Лѣтоп. a. 6900 = 1392 u. vgl. die «Chronik des Franciscaner Lesemeisters Detmar herausgegeben von Grautoff.» 1. Thl. Hamb. 1829. p. 370, a. 1395.) verstehen wollen, was schon aus chronologischen Gründen unstatthaft ist. S. den Aufsatz von Joh. Voigt über die Vitalienbrüder (in Fr. v. Raumer's histor. Taschenbuche. Leipzig 1841).

2) Die früheren Herausgeber der Urkunde lesen на земь und что mit einem von einer Sigil (титло) bedeckten с. Eine nochmalige Vergleichung des Originals bestätigt die Richtigkeit dieser Lesarten. Karamsin (l. c.) schlägt vor zu lesen: спустили на земь (vgl. unter andern das allgemein bekannte Substant. чернозмь = Schwarzerde für черная земля = humus nigra) чисто und sieht darin eine Phrase gleich der in andern nowgorod'schen Urkunden vorkommenden Ausdrucksweise: порвать прежнія Грамоты и спустить на землю (т. е. уничтожить и бросить). Für diese Auffassung spricht gewissermassen die niederdeutsche Phrase: *also dat et einen gansen enden nam*. Es scheint überhaupt aus der Vergleichung der beiden Actenstücke hervorzugehen, dass die Abfasser des niederdeutschen Schreibens das der russischen Urkunde entsprechende niederdeutsche Document vor sich liegen hatten.

3) Im niederdeutschen Actenstücke steht für Grigori der Name Gerd, den man offenbar russischer Sprechweise anpassen wollte.

4) Da Bode Volte im russischen Heiligenkalender fehlt, so setzte man allem Anschein nach dafür den geläufige Iwan.

№ XCVII.

Jagel, oberster Herzog der Lithauer, und Kenstutte, Herzog von Trakken, schliessen 1379 mit HM. Winrich von Kniprode einen zehnjährigen Frieden für einige russische und preussische Landschaften, d. d. Trakken (Troki), am Michaelistage (29. Sept.) 1379. *D.*

Orig. mit vier Siegeln im GA. zu Kgsbg.; Abdruck in Baczko's Gesch. Preuss. II, 231; Voigt's Cod. dipl. Pruss. III, 180, № CXXXIV; Raczynski p. 53, № I. Vgl. Index № 434.

№ XCVIII.

Jagel, oberster König der Lithauer, sagt dem HM. Winrich von Kniprode und dem 1380 ganzen Orden zu Preussen und Livland einen ewigen Frieden zu, auch auf den Fall, wenn der Orden mit seinem Vetter Kenstutte in Krieg verwickelt und selbst seine Leute mit den Ordensleuten handgemein würden, d. d. auf dem Felde Daudiske, am 8. Tage des heiligen Leichnams (31. Mai) 1380. *D.*

Perg. Orig. mit zwei Siegeln im GA. zu Kgsbg. (s. Index № 436); Abdruck in Baczko's Gesch. Preuss. II, 233; bei Raczynski p. 55, № II und bei v. Bunge III, 362, № MCLIII.

№ XCIX.

König Jagello von Polen verweigert dem HM. Conrad Zolner von Rothenstein die (1382) Begnadigung der beiden ehemaligen Herzoge von Lithauen, Wytant und Takwyl, und verspricht den Waffenstillstand mit den Herzogen von der Masau nur unter gewissen Bedingungen anzunehmen, d. d. Wilna, am Tage Epiphanias (6. Jan.), o. J. (wahrscheinlich 1382). *L.*

Transsumt vom Sonntag nach Ostern (5. Apr.) 1388 im GA. zu Kgsbg.; Abdruck bei Raczynski p. 60, № VI und in Voigt's Cod. dipl. Pruss. IV, 15, № XIV (mit d. J. 1383). Vgl. Index № 451.

№ C.

Jagal, Grosskönig von Lithauen, und Skirgal, Herzog zu Trakken, verpflichten sich 1382 gegen den HM. und gegen den Meister zu Livland zu einem Of- und Defensiv-Bündniss auf vier Jahre, d. d. Dobisin-Werder, am Abend Allerheiligen (1. Nov.) 1382. *D.*

Perg. Orig. mit zwei Siegeln im GA. zu Kgsbg. (Index № 437); Abdruck bei Raczynski p. 59, № V; in Baczko's Annalen des Königr. Preussen, Quart. II, S. 64, Dess. Gesch. Preuss. II, 235; v. Bunge's livl. UB. III, 393, № MCLXXXIV.

№ CI.

1382 Dieselben sichern dem HM. und dem livländischen OM. einen Frieden auf vier Jahre zu und versprechen, binnen dieser vier Jahre sich mit allen den Ihrigen taufen zu lassen und Christen zu werden, d. d. eod. *D.*

Perg. Orig. mit zwei Siegeln ebendas. (Index № 438); Abdruck bei Raczynski p. 59, № V; Lucas David VII, 159; Baczko's Annalen des Königr. Preussen, Quart. II, S. 25, Dess. Gesch. Preuss. II, 236; v. Bunge III, 394, № MCLXXXV.

№ CII.

1382 Dieselben treten dem DO. das ganze Land ab, welches zwischen den Ordensländern und der Dubitza liegt, von deren Ursprung bis zu deren Mündung in die Memel, d. d. eod. *D.*

Perg. Transsumt vom J. 1410 im GA. zu Kgsbg. (Index № 439); Abdruck bei Raczynski p. 57, № IV; Baczko's Annalen, Quart. II, S. 23, Dess. Gesch. Preuss. II, 234; Bunge's livl. UB. III, 395, № MCLXXXVI.

№ CIII.

1383 Kriegserklärung des HM. für Preussen und Livland an Jagal, d. d. Marienburg, am neesten donrstage nach Jacobi (28. Jul.) 1383. *D.*

Abschrift im GA. zu Kgsbg. (Index № 440); Abdruck bei Raczynski p. 62, № VII; Baczko's Annalen II, 26, Dess. Gesch. Preuss. II, 237; Bunge III, 399, № MCLXXXIX. Vgl. Voigt's Gesch. Preuss. V, 412 ff.

№ CIV.

1383 HM. Conrad Zölner von Rothenstein erklärt sich öffentlich über die Ursachen, die ihn bewogen, dem Könige Jagal von Lithauen den Frieden aufzukündigen, d. d. am Tage Mariae Himmelfahrt (15. Aug.) 1383. *D.*

Perg. Orig. im GA. zu Kgsbg. (Index № 441); Abdruck bei Raczynski p. 64—68, № VIII; Baczko's Annalen II, 29—38; v. Bunge III, 488, № MCCXL (mit d. Dat.: nach dem März 1387, vgl. Reg. S. 144, № 1469).

№ CV.

Herzog Witaut von Trakken übergiebt sich und seine Länder dem Orden, d. d. Königs- berg, am Sonnabend vor Mariae Reinigung (29. Jan.) 1384. *D.* 1384

Transsumt vom 1. April 1393 im GA. zu Kgsbg.: Abdruck des ganzen Transsumts im Lucas David VII, 173 ff. Vgl. Index № 494.

№ CVI.

a) König Andreas von Polozk verschreibt dem Orden in Livland sein ihm von seinem Vater Algird, König von Lithauen, bei dessen Lebzeiten übergebenes ganzes Königreich Polozk zum Eigenthum, unter der Bedingung, ihn und seine Nachkommen darin als Lehns-könige zu erhalten und zu beschützen, d. d. Nedritsen, am Morgen des Festtages des heiligen Märtyrers Dionysius (9. Oct.) 1385. 1385

b) Derselbe benachrichtigt den HM. (Conrad Zolner von Rothenstein) von der geschehenen Uebergabe seines Reichs an den Orden in Livland, unter Empfehlung in des HM. Schutz und Wohlwollen, d. d. Nedritsen, am Mittwochen nach Dionysii (11. Oct.) 1385.

Transsumt d. d. Schloss Riga, 13. März 1386, abschriftlich im GA. zu Kgsbg.: Abdruck in Voigt's Cod. dipl. Pruss. IV, 39, № XXXIII; v. Bunge's livl. UB. III, 456, № MCCXXVI, MCCXXVII. Vgl. Lucas David VII, 177; Karamsin V, 343; Voigt V, 476; Index № 445.

Obiger Fürst Andreas — nicht zu verwechseln mit einem gleichzeitigen Fürsten von Polozk Andrei, dem Sohne Keistuts — war ein Sohn des lithauischen Grossfürsten Olgerd von dessen ersten Gemahlin, Maria Iaroslawowna von Witebsk, und also ein Stiefbruder von Jagail, dem Sohne Olgerds von dessen zweiter Frau Juliana Alexandrowna von Twer (s. darüber die lithauisch-russischen Chroniken, Stryjkowski, Hennig zu Lucas David VII, 230, besonders aber Karamsin IV, прим. 351 und T. Narbutt in d. Oodyna Druskienickich źródeł, Grodno, 1844, pag. 14). In Folge des Zerwürfnisses, welches im J. 1361 (s. die I. Chron. von Pskow unter d. J. 6869 und vgl. den Chronisten Russow in Scriptt. rer. Liv. II, 24) zwischen Pskow und dem deutschen Orden eintrat, wurde Andrei Olgerdowitsch zum Fürsten in Pskow eingesetzt, wo er sich auch taufen liess. Nicht lange darauf wurde ihm von seinem Vater Olgerd auch das Fürstenthum Polozk übergeben, wo er sich vorzugsweise aufhielt. Dies brachte aber die Pleskauer gegen ihn auf, so dass sie ihm im J. 1368 den Gehorsam kündigten. Bei dem Tode Olgerds († 1377) blieb Andrei zwar im Besitz des Fürstenthums Polozk und der davon abhängenden Gebietstheile, doch wurde er bald wegen seiner ehrgeizigen Pläne von seinem Stiefbruder, dem Grossfürsten Jagail von Litauen, seines Besitzes beraubt. Er wandte sich wieder nach Pskow, dann nach Moskau, und entschloss sich endlich nach manchen anderen Irrfahrten den deutschen Orden zu seinen Gunsten zu stimmen. Aus den obigen zwei in Недрицы — einem wahrscheinlich im Polozkischen liegenden Orte — abgefassten Schreiben vom Jahre 1385 ersieht man, dass er dem deutschen Orden ein Gebiet antrug, das ihm factisch schon längst nicht mehr gehörte. Sein Gesuch fand auch Gehör. Nachdem Jagail im folgenden Jahre nach Krakau zur Uebernahme der polnischen Königswürde gezogen war, fiel Andrei mit seinen Schaaren und einem Ordensheere — а войскомъ Немецкимъ и съ Полоты и со всем Завилоем [illegible] nach der sog. ersten lithauisch-russischen Chronik: vgl. Stryjkowski II, 76 der Ausg. von 1846 und Kojalowicz I, 353, 392 — in das Gebiet von Polozk ein; doch konnte er nie mehr in den ruhigen Besitz seines Erbtheils gelangen.

№ CVII.

1388 HM. Conrad Zolner von Rothenstein meldet der Königin Margaretha von Dänemark im Geheimen, wie treulos Witaut an dem Orden gehandelt habe, und wie die letzten Kriegsunternehmungen in Lithauen ausgefallen seien, d. d. Marienburg, am Tage der heiligen Agnes (21. Jan.) 1388. *D.*

Abschrift im GA. zu Kgsbg.; Abdruck in den Supplem. ad hist. Russiae monum. p. 286. № CVIII und in Voigt's Cod. dipl. Pruss. IV, 97, № LXX (mit d. J. 1389). Vgl. Index № 450.

№ CVIII.

1390 Herzog Witaut von Lutzig und Garten, und Herzog Iwan von Galschan, Ougemundes Sohn, versprechen dem HM. Conrad Zolner von Rothenstein, den Proviant, welchen er dem Witaut zusenden wird, in eines Jahres Frist zu bezahlen, d. d. Lyk, Mittewoch vor Fabian und Sebastian (19. Jan.) 1390. *D.*

Perg.-Orig. mit zwei Siegeln im GA. zu Kgsbg.; Abdruck in Baczko's Gesch. Preuss. II. 253; dess. Preuss. Annalen II, 45; Lucas David VII, 219. Vgl. Index № 464.

№ CIX.

1390 Derselbe verspricht seine dem Orden geleisteten Versicherungen getreulich zu halten, d. d. Lyk, am Mittewoch vor Fabian und Sebastian 1390. *D.*

Transsumt vom 1. Apr. 1393 im GA. zu Kgsbg.; Abdruck im Lucas David VII, 178. Vgl. Index № 496, wo die Verweisung auf № 464 unrichtig ist.

№ CX.

1390 Die Landschaft von Samaiten errichtet, unter Gewährleistung ihres Königs Witaut, ein Friedens- und Freundschafts-Bündniss mit dem Orden in Preussen, d. d. Königsberg, Donnerstag nach Pfingsten (26. Mai) 1390. *D.*

Perg.-Orig. mit Siegel im GA. zu Kgsbg.; Abdruck im Lucas David VII, 222—224, wo auch S. 221 das vom Orden dagegen ausgestellte Reversal sich findet. Vgl. Index № 466.

№ CXI.

Der HM. beantwortet einen Neuigkeitsbrief von dem Herzog Friedrich von Baiern durch 1390
Neuigkeiten und Geschenke aus Lithauen, d. d. Marienburg, Montag vor Laur. Mart. (8. Aug.) 1390. *D.*

Alte Abschrift oder Concept im GA. zu Kgsbg.; Abdruck in d. Supplem. ad hist. Russiae monum. pag. 288, № CIX und Voigt's Cod. dipl. pruss. IV, 113, № LXXIX. Vgl. Index № 468.

№ CXII.

Wallenrodt, Grosscomthur und Statthalter des HM., giebt dem römischen Könige Nach- (1390)
richt von dem glücklichen Heereszuge des Ordens in Lithauen, und empfiehlt den Orden seinem Schutze gegen Polen, o. O. u. J. (wahrsch. 1390).

Alte Abschrift oder Concept im GA. zu Kgsbg. (Vgl. Index № 469); Abdruck in Voigt's Cod. dipl. Pruss. IV, 114, № LXXX (vom Sept. 1390).

№ CXIII.

Der Orden beantwortet das Schreiben der Königin Hedwig von Polen, in Ansehung (1391)
seiner Verhältnisse zu Lithauen und Russland und zu Polen, und widerlegt das Gerücht von dem ihrem Schwager Karigal (Kasimir) bei Wilna angethanen schmachvollen Tode, d. d. Marienburg, am 3. Tage nach der Erscheinung (1391). *D.*

Alte Abschrift oder Concept im GA. zu Kgsbg.; Abdruck in den Suppl. ad hist. Russiae monum. pag. 289, № CX und in Voigt's Cod. dipl. Pruss. IV, 138, № XCVII. Vgl. Index № 470.

№ CXIV.

Wilhelm von Helfenstein, Grosscomthur, Siegfried Walpot von Passenheim, ober- 1391
ster Spittler und Comthur zu Elbing, und Conrad von Jungingen, Tressler, erklären, dass sie mit dem Bevollmächtigten des Königs Wladislaw, Sandzivog von Ostrorog, Wojewoden von Kalisch, und dessen Assistenten, Nicolaus Strauss und Arnold von

Waldau, zur gütlichen Beilegung aller Irrungen zwischen Polen, Lithauen und Russland einerseits und dem Orden in Preussen und Livland andererseits, einen Congress von acht Schiedsrichtern beider Theile zum nächsten Margarethetage, und gewisse vorläufige Friedensartikel beredet und abgeschlossen haben, d. d. Marienburg, am Sonntage nach Ambrosii (9. Apr.) 1391. *L.*

Perg.-Orig. mit drei Siegeln im GA. zu Kgsbg.: Abdruck bei Raczynski p. 76. № II. Vgl. Index № 471.

№ CXV.

1392. Einigung der Nowgoroder unter ihrem Possadnik Timofei Jurjewitsch und dem Tausendmanne Nikita Fedorowitsch über verschiedene Handelsangelegenheiten mit den Gesandten von jenseits des Meeres aus Lübeck Johann Niebur und vom gothländischen Ufer Iuga Wlander und Fedor Kur, und von diesseits des Meeres aus Riga Thielemann Nienbrugge, aus Dorpat Jeremias Kettler und Winke Klinkrodt, aus Reval Gregor Witt, ohne Zeitangabe, aber nach der niederdeutschen Uebersetzung: 1392.

Nur von den Einleitungen zu dieser Urkunde gab Gadebusch (Livl. Jahrb. I. 1. S. 502 nach Willebrandts Hans. Chron. II. 31) eine kurze Nachricht. Von Bunge (Bd. III, Reg. S. 190, № 1596) fand im revalschen RA. von dieser Einigung zwei vollständige niederdeutsche Uebersetzungen und das Fragment einer dritten, worin das Jahr in dreifacher Weise beigesetzt ist; alle drei lieferte er III, 691 — 700, № MCCCXXX mit der Bemerkung, dass den russischen Brief »die Herren von Gothland versiegelt halten«. Von diesem nun haben wir eine alte Abschrift auf einem Pergamentblatte im Russ. rig. RA. aufgefunden. Als Abschrift wird solche angedeutet durch ein Paar auf der Rückseite verzeichnete alte Aufschriften: 1) »Nyeburs vrede to Nougarde«; 2) »Dessen Rusachen breff holden de herren van Godlande bezegelt«; sie scheint aber von einem flüchtigen Schreiber oder Abschreiber verfertigt zu sein und zeigt manche Ungenauigkeiten, durch die an einigen Stellen das Verständniss des Textes erschwert wird. Zur Aufhellung desselben tragen aber wesentlich die niederdeutschen Uebersetzungen bei, von denen eine, als die fast wörtlich übereinstimmende, hier abgedruckt ist, weshalb auch Seite 88 nur einige wenige Verbesserungen angegeben sind.

Der Inhalt der obigen Urkunde ist ein so reichhaltiger, dass dieselbe eine umständliche Untersuchung nach russischen, livländischen und hanseatischen Nachrichten verdient. Hier kann es sich nur darum handeln, die Zeit der Abschliessung des Einigungsvertrages festzustellen. Zwar liefern uns die Chroniken und Urkunden von Nowgorod über die in ihr erwähnten nowgorod'schen Würdenträger nur lückenhafte Nachrichten, allein die Chronologie der nowgorod'schen Geschichte während jener Zeit entbehrt durchaus nicht, so wenig sie auch bis jetzt untersucht ist, einer zuverlässigen Grundlage.

In der obigen Einigung beruft man sich auf eine vom Erzbischof Alexei, dem Possadnik Wassili Fedorowitsch und dem Tausendmann Bogdan Awakumowitsch besiegelte Urkunde. Ihre Ausstellung fällt aller Wahrscheinlichkeit nach in die letzten Lebensjahre des EB. Alexei, welcher im Frühjahr 1388 (s. oben Seite 77) von seinem Amte abtrat und zu dessen Nachfolger bald darauf am 7. Mai, als am Himmelfahrtstage, Joan erwählt wurde. Bogdan wird als Tausendmann während der grossen Fasten im J. 1385, wie aus einer Vergleichung der I. und IV. Chronik von

Nowgorod hervorgeht, neben dem Possadnik Feodor Timofejewitsch erwähnt. Wassili Feodorowitsch wird als Possadnik, jedoch gleichzeitig mit dem Tausendmann Ossip, im Dec. 1388 (s. I. Chron. v. Nowg.) erwähnt, doch bleibt es ungewiss, ob er damals nur noch den Titel Possadnik von seiner früheren Amtsführung beibehalten hatte.

Der in der Einigung angezogene Geleitsbrief des Possadniks Wassili Iwanowitsch und des Tausendmanns Grigori Iwanowitsch gehört wohl der ersten Zeit der Amtsthätigkeit des EB. Joan an; denn bei dessen Sonntags, am 7. Febr. 1389 (vgl. I. und IV Chr. n. v. Nowg.) erfolgten feierlichem Einzuge in Nowgorod fungirten die erwähnten zwei Personen als Possadnik und Tausendmann. Wassili Iwanowitsch war erst kurz vorher, im Nov. 1388, in Folge eines Aufstandes gegen seinen Vorgänger Ossip, zu jener Würde erhoben worden, die er aber nicht lange Zeit bekleidet zu haben scheint, da im J. 1391 (6899) drei andere Possadnike genannt werden.

Ueber die Zeit der Amtsthätigkeit des Possadnik Timofei Jurjewitsch und Tausendmannes Nikita Fedorowitsch liefern die Chroniken von Nowgorod ebenfalls nur ganz kurze Angaben. Ihrer wird unter d. J. 1397, bei Gelegenheit des Abschlusses des seit vier Jahren gestörten Friedens mit den Pleskauern, am 18. Juni gedacht; allein es ist nicht ganz gewiss, ob sie damals wirklich fungirten oder ob der Chronist den Einen nur als Possadnik, den Zweiten als Tausendmann anführte, weil sie einst Aemter der Art bekleidet hatten. Dies war in der That einige Jahre vorher der Fall gewesen. Schon im Sommer 1390 hatten — nach der I. Chron. v. Nowg. a. 6898 — die Nowgoroder Gesandte zur Abschliessung eines Friedensvertrages mit den »Deutschen« abgeschickt, der aber nicht zu Stande kam. Im Herbst 1391 — a. m. 6899 — wurden der Possadnik Wassili, der P. Bogdan, der P. Feodor nebst dem Tausendmann Ossip nach Isborsk zu einer Conferenz mit den deutschen Abgeordneten geschickt, die nach den Worten der Chronik dahin »aus Lübeck, vom gothländischen Ufer, aus Riga, Dorpat, Reval und vielen andern Städten gekommen waren«. Die Einigung oder der »Frieden« kam zu Stande und »im Winter« langten eben diese Abgeordneten in Nowgorod an, »küssten das Kreuz« und bauten ihren Hof wieder auf, »nachdem 7 Jahre lang kein fester Frieden bestanden hatte«. Offenbar wurde unsere Urkunde damals (vgl. auch I. Chr. n. v. Pskow a. 6900), d. h. in den ersten Monaten des J. 1392, ausgefertigt. Es sei noch hinzugefügt, dass »in demselben Winter«, am Schluss des Märzjahres 6899 — am 11. Febr. 1392 — die Ankunft des Metropoliten Kyprian berichtet wird und dass bei den Streitigkeiten desselben mit den Nowgorodern (s. die IV. und I. Chron. v. Nowg.) die in unserer Urkunde erwähnten Timofei und Nikita kraft ihres Amtes (и посадникъ Тимофѣи Юрьевичь и тысяцкои Микита Федоровичь) das Wort führten.

Се приѣха Иванъ Нибуръ изъ Любька посольствомъ, Иньча Вланьдерь и Федоръ Куръ из Гоцького берега (и¹) заморья, из Риги Тилька²) Нибрюгѣ, изъ Юрьева Еремѣи Кѣгелерь и Винька Клинькроль, ис Колывани Григорья Вить, и отъ всихъ купьцовъ заморьскихъ и сеи сторонѣ поморья, к посаднику Тимофѣю Юрьевичю и тысяцьскому Микитѣ Федоровичю ко всему великому Новугороду. А пустуете³) тако: намъ с вами опришьнии миръ, взялѣ есте у нашихъ купьчовъ товаръ в Новѣгородѣ у Юрьевьцевъ и у инихъ⁴) городовъ и на сеи поморьи, и на опасной грамотѣ, что есте к намъ прислалѣ за посадницею печатью Василья Ивановича и тысяцького Григо-

Hir is gekomen Iwan Nybur van Lubeke badewiis, Hince Vlander und Fodder Kur van¹) dem Gotteuschen strande, van over se, van Rige Tilke²) Nybrugge, van Derpete Jerome Keheler und Wink-Klinkenrod, van Reval Grihorie Witte, van alden oversebschen kopluden van alle den siden umme de see, to dem podsadniken Timoffe Jurgewitz und to dem tytzadschen Nikiten Fodorowitzen, und to allen groten Nowerdes, und boleschopeden³) also: Unss hebben mit den juwen enen sunderlingen vreden angenomen, und hebben genomen van unsen kopluden gud to Nowerden van den Derpschen und van anderen⁴) steden up desse side der se, und boven den vorsekerden bref, den gi uns gesand heb-

рьи Ивановича. И посадинке в тысьнки[5]) и весь господинъ[6]) велики Новъгородъ, смотрѣвъ и грамотѣ в старѣи[7]), в заморьскѣи, в крестьнѣи и и ъпасъ свои, за и до Новугороду в заморьци с Нѣмѣчкими купьци миръ опрошънии и грамотѣ опрошьнии, тѣ товаръ, что в Руголивѣ порубилѣ и противъ того товара политъ[8]) Новъгородъ взяти товаръ своей братьи, и посадинке и тысяцьким и весь господинъ велики Новъгородъ повелѣши товаръ дати своей братьи, и Федору и Михаилѣ и Василью и Тереньтѣю и Сивену и Сидору, Ильиными дѣтемъ, Ивану Нибуру, Нѣвѣцѣ[9]) Вландерь и Федору Куру из Гоцького берега, заморьскому послу, и Тильку из Риги и Юрьевьскому Еремѣю и Винькѣ, ис Колывана Григорью, вѣдатися имъ самы с тыми истци своими купьци: чѣи товаръ тѣи товаръ, что в Руголивѣ порублено у Новъгороцьких купьцевъ, у Федора и у Михаилѣ и Василья и у Тереньтѣя[10]) и у ихъ другомъ; а то Новъгородъ увѣдается с Руголивъци, кто у нихъ товаръ поимале. А что грамота опасная за посадницею печатью Василья Ивановича и тысяцького Григории Ивановица, а то есме отдалѣ Новугороду. А што о другои грамотѣ Новъгородъ говорить, которая за Олексѣевои владычнею печатью и за посадницею за Васильевои Федоровича и за тысяцьного Богъдана Обакуновица, а та грамота Ивану и его другамъ выдати; или не знаидуть, не поминати то грамотѣ опасной ни въ вѣкы, а по томъ Нѣмѣцкимъ купьцамъ заморьскимъ и на семъ поморьи ни что не надобѣ, ни поминати до Новгороцьких купьцовъ, до Федора и до Михаилѣ и до Василья и до Тереньтѣя и до Сивена и до Сидора и до Ильиных дѣтеи и до ихъ другов и племени, в томъ товарѣ ни вкъ[11]). А што буде сопнялося купьцю с купьцомъ с обѣ половинѣ, или по семь сопенется, а то знати исцю исца и справа[12]) имъ дати по крестному целованию на обѣ половинѣ по старому докончанию. Что Иванъ Нибуръ Любьцьким повѣстовалѣ и

ben, under des podsadniken sinen segel Wassylen Iwanevitzen und de tysadtacke Grigorie Iwanewitz. Und de podsadnirke und de tisadtacke mit allen groten Nowerden hebben geseen in den overseschen breffen[7]) in der cruce kovestinge und in unser vorsekeringe vor ein vor de Nowerder und vor de overseschen Dudeschen koplude einen vrede besunder, und ere breffe besunder, de goder besunder, de tor Narwe bokümmert sin und wedder de goder heft gebeten[8]) Nowerden eren brodern nemen: de podsadnicke und de tysadtacke und alle gantze Nowerden hebben geheten dat gud eren broders geven Fodderen und Mygailen und Wassilen, Terentejen und Simonen und Cideren und Iljan kinderen. Iwan Nybur, Hintze Vlander, Fodder Kur van den Gottenschen strande und overseschen boden, und Tilke van Rige, de Derpsche Jeremej und Wynke, van Reval Grigorie, vorweten solen se sick sulvest sakewolt mit einem sakewolde, des goder wes goder, de tor Narwe bosat oft bokummert sin van den Nowerdschen kopluden van Fodderen und van Mygailen und Teteuten und van anderen eren vrunden, und dar sal sirk Nowerden boweten mit den Narweschen, de er gud genomen hebben. Und wat vor sekerdes loven breffes under des podsadniken segel Wassille Iwanewitsen und de tysadtake Grigorie Iwanewitz, den hebbe wi wedder geven den Nowerders. Und dat van den anderen breven Nowerden sprekt, welker under Allexseen des bisschoppes sinen segel und under des podsadniken Wassiljewo Foddorowitze und under des tysadtaken Bohudana Bacunowitz, und den bref Iwan und sine vrunde uns solen utgeven. Und oft se en nicht vinden kunden, nicht sal men denken des vorsekerden oft geloven breffes nicht ewichliken hir na de Dudesche oversesche kopman und up desse side, dar se nichtes nicht solen behof hebben to denken to den Nowerdeschen kopluden, to Fodderen, to Mygailen, to Wassilen, to Terenteen, to Simonen, to Cidaren und to Ilijan kinderen und to eren anderen vrunden und magen umme der goder und neigen umme. Und eft worde to hope stor-

его дружина Ивьцѣ и Федоръ Куръ заморьскии посолъ и на сомъ поморьи, и Тилька из Риги и Еремѣи и Винька изъ Юрьева, ис Колывани Григорья о своеи божьницѣ, то[12]) дворъ ихъ погорѣле[13]), и что у ихъ Божьницѣ пакость учинилась, аже гдѣ наиидуть, то изгибелѣ или тать или товаре, что ни наидуть, а то великому Новугороду обыскати и дати справа[14]) на томъ[15]) товарѣ и на татеи по крестному[16]) целованию безо всякои хитрости; а Нѣмьцомъ взяти бес пенѣ; или не будеть, а томъ Новугороду нѣтъ измѣнѣ. А такое жъ Ивану Нибуру изъ Любька, Ивьцѣ Вландерь и Федору Куру и Нѣмѣцькимъ посломъ искати, что побилѣ розбоиникѣ на Невѣ[17]) Матьфѣева сына и его друговъ и товаръ от-ималѣ, аже наидуть что, того товара выдати Нѣмчемъ Новугороду по крестному целованию: или не наидуть, в томъ Нѣмьцамъ измѣнѣ нѣтуть. А свея гдѣ зацьпиться, ту ся коньцати. А се которое орудье завяжется о въ бидѣ[18]) промежи великого Новагорода с свѣскымъ[19]) королемъ, или с велневицами[20]), или с пискупомъ Рижькимъ, или с пискупомъ Юрьевьскимъ, или с пискупомъ Островьскимъ, или с Ругодивьци, или розбоиникѣ на морѣ[17]), а то купьцамъ не надобѣ. А купьцамъ Нѣмѣцькымъ путь чистъ сквозѣ Новгороцькую волость, горою и водою в Новъгородъ приѣхати и от-ѣхати бес пакости; а Новгородьскимъ путь чистъ на Гоцькѣи берегъ, по пискуплѣ землѣ Юрьевьского и по его городамъ горою и водою путь чистъ, во Юрьево приѣхати и от-ѣхати бес пакости. А купьцамъ торговати по старинѣ с обѣ половинѣ. А что подъ пискупльмъ городомъ волода перес рѣку за замькомъ, а туды Новгородьскому купцю путь чистъ. А на томъ дѣлѣ, о всякомъ дѣлѣ, которое по переду псано, посадникъ Тимофѣи Юрьевичь и тысячкыи Микита Федоровичь на томъ крестъ целовалѣ за весь Новъгородъ, како то держати по старинѣ в крестное целование безо всякои хитрости. Такоже послы заморьскѣ изъ Любка Иванъ Ни-

let oft unens kopman mit kopmanne van beider halven oft hir na to hope vallen worden, so sal sakewolt sakewolde kennen und dat recht em geven na der cruzekussinge van beiden halven, na der olden vorenige. Und dat Iwan Nybur van Lubike vortellet heft oft witlik gedan heft und sine mede vrundes ofte kumpanes Hintze und Fodder Kur, de overseschen sendebodeo, und uppe desse side der se Tilke van Rige, Jeremei und Winke van Derpte, van Reval Grigorie, umme ere kerken, dat[14]) er hof is abgebrant und in der eren kerken schaden geschen is, und oft se wor vinden kunden den vorlust oft deff oft gud, und oft men den vinden kunde, dat sal grote Nowerden besoken laten und sal dar recht[16]) over geven over dat gud und over de deffe na der cruce kussinge sunder jenige bohendicheit und de Dudeschen solen et nemen sunder kif, und oft dat nicht ein queme, hir van solen de Nowerdes gene to sage hebben. Und ok hebbe wi Iwan Nybur van Lubek, Hintze Vlander und Fodder Kur, de Dudeschen sendeboden, to sokende dat in der slagtinge de rovere up der Newe[17]) Matfeen sone und sinen vrunden und er gud en genomen, oft men de vinden kunde, bi den sodanen gud solen utgeven de Dudeschen Nowerden bi der crucekussinge, und oft sodane gud nicht gevunden worde, dar solen de Dudeschen gene to sage hebben, noch kif. Und ein kif, dat dar sik beginnende wert, dar sal men dat endigen. Und oft welk werf vordret oft ener val geschege grote Nowerden van dem Swedeschen[19]) koninge und mit den velveritzamy[20]) und oft mit bischoppe van Rige, oft mit dem bischoppe van Derpte, oft mit dem bischope van Ozill, oft mit den Narweschen, oft den roveren up der se[17]), des en dorven koplude nicht. Und de Dudeschen solen eren reinen wech hebben dorch dat Nauwerdesche gebede to lande und to water, to tende und wedder ut to tende sunder schaden. Und den Nowerders den wech reine up den Gottenschen strand und dorch des Derpschen bischoppes lande und dorch sine stede, over land und water einen vrijen werb to Derpte to tende und wedder, ut to tende sunder schaden.

буръ, из Готьского берега Ниьца Владеръ и Федоръ Куръ, из Рогы Тилька Нибрюгѣ, изъ Юрьева Еремѣя Кѣглерь и Винька Клинъкродъ, ис Колывания Григорья Витъ крестъ целовалѣ по сему докончанию и по старому крестному целованию держати безо всякои хитрости.

Und de koplude solen kopslagen na dem olden van beiden delen, und dat under des bischopis slote sin blocke eft balken over de becken gesoten, und dar sal sin den Nowerdschen kopluden ere weeh rein. Na der bolevinge eft werken und na aller bolevinge oft allen werken, de dar vor geschreven stan, podsadnik Timofej Jurgewitz und de tysadtzke Mikita Fodlorowitz, hir up hebbe wi dat cruce gekusset vor alle Nowerders, dat so to balden na den olden crucekussingen, sunder allerleie bohendicheit. So ok de Dudeschen sendeboden van Lubeke Iwan Nybur, van den Gotenschen strande Hintze Vlander und Foddor Kur, van Rige Tilke Nybruge, van Derpte Jeremei Kegeler und Winke Klinkrod, van Reval Grеborie Wit, dat cruce gekusset hebben na desser vor eininge und na den olden crucekussingen, sunder allerleie behendicheit.

1) *leg.* на

2) Тилька ist ein aus Thielemann (s. unten p. 96) geformtes russisches Diminutivum und Винька ist Winold. In dem Text № II der niederdeutschen Uebersetzung sind die Namen der Abgeordneten nicht nach russischer, sondern nach deutscher Schreibart eingetragen: «Johan Neibur van Lubeke, her Hinrik van Vlanderen (*aus Flandern?*) und her Godeke Cur van Gotlande..; von Rige her Tydeman van der Nienbruggen, von Darbte her Hermen Kegheller und her Wynold Clynebrode, van Revele her Gerd Witte.

3) *leg.* новѣстуете.

4) *leg.* у иныхъ.

5) *leg.* тысячьникы.

6) Гдлъ hier und an einer zweiten Stelle mit Sigel (титло) fur Господинъ.

7) In dem Text № II der niederdeutschen Uebersetzung lautet diese Stelle: De borchgreve und hertoge ... overseghen de olden overseschen breve.

8) *leg.* новые.

9) *leg.* Ивѣнъ.

10) *leg.* Терентьѣв.

11) *leg.* въ обмы.

12) *leg.* что,

13) *leg.* погорые.

14) дати вспрана?

15) Im Original steht: томъ тимъ.

16) *leg.* крестному.

17) Vgl. oben p. 78. Anm. 1.

18) *leg.* въ обидѣ.

19) *leg.* великого Новагорода с Сотскимъ в.

20) Gebietiger. Vgl. oben № XXV[b], p. 13. In dem Text № II steht dafur: «edder (tuschen) dem orden und den Norgardens»; im Text № III liest man dagegen: «edder mit den Godes ridderns». Auch an einigen andern Stellen dienen Text № II und III zur Erklarung oder naheren Bestimmung des Textes № I.

№ CXVI.

(1392) Schreiben des livländischen Ordens an den HM., über die vom Ö. Procurator zu Rom verlangte Auskunft wegen des Landes Selen, d. d. Riga, am Freitag vor Kreuzerhöhung, o. J. (wahrsch. 1392, 13. Sept.).

Copie auf Pergament im GA. zu Kgsbg. (Vgl. Index № 586.); Abdruck bei v. Bunge III, 685. № MCCCXXV.

№ CXVII.

Gesetze für die Gemeine der deutschen Kaufleute in Polozk, gegeben vom rigischen Rathe am Tage St. Michael des Erzengels (29. Sept.) 1393. 1393

Pergamentnes Original im rig. RA., auf dem noch die Spuren des in weiss Wachs auf dem untern leeren Spatium des Blattes aufgedrückten Stadtsiegels befindlich; es war dieses aber nur das Secret, enthaltend die zwei ins Andreaskreuz gestellten Schlüssel.

Desse rechticheit[1]) bir nabescreuen scholen holden de dudesschen Coplude de in des copmannes recht behoren to ploscowe wesende, To deme ersten So scholen se kesen[2]) vnder sik enen olderman, de en dar dunket nutte to wesen[3]), vnde de sulue olderman schal sin recht dar to doen, dat he des kopmannes recht vorwaren[4]) wil alze bir nabescreuen steit alze he alder beste kan vnde weet, To me ersten male, so schal neman smerich[5]) was[6]) noch valsch was[7]) kopen ¶ Ok so ne schal neen dutsch copman was kopen, dat enes wederworpen[8]) is Item weret dat jennich dutsche iengerleye gud kofte, vnde de russe dar he dat gud aff kofte em dat nicht volghen wolde lathen, dat schal de dudessche deme oldermanne witlik don, vnde de olderman schal dat beden[9]) deme meynen kopmanne, dat dat gut nemant kopen schal — Item so schal neen kopman werk[10]) kopen, lasten[11]) edder hermelen bouen[12]) een quartir[1]) dar he vpneme[2]) he schal dat to hus dreghen[3]) vnde beseen dat[4]), ¶ Item so schal nemant kopen werk dat anderwerff gethogen is, vp andern toch[5]) ¶ Ok schal nemant kopen harwerk dat beschoren is, edder gheplucket is[6]), edder mit blye ghewreuen[7]) is, vnde ok nene inghebunden dogenissen[8]), vn ok neen harwerk, dat van reynen werke vnme ghekaret is. Ok ne schal neen dudessche den Russen sendene vuren[9]). Alle desse vorscr. puncte schalmen holden, een iewelk bi Teyn marken suluers, Vnde een jewelk kopman wan he vtuaren wil, schal he ghaen vor den olderman, vnde schal sin recht doen, dat he desse vorscreuene rechticheit gehulden hebbe al sunder argelist, Unde were iemant de des nicht doen

1) Rechtssatzung.

2) Erwählen.

3) Sein.

4) Schützen.

5) Von smer, Fett, Talg, Schmalz.

6) Wachs.

7) Verfälschtes Wachs, das mit smere (unreiner Fettigkeit), oder mit sherne (Eicheln), oder mit herpoyse (Harz, holl. noch harpuis, Harz oder Theer), eder mit buteren (Butter), eder mit erwiten (Erbsenmehl) oder mit ienigherleye valsche (Fälschung, Verfälschung) gevalschet were, wie es in der grossen nowgroder Shra von 1315—1317 heisst, bei Sart.-Lapp. II, 282.

8) Ob s. v. a. leibeigener?

9) Bieten, entbieten, ansagen, verkündigen, bekannt machen.

10) Pelz- und Lederwerk.

11) Aus dem russischen lastka (ласточка, ласица = mustela nivalis, Wiesel). Dieses Wort ist aus dem Norden auch in den Westen übergegangen: span. pilles de lasquel; franz. peaux de lasquettes, Laschitzen.

12) Ueber, mehr als.

1) Ein Viertel Tausend.

2) Wenn er es annimmt, um es als Kaufstück zu behalten.

3) Tragen, fortbringen.

4) Untersuchen.

5) Unter gethogen Werk sind Pelzwaaren zu verstehen, bei denen irgend eine Fälschung vorgenommen, und unter toch diese Fälschung selbst.

6) Ausgezogene Haare aus dem Pelzwerk, z. B. von Biberfellen, indem man die ausgezogenen (gheplucket) oder abgeloseten (beschoren) Haare davon verkaufte und gebrauchte. Um nun den Betrügereien zu entgehen, dem Vermischen der schlechtern Haare mit den guten, so soll man nur den Pelz im Fell von den Russen kaufen. Noch jetzt versteht man unter Haarwerk im russischen Handel Pferde- und andere Haare, die nicht vom Pelzwerk genommen sind, welches hier weniger zu passen scheint. Vgl. Sart.-Lapp. II, 279, Anm. 4.

7) Gefärbt, in der Farbe gefälscht.

8) Mit dogenisse, wofür man auch troyenisse, togenisse und togenisse findet, werden betrüglich zusammengenähete, oder eingebundene, in die Packen untergeschobene, schlechte und verfälschte Waaren bezeichnet; die Abstammung des Wortes und seine rechte Schreibart ist aber nicht anzugeben. Erklärt wird es einmal durch: dogenissen of ander quade welle. Vgl. Sart.-Lapp. II, 290 und oben S. 72, Note 15.

9) vure wohl = vore, zusammengezogen von voder, foder, Futter; also Proviant oder Mundprovision.

wolde, vnde mit vreuelen mode dael[1]) vöre, dat schal de olderman deme rade to Rige vntbeden[2]), vnde dat schalmen richten, na vtwisinghe der ordinancien des meynen copmannes Item so wanner de olderman de dar ter tyd ghekoren is, vtuaren wil, de schal dat witlik doen deme meynen kopmanne, vnde de scholen kesen eenen andern olderman in der wise alze hir vorscr. steit, Vnde wanner de olderman vorbedet[3]) den meynen kopman, edder besandern ichtswelken[4]) mit em toghande in des kopmannes werue[5]) alse vor den konyng, ofte vor den Ploskowern, wer dat sake dat, dat iemant wedder sprake, de schal deme copmanne beteren een stucke suluers[6]), Vnd wanner dar nye koplude komen, So schalmen vor en desse rechticheit lesen, So wanner vnde weme de olderman dat belt[1]) dar to tokomende, de schal komen, vnde de dar nichten kompt, de schal beteren deme oldermanne eene haluen verdingh[2]) Ok en schal neen dütsche ghaen allene vp eenen koop, de bouen een dusent werkes is, vnde were dat sake, dat se des kopes nicht eens enworden vppe de tyd, So en schal de dutsche de dar mede to gheladen was, dat gud nicht kopen binnen dren daghen bi deme uorscr. broke[3]), Alle desse uorscreuene puncte vnn dar van een jewelk bi sik, wil de Raed to Rige gants geholden hebben sunder argelist bi den vorscr. broke Tho ener bestedicheit desser dinge uorscr. so hebben wi Borgermestere vnde Raed to Rige vnss stadis Secreet, bynnen vnder desse scrift, ghedrucket In den iaren na ghodes ghebord M°CCC°XCIII°, vppe de hochtijd Sunthe Michelis des Ertzschen Engels.

1) Hinunter d. h. den Dünastrom hinunter, nach Riga.
2) Entbieten, anzeigen.
3) Vorladen, zu sich entbieten.
4) Irgend einen.
5) Gewerbe, Geschäft, Angelegenheit.
6) Unter *stuck suluers* hat man ein Silbergewicht zu verstehen, das nachher als Münze den Namen Rubel erhielt.

1) Imperf. von beden, bieten, ansagen, befehlen, gebieten.
2) Der vierte Theil einer Mark.
3) Strafe, Geldstrafe, emenda.

№ CXVIII.

1396 Gewisse benannte Russen von Nowgorod geloben, wegen der Waaren, die anderen benannten Russen aus Nowgorod auf der See von den Vitalienbrüdern geraubet, aber nachher von Jacob Abramesson wieder auf- und nach Reval gebracht waren, nachdem er die Räuber am Leben gestraft, die Russen aber auf Bitte des Meisters von Livland, des Comthurs und des Rathes von Reval, frei gegeben hatte, und von denen ihnen zwei Drittheil ausgeliefert worden, indem das dritte Theil für die blieb, welche geholfen, dieselben wieder zu bekommen, niemals und an niemand irgend eine Anforderung zu machen,

d. d. Reval, am Feste der Erscheinung (6. Jan.) 1396.

Perg. Orig. im rev. RA.; Abdruck bei v. Bunge IV. 110. № MCDVII. Daran haben fünf Siegel gehangen, aber vier sind abgefallen und nur die Pergamentstreifen nachgeblieben; eines aber, das zweite in der Reihe (des Terente Juriane), hat sich erhalten, ist auf gelb Wachs ohne Rand gedrückt und stellt auf der einen Seite die Gestalt eines vierfüssigen Thieres (eines Löwen) mit erhobenem Schweife dar, auf der andern die Inschrift: [illegible] || [illegible] || [illegible] || [illegible].

Witlick vnde openbare si allen ghuden luden de dessen ieghenwordighen breeff seen. horen. ofte lesen. dat || wy. ywane kaleke. terente yuriane. ywane iakele. Constantin oluskone. Ozente serebrenick. Noughardere || mit vnsen rechten eruen louen warhaftichliken vor dat ghut, dat dessen nabescreuen Russen van Naugharden || ghenomen vnde gherowet waret, van den vitalien bruderen vpper see. Alse yermole karpi- na. wassile iuriane. Pawel thymmofane. ywane constantin. trufan nesroue, marckemyne, kusema, welk ghut Jacob abramesson den vitaliebruderen weddernam, vnde richte de Rouere an ere lyf. vnde brachte desse vorbeschr. Russen tu Reuele, Des quam de werde here de Mester van lyflande. vnde de Cumpthur van Reuele vnde de Raad van Reuele, vnde beden Jacob. dat he de Russen vorbenomet vry ghaf. van twe deel eres ghudes, dat he den vitaliebruderen wedder ghenomen hadde, van mit dem derden dale des ghudes vernughede he sine hulpirs de em dat ghut hulpen wedder halen vnde hir vp so hebben de houetlude vorbeschr. Crucekussinge ghedan, dat se noch de ere, noch Nougharden, noch iement van erer weghene meer vp saken en schal vppe den Mester van Liflande, noch vppe de sine, noch vppe Jacob vorbeschr. noch vppe de sine, noch uppe de Stad tu Reuele noch vppe de ere tu ieneghen daghen, Alle desse vorbeschr. dingk loue wi vorbeschr. ywane kaleke. terente iuriane, ywane Jakele, Constantin oluskoue. Oxente serebrenick Nougharders mit vnsen eruen warhaftich. stede vnde vast tu holdene bi truwen vnde bi eren tu ewighen daghen, Thu ener merer betuchnisse vnde warheit, so hebbe wi vnse Ingheseghele an dessen breeff ghehangen Datum Reualie Anno domini M°CCC°XC°VI° Ipso festo Epyphanie domini.

№ CXIX.

Allianztractate: 1396

1) des B. Dietrich von Dorpat mit Alexander Witaut, Herzog von Lithauen, B. Andreas von Wilna und dem christlichen Adel in Lithauen, d. d. Dorpat, am Tage Palmarum (26. März) 1396.

2) des Herzogs Otto von Stettin, erwählten EB. zu Riga, mit denselben, d. d. Dorpat am Sonntage Oculi (5. März) 1396.

Transsumt vom 24. Oct. 1398 in gleichzeitiger Abschrift im GA. zu Kgsbg.; Abdruck bei v. Bunge IV, 119, № MCDXV und p. 115, № MCDXIII. Vgl. Index № 516, 1. 2; Jahrbüch. Joh. Lindenblatts S. 103, 104. — Der in dieser Urkunde vorkommende Herzog Albrecht von Meklenburg ist »wohl kein anderer, als der Herzog Albrecht von Meklenburg, welcher König von Schweden gewesen und als solcher von der Königin Margareta gefangen worden war. Er befand sich damals (1390) in Dorpat und man sollte vermuthen, er sei Coadjutor gewesen; auch hat er sein Siegel gleich nach dem des Bischofs angehängt. Sollte vielleicht Loccenius Recht haben, wenn er Lib. IV, p. 117 sq. behauptet, Albrecht sei nach seiner Befreiung ein Mönch geworden?« — Diess ist Brotze's Meinung; aber es ist wohl wahrscheinlicher, dass hier ein andrer meklenburger Herzog Albrecht gemeint ist, nämlich Herzog Albrecht von Meklenburg-Stargard, jüngerer Bruder des Herzogs Johann II. von Stargard, mit dem sich B. Dietrich Damerow von Dorpat verbündet und der mit den Vitalienbrüdern einen Seezug gegen Livland unternommen hatte, auf dem er kurz vor dem 18. Jun. 1395 in Reval gelandet war, so dass die Rede ging, beide (der Herzog und der Bischof) wollten mit Hülfe der Vitalienbrüder den D. O. aus Livland vertreiben. Der Bischof räumte dem Herzog mehrere seiner Burgen ein, ja es hiess, er wolle ihm das Bisthum selbst in die Hände bringen; denn er trat ihm die Beschirmung desselben und die Nachfolge auf dem bischöflichen Stuhle ab. Nach dem am 15. Jul. 1397 zwischen B. Dietrich und dem D. O. geschlossenen Frieden s. Index № 532) starb dieser Herzog Albrecht noch in demselben Jahre zu Dorpat und ward daselbst begraben. Vgl. G. C. F. Lisch Jahrb. des Vereins für meklenb. Gesch. XIV, 37, 38 mit

Berufung auf Boll's Gesch. des Landes Stargard II, 84. — Der Aussteller der zweiten Urkunde »Otto von godes gnaden Hertoge to Stettin vorstender vnde gekoren Here der hilgen Kerken vnde Stichtes to Rige« ist nach Einigen ein Sohn des Herzogs Swantibor zu Stettin, nach Andern ein natürlicher Sohn des römischen Königs Wenzel; er war vom rig. Domcapitel zum EB. erwählt und befand sich damals mit seinem Vetter Bogislaus in Dorpat. Vermuthlich glaubte er seiner Sache gewiss zu sein, da er sich nach der Beschreibung im Transsumt, auf seinem Siegel »Archiepiscopus rigensis« nennt und zumal da der rigische Propst, das Capitel, auch viele von dem erzstiftischen Adel in Dorpat zugegen waren, die auch ihre Siegel an diesen Friedensbrief hingen; aber er täuschte sich sehr: denn P. Bonifacius IX. gab das Erzbisthum dem Johann Wallenrode, der in den DO. trat und vom Meister Wennemar von Bruggenoye mit gewaffneter Hand unterstützt wurde.

№ CXX.

1396 Witaut's Frieden mit dem Orden a dato bis zu Michael, worin er verspricht, auch Niemand durch seine Länder nach Livland ziehn zu lassen, ausser die, welche jetzt mit dem Herzog von Stettin dahin gehn, d. d. Kauen, am Freitag nach Jacobi (25. Jul.) 1396. *D.*

Abschrift im GA. zu Kgsbg. Vgl. Index № 517, wo das Datum unrichtig als der 30. Jul. angegeben ist; Abdruck bei v. Bunge IV, 130, № MCDXXII.

№ CXXI.

1396 Fragment eines hochmeisterlichen Schreibens an einen Procurator über die Verhältnisse zwischen Livland und Herzog Witowt, d. d. Marienburg, Dienstag vor S. Laurentii (8. Aug.) 1396, nebst einer Copie der Eide Witowt's wegen Beschirmung des Christenthums in Lithauen.

Concept im GA. zu Kgsbg. Vgl. Auctar. II. Indicis, in den Mitth. aus d. livl. Gesch. II, 492.

— — — — — — — Im selbir sichern mit besten gysel, adir eyden, der do sicher sal, der mus das thun andern vnd nicht Im. Ouch ab huten adir morne storbe wytawte der littower landen mechtig ist, me wen der Konig von Polan; Ouch ab der Konig von Polan storbe so sese der orden an dem nesten abeschache vnd muste sich vorseen groses gedrenges vnd gewalt der abgeharten, als Is geschach by konig Myndows getzeiten, dor vmb so genugete vns nicht an der antwert vnd weme die sicherunge anders geschoge wen dem orden, des muste der orden stete gros vortragen wen her yo leyt a — — der want, vnd als in dem slunde der vngeloubigen, Czu dem dritten artikel . . . ., geantwert tzu allirletzte, her mochte siener briefe in allem lute nicht gehalden — — — welde gerne etzlicher gegenot abetreten In dem artikel wir nicht wolden ste — — — —, dor vmb von vns die ersten artikel me benotugeten vnd drungen, dach vff — — — Luntlicher bedenken, das beyde wir vnd wytawt machten haben. wir tzu heischen der sicherunge obin geschreben, wytawten tzu byten, vnd ernstlichen sich tzu bewisen als eyn geloubiger, Ouch das dy wyle das orloyge In lifflande deste se — — — sie haben wir mit reyfem Rate vnser prelaten vnd gebitiger, eynen longer tag v — — — oftzog genomen bis tzu sente Michils tage, So sollen beyde wir vnd wytawte vff der Bisze dobize genant. do der vorder tag ouch ist gewest tzu samne seuden vnser re — — — — was do wirt beredt vnd betedinget, das welle wir uch ouch gerne vorschreiben vnd wir haben uch dor vmb geschreben dese tedinge, alleyne das sie noch nicht komen synt tzu eym ende abe adir tzu, ab Icht die Polan adir ymand anders brechte die tedinge vor vnser herren die korfursten, adir vor ander vnser herren, das ir wisset in welchen puncten die tedinge gestanden haben vnd hutes tages steen, bis vff Sente Michils tag vnd ab sie Icht gedenken wurden worvmb wir in vnser tedinge nicht geschr. haben. so moget ir sie vndirrichten, vnd vns entscholdigen das wir noch nicht wissen entlich tzu schriben vnser tedinge, wir haben ir denne eyn ende So welle wir denne In gerne vnser meynunge vorschreiben, adir botschaften Ouch lieber her Procur. von der sachen des bischoffes von darpte wy die Itzunt stet tzwisschen Im vnd dem herren Ertzbisschofe von Rige vnd dem orden do tzu liffland, wisset das der bisschoff von darpte, an keym recht Im wil lassen genugen noch an fruntschaft wen sich tzum rechte y vnd y. der herre von Rige vnd ouch der orden von synent wegen hat irboten, das wissentlich ist gemeynlich in liffland. beyde prelaten Rittern vnd knechten. Steten arm vnd rich, dor obir hat her gemachet eynen bunt mit synem capitel rittern knechten der Stad tzu darpte vnd vil der manne des stichtes von Rige die her hat vorleytet mit drawen vnd synt geslagen an In. vnd den bunt her hat gemachet mit wytawten, dem her sich vnd die syne vorschr. haben in eym briefe vorsegilt wol mit XXX segeln, den brieff wytawte gewist hat etlichen vnsern gebitigern die den geseen haben. Ouch so hat her sich vorbunden mit den Russen vnd was ir offsatz, das wytawte solde geheert haben vnd ouch die Russen liffland dorch vnd dorch, als wir auch in dem briefe haben beruret. Ouch so hat her den alden Ertzbisschoff geladen in die land. dor vmb als man spricht, das her die Rigischen solde gemanet haben by erem eyde, Ouch so was das vorretnis vnd die drauwe als gros in dem gantzen land tzu liffland, das der herre von Rige noch der Gebitiger nicht wosten von eren mannen wem sie getruwen mochten vnd die land In groser vor stunden wor vmb der herre von Rige mit fleise vnd ouch der gebitiger vns boten das wir In geruchten tzu senden tzu hulfe etzliche vnser man, vff das das die Kirche von Rige sich deste bas dirweren mochten wedir den ungehorsamen suffraganen. den bisschoff van darpte vnd eyn schedelichen bescheder der genanten kirchen, Ouch wen vns vnser heiliger vater der pabist vorschr. hat, wy das wir gehorsamlich entpfaen solden hern Johannem wallenrode, tzu eym Ertzebisschofe vnd Im behulfen solden sien tzu sym rechte vnd syner besitzunge wedir alle betrober, des wurden wir dirweget von dem stede gebete des herren von Rige vnd haben Im gesant tzu hulfe wol viij° guter wapener vnd der gebitiger ouch mit In getzogen ist in das stichte von darpte, vnd In der gebunge des briefes mer wen xiiij tage itzunt hatten geheert vnd wissen nicht anders wen das sie hutestages legen in dem stichte vnd mussen das als wir horen by not tun, andirs sie qwemen in grosen schaden, ab keyn rede adir geschrey wirt komen in den hoff ken Rome, So vorantwert vns vnd den orden, das man Is by note muste thun, vnd behulfen sien dem herren von Rige, Andirs her mochte von sienen vinden vortreben werden vs dem lande vnd nicht alleyne her. Sunder ouch als wir worchten vnser orden, vnd dorvmb so moget Irs kuntlich vorgeben vnserm heiligen vater dem pabiste wen die tzeit kumpt, das die herunge des stichtis tzu darpte sie geschen fforderlich durch der kirchen willen tzu Rige vnd getruwen wol das, der herre von Rige werde vns mit rechte vorantwerten, wy Is adir wirt geen den vnsern das welle wir uch gerne vorschreiben, wachet vort wol in der sachen als wir uch vor dicke haben geschr. Geg. tzu Mar. am dinstage vor sente lorentz tage. Anno domini etc. XC sexto. Des briefes glich ist geschr. dem Gebitiger tzu deutschen landen, vnd dem lantkompthur tzu Behemen, vnd Copia der eyde, dy her noch stet geschr.

Dis sint die eyde die wytawte solde haben gesworn

Wir wytawt anders allexander von gotis gnaden Grosfurste zu littowen etc. gelouben zw vnd vorwert ewiclich in allen vnsern landen nach vnser macht den cristen gelouben mit cristenlicher satzunge vnd seten tzu vordern, die noch nicht getouft sien, den wille wir vorseen ernstlichen, das die getouft sollen werden nach cristenlicher E. der Romischen kirchen welle wir fleislichen vnd demuticlich gehorsam sien, keynerley cristenland, vsgenomen gewalt und vnrecht, ab die vns von cristen wurden bewiset, des got nicht en gebe, welle wir vorwert ewiclich nymmer geheern mit heeres craft noch gestaten wellen keynen andern vngeloubigen, das sie die herren durch unser land, Mit keynen vngeloubigen abgescheidenen, adir abgekarten cristen wedir allirley cristen land, Ire herren adir fursten ymmer thun wellen keynerley vorbyndunge, adir vorretnis. Sunder warhafticlichen In dem angevangen cristenthum leben wellen, so alle abelanunge vnd wedirkeringe mit der hulfe gots, als vns got helfe vnd syne heilige, Amen.

№ CXXII.

1399 Des Gf. (von Lithauen) Witowt Versicherung gegenseitiger Gerechtigkeit im Handel und Wandel zwischen den Polozkern und den Rigischen. D. D. Polozk, am 6. März 1399.

Das pergamentne Original, mit einem an einer von rother Flockseide gedrehten Schnur hangenden Siegel des Gf. Witowt (oder Alexander, wie er in der Taufe genannt wurde) befindet sich im innern RA. zu Riga (vgl. Index № 531) und eine alte Abschrift auf Pergament im äussern rig. RA. Copie des Originals in Brotze's Syll. I, 59ᵇ, 60 und deutsche Uebersetzung II, 22ᵇ; ferner bei der livl. Ritterschaft, und Abdruck desselben in Собранie Государств. Грам. II, 15, № 15. Wir geben hier die Urkunde nach der alten Abschrift mit Hervorhebung einiger Lesarten des Originals unterhalb des Textes und bemerken noch, dass in dem Abdruck in d. Собр. die Jahrzahl unrichtig als 1400 angegeben ist. Am Schlusse der Urkunde steht ausdrücklich: «Geschrieben in Polozk, am Donnerstage der 4. Fastenwoche, am 6. Tage des März, (als, nach Gottes (Christi) Geburt verlaufen waren tausend und vierhundert Jahre weniger eins». Auch fiel nur im J. 1399, wo Ostern am 30. März gefeiert wurde, der Donnerstag der 4. Fastenwoche auf den 6. März. Ueber Tiedemann von der Nienbrugge s. Arndt II, 349, Gadebusch I, 1, S. 307 und vgl. oben S. 88, Anm. 2. Er erscheint als Glied des rigischen Raths von 1389 — 1400, s. Böthführ's rig. Rathslinie S. 38.

Мы великий князь Витовтъ дали есмо сию грамоту буркгимистру Рızскому[1]) Пикъбругуе[2]) и всимъ Немьцемъ и купцемъ[3]) Ризьскымъ и инымъ всемъ, чето же[4]) и у Полоцьку Полочаномъ половати[5]) добрымъ людемъ крестъ цоловати на томъ, косто[6]) имъ чинити Немцемъ всеу правду[7]) и ву всей у торговли и во всякомъ[1]) торговомъ деле; а тако же і у Ризе[2]) и Полоцаномъ цоловати крестъ Немцемъ, добрымъ людемъ на томъ, сто[3]) Полоцаномъ чинити[4]) всеу праьду и у вѣ сѣ[5]) і у торговли і во всемъ[6]) торговомъ деле. А рубежа не чинити промежи себе на обе стороне, ни Немьцемъ, ни[7]) Полочаномъ, знати истцю истьца. А на то на все

---

1) Ризскому.
2) Кантегборгу.
3) Нѣмцемъ купцемъ.
4) [illegible] у.
5) цѣловати.
6) што.
7) все управду и у всѣхъ и у.

1) всемъ.
2) а такежъ у Ризѣ въ.
3) што.
4) In dem Собранie ist das im Original abgekürzt geschriebene Verbum unrichtig in чинить aufgelöst.
5) Vgl. Note 7 auf 94ᵃ.
6) Vgl. Note 1 oben.
7) Нѣмцемъ, а ни.

дали есмо сию грамоту і печать свою велѣли привесити. А писана у Полоцьку, у четвергъ четъвертое[1]) недли поста, марта у шестый день, по Божьему[1]) нароженьи вышло лѣтї тысяча и четырста безъ одного лѣта[2]).

1) четвертой.

1) Божьего.

2) Im Originale, dessen Siegel in der Cobp. abgebildet ist, steht unten noch Слав.

№ CXXIII.

Lithauischer Sendboten Anbringen an die Stadt Riga oder an die Landesherren, o J. u. T.

Alte Abschrift auf Papier im äussern rig. RA.

Item Int erste woruen de Lettawschen boden wo de Here konynck to polen vnde de Lettauweschen Heren Hedden vorfaren de Here meister myth dem Heren Ertczebisschupp van rige vnde heren bisschop to darppth twistich vnde nicht eyns weren dat se vngerne horenden, vnde gerne segen dat se alsse ore vorfaren leue frede vnde eyndracht ock helden, vnde des vndersick eyns warden vnde sulcke Lude dar to togen de sulke twist vnde vnwillen op eyn ander bestant vnde tom fruntlickem ende brechten.

Dith beden se guetlick to betrachten vnde dem Heren ko. to. po. vnde den lettauweschen heren hyr vp eyn vruntlick anthwarth to entbedende.

Se woruen dith vorgeschreuene were on ock beuolen also vnde nicht anders an den Heren van Rige to brengen.

Dar na warnen se vpp de badeschupp de de Her meister dorch Hinrick vogeler an dey Lettauweschen Heren van wegen der grentze de to volendigende gedan hadde also: Ith were vor augen dat men ov ouer de water beken vnde dorch dat gebrokede nicht komen konde de grentze to vollengende wann men dar to komen konde so wolden de Lettauweschen Heren den Heren meister, edder he solde se besenden der tith eynstowerden de grentezen to vollendigende van allen dingen na vthwisinge vnde beleuinge uppe Coissen gescheen vnde dem ewigen frede genoch todonde na ynholde segel vnd breue.

Ock hadde Henrick geworuen an de Lettauweschen Heren van den vnstuer de am negesten vppn Caesse geschach van dat se mith Harnische myt velen volcke van mith gewapenden Hantweren gekomen to dagen dat alsso doch nicht beleuet noch vorbreuet is.

Dar vpp martinus anthworde ith were ore wise se mosten mith velem volcke komen vmme der wege willen uptorumende ock schege ith doch yn keynen argen doch hadden de Lettauweschen Heren den starosten beuolen ith solde nicht mer gescheen.

Item dar na clageden se ouer den kumpthor to duneborch dat he bouen alde gewonheyt den kumpan besoken ere ware vnde wes se hebben beseen vnde toll nemen leth dat doch de ewige frede nicht ynholten, byddende dat sulken meir na blyne vnde menth [man es] holde na dem olden.

It: dat ock de boden oren fryen veligen wech nicht hebben mogen vnde dat de ock van besacht werden allis bouen dat alde vnde beden alsse touorn ith dar mede to haldende na dem ewigen vrede.

Item dat de koplnde vth Littauwen vnnde ock van pleskau by den weern langs de Dune getouet[1]) van uppgeholden werden gifft vnde gaue genen mothen, myth stenen geworpen vnde ouellgehandt werden des se begern to wandelende ith nycht meir geschee.

It: se woruen van den lopplingen men de en vor entholde vnde nicht vthgenen wolde na dem ewigen frede wo wol se wusten war se waren.

1) touen = tauben, trüb machen, zum Stillstand bringen, aufhalten.

№ CXXIV.

Gränzbestimmung des Landes Selen im 14. Jahrhundert. *L.*

Abschrift auf Pergament im GA. zu Kgsbg.: Abdruck im Inlande 1838, № 8. Sp. 122. bei Raczynski p. 70, № X und bei v. Bunge III, 687, № MCCCXXVI (b. J. 1392, als Anhang zu № MCCCXXV, s. oben № 113). Vgl. Index № 1815. — Wir merken hier noch an, dass der auf der Insel Sallin 1398 zwischen dem Orden und dem Gf. Witaut abgeschlossene Friede, sowohl in den Präliminarien (d. d. Garthen [d. i. Grodno], am Tage des Märtyrers Georg [23. Apr.] 1398, s. Index № 525, abgedr. in Baczko's preuss. Gesch. II, 388), als in dem Friedensinstrumente selbst (d. d. Insel Sallin [im Flusse Memel], 12. Oct. 1398, s. Index № 528, lat und deutsch abgedruckt in Luc. David's Chron. VIII, 33—44), eine livländisch-lithauische sowohl, als preussisch-lithauische Gränzregulirung enthält, welche sich auf den westlichen Theil Lithauens bezieht u. a. d. a. O. nachgelesen werden kann.

№ CXXV.

(1400) Tidemann Nyenbrugge und Lobbert Wittenborgh, Gesandte der Rigischen in Lithauen, schreiben dem Rath der Stadt Riga über die Fortsetzung ihrer Reise, d. d. Alfeld (?), am Tage der Märtyrer Fabian und Sebastian (20. Jan.), o. J. (aber wohl um 1400).

Papiernes Original, worauf ehmals ein Siegel aufgedruckt gewesen, im äussern rig. RA. Da der erste dieser Abgesandten um 1392 (vgl. oben S. 88 u. 94), der andere um 1401 als Bürgermeister von Riga bei Arndt II, 349 vorkommen, so muss man diess Schreiben wohl ans Ende des vierzehnten oder in den Anfang des fünfzehnten Jahrhunderts setzen. Vgl. Böthführ's rig. Rathslinie S 38.

Unsen willighen deynst tho vorrenscr. Wetet hern vnd leyuen vrende. dat wy willen hebben|| tho der villen thoe. na der tydinghe die vns weder vart vthe lettowen. soe dunket it vns|| best sin. dat wij tho der Laussen ouerslan. Vortmer soe dot wol. vnn danket deme kumptur|| van dunenborgh. wante hie vns vrentliken handelde tho Cruceborgh. vnn sande vns. brot beir vnd haueren. des wij vmme gelt nicht bekomen eyne kunden. tho disser tyd anders nicht Valete in christo. datum in henken huys tho aluelde. in deme daghe der hilgen mertelere Fabiani vnn Sebastiani.

Tidemanne Nyenbrugge et lobbertus Wittenborgh.

In dorso: Prouidis ac Circumspectis viris. dominis proconsulibus ac consulibus Ciuitatis Rigensis.

№ CXXVI.

Der rigischen Sendboten nach Lithauen, Tideman Nyenbrugge und Lobbert Wittenborg, Bericht an den rigischen Rath über ihre Verhandlung mit dem Könige (d. i. Gf. Witold), d. d. Creuwe (?), Freytag vor Lichtmessen, o. J.

Papiernes Original im äussern rigischen Rathsarchive.

Unsen willighen deynst tho vorenscr. wettet hern vnde leyuen vrende. dat wy weren tor Asmunde mit Mynnegeilen. vnde eten. do quam herman badinc dar tho vns van vitouten vnn brachte eynen brieff bijr bynnen besloten. den breke wij vp vnn lesen ene. bedde vns die brieff. by der dune worden. wij hedden wedder vmme gecart. do vore wij vort drie mile weghes tho Crauwe vnn nemen hermanne Badinghe mede. dar vunde wy den koninc. vnn woruen vnse werff. alze gy vns beuolen hebben. do horde vns die koninc gutlikene. vnde gaff vns tho antwerde. dat he wolde tho Smollensekewert. vnde wolde drie weken in der vasten tho ploskau wesen. do bede wij ene dat hie wol dede. vnn vorbodede die ploskauwer in den weeh war it eme beuellichest were. he antwerde die tyd were to cort. hie wolde vns gerne twe Boiaren mede geuen. alze hern Brathusen vnn eneu anderen. die soelden syne macht hebben. vnn soelden die ploskauwer berichten. dat sie den Copman leten. by syme alden rechte. alze die breyue vth wysen. do dankede wij eme vnde segeden. wij woldent mit en vorsöken. merhte vns dar Redelicheit wedder varen dat wolde wij gerne nemen. wert[1]) dat des nicht ene gesche. so wolde wij syner herlicheit beiden[2]). dat behagede eme wol. vort spreke wij vmme die vart tho Smollenseke vnn vmme des Copmans vriheit. do segede he dat wij mede vören tho Smollenseke. hie wolde vns behelplich sin tho allen saken die vnse brieue ynne halden. wij antwerden. wo wij vns dar nicht tho vth gerет[3]) en hedden. vnn beden ene. dat hie de Smollenseker mede tho ploskau brechte vnn se er brieue mede nemen. he segede it solde geschein. bijr vmme. leyuen vrende. doet wol vnn scriuet vns iwen willen. alz van den Smollenschen brieuen. wante dar steet ynne alze gij wol weten. dat die Russen moghen segelen van Gotlande in die Trauene[1]) vnd dar stote wij vns sere an. bijr vmme latet den brieff ouerlesen van Smollenseke. wante die brieue. de wij bijr hebben. de hebbe wij bijr ouerlesen laten dar staet ynne. die van der Rige. van Gotlande. van lubeke. vnn ok ander stede in westfalen. vort. doet wol. vnn seyndet vns. veir verdendel soetes[2]) wins. vnd VI par guder swarter hosen[3]) vnn IIII pötbe. Engeuars[4]), XII par sporen. IIII droghe laesse[5]). vnn .X. punt mandelen. vnn .X. stocuische. vortmer hefft vns herman Badinc berichtet wo dat die Borghere tho ploskau vntfangen hebben den nyen punder[6]) vnn dat Coelsche punt is aff[7]). Anders nicht dan dot wol vnn scriuet vns en antwerde diesses brieffs alz bij alre eirsten kunnen. vart wol in God. Gescreuen tho Creuwe des vridages vor vnser vrauwen lechtmisse

Tydeman Nyenbrugghe. vnd lobbert wittenborgh.

Auf einem eingelegten Zettel:

de bewisinge van der kerken tho Smollenseke. vnn van deme houe eyne stet in vnsen brieuen nicht. hedde wij se dar ynne gevunden wij hedden tho Smollensekewert genaren.

Ok dot wol. vnn seyndet dar lode[8]) vp tho der schalen mit hantgrepen die neyn Ringe eyne hebben alzo vele alze men tho ploskau behouet[9]).

In dorso: Den vorsichtigen hern. Borgermeisteren vnd Raithern. der Stad Righe sall diesse brieff.

1) Ware es.
2) Erwarten.
3) Bereitet, ausgerüstet.

1) Hierunter ist offenbar der Smolensker Handelstractat von 1229 gemeint (s. oben № II a. b.).
2) Sussen.
3) Strümpfe.
4) Töpfe Ingwer (eingemachten).
5) Geräucherte Lachse.
6) Auch *Pender*, *Pynder*, lat. *ponderium*. eine grosse Schnellwage; *libra* die Wage mit zwei Schalen. Vgl. oben p. 34, Anm. 7.
7) Das Cölnische Pfund ist abgeschafft.
8) Gewichte, aber nicht von *Loth*, sondern vielleicht von *lood* Blei, weil das Gewicht von Blei war, abzuleiten.
9) So viel man zu Polosk nothig hat.

№ CXXVII.

(1400) **Tydemann Nyenbruggen** und **Lobbert Wittenborg** (rigische Rathssendeboten) geben ihrem Rathe weiteren Bericht von ihren Verhandlungen mit Gf. **Witowt** und den Polozkern, d. d. Polozk, am Aschtage, o. J. (aber wohl 1400, und dann am 3. März).

Pap. Orig. mit den Resten eines kleinen in grün Wachs aufgedruckt gewesenen Siegels im äussern rig. RA.

Unsen willighen deynst to voren geser. Wettet bern vnn leynen vrende. dat wij van hertogen vitouten schedden tho der Molledetzen an vnser vrauwen lechtmissen daghe. als wij is gescreuen hadden[1]). dat hie[2]) twe boiaren mit vns tho Ploskouwe wolde gesant hebben. des wart hie mit den synen tho Rade. do he vnse sake vnde vnse briene gehort hadde. dat sie den boiaren der sake nicht hören ene wolden. vnde benol vns dat wij darhen toghen. vnd voruoeren[3]). wes wij mit en degedinghen[4]) kunden vnd gaff vns enen brieff mede an de ploskauwer dat sie den dutschen Copman laten soelden by alle syme alden rechte bitte[5]) to der tyd dat hie selnen dar qweme dar sie duch node[6]) tho wolden. vnn doch soe geuen sie il to lesten ouer[7]). dat men Copen mach wat men wil. vnn mit weme dat men wil. vnn die Ploskauwer segeden vns se wolden erre sake tho hope[8]) gadderen[9]) vnn erre clage vppe de dutschen. wante de Eldeste segget hijr dat in vortijden de Rat tho der Righe vorboden hebbe dat die Rutzen. nicht mit deme ouersetschen[10]) dutschen Copmanne copslagen ene mosten tho der Righe vnn die van der Rige syn die eirsten de it vormenget[11]) hebben. dar wij vele tho antwert hebben dat des nicht en sij vnn ok nicht wesen en möghe. wante de ouerseetsche Copman hebbe de vriheit mede vorworuen[1]). hyr vmme ene hedden die van der Righe des neyne[2]) macht dat sie en die Copenschapt vorböden. vnn wij segeden en. sie werren gudde alde lude warvmme dat sie den wynt vorspielden[3]) tieghen[4]) god vnn Recht. wante is nicht en were dat se segeden. alsus hadde wij viele wort mit en. dat sie nicht wol ene wijsten wat sie dar tieghen seggen soelden. by namen mit der quaden[5]) wijchte. vnn van der schalen vnn deme pundere. vnn ok dat sie den dutschen er salt[6]) tho vnrechte genomen hedden. vnn se hebbet alle er sake geschotten[7]) an hertogen vitouten. vnn seggen wes hie wille dat wetten sie doen. God geue dat it all gud werden möte. hertoge vitout heuet vns gelouet. allen des men den eren gan[8]) tho der Righe des soelen sie vnseme Copmanne wedder gunnen tho Coepene vnn tho vorcopene. Ok heuet hie vns gelouet. hie wille vns vnse brieue vnn vnse rechtigeit[9]) betteren. vnn ok wil hie der Oursten van Smollenseke en deel mit sich her brengen. dat sie er brieue hiir hoeren soellen. vnn er rechtigeit vnn des Copmans rechtigeit. Item soe döt wol. vnn seyndet die loede tho den schalen her vp. alze wij iv[10]) geser. hebben. Item soe hebbe

1) S. № CXXVI.
2) Für he, er.
3) Vorfahren, vorbringen.
4) Ver- oder unterhandeln.
5) Bis.
6) Ungern, gezwungen, aus Noth.
7) overgeuen, nachgeben.
8) Zu Hauf = zusammen.
9) Versammeln, vereinigen, zusammenfassen.
10) Ueberseeisch, ausländisch.
11) Vermischen, in Unordnung bringen.

1) Erwerben, erlangen.
2) Keine.
3) Sprichwörtlich: sich einen Vortheil entgehen lassen.
4) Gegen.
5) Schlecht, böse, h. i. unrichtig.
6) Salz.
7) Von *scheten*, schiessen, h. i. an jemand verschieben oder hinübertragen, oft von Appellationen gebraucht. Vgl. Brotze in d. N. nord. Misc. XI, 399.
8) Imperf. von gunnen, gönnen, verstatten.
9) Für Gerechtigkeit, Recht und Vorrecht.
10) Für *iu* oder *juw*, euch.

wij twen brieff vntfangen den bij[1]) vns sanden. von lauden[2]) den dutschen Copman tho hope hijr tho ploskau. von genen eme tho kennene. dat is thu wetene worden wie dat hijr dutschen werren. de deden tiegen die ordinancien vnn Copslagedes hijr mit den Russen. van leuerden dat gud tho der Righe tieghen de ordinancien. dar antwerden se tho er en deel se heddent gedan vnn meynden anders nicht se en mochtent wol doen. do seghede wij is en mochte nicht wesen die ghene die dat gedan hedden soelde men richten. wert[3]) dat hij uns de macht mede gedan hedden. wij wolden se hijr wol absoluiren. wante wij drofften[4]) wol teer geldes[5]). van ligget hijr in groten vordreite. vnn kunnen vnsen perden noch vns seluen nicht gehebben[6]). vmme gelt des wij behouet. anders nicht dan wij wiellen gerne doen na iwen[7]) brieuen. vnn vorramen[8]) des besten war wy kunnen. valete in xpo. datum Ploskau ipso die Cinerum.

Item so spreke wij den heren vitouten. alze vmme dat gud dat vnsen Borgers tho duneborgh genomen wort vnde segeden eme. dat vns die Meister enen brieff getoghet[9]) hadde den he eme gesant hadde. dar ynne stont. den vrede den de ploskauwers gemaket hedden. den suelde men halden. vppe den brieff vnn synen gelouen. hette wij vnse Borghers varen[1]) In deme guden gelouen hebben vnse Borghers er gud vorloren. vnn beden ene vrentliken. dat he wol dede vna kerde syne gnade dar tho dat vnsen Borgeren er gud wedder worde. doe segede hie vortiet[2]) der Rede. ich hebbe iv viele gudes gedan. alle dat gud dat tho Ploskau bleff bouen[3]) die tijd de ich en georlouet[4]) hadde. dat mochte ich all behalden hebben dat leit ich doch vmme iwer vrentschapp willen. Ok segede he vns by synre seile[5]). de brieff en heilde also nicht. vor die lettouwen ene were neyn vrede gemaket it worde genomen in der dutschen lande. dat men den brieff vor eme brechte wert[6]) alze alz wij segeden. hie vormochte it wol twieuolt[7]) tho betalene. hijr vmme kunde bij den brieff. van vnseme hern den Meister erweruen. dar dat ynne steit. vnn vns den senten. soe wolde wij gerne dat beste don. alz wij doch wellen.

Tydemannus nyenbrugge et lobbertus Wittenborgh.

In dorso: Prouidis viris ac dominis proconsulibus et Consulibus Ciuitatis Rigensis lr. d. (d. i. litera detur).

---

1) Für gi od. ghy. ihr.
2) Leuten.
3) Wäre es, falls.
4) Von *dorffen*, bedürfen.
5) Zehrgeld.
6) Erhalten, sustentare.
7) Für *iwen*, euren.
8) Rig. bestimmen, festsetzen, d. i. sich wozu erbieten oder anheischig machen.
9) Von *tugen*, zeugen, erzeugen, d. i. anfertigen.

---

1) Hier fehlt wohl *laten*, wir haben sie *fahren*, d. h. nach Polozk ziehen lassen.
2) Vorschlag der Rede — Entschuldigung für eine ablehnende Antwort.
3) Ueber.
4) *orlouen*, erlauben, zugestehn.
5) Bei seiner Seele, bei seiner ewigen Seligkeit.
6) Für *wer et*, wäre es.
7) Zwiefältig.

№ CXXVIII.

Der rigische Rath macht den in Dünaburg lebenden (deutschen) Kaufleuten die durch Bürgerbeschluss zu Riga angenommene Bestimmung des Hofes zu Nowgorod bekannt, dass es bei Strafe von 10 Mark und bei Verlust der Güter verboten sein solle, gewisse Arten Pelzwerk zu kaufen, und bittet dieselben, sich des Damenspieles zu enthalten. O. J. u. T.

Original von Pergament im rig. Stadtarchiv mit den Spuren des auf der Rückseite aufgedrückt gewesenen Secretsiegels der Stadt. Da keine Zeit der Ausstellung angegeben, so kann man dieses Placat nur muthmasslich nach der Handschrift in das Ende des 14. oder in den Anfang des 15. Jahrhunderts setzen.

Proconsules ac Consules Ciuitatis Rigensis Vniuersis discretis mercatoribus in duneborgh|| existentibus Salutem et felicibus successibus habundae. Vniuersitatem vestram uolumus presencia non latere quod iuxta communis mercatoris arbitrium quod Nougardie extitit arbitratum quod nullus mercator emere debeat aliquod opus proprie ghetoghen werk nec aliquod harwerk[1]) sub pena . X . marcarum argenti cum perditione bonorum Sic etenim nos de nostro plebiloquio quod wlgariter proprie Buersprake dicitur edictum nostris ferimus conciuibus vniuersis Quare sciturí quicunque huius arbitrii ac nostri mandati in hac parte fuerint transgressores predictam penam X. marcarum vna cum bonis emptis apud nos se nouerit intravisse Ceterum quemadmodum vestre hactenus nostris partibus vniuersitati supplicauimus adhuc rogamus ut ludo taxillorum[1]) desistatis et facientes ut quondam (?) a nobis requisiti de ludo fueritis quod vestrum velitis saluare iuramentum Datum Rige nostre ciuitatis sub secreto.

1) Die Bedeutung dieser Ausdrucke s. oben, Seite 89, Anmerkung 5 und 6.

1) Du Cange: taxilli, lusoriae tesserae, hier wahrsch. das Damenspiel.

№ CXXIX.

Die Altermänner und der gemeine Kaufmann zu Nowgorod klagen den Rigischen ihr Leiden, in das sie durch die von den angesehensten (russischen?) Kaufleuten zu Nowgorod treulos gemachten Satzungen (Preisbestimmungen) gerathen sind. D. D. Freytags vor Palmsonntag, o. J.

Das papierne Original im äussern rig. RA., mit den Ueberbleibseln der beiden kleinen, in grün Wachs aufgedrückten Siegeln der Altermänner. Nach allem Ansehen darf man diesen Brief wohl in das Ende des 14. oder in den Anfang des 15. Jahrhunderts setzen.

Omnis Reuerencie. complacencie et obsequiose voluntatis salutacione proposita. Juwer Erbaregheid. do wi to wetende. alse gi wol vernomen hebben. zake wor vmme dat leyde vorworven ward vnn desse dach ghe daghed is. darvp de kopman nu menelken[1]) to nogarden ghe toghen is. Sunderlken. vm des groten hebeghten (?) ghudes willen. des en deel lange ghe stan hadde. dat vmbewerd blef. Des klaghe wi iu nu klegheliken. wo de vppersten van kopluden to nogarden valselken[2]). vnn vntruwelken. hebben ghe stifted. stemped vnn ghemaked. nyge, quade. falsche settinge[1]) vp den kopman. vnn vp syn ghud. des ghelike ny er ghe sed is[2]). De settinge heft ghe stan. van der tyyd alse de kopman erst to nogarden quam. wente noch. vnn wi swarliken hirvmme bedroved zynd. vnn noch swarliker bedroved werden. dor der willen. de noch menen to komende. vnn ze myd vns moghen bedroved werden. vm des scaden willen de dar van komen mach. wend id zune is. dat wi vnse wand moten vd boren[3]) wedder vm de settinge de ze

1) Gemeiniglich, communiter.

2) Falschlich, mit Falschheit.

1) Satzungen, bestimmte Preise.

2) Nie eher gesetzt ist. — 3) Hergeben, verkaufen, ablassen.

ghe sad hebben vp vnse ghud. Hir vp moghe gi proven wo verdretelken wi hir liggen bynnen dessem daghe. myd vnser vronde ghud. dar wi gherne dat beste bi deden, konde wi. Hir vmme bidde wi iu ghunstelken. dat gi iuwen ripen wysen raad hir to hooghen. dat id in ander puntte kome. wend wi vns vermoeden. desse zake to verergernde van daghe to daghe io mer vnn mer vnn nicht to beternde. wend al er vp sad is vp de Tokumpst des zomergastes des moste de kopman gans verderbed werden. wente de kerke to nogarden vul ghudes licht. boven vnn benedden[1]). des ghelike ny er ghe vresched(?) ward. Wor vmme wi bidden ynwenderbliken[2]) iuwe vorsichtegheit. dat gi desse zake hertelken[3]) to iu nemen. des kopmans zuneste vnde zyn beste hirane betrachten. wend de kopman verdretelken lyden moed. vele sturke vnn zake de wol wandelbar zynd. Desse suluen zake hebbe wi ghe screven an de van lubek. vnn van gotlande. vnn bidden iu vrontelken. dat gi desse vorscrevene zake vnn stucke to herten nemen. vnn verhuolden. bette to der tyyd. dat gi en antwarde wedder hebben. van den van lubek vnn van gotlande. Wente desse beede der wi iu nu bidden. hebbe wi den vorbenomeden steeden witlik ghe daan in vnsen breven. dar to hebbe wi en ghe screven. alle stucke vnn zake. de dem kopman menelken an liggende is. to desser tyyd. Ok hebbe wi ze ghe beeden vm en entlik antwarde wedder to scriuende myd den ersten. Item weted. dat wi in al dessen vorscreuenen zaken nicht anders en menen vnn zoken. wenn des menen kopmans nud. vnn zyn beste vnn nicht vnse profyyd. were Jenich man. de vns dar en boven[1]) wolde mede bedenken. edder dar vp spreken So scriuen wi dyd an iu. vm dat de kopman hir ane vnversumed bliue vnn vmbelasted. id kome wo id kome. En vrontlik antwarde beghere wi van iu. iuwen willen vns wedder to scriuende bi den ersten. In domino valete feliciter et tute. Cum salute corporum rerumque salute. Scriptum feria sexta ante dominicam palmarum. Sub sigillis oldermannorum.

Desse suluen zake hebbe wi ok ghe screven In den Raad. To Tarbate. vnn. To Reuele.

Oldermanni communesque mercatores
Nogardie. dirigunt hec.

In dorso: Prudentibus et honorabilibus viris. dominis proconsulibus et Consulibus Ciuitatis Rigensis.

1) Oben und unten.
2) Innigtlich, angelegentlich.
3) Ernstlich.

1) Dagegen.

№ CXXX.

Der Rath von Dorpat theilt dem von Riga einen Brief der (deutschen) Kaufleute in Nowgorod, d. d. 5. Mai ...., mit, worin sich diese über die gepflogenen Verhandlungen wegen weggenommener Güter aussprechen und guten Rath und Beihülfe begehren. D. D. Dorpt, am Montage in der Octave der Himmelfahrt Christi, o. J.

Das papierne Original, mit den Ueberbleibseln des in weiss Wachs aufgedrückten Secrets der Stadt Dorpat, befindet sich im äussern rig. RA., und mag wohl ins 15. Jahrhundert gehören. Der in der Urkunde genannte Herman Eppenschede kommt auch in einem Schreiben der Städte Riga und Dorpat an den König von England vom 12. Aug. 1408 (s. v. Bunge, IV, № MDCCLXX, p. 634) vor.

Vruntleke grote myt begheringhe alles guden vorgescreuen. Ersamen leuen heren vnde vrunde, wy hebben entfanghen des cop-||mans breff to Nougarden ludende alze hiir na gescreuen steyt Na der grote etc. Ersamen leuen heren van vrunde willet weten dat¦wy Juwe breue wol vurstan hebben vnde oc de vdscrifft der Russeschen breue dar gi een antwarde van begheren alze van des gudes|weghene dat se genomen hebben aff ze dat willen wadder gheuen na der Cruskussunghe off nicht. Int erste was dat antwarde van deme bonneghe, dat ze hermanne wolden gheren een prestaghen vmme syne sake willen to sokende wor hee ene vönde, ene vor den hertoghen to bringhende he wolde dar Recht ouergheuen. Vortmer vppe dat gud antworden ze alzo, dat ze boden wolden senden an mester vnde ok an Juw, de solde enes daghes vorramen dar wolden ze komen dar solde herman Eppenschede ok komen den setten ze vor enen houetman des gudes dat sal so langhe stan van dan Reyne wesen vd thogheuende alze ze segghen, anders en konde vns neen antwarde werden. Man de punte dar ze dat gud vp nemen vnde holden vynde gi In deme Cedelleken dat hiir Inne besloten is, dar moghe gi Juw na richten. Vortmer leuen vrunde so screue wy den heren to Reuele eer vns dat antwarde wart vmme betheringhe willen enen breff alze hiir nagescreuen steyt Int erste dat gi eyn antwarde begheren van Juwen breue wer ze dat gud wolden wadder gheuen edder nicht, vns en konde neen antwarde werden gud noch qwad ze louedent vns vaste gud, men dar en wart nicht van, vnde dat ze dar ok vore weren dat nymand vp vns en qweme wente wy bevruchten vns des qweme we vp vns dat des meer lude mochten beschedeghet werden, vnde hiir oc nicht de beter en worde. Worvmme dat wy Juw bidden leuen vrunde dat gi noch wol doen vnde syn dar Inne vorseen dat hiir nymand vp vns en kome, vnde oc so raden vns Russen de vrund willen wesen dat men vd scryue an de stede dat ze hiir nene boden en senden noch daghe myt en holden dat gud en sy ersten vte. dyt syn de punte de wy den van Reuele gescreuen hebben, leuen heren vnde vrunde hiir besorghet vns mede vnde weset hiir vorsichtich ane So gi alle weghe gerne doen. Gegeuen to Nougarden vppe den vofften dach vppe dem Meye, leuen heren des is vns na entfanghinghe desses vorscreuenen[1]) breues wol to wetende worden, dat de voghet tor Narwe beleghet vnde beorlouet hefft dat de Nougardere dar to komende vnde myt den dudesschen to kopslaghende, dar vmme wy vnse breue gescreuen hebben an de heren to Reuele so wy ernstlikest konden, biddende dat ze nymande van dudesschen dar en staden to varende vmme menegerleye gebrokes willen dat ieghen den copman gheyt, vnde wat antwarde wy dar van entfan wille wy Juwer lere wol to scryuen. dar mede sijt deme Almechteghen gode beuolen. Screuen to darbte vnder vnseme Secret, des Mandages negest den octauen vnses heren hemmelvard.

Borgermeystere vnde Raed
der stad darbte.

In dorso: Den Ersamen wysen mannen heren borgermeysteren vnde raed der stad Rige, vnsen guden vrunden kome desse breff.

1) Dies Wort ist etwas undeutlich übergeschrieben.

№ CXXXI.

Der lübeckische Rath schreibt dem rigischen über den Empfang von dessen in Betreff polnischen Tuches, eines Zuges nach Nowgorod und anderer Dinge geschriebenem Briefe und ladet ihn zur Besendung einer Zusammenkunft ein. D. D. Sonnabend vor Oculi, o. J.

Papiernes Original im äussern rig. RA. — Gehört wohl ins 15. Jahrhundert und unter dem Zuge nach Nowgorod (reysa versus Nowgardiam) ist wohl nichts anderes, als eine Reise dahin mit Kaufmannswaaren, zu verstehen.

Sincera et amicabili salutatione affectuose preformata Dilecti nobis scire dignemini. Nos literas vestras de panno || polonicali et de Reysa versus Nowgardiam ac aliis articulis. de quibus scribitur nobis ante tempus byemale || presentatas clarius intellexisse. Vnde dilectioni vestre cupimus fore notum. quod si placuerit discretioni vestre. vestros nuncios || consulares. ad ciuitatem nostram destinare. extunc libenter volumus sicut desideratum vobiscum loqui de dicto panno ac reysa versus nowgardiam. ac aliis articulis. in literis vestris comprehensis. Ceterum consimilis tenoris litteras nostras alias presentauimus cuidam. qui se dixit versus polociam et de polocia[1]) ad vestram ciuitatem nauigaturum et easdem litteras dixit se vobis presentaturum. Sed an sint vobis presentate vel non, ad presens ignoramus Deus vos conseruare dignetur. Scriptum sabbato ante dominicam Oculi, nostro sub secreto.

Consules Ciuitatis Lubicensis.

1) Der mit einer Abkürzung geschriebene Namen des Orts konnte auch «Pernouia» gelesen werden.

№ CXXXII.

Der dorpatische Rath schreibt dem rigischen wegen einer vom dörptschen Bischof beim livl. Meister beantragten Tagefahrt (dies placitorum) mit den Pleskauern. O. J. u. T.

Papiernes Original mit den Resten des in weiss Wachs darauf gedrückten Secrets der Stadt Dorpat im äussern rig. RA. Gehört wohl ins 15. Jahrhundert.

Vos, honorabiles et prudentes viros. dominos Consules Rigenses Amicos nostros speciales. in domino salu-||tamus honorificentie vestre explicantes Quomodo nuncii plescowienses apud nos fuerunt constituti. Cum || quibus inter ceteros tractatus. dominus noster Darbatensis[1]) ad finem concepit et decreuit. nuncios || suos. ad Laudabilem dominum Magistrum Liuonie praeterque plescowienses suos nuncios. ad nogardiam ad contrahendum inter partes diem placitorum Si que ex hijs vestre discrecioni occurrerint efficite quod sanius vobis videbitur expedire. Ceterum nouimus ex publica fama. quod Godlandenses partes ruthenorum videlicet nu[1]) visitent uel(?) ciuitates de mandato. Dominus vos conseruet perceptibiles nobis semper floreat locorum(?) scriptorum ad optatum.

pro Consulibus Darbatensibus.

In dorso: Circumspectis viris et honestis dominis Consulibus Rigensis Ciuitatis Amicis nostris specialibus.

1) Der Bischof von Dorpat.

1) Nu = News.

№ CXXXIII.

Der dorpatische Rath überschreibet dem rigischen einen d. d. in vigilia Sanctae Agathae (4. Febr.) von den Kaufleuten zu Nowgorod empfangenen Brief wegen Bauangelegenheiten des Hofes und der Kirche daselbst. D. D. am (ersten) Sonntage in den Fasten, o. J.

Papiernes Original, worauf noch Ueberbleibsel des in weiss Wachs darauf gedrückten Siegels vorhanden, im rig. RA.

Sincerissimo salutamine cum promptitudine observandi promiso. Leuen vrunde ‖ wi hebben entfanghen enen bref van deme copmanne van Nougarden ‖ Indessen worden Honorabilibus viris consulibus Tarbatensibus Oldermanus et communis mer-‖cator nougardiensis sincerum indefessum, Juwe beschedenhed dat[1]) dat wi Juwen bref wol vornomen hebben als dat gi vns sanden den Tymmerman na voss begherte, des hebbe wi mit eme ouer en gedreghen vnde he sal hebben XXXVIII marc rig. vnde he heuet vns geclaghet dat he nemende enkunne vtghebringhen de eme helpen sunder Juwe hulpe. Hir vmme bidde wi iv vrentliken dat gi wol don vmme vnses vordenstes willen vnde wesen eme behulplik. wene he begheret dat eme de volghe vmme sin gelt Worvmme bidde wi iu vrentliken dat gi nu wol don vnde wesen hir eme vordacht dat vns nu kome en mürmester de kerke to beseynde wes er behuef is van Teghelle vnde van kalke vnde dat wi mit eme moghen ouer een dreghen. Vortmer als gi vns screuen dat wi iv solden senden dat gelt dat hir were In sente Peters schape, des en kunne wi iv tho desser tyd nicht gesenden de kerke si ghebetert wes dar dan ouer lopet dat wil wi iv dar negbest gherne senden wente solde wi hir nemen ghelt up rente so is id belebet dat men nut do gheue van XVI marken ene dan hir van X stucke en, vnde alzo gi vns screuen dat wi solden vor Tasecn(?[1]) wor de lude her moghen komen oder nicht de vnder den heren beseten sin. Des Antworden vns de Borghgreue vnde de hertoghe, dat se nenen veilighen wech en loueden wente de Mester van liflande hedde dat Crutze gekust vor alle sin land vnde stede vnde dar en hedde he nen buten bescheiden. vnde de van Ouerzee vnde van darpte solen enen reynen wech hebben. Valete in Christo. Scriptum In vigilia sancte Agathe. Scriptum Tarbati dominico die Caruispriuij nostro sub secreto.

Proconsules et Consules Ciuitatis Tarbatensis.

In dorso: Commendabilibus ac multum discretis viris dominis Proconsulibus et consulibus ciuitatis Rigensis Amicis nostris dilectis detur.

1) Vielleicht verschrieben für vwete.

1) Viell. vertuschen, bemänteln, verbergen.

№ CXXXIV.

Des Statthalters von Polozk, Montigird, und aller Polozker auf Befehl des Grossfürsten Witowt an die Rathsherren (von Riga?) erklärte Zustimmung zu dem von diesen mit dem Fürsten Semen geschlossenen Frieden, o. D.

Papiernes Original mit Ueberbleibseln des aufgedrückten weissen Wachssiegels, auf denen noch einige Buchstaben sich vollkommen deutlich zeigen, im äussern rig. RA.

Ueber Montigird und den Fürsten Semen-Lingweni s. unten die Urk. vom 26. Aug. 1409.

Отъ наместника отъ Полочького отъ Монтигирда і ото все‖хъ мужъ отъ Полочанъ, (князя великого Вытовътовымъ повеленьемъ)[1]), къ ратьманомъ. Што есте ‖ со князсмъ съ Семеномъ миръ узяли и с мужи ‖ Полочаны, штобы то такъ і здержали тотъ миръ крепъко. а мы такъ і держимъ крепъко, доколе ізъйдеть. А на томъ миру наши пусть к вамъ едуть чисто, а наши к вамъ едуть чисто; а вамъ блюсти Полочанина какъ бы своего Немъчина, а мы хочемъ вашего Немъчина блюсти какъ бы своего Полочанина.

Adr. Ратьманомъ.

1) Diese eingeklammerten Worte sind mit kleinerer Schrift zwischen die Zeilen obergeschrieben.

№ CXXXV.

Der Altermann und gemeine (deutsche) Kaufmann zu Polozk geben dem rigischen Rathe (1400) Nachricht, wie Witowt, wegen eines ihm auf Laken verweigerten Credits allerlei Bedrückungen gegen sie habe eintreten lassen, d. d. Polozk am Dienstage vor Simonis und Judae, o. J. (aber wohl 1400, also den 26. Oct.).

Papiernes Original mit den Resten eines kleinen in grün Wachs darauf gedrückt gewesenen Siegels. Das fehlende Jahr der Ausstellung ergiebt sich aus einem auf diesen verweigerten Credit bezüglichen Schreiben Witowt's vom 4. Febr. 1401 (s. die folg. №).

Vnsen Vruntliken grod vnde Wes Wy ghudes vor mogen An de erbaren heren borghermestere vnde Rad to Rige ‖ Witlic sij Iwer erbaricheyd dat hertogh vitboute ghe west Is vnde was den meynen Copman an‖ sinnende wo dat he laken copen wolde vnde wolde ze betalen thor vilne des gheue wy em to antwort ‖ dat des nicht wesen en mochte wente wy hadden hir eynen breef ener Ordenantzijen dat gheen dusche mit russen of myt lettowen In ruslande of In lettouwerlande mer tho borge copslagen zolde Dijt nam he zyk tho male na vnde sede dat em nv so grot smaheyd geboden were von dudeschen vnde sede dat wi en hadden geliket den ploskouwers vnde van were liker wijs of he nicht enen louesschen man hadde In al zinen lande na vt wyzinghe vnser ordenantzijen Vortmer sede he den ploskouwers dar wy Jeghenwordich stonden wes en mede were vnde vns vntyegen dar gaf he en Orlof tho dat se dat doen mochten ok so vor boed he dat hir gheen riges zeluer na desser tyd mer ghan en solde anders dan letouwes seluer ok vor bod he dat gheen gast vorder varen en solden dan tho ploskouwe beide von benedden[1]) von bouen[2]) Vortmer hebbe wy gewest myd den twen ruschen vtscriften vor den namesniken von vor de ploskouwer er vytoute her quam van leten se en dar lesen vnn vns en mach gheneriye redelicheyt geschoen von Jenigerlyen dinghe nv noch nyy dan ye tho voren ok so seggen see y hebbend ouer gegeuen wor de IIII lude stan vp den ponder dar sal dat schippund wesen vortmer hebbed se vor boden de pluckinghe[1]) ok hebben se vord vor boden ghen Quek[2]) of roggen of honnich to Copen wes wy behouen To Copen von vytalye[3]) dat mote wy stilleken[4]) Copen Ok so beued vytoute genomen valsch[5]) was beide von den smoleners[6]) van von den ploskowers vnde wes hir ok Cvmpd von benedden dat vul he al nemen In xpo valete gescr. to ploskou des dinxdages vor Sunte Symon u. Juda.

Den olderman vnde den meynen Copman tho Ploskouw wesende.

In dorso: An den Erbaren heren Borgermeystere vnde Raed tho Rige he littera presentetur.

1) Unterhalb des Flusses.
2) Oberhalb.

1) Kleinhandel, Hökerei.
2) Vieh.
3) Lebensmittel, Proviant, *Victualien*, woher auch die Vitalienbrüder (s. oben S. 78, Anm. 1) ihren Namen führen.
4) In der Stille, d. i. heimlich, prov. *stillchen*.
5) Gefälscht, vermischt mit Talg und dgl.
6) Smolenskern.

№ CXXXVI.

1401 Grossfürst Alexander, anders Wytowd, von Lithauen spricht sich gegen den rigischen Rath über einen ihm (von rigischen oder deutschen Kaufleuten) verweigerten Credit (s. № CXXXV) als durch des Rathes Missbilligung darüber zufriedengestellt aus, d. d. Mericzh, an St. Agathen Abend (4. Febr.) 1401.

Papiernes Original mit dem in roth Wachs unter einer Papierscheibe aufgedrückten Siegel des Gf. im äussern rig. RA.

Allexander andirs Wytowd
fon gotis genode Grosforste czw litthawen etc.

Erzamen lyben frunde wir haben ewirn bryf wol fornomen In deme ir vns schrybet wy das euch leit zy das dy ewirn kegen vns geton haben czw ploczk do zy vns nicht of czwu adir of dry wochen ettwas gewandis gelowben wolten. Is muste vns czw der czyt czw mole fordrysen wen is was jo vnbillichen ken vns geton. vnd wen wir des zeten weren das got nicht welle das wir nicht pflegen czw beczalen was wir scholdik weren so mochte wirs czw der czyt ane eren willen in vnsur stat genomen haben. zundir wir hoffen das nymanden vnglych fon vns zolle geschen. zundir lyben frunde. is ist vns czw mole anneme vnd czw danke das dy zachen euch leit zyn das zy alzo gescheen zyn vnd is ist vns gar behegelich das daz ane ewirn willen geton ist. dorvm was wir czemelichir dinge wen ewirn willen vnsirn landen vnde steten vnschedelichin twn mogen das zal vns nicht fordrysen. vnd dy selbin kegen vns getruen zu thon sollen forgessin vnd hen gelegt zyn zundir wir begeren vnd beten. ap sichs fortme möchte geboren das vns der glych nicht me geschege. Auch wisset das wir den ploczkern geschrebin haben. das zy euch cruczkossinge leisten zollen. euch vnd den ewirn glychczwtwn an kowfmanschaczen vnd an gewichten alz das czwischen euch vnd en gewonlich vnd recht ist. Gegebin czw Mericzh an zente Agathe obende . M°CCCCI°.

In dorso: Den Erzamen wyzen Borgermeistirn vnd dem Rote der Stat czw Ryge vnsirn gwnstlichen frunden.

№ CXXXVII.

1402 Friedensschluss des Fürsten und Erben von Lithauen und Reussen und Herrn von Podolien, Boleslaus, anders Swytrigail, mit dem HM. Conrad von Jungingen und dessen Orden in Preussen und Livland, d. d. Marienburg, den 2. März 1402.

Von diesem Friedensinstrument befindet sich sowohl ein lateinisches, als ein deutsches Original, das erste mit dem wohlerhaltenen, das andere mit einem schadhaftem Siegel des Gf., im GA. zu Kgsbg., vgl. Index № 545. 546. Das erste hat Kotzebue in seinem Switrigail S. 164—170 und unter № CXIX in Czerpuraticzo (1816. 1835), aber mit der fälschlich drüber gesetzten Jahrzahl 1442 statt 1402, abdrucken lassen; daher wir hier nur das deutsche Original aufnehmen, das übrigens jetzt auch Bunge in seinem livl. UB. IV. 410—414. № MDCIII geliefert hat. Vgl. Lindenbl. S. 148.

In dem namen der heiligen vnd vngeteilten driualdekeit Amen Wir Boleslaus anders Swytrigail von gotes gnaden Furste vnd erbeling czu Littuwen vnd Ruyssen vnd herre der Podolyen Allen kegenwertigen vnd nachkomenden, den desir brieff vorkumpt, Heil vnd desir teydinge ein ewig gedechtnisse czu dirkennen dy worheit. wendt der merer des fredes myt synen betwingenden manungen vnd geboten vns tegelichen ledt[1]) czu dem geiste der eynekeit vnd des fredes So achte wirs wirdig, das die voraldten misseuelle[2]), gwerre[3]) vnd leydunge[4]) von vns widder den Erwirdegen Orden Sente Marien des dutschen Huses von Jherusalem, lange tziet dirczeiget vmb die tzu vorsicht des cristenen gelowbens, nu gewandelt werden yn eynen ewigen frede vorgebunge vnd eyntrechtikeit, Worumb wir haben eynen tag der czusampne komunge gehalden, yn dem iare, tage vnd Stat nochgeschreben, mit dem Erwirdegen Herren, Bruder Conraden von Jungingen Hoemeistere der Brudere des Spittals sente Marien des dûtschen huesses von Jhrlm[5]) vnd mit sinen Mittegebietigern, vnd uff dem selben tage teydingeten[6]) vmb eynen ewigen frede, tzwisschen vns vnd vnsern landen vff beiden sieten, doselbest vnbetwungen vnd vnbenotet von gutem willen vmb der liebe wille des cristenen gelowbens bewiesten wir dy luterkeit vnsers gemûtes In der nachgeschreben wiese. Yn dem irsten so gelobe wir yn allen vnsern landen vnd luten, das wir breiten wellen den cristenen gelowben noch vnserm vormogen vnd tzu thun der heilgen Romisschen kirchen vnd dem Romisschen Kirche, was anderer cristenen frie koninge vnd frie fursten pflichtig sint czu thunde vnd keine cristene lande tzu herren[1]), vsgenomen gewald vnd vnrecht als vns dy werden dirczeiget von cristenen, vnd was vns mogelich tzu thun ist von des cristenen gelowbens wegen, das gelobeten wir bestetlich tzu dirfullen, Ouch so gelobeten wir vnd geloben yn desen kegenwertigen bie guten treuwen, das wir von deser tziet vnd vurwert[2]) halden wellen frede vnd eyntrechtekeit mit dem Erwirdegen Herren Bruder Conraden von Junging en vorgenant alle sinem Orden vnd synes Ordens landen beide tzu Pruessen vnd tzu Lieffland vnd andirswo die her hat mit gantzer herschaft, vnd yn synem beschirme, als dy lande vnd gegenoten[3]) der herren Bisschoffen Prelaten vnd Capitteln, sie sint geistlich ader werltlich, den frede wir halden sullen veste vnd vnuorrucket bey guten treuwen, Ouch so sulle wir nymer noch wellen keinen bund[4]) stiften noch machen mit keynerley herren, geistlichen noch werltlichen, widder den egenanten Orden Worumb wir ouch vorgeben vnd verlassen alles leyd das vns von dem egenanten Orden dirczeiget ist lûterlich[5]) vs unserm herczin, Ouch so haben wir mit dem vorgeschrebenen Herren Hoemeistere vnd sinen gebietigern gemachet eyne Landscheidunge, als tzwisschen vns vnd dem egeschrebenen Orden ewiclich tzu halden, Anczuheben an dem obersten orte des werders Sallyn genand, gelegen boben[6]) Romeywerder, also das das gancze werder ewiclich dem Orden bliebe, Von dannen von dem obirsten orte[7]) des vorgenanten werders, gerichte[8]) tzu gehn uff die Nawese vndir dem heiligen walde yn dem grunde vnd von dannen tzu volgen der nawese yn dem mittelstrome biss tzu Wiswilten, von dannen gerichte tzu geende tzu Roda dem Steine der do liet in der A. vnd Rode ist genant,

---

1) Nicht, wie Brotze behauptet, = *leitet*, sondern = *ladet*, lat. inuitat.

2) Mishelligkeiten, lat. displicentiae.

3) Kriege, lat. ebenso.

4) Beleidigungen, lat. offensae.

5) Jerusalem.

6) teydingen, ver- oder unterhandeln, im Lat. ist der Wendung dieses Satzes etwas anders genommen und der Ausdruck *terminum placitorum celebrare* gebraucht.

---

1) Verheeren, an- oder uberfallen mit Krieg, lat. manu invadere.

2) Vorwarts, d. i. kunftig, lat. ex nunc et in antea.

3) Gegenden.

4) Bundniss, lat. liga.

5) Aufrichtig, von *lauter* abzuleiten, lat. rancore postposito.

6) Oberhalb.

7) *ort* = Ecke, Spitze, lat. extremitas.

8) Gerade, lat. directe.

von dem selbin steine gerichte tzu geende bis uff den Apeytensee, den apeytensee uffczugeende bis an den Brengelischen weg, von dem selben wege gerichte tzu geende bis czu Nenemyten, von der Nenemyten gerichte[1]) tzugeende uff den ort[2]) von der heyde do der born[3]) entspringet, von dem borne als her entspringet gerichte tzu geende do dy Egloffs entspringet, von der Egloffe gespringe[4]) gerichte mittene tzugeende durch die wiltnisse bis an die Ploskawer[5]) grenitlze, Dese obegeschrebnen grenitlzen sint alle gelegen kegen liefland, Dornoch kegen dem Lande kegen Prussen So sal der Orden haben dese nochgeschrebnen grenitlzen, Von dem vorgenanten werder Sallyn bolien Romeywerder gelegen, gerichte tzugeende bis uff die Suppe, vnd vordan dy Suppe uff bis do sie entspringet, vnd von dannen als die Suppe entspringet, gerichte bis uff das Metenflies do is vs dem Metensehe vellet, Vnd von dannen dem Metenfliese tzu volgen bis yn die Bebere, vnd der Beber tzu fulgen bis an die Mazowischen grenitlzen, Alle dese vorgeschrebne gegenote vnd lande, gelegen ynnehalbin den grenitzen kegen lieffland vnd prussen oben vsgedrucket, mit allem irem nuttze blieben sullen dem Orden ewiglich, der wir vns ouch gantz vortzien[6]) yn desen kegenwertigen vnd alles rechtes das wir dorynne gehabt haben, Worumb wir des Ordenslute Gebuwere[7]), Rittermesige aber ouch welcherley gekünnes[8]) sie sint, die noch dem ewigen frede gestiftet achberlich[9]) mit dem irluchten Allexander andirs Wytawt genant, entwichchen sint vs Sameyten des Ordens Lande, tzu dem vorgesprochenen Allexander, So schire[10]) wir widderkvmen yn welchirley wiese tzu vnsern veterlichen landen mit der hulfe gotes, wir ane alles gefeer, widder antwerten sollen dem vorgesprochnen Orden, yn welchen gegenoten al vnsirer lande sie sint, Ouch so sal is sie vnser wille, das des vorgenanten Ordens lüte koufslagen[1]) mögen yn allen vnsirn landen frie vor tzollen vnd andiren vngelden[2]), die wir ouch beschirmen sullen als die vnsern, vsgenomen alde tzolle die von alders gesatzt vnd gewest sint bis an dese tziet, vnd was gebot sien adir gescheen von vns yn vnsern landen, dortzu ouch verbunden sullen sien des Ordens lute, Vortme sullen wir keinen menschen her sie Rittermesig Knecht[3]) ader gebuwer, ader welchirley künnes[4]) ader wesens[5]) her sie, ane urlob[6]) des Homeisters der tzu den tzieten sien wirt, yn vnsere lande nemen ader settzen, Ouch wo wir yn heruerten[7]) sien mit dem Orden, was lute do des Ordens lute vahen, die sullen blieben ire gefangen alleine, Vortme wo wir ader die vnsirn mit dem Orden ader mit des Ordens lüten yn heruerten sien, Geschiet do keine[8]) obeltat[9]) von des Ordens lüten, die sal der oberste des Ordens yn dem heere allrine richten, Geschiet sie ouch yn der gemeyne[10]), das sal man richten vnd buessen yn der gemeyne von beidentsiten[11]), Vortmer so sulle wir keinen Herren Ritter adir knecht, kein heer adir keinen menschen ab sie ouch cristenen sint wissentlich lassen tzien durch vnsire lande den Orden tzu beschedigen, Sundir das vndirstehn[12]) sullen noch allem vnsern vermogen Ouch was menschen geechtet werden in des Ordens landen die sullen wir mit nichte hegen wedir dem Orden yn vnsern landen, Nemlich die

1) Lat. Honaliter, i. e. linea recta.
2) Lat. Bais seu acies.
3) Quelle, lat. fons.
4) Ursprung, Quelle, lat. ortus.
5) D. i. Polozkische.
6) Lat. renunciare, entsagen.
7) Bauern, lat. agricolae.
8) Eig. Geschlecht, hier aber Stand, lat. conditio.
9) Lat. solemniter.
10) Bald, lat. quam cito.

1) Lat. mercari et negociari, Handel treiben.
2) Abgaben, Auflagen, lat. exactiones.
3) Lat. cliens.
4) = gekunne, s. oben.
5) Lat. status.
6) Erlaubniss, lat. licentia.
7) Lat. expeditio sc. bellica.
8) Fur: irgend eine, lat. qualitercunque.
9) Lat. excessus et maleficia.
10) Lat. excessus communes per vtriusque exercitus homines commissi.
11) Lat. Capitanei vtriusque exercitus insimul et communiter iudicabunt.
12) Lat. impedire et prohibere.

des Ordenslanden ader lûten gedreuwet haben Is sie mit slachtunge mortbrande ader vorretnisse. Vortme sulle wir keyn beer Furen durch des ordens lande Is geschee denne mit wissen vnd willen des ordens, vnd ab wir des ordens willen dortzu behalden wurden So sal doch die durchtzucht gescheen ane schaden des Ordens, Vortme die berichtunge lange triet gehatt obir den ewigen frede vnd eyntracht von dem Irluchten Allexander andirs wytawte vnserm vetter[1]) mit dem vorgenanten Orden als von der vorgebunge der leydigunge der gegenote[2]) vnd der Grenitzen Landscheidunge mit allen andern gesetzten ader Artikeln als des selbin houbtbriues lange triet gegeben dem oftegesprochenen Orden klerlicher vsewiesen, die alle vnd besundern wir von rechter wissenschaft albie haben wellen als ab sie yngeslossen weren, Vsgenomen den artikel nicht uffczunemen dy lute der oben gewandelt[3]) ist, vnd den andern artikel den wir buesen[4]) gelasen haben von rechter wissenschaft[5]), der do lutet obir das land vnd herschaft der Ruysen von Pleschkow, vnd doch gesatzt ist yn dem houbtbrieue Hertzoge wytoldes, wir beweren annemen vnd loben veste vnd stete tzu halden ane alles gefeer Ouch wenne vns das gelucke geschiet von der hulffe gotes das wir tzu vnsern veterlichen gutern komen So geloben wir mit desin kegenwertigen bey guten truwen durch grosserer beuestunge vnd sichcherheit wille, das wir denne wellen vnd sullen geben eynen andern brieff desim brieue yn allen dingen gliech, mit der Bayoren edelingen[1]) Hertzogen vnd andirer vnsirn grosten[2]) alle die vorgenanten gemachet vnd geordnet Itzlichs Ingesiegele, tzu besiegeln, welche von dem homeister vnd sinen gebitigern denne geheischen[3]) werden, Alle dy vorgeschrebnen Artikele vnd eynen Iclichen besundern yn allen iren luten Wir Boleslaus vorgenant geloben bey guten treuwen vor vns vnsire Erben vnd Mitteerben vnd nochkomelingen veste vnd vnuorrucket ewiclich tzu halden vnd dor widder nymmer czukomen[4]) noch nymand komen sal yn aller wiese mit vnserm wissen vnd willen, wedder mit listen mit geschiedekeit[5]) mit rechte mit gewaldt[6]) offenbaer noch heymelich mit Rate ader mit tate, vnd uff das alle die vorgeschrebenen teidinge in kraft besteen So haben wir desen brieff gegebin tzu Latyne vnd tzu dütsche oberall gliechs sinnes vnd vnser Ingesigel doran hengen lassen Der gegeben ist uff dem Huese Marienburg yn den Jaren des herren Tusent vierhundert vnd dornoch Im andren iare am andren tage des Monden Marcij.

1) Lat. patruus.
2) Lat. districtus.
3) Verandert, lat. mutatus.
4) Das plattdeutsche buten, aussen; buessenlaten, auslassen, lat. obmittere.
5) Lat. simpliciter.

1) Bojoren und Edelleute, lat. Barones et proceres.
2) Lat. potiores.
3) Lat. postulare.
4) Lat. contravenire.
5) Lat. rationis ingenio.
6) Lat. de facto.

№ CXXXVIII.

Boleslaus, anders Switergail, Fürst und Erbe zu Lithauen und Reussen und Herr der Podolien, verspricht den, in dem Frieden zwischen seinem Vetter Witowd und dem Orden enthaltenen Artikel: »dass, wenn das russische Pleskau erobert würde, solches dem Orden verbleiben solle« in seine Friedensacte mit dem Orden aufzunehmen und denselben ebenfalls zu erfüllen, d. d. Marienburg, den 2. März 1402. 1402

Perg. Original mit theils schadhaftem, theils wohlerhaltenem Siegel im GA. zu Kgsbg. Vgl. Index № 547 und 1686 (wo nur fälschlich die Jahrzahl 1442 beigesetzt ist); Karamsin, V, anm. 202; deutsche Uebers. V, 352. Wir geben hier beide Abfassungen neben einander; die deutsche steht jetzt auch in v. Bunge's livl. UB. IV, 415, № MDCIV.

Nos Boleslaus alias Switergail princeps et heres littwanie et Russie et dominus Podolie notum facimus vniuersis presentibus et futuris. Quod de anno domini, die et loco subscriptis, Cum inter placita Inter nos et terras nostras Littwanie et Russie ex vna, Venerabilem fratrem Conradum de Jungingen Magistrum generalem suosque preceptores, per prussiam, ordinis beate Marie hospitalis Irlm. de domo teotonica ac terras dicti ordinis per prussiam et Liuoniam parte ex altera fuissent de et super pace et concordia perpetuis celebrata Inter ipsa tractatus exordia promisimus bona fide, sine dolo et fraude nostrarum litterarum munimine approbare ratificare et gratificare, omnia et singula puncta perpetue pacis et concordie, que in originalibus illustris alexandri alias Witowdi patrui nostri solempniter confectis et plurium ducum Baronum et procerum suorum sigillis communitis vidimus et intelleximus lucalencius ordinata, que omnia et singula rata et grata habentes dicto ordini ratihabicionis nostre expresse litteras nostras tradidimus. eadem quasi per omnia continentes solo vno tunc articulo ex certa sciencia nostra pretermisso. cuius tenor de verbo ad verbum dinoscitur hic esse. Ceterum terre et dominia Ruthenorum de plescow qualitercunque siue per nos siue per ipsum ordinem coniunctim aut diuisim acquisite fuerint aut alias qualitercunque deuenerint solus ordo easdem perpetuo optinebit, nec vnquam bona fide quominus easdem optineat impediemus. quemquidem articulum tunc propter causas, et ex studio obmissum in nostris maioribus traditis originalibus in presenti priuata littera approbamus et ratificamus bona fide omni dolo procul moto, Et si quando dei adiutorio acquisierimus terras nostras quomodocunque saluus et integer manebit. dictus articulus Et ad requisicionem venerabilis Magistri generalis presentis, aut cuiuslibet futuri

Wir Boleslaus anders Swytergail, Furste vnd Erbelyurk czu Littouwen vnd Russeu. vnd Herre der Podolyen. tuen kunt allen keginwortiegen. vnd zoukomfftiegen. das yn dem Jare des Herren. tage. vnd Stadt noch geschrebin. do bynnen den Teydyngen zewusschen vns vnd vnsern landen. als Littouwen vnd Russen von eyme. dem Erwirdiegem Herren Bruder Conrado von Jungingen Homeister. synen Gebietegern zcu Preussen, des Ordens der Bruder. des Spitals sendte Marie. des Dutschen Huses von Jerusalem. vnd den landen des vorgesprochen Ordens. als Preussen vnd Lifflande, von dem andern teyle, wart gehandelt vmb eynen ewygen frede. vnd eyntrirhtiekeit, do selbigst yn dem begynne der teydingen, gelowbten hy gutten truwen. ane allis gefeer mit crafft vnser brieffe, beweren. annemen. vnd veste halden alle vnd iclicbe besonder puncta. des ewiegen fredis vnd eyntraht. dy der Irlucbte Allexander anders Wytowtt vnser vetter yn synen houbtbrieffen achtbarlichen begriffen hatte, vnd besteliget mit vyl Herczogen Boyeren vnd Edelingen Ingesiglen. als wir sugen vnd vornomen clerlichen geschicket Dy alle vnd icliche besondern annemten. vnd veste habende, dor obir vnser brieffe vnser vorlybunge goben dem egesprochen Orden, diesselbiegen Puncta. vnd Artickele obir al ynhaldende. alleine eyn artickel busen bleip von vnser rechtin Wyssenschafft yn dysem Lute von Worte zeu Worte. Vort me, die lande vnd herschafft der Russen zcu Pleskow yn aller Wyse wy die gewonnen werden von vns adir von dem Orden yn der gemeyne, adir besondern, adir an vns komen, so sal sy der Orden ewiglich alleyne behalden, dor an wir den Orden yn keyner Wyse hindern sollen, den selbin Artickel do selbigst durch sache willen vndirwegin gelosen. yn vnsern houbtbrieffen dem Orden gegebin. In diesem keginwertiegen besondern

aut ordinis sui, tenebimur dictum articulum totaliter et sine qualibet decisione nostris originalibus ducum et procerum nostrorum requisitorum sigillis firmandis, vna cum omnibus alijs inserere. Et tunc vt extunc, nunc vt extunc auctorisabiliter approbare bona fide. In quorum omnium euidens testimonium Sigillum nostrum presentibus est appensum, Datum Anno domini. Millesimo. quadringentesimo secundo. In castro Sancte Marie. die Secunda mensis Marcij.

brieffe, beweren, vnd stete halden by gutten truwen ane allis gefeer, vnd ab wir ymmer mit der Hulffe gotis gewonnen vnser lande, yn welchir Wyse das geschitt, so sall der selbiege artiekel gancz vnd heil blyben, vnd so her von dem vorgenantem Erwirdiegen Homeister, der nu ist, adir zcu zeiten wird, ader syme Orden wirt gefordert, wir pflichtig sollen syn, den selbiegen artiekel gancz, ane alle abesnydunge yn vnsern houbtbrifen dy denne vorsygelt sollen werden mit Ingesiegeln vnser Herczogen, vnd Edelingen, dy gefordert werden von vns mit allen andern artiekeln ynschriben sollen vnd denne, als nu, nu als denne crefftiglicher bestetiegen by gutten truwen, Des zcu eyme geczugnisse, vnd bestetunge so habe wir vnser Ingesigel an disen brieff lasen heugen, der gegebin ist off dem Huse Marienburg in den Jaren noch der Geburt vnsers herren Tawsent vierhundert, vnd dornach ym andern Jare am andern tage des Monden Marcii.

№ CXXXIX.

Urkundliche Erklärung des Hintze Stolte, eines revalschen Bürgers, dass er nach Befehl 1402
seines Raths, Namens der gemeinen Städte und des gemeinen deutschen Kaufmannes, in Gothland den versessenen Miethzins für den vom deutschen Kaufmanne benutzten Gothenhofe in Nowgorod bezahlt und wie er die fernere Fortdauer der Miethe und bei dereinstigem Aufhören derselben die Abschätzung der auf dem genannten Hofe stehenden Gebäude, welche St. Peter, d. i. dem hanseatischen Comptoir in Nowgorod, gehören, mit den Gotländern verabredet habe. D. D. Wisbi, am St. Johannistage im Mittensommer (24. Jun.) 1402. *D.*

Gleichzeitige Copie auf Papier im revalschen RA.; Abdruck in v. Bunge's livl. UB. IV. 418. № MDCVII.

№ CXL.

Grossfürst Alexander anders Withowd von Lithauen bestimmt den Rigischen einen vor 1403
ihm abzuhaltenden Tag in Wilna wegen ihrer Handelsverhältnisse mit den Polozkern, d. d. Grodno, am dritten Tage nach Pfingsten (6. Jun.) 1403.

Papiernes Original mit dem in roth Wachs aufgedrückten Siegel des Gf. im äussern rig. RA.

Allexander alias Withowdus
dei gratia Supremus dux Lithuanie etc.

Sagaces viri litteram vestram nuper nobis per vos transmissam plenarie intelleximus, vnde sciatis quod Ciues plocenses ad nos venientes nobis retulerunt quomodo misistis ad eos vestros nuncios postulantes cum eis ad vnam diem Conuenire et ibidem de Marcatoribus vestris mutuo inter se tractare, qui plocenses sine scitu et voluntate nostra talia vobiscum facere noluerunt, quos plocenses nos ad ploczscam remisimus, committentes eisdem ut ad vos nuncios suos transle-garent quia post festum sancti petri proxime nuncii venturi ad nos in Willnam dicti plocenses venire debent, vbi eciamsi vobis placuerit vestros nuncios uel solimet ad eandem diem in Wilnam veniret vbi nos facta vestra parte ex utraque conspicere et diligenter exaudire vellemus dat: in Grodno feria tertia post festum penthecostes Anno M°CCCC° tertio.

In dorso: Sagacibus viris Burgemegistro totique Communitati Ciuitatis Rygensis.

№ CXLI.

1403 *a*) Der HM. des DO. schliesst für Preussen und Livland einen Waffenstillstand mit Witaut bis Mariä Geburt, und verspricht eine Zusammenkunft mit ihm auf der Dubitza, d. d. Marienburg, Donnerstag vor Margarethae (12. Jul.) 1403. *D.*

b) Derselbe bittet Witaut, dem livländischen OM. einen Geleitsbrief auszufertigen, falls er und sein Gefolge durch die lithauischen Länder zum Congress mit ihm ziehen sollte, d. d. Marienburg, am Abende Margarethae (12. Jul.) 1403. *D.*

Alte Abschrift im GA. zu Kgsbg. (Vgl. Index № 554); Abdruck in v. Bunge's livl. UB. IV, 444—446, № MDCXXX, MDCXXXI.

№ CXLII.

1403 Appellation des HM. Conrad von Jungingen gegen den in diese mit aufgenommenen Befehl des P. Bonifacius IX. an den Orden, d. d. Romae ap. St. Petr., V Id. Sept. Pont. a. XIV. (9. Sept. 1403), keinen Krieg mit Lithauen zu führen, d. d. Marienburg, den 10. Dec. 1403. *L.*

Perg. Orig. im GA. zu Kgsbg.; Abdruck in Voigt's Cod. dipl. pruss. V, 186—192. № CXXXVII. Vgl. Index № 558; Jahrb. Joh. Lindenblatt's S. 161. 162; Voigt's Gesch. Preuss. VI. 250—252.

№ CXLIII.

Grossfürst Alexander, anders Wytowd, von Lithauen, theilt dem rigischen Rathe mit, dass er den Deutschen freien und ungehinderten Handel nach Polozk gestattet habe, ebenso wie die Polozker in des Meisters Landen frei ziehen könnten, d. d. Nawgarten (wahrsch. Nowogrodek im Grodnoschen), am achten Tage nach Aller Heiligen, o. J.

Papiernes Original mit aufgedrücktem Wachssiegel unter einer Papierscheibe im äuss. rig. RA.

Alexander anders Wytowd
von gotes gnaden Gros forste zu Lyttowen etc.

Erbern lyben besundern vs ewers Meysters briue vns Newlichst gesant habn wir wol vornomen wy her schreibet das her vns ouch vor mals geschrebn habe als von der kowfleute wegen von vnsern vnd ouch den zeynen das dy von beyden zeyten In vnsern landen vnd zeynen landen fredlich vnd vngehindert kowfslayn zolden, vnd schreybet vns ouch das zich die zeynen vnd der dewtze kowfman dor vff gelossin habn vnd ir gut vff geschifft habn ken ploskow des zint ze do zelbest vff gehalden vnd gesperret Nw wyr dirkennen vnd vornemen vs ewers Meysters briuen das her dy vnsern In allen zeynen landen fredlich vnd vngehindert wil lassen kowfslayn zo mogen dy ploskower ouch in zeynen landen kowfslayn wen ze yo ouch dy vnsern zeyn vnd habn dorvmb ken Ploskow geschrebn ernstlich den Ploskowern das ze dy ewern vnd dy dewtzen kowfleute vngehindert zollen lassen varin wo se bin wellin, weres denne das ze vnser gebot vnd geheys obirtretin adir nicht thun welden zo wellen wir ze dorvmb alzo stroffen das ir dirkennen wordet das wir do tzu gethon hetten hirvmb zo moget ir den ewern wol schreyben das ze zich do vor bewaren das ze icht czu schadin komen ab is do tzu queme das wir dy ploskower dorvmb stroffen worden das ze vnser gebot vnd geheys nicht gehaldin habn Gebn tzu Nawgarten am achten tage aller heyligen.

In dorso: Den Erbern vnd vnd weyzen Burgermeister vnd Ratman der Stad Ryge vnsern guten frunden d[1]).

1) *Lege:* detur.

№ CXLIV.

Friedensschluss des Gf. Witaut von Lithauen mit dem HM. Conrad von Jungingen, d. d. auf dem Werder in der Weichsel bei dem Hause Razans, am Donnerstage in den heiligen Pfingsttagen (22. Mai) 1404. *D.* 1404

Alte Abschrift im GA. zu Kgsbg.; Abdruck in Suppl. ad hist. Russiae monum. Petropoli 1848, p. 291, № CXI. Vgl. Index № 561. Diess ist eine Uebersetzung von № CXLVI.

№ CXLV.

1404 Witaut's Erklärung über die Zeit und Art seiner Abtretung Samaitens an den Orden, nach Inhalt des zu Razanz geschlossenen ewigen Friedens, d. d. Razanz, am Donnerstage in der Pfingstwoche (22. Mai) 1404.

Perg. Orig. mit dem Siegel des Gf. im GA. zu Kgsbg. Vgl. Index № 562.

Allexander andirs Wytowd fon gotes genoden Grosforst czu litthowen vnde czu Reusen etc. Thwen wissentlich vnd offenbar allen den dezir bryf kunt adir beczeiget wirt. wy das eyne gemeyne fruntschaft frede vnde ewege eyntracht gemacht ist in der czyt der gebunge dis briuis. czwischen dem allirirlwchsten förslen vnde heren vnserm heren vnde allirlybsten brudir Wladislao konige czu polan, vnde dem Erwirdigen heren Cunrado fon Jungingen homeistir dwczhis Ordins. vnde. vns. vnde nemlich czwischen vnser allirzampt lewten vnde landen. uf eyme werdir in der Wysil noe by eyme hawze Reczhens genant in dem lesslaischen bischtwm. do vnser folle macht vnde vnser Rot mete gewest zynt. vnde alle tedinge fon vnserntwegen mitzampt forlybt foriowort vnde gewilkort zynt. vnde allis das vns gebort czu thwen by dezin dingen. alz is geticht vnde gemacht ist. das gelobe wir mit craft dis briuis feste vnde stete ane gefeer vnde argelist in nochgeschrebenir wyze eygentlich czu balden. Alzo das wir vnse beste formogen mit flyse dorczuthwen zollen. das daz lant czu Samaiten bynnen eyme Jare adir zo wir eerste ee eyme Jare mogen fon zente Johannis baptisten tage neeste czukomende. deme Homeister vnde dem Orden redelich wedirgegebin vnde geantwert werde vnde das dy zelbin Samaiten ere gyzil bynnen dezim zelbin jare dem Orden gebin vnde Holdunge twen czu genuge. Geschege is abir das wir eer dorczu nicht korczlich brengen mochten. das zy dem Orden ere gyzil gebin vnde Holdunge teten. zo zolle wir yo for alle ding fon staten an vnde ane gefeer. allen vnsern lewten czu litthowen vnde czu Rwsen forbyten vnde dirweren. das zy fon dem zelbin zente Johannis tage neste czw kumftik. keyn kowfslagen adir gemeynschaft mit den zelben Samaiten haben zollen. vnde noch korn noch zalcz noch yzen noch eynigirley notdorft en czufwren adir brengen zollen. vnde dy Samaiten zolle wir ouch nicht koufslagen losen adir zost eynigirley handelunge in vnsern landen mit vnsern lewten czu begynnen. vnde das zal alzo lange weren bis das zy zich jo czu leczte dem ordin gebin vnde ere gyzil zeczczin. vnde mit keynirley heruuge zolle wir er nicht twyngen. is were den mit des heren homeistirs begerunge vnde wille. geschege is abir das zy bynnen dezim zelbin jare mit zolchir wyze nicht getwungen worden. gehorzam vnde gyzil dem Orden czu twen. zo zy wir pflichtik vnde scholdik. dem heren homeister vnde dem Orden czu hellin noch vnsim bestem formogen. wy vnde in welchir wyze wir dorczu fon dem homeistir begert vnde geheischen worden. das zy is thwen mwsten. vnde ap wir denne dem heren homeistir nicht hellin zundir en vnde den Orden lychte hyndirten. zo mwste wir billich denne fon dem Orden manunge getwank vnde obirlast lyden. vnde eyn zolch gehaben. kryk zolde denne nicht wedir den vorgeschrebenen heren konig czu Polan zyn noch wedir den gezaczten ewegen frede Dezir dinge czu geczwknis habe wir vnser yngezegil an dezin bryf heisen hengen Gegeben uf eyme werdir in der Wysil noe by eyme hawze das Reczhens genant ist in dem lesslaischen bischtwme am Donirstage in octauen czu pfhyngsten in dem Jare noch der geburt xpi fyrczenhundirt vnde fyre.

№ CXLVI.

Alexander Witaut erneuert und bestätigt den im Jahre 1398 mit dem Orden in Preussen 1404
und Livland geschlossenen Frieden, und verspricht, die seitdem dem Orden entzogenen Länder herauszugeben, d. d. Weichsel-Insel bei Razanz, Donnerstag in der Pfingstwoche (22. Mai) 1404. *L.*

Perg. Transsumte im GA. zu Kgsbg. (Vgl. Index № 563); Abdruck bei Dogiel IV, 79. № LXXIII und in v. Bunge's livl. UB. IV, 457—459. № MDCXLII; Auszug in Ziegenhorn's curl. Staatsrecht. Beil. S. 11. № 14. Eine alte deutsche Uebersetzung ist schon oben unter № CXLIV angezeigt.

№ CXLVII.

Des HM. Conrad von Jungingen Erneuerung und Bestätigung des zwischen dem Gf. 1404
Witaut und dem Orden in Preussen und Livland 1398 geschlossenen Friedens, worin festgesetzt wird, dass über jeden Artikel besonders gehandelt werden soll, d. d. auf der Weichsel bei Razanz, Donnerstag vor Trinitatis (22. Mai) 1404.

Perg. Orig., wovon das Siegel abgefallen, daran aber die Siegelspur noch vorhanden, im GA. zu Kgsbg. Vgl. Index № 565.

In dem namen des herren amen Bruder Conrad von Jungingen Homeister des Ordens der Bruder des Hospitals sente Marien des Dutschen Husses von Jerusalem Allen tzu den die kuntschaft dis kegenwertigen brifes kompt, heil vnd die gelucke des heiles in aller heilant tzu begreifen. Wenn das recht des fredes gesaczt in dem ewangelio wedir die, die sich vndir enandir dirczornet haben, besundern christgloubigen, vor alle ding, by dem fluche des gerichtes gebüt sich czu vorsunen, So achten wir das wirdik, das die geschichte, die do gesehen synt, vnd vmberoten vorserel, czwusschen dem irluchten forsten Hern Allexander anders Wytout, Grosfursten tzu Littowen und Russen von eynir syten, mit sampt synen Landen vnd lüthen, als Littowen vnd Russen, Vns vnd vnsern Landen vnd lüthen czu Prussen vnd czu Lyfland von der andern syten, wedir den ewigen frede etwan mechticlich besteliget, nv vmbe eine lutere vorsununge wol beraten genczlich werde wedirbracht, Worvmbe wir Bruder Conrad von Jungingen obengenant noch der achtbaren vorschreibunge des ewigen fredes, geschen off dem fliesse der Memmel in der yarczal vnsers herren Tusunt dryhundert achtvndnewnczig an sente Michels tage des ertzengels, gehalden off dem werder Sallyn, tzwusschen vns vorgeschreben teilen, obilratende dem wedirsachen des fredes von orsache etlichir vmbebeglichkeit hen vnd her entstanden. wedir den egenanten Hern Herczog, vnd syne luthe, von nuwes wurden dirgremet, vnd sie wedir vns. vmbe des willen mit etlichin anderen misseuellichen ynfellen, die hingelegte vngestumekeit der orloyge vndir vns von nuwes ward dirwakt, die vns vilnoch me wen die ersten machten vngefrit vnd betrubet, Sunder ratende von dem Obirsten merer des fredes, wir mit dem egesprochen Hern Herczoge czu den gelassenen gelobden des fredes geruchten vns czuvorsunen vnd wedir czukeren.

vnd von den gnaden gotes dirmanet, eynen tag eyner andern czusampnekomunge czwusschen vns offnomen, uff der Thobis dem flisse, yn yartzal vnsers herren Tusunt vierhundert vnd drey, an dem tage der geburt Marie czu bedir heilen den vorwunten frede, vnd alleine wir do schiden von enander vngehoft, doch dornoch in dem nebesten nochfolgenden yare, yn der gebunge desser kegenwertigen, das alle ding wedirmacht wurden, wir eyns worden yn desser nochgeschreben wysse, das alle vnd iclichir artikel besundern gehandelt yn der vorgesprochen teydingen der eyntracht vnd des fredes, als sie dorynne gehalden werden, von worte czu worten, ewiclichin stete vnd veste bleiben sollen, als vorgebunge allerley leidunge hen vnd her begangen, setzunge der Lantscheidunge vnd der greniitzen, vnd stiftunge eynes ewigen fredes czwisschen vns vnd vnsern landen, als Preussen vnd Lyfflant von eynir, dem vorgesprochen Irluchten herren Allexander anders Wytout vnd synen landen als Littowen vnd Russen von der andern syten, vnd yn welcher wyse sie do vsgedrukt synt in iren artikeln, Worvmbe wir Bruder Conrad von Jungingen, vorgenant, als wir czu der czit von Rathe vnd volbort alle vnser Gebitiger die egesprochen berichtunge des ewigen fredes bewerten, lobten, vnd bestetigten mechticlich mit anhangunge vnser Ingesegele, veste vnd stete czu halden, vor vns vnser nochkomlinge vnd vnserm ganczen Orden. Also nv vornuwende wir den selbigen frede by guten truwen, ane alles gefer, bewern, loben vnd bestetigen, vnd gelouben alle ding also sie berurt synt yn der selben berichtunge ewiclich vnuorruckt czu halden, noch wedirkomen sollen yn eyngerley wyse, von vns vnd von imandes anders der vnsern, mit listen, geschidekeit, vornunft, mit rathe noch mit tate, mit rechte noch mit gewalt, heymlich adir offenbar Des czu eyme geczugnisse haben wir geheisen, desse kegenwertige briffe beide czu Dutsch vnd czu Lattyn, gleiches synnes bestetigen mit crafft vnsers grossen Ingesegeles, Gegeben off dem fliese der Wysel, by dem husse Raczans, gelegen yn dem Bischthum czu Lesslow, am Donrstage vor der heilgen Dryualdikeit tage, noch cristi gebort vierczenhundert vnd vier yar. Des seyn geczūg die Erwirdigen in gote vetere vnd herren, Herre Arnolt Bisschoff czu Colmensse, Herre Johannes Bisschoff czu Pomezan, vnd die Ersamen vnser lieben Bruder. Conrad von Lichtensteyn Grosskompthur, Wernher von Tettingen, Obirster Marschalk, Johan Rumpenheym Obirster Spittler vnd kompthur czum Elbinge, Borghart von Wobeke, Obirster Trappier vnd kompthur czu Cristporg Arnolt von Hecken Tresseler Frederich von Wenden kompthur czu Thorun, Her Johannes Ryman, Thumherre czu Marienwerder, Her Johannes von Rogetteln, Thumherre czur frowenburg vnd vil ander prelaten vnd herren geistlich vnd wertlich, Ritther, knechte, mancherley, geczug czu den vorgeschreben.

№ CXLVIII.

1404 Des Königs Wladislaus Jagello Bestätigung des von seinem Bruder Alexander Witaud, Gf. von Lithauen, in ihrer beiden Namen mit dem Orden in Preussen und Livland auf der Insel Sallin im Flusse Memel am Johannistage 1398 geschlossenen Friedens, d. d. Insel auf der Weichsel neben dem Schlosse Raczanz, zur Tafel des leslauschen Bischofs gehörig, am Freitage vor dem Feste der heiligen Dreieinigkeit (23. Mai) 1404. *L.*

Transsumte im GA. zu Kgsbg.: Abdr. bei Raczynski, p. 251—259. № VIII. Vgl. Index № 566.

№ CXLIX.

Vereinigung des Königs Jagello von Polen mit dem HM. Conrad von Jungingen über die Art der Wiederabtretung des Landes Samaiten von dem Grossherzoge Witaut an den Orden, d. d. Weichsel-Insel vor Razanz, am Sonnabend nach Pfingsten (24. Mai) 1404. *L.* 1404

Perg. Orig. mit dem königl. Siegel im GA. zu Kgsbg.: Abdruck bei Kotzebue Gesch. Preuss. III. 297 und bei Raczynski p. 87—91, № II (in einem Transsumte). Vgl. Index № 564.

№ CL.

Ritter Thurder Bunde Rorikessohn in Wiburg meldet dem revalschen Rathe von Seeräubern, welche sich in der Newa gezeigt und auch in seines Herrn Lande, in Norwegen und Schweden, geraubt und verwüstet haben, und warnet zur Vorsicht, d. d. Wiburg, am St. Jacobs Tage (25. Juli) 1404. 1404

Pap. Orig. mit dem unter einer Papierscheibe in weiss Wachs aufgedrücktem, noch erhaltenem, aber doch undeutlich gewordenen Siegel des Ausstellers mit einer Umschrift im rev. RA.; Abdruck bei v. Bunge IV. 467, № MDCL.

№ CLI.

Witaut verspricht dem Orden seinen Beistand gegen dessen etwaige Feinde, ausgenommen die römische Kirche, das römische Reich und seinen Bruder Wladislaus, d. d. Kauen, am Sonntage nach der Himmelfahrt Mariae (17. Aug.) 1404. 1404

Perg. Orig. mit Siegel im GA. zu Kgsbg., vgl. Index № 572.

Wir Allexander andirs Wytowd von gotis genoden Grosforste czu lyttowen vnd Reusen etc tun kunt vnd offinbar allen, den dy desen brif sehen adir horen lesen, das noch dem tage einer fruntlichen vorrichtunge vnd vorschribunge eynes ewygen fredes gescben czwischen deme allir Irluchtigesten forsten hern Wladislao konige czu Polan vnserm allerlibisten bruder vnd vns von eyme teyle vnd dem Erwirdigen hern Bruder Conrad von Jungingen Homeister Dutses Ordens vnd sime Orden vom andern teyle In den phingstheiligen tagen nehest vorgangen bey deme Huse Raczans in deme stichte des Lessleschen Bischtumes of eyme Werder in der Weisel gelegen. wir mit deme Erwirdigen Homeister dutsches Ordens vorgenant vnd mit seynen Gebitigern anderweyt czu sampne komende, of dy stat vnd czeit als hy nedene geschrebin ist, czu beweisen dy liebe vnd dy begerunge dy wir czu des heiligen Cristentums merunge vnd czu desselben obgeschrebenen ewigen gemachten fredes creftigern befestunge tragen mit deme egenanten Homeister vnd seinen gebitegern alzo obir eyne komen sint vnd in deme kegenwortigen brife alzo vorschriben. gescheges das ymant welcherley wesens oder macht her were vsgenomen alleyne dy heilige Romische Kirche vnd das heilige Romische reich vnd sunderlichen vnsern brudern hern Wladislaum Konig czu Polan, wedir den vns dy hant nicht czemit dirhebin Deme selben Hern Homeister vorgenant ader syme Ordin vmb des ewigen fredes vnd fruntschaft wille dy czwischen vns allen als obene ist berurt, vorschreben vnd besteliget ist, ader leichte vmb des wille daz her volfurte ader volczoge dy eyntracht dy her mit vns vnd vnsern landen hat vorschreben oder leychte vmb eyngerley sache wille, do ym wedir got vnd weder recht vngleiche vnd gewalt an geschege, yn ader dy sinen beschedigen twingen ader oberlesten welde ader eyngerley vordris tun welde vnd wir derkenten so es vns bedutlich vorbracht were daz ym gewalt vnd vnrecht geschege, So gelobe wir an alles geuer bey guten trauwen daz wir ym vnd synem Orden deune roten vnd helffen wellen, vnd dy, dy sich in semelicher Weise wedir yn seczen vnd seinen Orden, keren vnd von ym brengen wellen noch vnserm besten vormogen Des czu geczewkenis vnd festenunge haben wir vorsegelt deziu brif mit vnserm grosten yngesegiln Der gegebin ist czu Cawen an dem suntage nehste noch vnser liben frauwen tage himelfart assumpcionis in deme Jore M°CCCC. vnd fire dezir dinge czu geczewkenis habe wir auch den bisschof her Jacob von der wille vnd andern vnser bayoren mit eren namen in dezin brif losin schreibin Azo Myngail Brathoscha Moniwid Gastolt Czupurna Nemerza Astik Sungail Szastolt Cutzgeil etc.

№ CLII.

1404 Versicherungsschrift der Polozker, dass der livländische Meister die polozkischen Arbeitsleute (oder Gefangene) und Waaren an Gf. Witowt überliefert habe und solche wieder ausgeliefert bekommen solle, so bald er sein Schreiben darüber schicken werde, d. d. Polozk, am Abend vor St. Michael (d. i. nach dem Heiligenkalender den 7. Nov.) 1404.

Perg. Orig. mit dem Siegel der Polozker von gelb Wachs in eben solcher Kapsel, im innern rig. RA.; Abschrift und Facsimile bei der livl. Ritterschaft und in Brotze's Syll. I, 64, vgl. Index № 682, wo die Datumsangabe ganz fehlt, und № 3380, wo das beigesetzte Datum des 28. Sept. (nach dem lateinischen Kalender) 1414 unrichtig ist. Abdruck in der Собранie Государств. Грамотъ II, 17, № 16 (wo das angehängte Siegel der Stadt Polozk in einem Facsimile abgebildet ist), mit dem Datum des 7. Nov. 1414 und bei v. Bunge IV, 468, № MDCLI, mit dem Datum des 5. Sept. (?) 1404. Auch im gräfl. Rumänzow'schen Museum zu St. Petersburg befindet sich diese Urkunde unter den Mscr. № XLV fol. 29; vgl. Wostokow's Описанie etc. S. 63, der darauf aufmerksam macht, dass selbst in dem Falle, wenn hier das ungewöhnliche Zahlzeichen ІА für 14 (anstatt des gebräuchlichen АІ) gesetzt wäre, das І nicht durch einen Punct von dem А getrennt sein würde. Im Griechischen wird allerdings die Zahl 14 durch ιδ' bezeichnet, gewöhnlich τέτταρες καὶ δέκα, jedoch bei Späteren δεκατέτταρες und im Neugriechischen δεκατέσσαρες gelesen. Der Schluss der Urkunde lautet also: Im Jahre tausend 4 hundert und 4.

Мы Полочане дасмъ вамъ ведомо, кто ю[1]) грамоту уарить, штоже ме||стеръ Задвиньскии отпустилъ иатьци Полоцьки и товаръ[1]), на||руки князя векого[2]) Витовта в наши руки: и мы

1) Leg. сю.

1) Diese beiden Worte stehen über der Zeile.

2) Leg. великого.

тыи пятьци[1]) и товаръ[2])[г], которыхъ местерь отпустить до Полочьска, тому местеру слюбуемь поставити при чести и при вѣре, безъ всякое хитрости, въ тъ[1]) часъ, коли тотъ местерь к намъ свою грамоту пошлеть о тыхъ пятьцехъ. А писано у Полочьку, у канунъ святого Михаіла архистратига, лѣта тысяча .д. ста . і .д.

1) Die пятьци unserer Urkunde können, wegen der weitschichtigen Bedeutung des Verbums пята (ять), ebenso wohl gedungene Leute, Arbeitsleute, als Gefangene sein, wofür sie Wostokow gelten lassen will; vielleicht waren sie beides zugleich.

2) Auch an dieser Stelle sind die beiden Wörter и товаръ erst nachträglich am Schlusse der dritten Zeile angebracht.

1) Ueber der Zeile angebracht u. deshalb wohl тотъ zu lesen.

№ CLIII.

Handelstractat zwischen Riga und Polozk in der 3. Woche vor Pfingsten (17—23 Mai) 1405. 1405

Alte Abschrift auf Pergament im äussern rig. RA. Vgl. die folg. № und unten p. 129.

Мы ратьмане Ризькии скончали есме съ Полочаны, на Божью милость надеючесь, штоже Полочаномъ всемъ, Немечькымъ купьцемъ Ризькимъ слично и право дѣяти всякомъ[1]) торговемъ дѣлѣ и торговлею, без всякия[1]) [хитрости право чинити, на обѣ стороне, межи собою. Потомь, Полочаномь Немечькимъ купьцемъ съ всемъ одиночьствомъ] за себе и за последнихъ будущихъ доброю волею ихъ пускати у Полочьку торговати, и с гостемь и съ Полочаны все сполу, то будь мало или велико, во всякои торговли, какыилюни[2]) былъ товаръ, никакого чего выложено, безъ всякоя хитрости. Тако же мы хочемъ Руськимъ купьцемь у Ризе чинити. Потомь, Полочаномъ стеречи Немечьскихъ купьцевъ, какъ своя брат-я, и право судити ему, и право деяти во всякомъ дѣле, безъ всякоя хитрости. Тако же мы хочемъ Полочаномъ у Ризе чинити. Потомь, аже которыи Немьчинъ провиниться у Полочьске, того Немьчина оттослати у Ригу; ратьмане его судять по своеи правде. Аже Полочанинъ провиниться у Ризе, нно его послати у Польтеескь; и тамо его свои и казнять по своеи правде. Потомь, держати Полочьки весъ восковои берьковескъ большии[1]) Ризького берьковьска полъпуда. А соль весити пульнымъ ремешемь, по старому закону. А за которыи весъ не право будеть, нно отослати у Ригу правити, по старову закону. А серебрьны весъ держати, по старому закону. А весьцемъ хрестъ целовати, што имъ право весити на обѣ стороне, безъ всякия хитрости, во всякомъ весу. А отъ веса узяти по старому закону. А мы у Ризе Руському купьцеви тако же чинимъ. Потомь, ажь бы какое стало нелюбье межи местеря и князя великого Витовта, любо межю бояровъ, любо кумьдоревъ, любо риделевъ, любо дворяниновъ, на обѣ стороне, въ тое купьцемъ не уступатися: купьцеви приехати, от-ехати чисто всегды. Потомъ, што почииится у рубежи какое мешанье, то опрочь купьцевъ; а[2]) купьцемъ у тое не уступатися: знати истьцю истьца во всякомъ дѣле. А сую грату[3]) намъ, Немьцемъ, и вамъ, Полочаномь, межи себе крѣпко держати, по хрестьному целованью и по печатемъ, безъ всякоя хитрости. А писано въ лѣто по Рожестве Божии ,ѧ и ў въ пятое лѣто, въ третью недѣлю переди шествиемь[4]) святого Духа.

1) In der unten folgenden Parallelstelle liess man: во всякомъ — — — всяков. In der Urkunde selbst steht über der letztern Form oben г deutlich als Siglum (титло) geschrieben.

2) какыи ли ни?

1) Leg. больши.

2) Anstatt а war ursprünglich но geschrieben, das aber ausradirt ist.

3) Leg. грамоту.

4) Leg. сшествиемь.

№ CLIV.

(1405) Friedens- und Handelseinigung der Polozker mit den Livländern, dem OM. und seinen Rittern, dem rigischen Rathe und allen rigischen Kaufleuten, unter Festsetzung mehrerer Bestimmungen in Handels- und Rechtssachen, d. d. 21. Juni am Tage des heiligen Märtyrers Julian im J. (der Welt) 6913 (n. Chr. 1405).

Alte Abschrift auf Papier im äuss. rig. RA.

Dieses Document schliesst sich zunächst an das in der 3. Woche vor Pfingsten des J. 1405 (s. № CLIII, p. 119, abgefasste an und hängt ausserdem mit der Urkunde vom 30. Juni 1406 (s. № CLX, p. 124) und der am 14. Mai 1407 (s. № CLXIV, p. 129) ausgestellten Recognition zusammen.

А се мы Полочане, вси добрыя люди и малыи, надѣючесь на Богъ святого, Софея] милость и князя великого Витовта здровье, хочемъ с тобою, княжь местерю, [] любовь держати и с твоею братьею, со всеми риделми. Такожъ хочемъ с вами Ри[]зькии ратьмане и со всеми Ризькии купьци межи себе приязньство держати и любовь на обѣ стороне крѣпко. Вамъ нашего Полочанина стеречи, какъ своего брата Немчина у Ризе; а намъ Полочаномъ вашего Немчина также по томужъ стеречи у Полотьсце. А торговати по старому закову всякую торговлю, купити, продати. Купити вамъ Немцемъ у насъ, у Полотьсце, Немецькому купьцю полъберьковьска воску, полътысячи белкы. А торговати Немецькому купьцю с гостемъ Литовьское земли доброволно. А с Новьгородци Немецькому купьцю торговати, а промежи ими ходити нашему Полочанину: занеже насъ Новьгородци не пуститъ у Немечьким дворъ торговати безъ своего Новьгородца. А съ-с Москвичи торговати вашимъ Немьцемъ; также нашему Полочанину межи ими ходити, торговати: занеже на насъ Москвичи тамьгу емлютъ. А восковыи весъ держати по старому закову, штоже нашъ берьковескъ восковыи болши вашего берьковьска полупудомъ Ризького весу, а серебрыныи весы Ризькии держати болши Полочькихъ весовъ серебрыныхъ полузолотникомъ. А соль весити пудныимъ ременемъ; а берковескъ солоныи учинити у восковыи берьковьскъ; а белка купити, а наметъ давати, а у дворъ не имати. А мимо города Польтескъ Немецькому купьцю не ходити, торговати Немьцемъ у Полотьсце. А малое вамъ торговли не купити у Полотьсце порозничи; а корьчмы вамъ у насъ у Полотсце не держати. А весцемъ нашимъ и вашимъ кресты целовати, штоже имъ право весити на обѣ стороне. А кони вамъ у васъ у Ризе купити, на чемъ у верхъ ехати, а отъ могъ не имати. А извинитьсе нашь Полочанинъ у Ризе, ино его Немьцемъ у Ризе не казнити, отпустити его у верхъ; ино его тамъ свои Полочане казнятъ. А извинитьсе Немьчинъ у Полотьсце, ино его Полочаномъ не казнити у Полотьсце, пустити его у Ригу; ино его свои тамъ судятъ по своему праву. А рубежа не чинити, знати истьцю истьца; а торговьцю приехати, от-ехати чисто на обѣ стороне. А томъ есме къ вамъ послали свои добрыи люди чесныи, к тобе, княжь местерю, и къ всемъ риделемъ и къ всемъ ратьманомъ и къ всемъ купьцемъ Ризькимъ, што вамъ дати правда нашему послу чисто, безъ всякоя хитрости; а нашъ посолъ вамъ дасть чисто правду, безъ всякоя хитрости, нашимъ правомъ. А старыну делу, што ся учинило межи себе, того не поминати и вамъ и намъ, на обѣ стороне. А писана бысть грамота сия в лѣто ,Ѕ҃-ное Ѳ҃-сотное Г҃І, мѣсяца Юня, въ день недѣлныи, К҃А день на память святого мученика Ульяна.

№ CLV.

Die Aelterleute und der Kaufmann zu Nowgorod melden dem revalschen Rathe Neuigkeiten von Verhandlungen Witowt's und des livländischen Meisters mit Nowgorod, und bitten um dessen Vermittelung bei letzterem zu Gunsten des gemeinen Kaufmannes. d. d. am St. Mauritius Tage (22. Sept.) 1405. 1405

Pap. Orig. mit einem in gelb Wachs ohne Ueberlage aufgedrücktem Siegel, welches einen aufrecht stehenden Schlüssel mit rechts gekehrtem Schliessblatte, aber nicht mehr die Umschrift erkennen lässt, im rev. RA.; jetzt auch gedruckt bei v. Bunge livl. UB. IV, 490, № MDCLXV.

Vnsen vruntliken grot vnde wes wy gudes vormoghen. leuen vrunde jv gheueghe tho || wetende dat hyr synt boden ghe wesen van dem koninghe van lettowen[1]) vnde van deme | koninghe van otfery[2]) myd breuen an grote nougarden vnde escheden vt den kouingh || juryen vau smolenen[3]) vnde droweden sere alzo vns de russen seggen des wyllet se wedder boden vt senden an dessen vorbon: hereu. It: vortmer so heuet hir de mester van lyflande boden vnde breue ghe sant myd petricius[4]) vnde eschet dat gut wedder vor syn gut dat de russen hyr van petricius bekummert hebben. des hebbeu de russen den bode ghelouet dat se wyllen boden wedder senden an den mester. Vortmer so sante vns de voghet van der narwe eynen bref myd petricius vnde screff vns dat wy vns solden bewaren en grote nougarden vnde an den sakewolden wente de orde enwyl des gudes nicht ouergeuen. hyr vmme leuen vrunde bidde wy iv. dat ghi den kopman myd iwer vorsichtighen wysheyt besorghen wyllen dat de kopman nicht be schadet werde. wente wy weten nicht wo wy vns boden holen. bliuet ghe sunt in gode ewychliken Ghesereuen jnt jar xpi XIIII[c] in dem viften jare jn sunte mauricius daghe.

Olderlude vnd wysesten vnd de kopman to nougarden nv wesende.

In dorso: Den ersamen beschedenen luden borghermesteren vnde rat to Reuele detur.

---

1) Grossfurst Alexander-Witowt.

2) Der Furst von Twer Iwan Michailowitsch (1399—1426).

3) Furst Jurij Swatoslawitsch von Smolensk, welchen Witowt zweimal (1395 und 1404) seines vaterlichen Furstenthums beraubte, worauf derselbe Zuflucht in Nowgorod suchte, auch gut aufgenommen wurde. S. 1. Chronik v. Nowgorod unter den Jahren 6903 und 6912 und vgl. Karamsin, D. Ueb. V, 123, 146.

4) Wahrscheinlich = Patrikij. Ob der Sohn des von Witowt erschlagenen Narimunt Olgerdowitsch, welcher im J. 1397 nach Nowgorod kam? (S. 1. Chronik von Nowgorod unter dem J. 6905).

№ CLVI.

Der dörptsche Rath giebt dem Revalschen Nachricht von den neuerdings erhaltenen Friedensversicherungen der Nowgoroder, d. d. an St. Lucien Tage (13. Dec.) 1405. 1405

Pap. Orig. mit dem in gelb Wachs ohne übergelegte Papierscheibe aufgedruckten Secrete der Stadt Dorpat, Schlüssel und Schwerdt ins Andreaskreuz gelegt vorstellend. im rev. RA., jetzt auch abgedruckt in v. Bunge's livl. UB. IV, 503, № MDCLXXII.

Vnsen vruntlikin willin mit begeringe allis guden touorn. Heren vnde besondergen leuen vrundes als lest dee Erwerdige here Meister van | lifflande warnynge dede dem menen copmanne van hertoch vitoud wegene als Jwe wisheit wel vornomen hefft, des begere wy to wetinde [Jwer leue, dat van dem breue de to vns dar aff qwam sande wy ene wtscrifft an den Copman to Nowgarde vnde na der tiit vorbodede wy] den copman van ouerzee, de to den tiiden to darpte was vnde wordens mit en eens dat wi vnsen tolk hans dwrkope sanden mit vnsis stadis breue an den Ersebiscop, Borchgreuen, hertogen, vnde an menen grote Nowgarde vnde deden ene vrage wer zee oc den vrede holden wolden, den here Johan Niebwr Borgermeister to lubeck, mit etlikir an der stede sendebode, dee dar mede to gesant weren beuestede na der bewonden kruskussinge, des screuen zee vns wadder to an erem breue besegelt mit twen Ingesegelen, welke breff ludde van worden to worden aldus, ouer to settende dat Russich an dudisch, als hiir nascreuen steit Van dem Ersebiscope to Nowgarde, bischop Johanne, van dem borchgreuen Etsepha sagaranitza van dem hertogen Wassili Gesenitze van all den borchgreuen, van all den hertogen van all den kinderen der Coplude vnde van gansen menen Nowgarde, Vnsen nabwren dem Borgermeistere to darpte, vnde den Raedluden vnde der gantzen menheit to darpte Also als gi gesant hebben Jwen tolk Johannes, mit enem breue, vnde deden vns witlik, wo Johan de Borgermeister van lubeck mit siner selschop was to Nowgarde vnde vestede den vrede, vnd cussede dat cruce vnde nw noch södder der thiit de Cruskussinge, noch Nowgarde hefft neuen vnvrede gehat vnde Nowgarde wil den vrede vnde cruskussinge holden vnde de kindere der Coplude vart van Jw to vns, vnde copslagen, vnde vnse vart wadder to Jw in Jwe land, vnde copslagen dar van beiden siden na der Cruskussinge vnde wy vorwaren vnsen gast als dee vnsen na der cruskussinge, vnde des geliik wart gi Jwen gast na der Cruskussinge, Aldus luet de inholdinge des vorgescr: breues, Vortmer wille weten Jwe Wisheit dat wy de twe breue, dee gi antwarden heren Johanne Eppenscheden vnsis stadis Borgermeistere, wtgesant van dem Rade to lubeck, an dee liifflendeschen stede, hebbe wy gesant an den Raed to Rige Dar mede si Jwe Ersamheit dem almechtegen Gode beuolen. Screuen vnder vnsis Stadis Secret In Sunte Lucien dage, der hilgen Ingfrwen In den Jaren vnsis heren MIIII^{c}V.

Borgermeistere vnde Raed der Stad Darpte.

In dorso: Den Ersamen Vorsichtegen mannen Heren Borgermeisteren vnde Radisheren der Stad Reuele vnsen besondergen vronden.

№ CLVII.

1406 Gf. Alexander, anders Wytowd, von Lithauen giebt den deutschen Kaufleuten einen Platz zu Ploskaw (d. i. Polozk, nicht Pleskau), um solchen zu bebauen und eine Kirche darauf zu setzen, an der sie Priester halten können, d. d. czur Wille, am Abend Matthiae (23. Febr.) 1406. *D.*

Nach dem perg. Orig. im innern rig. RA. abschriftlich bei Brotze, Syll. I. 63; Abdruck in den Monum. Liv. ant. T. IV, p. CCXV, № 84 und in v. Bunge's livl. UB. IV, 519. № MDCLXXXVIII. Vgl. Index № 3371. Der Aufbewahrungsort des Originals ist, wie nach gewissenhafter Aufsuchung versichert werden kann, wirklich das innere rig. Rathsarchiv, welche Behauptung Bunge — ohne Angabe von Gründen — für einen Irrthum erklärt (s. Reg. III, 83. № 2015).

№ CLVIII.

Der dörptsche Rath schreibt dem Revalschen von seinen Erkundigungen bei Nowgorod 1406
und Pleskow, wie bei dem neulichen Einfalle des Herzogs Witowt ins Pleskauer Land,
der Kaufmann gesichert bleiben werde, und von den erhaltenen guten Zusicherungen,
d. d. Montag nach Invocavit (1. März) 1406.

Pap. Orig. mit den Resten des aufgedrückten gelbwächsernen Siegels im rev. RA., jetzt auch abgedruckt in v. Bunge's livl. UB. IV. 520. № MDCLXXXIX.

Vnsen vruntliken grut, mit begeringe alles guden, Heren vnde leuen vrunde Jwen breff Inhol(d)ende, wo de Copman to Nowgarde wesende Jw breue befft gesant, hebbe wii wol vurstan, vnde des breuis geliik entfinge wii oc enen, des Mandages to vastelauende, darinne wii Jwer leue begeren to wetinde, dat wii mit ten eersten, do wii de thiidinge vornemen, dat hertoch vitoud Innesprenget was, In der plescower land, Sanden vnse Boden, vnde breue, beide, an groten Nowgarde, vnd oc to plescow, Biddende, dat se den copman dar vorwarden na der Cruskussinge, des sanden de van plescow ere bodeu wadder to vns, vnde weren bi vs, des Mandages to vastelauende, vnde hebben vns gelouet dat se deme copmanne holden willin enen reynen wech aff vnde to, na der Cruskussinge, des gelikis hebben de van Nowgarde vns ere breue gesant mit twen hangenden Ingesegelen, den wii entfingen In deme dage, alze desse breff gescreuen is, dar se vns dat sulue hebben Inne toscreuen vnde gelouet, Vnde so wete wii nw van des Copmans wegene anders nicht wenne gud, Jo doch hebbe wii deme Rade to Rige vnse breue gescreuen, vnde beden, dat se mit ten russchesschen Boden spreken willin, gicht se to Rige qwemen, als gi oc roren In Jwem breue, vnde wor wij vurder meer den copman ane besorgen konen vnde sinis besteu Ramen, dar wille wij gerne vlitich ane wesen, dat beste wij konen vnde dangken Jwer leue dar vöre, dat gi sorchvoldich vor em siin, vnde dat gi vns desse thiidinge hebben to gescreuen Dar mede Siit dem allerhogisten beuolen, Sunt, vnde wolmogende To langen thiiden, Screuen vnder vnseme Secret, des Mandages na Inuocauit, Int jar XIIII°VI.

Borgermeistere vnde Raed.
der Stad darpte.

In dorso: Den Ersamen Heren Borgermeisteren, vnde Rade der Stad Reuele, vnsen besundergen leuen vrunden.

№ CLIX.

Bernt Lemgow, ein Abgeschickter des revalschen Raths, berichtet diesem von seinen, 1406
ziemlich erfolglos gebliebenen Unterhandlungen in Nowgorod wegen grösserer Handelssicherheit, d. d. im Hof zu Nowgorod, Dienstag nach St. Johannis vor der gulden Pforten
(s. ante portam latinam, 11. Mai) 1406. *D.*

Pap. Orig. mit geringen Spuren des in grün Wachs aufgedrückt gewesenen Siegels im rev. RA.; abgedruckt in v. Bunge's livl. UB. IV, 531, № MDCXCV.

№ CLX.

1406 Grossfürst Alexander, anders Wytoud von Lithauen, vermittelt eine Einigung zwischen den Städten Polozk und Riga über verschiedene Handelsangelegenheiten, d. d. Kopusse, Mittewoch nach St. Peter und Paul (30. Jun.) 1406.

Der hier nachfolgend gelieferte lateinische Text dieser Urkunde ist genommen aus einer im äussern rig. RA. befindlichen, gleichzeitigen, pergamentnen, mit Abbreviaturen überladenen, aber sonst sehr deutlichen Copie, auf deren Rückseite geschrieben steht: »Copia transsumpta privilegii domini allexandri principis littwanie dati Ciuibus et mercatori rigensibus latine«; die daneben stehende alte deutsche Uebersetzung aus einer auf Pergament geschriebenen Copie aus derselben Zeit mit der Rückaufschrift »Dit is de Copia Heren vytoldes Breff tusschen den dutschen vnde Russen«. Diese Copie scheint ihrer Fassung nach derjenigen vorzuziehen zu sein, welche Brotze in seiner Sylloge I, 66[b] aufbehalten hat. — Transsumte dieser Einigung befinden sich originaliter im innern rig. RA., vgl. Index № 3377, 3400, 3402, 3411; Abdruck des deutschen Textes (wahrscheinlich nach Brotze) in v. Bunge's livl. UB. IV, 544, № MDCCI. — Zu bemerken ist in chronologischer Hinsicht, dass die »feria sexta« des lateinischen Textes, welche richtiger Weise den Freitag bezeichnet, in der alten Uebersetzung mit »des middewekens« wiedergegeben ist, welche Irregularität wir auch in andern Urkunden damaliger Zeit glauben bemerkt zu haben.

Allexander anders wythoud van godes ghnaden groteforste to lettowen vnde tho Russen etc. wy don thuweten vnde bekennen openbar an dessem breue Allen den de en zeen edder horen lesen dat wy tusschen der vnsen stad ploskow an ener syde, vnde der stad Rige an der andern syde, de vm etlike saken krych vnde twydracht vnder sik ghehat hebben sulke vruntlike eninghe ghesat vnde ghemaket hebben alse hir steit nagescr., van ersten dat de ploskowere kegen Rige vnde de Rige tho ploskow vry vnde vnghebindert mogen then erer keuen vnghenomen vnde dar sulues vry kopen vnde vorkopen, Also doch dat de ploskowere tho Rige, edder de Rigere tho ploskowe kenerleye kleine kopenschop de pluckinghe het hebben scholen, ouer dat alse de ploskowere tho ploskow vnde de Rigere tho Rige settende vnde makende werden, edder wo se dar vm mit den andern ens konen werden Ok mogen de ploskowere vor Rige int land vnde de Rigere wedder vor ploskow in vuse land wor se willen van beiden syden vry then ouer water vnd ouer land, et sy den dat wy edder vnse nakomelinghe heren tho ploskow edder de Rygere tho Ryge eine nedderlage makende werden de schal men

Allexander alias vitouwtus Magnus Princeps Lytwanye et Russie Notum facimus Et Recognoscimus proponentes euidenter omnibus ea visuris lecturis seu audituris Quod nos Inter ciuitatem nostram Ploskouiensem ab vna et Ciuitatem rigensem partibus ex altera qui inter se pro quibusdam causis lites et controuersias habuerunt talem ut sequitur infra conposicionem amicabilem posuimus et fecimus conscriptam. In primis quod Ploskouienses versus rigam Et Rigenses versus ploskouiam liberi possint ambulare Et sine impedimento nullo eorum excepto libere vendere ac emere ibidem Sic tamen quod Ploskouienses in riga et in ploskouia Rigenses nullam paruam mercanciam que pluckinghe dicitur debent habere Sed sicud Ploskouienses in ploskouia Et Rigenses in riga erunt quoad facere et ordinare Vel sicud inter se dehinc possint concordare Etiam possunt ploskouienses ante rigam in terram Et econuerso Rigenses ante ploskouiam In nostram terram vbicunque voluerint secure ab vtrisque partibus per aquam aut per terram ambulare, nisi autem nos aut nostri successores domini ploskouienses vel Rigenses in Riga quandam deposicionem ordinauerint quae ab vtrisque partibus seruari debet

holden beidenthaluen alse se ghemaket werden
Sunderlik so scholen de pleskowere vnde de Rigere sik vnder den andern beschermen vorhegen
vnde beureden ghelich sik suluen in eren steden
Vnde weret dat ienich kopman van ploskow tho
Rige breke den schal men kegen ploskow senden, vnde dar na dem rechte richten Breke ok
yenich dutsch Copman tho ploskow, den schal
men kegen Rige senden vnde dar na enem rige-
schen rechte richten Vortmer so schal men tho
ploskow dat solt wegen vpp den schalen mit den
seluen wichten vnde loden also man dat was
weget dar suluen vnde de wichte tho ploskowe
schal in dem schippunde enes haluen lispundes
swarer wesen den tho Ryge Vnde dar vmme so
schal de stad tho Ryge nu in dat erste vp ere
koste beide schalen vnde lode tho ploskow
schicken vnd senden Wen auer de lode in tho
komenden thiden vorsliten tho gheringhe werden
thobreken edder anders ghebreklic werden so
scholen de ploskowere se tho Rige senden vnd
vpp ere koste vnd theringhe na den olden loden
weder maken vnd beteren laten De suluer wicht
schal an enen stucke suluers ens haluen soltniken
swarer syn tho Ryge den tho ploskow Vnde de
wegere scholen nu vnd also vake des not is vnde
wert dat cruce dar vpp kussen, dat se recht wegen scholen deme einen also dem andern tho
beyden syden Vnde de wegere scholen tho rugghe
stan vnde de hende affen van den schalen wen
se wegen Vnde wo vele de dutsche kopman tho
ploskow vor wegelon gheft dat scholen de ploskowere tho Ryge ok tho wegelone geuen Ok
weret dat ienigherleye twydracht edder schelinghe
vm ienigerleye dingh tusschen ymanden van beiden syden vpstunde so schal sik sakewolde an
synen sakewolden holden vnd nymand sust anders schal sik dar in vorweren edder dar vm
ghehindert werden Vortmer weret dat ienigerleye
twydracht krich edder schelinghe worde tusschen
vns vnde dem erwerdigen heren Conrade van
vytinkhoue meister dutsches ordens tho liflande
nakomelinghen landen edder vndersaten tho bey-

quemadmodum fuerit ordinata Specialiter ploskouienses et Rigenses inter se mutuo defendere tueri
debent et pacificare sicud se ipsos In Ciuitatibus
propriis eorum Et Si contigerit aliquem mercato-
rem ploskouiensem In Riga excedere Ille in ploskouiam mitti debet et ibidem secundum illa iura
iudicari Si etiam quis mercatorum teutunicorum
in ploskouia deliquerit Ille versus rigam mitti
debet et ibi secundum Jura Rigensium Judicari
Item In ploskouia sall ponderari debet. In libra
eisdem ponderibus quibus cera ponderatur ibidem
Et pondus in ploskouia In talento nauali ponderosius erit citra vnius lyueschen talenti quam in
Riga Et praeterea nunc In primis Ciuitas Rigensis libras ae pondera ordinet versus ploskouiam
propriis sumptibus et transmittet Cum autem futuris temporibus pondera diminuta fracta uel alio
modo frangibilia facta fuerint Tunc ploskouienses
sumptibus eorum et expensis versus Rigam mit-
tant et reformare procurent Pondus argenti in
Riga In vnoquoque frusto argenti In vno dimidio
soltnicken ponderosius citra quam in ploskouia
Et ponderatores pro nunc et futuris temporibus
necessitate in crescente crucem ad hoc osculari
debent quod vni sicud alteri partibus ab vtrisque
velint ponderare Etiam in ponderacione ponderatores retro stabunt manus abstinendo Et quantum
quis mercatorum teutunicorum In ploskouia pro
ponderatura dederit hoc idem ploskouienses pro
ponderatura etiam dabunt in Riga Etiam Si quecunque Jurgia uel controuersie Inter aliquos ab
vtrisque partibus de quacunque re surrexerit Tunc
causidicus quicunque in suum causidicum tenere
se debet Et sic nullus aliter se intro mittet ac
propter hoc a quocunque valeat inpediri Etiam
si aliqua discencio lis uel controuersia Inter nos
et venerabilem dominum Conradum de vitink-
houen Magistrum ordinis teutunicorum in lyuo-
nia Successores territoria uel Subditos nostros ab
vtrisque partibus orta fuerit In illa mercator sine
cura manere debet Et mercator ab vtrisque partibus saluis corpore et rebus permanebit et paci-
ficatus sine dampno Sit quod sua bona debet por-

den syden dar mede schal de kopman vmbeworen bliuen, vnd de kopman van beyden syden schal lines vnde ghudes seker syn vnde in vrede blyuen vmbeschediget, also dat he syn gud schal vnd mach voren vnd bringhen wor vnd wen he wil vnde schal suluen ryden varen vnde ghan wor em des bedarf vnde not wert, ane alle vpholdinghe vnd hindernisse it sy an wegen edder an steden vp watern edder vp dem lande Dar vm dat desse vruntlike eninghe also vorgescr. steit mit beyder parte willen van vns ghemaket stede vnd vnuorrucket gheholden werde hebbe wy vnser Inghesegel an dessen breff laten hanghen de gegeuen is na godes bort Dusent verhuudert in dem sesten iar In vnsem houe tho kopussa des middewekens na sunte petere vnd pawels der hilgen Aposteln.

tare et vehere vbi Et quando placebit et debet pro se equitare vehi uel transire vbi necessarius sit uel citra in viis Ciuitatibus aquis seu territorijs sine detencione aut inpedimento quocuuque Preterea vt amicabilis composicio sit ut prescriptum est vtrarumque parcium consensu per nos facta cedula permaneat seruata et inconvulsa presentibus sigillum nostrum duximus appendendum. Datum a natiuitate Domini MCCCVI In Coria nostra copussa feria sexta post festum Sanctorum Petri et Pauli Apostolorum.

№ CLXI.

Entwurf einer vom livländischen Meister Conrad von Vitinghof und Rath und Stadt von Riga zu stiftenden Einigung mit dem lithauischen Grossfürsten Alexander, anders Witowt, wegen des Handels zwischen Riga und Polozk, o. Dat.

Dieser Entwurf, auf einem Blatte Papier geschrieben, liegt im äussern rig. RA. — Ein Archivar hat auf der Rückseite an den Rand die Bezeichnung gesetzt: »Vergleichung mitt den Littawern, wegen Kauffmanschafft 1406«. Man wird die Aehnlichkeit der hier verzeichneten Artikel mit den in der Handelseinigung des Gf. Alexander d. d. Copussa 1406 (s. oben S. 124), nicht verkennen und darnach diesen Entwurf als die Gegenurkunde zu jener betrachten können. — Ebendaselbst befindet sich auch ein zweites Exemplar dieses Entwurfes und noch ein deutscher Entwurf auf Papier für eine gleiche Urkunde von Seiten des Gf., welche dieselben Puncte, wie der hier mitgetheilte und wie die vorstehende (Copussaer) Urkunde enthält, aber des Schlusses zu entbehren scheint.

In godes namen Amen. Wy Conrad Vitinchoue Meisters dusches ordens to lifflande Borghemestere Ratmanne vnde ghemeinheyt der stat Ryghe don witlik allen luden de dessen breef sen horen edder lesen dat wy myt ghanser endracht hebben ghemaket ghesettet vnde gheramet In fruntschop stucke vnde sake tuschen der stad tho Ryghe vnde deme ghemenen dutschen Copmanne an ener sijt vnde deme dorchluchtighen heren hern allexandere anders ghebeyten vitowte herthoghen vnde grotuorsten to lettowen den Ploskowern vnde deme ghemenen copmanne In dem ryke to lettowen beseten vpp de andren sijt to holdene In desser naghescr. wise.

Int erste so schal de copman an beider sijt ene deme andren lick vnde recht don an copenschopp vnd an allen coppliken saken sunder Jenigerleie arghelist.

It: so schole wy den ploskowschen coppman vnd alle coplude vt dem ryke to lettouwen kopslaghen laten to ryghe myt ghesten vnd myt borgheren In dat ghemeine In allerleie copenschopp dat sij luttick edder grot nichtsnicht In ghenomen sunder alle arghelist des ghelijck schal men deme ghemenen dutschen Coppmanne weder don vnde steden eme tho copslagende binnen ploskowe sunder alle arghelist et sij clene efte grot luttick edder vele noch vt wisunghen der hofthriue des ewighen fredes vnde eyntracht tho ghesat doch der stede Ryghe aller desser sake alden priueleighen vngheserghet[1]) beholden vnde ghebleuen.

It: schole wy den ploskoweschen copman vnde dem andren copman vt den littouweschen ryke verheghen liek deme dutschen copman recht to richten vnde recht doo In allen saken des ghelikens schal men deme dutschen copmanne wedder don sunder alle arghelist to ploskow vnde to ryghe.

It: wer dat Jenich russe edder ander copman vt der stat ploskow to Ryghe breke den schal men to ploskow senden vnde dar schal men en na deme rechte richten breke ock jenich dutsche van ryghe to ploskow den schal men to Ryghe senden vnde dar na dem rechte richten nach vt wisunghe der breue.

It: de ploskowesche waz wicht schal an dem schippunde ein half lispund zwarer wesen dan de waz wicht an deme schippunde is to righe.

It: de soltpunder schal to ploskow wesen liek deme solt pundere to der ryghe.

It: wert sake dat tho ploskow jenyghe wicht nicht recht verdich en were do schal men neder senden to der ryghe dat de recht to makende alzo van aldinghes es ghewesen.

It: de soluer wicht schal wesen to ryghe an enen stucke suluers j soltinck zwarer dan to ploskowe vnde de weghere schulen dat crusse cussen dat se rechte wellen vnde schulen weghen an beiden sijden In allen wichten sunder alle arghelist vnde van der wicht schal de wegher nemen alzo van olders es ghewesen beide to ryghe vnde tho ploskow.

It: weret ock dat jenyghe twedracht kijf edder schelunghe vpp stonde tuschen dem dorluchtighen heren allexanderen anders ghebeyten vitowte grote vorsten to lettouwen vnde vns konrade mestere dusches ordens to liflande vor ghenomet na komelinghen landeu edder vndersaten to beiden sijden dar mede schal de coppman sin vnvorworren vnde de copman van beiden sijden schal lifes vnde gudes veilich vnde ju vreden blioen vnbeschadet alzo dat he sin gud schal vnde mach voren vnde brenghen vnde schal suluen vnde wan he wel ryden varen efte ghan war eme des bedarf vnde not es sunder jenygher hande togherenghe odder bindernisse an beyden parten sunder jenygher leyghe arghelist et sij an weghen odder an steden vp watere odder opp lande.

It:[1]) weret dat de dusche copman met sijnen gude van ploskow edder war he anders In dem ryke to lettowen were nicht dael varen mochte ofte ene kunde van wedders edder van bosos weghes weghen so schal de copman met syme gude vry vnde vnbeschadighet bliuen war he is bit der tijt dat deme copmanne wol stadet vt to varen des ghelikes sollen de ploskouwere vnde ander coplude vt deme ryke to lettouwen to ryghe weder hebben.

It: oft jenygherleyghe twedracht vmme jenygher leyghe dinck myt ymande op stunde so schal sick de sakewolde med deme sakewolden beweren[2]) vnde entrichtent met rechte vnde nymands zost sal sich doryn werren.

1, Unversehrt.

1) Der folgende Satz ist im Entwurfe durchgestrichen.
2) Lég. beweren.

№ CLXII.

1406 Aelterleute und deutscher Kaufmann zu Nowgorod senden, zur Aufbewahrung bis zu ferner nöthig werdendem Gebrauche, dem revalschen Rathe «St. Peters Geschmeide» d. i. das Inventarium der zum hanseatischen Comptoir zu Nowgorod gehörenden St. Peterskirche, d. d. Nowgorod, am Tage der Enthauptung St. Johannis (29. Aug.) 1406.

Pap. Orig. mit dem in gelb Wachs aufgedruckten, nicht mehr kenntlichen Siegel, im rev. RA., jetzt auch abgedruckt in v. Bunge's livl. UB. IV, 551, № MDCCV.

Vruntliken grot myd leffiker gunst. Besunderlingen leuen vrunde jv geleue to wetene, dat wy jv senden Eyne tunnen dar is jn sunte peters gesmide na vt wysinghe des breues van darpte. In der tunnen is VI suluern schalen. IIII suluern gleze[1]). I gulden arcn[2]). XVI stuck suluers. VI nobbelen[3]) I orouard[4]) IIII golt gulden I rynsch gulden[5]). It: eyne vorgulden busse des hilgen lichames. It: eynen vor gulden kelk. I kore kappe. I wyt siden gerwel[6]). I blawe siden gerwel. I gulden nye gerwel. I olt gerwel. II elen wytter siden. It: X kerken boke. It: I dusch denkebok I breue denkebok. I rusch denkeboek. I rekenschop boek It: sunte peters boke It: I scryn[1]) myd breuen van der stede werfen[2]) It. sunte peters Ingesegel beyde. Besunderlingen leuen vrunde dot wol vnde bewaret dyt to trwer hant to des kopmans be hof, bet to der tijd dat id de kopman des wedder be geret dat id nicht vor bijstert[3]) en werde das begeret de koman[4]) gemeynlyken Bliuet gesunt jn gode Geser. to nougarden vnder sunte peters Secret Int jar xpi XIIII^C VI In sunte Johannes dage decollacionis.

Olderlude vnde dusche kopman to Nougarden nu wesende.

In dorso: Den erwerdigen Borgermesteren vnde Rad to Reuel detur hoc.

1) Leg. Glaser, hier aber Becher, so wie auch *tynnen glese* für zinnerne Becher, vorkommen.

2) *arca* = cista, eine Dose.

3) *Nobel* war eine ausländische Münze, von der in Riga im J. 1408, 9 für 9¾ Mark rig. u. 1409 drei für 3 Mark 10 Öre gerechnet wurden, die also nur ein wenig besser als 1 Mark rig. war. Vgl. N. nord. Misc. XV, 500 und Krug's Schrift: Zur Münzkunde Russlands. St. Pet. 1805, p. 183.

4) Vielleicht verschrieben für Crusaden, eine ausländische Goldmünze.

5) Goldgulden und rheinische Gulden waren im Werthe ziemlich gleich; von den letztern betrugen im J. 1414, 20 so viel als 13, auch 13½ Mark rig. Vgl. N. nord. Misc. XV, 501, 502.

6) Muss s. v. a. ein Priesterrock, Chorhemde, Ornat oder dergl. sein; der Name *gerwel* scheint verwandt mit *gerdekamer*, von Schaffer, *gehrkammer*, Sacristey, wo die Priester sich umkleideten und ihre Ornate hielten. dem latt. *gerbit*, kleiden.

1) Für scrinium, ein Schrank, Bücher-, Papier- oder Briefkästchen.

2) Gewerbe, Antrag oder Ansuchen.

3) vorbystern zu Schanden machen, zerbrechen, zerstören.

4) *Leg.* kopman.

№ CLXIII.

(1407) Der Vogt von Samaiten giebt dem Obermarschall von den jetzigen Verhältnissen Swidrigals zum Tartar-Chan, zum Könige von Moskau und zum Grossfürsten Witaut, Nachricht, d. d. auf der Dubissa, am Donnerstag vor Pfingsten, o. J. (wahrsch. 1407, 12. Mai). *D.*

Im GA. zu Kgsbg.. Abdruck in den Supplem. ad hist. Russiae monum. p. 293. № CXII. Vgl. Index № 597.

№ CLXIV.

Anerkennung der Polozker von der einen Seite und des rigischen Raths und der rigischen Kaufleute von der andern Seite in Betreff des Handelsvertrages zwischen Polozk und Riga, welchen Grossfürst Witowt im J. 1406 zwischen beiden Städten aufgerichtet, d. d. geschrieben in Mohilew und gesiegelt zu Riga Sonnabend vor Pfingsten, den 14. Mai 1407. 1407

Nachdem bereits im J. 1229 (s. oben S. 2 und 3), dann später um 1330 (s. S. 52), ferner im J. 1399 (s. S. 94), 1405 (s. S. 119 und 120) und besonders im J. 1406 (s. S. 124 und 126) der Handelsverkehr zwischen Riga und Polozk durch gegenseitiges Uebereinkommen geregelt worden war, stellten im Jahre 1407 beide Städte eine Recognition der ein Jahr vorher abgeschlossenen Handelseinigung aus, wobei manche einzelne Satzungen nach älteren Verträgen wörtlich wiederholt wurden. Von dieser sogenannten Recognition haben sich im innern Rathsarchiv der Stadt Riga zwei Redactionen erhalten, an deren Schlusse gesagt ist, dass sie in Mohilew abgefasst und in Riga am 14. Mai 1407 besiegelt wurden. Ihrer Fassung nach sind sie, wenn man von einigen Ausdrücken absieht, gleichlautend, jedoch mit dem Unterschiede, dass die eine, welche von der Stadt Polozk ausgestellt wurde, mit den Worten beginnt: *Wir Männer* (Bürger) *von Polozk*, während die zweite von Riga ausgestellte, folgender Maassen beginnt: *Wir Rathsmänner* (Rathsherren) *und alle Kaufleute von Riga*. Ausserdem besteht zwischen beiden Redactionen ein Unterschied in Betreff der darin beobachteten Rechtschreibung, so dass die vorhandenen Exemplare kaum einer und derselben Zeit angehören können. Das von Seiten der *Stadt Polozk* ausgestellte und hier unter *a* abgedruckte ist auf Pergament und jedenfalls früher als das der Stadt Riga geschrieben. Angehängt ist demselben das Siegel der Stadt Polozk in weiss Wachs, enthaltend die Inschrift: Печа || ть поло || цьска || сгои со || фьи. Copie von dieser Redaction bei Brotze Syll. I, 646. Vgl. Index, № 3374. Im Rumänzow'schen Museum befindet sich von dem Original auf Pergament ein Facsimile (Abdruck darnach in Акты, собранные въ Библіотекахъ и Архивахъ Россійской Имперіи Археографическою Экспедиціею Импер. Академіи Наукъ. (СПб. 1836, in-4°), Часть I, pag. 11, № 16). Vielleicht wurde auch die Recognition der *Stadt Riga* ursprünglich auf Pergament geschrieben; doch hat sich dieselbe vollständig nur auf einem Papierblatte erhalten mit der Spur eines in weiss Wachs aufgedruckt gewesenen Siegels. Während das pergamentne Document der Stadt Polozk mit Halbfracturschrift (крупнымъ полууставомъ) geschrieben ist, gehört die Schrift der Recognition der Stadt Riga (s. Wostokow's Описаніе Русскихъ и Словенскихъ рукописей Румянцовскаго Музеума. СПб. 1842, p. 65 und 66) einer späteren Gattung der Halbfracturschrift an und verräth schon den Uebergang zur Cursivschrift (скоропись) und zu einer jüngeren Art von paläographischen Merkmalen. Abgedruckt wurde die letztere Recognition nach dem im Rumänzow'schen Museum befindlichen Facsimile in den Акты, l. c. № 16, II, p. 12 und in v. Bunge's livl. UB. V, 581, № MDCCXXIV.

Wir lassen hier beide Recognitionen nach den Originaldocumenten des rig. Archivs folgen, so dass es nun möglich sein wird, die einzelnen Versehen und Inconsequenzen der Schreiber zu verbessern und den Text überhaupt in seiner ursprünglichen Fassung wiederherzustellen, wobei, ausser № CLX, auch das unter № CLXV abgedruckte Bruchstück von Nutzen sein wird.

a. *Recognition der Stadt Polozk.*

† Мы мужи Полочане даемъ вѣдати, кто на сию грамоту узрить или услы|шить чтучи. Князь великыи Витовтъ Литовьскии, нашъ осподарь, докончалъ|промежи насъ и смирилъ насъ вѣчно, межи Полоцкого города и

b. *Recognition der Stadt Riga.*

† Мы Рызькии ратманѣ и вси купци Рызьчне даемъ вѣдати, кто на сию грамоту узрить| или чтучи услышить. Князь вѣликои Витовтъ Литовьскыи и нашъ осподарь доконь|чалъ промѣжи насъ и смирилъ насъ вѣчно, мѣжи По-

Ризького города: што бы Полочаном доброволно ехати к Ризѣ, такъ же Рижаномъ к Полоцку, безъ всякоя завады, ни одного не высмиши, доброволно ему купити и продати; также Полочаномъ у Ризѣ, а Рижаномъ у Полочку, никакое малое торговле не торговати, што розницею зовутъ; а то мы какъ у Полоцку, а Рижане у Ризѣ, учинимъ и поставимъ, а любо, какъ можемъ межи себе уровнати. Также могутъ Полочане мимо Ригу у землю, а Рижаномъ мимо Полтескъ у землю, куда хочютъ, то на обѣ сторонѣ межи насъ волно, водою и землею. Нынѣж бы князь великыи Витовтъ, осподарь нашъ, а любо его послѣдкове, кто коли будетъ осподарь Полоцки у Полоцку, нскладъ учинили, а любо мештерь Задвиньскии в Ризѣ: а тотъ нскладъ держати на обѣ сторонѣ, у Полоцку и в Ризѣ, такъ, какъ уставленъ будетъ. А Полочаномъ блюсти Рижанина у Полоцку, какъ себе; а Рижаномъ блюсти Полочанина у Ризѣ, себе оборонити. Аже Полочанинъ што проступить у Ризѣ, ино имъ того до Полоцка послати; ино его тамъ Полочане осудятъ по своему праву. Также Нѣмецкии купець што проступить у Полоцку, ино его послати к Ризѣ; ино его тамъ осудятъ по Ризькому праву. Также у Полоцку соль вѣсити на скалвахъ тымже вѣсомъ, што воскъ вѣсять, тыми же колоколы. Вѣсу Полоцкому быти Ризького полупудомъ болши. Про то же сперва Рижаномъ послати свои колоколы и скалвы к Полоцьку на свою истраву; потомже сотрутся тыи колоколы, или изломятся, или погибуть, ино намъ, Полочаномъ, послати в Ризѣ на свою истраву, на свои пѣнязи, да учинити тыи колоколы по старому праву и полѣпшити. Также серебряные вѣсы у Ризѣ дѣржати полузолотникомъ болши во одного рубля. Также вѣсцѣмъ крестъ цѣловати нынѣ, и потомъ коли надобѣ, што имъ право вѣсити на обѣ сторонѣ, одному какъ и другому; а вѣсцю отступити прочь отъ скалвъ, а рукою не приматн. А вѣсебное

лоцкого города и Ризького города: што бы Полочаномъ доброволно ехати к Ризѣ, такжѣ Рижаномъ к Полоцку, бѣзъ всякое завады, ни одного нѣ высмиши, доброволно ему купити и продати; такъ Полочаномъ у Ризѣ, а Рижаномъ у Полоцку, никакое малое торговли нѣ торговати, што розницѣю зовутъ; а то мы какъ у Полоцку, а Рижанѣ у Ризѣ, учинимъ и поставимъ, а любо, какъ мы можемъ мѣжи себѣ уровнати. Такжѣ могутъ Полочанѣ мимо Ригу у землю, а Рижанѣ мимо Полтѣскъ у землю, кудѣ хочютъ, то на обѣ сторонѣ мѣжи насъ волно, водою и землѣю. Нынѣжь бы князь вѣликыи Витовтъ, осподарь нашъ, а любо его послѣдковѣ, кто коли будетъ осподарь Полоцкии у Полоцку, нскладъ учинили, а любо мѣштѣрь Задвиньскии в Ризѣ: а тотъ складъ дѣржати на обѣ сторонѣ, у Полоцку и в Ризѣ, такъ, какъ уставленъ будѣтъ. А Полочаномъ блюсти Рижанина у Полоцку, какъ себѣ; а Рижаномъ блюсти Полочанина у Ризѣ, какъ себѣ оборонити. Ажь Полочанинъ што проступить у Ризѣ, ино того имъ до Полоцка послати; ино его тамъ Полочанѣ осудятъ по своему праву. Такжѣ Нѣмѣцкии купѣць што проступить у Полоцку, ино его послати к Ризѣ; ино его тамъ осудятъ по Ризькому праву. Такжѣ у Полоцку соль вѣсити на скалвахъ тымжѣ вѣсомъ, што воскъ вѣсять, тымижь колоколы. Вѣсу Полоцкому быти Ризького полупудкомъ болши. Про тожь испѣрва Рижаномъ послати свои колоколы и скалвы к Полоцку на свою истраву; потомъ жѣ сотрутся тыи колоколы, или изломятся, или погынуть, ино намъ, Полочаномъ, послати к Ризѣ на свою истраву, на свои пѣнязи, да учинити тыи колоколы по старому праву и полѣпшити. Такжѣ сѣрѣбраныи вѣсы дѣржати в Ризѣ полузолотникомъ болши Полоцкого вѣсу у водного рубля. Такжѣ вѣсчимъ крестъ цѣловати нынѣ, и потомъ коли надобѣ, што имъ право вѣсити на обѣ сторонѣ, одьному какъ другому; а вѣсчѣму отступити прочь отъ скалвъ, а рукою не приимати вѣсцю: какъ у Полоцку на Рижанехъ емлють, такъ имати у Ризе на Полочанехъ вѣсебное. Аже будетъ которая обида или завада межи нимъ на обѣ сторонѣ, ино знати истьцю истьца, а никому иному в тое ся не вступати, ни томъ рубежя держати, на обѣ сторонѣ. Аже будетъ межи мештерень Задвиньскимь, или которыи опослѣ будетъ, межи земли и люлеи, ино купцови чистъ путь, его товару, на обѣ сторонѣ, и его животу: узяти ему свои товаръ куда хочеть, ехати и поити коли ему надобѣ, или по воде или по суху, или у городѣ или на пути. Про томъ бы тое смиренье вѣчно стояло непорушено со обою сторону межи нами, Полочаны и Рижаны, и пѣчяти есмо свои привѣсили к сем грамоте. А писана бысть грамота ся у Могилевѣ, по Божьемь роженьи ,а лѣть и ў и з лѣтъ: а пѣчатана у Ризѣ, у семую суботу мѣсяца Мая ді день.

имати. А вѣсчѣе имати вѣсчѣму; какъ у Полоцку емлють на Рижанѣхъ, такъ имати у Ризѣ на Полочанѣхъ вѣсчѣе. Ажь будеть которая обида или завада мѣжи нимъ на обѣ сторонѣ, ино знати истьцю истьца, а никому иному в то ся нѣ въступати, ни о томъ поруба дѣржати, на обѣ сторонѣ. Ажь будетъ мѣжи мѣштѣрень Задвиньскимь, или которыи опослѣ будѣтъ, мѣжи земли и людѣи, ино купцѣви чистъ путь и его товару, па обѣ сторонѣ, и его животу: взяти ему свои товаръ куда хочѣть, ехати и поити куда ему надобѣ, или по водѣ или по суху, или в городѣ или на пути. Про тожъ бы тое смирѣнье вѣчно стояло нѣпорушѣно с обою сторону мѣжи нами, Полочаны и Рижаны, и пѣчать есмо свою привѣсили к сѣи грамотѣ. А псана бысть грамота ся у Могилѣвѣ, по Божьемь нарожѣньи ,а лѣтъ и ў лѣтъ и семь лѣтъ; а пѣчатана в Ризѣ у семую суботу мѣсяца Мая ді день.

№ CLXV.

Bruchstück der Recognition der Stadt Riga in Betreff der zwischen den Polozkern und Rigischen im J. 1406 getroffenen Handelseinigung, d. d. Mohilew, 14(07). 14(07)

Diese fragmentarische Copie (es fehlt ihr der Anfang und der Schluss) befindet sich im rig. äussern RA., geschrieben mit einer sehr deutlichen slawischen Halbfracturschrift auf einem grossen Pergamentblatte, zusammen mit und über einer gleichzeitigen alten deutschen Copie der Handelseinigung Witold's vom J. 1406 (s. oben № CLX, p. 124), stimmt mit der zweiten Hälfte der oben abgedruckten Recognition der Stadt Riga überein, ist jedoch früher als diese niedergeschrieben.

— — — — — — — — цка послати; ино его тамъ Полочане осудятъ по своему праву. Также Нѣмѣц‖кии купець што проступить у Полоцку, ино его послати к Ризѣ; ино его та‖мъ осудятъ по Ризькому праву. Также у Полоцку соль вѣсити ни скалвахъ‖ тымже вѣсомъ, што воскъ вѣсять, тыми же колоколы. Вѣсу Полоцкому быти Ризького полупудомъ болши. Про то же исперва Рижаномъ послати свои колоколы в скалвы к Полоцку на свою истраву, потомже сотрутся тыи колоколы, или изломятся, или погибнуть, ино намъ, Полочаномъ, послати къ Ризѣ на свою истраву, на свои пѣнязи, да учинити тыи колоколы по старому праву и полѣпшити. Такъ же серебрьныя вѣсы у Ризѣ дѣржати полузолотникомъ болши Полоцкого вѣсу во одного рубля. Такъ же вѣсьцѣмъ крестъ цѣловати, нинѣ и потомъ коли надобѣ, што имъ право вѣсити на обѣ сторонѣ, одному какъ другому; а вѣсцю отступити прочь отъ скалвъ, а рукою не приимати. А вѣсебно имати вѣсцю, какъ у Полоцку емлють на Рижанехъ, такъ имати у Ризѣ на Полочанехъ вѣсебное. Аже будеть которая обида или завада межи нимъ на обѣ сторонѣ, ино знати истьцю истьца, а никому иному в тое ся не ступати, ни о томъ рубежа держати на обѣ сторонѣ. Аже будеть межи мештеремь Задвиньскимь, или которым опослѣ будеть, межи земли и людеи, ино купцеви чисть путь, его товару на обѣ сторонѣ и его животу: узять ему свои товаръ куда хочеть, ѣхати и поити коли ему надобѣ, или по водѣ или по суху, или у городѣ или на пути. Про тожь бы тое смирение вѣчно стояло непорушено, со обою сторону, межи нами Полочаны и Рижаны, и печати есмо свои привѣсили к сеи грамотѣ. А писана бысть грамота ся у Могилевѣ, по Божьемь рожены ã лѣтъ и ў и...

№ CLXVI.

1407 Protocoll des revalschen Raths über eine Verhandlung mit Berent und Lambert von Velen wegen unrechtfertigen Salzverkaufes des erstern in Nowgorod, d. d. um St. Jacob (25. Jul.) 1407.

Ein Papierblatt jener Zeit im rev. RA. Vgl. v. Bunge livl. UB. IV, 628, № MDCCLXIII.

It: MCCCC°VII jar do gegendet vmme sunte Jacobes dage vt[1]), dat de russen to nouwerden eyns worden dat se nyn solt kopen en wolden to nowerden et en wer to nowerden ge wegen des wort de dudesche kopman do weder eyns dat nyn dutsche solde solt vor kopen anders dan na older wontheyt de[2]) vor luste des gudes vnde by X marken des so quam berent van velen vnde kopslage tegen dyt vor gescr: bot[3]) also nam eme de kopman dat gut do bat he den kopman dat se ene benaden[4]) also gaf eme de kopman de X marc to vnde gaf eme I quart[5]) trogenissen[6]) to syr[7]) teringe[1]) also vor he vt vnde vor to wyborch dar na quam he to lubek vnde drowede deme gemeynen nowerdeschen kopmanne vnde segede se hedden eme syn gud genomen he wolde en dat er weder nemen hir vp so drengede ene de kopman in de hechte[2]) vnde des so quam lambert van velen vor den raed to reuele vnde bat deme rade dat se wol deden vmme godes willen vnde vmme synes vor denstes willen[3]) vnde geuen eme eynen bede breff an den raed to lubek dyt schach vmme syr[4]) bede willen vmme dre guder lude bede willen de he met syk hadde dat eme eyn bede breff wort an den raed to lubek also sach dat de raed vnde de kopman to lubek ouer[5]) vmme bede willen der van reuele vnde he dede der bede vnde se leten ene vt hir en bouen quam lambert vnde he klage syc hyr vor den kunder[6]) to reuele.

1) Offenbar ist der Sinn: es verbreitete sich das Gerücht; aber den hier gebrauchten Ausdruck vermag man nicht zu erklären.

2) Leg. *be* oder *by*.

3) Gebot.

4) Begnadigen.

5) Ein Vierteltausend: denn die Felle wurden nach Tausenden gezählt.

6) *Troygenisse* nimmt Lappenberg (in der von ihm herausgegebenen Urkundlichen Geschichte des Ursprungs der deutschen Hanse von Sartorius II, 250) für gleichbedeutend mit *toyenissen*, *togenissen*, *doyenissen*, *dogenissen*, *doynissen* und versteht darunter eine schlechtere, geringere Art von Pelzwerk oder Fellen. Vgl. oben S. 89^b, Anm. 8.

7) *syner*.

1) Für *teringe*, Zehrung, Kostgeld.

2) In die Höhe drängen = ins Gefängniss, namentlich in die auf dem Boden des Rathhauses befindliche Bürgerstube bringen, von wo nachher *se leten ene ut*, d. h. sie ihn wieder heraus liessen.

3) Er wollte es wieder verdienen, wieder dafür gut thun.

4) *syner*.

5) *ouersen*, übersehen, nachsehen, verzeihen.

6) Comthur.

№ CLXVII.

Der HM. überlässt dem Gf. Witaut, ob er den Pleskauern einen Hauptmann ad interim 1408 setzen wolle, weil er des livländischen OM. Willensmeinung noch nicht wisse, d. d. Marienburg, Donnerstag nach Joh. d. Täuf. (28. Jun.) 1408.

Alte Abschrift im GA. zu Kgsbg. Vgl. Index № 603 u. v. Bunge livl. UB. IV, 623, № MDCCLVIII.

Irluchter forste vnd grosmechtiger besunder lieber Herre, buten In gebunge desses brieffes haben wir entphangen euwir durchluchtikeit brieff der czu Traken gegeben ist am Donrstage noch viti In deme euwir grosmechtikeit des Gebitigers Brieff von lyfflande, vns vorslossen hat gesandt den wir mit sampt euwerm Brieffe wol vornomen habin vnd als euwir Hochwirdikeit schreibt von eyme houptmanne, den Pleskowern off eyne cziet czu geben etc. Vnd begert das wir euwir Herlichkeit doruff vnser gutdunken schreiben wellen, Lieber besunder Herre synt der czit das das orloy kegen den Pleskowern, vns albie nicht angeet zo wissen wir ouch werlich vnsere antwort so eigentlich doruff nicht czu gebin, wend wir von vns selbir nicht wissen noch dirkennen konnen, was dorjnne fugelich addir notzlich ist, Is wer denn das wir des Gebitigers von lyfflande willen vnd meyunge wosten der vns doch nicht do von hat geschreben Sunder so vil an vns ist wellen wir des allewege euwir grosmechtikeit genzlich getruwen vnd vnsern willen, yn den euwern setczen, was Ir doran das beste dirkennet, das ir do noch tetet, Wend wir das ane czwifel von euch als von vnserm sunderlichin vnd gunstigen Herren halden, das Ir noch vnserm vnd vnsirs ordins besten steet vnd synnet als Ir vorderste konnet vnd ouch den allir nutzten Rath dor Inne wisset an den Enden Adir dorvmb, das wir des Gebitigers, willen, vnd gutdunken nicht haben, zo konnen wir noch wissen, euwir dorchluchtikeit keyne entliche antwort off desse cziet off die sache czu geben, Sunder wir wellen von stadan deme Gebitiger schreiben, das her vns synes willen doran eigentlich vndirrichte ap euwir grosmechtikeit vns her nochmals do von me schreiben wurde, das wir euch eyne entlich antwort geben mogen, Gegeben czu Marienburg Am donrstage noch Johannis Baptiste Anno etc. octauo, Ouch senden wir euwir Herlichkeit des gebitigers briff weddir hirjnne verslossen.

№ CLXVIII.

Die Aelterleute des deutschen Kaufmanns zu Nowgorod melden dem revalschen Rathe 1408 von gewissen für den gemeinen Kaufmann zu befürchtenden Nachtheilen und Störungen des Störfanges, d. d. am Abende St. Jacobi (24. Jul.) 1408.

Pap. Orig. mit dem unter einer Papierscheibe aufgedrückten, unkenntlichen Siegel im rev. RA. Vgl. v. Bunge livl. UB. IV, 630, № MDCCLXV.

Salutem in domino vnde wes wy ghudes vormoghen myt aller beheghelicheit Erwedighen[1]) heren Ju leuet ‖ to wetende dat wy Ju in korten tiden hir beuoren eynen bref sanden dar wy Ju Inne biddende weren dat ‖ gi vmme vnsen willen

1) Erwerdighen.

bernde van vreden gheleiden wolden dat he vor de stede mochte komen Isset sake dat gi ene gheleidet hebben so bewaret Ju myt em dar ane dat men wete wo men myt eme dar ane sy wente wy hebben andere tidinghe vornomen synt der tijd dat bernd van nougarden toch wo dat sik ene gheselschop to der narwe vorgadderen[1]) wille vppe russen van vp dudeschen[2]) in der doden narwe[3]) ofte wor se moghen anevank to donde Hir Inne bidde wy Ju vrentliken dat gi Juwen wisen rad an disse sake keren willet Also dat des de dudesche kopman neynen schaden en neme wente wy vruchten worde dar anevank ghedan vp de russen dat des de kopman vntgelden moste It: so is hir tidinghe dat den storuenghers[4]) solde ere schip ghenomen wesen leddich vnder den vorsche[1]) benedden der noteborch vnde eren stor solden se gheyloghent[2]) hebben in de vorborch tor noteborch wat wy hir wares ane vornemen dat wil wy Ju scryuen mit den ersten Hir vmme bidde wy Ju vrentliken dat gi vns willen scryuen wat tidinghe dat gi dar van den zweden hebben wante de kopman nu tor tijd neynen wech en weet welkhent dat he vt varen sal anders nicht vp dusse tijd got beware Ju nu vnn in aller tijd myt leue ghescreuen Int Jar vnses heren XIIII° vnn VIII. vp sunte Jacobus auent.

By vns olderlude vnde wisesten
des dudeschen kopmans to nougharden.

In dorso: Den Erwerdighen heren Borghermesteren vnde Rad der stad van Reuele vnsen leuen vrenden hec litera presentetur.

1) Sich versammeln, sich zusammenthun.

2) Zum Handel zwischen Russland und Deutschland.

3) Unter der «todten Narwa» ist entweder eine früher bewohnte, nachher verlassene Wohnstelle oder ein Nebenflüsschen der Narowa zu verstehen.

4) Also wurden damals von Deutschland aus Schiffe zum Störfange nach der Newa und in die Gewässer umher ausgerüstet und abgeschickt.

1) Altnord. *fors* = Wasserfall. hier jedoch nicht der Wasserfall im Wolchow (s. Lehrberg's Untersuch. S. 367, Sart.-Lappenberg II, 35), sondern der Wasserfall oder richtiger die Felsenwehre (пороги) in der Newa bei Pella «benedden der noteborch».

2) *vleghen*, durch Fliehen in Sicherheit bringen.

№ CLXIX.

1409 Die Aelterleute des deutschen Kaufmanns zu Nowgorod geben dem Rathe zu Reval Nachricht von einer ihnen widerfahrenen Beschlagnahme von 11 Tonnen Pelzwerk, d. d. zu Nowgorod, am Abend Annunciationis Mariae (24. März) 1409. *D.*

Pap. Orig. mit Spuren des aufgedrückt gewesenen Siegels im rev. RA. Abgedruckt in v. Bunge's livl. UB. IV, 651, № MDCCLXXXIII.

№ CLXX.

(14)09 Die Aelterleute in Nowgorod melden dem revalschen Rathe mancherlei Klagesachen und Neuigkeiten über nowgorodsche Verhältnisse, d. d. Nowgorod, Dienstag zu Pfingsten (28. Mai) (14)09.

Pap. Orig. mit den Spuren des aufgedrückt gewesenen Siegels im rev. RA. Vgl. v. Bunge's livl. UB. IV, 663, № MDCCXCVI, Reg. 2132, p. 96.

Ersame leue met heylsamer gr: vorscr: Wylt weten heren vnde leyuen vrunde dat vns to wetene worden is wo dat de nouwerder willen boden senden an den mester vmme ghebreckes willen tusschen lande vnde water vnn oc vmme des gudes willen dat eu entvort wart vor reuel vnn oc vmme des gudes willen dat en ghenomen wart in der doden narwe van oc vmme ouer dat de en de voghet van der narwe ghedaen heuet also se seyen vnn wy hebben wol vornomen wo dat desse boden solen komen vor den mester vnn war dat se to deghedinghen komen vnn al my list vmme dessen vorscr: gudes willen dat to soken na der kruskussinghe des gy iu doch wol entzeyen vnn hir sin russen van kopluden de bevruchten sic des worde dar wat van ingherumet, nadem dat et tor see wert vorloren vnn ghenomen is dat dat nicht gud en werde inde leenghe went dat mochte hir neghest echt schen men dat gud dat se dem kopman ghenomen hebben dat sy ghenomen in erer stede roues ghewys vnn de rouers gaen hir met en vp der strate vnn de hertoghe sy mede en houedmaen desser rouers en konnen men nicht to boghe anthoklaghen vnn de roef Jo ghescheen is in errer stede sunder volbort des borchgreuen vnn hertoghen also se vns seden vor sunte Johannes kerken vnn dusdane roef van dessen winter drye gheschen is so y wol vinden solen indessen nascr: punten vnn oc kranke redelycheyt schut van rechte so hir nascr: steyt.

Int erste van dessen punten so es dyt ... twen Jaren do was hertoghe wassyle nesse do wart int yseren ghesat claus vrolinc in des henghers hus met ghewalt sunder rede vnn recht dat dede onnufre modbode et wart vorvolghet vor dem hertoghen dar en mochte nen ghelyc vor scheen.

In dessem winter des donnersdaghes vor lichtmessen do stret vor olderlude herman lichte von herman westbek, do quam to nouwerden varen herman buten schone hinric plogher gheuert godeke vnn hans holthusen do wart herman butenschone gheslaghen van russen vt der luderessen straten seuemon ein pert vnn sleden vnn vorden en int velt morder wys vnn toghen en naket vt vnn herman herlaghede sic dat se em nemen LXX stucke ludeghes siluers V nobelen vnn .C. I. gelerssen gulden vnn oc heuer vnn vosse so he mede hadde.

Dar he voren an dessen winter da stot vor olderlude herman akeman vnn herman westbek, do wart ghenomen hinric grudemane sin mes dar mede wart he ghewont vnn ghelemet de russe heet Iwane burys vnn wont vp des konyes houe dat wart vorvolghet vor hertoghen vnn vor borchgreuen benomet tymofee goroske dar en konde nen recht van scheen.

In dessem winter vp vastel auend do wart entvort herman biteman j last beringhes de houedman was van dem nyen slote dat wart vorvolghet vor dem hertoghen vnn em en mochte nen gescheen ouer den houetman vnn de herinc blef vor loren.

Dar na nicht langhe do wart ghestolen vnn der goten houe j tunne heringhes de deef wart ghegrepen vnn wart ghebracht vor den hertoghen dar en mochte nen recht ouer scheen men he gaf I prisstauen vmme de tunne to soken de wart ghevonden dem prysstauen moste men gheuen III marc schin dat was dat recht dat dar van gheveel.

It: so wart entfordeghet enen ghezellen het herman hedemer 1 last honighes V lispunt vnn III marc punt vnn IIII deker hocveel de vorman het kuseman vnrytske vnn wonde in der pruschen straten dar en kan nen recht van scheen wente de vorman is entvloen.

It: so wart dar honych vp gheleecht tor narwe dat beheldcn de vorlude vmme des siluers willen dat en de voghet van der narwe af schatte vmme er mysdaet dor en konde vns nen recht van scheen.

It: XIIII daghe vor passen do wart dat gud ghenomen XI tunne weine vnn wo dat ghevallen is dat wete gy rede wol.

It: VIII^te daghe vor passchen do voer van hir

hans van me loe hans van den ekken vnn markwart tanckenhaghen do wart hans van me loe gheslaghen vnn beroued wo vnn wat he vor loes dat wete gy dar baet dan wy des morghens do wy quemen vor de heren vmme des gudes willen do vraghede vns de hertoghe of oc dudeschen to nacht voren van dem houe do sede wy neen wer se weren varen van der goten houe des en wyste wy nicht he claghede er broder weren ghehouwen vnn gheslaghen of dat gud were vnn belachede vns dar to war vmme dat wy by nachte voren dyt sin de punte de wy iu nicht to vullen ghescryuen konen wat ouer daet van ghebrekes dar in ghevallen is vort so wet leuen vrunde dat de boden ghekomen sin de se hadden in zweden vnn her turd beuet bekant aldes gudes dat den russen ghenomen is tor see wert, dat hebbe he nemen laten vmme sines neuen willen den he darghesant hadde vor bode den se ghehouwen vnn berouet hebben dat hebben ghedaen des hertoghen lude dar vmme hebbe he dat gud nemen laten vnn wylles noch mer nemen laten war he mach dyt andwerde is dus ghevallen vor den heren men inden ghemenen dinghe is et aldus vp antwordelt dat de boden her turde hadden ghovraghet, dat gud dat se vor loren vnn ghenomen wart of dat tor oarwe were do hadde her turde ghezecht, wisten se et dar war vmme dat se es em vraghedeu dat se dan dar toghen vnn vorderent dyt beuet de hertoghe dar vmme laten zeyen vmme de mente do hat to vor noghen vnn de hat weder worde to hebben teghen den mester vnn teghen de stede wen et dar to komet.

It: so wet leuen vrunde dat hir en gherochte lopet, dat hir boden komen solden de zeghen se gherne went de pleskouwer seden hir openbaer dat her albert hadde to pleskouwe ghewest vnn hadde enen wech vor voruen vmme dar dor to varen hir vmme so togheren se vnn dar en dar nemet vt, wente se en weten nicht, wo se den roef met ghelike vor antworden soleu den se hir ghedaen hebben an dem gude hir vmme leuen vrunde so sit hir in vor seen vnn prouet dat mene beste so y alleweghe gherne doen anders en kone wy iu nicht ghescr: vp desse tyd men bliuet ghesunt to gode vnn ghebet to vns Ghescr: int Jar IX des dinschedaghes to pinxten to nouwerden.

By vns olderlude wysten vnn ghemene kopman nv tor tyd.

In dorso: Erharen heren Bormeysteren vnde Radtmanne der staet Rud kome desser bref mit werdycheyt.

№ CLXXI.

1409 Der livländische OM. und der Rath zu Riga schreiben dem Burggrafen Johann und der Gemeine zu Polozk, welche Abrede mit den bei ihnen in Riga anwesenden Polozkern wegen des Wiederbeginnes der Handelsverbindungen, genommen worden, d. d. Riga, am Tage nach Laurentii (9. Aug.) 1409.

Concept im äussern rig. Rathsarchive.

Meister dutsches ordens tho liflande, vnde Borgermeistere vnde Radmanne tho Rige gröten hertigen Johanne Borchgreuen, vnde de ghemenen manne tho ploskow, vnde don Jw witlic dat wy mit dauiden dem boden des groten forsten hertogen vitowten vnde mit Juwen Borgern de nu hir syn tho Rige ghesproken vnd ghedegedinghet hebben, also vm de sake de nu tusschen vns vnd Jw ghelegen syn dar van gi vns Juwe breue gescr. hebben, vnde syn des mit en eus ghewordeu vnd hebben dat vm des besten willen ouergegeuen dat Ignate vnde etlike andere van den Juwen de hir tho Rige syn ere ghud vp senden schölen vnd mogen tho dunenborch wort dat erste dat se rede werden sunder see schölen suluen hir bliuen vnd dar heft vns dauide de bant vorgegeuen van des grote forsten wegen also langhe, dat gy vnsen Copman mit alle synem gude vry gegeuen hebben, vnde also vro gi dat don vnde vnse Copman mit synem gude her af thut vnd Juwen breff mede bringhet, so scholen ok alle de Juwe de hir tho Rige syn vnd ok anders wor mit erem gude vry wesen tho theude vnd tho varende wor se willen. Hir vp so sende wy tho Jw enen van vnsen Radluden mit dessem breue, muntliken mit Jw tho sprekende vnde tho endende desse sake Gescr. tho Rige In den Jaren vnses heren MCCCCIX des negesten dages na sunte laurencius dage vnder vnsen Inghess. vnder vp dessen breff ghedrucket.

№ CLXXII.

Fürst Iwan Semenowitsch von Polozk beurkundet den zwischen dem Deputirten der Stadt Riga, Fedor, auf der einen Seite und zwischen ihm, dem Statthalter von Polozk und den Polozkern auf der andern Seite geschlossenen Vertrag, nach welchem die von beiden Seiten angehaltenen Waaren und Leute frei gegeben, und die Handlung zwischen ihnen wieder hergestellt werden soll. D. D. Polozk, am Montage vor dem Tage des heiligen Symeon, den 26. August 1409. 1409

Das papierne Original mit den Spuren der zwei aufgedrückten Siegel, von denen das eine, das des Fürsten Iwan Semenowitsch in grün, das andere — wahrscheinlich das der Stadt Polozk — in weiss Wachs gedrückt war, im innern rig. RA.; Copie bei Brotze Syll. I. 66. Vgl. Index № 3375, wo aber die Datumsangabe nach obiger zu berichten ist; denn der Zusatz «лѣтопроводецъ» zeigt, dass hier von jenem heiligen Symeon (Симеонъ) mit dem Beinamen Stylites die Rede ist, dessen Fest in der griechischen Kirche am 1. Sept. gefeiert wird und das im J. 1409 auf einen Sonntag fiel. Лѣтопроводецъ oder лѣтопроводникъ (= Jahresführer) heisst er, weil die griechische Kirche an seinem Festtage das Neujahrsfest feierte, was in Russland erst durch Peter den Gr. abgeändert wurde.

Ob unter dem in der Urkunde erwähnten rigischen Rathsherrn Fedor der rigische Rathsherr Tideman (Theodericus) Nyenbrugge zu verstehen ist, der 1389—1392 Landvogt war, 1393 Bürgermeister wurde und noch 1400 vorkommt, lässt sich nicht mit völliger Bestimmtheit behaupten. S. über ihn (Böthführ's) rig. Rathslinie S. 38; v. Bunge's livl. UB. IV. S. 68 der Regesten und Urkunde № MDLIII, Beilage S. 363 und vgl. oben № CXXII, p. 94.

Was den Fürsten Iwan anbetrifft, so wird sich seine Stellung als Fürst (oder Statthalter?) von Polozk am besten aufklären lassen, wenn wir die Rolle, welche sein oben (S. 104) erwähnter Vater in den Angelegenheiten des nordwestlichen Russlands gespielt hat, uns vergegenwärtigen. Lengweni (oder Lugweni nach russischem Sprachgebrauch: Лугвен., auf seinem Siegel vom J. 1383 im Zbiór praw litewskich. Poznań 1841, Taf. III, b, während sein Sohn Юрій sich «Dux Georgius Lingvensis» auf dem Siegel einer Urkunde nennt: s. Vossberg, Siegel des Mittelalters von Polen, Lithauen, ... Schlesien, Preussen, Berlin 1854, p. 44) war ein Sohn des Gf. Olgerd, Stiefbruder von Jagailo und Switrigailo (s. oben S. 81), und gilt als der Ahnherr der Fürsten von Mstislawl (im Gouvernement Mohilew) und verschiedener russischen Bojarengeschlechter. Als väterliches Erbtheil hatte Lengweni das Gebiet von Mstislawl und Kritschew (s. unter andern die I. Chron. v. Nowgor. a. 6948) erhalten. Während er sich bei seinem Stiefbruder Jagailo-Wladislaw in Polen aufhielt, wurde sein Fürstenthum von Swätoslaw Iwanowitsch, Fürsten von Smolensk und Bundesgenossen von Andrei Olgerdowitsch (s. oben S. 81), mit Krieg überzogen, jedoch noch im J. 1386 von ihm und den mit ihm zugleich herbeieilenden Jagailo, Switrigailo und Witold Keistutiewitsch (s. Karamsin, V, прим. 112) vom Feinde befreit. Nicht lange darauf greift durch ihn Lithauen abermals in die Angelegenheiten Nowgorods ein. Die IV. Chron. v. Nowgor. (vgl. Karamsin, V, прим. 108) berichtet, dass Lugweni sich im J. 1388 nach dem Ritus der griechischen Kirche taufen liess, dabei den christlichen Namen Semen erhielt und dass er den Wunsch ausdrückte, von Nowgorod in dessen Beistädten (пригороды) oder Burglehen als Landverweser eingesetzt zu werden, welche Würde früher auch der lithauische Fürst Narimunt-Gleb (s. oben S. 53) und später auch kurze Zeit dessen Sohn Patriki (s. oben S. 121, Anm. 3) bekleidete. Aus einer von Semen Olgerdowitsch am 25. April 1389 in der polnischen Stadt Sędomir in russischer Sprache ausgestellten Urkunde (abgedruckt in den Акты относящіеся къ исторіи Западной Россіи. Томъ I. СПб. 1846, № X, p. 26; cf. прим. p. 5—6) erfahren wir, dass er als Landverweser (опекальникъ) von Nowgorod sich sogar in ein gewisses Abhängigkeitsverhältniss zur Krone Polen setzte oder wenigstens es zu thun versprach. In demselben Jahre (1389) langte er wirklich in Nowgorod an und wahrscheinlich wurde ihm Oreschek (= Nöteborg oder das heutige Schlüsselburg) zur Residenz (vgl. v. Bunge's livl. U. IV, p. 345, 346) angewiesen; denn von hier aus zog er im J. 1392 mit der dortigen Bürgerschaft gegen die Seeräuber in der Newa (s. oben p. 78, Note 1). Bald darauf aber kehrte er nach Lithauen zurück. Von 1394—1399 (s. Karamsin, V, прим. 189) war er mit Maria, der Tochter des Gf. Dimitri Iwanowitsch von Moskau verheirathet. Im J. 1402 zog er im Auftrage des Gf. Witold gegen das Heer des Fürsten Oleg von Räsan und dann gegen Smolensk (s. Супрасльская Рукопись. Москва 1836, p. 136 und bei Karamsin V, прим. 191). Im J. 1407 (s. I. Chron. v. Nowgor. a. 6915 und vgl. v. Bunge's livl. U. IV, p. 739) kam er wieder nach Nowgorod und trat abermals in den Besitz seiner Apanagen. Nachdem er im J. 1411 die Nowgoroder gegen Wiburg geführt hatte, zog er sich zum zweiten Mal nach Lithauen zurück (vgl. unt. p. 140 die Urk. vom 5. Dec. 1411), von wo aus er am 2. Januar 1412 (s. I. Chron. v. Nowgor.), im Verein mit dem Gf. Witold, einen Absagebrief (взметная грамота) nach Nowgorod schickte, als dieses ihn zur Rückkehr aufforderte. Nach einer lithauisch-russischen Chronik (s. Ученыя Записки II Отдѣленія И. Академіи Наукъ. Томъ I. СПб. 1854, p. 43) wurde ihm noch im J. 1411 in der im wotischen Fünftheil gelegenen nowgorodschen Beistadt Koporie ein Sohn (Jaroslaw-Feodor) geboren.

Aus den angeführten Daten geht zwar nicht mit Sicherheit hervor, ob Semen Olgerdowitsch vom Gf. Witold zum Theilfürsten in Polozk eingesetzt worden ist. Allem Anschein nach könnte er dort nur gegen Ende des 14. und in den ersten Jahren des 15. Jahrhunderts regiert haben. Zu Gunsten dieser Annahme lässt sich, ausser den obigen Berichten der Chroniken von Nowgorod, noch anführen, dass nach Andrei Keistutiewitsch (s. oben S. 81) Switrigailo vom J. 1380 an zu wiederholten Malen sich zum Fürsten von Polozk aufwarf, wenn er auch nicht beständig sich als solcher behaupten konnte; ferner dass im J. 1409 schon Semen's Sohn Iwan als Fürst (oder als fürstlicher Statthalter?) von Polozk fungirt. Was die oben (S. 104) abgedruckte Urkunde anbetrifft, so wird zwar, ausser Semen, noch Montigird als Statthalter Witold's erwähnt, welcher auch in mehreren andern unten Seite 160 u. flgd. abgedruckten Urkunden (ohne Jahrzahl) vorkommt; allein aus ihrem Inhalt scheint hervorzugehen, dass sie später als die oben S. 104 abgedruckte russische Urkunde abgefasst wurden. Selten mochte in jener für die Länder, welche zum Grossfürstenthum Lithauen gehörten, so bewegten Zeit ein Statthalter längere Zeit hindurch in Polozk sein Amt verwalten.

Ото князя Ивана Семеновича, Полоцкого намѣсника, и ото всихъ мужь Полочанъ [1] князю мештерю.ш Рызкому и всимъ ратманомъ Рызкимъ поклонъ. Што [2] есте прислали к намъ ратмана Өедора и онъ с нами покончалъ: отъ васъ [3], што вамъ нашихъ людей всихъ отпустити к намъ и со всимъ ихъ товаромъ, и того чловѣка, што есте его казнили, а и тоть стругъ съ товаромъ, што есте поимали, и тую вашю челядь, што вашп торговци без кунъ ихъ поимали. И нио которыи наши торговии восхотять на конецъ ехати, и коль к вамъ въъедуть, тогды мы вашь товаръ отпустимъ к вамъ на низъ, которыи поторгованыи воскъ а бѣлку. А коль пеки будуть наши люди в насъ и вси с товаромъ, што на стругѣхъ идуть, мы паки тогды весь вашь товаръ отпустимъ. Хто паки хочеть торговати, торгуи, а кто хочеть поехати, поедь доброволно. А на томъ есмо и руки дали Федору, и печати свои приклали, и с тою грамою[1]) послали есмо доброго чловѣка Климяту. А писана бысть сия грамота въ Полоцку, въ понедѣлникъ передъ святого Семиона днемъ лѣтопроводьца, по Бжью[2]) нарожѣнью ,а лѣтъ и чотыри сотъ и ѳ лѣтъ.

1) *Lege:* грамоту. — 2) *Lege:* Божью.

№ CLXXIII.

Die Aelterleute und der gemeine deutsche Kaufmann zu Nowgorod ersuchen den revalschen Rath um Rücksendung der Kleinode St. Peters und um Wahrnehmung der Interessen des gemeinen Kaufmannes, der jetzt zu Nowgorod zahlreich sei, d. d. Nowgorod. Sonntag nach St. Andreas (1. Dec.) 1409. *D.* 1409

Pap. Orig. mit den Spuren des abgeriebenen Siegels im rev. RA. Abgedruckt in v. Bunge's livl. UB. IV, № MDCCCXIII, S. 686. Vgl. oben № CLXII, p. 128 (vom 29. Aug. 1406).

№ CLXXIV.

König Wladislaw und Grossherzog Witaut versprechen den mit dem Orden eingegangenen Waffenstillstand noch zwei Tage zu beobachten, und während dieser Zeit eine Gesandtschaft zur Friedensunterhandlung mit dem Bischof von Würzburg, dem livländischen OM. und Heinrich von Plauen dem Aelteren abzufertigen, d. d. im Feldlager bei Raczanz, am Abend vor Pauli Bekehrung (24. Jan.) 1411. *L.* 1411

Perg. Orig. mit fünf Siegeln (das sechste ist abgefallen) im GA. zu Kgsbg.; Abdruck bei Raczynski p. 125. Vgl. Index № 631.

№ CLXXV.

Friedensschluss des Königs Wladislaw von Polen und des Gf. Alexander Witaut von Lithauen mit dem Orden in Preussen und Livland, d. d. Thorn, am Abend Mariä Reinigung (1. Febr.) 1411. *L.* 1411

Zahlreiche Transsumte im GA. zu Kgsbg.; Abdruck in den Preuss. Lieferungen (Leipzig 1755, 8°.) S. 295 und bei Raczynski p. 129—134 (lat.) und 134—138 (alte deutsche Uebersetzung). Das Friedens-Instrument des Ordens s. bei Dogiel IV. 84, № LXXX. Vgl. Index № 632.

№ CLXXVI.

1411 Der dörptsche Rath meldet dem revalschen von einer seinerseits am Freitage vor Michaelis mit den Pleskauern getroffenen Vereinbarung wegen ungehinderten und sichern Handels, d. d. am Tage St. Dionysii (9. Oct.) 1411.

Pap. Orig. mit dem in weiss Wachs aufgedruckten Siegel im rev. RA. Jetzt auch abgedruckt in v. Bunge's livl. UB. IV. № MCMI. p. 794.

Vruntlike grute myt begher alles guden to uorn, Ersamen leuen heren vnd vrunde, alze gi lichte‖ wol vurnomen hebben dat wy langhe twedrachtich gewesen syn myt den plescoweren, alze van‖ des copmans weghene dar vmme wy vakene vnse boden to en vnde ze ere boden wedder to vns gesant ‖ hebben, vnde konden nee[1]) ende vnde gude eendracht tusschen vns drepen, Sunder nu Int leste vnde was des vrigdages vor Mich! negest vorleden weren hiir plescowessche boden vnd hebbent na vele deidinghen alzo verne myt en gebracht. dat wy en de hant deden, vnde wy senden stren[2]) vnse boden na to plescow. vnde de nemen dar wadder de hant van deme Kouynghe vnde van gemeyne plescow. dat de copman van beiden syden schal hebben enen veleghen wech to komende vnde to varende. handellinghe to samende to hebbende. vnde zakewolde schal syk myt zakewolden beweten na der olden cruskussе: dar mede sid dem almechteghen gode beuolen. Screuen vnder vnssen Secret In Sunte dyonisijs daghe Int Jar XIIII°XI.

Borgermestere vnde Raet
der stat darbte.

In dorso: Den Ersamen wisen mannen heren Borgermesteren vnde Rade der stat Reuele vnsen guden vrunden.

1) neen. — 2) strax?

№ CLXXVII.

1411 Der livländische OM. theilt dem revalschen Rathe in Uebersetzung einen an Herzog Symeon Lengwyn von Lithauen gerichteten und ihm vom Herzog Witold abschriftlich zugefertigten Brief der Nowgoroder mit, worin diese jenen auffordern, zu ihnen zu kommen zum Beistand gegen den livländischen Orden, von welchem sie viel Unbill und Hochmuth erdulden müssten, und warnt die Revaler, vorsichtig zu sein, bis man über die Sache mehr erfahren könne, d. d. Riga, am St. Nicolaus Abend (5. Dec.) 1411.

Pap. Orig. mit Spuren des in roth Wachs aufgedruckt gewesenen Siegels im rev. RA. Jetzt auch abgedruckt in v. Bunge's livl. UB. IV, № MCMVI, p. 800. Vgl. oben p. 137.

Meister dutschs Ordens to lyfflland.

Vnse vrentliken grute mit steder Gunst to vorn. Leuen getruwen wy bidden iv to weten. dat wy vnse‖ boden tho lettbouwen gesant hadden de wedder gekomen synt. vnd brachten vns van ghebete hertogen wytoutes‖ eyn vdscrifft enes breues mit dreen angehangenen Ingesegelen. den de Nougarder vd gesant hadden. Ludende‖ van worden to worden In rusch als hir volget vp dutschs *In deme Namen* Godes Ertzebisschop to Nougarden de Gifft synen heligen zeghen Synem zone hertich Symeon lengwyn vnde ene grute van deme hertogen van Nougarden vnde van den borchgreuen, Vnde don dy to kennende, dat wy dy Manen by dynen vorworden. de du vns louedes do du van vns schedes, do du vns de hand dedes. dat du vnser nicht begeuen woldes So Mane wy dy by den vorworden als du van vns ghescheden bist, dat du to vns komest, wente wy diner wol bedoruen vnde dynes Rades, wente vns tomale vill vngelikes schut van dem orden, dat vnse koplude hebbet vor vns gewest vnde geclaget klegeliken wo dat en vill gudes genomen sy, dat sal de Orde genomen hebben In eres sulues lande, vnd ok vill alder Scheldinge Tusschen vns hebben Als du suluen wol west, wad wy mit dem orden to donde hebben vnde wy hebben mit en vill twischelinge vnde vns vill homodes schut, vnde wy des nicht leng vordregen willen. Hirumme so bidde wy dy. dat du so wol does, vnde lates dat den Groten konyng vorstan vnde Nemest orloff van eme, vnde komest to vns wente wy dar wad vmme don willen mit des Groten koninges Rade vnde lat *des ok nicht*, Hirumme leuen getruwen so bidde wy iv. dat gi vortmer destebet to dem Juwen zeen, wente so lange dat men diruare, war sich dusse sake hen wenden. God almechtich beware iuwe beschedenheit In wolmacht to langer zelicheit Gegeuen to Rige an Suntte Nycolaus Auende Im XIIII° vnd XI^cm Jare.

In dorso: Den Ersamen vorsichtigen Mannen Borgermeisteren vnde Radmannen To Reual vnsen leuen getruwen dd.[1]).

1) *Desuar* sc. hae litterae.

№ CLXXVIII.

Beitrittsacte des Gf. Alexander Witold von Lithauen zu dem Bündniss zwischen Wladislaw Jagello, Könige von Polen, und Sigismund, römischen und ungarnschen Könige, besonders wegen (Roth-) Russland, Podolien und der Moldau, d. d. Troki, am Sonnabend nach Ostern (9. Apr.) 1412. 1412

Alte Abschrift im GA. zu Kgsbg. Vgl. Index № 651.

Nos Allexander alias Witowdus dei gracia Magnus-dux Littuanie ac Terrarum Russie Princeps Supremus etc. Significamus tenore presencium quibus expedit vniuersis Quod cupientes terris et dominijs nobis subditis de statu pacifico comodose et salubri prouidere, et fines earundem terrarum nostrarum in pacis ponere dulcedine, vnionem inter Serenissimos principes et dominos Dominum Sigismundum Romanorum semper augustum et Hungarie etc. ab vna et Wladislaum Polonie etc. Reges et nos pariter parte ab altera factam et firmatam grato animo suscepimus quam amplecti seruare et tenere volumus inconcusse. ex eo quod predictus Serenissimus Princeps Dominus Wladislaus Rex Polonie etc. frater noster carissimus promisit pro nobis et caucionem fecit prefato Serenissimo Principi Domino Sigismundo Romanorum et Hungarie Regi Domino et consanguineo nostro carissimo, quod eandem vnionem seruare debemus et eam litteris nostris autenticis et priuilegialibus roborare. Et vt eadem vnio cum tanta maturitate et tam salubri deliberacione inter nos et eundem Dominum Sigismundum Romanorum et Hungarie Regem iugiter obseruetur et firmius teneatur Primo nempe ex certa nostra sciencia et in virtute fidei catholice perfecte et puro corde ac verbo ducali, accedentibus etiam ad hec Prelatorum Principum

Baronum et Procerum terrarum Littuanie et aliarum nobis subiectarum consensu pariter et assensu assumimus et pollicemur.

Quod ab hac die et hora inantea puram veram et sinceram fraternitatem eidem Domino Sigismundo Regi exhibebimus vna cum prefato domino Wladislao Rege et seruabimus Ipsumque Dominum Sigismundum Regem contra omnem hominem viuentem eum hostiliter inuadere mollientem totis nostris viribus adiuuabimus, et quod auxilium et consilium numquam dabimus nec consenciemus contra ipsius statum seu personam, neque in periculum seu necem persone ipsius per nos uel alium uel alios aliquatenus machinabimur aut machinari volentibus consenciemus, sed pocius conseruacionem sanitatis et vite Ipsius honoremque eius proposse procurabimus. Et quod de Regnis Terris Dominiis Vasallis et Subditis ipsius nullo unquam tempore quidquam attentabimus, dampnum quoque et periculum status et persone et honoris ipsius auertemus, proditoribus, et Rebellibus eius non consenciemus ymo F (fraternitatem) eius in talibus vbi sciuerimus premuniemus, (sic) sibi intimando defendemus, et ipsi assistentes et omnia alia et singula erga eius F (fraternitatem) generaliter et specialiter attendemus, et efficaciter obseruabimus que vere et sincere fraternitatis vinculum exigit, et que in prefati domini Wladislai Regis desuper confectis et nostris presentibus litteris per distincciones et continencias earundem in suis punctis clausulis et articulis sententiis quoque et capitulis vniuersis comprehenduntur, promittimus firmiter inuiolabiliterque et effectualiter attendere et tenere, prout prefatus Dominus Sigismundus Romanorum et Hungarie Rex vicaria et reciproca vicissitudine eidem Domino Wladislao Regi Polonie et nobis heccine tenenda et obseruanda repromisit Et ne in aliquo a contentis litterarum predicti Domini Wladislai Regis Polonie fratris nostri carissimi discrepare videamur, contenta litterarum ipsius in factis Terrarum Russie Podolie et Moldauie, quibus se inscripsit predicto Domino Sigismundo Romanorum et Hungarie Regi de verbo ad verbum his nostris litteris decreuimus includenda, et per nos prout per eundem Dominum Wladislaum Regem Polonie constanter obseruanda, quorum contentorum tenor dinoscitur fore talis.

Verum quia super Terras Russie Podolie Moldauie inter prefatos Dominos Sigismundum Romanorum et Hungarie ac Wladislaum Polonie Reges et occasione earundem inter cetera dissensionis materia vertebatur In facto itaque Terre Russie inter eosdem dominos Reges concordatum existit vt vita ambobus insimul comite vsque ad diem obitus vnius eorum, quem videlicet prius nutu diuino eximi contingat ab humanis inter eundem dominum Sigismundum et Dominum Wladislaum Reges ac nos Allexandrum alias Witowdum Ducem prefatum, pacis et treugarum federa habeantur incocusse et obseruentur modo infrascripto, quibus Treugis durantibus prefatus Dominus Wladislaus Rex etc. Terram ipsam Russie teneat pacifice prout tenet sine impedimento dicti Domini Sigismundi Regis uel Regnorum aut subditorum eius aliquali.

In terra autem Podolie idem dominus Sigismundus Rex promisit eundem Dominum Wladislaum Regem nec per se nec per suos subditos faceri impediri, neque alicui ad illam impediendam consilium auxilium uel fauorem prestare treugis durantibus prenotatis.

Item in casu quo eundem dominum Sigismundum Regem memorato Domino Wladislao Regi vocacione diuina premori contingat, extunc post ipsius Sigismundi Regis (decessum) predicte treuge infra quinque annos immediate sequentes debent perdurare, et e conuerso si prefactum Dominum Wladislaum Regem prius domino Sigismundo Rege decedere accidat, federa huiusmodi treugarum similiter infra quinquennium inter Hungarie et Polonie Regna Lithuaniam et terras nobis subditas post eius decessum debent firmiter obseruarj Et infra predictos quinque annos treugarum videatur de iusticia et iure parcium secundum seriem et continencias litterarum alias per Prelatos et Barones vtriusque Regni Hungarie videlicet et Polonie primum in Iglauia alio nomine noua uilla et alia uice iu antiqua uilla confectarum quarum contenta habentes hic pro sufficienter insertis quo ad hec in suo robore volumus permanere.

Preterea de Terra Moldauie seu Moldwe taliter ut sequitur inter eosdem dominos Sigismundum et Wladislaum Reges mutuo existit concordatum Ex quo enim Magnificus Alexander Woiewoda Moldauie ad beneplacita et mandata ipsius domini Wladislai Regis Polonie se dinoscitur obligasse quam obligacionem ipse dominus Sigismundus Rex prelibatus ob amorem pure et siucere fraternitatis prefati domini Wladislai Regis nolens turbare uel impedire ideo dispositum existit et firmatum vt quocienscunque Turci et infideles terras Corone Regni Hungarie cum valido exercitu hostiliter inuaderent, et eandem depopulare et deuastare mollirentur, aut quandocunque nominatus Sigismundus Rex contra predictos Turcos aut infideles Mille lanceas uel plures armaret, et contra ipsos expedicionem extra fines Regni Hungarie destinaret, extunc ad suam intimacionem et significacionem idem dominus Rex Polonie frater noster carissimus mandare debebit supradicto Moldwano, ut ipse propria in persona cum sua tota potentia eidem domino Sigismundo Regi et suo exercitui succurrat et obsequia prestet fideliter et constanter, saluo si Moldwanus ipse infirmitate notabili et graui eo tunc esset preuentus, quo casu nichilominus potenciam suo cum rectore exercitus sui ydoneo transmittere debebit, nisi saltim in seruicio memorati domini Wladislai protunc foret occupatus Qui se de mandato dicti domini Wladislai Regis vt prelibatur in succursu contra Turcos uel infideles personaliter venire, vel infirmitate preueniente suam mittere potenciam recusaret, extunc predicti ambo Sigismundus et Wladislaus Reges simul debebunt terram Moldauie non obstante predicta obligacione potenter inuadere et ipsum Woiewodam Moldwanensem ab eadem ammouere et dicioni sue Regali subiugare, obtentamque inter se diuidere et per limites seu terminos infra scriptos distingwere et celebrare tali modo quod silue maiores Bucowyna dicte incipiendo a montibus siue alpibus Regni Hungarie inter eandem Terram Moldauie et terram Sepenicensem situate penes Sereth protendentes se ad aliam siluam minorem Bucowina dictam usque ad fluuium Pruth debe-rent per medium diuidi seu dimidiarj, et quod forum Zassktarg in sinistra parte situm maneat pro eodem Rege Polonie Forum vero seu villa Berleth iu dextra parte situm maneat Domino Sigismundo Regi et Corone Regni Hungarie Transcenso autem flumine Pruth residue silue directe procedendo per campos desertos vsque ad mare pari modo cum eisdem campis desertis per medium diuidentur ita quod Feyerwar alias Bologrod cum equali medietate pro ipso domino Rege Polonie et Corona Regni Polonie, Kylia vero cum alia equali medietate pro Domino Sigismundo Rege et Corona Regni Hungarie maneant taliter dimidiate et diuise, Et pars illa que ex tali diuisione cedet domino Wladislao predicto remaneat in manibus eiusdem sub forma pacis et treugarum super terra Russie superius expressarum Vbi vero prefatus Moldwanus constanter et fideliter mandata per prefatum dominum Wladislaum Regem Polonie sibi iniungenda in dicti domini Sigismundi Regis succursum adimplebit, tunc predicta totalis terra Moldauie apud dictum Dominum Wladislaum Regem remanebit etiam post obitum alterius ipsorum Regum predictorum ad quinquennium sub federe Treugarum predictarum saluo iure partis vtriusque.

Item si aliquis uel aliqui ex subditis dominorum Regum predictorum regnorum aut terrarum ipsorum aliquas vastaciones predas rapinas uel incendia aut aliqua alia quecunque maleficiorum genera in Regnis et Terris alterius ipsorum commiserit uel commiseriut, quod per hoc treuge premisse non infringantur, sed quod idem malefactores ad satisfactionem iudicialiter compellantur ita quod dampna per ipsos facta de bonis eorum resarciantur Et si iudicio parere contempserint vterque ipsorum Regum tales tanquam maleficos persequi et inpugnare tenebitur et tenebit. Et ut prelibatus nullo dissensionis displicencie controuersie et maleficij genere superueniente quocienscunque et accidente interrumpi possit et debeat quomodolibet uel dissolui fedus treugarum et inscripcionum predictarum Sed ut in talibus delicta non remaneant impunita dispositum est, vt vndecumque contingat in talibus delinqui aut excessum fieri, recurratur et intimetur per iniuriam et dispendium pacientem ad alterum Opidorum vtpote de incolis Regni Hungarie ad opidum Sandecz, et de incolis Regni Polonie ad opidum Lewocza, Quequidem opida teneantur iudicibus hincinde ex vtroque Regnorum predictorum deputatis et deputandis casum excessum et delictum intimare et ipsos inuocare, ut in termino competenti iudices quatuor numero videlicet Comites Comitatuum de Saris Stepusieñ. Vinacieñ. et Semplieñ. protunc constituti et per eundem dominum Sigismundum Regem protunc deputati ad instanciam et querelam Incole de Polonia in antiqua villa Et ex aduerso iudices totidem per prefatum dominum Wladislaum Regem constituti et in litteris suis nominatim expressi, vtpote Sandicensis et Woynicensis Castellani Iudex et Subcamerarius Cracouiensis etiam proparte constituti in villa Schramenicze aut in eisdem locis minor pars iudicum eorundem prout rei qualitas depoposcerit conueniant et iudicium et iustitiam faciant simpliciter et de plano, subterfugijs cessantibus in delinquentes digne animaduertant.

Que omnia et singula superius contenta et expressa Nos Allexander alias Witawdus Dux supradictus rata grata babentes atque firma inuiolabiliter et inconcusse promittimus obseruanda, et in corroboracionem et fidem et testimonium cautele vlterioris Sigillum nostrum maius presentibus est appensum Actum et datum in Troky Feria sexta proxima post conductum Pasche Anno Domini MCCCC° duodecimo.

№ CLXXIX.

1412 Die Aelterleute des deutschen Kaufmanns zu Nowgorod geben dem revalschen Rathe Nachricht von ihren Maassnahmen in Betreff der von den livländischen Städten und der Hanse allgemein getroffenen Bestimmung, kein Gut in die Newa ohne geleisteten Eid zu führen, dass solches nicht auf Credit verkauft sei, d. d. Nowgorod, Dienstag vor Marien Magdalenen (19. Jul.) 1412.

Pap. Orig. mit den Spuren der zwei darauf gedrückt gewesenen kleinen Wachssiegel im rev. RA. Jetzt auch gedruckt in v. Bunge's liv. UB. IV. № MCMXXI. p. 810.

Vnse vruntlike grote vnde wes wy gudes vormogen to voren ghescr: Ersamen leuen vrunde also vns de sendeboden der lifflandeschen steden to der pernouwe vorgaddert des negesten dinschedages na dem sondage Inuorauit In dem Jare XIIII° XI in den hof to nouwerden to ghescreuen hebben. dat men neynerleye gut also want solt vnde wyn vnde allerleye frut dat men vp de russen plecht to voren vt vlanderen. hir Int lant meer bryngen sal dat to borghe ghekoft is. dar vmme we sodanich gut hir Int lant bringen wil de sal dat besweren vor den olderluden des dudeschen kopmans to brugge edder vor dem rade ander stede wt der hense. dar he dat gut wt voret dat et nicht to borgen sunder vmme reyde koft sy. sunder arge list vnde dar vp breue nemen dat dat gut besworen is. de to bryngen edder to senden by dem gude. vnde dyt ghesette solde an stan vp sunte Johannes baptisten dage negest to komende. also dat men dar na neyn gut to borge kopen sal. vnde dat to vorwarende also vorscr: steyt. vnde dyt sole wy hir vorwaren an dem gude dat In de nu komet in aller mate alzo vorscr: steyt. sunder weret dat Jenich vorscr. gut van reuele in de nu ghe vort worde dat to reuele alrede vorwaret were dar solen de heren to reuele eren breef by geuen an vns to nouworden vnde rorende In dem breue vns dat gansliken myt ernste to holden vnde dat wyl wy gerne don na vnser macht In dessen punten vnde ok in anderen punten na der stede ordenansye. vnde wo wol dat de breue so holden so en heft hir nemant bewysinghe brocht. hir vp is des de kopman ens ghewurden in ener ghemenen steuen. we hir gut ghebrocht heuet vnde dar to neyne bewisynge heuet, also vorscr: steyt. dat to reuel edder in anderen hauen alrede vorwart is bynen landes de sal dat beholden. hir myt synen eden dat dat gut alrede vorwart is et en sy dat he bewisinge mede brynge. wolde ok Jemant des edes hir nicht don deme hebbe wi gheboden by vnsem hogesten rechte des gudes nicht van hir to vorende he en hebbe den eet hir ghedaen edder bewisynge hir ghebracht. It: van honghe van solte van allerleye gude welker leye dat oc sy dat kome vt prusen edder vt den wendeschen steden. hir to nouwerden dat sal men der ghelike hir besweren. dat et nicht to borge koft en sy. dat en sy dat eyn Juwelik da bewisinghe by brynge na der punte also vorscr: steit. also dat men dar neyn gut to borge kopen sal. doch eyn deels van dem kopman menden dat dat gut dat wt den wendeschen steden hir komet. dat neyn vlamesch gut en is alzo honich vnde sodane gut nicht besweren doruen. des begere wy dat ghy vns des vullenkomen vnderwisen myt den ersten wente wy van enen Juwelken. de ede edder de bewisinghe hebben willen. er he syn gut van hyr vort vnde dat vast to holden bet to der tyt dat wy eyn antwarde van ju hebben. It: der stede bref ghegeuen to dem walke des sundages to lichtmyssen Int Jar XIIII°XII de nv angande is to sunte Johannes daghe vorleden gerne holden willen. war vmme begere wy. weret sake dat Jenych man bynnen landes guet kofte welkerleye dat et sy dat he to nouworden voren wil. dat he dat also vor Ju beware vnde alsolke bewysinghe hir brynge dat he hyr nenen eet doen dorue. desser ghelike hebbe wy ghescr: an den raat to der righe vnde to darpte. It: so sole ghy weten leue vrunde dat de dudeschen kuseman sarken de In der wage steit ghescreuen hadden lesten gheladen vnwarynges in der see to de schepe weren vp de gruut ghekomen. do se do quemen myt dem gude to der engera do wolden se dat gut wt syner loddigen wedder wt schepen do en wolde he es nycht wedder wt scepen vnde he mende to seggen war vmme men ene wolde wt schepen he en hedde nu tegen den dudeschen kopman daan. do gyngen de dudeschen to vnde scepeden dat gut seluen wt do volgede he en na In enen losken wente to nouwarden vnde loot se vor den hertigen to rechte do wi vor dat recht qwemen do clagede desse vorscr: kuseman grot vp schaden den he hadde van den dudeschen vnde wolde weten. wat scult dat de dudeschen eme geuen. war vmme dat he der dudeschen gut nycht voren solde. also he to voren daen hadde do antwarde wy em wedder vor dem hertigen dat en vnse eldesten hedden ghescreuen in de wage myt den sakewolden. de to wynter hir hadden af ghe schattet to vnrechte II stukke suluers detmer bucholte dar he hulper to was. des vorantwarde sik kuseman vor dem hertigen dat he dar neyn scult an en hedde dar wolde he syn recht to don. wat rechtes dat wy van eme hebben wolden vnde dar reep do de hertige vp van al de nouwerden. de darby by weren. wer dat de kruskussynge in holde dat men ere brodes de vnvorvolget vor en wereu solde setten in den breef edder in de wage ofte hyr in de treppen. vnde seden dat et were vnrecht wente de kruskussynge dat nicht wt en wiste. vnn wisede kuseman to vorliken myt den dudeschen kopman. des quam he myt vpperen kopluden vp den hof vnde boot sik to vorliken. so is des de kopman ens ghewordeu in ener ghemenen steuen myt ener eudracht dat wy de vorlikynghe van em gheuomen hebben slicht vor syn houet dar vmme dat he der vorscr: sake neyn houetman en was vnde de kopman heft em ghelouet dat he der dudeschen gut sal na voren alse to voren. dar vmme so bydde wy ju vruntliken dat ghy wol don vnn laten ene dar wt doon. des ghelik hebbe wy hyr daan. vnde wy hebben dat mede in bescheden dat de anderen solen screuen bliuen de sakewolden wente to der tyt dat se sik myt detmer vorliket hebben. hir vmme so vorwaret den kopman hyr ane myt kuseman. dat es de kopman nycht beschediget en werde wente de nouwerdes dar gans quat vmme weren. It: so sole ghy weten dat wy Juwen breef wol vornomen hebben dar ghy den kopman in warnen laten dar wil de kopman gerne des besten na ramen. bliuet ghesunt in gode ouer vns to ghe bedende. Gheser: to nouwerden des dynschedages vor sunte marien magdalenen daghe Int Jaar vnses heren XIIII°XII.

Olderlude wisesten vnde de ghemene kopman to nouwerden.

In dorso: Den Ersamen bescheden luden borgemesteren vnde Raat der stat Reuele.

№ CLXXX.

1412 Notarialzeugniss über die auf Geheiss und im Namen des ganzen rigischen Raths gethane eidliche Aussage des Bürgermeisters Johann Wantschede und der Rathsherren Lubbert von Pale und Herbord von Heyde wegen der in Polozk den Rigischen weggenommenen Waaren, d. d. Riga, den 9. Dec. 1412.

Perg. Orig. im innern rig. RA.; Auszug bei Brotze, Syll. I, 67, 68. Vgl. Index № 3378. Daran hängen vier wohlerhaltene Siegel: 1) des Decani et in spiritualibus vicarii, Petri Valkenburg, oder das Vicariatssiegel (beschrieben im Index II, 368); 2) des rig. Domcapitels (ebend. S. 369), beide in grün Wachs; 3) des Priors der Prediger Mönche Dominicaner-Ordens zu St. Johann in Riga, Nicolaus, in roth Wachs (ebend. S. 370); 4) des Guardians des Franciscaner Ordens oder der Minoriten bei der St. Catharinen Kirche zu Riga, Hermannus, in grün Wachs (ebend. S. 370).

In nomine domini amen. Anno a natiuitate eiusdem Millesimo Quadringentesimo duodecimo Indictione quinta mensis Decembris die Veneris nona Hora tercia || uel quasi Pontificatus sanctissimi in xpo patris et domini nostri domini Johannis diuina prouidentia pape vicesimi tercii Anno eius tercio coram Venerabilibus et Circumspectis viris dominis Petro Valken||borgh Decano et in spiritualibus vicario Reuerendissimi in xpo patris et domini domini Johannis Archiepiscopi in Remotis agentis ac Canonicis et Capitulo sancte Rigensis ecclesie Capitulariter congregatis et || Capitulum facientibus nec non Religiosis viris Nicolao Priore et Hermanno Gardiano ordinum sanctorum dominici et Ffrancisci confessorum sanctorum Johannis ewangeliste et Katharine virginis ecclesiarum Rigensium In meique Notarii publici et testium infrascriptorum presencia Constituti Honorabiles et Discreti viri Johannes Rostok Godekinus odesloe et Hartwicus segevrid Consules pro se ipsis ac nomine quorundam Proconsulum Ciuium et mercatorum Rigensium ac in hac parte complicum et extunc ibidem presencium et consencientium dixerunt se per Illustrem et Magnificum dominum Alexandrum alias Vitoutum vulgariter nuncupatum magnum principem Litwanie et Russie terrarum Fore in quibusdam bonis dampnificatos et per eundem retentos de quibus quandam papiri cedulam computum eorundem bonorum articulatim in se continentem ibidem coram predictis dominis ad legendum produxerunt quam dictus dominus Decanus de verbo ad verbum michi Notario infrascripto coram omnibus astantibus et ibidem presentibus alta et intelligibili voce ad legendum tradidit quam per omnia ut sequitur legi que talis est *Dyt* is de Rekenscop des gudes dat Hertoge Alexander anders vitoute grotforste to lettowen vns nagescreuen tu pluskowe entweldegede In den Jaren vnses Heren Dusent verhundert twelue also yn den articlen hir na gescreuen steyt Int erste her Curd Vische veer leste myn twe sekke lissebons soltes dee wugen ouer veftehalf schippunt Vortmer Souen bodeme wasses dee wugen veer schippunt vnde veer liuesche punt myn twe markpunt Rigescher wichte Item her Herman bubben negen leste weetes lissebons soltes by saktalen dee wugen ouer negen schippunt vnde achte lyues punt Item her Johan Rostoken Sos leste vnde vif sekke soltes Anderhalf gruen vnde en half rot ypersche lakene vnde verteyn liuesche punt wasses Item her Godeken odesloe Negen schippunt vnde Souenteyn liueschepunt wasses Achtevndevertich marten vnde negen leste Lissebons soltes twyer secke myn Item her Hartwich steenbuse veer leste vnde veer sekke lissebons soltes dee wugen vif lasta teyn schippunt. myn dre liuespunt vnde twe bodeme wasses dee wugen en schippunt vif liuespunt dryer markpunt myn Rigescher wichte Item her Hartwich segevride twe vnde druttich sekke lissebons soltes dee wugen dre leste myn vifteyn liuespunt Item her Johan suren Negen bodeme wasses dee wugen vif schippunt myn en liuespunt vnde achte markpunt Item her Hennyngh deterdes veer bodeme wasses dee wugen twe schippunt Item Hans graue vif leste soltes by saktalen dee wugen sos schippunt ouer Item hans foysan vyf thomasche vnde eluen popersch lakene Item hans dalbusen seuen leste bayesches soltes Item herman dakholt veervndetwyntich bodeme wasses dee wugen verteyndehalf schippunt vnde enhalf stukke suluers Item Herman badyngh ver bodeme wasses dee wugen twe schippunt dre liuespunt vnde twe markpunt Item sosteyn tunnen vnde souen sekke bayesches soltes dee sekke wugen tu schippunden Item noch negen leste *Lissebons soltes* Post cuius quidem cedule lectionem supradicti Johannes Rostok Godekinus odesloe et Hartwicus segevrid Consules predicti se quidem Johannes foysan Hermannus dakholt Johannes dalbusen Cives prescripti ac nominibus propriis nomine quidem Tidekinus Bensberge pro et nominibus Conradi visch proconsulis Hartwici steenhus et hennyngi deterdes consulum et mercatorum se quidem Johannes grau pro se nomine proprio et Hermanni bubben proconsulis Rigensis ac in ipsa cedula nominati Et eciam personaliter pro eorum interesse et in ipsa cedula non comprehensi Constituti discreti viri Hermannus distelhof qui in vigintisex et Johannes molenkote in quatuor frustis argenti tempore et Anno quibus supra in predicta cedula per predictum Illustrem principem Alexandrum eciam se fore dampnificatos et ab eorum debitoribus ablata dixerunt et ipsi ac omnes alii et singuli predicta prolectitata confirmarent H.... receptorum dampnorum et rei gestae per Illustrem principem sepedictum et per eundem dampna predicta intulisse se ad corporalia Juramenta prestanda paratos exhibuerunt que sepedictus dominus Decanus et in spiritualibus vicarius coram se Capitulo et Religiosis viris predictis in manibus Venerabilis viri domini Johannis lodowici semota causa prestitisse admisit tactis per eosdem et vnoquoque illorum pro se nominibus propriis et aliorum quorum in predicta cedula contentorum de bonis computatis et ablatis intererat sanctis dei ewangeliis dampna bonorum nominibus propriis et aliorum predictorum incurrisse et sustinuisse ac per Vitontum principem supradictum intulisse et deputati sustinere Jurauerunt Demum autem in maiorem euidenciam testimonii et rerum predictarum certitudinem quidem honorabiles viri videlicet Johannes Wantschede proconsul Lubbertus de pale et Herbordus de Heyde Consules iussu et nomine tocius consulatus Rigensis ibidem tunc presentes et consencientes Juramenta predicta veritatis testimonio confirmare volentes ad Sacra dei ewangelia coram predictis dominis et in manibus ut supra Jurauerunt se credere predictos consules ciues et mercatores vera Juramenta pro eisdem bonis et dampnis et eorum occasione sustentata et sublata ac in predicta cedula contenta et computata prestitisse ac per supradictum magnum principem dominum Vitoutum illata sustinuisse et ma..... necnon et deputati sustinere Super quibus omnibus et singulis predicti proconsules Consules ciues et mercatores ac totus Consulatus Rigensis predictus me Notarium infrascriptum requisiuerunt necnon supradictus dominus decanus et in spiritualibus vicarius proprio nomine ac consensu et assensu Capituli et Religiosorum virorum Prioris et Gardiani predictorum michi mandauit ut omnia et singula predicta in formam publicam redigerem et vna cum appensione vicariatus sui ac Capituli et Religiosorum virorum sigillorum predictorum appensione presentibus subscriberem ac vnum vel plura inde facerem instrumentum seu instrumenta Acta sunt hec in loco Capituli Rigensis Anno Indiccione Mense die Hora et Pontificatu quibus supra Presentibus Honorabilibus et Circumspectis viris dominis Johanne Woynghusen Tymmone holsten et Nicolao alacer perpetuis vicariis in ecclesia sancta Rigensi Testibus ad premissa vocatis et rogatis in fidem omnium et singulorum premissorum.

(Loc. Sig. not.) Et ego Golfridus Bullowe clericus Razeburgensis diocesis Publicus Imperiali auctoritate Notarius predicte cedule lectioni productioni et Juramentorum prestitioni Omnibusque aliis et singulis dum sic ut prescribitur fierent et agerentur vnacum prenominatis testibus presens fui Ideo hoc presens Instrumentum de mandato dominorum Decani ac aliorum predictorum in hanc publicam formam redegi signo et nomine meis solitis et consuetis vnacum appensione vicariatus sigilli quo ipse supradictus dominus decanus vtebatur ac Capituli et Religiosorum virorum dominorum Prioris et Gardiani predictorum sigillorum signaui manu mea propria conscriptum Rogatus et requisitus.

№ CLXXXI.

1412 Die Aelterleute zu Nowgorod beklagen sich gegen den revalschen Rath über vielfältige Unbillen und Kränkungen, denen sie in den beiden Höfen, dem gothischen und deutschen, von Seiten der Russen ausgesetzt, und der Rechtslosigkeit, welcher sie Preis gegeben seien, d. d. Nowgorod, am St. Lucientage (13. Dec.) 1412.

Pap. Orig. mit wenigen Ueberresten der zwei kleinen in gelb Wachs aufgedrückt gewesenen Siegel im rev. RA. Abgedruckt bei v. Bunge livl. UB. IV, № MCMXXVI, p. 830.

Vnse vruntlike grote vnde wes wi gudes vormogen. Ersamen leuen vrunde wi bidden Ju to wetende dat vns ‖ hir to male groet vordreet schut van den russen. alzo van groſliker deuerye wegen Int erste zo wart van der ‖ goten houe ghestolen wt deme solt schure IX tunne honges vnde de russen sageden de planken en twee dar se ‖ et wt drogen. Dar negest in kort so makeden de russen achter der kerken to den twen vynsteren eyne grote brugge vnde de brugge lach vp den planken beuestiget vnde ze wolden de kerken bestolen hebben. dar grot schade mochte van ghescheen hebben. Vort hir na in kort zo hebben de russen in twen tyden to vns in der duschen hof ghebroken vnde de planken en twey ghesaget vnde ze wolden myt macht in eren harusche to vns in den hof treden vnde wolden vns ghemordet hebben hedde wy nicht ghewaket vnde dar to zo drouwen ze vns noch van daghe to dage dat se vns de houe af bernen willen vnde willen vns vormorden vnde bestelen. Hir ane zo sy wi sere besorget, dat wy alle nacht waken vp beiden houen. Vmme desses vordretes willen hebbe wi vake ghewesen vor deme borchgreue vnde vor deme hertegen vnde hebben en gheclaget vnsen schaden vnde vnse breklicheit de vns schut van den eren so weten ze vns to seggende wat se vns doen scholen. wer ze vns vorwaren scolen vnde dar to en weten se nycht wo smeliken se vns berichten willen wan wi vor ze komen. vnde ok so geuen se vns selden recht et sin van wat saken et syn. Ersamen leuen vrunde war vmme wi Ju vruntliken bydden. dat ghy wol doen vnde besorgen den kopman an dessen saken. wente hir vns grot vordret van schut. vnde wilt se et aldus vort myt vns holden. so en doget hir nenen manne to varen. It: leuen vrunde so legget vns de russen alle tiit vor also van deme kroge den hir des houes knecht helt also van vordrete dat dar van komen mochte van dessen russen de hir vp den hof gaen drynken. vnde dem kopmanne nutte dunket dat men den kroch af legge. Hir vmme so bidde wy Ju vruntliken dat ghy hir ane syn vordacht wo et Ju nutte dunket. It: leuen vrundes alzo wy Ju wol eer ghescr: hebben dat deme kopmanne grot vordret schut. also van den loddigen luden in der nu dat ze vele ghesette maken vp des kopmans guet. doet wol vnde weset hir Inne vordacht. Desses breues ghelikes hebbe wy ok ghescr: an den raat to rige vnde enen an den raat to darpte. Anders nycht to desser tiit bliuet ghesunt in gode to ewigen tyden ghescr: to nogarden. an sunte lucien daghe Int Jar vnses heren XIIII^{c}XII.

Olderlude wisesten vnde de ghemene kopman to nogarden.

In dorso: Den Erwerdigen vorsichtigen heren borgemestere vnde ratmanne der stat Reuele presentetur haec (sc. littera).

№ CLXXXII.

Schreiben an einen römischen König, worin dieser gebeten wird, sich zum Besten der Rigischen, deren Waaren zu Polozk vom Grossfürsten Witold wider seine früheren verbrieften Zusagen angehalten seien, zu verwenden, o. O. u. J.

Concept im äussern rig. RA. Nichts darin lässt den Schreiber dieses Briefes, noch den römischen König errathen, an den er gerichtet.

Willighe vnd odmudighe denste mit demutigher bevelhung vnd wat ich gudes vermagh, sy juwen kunglichen gnaden alletijd voran bereit Allerdurchluchtigeste Grotmechtighe konigh vnd gnedige herre, Ez hebben mich vnderrichtet dy Ersamen wijsen Borgermeyster vnd Rât Juwer Stad tho Righe wor dat vor tijden de hochgeborn furste her Alexander anders Wytowd hertogh tho lyttowen der ergenanten Stad vnd den gemeynen koppludden breue vnd vryheit geben hebbe vnd gnedeclichen vorschreuen, upp sollicke meynung ob ez were dat deheinerley krieg edder vovruntschopp entstonde, entuschen Im vnd dem Teutschen orden, dat dannoch de van Rige vnd de teutsche koppman vnd ock de van plosskowe de des ergenanten heren hertoghen syn, dartuschen vnd In solliken kryghen mochten secker tho ennander komen dorch sene lande vnd ere koppmansschopp tryuen tho water vnd tho lande etc. Vnd wy wol de ergenante herre hertogh ettwylangh den van Rige sollicke syn breue gnedeclichen gehalden vnd de van Rige sich ock allwegen dar an gelaten hebben, doch habbe de vorgenante herre hertogh den suluen van Rige In syner vorschr. Stad tho plosskowe darbouen ettwerml eres gudes vnd koppmansschopp genomen vnd entweldighet In sollicher mate, dat se des weren van eme vnbesorget, Vnd wenn ow gnedigster lieber herre dy offtgenante Stad tho Righe tho Juwer gnaden Stichte van rechtes wegen geboret als des de sulue Juwe kongliche gnade one twyuel wol vnderrichtet iss, Bidden ich de suluen Juwe kongliche gnade, mit aller demutikeit, dat ghy den offtgenanten heren hertoghen gnedeclichen daran wijsen wollet, dat he den van Ryge ere genomen haue vruntliken wederkeren, vnd sy vorbatter ock by sollicken eren vryheiten vnd breuen de er In gnedeclichen als obgeschr. stet geben hat, geruche tho holtend Dat wel ick mit sampt der Stad tho Rige willeclicken als billichen iss gern vmb Juwe kongliche gnade verdenen Vnd getruw ock juwen gnaden wal dat ghy sy myner bedde gnedeclichen latet genyetten wenn juwe kongliche gnade wal weytte, dat ich alltijd gern rade na allem mynen vermoghen, als ich dann ock juwer Mayestat schuldigh byn, Wat Juwer konglichen gnade leue vnd denste were, De almechtige got de vryste Juwe konigliche gnade in wolmachtikeit langezijt dem heiligen Romischen Rich tho nutte vnd tho troste, Geschr. etc.

№ CLXXXIII.

14,13 Des Grossfürsten von Lithauen, Alexander anders Witowt, Erklärung an den rigischen Rath, dass er sich in Betreff der in dem frühern Kriege gegenseitig genommenen Kaufmannsgüter nach dem vor kurzem in Thorn geschlossenen Frieden halten wolle, der durch den Ausspruch des römischen und ungarischen Königs (Sigismund) befestigt sei; daher möge der Rath bewirken, dass seine Kaufleute ihr in Ragnit verlornes Gut wiederbekämen; die Rigischen sollten das Ihre auch wieder erhalten, d. d. Tracken, am Sonnab. nach Epiph. Dom. (7. Jan.) (14)13.

Das papierne Original, mit Ueberbleibseln des in roth Wachs daraufgedrückten Siegels, im äussern rig. RA.

Allexander andir Wytowd
van gotes gnaden Grosfurste czu littauwen etc.

Ersamen vnd weyze vnsir besundere frunde die briffe die vns van || euwir wegen sint geschrebin habin wir wol vornomen als vmb || die koufmanschatz etc. So wellit wissin das czwuschen vns vnd dem dutschen Orden leczt czu Thorun yn dem frede ist vorschrebin, was in dem nehisten orloge genomen were, das alls ist hengeleget vnd das sal man beydersyte nicht me vordern, vnd denselben frede hat befestiget der Allirdurchluchster forste her Romescher vnd vnd (sic) vngarescher konig in seyme vssproche, vnd doran wellen wir vns halden, vnd dor obir, als wir euch vor gefach[1]) gesagit vnd geschrebin habin, moget Ir schaffen das vnser kouflute gut das czu Ragnith wart genomen vns wedir wurde, das euwer sal euch ouch weder werden Gebin vf vnserm busse czu Tracken am Sonobende noch Epifanie domini Anno etc. XIII°.

In dorso: Den Ersamen vnd weysen Ratmanen czu Rige vnsirn besundern frunden.

1) = vielfach, sonst vake, oft.

№ CLXXXIV.

Des rigischen Raths gerichtliche Aufnahme der eidlichen Aussage einiger Rathsglieder und Bürger über die zu Polozk den Rigischen weggenommenen Waaren, welche Grossfürst Witold herauszugeben sich weigerte, d. d. am Tage St. Blasii (3. Febr.) 1413. 1413

Perg. Orig. mit dem anhangenden grossen Stadtsiegel in weiss Wachs; im innern rig. RA.; Auszug bei Brotze, Syll. I, 60. Vgl. Index № 3379.

Allen den genen dee dessen yegenwardigen breff zeen ofte horen lesen Begbere wy Borgermestere vnde Rad der stad Rige and temelker grute willik tusynde. wo vor vns zunt gewesen dee Beschedenen manne Johan rostok Godeke odeslo Claws zure Hartwich zegevryd mede cumpane vnses Rades Tydeke bensbergh Hans grau Hans foysan Herman dakholt Curd besse Hans dalhusen Hans molenkoten vnde Herman distelhoff medeborgere vnser vorbenumeden stad Rige vnde hebben an vnser yegenwardichit myd eren lijfleken eden zwerende vullenkomelken betugende wargemaket dat see van erer egene vnde anderer vnser Borgere vnde Ouerseescher coplude wegen zokele gudes tuachter syn alse vele hir na bescreuen wert van des Hochgebornen grotforsten wegen Allexanders anders Vytowd geheten des hee en bynnen syner stad Pluskow vormyddelst synen vndersaten entweldeget heft vnde noch na meneger vorbyddynge weygert wedder tu geuende also dee Rekenscop des gudes hir na van stukken to stukken bescreuen steyd Int erste Johan Rostken sos leste vnde vif sekke soltes Anderhalf grön vnde een half rod ypersche lakene vnde drutteyn liuespunt wasses Item Godeken odeslo Negen schippunt vnde souenteyn liuespunt wasses Achtevndedertich marten. vnde neghen leste twyer sekke myn Lissebons soltes Claws zuren van Johan suren wegen Negen boddeme wasses dee wugen vif schippunt myn en liuespunt vnde achte marcpunt. Item Hartwich segevrid twevndedruttich sekke lissebons soltes dee wugen dre leste myn vifteyn liuespunt Item Tydeken bensberge van her Curd visches wegen Borgermesters tu Rige veer leste myn twe sekke lissebons soltes dee wugen ouer viftehalf schippunt vnde souen boddeme wasses dee wugen veer schippunt vnde veer liueschepunt myn twe markpunt Rigescher wichte Item deme suluen Tydeken van Hartwich steenhuses wegen veer leste vnd veer sekke lissebons soltes dee wugen vif laste teyn schippunt myn dre liuespunt vnde twe boddeme wasses dee wugen een schippunt vif liuespunt. dryer markpunt myn Rigescher wichte Ok deme suluen Tydeken van bennyngh deterdes wegen veer bodeme wasses dee wugen twe schippunt Item Hans graue van syner egenen wegen vif leste soltes. dee wugen sos schippunt ouer. Vnde suluen van her herman bubben wegen tu Rige Borgermesters negen leste lissebons soltes dee wugen ouer negen schippunt vnde achte liuespunt Item hans foysane vif thomasesche vnde eluen popersche lakene Item Herman dakholte vervndetwyntich bodeme wasses dee wugen vertyngendehalf schippunt. vnde dar to enhalf stukke suluers Item Curd hessen van syner egenen wegen vnde herman badynges wegen tusamende veer bodeme wasses de wegen twe schippunt dre liuespunt vnde twe markpunt Item densuluen sosteyn tunnen vnde souen sekke bayesches soltes dee sekke wugen tu schippunden Item densuluen noch negen leste lissebons soltes Item hans dalhusen souen leste bayesches soltes Item hans molenkoten veer stukke suluers Item Herman distelhoue sosvndetwyntich stukke suluers Behaluen terynge vnde kost vmme vorvolgynge des rechtes vnde weddermanynge desses berekenden gudes an menegen tijden gedaen der an enem summen tusamende rekent is twe hundert Sosvndesostich mrk. druttyen ore vnde een pennyng rigesches pagimentes also de vorscreuen vnse medeborgere gelijk deme houetgude myd eren lijfleken eden ok vor vns besworen hebben behaluen dee see noch vmme weddermanynge vnde vorderynge eres rechtes van desses vorscreuen gudes wegen an tukomenden tijden moten dar noch vmme dun vnde verteren Wor vmme wy hebben angeseen ere begerleke bede dee see by vns hebben gedan vnd hebben dee Rekenscop aus vor vns van en vor vormyddelst eren lifleken eden besworen so vorscreuen steyt an dessen vnsen breuen to ener tuchnisse van worden tu worden bescreuen vnde to ener groter bevestynge der bewisynge vnser stad yngesegel henget an dessen breff Dee geuen vnde screuen ys na Godes gebort Dusent veerhundert dar na an deme drutteynden Jare an deme dage sancti Blasij des hylgen Byscoppes vnde mertelers xpi.

№ CLXXXV.

1414 Oleff Thomasson, Gevollmächtigter der Gothen und von ganz Gothland, quittirt dem revalschen Rathe über 40 Mark versessenen Zinses für den Gothenhof zu Nowgorod, welchen der gemeine deutsche Kaufmann zwölf Jahr lang benutzt hatte, und schliesst mit demselben auf neue zehn Jahre eine Vereinbarung wegen der Benutzung des Gothenhofs in Nowgorod von Seiten des gemeinen deutschen Kaufmanns von der Hanse um 5 Mark jährlichen Zinses, d. d. (Reval) am Abende St. Viti (14. Jun.) 1414.

Perg. Orig. im rev. RA. mit dem anhangenden Siegel des Oleff Thomasson in grün Wachs in einer weissen Wachscapsel, enthaltend ein Monogramm mit der Umschrift seines Namens.

Wijtlik sij allen luden. de dussen breff seyn eder horen lesen. Dat ik Oleff Thomassone. bekenne vnd bethuge in dusseme openen breue. Dat ik to vuller ghenochte. Entfangen vnd vpgebort hebbe van den Erzamen heren. deme. Raede to Reualle. den vorzetenen tyns. van der ghoeten houe wegene tho Naugarden. alze veertich mark ryg. van twelff jaren. Dat de Copman des houes gebruket vnd bezeeten hadde. Na der eendracht. alze her hinrik stolte. milde dechtnisse. van des ghemeynen Copmans wegene. mit den ghoeten vnd mit deme gantzen lande. to ghoetlande ouer een gedregen hadde[1]). vnd ik Oleff vorscr. loue vor my vnd van der ghoeten wegene. vnd van des gantzen landes wegene to Ghoetlande. de my dusser zake ghemechtiget. hebben. dat nyne namanynge. noch ansprake. vorder van dussen geldes wegene scheyn ene schal. in to komenden ewigen tijden.

Vortmer alze my de ghoeten. vnd dat lant. van des houes wegene. to naugarden aller zake vullenkomen mechtich ghemaket hebben. alle dynck dar by to donde vnd to latende. na vtwysinge eres breues So hebben. de vorbenomeden. Erzamen heren. de Raed to Reualle mit my ouer een ghedregen. van des ghemeynen dutschen. Copmans wegene. alze dat de sulue Copman. des suluen vorscr. houes bruken sal. vort teyn. jar. vnd dar van juwelikes. jars to geuende. vyff mark syluers ghoetensches paymentes. alze men tellet. twe vnd dertich ore. vor de mark syluers. Item. wan de vorscr. teyn jar geleden syn so sal der ghoeten hoff. voscr. deme dutschen. Copmanne. van der henze. erst to boede stan. vmme reedeliken tyns. alze se des denne eens. werden. vnd an beyden zijden. ouer een dregen mogen. Item dat ghebuwete des houes. dat horet sunte petere to. vnd deme ghemeynen Copmanne. vnd de solen vort dat ghebuwete. besorgen vnd stande holden. vppe des Copmans eventhure. Item wan de teyn jar vorscr. geleden syn. wolden dan de ghoeten. den vorscr. hoff suluen bezitten. So solen de ghoeten dar to nemen. twe dutschen vnd twe russen. vnd de Copman de sal dar ok to nemen. twe dutschen vnd twe russen. de scholen dat gebuweto. des vorbenomeden houes schatten. vnd war de achte dat gebuwete daune vpp. schatten. dar solent de ghoeten deme dutschen Copmanne vor. betalen. Weret ok zake dat bynnen den vorscr. teyn jaren. jenige ghoetensche. Copludo van deme lande to godlande to naugarden qwemen. vnd des betuchnisse brochten. vnder des landes Ingesegele. de solen ere vrije stant hebben vppe der ghoeten houe. to naugarden. Dusser vorscr. zake to merer ghetuchnisse der warheit. vnd ghroeterer bevestunge. So hebbe. ik. Oleff. thomassone myn Ingesegel vor my. vnd vor myne cruen. vnd van der ghoeten wegene. vnd des gantzen landes wegene. witlik an dussen breff don hangen. Ghescr. an sunte vitis auende. Int jar XIIII^{C} vnd XIIII Jar.

1) Vom Jahre 1402, s. № CXXXIX, p. 111.

№ CLXXXVI.

König Wladislaw von Polen und Grossfürst Witaut von Lithauen verpflichten sich zu einem Waffenstillstande gegen den HM. Michael Küchmeister und dessen Bundesgenossen, d. d. Feldlager vor Strasburg, den 7. Oct. 1414. *L.* 1414

Perg. Orig. mit zwölf Siegeln im GA. zu Kgsbg.; Abdruck bei Kotzebue III. 410. wozu Berichtigungen in den Jahrb. des Joh. Lindenblatt S. 286. Vgl. Index № 693.

№ CLXXXVII.

1414 Des HM. Michael Küchmeister von Sternberg Verlängerung des Waffenstillstandes zwischen dem Orden, Polen und Lithauen auf zwei Jahre, d. d. Graudenz, am Montage vor dem Feste des heiligen Dionysius und seiner Gefährten (8. Oct.) 1414.

Alte Abschrift im GA. zu Kgsbg. Vgl. Index № 604.

Nos frater Michael Kochmeister Ordinis beate Marie Theutonicorum Magister generalis Significamus tenore presencium quibus expedit vniuersis Quomodo ob reuerenciam omnipotentis dei et ad honorem Sanctissimi in christo patris ac domini domini Johannis pape Vicesimitercij domini nostri metuendissimi Necnon ad beneplacitum Serenissimi principis domini Sigismundi Romanorum Regis semper Augusti et Hungarie Dalmacie Croacie etc. Regis Illustris domini nostri graciosissimi Ex parte Sanctissimi in christo patris domini nostri pape predicti Per venerabilem in christo patrem dominum Guillerum Episcopum Lausanensem officium Camerariatus gerentem et nuncium ipsius domini nostri pape, ex parte autem Serenissimi Principis domini Regis Romanorum predicti etc. per litteras sollicite requisiti Cogitantes ea que pacis sunt et non afflictionis Et hoc specialiter ponderantes quod non potest bene coli nisi in pace autor pacis Interceptis omnium gwerrarum turbinibus Inter Serenissimum Principem dominum Regem Polonie ac Illustrem ducem dominum Wytawdum Magnum ducem Litwanie coadiutores subditos et terras eorum ab vna et nos totum ordinem nostrum tam in prusia, quam per Alemaniam et lyuoniam coadiutores subditos et terras parte ex altera currentibus Treugaspacis sine omni dolo et fraude, sub fide et honore ac cristianitate et inviolabiliter obseruandas, a die date presencium usque ad festum Natiuitatis beate Marie proxime futurum et a dicto festo dicte beate Marie virginis usque ad aliud festum natiuitatis eiusdem beate marie virginis proxime secuturum Inclusiue Anno revoluto statuimus firmauimus ordinauimus et firmamus ordinamus et roboramus tenore presencium mediante Quibusquidem treugispacis durantibus et stantibus seu pendentibus ut premittitur fide christianica obseruandis, federa vnionis perpetue Inter nos ex utraque parte per amicabilem composicionem amputatis quibuslibet strepitibus Jurgiorum per prefatos videlicet Sanctissimum in christo patrem dominum nostrum papam et excellentissimum principem dominum Sigismundum Regem Romanorum aut alterum ipsorum uel sacrum Concilium aut eciam per quoscunque alios Principes spirituales uel seculares, in que uel in quos partes conuenient ad Concilium in Constancia, de mense Nouembris in proximo celebrandum venturis ibidem in Concilio, aut preter Concilium queri debent et tractari Et ut predicte treugepacis firmius et stabilius valeant teneri Nos Magistergeneralis supradictus Johannes dei gracia Alme Rigensis Ecclesie Archiepiscopus, Arnoldus Colmensis Johannes Pomezaniensis Ecclesiarum eadem gracia Episcopi Fredericus Comes de Zoller Magnuscommendator Ebirhardus de Wallenfels Supremus Marschalcus, Hermannus Gans Elbingensis, Federicus de welde Crispurgensis Johannes Zeelbach Thorunensis, Vlricus Cenger Balgensis Otto Walsbach Reddinensis et Behemund Brendel in Grudencz Commendatores et fratres ordinis predicti promittimus bona fide, sine omni dolo et fraude Quod ipsas treugaspacis prefatus dominus Magister et ordo ipsius. ipsarum Articulis clausulis et condicionibus firmiter inuiolabiliter et fideliter obseruabit, Harum quibus Sigillum eiusdem domini Magistri suprascripti et Sigilla nostra presentibus sunt appensa testimonio litterarum Datum in Castro nostro Grodenez feria Secunda proxima ante festum Sancti dyonisij et sociorum eius Anno domini M°CCCC°XIIII° etc.

№ CLXXXVIII.

Compromiss des HM. Michael Küchmeister von Sternberg auf den Papst, den römischen König Sigismund und das Concilium zu Costnitz, zur endlichen Beilegung aller Fehden zwischen dem ganzen Orden in Preussen, Deutschland und Livland, und dem Könige von Polen und Grossfürsten Witold von Lithauen, d. d. Marienburg, am Sonntage vor Galli (14. Oct.) 1414. 1414

Perg. Orig. mit dem grossen Siegel des HM. im GA. zu Kgsbg. Vgl. Index № 696.

Nos frater Michael Cuchmeister Ordinis beate Marie Theutonicorum Jerlitan. Magistergeneralis Significamus tenore presencium quibus expedit vniuersis Quoniam nuper de anno domini Millesimo Quadringentesimo decimoquarto die octaua Mensis Octobris Ob reuerenciam dei omnipotentis et ad honorem sanctissimi in christo patris ac dominj dominj Johannis pape vicesimitercij dominj nostri graciosissimj necnon ad beneplacitum Serenissimi principis domini Sigismundi Romanorum Regis semper augusti et vngarie Dalmacie Croacie etc. Regis Illustrissimi domini nostri metuendi Ex parte Sanctissimi in cristo patris domini nostri pape predicti per Reuerendum in cristo patrem dominum Guillermum Episcopum Lausanensem officium Camerariatus gerentem et nunccium ipsius domini nostri pape Ex parte autem Serenissimi principis domini Regis Romanorum predicti etc. per litteras sollicite requisiti Cogitantes ea que pacis sunt et non afflliccionis, et hoc specialiter ponderantes, quod non potest bene coli nisi in pace pacis auctor. Interceptis omnibus gwerrarum turbinibus inter Serenissimum principem dominum Regem Polonie, ac Illustrem Dominum Witaudum Magnum Ducem Litwanie coadiutores et subditos, et terras eorum ab vna Et nos totum Ordinem nostrum tam in Prussia quam per Almaniam et Liuoniam coadiutores subditos et terras dicti Ordinis parte ex altera currentibus treugaspacis sine omni dolo et fraude, sub fide et honore ac cristianice (sic) ac inviolabiliter obseruandas, ad certum expressum diem, statuimus firmauimus et ordinauimus Quibus quidem treugispacis durantibus seu pendentibus federa unionis perpetue inter nos ex utraque parte per amicabilem composicionem per prefatos videlicet Sanctissimum in cristo patrem dominum nostrum papam, et excellentissimum principem Dominum Sigismundum Regem Romanorum aut alterum ipsorum uel Sacrum Concilium aut eciam per quoscunque alios principes spirituales uel seculares in quem uel in quos partes conuenient ad Concilium in Constancia de Mense Nouembris in proximo celebrandum venturos ibidem in Concilio uel preter Concilium queri debent et tractari prout in litteris desuper confectis Sigillis vtriusque partis sigillatis plenius continetur Vt igitur cristi fidelium quorum saluti gwerrarum confricaciones obsistunt debita tranquillitatis prouisione consuletur, et tam durissime dissensiones, que iam pluribus annis malorum omnium satore seminante succreuerunt tandem sue durabilitatis vltimum terminum valeant inuenire, et pax sincera ac integra tractari et effectualiter concludi fine bono sequendo per omnia et in singulis punctis disposicionem ordinacionis supra scripte, de omnium Praeceptorum nostrorum vnanimi consilio voluntate et consensu Reuerendissimum in cristo patrem ac dominum dominum Johannem Sancte Rigensis Ecclesie Archiepiscopum Necnon venerabiles ac Religiosos viros dominos Conradum de Egloffstein preceptorem per Almaniam Fredericum de Welden supremum Trapiarium Commendatorem in Cristburg Petrum Wormedith Procuratorem in Romana Curia fratres dicti nostri Ordinis Johannem Abeczhier prepositum Warmiensem ac sacri Apostolici Palacij auditorem Caspar Schuenpflug. Canonicum eiusdem ecclesie. Strenuum virum Johannem de Orsechaw. militem et prouidum virum. Conradum Kesselhut. Magistrum ciuium Opidi Culmensis dilectos consiliarios ac nunccios nostros speciales ad Sanctissimum dominum nostrum papam ad Serenissimum principem dominum Sigismundum Romanorum ac vngarie Regem supradictum. Ac sacrum Concilium mittimus pleno cum mandato Constituentes eosdem omnibus melioribus modis ac vijs quibus efficacius possumus tenore presencium pro nobis ac dicto nostro Ordine et adhaerentibus coadiutoribus et subditis nostris pro quibus de ratihabicione promittimus Actores, factores negociorum gestores ac sindicos, seu eciam legittimos procuratores ad prosequendum dictum negocium inuiolabilis vnionis ac concordie federisque pacis perpetue per viam Juris uel amicabilis composicionis, necnon ad transsigendum et paciscendum arbitros seu Arbitratores siue amicabiles compositores eligendum ad compromittendum simpliciter cum relacione, aut eciam de Alto et Basso secundum quod eis visum fuerit melius et commodosius expedire Super omnibus displicenciis limitibus graniciebus dampnis Iniurijs rancoribus dissensionibus litibus odijs pactorum et stipulatorum concordatorum et promissorum violacionibus, que inter dictos principes dominum Regem Polonie ac Magnum ducem Witoudum adherentes coadiutores et Subditos eorum parte ex vna Nos ac Ordinem nostrum adherentes coadiutores et Subditos nostros parte ex altera vertebantur vertuntur et verti sperantur in dictum Sanctissimum dominum nostrum Papam et Serenissimum principem Romanorum ac vngarie Regem aut alterum ipsorum uel eciam in Sacrum Concilium aut eciam in quoscunque alios principes spirituales aut seculares ad dictum Concilium in Constancia celebrandum venturos ibidem in Concilio uel preter Concilium tractandi laudandi arbitrandi et finaliter complanandi dantesque ipsis nostris Procuratoribus plenam et omnimodam potestatem nouas treugaspacis recipiendi aut eciam veteres prorogandi et faciendi omnia que nos si presentes essemus in propria persona vnacum ordine nostro adherentibus coadiutoribus et subditis pura et sincera fide, sine dolo et fraude de rato habendo. et procurabimus cum effectu. sub obligacione omnium bonorum nostrorum quod nos Ordoque totus compromissum per eos sub quacunque forma verborum conceptum seu concipiendum in singulis suis punctis ratificabimus et ratificabunt. approbabimus ac approbabunt, necnon omnia et singula gesta. ac facta per eosdem procuratores nostros aut per partem maiorum ipsorum actum et laudatum fuerit in perpetuum acceptabimus et acceptabunt ratum ac gratum habebimus et habebunt obseruabimus et obseruabunt inviolabiliter, nec in aliquo contrauenienmus de jure uel de facto quoquomodo, eaque omnia et singula litteris et sigillis autenticis sine cuiuslibet more dispendio aut alicuius difficultatis subterfugio infra terminum de parcium consensu eligendum legittime solidatis robore curabimus confirmare. Datum in Castro nostro Marienburg die dominica ante festum sancti Galli Anno domini Millesimo quadringentesimo quartodecimo Sigilli nostri maioris sub appensione in testimonium omnium premissorum.

№ CLXXXIX.

Der livländische OM. Dietrich Tork erlaubt dem Grossfürsten Alexander Witaut von 1414 Lithauen, dass seine Kaufleute bis zu einer bestimmten Zeit freien Handel in Livland treiben mögen, d. d. Riga, am Tage Stephani protomart. Christi (26. Dec.) 1414.

Perg. Original-Copie mit dem gewöhnlichen Meistersiegel im GA. zu Kgsbg. Vgl. Index № 697.

Wy broder dyderik Tork Meister dutschs Ordens to lifflande bekennen mit dessem Jegenwardigen breue dat wy deme dorchluchtigen forsten vnd Grotmechtigen heren hern Alexander anders Wytaut Grotforsten to litthouwen vnd to Russen vnd allen kopluden de vt synen landen her in lifflande varen gelouet hebben vnd mit desseme breue louen ane allerleye argelist dat ze vt synen landen bynnen deme vpgenomenen vrede van der geuynge desses breues wente to vnsere leuen vrouwen Natiuitatis dage negestkomende, vnd van dannen vorbat ouer eyn gans yar na des vrede breues Inhaldinge fry vnd vngehindert in vnsen landen to lifflande hen vnd her then vnd kopslagen mogen Also dat man sych des nicht binnen deme vpgenomenen vrede an kopluden wreken sall. Wat man en van beyden syden in der vorgangenen vrede tyt genomen edir vp gebolden heuet vnd wanner de leste vrede dach Natiuitatis Marie komet Is dat men nicht vorbat vrede markin edir vpnemende werd So sall yder man der koplude dar heyme in syme lande bliuen vnd wat man van beyden syden vp den ergenanten vrededagen van kopenschop nicht Ingefordert noch en wech gefordt hefft dat mogen de koplude dar na vry vnd vngehindert Inforderen in bringen vnd to hus voren. Des to ener bekentnisse hebbe wy vnse Ingesegel hangen laten an dessen breff de gegeuen ys to Rige in den yaren na der gebort cristi dusent virhundert vnd verteyne Am dage Stephani prothomartiris cristi.

№ CXC.

Versicherung des Grossfürsten Alexander, anders Wytowd, von Lithauen an den DOM. 1415 in Livland Dietrich Tork und an alle Kaufleute aus dessen Landen wegen freien Handels bis zu einer gewissen Zeit, nach Inhalt des aufgerichteten Friedebriefes, d. d. in unserm neuen Hofe Dawgi, am Sonntage innerhalb der nächsten acht Tage nach Epiphaniae (13. Jan.) 1415.

Perg. Orig., mit anhangendem, sehr wohl erhaltenem, rundem Siegel des Grossfürsten in roth Wachs in gelbwächserner Kapsel, das den lithauischen Reiter darstellt, im äussern rig. RA.

Allexander anders Wytowd von gotis gnaden Grosfurste czu Lythauwen vnd czu Russen etc. Bekennen mit desem ‖ keigenwortigen briffe, das wir deme Erenwirdigen hern Dythrich Tork Meister dutsches Ordens czu lyffland ‖ von allen kouffuthen. de vs synem Laude her in vnsern Landen varen, geloubet habn vnd mit desseme briffe ‖ glouben. ane allerlie argelist, das sye vs synem Lande, bynnen deme vffgenamenen frede. von der gebunge desses briffes, bis czu vnser liebn vrawen Natiui'tage nehestkomende, vnd von donnen vorbas obir eyn gantze Jare. noch des frede briffis Inhaldinge, frey vnd vngehindert. In vnsern Landen, beyn vnd her czihen vnd kouffslagen mugen, Also das man sych, des nicht, bynnen deme uffgenamenen frede, an kouffluthen rechen sall, Was man en von beiden seiten, In dem vorgangenen frede czeiten genamen adir uff gehaldin hette vnd wenne der leczte frede tag Natiuitatis Marie komt, Is das man nicht[1]) vorbas frede machen adir uff nemen wert, So sal yderman der kouffluthen deheyme in syme Lande bleiben, vnd was man von beiden seyten, uff den egenanten fredetagen von kouffenschotz nicht Ingefordert noch en weg gefort hette, das mogen die kouffluthen, dornoch frey vnd vngehindert In forderen inbringen vnd czu hus voren. Des czu eynem bekenthnisse habn wir vnsir Ingesegil. lossen hangen an dessen brieff, der gegebn ist in vnserm nowe howe Dawgi, am Sontage in der Octauen Epiphanie, noch der geburth cristi, thusent virhunderth vnd fumffczene Jare.

1) Dieses Wort ist mit einem Zeichen der Einfuge an den Rand geschrieben.

№ CXCI.

1415 Der HM. erlaubt den Kaufleuten des Grossfürsten Witaut einen freien Handel in Preussen, d. d. Marienburg, am Palmtage (24. März) 1415.

Perg. Orig., wovon das Siegel abgerissen, im GA. zu Kgsbg. Vgl. Index № 704.

Wir Bruder Michel Köchmeister Homeister dewtschs Ordens Bekennen vnd tun kunt offenbar allen dehen diser briff wirt vorbracht, das wir mit wolbedachtem vnser Mittgebietger rate von eime mit dem Irlewchten fursten vnd Herren Hern Allexandro Grosfursten zu Littawen vnd Rewsen etc. vom andern teile, durch eins gemeinen notczes vnd fromens willen beider teil lande vndir enander eintrechtiklichen eine vorschreibunge von der Kowflewte wegin getan haben insulcherweise, das binnen disem gemachten frede, der nw leczt vor Strasberg vorramet wart vnd vorschreben des obenbenumpten Herren Herczogis Allexandri kowfflewte, vff den wassern der weissel vnd der Memel, in vnser land zu Prewssen vnd wider von dannen zu Irem heymut mit Irer kowffenschacz, macht sullen haben zu czihen frey vnd sicher, die wir ouch alsampt mit Irer ware, von vnser vnsers ordens wegin vnd der Jenen die vmb vnsern willen tun vnd lossen wellen, ane gefeher vnd argelist, sichern mit craft dises brines Gescheges ouch das ymandis derselben kowflewte vmb schulde adir eingerlei ander sache willen In vnsers ordens lande wurden angelanget, adir sie ymand mit rechte bekommern welde, das sal durch gnetis alders willen an nymandis anders gesucht werden denn an vns, vnd ouch vor vns entscheiden, dokegin sal den kowfflewten aus disem lande, mit Irer kowffenschatz ouch widerfaren, In des egedochten Hern Herczogis Allexandri landen In allen puncten, stucken vnd Artikeln als oben ist ausgedruckt vnd vorramet, Des zu merer sicherheit haben wir vnser Ingesigel an disen briff lassen hengen, der gegeben ist vff vnserm Huwse Marienburg Am Palm tage Im virczehenhundirtsten vnd funffczenden Jar.

№ CXCII.

Schreiben des rigischen Raths (an die deutsche Kaufmannsgemeinde zu Polozk?) zur Benachrichtigung von einer auf Witold's Geheiss geschehenen Aufsage des Kauffriedens und zur Empfehlung des unverweilten Wegschaffens der Waaren von Polozk, d. d. Montag nach dem achten Tage nach dem Zwölften (im Jan.).

Concept auf Papier im äussern rig. RA. Unter dem zwölften Tage ist, von Weihnachten (25. Dec.) an gezählt, der Dreikönigstag, 6. Jan. zu verstehen.

Vnsen vruntliken grout to voren leuen vrunde wetet, dat de namestenik to ploskouwe van de ploskouwers van heyte eres heren vytoiten enen bref ghe zant hebben an den kuntur to duneborch vnn de quam eme dar des mitwekens na twelften daghe im neghest vorghan von hebben darjnne den kopvrede laten vp segghen alzo van deme vor ghe scr. middeweken vor ouer IIII weken jo vt to sinde vnn de vor ghe scr. bref quam to rige vor vns nu des mandaghes na deme zuluen middeweken vor ghe scr. vppe desse zuluen sake van vpseghinghe dunket vns nutte von gut sin dat malk binnen dessen IIII weken sin gut van ploskouwe schicke vnn bringhe wes he van denne schicken vnn bringhen moghe jo mit den ersten jodoch bouen al zo prouet juwe sunste (?) hir mede moghet wol in gode ghescr. des mandages na den VIII daghen na twelften.

№ CXCIII.

Die deutsche Kaufmannsgemeinde zu Polozk benachrichtigt den rigischen Rath von der durch König Witold ihr angekündigten Ausweisung innerhalb vier Wochen, d. d. Dienstag zu Fastelabend etc.

Original auf Papier mit wenigen Resten eines aufgedrückten kleinen Siegels im äuss. rig. RA.

Vnzen vruntliken grot myd denestliken willen an de Erbaren heren borghermester vnn raet || tho ryge in ghelene tho wetende dat vns konigh vitote den vrede heuet vp ghesegat || vet syme lande thowezende van des dinxsedages tho vastelauende vort ouer IIII weken || weret dat des nicht enschegbe men solde vns myd knuppelen vet der stat Jaghen edder zolen in de yzeren gaen vnde vrochten wol dat ze vns desser vorscreuenen tyet nicht vuel solen bruken laten dar vmme wy vruntliken bydden dat gy wol duen vnde screuen vns hir eyn kort antwarde van dat wy weten wo wy varen myd vrunde gude dat warbliken vorborgen is vnde ok enes deles noch vnuorkoft steyt, dat se vnde wy vnbeschedeget blyuen bliuet ghesunt in gode ghescreuen tho ploscowe des dinxedages tho vastelauende etc.

De mene kopman
tho ploscow wesende etc.

In dorso: Den Erbaren wysen beschedenen heren borghermester vnde rad tho ryghe vnzen leuen vrunden sal desse breyff etc.

№ CXCIV.

Grossfürst Alexander, anders Witowt, von Lithauen schreibt dem rigischen Rathe, dass er den vom polozkischen Statthalter Muntigird geschlossenen Kauffrieden nicht genehmigen könne, den Kaufleuten aber erlaube in Polozk zu bleiben, d. d. Wilna am Dienstage vor Mariä Reinigung, o. J.

Pap. Orig., mit dem wohlerhaltenen, unter einer Papierscheibe in roth Wachs gedrückten Siegel des Grossfürsten, im äussern rig. RA. Die darin erwähnte Inlage fand sich nicht dabei. Ueber Muntigird s. ausser der folgenden №, oben p. 104, 138 und unten p. 162.

Allexander anders witowt
von gotis gnaden Grosfurste zu littawen.

Vnser gunst vnd fruntschafft zuuor. Wissit libin frunde. als Ir vns schreibit. vnd vormals auch geschre-|bin hat, das Ir mit vnserm Namezdnyken Muntigirden eynen vrede uff hettit gnomen. vnd daz uch auch uwir Meistir gesagit habe, das wir ym geschrebin hettin eynen stetin gantzin frede zu haldin" vnd mit namen den kowpfrede. wir habin uch vormals geschrebin das vns wol gedenket wy wir uwerm Meystir geschrebin hettin vnd schreibin uch auch nach das wir ym vndir andern worten geschrebin habin als in der Ingeslossin cedel stet geschrebin. dorynne Ir wol vernemen mogit ab wir yrne eyn kowpfrede gemeynt haben adir nicht. vnd ap wir auch von der littawen wegin keynen frede gemacht haben Sundirlich zo was vnd auch nach ist vnser Namestnyk vumechtig zu globin adir keynerley frede mit uch ztu machin von der littawen wegin. Vnd Nach obir das allis habit Ir vnser briue yrne eyn mit vnserm Ingezegil dorynne wir uch vor keynen kowpfrede globet habin sind der tzeit als wir uch durch uwir bete wille dirlawbet hatten ztu bleiben ztu ploskow So welle wir allis das wedir keren daz uch gnomen ist Geschrebin ztur Wille am dinstage vor purificationis.

In dorso: Prouidis ac Circumspectis viris proconsuli ac consulibus Ciuitatis Rigensis amicis nostris.

№ CXCV.

Der Compthur von Dünaburg schreibt dem rigischen Rath über Veranlassung und Grund der Beschuldigung des polozkischen Statthalters Muntighert, dass er den Kauffrieden gebrochen. D. D. Dünaburg, Dienstag vor Lichtmess.

Pap. Orig. mit den Spuren des aufgedrückt gewesenen Siegels von weissem Wachse im rig. äussern Stadtarchive. — Ueber Muntighert, s. die vorhergehende № CXCIV.

Vnsen vruntliken grot tho voren. It: witlike sy iwer erzamkel leuen vrunde dat vns vnse Erzame mester ghescreuen heft dat muntighert dy hoftman van ploscow, is vnde em enen bref ghescreuen heft. dar ine hee klaget ouer vns dat wy |sinen luden vele vordrites don dar med wy den kop vrede ghebroken heben. des wetet leuen vrunde dat wy in med alle nicht ghedan heben bouen recht. des nu tho somer en iar was do neme wy enem .v. pert als en olde ghewanhet is dat se nen pert up riden muten dy sy hir neden kopen sunder bewisinge alz iv suluen wol witlike is. do wy in dy pert nemen da nemen sy vns ij laste soltes weder tho ploscow. des sanden wy vnse boden to enem mal to dem anderen mal to dem derden mal to dem verden mal an den namesnike vnde an dy ghemenen ploscower vnde leten sy bidden dat se wol deden vnde dat se vns vnse solt weder gheuen. wert sake dat se menden dat wy in ere pert tho vnrechte ghenomen hadden dat se an vnsen erzamen mester screuen hete hee vns weder gheuen wy woldent gheren don Sy seden sy enwolden nicht an den mester scriuen do seden wy wer id sake dat so id nicht don wolden vnde ok nicht by rechte laten wy wolden vns holden an se edder an er ghut war wit[1]) af langhen konden alzo lange dat vns ghelike vor vngelik ghesche vnde dar med den vrede nicht ghebrochen heben[1]). des nem wy en to beruesle en strusen med VII seke soltes vnde nu j laste anders hebe wy en nicht med alle ghedan. vnde menen ok wol dat wy den vrede hir med nicht ghebroken heben. synt wit alze vaken vorvolgeden. vnd ok ghelike noch recht nicht helpen mochte. ok wille wy vns desser sake wol voranworden eft med in tho worden komet Gscr. tho duneborgh des dinghesdages vor lichtmes.

kumpdur tho duneborgh.

In dorso: Den Erzamen borghermesteren vnde rat unsen leuen vrunden tho der Ryge scal desse bref.

1) Zusammengezogen aus *wi et* = wir es.

1) Die Worte: vnde — heben, sind unter den Text geschrieben mit einem Zeichen der Einfuge.

№ CXCVI.

Grossfürst Alexander, anders Wytowd genannt, schreibt dem rigischen Rathe, dass er dessen in Polozk mit ihren Gütern angehaltenen Kaufleute nicht frei geben werde, bis wegen der vom Meister von Livland im polozkischen Gebiete geübten Verheerung Richtigkeit werde geschafft werden. D. D. Dubitza, Mittewochen vor Mitfasten.

Pap. Orig. mit dem in roth Wachs aufgedrückten Siegel des Grossfürsten, im äussern rig. RA.

Allexander andirs Wytowd
Fon Gots genoden Grosforst czw litthowen etc. etc.

Fromen forzichten wyzen lewte. Ir schrybt wns beteude wm den kopman der czw | plotzkow mit zym gwte ap gehalden ist das wir en qwyt laten welden wen her | in hoffenunge eins fredis gebyndirt were. dorof wisset das wir den zelven kowpman | nicht fry laten wellen wen den vnssu ist czw ploczk in dem gebyte schaden gescheen mit vnglyche wedir den bezundirn frede ane ofsagunge den dy zelvin ploczken fon aldirs vnde fon langen czythen mit lyflande gehatt haben. Zundir wm keynen frede dorfet ir vns nicht schryben noch manen wen wir haben mit euch nykeynen frede gemacht noch forschrebin. Was ewir meister mit vns czw twn hot wm cleinen adir wm grosen frede des wisse wir vns wol kegen em czw ferantwerten. Ist den ewir kowpman forwarlost vnd forhyndirt czw ploczk in der stat do mögt ir ewirm Meistir vmme czw sprechen. Worum her dy ploczker gehert hot ee wen her ewirn kowpman fon dannen hot geschicket: etc. vnd wir twn euch czw wissen Is das den ploczkern ir schade nicht korczlich gericht wirt. so mak is alzo gefallen das ir forbas den zelven kowpman vnd zyn gwt nymmir mogt heym krygen Gegeben czw dwbitzh am mittewoche for mittefasten.

In dorso: Den wyzen Ratthlewten der stat czw Ryge.

№ CXCVII.

Alexander, anders Witowt, Grossfürst von Lithauen, stellt gegen den rigischen Rath die Bevollmächtigung seines Hauptmannes zu Polozk, Montigird, zur Abschliessung eines Friedens, gänzlich in Abrede, so wie er auch jeden Frieden zwischen dem Meister und Lithauen leugnet. D. D. auf der Jagd vier Meilen von Wilna, am Dienstag nach Vincencii.

Pap. Orig., mit aufgedrücktem Siegel des Grossfürsten, im äussern rig. RA.
Ueber Montigird und Semen Lengweni s. oben № CXXXIV, p. 104; ferner p. 138 u. 160.

Allexander andirs Witowt
von gotis gnaden Grosfurste zcu littawen.

Unser gunst vnd fruntschafft zuuor. Wissit liben frunde. das wir uwern briff wol vornomen haben dorynne Ir schreibit. das vnser hawptman Muntigirde. mit uch ein frede uffgenomen habe In der weise alz ir yn mit vnserm dyner lyngweynen vormals vieff Jar nach deme aldin fre-de hattet uffgnomen. vnd das uch auch dornach uwir Meistir gesagit habe. das wir Im geschrebin hettin das wir den kowpfrede stete vnd gantz halden wuldin. Wissit das vns gar wol gedenkit wy wir In vnserm briue geschrebin habin deme Meistir wenn wir ym mit namen geschrebin habin. wers das vnser hawptman eynen frede uffgenomen hette von der syden to ploscow. den welde wir haldin bis das wir yn mit vnserm briue adir boten besenten. do habe wir kein kowpfrede mete genant Nach habin uch nach deme Meystir vor keynen littawen globit. vnd auch ist uwir Meistir an vns uffte begude eins cleynen fredis gewest vnd wir yn doch mit ym nicht wulden uffnemen. do dy littawen auch ynne weren gewest. Ist yn des als ir schreibit, das dy uwern yrne ein schaden gnomen haben vnd mit namen von littawen doran haben dy vnsern recht getan wenn keyn ploscower do bey gewest ist. vnd auch als Ir schreibit das lyngweyn mit uch vieff Jar ein frede mit uch uffgnomen habe. vnd Ir doch selbir wol vornemen mogit. das her nicht mechtig was eyn Jar ane vnsern willin vnd wissin ein gantzin stetin frede uffzunemen vnd zu male yn mechtig was vnd nach ist ein halbin tag frede uff zu nemen. von der littawen wegin. vnd dorumme was den uwern gnomen ist In sulchir geschicht von den littawen. das ist mit rechte gescheen Geschrebin uff vnser Jayt fir meyle von der wille am dinstag nach vincencii.

In dorso: Den Erbern vnd Fromen Burgermeistere vnd Ratleuten zcu Rige vnsern frunden.

№ CXCVIII.

Der gemeine Kaufmann (d. i. die deutsche Handelscompagnie) in Polozk schreibt dem rigischen Rathe, dass er nicht sobald mit den Geschäften fertig werden und zurückkehren können, als dieser ihm vorgeschrieben, und dass er von (Grossfürst) Witowt eine besiegelte Erlaubniss erhalten habe, dass vier bis sechs aus ihnen in sicherem Frieden mit ihrem Gute (Waaren) in seinem Lande bleiben könnten, möge es nun Frieden oder Krieg geben; beklagt sich auch über einen Hinrich Rone, der Wachs auf Credit aufkaufen und speichern lassen wolle, d. d. am zweiten Sonnabend nach Ostern.

Pap. Orig. mit den Resten eines kleinen in grün Wachs aufgedrückten Siegels im äussern rig. RA.

Vruntlike grot vnde vnsen willighen denest myd alle deme dat wy gudes vormoghen den Erbaren heren borghermester vnde raed tho ryge. Ju gheleue[1]) tho wetende alze gy vns ghescreuen hebbet tho pinxsten vet tho wesende[2]) dat vns swarliken tho donde steyt wente vnse schuldener thomale noch vte sin[3]) vnde vornemen[4]) wol dat ze dar vmme buten bliuen dat wy van hir teyn[5]) solen dat ze dat ghuet vuder[6]) beholden moghen. Item so staen hir noch vele lakene vnuorkoft dar ok swaer duent[7]) mede is weret dat yt in gheleuede so hadde wy enen bref vorworuen[8]) van vitouten vnde[9]) syme seghel dat vnser hir ene veyre vfte sosse[10]) bliuen moghen weret[11]) dat we vnze dingh nicht schikken[12]) en konden inder tyet alze vore screuen steyt de solen enen beleghen[13]) vrede hebben in syme lande myd ereme gude yt sy vrede vfte vnurede hir vme doet vruntliken vnde vorseyt[14]) vnse beste vnde der ghenen de er guet hir hebbet dat vns hir eyn kort antwarde van werde wo gy hir by ghedaen willen hebben edder nicht. Item alze gy vns ghescreuen hebben dat wy ghen gued toborgen dnen solen noch nemen dat mote wy vnde willent gherne laten alze syk dat woltoboret[1]) des heuet hinrik rone ghescreuen wol in den breuen an de vppersten[2]) koplude tho Ploscow dat ze em solen kopen ij leste wasses dat suluer hebbe he rede[3]) lygen de dat wil he en zenden by den ersten boden de vp edder nedder teyn[4]) vnde moghen ze es em nicht neder schikken dat ze yt em inde kerken[5]) setten vnde deyt alle den ghenen schaden de hir ere dinch bouen[6]) hebben yt sy in wat gude dat yt zy ghescreuen des anderen Sunnauendes na passchen.

by dem menen kopmanne tho polcow nu tortyt wesende.

In dorso: Den Erbaren wyzen beschedenen heren borghermester vnde raed tho ryghe dem zal[7]) desser bref.

1) Euch beliebe.

2) Aus zu sein, d. h. abzureisen, oder das Geschäft zu endigen.

3) Noch auswärts, d. i. noch nicht angekommen sind.

4) Merken, verstehen.

5) Ziehen.

6) Unterdessen.

7) — ? Ohne Zweifel: thun, d. i. verfahren, sich abfinden.

8) Erworben, erlangt.

9) *Leg.* vnder.

10) Ein vier oder sechs, etwa vier oder sechs.

11) Ware es, falls.

12) Unsere Geschäfte nicht beenden.

13) Zugestanden, oder gesichert.

14) Versehet, besorget.

1) Wohl gebühret.

2) Obersten, vornehmsten.

3) Bereit, baar, contant.

4) Auf- oder niederziehen, d. i. die Duna auf- oder niederwärts ihren Weg nehmen.

5) Bei der Handelscompagnie in Polozk herrschte also derselbe Gebrauch, wie beim hanseatischen Comptoir in Nowgorod, wo Waaren auch in der Kirche niedergelegt wurden.

6) Oben, d. i. entweder im obern Stock oder auf dem Boden des Compagniehauses; oder auch: hier oberhalb d. i. in Polozk, im Gegensatz des vorangehenden Ausdruckes: *neder schikken*, herunter d. i. nach Riga, schicken.

7) Soll — nämlich zukommen.

№ CXCIX.

Der dörptsche Rath erklärt sich gegen den rigischen in Betreff gewisser von dem lithauischen Grossfürsten Alexander und dem Rathe von Lübeck ausgegangenen Anträge und Gewerbe, d. d. Sonnabend nach Kreuzerhöhung, o. J.

Pap. Orig. mit dem aufgedrückten Siegel der Stadt Dorpat im äussern rig. RA.

Vnszenn Gantczfrundtlikenn groth mijt Irhedinge alles gudenn stets touornn Erszame Vorsichtige Wijsze Herrn Intbszondere andechtigen guden frunde Wij hebben Juwen Leessten breff Mijt yngelachten Copijenn als des Irluchtigisten Hochgebaren Herenn Herenn Allexandri etc. Grotfursten tho Lettouwen Credenciebreues vnnde des Ersamen Rades van Lubeke vnszerenn guden frunde, Boneuen Der suluen van Sijner Gnaden Dener vnde Hoffgesynde vortgestaltenn vnde geworuen weruen vorclareude Hebbe wij tho guder mathen woll vorstandenn Vnde na Juwen bogheer an den Erszamen Radt to Reuall In gelker forme vthgecopieret vorslaten gesandt Na der entfanginge Des suluen Dages Szunder sumendt. Dar bij van en bogerennde Juw vnde vnsz Er. gude menyinge vnde Radt mijt Den allerersten tobevalende Wolde wij alsz denne Mijt dem bestenn ock Dar vpp geslaten hebben wes nutte were gedan Hebbe wij van enn weddervmme eynn andtwordt dirlanget See Juwen Erszambeyden Ere gude meninge gescreuen hebben Vnde vns de vorhalen vnde vorbargen lathende etc. Nichtemynner Erszame Herenn vnde guden frunde Na gantcz sorchuoldiger Hogen bewegingе auertrachtinge vnde besynninge Hebbe wij vpp Juwe vorbeterennt irkandt Szo denne de Herenn vnlanges bijnnen wenden vorgaderth Lettouwesche baden gehatt hebben vnde vanmalkander syn gescheden Dat me nicht vorfarenn kann wes er gewerue sijn geweszen In dusse sake drepende Offte nicht Ock de Rade to Lubeke an vns Stede vnsze radessendebaden vthgeferdiget vnde aldar nicht beslagen, Der Herenn prelathenn vnde der Herenn der lande geyne Dichtnisse gehatt vnde yn synen weruen buthbengeslathen hefft allene van vns Steden Lubeke Rige Darbte vnde Reuall Hulpe vnde trost bogerennde vns van den Herenn szunderende etc. Wethe gij leuen Herenn vnde guden frunde woll Ock openbar is wo wij mijt den Herenn vnde den Landen stan. Dat wij vns van en nicht kanen noch mogen szundern all were ijdt vns ock doutlick Szo nicht is were vnsze Szunder der andérenn gemeyne Hanszestederen vnde Copmans Hulpe vnnd trost gantcz geringe wert vns vnde vnszen Stederenn hijr ym lande Godt beterdt swar geualen De to buwende beterende Mijt notrafftigen Dingen tobesargende vnde van iarenn to iarenn sorchuoldigen, mijt knechten vnde anderenn vnkassten to holdende vnde bewarennde Wor vmme steijt vns nicht to donde vnszes deeles genich gelt Offte volk zodanen frameden Herenn allhijr vth deme lande to schickken Szunder were ijdt sake Syne furstlike gnade aldusdanige sake ann de Heren der lande vnde vns samptliken vorsocht werde wolde wij vns alszdenne to syner tijdt Na macht vnde gebor, gelick den gemenen landen gudtwillich bowijszen vnde van den nicht sonderenn Erszame Herenn vnde gudenn frunde Hadden Juwe Erszamheyde als vnsze oldisstenn Er. gutdunken vnde en vorram gedan vpp dusse vur vorscr. wisze Offte an der forme Muchte wij deste dupliker vpp de sake getrachtet hebben Bogerenn nichtemyn van allen dat beste vth to keszende vnde van vnszer wegen deme Ersza. Rade to Lubeke, na eren bogerte, en antwordt lathen werden vmme sick mijt deme bestenn furder dar na to richtenn Sijn wij wedder vmme thouorschuldende gudwillich Gegen Juwer aller Erszamh. De wij gade dem Herenn zalick vnde gesundt tho entholdende beuelenn. Scr. vnder Vnszer Stadt secret Anno etc.[1]) Am Sonnauende na Exaltacionis Sancte crucis.

Burgermestere vnn Radtmanne
der Stadt Darbte.

In dorso: Denn Erszamenn Vorsichtigenn vnde Wijszen Mannenn Herenn Burgbermesterenn vnde Radtmannen der Stadt Rige Vnszenn bszonderen guden frunden.

1) Die folgenden Worte: *Am — crucis*, sind mit anderer (blasser) Dinte hinzugeschrieben.

№ CC.

Danziger und königsberger Kaufleute ersuchen den rigischen Rath um eine Fürbitte beim Meister von Livland, dass dieser sie aus der Gefangenschaft befreie, in welche sie Grossfürst Wytowt im währenden Frieden, unter Wegnahme ihrer Waaren geworfen, o. O., J. u. T.

Pap. Orig. im äussern rig. RA. Ob ein Siegel darauf gewesen, lässt sich nicht mehr erkennen.

Liben heren Burgermeistir vnd Rathmanne Vnsern willigen dinst czu allen czilen Wir clagen gote ‖ vnd euch wy daz der furste wytoute vns armen koufluten von danczke vnd von konigsberg ‖ alle vnser gut genomen hot in eyme guten vrede vnd helt vns gefangen vnd wil vns ‖ noch hoger schaczczen Dorumme liben heren euch bitte wir vm gotes willen vnd vm der kristenheit willen das ir vnsern hern Meistir von liflande bittet, das syne gnade vor vns schribe vnd bitte das vns der ffurste los gebe vnd das wir armen lute alzo jemerlich nicht vorterben wen wir von vnschulden czu dessen dingen syn komen, vnd der ffurste vns muntlichen sagete wir sulden vns nicht vorchten noch vlihen, her wuste andirs nicht denne guten vrede, des habe wir em geloubet, vnd vndir dessen reden habe wir vnser guth jemirlich vorlorn Ouch wisset liben hern, do her vns gefangen hatte do sante her vnser gesellen czweyne yn das lant czu prussen, das sy sulden syn volk los schaffen zo welde her vns ouch lossen czihen in prussen Nu synt alle syne lute los wurden vnd heym komen, das kan vns alczu mole nicht helfen Dorum liben heren tut das, durch goth vnd durch vnser ffrawen ere, das welle wir Euwir Erberkeit ymmer danken vnd dynen.

Kouflute von danczkg
vnd von konigsberg ffret (?).

In dorso: Den Erbarn wysen vorsichtigen Burgermeistir vnd Rathmannen der Stath Rige sal desser briff.

№ CCI.

Grossfürst Witaut erklärt sich damit zufrieden, dass der HM. die vom livländischen OM. 1415
in Vorschlag gebrachte persönliche Zusammenkunft seiner Seits abgelehnt habe, d. d. Lithauisch-Nowogrotke (Nowogródek), am Dienstage nach Jacobi (30. Jul.) 1415. *D.*

Alte Abschrift im GA. zu Kgsbg.; Abdruck in dem Supplem. ad hist. Russiae monum. p. 294, № CXIII. Vgl. Index № 708.

№ CCII.

König Wladislaw von Polen und Grossherzog Alexander Witaut von Lithauen ver- 1416
sprechen, unter Gewährleistung ihrer Magnaten und grossen Städte, den verlängerten, vor Strasburg geschlossenen Waffenstillstand mit dem HM. und ganzen Orden getreulich zu halten, d. d. Junowladslaw (Neu- oder Jung-Leslau), am 2. Tage vor Himmelfahrt (26 Mai) 1416. *L.*

Perg. Orig. mit 23 Siegeln im GA. zu Kgsbg.; Abdruck bei Kotzebue III, 412 (nach einer mangelhaften und ganz corrupten Abschrift), in Joh. Lindenblatt's Jahrb. S. 402—404 (richtig. Vgl. Index № 735, Lindenblatt S. 313. — Die Gegenurkunde des HM. s. im Index № 736.

№ CCIII.

1416 Des Königs Wladislaw von Polen und des Grossherzogs Alexander Witaut von Lithauen und Reussen Sichergeleit für den HM. Michael Küchmeister von Sternberg, den livländischen OM. Seifert Lander und für deren beiderseitige ganze Begleitung zum Friedens-Congress zu Welau, d. d. im Jagd-Quartier bei dem Dorfe Kelzanitz, am 5. Tage nach Kreuzerhöhung (18. Sept.) 1416. *L.*

Alte Abschrift im GA. zu Kgsbg.; Abdruck (nach dem Original) in den Supplem. ad hist. Russiae monum. p. 311, № CCXIV. Vgl. Index № 763.

№ CCIV.

1417 Der Gesandten von Pleskau Friedensschluss mit dem Meister von Livland auf zehn Jahre, d. d. Riga, am Michaelstage (29. Sept.) 1417. *D.*

Gleichzeitige deutsche Uebersetzung aus dem Russischen im GA. zu Kgsbg.; abgedruckt in der Samml. russ. Gesch. Bd. X. (oder G. Ewers und M. v. Engelhardt's Beiträge zur Kenntniss Russlands und seiner Geschichte, I. Bandes 2. Hälfte. Dorpat, 1818.) S. 691—694. Vgl. Index № 802.

№ CCV.

1417 Des Fürsten Konstantin Dmitriewitsch von Nowgorod und der Nowgoroder und Pleskauer Friedens-Instrument mit dem Meister in Livland und dem Bischof von Dorpat, durch die Kreuzküssung bestätigt (im J. 1417).

Abschrift des russischen Originals und die hier gelieferte alte Uebersetzung im GA. zu Kgsbg. Vgl. Index № 778. Dieselbe Uebersetzung hat schon Karamsin (V. anm. 218, D. Uebers. V. 134. 355) erwähnt, jedoch ohne sie damals von einem andern Friedensinstrument vom J. 1420 (s. unten № CCXIII, p. 174) unterscheiden zu können.

Konstantin, Sohn des Grossfürsten von Moskau Dmitri Iwanowitsch Donskoi († 1389, und somit ein jüngerer Bruder des Grossfürsten Wassili Dmitriewitsch († 1425) wurde, im J. 1407 (s. I. Chron. v. Nowg. und Pskow) nach Pskow berufen. Nachdem er noch im Sommer dieses Jahres mit den Pleskauern einen Einfall in Estland gemacht hatte, kehrte er nach Moskau zurück. Nach Verlauf von 3 Jahren begab er sich in Folge einer an ihn ergangenen Aufforderung zum zweiten Mal nach Pskow, ging von da im J. 1413 nach Nowgorod und dann im J. 1414 wieder nach Pskow, um nicht lange darauf nach Moskau abzuziehen. Sein Verhältniss zu Nowgorod und Pskow (s. die

Urkunde des Metrop. Photius vom 24. Sept. 1416 in dem 1. Bande der Акты Историческіе, изданные Археограф. Коммиссіею, № 23; bleibt darauf bis zum J. 1420 dunkel. Doch wurde ohne Zweifel (s. Index № 778) das hier abgedruckte Friedensinstrument im J. 1417 abgefasst, unter welchem auch in der I. Chron. v. Nowg. (a. 6925) ausdrücklich eines Friedens mit den Deutschen (Въ то время взяша Новгородци миръ съ Нѣмци) gedacht wird; die IV. Chron. v. Nowg. setzt noch hinzu, dass damals Semion Wassiljewitsch Possadnik und Kusma Tausendmann war. Im folgenden Jahr (1418) wird der in unserer Urkunde vorkommende «Herczog» von Nowgorod Kusma ebenfalls als Tausendmann erwähnt (Степенный посадникъ Василій Есиповичъ и тысяцкій Кузма Терентьевичъ).

Von dem grosszin koninge Constantyn demytirsson van dem Burggrafen von Nogbarden Myckyntensön[1], von dem Herczogen von Nogharden Cuseman Terenteusön, von alle grosszin Nogharden. Ich koning Constantyne Dymytirsön, ich habe gesant myne boden, Zachare mynen Boyaren, Ihezipissön[2], vnd van Nogharden ist Phyphylate Wassylen sone. Vnd haben geendiget eynen frede Alse vor vns vnd vor Pleskow mit dem Meister van Rige vnd mit dem Bischope van Darpte daz landt vnd daz Wasszer von Nogharden mit dem Meister na der alden scheidunge midde in der Narwe, nach dem rechten strome, Des gelyken sall Pleskowe, de schedinge tuschen den van Darpte syn, nach der alden lantschedunge, vnd de van der Dutschen zyden solen nicht ouer de Narwe ghan, vnd solen dar neyn land baken, ouch neyne Hoyslage slan, ouch nyn Wasszer vischen, ouch neyn holt hawen, vnd ok nicht fören, des geleichen solen die Nogharder er lude nicht ghehen vff die dewtschin zydem Dem Swedeschen Slosze Wyburgh, noch den Reualschen, noch den von den, von ouer der Narwe, en sall man neyn korn losszin vss dem lande foren, So en sall man neyn Swedesch Heer durch der Herren landt losszin cziehen, vff der von Nogharden er land,, Ouch en sal men neyn tydinge saghen vff das Noghardesche Her, vnd de Noghardesche gast vnd de Plescowesche gast, de sall haben eynen reynen weg in der Dutschen lande czu wasszer vnd czu lande czu cziehende vnd czu farende sunder schaden na der Cruczekussinge, Des gleichin sall die dewtsche gast haben eynen reynen weg durch daz Noghardesche land, vnd durch das Pleskowsche land czu wasszer vnd czu lande czu cziehende vnd czu farende sunder schaden nach der Cruczekussinge,, Wanner daz des grossin koninges bote uss cziehet adir der Noghardeschen bote obir die Zee, den sall men geben eynen reynen weg czu wasszer vnd czu lande, durch ir eyghen landt, Ap queme her von obir der Zee, ez were van wanne daz were, men sall In geben reynen weg czu wasszer vnd czu lande, wer daz In war vorecht adir schade geschehe Dar solde man richten vnd recht geben, vnd eyndigent nach der alden wonheit nach der Cruczekussinge den clegelichen sachen sall men recht geben von beyden zyden, nach der Cruczekussinge, vff dis alczumale haben wir eynen frede geendiget vnd haben daz Crucze gekussit, beyde Ir vnd wir nach behegelicheit in rechtferdichkeit sunder yenigerleye verrederye ån alle Argelist vnd falschheit.

1) Im Русскій Временникъ (Ч. I. Москва 1790) wird unter dem J. 1409 Анфалъ Никитинъ als Possadnik von Nowgorod erwähnt, so dass vielleicht der obige «Burggraf» sein Sohn war.

2) Vielleicht ist darunter ein Sohn des im J. 1409 (s. I. Chron. v. Nowg. a. 6917) verstorbenen Possadnik Есипъ Захаріиничъ zu verstehen.

№ CCVI.

1417 **Des Ordens von Livland Friedensschluss mit Pleskau auf zehn Jahre, mit Einschluss des EB. zu Riga und des B. von Dorpat, d. d. Riga, am Martinstage (10. Nov.) 1417.**

Gleichzeitige officielle Abschrift im GA. zu Kgsbg. Vgl. Index № 809, auch 812; Karamsin D. Ueb. V, 352.

Wi Sifrid Lander von Spanheym Meister dutschs Ordens tho Liffland Gerd Wrede Lantmarschalk tho Liffland Wylhelm von Schaphusen Cumpthure to Dunemunde vnd Johann Swarthoff Cumpthur tho Asschraden, Wy bekennen semptlyken vor vnsen gantzen Orden in lyffland vnd vor vnse Lande vnd lude dar wy vor raden[1]) Dat de grotmechtighe Here de grote konyng von Moskowe Mickiten sinen boden an vns hadde ghesand Vnd let durch den suluen boden an vns weruen vnd fruntlike bidden dat wy gude nachburschap vruntschap eyndracht vnd steden vrede med sines vader erue alz med den von Plescowe halden wolden vnd de vruntschop vnd eyndracht hoger bevesten Dergliken Danel vnd Juryen der von Plescowe boden woruen an vns vp de suluen tit[2]) dat de von Pleskowe woren von vns hochliken begerende vnd vruntliken biddene dat wy gude eyndracht vruntschap vnd steden vreden mit Plescowe balden wolden vnd de vruntschop vnd eyndracht hoger bevesten Des so hebbe wy augeseen sunderlike vruntschap de de grote konyng von Moskuwe vnd de von Plescowe vnse leuen nachburen an vns soken vnd van vns begerende sint Vnd wy hebben vns mit den von Plescowe vnsen leuen nachburn mit eren landen vnde luden dar se vor raden vruntlyken voreynet vnd vns to X Jaren de negest sunder middel na eyander volgen en verbunden in sulker mate als hir na schreuen steit, also dat bynnen dussen negesten X Jaren en sal vnser eyn dem anderen den vrede nycht vp seggen vnd vnser eyn ensal vp den andern nicht orlogen mit Herschilde[3]) vnd vnser eyn ensal vp den andern nyne hulpe senden em to schaden vnd vnser eyn sal den andern vor sinen schaden warnen wor be dat weit Vnd vnser eyn en sal nyn Heer dorch syn land dem andern to schaden teben laten dar he vor redet Vortmer weret dat yenige twydracht effte schelinge twyschen vnser beyder Landen vnd Luden vnd den kopluden dar wy vor raden to water offte tho lande wor vpstunde vnd gesche welkerley dat were dat sal men richten na der Crucekussinge vnd nicht mit Herschilde, In dusse vorgescreuen enynge vnd vorbund hebbe wy den Erwerdigen in gode vader vnd Heren Ertzebisscop to Ryge mit syme stichte glik vns mede ingenomen bet an sine tokunfft effte synes vulmechtigen vicarii alzo verre he dar mede ynne wesen wyl Dergliken hebben wy den Erwerdigen in gode vader vnd Heren Bisscop to Darpte mit synem stichte glik vns mede in dusse vruntlyke eynynghe vnd vrede genomen vnd bescheyden alzo verre he darmede yone wesen wil, Wolden auer de vorgenomeden Heren Ertzbisschop tho Rige vnd Bisschop to Darpete in dusser enynge vnd vorbunde nicht wesen So hebbe wy den vorbenomeden boden Danele vnd Juryen vorgelecht vnd gar egentlik vtghedrucket vnd vt bescheden, Off denne de von Plescowe de vorgescreuen Heren Ertzebisschop vnd Byssop vnd ere Stichte Lande vnde Lude dar se vor raden mit Herschylde ouervallen vnd se vorderuen wolden vnd sus gewalt vnd vnrecht don wolden dat merklik vnd bowisselik wern dat stunde vns nicht to liden So solde dusse enynge vnd vorbund gantz machtlos vnd nicht syn vnd wi wolden vnd mosten den Heren Ertzebisschopp vnd Bysschoppe vorgeruret alsulk ouervall gewalt vnd vnrecht helpen weren mit alle vnser macht Wolden auer de Heren Bis-

1) Regieren, das lat. consulere.

2) Vgl. № CCIV.

3) 1) ein Soldatenschild; 2) ein bewaffnetes Heer.

schope vorgescreuen de van Plescowe mit Herschild oueruallen effte gewalt vnd vnrecht don dat merklik vnd bowiselik were Dar en wolde wi vns nicht ankeren vnd en effte nymand vnrecht helpen sterken Weret ok dat de vakengenomeden Heren Ertzebisschop vnd Bisschop in dusser enynghe vnd vrede mede wesen wolden vnd den beleuende tho haldene Off denne yenych twydracht effte schelinge twisschen en eren Landen vnd Luden dar se vor raden vnd den van Plescowe effte eren Landen vnd Luden dar se vor raden wor vpstunde vnd gesche Welkerley dat were vnd de Heren Bisschope vorgescreuen meynden se weren recht derglyken de von Plescowe meynden se weren recht vnd enkonden syk vmme de schelinge nicht vordregen noch eyns werden Se segeden vnd leueden[1]) vns de sulnen boden Danel vnd Juryen dat de von Pleskowe solden denne er sake der twidracht vns thu kennende geuen vnd an vns scheten, also, delewyse recht da se recht blyuen delewyse vnrecht dat se vnrecht blyuen. Vortmer wanne dusse negesten X Jar na giffte dusses breues erst volgende vmme vnd to ende sin ghekomen So sal id denne vort mid vns vp beyden seiden bliuen na der olden cruczekussinge in sulker mate also vor dat vnser en dem anderen den vrede ver weken vorhin mach vpseggen als verre denne nyn ander enynge vnd vruntschop twischen vns vort wirt bevestent Vnd dusse enynge vnd vrede also vorgescreuen steyt sal angan vp dussem Jeginwordyghen sinte Mertins dach in giffte dusses breues vnd sal vort dusse negesten X Jar twyschen vns stan vnd stede vnd vast bliuen Hirvp als dusse breff vtwyset So hebbe wy Sifrid Meyster to Lyffland Gerd Wrede Lantmarschalk Wylhelm Cumpthur tho Dunemunde vnd Johan Cumpthur to Asschraden vor vnsen Orden to Liffland vnse Lande vnd Lude dar wy vor raden dat Crucze ghekusset dussen vrede vnd enynge stede vnd vast to holdene in alle der mate alse dusse breff vtwyset vnd inneheldet mit alsodanem bescheide dat de Houetman de von des grothen konynges wegen von Moscowe vor eyn Houetman to Plescowe gesat is vnd de Borchgreue effte ouersten tho Plescowe vor alle gemeyne Plescowe ok dat Cruczekussen dussen vrede vnd enynge stede vnd vast to haldene sunder argelist in sulker mate alse dusse breff vtwyset Vnd dat se vns eren openbesegelden breff weddersenden in aller mate van worden to worden ludent an argelist alse dusse Jegenwordige breff ynne heldet To eyner waren vasten betuchnisse alle dusser vorbescreuen sake So hebbe wy Sifrid Meyster vnd Gerd Wrede Lantmarschalk to Lifflande vnse Ingesegele vor vnsen Orden vnse Lande vnd Lude dar wy vor raden an dussen breff gehangen Gegeuen vp vnsseme Slote to Righe na godes gebort XIIII[c] Jar vnd Im Seuenteynden Jare In sunte Mertyns dage des hilligen Byscopes.

1) Leg. leueden = gelobten, versprochen.

№ CCVII.

König Wladislaw von Polen und Grossfürst Witaut von Lithauen verlängern den mit 1418
dem Orden vor Strasburg geschlossenen Waffenstillstand noch vom nächsten Margarethen-
Tage auf ein Jahr, d. d. Brest, den 25. Apr. 1418. *L.*

Alte Abschrift im GA. zu Kgsbg.; Abdruck in den Supplem. ad hist. Russiae monum. p. 295. № CXIV. Vgl. Index № 842.

№ CCVIII.

1418 Papst Martin V. verordnet einen einjährigen Waffenstillstand zwischen dem Könige Wladislaw von Polen, nebst dem Herzog Witold von Lithauen, und dem Orden, d. d. Kostnitz, III. Id. Maii Pont. a. I. (13. Mai) 1418.

Perg. Orig. im GA. zu Kgsbg. Vgl. Index № 852.

Martinus episcopus seruus seruorum dei Ad futuram rei memoriam: Ad illa ex apostolice seruitutis officio paternis et solicitis studijs libenter intendimus, perque guerrarum turbines inter Cristi fideles et presertim maximos potentatos, ex quorum discordijs maxima possunt et adherentibus tam animarum quam corporum Terrarum et locorum pericula et interitus prouenire, possint de medio summoueri, ac deinde ad concordie, qua maxima queque crescunt, et e couerso (*sic*) per discordiam maxima sepenumero dilabuntur, pacisque bonum, quietius atque salubrius ualeat mediis salutaribus perueniri. Pridem siquidem existentibus venerabilibus fratribus nostris Nicolao Gneznensi Archiepiscopo Jacobo Plocensi Episcopo, et dilectis filijs Magistro Petro Boleste, Notario nostro, Paulo Woladimiri Custode Cracouiensis ecclesie, ac nobilibus viris Johanne Castellano Kalisiensi, et Zanisio Nigro Capitaneo Cruswicensi, Militibus, Ambaxiatoribus et procuratoribus Carissimi in Cristo filij nostri Wladislai Regis Polonie, Illustris ac dilecti filii Nobilis viri Alexandri alias Witoldi Ducis Lituanie ex vna, nec non Venerabilibus fratribus Johanne Archiepiscopo Rigensi, ac Johanne Episcopo Warmiensi, et dilectis filijs Petro de Wormedith procuratore generali ordinis beate Marie Theotonicorum Jerusalemitanorum et Magistris Francisco de Resil et Gasparre Schulcempflug[1]) Preposito et canonico ecclesie Warmiensis, dilecti filij Michaelis Cochemmester Generalis Magistri domus hospitalis ac totius ordinis prefatorum ex altera partibus, coram nobis et Carissimo in Cristo filio nostro Sigismundo Romanorum Rege, Illustri in presentia Venerabilium fratrum nostrorum sancte Romane ecclesie Cardinalium, et dilectorum filiorum nonnullorum virorum Nobilium Ducum Comitum et Baronum ac aliorum quamplurium, habitis cum partibus predictis coniunctim et diuisim pluribus tractatibus tandem consentientibus partibus ipsis vna cum prefato Romanorum et Hungarie Rege Treugas sub spe pacis inter partes predictas indiximus, a festo beate Margarite virginis proxime futuro usque ad festum dicte virginis subsequens ad annum, ita quod tempore medio nulla partium predictarum possit nec debeat alteram in rebus et personis offendere nec quouis modo impugnare, aut eorum Terras, dominia, subditos, collegatos, et coadiutores, quod et partes ipse promiserunt sub bona fide et honore attendere et obseruare tam nobis, quam prefato Romanorum Regi etiam in presentia predictorum Cardinalium et aliorum superius contentorum Et ita fieri voluimus et mandauimus. Subsequenter vero voluimus quod Magister et Ordo predicti villas Orlow, Minzynow et Noua Loesz ad manus ipsius Romani Regis assignare debeant, hinc ad festum prefate Margarite proxime secuturum, siue Nuntij ipsius Romanorum Regis ad requisitionem et instantiam dicti Romanorum Regis. Et ita fieri mandauimus, sub pena Centum milium florenorum applicandorum pro parte Camere apostolice et pro parte Imperiali fisco, ac pro parte Regi Polonie, ac Witoldo Duci supradictis, prefatas tamen villas uoluimus taliter assignari, quod ipse Romanus Rex illas possit et debeat assignare prefato Regi Polonie, Sic tamen quod dicte Ville non possint nec debeant quouis modo fortificari, nec quo ad munitionem aliquam aliter quam fuit dis-

[1]) Caspar Schouwenpflug, später (1420—23) B. von Oesel, s. Index II, 362.

poni. Nec aliqua partium earundem ex traditione Villarum huiusmodi possit sibi ius aliquod in proprietate seu dominio illarum pretendere, seu quomodolibet uendicare, aut prerogatiuam aliquam seu ius quo ad premissa quomodolibet allegare, per quam uel quod possit quomodolibet se tueri Nulli ergo omnino hominum liceat hanc paginam nostre inditionis uoluntatis et mandati infringere uel ei ausu temerario contraire. Si quis autem hoc attemptare presumpserit indignationem omnipotentis dei et beatorum Petri et Pauli Apostolorum eius se nouerit incursurum. Datum Constantie III Idus Maij Pontificatus nostri Anno Primo.

№ CCIX.

Grossfürst Alexander anders Witoldt zu Lithauen und zu Russen Versicherungsbrief für die Kaufleute nach dem mit OM. Sifert Lander von Spanheim geschlossenen Frieden, d. d. Sonntag vor S. Thomae (20. Dec.) 1419. 1419

Abschrift auf Papier ohne Siegel im äussern rig. RA.

Wir Allexander anders Witoldt van godes gnaden Grotfurste tzu littowen von tzu Russin etc. bekennen vnn betughen offenbar myt dessem breue das wir dem Erwerdighen heren ziferd lander van spanheym Meyster dewitzs ordens tzu Liffland von allen kauffluden de vs sinen landen In vnsir lande faren gelobet haben vnn In krafft dias breues gelobeu tzu halden fest vnn stete an allerley argelist also de seluen kaufflute vs sinen landen fry vnn zichir In vnsir land faren vnn komen vnn vngehindert Kaufflagen (sic) mogen nach alder gewonheid bis to sunte Margareten tage neste tzu komende weret id sache das dir frede van sunte Margarrten tage nicht vorlenghet wrde So sall men sich doch an den Coufflude nicht voigen van off de Coplute van beiten teylen irkeyne schulde an gelde edder an gude beydende[1]) weren twisschin sich tzu voruugende[2]) vnn der en twisschin der frede usgingbe So sall doch den Cofluten van beiten siten der wek tzu wassir vnn tzu lande sichir bliben vnn vngehindert an gute vnn personen eynem jchlikem syn gud fry vnn sichir tzu Huse tzu furen recht vnn gelich ap is In den fredetagen were vnn ap irkeyne tzwidracht edder schelinghe vmme egenler dink adir sache twisschin enande van beiten siten off stande u. sall sich der sachewalde an sinen sachewalden dirholden vnn den ouch entrichten vnn keyn ander kouffman sall dar vmme gehindert werden noch einghe nod liden van beyden parten Des tzu eynem waren getauchnisse vnn grosser bevestinghe haben wir vnser Ingezegell ge hanghen vnden an dessin breff der ge geben vnn screben ist nach cristi gebord vnsers heren dausent virhundert dor noch In dem newntzeynden Jare An dem Sontaghe nest vor Sunte thome des hilgen tzwelffboten ge ßr.

1) beyden, warten, erwarten, zu erwarten haben.
2) vernugen, genugen, genugthun, bezahlen.

№ CCX.

Kurze Anzeige der Artikel des Friedens zwischen Livland und Nowgorod, über welche der livländische OM. dem HM geschrieben. (Vom J. 1420). 1420

Gleichzeitige Abschrift im GA. zu Kgsbg. Vgl. Index № 924 und № CCXI.

Also hat der Meister von Lieffland geschreben.

czum ersten so habe wir die Nowgardisschen boteu czu vnsirm Capittel gehat das wir hilden am Suntage nach Bartholomei.

Item sie brachten vns douor des grosten koniges von Muskaw vnd der von Nauwgarden vorsegelten briffe mit erer beider teile angehangenen Ingesegel.

Item wir senden euch des briffes abeschrifft hir Inne czu Dewtsche, nach dem Ruwsschen.

Item sie begern Das wir In der glichen vnsirn briff widder gebin sullen In sulchem luwte.

Item vns stehet eyn sulcher briff In keyner wiese von vns czu gebin vmb manchirley sachen vnd artikel willen die In dem briffe sien vsgedruckt.

Czum ersten wie mochte wir sie veligen widder vnsirn Herren konig von Dennemarckte.

Item Wie mochte wirs lassen vnd cristene Herren vor sie nicht warnen.

Item Wie mochte wir In eynen freyen velichen weg durch die offembare sehe gebin.

Item So werdet ir wol die andern artikel vs der abschrifft vornemen.

Item Sie vorswegen den Briff vnd wolden des ny bekennen das sie In hetten bis zum Capittel.

Item Wir wolden den briff von In nicht vfnemen, Sunder sie sien also von vns gescheiden, das wir vnsir Botschafft czu In wollen thun vmb Michaelis neestkomende vnd wellen In gerne eynen briff gebin vff die alde Cruczekussunge als man das von Alders hat gehaldeu In vnsirn wassern vnd landen.

Item Wir wollen In nichts mee vorschreben denn, das vns wol mogelich ist czu halden.

Item Wir begern hirvff euwir andwert vnd Rath ee wir die vnsirn vssenden.

№ CCXI.

1420 Der OM. von Livland sendet dem HM. eine Copie des durch die naugardschen Gesandten erhaltenen besiegelten Briefes des Königs von Moskau, erklärt aber, warum er diesen nicht annehmen könne, d. d. Riga, am Tage nach der Enthauptung Johannis des Täufers (30. Aug.) 1420.

Orig. im GA. zu Kgsbg. Vgl. Index № 953. Die erwähnte Copie ist doch wohl nicht, wie im Index vermuthet wird, die unter vorstehender № mitgetheilte, sondern diese scheint nur ein Auszug aus dem hier folgenden Briefe zu sein. Unter andern ist darin von den damals gestörten Beziehungen Nowgorods zum Orden die Rede, dessen Meister sich bereit erklärt, »um St. Michaelistag« eine Gesandtschaft nach Nowgorod zu schicken. Diese langte daselbst auch wirklich im Herbste 1420 an und leitete den Abschluss eines Friedensvertrages ein, von dem unter № CCXIII, p. 174 eine deutsche Abfassung mitgetheilt ist.

Vnsern demutigen gar willigen gehorsam alczeit beuor Erwirdiger gnediger lieber Her Meister Als wir euwir gnaden letzsten schreben von dem Noghardeschen Boten die zu vns weren komen, vnd was Ir begher were etc. So haben wir dieselbigen Sendeboten nw mit vns gehabt czu vnserm Capittel das wir hetten mit vnsern Gebitigern am Suntage in Crastino Bartholomei apostoli etc.[1]) Dar haben vns die vurgenanten Sendeboten vns vnd vnsern Gebietigern vorgebracht eynen vorsiegelten briff, des grosszin koninges von Moskow[1]) vnd der von grosszin Noghardin[2]) mit

1) Da »Crastinus dies« der einem Feste folgende Tag ist, so muss damals das Fest des Apostels Bartholomaeus, welches in der römisch-katholischen Kirche am 24. Aug. gefeiert wird, auf einen Sonnabend gefallen sein. Dies war in der That im J. 1420 der Fall.

1) Grossfürst Wassili Dmitrijewitsch von Moskau, reg. 1389—1425.

2) Fürst Konstantin Dmitrijewitsch, Bruder des Grossf. Wassili Dmitrijewitsch.

Irer beyder teyl angehangenen Ingesiegelen wellchen briff wir haben losszin vss settzen vff dewtsch von worte czu worte als der Im Rewschen ist gelegen vnd senden euwir gnaden darvon eyne Abeschrifft hiryone vorslosszin, die euwir gnade woll mag vornemen In deme sie van vns weder begerende weren, daz wir In vnssern briff vff den zyn wolden wedergeben vorsiegelt vnd den Iren beholden, des vns keynerleye wys stehet czu thunde, vmbe manigerleye Artykeln willen, die in dem briffe seyn begreffen, die wir mit nichte geholten mogen noch konnen, Wente wie mochte wir sie veligen[1]) weder vnsern gnedigen Herren koning von Dennemarken, wie mochten wir auch enlosszin daz wir cristene Herren vnd fursten nicht solden vor sie warnen, wie mochte wir In auch eynen frien veligen weg durch die offinbaren see geben etc. als euwir gnade woll wirt vornemen In der Artykeln der Abescryfft, die dorane geben, wor tzwen virgilichen vor stehen, Auch hatten wir sie gefache[2]) vorhin gefregit or wir mit In von Rige Rethin, Ap sie eynigen breff mit seich gebracht hetten von Irem grossin koninge vnd den von grossin Nogharden, des sie vns all vorswegen vnd keyns douon wolden beweissen, Aber do sie czum Capittell vor vns vnd vnser Gebitiger quemen, do haben sie irsten den briff vns dor irczieget Vnd wenne vns nw der briff yo czumole nicht stehet czu holten, so haben wir des nicht vffgenomen Sunder wir haben ez also mit vnsern Gebitigern beslosszin, daz wir wollen vnssere Boteschafft keyn Nogharden senden vmbe sente Mychelis tage ussen, Vnd wollen In gerne eynen versegelten briff geben vff die alde Cruczekussinge als die von Aldunge bisher ist geholden vnd gewessen, in vnssern wasszern vnd landen dar wir uor raden, so verre als sie die wollen vffnemen, mit sulchen Artykelen die vns mogelich sein tzu holten, des wollen wir In nicht vorsiegelen noch vorbriffen Vnd was euwir gnaden weysse Rath hirczu sey czu thunde vnd auch nach deme als sich der tag czu Welun wirt endigen, daz euwir gnade vns des ein vngesumet antworte wolle schreiben wente wir ez mit vnser boteschafft darnach wollen vorcziehen vnd vns gerne nach euwirm weysen Rathe richten, Gegeben czu Rige Crastino Decollacionis Beati Johannis Baptiste Anno etc. XX^{mo} Item Erwirdiger Her Meister wie woll das wir dis also vurgescreben ist mit vnssern Gebitigern haben beslossen So haben wir ouch seder[1]) mundlich[2]) bey vnserm Hern von Rige gewessen, vnd ez mit Im auch also ussgedragen der vns auch daz selbe hoth gerathen.

Gebitiger Dewtsches Ordins
czu Lyfflande.

1) Sicher stellen oder sprechen, von velig, sicher.
2) Vielfach, mehrmals, oft, plattd. vaken.

1) Darnach oder nachher.
2) Persönlich.

№ CCXII.

Witaut, Grossfürst von Lithauen, verspricht einen Waffenstillstand mit dem Orden in 1420
Preussen und Livland bis Margaretha des nächstkünftigen Jahres zu halten, wenn der Orden unterdessen den König von Polen nicht bekriege, d. d. bei dem Hause Weluna, Mittwoch nach Mariae Geburt (11. Sept.) 1420. *D.*

Abschrift im GA. zu Kgsbg.; abgedruckt in dem Supplem. ad hist. Russiae monum. p. 296, № CXV. Vgl. Index № 957.

№ CCXIII.

(1420) Der Gesandten des OM. Siegfried, Goswins, Comthurs von Fellin, und Herrmanns, Vogts von Narwa, und der Delegirten des Grossfürsten Wassili Dmitriewitsch von Moskau und des Fürsten Konstantin Dmitriewitsch von Nowgorod Vertrag über die Gränze bei Narwa, und über den Handel nach Russland, durch Kreuzküssung bestätigt. O. Dat. (jedoch nach den russischen Quellen wahrscheinlich in den letzten Monaten des J. 1420 oder spätestens in einem der ersten Monate des J. 1421).

Abschrift nach einem russischen und plattdeutschen Original mit sechs Siegeln, in Hiaern's Collect. p. 297; Auszug bei Brotze, Syll. I, 225. Vgl. Arndt II, 125; Karamsin V, прим. 218; D. Ueb. V, 170; Index № 3383[b]. — Hiaern's Copie ist sehr flüchtig und undeutlich gemacht, oft auch nur blosser Auszug, daher man nicht für alles Einzelne mit Sicherheit einstehen kann. Von dem zwar angezeigten russischen Original ist kein Buchstabe vorhanden. Die in der Urkunde vorkommenden Namen sind in den Anmerkungen nach dem Bericht der Chronik von Nowgorod (a. 6928—1420) und nach andern Quellen erläutert. Vgl. № CCV, p. 166.

Konstantin Dmitriewitsch, von seinem Bruder dem Grossfürsten Wassili Dmitriewitsch beleidigt, nahm im J. 1419 seine Zuflucht zu den ihm aus früheren Zeiten her (s. oben № CCV, p. 166) bekannten Nowgorodern. Diese setzten ihn auch im Febr. 1420 in die Beistädte ein, deren Verweser einst Semen-Lengweni Olgerdowitsch (s. oben p. 137 und 138) gewesen war. In Folge der Initiative, welche Konstantin zur Beilegung des Zerwürfnisses mit dem Orden ergriffen hatte, versprach der Herrmeister in einem Schreiben vom 30. Aug. 1420 (s. oben № CCXI, p. 172) »um St. Michaelistag« eine Gesandtschaft nach Nowgorod zu schicken. »Noch im Herbste desselben Jahres langte (nach der I. Chron. v. Nowg. a. 6928) eine Gesandtschaft aus dem deutschen Lande an«, d. h. aus Livland und Estland, in Folge dessen sich Konstantin und die Nowgoroder dazu verstanden, eine Gesandtschaft nach der Narowa zu einer Zusammenkunft mit dem Herrmeister von Livland abzuschicken. Hier wurde nun — also vielleicht noch in einem der letzten Monate des J. 1420 — »ein ewiger Friede nach alter Weise, wie es war zu den Zeiten des Grossfürsten Alexander Jaroslawitsch« (s. oben № XVI, p. 8) abgeschlossen (и взяша вѣчныи миръ, по старинѣ, како было при великомъ князѣ Александрѣ Ярославичѣ; — и при князѣ Юрьи Даниловичѣ, fügt die IV. Chron. v. Nowg. noch hinzu; s. oben p. 42). Im folgenden Jahre (d. h. wahrscheinlich schon im Frühjahr 1421) zog Konstantin mit grossen Ehren von Nowgorod wieder fort.

Hier sind Bohten gekommen zu gross Novgarden von Meister Sigfrid[1]) Hr. Gosswin[2]), der Cumpter von Felin, u. der Vogde von der Narve Herman[3]) mit seiner Geselschaft[4]) zu grossen Naugarden zu Konig Constantin Dymitson[5]), zu den Ertzbischof zu Naugarden Bischof Demene[6]) zu den Burgemeister[7]) u. zu den Herzoge[8]) u. zu der grossen gemeine Naugarden u. werden ein Zeit einss bey Tage vor fasten abend, dass der Meister soll komen zu den Tage zur Narve auf die Becke, u. soll recht geben zu Lande u. zu

1) «Отъ мѣстера Селивестра». Siefert Lander von Spanheim, livl. OM. von 1415—1424, s. Mitth. aus d. livl. Gesch. VI, 490.

2) «Вельядскiи кумендеръ Гоствинъ». Goswin von Polem war Comthur in Fellin 1418—1426, s. Mitth. VI, 504.

3) «Воевода Ругодивскiи». Nach der IV. Chron. v. Nowgorod: «Воевода Ругодивскiй Кропьйнъ».

4) In der Chron. v. Nowg. wird noch angeführt: «Сотримачь местеровъ Тимоеевъ».

5) «Князь Костянтинъ». Vgl. oben p. 172, Note 2.

6) Erzbischof von Nowgorod war damals Семеонъ, so dass Demene aus Semen verstümmelt ist. Wahrscheinlich hat man den Ehrennamen «владыка» des Erzbischofs (архiепископъ) durch «Bischof» übersetzt. Vgl. Note 10.

7) Als Abgeordnete nach der Narowa werden in der Chronik zwei Possadnike genannt: «и погляда ... посадника Новоторжского Василья Есиповича, посадника Онопоса Феодоровича». Vielleicht war nur der erste derselben fungirender (степенный) Possadnik.

8) Кузма Терентьевичъ (s. p. 167), noch im J. 1421, wie es scheint als fungirender Tausendmann erwähnt.

Wasser u. zu allen ichlichen klagen von beyden parten, und der grosse König Wassyly Dymitrison[9]) und konig Constantin Dimitrison[8]) u. der Ertzbischof von Naugarden Cusema Terententz[10]) u. unser bischoff[6]) grose Gemeine Naugarden, u. santen auf den Tag mit den Meister des grossen Konigs sein Mundschenken Konig Feder Peterkeyness[11]) den Burgemeister von Naugarden Wassyle Jezyserson[7]), Jacob Demetrison[12]) den Burg M. v. Naugarden Offanoisse Federson[7]), Michael Jurgen von Syferson Wahume Iwaneson[13]) zu den Meister auf den Tage zu Narve auf die Becke dar Sie zusamenkahmen mit den Meister des grossen Konigs sein Awesticke Wasilewizson Konig Feder Paterkeyeson[11]) der BurgeM. von Naugarden Wazyle Jezuffenson[7]), Jacob Dymitson[12]) der BurgeMeister von Naugarden Offanoise Swederson[7]) Michael Jaryneson Nabwme Iwaneson[13]) zu der Narve auf die Becke u. endigen mit den Meister von Riga Sygfrid[1]) ein frid zu Land u. Wasser die alte Scheidunge die Narvebecke der Strom landet die Osteische See an, dar die Narwebecke nitweyss des Stromss wiet in die saltzen See nach alten konigl. Briven u. kauff. sache u. lgeliche Sache von Meister Schafferss von seiner Zahl an alss die Zahl war mit den Naugarderss dar soll man richt übergeben von beyden parten nach der Erkentnyss, u. der Naugardische Gast der soll wancken in des Meister seinen Lande u. des Meisterss sein Boten ein ichlich freyen Weg bryde zu Lande u. zu Wasser, u. sollen kaufen u. verkaufen allerley Kaufmanschafft sonder Betriging u. pandunge, Dergleichen der deutsche Gast, u. soll wancken in der Naugarder Vorder erve, soll einen Billigen sein Weg haben beyde zu Lande u. zu wasser, u. soll Kaufschlagen mit allerley Wahr, sonder eingerley Beschedigunge u. sonder pantunge ob der Nogarder ihr gut genommen wurde, dass were warumb es wehre, u. ist das es der Meister hatte oder sein Cumpter oder in sein Land ists das es dar ist, u. das es der Meister zu wissen krigt, oder sein Cumpter der Nagarder ihr gut in ihr Land u. das soll er von sich geben nach der Kreutzküssunge, ists das dar wehre der Deutschen Gut in der Naugarden ihr Land u. krigts der BurgeM. zu wissen u. der Herzoge u. das Sollen Sie wider geben, u. der mit den andern zu thuen hat der Deutsche mit ein Naugarder u. vice versa u. sie haben eine richte zu beyden seiten nach der Kreutzküssunge zu beyden parten sollen keine gaben nehmen. auf das alzumahl dass Kreutz gekusset hat der Meister Meister Sigfrid von der Riga[1]), Walrabe Landmarschalk[14]), der Cumpter zu Velin Herr Gosswin[8]) u. der Cumpter zu Revale Diederich[15]) u. der Vogt von Wenden Johan[16]) u. der Vogt von Narve Hermann[2]) vor sich u. alle ihre Stete. Und von GrossNaugarden das Kreutz gekusset der Grosse König sein Amestnik Wasile Dimitson, Konig Fewder Pater Keyeson[11]), der BurgeMeister von Naugarden der Wasylewe Jazyweson[7]), Jacob Duritson[12]) der BurgeMeister von Naugarden Offanoise Federson[7]), Michael Jurgen sin Sohn Wabwme Jwaneson[13]) von GrossNaugarden u. vor alle Stete biss nach der Kreuzkussunge einen ichlichen zu bekennende seiner helffte u. diesen fride zu halten zu beyden parten nach der Kreuzkussunge sonder eingerley Behendigkeit.

9) S. oben p. 172, Anm. 1.

10) Hier muss der Schreiber oder Uebersetzer einen Fehler begangen haben. Vergl. Note 8 mit Note 6.

11) «И посадника намѣстника князя великого, князя Θеодора Патрѣкѣевича». Unten wird Feodor Patrickiewitsch auch намѣстникъ (Statthalter des Grossfürsten von Moskau genannt. Ueber seine lithauische Abstammung s. oben S. 121, Anm. 4.

12) «И посадник… Якова Дмитреевича».

13) «И посадник… Михаила Юрьевича, Наума Ивановича».

14) Wallrabe von Hünsbach war livl. Landmarschall seit 1420, noch 1421, s. Mitth. VI, 519.

15) Diederik (Vrederik) von Welten (viell. von Velten, ein altes harrisch-wierisches Geschlecht) war Comthur zu Reval 1418, 1419 und noch länger, s. Mitth. VI, 520.

16) Johann von Trecht (Tircht) kommt vor als Vogt von Wenden 1418—26, s. Mitth. VI, 518.

№ CCXIV.

(1421) Witaut, Grossherzog in Lithauen, schlägt dem Papste in Stelle des zum Bischof von Wilna beförderten Bischofs von Medniki, Matthias, den Propst der Collegialkirche zu Troki, Nicolaus, vor, mit der Bitte, die Bestätigung unentgeldlich ausfertigen zu lassen, d. d. (Wilna) den 20. Jan. (wahrscheinlich 1421).

Abschrift im Canzlei-Formularbuche des Bischofs von Posen, Stanislaus Colyek, auf der königl. Bibliothek zu Kgsbg. Vgl. Index № 975.

Beatissime pater Domine benignissime Quamuis post translacionem vestram in Christo patris Domini Mathie Episcopi alias Mednicensis in Samaicia nouelle plantacionis ad Ecclesiam Wilnensem de qua sibi facta est dudum promissio Honorabilis N. prepositus collegiate Ecclesie Trocensis etatis mature moribus compositus de legittimo matrimonio natus vita et sciencia commendabilis Sacerdos actu celebrans sciensque gentis Samaitice ydioma ad eandem Ecclesiam Mednicensem sit nominatus et vocatus Et pro eo ut sibi de eadem prouisum fuisset ad Sedem Apostolicam per Serenissimum Dominum Dominum Wladislaum Regem Polonie fratrem meum carissimum et me scriptum fuit et petitum Attamen vsque in diem hodiernum idem N. ad eandem Mednicensem Ecclesiam effectum promocionis non extat consecutus, sic quod eadem Ecclesia pastore viduata in detrimentum sancte fidei in illa gente neophitica nouiter inchoata Arbitror autem pater beatissime hanc promocionem exinde dilatam fuisse et defferri, aut quia de modo promouendi Domini Mathie predicti ab ipsa ad Wilnensem translati in Curia Romana est incognitum, vel quia de taxa eiusdem Ecclesie tamquam noue in Camera Apostolica nondum constare videtur aut forsitan quia Ecclesia eadem adeo in hac nouitate in suis fructibus et prouentibus defectuosa existens, litteras prouisorias de Cancellaria redimere non potest ad instar aliarum Ecclesiarum dudum erectarum, Pater beatissime dignetur nosse S. V. quod postquam diuino flamine gens ista Samaitica a tenebris infidelitatis conuersa et per venerabiles patres Johannem Archiepiscopum Leopoliensem adhuc viuentem et Petrum bone memorie Episcopum Wilnensem tunc per sacrum Concilium Constantiense specialiter in huiusmodi negocio conuersionis legatos et deputatos fidem suscepisset baptisataque fuisset, prefati Archiepiscopus et Episcopus auctoritate sibi a predicto Concilio tradita eandem Ecclesiam ab exordio fundauerunt et exercerunt ad quam iamdictum Dominum Mathiam modernum Wilnensem Episcopum instituerunt et confirmauerunt et nulla taxa fructuum et prouentuum per eos predicte Mednicensi Ecclesie fuit sicut necdum quoque imposita, propter gentis illius que in ritu suo priori tenebroso resoluto transierat collo disuetudinem Ne forte per huiusmodi emunctiones et soluciones a fide suscepta distrahi viderentur iugumque et onus Christi Jesu ipsis in suauitate et lenitate deferendum non veniret Verum nec Ecclesia predicta de suis fructibus aliqua onera valet portare propresenti que quamuis terre amplitudine non tamen exculte nondum est dotata propter quod predicto Episcopo et clero ipsius victus et amictus necessaria me opportet de proprijs ministrare, processu autem temporis et crescente fide genteque illa magis domata ut speratur ab altissimo, non ambigitur predictam Ecclesiam in spiritualibus et temporalibus in futurum vberius posse prosperarj Quare eidem S. V. supplico attencius et deuote quatinus compacientes nouitati in fide gentis eiusdem et in prouentibus teneritati Ecclesie sepedicte propter sui nouam plantacionem et ereccionem et alia premissa de miseracione paterni gremij de accepto grates ab altissimo grate et gratis dispensando prefato Nicolao nominato vocato et commendato ad eandem ut premittitur ac de eadem misericorditer prouidere Et ne difficultas in expendendis litteris prouisoriis in Cancellaria siue Camera apostolica oriatur absque quouis grauamine) easdem mandare dignemini graciose, ne fides salubri principio inibi inchoata. per carentiam pastoris diutinam thabescant vilius contepescat Cum pater beatissime et si omnes alij quod absit quorum interest uel interesse possit a tam laudabili incepto aliqualiter refrigescere seu deficere viderentur negocio ipso S. V. que est et esse debet tocius origo et perfeccio bonitatis in Ecclesia militante, motu proprie liberalitatis et benignitatis ad augmentum sancte fidei nedum plage illius verum et omnium animarum tocius orbis per ambitum procurare tenetur, cura pastorali eidem S. V. id swadente, quam altissimus per longewa et felicia tempora conseruare dignetur pro regimine Ecclesie sue sancte et consolacione mea speciali Datum mensis XX Januarij.

№ CCXV.

Papst Martin V. untersagt dem rigischen EB. und dessen Suffraganeen in Livland und Preussen alle und jede Befehdungen der in den Staaten Witaut's jetzt zum Christenthume übergetretenen Samaiten, Lithauer und Russen («Nicofitae»?), d. d. Rom, II. Kal. Jun. Pont. a. IV. (31. Mai 1421). (1421)

Alte Abschrift im GA. zu Kgsbg. Vgl. Index № 990.

Martinus Episcopus seruus seruorum dei Venerabilibus fratribus Archiepiscopo Rigensi et eius suffraganeis in Liuonie ac Prussie partibus constitutis Salutem et apostolicam benedictionem. Nuper siquidem petitionem dilecti filij Nobilis viri Allexandri alias Wytoldi Ducis Lytwanie cum querela accepimus continentem Quod licet dilecti filij Samaijti Lytwani et Nicofite sue dicioni subiecti qui prius in vmbra mortis et tenebris ambulabant inbute demum ecclesie salutifere documento vnda sacri baptismatis sint renati Et in Christi fide feruentibus studijs perseuerent Ac illam in circumvicinijs partibus pro infidelium reduccione ad gremium sancte matris ecclesie ampliare proponant proficiendo sibi et alijs ad salutem, tamen vos et nonnulle alie persone religiose et seculares in Liuonia et aliis circumstantibus partibus consistentes eisdem Samaijtos Lytwanos et Nocofitos, quos tamquam nouellos palmites in vinea domini Sabaoth paterna deberetis affeccione complecti, et sincera in Christo caritate diligere, diuersis afficitis iniurijs violencijs atque dampnis Ipsorumque terras castra et loca, tamquam Infidelium perfidorum hostiliter invadi ac substancijs suis illis spoliando varijs rapinis predis, roborarijs et personarum captionibus affligi permittitis et iubetis In ipsorum graue dispendium et eiusdem fidei vilipendium et contemptum, Nos igitur quibus vniuersi gregis dominici cura superna disposicione commissa est Premissa si vera sint, nequeuntes conniuentibus oculis pertransire, quinymmo illis apostolice proteccionis clipeo, et oportuno inquantum nobis fuerit patrocinio protegentes, Fraternitates vestras paternis affectibus requirimus et hortamur in domino vobis in virtute sancte obedientie et per vos prestiti iuramenti nichilominus iniungentes, Quatenus pro nostra et apostolice sedis reuerencia et incremento fidei christiane abhuiusmodi molestijs atque dampnis omnino et effectualiter desistatis, nullamque eisdem Samaijtis Litwanis et Nocofitis Castris terris et locis per vos aut subditos vestros inferatis molestiam iniuriam uel offensam, seu aliquam noxiam nouitatem, Nec ab alijs quantum in vobis fuerit permittatis inferri Quinymmo eis et eorum cuilibet oportuni fauoris presidio assistentes illos intra vestre caritatis paterna ubera foueatis, quod cedet ad singularem leticiam et consolacionem cordis nostri vt per hec et alia bona opera, que domino inspirante feceritis, valentis beate vite gloriam promoueri[1]), Nos enim eisdem Samaytis Lytwanis et Nocoßtis cum eis reddatur difficile pro singulis iniurijs et querelis ad dictam sedem habere recursum venerabiles fratres nostros Archiepiscopum Opuliensem et Medincensem ac Wilnensem Episcopos Conseruatores et Judices per alias nostras literas dedimus et deputauimus, qui eis contra quoscunque iniuriatores molestatores et inuasores eorum per censuram ecclesiasticam et alia iuris remedia procedentes et ceteris auctore domino iusticiam ministrabunt, attendentes tamen per hec in nichilo Cedere uel minuere iura vestra episcopalia que in illis partibus habetis Datum Rome apud Sanctumpetrum secundo Kalendas Junii pontificatus nostri Anno Quarto.

1) Viell. promereri.

№ CCXVI.

1421 Witaut verspricht den vom Papst und dem Markgrafen Friedrich unterhandelten Beifrieden zwischen dem Orden und Polen und Lithauen, vom Margarethen Tage dieses bis zum Margarethen Tage künftigen Jahres fest zu halten, d. d. im Hofe Dübitz, am Tage des Apost. Jacobus (25. Jul.) 1421. *D.*

Abschrift im GA. zu Kgsbg.; Abdruck in den Supplem. ad hist. Russiae monum. p. 297. № CXVI. Vgl. Index № 994.

№ CCXVII.

(1421) Papst Martin V. nimmt die Samaiten in den Schooss der Kirche auf, nach ihrer Verlassung des Heidenthums, d. d. Rom, III. Id. Sept. Pont. a. IV. (11. Sept. 1421).

Abschrift im GA. zu Kgsbg. Vgl. Index № 1000.

Martinus Episcopus seruus seruorum dei Vniuersis et singulis christicolis gentis Samaytarum Salutem et apostolicam benedictionem Mirabilis deus in donis et sanctus in omnibus operibus suis Cuius iudicia abissus multa et inuestigabiles vie eius qui humanum genus ex infauta misericordia sua diuersis et incomprehensibilibus modis visitare non desinit vt relictis cunctis erroribus viam veritatis agnoscat, Hijs diebus nouissimis ex sua ineffabili clemencia, dono spiritus sancti mentes vestras mirum in modum illustrare dignatus est, vt qui prius paganorum erroribus hoste humani generis illudente, eratis astricti, quibusque iusticia deposcente acerrima pena debebatur inferni, benignissimi domini nostri ihesu christi saluatoris nostri veritate fulgente sacro baptismate renati sitis, ac gremio militantis ecclesie aggregati fidem Katholicam proficientes, vt exinde eternam beatitudinem habere possitis Ex hoc tam mirabili dono propensius letatur mater ecclesie populus christianus exsultat Nosque vberrimas graciarum acciones erumpentibus lacrimis omnium bonorum largitori referimus pro tam ineffabili munere, nobis clementer impenso, qui cum essetis oues errantes, ad ouile suum ihesus misericorditer reducere dignatus est, Magna enim est felicitas christianorum, qui recte viuendo pares angelis efficiuntur, qui christo summo bono fruituri sunt, quique gloriam eternam omni fine carentem continuo possidebunt Quanta igitur vis katholice fidei, que de terrenis celestes, et de seruis liberos, de dampnatis efficit gloriosos, Quis hanc refugere debeat, Quis hanc si recte sentit, amplecti non velit, que vitam largitur eternam culpas deluit, et peccata condonat, hec ergo sola est per quam vitatur infernus, cognoscatur veritas, et paradisus aditur, Proinde dilectissimi filij cum christus ihesus dominus noster, deus verus et homo, qui secundum humanitatem mortuus est, vt nobis vitam donaret eternam, tam excellens munus vobis contulit, vt sua ineffabili caritate, paganorum relictis erroribus per medium presertim carissimi in christo filii nostri Wladislai Regis polonie Illustris ac dilecti filij nobilis viri Wytoldi ducis Lytwanie, quibus ob hoc obligamini plurimum, christiani sitis effecti, ac vite eterne capaces, Devociones vestras per viscera misericordie dei nostri hortamur rogamus et obsecramus obnoxius, vt in hac sanctissima via catholice fidei prout laudabiliter incepistis perseuerantes, prout firmiter sperandum est, recte ambulantes in semitis mandatorum dei, mentes vestre in celestibus sint, vbi recte viuentium gloriosus est finis, nec vos frangant aduersa, nec prospera extollant Et si quando in hoc mundo aduersa contingunt amore celestis patrie, pacienti animo tolleranda sunt, veluti enim cursu pertranseunt et veluti momentanea non perdurant, et quo sine molestia et murmure ob honorem dei animo liberiori feruntur, eo maiora premia in celesti patria tollerantes habere merentur Porro vt cum per venerabilem fratrem Mathiam Episcopum Medincensem et pastorem animarum vestrarum nuper displicenter accepimus ex nonnullis angustijs vt dicitis vobis illatis plurimum consternati et afflicti in animis sitis, devociones vestras, quas in visceribus caritatis diligimus ac propensius paterno affectu complectimur Rursum exhortamur in domino ut de huiusmodi concurrentibus et quibuscunque alijs molestijs, que vobis in hoc terrestri habitaculo obtingere possint, nullatenus conturbari velitis, cum vt prefertur confestim defluant et in celesti patria, si hic pacienti animo tollerantur aduersa maiora premia conquerantur, Nos enim sub nostra et apostolice sedis proteccione, vos omnes habere intendimus Volentes ut in omnibus vobis occurrentibus ad nos tamquam ad patrem vestrum securum habeatis recursum, quos tamquam filios et tueri et protegere conitemur totis viribus prout prefatos ducem et Episcopum duximus auisandos Datum Rome apud Sanctam Mariam maiorem III Idus Septembris pontificatus nostri Anno Quarto.

№ CCXVIII.

Präliminar Friedensartikel zwischen König Wladislaw von Polen und Grossfürst Witaut 1422 einer- und dem HM. und Orden in Preussen und Livland andrerseits, von den Gesandten des Ordens, unter dem Versprechen der Ratification, eingegangen und hiemit öffentlich beurkundet im polnischen Feldlager am Flusse Ossa bei dem See Melno zwischen den Schlössern Radzyn und Ragoczno in Preussen, am Tage des heiligen Stanislaus 1422. *L.*

Perg. Orig. mit 8 Siegeln im GA. zu Kgsbg.; abgedruckt bei Raczynski. p. 285—292. Diese Präliminarien weichen häufig von dem Friedensschlusse selbst ab, dessen von den Polen ausgestelltes und mit 122 Siegeln versehenes, auf dem GA. nur in Transsumten vorhandenes Original bei Dogiel IV, 110, № XC, und auszugsweise bei Baczko III, 161 abgedruckt ist. Vgl. Index № 1019.

№ CCXIX.

1422 Auszug aus dem Instrument, das der Orden bei dem Friedensschlusse mit König Wladislaw von Polen und dem Grossfürsten Alexander Witaut von Lithauen und Reussen, am Tage Stanislai (27. Sept.)*) 1422, ausstellte.

Alte Copie auf Papier im GA. zu Kgsbg., wo sich davon weder ein Original, noch förmliche Transsumte finden, während Ziegenhorn eine Original-Copie davon gehabt haben muss, da er in seinem kurl. Staatsrechte, Beil. № 16 u. 17 Auszüge daraus mittheilt, doch ohne den hier gelieferten Schluss. Das Instrument selbst lautet mutatis mutandis ganz so, wie bei Dogiel (s. die vorhergehende №, Anm.). Vgl. Index № 1020.

etc. etc. etc.

Item omnes violaciones treugarum pacisfederum stipulacionum et contractuum si qui inter partes predictas in gwerris preteritis accidissent vigore presentis concordie annullamus et cassamus.

In quorum omnium testimonium et euidenciam premissorum Sigilla nostra maiora vnacum Sigillis Prelatorum et dominorum videlicet Johannis Warmiensis Johannis Colmensis Gerhardi Pomezaniensis Johannis Sambiensis Godschalci Curoniensis et Henrici Reualiensis Ecclesiarum Episcoporum Necnon venerabilium fratrum videlicet Walrami de Hunsbach Magnicommendatoris Lodwici de Lansze Marschalci supremi Henrici ..ld[1]) Supremi hospitalarii et in Elbingo. Nicolai Jorlicz Supremi Trapiarii et in Christburg Jodoci Strupperger Thezaurarij ..... Helffrici de Drah in Balga Johannis Biechaw in Brandenburg Conr....[1]) in Danczke Johannis Schawenburg in Rangnith Wulferami de Sansheym in Osterrode Lupoldi Rethenbach in Slochaw. Johannis Seelbach in Mewe Johannis Anewil in Swecza Nicolai Bergaw in Strasberg Bymundi ....[2]) in Grudencz, Jodoci Hoenkircher in Tuchol Henrici Postar in Aldehuws Commendatorum Waltheri Kirskorb Nouemarchie, Lamperti de Wedeln Magistri siluarum in Schibelbeyn Ac Theoderici Crab Marschalci prouincialis lyuonie Goswyn de Polym in Velyn Alberti Tork in Reual Francke de Steyn in Goldingen Gerhardi Bogge in Asscherode Geyselberti de Ruthenberg in Marienburg Francke de Forste in Mytaw Alff de Bordhuwsen in Wynda. Henrici de Forste in Dunenburg Waltheri de Plettenberg in Doblyn Commendatorum, Helwici de Gylsen in Ger-

*) So und nicht mit dem 8. Mai, wie im Index geschehen, muss dieses Datum angesetzt werden: denn unter dem »festo S. Stanislai Pontificis et Martyris« kann hier nicht dieses Heiligen Todestag der 8. Mai, als an welchem Tage er im J. 1079 starb, worauf er 1253 von Papst Innocenz IV. heilig gesprochen, sein Gedenkfest aber am Ende des 16. Jahrhunderts von Papst Clemens VIII. verdoppelt und auch auf den 7. Mai gesetzt wurde, sondern nur die »Translatio S. Stanislai Episc. Cracov. Mart., 27. Sept.« (s. Pilgram's Calend. medii aevi pag. 232. »Transl. 27. Sept. recolitur«) gemeint sein, da der Friede nicht im Frühlinge, sondern um Michaelis geschlossen wurde (s. Voigt VII, 447 ff.), der 8. Mai auch zu andern Urkunden nicht passt, z. B. Ind. № 1030, 1031, 1036, 1044.

1) *Leg.* Hold. Vgl. Voigt's Namen-Codex der D. O.-Beamten in Preussen S. 10.

1) Kann wohl kein anderer sein, als Conrad von Baldersheim, der aber bei Voigt a. a. O. erst vom 3. Oct. 1423 bis 22. Apr. 1428 als Comthur von Danzig aufgeführt wird.

2) *Leg.* Boemundi Brendel. Vgl. Voigt a. a. O. S. 33.

wyn Johannis de Trecht in Wenden Tamme Wulff de Spanheym in Karkus Gerhardi Clepper in Ouerpal Johannis de Marwe in Candaw. Johannis Fosschungen in Wesenberg Symonis de Gunthenheym in Rossyten et Euerhardi de Altyna in Seelburg Aduocatorum per Lyuoniam Necnon Nobilium Strenuorum et fidelium nostrorum Theoderici de Logendorff Nammiri de Hoendorff Johannis Sweynchen Theoderici de Wylinghoue. Bertoldi de Lechte. Nicolai de Schillingesdorff Johannis Schipplyn Johannis de Lechte Ottonis de Brakel Conradi Machwicz Theoderici de Delaw Judicis prouincialis Osterrodensis Gabrielis Russcheczien Nicolai Tolke Judicis prouincialis districtus Bartensteyn et Johannis Sugenyn Militum., Johannis Rosschaw et Thylemanni Lode. Laurencij Sparwyn Judicis prouincialis districtus ylaw et Johannis Ponnaw vexilliferi Balgensis Clientum per Prusiam et Lyuoniam Ac Colmensis Thorunensis Elbingensis Brunsbergensis Konigsbergensis Danensis Reualiensis Goldingensis Marienburg Strasberg Dirssaw Conitz Grudencz Mewe Swecz Nuwenburg Nuwenmarkt Osterrode et Tuchel Ciuitatum prusie et lyuonie presentibus sunt appensa. Nos vero Prelati Marschalci Commendatores aduocati Milites Clientes et Ciuitates suprascripti promittimus et spondemus sub fide et honore nostris quod fideliter totis viribus instabimus procurabimus et efficere consilio et persuasionibus curabimus Quod Magnifici domini nostri Magister totius ordinis et preceptor per lyuoniam generales hanc pacem perpetuam inviolabilem perpetuis temporibus in omnibus suis punctis et articulis obseruabunt illibate et inconcusse, Datum in loco stacionis exercituum dominorum Regis et ducis prefatorum apud Domen Ossaw et lacum Melno inter Redden et Roghuwsen castra in terris ordinis nostri prusie ipso die sancti Stanislai pontificis gloriosissimi Anno domini Millesimo Quadringentesimo vigesimosecundo presentibus ibidem Egregio Nobili ac circumspectis viris domino Francisco decretorum doctore Warmiensisque Ecclesie Preposito et Canonico Johanne Sykaw Johanne Stertez Colmensis Johanne Huxer in Thorun Burgimagistris Andrea Schonaw Clericorum Laycorum Warmiensis Wladislauiensis et Culmensis diocesum et alijs quampluribus fidedignis.

№ CCXX.

Die Gesandten der Hansestädte, zu einer Tagfahrt in Lübeck versammelt, und der Rath von Lübeck schreiben den Räthen zu Riga, Dorpat, Reval wegen gewisser Russen, die gefangen und von den Hansestädten aus der Gefangenschaft erlediget worden, dass solche möchten ausgelöset werden, d. d. anno (14)22. (1422)

Perg. Orig., wovon das Siegel abgekratzt, im rev. RA.

Vruntliken grut vnde wes wy gudes vormoghen tovorn. Ersamen leuen vrundes, wy senden to Juw ouer desse Russen de hir yme lande ghevanghen syn ghe-wesen, vnde in welker maten de dorch vns Stede vorledighed sin gheworden, dat moghe gi zeen in desser ingheslotenen Scrift, vnde bidden Juw leuen vrundes, des besten van vnser allerweghen dar Inne to donde mit den Russen, vns vnde den menen Copman dar Inne to besorghende, dat men der Russen loze, na Juwem Rade, vnde na vorworden alse mit den Russen rede ghedeghedinghet ys, alse vns Juwe

Sendeboden des alles wol berichtet hebben, des hebbe wy Stede aldus vorramet, wolden sik de Russen hir ane ghenoghen laten, alse desse scrifte ynneholden En mochte ouer des also nicht syn, dat men denne de Saken in vredeu sette, so langhe alse desse scrifte vtwysen.. leuen vrundes, Juw Gudwillich hir yone to bewisende, dat vorschulde wy gherne wor wy moghen. Syd Gode bevolen to langhen salighen tijden wolmögende vnde ghesund. Screuen vnder der heren van lubeke Secret des wy Radessendeboden hir to mede brukende syn to desser tijd. Anno etc. XXII.

Radessendeboden der ghemenen Stede van der dudeschen Hense Nu to daghe bynnen lubeke vorgaderd vnde de Rad to lubek.

In dorso: Den Ersamen Vorsichtighen Wisen Mannen. Heren. Borghermestern vnde Radmannen der Stede Ryghe. Darpten. Reuele sameutliken vnde ysliker besonder Vnsen besundern leuen vrunden..   ..ddt..

№ CCXXI.

1423 «Anno XXIII. Scheidungk geghan twischen Sameiten vndt Churlande, Hanss Arwulen vnsse Landtknecht thom Nienhuse etc. etc. Aus einem Alten Papiren Zettell!»

Aus dem alten Copiarium in der Popenschen Brieflade, Bl. 50. a., wovon umständlichere Nachricht in den Mittheil. aus d. livl. Gesch. IV, 301—308.

Indt erste dar de billige Aha in de salte Sehe fluth, de billige Aa vorth vp thogande Beth dar se entspringeth, dar steith ein Boem mith einem Creutze, van dem Boeme vorth tho gande auer einen siep, dar steith ock ein Boem dar mith einem Creutze, van dem Boeme vorth tho gaende, durch Busch vnde Broeck Beth vp dath feldt fleth tho Erlen, dar steith auch ein Boem mith einem Creutze, van dem Boeme recht auer de Becke tho gande, Beth In einen Syep, dar fluth In de Erle, dat siep vorth vp thogande Beth an den billigen Busch Maysede, van dem Busche vorth tho gaende, Beth vp de Schwarthe Beke, de dar fluth In de Bartowe, dar steith ein Boem mith einem Creutze, de Bartowe dar Recht auer tho gande durch Busch vndt durch Broick Beth vp de Satten Beke, desuluen Beke recht ouer thogande, dar steith ein Boem mith einem Creutze, van dem Boeme vorth thogaende dorch Busch dorch Broick Beth vp de Derguwen Sehe, dar de Beke fluth Beth der Sehe, de Sehe midden dorch tho gaende, dar steith ein Boem mith einem Creutze, van dem Boeme Recht tho gaende, Beth tho den Andern Boemen, de ock gemercket sin, van den Creutzen forth tho gande, dorch Busch dorch Broick Beth vp de Beke tho Lebee, dar steith ein Boem mith einem Creutze, de Beke vorth vp tho gande Beth In ein Broeck, dar de Beke entspringeth, dath Droeklike dorch thogaende vndt einen Busch durch tho gande Beth an den Borchwall tho Birsen, dar steith ein Boem mith einem Creutze van dem Burchwalle dar fluth eine Beke, de heth de Gardesche Beke, kegen dem Borchwalle desulue Beke recht ouer tho gande, dar steith ein Boem mith einem Creutze, van dem Boeme recht ouerthogaende, dorch Busch dorch Broick Beth vp de Sarsuen Beke, dar steith ein Boem mith einem Creutze, van dem Boeme vorth tho gande, dorch Busch durch Broick Beth an einen Borchwall, de heth de Vnseten, dar fluth eine Beke In dem Borchwalle, de heth de Vnsaten Beke, desuluen Beke dar recht ouer tho gaende, dar steith ein Boem mith einem Creutze, van dem Boeme vorth thogaende dorch Busch dorch Drock Beth vp de Windaw, dar de Dalleuen Beke fluth, dar stahn 2 Boeme, mith Creutzen gemercket, dith is de Schedinge twischen der hilligen Aa vndt der Windaa.

№ CCXXII.

Die Gesandten der Hansestädte, in Lübeck zu einem Tage versammelt, schreiben den 1424
Räthen von Riga, Dorpat, Reval wegen der den Nowgorodern und den deutschen Kaufleuten zu Nowgorod zu machenden und dahin zu befördernden Vorschläge, d. d. am St. Jacobi Tage (25. Jul.) 1424.

Perg. Orig., wovon das Siegel abgekrazt, im rev. RA.

Vnsen vruntliken grut vnde wes wy gudes vormogen touoren. Ersamen besunderen leuen vrunde Wy hebben den ‖ van Nougarden vnd ok dem Dudeschen Copmanne To Nougarden vorgadderd ghescreuen na lude der auescriff-‖te bijr ane besloten vnd eft Juwen Wysheyden sodane Raem behaghede So sendet de breue to Nou-‖ gharden sunder togheringe Wy beuelen iw gode Screuen vnder der Heren des Rades to lubeke Secrete des wy zamentliken hijr to bruken vp Sunte Jacobi Dage Anno XXIIII°.

Radessendeboden der Stede van der Dudeschen hense nu tor tijd bynnen lubeke to Daghe vorgadderd vnd de Rad to Lubeke.

In dorso: Honorabilibus et Circumspectis viris dominis Proconsulibus et Consulibus Ciuitatum Rygensis Tarbatensis et Reualiensis Amicis nostris sincere dilectis dd.

№ CCXXIII.

Die Rathssendboten der deutschen Hansestädte melden dem revalschen Rathe, dass sie 1425
auf dessen Nachricht von dem Beschlag, der in Nowgorod auf deutsches Kaufmannsgut gelegt worden, und nach dessen Forderung nach Brugge und andern Orten hin die Fahrt nach der Newa verboten haben, verlangen aber von demselben, dass er unrechtfertigen Handel mit den Russen zu verhüten und zu hindern suche, d. d. Lübeck, am Pfingstabend (26. Mai) 1425.

Perg. Orig. im rev. RA. mit den Spuren des in weiss Wachs aufgedrückten Siegels.

Vrundliken grut vnde wes wij gudes vormogen touorne. Ersamen leuen vrundes, Alse iuwer lijflandeschen Stede Sen-‖deboden vns negesten uorscreuen hebben, van der besate wegen, de dem Copmanne van den Russen Gode entfarmet to ‖ Nowgarden negest bescheen vnde wedderuaren is, Vnde gij vorder van vns begerende weren, dem Copmanne to ‖ Brugge vnde den vam Stralessunde, dat to uorscreuende also dat de Nw nemend ensochte vnde syk eyn yslik vor schaden bewarede, Leuen vrundes, dat hebbe wij uorscreuen dem Copmanne to Brugge, vnde anderswor, dar vns des duchte noddorft vnde behuff wesen, Doch hebbe wy ervaren, wo dat ychteswelke in Juwen Steden vnde dar vmmelangh sik dar na saten, myt eren Copenscoppen vppe de Russen to sokende, dat doch tegen de ordinantien der Stede vnde de Schraa groffliken were etc. Begeren wij leuen vrundes, dar vore to wesende, vnde warschuwinge alvmme to donde dat nemend by der ere myt synen guderen de Nw, Wyborch Abowe vnde andere Jegene en soke, dar de Russen van gesterket edder getrostet werden, Wente we hire wedder dede, dat meynen de Stede to richtende vnde nenewijs to latende, Des wij begeren iuwes beser. antwordes, Screuen am Pynxste auende. vnder der heren des Rades van lubeke Secret Des wij samentliken bruken to desser tijd Anno etc. XXV. leuen vrundes wij scriuen desser gelijken an de van Rige vnde darpte. Vnde bidden Jw vrundliken en desse bybundene Breue myt den ersten to benalende.

Radessendeboden der Gemeynen Stede van der Dudeschen hense Nu bynnen Lubeke to Dage vorgaddert vnde de Rad to lubeke.

In dorso: Commendabilibus et Circumspectis viris Dominis Proconsulibus et Consulibus Ciuitatis Reuallien sis Amicis nostris predilectis.

№ CCXXIV.

1425 Der Rath von Lübeck schreibt an den von Reval wegen der getroffenen Maassregeln, um den Handel mit den Russen, nach Wiburg, Abo und in die Newa zu verhindern. d. d. Freitag vor St. Johannis Baptisten Tag (22. Jun.) 1425.

Perg. Orig. mit den Spuren des in weiss Wachs darauf gedrückt gewesenen Siegels im rev. RA.

Vrundliken grut vnde wes wij gudes uormoghen tovorne Ersamen besunderen leuen vrunde Juwen Breef an vns gesand, darynne gij vns scriuen, Wo dat gij vnde de heren van Darpten gesand hadden to Nowgarden vmme to Enscholdigende den Copman vnde den Copman wedder uppe de Crucekussingge laten to varende, vnde wo dat gij vornemen van Gemeyneme geruchte, dat yehteswelke tho dantzke Solt stoten laten. vnde besacken willen, dat uppe de Russen to vorende, vnde dat ok vele Niger Coplude myt Jw werden, de gerne vele Gudes koften uppe de Russen to bringgende, vorder wo dat gii der Stede Ordinantien hebben lezen laten deme Ghemeynen Copmanne, dat Nymend den gennen Gud vorkopen schal, dar men sik ane bevare, dattet den Russen tor hand komen moghe, bij vorluste lyues vnde gudes etc. Mangk mer worden hebbe wij wol vornomen. Vnde begeren Juwer leue darup weten, dat wij negest vorleden, na Juwer vnd der liiflendeschen Stede uorscriuinge vnde begerte, darvmme hebben vorscreuen an de van dantzke, Stralessund Dem Copmanne to Brugge in vlanderen vnde alvmme, dar vns des Nodtroft duchte wezen warschuwinge to donde, da nemend bij de Ere, gud voren edder bringgen solde to Wyborch, to Abo efte in de Nw, darmede de Russen gesterket mochten werden. Alse wij ok Juwer leue, den van der Righe vnde Darpten dat Negesten clarliken hebben vorscreuen, bij Ghereken Branssteden In Schipper Molenvelde, vnde vormoden vns, dat vnse Breue Jw van derwegen yo geantwordet sin worden, Vns hebben ok de van Dantzke wedder screuen, dat ze vnses Breues Auescrifte den Steden des landes to prutzen gesand hebben, vnde dat ze ok den suluen vnsen Breff openbare vor eren Borgeren vnde dem Gemeynen Copman hebben laten lesen. vnde eynem Jewelken don warnen, dat he sik dar vore ware, dat he neen gud uppe den Russen en vore etc. Hiirvmme leuen vrunde begere wij vnde gebeden Jw ok van wegen der gemeynen Stede van der Dutschen henze, dat gii vormiddelst iuwer macht dar tho don, vnde dar vore wesent, dat Nymend myt schepen vnde gude de Nw en soken. dar mede de Russen getrostet vnde gesterket moghen werden, vnde oft dat yemend dede, so dane Schepe vndi gudere scholen gii vpholden yn Juwer

Stad to vorwarende bette vor de Stede vpp eyn Recht Wes denne de Stede darvmme erkennende vnde donde werden, dat id dar bij blyue, Vnde wes yw leuen vrunde vorder hiirynne wedder-uarende werdet, Begere wij vns dat wedder to vorscriuende myt den ersten, Sijt Gode beuolen. Screuen vnder vnseme Secret des vrydages vor Sancte Johannis Baptisten dage tom Middensomer Anno etc. XXV°.

Consules Lubecenses.

In dorso: Honorabilibus et Circumspectis viris, Dominis Proconsulibus et Consulibus Ciuitatis Reualliensis. Amicis nostris Sincere dilectis dd.

№ CCXXV.

Der Rath von Lübeck schreibt den Räthen der Städte Riga, Dorpat und Reval wegen der Maassregeln zur Verhinderung des untersagten Handels nach Russland, d. d. Sonnabend vor St. Dionysii (6. Oct.) 1425. 1425

Perg. Orig. mit Siegelspur im rev. RA.

Vnsen vrundlike grut vnde wes wij gudes vormogen touorn. Ersamen leuen vrunde. Juwe Breue vnder uelen worden ynneholdende, Wo dat gij grot arbeid gedan hebben vmme de dutschen de tho Nougarden gevangen sin, dat doch gode entfarmen note nicht geholpen en heft, hebbe wij wol vornomen, vnde is vns van gantzeme herten leed, dat de Copman alzo vnschuldiges teghen God Recht vnde redelicheit vorwaldet[1]) wert, Vnde wij willen zo, wij ersten moghen bestellen, dat bij dem heren koninge van denemarken bearbeidet werde, dat sine gnade dar wat gudes to do, dat de vorscreuen Copman moghe vry werden, sine koningliken gnade mede biddende, dat ze dar mede vore wezen[2]) wille, vnde nicht enstede[3]), dat nenerleie gud up de Russen gevoret en werde vte sinen Riken, de wile ze de vorscreuen Copman tegen god recht vnde Redelicheid zo yamerliken vorwalden, Ok, leuen vrunde, hebbe wij den Steden in Prutzen vnde dem Copmanne to Brugge in vlanderen alrede[4]) vorscreuen[5]), dat ze, dar yd in erer macht is, nicht ensteden, dat yenich gud uppe de Russen gevoret en werde, dar mede ze gesterket werden, Ok wille wij deme Heren Homester van Prutzen dar gerne vmme screuen an der besten wise, dat wij moghen van der gemeynen stede weghen vnde wes wij don moghen, dat dem vorscreuen Copman to Naugarden vnde dem gemeynen Copmane van der Dutschen Henze to Troste, Nutte vnde Vromen komen mach, dar wille wij vns ane bewisen myt gantzen truwen nach alle vnseme vormoghen Ok leuen vrunde, vppe dat gij kennen moghen, dat vns des Copmans van der dudschen henze vorderf hertliken leed is vnde dat wij vnsen vlijt dar to don vnde dar up warden[1]) laten, eftmen ienich gud ankomen[2]) konde, dat bynnen vorbodenen Reysen gekoft were, So hebbe wij hijr dree Gesellen, de vte den Rijken des vorscreuen heren koninges myt eren Copenscoppen in de Nw vnde vort to Nawgarden sochten[3]), myt den Russen dar to Copslagende, angripen vnde in de Vengnisse setten laten, Vnde sodane vnd was[4]) vnde Werk[5]), alse ze ute Rus-

---

1) Vergewaltigen, Gewalt anthun.
2) Dafür sein = sorgen für etwas.
3) nicht en ist die doppelte Negation; steden, gestatten.
4) Bereits, engl. already.
5) Entw. vorschreiben, gebieten, od. überschreiben, melden.

1) Warten, Achtung haben worauf.
2) Festbekommen.
3) soken, eig. suchen, wohin zu gelangen suchen.
4) Wachs.
5) Pelzwerk, Pelzereyen.

land here bracht hebben, Arresteren laten uppe tokumpst der Stede, wan de sik hijr vorgaddeende[1]) werden. Vorder leuen vrunde, Alse gij van Revele vns vnder meer worden screuen Wo vaste[2]) Schepe iuwe Stad vor bij gesegelt sin, in de Nw vnde in de Narwe vte Prutzen etc. Mach iw wol vordencken[3]) dat wij iuw an vor tijden screuen, dat gij dar up vorzeen vnde Sorchuoldich weren, Dat gi sodane Schepe, alze iuw vorbij de in de Nw segelen wolden toueden[4]) myt luden vnde gude darynne wezende, bette uppe Recht vor de Stede, vnde lichte wanne gij dume also gedan hadden, alset Jw wol ghevoghet[5]) hadde, dat scholde zere Nutte sin gewesen vor de Stede vnde den Copman van der Dudeschen Henze, de sik der handelingge Bergen[6]), Ok hadde vns wol Nutte gedocht, dat gij Hanze van deme Werdere vnde Hanze Reppen myt ereme gude getouet hadden, ghelijk alse wij den gedan hebben, de wij mit[7]) vns hebben getouet alse vorscreuen is. Vnde na deme gij nu der erben[8]): Hanze vnde Hanze nicht getouet en hebben myt erem Gude, alse gij vns doch gescreuen vnde gebeden hebben, dat wij yd in allen wech, dar vns des nod duncket sin, vorscriuen wolden dat sodane dingh[1]) vorwaret[2]) worde, So mote wij dat vor den Steden vorlüden[3]) laten, dat gij dar suluen enteghen gedan hebben, Vnde Bouen alle Begere wij noch yft Schepe tegen der Stede Ordinantien Jw vorby in de Nw segelen wolden, Dat gij den och touen myt luden vnde gude uppe Recht, bette vor de Stede Vnde holdet de zake an Dwangge[4]) vnde Strenggelicheit zo gij vterlikest[5]) konen vnde moghen Wente Scholde wij id hijr yn Dwangge holden vnde gij scholden dar dor de Vingere tozeen vnde des nicht Rechtuerdigen, dat duchte vns vngelijk vnde des Gemeynen Copmannes Vorderf zijn, dar gij yo alse wij hopen vore willen wesen vormiddest Hulpe der Stede Rige vnde Darpte Sijt Gode beuolen. Screuen vnder vnseme Secret des Sonnauendes vor Sunte Dyonisij Anno etc. XXV°.

Consules Lubecenses.

In dorso: Honorandis et Circumspectis viris. dominis Proconsulibus et Consulibus Ciuitatum Rygensis Tarbatensis et Reuallicnsis Amicis nostris Sincere dilectis dd.

1) Versammeln, zusammenkommen.
2) Eig. sehr, hier, s. v. a. viel.
3) Gedenken, sich erinnern.
4) *touen*. Noch jetzt heisst *töven* warten, verweilen. Die veraltete Bedeutung ist: machen, dass einer verweile, anhalten, aufhalten, in Haft nehmen.
5) Geziemt.
6) —? Sollte es etwa bedeuten: sich enthalten.
7) Bei.
8) Contr. für *erbenomede*, vorgenannte.

1) Sache oder Verordnung.
2) Wahrnehmen, beobachten.
3) Verlauten, kund werden.
4) Zwang.
5) Aufs äusserste.

№ CCXXVI.

«Die Scheidungk zwischen Churlandt vndt der Memell, von Hertzogt Vietholdt, aus einer alten papiren Verzeichnus.»

Aus dem alten Copiario in der Popenschen Brieflade, Bl. 49, b. Dasselbe Document befindet sich auch abschriftlich auf dem GA. zu Kgsbg. in einem mit № 98. aa. bezeichneten Buche, vgl. Index № 1179, wo solches zum J. 1425 gerechnet wird. Wir geben hier aus dieser Abschrift die Varianten unter dem Texte, und lassen noch aus demselben Buche eine Grenzscheidung zwischen dem Orden und dem Stifte Kurland vom 26. Sept. 1427 (vgl. Index № 1180, wo das Jahr als 1423 angegeben ist) folgen.

a.

Erstlich van einem geberge[1]) Im gebede tho dobbelin s) dobber genometh van dem Berge beth In eine Beke de Plathon[2]), dar eine Beke einfelth de Luekene[3]) genometh, dar ehrmals ein Boem mith einem Creutze getekent, gewesen is, van dem Boeme beth tho einer Beke de Wilste[4]) genometh, dar ock Boeme mith Creutzen gestahn hebben, van den Creutzen tho gaende Beth vp eine Jegenheidt[5]) de schodderschode[6]) genometh, van der schodderschode[6]) vorth tho gaende, beth tho einer Andern schoden genometh Virekeschode[7]), dar ein stein mith einem Creutze ehrmals gewesen, van dem steine beth an Kapmyll[8]) vp deutsch[9]) genometh ein Kerckhoff eine Mile weges bauen dem Berge Rathow[10]), dar eine Beke vnder fluth, de Schwete genometh, van dar thogande beth tho einem[11]) Kruthen genometh[12]) kegen dem roden ouer van dar thogande beth an eines Schlottes bergk[13]) de Pewene van dar beth an einen Schlates bergk[14]) genometh Ballene[15]), van dar vppeth[16]) feldt grünschen[17]) genometh, van dem felde vp einen schlates bergk[11]) Poeke[18]) genometh. Van dem berge forder beth vp einen Schlatesbergk[14]) Pessell[19]) genometh, van Pessell[19]) tho gande beth vp twe Schlatesberge[20]), dar twe hillige Busche stahn, dar eine Beke vnderfluth genometh de Erle. Van der[21]) Beke beth in de hillige Aa[22]) den Middelsten Strangk[23]) tho uolgen beth Indt wilde mehr. Dith ist Hertogt Vietboldt[21]) schedinge, darmith de ewige frede Beschlaten ist.

1) Berge.
2) Platten.
3) Lockene.
4) Wilse.
5) gegenheiden.
6) Schodderschede.
7) Norckeschode.
8) Kapmyl.
9) dudsch.
10) Rattow.
11) *add.* Berge.

12) *add.* da eine Beke fell in die Windaw, die Dobbische beke genohmet.
13) Schlotsbergk.
14) Schlottenbergk.
15) Pallene.
16) vp ein.
17) Gruenten.
18) Pocke.
19) Pessel.
20) Schlottsberge.
21) dem.
22) Heilige Aha.
23) mittelsten strandt.
24) Vitoldt.

b.

Dith ist die Grenitz die dem Orden vnd dem Stiffte Churlandt bliuen soll, an der Lifflendischen Grentzen. Ein water kumpt vth Sameiten, hetet die Rodda vnd fellet in die Memele drey meile niderwenig Vellun 19 seilen maass offte magh, dieselue Rodda soll man anheuen von dem Ouer der Memel drey mile int Landt tho Sameiten vpthogande, vnd von der Rode alss drey mile von dem Ouer der Memel entlangk vnd dess Churischen Haues beth in die Salten Sehe, vnd fort langes dem Strande von der Memele beth in die Heilige Aha, Vnd fort die Heiligen Aha vp beth dar sie entspringt, von dannen alss die alte schedung von aldingen gewest ist beth in die Winda, von dar anthogande, da diese Scheidung anheuet, beth tho der rechtern handt ligt dath hort tho Littawen, wat thor linkern handt ligt tho Lifflande, Hanc schedulam reperit Joannes Hamel die mensis Septembris 26. Anno 1427.

№ CCXXVII.

(1426) Papst Martin V. fordert den Grossfürsten Witaut von Lithauen auf, den rigischen EB. Henning und dessen Kirche mit deren Rechten und Freiheiten dem Schutz und der Vertheidigung seines Adels zu empfehlen, d. d. Rom, III. Kal. Jan. Pont. a. X. (30. Dec. 1426).

Alte Abschrift im GA. zu Kgsbg. Vgl. Index № 971, wo aber das J. Chr. unrichtig als 1420 angegeben ist.

Martinus Episcopus seruus seruorum dei Dilecto filio Nobili viro Allexandro alias Witoldo Duci Littwanie Salutem et Apostolicam benedictionem Quia Venerabilem fratrem nostrum Henninghum Archiepiscopum et dilectos filios Capitulum Rigensis Ecclesie qui ad defendendam fidem katholicam in illis partibus contra infideles et eiusdem fidei emulos sibi vicinos preceteris feruencius pugnare, ac se et sua iugiter exponere consueuerunt paterna ac sincera caritate merito complectimur ipsosque et eorum subditos et vasallos pro conseruacione et incremento felici dicte fidei contra prefatorum infidelium et emulorum ac quorumcunque aliorum molestatorum et perturbatorum incursus protegi ac defendi ac in suis iuribus et libertatibus efficaciter confoueri supremis desiderijs affectantes et sicud accepimus fili dilecte cum tua Nobilitas quedam habet dominia Terras et loca partibus Liuonie in quibus dicta Ecclesia sita existit satis vicina, propter que fauor tue Nobilitatis eisdem Archiepiscopo et capitulo tam in resistendis dictorum infidelium incursibus quam etiam in conseruandis suis libertatibus et iuribus huiusmodi quamplurimum fructuosus fore dinoscitur et eciam oportunus, Nobilitatem eandem quam ad conseruandum et defendendum Ecclesias et ipsarum personas et iura feruentissimam fore cognouimus et cui etiam super hoc scripsisse meminimus iterum licet recensendo non arbitramur opus existere, paternis affectibus requirimus et rogamus quatenus Archiepiscopum Capitulum Ecclesiam predictos et vasallos predictos eorumque Castra villas Terras possessiones et bona pro nostra et apostolice sedis reuerencia suscipiens tue Nobilitatis patrocinio fauorabiliter recommissos eis tam in conseruandis augendis et recuperandis suis Juribus et libertatibus quam etiam in resistendo incursibus huiusmodi quotiens opus fuerit et ipsam tuam nobilitatem duxerint requirendam contra infideles molestatores et perturbatores prefatos efficaciter faueas consulas et assistas ac oportunam prestes gratiam et fauorem In hoc etiam rem deo et nobis plurimum gratam facies et indelebilem laudem in mundanis consequeris. Datum Rome apud sanctos apostolos III Kalendas Januarii Pontificatus nostri anno decimo.

№ CCXXVIII.

1431 Of- und Defensiv-Allianz zwischen Grossfürst Swidrigail von Lithauen und dem Orden in Preussen und Livland, geschlossen zu Christmemel, am Dienstage vor Johannis des Täufers (19. Jun.) 1431. *D.*

Abschrift im GA. zu Kgsbg.; Abdruck in Kotzebue's ält. Gesch. Preuss. III, 168—171. Vgl. Index № 1299.

№ CCXXIX.

König Wladislaw Jagello von Polen klagt dem HM. die von seinem Bruder, dem 1431
Grossfürsten von Lithauen Swidrigail, erlittene undankbare, treulose und harte Behandlung; auch dass derselbe, des Waffenstillstandes ungeachtet, die Feindseligkeiten fortsetze und seinen Friedensanträgen kein Gehör gebe, seinen Gesandten auf eine beispiellose Art thätlich behandelt habe u. s. w., mit der Bitte, ihm diess alles als wahr zu glauben und auf seine Seite zu treten, d. d. im Lager vor Hrodlo, am Sonntage vor Alexii (15. Jul.) 1431. *L.*

Abschrift im GA. zu Kgsbg.; Abdruck in dem Supplem. ad hist. Russiae monum. p. 298—303. № CXVII. Vgl. Index № 1302.

№ CCXXX.

Waffenstillstand oder Friedensschluss Boleslaw's, anders Swidrigail, Grossfürsten von (1431)
Lithauen, nebst seinen Verbündeten, dem HM., dem OM. von Livland und dem Fürsten der Moldau, mit König Wladislaus von Polen (d. d. vor Lutzke, am Sonntage vor Mariae Geburt [2. Sept.] 1431). *L.*

Abschrift im GA. zu Kgsbg.; Abdruck in dem Supplem. ad hist. Russiae monum. p. 303—306. № CXVIII. — Eine alte deutsche Uebersetzung dieses wahrscheinlich nur Entwurf gebliebenen Friedens-Instruments befindet sich in demselben Archive und steht abgedruckt bei Kotzebue III. 477—483. Vgl. Index № 1304, 1305.

№ CCXXXI.

a. Die Ordensgebietiger, Ritter, Knechte und Städte von Preussen und Livland versprechen, 1432
das zwischen dem Grossfürsten von Lithauen und Russland, Swidrigail, und dem Orden in Preussen und Livland geschlossene Bündniss fest und unverbrüchlich zu halten.

b. Dasselbe versprechen die Fürsten, der Adel und die Städte von Lithauen und Lithauisch-Russland, — d. d. Christmemel, am Donnerstage der heiligen Jungfrau Sophia (15. Mai) 1432.

Abschrift im GA. zu Kgsbg. Vgl. Index № 1323, 1324.

a.	b.
In gotes namen Amen. Synt is rotsam vnd gros noet ist, das die ding die ewielich, vnuer-	In gotis namen Amen Synt es Ratsam vnd groes noet ist das dye dinge dye ewielich vnd

ruckt, creftig vnd vnuerwandelt bleyben sullen, mit schriften vnd geczugnissen verewiget vnd versichert werden, vff das sie vss der luthe gedechtnisse nymmer komen So begern Wir Kumpthure, Voyte, Pflegir, Manne vnd Stete, der Lande Prewsen vnd Leyflant wissentlich vnd offenbar czu seyn allen kegeuwertigen vnd czukunftigen dye disse schrifte sehn horen adir lesen das Wir alle angesehen getracht vnd getreulich obirwegen haben, dye so gar lubliche nuczbare cristenliche eynunge, fruntschaft vnd vorbindunge dye czwuschen dem Irluchten forsten vnd Herren Hern Boleslao andirs Swidrigal grosfurste czu Littauwen vnd Rewsen vnd allen Prelaten, Herczogen, fursten, Herren Bayoren vnd anwalden, der Littawschen vnd Rewschen landen von eyme vnd den Hochwirdigen, vnd grosmechtigen Herren Hern Pauwel von Rusdorf Homeister vnd Czyso vom Ruthenberge meyster von leyfland Dewtschens ordens vnd eren Prelaten vnd gebitigern vom andern teile, Gote dem almechtigen czu eren, der ganczen christenheyt vnd allen rechtfertigen luthen vnd sunderlich der obenberurten beyder teyle lande vnd vndirsassen czu fromen, troste, besserunge vnd gedeyen ist gemacht, vorschreben volendet, vnd beuestet, vnd vf das semlich heylig vnd gutwerg, do von das heylige Cristenthum vnczweiuelich durch gotes schickunge vnd Hulfe wirt irfreyet vnd gebessert widder durch falscher vngetruwer vnd aller bosen luthe betrigeliche Listikeit, vnd ofsetze nach sust in keyner weyse moge vorruckt czu trant adir geletzt werden, Sunder in lyebe die got selbist ist, vnd bestendiger vnuorgenglicher czu nemunge von beyden teylen ane allen czwiuel vnd beysorge festiclich vnd ewig musse gehalden werden So haben obenberurte gebietiger manne vnd Stete alle gemeynlich vnd yczlicher besundir vor Uns Unser nachkomelinge vnd erben, vorheysen, vnd geloben bey Unsern treuwen vnd eren In craft deses brifes, das Wir dyeselbige vorschreben vnd gemachte eynunge vnd fruntschaft dye als obenberurt czwuschen Unsern Herren Grosfursten czu

vnuorruckt kreftig vnd vnnorwandelt bleyben sullen mit schriften vnd geczwgnissen verewiget vnd versichert werden, vf das sye vss der luthe gedechtnisse nymmer komen So begern Wir fursten Iwan Wlodimirowitcz Andczwey Wlodimirowicz, Iwan Putata Semenowicz, Wassily Semenowicz, Hleb Kynderowicz, Felko Nyesweczkoi Manne vnd Stete der lande Littauwen vnd Rewsen wissentlich vnd offenbar czu syen, allen kegenwertigen vnd czu kunftigen dye disse schrifte sehen horen adir lesen, Das Wir alle angesehen betracht vnd getruwlich obirwegen haben, dye so gar lobeliche, nuczbare, cristliche eynunge, fruntschaft vnd vorbyndunge dye czwuschen dem Irluchten fursten vnd Herren Hern Boleslav andirs Swidrigal Grosfursten czu Littauwen vnd Rewsen, vnd allen Prelaten Herczogen fursten Herren Bayoren vnd anwalden der Littauweschen vnd Reuschen Landen von eyme, vnd den Hochwirdigen vnd grosmechtigen Herren Hern Pauwel von Rusdorf Homeister vnd Czyso vom Ruthenberge Meyster in Leyflant dewtsches Ordens vnd eren Prelaten vnd gebietigern von dem andern teyle Gote dem Almechtigen czu eren der ganczen Cristenheit vnd allen rechtfertigen Luthen vnd sunderlich der obenberurten beyder teyle Lande vnd Vndirsassen, czu fromen, troste, besserunge, vnd gedeyen ist gemacht, vorschreben, volendet vnd befestet, Vnd vf das semlich heylig vnd gut werg douon das heylige Cristenthum vnczweiuelich durch gotes schickunge vnd Hulfe wirt irfroyet getrost vnd gebessert, wedir durch falscher vngetruwer vnd aller boser Luthe betrigelicher Listikeit vnd vfseteze noch sust in keyner weyse moge vorruckt, czutrant, adir geleczt werden. Sundir in lyebe dye got selbir ist vnd bestendiger vnuorgencklicher czunemunge von beyden teylen ane allen czweiuel vnd beysorge festiclich vnd ewig musse gehalden werden So haben Wir fursten oben geschrebenen Manne vnd Stete hyr vndergeschreuen alle gemeynlich vnd iczlicher besunder, vor Uns, Unser nochko-

Littawen vnd Rewsen vnd allen seynen Landen vnd den Herren Homeister von seyme ganczen Orden ist vorbrifet volfurt vnd befestet in allen stucken Puncten vnd artikeln, als dye in den vorsegelten Houbtbrifen syen vssgedruckt, creftig, stete, feste vnuorseret ane allerleye argelist vnd gefer, czu ewigen czeyten wellen halden, Des czu grossir sicherheyt vnd ewigem gedechtnisse haben Wir hyrnachgeschreben Gebietiger, Manne vnd Stete der obenbenumpten landen als Heynrich von Rabensteyn Voith der Nuwenmarcke, Lodwig von Landzee Kumpthur czur Mewe Heynrich Marschalk Kumpthur czur Swecze Niclos Gerlicz Kumpthur czum Reden Bymund Brendel Kumpthur czu Grudenczg Hans vom Goer Kumpthur czu Strosberg Vincencius Wirsperg Kumpthur czur Golaw Niclos von Nickericz Kumpthur czu Slochaw Hans von Stucheym Kumpthur czum Tuchel Hans von Trachenow Kumpthur czur Memel Goswyn von Velmede Kompthur czu Velyn Sweder von Rene Kompthur czu Rige, Helwig von Gilfingen Voyt czu Jerwin, Johan von Gilfingen Kompthur czu Aschenrode, Matthias von Bonyngen Kompthur czu Marienburg, Lamberd von Merknicht Voyt czu Ouerpalen, Hans Stoffeler Voyt czur Lyeppe, Heynrich von Plawen Voyt czu Dyrschaw, Johan von Lewczigerode Voyt czu Royehuwsen, Gotfrid von Geylkirchen Voyth czum Stume, Rudchert von Schonewerd Pfleger czu Rasteborg, Gerlach Mercz Pfleger czu Barten, Gebitiger, Hans Stange von Logendorf Ritter Landrichter des Culmischen Landes, Niclos von Schillingsdorf Ritter, Hans von Seykow Ritter, Jorge von Mossek, Hans von Baysen Ritter, Niclos Vogil Ritter Jocop von Pynnow Ritter, Otto Machewicz Ritter, Nammir von Hoendorffe Ritter, Niclos czegenberg von Buchwalde Ritter, Bannerfurer des gebites Christburg Jocop Robotte, Mathias Parwant, Hans Lazarus, Symon Lupprech, Hans Sogenyn Ritter, Hans Ponnow Segmund von Rosen Ritter, melinge vnd erbyn vorheysen vnd gelobet, Vnd vorheysen vnd geloben bey Vnsern eren vnd getruwen in kraft dyses brifes, Das Wir dyeselbige vorschreuene vnd gemachte eynunge vnd fruntschaft dye als obenberurt ist, czwuschen Vnserm Herren Grosfursten czu Littauwen vnd Rewsen vnd allen seynen Landen vnd dem Herren Homeister vnd seyme ganczen Orden ist vorbrift, volfurt vnd befestet in allen eren stucken, Puncten vnd artikeln, als dye in den vorsegelten Houbtbrifen seyn vssgedruckt, creftig, stete, feste vnd vnuorseret ane allerley argelist vnd gefeer, czu ewigen czeyten wellen halden, Des czu grossir sicherheit haben Wir obengeschreuene Herczoge vnd nachgeschreuene Manne vnd Stete der obenbenumpten lande Zynowey, Brathoschicz, Iwaschko, Moniwidowicz, Sack Taliad Gudigort, Wolnuntowicz, Schedibor Wolnuntowicz, Sudzywoy Wolnuntowicz Juschko Rymowidowicz, Dewgel Czysis Andzwey Satowicz, Woynus Gedorotsky, Golgen Goslywoynowitz, Allexander Swirsky, Segmund Dorgewicz, Sack Dyrmeytowicz, Dewclis Kymontowicz Nekrasch Butwidowicz, Dewmunt Wolkowicz, Michalo Dewgerdowicz, Jurgi Konschalk, Iwaschko Korewicz, Isnad Schumokowicz, Abraham Dobrohostowicz Iwaschko, Michal Jasmanowicz, Iwaschko Wolothowicz Ananya Wyaschkowicz, Schidlo Kerdowicz, Iwan Hulowicz, Dimitri Nepoakow, Allexander Polosyaw, Ostasey Federowicz, Joseph Synaw, Micolay Kureyschowicz, Wessely Korschk, Iwasko Lawawicz, Hrehore Patrykyowicz, Hrehore Protbasy, Sathar Jaschko, Threbet, Pacz Gyrdywidowicz, Hryczko Jasmanowicz, Andzreyko Mascowicz Wolczko Stroczewicz, Waysko Wolczkowicz Skerdo, Landrichter czu Drahaczyn, Nasauta, Wilna, Traken, Samayten, Kyow, Czernicow, Wlodimir, Lanczk, Smolenczko, Brausk, Wytewske, Plocz, Nicenske, Nouogrod, Breczlaw, Breske, Kau-

Voyt czu Seeburg, Albrecht Sachse von Wangeste Ritter, Hans Wargel von Wuytenig Ritter Beda von Spurgyn Bannerfurer des gebites Brandenburg, Hans Proyke Lantrichter des selben gebites Witche von Patzkow Ritter, Bannerfurer des gebietes Resenburg, Ditterich von Krixen Ritter, Lantrichter des selben gebietes, Micher czu Pomeyten Lantkemerer, Peter vom Tyrenberge, Gabriel von Ruschenczyn, Ritter, Niclos von Swyncze, Lantrichter des Gebietes Gdanczk, Bartholomeus von Straschyn Bannerfurer desselben gebietes, Boet von Ileuburg Ritter, Asswerus Ritter, Lantrichter des gebietes Swecze Matthias Strawbe Bannerfurer des Gebietes Slochaw, Staske Ritter, von der Drossnichcz, Bannerfurer des gebietes Tuchel, Swantke von Kleyne Kanschaw, Johan von Lerbtes Ritter, Herman Zoye, Otto van Brakel Ritter, Wilhelm Loden, Hans Korbes, Heynrich von dem Houe, Arndt von Zacken, Geert Patkuls, Hans von Ostirwicz Ritter, Lantrichter czur Nuwenburg im gebiete Dyrsaw, Hans Rabe von Kobersyn Ritter, Niclos von Falewicz Ritter, Lantrichter des gebietes Stum, Mathias Kamern des selben gebietes, Manne, Culmen, Thorn Elbing, Konnigisberg, Gdanczk, Marienburg, Reuel, Velyn, Parnaw, Wenden vnd Woldemar Stete Vnsir Ingesegil mit rechter wissenschaft lasen anhengen desim brife, Der gegeben ist czu Kyrsmemel am Donnerstage synthe Zophien der heyligen Juncfrawen tage in der Jarczal Vnsers Herren tusunt vierhundert vnd im czweyunddreyczigisten Jare.

wen, Drohoczyn, Vnsir Ingesegel an dissen brief lassen hengen, Der gegeben ist czu Kersmemel am Donnerstage synte Sophie in den Joren Vnsirs Herren XIIII^{c} im XXXII^{ra} Jare.

№ CCXXXII.

1432 Grossfürst Swidrigail meldet dem HM. Paul v. Russdorf, er habe seinen Brudersohn, Iwan Langwinowitz, den Gross-Naugardern, auf deren Bitte zum Herzog gegeben, und verlangt zu wissen, ob der HM. mit den Schweden und Norwegern in einem Bündnisse stehe, weil die Naugarder sich gegen diese Nationen feindlich erklären wollen, d. d. Garten, am Sonnabend in der Pfingstwoche (14. Jun.) 1432. *D.*

Pap. Orig. mit Siegel im GA. zu Kgsbg.; Abdruck in Kotzebue's Swidrigail S. 143 (russ. Uebers. CIIб. 1835 im Anhange p. 10). Vgl. Index № 1325. Die I. Chron. v. Nowg. gedenkt der Ankunft eines Sohnes von Semen-Lugweni (s. oben № CLXXII, p. 137) im Herbste des J. 6940 (= 1432), nennt ihn aber Juri. Тои осени прiѣха въ Новгородъ князь Юрьи Семеновичь, съ своею княгинею, изъ Литовскои земли).

№ CCXXXIII.

Waffenstillstand zwischen Wladislaw, König von Polen, den Herzogen von Lithauen, 1433
Masovien und Stolpe, dem Johanniter-OM. von Schlieben, dem Woiwoden der Moldau und einigen Edeln einerseits, und dem HM. Paul von Russdorf, so wie den OM. von Deutschland und Livland andererseits, geschlossen im Lager vor Jessenitz, am Sonntag vor Kreuz-Erhöhung (13. Sept.) 1433. *L.*

Abschrift im GA. zu Kgsbg.; Abdruck in dem Supplem. ad hist. Russiae monum. (Petrop. 1848) p. 307, № CXIX. Vgl. Index № 1352.

№ CCXXXIV.

Waffenstillstand auf zwölf Jahre zwischen König Wladislaw von Polen, den Herzogen 1433
von Lithauen, Masovien und Stolpe einerseits, und dem HM. Paul von Russdorf, so wie den OM. von Livland und Deutschland andrerseits, d. d. Lencziz, feria tertia post festum beatae virginis Luciae (15. Dec.) 1433. *L.*

Perg. Orig. mit 27 Siegeln im GA. zu Kgsbg.; Abdruck nach einem Original mit 93 Siegeln, (dem Hauptbriefe des Königs) bei Dogiel IV, 119, № XCVI. Vgl. Index № 1354. Gegen den Dogielschen Abdruck zeigt das königsberger Original folgende Verschiedenheiten:

	Abdruck bei Dogiel:	*Königsberger Original:*
p. 119[b]	Magnum Ducatum Litvaniae	Magnificum
p. 120[a]	seminatores — innumera fouebant — non bene non — christianas — Duces Dominum — *nach:* terras — *nach:* Stolpensem — Almaniae — ac in futurum — authoritate — Slusko — Quod si — non deriso — impetu — ulterius	seminatoro — inimico feruebant — non bene nisi — christianicas — Principes Dominos — *nach:* suas — *nach:* etc. — Allemanie — aut in futurum — auctore — Slansko — Quam si — vero inderiso — impedimento — ultimis
p. 120[b]	Nova-Wedlenses — tenutam — tantum malis — contentiones — *nach:* huiusmodi — attinet Masoviae — *nach:* sortes — *nach:* Praelatis — *nach:* Ecclesiarum — spatium interruptionis — *nach:* Magistri — *nach:* Praelatis — *nach:* Magistri	Wedlenses — tenutarij — tamen emulis — questiones — *nach:* questiones — *fehlt* — *nach:* et — *nach:* aut — *nach:* et — interruptionem — *nach:* et — *nach:* nostris — *nach:* et

	Abdruck bei Dogiel:	*Königsberger Original:*
p. 121[a]	placitum — judicetur et — nulla concordia ac imponditur — exoaltur — Dominum Almaniae vel Magistros — Nobiles quoscunque — exinde — Filios — inscriptiones — suos — venturae — praedictos efficaciter aliis subditis — literis	placitorum — iudicialiter — illa conc. aut impendetur — experiatur — Magistros Allamanie et — Nobiles, Cives — exnunc — Filios aut successores — inscriptionum — sibi — ventura — nostros efficere — subditis suis — literis sigillatis
p. 121[b]	supradicto termino — terrigenis — licebit — terrarum, quos — treugis — quinimo nec . . . . — adesse — ad offensam — advenam — aliquo — cessari — ad certa . . . . crimina	supradictis loco et termino — terrigenae — licenter — terrar. quas — treugis predictis — imo nec inimicis — adverse adherere — in preiudicium vel offensam — advenam alicujus — *fehlt* — cassari — per Capitaneos seu Officiales utriusque nostrum iudicialiter puniantur et ad satisfactionem plenam et debitam arcebuntur et compellentur
p. 122[a]	loca — se transferant iudicaturi	loca confiniorum — se annis singulis transferant et descendant, huiusmodi excessus et crimina iudicaturi
	Parti — rebus sine impedimento	Partibus — rebus quibuscunque sine impedimento et angaria
	Item — telonea et dacia — debeant — transierint — Conventionis	Ita — teolonea et dacias — debeamus — preterierint — Conventionis videlicet in festo natiuitatis
	Litvaniae — et . . . . de — Okczeth	Litvanise et Masoviae — et contrahens de — Hochczeyth
p. 122[b]	proventorum — quocunque — Milites — nostri — Nobilibus — et Reversales — promittimus	proventuum — quocunque alio — Militia — nostri Polonie — Nobilibus et Ciuibus — et Paces sine Reuersales — promittimus et debemus
	Majestatis . . . appensa —	Sigillum nostrum mediocre ad presens una

cum Sigillis Prelatorum et Baronum nostrorum in hac Conuencione Lanciciensi presenti existencium Infrascriptorum videlicet Reuerendorum patrum dominorum Alberti Gneznensis Archiepiscopi et primatis Sbignei Cracouiensis Stanislai Poznaniensis Johannis Chelmensis Episcoporum Wladislai Electi ad Ecclesiam Wladislaniensem Necnon Magnificorum Nicolai de Michalow Castellani et Capitanei Cracouiensis Sandwagii de Ostrorog Poznaniensis Spithconis de Tarnow Sandomiriensis Andree de Domabors Kalissiensis Martini de Kalinowa Syradiensis Stiborij de Borczislauicze Lanciciensis Johannis de Lichin Brestensis Jarandi de Grabye Wladislauiensis Johannis de Dambrawa alias Manzik Leopoliensis Palatinorum Martini de Slawsko Poznaniensis Dobeslai de Oleschnicza lublinensis Laurencij Zaramba Syradiensis Alberti Malskij Lanciciensis Castellanorum Johannis de Oleschnicza. R. Polonie Marschalci Domarathi Voyniciensis Gastini de Cozeglowj Sandeczensis Cristini de Smolsko Brestensis Vincencij de Schamotulj Medzirzeczensis Castellanorum Andree Czolek Sandomiriensis Andree Dobrinensis Subcamerariorum sunt appensa, Litteras autem eiusdem Tenoris sub Sigillo Maiestatis nostre*) et Sigillis aliorum ad presens absencium in Conuencione ad Festum Natiuitatis Marie celebrandum dare nunccijs prefati dominj Magistri et assignare promittimus pro quo nos Prelati et Barones suprascripti fide iubemus et spondemus. Datum et Actum etc.

*) Hiemit ist die von Dogiel gelieferte Ausstellung gemeint.

№ CCXXXV.

Kaiser Sigismund befiehlt dem DO. in Preussen und Livland, den, ohne Zuziehung des 1434
Herzogs Swidrigail, mit Polen geschlossenen, für seine und des Ordens Ehre schimpflichen Frieden auf der Stelle aufzusagen und das Bündniss mit Swidrigail zu erfüllen, d. d. Basel, am Sonntag Oculi (28. Febr.) 1434. *D.*

Abschrift im GA. zu Kgsbg.; Abdruck in Kotzebue's Swidrigail S. 150—154 (Russ. Uebers. p. 10 im Anh.). Vgl. Index № 1357.

№ CCXXXVI.

Papst Eugen IV. ermahnt den Grossfürsten von Lithauen, Boleslaus (Swidrigail), wie 1434
er an der Vereinigung der Russen mit der lateinischen Kirche noch ferner arbeiten könne, und dass er mit dem Könige von Polen und dem Herzoge Sigismund Frieden zu schliessen suchen solle, d. d. Florenz, XIII. Kal. Nov. (20. Oct.) Pont. a. IV. 1434. *L.*

Gleichzeitige Abschrift im GA. zu Kgsbg.; Abdruck in Kotzebue's Swidrigail S. 156—159 (Russ. Uebers. p. 20 des Anh.). Vgl. Index № 1363.

№ CCXXXVII.

Derselbe fordert den russischen EB. Gerasimus zu mehreren Versuchen, die Vereinigung der griechischen und lateinischen Kirche zu bewirken, dringendst auf, d. d. eod. *L.*

Gleichzeitige Abschrift im GA. zu Kgsbg.; Abdruck in Kotzebue's Swidrigail S. 159—161 (Russ. Uebers. p. 22 des Anh.). Vgl. Index № 1364.

№ CCXXXVIII.

Derselbe trägt den BB. Paul von Kaminietz und Matthias von Wilna auf, die gegen einander Krieg führenden Herzoge von Lithauen Boleslaw (Swidrigail) und Sigismund, zum Frieden und zur Einigkeit zu bewegen, d. d. eod. *L.*

Gleichzeitige Abschrift im GA. zu Kgsbg.; Abdruck in Kotzebue's Swidrigail S. 162—163 (Russ. Uebers. p. 29 des Anh.). Vgl. Index № 1365.

№ CCXXXIX.

1435 Derselbe verwendet sich bei Sigismund, Herzog von Lithauen, für die Auslieferung der gefangenen Sophie, Gemahlin des Herzogs Swidrigail, und ermahnt ihn zum Frieden mit diesem, d. d. eod. *L.*

Gleichzeitige Abschrift im GA. zu Kgsbg.: Abdruck in Kotzebue's Swidrigail S. 154—156. Vgl. Index № 1366.

№ CCXL.

(1435) Johann König, Vogt zu Narwa, stattet dem HM. ausführlichen Bericht ab über das für die Livländer unglückliche Treffen in Lithauen, d. d. Kirchholm, am Montag nach Francisci (10. Oct.) 1435. *D.*

Orig. im GA. zu Kgsbg.; abgedruckt in K. W. Justus Taschenbuch Die Vorzeit f. 1824. S. 134—138 und in Bunge's Archiv I. 124. Vgl. Index № 1384.

№ CCXLI.

1439 Friede zwischen König Wladislaw von Polen und Grossfürst Sigismund von Lithauen einerseits und dem HM. Paul von Russdorf, auch den Meistern von Deutschland und Livland andererseits, geschlossen zu Brzescz, sabbato in vigilia circumcisionis domini 1436 (d. i. am Neujahrsabend 1436 oder 31. Dec. 1435). *L.*

Transsumt von 1464 im GA. zu Kgsbg.; Abdruck bei Dogiel IV, 123—134. № XCVII. Vgl. Index № 1395.

№ CCXLII.

Sigismund, Grossfürst zu Lithauen und Russland, bestätigt den Handelsvertrag, welchen sein Bruder Alexander, anders Vitoud, zu OM. Conrads von Vietinghoff Zeiten (s. beim J. 1406 № CLXI, p. 126) für Polozk und Riga abgeschlossen hatte, d. d. Tracken, Donnerstag vor Dorotheen (30. Jan.) 1439.

Perg. Orig. mit dem kleinen grossfürstlichen Siegel in roth Wachs, im innern rig. RA.: Auszug bei Brotze, Syll. I, 78. Vgl. Index № 3402, wo die Datumsangabe, wie oben, zu berichtigen.

Seghemund van godes gnaden grotforste to Lettouwen vnd to Russen etc. Wy doen to weten vnd openbar bekennen an dussem breue || allen den de ene zeen edder horen lesen, dat vnse bruder Allexander anders vitoud seligher gedechtnisse twisschen der vnsir || Stadt ploscow an der eynen syden vnde der stadt Righe an der ander syde de vmme etlike saken krich vnd twydracht vnder sik || gehat hebben sulke vermutlike kynsinghe gesat vnd gemaket heft, also hijr steyt na gescr. Van ersten dat de ploscouwer keghen Ryghe vnd de Righere tho ploscow vrij vnd vnghehindert moghen theen erer kenen vthgenomen vnd dar sulues vrij kopen vnd vorkopen Also doch dat de ploscouwer tho Ryghe edder de Ryghere tho ploscowe kenerleye klene kopenschopp de pluckinghe het hebben scholen. ouer dat Also de ploscouwer to ploscouwe vnd de Ryghere tho Ryghe settende vnd makende werden Edder wo se dar vmh myt den anderen ens kunnen werden Ok moghen de ploscouwer vor Ryghe int Lant vnd de Ryghere wedder vor ploscow in vnse lant, wor se willen van beydentsyden vrij theen ouer water vnd ouer landt Et sy denne dat wy edder vnse nakomelinghes heren to ploscow edder de Righere to Ryghe eyne nedderlaghe makende werden de schal men holden beydent haluen alze se gemaket werden Sunderlic so scholen de ploscouwere vnd de Ryghere syk vnder den andern beschermen vorheghen vnd beureden gelijk syk sulueo in eren steden Vnd weret, dat Jenich Copman van ploscow tho Ryghe breke. den schal men keghen ploscow senden vnd dar na dem rechte richten Breke ok Jenich dutsch Copman to ploscow den schal men keghen Ryghe senden vnd dar na erem Rygeschen rechte richten Vortmer so schal men to ploscow dat solt weghen vpp den schalen myt den suluen wichten vnd loden alze men dat was weghet dar sulues Vnde de wichte to ploscowe schal an dem schippunde enes haluen lispondes swarer wesen dan to Ryghe Vnd darvmb so schal de stadt to Ryghe ov in dat erste vpp ere koste beyde scholen vnde lode to ploscow schicken vnd senden wen ouer de lode in tokomenden tyden vorsliten to geringhe werden to breken edder anders gebrekelic werden So scholen de ploscouwere se to Ryghe senden vnd vpp ere koste vnd teringhe na den olden loden wedder maken vnd beteren laten, De silner wicht schal an eynem stucke siluers ens haluen soltniken swarer sien to Ryghe den to ploscow Vnd de weghere scholen ov vnd alzo vake des noet is vnd werdet dat cruce darvpp kussen dat se recht weghen scholen dem eynen als dem anderen to beydent syden Vnde de weghere scholen to rugge staen vnd de hende aff theen van den schalen wen se weghen vnd wo vele de dutsche Copman to ploscow vor weghelon ghift, dat scholen de ploscouwer to Ryghe ok to weghelone gheuen Ok weret dat Jenighe twydracht edder schelinghe vmb Jenigherleye ding twysschen ymande van beydent syden vpp stunde So schall sik de sakewolde an synen sakewolden holden vnde nymand sust anders schal sik dar in vorweren edder dar vmb ghehindert werden. Vortmer weret dat Jenygherleye twydracht krich edder schelinghe wurde twisschen vns vnd den Erwerdighen der dutschen orden to liefflande nakomelinghen. Landen. edder vndresaten to beydent syden dar mede schall de Copman vnuorworen bliuen to beydent syden vnd de Copman schal to beydent syden liues vnd ghudes seker sien vnd in vrede bliuen vnbeschedighet Alzo dat he sin ghud schall vnd mach voren vnd bringhen wor vnd wen he wyl vnd schall suluen riden varen vnd ghan wor em des bedorff vnd noet wert ane alle vppholdinghe vnd hindernisse id sy an weghen edder an steghen vppe watere edder vpp dem lande So alz vnse bruder Allexander anders vitoud seligher dechtnisse vorbenom. by her Conrades van vitinchoue tijden de do tor tydt mester was des vorbenom. erwerdighen ordens to liefflande, dusse vruntlike voreyninghe also vorgescr. steyt van beyder parten willen heft gemaket, Stede vnd vnuorrucket geholden werden hebbe wy Seghemund grotforste vorbenom. vmme merer vorvestynghe willen der vorgescr. voreyninghe vnse Ingheseghell laten hanghen vnder an dussen breff, De geg. vnd gescreuen is na ghodes gebort dusent veerhundert, vnd in dem neghen vnde drittighesten Jare to Tracken des neghesten dunredaghes vor dorothee der hillighen Juncfrouwen etc.

№ CCXLIII.

1439 Verbindungsschrift des Grossfürsten Sigismund von Lithauen, dem rigischen EB. Henning, wenn dieser dazu aufforderе, gleich dem livländischen Orden, zweihundert bewaffnete Schützen zur Vertheidigung seiner Schlösser, gegen den vom EB. zu gewährenden Unterhalt, stellen zu wollen. D. D. Troki, am Donnerstag vor Dorotheen (5 Febr.) 1439.

Alte gleichzeitige Abschrift im äussern rigischen RA., auf deren Rücken die alte Aufschrift «Dit is de vor enynghe tusschen den vorsten v. dem heren van der Righe vnn den orden». Von einer solchen Verbindung wissen unsre Geschichtschreiber nichts.

Wie zeghemund van godes genaden grotforste tho lettowen v. to russen etc. louen in dessem jegenwordigen vnsem openen breue, deme aller Erwerdigesten in gode vader v. heren hern hennyngus van der genaden godes. v. des romeschen stoles. wegen. Ertzebisscop der hilgen kerken to rijghe. vnsem besunderlingen guden vrunde. Effte em behuf worde sinde. also dat he vns vmme vnse hulpe anropende wörde. Interste alzo vns alsodane anroping vorkundeget wert. so sulle wij eme mit sament der Erwerdeghen heren hern heidenrijk vinken des meisteres to lijflande stathölder vulmechtich v. dem thokumpstigen meister to lijflande. v. allen anderen medegebedegeren. v. erem gantzen orden to lijflande. vtrichten v. tho hulpe senden twehundert verdeger schutten. mit eren armborsten v. harnsche. dem vorbenanten vnsem besunderen leuen vrunde. v. em to truwer hant to helpen. alse ze best v. truwelikest vnn vlitegest kunnen to beschutten zijne slote. bynnen den grenijtzen des landes to lijflande gelegen v. Interste dat desse twehundert schutten des vorgenanten hern land anrorende werdet so sal de sulue here de sulnen schutten mid eren perden pleghen laten mid voyder v. mit ghewonlijker spijse na eren vormoghen Wörde ok schijnde dar god vor zij. dat desse vorgescr. schutten efte erer welk schaden nemende wörden dar en solen ze dem ergenanten heren. Ertzebisscop der hilgen kerken to rijghe v. den hern des Ordens tho lijflande. nicht vmme to spreken of manen. Id were denne. dat de edder der welk gevanghen wörden de de benömpten heren van eren gevencnisse vrij v. quijt maken Vortmer so zole wij. Nenerleye wijs steden Sunder nach vnsen besten vormogen vorwaren dat nymant van vnseren landen vnderzaten ymande des Ergenanten hern vyanden edder wedder partyen tho denste edder to hulpe thee Wolde ouers ymant. van vnsen vrijen Rytteren. v. knechten. edder anders wel vnser lande vnderzaten den vaken benomeden aller Erwerdegesten in gode vader v. hern. hern hennyngus Ertzebisscoppe. to denste v. tho hulpe rijden des sulle wij nicht hindern. sunder vlijtich gerne ghunnen. Vortmer efte einig heer efte volk begerende wer efte zijk vor settende wer dorch vnse land vp den ergenanten hern edder erer herschaft lande to theende de vormyddelst vorzate to beschedegende dat sulle wij vnd vnse land vorgescr. So vel als an vns is mid nichte steden. Sunder wij solen dat helpen weder stān vnd keren nach vnsirn besten vormogen v. dar mede sust anders nach vnsirn redeliken vormogen mid dem velegedachten heren v. sijnem lande. vnd vnderzaten lijflike gunst v. vruntschop to holden. dat an vns v. vnsirn vorgerurden landen nicht salen breken. Des tho Orkunde v. merer bestedinge willen hebbe wij vnse Ingezeghel van rechter wisscop laten hengen an dessen breff. de gegheuen is tho tracken am dunnerstaghe vor dorothee In dem negenvndderteghesten Jare.

№ CCXLIV.

»Eine Scheidung Twischen dem Stifte Churlandt vnd den Littowern, So Hertoch Witholdt Anno etc. XL. geholden«.

Aus dem alten Copiarium in der Popen'schen Brieflade. Bl. 31, a. — Wie man das für diese Scheidung angesetzte Datum des 7—9. Dec. (14)40 mit Witold's bekanntem Todestage, den 27. Oct. 1430 (s. Kojalowicz II, 138, Schlözer's Gesch. Lith. S. 132, zu vereinigen habe, weiss man nicht, wenn man nicht annehmen will, dass Witold's Namen, für den in der Urkunde nichts spricht, irrig in die alte Inhaltsanzeige gesetzt worden. —

Int erste antogande, dar de Dabbeke in die Winda velt, van der Dabbeken recht auer de Winda bet ahn dat Kappensche veldt, dar ein Schlotberch ist Kappenen geheten, van dem Schlotsberge recht auer togande, auer de Wirwitte bet ahn einen andern Schlotsberch galleisden genomet, van dem Schlotsberge galleisden togande dat Kappensche veldt recht entlangst, bet to peluenen dorch dat dorp, van peluenen to gande beth tho pollennen dorch dat dorp, van pollennen tho gande beth ahn einen hoff bettuenn geheten, de hoff liggende tendes de Kleinische Sehe, van dar togande durch Sedden Merckede, van Sedden thogande recht auer dorch eine Beke Bradamiss geheten, van der Bradamiss recht auer to gande dat grumste veldt, van dem grumste velde recht auer to gande bet ahn einen Schlotsberch poike genomet, von poiken recht vtthogande bet ahn ein Dorp poperten, van poperten recht vt thogande bet tho Gelenden, van Gelenden recht vt thogande bet pesselseden, dusse vorgemelte M. g. H.[1]) tho Churlandt grendze ist besichtiget durch warhaftige Dutschen vnd ock olde vndutschen den 7 Decemb. angehauen, gewharet wente thum 9ten Anno etc. XL.

1) Meines gnädigen Herren, namlich des Bischofs zu Kurland.

№ CCXLV.

Der livländische OM. Heidenreich Fincke von Overbergen verbündet sich auf zwei 1447
Jahre mit König Christoph (III.) von Dänemark, die Russen von Gross-Nowgorod mit beiderseitigen Macht zu bekriegen, d. d. Walk, am Tage Epiphaniae (6. Jan.) 1447. *D.*

Abdruck in Lagerbring's Svea Rikes Hist. IV, 602; Jahn's Unionshist. S. 553. Vgl. Regesta dipl. hist. Dan. I, 532, № 3773 und Karamsin V, npm. 316 und 319.

№ CCXLVI.

Kasimir, erwählter König zu Polen und Grossfürst zu Lithauen und Reussen, bestätigt 1447
einen Handelsvertrag zwischen Polozk und Riga (der mit dem von 1406 — s. № CLX, p. 124 — übereinstimmt), d. d. Wilna, am Tage der Kreuzerfindung (3. Mai) 1447.

Perg. Orig. mit dem kleinen grossfürstlichen Siegel in roth Wachs, den lithauischen Reiter und die Umschrift darstellend: † S. KASIMIRI MAGNI DVCIS LITHVANIE RVSSIE…, im innern rig. RA.; Auszug bei Brotze, Syll. I, 82. Vgl. Index № 3612.

Kazimir von gotis gnaden irwelt Konig des Reyches zcu Polen vnd Grosfurste zcu Littawen vnd Reussen etc. Wir thun czu wissen vnd bekennen offentlichen || In dissim briue Allen den en zehin adir horen lezin, dass wir czwisschen der vnsirn Stat Poloczk in eyner zeyte vnd der Stat Rige an der andern ze'yten dij vmb etzliche zachen vnd czweytracht vndir zich gehat haben zulche fruntliche eynunghe gezarzt vnd gemachet haben, als bysted nach, gescrebin von ersten, das dij Poloczkower ken Rige vnd dij Riger ken Poloczk frey vnd vngehindert mogen czihen Yret keynen vsgenomen vnd do zelbenst frey kouffen vnd vorkouffen alzo doch das dij Poloczkower czu Rige adir de Riger zcu Poloczko keynerley kleyne kouffenschacz dij phlucking heisset haben sullen obir daz, als dij Poloczkower czu Poloczko vnd dy Riger zcu Rige zeczczen vnd machin werden Adir wy ze Dorvmme mit enander eyns konnen werden, Ouch mogen dij Poloczkower vor Rige Ins land vnd dij Riger weder vor Poloczko In vnss. land wo ze wellin von beyden zeyten frey czihen obir wassir vnd obir land ys zij denne daz wir adir vnss. nochkomling. herren zcu Poloczk adir dij Riger eyne nedirlag machin werden, dy zal man holden bedinthalben alz ze gemachet werdin Sunderlich zollen dy Poloczkower vnd dij Riger zich vndir enander beschermen vorhegen vnd befreden gleich zich zelbir in eren Steten vnd weres das enger koufman von Poloczk zcu Rige breche den sal men ken Poloczk senden vnd do noch deme rechte richten, breche ouch enger dutzer koufman czu Poloczk den sal men ken Rige senden vnd dort noch eyme Rigisschen rechte richten. Vortmer so sal man czu Poloczko das zalcz wegin vff den schalen mit den zelbin gewichten vnd loten als man das wachs wyget do zelbenst vnd das gewichte zcu Poloczk sal an deme schifphunde eynes halben lyuischen phundes swerer seyn den czu Rige vnd dor vmbe so sal dy Stat czu Rige nu in das erste vff ire koste beyde schalen vnd lote czu Poloczko schicken vnd senden, Wen aber dij lote Ym czukomenden czeyten vorsliffen czu geringhe werden czubrechen adir anderz gebrechlich werdin zo sullen dij Poloczkower ze czu Rige senden vff ire koste vnd czerung noch den olden loten wedirmachen vnd bessirn lassin, Das zilbergewichte sal an eynem stucke zilbers eynes halben zlotnyken swerer seyn czu Rige den zcu Poloczko, vnd dij weger zollen nu vnd alzo ofte des notwirt das cruce daruff kussen das ze recht wegen sullen eynen als dem andern czu beyden zeyten vnd de weger zollen zu rucke steen vnd dij hende abeczihen von den schalen wen ze wegen wiful der ducze koufman czu Poloczko vor wegelon gybt das zollen dij Poloczkower czu Rige ouch czu wegelone gebin, Ouch weres das engerley czweytracht adir scheling vmme engerley dyng czwisschen vns vnd dem Erwirdigem herren Cunrad von Vitinghoue Meister duczes Ordens zu liflande nochkomlinghen, landen adir vndirzassen zu beyten cziten Domete sal der koufman vnuorworren bliben vnd der koufman van beyden zeiten sal liebes von gutes zicher seyn vnd in frede bleiben vnbeschediget, alzo das her seyn gut sal vnd mag furen vnd bringen wo vnd her wil vnd sal zelber riten varen adir gen wo Im das dorft vnd nod wirt ane alle vfhaldung vnd hinderniße Is sey an wegen adir in Steten vff wassir adir vff lande Dorvmb das dy fruntliche eynung alzo vorgescreuen stet mit beyder parte villen vor vns gemachet stete vnd vnuorrucket gehalden werde habin wir vnsir Yngsegil an dissem briff lassen hengen Der gebn ist noch gotis gebort Tausent Virhundert vnd in dem sibendem vnd firczgisten Jar zcu Wylle in die invencionis sancte Crucis.

№ CCXLVII.

**Papst Nicolaus V. erlässt dem DO. in Preussen und Livland zwei Theile von der Steuer 1448
zur Wiedervereinigung der Griechen und Russen mit der katholischen Kirche, weil der Orden selbst mit ihnen streiten müsse, und assignirt den dritten Theil zur Hülfssteuer der Ungarn wider die Türken, d. d. Rom, V. Kal. Sept. (28. Aug.) 1448.**

Perg. Orig. mit einer an gelb- und rothseidener Schnur hängenden Bulle im GA. zu Kgsbg. Vgl. Index № 1631. Ungeachtet dieses päpstlichen Erlassbriefes wurde die Steuer doch vom Orden verlangt, vgl. Index № 1655b im Auct. Ind. in d. Mitth. II, 151; Voigt's Gesch. Preussens VIII, 131—134.

Nicolaus episcopus seruus seruorum dei ad futuram rei memoriam: Inter cetera quibus ex suscepti regiminis onere uigilantius intendere nos conuenit hoc summopere cupimus nostris efficere temporibus quod fides catholica uedum ab infidelibus et eius tueatur inimicis, sed etiam auctore domino votiuis iugiter proficiat incrementis. Sane pro parte dilectorum filiorum Conradi de Erlichshausen Magistri et fratrum Hospitalis beate Marie Theotonicorum Jerlmitan. nobis nuper exhibita petitio continebat quod alias generale Concilium quod tunc in Ciuitate Basiliensi celebrabatur siue presidentes inibi omnibus et singulis utriusque sexus germanice nationis personis que pro usu et reductione Grecorum et Ruthenorum ad fidem huiusmodi ac tuitione et defensione illius manus adiutrices porrigerent quasdam sub certa forma indulgentias concesserunt etiam desuper expeditis litteris necnon obtentu indulgentiarum huiusmodi plures fuerunt in partibus Alamanie pro premissis usu et reductione collecte pecunie. Cum autem sicut eadem petitio subiungebat, in Terris et dominijs Magistro et fratribus predictis subiectis, et presertim in Prussie et Liuonie partibus adhuc modica restet, pro eisdem usu et reductione recolligenda pecunia, huiusmodi quoque pecunia pro commodo et defensione fidei huiusmodi deputata atque collecta existat, pro parte eorundem Magistri et fratrum asserentium quod ipsis in partibus illis contra fideles[1]) et eiusdem fidei impugnatores gladius extat commissus, quodque ipsos contra eosdem infideles et impugnatores qui partes predictas frequentius potenter et periculosissime inuadere solent plerumque pugnare oportet et quod ipsi urgente necessitate magnam partem collecte pecunie huiusmodi contra ipsius hostes et inimicos fidei exposuerunt ac nisi pecunia predicta pro tuitione et defensione fidei huiusmodi conuerteretur populus partium earundem pro tali usu nullum deinceps proculdubio subsidium ministraret nobis fuit humiliter supplicatum ut tam collectam quam colligendam pecuniam huiusmodi pro tuitione ac defensione predictis eis donare concedere et assignare ac alias super hijs oportune prouidere de benignitate apostolica dignaremur. Nos igitur ex premissis et alijs nobis expositis causis moti huiusmodi supplicationibus inclinati Tertia parte restantis ultra exposita ut premittitur per dictos Magistrum et fratres ac colligende pecunie huiusmodi quam per eosdem Magistrum et fratres Camere apostolice in subsidium Vngarorum contra Theucros (sic) assignari uolumus salua reliquas duas partes tam collecte et restantis quam colligende pecunie huiusmodi prefatis Magistro et fratribus pro usu et defensione fide eiusdem duntaxat, ita quod ipsi dictas duas partes pro premissis usu et defensione alicuius etiam super hoc licentia minime requisita uel obtenta libere ac licite exponere conuertereque possint auctoritate apostolica concedimus donamus assignamus et appropriamus, decernentes quoscunque processus quasvis etiam excommunicationis ac alias sententias censuras et penas

1) leg. infideles.

continentes contra ipsos Magistrum et fratres occasione pecunie huiusmodi forsitan habitos et quos haberi et promulgari contigerit nullius prorsus subsistere firmitatis. Non obstantibus premissis, quodque dilectus filius Conradus de Heinsperg qui se gerit pro Nobili se ad colligendum pecunias predictas a presidentibus supradictis habere potestatem pretendat ceterisque contrarijs quibuscunque Nulli ergo omnino hominum liceat hanc paginam nostre uoluntatis concessionis donationis assignationis appropriationis et constitutionis infringere uel ei ausu temerario contraire. Si quis autem hoc attemptare presumpserit indignationem omnipotentis dei et beatorum Petri et Pauli Apostolorum eius se nouerit incursurum Datum Rome apud Sanctumpetrum Anno Incarnationis dominice Millesimoquadringentesimoquadragesimooctauo Quinto Kl. Septembr. Pontificatus nostri Anno Secundo.

Pe. de Noxeto. de curia.

S. de Spada.

№ CCXLVIII.

Einiger lithauischen Vornehmen Brief an den rigischen Rath zur Nachricht, was sie zur Herstellung des Handelsfriedens mit den Polozkern, Smolenskern und Witepskern gethan. d. d. Wilna, am Donnerstag ....

Pap. Orig. mit einem in grün Wachs aufgedruckten, aber nicht mehr deutlich zu erkennenden Siegel im äussern rig. RA.

Fruntlicho grus zcuuoro mit vormoge allis gutten Ersamen vnd vorsichtigen lieben vrunden ewirn breff habe wir wol vornomen dy ir vns iczendir gesant habit wy das ir etlichir mosze in czwe tracht seit mit vnsirn lewtin vnd nemelich mit den dreyn stetin als mit pollocczkon vnd mit smolinskon vnd viteffkon, nw liebn vrunden wy doch dy grosto hern des landis iczendir nicht eyn bennsch seyn ydoch liebn vrunden so hab ich doch besundirlicho geschrebn czu den vorumptigen drei stetin vnd das ir in vrede mit en wessin sollit vnd czyen czu en mit ewrn guttern alse noch dem als dy vorschrybunge eyne haldin vnd vns were leit das den dy vnssrn euch irnen leit tetin als wir doch hoffin das sy is vorth mir nicht thwn werdin ven wir czu geschrebn haben das sy mit vrede mit euch wessin sollin bas czu der czeit das vnser genediger herre der konig, em lande virth seyn vnd ap dar was czu clagen ymande virth habin der clage so virth alle ding slet werdin off bedin seitn vnd das varvt czu der willen It: ouch zo wisset liebn vrunden das wir den stetin harth vorbotin habin das sy mit euch mit vrede sollin seyn bas vff dy czeit vnd ven sy czu euch och komen das sy och vngehuirt von euch bleibin nicht me czu desser czeit Gegebn czu der willen am dornstage.

Von mir Sindziwoig Starost zu Cawen vnd hir Dogssis vnd herre Jwske Crottolthowicz vnd her Chunke Sudwilowicz vnd herre wassagal.

In dorso: Den vorsigtigen Borgermeistir vnd Ratmanen sampt mit ganczen gemeyne der Stat czu Rige vnsirn gutten vrunden kome desser briff.

№ CCXLIX.

Die Polozker melden dem rigischen Rathe, dass die ansteckende Krankheit (welche zu Riga geherrscht) sich auch bei ihnen an Leuten, die aus Riga gekommen, gezeigt habe, aber nunmehr vorüber sei, daher der freie Verkehr wieder beginnen möge, d. d. Polozk, am 12. Jan. 6973 (1465). (1465)

Pap. Orig. mit Siegelspur im äussern rig. RA. Die Indiction ist im Datum als XII angegeben, war aber für das Septemberjahr 6973 eigentlich XIII.

Отъ мѣщанъ Полоцкихъ и отъ всего посполства Полоцкого мѣста тымъ почестливымъ сусѣдомъ нашимъ | и приятелемъ честнымъ и милымъ, пану буръмистру и радцамъ и всѣмъ мѣщаномъ Ризкого мѣста || поклонъ приятельскыи. А такожь здесь появилося было повѣтрие на люди, на тыхъ, которыи | у васъ у Ризе были корчмики и таглеци, ино иныи на дорозе помѣрли, а иныи, которыи у городъ пришли, ино и на тыхъ было. А нынѣ уже, далъ Богъ, тое повѣтрие унялося отъ Божья нароженья, и до сихъ мѣстъ у насъ того нетъ; Богъ помиловалъ. Про тожь, што бы ваша милость нашихъ Полочанъ к собѣ пускали, бызмо промежь себе торговали, какъ прежь было и сусѣдство и приязнь мѣли. А писана у Полоцку в лѣто ,ѕцог, индикта ві, мѣсяца Генваря ві день.

In dorso: Тымъ почестливымъ сусѣдомъ нашимъ честнымъ и милымъ, пану буръмистру и радцамъ и всѣмъ мѣщаномъ Ризкого мѣста, приятелемъ нашимъ.

№ CCL.

Des polozkischen Statthalters Olechnow und der ganzen Gemeine der Stadt Polozk Schreiben an den rigischen Rath zur wiederholten Versicherung, dass die Krankheit in Polozk aufgehört habe und jeder Verkehr wieder frei sein möge, d. d. Polozk, am 17. Febr. (o. J., aber wohl 1465). (1465)

Pap. Orig. mit geringen Ueberresten des in weiss Wachs aufgedrückten Siegels im äuss. rig. RA. Olechna kommt schon 1460 (s. Акты относящ. къ истор. Западн. Россіи, I, 79) als Statthalter von Polozk vor.

Отъ пана Олехнова, намѣстника Полоцкого Михала, и отъ мѣщанъ Полоцкихъ || и отъ всего посполства Полоцкого мѣста, сусѣдомъ и приятелемъ на||шимъ, пану буръмистру и воитомъ и радцамъ и всѣмъ ратманомъ Ризкого | мѣста поклонъ. Што есмо прежь сего до ваше милости писали о здешнемъ положеньи и о повѣтрии, штожь милость Божья уже сталася на люди, тое повѣтрие утихло, и ваша милость тыи листы видѣли, а тыхъ часовъ, хвала[1]) милостивому Богу, уже того повѣтрия в насъ нигдѣ не слышати, и лихоти. А ваше милости слуга здесь былъ, и онъ слышалъ и видѣлъ, и онъ ваше милости отповѣдаетъ, про тожь, што бы ваша милость такъ нашихъ Полочанъ пропускали доброволно: не заняли бы каждому волно

1) Im Orig. хва.

ехати, кому до кого дѣло будеть; а своимъ Рижаномъ, кому надобѣ до Полоцка ездити, какъ и прежь сего было, быхмо[2]) промежь себѣ куплю мѣли, не хаи бы уже доброволно ездили. А псава в Полоцку. Февраля 3i день.

In dorso: Сусѣдомъ и приятелемъ нашимъ милымъ пану бурьмистру и войтомъ и радцамъ и всѣмъ ратманомъ Рижкаго мѣста.

2) Im Orig. бых und х als Abkürzung über der Zeile.

№ CCLI.

1466 Der Rath von Riga setzt dem Hauptmann von Polozk, Ollochne Sudomuntowitz, die Verhältnisse des Verkehrs zwischen Rigensern und Polozkern auseinander und ersucht ihn, sich dafür zu interessiren, dass mehr Sicherheit in dieselben kommen und besonders die letzten Zerwürfnisse (seit 1461) beseitigt werden möchten, d. d. Donnerstag vor Mariae Heimsuchung (26. Jun.) 1466.

Concept oder gleichzeitige Abschrift im äussern rig. RA., wo auch noch ebendergleichen von sechs gleichlautenden Briefen an andere lithauische Hauptleute liegen, als

1) an «Hern Rodewylen Asckewitzen Houetmann to Tracken»,
2) an «Hern Mordesse Houetmann tho Kauwen»;
3) an «Hern Micheel Kenesgall Houetmann vnde wogewode tor Wylle vnde Kenczeller des Grotfurstendomes in lettouwen»;
4) an «Hern Bohadan Zadreyewicz in Brasslauw Capitaneo vnde Houetmann»;
5) an «Hern Nicolaus nymerowitz Houetmann to Vytenbeke»,
6) an «Hern Iwaske Wesewitz Houetmann to Smollensske».

Vnsen bereden guden willen in allir behechlicheit alle vnses vormogens fruntlike derbedinghe touorn Grotmechtige Erbare Strenge leue here houetman besunder holde vrundt vnde guner alse wij denn Juwer Erbarheit vnlangest er van den polosskouweren Juwen vndersaten aller zaken gelegenheit wo zee to vns hebben by her hermen van Sunderen vnses Radessmedecumpan entboden, alle geschreuen hebben vnde Juwe herlicheit vns dar ok wedder vpp hefft geschreuen vnde alse zee denn ere sendeboden hir hadden gesandt an vnsen gnedigen heren Ertzbisschopp der hilgen kerken to Rijge, de vns do ok to sik vorbodeden, dar wij vnse Boden entegen gesandt hebben to kokenhusen dar zee vele dedinge gehat hebben vndermalk anderen van den zaken in Jegenwardicheit vnses heren van Rijghe vnde hebben dar nicht van konen maken darumme dat de polosskouwere eren schaden hoech rekeden den wij en betalen solden alse van den strusen dat ere lude nu intvoriar hir to vns quemen vnde mosten mit den strusen leddigh wedder upuaren, welke strusen doch vnse kopplude gewunnen hadden, vnde hadden den sturluden en part ere vulle gelt dar upp gegeuen, en part de helffte, en part ok mer ok myn dar upp entfangen hebben des de vnsere moten missen vnde groten schaden hebben vnde bouen dat wij vnde de vnsere noch erer vele groteren schaden gehat hebben in velen dinghen de wij nu nicht schrifftliken vortellen konen des zee vns in velen articulen tegen dat priuilegium vorkortet hebben etc. des so zin de suluigen polosskouwesschen sendeboden dar na van vnsem gnedigen heren Ertzbisschopp hir to vns in vnse Stadt gekomen vnde hebben ock mit vns darumme gesproken vnde wij konden ock nicht mit en ouereynkomen aldarumme dat zee eren schaden hoech rekeden van den strusen dat de leddigh van hiir wedder uppuaren weren so bonenschreuen is vnde dar na so sin de suluigen sendeboden ok mit etzwelken Erwerdigen heren des Ordens alse den heren Cumpthur to dunemunde vnde andere heren hir to Slote van beuele wegen des Erwerdigen Grotmogenden heren heren meisters to Liifflande vnde mit etzwelken der vnseren vmme dusser zake willen tor handelinghe gekomen Aldus deun Erbare Strenge leue her houetman vnde leue nabur na dem wij mit den polosskouwesschen sendeboden hiir to nenen dingen komen enkonden vnde wij vns doch in velen punten vorbeden hebben vnde vpp dat men vnsen guden willen vnde meninge dar hu erkenne dat wij nicht anders dann leue endracht vnde vrede begeren so hebbe wij den suluigen Boden also hir gesecht dat priuilegium dat de here wytolde vnde de here meister Conradt vytingkhoff in tiden zeliger gedechtnisse wandages gemaket vnd vorsegelt hebben vnde dat ok de durchluchtigeste hochgeborne ffurste vnde here here Kasimir konigk to polen etc. upp dat nye vornyet gegeuen vnde vorsegelt hefft. dat hebben wij in allir mathe stede vast vnuorbroken geholden vnde willen dat ock noch holden, dar upp so mogen alle de polosskouwer eres liues vnde gudes vrij seker vnde velich to vns in vnse stadt aff vnd an komen vnde ere kopenschopp hiir don mer de vnsen de en doren nicht wedder to en komen et zij deun dat wij vnde de vnser van erer herschopp beth vorsekert vnde anders vorwisset werden mit vorsegelinge wente wij nenen geloueu mer vpp zee setten gedencken in dem dat zee dat priuilegium vakene gebroken hebben vnde de vnsere mannichualdigen sere vorkortet wente zee eres synnes vnde modes so ouerdadigh sin alse wij vornemen dat se erer heren noch erer vorsegelinge nicht sere grot enachten Dyt is Erbare her houetman vnde leue nabur dat rechte affschedent der polosskouwesschen sendeboden in der warheit van vns mogen wij leue her houetman vor vns vnd de vnse vaste vorsekeringe hebben van eren heren dat de vnsere ock eres lyues vnd gudes seker vrij vnde velich mogen to en aff vnde an reisen vnde vorkeren sunder vare so mogen de vnsere denn wedder to en to polosskouw komen des wij Juwer Erbaren herlicheit demodigen so wij vlitigest sullen vnde mogen fruntliken bidden vns by dussem vnsem boden en gutlik schrifftlik antwordt desshaluen willen wedder benalen De wij gode dem almechtigen in Luckzeliger wolffart lange gesundt beuelen schreuen vnder vnsem Secret am donnerdage negest vor visitacionis marie virginis Anno domini etc. Im LXVI^ten.

Borgermeistere vnde Raedmann der Stadt Rijge.

In dorso: Dem Grotmechtigen Erbaren vnde Strengen Rytter heren Ollochne Sudomuntowitz Houetmann to Polosskouw vnsem besundern gudem vrunde vnde nabur mit Erbarheit.

№ CCLII.

EB. Siluester meldet dem rigischen Rath die aus Polozk erhaltene Nachricht von der nächst bevorstehenden Ankunft der Boten von dort und fordert ihn auf, schleunigst zu ihm zu kommen, d. d. Kokenhusen, Freitags vor Margarethen (11. Jul.) 1466. 1466

Das papierne Original mit dem in roth Wachs aufgedrückten kleinern Siegel des EB. im äussern rig. RA.

Siluester van godes vnd des Romisschen stols gnaden der hilligen kercken to Rige Ertzbisschopp.

Mit frundschopp vnd leue mit meeringe alles guden Ersamen vorsichtigen vnd wolwisen besundern leuen vnd getruwen yn datum dusses breues is to vns gekomen eyn schriuer van plosskow de nu negest ok by vns wass vnd heuet vns gebracht eres Houetmannes von plosskow breeff den wy Juw hir Inne vorsloten senden Desuluighe bade heuet vns gesecht, dat he am negesten mondage vorgangen van plosskow getzogen iss vnd de andern baden de von dar to vns komen sollen am middeweken vorgangen von dar getogen sy vnd vormodet sick wol dat see am mondage negest komen alhir to Cokenhusen by vns syn werden Vns duchte wol geraden alse wy Juw ok eergestern schreuen dat gy yo eer yo beter to vns qwemet vpp dat wy de saken tom ersten mit Juw mochten handelen vnd ouersprekeu Juwer willen schriuet vns dorch dach vnd nacht zunder zumen Gegeben to Cokenhusen am vridage vor margarethe virginis Im etc. LXVI[ten].

In dorso: Den Ersamen Vorsichtigen vnd Wolwisen mann Oversten vogede borgermeister vnd Radmann vnser Stad Rige Onsen leuen vnd getruwen dorch dach vnd nacht ernste macht is Hiran ane zumen.

Gegan von Cokenhusen am vridage vor margarethe virginis na middage hora I.

Gekomen vnn gegangen van leneworden des Sonnauendes vor margarete hora V[ta] vor myddage.

Gekomen vnd gegangen van Ixkul des sonnauendes vor margarethe hora octaua ante meridiem.

№ CCLIII.

1466 Die rigischen Rathssendeboten zu Kokenhusen geben dem rigischen Rathe Bericht von den vor EB. Silvester mit den Polozkern geführten Verhandlungen und bitten um weitere Verhaltungsmaasregeln, d. d. Kokenhusen, Sonnabend vor St. Maria Magdalena (19. Jul.) 1466.

Das papierne Original mit einem in grün Wachs unter einer Papierscheibe aufgedrückten Siegel, in dessen Umschrift man noch deutlich den Namen Saltrump (des rigischen Bürgermeisters und Hauptdelegirten, auch wahrscheinlich Schreibers dieses Briefes) erkennen kann, im äussern rig. RA.

Vnsen vruntliken grot vnd vormoge alles guden to voren Ersamen leuen heren und guden vrunde Ju geleue to weten dat de russeschen boden hir quemen ov am donredages auende aldus houe wij vnse sake en vrijdages morgen an vnde ov ok alle desse morgen der russen vorgeuent is dit dorch vele reden dat de ere hebben gesproken worde dar se noch nemande mede geslagen hebben u. de ere worden met vns geslagen gestot vnde de barde aff gesneden vnde ov ere guder genomen sint vnde ov ere strusen leddich vpp gevaren sit des se groten swaren schaden hebben vnde willen dat wij en eren schaden scholen beleggen wente wij de priuelegia vitoldes gebroken hebben dar wij to antwort hebben mit veler insprôke se hebben vns entsecht vnde hebben vns in velen saken wedder de vorschryuinge vitoldes vorkortet des wij hundert worff mer schaden hebben dan se in der warheit vorbringen konen dar se vaste vele bret u. lank vp geantwordet hebben des wij al nen tijt hebben Ju to schriuen vpper laste dar vnse here nenen wech mit en vt komen kunde vnde wij vns nergen in geuen wolden do sprak vnse here Ju here de houetman de heft vns geschreuen dat beste in dussen zaken to donde dat desse twist tusschen Ju vnde de vnseren mochte hen gelecht werden vnde begert van vns en schriftlik antwort wes wij dar gudes in don sus leuen vrunde wil ghij de zake nicht by vns setten wat sole wij dan nv Juwen heren dem houetman schriuen dar vp wisede se de here vth se solden sick bespreken do qwemen se wedder in vnde spreken dat priuelegium vitoldes dat wil wij holden se mogten to vns komen vrij velich eres lyues u. gudes aff u. an dar gelik de vnse to In mogten vrij velich komen aff u. an na inholde der vorschriuinge vnde de gene de schadin hebben van den vnsen dat ghij en willen recht geuen to Rijghe van den genen dar se den schaden van manen so wol van den strusen als van den guderen hebben de Juwe schade weddervmme de magk komen to ploskowe vor den houetman u. vor vnses rechtes wylle wy en nicht weygeren hir bleuen se met korte vp vnde wolden dar nicht van treden do wisede se min here vth vnd vragede vns wat wij dar tho seden dar wij to antworden wij dachten en nenen schaden to geuen wij haddent to hundert male mer schaden dan se hadden dar do min here to sede Ick rade Ju nicht dat ghij de zake also stan laten wente hir vele bitterheit van entstan mochte off ghij em also deden dat ghij köre twe vth eren lande vnde se twe vth dessen lande dat de veir erkenden wel den anderen schaden plege wer na dem male dat sij de entseggiinge gedan hebben dar vp ghij ere gudere getöuet hebben jo doch nicht an getastet hebben edder genomen hebben edder off men de zake sette an eren heren den koning to polen vnde an vnsen dit heft vns vnse here vorgeuen vnder des vortreckede sick de tijt vnd vorolde de zake vns dunket wert de zake hir nicht hen gelecht so werden de boden wedder vmme tende na ploskou wes ghij Ju hir Inne geleuet dar moge ghij vns en antwort wedder van beualen dat moste wij Jo wedder krijgen enn mandage des morgens to IIII vren Duchten geraden dat men dat laste neme vnde settede dat an den heren den koning to polen u. an vnsen heren wanner komen de to samen hir weten de russen noch nicht van ok wete wij nicht off se et dar to laten willen edder nicht schriuet vns Juwen willen dar wille wij na don vnde besynnet Ju al euen hir vp wes vor vnse stat is dat wij vns des hir nest nicht doruen beclagen hir mede sit gode beuolen gebeydet ouer vns vnde spodet dessen boden vort wente vnse here vele manschopp by sick heuet vmme desser zake willen vnde ok de russen u. wij vp mynes heren koste liggen dat eme to swar wart geschriuen to kokenhusen des sonnauendes vor sunte marien magdalenen dage anno etc. LXVI.

leuen heren nemet dit beth to synnen dan wij Ju schriuen konen wente de tijt vns to kort volt

Rades sendeboden van Rijge
nv tor tijt to kokenhusen.

In dorso: Den Ersamen vorsichtigen mannen heren borgermesteren vnd Rathmannen der stat Rijge ane alle zumen

gegangen van kokenhusen des sonnauendes vor maria magdalena na middages hora prima.

№ CCLIV.

1466 EB. Silvester von Riga stellt dem wilnaschen B. Nicolaus und den Mitgliedern des Rathes des Grossfürstenthums Litbauen die zwischen den Polozkern und Rigensern obschwebende Streitsache, so wie seine Bemühungen und Erfolge zur Beilegung derselben dar und ersucht sie um grössere und bündigere Versicherung für die Rigenser bei ihrem Verkehre in Polozk. D. D. Uexküll, am Mittewochen oder am 4. Tage vor Mariae Geburt (3. oder 4. Sept.) 1466.

Papiernes Original mit dem in roth Wachs unter einer Papierscheibe aufgedrückten Siegel des EB. in dem äussern rig. RA., wo sich noch folgende, mutatis mutandis gleichlautende Schreiben des EB. an einzelne Mitglieder des lithauischen Rathes befinden, als:

a) eröffnet:

1) domino Nicolao ecclesie vilnensis Episcopo;
2) domino Hohadan Zudreyewytcz yn bresslaw capitaneo;
3) domino Stanislao mordaesch yn Kaunen capitaneo;

b) noch unentsiegelt:

4) Domino Olechno de Chozowa Subpincerne Serenissimi domini regis polonie etc. tenutario polocensi;
5) domino Raddywill asstikewytcz in Tracken capitaneo;
6) domino Michaeli Kynsegall vilnensi Capitaneo;
7) domino Nicolao nymerewacz yn vitenbeke Capitaneo;
8) domino Iwaske wesewyz in Smollenske capitaneo.

Diese Briefe scheinen vom EB. der Stadt Riga zur Beförderung zugesandt, aber nicht an ihre Addressen gelangt zu sein.

Reuerende dignissime pater fautor Colendissime, Generosi, Magnifici ac Nobiles domini fautoresque prestantissimi. Post Sincerissimam recommendacionem persone et ecclesie nostris Orationes in domino in osculo sancto. Nunc vernali currenti anno tempore inter Serenissimi et graciosissimi domini nostri Regis polonie et ducis magniducatus lituanie etc. Ciuitatem plosskouiensem et nostram dilectam et gratissimam Ciuitatem Rigensem differencie hostiles sunt exorte propter vocalem et literalem maiorum baronum mercatorum et communitatis eiusdem diffidacionem horribilitate inconsuetam prout in litteris fidelium nostrorum Aduocati Burgimagistrorum et consulatus Ciuitatis nostre Rigensis plenius continetur Volentes ut tenemur huiusmodi differencias radicitus conculcare exterminare et tranquillitatis pacem inter huiusmodi partes procurare prout utilitati reipublice dinoscebatur conuenire Ambabus partibus in Castro nostro Cokenhusen nobis accersitis quantum potuimus diligencius studium imposuimus Ita ut ambe partes iuxta mutuas inscriptiones per quosdam memorie felicis wittoldi magniducis et magistri ordinis theotonicorum per liuoniam Conradi de vitinghouen dicti tunc in temporalibus vicarii ecclesie Rigensis inite conscripte et consigillate in conscripta tranquillitate pace et concordia conuersaciones mercatorias inter se solito more exercerent quod propter ambarum parcium dampnificacionem allegancium nequiuimus adimplere Tandem fideles ecclesie nostre Rigensis induximus qui maiora dampna perpessa allegarunt ut nostro starent arbitrio Et a plosskouiensibus idem petebamus Intendebamus dampnum pro dampno recompensare Plosskouienses ad Serenissimum princi-

pem et graciosissimum dominum regem dominum nostrum kazimirum distulerunt Expensis parcendis laboribus et fatigiis suasimus partibus ut a preconcepto tali animos reuocarent mutuam caritatem conuersacionem et commercia continuando Sicque ad hoc inter eos est conuentum ut plosskouienses pacifice et quiete Rigam valeant visitare et redire pro mercibus exercendis Sed gratissima nostra Rigensis ciuitas pollicitacionibus plosskouiensium non sunt contenti Eo quod verbaliter et literaliter ipsis diffidarunt volentes caucius securari a paternitate et dominacionibus vestris ac de consilio consulatus incliti magniducatus lituanie Quare Dulcissime et Reuerende pater Generosi et magnifici Domini fautoresque prestantissimi Dominaciones vestras dignissimas quantum dulcius ymmo singularius possimus rogitamus quatenus de consulatu magniducatus velitis paternali ac modo fauorabili de differenciali dicta materia conferre Et nos ymmo uerius nostram dilectam et gratissimam Ciuitatem Rigensem fiducialius securare An non obstante tali diffidacione secure pacifice et quiete Ciuitatem plosskouiensem more solito mercimoniis suis iuxta inscriptiones et concordata superius memorata valeant visitare, more solito ibidem morare et conuersare In quo reipublice comodum. terrarum utilitatem. et mutuam bonitatem accrescenciam procurabunt indubie Paternitas magnificencie et dominaciones vestre benignissime Quas pater benignissimus celi et terre dominus ad feliciora tempora et annos multos pacifice et quiete dignetur conseruare Nunccio presenti responsum fauorosum a vestris petimus dominacionibus Datum in Castro nostro Ixkull feria quarta ante festum Natiuitatis marie Anno domini millesimoquadringentesimosexagesimosexto.

Siluester Miseracione diuina ac Apostolice Sedis gracia sancte Rigensis ecclesie Archiepiscopus.

In dorso: Reuerendo dignissimo In xpo. Patrumque colendissimo domino Nicolao ecclesie Vilnensis Episcopo ac Generosis Magnificis proceribus et Nobilibus viris et Dominis incliti magniducatus lituanie Consulatui Dominis et fautoribus nostris prestantissimis.

№ CCLV.

Kasimir's, erwählten Königs von Polen und Grossfürsten von Lithauen, Handelsvertrag 1467
zwischen Polozk und Riga. D. D. Wilna, am Tage der Kreuz-Erfindung (3. Mai) 1467.

Das Original dieser Urkunde scheint verloren gegangen zu sein; nach einer beglaubigten Copie einer alten Uebersetzung findet man sie bei Brotze, Syll. II, 77 (Vgl. Index № 3431) und in einer eben solchen auch lateinisch im äussern rig. RA. Wir geben hier beide Texte nebeneinander, mit der Bemerkung, dass dieser Handelsvertrag nur eine Wiederholung der zu Copussa 1406 von Grossfürst Witold getroffenen Handelseinigung (S. oben № CLV, p. 124 und № CLXIV, p. 129) ist, woraus sich die Erwähnung des OM. Conrad von Vitinghof (reg. 1401—1413) erklärt.

Casimirus Dei gracia Electus Rex Magnus Dux Lithuanie etc. Notum facimus omnibus et singulis haec lecturis uel uisuris, Quasdam inter Ciuitatem nostram Polotzk ex una et ciuitatem Rigensem ex altera parte coortas dissensiones hisce qui sequuntur modis fuisse a nobis sopitas, confecta inter utramque ciuitatem amicabili trans-

Kasimir von Gottes gnaden Erwelt Koning des Reichs zu Polen vnd Grosfurste zu Littawen vnd Reussen etc. Wir thun zu wissen vnd bekennen effentlichen In diesem Brieue, Allen den en sehen oder horen lesen, Das wir zwisschen der vnsen Stadt Polotzk in einer Seite vnd der Stadt Rige an der andern Seiten die vmb etliche

actione. Ciues Rigenses Polotzkum et e diverso Clues Polotzenses Rigam libere sine ullo impedimento commeabunt, nemine excluso, atque utrobique libere negociabuntur ita tamen ut minutiora quaedam utrisque utrobique prohibita sint, de quibus illis liberum sit inter se statuere. Vtrisque item hac et illac tutum et minus impeditis tam in flumine quam terra iter praestetur. Plane quod si nos uel posteri nostri domini Polotzenses, in Polotsko, uel Rigenses Rigae stabile forum instituant, illud utrinque seruabitur. In primis vero utrisque patrii mores et leges seruentur, ita ut si ciuis Polotzensis Rigae et Rigensis Polotzki delinquat, ille Polotzkum, hic uero Rigam sit mittendus et secundum iura illius ciuitatis sit plectendus. Sal eodem, quo cera libramine ponderabitur Polotzki, Sed Pondo librarum uiginti dimidia libra ibidem grauius esto quam est Rigae. Sed Rigenses primum iam libraria instrumenta cum ponderibus Polotzkum suo sumptu mittent. Eadem tamen in posterum uel forte attrita uel rupta Polotzenses suo sumptu Rigam rursus mittent Et refici curabunt. Libra uero qua argentum ponderatur uno Slotniki Rigae grauius sit quam est Polotzki. Librarii uero iam et quoties opus fuerit osculo crucis promittent sese iuste et recte libraturos, paululum etiam in librandi opere retro cedent, manibus a libra reductis. Merces uero librario debita, eadem utrobique esto. Quod si dissidia et contentiones inter ciuem Polotzensem et Rigensem oriantur ille ipse principalis cum quo res agitur non illius causa alij molestentur. Quod si etiam inter nos et Reuerendissimum D. Conradum Vitinghoff Teutonici ordinis Magistrum et utriusque successores et posteros bellum et contentio oriatur Mercatoribus utrisque memoratis illud fraudi non sit neque quicquam uitae uel fortunis ipsorum officiet: Sed liber utrisque commerciorum usus tuta etiam hinc inde itinera, pro cuiusque necessitate, permittantur Hanc igitur amicabilem transactionem, ut perpetua et illibata seruetur, appenso nostro sigillo communiendam duximus. Datum Anno Christi

sachen vnnd Zwitracht vnter sich gehat haben, Sulche frundtliche einnige gesatzt vnd gemachet haben, Als hie stett nachgeschrieben von ersten das die Polotzkower keim Rige vnd die Riger kegen Polotzko frey Vngehindert megen geben, Irer keinen aussgenommen, Vnd daselbenst frey kauffen vnd verkauffen, also doch das die Polotzkower zu Rige vndt die Riger zu Polotzko keinerley kleine Kauffenschafft die Phluking heisset haben sollen vber das als die Polotzkower zu Polotzko vnd die Riger zu Rige setzen vnd machen werdenn, Oder wie sie darumb mitheinander eins kennen werden, Auch mugen die Polotzkower fur Rige Ins landt Vnd die Riger weder vor Polotzko in vnse Landt, wo sie willen von beidenn seiten frey ziehen, Vber Wasser vnd Vber Landt, Es sey danne das wir oder Vnse nachkomlingen hern zu Polotzk oder die Riger zu Rige eine Niderlage machen werden, Die soll man holden beidenthalben, Als sie gemacht wordenn, Sunderlichen sollen die Polotzkower vnd die Riger sich vndereinander beschermen vorhegen vnd befredenn gleich sich selber in ehren Steten vnd wer en, das einiger Kauffman von Polotzk zu Rige breche, den soll man kegn Polotzk senden, Vnd da nach dem rechte richten, breche auch einger Dutscher Kauffman zu Polotzk Den soll man kegm Riga senden, vnd dort nach eine Rigeschem rechte richten, Vortmer so soll man zu Polotzko das Saltz wegen Vff den Schalen mith derselben gewichten vnd Loten, als man das Wachs wiget daselbenst Vnd das gewichte zu Polotzk soll an dem Schifpunde eines halben Liuischen Pundes schwerer sein dan zu Rige, Vnd darumb so schal die Stat zu Rige In das erste vff ihre Koste beide Schalen Vnd Lote zu Polotzko schicken vnd senden, Wenn aber die Lote Im zukomenden Zeiten vorschliessen zu gering worden zubrechen oder anders gebrechlich worden, so sollen die Polotzkower sie zu Riga senden vff Ire Koste vnd Zerung nach den Alten laten wieder machen vnd bessern lassen, das Silbergewichte soll an einem stucke Silbers eines halben Solot-

saluatoris Millesimo quadriagentesimo et sexagesimo septimo. Vilnae in die inuentionis sanctae crucis.

Marcus Burmeisterus
von Hamburg.

Quod praesens copia originali cui appensum est sigillum de uerbo ad uerbum consonet, testor ego praememoratus Notarius hac mea manus subscriptione.

niken swerer sein zu Rige den zu Polotzko, Vnd die Weger sollen nu vnde also offte das Not wird das Crutze daruff Kussen, das sie recht wegen sollen einen als dem Andern zu beiden seiten, vnd die Weger sollen zu Rucke staen vnd die Hende abziehen von den Schalen, wan sie wegen, wiefil der Deutsche Kauffman zu Polotzko vor Wegelon gibt, das sollenn die Polotzkower zu Rige auch zu Wagelon geben. Auch weres das engerley Zweytracht oder Schelunge vmme eingerley ding zwisschen Imanden van beiden Seiten vfstunden, so schal sich sachwaldiger[1]) an seinen sachwaldigen halten, vnd niemandt sunst anders schall sich dar in werrin oder darumb gehindert werden. Vortmer wers das engerlej Zweitracht Krieg oder schelung worde zwisschen Vns vnd dem Erwirdigem hern Conrad van Vitinghoff Meister Dutsches Ordens zu Lifflande nachkomlingen, Landen oder Vndersassen zu beiten seiten, Damete sol der Kauffman vnuorworren bleiben, Vnd der Kauffman von beiden seiten soll leibs vnd gutes sicher sein Vnd in friede bleiben Vnbeschediget, also das ehr sein gudt sol vnd mag furen vnd bringen Wo vnd[2]) er will, Vnd soll selber reiten fahren oder gehn Wo Im das dorft vndt Nodt wirdt, aene alle Vfhaltung vnd Hindernisse is sein an Wegen oder in steten vff Wasser oder vff Lande, darumb das die freundtliche einung also vorgeschreuen steht mit beider parten Willen vor vns gemachet stette vnd vnuorrückt gehalten werde Haben wir vnser Insiegell an düssen brieff lassen hangn Der geben ist nach Gottes geburt, Tausendt Vierhundert vnd in dem Siebendem vnd Sechtzigsten Jahr zu Wille in die invencionis sanctae Crucis.

M. Marcus Burmeisterus van Hamburch.

Das Jegenwarttige Copei dem wharen Originall, mit seinen angehangten Insiegell von wörtt zu wörtt gleichlautet, betzeug Ich vorgemelter Notarius mitt dieser meiner eigenhandschrifft vnd subscription.

1) Der im Streit Betheiligte.

2) Hier ist wohl ein Wort ausgefallen, viell. wenn

№ CCLVI.

1468 EB. Silvester von Riga schreibt dem Könige von Polen, Kazimir, Grossfursten von Lithauen, seine Ansichten und Vorschläge in Betreff der zwischen den Rigensern und den Polozkern obschwebenden Zwistsache, d. d. Schloss Ronneburg, Dienstag zu Pfingsten (7. Jun.) 1468.

Concept oder alte gleichzeitige Abschrift im äussern rig. RA.

Deme Allerdurchlauchtigsten hochgebornen Ffursten vnd Grossmechtigen heren, herren kazimiro koninge czu polan Grossffurste czu litauwen In Rewssen vnd prewssen herre vnd Erbeling vnserm besundern gnedigen gonstigen lieben hern beschirmer.

Mine demutige beuelunge myner person kirchen vnd vndersassen mit scholdigen getruwen dinste, vnd demudigem ynnigen gebete zcu gote Allerdorchluchster hochgeborner ffurste Grossmechtiger konigk myn gnedigester gunstiger lieber herre forderer vnd beschirmer Ick habe von etlichen ewer königliken maiestat vndersassen zcu ploskouw vnde Kouffmann euwer gnaden breff mit gantzer werdikeit als sik das mir czemet vnd geboret fruntlich entphangen In dem mir euwer koniglike maiestat hat schreiben lassen wij der clegeliken vorgebracht haben der selben ewer koniglichen gnaden vndersassen vnd kouffmann van polossko wij yn ere gutter vnd kowffenschatz werden uffgehalden vnd mit gewalt genomen in myner vnd myner kerchen stadt Rige Allergnedigester konig von steden da ich der selben euwer koniglichen maiestat brieff hate gelesen schreib ick zcu handt mit den selbigen boten der gedochten meyner vnd myner kerchen stadt Rige, dy denn ene Erbaren Sendeboten zcu mir schicketen vnde lissen mir der sachen gelegenheit vnderrichten. wij, wenne, worumme vnd zcu welcher czeit semlich geschichte gescheen werre vnd haben mir das alles jn schrifften oberantwordt do von sende ick euwer koniglichen hochgebornen guttikeit hir ynne eyne auesschrifft vorslossen Allergnedigester konig euwer koniglike maiestat erkennet wol uss der sachen vorloff vnd geschichte, wer in dessen sachen schold habe, betten euwer koniglichen gnaden vndersassen von plosskow den myneu zcu Rige nicht so swerre grobe vnde verliche botschafft vnd dreuwungen gethan, dy meynen hetten nach older gewonheit dy erren mit eren gutteren dy do itzunt geffracht woren gerne czihen lassen vnd hetten ken neuwes in den sachen gesucht oder getbon Euwer koniglike angeborne irluchtikeit kan wol erkennen noch deme das in myner vnd myner kerchen stadt Rige mancherleye lose volk von schippern bossmannen vnde schiffkinderen usz deutschen landen vnde mancherley yegendt den konig Rychen dennemarcken Sweden vnd norwegen etc. welche lose lewte in den krugen, wynhuseren, etc. tag vnd nacht leghen wil, So sulche trunkene lose lewte ouch enen anderen trunkenen losen man von ploskouw rowffiten odir slugen das ich vnd dy meynen keyne scholt dar ane hetten Sulden darumme zcu plosskouw meyner vnd meyner kerchen stadt Rige kyndern, vettern, magen vnd frunden vmme sotaner vnscholdiger sachen willen munde nasen vnd oren abegesneten werden, das sy das gerne vorbutten welden vnd lieber mit den guttern zcu Rige bleiben wen sich in sotane vare zcu setczen, meyne vnd meyner kerchen Stadt Rige lieben vnd getruwen haben sich allewege dor zcu dirboten vnd das ouch also gehalden wen euwer koniglichen gnaden vndersassen van polosskow wer der ouch sey gerowfft edder slagen worde mit en in meyner vnd meyner (kerchen) stadt Rige sy welden enem itzlichem gerne recht lassen weddirfaren vnde euwer koniglichen gnaden vndersassen van plosskow in aller masse vnd so vollenkomelichen beschutczen vnde beschirmen alse ire egene meteborgere vnd ywonere des landes zcu liffl͂andt mit erem rechte Idoch allergnedigster konig wij enen nu alles Bitterkeit iss entstanden czuwsschen den velegedachten euwer koniglikem gnaden vndersassen zcu plosskow vnd meyner vnd meyner kerchen Stadt Rige Euwer koniglike Irluchticheit welde sich der euweren von plosskow mechtigen, dessgelichen welde ich ouch thun den vnsern van Rige das sey von beyten telen entstandene bitterkeit abeteten, richten vnde halden sich noch der eyntracht vor schreibunge vnd onereynkomminge dy denne etwan zeliger herczog wytold vnd meister vytinghoff uff dy czeit eyn vicarius des stichtes zcu Rige gemachet vorschreben vnde vorsegelt haben dy ouch dar nach selbest euwer kouiglike angeborne gutikeit den meynen vnd meyner kerchen stadt Rige vorschreben vnd vorsegelt hat dy vnsen solden sich dor nach richten das euwer koniglike gnade ouch bestelle mit den von plosskow euwer koniglikem gnaden vndersassen das dy dergelichen thun das keyn del dem anderen seyne guttere restere besetcze odir beschatcze hindere adir schade an leybe adir gute thu vnde das euwer koniglike gnade ernstlichen mit den von plosskouw wolde schaffen vnd bestellen, der gleichen welden wir wedir vmme thun mit meyner vnde meyner kercheu Stadt Rige lieben vnde getruwen so das en itzlich deil moge zcu dem anderen velich vnde sicher mit eren lieben kowffenschatczen vnde gutteren abe vnd zcu czyben ere kowffenschatcz betreiben vnder eynander in aller masse alse das vorschreben is vnde von alders geborlicheit gehalden Ich sey wol vnderrichtet das euwer koniglikem gnaden vndersassen von plosskow nicht so groten schaden solden entphangen haben alse ze euwer koniglikem gnaden vnde anderen villichte vorgebracht haben Wen meyne vnde meyner kerchen stadt Rige Lieben vnde getruwen beclagen sick das sey czu male veil grosseren schaden manchueldiger vnde genoch van den van plosskow geleden haben vnd noch tagelich leiden alse euwer koniglike gnade wol erkennen kan, Meyne vnd meyner kerchen stadt Rige lieben vnd getruwen haben itzunt wol czwey Jar stille gelegen vnde haben nicht euwer koniglikem gnaden alse der plosskouwere vnde ander landt torren besuchen vmme sulcher drouwunge vnde entsagunge willen vnde haben ok sust andere veile vorczeiten schaden von den von plosskow entfangen vnd geleden das sy bisher alles meteleidunge hetten gehat vnd das allewege is gescheen wedir dy eintracht vnde vorschreibunge bobenberurt, Meynen yo euwer koniglikem maiestat vndersassen von plosskow sotanen schaden zcu fordern den sy menen geleden haben das en dy strouwseu nicht geladen worden van den deutschen kowffluthen Euwer koniglike durchluchtikeit geruche dy sachen uffczuschiben also lange das dy in dy neede in euwer koniglikem maiestat grossffurstenthum zcu lytawen komen wird Dy meynen derbeten sich vor my vnd den meynen alse vor erem rechten heren vnd richter recht zcu thun vnd zcu nemen nach deme dy sache obir dy sy clagen in meyner vnde meyner kerchen stadt Rige gescheen ist, Wedirvmme wellen sy besuchen euwer koniglike gnade vmme den schaden den sy van den euwern zcu plosskow entphangen haben Geuile der wech euwer koniglikem gnaden nicht, das denn euwer angeborne koniglike gutich eit czweine edder drey von euweren werdigen herren dor czu schickete, Der geleichen wil ik ouch thun odir personlich dor czu komen das solche herren van beiten telen so sy czu samene qwemen beider teil clage vnd antwordt horeten vnd mit fruntschaffte oder rechte entschiden vnd das bynnen der czeit beide parte alse wol dy Rigesschen alse plosskouwer vesten geborlichen ffrede vnder eynander helden vnd ener czu dem anderen czoge sicher vnde velich an leben vnd gutteren vmbehindert vmbeschatczt vnd vmbeschediget alse boben berort is vnde das euwer koniglike maiestat meyner vnd meyner kerchen stadt Rige lieben getruwen vnd Inwoneren also vorsicherte vnde vorsorgete mit euwer koniglikeu gnaden schrifften vnde brieffen, Der gelichen ich wedir vmme thun welde vor dy meynen vnd meyner kerchen stadt Rige Ich bitte euwer koniglike maiestat mit rechter gantczer demuth das sy mir wolde en frundlich vnde begerlich antwordt by dessen vnsem boten senden vnde werden lasen das vorschulde ich yn rechten truwen vleisse vnde bereiten willigen diensten ken euwer hochgeborne koniglike maiestat dy godt der almechtige spare vnde fristen musse zelichliken vnde gesundt lange hir scheede mir vnde den meynen czu sunderlichem troste beschutczunge vnd beschirmunge Gegeben uff meyner kirchen Slosse Rouwnenborg am dinxdage czu pfingsten In den Jaren xpi vnses heren Towsent virhundert achtevndeczesstighen.

wir Siluester von gots vnd des Romesschen stuls gnaden der heiligen kerchen czu Rige Ertzbisschoff euwer konigliken maiestat demutiger Capplan.

№ CCLVII.

1470 EB. Sylvesters Schreiben an König Casimir von Polen wegen einer schon 1466 begonnenen Zwistsache beim Handel zwischen Polozk und Riga, d. d. Lemsul, am achten Tage der heiligen drei Könige (13. Jan.) 1470.

Perg. Orig. mit des EB. Secret in roth Wachs im innern rig. RA., in deutscher Sprache: Auszug daraus bei Brotze Syll. I, 87; vgl. Index № 3436; im äussern rig. RA. befindet sich eine alte gleichzeitige lateinische Uebersetzung. Wir geben hier gegenüberstehend erst den deutschen, und daneben den lateinischen Text. Dieser ist eng geschrieben, mit Abkürzungen überladen und schwer zu lesen.

Dem Allerdurchluchtigsten Hochgebornen ffursten vnd Grodtmechtigesten Heren heren Kazimiro Koninge to Polan vnd Grotffursten to littouwen to Russen vnd Prossen eruelinge vnsem besunderen gnedichsten gudichsten Herren beschutter vnd beschermer Embeden wy Siluester der hilgen || kerken to Rige Ertczebisschupp Oedmodige beuelunge vnser vnd vnser kerken mit schuldigen densten vnd vlitigem ynnigem gebede to gode dem heren vnd ock allen heren ffursten geistliken vnd wertliken Grauen. vryen. Woywoden vnd Amptluden Ridderen vnd knechten vnd eme Juweliken de || dussen breeff sehen horen effte lesen Embeden wy ock vnsen vrundliken denst vnde beuelunge mit alle vnses vormogens dirbedinge Allerdurchluchtigste vorste vnd Hochgeborner Grotmechtiger Koning vnd Irluchte Hochwerdige Eddelen Wolgebornen vnd

Serenissimo altigenito principi ac potentissimo domino domino Kasimiro Regi polonie et Magnoduci litwanie Russie et prusie heredi nostro speciali generosissimo domino et defensori Nos Siluester Sancte Rigensis ecclesie Archiepiscopus humillimam recommendacionem mei ac mee ecclesie cum debito famulatu et humilibus oracionibus in christo domino necnon vniuersis dominis principibus spiritualibus et temporalibus ducibus (lib) eris Aduocatis et officialibus Militibus et clientibus ceterisque singulis presentem paginam visuris audituris uel lecturis nostrum amicabilem famulatum et recommendationem. Serenissime princeps et Rex potentissime necnon Illustres Reuerendi nobiles Generosi et Strenui venerabiles et Circumspecti domini Amici et fautores Vestris omnibus et singulis dominacionibus notificamus et in virtute presentium testificamur

Gestrengen werdigen vnde [Ersamen herren vrunde vnd gonnere Wy doen Juwer aller herlicheit towetEn vnd tughen dat yn crafft dusses breues dat ith gescheen is In den Jaren vnses heren Ihu xpi Dusent veerhundert vnd Im sossvndsostichsten Dat to vns gesant hadden de Bayoren kopludE vnd gemeyne der Stadt Plosskow twe van den eren mit breuen vnd lethen vns clagen oner etlike vnse leuen getruwen vnser Stadt Rige wo ze schaden genomen hadden dardurch dat ze ere Strusen nicht wedder vpp ken plosskow geladen hadden alse ze mit dem dutschen kopman weren eynsgeworden gewest vnd sust vmme verhinderinge etczwelker erer guder Darvmme schreue wy van stunden mit den suluigen baden vnser Stadt Rige dat sodane clage an vns gebracht were De vnsen itczund gedacht van Rige sanden to vns ere erliken baden vnd lethen vns vorgeuen vnd clagen Worvmme se sodane strusen nicht hedden willen gonnen toladen alse nemlick dat en de Bayoren Borgere koplude vnd gantcze gemeyne tu plosskow hedden to embaden Tho dem ersten by dem dutschen kopman de vpp de tidt van plosskow nedderqwam ken Rige Sware vnd vngehorede verlike Bodeschopp vnd greselike drouwinghen de dar onertredeliken luden vnd gantcz weren thegen dat olde herkomen des dutschen kopmannes mit den Plosskouweren, vnd besunderen thegen den breff der eyndracht de yn vortiden Hertoch Witold selige mit Meister Cord vitingboff selige de vppe de tidt eyn vorwesser was des Stichtes to Rige by vnses vorfaren Johann walraders tiden zeligen gemaket vnd vorsegelt De Juwe koninglike gnade suluest den gedochten vnsen leuen getruwen to Rige van worden to worden vorschreuen vnd van nyges gegeuen und bestediget hefft Welke breue vnd vorschriuinge also luden Wereth dat yenigerley twedracht efft schelinge vmme yenigerley dingk tusschen ymande van beyden syden vppstunde So sal sick de sakewolde an synen sakewolden holden vnd nymand anders sal sick daryn vorwerren efft darvmme vorhindert werden Vnd besun-

Quod actum est anno Incarnacionis dominice Millesimo quadringentesimo sexagesimosexto quod Bayari. mercatores et commune poloskouiense ad nos miserunt duos de suis cum litteris conquerentes de aliquibus nostris fidelibus Ciuitatis nostre Rigensis quatenus ipsi dampna susceperunt ex eo quod naues ipsorum in reditu versus plosskow vacue reuertebantur. Propterea in continenti scripsimus cum eisdem nunciis mee ciuitati Rigensi nos tales recepisse querimonias. Prefati Rigenses suos honorabiles ad nos in continenti transmiserunt nuncios, intimantes nobis et querulose proponentes periculosam intimacionem et horribiles mynas transgredientibus sonantes et totaliter fuerunt contra hactenus seruata inter theutonicos mercatores cum plosskouiensibus Et specialiter contra literam concordie quam transactis temporibus dominus dux wytoldus felicis recordacionis cum magistro Conrado wytingkhoff pie memorie qui eo tempore vicarius diocesis Rigensis extiterat, tempore predecessoris nostri Johannis walroders defuncti, fecit et sigillauit. Quod Regalis vestra gratia prefatis nostris fidelibus Rigensibus de verbo ad verbum denuo renouauit dedit et confirmauit, in hec verba, Quod si alique discordie et differencie propter quascunque causas inter ambas partes orirentur tunc causalis ad suum causalem se tenebit et nemo alius se interponet, aut propterea impediri Et specialiter cautum est in eadem concordia ceu litera Quod si aliquis mercatorum plosskouiensium delinqueret aut excederet Rige talis debet mitti plosskouw et iuxta eorum jus iudicari, Etiam si aliquis theotunicus mercator in plosskouw delinqueret talis debet mitti Rigam et illum iuxta Rigense jus iudicari contra hec .. prita et quod magis est contra omnes articulos in eadem littera contentos Bayari. Ciues. mercatores et commune polosskouiense fecerunt Rigenses intimari primo apud theotunicos mercatores quibus fidem non adhibuerunt, demum erga quendam dominum Henricum de Sunderen ipsorum conconsularem qui eo tempore in propriis suis negociis et

deren steit yn der suluigen eyndracht vnd breue Weret dat yenich kopman van plosskow to Rige breke den sal men to plosskow senden vnd den na dem rechte richten Breke ock yenich dutsch kopman to plosskow den sal man to Rige senden vnd den na enem Rigisschem rechte richten Thegben dusse vorschriuinge vnd dat meiste tegben alle artikell de yn dem suluen breue vorschreuen syn hebben en de Bayoren, Borgere koplude vnd gemeyne to Plosskow toenbaden Tho dem ersten by dem dutschen kompan dar ze nenen gelouen vpp setten wolden vnd darna by her herman van sunderen eres rades kompan de vppe de tidt yn synen egenen gewerueu to Plosskow was gewessen nemlik also Weret dat ymandes van den Plosskouweren worde geslagen edder by den haren gethagen yn vnser Stadt Rige Dat wolden de Plosskouwere wedder darbouen mit en to plosskow wreken an den dutschen vnd wolden en dar de munde, nesen vnd oren wedderaff snyden Welke bodeschopp gantz entlegen is den vorberorden vorschriuingen alse dat Juwe koninglike maiestadt vnd Juwer aller herlicheit wol erkennen, Denn de vorschriuinge ynneholt, Wen twedracht tusschen den parten vppstunde efft schelingen So sal sick de sakewolde an den sakewolden holden nicht an den vnschuldigen de mit den saken nicht todonde hebben alse de plosskouwere dorch ere bodeschopp meneden todonde Ock gebreke eyn Rigisscher to plosskow na semliker endracht vnd vorschriuinge solde men den nicht richten to plosskow sunder to Rige Vele weniger gebreke en dutsche to Rige mochte men en to plosskow richten Vmme dusse sware vngewonlike vnd vntemelike bodeschopp vnd to enbedinge vnd vngeborlike vorwaringe yn den de plosskouwere vorseggen vnd ouergeuen alle endracht vnd oldberkomen vrundschopp vnd leue yn sodanen vorschriuingen uthgedruckt de denne vnse leuen getruwen van Rige vorgenomet billiken to herten hebben genamen So worden se des eyns mit dem dutschen kopmann dat de vpp solck drouwen vnd vnrecht vornemen thegen somlike

causis constituebatur in polosskouw in hec verba Quod si aliquis polosskouiensis percuteretur aut crinibus traheretur in nostra Ciuitate Rigensi, hoc volebant plosskouienses viceuersa in plosskouw vindicare in theutonicos et ipsis ibidem vellent ora nasos et aures amputare, que intimacio contrariatur pretacto indulto sicut hoc regalis vestra maiestas et vestre vniuerse dominaciones verum ponderent Quia Indultum seu priuilegium continet Cum discordie et differentie inter partes oriuntur tunc causalis tenebit se in suum causalem et non in Innocentem qui penitus cum causa nichil habet agere sicuti plosskouienses per eorum intimaciones intendere proposuerunt Et si aliquis Rigensis delinqueret seu excederet in polosskouw iuxta concordata et scripta talis non in polosskouw sed in Riga debet iudicari, quantominus theotunicus delinquens Rige, debeat in plosskouw iudicari, propter hanc grauem inconsuetam et inhonestam intimacionem et inordinatam protestacionem in quibus polosskouienses renunciarunt toti concordie longeue amicitie et dilectioni in tali littera expressis quos nostri fideles Rigenses ad cor et animum reuocarunt, Et propterea inter se cum theotunicis mercatoribus concordarunt quatenus ipsi super tales minas et iniusticias contra scripta et indulta ac concordata in plosskouw non accederent neque sal neque alia mercimonia ibidem destinare nec naues plosskouienses implere donec et quousque ipsi scirent quomodo et qualiter ipsi starent cum polosskouiensibus ex parte predicte concordie et litere an ipsi polosskouienses etc. eas uellent iuxta antiqua seruare et bona theotunicorum libere dimittere aut super quo se securius fundarent Et hec fecerunt nostri fideles Rigenses intimari nautis et nauigatoribus polosskouiensibus illo tempore et denunciari Ita quod nullus mercatorum theotunicorum deberet onerare seu implere naues polosskouienses propter ipsorum graues et insolitas intimaciones Sed si polosskouienses cum suis nauibus vellent reascendere aut Rige permanere hoc staret in ipsorum voluntate et arbitrio et manere deberent

vorschriuinge vnd voreynigunge nicht solden ken plosskow vptheen Ock neben Solt effte andere ware vppsenden Ock sulden ze nene Russen Strusen laden solange dat se weten mochten wo de dutsche kopman mit den plosskouweren darane wern van der vorberorden vorschriuinge weghn effte de ze ock holden wolden na oldem herkomen vnd wolden en ere gudere vrij aff komen laten edder wor upp ze sick sekerlick vorlathen mochten Vnd dat lothen vnse leuen getruwen dosoluigest den plosskouschen stuerluden seggen vnd vorkondigen dat neben dutsche kopman ere Strusen laden solde vmme der swaren vnd vngewonliken toembedinge vnd saken Sunder wolden ze mit eren Strussen wedder upptheen effte to Rige Bliuen dat stunde an erem willen ze sulden vrij syn vngetouet vnd vngehindert, ere wech sulde reyne syn Aldus thogen de plosskouwesschen stuerlude weddervmme mit eren Strussen ken plosskow Darvmme so meneden de Stuerlude darvmme dat men se nicht wedder geladen hadde ken plosskow vnd vorbaden was to laden, Dat ze deshaluen schaden geleden hadden Vnd sanden darvmme an vns eren schriuer Tolbee mit breuen alse vorberort is vnd klageden vns ouer vnse leuen getruwen alse vorgeschreuen steit De sulue Tolbee toch ock vordan mit breuen an vnse Stadt Rige vnde wolde weten worvmme der Plosskouwer gudt besatt were darsuluest to Rige Vnd worvmme dat de Rigisschen neben Solt lethen vppfuren Dem hadden de berorden vnse leuen getruwen ock gesecht alse ze vns dat ock also vorgescreuen steit gesecht hadden, dat dat gescheen were vmme der vorgerorden drouwinge vnd dat ock de plosskouwere ginghen vnd treden vth der vorgeschreuenen vorschriuinge vnd oltherkamen vnd dat ze nicht gedechten yn sodaner verlicheit der drouwinge ere kindere, maghe vnd vrunde kegen plosskow towaghen vnd tosenden ze wosten denne vor vnd weren gesekert dat de dutschen mochten vrij vngeschamferet vnd vngemoyget bliuen an erem lyuen vnde guderen vnd beschuttet vnd beschermet werden na lude liberi et impediti, ipsorum via deberet esse munda, Et sic nauium polosskouiensium gubernatores abierunt viceuersa ad polosko, propterea ipsi putabant se dampna recepisse ideirco quod ipsi vacui cum nauibus recesserunt, Et ad nos depost propterea miserunt ipsorum Scribam Tolbe cum literis ut pretactum est conquerentes de nostris fidelibus ut prescriptum est Idem Tolbe visitauit cum literis ad Ciuitatem nostram Rigensem, volens scire ob quam causam bona polosskouiensium essent arrestata in Riga Et quare Rigenses non permitterent sal vehi in polosskouw, Cui prefati Rigenses responderunt sicuti ipsi nobis responderunt ut ... ratum est propter prefatas minas Et quod plosskouienses transgrederentur et excederent metas concordatorum ab antiquo seruatorum neque quum intenderent sub tali periculo minarum suos filios consanguineos, et amicos ad polosskouw dirigere antequam scirent et assecurati essent quod theotunici possent secure et libere absque molestia in plosskouw permanere in eorum corporibus et rebus Et quod ibidem possent manuteneri et defendi iuxta tenorem priuilegii prescripti et vnionis ita quod Innocens pro nocente non teneretur nec dampnificaretur Perceptis et intellectis hisce discordiis de quibus grauiter dolebamus tunc scripsimus et intimauimus polosskouiensibus quod nos propter eos et illas causas vellemus appropinquare super festo Johannis Rigam ut ipsi aliquos cum pleno mandato Rige aut lenewordem aut Cokenhusen uel in Ixkul prope dunam vbi ipsis esset conueniens transmitterent Et sic illo tempore cum ipsis concordauimus ut ipsi ad mee ecclesie Castrum in Cokenhusen ad nos accedere vellent vbi ad nos miserunt Circumspectos et discretos Seneken Gregorewitz Mitke truchnewitz. ywlassken kozewitz cum quibusdam ceteris, aduersum quos nostri fideles dilecti Rigenses suos cum pleno transmiserunt mandato nuncios prouidos Johannem Saltrump eiusdem nostre ciuitatis Supremum aduocatum et Burgimagistrum, Johannem Woinckhusen similiter Burgima-

der vorenynge vnd vorschriuinge to plosskow, vnd ene nicht vor den anderen bescheddiget de vnschuldige vor den schuldigen Do wij dusse vorgescreuen twedracht vornemen de wij nicht gerne horden do schreue wij vnd toentboden den plosskouweren Wij wolden vmme eret vnd der saken willen vpp Sunte Johannes baptisten vogen ken Rige Dat ze ymandes de der saken mechtich weren darhen ken Rige efft to Cokenhussen, lenewarden adder Ixkull an der dwne wor en dat bequeme were to vns schickeden, also worde wij ith mit en uppe de tidt ens dat ze ken Cokenhussen vpp vnser kerken Slot to vns komen wolden Darhen sanden ze de Erbaren vnd Ersamen Seneken Gregoriowitcz Micke kruchnowitcz Jwlasken kosewitczo mit etzwelken anderen Dar enttegen sanden ok vnse leuen vnd getruwen van Rige ere volmechtige sendebaden alse den Erssamen her Johan sultrump dersuluigen vnser Stadt oversten voged vnd Borgermeister Johan wodinghussen ock Borgermeister her herman van sunderen her Johan van der borch Radmannen dersuluen Stadt Rige Wij hadden ock to vns vnd by vns vorschreuen den werdigen vnser kerken prauest, Deken vnd etlike van vnser Manschop de wy do vnd ouer de saken nemen vnd vorhoreden beide vorgenomede parte ansprake clage vnd antwordt vnd hedden gerne ere scheelhafftige saken vordregen vnd vorliket Sunder de berorden van Plosskow wolden nicht daran, sunder meneden men sulde den Stuerluden eren schaden wedderleggen den ze van der besate weghen vnd dat ere Strusen weren leddich wedder vpp gekomen ersten wedderleggen Dar entteghen vnse leuen getruwen van Rige spreken ze stunden en nicht to dat ze van eren weghen yenighen schaden geleden hedden, hedden ze schaden geleden den mochten ze vorderen an den yennen de dusser twedracht vnd sake ene orsake weren, de na der vorvrachtinge sodane vngeborlike vnd greselike verlicheit todoende ken Rige toenboden hedden de weren schuldich der saken Hedden de plosskouwer den

gistrum Hermannum van Sünderen et Johannem van der Borgh Consulares eiusdem Ciuitatis Rigensis, Etiam ad nos conuocauimus venerabilem nostre ecclesie prepositum, decanum, et quosdam de nostris vasallis quos traximus ad causam Auditisque ambarum parcium allegacionibus et Responsionibus pro quarum parcium discordiis et differenciis maxime laborauimus ad concordiam et vnionem quam polosskouienses renuerunt et ad concordiam induci non poterant sed putabant quod dampna gubernatoribus nauium que ipsi ex parte arrestationis et quod naues eorum vacue ascenderunt prius refunderentur, Contra nostri fideles Rigenses responderunt dicentes quod quidem eis nullum dampnum intulerunt, Quod si desuper dampnum aliquid sustinuissent, illud possent ipsi prosequi contra et aduersus illos qui huius discordie et dissensionis essent origo Qui postquam naues ceu Struse conducte fuerunt inordinatas et horribiles incussiones et pericula versus Rigam intimarunt Hii rei sunt et culpabiles in causa fuerunt Quod si polosskouienses non sic inhoneste et inconsuete minati fuissent theotonicis mercatoribus contra eorum protestacionem, tunc nostra Ciuitas Rigensis iuxta antiquam consuetudinem et pretacta scripta inhibicionem aut arrestacionem non fecissent sed fauorem promisissent theotonicis et vnicuique sua bona conducta in plosskouw transuehi, Et nostri fideles Rigenses dilecti grauissime conquesti sunt super polosskouienses quod ipsi ex parte minarum polosskouiensium et suppeditacione concordie et scripturarum et ceteris pluribus temporibus maxima sustinuerunt et receperunt dampna quia ipsorum mercimoniorum bona citra alienacionem non alienata permanserunt quod ipsis in grauem deuenit iacturam incommodum et dampnum incomparabile, Et nos libentissime vidissemus ut ambe partes circa concordiam et vnionem permansissent ita ut dampnum contra dampnum recompensatum fuisset Sicuti hoc Generoso et Strenuo domino Ollochno Capitaneo Polosskouiensi incontinenti protunc scripsimus necnon et

dutschen kopman nicht so vntemeliken vnd vngewonliken gedrouwet vnd sick an se vorwaret vnse Stadt to Rige hedde na older gewonheit vnd der berorden vorschriuinge nene besettinge efft vorbedinge gedan, vnd hedden gegunt dem dutschen kopman vnd enem yderman wat ze vorvrachtet hedden dat ze dat ken plosskow hedden mogen voren vnd de vnsen van Rige beclageden sick ock swarliken der van plosskow dat ze ock van weghen dersuluen bedrouwinge vnd affseggingo der vorenigunge vnd vorschreuunge vnd ock to mer anderen tiden groten schaden geleden hedden wen ze hedden erer guder vorhandelinge vnuorandert mothen laten liggen en to grotem vnuorwintliken schaden. Wy hedden gerne geseen vpp dat ze beide gebleuen weren by der vorschriuinge vnd endracht so dat men euen schaden thegen den anderen hedde affgeslagen dat wy ock dem Eddelen vnd gestrengen her Ollochno bouetman to Plosskow dosuluest von stundan schreuen Ock dem Achtbaren Rade to lettouwen vnd darna ock Juwer koningliken gnaden ken Dantczk schreuen by vnsem egenen boden dar de plosskouwer nicht to wolden Wy boden en an vppe de tidt dat ze eren schaden van beiden delen islike vpp ere herschopp setteden to erkennen we denn den grotesten schaden hedde geleden dat em dat dat ander deel vorgudede darau de plosskouwer ock nicht wolden Do semlike sake vor vns nicht konde entscheden werden do erboden sick vnse leuen getruwen vor vns alse vor erem naturliken geborliken Herren vnd richter So dat ze den plosskouwern recht vor vns nicht uthgaen wolden sunder en gerne plegen vnd don wat ze van rechte schuldich erkant werden todon vnd dat dergeliken de plosskouwer ock deden vor erem naturliken vnd geborliken hern vnd richter Edder dat ze vormochten vnd beden Juwe Irluchtigeste Hochgeborne Grotmechticheit edder ere werdigen rede des Grotforstendomes to littouwen dat de schickeden dar to enen efft twe der heren dessuluigen rades dergeliken wolden de vnsen ock don vnd wolden vns darto egregio consilio lytwanie Et depost Regie vestre celsitudini in dantzk nostro proprio cum nuncio tractaturo insinuauimus quod plosskouienses acceptare uolebant Quibus fecimus intimari eo tempore ut vnaqueque pars suum dampnum ad distincionem suorum dominorum posuisset Que grauissimum dampnum sustinuisset ut illi altera pars refunderet, quod plosskouienses iterum acceptare nolebant Sed postquam huiusmodi cause coram nobis non poterant sopiri nec terminari Extunc nostri fideles Rigenses dilecti se coram nobis tanquam coram eorum naturali et ordinario domino et judice se obtulerunt de stando Juri ita ut ipsi nollent ipsis polosskouiensibus ius denegare sed omnia que Juris dictamen sunt subire Quod et plosskouienses recipliciter facerent coram suo naturali et ordinario domino et Judice aut quod ipsi Regiam vestram maiestatem deprecarentur aut eius Egregium et venerabile consilium magniducatus litwanie ut ipsi de eodem consilio vnum aut duos dominos ad causam ordinarent quod reciplicitcr nostri eciam ita facere vellent et nos ad causam illam trahere sicuti nos eciam ad hoc personaliter obtulimus saltem in loco apto deputando ut vniuscuiusque partis Jus, dampnum, et Iniuria posset decerni et vnius partis Jus cum altera terminaretur et sine debito descinderetur, Hanc nostrorum fidelium honorificam debitam et ordinatam oblacionem nolebant suscipere prefatorum plosskouiensium ambasiati et nuncii sed obtulerunt se duntaxat ad maiestatem vestram desiderantes ut et Rigenses causam illam ad regiam vestram maiestatem offerrent Ad quod ipsis polosskouiensibus tale dedimus responsum dicendo quod Regia vestra celsitudo et maiestas suorum esset Judex Et nos nostrorum Judex, certissime scientes quod vestra maiestas falcem suam non mitteret neque palparet in nostrum Jus et Judicium sed fiducialiter de vestra maiestate confidentes tanquam in ecclesie nostre dominum principem et defensorem singularissimum qui in nostris immunitatibus priuilegiis et ecclesie nostre libertatibus nos non opprimeret, Ex quo nos

vormogen alse wij vns ock saluen dar to vorboden so vns dat vpp gelegene stede gelecht worde up dat enes Juwelikes recht schade vnd vnrecht mochte beweret vnd erkant werden So dat enes parten recht mit dem anderen erkant vnd geendiget worde vnd en Juwelick part van dem anderen gescheden Dusse der vnsen getruwen van Rige so temelike erlike vnd geborlike erbedinge wolden de vorgescreuenen sendebaden van plosskow nicht upnemen sunder erbaden sick der saken an Juwe koninglike maiestat allene vnd begerenden dat de Rigisschen ock der saken allene an Juwe koniglike gnade setten solden Dar to wy en antworden Juwe koninglike gnade were der Juwen richter vnd wij der vnsen vnd wy wosten vorwar Juwe koniglike gnade worde nicht tasten yn vnse recht vnd gerichte wen wy hapeden an Juwe koniglike gnade alse an vnser kerken beschutter vnd beschermer dat de vns van vnser vnd vnser kerken vriheit vnd gerechticheit nicht drangen worde Wy weren der vnseren to ere vnd rechte mechtich alse wy noch syn Vnd ze dirboden sick na to rechte vor vns Darvmme konde wy ze nicht to vremdem richteren vnd uth vnsem gerichte wisen De vnsen antworden ock dar to menende so ze sick uth vnsem gerichte hedden gegeuen eft worden geuen so treden ze van der vorschriuinge vnd vorenigunge wen na deme de plosskouwer sick beclagen dat en schade solle syn gescheen van den to Rige vnd to Rige So holt de voreynigunge ynne hedden ock de Rigisschen schaden gedan to plosskow vele mer nw ze menen dat en de schade to Rige gescheen syn Sal ock na semliker vorschriuinge to Rige vorrichtet werden So dat sick de vnsen yn nenerley wise daryn wolden geuen Ock wolde wy ith en nicht gesteden dat ze sick uth sodaner vorschriuinge solden geuen vnd vns alse eren naturliken richter ouergeuen Also schededen beide dele van vns to Cokenhussen Vnd de plosskouwisschen sendebaden togen yn vnse Stadt Rige an den Raed vnd meynheit mit den ze ok aldar vele handelinge gehat hadden vnd ock to nenem

potentes fuimus nostrorum in omni honore et Jure ceu justicia sicuti hodierne in talibus nostrorum potentes sumus Qui et depost se coram nobis de stando Juri obtulerunt et propterea eos ad alienos iudices extra nostrum forum non poteramus dimittere Ad quod eciam Rigenses responderunt dicentes et putantes Quod si e nostro Judicio se declinarent quod tunc a concordia et vnione prescripta retrocederent nam ex quo plosskouienses conqueruntur se dampna recepisse a Rigensibus et in Riga tunc cautum esse in concordia Et si Rigenses eciam dampna intulissent in polosskouw, quantomagis exquo ipsi putant dampna ipsis illata in Riga tunc eciam iuxta concordiam et vnionem in Riga causa determinabitur et iudicabitur Qua propter nostri forum nostrum nolebant declinare neque nos in hoc ipsis volebamus consentire ut qui recederet a concordia et scriptis sigillatis et nos tanquam eorum Judicem naturalem derelinquere. Ita ambe partes a nobis in Cokenhusen Recesserunt et abierunt Et prefati polosskowienses nuncii ceu ambasiati iter arripuerunt versus Rigam ad Consulatum et Ciuitatem Rigensem cum quibus ibidem plures tractatus habuerunt et ad vnionem peruenire non poterant ex parte dampnorum sicuti et ipsi polosskouienses in reditu personaliter oretenus dixerunt et retulerunt nobis omnes tractatus quos in Riga tractarunt Qui eciam nobis in ultimo recessu de Cokenhusen dixerunt in hec verba Sy desiderarent quod theotonici mercatores deberent redire viceuersa cum bonis suis ad plosskouw super eorum caput iuxta solitum et concordiam prescriptam ipsi vellent eos ibidem defendere et tueri sicut suos ipsos. et debeant habere iter tutum et securum tam in reditu quam in recessu. Et hec ita eciam Rigensibus nostris fidelibus dixerunt Ad quod nostri ipsis polosskouiensibus dixerunt in Riga ut ipsi nostros in hoc melius assecurarent et caucionem sufficientem pararent desuper. ut hoc ratum et firmum teneretur quia ipsorum plosskouiensium verbis fidem non imponerent sed hoc ratificarent sigillo sui Capitanei

vordrage konden kamen van sodanes schadens wegben alse vns ok desuluen plosskouwsschen baden dat suluen yn der weddervmme reyase seden vnd vnderrichteden, vnd seden vns allen handel den se to Rige gedan vnd gehat hadden Vnd seden vns to Cokenhussen ym latesten affscheden also Se begerden dat de dutsche kopman solde wedder upkomen mit eren guderen ken Plosskow up ere houet na dem olden vnd der vorschriuinge vakeberort, se wolden den dutschen kopman aldar vorhegen vnd beschermen gelick den eren vnd solten hebben eren vryen wech aff vnd an dat hadden se vnsen leuen getruwen to Rige ock gesecht De vnsen hadden en to Rige geantwort dat ze en betere vorsekeringe darup deden dat en dat vaste vnd vngeseriget worde geholden ze werent nicht gantcz tovrede den worden der plosskouwer Sunder dat ze en dat vorsegelden vnder eres Houetmannes Ingesegel De vnsen wolden den Plosskouwern dat also wedder vorbreuen vnd vorsegelen dat de eren vrij vmbeschediget vnd vnuorhindert mit eren lyuen vnd gudern to Rige solden upp vnd dael varen De vnsen van Rige wolden vns ock dar to vormogen dat wy dat vor se vorsegelen vnd vorbreuen sulden Dith vortelleden vns der plosskouwer sendebaden alse ze wedder vme van Rige quemen, Dergeliken de vnsen van Rige, de plosskouwer de dirboden sick wol ze wolden dat allene vorsegelen De vnsen weren des nicht gantcz tovrede an erem egenen segel. Darbauen spreken de plosskouwer to den vnsen wolde ymandes van den dutschen mit synen guderen to plosskow komen de mochte dat vrij vmbeschediget up er houet don dat ze vns ock to Cokenhusen yn erem affscheden toseden Dergeliken hadden weddervmme gesecht vnse getruwen yn der Stad Rige vnd up sodan toseggen vorbliuen vnd vorleuynge is de dutsche kopman mit synen guderen ken plosskow getogen Dith entlike affscheden vnd der saken vorhandelinge to Cokenhusen vnd yn vnser Stadt Rige gescheen schreue wij van stundan dem Eddelen vnd gestrengen heren

Quod nostri viceuersa ipsis polosskouiensibus volebant sigillo ratificare ita quod plosskouienses et sui omnes cum omnibus eorum rebus personis et bonis securi et liberi absque omni impedimento et dampno Rigam possent accedere eundo et redeundo et pro h. . . . . apud nos instare vellent ut hec nostro sigillo pro ipsis ratificaremur et sigillaremus Hec omnia intimarunt nobis nuncii polosskouienses quum ipsi de riga redierunt Et nostri similiter, nichilominus plosskouienses se obtulerunt quod ipsi soli hoc vellent Rigensibus sigillare sed nostri Rigenses ipsorum solo sigillo noluerunt contentari totaliter Super hec omnia plosskouienses dixerunt Rigensibus Quod si aliquis mercatorum theotunicorum cum suis bonis venire vellet ad plosskouw ille posset libere et secure absque omni dampno super caput ipsorum venire Et hoc nuncii polosskouienses in eorum Recessu de kokenhusen nobis dixerunt Et ita nostri in Riga viceuersa ibidem plosskouiensibus dixerunt Et super talibus dictis et promissis ac placitis theotonici mercatores cum suis bonis et rebus plosskouw adierunt Hunc finalem recessum et tocius huius cause tractatum in Kokenbusen et in nostra Ciuitate Rigensi habitum scripsimus in continenti Generoso et Strenuo domino Ollochne Capitaneo in polosskouw Et demum Reuerendo in xpo patri et domino domino nicolao Episcopo willenensi felicis recordacionis necnon Egregio ac venerabili Consilio magniducatus Litwanie. Insuper depost plus quam anno transacto tunc iterum ipsi plosskouienses nobis de hac causa scripserunt Et tunc Regie vestre maiestati scripsimus in danczk nostro cum nuncio causae et negocii formam et qualitatem Similiter et nostra Ciuitas Rigensis eciam vestre scripsit ibidem maiestati Que protunc nobis ita rescripsit quod gracia vestra eandem causam scripsisset et commisisset venerando vestro Consilio magniducatus litwanie Qui Intencionem vestram nobis . . . scriberent desuper. Quarum scripturarum responsionem nos cum nostris hucusque expectauimus et hodierne expectamus Quod si predictorum domi-

Olochno Houetmanne to Plosskow vnd darna Hern Nicolao Bisschoppe tor wille zeligen vnd dem achtbaren werdigen rade des Grotuorstendomes to littouwen Darna lenger wen eyn Jar schreuen de Plosskouwer vns ouer van den saken Do schreue wy der saken gelegenheit Juwer koniglike maiestat ken Dantczk by vnsem baden vnd vnse Stadt Rige der gelicken Juwe koningliko gnade schreff vns van Dantczk alzo, Juwe koniglike gnade hedde somelike saken geschreuen vnd beualen dem werdigen Rade Juwes Grotuorstendomes to littouwen de worden vns Juwe menynge darup wol schriuen Sodaner schriffte vnd antwordt hebbe wy beth her vorbeidet mit vnsen leuen getruwen van Rige vnd syn der noch vorbeidende Hedde wij dersuluigen heren antwordt gekregen wy wolden vns mit den vnsen van Rige gerne darna gevlitiget hebben Juwe koniglike gnade schreff ock up desuluige tidt der Stadt Rige wij solden en seggen Juwer konigliken gnaden menynge darna se sick richten mochten Des hebben se ock mit vns vorbeidet vnd sick genslick up Juwer konigliken gnade schriffte vorlaten Sunder am latesten Im XVIII dage yn Augusto schreuen vns auereyns de van plosskow ock vnser Stadt Rige vormanende vme dat affscheden van vnser kerken Slate to Cokenhussen gescheen vnd nomelick dat dat affscheden also sulde gewest syn Wen de vnsen vornemen dat Juwe koniglike gnade worde komen ken littouwen dat de vnsen ken Juwe koniglike gnade riden solden vnd deden vns witliken Dat Juwe koniglike gnade up de tidt to Gartem were Vnd de Plosskouwer weren darvmme getogen to Juwer konigliken gnaden vnd begereden darvmme dat wy de vnsen van Rige ock wolden darhen theen heten alse se dat suluen beleuet hedden Wij wedder schreuen den van plosskow dat vns vnd den vnsen de upp de tidt to Cokenhusen ym affscheden by vns weren dat vns gensliken nicht witlick were dat de vnsen dat also vorbleuen vnd vorleuet hedden, sunder wo dat affscheden gewest is vnd gescheen is dat is bauen berort vnd nemen to tughe vnse

norum de consilio recepissemus responsum ad hec nos cum nostris fidelibus Rigensibus diligentissimos exhibuissemus Regia vestra maiestas eodem tempore scripsit Ciuitati Rigensi quatenus nos diceremus ipsis Rigensibus vestre maiestatis intencionem secundum quam se regerent, hoc nobiscum expectarunt se totaliter fundantes super litteris vestre gratie Sed iam nouissime in XVIII die augusti mensis iterum scripserunt nobis plosskouienses et ciuitati nostre Rigensi sollicitantes et m . . . ientes nos pro Recessu in Castro ecclesie nostre Cokenhusen habito Et quod Recessus iste ita factus fuisset Quod quum nostri Rigenses perciperent vestram maiestatem in Litwania constitutam quod tunc nostri Rigenses maiestatem vestram ibidem accederent Et insinuauerunt nobis celsitudinem vestram ibidem in Grodeno residentem tempore pro eodem Et quod propterea plosskouienses maiestatem vestram visitarunt desiderantes ut nostri Rigenses ibidem accederent de nostro mandato. sicuti ipsi in hoc consenserunt Super hijs rescripsimus plosskouiensibus quatenus nobis et nostris qui eo tempore apud nos in Cokenhusen constituebantur nichil de huiusmodi constaret quod nostri in hoc con(sen)sissent Sed quomodo et qualiter Recessus iste factus fuit et est hoc totum pretactum est Quod testificamur litteris cum nostris In quibus huiusmodi Recessum domino Capitaneo plosskouiensi et Consulatui magniducatus Litwanie scripsimus Regia vestra maiestas valet cognoscere et considerare quum ambe partes coram nobis in Cokenhusen constituebantur Si tunc consensissent et Compromisissent huiusmodi causas coram vestra regali gratia sopiendas Qua necessitate tunc nuncii plosskouienses a nobis in Ciuitatem nostram Rigensem adierunt et ibidem causas illas renouari et nouos tractatus haberi Pro certo unusquisque de nostris Intelleximus neque percepimus quod ipsi in hac causa consensissent ad maiestatem vestram visitandam quando illa in litwania veniret Sed nichil penitus aliud nobis constat de huiusmodi recessu neque aliud quic-

breue yn den wij so lan affscheden dem Heren Houetman to plosskow vnd ock den Reden des Grotforstendomes to littouwen geschreuen hebben Juwe koniglike gnade mach wol erkennen do beide parte by vns weren to Cokenbussen hedden se de saken vorleuet vnd vorbleuen vor Juwer konigliker gnaden uth to dregen wat were ith denn noeth gewessen dat de plosskouwisschen baden van uns yn vnse Stad Rige hedden doruen theen vnd aldar de saken van nyges nemen upp to handelen Wy hebben van den vnsen ny vornamen dat ze vme der sake willen vorwillet vnd vorbleuen hedden an Juw koniglike gnade to ryden wen de ken littouwen queme Sunder vns is nicht anders witliken van dem affscheden Ock is vor vns vnd den vnsen nicht anders gescheen wen alse bauen gescreuen vnd betinget wert Juwe koniglike gnade vnd Irluchticheit mach wol erkennen wo recht vnd wo gudlick den vnsen nw gescheen is den ere gudere gerasteret syn, bauen so gudlick anstaen dat beide dele vorwillet vnd eyn deil dem anderen to gesecht vnd gelouet hebben touorsegelen bauen Juwer konigliken gnaden breue vnd endracht, bauen Juwer konigliken gnaden vppschuuen vnd vorwisinge an den achtbaren Raed des Grotforstendomes to littouwen Wij twiueln nicht darane hedden de Plosskouwer de saken Juwen konigliken gnaden also vorgebrocht alse de yn dussen schrifften bescreuen stan Juwe koniglike maiestat hedde de vnsen nicht vnrecht erkant Juwe Irluchte gudicheit erkennet wol solden de vnsen den schaden betalen de nach nicht bewiset is vnd ock nicht erkant dat vnse leuen getruwen den syn schuldich to betalen mit wat gelimpe werden vnd syn de vnsen so vnschuldigen to grotem vnuorwintliken schaden van den van plosskow gedrungen vmme eres vnuerdigen ambringens willen an Juwe koniglike maiestat, Hirvmme bidde wij Juw koniglike gnade mit gantczem oedmodigen andechtigen vlite, dat de mit eren achtbaren werdighen Reden wil ansehen vnd to herten nemen vnser leuen getruwen van Rige vnschuld vnd dat vnrechtige vorbringen der

quam coram nobis et nostris tractatum est quam supra narratum est et testificatum Ex hijs Serenissima vestra celsitudo valet cordetenus percipere et considerare quam iuste et benigne nostris Rigensibus actum est quorum bona sunt detenta et arrestata supra modum sic be... de habitum in quo ambe partes consenserunt vt vna pars alteri spopondit et promisit sigillare supra Regie vestre celsitudinis litteras et Concordata Et similiter super maiestatis vestre prorogacionem Et Remissionem ceu delegacionem ad venerabile Concilium Magniducatus Lytwanie Non dubitamus omnino quin si plosskouienses maiestati vestre sic causam proposuissent sicut in hiis scriptis conscripta est Gratia vestra regalis nostros Rigenses iniustos non decreuisset Que eciam discernere ceu cognoscere valet Si nostri fideles Rigenses dampna non liquida neque docta deb.ant soluere et refundere utique obligati ad ea soluenda non sunt Quo in modo et qua ratione nostri Rigenses fideles ad tanta irrecuperabilia dampna per plosskouienses astringuntur et artantur Innocenter propter ipsorum iniustas et inordinatas querelas et proposiciones. Qua propter regalem vestram maiestatem humilibus et attentis precibus deprecamur obnixe ut ipsa cum suo venerabili Consilio dignetur inspicere et corde percipere nostrorum fidelium Innocenciam et iniustas et inordinatas propositiones plosskouiensium Et magis fouere nostris in ipsorum iustis causis Eosque manutenere tueri et defendere tanquam noster et nostrorum generosissimus tutor et defensor et ipsos potius diligere quam plosskouienses in eorum iniustis proposicionibus Quod nostris fidelibus et diligentissimis desequiis iugiter Remerebimur coram Regali vestra et generosissima maiestate Quam altissimus felici et prospero regimine suorum regnorum tempora ad optata nobisque nee ecclesie et omnium nostrorum in salutem tuicionem et protectionem misericorditer dignetur conseruare In testimonium Secretum nostrum presentibus est appensum Datum in Castro ecclesie nostre lempsell

van Plosskow vnd willen de vnsen leuer hebben yn eren rechtuerdigen saken Ock handhebben beschutten vnd beschermen alse vnse vnd der vnsen gnedige beschutter vnd beschermer vnd leuer hebben wen de plosskouwer yn erem vnrechtuerdigen vornemen Dat wille wy alle weghe mit getruwen vlitigen densten vorschulden ken Juwer konigliken maiestat De god dem almechtigen sy beualen yn wolmogenheit hersschunge syner rike to langen begerden tiden vns ok vnser kerken vnd alle den vnsen to troste heile beschuttunge vnd beschermunge Thom tuchnisse vnd merer sekerheit so hebbe wij vnse Secretum vnden an dussen breff hangen lathen De gegeuen vnd geschreuen is vpp vnser kerken Slate Lempzell am achten dage der hilgen drekonige In den Jaren vnsers heren dusentveerhundert vnd Im seuentichsten.

in octaua Epyphanie Anno Incarnacionis dominice Millesimoquadringentesimo septuagesimo.

№ CCLVIII.

1470 Der Rath der Stadt Danzig giebt dem der Stadt Riga, auf dessen Nachfrage, Auskunft über den Handel der Russen und Lithauer daselbst, welcher sich niemals seewärts erstreckt habe, d. d. Danzig, am Mittewochen nach Oculi (28. März) 1470.

Das papierne Original mit dem in roth Wachs unter einer Papierscheibe aufgedrückten Siegel der Stadt Danzig im äussern rig. RA. Im innern Archive befindet sich davon ein vom Dechanten der rigischen Kirche, Detmar Roper, auf Pergament unter seinem Siegel ausgestelltes Transsumpt d. d. in sacristega Sancte Rigen. ecclesie 6. Febr. 1471, woraus ein Auszug bei Brotze, Syll. I. 88; vgl. Index № 3438. Aus diesem Transsumpte fügen wir hier einige sich darin findende (unbedeutende) Varianten hinzu.

Ueber den Handel der Stadt Danzig mit dem Grossfürstenthum Lithauen und den ihm einverleibten altrussischen Landschaften s. Danzigs Handels- und Gewerbsgeschichte unter der Herrschaft des deutschen Ordens von Theodor Hirsch, Leipzig 1858, namentlich p. 160, Anm. 652, wo ein Schreiben vom 9. März 1470 citirt wird, in welchem Riga den Rath der Stadt Danzig aufgefordert hatte, beim Könige von Polen zu bezeugen, dass schon zu Herzog Witold's Zeiten den Pleskauern die Fahrt nach Danzig zur See, ohne Riga zu berühren, verboten gewesen sei.

Vnnssen fruntliken grut mit vormogen alles guden touorn Erssamen wolwisten[1]) heren besunder guden vründe Juwen breef inholdende wo ghy van langen tyden her vele twist vnnd moge

1) wolwisen.

mit den plosskouwern In eynem punte gehat hebben dat see ywerlde wolden vnnd noch willen van Rige vth tor zeewert mit erer kopenschopp zegeln[1]) vnnd sso ghy vnnd juwe seligen[2]) vor-

1) segelen. — 2) zeligen.

fares van oldinges en dat nye hebben willen steden hebben se Juw[1]) vor dem Grotmechtigsten heren heren kazimir[2]) konige tho palen[3]) grotforsten in littouwen In Russen vnnd prüssen[4]) heren vnnd eruelinge vnnssem allergnedigesten hern beclaget syne gnade anröpende se wolde gnedichliken helpen vorfugen dat zee mochten vor Rige by trecken vnnd thor zeewart segeln[5]) etc. hebben wie nach alle[6]) synen inholde tho guder muthe wol vornomen Erssamen heren So Juwe erssamheide van vnns begeren wy Juw[7]) vnnsse witlicheit in dussen saken vmb ....[8]) vnd wolfart des gemenen dutzschen koepmans wat vnns van sodann vordacht is wolden beualen Bidde wy Juwe wyssheide frundlik weln. Dat wy vnns des mit vnnssen olden besetenen befrodet vnnd befraget hebben Den vnnd vnnser ok eynss deeles wol indechtich is dat in langen vorschenen tyden nicht alleyne Russen sunder ok littouwen armender betermenier[9]) vnnd podolier tho vnns thor stede beide winter vnnd zamer tho lande vnnd tho water mit erer kopenschopp treckende synt gekamen. Sunder dat ze solden tho lubeck adder yn andere zeestede vorkeret vnnd gesegelt hebben. ok eft se tho vnns also kamende ouer zee synt gesegelt efte nicht. is vnns nicht witlik Also vele. leuen heren sye wy nach vlitiger befragings van vnnssen oldesten beseten. der saken[1]) gelegenheit. vnnd nicht mehr[2]) vnderrichtet Got erkennet de Juwe erssamheide lange sünth vnnd salich wille fristen Gegeuen tho Danczke An der middeweke Nach Oculi Im etc. LXXsten Jar.

Rathmann
Dantzck[3]).

In dorso: Denn Erssamen vorsichtigen vnnd wolwyzen heren Burgermeister vnnd Rathmannen der stadt Rige vnnssen besundrn guden frundenn.

---

1) Jw.
2) Kasimiro.
3) polen.
4) prusen.
5) segelen.
6) allem.
7) Jw.
8) vmme orbor.
9) Wahrscheinlich die bei Karamsin mehrmals, auch als Handelsvolk erwähnte, tatarische Völkerschaft der muhamedanischen Bisserminier oder Bessermenen, nach denen später der Name Bussarmani für Mahomedaner gebräuchlich wurde, vgl. Karamsin's Gesch. des Russ. Reichs, 5. Orig. Ausg. von J. Einerling (St. Petersb. 1842, gr. 8°) IV, 34, 35 u. Anm. 31; D. Ueb. IV, 36. 72, 259, Anm. 30. — Noch jetzt giebt es einen nicht zahlreichen Stamm (muhammedanischen Glaubens) im Gouv. Watka, welcher den Namen «Bessermann» führt.

1) saken.
2) meer.
3) Danczik.

№ CCLIX.

Der polozkischen Bojaren, des dasigen Statthalters Olechnow und der ganzen Stadt Polozk Erkundigung bei dem rigischen Rathe, ob das Gerücht von einer in Riga herrschenden, ansteckenden Krankheit gegründet sei, d. d. Polozk am 7. Sept. (1470). (1470

Papiernes Original mit den Ueberbleibseln des aufgedruckten Wachssiegels, das noch mehrere Buchstaben der darauf befindlich gewesenen Aufschrift erkennen lässt, im äussern rig. RA. Neben dem Siegel ist von alter Hand geschrieben: «entf. (d. i. empfangen) up den auendt Exaltacionis s^ce^ Crucis (d. i. den 13. Sept.) anno LXX^mo u. iss dat ze ervaren hebben dat ydt hir sere steruet dar van begeren ze en de warheit to schriuen». Ueber Olechnow s. oben № CCL. p. 203.

† Отъ бояръ Полоцкыхъ и отъ пана Олехнова, намѣстника Полоцкого, и отъ мѣщанъ, и всего поспольства Полоцкого мѣста, добророднымъ и почестливымъ мужомъ: паномъ бурьмистромъ и воитомъ и всѣмъ ратманомъ Ризкого мѣста, нашимъ милымъ приятелемъ

и сусѣдомъ, наша вѣрная приязнь, што коли можемъ доспѣть. А также доброродныи и почестливыи наши милии прiятѣли, здесь слышимъ, штомъ, дѣи, тамъ у васъ у Ризкомъ мѣстѣ тыхъ часовъ лихое повѣтрие явилося на люди. Про тоже пишемъ мы[1]) вашѣи милости, кабы ваша милость, приятѣли и сусѣди наши милии, намъ справѣдливость отписали о томъ[1]), бывмо отъ вашѣи милости пѣвность о тыхъ рѣчохъ вѣдали, какъ тамъ водится. Псанъ в Полоцку, Сентябра 3 день.

Adresse. Тымъ доброродным и почестливымъ мужомъ: паномъ бурмистромъ, и мiнтомъ, и ряцамъ и всѣмъ ратманомъ Ризкого мѣста, нашимъ милымъ приятѣлемъ и сусѣдомъ.

1) Im Orig. пишемы.

1) Im Orig. отъ.

№ CCLX.

1471 Der Boten der Stadt Riga, Johann Saltrump und Herman von Sundern, Versicherungsschrift wegen der vorzunehmenden Auseinandersetzung mit den Polozkern wegen der weggenommenen und gegenseitig zu erstattenden Güter, d. d. (Tracken), am Tage vor Reminiscere (9. März) 1471.

Das papierne Original, worauf zwei Siegel in grün Wachs aufgedruckt gewesen, im äussern rig. RA.; es ist durchgeschnitten und die Siegel davon abgeschabt zum Zeichen, dass die Schrift nach Erfüllung der gethanen Zusage, zurückgeliefert und cassirt worden.

In Nomine Domini Amen. Anno domini millesimo quadringentesimo septuagesimoprimo am dage vor Reminiscere do were wye myd den plosskouweren vor dem Allerdurchluchtigesten hochgebornen fursten vnd grossmechtigesten gnedigen bern hern kazimiro konig zcu polo vnd grossfurste zcu letthouwn Russo vnd auch prussn heren vnd Erbelink etc. In bywesende vnd yegenwordycheit des Achtbarn vnd hochwerdigen Rattes des grossfurstendomes zcu letthawn dar vns vnsair allirdorchluchtigester hochgeborner furste vnd grosmechtigeyste gnediger her konick vrye vnd quidt gaff alle besayssn guther de de ploskouwer den duthscheyn koppman besayss haben Cleyn vnd auch gros nichteys aus geschey deyn do se vns nv tho vordt zcu ploskow obirantworden soln offt den geynen den wye das bonctin (?) Des hefft vnsir allirdorch(luch)tigeister hochgeborner gnediger her konick vns auss gesayll eyne zcydt tho natiuitatis marie das wye dann ssolen weyssn auf de lantzschedinghe dar sich ssachewolde myt ssachewolde bewern sayl vnd zcu Rechte stayn sall dar ssyn hochwerdighe gnade hayt zcu geschycheyt drey van dem achtbarn Rade zcu lettauwn vnd yeghen komen drey hern dar zcu geschycheit van vnszir gnedigher herschopp auss vnserm lanthe welkere seys heren van beytn seyden soln horn alle clage vnd antworde na beythu partn vorbringent das wy den ploskouwern wes thun ssolden dar sayll vnser scayt Rige gudt vorsayn das en so than aff gesprochen gnd sayll auss gerichteyt wordin were is auch ssache das ir ploskouwr dorchkantworden dar yr vns ways thun ssolle das hait vns gelobet vnsir allirgnedigeister her konick das vns das de ploskouwr thun ssoln vnd wer id ssache das godt vorbete dar neyn Ende worde alzo das de schedeys hern nicht eyns kunden werden sse lobe wyr Johan Saltrumpp vnd hermen van sundern boden der stayt Rige zcu desszir zcydt das vnser stayt Rige so vil gudes weddir Indringen sayl zcu ploskow alzo de vnser dar ny entphangn de wye van vnsir stayt weghn dar werden heyn senden das das so is gescheyn sso habe wy Johan ssaltrumpp vnd hermen van ssundern vnsir ingeyl vp der an das spacium des brebys gedrucheyt.

№ CCLXI.

Der Rath zu Riga bestätigt die von seinen Sendboten Johann Soltrump und Hermann von Sunderen am Sonnabend vor Reminiscere (9. März) 1471 zu Tracken (Troki) in Lithauen mit König Kasimir von Polen getroffene Vereinbarung wegen eines zu Mariae Geburt (8. Sept.) abzuhaltenden Schiedsgerichtes wegen der in Polozk angehaltenen rigischen Waaren, d. d. Sonnabend vor Judica (30. März) 1471. 1471

Das pergamentne Original, aber ohne Siegel, zu dessen Anhängen nur der Einschnitt da ist, das aber doch einmal daran gehangen hat, im äussern rig. RA. Es ist aber diese Urkunde, nachdem sie ihren Zweck erfüllt gehabt, d. h. den Lithauern als Versicherung der getroffenen Abmachung zu dienen, cassirt worden, wie sowohl die Abnahme des Siegels, als ein schräge durch das Pergament gehender Schnitt beweist.

Wy Borghermestere vnde Raedmanne der Stadt Ryghe bekennen vor allen de dessen Breff zeen horen edder lesen ‖ vnsen leuen heren gunnern vnde guden vrunden vnde sunderlinghes Juw Erbaren vnde Ersamen Bayaren Copplnden ‖ Borgeren vnde gemenen to plosskouw Inn vnde mit dussem vnsem openen breue openbar bethugende dat alse denn de Ersamen her Johann Saltrump vnde her Herman van Sunderen vnser Stadt Sendeboden vor den Irluchtigesten ‖ hochgebornen ffursten vnde Grotmechtigesten herren herren Kasimir koningk to polen Grotffursten to Lythauwen Russen vnde prussen herren vnde Erbelinghe vnsem gnedigestem heren van vnser. vnser Borgere. Copplude vnde vnser Stadt weghen. nu kort vor datum dusses Breues to tracken in Lyttauwen geweset syn vnde dar sulvest van vnser gudere weghen de to plosskouw beth heer to In besathe hebben gestan. vorhandelinghe gehat vnde dem vorgemelten heren koninghe eynen vorsegelden Breff desshaluen alse syne koninglikke maiestat dat affgesproken befft, dar upp gegeuen vnde vorsegelt hebben welkes vorsegelden breues Copie vnde warhafftige auescbrifft hir na volget van worden to worden aldus ludende In nomine domini amen Anno millesimoquadringentesimoseptugesimoprimo am Sonauende vor Reminiscere do weren wy mit den plosskouweren vor den Irluchtigesten hochgebornen ffursten vnde Grotmechtigesten herren herrn kasimir koningk to polen Grotffursten to Lyttauwen Russen vnde prussen herrn vnde Eruelinghe etc. In bywesende vnd Jegenwardicheit des Achtbaren vnde hochwerdighen Rades des Grotffurstendomes to Lyttauwen dar vns vnse hochwerdighe Gnedige herre koningk vry vnde qwydt gaff alle de besatten gudere de de plosskouwere dem dutschen Coppmanne besath hebben kleen vnde grot nichtesnicht uthgescheden de zee vns no alsouort to plosskouw ouerantworden solen effte den yennen, den wy dat beuelen. Des befft vns vnse Irluchtigeste hochgeborne here koningk vns uth gesath eyne tydt, alse natiuitatis Marie dat wy denn solen wesen vpp der lantschedinghe dar sick sakewoldt myt sakewoldt beweten sal vnde ock to rechte stan sall dar syne hochwerdige gnade to hefft geschicket dree heren van dem Achtbaren Rade des Grotfforstendomes to lyttauwen vnde dar entegen komende werden dree heren dar to geschicket van vnser herschopp uth vnsen landen welker sess heren van beyden zyden horen sollen alle claghe vnde antwordt na beyder parthe vorbringent vnde dar na scheden mit Rechte were ydt denn sake dat wy de[1]) rhat werden dat wy den plosskouweren wes don solden dar sall vnse Stadt Ryghe gudt vor syn dat en sodann affsproken gudt sal uthgerichtet werden, were ydt ock sake dat de plosskouwere erkant werden dat zee vns wat don sollen, dat hefft vns geloue vnse allirgnedigeste herre koningk, dat vns dat de plosskouwere don sollen, vnde weret sake dat godt vorbede dar neen ende worde, also dat de scheydes heren nicht eynss konden werden, So loue wy Johann Saltrumpp vnde hermen van Sunderen Boden der Stadt Ryghe to desser tydt, dat vnse Stadt Ryghe so vele gudes wedder Inn bringen sall to plosskouw alse de vnse dar nu entphangen de wy van vnser Stadt wegen dar henne werden senden dat dyt yss so gescheen So hebbe wy Johann Saltrumpp vnde hermen van Sunderen vnse Ingesegelle vnder an des Breues spatium gedrucket etc. Des so beloue wy Borghermeystere vnde Raedmanne bouengeschreuen vor vns vnde vnse Stadt Inn crafft dusses Breues dat wy alsodann vorgerorden Breff vullenkomen In allen synen punten vnde articulen wyllen stede vast vnde vnuorbroken holden sunder argelist. Des to tuchnisse vnde orkunde der warheit hebben wy Borghermeystere vnde Radmanne vorgemelt vor vns vnde vnse erbenomeden Stadt Ryghe vnse Ingesegell heten anhangen benedden an dussen Breff de genen iss vnde geschreuen In den Jaren na der Bort Cristi vnses heren dusentverhundert vnde Im eynvndeseuentigesten Jare am Sonauende negest vor dem Sondaghe alse men singhet in der hilgen kercken Judica me deus etc.

1) *Leg.* to.

№ CCLXII.

1473 Vertrag zwischen dem B. Johann von Dorpat und dem OM. von Livland, Bernd von der Borch, wegen des von beiden mit den Pleskauern geschlossenen Friedens und ihrer künftigen politischen Verhältnisse zu denselben, d. d. Walk 1473.

Gleichzeitige Abschrift (eigentlich Concept eines nicht ausgeführten Vertrages) im GA. zu Kgsbg. Vgl. Index № 2056.

Wy Johann von gadis gnaden Bisschopp thu Darppte Vnde Wy Broder Berndth von der Borch Meister to Liefflande Dutssches Ordens Bekennen apenbar yn dussem vnssem openen besegeldem breue So alss wy na vthgange eynes Fredes nemptliken In den LXXIII Jaren der mynen tall van vnssen vorfarn to XXV Jaren mit den Plexkouwern gemaket vnse baden, to Pletzkaw vmme furdern vrede to maken gesant hadden So de den dar nicht to geliken hen gethogen vnde so van den genanten Pletzkouwern mit listen van eyn geholden, vnde to vngelickem vrede Nemptlicken vnsses bisscboppes baden, thu Dertich, vnde vnses meisters vorgenant to twintich Jaren vorleth vnde gedrungen syuth Des Wy vndereynander thu hardem vnwillen vordacht vnde twist gekamen weren, Dat wy sulkes vnwillen dorch de vnse gescheden vnde gutlichen vordregen synt vnde eyn sulk wo vorsteit mitsampt der vnser yn harde betrachtunge vnd to herte genomen hebben, so des van vnssen vorfarn me gescheen vnd sulk splitterunge vnde vnwille vnss vnssern, vnde dussen gemenen landen to Liefflande to grotem vorfange gekamen is vnd in tokamenden tiden, so de genante Pletzkauwer vnde de gemenen Russen vnde affgesneden Cristen, des sere gemodet vnde vorhouen geworden synth In thokamenden tiden to vornichtinge vnde ewigem vorderue dygen vnde kamen mochte Hebben Wy Johan bisschopp ergenant mit willen rade vnde volborth vnses Capittels vnde manne hirna benompth Vnde Wy mester ergenomth mit weten Rade vnde vulborth vnser medegebediger vnde manne hirnagescreuen Gade van Hemmelrike syner kusschen moder Marien vnde allem Hemelschen Here to loue dem hilligen stole vnd rike to eren, Vnss vnssen vnde dussen gemeynen landen to Lifflaude to nutte vnde gude dusse nageschreuen vordracht vnde voreyninge mitsampt den vnssen Intbeste besunnen thom Walke vorhandelt vnde gesloten, sulker vaer vnde vorderffnisse wo bauen steit vor tho kamen yn mathen hirna volgende Weret sake dat vnsser Heren Jenich vorgescreuen ader vnse nakomelinge vmme vnsse water vnde lande Vnss de gemelden Pletzkauwern vnssem Stichte vnde Orden affgedrungen hebben, ein idder na uthgange der twyer Frede tho twintich vnde dertich Jaren so vorberort is gemaket spreken vnde de tegen de Pletzkauwer furdern wolde, Mach vnde sal vnser eyner offte vnse nakomelinge dem andern eyn Halff Jar thouorn vorkundigen Alsse denne schullen vnde willen Wy samptlicken vnsse twisthafftigen zake vnd gebreke vnsses Stichtes vnnd Ordenss vorgescreuen, liken vnnde eyndrechtlicken furdern vnde recht vmme esschen Vnde afft vns dan samptliken edder besundern des van den vele genomten Pletzkouwern neyn recht edder gelick wedderfaren mochte schullen vnde willen Wy edder vnse nakomelinge dan ssuluest recht nemen Vnd offt de Pletzkauwer des dan an vnsen landen vnde luden vorberort Jenige wrake deden schullen vnde willen Wy dan wedder wrake don so vaken vnde vele dat Radt vnd des tho donde were, Vnde offt wy des dan also mit den genanten Pletzkauwern adder we sick des mit ene tegen Vns vnde vnse nakomelinge an nemende werde tho veyden vnde furdern vnwillen kamen musten, dat got na synem gotlickem willen schicken wille eynes sulken, edder wes dar uth entspreten vnde digende wurde edder off Jenige vngelouige Russen vns vnde vnse Lande zampt edder besundern bauen ere vude recht ouervellen, edder wy sampt eder besundern van not saken mit ene to reden vnde vnwillen kamen mosten Willen vnde schullen wy bischopp vnde mester erbenomth vnde vnse nakomelinge mit vnsen landen vnde luden truwelicken vnde vestliliken sunder alle middel behulpe vede bose generde edder argelist by eynander bliuen, vnser eyn dem andern so vaken vnde vele vnde upp wat steden des to donde werth na alle vnser macht truwe hulpe sture raed vnde bistanth don der vnde aller andern veyden Dar wy yn vorberorder mathe tho kamen weren, edder dorch de Pletzkouwer edder Jemandes anders buten landes ouerall bauen ere vnde recht to kamen mosten vns nicht splittern vnser neyn achter dem andern Jenigewiss Freden edder zonen Sunder wes wy na Rade der vnser tho beyden syden darynne donde werden samptlicken vnd vngetwyet don edder laten Vude offt noth worde Malue[1]) to leggende tegen de Russen vorgenant schal nemant van vns beyden parthen, De malue yn des andern landt offte gebede leggen, ythewere Dat he dar hen geesschet worde Alsse dan schal like wol de geesschede mit synem hogesten vormoge den esscher vnde de syne vor schaden bewaren Geuelle ock dat wy na gelegenen vnde anfallen saken Dat wy ssampt edder besundern neyne

1) Auch *malewe*, *malwe*, *males* und *malva*, Heerzug, Heerfahrt, expeditio bellica; eigentlich der Ort zur Versammlung des gerüsteten Kriegsvolkes, dann auch ein Versammlungsort ganz allgemein, und der Kriegszug selbst; wohl verwandt mit dem mittelhochdeutschen *mâl* in der Bedeutung: etwas Verabredetes, Bestimmtes: census, signum jurisdictionis, Gericht (vgl. Haltaus, Wachter und Ziemann in ihren Wörterbüchern).

forderinge, er uthgange der twintich Jare Wy mester vorgenant vnd vnse werde orde ergenant mit den Pletczkauwern gefredet hebben Wo vor steit to nener forderinge effte wrake enquemen vnde vns gelegen were vorder to Frede Wo kort offte langk schullen vnde willen wy offte vnse nakomelinge, mit Rade des Hern bisschoppes tho Darppte edder synen nakomelingen rate vnde weten doen vnde den genanten Heren to Darppte vnde syn Stichte mede yn sulken vrede theen De genante Bisschopp to tiden den genanten frede ock so annemen sal, vppe dat men yn vrede vnde vnvrede yn vorberorther mathe eyner lude syn vnde bliuen Dat allent sunder argelist so vnuorbroken tho hundert Jaren tho holden Vnd uppe dat dusse Jegenwordige vordracht also wo bauen steith von vns yn dem besten vnd von noden besunnen vnuorrucket vnde vnuorbraken bliuen moge Hebbe wy beide Hern vorgenant, vns forder vor vns vnde vnse nakomelinge voreynigel vnde vorplichtet Voreynigen vnde vorplichten vns Jegenwordigen yn dussem sulven breue Wert sake dat Jenich gebreck edder vnwille nw vorthmern vnde yn tho komenden tiden twisschen vns Hern vnd vnssern nakomelingen edder vnser Ridderschopp vnde manscboppen vpstunden Dat got de Here genedichlichken affkeren wille, Schullen wy Hernedder vnse nakomelinge so vaken alss des to donde vnd vnser welk van dem andern esschende worde Darumme upp eyne gelegene stede tho samende kamen solke twiste vnde gebreke, Dorch vns sulvest edder de vnssere na reden vnde der gelegenheit In gutlicheit henlegen laten Unde offt de sake so wichtich vnde swar weren, dat men de aldar so nicht vordregen en mochte Alsse dan schullen vnde willen wy edder vnse nakomelinge Wy Bisschopp twe van vnssen Dombern vnde twe van vnssen geswaren mannen Vnde wy meister twe van vnssen Gebedigern vnde twe vnsses ordens geswaren bynnen den negesten veerteyn nachten thom walke vpp eynen bestymmeden dach ynssenden, De de berorden twist als dan twisschen vns Hern dar interste In fruntschopp to vorhandelen vornemen schullen to vorliken Vnde offt des nicht gescheen en mochte nicht van dar rümen se en hebben de yn rechte gescheden Vnde efft se getwiet recht spreken so schullen de sulven geschickeden achte schedeslute aldar eynes framen vorstendigen vnparteilicken Ouermanss eyns werden De dat ock anneme Welkerem parthe, de synes gesproken rechten einen tonall dede, edder dar eyn beter recht ouersprekende wurde, Schullen wy edder vnse nakomelinge vpp dat wy vnde vnse lande to hundert Jaren yn eyndracht bliuen ssunder wedderrede eyn genoge hebben Bedeuchte ock dem sulven Ouermanne noth siende, wene to sick dar tho rade to terende eynen twe edder mer, na synem gutduncken, schal by eme vnuorwitlick vnd vnuordechtlick stan Vnde wes he so eynen tonall donde edder eyn beter recht sprekende worde wo vor vnd na steit Des schal he van vns beyden Hern vnde den vnssen sunder alle vordacht vorwith vnd schaden bliuen vnd dem sso volgen Wer ock dat vnsser vndersaten welk der genante Ridderschopp vnd manschopp mit des andern vndersaten to donde hadde edder krege schal de kleger den beclageden vor synen Hern vnd yn deme gerichte he beseten is, na wise wanheit vnd rechte des landes furdern vnde rechtnemen vnde sick so verne eme dat bynnen borliken vnd wontlicken tiden wedderfaren mach ane genogen lathen Wor eme des ouer also nicht wedderfaren edder bescheen en mochte Mach vnd schal des klegers Here an den beclageden Heren dat vorschriuen vnd van eme gesynnen vnd eysschen ock bynnen veerteynnachten alsse denn vppe eynen enkeden dach twe syner geswaren tegen des andern Hern twe geswaren Manne thom Walke Inthoschicken gesynnen de sake dan in aller mathe Dar dan twisschen den vndersaten vorthoonemen tho vorhandelen tho scheden vnd tho enden gelick bauen gerorth s twisschen vns Hern Vnd dit all alsso wo bauensteith tho holden vnde to donde, so vaken alss des noth vnd behoff werth alle sunder argelist vnde geuerde Vnde Wy A b c d

Capittels Hern vnde Wy E f g h manne van wegen vnsses Capittels vnd gemeynen Manschopp der kerken tho Darppte Vnde Wy C Landtmarschalk D e f g Gebedigere kompthure vnd Vogede Vnd Wy G h i k manne vnde gesworne vnsses Gnedigen Hern mesters vnde ordens vorgenant Bekennen alle dat dusse Jegenwerdige vordracht mit vnsem rade vnde willen vnd volborth gescheen is Des Wy Hern vor vnd wy genompthen alle na vnse Ingesegel witlicken an dussen breff hebben hangen lathen thor tuchnisse de vnuorbrocklick yn allen eren Artikulen by Cristen truwen vnd gelouen to den vorgescreuen Hundert Jaren tho holden Sunder Argelist vnd geuerde Vorhandelt vnd Gegeuen yn den Jaren vnd dage vorgenant.

№ CCLXIII.

Die polozkischen Bojaren und die Bürger und ganze Gemeine der Stadt Polozk laden (1475) den Rath und die Gemeine der Stadt Riga, nach Herstellung des guten Gesundheitszustandes bei diesen, dazu ein, sich vor dem in Lithauen anwesenden König (von Polen) zu stellen, um wegen früherer Schadenstände allendlichen Schluss zu treffen. d. d. Polozk, am 2. März der 8. Indiction (viell. J. Chr. 1475).

Pap. Orig. mit dem in grün Wachs aufgedrückten Siegel im äussern rig. RA.

† Паномъ и прнятѣлемъ и суседомъ нашимъ: пану войту, и бурмистромъ, и рад‖цамъ, и мѣщаномъ, и всѣму посполъству Ризького мѣста, наша орнязнь‖на все часы, отъ боярь Полоцькыхъ, и мѣщанъ, и всѣго посполь‖ства Полоцького мѣста. Што пишетѣ, ваша милость, к намъ о своемъ здоровьи, што далъ Богъ у вашомъ мѣсте здорово, и мы тому ради вашѣму здоровью. А коли далъ Богъ у васъ здорово, и ваша милость вѣлитѣ своимъ купцомъ к намъ ехати и съ своими куплями; а мы своимъ также велѣмъ к вамъ ехати до Риги, какъ и пѣрвѣи перѣдъ симъ было. А про то ваша милость на насъ не рачьтѣ дивити, што есмо вашихъ купцовъ на тотъ часъ къ собѣ не пустили; бо то есть во всихъ земляхъ таковъ обычаіі. А што отъ вашѣе милости намъ вѣликый шкоды стали, которые сами вѣдаетѣ, и какъ осподарь король его милость былъ у своеи отчинѣ у Литовъскомъ Князьствѣ пѣредъ симъ, и вы нялися стати перѣдъ осподаремъ королѣмъ его милостью и о тыхъ шкодахъ конѣць с нами учинити, и ваша милость тогды нѣ стали. Нынѣ пакъ вамъ оъявлемъ: далъ Богъ, осподарь король его милость у Литовъскомъ[1]) князьствѣ у своеи отчинѣ, и ваша милость, штобы есте ехали пѣредъ осподаря короля его милость, и о тыхъ шкодахъ конѣць с нами учинили, бы не было промѣжь нами большихъ о томъ шкодъ. Псана у Полоцку Марта в индикта и.

In dorso: Паномъ приятѣлемъ и сусѣдомъ нашимъ: пану войту и бурмистромъ, и радцамъ, и мѣщаномъ, и всѣму посполъству Ризького мѣста.

1) Im Original: Литово mit ъ uber der Zeile.

№ CCLXIV.

(1476) Bojaren und Bürger nebst ganzer Gemeine von Polozk schreiben dem rigischen Rathe wegen des nach Wiederherstellung der Gesundheit wieder zu eröffnenden freien Handels und Wandels, d. d. Polotzk den 23. Febr. der 9. Indiction (viell. J. Chr. 1476).

Pap. Orig. mit einem unterhalb der Schrift gedrücktem weissen Wachssiegel im äuss. rig. RA. Dabei lag eine alte deutsche Uebersetzung (etwa aus dem 17. Jahrh.), welche hier ebenfalls wiedergegeben.

Вашѣи милости, нашимъ милымъ приятѣлѣмъ и суседомъ: пану буръмистру и воиту и радцамъ и всѣмъ мѣщаномъ Ризького мѣста отъ бояръ Полоцкыхъ и отъ мѣщанъ и отъ всѣго поспольства Полоцкого мѣста. Ради слышимъ вашѣе милости здоровье, што милосердыи Богъ свое милосердье призволившии на васъ и утишилъ, а далъ вамъ своею милостью. Богъ дая вашѣ милости жити здоровымъ, а и същастънымъ, а въ нас далъ такжѣ Господь Богъ у Полоцкомъ мѣсте добро здорово, и мы вашеи милости здоровью радуемъ ся слышачѣ, и о томъ ся вѣселуемъ. А што ваша милость до насъ писали до своихъ суседовъ, што быхомъ мы вашихъ купцовъ, Рижанъ, пускали къ Полоцку и съ товары, и мы ихъ милость ради того хотимъ, штобы ихъ милость к намъ ехали здорови, а и същастьми, а мы ихъ милости ни о чемъ нѣ за[1]), а нашихъ людѣи Полочанъ такжѣ къ собѣ пускаитѣ доброволно приехати и от-ехати. А ваша милость живѣте добри здорови и същастьви. А псана у Полоцку Февраля кг день, индикта ѳ.

Бояре Полоцкыи и мѣщане
и всѣ поспольства Полоцкого мѣста.

In dorso: Приятѣлѣмъ и суседомъ нашимъ: пану боръмистру и воиту и всѣмъ мѣщаномъ Ризъкого мѣста.

1) Die Worte: ни о чемъ нѣ за sind über der Zeile angebracht. Vielleicht ist zu lesen: нѣ [illegible].

Ewer achtbar gunsten Vnsern Lieben Freunden vndt Nachbarn, Herrn Bürgermeister Richter vndt Rath vnd allen Bürgern der Stadt Riga, Vnsern gruess; Von Vnss vom Adel Bürger vnd der gantzen gemeine der Stadt Polotzka, Wir hören E. A. g. gesundtheit, dass der Barmhertzige Godt Vber euch seinen Zorn gestillet[1]), Vndt euch numehr gute glückliche gesundtheit vorliehen, Bey vnss hadt Godt zur Polotzka eben woll gute gesundtheit Vnss zu leben gegeben, dass E. A. g. an vns alss Euere Nachbaren geschrieben habet, dass wir sollten Euere Rigische Kaufleuten mit Wahren zu vnss zur Polotzka komnen lassen, welches wir gerne sehen, dass E. A. g. zu vnss Mochten glücklich vnd in guter gesundtheit komen, Vndt wir euch mit nichten gefehren wollen Eben messig wollen E. A. g. Vnsere Leute von Polotzka zu euch vndt von euch reisen lassen, Vnd bleibet in guter glücklicher gesundtheit geschrieben zu Polotzka den 23 Februar ii.

Die Adel zur Polotzka Vnd Bürger
Nebest der gantzen gemeine zur Polotzka.

1) Die alte Uebersetzung giebt zwar den Sinn richtig, ist aber nicht wortgetreu; es müsste es hier nach dem Originale eigentlich heissen: dass der barmherzige Gott seine Barmherzigkeit euch bewilligt und eure Ungnade (die Acht) durch seine Gnade gestillet (aufgehoben) hat.

№ CCLXV.

Vergleich zwischen den Polozkern und den Rigischen über ihre seit 1466 obschwebenden Handelsstreitigkeiten, unter Zahlung von 100 Rubeln Seitens der Stadt Riga an Polozk, d. d. Polozk, den 22. Juli 1478. 1478

Perg. Orig. mit dem Siegel der Stadt Polozk im innern rig. RA.; dürftiger Auszug bei Brotze, Syll. I. 91. Vgl. Index № 3445. Dem Schlusse der Urkunde ist hinzugeschrieben: «Dusse polosskouwische Breff den de Polosskouwer gegenen hebben der Stadt Ryghe de luth in aller wyse van worden to worden gelijch alse der Stadt Ryghe Breff den de Raedt to Ryghe gegeuen heft den Polosskouweren». Von dieser Gegenurkunde der Stadt Riga hat sich im äussern rig. RA. eine Abschrift auf Papier erhalten, aus der wir die Abweichungen hier unter den Text gestellt haben.

† Буди ведомо всимъ добрымъ людемъ, нонѣ[1]) и потомъ, всимъ почестливымъ[2]), хто[3]) нашь сь листъ узрить, или услышить || его чтучи, а какъ промежи насъ чесных пановъ, и бояръ Полоцькыхъ, и мешанъ, и всего посполства Полоцького ме||ста[4]), а такъ же отъ[5]) всихъ почестливыхъ пановъ, буръмистровъ, и ратъмоновъ, и купъцовъ, и всего посполства || Рызького места, какая была промежи насъ нелюбовъ и незгода, и гневъ усталъ, в лето после Божьего нароженія тысеча летъ и четырыста и шездесатъ шостого году, на весне обо възнесении Божии, што тутъ съшли[6]) наши Полоцькыи стругы, насмъныи и ненаемъныи, с нашими товары и по свои товары, што первеи[7]) того были поторговали, а они[8]) буръмистрове и ратъмонове нашихъ товаровъ Полоцькыхъ[9]) не выдали, и стругы наши По(ло)цькыи пошьли[10]) на гору порожьнии, а[11]) для того непочестливого слова и похвалъкы, што Гаръману говорили и Захарьи, а после и писали, алибо[12]) што будеть учинено промежи нами с обею[13]) сторонъ, и тыи товары Полоцькыи за нами за Рижены занепькали отъ[14]) Вознесенья да Ильина дня, и о тыхъ чесехъ[15]) былъ Па(нъ) Сенько Григорьевичь, посольствомъ, панъ Митко Труховичь, панъ Евлашько Федоровичь, инъшии[16]) мещане, с ними приехали да Кукоиоса, до[17]) того велебъного преосвещенного арьцибисъкупа Селивестра в святое сборъное Рызькое церкви, а такъ же из Рыгы приехали Рызькыи послы да Кукоиоса панъ Ганусъ Филиповичь буръмистръ, панъ Ганусъ Боръхъ, панъ Гаръмонъ Жунъдерь, и тутъ конъца не въчинили, и оттоле приехали к Рызе, и были на местерове городе, и на ратузи, и тогды Рижене Полоцькыи товары выдали и слюбили тыи послы Полоцькыи в руку дали на томъ[18]), што купъцомъ честъ путь на обе сторонe по старымъ записомъ[19]), и на тотъ слюбъ[20]) послали Рижене[21]) своихъ купъцевъ к Полоцьку и[22]) своими товары, нно тогды Полочане то-

Varianten der Gegenurkunde der Rigischen.

1) [In der Originalurkunde steht нна mit dem Abkürzungszeichen (титло) über den zwei н. Vgl. Note 44.].

2) почестливымъ панomъ.

3) кто не чаmь сесъ.

4) промежи насъ буръмистровъ и ратъмоновъ и всего посполства Рызького места.

5) отъ чесныхъ пановъ и бояръ и мещанъ и всего посполства Полоцького места.

6) сошли полоцькие стругы.

7) перъ.

8) и мы.

9) того товару Полоцького.

10) и стругы на гору пошли наши порожънии.

11) *deest:* а.

12) алибо будеть што учинено.

13) обою.

14) отто.

15) часехъ.

16) и иншимъ.

17) до арьцибискупа а такъ же из Риги приехали наши Рызскыи послы Кукоиосу.

18) *deest:* на томъ.

19) старои записи.

20) и мы Рижене.

21) послали есмо на тотъ слюбъ своихъ. — 22) *deest:* и.

вары Немецькыя забавили[22]), а отъ тое[24]) забаньки промежи нами Полочаны и Рижены[25]) гневъ[26]) и непагоды, и мы Полочане[27]) своихъ пословъ послали да освеценого короля, осподаря нашего и его милости, да Смоленьска, и потомъ[28]) к Вильни, и къ Трокомъ[29]), на велико нстраве, ино[30]) тогды Рижене[31]) товары свои выслобонили, и листъ[32]) свой записали Полочаномъ, коли промежи насъ единанья не будеть, ино намъ[33]) Рижене слюбили опять тыи товары поставити в Полоцьку, какъ у листу записано, а после того былъ суемъ на Индрини[34]), и тътъ коньца не чинили, и понечи[44]) послали Полоцькыи бояре и мещане, и все поспольство Полоцькое место, свои послы Полоцькыи[35]), и з верещимъ листомъ, отъ бояръ на імя панъ Сенько Радьковичь, а отъ мещанъ панъ Евлашько Федоровичь, панъ Зеновен Бонько[36]), даватее[37]) ратуши и да[38]) всего Рижского места, и Рижене[39]) выбъради отъ своихъ ратъмоновъ три, а отъ купъцовъ три, на имя панъ Конъдротъ Гостиловичь, панъ Радивонъ Ламорь, бурьмистры, панъ Ганусъ Крысвый[40]), ратъмоннъ, а отъ купъцевъ панъ Володимеръ Мен, панъ Петръ Инъдриковичь, панъ Ганусъ Герьковичь, ино тыи з Божьею помочью и святого духа въединали, и доконьчали, напперьвем што записи старыя промежи насъ Полочанъ и Риженъ[41]), осподаря нашего великого князя Витовъта князя Конъдрата отъ Виньтикыофъ, мешьтеря Ифлянъское земли и Немецького закона, а такъ[42]) потвердилъ тыхъ записовъ князь великыи Жимонтъ[43]) и понечи[44]) осподарь нашь освеценыи король такъ же потвердилъ, и мы излюбили тыи записы твердо держати с обою сторонъ, ни въ которомъ члонъку не выступати, моцьно и споднь держати, безъ кажьное хытрости и переводъкы, а шьто промежи насъ былъ гневъ, усталъ и шькуды[45]) и з абою сторонъ, ино намъ коньчно[46]) того не въпоминати, Полочаномъ и Риженомъ, а мы Полочане слюбили есмо[47]) блюсти Риженина в Полоцьку, какъ своего брата Полочанина, и справедьливость имъ делати въ всемъ, ни которого имъ гневу не вспоминати ни въ таи ни въ яво, безъ кажьное хытрости[48]) одному одного[49]) блюсти, и помогати и боронити какъ самому себѣ, со всимъ добрымъ. И ноние[50]), бурьмистрове, и ратъмонове, и все поспольство Рижького места виделя[51]) тую шкоду нашихъ кормъниковъ и теглицовъ[52]), и они намъ Полочаномъ[53]) за тую

22) своимн товары и ни наши товары забавили.

24) тъе.

25) *deest:* Полочаны и Рижены.

26) гневъ am Rande: шкоду, сталъ.

27) *deest:* Полочане.

28) а после того.

29) Als Zusatz unter dem Texte: «до того велебъного преосвещеного арцибискупа Селивестра святое Рижьское церькви, нашего милостивого осподаря».

30) и тогды.

31) есмо товары.

32) листъ есмо свои.

33) и мы.

34) *add.* былъ панъ Миколая Цеииировичь, панъ Олехно Судимонтовичь, панъ Богданъ Ондреевичь, а бояре Полоцькии и мещане. (Diese Worte sind aber wieder ausgestrichen).

35) и тутъ куньца не въчинили, и ино (mit dem Zeichen) присылали к намъ чесныи послы Полоцькыи.

36) Буцько.

37) да ваиее.

38) [In der Originalurkunde steht *д* mit den Abkürzungszeichen. An andern Stellen steht ebenfalls *а* fur *о*. Auch andere Inconsequenzen kommen vor, wie *шкодо*, *шкома* und *шкода*].

39) мы. — 40) Красныи.

41) Рижены и Полочаны.

42) такъ же.

43) Жидимонтъ.

44) [In der Originalurkunde kommt in der ersten Zeile des Manuscripts *ино* und an der zweiten Stelle *понечи* mit dem Abkürzungszeichen vor; an der hier bemerkten Stelle steht *ниечи* mit dem Abkürzungszeichen uber dem zweiten *и* und später (s. Anm. 30); in der Originalurkunde *понне* ebenfalls mit dem Zeichen uber dem zweiten *я*].

45) уставъ и шкоды.

46) конечьно того Риженомъ и Полочаномъ. [In der Originalurkunde steht *конь* mit *ч* uber dem *н* und einem Abkürzungszeichen uber *ь*].

47) и мы Рижене излюбили блюсти Полочанина в Ризѣ какъ .. Рижанина.

48) хытрости.

49) одинъ другого.

50) И мы бурьмистрове.

51) видели есмо.

52) шкоду корьмниковъ и теглицовъ.

53) и мы Полочаномъ.

шкоту[54]) дали сто рублевъ и свои[55]) великыи шкоды отложили и гневъ и злость изо всего сердца, и мы Полочане[56]) тотъ листъ ихъ записъныи[57]) отдали и повертали, и потомъ намъ того не въпоминати с обею сторонъ, а ні поруба за то не держати обо въсихъ обидахъ, какъ перво писано, а кому до кого будеть дело, ино знати исцю исца, какъ у старыхъ записехъ стаить. А діля лепьшее твердости и верности і[58]) мы бояре По(ло)цькыи, и мещане, и все поспольство Полоцького места, за насъ и за наши последъкове[59]), што в семъ нашемъ листу верхописаныи члопъкы, то намъ твердо и вечьно держати не порушено, на обе стороне, безъ кажьное хытлянъства, явъно[60]) печать есмо свою приложили[61]) к сему листу, а листъ сесь нашь писанъ и данъ в Полоцьку[62]), в лето по Божьемъ нарожения тисеча летъ и четыреста и семъ десятъ осмого году, мѣсяца Юля в кк день, на память святое Марьи Могдалыни[63]).

54) шкоду.

55, а наши.

56; и они намъ Полочане.

57) тотъ листъ отдали.

58) мы бурьмистры и ратьмане, отъ купьцевъ нашихъ и отъ всего Ризького места.

59; последьным.

60) явьно в печать.

61) привесили.

62) в Ризе.

63) *add.* Сесь листъ Ризьные, которым данъ По(ло)чаномъ, слышано ото всего обычея, отъ слова да слова въ Полоцьмы листъ, отъ Полоц(к)ого города данъ Рижаномъ.

№ CCLXVI.

Eines Befehlshabers Schreiben aus Polozk an den rigischen Rath wegen gegenseitig zu bewilligender Freizügigkeit für die Kaufleute, und zwar für die Polozkischen auch über das Meer, o. O. u. J.

Papiernes Original im äussern rig. RA. Leider fehlen alle äusseren und inneren Gründe, um die Person des Ausstellers dieses Schreibens zu ermitteln. Die Schriftzüge deuten wohl aufs 15. Jahrhundert; diesem Briefe aber hier seine Stelle anzuweisen, veranlasst uns die darin vorkommende Erwähnung des rigischen Гарманъ, der wahrscheinlich mit dem in diesen Urkunden häufig und namentlich in der vorstehenden Urkunde theils als blosser Гарманъ, theils als Гарьманъ Жуньдерь vorkommenden Abgesandten und Unterhändler des rigischen Rathes Herrman von Sundern identisch sein dürfte. Nach Böthführ's rig. Rathslinie S. 43 kam er 1452 in den Rath und war noch Vogt 1479.

† Почестнымъ мужомъ приятелемъ нашимъ ратманомъ Рыскимъ. И зде какъ прiѣхалъ есмь у Полотескъ, и купци князя великого Полочане били намъ челомъ, а повѣдають, штожъ князь вашь мештерь Полочаномъ у Ризе торговати не далъ, а ешо и товаръ у нихъ пограбилъ, и суды отоималъ, во князя вашого мештереве земли, что пѣши пришли к Полоцку: такую имъ соромоту учинилъ; ино не имъ соромоту учинилъ, осподарю нашому князю великому сóромоту чинить. А вашимъ купцомъ Рижскимъ у Полоцку добролно торговати и вы бы князю своему мештерю говорили, штобы князя великого купцомъ Полочаномъ товаръ ихъ отдалъ, а торговати бы далъ, какъ издавна быва(ло) по старому; а не въсхочеть ли отдати, ино зде у Полоцку вашихъ купцовъ полно, и мы противъ велимъ товаръ у вашихъ забавити. А к намъ бы есте отписали. А также у Невгини[1]) у Полочанъ товаръ трасуть, а грабять и гличами поставы колуть, и вы бы и о томъ князю своему мештерю говорили, а к намъ бы есте

1) Невгинь = Dünaburg, s. unten p. 241. Anm. 1.

отписали противъ нашои грамоты. А Гарманъ вашь намъ на то слюбилъ и руку на томъ далъ, што князя великого купьцомъ Полочаномъ у Ризе торговати доброволно, и за море путь чистъ, водою и сухимъ путемъ, какъ издавна бывало, по старому. А дасть ли панъ князь вашь нынтерь купцомъ Полочаномъ за море путь чистъ, а у насъ вашимъ купцомъ Рижанамъ путь чистъ к Витебску и к Смоленску. А наши записи старые у Полочанъ, а Полоцкии записи старыи у васъ. А какъ Гарманъ вашь намъ слюбилъ и руку далъ, што нашимъ купцомъ Полочаномъ за море путь чистъ торговати, и мы, по тому слюбенью по Гармонову, вашихъ есмо купцовъ пропустили к Витебьску и к Смоленску, оли ихъ и на Москвѣ побывали. А какъ слюбите намъ, што нашимъ купцомъ Полочаномъ дадите за море путь чистъ торговати, водою и сухимъ путемъ, а мы нынѣ вашихъ купцовъ пропустимъ к Витебьску и к Смоленску по старому. А также послали есмо слугу своего Дашка к Полочанъ до Риги, своимъ дѣломъ, своими рѣчми. А отсюле поѣхали водою, а отоле уже нелга ѣхати водою, замержеть, и они собѣ тамъ кони покупять: ино прошю васъ, своихъ приятелеи, штобы есте ихъ пропустили доброволно.

Adr.: Почестнымъ мужомъ приятелемъ нашимъ ратманомъ Рижанамъ.

№ CCLXVII.

1480) Der livländische OM. zeigt dem HM. an, die von den Russen beleidigten Schweden wünschen sich mit ihm gegen den Grossfürsten von Moskau zu verbinden; er sei geneigt, dieses zu thun, und auch mit Lithauen dieserhalb ein Bündniss anzuknüpfen, o. O. u. J. (vom J. 1480). *D.*

Abschrift im GA. zu Kgsbg.; Abdruck in den Mittheilungen aus der livl. Gesch. IV, 124. Vgl. Index № 2130.

№ CCLXVIII.

1480 Derselbe giebt dem HM. von einer glücklichen Affaire gegen die Russen und von einem neuen wider sie zu unternehmenden Zuge, Nachricht, d. d. Ronneburg, am Tage Fabiani und Sebastiani (20. Jan.) 1480. *D.*

Orig. im GA. zu Kgsbg.; Abdruck in den Mittheilungen IV, 125. Vgl. Index № 2133 und I. Chron. v. Pskow a. 6988.

№ CCLXIX.

1480 Derselbe meldet demselben den Einfall der Russen in Livland, d. d. Riga, am Sonnabend vor Palmen (25. März) 1480. *D.*

Orig. im GA. zu Kgsbg.; Abdruck in den Mittheilungen IV, 127. Vgl. Index № 2134.

№ CCLXX.

Derselbe entschuldigt sich bei dem Könige von Polen durch den Einfall der pleskauischen Russen in Livland und seinen Zug gegen sie, so wie durch seine Krankheit u. s. w., wegen einer nicht abgeschickten Gesandtschaft, die er nun 8 oder 14 Tage nach Pfingsten senden will, d. d. Riga, am Gründonnerstag (30. März) 1480. *D.* 1480

Gleichzeitige Abschrift im GA. zu Kgsbg.; Abdruck in den Mittheilungen IV, 132. Vgl. Index № 2136 und I. Chron. v. Pskow unter dem J. 6988.

№ CCLXXI.

Der livländische OM. giebt dem HM. Nachricht von einer (den Schriftstellern unbekannten) Expedition, welche er gemeinschaftlich mit B. Johann von Dorpat und B. Simon von Reval gegen Pleskau unternommen hatte und nach eilf Tagen ohne Erfolg beenden musste, d. d. Ermes, am Freitag nach Aegidii (8. Sept.) 1480. *D.* 1480

Orig. im GA. zu Kgsbg.; Abdruck in den Mittheil. IV, 134 und I. Chron. v. Pskow a. 6988.

№ CCLXXII.

Der Comthur von Marienburg (in Livland) sendet dem livländischen OM. das Originalschreiben des Jürgen Engedes, d. d. Neuhaus, Sonntag nach Thomae (23. Dec.) 1481, worin dieser Nachricht giebt, dass der König von Moskau, Naugard und Pleskau einen heimlichen Einfall in Livland thun wolle; wobei der Comthur seine Neuigkeiten aus Pleskau ebenfalls meldet, d. d. Marienburg, am Weihnachts Abend (24. Dec.) 1481. *D.* 1481

Orig. im GA. zu Kgsbg.; Abdruck in den Mittheilungen IV, 139. Vgl. Index № 2163.

№ CCLXXIII.

Ritter Ernst Wolthusen meldet dem livländischen OM. politische Neuigkeiten, die er in Moskau erfahren, d. d. Narwa, am Dienstag nach Lätare (11. März) 1483. *D.* 1483

Gleichzeitige Abschrift im GA. zu Kgsbg.; Abdruck in den Mittheilungen IV, 141.

Nach den russischen Quellen zogen die livländischen Gesandten im August 1482 über Pskow nach Moskau, von wo der Grossfürst seine Bojaren nach Narwa zur Abschliessung eines Friedens (auf 20 Jahre) schickte.

№ CCLXXIV.

1487 B. Theodorich von Dorpat bittet den livländischen OM. Freitag von Loringhofe um Entschuldigung, dass er zu dem vom EB. nach Smilten angesetzten Tage, um über den drohenden Krieg mit den Russen zu berathschlagen, nicht kommen könne, besonders weil er am meisten von den Russen zu befürchten habe, worüber er ihm ein Schreiben aus Dorpat mittheilt, d. d. Saugnitz, am Montag nach Johannis (25. Jun.) 1487, nebst dem Auszuge eines Schreibens aus Nowogrod, worin Nachricht gegeben wird, dass der Grossfürst von Moskau, sobald die Armee aus Kasan zurückkäme, über Narwa in Livland vordringen werde; dass die Pleskauer ihres Königs gern los wären; dass die Kaufleute aus Nowogrod nach Moskau geschleppt würden u. s. w., d. d. Dorpat am 8. Tage nach Fronleichnam (21. Jun.) 1487. *D.*

Orig. des ersten und Abschrift des andern Schreibens im GA. zu Kgsbg.; Abdruck in den Mittheilungen IV. 143. Vgl. Index № 2237 und die russischen Chroniken.

№ CCLXXV.

(1498) Des HM. Instruction für Ludwig von Sanssheim, Gesandten an den römischen König und Kaiser (Maximilian), um demselben das beste Mittel anzuzeigen, den Orden und besonders Livland, zum Widerstande gegen die Russen geschickt zu machen, und seine nachdrückliche Mitwirkung zu diesem Zwecke nachzusuchen, o. Dat. (wahrsch. 1498). *D.*

Abschrift im GA. zu Kgsbg.; Abdruck in dem Suppl. ad hist. Russiae monum. (Petropoli, 1848) p. 309—311, № CXX. Vgl. Index № 2368.

№ CCLXXVI.

(1498) Schreiben des Comthurs von Königsberg, Ludwig von Sanssheim, Abgeordneten an den römischen König und Kaiser Maximilian, worin er demselben die politischen Verhältnisse zwischen Russland und dem Orden berichtet, und die weiteren Anträge laut der Instruction wiederholt, o. Dat. (wahrsch. 1498). *D.*

Abschrift im GA. zu Kgsbg.; Abdruck in dem Suppl. ad hist. Russiae monum. p. 312. № CXXI.

№ CCLXXVII.

Schreiben des Königs Johann von Dänemark und Schweden an den OM. Wolter von 1499 Plettenberg, wegen ihres beiderseitigen Bündnisses wider die Russen, d. d. Stockholm, am Montag nach Cantate (14. Mai) 1498, nebst dem Bündnisse selbst oder dem Vorschlage dazu, d. d. Flensburg, den 25. Nov. 1499.

Gleichzeitige Abschrift im GA. zu Kgsbg. Vgl. Index № 2392.

Johann von gots gnaden zw Sweden Denmargk norwegen konig Hertzog zw Sleswitz zw Houlstein, stormarenn, vnd der Ditmerschen hertzog etc.

Vnnsern freuntlichen gruss zuvor Hochwirdiger bsunder guter frundt wir fugen euch gutlichen zw wissen, Das wir bie nu in Vnserem Reiche zw Swedenn, gekomen sein vnd gedencken noch ein tzeitlang Vns hir zw enthalden, Vnnd haben nw vnnserm gewissen Sendeboten in merglichen Werben vnd Handel, der gantzen Cristenheit, auch vnserm reich vnnd landen zum besten, wente an den Grossfursten vnd hern von Rewslannde, aws vorschickt Dorumb freuntlichen begern, Ir taw Ewr Rethe, ader auch volmechtige Sendebotenn, mit dem ersten, wente hir an vns Nw vorschicken willen, Damit zw reden vnd handelen, dussem vnsrem Reich gemeine Vndersassen, vnd auch ewrn landen vnd lewten, zw nutz vnnd fromen, Die selbten in gutem Regiment zw bestettigen, vnd furder in gutem bestandt vnd eintracht So vnns vnderlangs zw der grenitz Vnnser laude, nach gelegenheit, wol getzimen mag zw behalden, haben auch furdener Diesem gegenwertigen vnnsrem getrewen Diner, Brandt bernner, etlich vnser wernen muntlichenn an euch zwbrengen beuolhen, Demselbten gantzen glouben geben, Vnd euch dor Inne vmb Vnnsernt willen gutwillig ertzeigen wollen, Datum vf vnnsrem schloss Stockholm am Montag negst nach Cantate Anno etc. XCVIII^{mo} vnnder vnnsem Signet

Dem Hochwirdigen Hern Walter von Plettenberg Meister Deutzschs ordens In leifflandt vnsern bsondren guten fruude,

Als denne de Hochwirdige Meister in leifflandt to der koniglichenn M^{t} to Denmargkten, geschickt hadde, am Jare nach Cristi vnnsers hernn gebort, Tausent virhundert dornoch im Neun vnd newntzigsten am tag katherine, Virginis to flensborch de Wirdigen Erbaren vnd Vesten hern Euert wermynghusen Comthur zw Pernaw Johan vonn Plettenburg, vnd Meister Conradt symonis kirgher to Ruygen tzwuschen der ko. M^{t} siner gnaden Rick, vnd lande, vppe de eynen vnd dem Hochwirdigen Meister in leifflandt deutschs ordens sinen landen vnd luden vp de andern syden, dem almechtigen gote to loue, der Cristenheit to bestande, beider Parte Ricke landen vnd luden, tom besten vnd fromen Wider den Russen ein Vorbunt vnd Confederatien to makende, dar dann Na etlichem Handel dat abschiet vnd beschlut gewest is in Nach beschriebenner Weis.

Interste dat de Wirdigen Sendeboten Wederum an den Hern Meister to lifflande bringen sollen, So de ko. M^{t} van dem hern Meister vnd synen landen na older gewounheit vnd herkomen, in aller Maten also siner ko. gnaden vorfaren vnd konigen to Denmargkten vnd Sweden erkant, sin worden des lands to lifflande beschermer vnd beschutter to sinde, ock also Jarliken erkant de vpgnantenn Vorbunt, vnd Confederation so de mit siner gnaden Vorfaren konigen der obgnanten Rick, dem Meister to lifflande vnd sinen landen, noch older loblicher Weis vnd gewonheit gemacket muge werden, Is sein ko. M^{t} woll gneigt, dem Heiligen Cristlichen globen to uormeringe beider Parten Ricke, landen vnd luden, to bestande, vnd tom besten na des Hern Meisters to liefflande begeringe, Söderne bundt vnd Confederatien an to Nehmende, Vnd to fulbringende.

Item so de Her Meister gesynnet ist sodanns fulkomeliken to boldende So beft de ko. M. vp des hern Meisters beleuent vnd fulbort beramet vnd angesettet vp sant Johannis baptipsten tag to middem Sommer Negstkomen vp gotlande tom Stockholm edder Calmer in einen der dreyer steten dar id dem hern Meister beqwemist ist, einen gemeinen tag to boldennde, Dar also denne beider parte Rede vnd fulmechtigen Sendebotenn, mit gentzlicher fullkomener macht tor stede komen sollen, So dann, Vorbundes vnd Confederacien to tractirende, Vnd nach aller gelegenheit vnd notdurft alle ding antothinde vnd tho fulbringende, Und so der her Meister to leiflande gesynnet ist, sodanen tag vppe einen der Dreyer steten tobesendende das sal he der ko. M. Vor sancte Johannis baptisten tag seine Meynung schriftlich vormeldenn, dat sein ko. M. mit seiner gnaden Ricke Reden, auch Handelung hebben mogen, vmme sodanen tag tobesendende, mit fulkomener macht, allen handel, na Notdurft to holdende, vnnd to beslutende, Vnd so de vorbunt denn von beiden parthen in Vorgeschriebener weis beleuet vnd angenomen Wirdet to fulbringende, So sal ein part dem andern vorplichtet sein allerleye feyde Krig vnd Orloge, Woer in Wathmaten vnd mit Wem sich de begeuende wurden, aftokerende vnd nach allem Vormoge Widerstandt zwtonde, Doch sal ein parth ane des andern Willen medewetende vnd fulborth mit oymande Veyde ader Krig anschlann ader betengen, So iemant dat dede, dor sal dat ander Parth nicht Vorpflicht sein dor Inne hulpe, ader bystandt to donde, des allen to Mehrer Vorwarung vnnd bekenthnis sint Dieser tzerter tzwe auer dat Wort Maria von einander geschnitten Der de eine, der ko. M. vnd de annder des hern Meisters Sendeboten obgnant, mede gedann is In Vorwarung Datum am Jar vnd tage Vorgeschriebenn.

№ CCLXXVIII.

Des polozkischen Statthalters und der ganzen polozkischen Gemeine gegenseitiges Erbieten an den Rath und die Gemeine der Stadt Riga zur Freizügigkeit für beiderseitige Angehörige, o. J. u. T.

Pap. Abschrift im äussern rig. RA., die von demselben Schreiber herrührt, welcher die unter № XXV (s. oben p. 13) gedruckten Urkunden nebst einigen andern, im 15. oder vielleicht gar erst im 16. Jahrhundert von den längst verloren gegangenen Originalen abcopirt hat. Nach dem darin vorkommenden Ausdrucke «мѣстиче = Bürger» zu urtheilen, dürfte das Original wohl in der zweiten Hälfte des 15. Jahrhunderts abgefasst worden sein. Jener Ausdruck entstand im lithauischen Russland, als daselbst deutsches Städterecht einheimisch und die Stadt-Corporation (мѣсто) von der Territorial- und Militär-Stadt (городъ) unterschieden wurde. Wilna erhielt bereits durch Jagailo und durch Kasimir (s. die Urkunden vom J. 1387 und 1432, abgedruckt in der Собраніе древнихъ Грамотъ и Актовъ городовъ Вильны, Ковна, Трокъ, православныхъ монастырей. Часть I. Вильно 1843 in-4°) magdeburgisches Recht; doch wurde es andern Städten erst später verliehen, z. B. Polozk im J. 1498, Minsk im J. 1499, Witebsk im J. 1503, Smolensk im J. 1505, Kiew im J. 1506. Aus dem Umstande allein, dass der Stadt Polozk deutsches Recht erst gegen Ende des 15. Jahrhunderts urkundlich verliehen wurde, ist indessen durchaus nicht zu folgern, dass auch die hier abgedruckte Urkunde *nach* dem J. 1498 abgefasst wurde; sie dürfte vielmehr einer früheren

Periode angehören, da ausser dem Wort «мѣстичи», das an der Stelle des früher gebräuchlichen «мѣщане» steht, und «кривда» kein Polonicismus darin vorkommt. In den Urkunden vom J. 1407 (s. oben № CLXIV, p. 129) wird zur Bezeichnung der *Städte* Polozk und Riga noch das alte «городъ» gebraucht. In der Urkunde vom J. 1465 (s. № CCXLIX, p. 203) begegnen wir zwar noch dem alten Ausdruck «мѣщане»; dagegen heisst die *Stadt* in Folge des in Lithauen eindringenden polnischen Sprachgebrauchs bereits «мѣсто» nach dem polnischen «miasto». In dem wahrscheinlich auch im J. 1465 abgefassten Schreiben des Pan Olechnow (s. № CCL, p. 203; vgl. № CCLIX, CCLXIII und CCLXIV) kommt, neben «мѣщане» und «мѣсто», zur Bezeichnung der Stadtgemeine bereits der Ausdruck «посполство» — poln. pospólstwo — vor. Den Formen «мѣстичи» und «мѣстичь» begegnen wir in unsern Urkunden zuerst in dieser und der folgenden № CCLXXIX.

Отъ намѣсника Полочького и отъ всехъ мужь Полочанъ, отъ мала и до велика, поклонъ [и] всемъ ратьманомъ болшимъ и всемъ местичемъ Рижаномъ, малу и ве[л]ику. Штоже есте прислали грамоту и свою печать, и пишете [к] намъ, и молите ся про свои дети, чтобы имъ добро и волно на вашихъ рукахъ ходити, а кривды имъ не чинити; имъ дали тую волю, штоже у насъ ходятъ по своей воли, а на вашихъ рукахъ. И мы ся пакъ вамъ молимъ такоже всемъ ратьманомъ и местичемъ Рижаномъ, малу [и] велику, штобы есте пустили нашю братью на наши рукы; имъ бы ходити доброволно, а на нашихъ рукахъ, а кривды не учинити вашимъ у насъ, а наши[мъ] у васъ.

Adress: Ко всемъ ратьманомъ и местичемъ Рижкимъ.

№ CCLXXIX.

Die Bojaren und Einwohner von Polozk schreiben dem rigischen Rath wegen mancherlei Anstände, die sich im gegenseitigen Verkehr ergeben, und bitten um eine Antwort, o. J. u. T.

Pap. Orig. mit dem Zeichen eines aufgedrückt gewesenen Siegels im äussern rig. RA. Als Grund, dass wir diesen Brief hieher gestellt haben, ist anzuführen der Gebrauch des Ausdruckes «мѣстичи» für «Stadtbürger» (vgl. die vorherg. №) und der Einfluss des Polnischen auf die Ausdrucksweise, z. B. пишете до насъ (statt des reineren к намъ отписали), шкода für Schaden, посполство für Gemeinde u. A. Möglich wäre es indessen, dass die Urkunde einige Zeit vor dem Tode des Königs Kasimir († 1492) abgefasst wurde. Ob unter dem in ihr erwähnten Pan «Andrei» Ондрей Исаковичъ (s. Karamsin, V, прим. 292 am Schluss), auch Ондрей Саковичъ genannt, zu verstehen sei, muss einstweilen dahin gestellt bleiben. Als «намѣстникъ Полоцкій» wird er bereits in einer Urkunde vom J. 1480 (s. Акты, относ. къ исторіи Западной Россіи, I, № 53, p. 68) und in einer zweiten vom J. 1485 (s. ebend. № 57, p. 70) erwähnt. Im J. 1493 (s. Karamsin VI, прим. 394) kam Андрей Олехновичъ, dessen Vater einst (s. oben p. 225) Statthalter von Polozk gewesen war, als Gesandter nach Moskau.

† Отъ бояръ Полоцкыхъ, и отъ мѣстичовъ, и отъ всего посполства, нашимъ мілымъ прiятелемъ и сусѣдомъ, посадникомъ Рижскымъ [и] и ратманомъ. Што пішете до насъ о своихъ купцѣхъ, што забавлены были в насъ вашии купци, ино про то былъ въздержалъ [?] вашихъ купцевъ панъ Ондреи, воевода Полоцкыи, вашъ осподинъ. Што наши у Невгині[1]) были забавлены и посоромо[ч]чены, и копі отоимаиы, а наши же копи, ино про то былъ

1) Dunaburg, dessen alter lithauischer Name *Nowene*, *Nowgyna* hier in Невгинь corrumpirt ist. Vgl. ob. p. 233, A. 1.

панъ Ондрей, воевода Полоцкыи, вашихъ въздержалъ, доколѣ грамота исходить до Невгинска[го] кунтыря. А какъ грамота оріпіла отъ Невгинскаго, и ваши купци поехали добри здраво, куды хто хочетъ. А што пішете до насъ, жалуися на насъ, што вашихъ купцевъ не пустімъ мы ни до Витебьска и до Смоленьска, а ведь же, панове, вѣдаете вы и мы, што мѣжи васъ и насъ есть старые записи, штоже нашимъ мімо Рігу чистъ путь, и водою и землею, а вашимъ мімо Полтескъ чистъ путь, и водою и землею, кудѣ хто[1]) хочетъ; ино, коли насъ постите[2]), по старымъ записемъ, водою и землею, мімо Рігу, ино вашимъ чистъ путь мімо Полтескъ, и водою и землею, кудѣ хто хочетъ. Ажь вы намъ поставлаетѣ одінъ Юрьевъ противъ всѣе нашее дорогы, а ведь вамъ и намъ свѣдомо, што не писанъ Юрьевъ у старихъ записехъ; и вы намъ отлазитѣ одымъ Юрьевомъ противу всѣе нашее дорогы. А што пішете до насъ про давные должникы, ино ведь вѣдаетѣ сами, што истьцю истьца знати; а нашъ осподинъ, панъ Ондрей, воевода Полоцкыи, вашимъ купцемъ дастъ дѣцкыхъ, а велитъ правити. А што намъ пішетѣ, што ся намъ крівды чінятъ у вашей земли, а либо у бискуповѣ, а либо у которомъ городку, ино сами и вѣдаетѣ, што намъ ни с кымъ записеи нетъ, лише васъ; ино того дѣля вамъ пишемъ, штобы естѣ говорили князю мѣштѣру и князю бискупу, штобы нашимъ не было шкоты на дорозѣ. А што повѣдаете намъ, што нашъ осподарь, вѣлікыи король, жаловалъ васъ по старымъ записемъ, ино ведаете же, пановѣ, сами, што мы н[ѣ][1]) старыхъ записѣи не выступаемъ ничого; ино, хочетѣ ль насъ пустити мимо Рыгу по старымъ записемъ, водою и землею, и вы намъ отпишите [съ]симъ человѣкомъ, хто вамъ сию грамоту дасть. А черезъ то будте здорово.

А сія грамота отъ бояръ Полоцкыхъ и отъ Полочанъ.

Adr.: Посаднікомъ Ризкымъ и ратманомъ и всимъ Рижаномъ.

1) Im Original ist das Wort хто doppelt gesetzt.

2) Wahrscheinlich ein Schreibfehler statt: пустите. Der Schreiber liess aus Versehen den zweiten Theil des zusammengesetzten Zeichens (оу) aus.

1) Im Orig. нстарыхъ.

№ CCLXXX.

Des (polozkischen Statthalters?) Wassili Dmitrijewitsch, der Bojaren und Stadtgemeine zu Polozk Bitte an den Rath zu Riga, dass er den livländischen OM. dahin vermögen möchte, dass er aus Samaiten entlaufene Kriegsgefangene, die zu den Polozkern gehörten und die er eingefangen hielt, herausgeben möchte, o. Dat.

Pap. Orig., fast ohne alle Siegelspur, im äussern rig. RA. Die Zeit, in welche diese Urkunde zu setzen sein möchte, lässt sich einstweilen nicht mit Sicherheit bestimmen. Den Schriftzügen nach könnte sie vielleicht noch in das 15. Jahrhundert gehören.

Отъ пана Василия Дмитріевича и отъ бояръ || Полоцкыхъ и отъ мѣстичовъ и ото всѣхъ мужь || Полочанъ всего посполства, приятелемъ || нашимъ, паномъ ратманомъ Ризьскымъ и всѣмъ мужомъ Рижаномъ, всѣму посполству поклонъ и вѣрная приятельская приязнь. Слышали есмо, ижь, дѣи, нашее братьи много выбеглю изъ Жемонти, которіи в сии же годъ на побитьи поиманы были: ино коли ажо к вамъ нашь прибѣглъ, ино то бы какъ дома; ино, дѣи, князь мештерь, поимавъ ихъ, а держитъ по городомъ. И вы бы, пановѣ, говорили князю мештерю, штобъ велѣлъ нашихъ людей отпускати по миру и по цѣлованью, занюже Божьею милостью есмо одины люди. А мы вамъ также противу хочемъ приняти.

Adress: Паномъ ратманомъ Рызькымъ и всѣмъ мужомъ Рижаномъ.

№ CCLXXXI.

Der Rath von Riga giebt dem von Lübeck Nachricht von einem zwischen dem OM. und den Nowgorodern, sowie zwischen dem Stifte Dorpat und den Pleskauern geschlossenen Beifrieden auf fünf Jahre und von der nächsten Johannis in Narwa zu haltenden Zusammenkunft wegen weiterer Friedensverhandlung und spricht sich über die verschiedenen Verhältnisse der in- und ausländischen Handelsleute und deren Interessen aus. D. D. am Osterabend, o. J. (jedoch nach der Chronik von Pskow, im J. 1473).

Concept im rig. RA.

Diese, so wie die unmittelbar folgende Urkunde, sind hier am Schlusse des 15. Jahrhunderts angebracht worden, da sie nicht mehr unter dem Jahre, wohin sie gehören, ihre Stelle finden konnten. Die I. Chron. v. Pskow berichtet, dass bald im Frühjahr des Septemberjahres 6981, nach Ostern (Тоя же весны, по Великѣ дни) Abgeordnete vom Herrmeister aus Livland (Bernhard von der Borch) angekommen wären und dass man zur definitiven Beilegung verschiedener Streitpuncte eine Tagefahrt oder съѣздъ «за 2 недѣли по Петровѣ дни» anberaumt hätte. Siehe die folgende № CCLXXXII.

Alsus js den van lubek gescreuen.

Ersamen heren vnd sunderlingen guden vrunde wy begeren jw to wetende dat eyn byvrede twisschen dem Erwerdigen heren meistere vnd groten Naugarden vnd twisschen dem stichte vnd stad to darbte vnd den pleskoweren gedegedinget vnd besloten js de dar stan sal twisschen dijt vnde vorder van vnser vrowen dage natiuitatis an to rekende vnd vort wente ouer vyff jar dar vp is van beiden parten eyne dachtuare beleuet to haldende tor narwe XIIII dage na sunte Johanis bap^e to middensomere negest komende alle klegelike sake dar to richtende vnd to vorlikende Weret auer dat to der syluen dachuart neyn recht geuen worde allikewol sal de byvrede stande bliuen vnd de vorbenumde tijt ouer duren ¶ Dar vp hefft de here meister den russen to seggen laten de syluen tijd ouer sin lant beyde to watere vnd to lande mit erer ware vnde kopenschop to vorsokende etc. leuen heren vt dessen vorscr. dingen yrkenne wy merklike gebreke vnd schaden de Jw ouerzeeschen vns lieflandeschen Steden to samende mit den vnsen de vns horsam schuldich sin vnd ok gerne halden wolden entstan vnd werden wolde wanner wy suss vortan de vorg. tijt ouer des byvredes sunder handelinge myt den Naugarden besittende bleuen dan so wolde eyne gemene vart der Rouerie werden vnd wolde solken voet vnd bystant nemen dat vns dat gans swerliken edder vellichte mit nichte to kerende stunde darby mochten dan de stede der houe vnd mer rechticheit to Naugarden qwijt werden Warvmme Ersamen leuen heren wy begeren offte sijk de dinge also vorlopende worden dat de naugarden mit vns begerden handelinge to belbende van der Stede vnd kopmans saken wat Juwe wille vnd wise rad daijnne sin solle vns mit den ersten schriuen willen darna wy vns gerne mit vorderen vlite richten willen wante vns dunket neuerleye wijs nötte sin nagelegenicheit desser sake dat de dinge so vortan bestande bliuen so als Juwe ersamicheit dat ok suluen wol Irkennen mach de welke etc. datum in passche auende

To wettende off et sick also geuello dat neyn vorder vrede tusschen dem Orden vnd den Naugarden gemaket worde dann to den vyff Jaren de vtgesprakeu sin

wolden dan de naugarden spreken mit dessen Steden van des kopmans saken So mogen desser Stede Baden tolaten, dat de kopman hir entusschen tosamende kome velich aff vnd to vme Rouerie vnd vme anders invalles willen to vormidende

Item weret ok dat de lande to ewigen vrede qwemen vnd wolden dan de syluen Naugarden Spreken mit dessen Steden van des kopmans saken So mogen desser Stede Baden mit en vorhandelen vnd eynswerden wanner se ere Badescop hy en hebben willen bynnen naugarden to vorhandelende de gebreke de tusschen en vnd dem dutschen kopmane gewant sin, vp der ouerzeeschen Stede behach, dar vp dat men dan den ouerzeeschen Steden moge schryuen off en solke dinge getemen So mogen se ere draplike Badess. dar vp hir int land senden de dinge vortan to beuestende vnd dat Cruce to kussende

vnd dat hir entusschen de kopman allikewol mochte sine vrye vart hebben

Item off neyn ewich vrede gemaket worde tusschen den landen So dunket den Steden nicht nutte sin Baden vt dessen dren Steden to Naugarden to sendende.

№ CCLXXXII.

Die Rathssendeboten von Riga, Dorpat und Reval, welche einer vom livländischen OM. anberaumten Tagefahrt mit den Nowgorodern zu Narwa beigewohnt, geben dem lübeckischen Rathe Nachricht, dass es auf dieser Tagefahrt zu keinem neuen und dauernden Frieden gekommen, sondern dass der vom Meister am nächstverflossenen St. Martini auf zwei Jahre geschlossene Beifriede gekündigt worden bis zum nächsten St. Joh. Bapt.-Tage, und äussern ihre Ansichten in Betreff der nach der Sachlage zu nehmenden Maassregeln in Handelssachen. D. D. Narwa, am Sonnabend nach Mariae Reinigung, o. J. (jedoch nach der Chronik von Pskow im J. 1473).

Das Original auf einem Bogen Papier, worauf der Bericht in Patentformat geschrieben ist, befindet sich im rig. RA. und ist ohne Zweifel ein Duplicat des nach Lübeck geschickten Berichtes, das nach der Aufschrift auf der Aussenseite dem rigischen Rathe zu dessen Mitwissenschaft übersandt wurde.

Von dieser Tagefahrt war bereits in der vorhergehenden № die Rede. Die l. Chron. von Pskow, auf die wir hier des Näheren wegen verweisen, berichtet ebenfalls, dass man unverrichteter Sache auseinanderging. Am 9. Januar des J. 1474 aber wurde ein Friedensvertrag abgeschlossen. Das inhaltreiche Friedensinstrument selbst ist in den Актьі, относящіеся къ исторіи Западной Россіи, I, № 69, p. 84—86 abgedruckt.

Den ersamen vorsichtigen wysen mannen heren Borgermesteren vnde Raetmannen der Stat Lubeck vnsern zunderlingen guden vrunden myt ersamheit etc.

Na dem grote Ersamen heren sunderlingen guden vrundes so als id itwelke tijd jn openbaren kryge vnde orloge tusschen deme erwirdigen heren meisstere van lifflande vnn den nougorder gewant is gewesen So heft in dage giffte disses breues de here meyster eynen dach myt den nougorder tor narwe dar wy uth vnsen Steden na begerte des erwerdigen heren meisters mede by gheschijcket worden So en isset doch vp deme suluen dage tusschen den vorberorden to neynen vrede van vruntliken ende gekomen behaluer de heremeister dar heuoren myt den nougordesschen boden vmmentrent sunte Merten negest vorleden eynen lant byvrede gemaket hadde to twen jaren auer eyn des andern water noch lant nicht touorsokende welken byvrede he en nu vp dussen dage als id to neyner vruntlicheit quam vp gesecht hefft lenck nicht to durende wen vp Sunte johans Baptisten dach erstkomende etc. vnde als wy nu vor gadert sin so hebbe wy myt soerhnoldiger betrachtinge manniger wys be wegunge gehat van den guderen de vp dijt lant ge foert sin deralrede hir en dels lenck wen en jare gestan hebben de also to groten vor derue komen mochten hir vmme wy eyn drachtliken gesloten dat men de gudere myt den Pleskouweren von Ploskouweren[1]) sliten mach myt alsulker vlitgen vorwaringe dat de den nougorder nicht tor hant komen sullen dat wille wy also na vnseme besten vormoge vorwaren vnde als donie de byvrede van deme heren meister den nougarder vp gesecht is lenck nicht to stonde wen vp sunte Johanes Baptisten dach id en sy dat se hir en tussen myt ome eynen vruntliken dach wedder begrippen dar se myt ome to eyner anderen eyndracht vnde vruntschop Inne komen vnde scheget also nicht vnde id weder to orloge vnn vnvrede queme asset to besruchtende is So weret sune genoch dat de here meister denne de reyse alhir in deme lande wedder stoppende werde worvmme wille Juwe vorsichtige wisheit hir vp vor dacht sin myt den anderen Steden dat alsulk vorbot van opennige vnn slutunge der reyse so dicke ynn vaken als van noden behoef werd sinde vor dat gemene beste van jw heren uth ga, so dat de herschop zik dar nicht mede jn envlechte vnde isset da na vorlope desser sake hir jn deme lande also van jw heren ienich hot na olden loueliken wonheiden scheende werd dat gy vns dat to bequemer tyd touoren vorscriuen dat eyn islik myt sinen guderen zik dar na moge weten to richtende van denne ok vorder ernstliken to bearbeydende dat sulke reyse uth den wendesschen steden uth prusen noch dorch Sweden off sus anders na juwe vorbode neynerleige wys gesche dar den nougorden mede to geforen mach werden So dat men de eyr to vrede vnde nyer eruskussinge myt en komen moge vnde weret dat hir en bouen off juwer heren bot inghinge ienige gudere beslagen worden myt jw to lubeke jn flanderen off wor id were de also bouen dat bot gekofft weren dat gij heren alsulken dwanck von pene darby setten dat juwer heren bot nicht vnvruchtbar gevunden werde hir mede bliuet gode almechtich beuolen salich vnn gesunt to langer tyd Gescr. to der nerwo vnder der heren des Rades to derpte Secret vp den Sonauent na vnser leuen vrowen dage purificationis.

Radessendeboden der Stede Rige Darpte vnde Reual to der Narwe vorgaddert etc.

Ok hebben de norser. Radess. gesproken van deme borghe to Brugge jn flanderen aff to doende, dyt heft eyn islik to rugge an synen Raet ghetoghen etc.

In dorso: Deme ersamen Rade der Stat Rige.

1) Wenn irgend etwas, so zeigt es diese Stelle deutlich, dass in den alten livländischen Documenten Pleskow (Псковъ) und Ploskow (Полоцкъ) mit Sorgfalt zu unterscheiden, indem jenes das jetzige Pskow, dieses aber immer Polozk bezeichnet.

№ CCLXXXIII.

1500 Der HM. räth dem livländischen OM., die vom Grossfürsten von Lithauen erbetene Hülfe gegen Moskau noch nicht zuzusagen, u. a. D. m., d. d. Königsberg, am Sonnabend nach Kilian (11. Jul.) 1500. *D.*

Abschrift im GA. zu Kgsbg.; Abdruck in dem Suppl. ad hist. Russiae monum. p. 314, № CXXII. Vgl. Index № 2419.

№ CCLXXXIV.

(1501) Versprechen des Grossfürsten Alexander von Lithauen, dem Meister in Livland einen Theil seiner Armee zur Hülfe schicken zu wollen, o. Dat. (1501). *L.*

Gleichzeitige Abschrift im GA. zu Kgsbg.; Abdruck in dem Suppl. ad hist. Russiae monum. p. 318, № CXXIV und in O. Kienitz Die Schlachten bei Maholm und Pleskau (Riga 1840, 8°) S. 75. Vgl. Index № 2430.

№ CCLXXXV.

(1501) Bündniss des Grossfürsten Alexander von Lithauen mit dem livländischen OM. Wolter von Plettenberg, dem EB. von Riga, den livländischen Prälaten und Gebietigern und der ganzen Provinz Livland, gegen den Grossfürsten Wassil von Moskau, seine Nachfolger und Anhänger, d. d. Wilna, Mittwoch nach dem Sonntag Invocavit (3. März 1501). *L.*

Abschrift im GA. zu Kgsbg.; Abdruck in dem Suppl. ad hist. Russiae monum. p. 315—318, № CXXIII. Vgl. Index № 2436.

№ CCLXXXVI.

1501 Bündniss zwischen dem OM. Wolter von Plettenberg und dem Grossfürsten Alexander von Lithauen, d. d. Wenden, feria secunda proxima ante festum nativ. Joh. Bapt. (21. Jun.) 1501. *L.*

Abschrift im GA. zu Kgsbg.; Abdruck bei Dogiel V, 159—162, № XC; O. Kienitz Die Schlachten bei Maholm und Pleskau S. 77. Vgl. Index № 2449.

№ CCLXXXVII.

Der HM. bittet den Papst, den Orden in Livland bei dessen Kriege mit den Russen auf (1501) irgend eine Art zu unterstützen, d. d. Königsberg, Mittewoch nach dem unschuldigen Kindlein Tage 1502 (d. i. nach unserer Zeitrechnung, den 29. Dec. 1501). *L.*

Abschrift im GA. zu Kgsbg.; Abdruck in dem Suppl. ad hist. Russiae monum. p. 336. № CXXXII. Vgl. Index № 2462.

№ CCLXXXVIII.

Der livländische OM. lehnt die Zusendung der vom HM. für ihn geworbenen fremden (1502) Kriegsvölker, nachdem die Russen das Land verlassen, ab u. s. w., o. Dat. (1502). *D.*

Gleichzeitige Abschrift im GA. zu Kgsbg.; Abdruck in dem Suppl. ad hist. Russiae monum. p. 333. № CXXXI. Vgl. Index № 2465.

№ CCLXXXIX.

Derselbe dankt für die vom HM. ihm zugeschickte, obwohl geringe Hülfe gegen die (1502) Russen, entschuldigt sich wegen des Bündnisses mit dem Könige von Polen, bittet um Geldunterstützung u. s. w, o. Dat. (1502). *D.*

Abschrift im GA. zu Kgsbg.; Abdruck in dem Suppl. ad hist. Russiae monum. p. 328. № CXXVIII. Vgl. Index № 2468.

№ CCXC.

Der Deutschmeister verspricht, die Noth, worin Livland durch den Einfall der Russen 1502 versetzt worden, auf dem nächsten Reichstage vorzutragen, und schreibt wegen Aufnahme einiger Edelleute in den Orden, d. d. Mergentheim, am Dienstage nach Misericordias Domini (12. Apr.) 1502. *D.*

Orig. im GA. zu Kgsbg.; Abdruck in dem Suppl. ad hist. Russiae monum. p. 319. № CXXV. Vgl. Index № 2474.

№ CCXCI.

1502 Botschaft des Königs von Polen an den Meister in Livland, wegen der Hülfe gegen den Grossfürsten von Moskau, d. d. am Donnerstage nach (Mariae) Himmelfahrt (18. Aug.) 1502. *D.*

Abschrift im GA. zu Kgsbg.; Abdruck in dem Suppl. ad hist. Russiae monum. p. 321. № CXXVI. Vgl. Index № 2484.

№ CCXCII.

1502 Antwort des livländischen OM. an die Botschafter des Königs von Polen in Betreff des nachgesuchten Beistandes wider den Grossfürsten von Moskau, d. d. Wenden, am Sonnabend nach Mariae Himmelfahrt (20. Aug.) 1502. *D.*

Abschrift im GA. zu Kgsbg.; Abdruck in dem Suppl. ad hist. Russiae monum. p. 324. № CXXVII. Vgl. Index № 2485.

№ CCXCIII.

1502 Schreiben des Königs Alexander von Polen an seinen Bundesgenossen, den livländischen OM. Walter von Plettenberg, über seine politischen Verhältnisse mit dem Grossfürsten von Moskau und über den Zustand seiner gegen die Russen stehenden Armee, d. d. Arezsenho, am Sonnabend nach Matthaei (24. Sept.) 1502. *L.*

Gleichzeitige Abschrift im GA. zu Kgsbg.; Abdruck in O. Kienitz Die Schlachten bei Maholm und Pleskau S. 79—81. Vgl. Index № 2488.

№ CCXCIV.

1502 Alexander, König von Polen und Grossfürst von Lithauen, wünscht dem Meister in Livland Glück zum Siege über die Russen, und giebt ihm die (irrige) Nachricht vom Ableben des Grossfürsten von Moskau, d. d. Wilda, am Sonntag nach Francisci (9. Oct.) 1502. *D.*

Orig. im GA. zu Kgsbg.; Abdruck in dem Suppl. ad hist. Russiae monum. p. 331, № CXXIX. Vgl. Index № 2489.

№ CCXCV.

Des HM. Glückwunsch an Plettenberg zum Siege über die Russen, nebst Anzeige, was 1502
der HM. ferner in seinen Angelegenheiten gethan, d. d. Königsberg, am Montag nach Dionysii (10. Oct.) 1502. *D.*

Abschrift im GA. zu Kgsbg.; Abdruck in dem Suppl. ad hist. Russiae monum. p. 332, № CXXX und in O. Kienitz Die Schlachten bei Maholm und Pleskau. S. 82. Vgl. Index № 2490.

№ CCXCVI.

Beifriede auf sechs Jahre zwischen Livland und Pleskau, geschlossen zu Gross-Naugarden (1503)
im J. 7011 (1503). *D.*

Abschrift im GA. zu Kgsbg.; Abdruck in O. Kienitz Schlachten bei Maholm und Pleskau S. 83—88. Vgl. Index № 2497; Karamsin VI, primeč. 551; D. Ueb. VI, 254, 309.

№ CCXCVII.

Der HM. befragt den OM. Plettenberg über die Beschaffenheit des von ihm und dem 1503
Könige von Polen mit dem Grossfürsten von Moskau geschlossenen Friedens, d. d. Königsberg, am Dienstag nach Mariae Geburt (12. Sept.) 1503. *D.*

Abschrift im GA. zu Kgsbg.; Abdruck in dem Suppl. ad hist. Russiae monum. p. 337. № CXXXIII. Vgl. Index № 2509. Von dem Abschlusse dieses Friedens hatte der OM. dem HM. bereits, d. d. Wenden, am Sonntage nach Mariae Geburt (10. Sept.) 1503, *D.*, Nachricht gegeben: vgl. Index № 2508.

№ CCXCVIII.

Der oberste Gebietiger von Livland berichtet dem HM., Herzog Friedrich, über den 1503
Gang der Unterhandlungen wegen des Bündnisses mit dem Könige von Polen und dem Grossfürsten von Moskau, d. d. Tuckum, am Tage Calixti (14. Oct.) 1503.

Orig. im GA. zu Kgsbg. Vgl. Index № 2510.

Vnsenn vnderdanigenn willigenn gehorsam mit Irbedunge all vnnsers Hoichstenn vormogens stets touorenn. Durchluchtige Hoichgebornne furste gnedige leue her Meyster als vnns Juwe forstlicke gnade korts in eren breuen van der büntnisse tusschen ko. M.t vns vnd deme Moskouwer berorde in wat standes vnnd wesendes wy der haluenn wesen mochten to weten begerende was alzo hedde wy alle vmbestandicheit aller sake korts Juwer f. g. de wy Vnns vermeynen der sulfften vp ditmall behendicheit gewordenn vund alle gelegenheyt dar woll vth vorstan hebbe: So wy dan ko. M[te] boden mede in beuell gedan hebben: Wy noch dorch bodesschop eder ander de tydt der grentze togeande vorsekert mocht hebben werdenn. Alzo hebbenn wy bith her to geine antbwerdt des erlangen könt Auerst hebben vth etzwelcken anderen schryfften tidinge gekregenn wu ko. M[te] vth der vylle vnd so na der kronen to polen Vmme drangen des Taterschen boden Prekopsky in de kronen to polen solde getogenn zin: Vorder als wy Juwer f. g. vann den botschopp de wy na pleskow senden zoldenn: Vnd ock vann der kopenschop gescreuen, hebben: alzo synt de sulfften noch Hüde van pleskow nicht wedder gekomen dair wy dan gein geleth van scriuen konen. Auerst van der kopenschop dat so Harde in deme frede vorboden is: Vnns vnbewüst wath vornement Vnnd meynunghe de grotforste dair mede hebben moghe konne wy nicht vormercken: Dan de vndersathen vnnd gemeyne kopman des moskouwer sin mer der kopenschop dann de kopman Hir Im Lande bedeücht: Deme na se nergens neyne kopenschop Velbeth dann Hir driuen konnenn: Wes vnns vorder beiegent sall Juwer ff. g. De wy gode Deme Hochstenn Herenn Inn seinem lanckgleuelicken Regimente to ewiger selicheit to vristende gesünt beuelenn to siner tyd vnuerholen nicht blyuenn Gegeuen to Tuckun am dage Calixti Anno etc. V[c] vnnd Dree.

Ouerste Gebeidiger
Tho Lyfflandt.

№ CCXCIX.

(1507) Des römischen Kaisers Maximilian Verwendung für die Freigebung der livländischen Gefangenen in Moskau, nebst der Antwort des Grossfürsten Basilius, o. Dat. (1507). *D.* u. *L.*

Abschrift im GA. zu Kgsbg.; Abdruck in dem Suppl. ad hist. Russiae monum. p. 350. № CXXXVI. Näheres über diese Angelegenheit findet man in den Памятники Дипломатическихъ сношеній древней Россіи съ державами иностранными. По Высочайшему повелѣнію изданные II-мъ Отдѣленіемъ Собственной Е. И. В. Канцеляріи. СПб. 1851, in 8°. (Auch unter dem Specialtitel: Памятники Дипломатическихъ сношеній съ Имперіею Римскою. Томъ I. Съ 1488 по 1594 годъ). I, Spalte 142 und folgende.

№ CCC.

1507 Der HM., Herzog Friedrich, verlangt vom livländischen OM. eine Gesandtschaft nach Breslau, wo seine Sache mit Polen verhandelt werden soll, und dass er sich ohne sein Wissen in kein Bündniss mit Polen gegen Moskau weiter einlassen möge, d. d. Weissensee, am Dienstag nach St. Niclas (7. Dec.) 1507. *D.*

Abschrift im GA. zu Kgsbg.; Abdruck in den Suppl. ad hist. Russiae monum. p. 337. № CXXXIV. Vgl. Index № 2539.

№ CCCI.

Des livländischen Ordens-Gesandten Erklärung an die Regenten Preussens über die jetzigen politischen Verhältnisse Livlands mit Moskau und Polen, d. d. am Sonnabend nach Misericord. Domini (13. Mai) 1508. *D.* 1508

Abschrift im GA. zu Kgsbg.: Abdruck in dem Suppl. ad hist. Russiae monum. p. 338, № CXXXV. Vgl. Index № 2543.

№ CCCII.

Antwort der Regenten Preussens auf die (vorstehende) Erklärung des livländischen Gesandten, d. d. am Dienstag nach Exaudi (6. Jun.) 1508. *D.* 1508

Abschrift im GA. zu Kgsbg.; Abdruck in dem Suppl. ad hist. Russiae monum. p. 342, № CXXXVII. Vgl. Index № 2544.

№ CCCIII.

OM. Plettenberg benachrichtigt den HM., dass der König von Polen mit dem Grossfürsten von Moskau Friede geschlossen haben soll und nun ein Angriff auf Livland zu befürchten sei, u. a. D. m., d. d. Wenden, am Sonnabend nach Apolloniae (10. Febr.) 1509. *D.* 1509

Abschrift im GA. zu Kgsbg.: Abdruck in dem Suppl. ad hist. Russiae monum. p. 344, № CXXXVIII. Vgl. Index № 2548.

№ CCCIV.

Instruction der polnischen Gesandten an den OM. Wolter von Plettenberg wegen des vom Könige von Polen mit dem Grossfürsten von Moskau geschlossenen Friedens und der Beilegung der Streitigkeiten mit Livland an der lithauischen und samaitischen Gränze, d. d. Wilna, den 8. Febr. 1509, nebst dessen Antwort auf ihre Anträge, d. d. Wenden, Mittwoch nach Reminiscere (7. März) 1509. 1509

Gleichzeitige Abschrift im GA. zu Kgsbg.; Vgl. Index № 2550.

De bodeschap to vorsten wolter mester to Lyfflande by[1]) dem marschalcke Heren Albrechte oarhotowitz, vnd scriuere heren adam Domheren tor wille des VIII dages ffebruarij, der XII: Indiction.

Vnnse gnedigste her konink vnd groitfurste sine gl. Segemunt leth Juwer w.[2]) forste mester vnnd alle Juwen orden seggen, dorch mennichfeldige bodeschap vnde besendinge veler Jeger[3]) boden syner gn. vormiddelst welkeren, van der tydt an, alss he erst erlangde den stoel synes vaderlicken erues, des grotforstendoms to Lettouwen, vnsse genedichste Her heft Juwer W mit alle Juwen orden willich vormaneth vnd vorwittiket alsse eren vründen vnde leuen naburen[4]), dat de grotfurste van der Musko, sso balde na dem affgange van dussen werlt loefssamer dechtnisse, In den tyden ko. vnd grotforsten alexanders syner gn. broders, heft vorlaten den VI Jerigen byfrede, vnd heft ene mercklicke schaer volkes vorsamelt vnd gesant In siner gn. lande an den grentzen, welkere lude sint Ingefallen, vnd heben mercklikeu schaden In siner gn. herlicheiden begunt to donde den vnderdanen, siner gn. slote to wynende[5]) gebede to vordelgende myt vüre, etlicke to besittende vnd de lude fenckliek to vorforende vnd vn vit sprecklick[6]) to vormordende

Ko. M[t] hefft afgemercket den vndergenck erer vnderdanen an den grentzen, In der tydt des byfredes ock nu In syner lucksamer[7]) vorboginge wolde sick nicht vor Ilen, der glyken en schare volkes vbsamelen vnd senden In syne herlicheide, der glyken schaden to donde in synen Landen, besündern heft myt mercklicker bodeschap den grotforsten tor Musko besant, Vnde hefft ene laten vormaneu, des byfredes vnd de ede de dar gescheen synt by leuende loefsamer dechtnisse ko. alexander, vnd grotforsten Iwans tor Musko, vnd oick dussen sulfften grotforsten, dat he solde den biefrede holden to den gesatten Jaren.

De grotforste tor Musko leth ko. M[t] vp de bodeschop anders geyn[1]) antwordt geuen, besunder so vell, wy en hebben myt ko. Szegemunde keynen beyfrede vp genomen daren bouen hefft he en grot her folkes verssamlt siner gn. lande ane vnderlath to vorderuende

Vnse gnedigste her ko. vnd grotfurste sine gn. hefft affgemerckt des grotforsten tor Muskow, sine vorbolgenheit des bouen benomenden VI Jarigen bifredes, hefft ane vp hoirnt vormidelst ore mercklicke bodeschop vnde vele Jeger boden Jwe W vnnd alle Juwen ordenn laten vorwitlicken dat de grotforste tor Musko, den byfrede de dar In eynicheit vp do beyde herlicheide myt eme vorhandelt nicht holden wil, vnnd begerende Juwe W alsse eynen vrünt vnde synen leuen nabur, dat gy na der vorbüntnisse vnnd vorschriuinge de dar gescheen synt, tuschen loefsamer dechtnisse ko. vnd grotforsten alexanders, siner gn. broders vnd Jwe W. alsse Nichte myn[2]) tuschen de achtbaren herlicheide, des grothforstendomes to Lettouwen vnd den Landen to Lyfflande, asolden siner gn. vp den gemeynen in den tyden vyende helpen, vnd der vorschriuinge Juwer leffte[3]) genoch doen In welkeren In der tydt der beuestinge des bifredes gescreuen steit, wert sake dat de grotforste tor Musko welkeren parte den byfrede nicht halden wolde sso solde dat part oeren[4]) schaden vorwitlicken alss oren vründen van welkeren men alssdan sall rath hulpe hebben ane allerleye versumenisse schuldich syn to holdende

Ko M[t] hefft van Juwer W vp de mennichfoldiger botschaft gene antwort van den vorbeno-

1) by = durch.
2) lag. werde, Worde.
3) Jeger = Courier.
4) Nachbaren.
5) wynnen, gewinnen.
6) Unaussprechlich; ähnlich vit = uth, aus.
7) Viell. glücksam = glücklich.

1) Kein.
2) Nichtweniger.
3) Gelübde oder Gelöbniss, Versprechen.
4) Ihren.

meden, siner gn. boden nicht vorstan kunt dan so vele dat gy wolden van dem gemeynen landes daghe, de dar geschen is, to Riga vp den dach der Hilgen dreuoldicheit vormiddelst Jwe boden, vmme alle der saken willen, de sick dar drepen der fullenkomenen hulpe to donde en antwordt to donde, alsso dat enem getruwen vrunde vnde leuen nohur gathemet In welkerem sine gn. sy nicht hefft getwiuelt, so is doch nu de vorhopinghe vorwandelt worden

De boden de dar weren by syner gn. to Smalensk, na Juwer W beuel worfen se siner gn. w. dat maximilian Romisch ko. m. to Juwer w. oere mandat, heuelende dat ane sine wettenheit vnd beuehel Juwe W myt dem grotfursten tor Musko geyne vryde begunde, Dar to heben de sulfften Juwe boden vnsen gn. hern vorsecht gene hulpe vor dem vitgange desses VI Jerigen byfredes to donde Vnsse gnedigste her koninck vnd groitfurste ssine gn. der glyken de prelaten vnd heren rede siner gn. des grotforstendoms[1]) Deme sick groth vorwunderen dat Juwe W mit sampt den prelaten vnd heren rede der lande to Lyfflande vp deme gemeynen vorleden[2]) landes daghe de dar gescheen is, van dussem sommer, vp der hilgenn dreuoldicheit dach to Riga, wo et nicht vergeiten[3]) Is offte woldens nicht gedencken de vorbuntnisse vnd vorschriuunge an tosehende de dar gemaket synt, tuschen de beiden herschapen, vnd In welkerer mate, alsse wy hir bouen In dusser bodeschap wyder[4]) vormeldet heben In watterleye wyse de ene herschopie der andern waner de worde van den vihanden bedrangeth solde hulpe vnd reddunge doen, In den tyden, alsso dusse vruntlicke vorschriuunge gemaket vnd bereith worth

Do hefft Juwe W der geliken de rede der lande to Lyfflande vnsers gnedichsten hernn synem broder ko. Alexander ock siner gn. reden van deme Romischen ko. ock siner mandate, nergent Ine gedacht besunder an allerleye entscholdigunge, solde de ene herschopie der andern behulplick sin In Vihande lande tho vorende beth dat de vihande vth dem lande then[1]), dat dar erst beschedigt worden vnd wo wol dat et vnsem gn. hern, nicht bescheyn is sso hefft doch sine gn., goth to hulpe genomen, vnd syne rechtuerdicheit Alsso dat geruchte gekomen is, den woldigen[2]) vnd hastigen ouertoch siner vihande In de lande des groten forstendoms, hefft he sick hastigen vorhouen vith ener verne gelegener stede, vt siner herlicheit, der kronen to polen In korter tydt, myt sinem volke is he gekommen to Smalenske der Vihande vorssamlinge worden vith siner gn., lande myt swarer nedderlage vnd blotstortunge mercklicker lude vth geslagen, vnd dar en bouen heben siner gn. lude vele reysse gedain In des Muskowers landt, vnd myt vntelikem[3]) roue wedder in sine gn., herlicheide ane allen schaden wedder gekereth Vorder hefft Jwe W. geschreuen dem ko. siner gn. dat Jw vorkomen sy, wo dat vnsse gnedichste here ko. sine gn. wil mit dem grotforsten tor Muskow ene nigge[4]) voreynunge des fredes vp dusse tydt maken, Ock schrifft Juwe W In orem breue dat gy hebben en affmerckinge beyd ent haluen der fruntlicken eynunge sodant ane Juwen wetten vnd willen ko. M[t], nicht doen solde

Vnse gnedichste her leth Juwer W, dar vp antworden, dat sinen gn. dussen somer van Paschen an begunt beth an dey rechten winter tydt, dat he van geynen parten syner vrunde hulpe hedde, dan allene myt synem volke welkere he In sso hastiger tydt vorsammeln konde vnd hefft alle den sommer genoch gedan tegen den weldigen[5]) vihant. vnd hefft syne sake myt godes hulpe fullentogen alsse de winterdaghe sso an quemen, dat de lude sick in den felde kummers haluen nicht lenck[6]) entholden konden, so wolde sine gn.

1) *forte leg. grotforstenden.*
2) Vergangenen, verwichenen.
3) Vergessen.
4) Weiter, weitläuftiger.

1) Ziehen.
2) Gewaltigen d. i. gewaltsamen.
3) Unzähligen.
4) Neue.
5) = *woldigen*, s. oben Anm. 2. — 6) Länger.

ane eigentlick ende myt dem Vibande van dar nicht vpbrecken, hefft angesehen merer saken haluen In anderer siner gn. herlicheiden vmm des willen, dat sine gn. vp den sommer, aldar vp de with gelegene grentze moste myt swarheit komen

Vmme des willen hefft sine gn. angesehende vorigen rede, vnd oick des grotfursten tor Musko to negunge etlicke slote vnd gebede de syn vader besitlick hadde by vnses gnedichsten hern broders tyden koninghe alexanders heuet he siner gn. ouergegeuen vnd hefft myt eme vpgenomen, eynen ewigen vrede, doch was sich dar drept Juwer Herlicheide der Lande to Lyfflande myt watterleye wyssze de grotforste tor Musko, In den saken vnse boden, dorch sine beyaren besochte, vnd watterleye borlike[1]) antworde vnse Heren boden deden, wilt Juwe W[t] hebben sso wol icket[2]) vortelleen

Dergelyken leth Juwe, W, vormiddelst de sulfftigen boden to Smalensk ko. M[t] seggen, dat sine gn. vp der vorledener hilligen dre konige dage van syner syth sines vederlicken erues det grotfurstendoms to Lettouwen vthferdigen, etlicke heren rede syner gn., vmme de grentze richtich to makende tuschen de beyden herlicheide

K. gl. hedde deme sso gerne gedan vmme Juwer W, vormaninghe der glyken vmme veler clage vnd beligunge[3]) der vndersaken[4]) siner gn. an den grentzen Juwer W[t] wol witlick is Dat ko. gn. vit dem felde spade getogen is von dusser hotiger groite dagefarth thor wille, de sine gn. myt sinen prelaten vnd heren rede, siner gn. grotfurstendomes vmme mennichfoldiger sake willen sick lanck vorthugen hefft derhaluen konden de Heren rede, siner gl. de dar weren vp de grentze bestempt van deme dage nicht aff brecken vmme des willen bogereth vnse gnedigste her k., Juwe W, willet den vth toge van beiden parten aff stellen vpt ander anstande Jor vp den Dach der dier ko., to komende vp welkeren dach ane allerleye vortogeringe, sollen vth den grothfurstendome, vth then de prelaten hern rede, des grotenforstendomes de dar bestemet sint

Tor dechtnisse welkere heren de dar sollen komen vt den grotfurstendome vp de grentze de wogewode van Tracken her Niclaws nicolagewitz, de wogewodie van plosscow[1]) her Stanislaws chlebowits vnd de marschalck statholder to oesse to peirlom vnd Inswoyn her albrecht narbutowitz, ok de marschalk vnd secretarius statholder to vitebecke vnd breslow her Iwan sopeha

Vnd vp de Sameitschen grentze de bischop van Sameyten her Merten vnd de her van Traken houetman In Samaiten her Stanislaus Janowits vnd der Kokemester vnd Statholder to kerseemon her peter Olechnowits

Dar to alle de heren Welkere an den grentzen ore guder hebben sollen mit den bouen beschreuen hern vth redenn[2]).

1) Gebuhrliche.
2) Ich es.
3) Viell. das jetzige *Behelligung*.
4) potius leg. *vndersaten*.

1) Polozk.
2) Ausreiten.

Antwort des Hernn Mesters to Lyfflande ko, d, to polen botschap na vorhale[1]) erer werue gegeuen to wenden Mitweckens na Reminiscere anno etc. IX[o].

Anfencklick aldus, ko, d, hebbe Im Jare als men schref VII am Donrstage, in de paschen hilgen dagen, dorch eren boden den Edelen hern Georgen Johannis Sawisitz an sine gn. to Riga weruen laten vnd oirssake vorgeuen de sine gn. wol verstan vnd oick vp gegrundet hebbe wo vnd war durch[1]) sine ko, d, bewagen worden, vnd bedacht were, myt vertroister hulpe der Taterschen keisere peirkopsky vnd van kasamien, den moskowiter tobeuehende vnde krig mit eme antoheuen myt begere hulpe vnde bystand van syner gn, vnd dussen Landen LyffLande,

1) Erklarung.

1) Wie und wodurch.

na erer saimender verbuntnisse, als Juwe leffden vit den suluen weruen vnde dussen schriften of men der nicht gedencken off wetten wolde vorstan mogen dar vp aldus na verhalung der werue vnd gelegenheit sluitlick geantwort worden is

Na deme sine g. In glykein valle vnd vermoden ko. alexander birbeuorn myt rypen rade aller parten dusser Landen alreide[1]) antwort gegeuen vnd myt velen bewechlicken reden der siner g. boden tom gudenn benoigen[2]) affgelacht hedde, konde a der wuste sine gn. dareuboueu de dinghe allene nicht touerandern nicht demyn[3]) wolde ko. d. togefallen dar aff allen parten dusser Lande so erst gesyn mochte nochmals gerne vorgeuen vnd wes derhaluen wyder Im rade gefunden worde sinre ko. d. dorch eigene botschap ader schriffte vorwitlicken laten

Sodane vorgeuen vnde beratschlagen is van allen parten vorgerort gescheyn vnd des na bedunte ko. d. van volmer am dinstage vor panthaleonis a° VII eigentlick beschet rat vnd gude meynung myns gn bern vnd aller parte vorgerort mit manuigfoldiger duplicken betrachtung allenthaluen schrifftlick togeschickt vnd vormelt worden als men des na gewonten sakenn tor eren vnd na Cristlicker plicht vor pawestlicker Hillicheit Romischer keiserlicker M' vnd allen Cristen bern vnd ffursten bekant syn mochte. Nichtdemyn ys ko. d. (wo wol men des glyck syner ko. D. broder alexander milder gedacht[4]) verhoppet was) dar ane vngesedigt[5]) gebleuen, vnd allet myt andern schriftlicken niggen angetogen oirsaken der ersten botschap vnd verkundigung vngelick vmme rat vnd hulpe als dat de fruntlike eynung vermogen solde iegen den Muskowitter dorch botschap vnde schriffte gefordert nemlick Alberten Janewitz houetman to kouwen dem oick na vorgerorden meynung vnd noch duplicker antwort gegeuen is Ernien van Romischen ko. M' mandat Ichts gewetten heft dar vit men sporen mach wat myns gn. hern andacht vnd vlitige bede na als vor gewesen sye somen dusdane antwort recht ansehen vnd in achte nemen wold Nyehtdemyn heuet sine gn. dasulfs ko. d. togefallen verwilligen derhaluen noch enen Lands dag touerschreiuen wyder hir vp toraitschlagen, wes noch beiden herlicheiden in dusse dingen nutte vnd guidt syn mochten als vp Trinitatis negestuergangen auer nicht anders dann hir bevorn nutters, doinlickers, noch dreglichers Im Raede vinden moigen, dan den biefrede vith tho haldenn vnd alsdan myt enander na sameuder eynung tuhandelen vnde oueren thukomen. so ko. d. dorch myns gn. hern botschap am lesten to Smalenske vnder anderm wol vorstanden heuet myt vormeldunge Ro. ko. M' mandat dom ersten angekomen des sine gn. na verwantnisse tom minsten nicht heuet mede verswigen moigen

Vnnd dat sick sodanen vorgeuens des mandats haluen Ro. ko. M' ko. D. myt eren Heren In sunderheit verwunderu myt verswigunge aller ander oirsaken vnd dat men vp sodenen dage trinitatis gehalden, de vorbuntnisse an tho sehende vnd Hulpe tho donde villichte vergetten vnd nicht gedacht hebbe sodane verwunderen vnde toleggunge kompt synen gn. nicht wenich to befromden angemerckt dat ko. Alexander tegen willen siner gn. vnd aller parte dusser Lande doch vit der buntnisse vnd samen angefangen oirlege myt deme Muskowitter in enen biefrede getredenn sye, vnd also dusse Lande doch nicht als de fruntlicke eynung vermach besorgt sunder tom vndreglichenn biefrede bouen trostlicke tosage schadens natokomen nodich gedrenget hebbe welcker biefrede van synen gn. so wol als von der ander syden myt eden Cruskussinghe segel vnde breuen by swerer vermaldigguuge befestiget festiglick to haldenn vpgenomen vnd dat to mermalen den Ruschenn bodenn tom ende vitgelauet sy, dat sine gn. vnd dusse Lande nu ane noit gedranck vnde redelicke oirsake In vorgettung truwe, ere vnde loffde moit-

1) Bereits.

2) Begnügen, Befriedigung oder Beruhigung.

3) Nichts desto weniger.

4) Gedächtniss.

5) Unbefriedigt.

willich dar aff getreden syn solden ko. D. vnuerplicht Hulpe to donde Hebben se in erem rade ydoenlick to synde nicht vinden kunnen, vnd dat se des tom eren vmmer bekant syn vnd verantworden mochten alsmen vit eren antworden na als vor alle wege so men wolde wol verstan hevet

Auer so gy Weruen vermenende vellicht dar vit oirsake der Hulpe to nemmen dat in dem biefrede stan sulle weret sake dat de groitfurste van der Muskow welkem parte den biefrede nicht halden wolde, so solde dat part eren schaden vorwitliken als eren frunden van welkeren men alsdan solde rait vnd Hulpe hebben ane allerley versomenisse etc. dusses kan sick myn gn' Her nicht genoch vorwundern sollicke dinghe vortogeuen dar dorch in deme biefrede an dusse syden gantz nichts von gerort wert als oick hir beuorn in des houetmanns to kouwen antwort angetogen sye vnd dat myn gn' Her sollichs gerne gewetten hedde wo men sick in sodanem valle tegenmalckander in dem biefrede haldenn solde, so dar aff in der vorbuntnisse nicht vit gedruckt stoode heuet sine gn' ko. alexander seliger myt mercklicker botschap beschickt gehat vnd des berichtung bidden laten heuen sine gn' dar vp geyne antwort erlangen konnen, vit wat meynung, moighe gode bekant syn, auer an dusser syden hedde men sick gerne eigentlick vorwitten in allen dingen vnd oick na vitgange des biefredes rechtlich tohalden, als dat nicht anders befunden vnd myt reden tor warheit nagebracht werden sulle dat gebrecken dusser syden derhaluenn als hirbeuorn an Juwer syden yhe gewesen syn

Vorder als Jwe lefde vormelt heuet, wo ko. D. na willens beschaffinghe vnd reden vorgerort in anmerkunghe des groitfursten tor Muskow toneigung oick ander gescheffte haluen vp andern oerden erer Herlicheit grentzen vittorichten enen euigen vrede myt em gemaket Hebbe, vnd doch mynem gn. hern sus lange vnuermodet verhalden vnd nichtz vom vorwitlicket dar Inne to consenteren vnd semmentlick myt to vreden, des sine gn' sick nummer verhoppet hedde, vnd aff nu sollichs vnde der glyken mer myt krig vnd oirlege selfmodig[1]) ane willen vnde wetten des andern parts antobeuen de fruntlicke eynung vnd vorbuntnisse tuschen beiden herschapien gemaket, besworen, vnd versegelt Inhalde vnd vormoge mach men erkennen, Ader aff sine gn' vnd dusse Lande dath vm ko. D. vnd dat groitfurstendom to Lethlouwen In sinem swaren anliggenden noden hirbeuorn verschult vnd verdient hebben

Dat oick. ko. D. bestalt vnd heren bestemht hebbe de grentze vp der Hilgen drey konigen daghe negst komende to rechtuerdigen helpen hort myn gn' Her van Herten gerne myt demoidiger bede sollichs ane langer vertogering na vitforinge des ewigen vredes als dat in der vorgerorder fruntlicken eynung vnd buntnisse belouet vnd vitgedruckt is. fruntlicker wyse dorch vnpartiesche rechtuerdige fredesame lude van guider conscientien geschehen moeghe vele quades clacht vnde gewalt vp den grentzen touerhoeden vnde ein Ider tho den sinen kommen des gebruicken vnd ruwelick dar by bliuen mochte. als sine gn' vnd siner gn. vorvadern des lange tyt her vnd mannichmael myt velegehatter moehe begert vnd gebeden hebben Auer bit Her to nicht to komen morgen, noch mal biddende ko. D. myt den oren vorschaffen wille de ouer de rechten witlicken oelden grentze gebuwet hebben, myt dem eren afflowyken so men dorch vortogeringe de grentze torichten lange genoich tho groitem schaden dar mede geduldet heuet vnd nicht wol langer dreglick vnd to liden syn wil. so men sick dar vit vellichte In de lengde besits beropen mochte

Mochte oick na myns gn' herrn lestgedane demodige bede vnde vorderinge de ewige vrede van ko. D. besworen vnd vordan in allen puncten vprichtich vpt oelde gehalden werden segen sine gn' negest demoidiger bede gants gerne.

1) Eigenwillig, selbstsüchtig.

CCCV.

Der Meister von Livland giebt den Regenten in Preussen von einer vom Könige von 1509
Polen erhaltenen Besendung und seiner darauf gegebenen Antwort Nachricht, d. d. Wenden, am Freitag nach Reminisc. (9. März) 1509. *D.*

Abschrift im GA. zu Kgsbg.; Abdruck in dem Suppl. ad hist. Russiae monum. p. 346, № CXXXIX. Vgl. Index № 2551.

CCCVI.

Des Zaren Wassili Beifriede mit dem livländischen OM., dem EB. von Riga, dem B. von (1509)
Dorpat und allen BB. und Landen von Livland auf 14 Jahre, vom Annunciationis-Tage 7017 bis dahin 7031, d. d. tho grote Nowegarden, im 7017. Jahre (Chr. 1509) den 25. Martis.

Alte Abschrift auf Papier im rev. RA.; ferner Abschrift nach einem Original mit 8 Siegeln bei Hiaern. Collect. p. 406—428 und daraus ein Auszug ebend. p. 73 und bei Brotze, Syll. I, 249; und nach einem Exemplar im Reichsarchiv zu Moskau, eine Copie bei der Gesellschaft für Geschichte und Alterthumskunde der Ostseeprovinzen zu Riga. Durch die zuvorkommende Güte des gelehrten und humanen Vorstandes des Reichsarchivs zu Moskau, des Fürsten Michael Andrejewitsch Obolenskij, ist die im Text genannte Gesellschaft in den Besitz von Abschriften der im Reichsarchive zu Moskau befindlichen livländisch-russischen Friedensschlüsse des 16. Jahrhunderts gelangt, nämlich von den Jahren 1509, 1514, 1521, 1531, 1550. Hier sind diese Abschriften nicht unbenutzt geblieben, doch haben wir sehr den Nachweis vermisst, ob solche nach Originalen oder blossen Abschriften gemacht worden, und müssen bemerken, dass in ihnen, wie in anderweit aufgefundenen Abschriften der Styl und die Sprache so überaus incorrect, fehlerhaft und verworren ist, dass man oft über den eigentlichen Sinn der mit unzähligen Wiederholungen angefüllten Perioden ungewiss bleibt. (Eine Erklärung dazu giebt Karamsin, VII, прим. 101; D. Ueb. VII, 450, Anm. 31). Die Verlegenheit des Benutzenden wird noch dadurch vermehrt, dass die hiesigen und dortigen Abschriften so vielfältig von einander abweichen, dass man oft an der Identität der Verträge zweifelhaft werden könnte, wenn nicht die Hauptsachen sich in beiden doch wieder übereinstimmend, wenigstens der Sache, wenn auch nicht immer dem Ausdrucke nach, vorfänden. Wir geben hier dieses Document nach der zuerst aufgeführten Abschrift, da solche zuverlässiger erscheint, als die von unzähligen Unregelmässigkeiten wimmelnde, zweite, welche sich gleichwohl als eine Originalcopie ankündigt; und versuchten aus der — leider sehr lückenhaften — dritten die Varianten hinzuzufügen, mussten aber davon bald abstehen, wenn wir nicht auch diese ganz wiedergeben wollten, ohne dass doch aus solchen Abweichungen ein wahrer Gewinn zu erwarten stand. — Vgl. Arndt II, 177; Karamsin VII, прим. 49; D. Ueb. VII, 22, 449, Anm. 21; Index № 2554 (Suppl. ad hist. Russiae monum. p. 352, № CXL), 2558, 3477.

Na den willen gades vnnd nha beuelhe des grothfursten Wassilien von gades genaden kaisser vnnd herschere aller Reussen vnnd Grothfurst tho Wolodimer, Muscow, Nowgarden, Plesskow, Iwonstry, Perempstij, Botharstij vnnd Andre[1]) De Forsten Meister tho lifflandt vnnd Ertz-

1) unde von Vbdori unde von Jugorski u. von Permski unde von Bulgarski unde anderer mer.

biscop mith samptt allen Biscoppen vnnd lande tho lifflandt hebben ere baden gesannt tho dem Grothfursten Wassilij von gades genaden kaiser vnnd herschere aller Reussen ere houeth tho schlan der saken haluen so den der Grothfurst tornig gewest, dath de Furst Meister tho lifflanntt vnd Ertzbiscop[1]) mith samptt allen Biscoppenn vnnd Landen tho Lifflande getredenn sintt van dem vederlickenn erue des grottfursten Wassilij von gotts genaden keisser vnnd herschere aller reusen von groten Nowgardenn vnnd Plesskow vnnd sint getreden tho dem Koninge von Polen vnnd grottfursten tho Lettouwen, dath de grottfurste wolde den Fursten Meyster tho lifland vnnd Ertzbiscop tho Rige mith allen den Biscopps vnd dem Lande tho Lifflanntt begnaden, vnnd sinen torn von ehnen keren vnnd wulde se begnadenn vnnd beuelen dem Statthelder tho grothe Nouwerden sinem Vederlicken Erue, ock sinen Statthelderu tho Plesskow vnnd sinem vederliken Erue mith dem Furstenn Meister tho Lifflanntt vnnd Ertzbiscop tho Riga vnnd allen Biscopen vnnd Lannde tho Lifflantt einen bifrede vp thonemen nha dem Olden, ock die kopennschafft nha dem sulfften erue tho hebben vp dath olde.

(1.)

So is de Furste Meister tho lifland vnnd Ertzbiscop mith sampt allen biscoppen vnnd lande tho lifflentt von dem koninge von Polen vnnd grotfurstenn tho lettouwen affgetreden So hefft de grothe herr Wassilij van gades genadenn keiser vnnd herscher aller Reussen vnnd grottfurste nha erem bouedesslande den Fursten Meister tho lifflant vnnd Ertzbiscop vnnd alle Biscoppe vnnd alle lande tho lifland begnadett vnnd sinen torn von ene gekerett, vnnd hefft Sinen Statthelderen tho groth Nouwerdenn Furste Danileij Wasilewytz vnd gregorii Foiderejwitz vnnd sinem Vederliken Erue groten Nowgardenn ock seinen Statthelderenn dem Fursten von der Plesskow Iwan Michailowitzenn vnnd sinem vederliken Erue Pleskow beuohlenn mith dem Fursten Meister vnnd Ertzbiscop vnnd allen Biscoppen vnnd lande tho Lifflannd einen bifrede vpthonemendhe nha dem olden, vnd die kopennscop in dem selbigen seinem vederlikenn Erue beuoll he sine lude tho holdenn nha dem oldenn.

(2.)

Ock enn soll der Furste Meister vnnd Ertzbiscop vnd alle Biscoppe vnnd Lande tho liflannd vohr dhon tho dem koning von Polen, grottfurst tho Lettouwen nicht thogedhan sin ahne allerley behendigheit[1]). Wer idt sake datt dar ein Ander koning tho Polen vnnd grottfurste tho Lettouwen queme sall die Furste Meister vnnd Ertzbiscop vnnd Alle biscop vnnd Lande tho liflland keine hulpe dhon.

(3.)

Offte ock die grothe herscher Wasylie mith dem koninge tho Polen von grotfurst tho Lettouwen watt tho dhonndhe hedde so sall die Furste Meister Ertzbiscop vnnd alle biscoppe vnnd Lande tho lifland dem koning von Polen vnnd grottf. tho littouwen mith keinen dingen bystand dhon ahne allerlei behendigheit.

(4.)

Nha dissem fredebreff vnnd Crutzkussing nha beuel des grotfursten keysers sint gekamen de deudschen Baden tho grote Nowgarden tho dem Statholder tho dem Fursten Danyle Wasyliewytz vnd Gregorie foderwitz tho den beyaren Inwaneren Copluden vnnd tho allen tho grote Nowgardenn Die furste Walter von Plettenberg Meyster deudsches Orden in lifflant, vnnd seiue Cumptoren vnnd Ertzbiscop tho Rige vnnd alle biscoppe vnnd Lande tho liffland[2]) vnn hebbenn alle ere houethe geslagenn dem grotforsten sampt sinen Statholder tho grott Nowgarden vorste Daniele etc. Johan bildorp. Meister Jo-

1) odd. tho Riga vnde de Bischop tho Darpte e. de Bischoppe vnde alle de Lande etc.

1) mit Neynerleye Saken mit geinerlein Leben Behendicht.

2) de baden dutschen van dem Vorsten Walter van Plettenberge Meister des dutschen Ordens de de is ein ..... Bischope yp Vesll unde van dem Bischope tho Kurlande unde van dem Bischope the Reval unde van den borgermeister .... luden unde van der bischope luden unde van alle liffleudesche lande.

han Oldense Canceler Johan kauer vnnd kersten Soeye hebben einen beyfrede gemakett mith des grottfursten Stattholderen tho grot Nowgarden vur des grotfursten vederlikenn Erwe vnnd vur alle Nowgarden lantt tho XIIII Jharen von Annunciationis dage an Im Jhar VII[m] vnnd XVII bett Annunciationis Marie dage als mhan schriff VII[m] vnnd XXXI vur alle des fursten Meisters behold vnnd Ertzbiscoppes vnnd alle de biscop vnnd lande tho liffland In diesem XIIII Jharen sall men den frede vaste holdenn von beiden parten Des lands vnnd waters, vnnses Nouwgards vnnd Fursten Meister is de olde grentze vth dem peibisse die strom der Nerwe beke dwers auer den holm benedden Iwangorott vnnd der Nerwe In der Nerue beke bet In dath solte mer nha dem olden Crutzbreff vnnd Crutzkussing des Furstenn Meisters.

(5.)

Ock en solen des grottfursten lude de Nowgards ouer de grentze ouer den strom der Narue beke vp die helffte des holms de dar is benedden Iwangorott vnnd der Narue vp des fursten Meysters helffte up der luchteren sytt nicht treden, hoeyslege nicht tho meiendhe, busche nicht tho bouwenndhe vnnd lant nicht tho plogendhe ock de Wather nicht tho fischendhe.

(6.)

Des gelicken sal de Furste Meister vnnd sine lude auer den Strom der Nervebeke vp des grottfursten etc. vederlicke erue vp der Newgardschenn sytt vp der luchter hant der Nervebeke vp de helffte des holms de dar is benedden Iwangorott vnnd der Nerue In geinen dingen nicht treden hoeislege tho meiendhe busche tho bowende lande tho plegend vnnd water nicht tho vischendhe, ein Ider sall dat sin kennen nha der Crutzkussing.

(7.)

Vth des grotfursten etc. vederlick erue de lude vnnd geste vth Nowgarden lande sollen in des Fursten Meysters beholde vnnd de Ertzbiscop vnnd biscop ere landhe nha Dorpte Nerue, Reuell Rige vnnd In allenn steden then vry vnnd felig In liffland tho kopenn vnnd verkopen allerley whar vry nichts vth benomett[1]).

(8.)

Hefft ock ein Nowgarder mith einem Dudschen thor Nerue gekopslagett vnnd hefft sine whar Im schepe so mag de Nowgarder de whar von den deudschen fry vth den schepe empfangen on eidhen mith duplicker vorhoring nha der Crutzkussing.

(9.)

Kumptt welck Deudsch In de fenknusse In Nowgarden lanth von wath sake dat sein mag, so sall mhan en tho Nowgarden nicht verrichten. Die Statholdere von Nowgarden solen sick der sake haluen mith dem Fursten Meister besenden vnd bestemmen eine tidt den deudschen tho stellen vur de Richtere Idt kamen In watterley sakenn idt will.

(10.)

Kumptt ein Nowgarder in fenckenusse In des deudschen Fursten Meisters vnnd des Ertzbischoffes vnnd biscoppes steden so sal mhan den Nowgarder des glicken in den deudschen steden nicht vurordelen Die Fursten Meister vnnd Bischop sollen sick besenden mith den Stattholderen tho Nowgardenn vnd bestemman eine tidt dath mhan den Nowgarder vp de bestemdhe tidt stellen vur die Richtere vnd de semptlick Richtere solen vp dem dage mith duplicker betastinge der saken ein ende maken nha der Crutzkussing, Auer wirt der Nowgarder den Deudschen vnnd vth dem rechte vurordeltt tho sweren, so sall die Antwardes Mhan der Deudschen dat krutze kussen.

(11.)

Des gelicks beschuldigt de Deudsche den Nougarder In dem rechte vnnd werth vth dem rechte vurordelt tho schweren so sal de Antwurdes man de Nowgarder dat Crutz kussenn.

(12.)

Ock sall mhan den Deudschen richten also

1) Von hier an ist in der Moskauer Abschrift alles ganz verschieden, aber undeutlich ausgedruckt und lückenhaft.

ene Nowgarder, De sakewalder sal sinen sakewalder kennen nha erem rechte vnd keine bosate dhon von des willen von beidenn parten so dhat ock geschreuen stheit In dem vorigen fredhe breff Iwan Wasileiwytz vnd seines shons Wassilei Iwanyowitz g: f:

(13.)

Welkere nowgardesche koplude tho Dorpte offt in des fursten Meister vnnd Ertzbischoffs vnnd der biscoppe vnnd allen dem lande tho lifflant gefangen sytten, de Furstemeister Ertzbiscop vnnd Biscoppe sollen alle de koplude von Nouwerden mith aller erer whar then laten Welcker koplud von Nouwerden In der fenkenusse vursteruen sein ader vth der gefenknusse vorlopen sint vnnd er whar gebleuen is In des fursten Meisters vnnd Ertzbiscops vnnd biscoppe ehren steden vnnd In allem lifflantt ader by weme de Nowgardesche kopenschop gelecht is sal de furste Meister vnnd Ertzbis. vnnd Bis. den Nowgardeschen kopluden de whar alle wedder geuen. Wes von der whar de furste Meyst: vnd Ertzbis. vnnd Bisch. vnnd ere lude nha diessem frede breff In diessem Jharen nicht weddergegeuen hebben, vmb alle ehre sake willen solen de Statholdere von Nouwgarden mith dem Fursten Meist. vnnd Ertzbischop boramen einen dag vp dem dage solen die Nowgarder dat krutz kussen den ere whar nicht weddergegeuen is dat solen des Furstenmeisters vnd des Ertzbis. vnnd bischops lude bothalenn.

(14.)

Ock sal die Statholder von Iwangorot darup dat he auer alle klegliche sake de de Nerweschen tho den von Iwangrodt hebbenn sall he vth horen vnnd recht geuen auer alle klegliche sake nha der Crutzkussing vnd na rechte Des glicken sal ock dhon de Vagett von der Nerue vnnd de Richtere thor Nerue solen dat Crutz kussen dath se auer allerlei sake de de von Iwangorod tho den Nerueschen hebben solen vthhoren vnd geuen recht auer alle kleglicke sake nha der Crutzkussing vnnd nha rechte, Dem loper, egen buren vnnd buriane sal mhan bey der kercke gades In des Fursten Meisters vnnd Ertzbiscops vnnd der bischoppe erem beholde vur se sthan sal mhan reine maken vnnd holden vp alle unbeschediget.

(15.)

Ock watterlei sake de dar twischen des grotf. erne den landhe tho Nowgarden mith dem lande tho lifflland vur diessem bifrede geschein sintt alle de sake solen von beidenn parten doet sein ahne de sake de de in In dissem fredebreffe geschreuen sthan.

(16.)

In welcker stat des Fursten M: vnnd Ertzbiscops vnnd der biscoppe beholde deme Nowgarder von einem Deudschen sein bart werth vtgeropett den Deudschen sal man stellen mith dem Nowgarder vur de semptlichen richterenn vp einen bestimmeden dag Kan man dem Deudschen auer bringen mith richtes rechte, so solen de richtere den Deudschen setten einen bröcke vnnd straffen nha rechte.

(17.)

Ock so hie beuorn gewest is von eidern statholdern von Nowgarden einen baden tho dem Furstenmeister offte nha Riga nha Reuell toge dho nam des Furstenmeister leidtsage thor Nerwe von der Statthalder boden ein stuck suluers. Desglichen wan des Fursten Meisters baden an den grott fursten togen thor Moscow an den Statholder tho Nowgarden do nam de Nowgardesche leisage von des furstenmeisters baden tho Iwangorot ein stuck suluers, vnnd dat stuck sulners sal mhan von beiden parten nicht nemen tho Nerwe von dem Statthalder baden ock tho Iwangorod von des Fursten Meister bade, Man sal de leidsage von beiden parten geuen ahne gelt tho Nerwe solen des grotfursten vnnd der Statholder von Nowgarden vnnd Iwangorod ehre baden von den andern Fursten Meist then na Rige na Reuel gene hushur geuen. Desgelickenn solen des vurstenmeisters baden tho Iwangorod both tho grote Nowgarden. Ock so me tho grothe Nowerden von des fursten Meisters baden hebbet genommen herberg gelt ock In den deudschenn steden des fursten Meisters vnd Ertzbiscop vnd biscoppe ere steden nam mhan herberg gelt von der Statholder eren baden so sal men vordhan den baden von beiden parten gein herberg gelt nemen.

(18.)

Ock sal man generleye wise Jemandhe besaten von beiden parten, wo wol dath dar wehre twischen des grotfursten vederlicken Erue grote Nowerdenn vnnd pleskow mith dem lande tho lifflande welcke sake tho dhonde tho beiden parten in des grotf. vederliken Erue tho grote Nowgarden vnd pleskow vnnd In allen steden.

(19.)

Ock In deudschen lande, In des Fursten Meisters beholde vnd Ertzbiscops vnnd der biscoppe erenn steden vnnd In allen lifflande sal mhan der baden vnnd koplude vmme der sak willen nicht bekummeren ader bosaten ock dem kopman sein gutt nicht berowen, De Baden vnd koplude sal man mith alle erem vrei vnnd felig then laten ahne allerley vpholdinge.

(20.)

Vp alle dusse steke vnnd breue nha beuehll des gf. etc. der Statholdere von Nowgarden Vursten Danili Watzilewetz vnd Gregorie federowytz kussen dath krutze, de beiaren von Nowgarden Steffen Petrowitz samitestinx Iwan Iliinofohowytz Samistrox vnnd der borch In de Loddien Dar von solen de Nerweschen ghenn gelt nemen.

(21.)

Ock von der Nowgarder koplude Wasse solenn de Deudschenn nicht affkloppenn ahne dat he ein weinig affklippet tho reisskendhe, Dath sal mhan eme wedder geuen, vnnd das was wicht sal mhan latenn bi den Nowergardeschen loden vnnd sal gelick wegen nha der Crutzekussing. Dath wage gelt sal mhan nemen vor ein schillinge tegen 3 denninge nha dem olden.

(22.)

Kumpt thor Nerwe eyn Nowgarder mith wasse grawerke ader mith ander whar, vnnd wil then nha Rige, Reuel, Dorpte offte In anderen steden, vnnd leth seine whar vp dem wagen geladen, von der whar sal de weger gen gelt nemen. Hureth ock ein Nowgarder ein forman, de sal de whar von der einen wagen vp der anderen laden Wil ock ein Nowgarder nha Riga, Reual, Dorpte ader In anderen steden then, mag he einen tolek henen[1]) vth der Stat ader vth dem landhe Vorbistert ein Nowgarder vth dem wege, dar sal mhan nicht vp steken vnnd sal eme denn weg wisenn.

Bederff ock ein Nowgarder eines perdes tho kopen in des furstenmeisters vnnd Ertzbiscop vnnd der Biscoppe stede vnnd lande so sal de Nowgarder von dem breff geuen ein ferding, Tho Nerwe sal he sick dem Vagede bewisen vnnd geuen vor de vthstedinge einen denning, Vp dem wege mach ein Nowgarder fri ein pert kopen vnnd geuen thor Nerwe einen ferding vnd vor de affsteding einen denning, ock vor de vthstedinge. Ock welcker Nowgarder in des furstenmeisters, Ertzbiscops vnnd biscoppe stelhe vnnd wiset dat perth dem vagede tho Nerwe, de Vaget sal em dat pert nicht nemen, ock dat gelt mith macht nicht weddergeuen. Des glicken solen des furstenmeisters koplude In des grothf. etc. vederlick Erue in Nowgarden Lande vri vnd velige then tho Wather vnnd tho landhe ahne allerley vpholding vnd vri kopslagen mith allerley whar nichts vthbenometh, den alleine solt mith solte sal mhan nicht kopslagen ock nicht voren in Nowgarder lant, vnnd solen tho Nowgarden vp eren houe kopslagen nha dem olden. Ock solen de deudschen tho Nowgarden offte vp den beisloten in Nowgarder lantt nicht krogen, ock solen de Baden des grottfursten vnnd de baden der Stattholdere von Nowgarden vnn von Iwangorod Lande nicht krogen Ock solen de baden des grottfursten vnnd de baden der Statholdere von Nowgarden vnnd von Iwangoroth in de furstenmeisters Ertzbiscops vnnd der biscoppe lande hebben einen frien weg ahne allerley vpholdinge

1) Oder: hauren.

Na riga Reuel Dorpte Nerwe, vnnd In alle eren steden.

(23.)

Wanner de grotforste sinen baden sent tho anderen Fursten anert mer offte dath de Andere Fursten ere baden sennden tho dem grotfursten, de Baden solenn hebben In des furstenmeisters vnnd Ertzbiscops vnnd biscoppe beholdhe vnnd durch gantz lifflandt einen frien feligen wech tho Water vnd tho landhe Ock solen die Deudschen des grottfursten baden vnnd de baden der Statholdere von Nowgarden vnd Iwangorot ock ere koplude vth Nowgarden landhe, In ere stede landen vnd vp dem mehr behoden als eren Deudschen ahne allerlei behendigheit Des geliken solen de Furstenmeistere vnnd Ertzbiscoppe vnnd der biscoppe ere baden In des grothfur. sinen vederliken erue hebben einen frien veligen wech In allen steden so sinen statholderen tho Nowgarden vnnd Iwangorod tho water vnd tho lande ahne allerlei vpholding. Ock solen des grottf. Stattholder des Fursten M. vnd Ertzbiscops vnd der biscoppe baden vnnd koplude vth alle lifflant In des grottf. stede tho Water vnd tho lande beschermen alse ere Nowgarder ahne allerlei bohendigheit vmb allerley clagsake willen solen des grottf. Statthołdere tho Nowgarden mith dem furstenmeister sick bosenden vermiddels baden. Desglichen sal sick de Fursten Meist. vormidles baden bosenden mith des grotf. Statholderen von Nowgarden vnnd alle klegliche sake von beiden parten recht tho geuen nha der Crutzkussing vnnd nha recht ahne alle bohendigheit.

(24.)

Voirgeuet einen Nowgarden einige sake Idt si dan In des Furstenmeisters eder Ertzb. vnnd bis: steden vnnd in ganz lifflant wor idt boiegeuett Dar sal mhan en vort richten nha rechte nha der krutzekussing vptt hogeste tho X stuck sulwers. Is de sake hoher den X stucke Nowgardesch de sake sal mhan in den deudschenn steden In des Furst M. vnd Ertz vnd der Biscop ere steden den Nowgarder mith dem Deudschen nicht richten, Man sal den Antwurden den Nowgarder vur borgen, kan he keinen borgen krigen sal mhan en tho der tidt In der gefenckenuss halden, Vnd vmb der sake willen sal mhan sick mith dem Stathol. tho Nowgarden bosenden.

(25.)

Ock biegenet einen Deudschen ienige sake In Nowgarden lande Idt si wor idt si Dar sal mhan ene vorth recht geuen nha Krusing nicht In hoher sake dan X stucke suluers. Drepett sick de sake hoher dan X stucke sul. so sal men den Deudschen mith dem Nowgarder tho Nowgarden nicht richten, Man den Antwerdern Man dem Deudschen sal mhan vurborgen, kan he keinen borgen krigen so sall mhan ene In de venckenusse holden beth thor tidt dath sick de Statholder von Nowg: mit dem furst M. bosendet vnnd eine tidt bostemmett den beiden klegeren von beiden parten vp dem gesetten dage thor stedhe sin vp dem semptlichen holme In der Nerue becke De Statholder von Nowg. vnd de fur: Meist. vnnd Ertzb. vnnd Bis: burgemeister vnd Ratlude de dar tho dhondhe hebben vp de bosthemmedhe tidt vnd doch ere richter dar hebben solen vnd richten. De richtere solen de sake vp dem richtelsdage richten nha semptlichen rechten vnd alle de saken entrichting koplude ader Mans Phoma Danilawitz Sallarie allex: gregoriewirz Burube De Forste Danile Phoddrowitz vnd gregor Phoddrowitz hebben an diesen breff ere segel hangen vnd von den Vorstenmeister vnd Ertzb. vnd allen bis. de in Dessem breffe geschreuen sthan von allem dem lande tho lifflant vth des Meisters behold hebben dath Crutz gekussett vp düssen breff dede deudschen baden Johan hildorp Meister Johan von Oldensee Canceler Johan kauer vnnd kersten Swiege vnnd hebben er segel an dussen breff hangen Wenner des grotf. Statholder von Nowgarden ere baden tho dem fursten Meister senden so sal de Furstemeister suluen In Jegenwerdigheit der baden vp dussen breff dat Crutz kussen vur den Ertzbis. vnnd bis. vnd vor alle seine stedhe vnd behold vor alle de land tho lifflaed vnnd sol sein segel an dussen breff hangen. Ock sal de Ertzbis. von Riga vnd de Bis: von Dorpte ere hande strecken vor alle eren beholde vnd ehr segel an diessem breffe hangen. Dusse fredbe is vullenendigt in des grotfurst vaderlick erue tho grote Nowgarden Im Jhar VII^{m} vnd XVII Martis 25 dag.

№ CCCVII.

Des Zaren Wassil Beifriede mit Livland auf 14 Jahre, in Betreff der Handelsfreiheiten (1509) von Pleskau. D. D. tho Grotenowgarden 7017 (1509).

Abschrift nach einem Originale mit 10 Siegeln bei Hiaern, Collect. p. 584—605, Auszug bei Brotze, Syll. I, 247. Dieser Friede ist von dem vorhergehenden Tractate, obwohl in ihnen Vieles gleich ist, doch verschieden. Vgl. Index № 3478; Arndt II, 177, Anm. b; Samml. russ. Gesch. V, 495; Gadebusch livl. Jahrb. 1, 2, S. 275; Karamsin D. Ueb. VII, 22.

Na Godes wyllen vnde na des groten Herren geheite des Keysers russen Wassilie van Gottes gnaden keysers vnde hern aller Russen vnd Grotfürste van Volldemer vnde van möskow vnde van nowgarden vnde van Pleskow vnde van otuer vnde van Iugorske vnde van Peremski vnde van bolgarski vnde anderer mer ith sint gekomen in des groten herrn vnde des Keisers russen vederlicke erue tho grot nowgarden to des groten herrn vnde Keysers russen Stadtholdern to nowgarden to dem Vorste Danile Wassiliewits vnd Gregory Vodderwitz vnde vt des groten herrn Keyser russen vederlicken erue vt Pleskow van des groten herrn vnnde Keyser russen Stadtholder dem vorsten van Pleskow Iwane Michaelewitz vnde van den Borgmeistern van Pleskow de ouerste vnde van den olden Burgmeistern vnde van Gantze grote Pleskow vederlicken erue des groten Herrn vnde Keyser russen de baden van Pleskow de Borgmeistere Michaele Inegewitz ledere vnde Alexander schophanewitz Kyüernikof Gregory Jacowolowitz Kotlof vnde de beiaren van Pleskow Iwann Garitonowitz Potenckin de Olderman der Koplude vnde des Ertzbischops houetmen Wassilie Ignechewitz galckin vnnde Alxei Michaelowitz de olde Stadtschriuer Jacob Germoln de Olderman der Koplüde vnde de Stadtschriuer Zacharie vnde der glicken sint geckamen van dem gewerdigen Vorsten tho lieflande Wolter van Plettenberge de baden des Vorsten Meisters Johan Hildorp vnde meister Johann Oldensee Kentzeler vnde hebben geendiget eyne bifrede mit den baden van Pleskow der Vederlicken erue des groten hern vnde Keysers russchn mit den borgermeistern van Pleskow vnde mit den boiaren tho vertein Jahren van annunciationis dage In den Jaren Seuen dusent Seuenteine Beth to annunciationis dage in dem Jarr Seuendusent eyn vnde dertich vor den forsten meister to lieflande vnde vor den Ertzbischop tu Rige vnde vor ere hern vnde vor ere Ritterschop vnde vor ere Landesboiarer vnde vor de Borgemeistere vnde vor de Ratlüde vnde vor alle ere stede vnde vor alle des meisters Beholdinge vnde vor des Ertzbischopes vnde in den verten Jaren, na dussem breue dussen frede holden vast van beiden parten vnde des groten hern vnde Keysern allerrussen dem Stadtholder de vorste van Pleskov vnde Vederlicke erue sien Pleskov in den Vertein Jaren des Vorsten meisters beholdinge vnde des Ertzbischops nicht veiden noch hinderen nergen mede noch vp geyne lande up geyne watere ere nicht uptreden, dem glicken de Vorstemeister vnde de Ertzbischop vnde vt alle erer beholdinge in den vortein Jarn des groten herrn vnde keiser russchn vederlicke erue Pleskower lande nicht veiden noch hindern nerge mede noch up geine Lande vp geine watere nicht vp treten, vnde lande vnde watere tuschen Pleskow vnde den Vorsten meister vnde dem Ertz Vischope de Olde Grentze na dem Olden breue vnde de see grote mogen Vischen de Pleskowerr to synem oueren vnde ouer de see grote sollenn de Pleskower Vischen nicht varen vp der duitzschen side, vnde kommet doch sundr vnmacht vorsettet de wint eyne Pleskower Vischer vp der duitsche Siden so salmen nicht vme beschuldigen der gelicken vnde den duitzschen de see grote vischen, to synem ouern, vnd ouer de see grote, sollen de Duitzschen vischen nicht ferne an pleskowe siden vnde kommet dorch sunde vnmacht, dat de wint vorsetet eyne Duitzschen Vischer vp der Pleskower siden so sal men nicht vmme beschuldigen vnnd In de Pleskower see sollen de Duitzschen vischen nicht varen vnde vp den Klitzerholm sollen de Duitzschen ock nicht vptreden vnde de grentze tusschen pleskow vnde dem vorstemeister dorch de narue becke de strom vnde dat vederlicke erue des groten hern Pleskow hebben geslagen ere henede wassilien van Gottes gnade Keisere vnde herr aller Russen vnde Grothfurste vmme dat der des meisters vnde des Ertzbischops lude sind Ingetreden in der Pleskower lande auer de Olde Grentze, vnd des groten hern des stadthold van Nowgarden vp dat landt sollen senden richtere vp den Dach vnde des groten herrn den Stadtholder de Vorste van Pleskow vnde dem Vederlicke erue des groten herrn Pleskow mit dem meister vnde mit dem Ertzbischope wen se hebben bestemet eyne tydt vnde vp dat lant to sendende, lude Erwordige vp den Dach vnde de meister, vnde de Ertzbischop to der tide vp dat landt sollen senden ere lude Erwordige vp den Dach vnde richten des groten hern vnde de lüde gude ...... van beiden siden vp dat laudt wenn se hebben to hope gekomen sint vnde Vthorn na der Kruskussinge vnde macken dem lande vnde watern eyne Grentze na den olden Befredebreue vnde na dusser Kruitzkussinge vnde vorthan vp fromde lande vnd wattere salmen nicht vptreden van beiden parten vnde we van welckerer side vptreth vp frembde lande oft vp watere vnde dem sal men dat leuent nicht geuen vnde ut des grote herrn Keyser russen vederlicken erue vt der Pleskower lande den gesten vnde den Koplude ouer des meisters beholdinge vnde ouer des Ertzbischops lande vnde ouer der Bischoppe lande na Rige vnde na Reuell vnde na der Narue vnde in alle stede liflandesche lande to Berge vnde tho watere hebben wech en reyne to Komende vnde wech to teinde sunder allerley hindernisse vnde se mogen Kopen vnde vorkopen gutwillich allerleie war nicht vtbescheden sunderr solt vnde ock vp der ombecke mogen de Pleskower Kopslagen tein na dem Olden vnde bie Porschen oft to hope mogen ware ere den Pleskower vor Kopen gutwillich an alle stede liflandesche lande vndt holt den Pleskower vp der ombecke in dem bussche vnde allerleie warnynge wat von noden is to howen ock gut willigen na dem Olden vnde der Kruskussinge vnde dem meister vorste vnde syne heren vnde dem Ertzbischope vnde den bischopen vnde eren luden der Pleskowsche gasten vnde Kopluden ware den Kop nicht setten vnde geyne gifte darvan nemen vnde den tol der nachte salmen vp den Pleskower nicht setten vnde geyne bome sollen in dem wege wesen vnde men sall geyne gaue van dem van der Pleskower gasten vnde Kopmannen nicht nemen der gelicken des meisters vnde des Ertzbischopes luden vnde der Vischope luden vt allen steden erer beholdinge in des groten hern Vederlicken erue in der Pleskower lande in allen steden, to Berge vnde to watere wech reine to Komende vnde wech to teynde sunder allerleie hindernisse vnde to Kopende vnde Verkopende gutwilligen allerleie ware sunder vtbesched sunder solt, vnde solt sollen de Duitzschen in der Pleskower lande in alle steden nicht forn vnde nicht Kopslagen sollen se mit solte in der Pleskower lande vnde ock Kroge de Duitzschen sollen in der Pleskower lande nicht verkopen vnde de Pleskower sollen mit den Duitzschen mit solte ock nicht Kopslagen vnde nicht forn sollen se solt vt der Duitzschen lande in det Pleskowsche lant, vnde den Kop dem warn an den Duitzschen gasten vnde Kopmanne de Pleskower solle nicht setten, vnde geyne gaue darvan to nemmende vnde dat mass der Pleskower Koplüden en sollen de Duitzschen nicht beklagen sunder dat wat se afflan nicht vell to besemde vnd salmen em geven wedder vnde de wegergelt sal nemen van der ware van den gasten vnde Kopluden der Pleskower in der Duitzschen lande vnde van den Duitzschen in der Pleskower lande van beiden parten na dem Olden vnde wat geschreuen is, in den ersten biefredebreue der groten herrn Iwann von Gottes Gnade Keysere vnde here aller Russen vnd Grotfurste vnde soue sin, de grote her wassilien van Gottes gnaden Keyser vnnd here aller Russen vnde Grotfurste Vederlickere Koplude Pleskowsche in des meisters steden vnde des Ertzbischops vnde in alle ere beholdinge gefangen vnde warn ere van eingenomme vnde de meister vnde de Ertzbischop de suluen Koplude sollen alle verlaten mit alle eren gudern vnde welckene syn Kopman in der fencknisse sint vorbleuen oft welckere vt der fencknisse entlopen sint vnde warn ere dar gebleuen in des meisters steden oft in des Ertzbischopes ofte welckere ware der Pleskower glacht war mit wem in des meisters steden vnde des Ertzbischops vnde de vorstemeister vnde de Ertzbischop sollen der Kopluden alle guder weddergeuen den Pleskower, vnde is wat van der ware de meister vnde de Ertzbischop vnde ere lude na den Biefredebreue in den Jaren den Pleskowern nicht wedder gegeuen hedden vnde wat na dem bifrede den Pleskowschen Bade Jacobe onfimofa to wenden bie dem meister hebben beroueu vnde den sacken allen des groten hern Stadtholdere de vorste van Pleskow vnde de Pleskower sollen sick Besenden mit dem meister vnde mit dem Ertzbischope setten eine tydt vpen Dach vnde de Pleskower sollen vp dem Dage vp dat Krutze Kussen welckerem sy van der ware wat mecht wedder gegeuen hebben vnde des meisters luden vnde des Ertzbischops sollen dat betalen vnde wat Jacobe dem buden van der rof genomen is vnde der Bade der Pleskower sall dar vp ock Kussen wat em van der rof genommen is vnde de meister sal em betalen vnde vor than in den Vertein Jaren vmme Klegelicken sacken vp welckerer stadt sick begynnet watterleye sacke eynem Pleskower in des Meisters beholdinge vnde in des Ertzbischops beholdinge vnde in der Vischoppe beholdinge vnd in allen lande to lyfflende so salmen darein vnde recht geuen na der tucbnisse vnde na der Krutzkusseng nicht in grote sacken to tein stucke Suluers nowgardes vnd bouen tein stucke, sin dar wat sacke vnd so in den sacken in der Duitzschen stede in des meisters beholdinge vnde in des Ertzbischops vnde in der Bischope stede sall men eynen Pleskower mit einen Duitzschen nicht richten men sall geue den andtworder den Pleskower in borge hande vnde welckerer nicht kan borge Krigen so sal men em so lange holden in der Veste vnde vmme dat sollen se sick besenden mit dem Stadtholder des Groten hern mit dem Vorsten tho Pleskow vnde mit dem Vederlicken erne des Groten hern mit Pleskow vnde in der Pleskower lande watterleie sacke wert eynem Duitzschen den liflandesche Lande vnde de sal na dergelicken der im recht geuen na der tucboisse vnde na der Kruskûssinge ock nicht in groter sacken to tein stucke suluers Pleskowsch vnde boue tein stucke suluers watterleie wert sacke so sal men to Pleskow eynen Duitzschen mit eynen Pleskower ock nicht richten men sal geuen den andtworder den Duitzschen in borge hande vnde vor welckere nicht wert dat borge so sal men em so lange holden in der Veste vnde vmme dat des groten hern stadtholder dem vorsten van Pleskow vnde dat Vederlicke erue des hern Pleskow sollen sick besenden mit dem meister vnde eine tydt bestemmen beiden sackewalden van beiden parten sallen stan vp den Dach vnde de stadtholdern des groten hern de Vorste van Pleskow vnd vederlicke erue des groten Herrn Pleskow vnde de meister vnde Ertzbischop vnde de Vischoppe vnde de Vorgmeister vnde ratlude war de syn de Plesk: in wes beholdinge sollen senden to der tidt vp den Dach de richtere vnde de richtere wen de sacke gerichtet hebben vp dem Dage mit richte semptlicken vnde ock recht sollen se den sacken allen doo mit vthoringe na rechte na der Kruskussinge vnde komet welckeren Duitzschen tor pine in watterleie sacke de siu in Pleskower lande vnde so sall men tho Pleskow nicht pinigen men sal sick besenden vmme dat des groteu hern de Stadtholder dem Vorsten tho Pleskow mit dem meister vnde wan de tidt bestemet is sal stellen den suluigen Duitzschen vp den Dach vor de richtere vnde Komet in welcken sacken warde sie eynen Pleskower to pinigende in der Duitzschen stede in des meisters beholdinge vnde in des Ertzbischops vnde in der Bischope steden vnd den suluigen Pleskower in der Duitzschen stede der gelicken nicht pinigen vnde sall sick besenden de meister oft de ertzbischop vnde de Bischope mit des groten hern Stadtholder mit dem Vorsten to Pleskow vnde mit dem Vederlicke erne des groten hern mit Pleskow, vnde wan de tidt is bestemet to stellende den Pleskower vp den Dach vor de semptlicken richtere vnde de richtere semptlicken den sacken weder macken eyn ende vp den dage mit vthoringe recht na der Kruskussinge vnde de Dach soll stehn vp den Stede vp der grentze war de richtere semptlicken dem lande vnde watere de Grentse werden macken vnde Klaget ein Pleskower ouer eyne Duitzsche vnde werden se gerichtet tor Kussinge so sal Kussen de andtworder de Dutzsche vnde klaget ein Duitzscher ouer eynen Pleskower vnde werden se gerichtet tor Kussinge so sall Kussen ock de andtworder de Pleskower mer sall richten eynen Duitzschen In Pleskower lande glick eren Pleskower vnde vnder den Dutschen sall men richten eynen Pleskower glick sine Duitzschen vnde sall Keinem de sackewalde den sackewalden ua synem getuchuisse vnde geyne besettinge vmme dat geschen van beiden parten vnde dem bouetmanne tor Waldow des Vorsten von Pleskow vnd dem Vorgermeistern vnde de luden gude der woldow dat Krutze Kussen dar vp watterleie werden sacke der syrensser Slot des meisters ludeu vnde den narueschen to den Woldowern vnde sollen se dat vthoren vnde sollen recht geuen allen sacken Klegelicken recht na der Kruskussinge der gelicken vnde dem Narueschen vogede vnde des syrenske Slot vogel vnde de richter tor narue vnde der surenske vnde guden lude dat Krute Kussen vp dat watterleie sacke werden den Woldemern to den surensken luden vnde to den narueschen vnde sollen se dat vthoren vnde recht geuen allen sacken Klagelicken recht na der Kruskussinge vnde eynen def vnde eynen loper vnde eyn eigen man vnde eigen Wif salmen na der Kruskussinge vthoren na der tuchnisse vt andtworden vnde de Kercken godes russen vnde de ende russen in des meisters beholdinge vnde des Ertzbischops vnde in der Bischope beholdinge wer de vnde de Kercken godes Russen vnde de ende russen de meister vnde de Ertzbischop vnde de bischope sollen de reyne macken vnde men sal se holden na dem Olden vnde men sal se nicht beschedigen vnde dat genommen is van der Kercken sal men wedder geuen alle reyne na der Kruitzkussinge vnde in welckere stadt in des meisters beholdinge vnde des Ertzbischops vnde in der Bischopen landen eynen Pleskower den bart vtropet vnde den suluen Duitzschen mit dem Pleskower sal men stellen vp den Dach vor de richtere vp dat semptlicke richte vnde werden ouerbringen dem suluigen Duitzschen vp dem semptlicke richter vor den richtern mit rechte und tuchnisse vnde de richtere dem suluen Duitzschen sollen den schuldt vnde pine na richte ock sal neyne anboldinge geschen in geynen Dingen to beiden parten vnde oft wert tuschen des groten hern Vederlicken Eruen Grotnowgerden vnde Pleskow mit den liflendesche lande vnde sacke welcke sein beiden parten in des groten Hern Vederlicken eruen in nowgarden groten vnde in Pleskow vnde in allen steden vnde in den Duitsschen, in des meisters Beholdinge vnde des Ertzbischops vnde der bischope stede vnde in allen lande tho lifflande den baden vnde gasten ime dat nicht besetten vnde nicht berouen vnde de ware von den gasten nicht nemen men sal laten tein de baden vnde Kopmanne mit alle to beiden parten gutwillich sunder aller Hindurnisse vnde dem bade der Pleskower vnde des Vorste meisters vnde des Ertzbischops vor dat herberge geyn bushure betalen. dat hebben wie afgesettet van beiden parten vnde in den Vertein Jaren dem bade von Pleskow wech reyne sal sin tho berge vnde tho water vnde na rige vnde na Reuell vnde na der narue vnde in alle den steden des Vorstemeisters vnde Ertzbischops vnde in alle des Vorsten meisters beholdinge vnde Ertzbischops mogen se to komende ende af to teinde gutwillich sunder allerleie hindernissen ock sal bewaren de Vorstemeister vnde Ertzbischop eynen Pleskower baden vp eren steden vp lande vnde vp watter glick eren Duitschen sunder allerleie bebendicheit der glicken vnde des Vorstemeisters dem bade vnde des ertzbischops ouer des groten hern vnde Keyser russen vederlicke erue ouer Pleskower lande vnde beth to Pleskow wech reyne to komende mogen se vnde af teinde gutwillich sunder allerleie hindernisse vnde vmme Klegelicken sacken allen sal men senden Baden recht to esschende to dreen malen van beider parten vnde werden geuen war Inne rechte so geue gott also vnde gifft. men war imme gein recht den Klegelicken sacken vnde den sacken sal men eyn tidt besthemen vp en Dach vnde sollen don den sacken eyn ende de richtere vp dem Dage vor der Kruskussinge vnde wat na den ersten biefredebreuen welcken sacken van welckerer Syde gyte ende werden macken, vnde de Pleskower mit den Duitsschen vmme dat vnder sick plegen anholdinge hebben vnde Plegen to neinande vor dar sine vp der grentze vnde vor tan welcken sacken van welckerer siden salmen geyn ende werden macken vnde de sacke alle sollen sin vp den Dach vor den semptlicken richtere vnde den richtern semptlicken vp dem Dage allen sacken macken eyn ende mit vtherone na der Kruskussinge vnde na dussen biefredebreue ock sal geine anholdinge geschen in Keine dingen van beiden parten vnde orloge vnde beide sal men nicht begynnen mit geinerleie noden van beiden parten noch do biefredebreue in den Jaren nicht af senden van beiden parten vnde den Olden sacken allen is eyn ende sunder de sacken welckere in dussem biefredebreue geschreuen sin vnde dussen biefrede sal de Vorstemeister vnde de Ertzbischop erholden vast Sunder Jenigerleie bebendicheit na der Kruskussinge vnde na dussem biefredebreue vnde also vorbie sin dusse Jare na dussem biefredebreue vnde so sall der sin eyn manth van beiden parten vnde in dem mante sall man orlage vnde Veide nicht begynen van beiden parten na der Kruskussinge vnde de baden sollen in dem mante to teinde wech reyne van beiden parten na der Kruskussinge ock sal men den baden noch gaste nicht besen vnde mit erer ware noch in grote sacken noch in Kleinen geynerleie noden na der Kruskussinge vnde van welckere Side nicht werden recht donde der Kruskussinge, vnde so vp den sie got vnde de Kruskussinge vnde dat sterfte vnde de hunger vnde dat Für vnde dat swerth vnde wen vorbie sin dusse Jarn so sallen wie leuen In dem Olden frede vnde wanner wer mechegelicht dem grote Pleskow to my vorstemeister vnde to myne herren ofte my Vorstemeister oft myne hern wanner wert michegelicht to grote Pleskow vnde so sollen wie den frede afsenden, vnde dar na also eyn mant verwecken vorbi is van beiden parten so sal men Veiden vnde in dem mante soll de Baden reisen van beiden parten sunder allerleye behendigt vnde vp dusse biefrede vnde vp dusse biefredebreue hebben de hande gestrecket vnde ore segeln angehangen des groten hern vnd Keysers russen Stadtholdere tho grotnowgarden de Vorste Danile Wassilewitz vnde Gregory Vodderwitz der gelicken des groten hern Keysser Russen Stadtholdere de Vorste tho Pleskow vorste Iwann Michaelewitz heft de Hand gestrecket vnde sine Segell angehangen Vnde de Borgermeister tho Pleskow de ouerste sal dat Krutzkussen vnde luden gude vor Pleskow vnde vor alle Pleskower Stede vnde vor alle Pleskower lande vor der Vederlicke erue des groten hern vnde Keiser russen vnde dat segell der heiligen Dreuoldicht sollen se anhängen to dusse biefredebreue der gelicken de Vorstemeister sal dat Krutze kussen vnde sin Segell anhangen vor alle sine Stede vnde vor alle sine beholdinge vnde dhe Ertzbischop tho Rige sal de hant strecken vnde syn segell anhangen vor alle syne stede vnde vor alle syne beholdinge vnde vp dussen Biefrede hebben dat Crutz gekusset de Baden von Pletskow to nowgarden de borgmeister Michael Jorgewitz Ledow vnde de boiaren Wassilie Ineckewitz des Ertzbischops houetmann vnde Allexe Michaelowitz de olde Stadtschriuer vnde vor alle Pleskower lande des groten hern Keyser russen Vederlicke erue vnde ock dat Segel der heiligen Dreuoldigheit hebben se an dussen biefredebrif gehangen ock van dem Vorstemeister vnde van dem Ertzbischope to Rige vnde van dem Bischope tho Darpte vnde van allen Bischoppen welckere in dussem breue sint geschreuen vnde von allen landen tho lifflande des Vorstemeisters beholdinge vp dusse bref hebben dat Krutze gekusset de Duitzschen Baden Johan Hildorp vnde Meister Johan von Oldensen Kentzeler vnde wanner werden senden des groten hern vnde Keysern russen Stadtholdern to nowgarden syne Baden to dem Vorstenmeister So sall de Vorstemeister vp dussen bref suluen dat Krutz kussen vor den baden vnd vor den Ertzbischop vnde vor de Bischoppe vnde vor alle syne stede vnde vor alle syne beholdinge vnde Segel sin de Vorstemeister an dussen bref sal anhangen vnde de Ertzbischop to Rige sal de Handt strecken vor alle syne beholdinge vnde sal syn segell an dussen bref hangen vnde hebben geendiget de biefrede in des groten hern vnde Keyser Russen Vederlicken erue tho Grotenowgarden In den Jaren Seuendtusent Seuenteine vnde de baden Duitzsche welckere in dussem breue geschreuen sin vnde segeln ere hebben an dussen Breff gehangen.

№ CCCVIII.

1509 Der livländische OM. übersendet dem revalschen Rathe, in Antwort auf dessen Schreiben, eine Copie des mit dem Grossfürsten von Russland geschlossenen Friedens- und Handelsvertrages und lässt sich über Verschiedenes in den Handelsverhältnissen mit Russland und in der Stellung Revals zum Könige von Dänemark aus, d. d. Rujen, Dienstag nach Exaudi (22. Mai) 1509.

Pap. Orig. mit Siegelspur im rev. RA. — Vgl. die oben p. 250 citirten Dauvrannu (CIIб. 1851; p. 134 u. flgd.

Mester tho Lyfflannde.

Vnnsen gunstigen groit vnd alle guidt tonorn Ersamen vorsichtigen vnd wol‖wisen Inbesunder leuen getruwen Juwen breff am mandage In der Crutzwecken‖gescreuen, dar gij Inne beroren van enem breue, Jw van dem Erssamen rade‖ van lubeck ton handen geschickt sij, geg. van dem allerdorluchtigsten vnd grotmechtigsten etc. vnsem aller gnedigsten hern hern Maximiliano Romischem Keysere, an den grotfursten tor Muskow, myt begeren denn sulfftigen genanten grotfurstenn tor hant tostellen, dem gij dan so doen vnd vns dat verwitlicken etc. heben wij vorstanden So leuen getruwen konen wij mercken dat sodans velichte van der Erssamen Stadt Lubeck vmm de Kopmanschop copt olde edder wat dat sust is vorworuen sij, dat doch so nicht hedde von nöden gewesen, angesehen Jn men gedachten grotfursten meherbesocht, Jo he sick hoger In synem Tirannischen gemoete als gij dat wol affnemen konnen vorheuet, etc. Szo heben wij vnsen vlijt na dem affschede Juwer geschickdenn an vns, doen laten, vmm sodan kopmanschop wedder to erlangen vpt olde, Dar dan vnse boden na beleninge vnd vnsem beuele, eren hochsten vlijt so vele als ymmer an ane gewest is, by gedan, vnd enen ffrede gemaket heben vor den gemeynen kopman Jo so wol als vor dusse Lande, als Juwe Erss! vit den fredebreuen dar ouer gemaket dar wij Jw ene korth vitgesatte Copien hir Inne verslotenn van senden kortlick sporen mogen, Besunder de gedachte groitforste en wil nenerleye frommet salt In syne Lande geuort heben, Dar dan van den vnsen vele vlijtes vmm gedaen vnd de pleskouwer gebeden, vnd grote gijfte vnd gaue darumm gegeuen heben, gedachte salt tokopen mogen, hefft auer vm siner egen Nut willenn als Juwe Erssamheide wol merken konnen allet nicht helpen mogen sodans tostaden, Sust sal al dinck myt der kopmanschop oick myt den boeuen to Nowgarden stan vpt olde, dat dan alles gudt wer vor den gemeynen kopman, besunderen wil dussen Landen vnd sunderlingen dem Inwonende kopmanne tho Reual seer afdrechtich vnd vorderflick syn, dat vns dan kent godt hertlick bekomert, vnd wij, oick vnse boden, doch sodans nicht heben keren konnen So vnd nach dem de Tiranne hefft vngedwungen syn willen, moet men sick na gelegenheit dar mede dulden alssmen best kan, bith so lange dat godt sodans In en beter vorwandelt dan wij hoppen de vnmilden Russen willens oick na verlope der tijt sulfften verdroten werden, etc. Imbesunder leuen getruwen is ingerumet dat alle clacht vnd ansprake doet vnd hen gelecht syn sall, vitgenomen off noch in den steden etwas dat im olden frede vor dussen entholden vnd noch nicht betaldt were, dat salmen betalen vnd weddergeuen, Oick hadden vnsze Boden dat gudt harde gefordert dat dem kopmane to Nowgarden genomen wart etc. des de groitfurste nicht hefft annemen willen, sprekende he en beddes nicht genoten woldes darum oick nicht betalenn vnd is vorantwort worden, dat hörde buten lands, heben sick derhaluenn vnse boden des vorder nicht vormechtigen willenn, So steit dat in ansprake, vnd de stede mogen ere boden senden wan se wellen he wil se horen, so mogen se sodan gudt oick vorforderen, So Juwe Erss^te^ oick beroemen van ko. M! to Denmarcken wo he vp vnses ordens vnd Juwe fromen so dre so veer schepe swar bemant liggende vnd Jw by nacht slapenden tijden twe schepe vit der haue gnomen hebben, horen wij kennet godt nicht gerne, vnd wolden wol wij dat keren konden vnd mochten, wente wij dedent Jw der Erssamen Stadt Lubeck vnd gemeynen kopmanne to willen van hertrn gerne, alss wol billick were, dar ane nicht wellet twifelen, So wij wusten wes wij gudes dar by doen konden vnd billick mochten etc. Oick heben wij entfangen eyne aussschrifft enes breues van des konigl. knechtes vitgescr. dar se Jw swarlick In bedrauwen oirsake einer slachtunge dar dan twe van den eren sullen doet gebleuen syn, horen wij nicht gerne sodans geschein is, so vele quades dar van entstan mach, vnd wert vellichte eyn oirssake syn, dat se de schepe dar gij van schriuen vith der haue genomen heben werden Nu alsso duchte vns bether na rechte gerichtet worde, dan mannich darum an lyue vnd guide verdoruen worde, alss gij dat beth affnemen dan wij schriuen konnen, Dat wij Jw so guider meynunge in antworde nicht heben verhalden willen, Geg. tho Ruyen dinstages na Exaudi Anno etc. IX.

In dorso: Den Erssamenn Vorsichtigen vnnd wolwisen Borgermesterna vnnd Radtmanen vnses Ordens Stadt Reual vnnsen besundern leuen getruwenn.

Anno IX Recepta dei Jouis in octaua pentecostes.

№ CCCIX.

1509 Der livländische OM. benachrichtigt die Regenten in Preussen, dass er vom Grossfürsten von Moskau die Verlängerung des Friedens auf 14 Jahre erlangt habe, jedoch diesem Frieden nicht viel trauen könne, d. d. Ruyen, am Mittwoch nach Trinitatis (6. Jun.) 1509. *D.*

Abschrift im GA. zu Kgsbg.; Abdruck in dem Suppl. ad hist. Russiae monum. p. 339, № CXL. Vgl. Index № 2554.

№ CCCX.

1510 Fürschreiben 1) des EB. Jasper von Riga für den in Auftrag der 73 Hansestädte an Grossfürst Wassili Iwanowitsch von Russland mit Andern als Botschafter abgesandten Mag. Johann Rode, lübeckischen Canonicus und des lübschen Raths Syndicus und Secretarius, d. d. Riga, den 13. Jan. 1510;

2) des livländischen OM. Wolter von Plettenberg für denselben, d. d. Riga, Sonnabend nach heil. drei König (13. Jan.) 1510.

Transsumpt des revalschen Bischofs Gottschalk d. d. am Tage der heiligen Agate (5. Febr.) 1510, wovon sich eine alte Copie auf Papier im rev. RA. erhalten.

Gotschalcus dei et apostolice sedis gratia Episcopus Reualiensis coram omnibus et singulis per vniuersum terrarum orbem quorumcunque status, dignitatis, eminentie, gradus aut ordinationis siue nominis fuerint, presentium litterarum seriem inspecturis protestamur, recognoscimus atque efficaci veritatis testimonio confitemur, hodierna die Venerabilem Eruditumque Virum dominum et magistrum Johannem Roden inclite Lubicensis ecclesie Canonicum, atque magnifici Spectabilisque senatus ibidem Secretarium, binas litteras, alteras Reuerendissimi in xpo patris et domini domini Jasperi diuina atque sacratissime apostolice sedis gratia sancte Rigensis ecclesie Archiepiscopi, alteras generosi potentissimique domini domini Wolteri de plettenberghe ordinis Teuthonicorum deipare virginis magistri, suis veris ac legittimis sigillis euidenter munitas nobis exhibuisse, vt illas in dignam fidei formam transsumere dignaremur Nos itaque Gotschalcus memoratus in ea re sinceriter ac cum integritate volentes procedere, eas ad manus nostras accepimus inspeximusque diligenter ac dedita opera perlegimus, ac deinde cum integras sanas illesas nec rasas, neque cancellatas, verum omni prorsus vitio et suspitione carentes aduertimus. In publicam hanc formam de verbo ad verbum integre et fideliter transsumi, ac per nostrum notarium subscribi iussimus Quarum tenor sequitur et est talis

Vniuersis et singulis tam ecclesiastica quam seculari dignitate graduque et merito fulgentibus, has litteras visuris, lectoris, aut legi audituris Notum facimus nos Jasperus diuine miserationis ac sancte sedis apostolice gratia Archiepiscopus rigensis post obseruantie obsequiorumque paratam exhibitionem atque salutis affectum Venerabilem atque spectate integritatis virum dominum et magistrum Johannem Roden Sancte imperialis ciuitatis lubicensis ecclesie Canonicum. Nec non magnifici Spectabilisque Senatus ibidem Sindicum, cum nonnullis suis collegis ad Illustrissimum potentissimumque principem et dominum dominum Wasilium Iwanewitz Volodimirie Muscouie Nowgardie plescouie Tiseres Gronlandie vetke peremsse aliarumque terrarum, Magnum principem Septuagintatrium Ciuitatum de Hansa nuncupatarum nomine ablegatum esse Et quum idem magister Johannes non solum nobis a multis annis et notus et percharus existit Verumetiam a dicto Senatu lubicensi, vt eum suosque collegas veluti veros ac indubitatos dictarum ciuitatum nuntios, siue ambasiatores, ad talis legationis perfunctionem inuenimus, insigniter est commendatus proinde rogamus, petimus ac precamur. Quatenus dignemini eos ipsos, cum in tali sua perfectione ad vos diuerterint, commissos habere: placido vultu excipere: audire humaniter: ac omni prosequi beniuolentia: Nec non in necessariorum administratione iuuare: consilio et assistentia vestra fouere et ab omni iniuria damno et periculis tueri, atque in omnibus rebus vestro auxilio et fauoribus accumulare et ornare, vt scilicet ea omnia liberaliter ac ingenue consequantur et que Vos et quilibet vestrum, sibi suisque velit a nobis ac nostris subditis, in pari negotio tempestiue exhiberi, prout plane futurum confidimus, ac maiore obsequio et benefica voluntate promereri sumus paratissimi. In cuius rei testimonium presentibus Sigillum nostrum est appensum In ciuitate nostra Rigensi Anno Millesimoquingentesimo decimo decima tertia Mensis ianuarii.

Allenn vnnd islikenn In wat werde, hocheiden edder stande de zyn, den dusse Breff to sehende horende offte lesende vorkumpt bidden bogeren vnd don wy Wolter van plettenberch Mester to lyfflande dudesches ordens, Nach temeliker erbedinghe vnses willighen denstes, guden willens, vnd fruntliken grutes eynen isliken na gebore willik dat de werdiche vnnd wolgelerde Mester Johan Rode Jegenwordigen breues toger Domhere in der Keyserliken Stadt Lubegk vnd Secreterer des Erssamen vnnd wolwisen Rades darsuluest, ist van dem suluigen Erssamen wysen Rade to Lubegk, vnnd itlike andere in syner selschupp zynde, van eren oldesten, an den durchluchtigesten hochgebornenn fursten vnnd grotmechtigen hernn Basilien Iwanewits Grotfurstenn vnnd keyser aller russen etc. In Stadt, namen vnnd von wegen der dreyndesouentich Stedere vthgeschicket wurden, vnde na dem vns de suluighe Mester Johan, van dem Erssamen wisen Rade to lubegk, is sunderliken beuolen, vnnd darumme em vnnd szyner gesellschopp, to sulker bodeschupp, gerne behulpen syn, vnnd vor rechte waraftighe Sendeboden weten, vnnd erkennen So bidden vnnd bogeren wy, dat se mogben In sulker orer reysse van eynem ideren gefordert, Ock mith aller nottorfft gehulpen, vnnd in orem wege vor alle anfall, ouerfaringhe vnnd gewalt, beschuttet vnnd boschermet werden, ock in alle oren anliggenden saken vnnd nottrofftenn raet, trost, hulpe, vnde bystandt, by Juv befinden mogbem vnd sunder forderinghe nicht blyuen lathen, vnnd Juv dar by also ertogen, schicken, holden vnnd bowisen, alssmen wolde, dat wy In galikem valle, vns solden habben, dar wy vns gentzlick tho vorlathen, vnnd vordenent gerne. In orkunde der

Warheit hebben wy vnsse ingezegell hir vnden an dussen Breff, witlikenn latheun hanghen Gegeuen in vnses ordens Stadt riga Sonnauendes na Trium Regum Nach cristi vnses heren gebort Im vyfftheyn hundersten vnnd theynden Jare

In cuius rei efficaciam perpetuumque testimonium presentibus Sigillum nostrum est appeusum anno sup. millesimoquingentesimo decimo Ipsa die diue agates virginis.

Et ego kerstianus Zernekouv Clericus Swerinensis publicus sacra Imperiali auctoritate Notarius dictique Reuerendi in xpo patris et domini domini Gotschalci Reualiensis ecclesie episcopi in hac parte scriba Quia praetactarum litterarum exhibitioni diligenti inspectioni masticationi [?] atque transsumptioni omnibusque aliis et singulis dum sicut praemittitur fierent et agerentur vna equidem interfui Ideoque presentes litteras ita ut praemittitur inspectas et transsumptas ac debite collationatas per alium fidelem conscriptas, subscripsi publicaui et in hanc sub forma vidimus in publicam formam redegi Sigilloque nomine et cognomine meis propriis vna cum sup. Reu^di et domini domini episcopi Sigilli appensione Signaui et roboraui et communiui in fidem et testimonium omnium et singulorum praemissorum Rogatus et requisitus.

Auscultata est presens hoc copia per me dionysium fabrum Clericum Caminensis dioceseos et sacra apostolica autoritate Notarium publicum et concordat cum suo vero originali de verbo ad verbum quod protestor manu mea propria.

In dorso: Transsumpt twier forder breue mgr. Joan Roden nach Russlandt vann den hern van Rige vnnd Meyster em mede gedaen.

№ CCCXI.

1510 Der livländische OM. nimmt in einem Schreiben an den revalschen Rath das bereits auf die erhaltenen Nachrichten von einer Rüstung des Grossfürsten von Russland erlassene Aufgebot zurück, weil die Rüstung gegen Pleskau zu dessen Unterdrückung abgesehen, befiehlt aber in Rüstung zu bleiben, d. d. Wenden, am Tage Dorotheae (6. Febr.) 1510.

Pap. Orig. mit Siegelspur im rev. RA.

Meister tho Lyfflande.

Vnsen gunstigen groit vnd alle guidt touorn Ersamen vorsichtigen vnd wolwisen Leuen getruwenn, als wy na manichfoldiger sachlicker tydunge des afbesunderden Russen haluen, dusse gantze Lande vnd Jw vp de bene, vp de negede an vns touorfoegende ehr he to deep in dusse Lande sloge, vm em vnder ogen to tehende gescreuen hebben, deme na ander betere tydunge erlanget, wo de grotfurste in meynunge nicht wesen sall dusse Lande tobeschedigende, besunder (wo geschehen) de Plesskouwer touorforende vnd vnderdrebreken, mogen Jw derhaluen wedder in Juwe beholt vor foegen, vnd in gliiker vprustinge bliuen, vmm of wy Jenige ander tydinge kregen, hebben Jw eynsodant guder meynunge nicht vorholden willen. Geg. to Wenden Dages Dorothee Anno etc. X°.

In dorso: Den Ersamen vorsichtigen vnd wolwisen Borgermeistern vnd Radtmannen vnses Ordens Stadt Reual vnsen leuen getruwen Sunder sumenn.

Dussen breff dorch dach vnd nacht bij gewissen rideaden boden bij der stunde touorforderende.

Ergangen van Wenden dorordages oa Dorothee vor middage to ver Vreno.

gekomen vnd gaoen van burtneck am dourdag na myddag.

gekomenn vnnd gegangenn vann ruygenn des donnerdages vor Wastelauende na myddage tho IIII oren etc.

Gekomenn vnd gegangen vann Carxbuiss am dage Helene to VIII horenn vor myddage.

Gekomen vnd gegann vann Vellynn ffridages vor appolonie virginis na middage to IIII hören.

Recepta decima februarii anno 1510.

№ CCCXII.

Der Orden in Preussen giebt dem livländischen OM. Nachricht von dem Erfolg der Unterhandlung des Christoph von Schleynitz mit dem Herzog Michael (Fürsten von Glinski) zur Hinderung des Bündnisses des Königs von Polen mit den Russen und Tartarn gegen den Orden, um Ostern (20. Apr.) 1511. *D.* 1511

Abschrift im GA. zu Kgsbg.; Abdruck in dem Suppl. ad hist. Russiae monum. p. 353, № CXLI. Vgl. Index № 2565.

№ CCCXIII.

Bestimmungen über das Verbot alles Borgkaufes mit den Russen, über Silbergehalt, Heringswrake und Hanfbinden in Riga, Dorpat und Reval, getroffen in der Städteversammlung zu Lübeck, um Pfingsten (8. Jun.) 1511. 1511

Alte Abschrift oder Concept auf Papier im rev. RA. — Vielleicht nur ein Entwurf der Revaler zur Vorlage beim Hansetage. — Vgl. Willebrand's hanseat. Chron. II, 244.

Na deme vth dem borgekoppe myt den Russen vele affdrages vnde Nadels kamet, Is hirvmme by den gemenen Steden Anno XV^cXI vp pinxten bynnen Lubek vorgaedert, endrechtlicken vorlaten vnd beleuet, dat Nument schal in tokumpstigen tiden sick vordresten, myt den Russen to borghe to copslagen, dan rede vor rede geuen by vorboringe syner ere, vnde des kopmans rechticheit vnde vorlust sulker gudere, Hir mach sick en iderman vorwaren vor sodanen vorderfflicken schaden.

Ock ys forder beleuet Nach dem vam Suluer itlicke eyne koppenschup vnde sunderge neringe, dat sulue vmmesmoltende maken, vnd alsso vmme eres eghen vnd geringen profites willen, den gantzen kopmann In ewiges vorderues eventur stellen. Hir up vorrecesset vnde beslaten, dat alle suluer szo up de russen hir namals vth lyfflende schal gefort vnd vorhanteret werden, schole thom weynigesten XV loth vnde eynn qwentin holden.

Nen kopman sal myt den Russen vorkope maken, edder sus Jenighen anderun handel holden edder hebben in kopslagende sunder reth vor reth, vnd vmme gudt dat van beyden parten thor stede vor oghen ys by vorgemelter pen ut supra van dussen drenn Steden Riga darpte vnd Reual beleuet.

So suluer to Rige darpte edder hir gebracht vnde vurt worde schal tho mynsten Vyffteyn loet vnd eyn quentin holdenn, vnd szo idt in der werde vngetekent were, Schal men dat in der stede, dar idt erst gebracht wert teken laten, Szo idt ock in der werde nicht worde befunden, edder were, vnde hebbet dat egentlick wol wuste, schal he dat suluer smolten laten vp de vor schreuen werde, vnd dar neuen teken laten by vorboringe des gudes des schal de Stadt de goltsmede geswaren dar to vormogen dat suluer to werderen vnd teken.

So herinck hir tor stede qwem, den herinck schal me wraken vnde thirkelen, er me ene van dem Balwercke offte strande in de stadt foret by vorboringe des gודes vnde vngethirkele nicht auer schepen by sodaner gudere vorboringe.

Van dem hennepe ys ordineret, dat nen borger offte kopman to Rige darpte offte hir sal hennep entfangen van den Russen de myt baste gebunden ys, edder heden, Sunder de schal ene ersten myt hennepe vp syn vngelt bynden laten Ock schal de weger gewernet syn nenen hennep to wegende Idt sy denne dat he myt hennepe sy gebunden, des so sal de kopman nene vpwichte nemen van reynerme gude, vnde dat thor wicht geuen mach myt natem gude mach en ider up dat Nouweste dingen Ock sal de wraker dar tho seen dat he gut tor wrake leuere by pene dar up gesath.

№ CCCXIV.

1511 Schreiben des römischen Kaisers Maximilian I. an Zar Wassili Iwanowitsch, worin jener diesen um die Auslieferung der den deutschen Kaufleuten genommenen und zurückgehaltenen Güter und um Fortsetzung guter Freundschaft, wie es zu des letztern Vaters Zeiten gewesen, ersucht, d. d. Silian im Pusterthal, am 12. October 1511.

Alte Copie auf Papier im rev. RA.

Wyr Maximilian von gots gnaden Erwelter Romischer kaysser zu allentzeytten merer des Reychs In Germanien zu Hungern Dalmatien Croatien etc. kunig Ertzhertoch tho Ostereich Hertzog zu Burgund, zu Brabant vndt phalletzgraue etc. Embieten dem Mechtigen vnde hochgebornen Hern Basilien fursten zu Reussen hertogen zu Woldemar Muska Neugarten plesceko vnde permia vnsser lieb vnde freundtschafft zuuorn Wyr hetten deyner lieb nach dem Thode deynes Vatters der vnsser sunderliche freundt was der guter halben vnssern Leuten in deynem vetterlichen Erbe Grossen Neugarden ssunder Ire schult abgenomen geschriben vnde van dyr aufs freuntlichst begerth das du woldest anssehen Ir Vnschulth vnde to vmb vnsser bete wyllen sulch guth wydder geben Vnde als deyn liebe vns dar auf ain antwort vnde vnder anderen geschribben wen de van Lubeke vnde de andern zwey vnd zibentzigk Stette in deyn vetterliche Erbe grossen Newgarden wyrden Ire Sendeboten schicken Szo woldestu ansehen Ire gerechtichkeyt vnd szo vmb vnschulth begnaden So hebben wyr vns dar zw genzslich verlassen das du vmb vnser lieb wyllenn woldest die berorten guter dem vnschuldigen kaufmann wydder gebben vnde auf sulch deyner lieb antwort den van Lubek befolen das se myt den andern zwe vnd zibenzigk Stetten Sollen Ire Sendebotten an deyne lieb schicken, went se svllen van deyner liebe vmb vnser wyllen begnadet werdet Aber wie wol als vns beykompt das se haben Ire Sendebotten myt grosser vnkost bey deyuer lieb gehatt vnde dieb bitten lasszen das du vmb vnsser lieb wyllen woldest die berorten gutter dem vnschuldigen kaufman wydder gebben, So hatten se doch kain gnade by dyr befunden des wyr vns zu deyner liebe nyt verschen hatten dan vil mer gehofft das se sollen vnser bete fruchterlich genossen habben Wy dem allen wyr betten nicht gezweyfelth weir dein zelige vatter Im liebent geblyben, her hette den vnsern die gutter folgen lassen, dy he auch hadde beschriben vnde van den gennen de dar wes an kragen verbergen lassen In deme sein liebe bedorbte das In das ende eynem yeden dass seyn moess wedderwerden vnde der vnschultige seyner vnschult genissen vnde sso wyr denne so deyner lieb nochmols alles gueten versehen So bitten wyr das deyn lieb wylle bedenken vnde zu hartzen nemen das In ainen Cristlichen fryde die auf das heylige Creutze gekusset was den Vnssern auss boser leut Rat, das deynes zeligen vatters schult nicht ist in deynem vetterlichen Erbe, dar de selbtigen van nemandes beclaget werden worden gefangen vnde Ires guttes benanien sonder alle schulth So hatten se sich dar auch rechtfertigen gehalten vnde nyemandes schaden gedan noch betrogen Man hatte auch van den gefangen leuten nyt arges gehort Auch worden se in keynen bossen Zachen gefunden, In ist auch nichtes vberzeuget vnde sein myt rechte nyt vberwunten, hatten vnsser Leuth schuldich gewest, dar soltman by gefaen habben nach einhaltunge des Creussbrief dar Inne steyt das die ain Broder van den andern nit soll gehalten sein vnde darvmb nachlassen den vnschultigen Irer vnschult genisseu vnde wyter zu Iren gutern kamen vnde alsse deiner liebe geruchte vnde vnser lieber zwysskenn vns auch vnssern leuten vernygen vnde sso wyr denne myt deynem zeligen herren Vattern lieb vnde fruntschaff gehalten, vnd dar ane nicht zweyfel dan deyn lieb willt in des zeligen vatters stete tretten vnde alle dynck myt vns auch In lieb vnde fruntschafft halten So wellen wyr vns auch nach dar zai genszlich verlassen wy wyr auch deiner lieb byr beuornen zu latinisch geschryben das dein lieb wult vns zu eren vnde vmb vnsser betwyllen ssoden gutter vnssern armen vnde vnschultigen leuten auss besunder gunsth wyddergeben vnd vorder verbeyschen das myt In ain Cristlrich fryde auf allte gemacht werde So das see mugen die aine zu dem andern zu Wasser vnde zu lande frey vnde vmbefert kamen vnde myt aller hande ware vnde sunderlich myt dem Saltz kaufschlagen das ain gabe von goth isth dar beyde Lande pflegen wolffart vnde narunge van zcuhabben Auch In geleute vnde arm gesellen die kauffmanschafft bey zulernen vnd ein yder nerunge van habbeu In deine auch allerhande ware auss deyner lieb Lande vber alle deutsche Lande vnde wydder gefueret wyrt Vnde wywol das wyr gantz dar zw verlasszen das deine lyb welt zu vnsser beyder ern freuntschafft vnde liebe deme ze nachkomen Sso begern vnde bitten wyr nochtans byr auf deiner liebe schrifftlich zcuuerlasigkait antwerth Mochten wyr deiner lieb vil fruntliche ere vnde wolfaringe itzeigen das wern wyr wyllick myt der hilffe des almechtigen gots deme wyr deyne liebe In aller Wolffart zuenthalten beuelin Geben zu Silian im pustertal am zwelfften dach des Moneds October Nach Cristi geborth funftzehenhundert vndt im aindliffiten vnsser Reiche des Romischen Im Sechss vnde zwantzigisten vnde des hungrischen Im zway vnde zwantzigesten Jaren.

Ad mandatum d^{ni} Imperatoris

Maxil Rel.

Vt. Scrulterus

Dem Mechtigen vnde hochgeboru hern Basilien Furstenn der Reussen hertzogen zu Woldemar Musska Newgarteu plescoko vnde permia, vnssem lieben Oheim etc.

№ CCCXV.

1511 Der dörptsche Rath schreibt dem Revalschen von russischen (für Russland bestimmten, silbernen Trink-?) Kannen, welche nach Reval eingeführt, aber im Metall zu schlecht befunden seien, welches künftig nicht zu gestatten, d. d. Darpt, Sonntag nach Lucae (19. Oct.) 1511.

Pap. Orig. im rev. RA., mit dem unter einer Papierscheibe in Wachs aufgedruckten Secret der Stadt Dorpat. Auf der Rückseite steht notirt: »Rec. in vigilia Symonis et Jude Apostolorum Anno XV°XI van gemakeden kannen«.

Vnszen fruntliken grot thouoren Ersame Vorsichtigen Wiszen herren bsonderige gude frunde Wie fugen Eren Er: thoweten ‖ deth etlike Rusche kannen In erer E: Stadt upp dem pruschen slach gemaket vnd doch nicht Im metal so gut bfunden ‖ dar mede die Ruszen vnses bduokens bdragen werden vnd vnzer vnd Jwe Coplude meth en in Vngemack vnd schaden ‖ kamen mochten Begeren fruntliken der gmeinen Wolfarth thom besten flitig daran sin willen sulkent nicht mehr thogestaden dem Wie ock so gerne meth allem Vlite volgen vnd in keinerleie widerunge vnnprichtige kamen hinforder mehr die Russen darmede tho vorraschen vpp deth wie erer clagten mussig sin mogen willen vlsteden Im besten Ern E. v. die wie Gade languerig gsunt befelen nicht hebben willen vor entholden Gescr: darpte Sondages nahe luce Anno etc. XI.

Borgermeister vnd Rathmane
der Stadt Darpthe.

In dorso: Denn Erszamen Vorsichtigenn Wiszenn herrenn Borgermeistern vnnd Rathmannen der Stadt Reuell vnnszen bsonder gonstigen gudenn frundenn.

№ CCCXVI.

1512 Schreiben 1) der Rathssendeboten der diesseits der See gelegenen (livländischen) Städte, welche zu Wolmar versammelt waren, an den Grossfürsten von Moskau Wassili Iwanowitsch wegen des 1510 von den 73 Hansestädten ver-, aber nicht erlangten Friedens, dass inzwischen in ihren Städten der russische Kaufmann unbehelligt bleiben solle, d. d. Wolmar, Mittewoch nach Oculi (17. März) 1512.

2) Des Raths zu Reval an die von Riga und Dorpat zur Mittheilung der auf die von den binnenlandischen Städten zu Wolmar auf Oculi getroffenen Bestimmungen gewordenen Antwort des Grossfürsten, d. d. Sonnabend nach Visitationis Mariae (3. Julius).

3) Desgleichen zur Anfrage wegen der weitern Verhandlungen mit dem Grossfürsten, d. d. eod.

Copie und Concept im rev. RA. Auf demselben Blatte befinden sich noch andre, nicht hieher gehörende, unverständliche und unvollständige Entwürfe. — Ueber die Sache vgl. Wurm, eine deutsche Colonie und deren Abfall in A. W. Schmidt's Zeitschr. f. Gesch. VI. 5, (Nov. 1846) S. 393.

a.

An den Groetfursten thor Muskow.

Durchluchtigeste vnde Groetmechtigeste hochgeborne Furste vnde here Wassilie Iwanewitze herscher vnde keyser aller Russen Groetfurst to Wolodimer Muschow Nowgarden pleschow Otfer Juburschi Wethschi, peremschi Blogorschi, vnde mer anderer lande Segge wy, der Steder up disser siden der Szee dyner keyserlicken gnade vnsse willige dinste thuuorn bereyt Grotmechtige here keyszer aller Russen So denne de Ersamen Radesz. van den LXXIII steden in bygeweken tiden alsze int Jare X hebben ere Houet geslagen vor den gemeynen kopman vmme eynen drechtliken frede, den se denne by dyner keysorlicken grotheit, villichte uth bosem anbringende der dynen nicht hebben konnen erlangen Jodoch uith vorbliuent vnde affschede der LXXIII stedere Sendebaden belauet, dat se sulken frede an die LXXIII stede wolden bringen vnde de ere antwert darup myt schrifftlicker edder muntlicker bodeschup befelen, In Middeler tidt solden sick beider lande koplude, Szo wol de dynen als de vnszere vnder malkanderen neren vnde berghen vnbefert, Dar Inne de dynen villichte mysdunken maken, dat se myt erer koppenschup van den vnszen vp de angeholden gudere des Copmans to Nowgarden solden getouet werden, dat in vnszen Steden nicht geschen sall Dar vor in krafft duszes vnszes breffes gelauen hette so lange de vruntlicke vndilerschrifftliken vp den frede vor de LXXIII stede vorramet berichtinge gedann wert als myt den ersteun to donde drechtlick syn wyl, sal geschenn Gade alleweldich belvende dem dyner keyserlicke grote herlicheit Lange wolfarende befelenn Geuen vnde Schreuen to Wolmar vnder vnszem der Stadt Reual Secrete das wy vns duthmal hir samptlick to gebrucken Am Midweken na Oculi in der billigen fasten Anno doi XV^{c} vnde twelffe.

Radessendebaden der Steder up dysser syden der see als Rige Darpte vnde Reual itzundes bynnen wolmer to daghe vorgaddert.

b.

Rige darpte.

Ersamen vnde vorsichtigen wisen herenn, Was am Jungesten tho Wolmar vp Oculi van Jwen Erss: vnd vnssen Radess: vortgestelt vnde beramet geworden an den grotfursten In Russlande de koppenschup andrepende, ys by vns vorlaten dat to vortoschicken, dem wie to gedie vnd gemener wolfart so gedann, vnde bearbeiden hebben laten, wes auers darup van dem Grotfurste in antwerde an vns samptlick bynnen landesche stede gelanget hebben Jwe Erss^{de}: ut ingelechtem Exemplar vnde hir Inn vorwarde affgetolkeder Interpreteringe vth dem Rusche na dem hoggesten flite gegrundet vnd affgericht wol to ermeten, wolden vorstan vnde willen dyt Jwen Erss^{den}: alzet vns nu Jungest bygekamen nicht vorentholden vnde vorfragen geduldeo denn wy wor mede wider to behagende wusten, des willen wy hochflitigen genegt befunden werden Gade befalen Dat. des Sonnauendes na visitationis Marie.

c.

Ersamen hernn bogheren Jwen Ripen Radt wes Nuttest wil gedann synn in dussem falle wo von wegen des grotfursten geschr. offt men genegel is furder bodeschop, doch nicht so grot wo beuoren, an den grotf. to senden vnd alsden wat men vor artikel endrechtlick in dem vorgeholden byfrede des grotfursten vnlingest to gude meninge to beantwarden bogheren Datum ut s.

№ CCCXVII.

1513 Verhandlung zwischen Polen und Livland wegen des Einfalls der Russen in Lithauen, im Februar 1513.

Gleichzeitige Abschrift im GA. zu Kgsbg. Vgl. Index № 2583.

Legatio ad venerabilem ac Magnificum dominum Magistrum Lyuonie Ex parte sacre regie Maiestatis Polonie ac Consiliariorum dominorum Magniducatus Lithuanie status vtriusque.

Prout ab illis temporibus adhuc tempore diue memorie Regis Allexandri et magniducis Lithuanie olim domini nostri gratiosissimi ita per hos omnes annos iam et tempore Serenissimi domini nostri Sigismundi dei gratia Regis Polonie et Magniducis Lithuanie etc. domini nostri gratiosissimi dominos nostros parte ex vna et vestre venerabilis magnificencie ac vniuersi ordinis eiusdem, parte ex altera per frequentes nuntios et oratores Legationes fiebant per reformationem et Innouationem limitum inter hec mutua dominia sicut Magniducatus Lithuanie ita et terre Lyuonie

Et ita se res hec voluebatur nec ad finem perduci poterat vsque ad hoc tempus propter certas occupationes parte ex vtraque

Nisi anno proxime exacto iuxta postulationem vestre venerabilis Magnificencie sub hac conditione hec res remansit ita quod sua sacra maiestas Regia dominus noster gratiosissimus ratione horum negotiorum debuit in Magnoducatu Lithuanie locum et diem Conuentionis assignare in qua Conuentione prius insignes domini oratores ex parte vestre venerabilis Magnificentie deberent interesse propter Renouationem antiquarum Inscriptionum ac Confirmationem perpetue pacis inter Magnumducatum Lithuanie et Terram Liuonie

Sua sacra Maiestas Regia dominus noster gratiosissimus ad hec cum affectu consenserat et cum magna diligencia in Magniducatum Lithuanie properare curauit Nisi in hac proxime preterita Conuentione Pyothrkowyensi in Regno Polonie celebrata hec Res precessisset que attinet dominum Magistrum Prussie prout ex gratia dei iuxta iusticiam domini nostri gratiosissimi Et cum hoc predecessorum sue Maiestatis ad vtilem et laudabilem finem deducta est et perpetue firmata

Et ita sua Maiestas regia finitis alijs negotijs regni Polonie non procrastinando debuit in Magniducatu Lithuanie constitui Attum antequam sua Maiestas ad Magnumducatum Lithuanie hic ad nos aduenit Succurrit nobis talis euentus quod dux Mostrouiensis Paruipendendo verba et honorem suum transgrediens inscriptiones et pacta perpetue pacis Sigillis aureis firmatis clam et absque omni occasione et diffidatione Omnes suos exercitus Congregauit cum quibus solus personaliter et impetuose motus est et appropinquit ad confinia Magniducatus Lithuanie versus Smolenczko.

Duo fratres suos Georgium et Andream duces cum gentibus suis misit Sub castrum Regie Maiestatis predictum Smolenczko Qui iam ab aliquot septimanis circumuallaverunt Eundem Castrum cum magnis machinis Bombardis Pixidibus Ceterisque attinencijs bellicis ad deuastandam arcem predictam quottidie intendens eandem funditus debellare et possidere

Ceterosque Campiductores suos cum gentibus misit sub alias arces Polotzko Vitepszko Myszczyszlaw et Orscha et cum hoc ad alias multas arces exercendum magnam violenciam igne et gladio in illis districtibus volens deuastare et possidere has predictas arces et cum earum omnibus terris et districtibus.

Qua propter vestram V. M. cum vniuerso ordine vestro Nos prelati Status vtriusque et Consiliarij magniducatus Lithuanie qui pro hoc tempore in Vilna ad sedem Magniducatus Lithuanie sumus congregati, hortamur V. M. affectamusque et rogamus vt vestra V. magnificencia cum vniuerso Ordine vestro super hec bene deliberet Cum is Scismaticus et inimicus totius nostre religionis Christiane fracto suo Juramento et priuilegiis quibus erat firmatus inter hec dominia pace eterna absque omni Intimatione ausus est infringere et tentare Congregando impetuose exercitum potenter irruit in terras Regiae Maiestatis et quod deus auertat Sihas predictas arces puta Smolensko Vytepszko Polotzko etc. pro se usurparet, esset ne vestra V. M. huius Spei quod etiam sua Castra terre vestre Lyuoniensis posset in pace possidere et de ea pace certus esse Et maxime quia Polocenses huius specialis sunt opinionis quod terra Polocensis suos limites haberet fluuio ex Dwyna vsque ad mare tendente et testificantur idem quod Ciuitas vestra Riga dicta in terra Polocensi est sita Quo casu fortune predecessorum suorum vi ab eis ablata est

Qua propter Nos omnes Nomine Regie Maiestatis domini nostri gratiosissimi affectamus et hortamur venerabilem M. Vestram Et etiam dominum Archiepiscopum et vniuersum ordinem vestrum vt vestre dignitates velut domini Christianorum videntes affectum huius perfidi ducis ad possessionem hunc totum ambitum cordialiter condolentis Consilio et auxilio esse velitis domino nostro Gratiosissimo et nobis omnibus vicinis suis aduersus hunc crudelem hostem Simul cum sua Maiestate Regia resistere et defendere ab eoque vtraque dominia hostium seu portum totius christianitatis.

Et quantum ad hoc attinet quod is perfidus et iniustus hostis dux Mostrouiensis Cum nostro Serenissimo domino Rege Polonie et Magnoduce Lithuanie Timore dei omnipotentis et sancte crucis super quam iuraverat ex corde suo deposito iniuste bellare cepit Confidimus iustissimo Judicio dei quod hoc ipse ad suum interitum cepit Omnipotensque deus dabit et ampliorem famam sui Maiestatis Regie et defensorum sancte ecclesie Romane nostri Religionis christiane

Cum hoc etiam affectamus Vestram V. M. Quod si aliquos[1]) Stipendiarii seruiles hisce temporibus essent in terra Lyuoniensi apud V. V. M. dignemini eos accommodare pro hac Necessitate domino nostro Gratiosissimo et mittere eosdem ad impensas nostras absque omni dilatione Et nos iam in verbo nostro Compromittimus et Spopondimus omnimodam solutionem Secundum hunc contractum prout V. V. dignitates cum eis dedecreuerunt.

Etiam ad hoc V. Venerab. M. Significamus quod domini Polocenses hijs temporibus ducentos Mostrowytas Prostrauerunt ex quibus aliquos viros nobis miserunt Qui nobis inter alia narrauerunt Quod aliqui Exercitus Mostrauienses in hanc partem iuerunt intra Castrum Polotzstra et Castrum V. V. M. Newhynie alias Dunenburch Qua propter Nos iam super hos hostes exercitus nostros expediuimus Et vestra etiam V. M. dignetur mandare Commendatori Neuhynensi et[2]) hijs nostris gentibus super hos inimicos esset simul auxilio et presidio.

1) *Leg.* aliquot *oder* aliqui. — 2) *Leg.* vt.

Anndtwordt vpp annbringenn des werdigenn vnnd Achtbarenn Herenn Lehnbarth Frierkunnst Magister Pastor tho sanct Johanns tho der Ville Ko. Werde to Pollenn vnnd der Erwerdigenn Eddelenn vnnd Wolgeborenn Herenn Prelathenn vnnd Redenn des achtbarenn Furstendomes tho Lettowenn geschicktenn tho Wenndenn Sonnauends na Purificationis Marie im Jair XV[c] vnnd XIII.

Item Wy hebbenn Juwer Werde anbringen muntlich vnnd in schrifft ouergeuenn tho gudermathenn vorstandenn Thom erstenn dat Ko. Ir[h] alse eyn Christenlicher hoichberompt Koningk vnnd furst alse eyn Leffhebber dess freds vnnd ghemeynnem bestenn beyder Lannde myth denn erstenn int furstendom tho Lettouwenn komenn denn ewigenn stets geholdenn frede tusschenn dem furstendomp tho Lettowenn vnnd dess Ordenns Lanndt Lyfflanndt boswerenn vnnd befestigenn will Ock de Grennisse tusschenn beidenn Landenn richtich tho makenn geneigt iss Doch dorch Orsake alse Jwe Werde vormeldeth vnnd nicht noith tho repeterenn, susslannge vorhinderth wordenn, Bedanckenn wy vnnss hoichlicken der koninglickenn sorchfeldicheit vnd kunnenn sulckent wol lydenn, Sin dess ock lange bogerich gewesenn.

Item Thom anderen hebbenn wy nicht gherne gehorth dath de Musskowyther myth synem anhanghe vorgettenn siner Ere Edes vnnd vorschryuonnghe vngewarneth wedder alle billicheit int achtbar furstendomp tho lettowenn vientlickeun gefallenn, sick dar noch myth Roue, Branndc, mordt vnnd entforonngh in ewich gefengnisse, vill dwsent Christenn entheit vnnd grothenn Schadenn doith Derhaluenn Raedt, bystanndt vnnd Hulpe bogerth vnnd gebedenn. Dess dragenn wy eynn trwelich vnnd hertlich mydlydenn vorsehenn vnnss gansz, Wo der Buntlickenn vnreynnongh tusschen dem furstendomp tho Lettowenn vnnd Landenn tho Lyfflannde vorgangenn Jair vpgericht, vorfolch vnnd genoich geschehenn were, hedde men dussenn Schadenn vnnd ewigenn affbroch der Christenheit myth groter ere vordell vnnd ewiger noth woll vorkomenn, vnnd dem Groithfurstenn thor Musskow do im felde myth der Hulpe Godes dar woll henn gebracht myth synem vnuorwyndlickenn schadenn, der Christenheit beider Lannde tho ewiger vormheronnghe he de Grenisse tusschenn dem Furstendomp tho Lettowenn vnnd Russlanndt thogaenn so vreuelickenn, alse nu geschuyth nicht bogerth hedde De gebrecke dar ann gewesenn Geuenn wy dem almechtigen Gode thoerkennenn, wo dem alle Woldenn wy gerne na vnnssern vormoghen sulckem Ouerfall helpenn wendenn, Sunder staenn itzundt myth dem Groitfurstenn thor Musskow in eynem byfrede Ock hebben wy de Herenn Prelathenn vnnd Parte dusser Lannde dytmall nicht by vnnss Ock de so balde nicht vorschryuenn konnenn Dannoch willenn wy dusse noith vnnd Bosedaeth dess Musskowyters an dem Erwerdigstenn Herrnn Ertzbisschopp tho Rige de Prelathenn vnnd Herenn dusser Lannde lathenn gelanngenn, vnnd wess wy mythsampt allenn im Rade befyndenn dem ghemeynenn bestenn der Christenheit tho Nuth willenn wy inn vnnssen schrifftenn denn Herenn vnnd Redenn dess forstendomps tho Lettowenn, wider entdeckenn Ock all vnsernn vlydt vorwendenn nicht tho vnderlathenn allent vnnss in denn Sackenn tho doin mogelick iss

Item Krygslude konne wy vth dussen Landenn nicht entberenn noch vorlathenn wanthe wy vnnss sulckens vnnd der gelykenn vann dem furstenn thor Musskow, wo deme furstendom tho Lettowenn geschehenn alss Jwe Werde Inbringen vormeldeth, mothenn wardenn synn, Nach dem he ock de Grentsse tusschenn Russlanndt vnnd dussenn Landenn Lyfflannde thogaenn vnnd richtich thomaken durch velle Bottschafft myth vnredelickenn vnnd tornigenn geber bogerth hefft Dermyth he villicht ock vnnss vann denn vnsen thodringenn vormeynth

Darumb wy vor sulckem ouerfall gewarneth hebbenn dussenn vorgangenn Sommer soluest Krigs Lude lathenn bringenn vnnd vmb berorther sakenn vpp thokomenn Sommer mothenn meher lathenn halenn, Derhaluenn wy denn Herenn vnnd Redenn dess achtbarenn furstendomps tho Lettowenn itzoundt dewile wy inn gelyker noith synn, in der Sakenn nicht thogefallenn wesenn konnenn. Dennoch willenn wy dath ock im Rade der Herenn Prelathenn vnnd parthe dusser Lannde nicht bergenn, vnnd tho siner tydt ock we vor berorth vorwillickenn.

Item myth dem Cumpthor tho Duneanborch vnnd allenn Gebedigerenn langs de Grennsse hebbenn wy ernnstlick bestalt wo sick de Russenn ann disse Lannde myth vyentliker daeth streckenn Se dath myth aller macht na erem vermogen kerenn vnnd wendenn sollenn.

№ CCCXVIII.

Der HM. giebt dem livländischen OM. vorläufige Nachricht, dass der König von Polen 1513 Hülfe vom Orden wider die Moskowiter suchen wolle, d. d. am Mittwoch nach Invocavit (16. Febr.) 1513. *D.*

Abschrift im GA. zu Kgsbg.; Abdruck in dem Suppl. ad hist. Russiae monum. p. 355, № CXLII. Vgl. Index № 2576.

№ CCCXIX.

Der Rath der Stadt Narwa giebt dem der Stadt Reval Nachricht von einer durch den 1513 Grossfürsten von Russland angeordneten, beschränkenden Maassregel in Handelssachen und ersucht ihn, insbesondere dafür Sorge zu tragen, dass nicht schlechtes, verarbeitetes Silber nach Russland eingeführt werde, was er auch, so viel er könne, seiner Seits zu verhüten suchen wolle, d. d. thor Narue, am Sonntag Quasimodogeniti (3. Apr.) 1513.

Pap. Orig. mit den Spuren des aufgedrückten Wachssiegels im rev. RA.

Vnseen frundtlickenn groth myt begeringhe alles godenn stedes tho voreen Ersamen wolwysenn | vnde vorsichtigenn leuenn herenn vnde gode frundenn vnghenn Jwenn Ersambeydenn || fruntlickenn tho wetenn wo dat en koepgeselle genomet hans Hutterock myt enem russen || albyr myt vns gekopeslaget hadde myt wasse welcker wass de russe dem gemelten Hutterock nycht leueren wolde dar dan den russchenn baden affgesecht wordt anthobryngende dat dem houethman van Iwanegoroth dat ere kopman sulcke vnlymplicheit vor neme vnde wolde nene vorworde holdenn, dar dan de houethman van Iwanegorroth weilder vmme ene bodeschopp vp doen leeth an vnsem werdigen herenn dem vogeth vnde ock ann vns vp dem mydtwekenn vor paschenn vorgangenn sprekende also, de Grothforste hefft gebadenn dem bouethman vann Iwanegorroth he nene russche gudere Inn de stadt thor narue stedenn solde besunder solden de ontfangen vnde botalenn vp Iwanegorroth vnde dann also auer vorenn, orsake wor vmme de kopman des grothforstenn worde In vnser Stadt bedragenn van dem dutschenn kopmann myt quadem beringhe sunderlickenn myt bosem suluer dat was worde achter so reyne ontfangenn alse vor vnde men leuerdenn kupper vnde bly vor suluer sulckenn klacht wolde de Grothfforste nycht mer horenn dar vmme badde he dat vorbadenn neen gudt In de narue tho stadende besunder de vnsen mostent dan erstenn botalenn vnde brachtenn ock mede en toech vann suluer se van enem dutschen kopman ontfangenn haddenn dat gans ouel leeth vnde Inn Jwer ersamen stadt vpgesetteth was vormoden vns den toech des suluers van den russenn tho erlangenn vnde Jwer Ersamb' tho sendenn etc. dar wy en samptlickenn tho geantwordet hebbenn, de vrede were vp genamen vnde gemaket vpp dat olde ock na dem olden tho kopeslagenn vnde were Inn allen landen ene wyse dat de koeper en dynck dat he kofft ersten ontfenge vnde dar na botalede. So werenn de vnsenn alle tydt koeper vnde gene vorkoepere vnde de vnsen hedden alle tydt vann oldinges her de russchen gudere gekofft vnde erst ontfangen vnde dar na botalt vnde dachten ock nenerleye wys van dem olden tho tredeon vnde were dat sake dat dar Jemant van den vnseno were de den eren guldt suluer offte ander war gudt gelauet hadde vnde andere tholeuerth se soldeon de boschuldygenn wy wolden dar auer rychtenn na vnsem rechten by der crutzkussinge vnde woldent ock vorscr. an dem hochwerdigen vnde grothmechtigenn vnsen gnedigen herenn Mester vnde ock an Jw ersamh[t] sulckent solde gewandelt werdenn dar de russche baden tho antworden So de gudere nemelicken dat suluer van den vnsen geforth vnde tholeuert worde vp dat olde so solde ock de kopenschopp vp dat olde thogelaten werden etc. Hyr vmme ersamen vnde vorsichtigenn leuen heren vnde gude frunden wolden sulckent tho herten nemen vnde botrachten dat gemeyne nuth vnde wolffert der lande dat dyt en ander gestalt mochte hebben myt dem suluer angemercket de vnsen In vortidenn vmme sulckent In groten noden gesetenn hebbenn vnde so se got nycht wech geholpenn hedde, hedden moten sulcker kopenschop haluenn den smelicken Doeth des hangendes lydenn, sulckent so wy hyr wonen mothen des noch alle daghe alle dage (*sic*) befruchtende synn Hyr vmme leuen heren vnde gude frunden synt wy fruntlickes flytes byddende sodant mochte gewandelt werdenn vp dat wy sodane vare so vorberorth der haluen nycht stan drofften vnde byddenn Jw ersamh[t] vns hyr vpp er gode muidynghe tho schryuende wo vnde Inn wat wyse dat men den russen dat suluer leuerenn vnde wat idt van grade holden solde als dan wolden enen geswaren goltsmyt dar tho settenn de enen Iderenn lyck vnde recht daran doen solde vp dat de lande vnde wy Int erste der haluen vmbemoyet vmbelastet vnn vnbeuaret blyuen mochten vorder ersamen leuen herenn vnde gude frunden hebben wy all hyr vorgenamen nycht staden wyllen nene gudere In vnser hauen tho vorkopenn offte tho leuerenn von vele klannye vnde moye tho vormydende vns der haluen onsteyt vnde noch ontstan mach vnde hebben sulckent ock vorgegeuenn den ersamen herenn her Johan vyande her hinrick wydeman vnde her heyse patyner de wy gebeden hebbenn Jwenn ersamheiden sulckent an tho bryngende dat sulckent myt wyllen vnde medeweten Jwer ersamheiden geschen mochte vnde dem dutschen kopmane myt dem besten vorgeuen wolden angeseen wy alhyr sere anxtelickenn wonen vnde gene nerynge dar by hebbenn vpp dat wy mochten der haluen so de gudere vp vnde aff geuorth werden mochten vortrostet werdenn Sulckentz synt wy ock byddende van Jwen ersamheiden enes fruntlickenn antwordes synt wy alle tydt gerne gewylligeth In enem vele grotterenn tho vordenende myt hulpe des almechtigenn gades denn wy Jwe ersamheiden In langer geluckssaliger wolfart gesunt tho vrystende heuelen geschreuen thor narue am sondage Quasi modo geniti anno etc. XIII.

Borgermestere vnde Radt Manne
der Stadt Narue.

In dorso: Denn Ersamenn vnde vorsichtigenn Wyssenn Herenn Borgermesterenn vnde Radtmannen der Stadt Reuall vnsen besunderenn gunstyghenn Gudenn Frundenn.

№ CCCXX.

1513 Der dörptsche Rath schreibt dem der Stadt Reval über die Bedingungen, welche die Narwaschen in Betreff des Handels mit den Russen ohne Borgkauf gestellt haben und die er zu verwilligen nicht übernehmen könne, d. d. Dorpat, Montag nach Mariae Geburt (12. Sept.) 1513.

Pap. Orig. mit dem aufgedruckten Secrete der Stadt Dorpat im rev. RA.

Vnszenn fruntlikenn grut thouorenn Erszamen Vorsichtigen vnde Wollwiszen herren Jwer E. vorordentenn || sendebaden in negestgeholdener dagfart tho Wolmer gude andacht vnde meninge der Narueschen baluen hebben / vnsze beschickede baden an vns gebracht Sso deth den mochte von dissen dren bynnenlendischen steden gegunt werden bie || twintich offte dortich mrk. geselscop thomaken war em deth beliuede Alsdenne wolden se sik des borgecops mith denn Russzen glicks anderen in der Henze entholdenn wo ock dorch Jwe vnde vnsze Radesgedeputirden vor dem gemeinen Copman tho Wanen beliuet vnde beslaten is Numandes van den Narueschen gut tho copen als oth Russlant gekamen die Narueschenn salen deth bie erem eide ahn Jenige argelist beholden deth se deth guth propper vnd nicht tho borge hebben Sso is ock vmmers Jwer E. nicht vnbewust wo sorchuoldigen die Henszestede in manigen dachfarden sick bekummert hebben deth nimandes buten der henze mit des Copmans rechte vordediget sal werden offte erer priuilegien gebroken als denne die Narueschen vnszes bdunkes in sulken tholat vnder einem schin eines gudes don worden sunder der ander Hansesteder consent vnd tholaten des wie vns nicht willen vordristen dem geliken wie vns ock guntligen van Jwen E. vorsehen Forder E. herrenn vnd gude frunde hebben vnser Sendebaden vns van dem brife beide tho latin vnde dutsche am Grotf. thor Muskow vam Allerdurchligsten keyzer vorrameth ingebracht vns die copien gewilget sieth thobeschicken die wie denne sunder sument hogestes flites begeren fruntligenn vme Jwe E. v. w. die wie gude lange tho fristende bepbelenn thouorschuldende Gefen Darpthe Mondags Nabe Natiuitatis Marie Im Jar etc. Dorteyne

Borgermeistere vnd Rathmanne
der Stadt Darpthe.

In dorso: Denn Erszamenn Vorsichtigenn vnnde Wiszen Herrenn Borgermeistrnn vnnde Rathmannenn der Stadt Reuell vnszenn besonder gonstigen guden Frunden.

№ CCCXXI.

Bürgermeister und Rath der Stadt Dorpat schreiben dem revalschen Rathe ihre Ansichten über die Verhältnisse des hanseatischen Handels mit den Russen, d. d. Dorpt, am Allerheiligen Tage (1. Nov.) 1513. 1513

Pap. Orig. mit dem in Wachs aufgedrucktem Secret der Stadt Dorpat im rev. RA.

Vnszenn fruntlikenn groth in steder bebegelicheit vnszes Vormogens thouoren Erszame Vorsichtige || wisze herren bsunderlinx gonstige frunde Jwer E[n] schriffte mith thogefügter berichtunge des Erszamen || her Frederick korues van wegen des Houffmans tho Iwanegeroth hebbe Wie in gotliger erkentlicheit der || gestalt ahn vnszenn frunden dem Erszame Rath tho Rige nahe Juwem boger beualt vnd ock nicht weniger als Jwe W. sulke tidinge erfrowet angename Wolde der almechtige vm gotliger vorsichtigheit Nu dem gemeinen Dutschen copman tho Wasdinn meth allerleie copmans were sunderlinx mith dem solte na dem olden in Ruslant tho copslagen sine gracie vorleenen Steith doch hierinne nicht wenig tho erachten wo der Grothf. in sinem gemute dem dutschen copman sin afgewanthe guth wedder ibothokeren nicht in Willen sin eynige Were vnd van den vndrechliken articlenn szo in der afgebrochten Copien des vorrameden vredes bestimpt nicht gau wolde, solden villichte die thokumftigen vorordente sendebaden nicht vnder clener geltvorspildunge nahe vorgewantem flite wo im Jare teine uppet bodarfligste gesehn mith vnbearbeiter fruchtbarlicheit wedder tho Rugge kamen Wusten auerst Jwe E. w. uth dem antworth des Grotf. upp den briff des Allerdurchluchtigesten keyzers ader van vnssen herren vnde frunden van Lub. enige bescheidenh' diesze dinge vortgantligen thobearbeiden vns mogeliken thogefallen Wolden vnzer vlitigen thodat wo mermals geschin dem gemeinen dutschen Copman thom besten vngespart williglikeu vorstrecken Befromdet vns doch nicht wenig E. w. herren Nademe In lastgeboldener dagfart tho Lub. vorbleuen wart Zo der Grotf. worde sine schrifft vpp keyzerlige besendinge afferdigen solden wie Intrament mechtig wezen tho apenen Nahe erem vorstande wes vns thodonde ofte laten wolde gfallen wedder ahn vnszer herrn vnd frunde die tho Lub. beualen Szo hebbe Jwe E[1] upp keyzerlige vorschrifft deth antwe van Grotf. erlangt deth alleme bie Jw hafen olde hergebrochte gewanh' werth entholden, vnd mogen ock nicht medeweten den Inhalt key' vorschrifft darvan wie eine Copie tho latine vnde in dat dutsche beide muntlich vnszer Sendebaden tho Wolmer kortzvorleden vnd schriffligen begerth hebben die Wie noch vppet fruntligeste forderean Aladan willen wie in bedocht nemen wo wie uppet slunigste tho Wafen vnszer vorordente sendebaden vorgadderen die sake vnd wo vortthofaren steith mith key' vorschrifft noch bie her frederick vorbleuen thohandelen vnde thotracterende etc. Willen ock E. w. herren nicht in vngedicheit vppnemen deth wie disszen eingeslatenen briff ahn Jwe E. ludende des Inhalt kennet godt vns vnbewust is vouorwaringes in der hast vpgebraken Jw thofugen des vnd alles guden ahn Jwe Erzame v. w. die wie in langer vnde geluckszaliger wolmacht gnedigliken thofristende gade bephelen vorsehen vnd gentzligen vortruwen Gefen Darpthe Ilende an allerhilligen dach Anno etc. XIII.

Borgermeistere vnd Rathmanne
der Stadt Darpthe.

In dorso: Denn Erszamenn Vorsichtigenn Wyszenn Herrenn Borgermeisterenn vnnde Rathmannen der Stadt Reuell vnnszerenn besonnder gunnstigenn guden Frundenn.

№ CCCXXII.

1513 Schreiben (des revalschen Raths? oder der revalschen Sendboden) an den Grossfürsten von Russland wegen Rückgabe der den deutschen Kaufleuten vor etlichen Jahren genommenen Güter und Herstellung des Handelsverkehrs, d. d. Wenden, Sonntags nach omnium Sanctorum (6. Nov.) 1513.

Concept im rev. RA. Ob diess Schreiben, das erst von Reval aus datirt war, nachher aber den Ausstellungsort Wenden erhielt, abgegangen sein mag, kann man nicht sagen.

Durchluchtigste hoichgeborne Furste Groithmechtige her kayszer aller Reussaen[1]) vnd leue Nachbuir Vnnszen groith vnnd fruntlicke Leue Nachbuirschopp thouorn Nachdeme vor velenn Jarenn des vnschuldigenn Coyppmanns guider dar dorch de Coippenschopp vnnd dath gemeyne Beste verhynderth wordth wennthe vpp dusse tidt angeholdenn Synn vnnd noch alsso deme vnschuldigenn Coippmanne tho grothen schadenn vorentholdenn werden Vp dath nu de koippmanschop dath denn gemeynenn Bestenn seher fruchtbaer were wenn vorthgannck wedder wo Inn

1) Statt *K. a. R.* stand *frundt*, was aber ausgestrichen und wofür Obiges übergeschrieben.

ehrtydenn gewesenn gewynnen muchte, Vnnse Coippluide tho Nawgarden vrye vnnd vnnbeschedigth wesenn Coippslagenn aff vnnd ann tusschenn Nawgardenn vnnd Reuall na deme Oldenn vmbfarth Reysszenn moichtenn, Is vnnsze vlytige Bede Jwe ff. G. dem gemeynenn Bestenn wu vorberorth tho guide des vnnschuldigenn Coippmanns guider wedder geuenn vnnd vnnsze Coippluide myth gewyssenn seckerenn geleyth vorsorggenn, tho Nawgardenn pleszkaw vnnd anderenn enndenn vpth olde tho koippslagenn tho Reysszenn vnnd tho hanndelen gnedichlich vergunnenn wollenn Inn allermathen wu dath vnnszer allergnedigste her de Romesche kayser ock vann Jwer ff. G. begerennde ys, des Jw ff. G. kayserlicke Maiesteth vnnss vnnd vnnszenn leuenn Getrwenn der Stadt Reuell Sendebodenn vnnd geschicktenn de vann dussenn sacken vnder andern dar tho dennstlick wider hanndelenn werdenn woll eynn gnedich guidth anthwordt geuenn werdth Inn dessenn Jwe ff. g. dat gemeyne Beste vnnd allenth wath thobefestingge vnnd vermeryngho guider Nachbuirschapp fromlich Ist Bedennckenn, synn wy vmb de velegemelthe Jwe ff. g. Gade Inn Gluckzelliger Regirungge Beuolhenn alle tydt Im glyckenn offth grotherenn tho beschuldenn geneigth willich vnnd Begerich Geg. tho Wenden[1]) Sundags nach Omnium Sanctorum[2]) Im vyfftheinhundersten vnnd dertheinden Jare.

In derso: An den Grodtforsten der Copenschopp haluenn vnde genomen guder.

1) Uebergeschrieben für *Renall*, welches ausgestrichen.

2) Uebergeschrieben statt des ausgestrichenen *mathei*.

№ CCCXXIII.

Schreiben des OM. Wolter von Plettenberg an den Grossfürsten von Russland wegen 1513
Ersatz eines mit Gütern beladenen, bei Iwanogrod gestrandeten und beraubten Schiffes,
d. d. Wenden, Montag nach omnium Sanctorum (7. Nov.) 1513.

Concept im rev. RA. Dass dieser Brief nur eventualiter aufgesetzt worden, beweist die Inschrift auf der Rückseite.

Durchluchtigeste hochgebornn furste kaisser vnnde Her aller Reussenn[1]) vnsers gantzenn vermogenns frunthlike Irbedunghe Jwer furstlikenn durchluchtigheyt stets vor ann boreyth Durchluchtighe hochgebornn furste[2]) vnnd naber, vnns ist vonn vnnsenn Vndersathenn oemptlick vnszer Stadt Narue klegelick by gekomenn wo korts vorledenn darsuluist eynn schipp myth guide geladenn, doch vnstuer des weders by Iwanegrodt erer furstlikenn durchlucht Sloth ghestrandeth Syan de burenn darsuluist ghekomenn dath Schipp tho bowen de guider dar vith genomenn wech geforth geparteth vnnd ghebueteth welcks doch de Ewighe vrede ensulcks tho donde off tho donde tho gestadenn nicht vormach Worumb ist vnnsze frunthlike flitige bede Jwe furstlike durchluchticheyt deme bouethmanne up Iwangrodt vormanen vnnd durch om vorschaffenn lathenn de vnsenn tho eren genomenn guide, der Billicheyt nae, komenn moghenn, vnnd von om mogelick berchgelt nhemenn Auers wo deme szo nicht ghescheen vnnd vonn durch den gemelthenn bouethmann vorsumnisse, alss wy doch nicht vorhapenn scheghe, mustenn wy denn vnszenn wo idt Inn so dem glikenn valle, vonn den erenn sick geborde, ock sulcks gunnenn, dath wy doch vngerne doyn vnnd myth szodanen geringenn

1) Die Worte *H. v. H. a. R.* stehen nicht im Context, sondern sind ubergeschrieben.

2) Ueber *furste* stand noch *frunth*, ist aber ausgestrichen.

denn vrede krenken woldenn vorhopenn nichte mynn sulcks woll vorbodenn werden Dath synn wy Im glikenn valle tho vorglikenn gewilligt Gade bouolhen Geg. tho Wendenn[1]) Mandag nach omnium Sanctorum[2]) anno etc. XIII.

Wolter vonn Plettenberg
Meyster tho Lyfflandt Dutzschs Ordenns.

1) Uebergeschrieben; vorher stand da *Rewell*.
2) Desgl.; vorher *Mathei*.

In dorso: Wo men van Houethman to Iwanogor vpp dath strandede Schipp kenn Recht kricht mach men dissen breff den Grodtforsten antworden vnde dar bye clagenn wes noeth is.

№ CCCXXIV.

1513 Der HM. benachrichtigt den nach Livland abgeschickten Comthur zu Memel ins Geheim, wie er erfahren habe, dass der Meister in Livland Willens sei, sich mit dem Könige von Polen gegen den Grossfürsten von Moskau zu verbinden, und verlangt darüber aufs schleunigste sichere Nachricht, d. d. am Tage Nicolai (6. Dec.) 1513. *D.*

Abschrift im GA. zu Kgsbg.; Abdruck in dem Suppl. ad hist. Russiae monum. p. 357. № CXLIII. Vgl. Index № 2606.

№ CCCXXV.

1513 Der Rath zu Narwa theilt dem der Stadt Reval mit, welche Unterhandlungen mit dem Hauptmann von Iwangorod wegen der auf einem gestrandeten Schiffe weggenommenen Güter gepflogen worden, d. d. Narwa, Freytag vor Weihnachten (23. Dec.) 1513.

Pap. Orig. mit der Siegelspur im rev. RA.

Vnsen fruntelicken groth myt vormoghe alles gudenn stedes tho vorenn Ersame vnde vorsichtige Herenn|besundern guden frunde Jwer Ersamheide breff des vorbleuenen Schepes haluen hyr in der munde||myt ettlicken anderen Ingelachten breuen ontfangen vnde wol vorstan de wy dann na vnsem||vterston vlite bosturet hebben an vnsem werdigen herenn dem Vagede vnde den houetman vann Iwanegorroth dar wy Jwen Ersamheiden lange gerne en antwort vpp geschreuen hadden besunder hebben van dem Houetman van Iwanegorroth geen antwort erlangen konen Vorder so hebben wy na Jwer Ersamheide boger vnsenn Borgermeister Her frederick korff auer geschicket an den Houetman van Iwanegorroth myt keyserlicker Maiestaet breue vp Sunte Thomas auende vnde den Houetman dar by seggen latenn wo de LXXIII stede ere bodeschoppe vth geferdiget hebbenn an den Grothforsten tho Nouwerden an synen Stattholderenn, welcker baden kortlick na den billigen dagen thor Narue kommende werden vnde de stede bogerende synn van dem grothfforsten enen sekeren geleydes breeff de sulfften baden eren vryen veligen wech hebbe mogen, welckeren breeff des Keysers de Houetman van Iwanegorroth gutlickenn ontfangen heffl vnde den gelauet thor stundt an den Grothfforsten tho schickenn, vnde ock tho schryuen vmme den geleydes breeff vnde so vro em de geleides breeff van dem Grothfforstenn thon handen queme wolde den thor stundt laten schicken an vnseun werdigen herenn dem Vogede, Vorder so heffl her frederick korff vlitigen gesprakenn vmme de vorbleuene gudere dar de Houetman tho geantwordt heffl dat schypp sy komen dryuende vth der see ane volck an den strandt des grothfforsten vnde sy van older berkumpst ene gewonheit alle schepe vnde gudere de so dryuende komen wedder vnde wyndes haluen an den strandt des Grothfforsten de sollen vorboreth synn dar her frederick korff tho geantwordet heffl dat volck were noch In dem schepe gewest vnde de eren hadden se myt gewalt dar vth geslagen vnde synt der tydt dat Iwanegorroth gestan heffl so hebben se sulke gewalt gebruket vnde geen recht gedan myt vele anderen vmbstendicheit dat to lange tho schryuende were, dat her frederick vnde de he myt sick hadde den houetman nergent to bryngen en konde besunder he bleeff al by synen vorworden Int lateste is her frederick korff van em begerende gewest he solde vorstellen VIII offte X van den olden dreppelixten russen vann Jemmegorroth de by der krutzkussinghe seggen solden wat van oldynges ene gewonheit myth sulken gebleuenen guderen gewest were, welkere tuchnysse wy dan myt sampt vns. werdigen herenn Vagede scr. wolden an den H. G. vnsen gnedigen heren Meister tho lyfflandt dar de houetman do nycht wol vor by konde vnde tho gesocht hadde he wolde sick besynnen vnde vnsem werdigen heren Vagede en antwort tho ontbeden laten wanner he de vann Jemmegorroth vorstellen wolde, dar her frederick korff wedder tho geantwordet hadde de van Jemmegorroth konde he woll krygen alle stunden vnde solde geuen den saken en ende dat men weten mochte wat men scr. solde vnsem gnedigen heren den Meyster wolde he geenn recht geuen so worden ane twyuel de boden de hyr kommende werden de sake meth nemen an den Grothfforsten so heffl de houetman dar anders nycht tho antworden wyllen besunder alse vor berort is, he wyll dat antwurdt ontbeden vnsem werdigen herenn dem Vagede hyr nach sick nw vorder Jw Ersamheide Inne weten tho rychtenn De wy dem Almechtigen gade In langer gelucksamer wolffart gesunt tho vrystende beuelen Gescr. thor Narue am frydage vor Natiuitatis domini Anno etc. XIII.

Borgermeistere vnde Radt Manne
der Stadt Narue.

In dorso: Denn Ersamen Heren Borgermeisteren vnde Radtmannen der Stadt Reual vnsenn besunderen gunstigen guden frundenn myt gantzer Ersamheit

Entfanghen In den hilghen daghen ludende vp de ghestrandeden ghudere by der Narue.

№ CCCXXVI.

Des Grossfürsten von Russland Wassili (Iwanowitsch) Geleitsbrief für die Boten der drei und siebenzig Städte an ihn, d. d. Moskau, am 2. Jan. 7022 (1514). (1514)

Alte Abschrift oder Uebersetzung im rev. RA.

Van dem groten herrscher Wassylye van gots guaden eyn keyszer vnde eyn herrscher aller Rüssen vnde eyn grotforst van Wolodymer Müskow nowgarden pletzkow otbffer Jugharn permben bolgharn vnn andere

Den baden der dreyvndesoffentych steder an

vns befft gesant myth enem bouetslaghe vnsse boybar vnn statholder van grote nowerden vorste Wassxylye Wassylyewytzs tzûtzkoye: an om befft gesanth myth enem bouetslaghe vnsze statholder van ywanegarden ywane mykytytzs buthurlyn: An vnssen statholder van ywanegarden an ywane mykytytzen befft gesant myth enem bouetslaghe de vogeth van der narffe frederick korffe: So hebbe wy Jw baden vth den dreyvndesoffentich steden begnadiget vnn gegeuen vnssen breff dat gy mogen langest vnsze lande komen vnde teyn gutwilligen sunder Jenigerleye vorhynderinge: vnn wy grote heerscher Wassylie van gotss gnaden eyn Keyser vnn eyn beerscher aller russen vnde eyn grotforst Jw breff der begnadinge gesant hebben: vnn dat gy wolden to vns komen ane alle geleyde: to komende is Jw to vns vnn ock van vns to teyn langest vnsze lande gutwilligen sunder Jenigerleye vorhinderinge: Düsse vnsze breff is ock Jw geleyde etc. gescr. tor Muskow In dem zomen (?) soeendusent vnn twe vnn twyntigesten In dem maente January In dem anderden dage.

In dorso: Anno XIIII Entfangen altera prisce gheleyde breff des grotforsten vor hans Richard.

№ CCCXXVII.

1514 Der Rath der Stadt Narwa ersucht den der Stadt Reval, ihm durch Zusendung eines Wageknechts zur Untersuchung und Berichtigung seines Salzgewichtes behülflich zu sein, um dessen Willen die Russen drohen, diese Städte gänzlich zu meiden und sich nach Dorpat zu halten, d. d. Narwa am Tage Vincencii martyris (22. Jan.) 1514.

Pap. Orig. mit Siegelspur im rev. RA.

Vnsenn fruntlikenn groth myth bogeryngbe alles gudenn thouorenn Ersamen vorsichtigen leuen berenn || vnde gudenn frunde fogen Jwen Ersamheiden fruntlikenn to wetenn dat wy all hyr ann || genamen hebbenn vnde laten dat solt wegen So mysdunket den Russenn an dem punder | Dat solt dat hyr gewagen wert dat wecht hyr mer alse tho Reuall also en sack de tho Reuall wecht en schyppunt de wecht hyr en offte en halff lysspunt auer vnde wy hebbenn vorstann vann her frederick korffe wo Jwe Er' sall besloten hebbenn dusse punder syn sall gelick Dorpt vpp dat de Russen hyr nycht myn en kregenn dann tho dorpte vnde wy hyr tho beth thor nerynghe komenn mochten dar de Russen nw gans spitigen vpp sprekenn vnde seggen se moten nw dorch denn punder myn ontfangen alse bethe her tho vngewagen gekregen hebben dar wy dann gans vmme bekummert synn vnde weten nycht by weme dat gebreck sy offte idt sy by dem punder offte by dem weger wy hebben laten wegen vnse lode vp der wagen en schyppunt lode wegen vpp dem punder en schyppunt vnde en lysspunt So synt wy van vnsem weger borycht dat de punder sall syn gelick dem punder tho Reuall wan dat so were so wolden de Russen dusse Stede vormyden vnde syck ann dorppte pysenn hyr vmme Ersamen heren vnde guden frunde is vnse andechtige bede Jw Er' enen gudenn weger knecht hyr schycken wolden de vnse lode vp der wage myt dem punder vorslann mochte vnde ock ellick solt vorslann dar vnse weger nycht by syn solde erer ene solde vor offte na wegen dat men der haluen so bouynden mocht by weme dat gebreck were by dem punder offte by dem wegher wes vns der haluen beyegent wyllen wy dan Jwe Er' boualen so mochte men dat gebreck wandelen dat enem Ideren mochte lick vnde recht gescheenn vnde bydden Jw Er' vns dusses en fruntlick antwort boualenn wolden synt wy alle tydt gewylliget tho vorschulden In enem vele grotteren myt hulpe des almechtigen gades dem wy Jw Er' In langer gelucksamer wolffart gesund tho vrystennde bouelenn Gescr. tho Narue am daghe vincencij martiris anno etc. XIIII.

Borgermeystere vnde Radt Manne der Stat Narue.

In dorso: Denn Ersamenn vorsichtigenn vnde wyszenn Mannen herenn Borgermeisterenn vnde Radt Mannen der Stat Reuall vnsenn gudenn frundenn.

№ CCCXXVIII.

Der HM., Markgraf Albrecht, bittet den Herzog und Kurfürsten Friedrich und den Herzog Johann von Sachsen, die Irrungen zwischen dem Bischof von Meissen und dem päpstlichen Commissar Bombower wegen der Cruciate für Livland gegen die Russen beizulegen, d. d. Königsberg, am Tage Blasii (3. Febr.) 1514. *D.* 1514

Abschrift im GA. zu Kgsbg.; Abdruck in dem Suppl. ad hist. Russiae monum. p. 360, № CXLV. Vgl. Index № 2616.

№ CCCXXIX.

Schreiben:

a) des Jorg Schnitzenpamer von Soregg, Ritters, römisch-kaiserlichen Raths und Hauptmanns zu Sellen, — wahrscheinlich an den Rath irgend einer Hansestadt — zur Benachrichtigung von seinen Bemühungen bei dem Grossfürsten von Russland wegen einer Gesandtschaft der 73 Hansestädte zur Erlangung eines Friedens und Wiedererlangung der weggenommenen Güter der deutschen Kaufleute zu Nowgorod, d. d. Pleskow, Donnerstag nach Lätare (30. März) 1514. 1514

b) desselben an den Grossfürsten wegen günstiger Aufnahme der hanseatischen Abgesandten Johann Bulck und Johann Rothgers, d. d. Pleskow, Mittewoch nach Laetare (29. März) 1514.

c) desselben an einen russischen Staatsbeamten in derselben Absicht, o. Dat.

d) des Grossfürsten Wassil, als gewierige Antwort auf obiges Anbringen, o. Dat.

e) der zur hanseatischen Gesandtschaft an den Grossfürsten gehörenden dörptschen und revalschen Rathssendboten an den livländischen OM. Wolter von Plettenberg über die Erlangung eines Friedens auf 10 Jahre, d. d. Narwa, Dienstag nach Christi Himmelfahrt (30. Mai) 1514.

Von *a*) — *d*) in alter gleichzeitiger Copie, *e*) im Concept, alles auf einem Bogen, im rev. RA.

a.

Meyn fruntlich dinst zuuor lieben vnd guten frund Ich schick euch hie mith vorslossen ain Copie der antwurd des Grotfforsten vff meyn anbringhen der drey vnd sibenzich Steth bitlich mit sien furstlich gnaden vorgunnen Erloben vnd begnaden Mith allirley kauffmanschafft vnd wain on beschayt In seyn furstlich gnaden veterlich erblanthen frey sicher on alle hindernusse zu handeln Da mit sien f. g. sie gnedichlicken vnd gunstsamlichen Nach meyner werbungh vnd handlungh neben andern hendel vnd sachen Irthalben gethan begnadigt, die weil dan sien f. g. die LXXIII Stedt van weghen meyner werbung begnadt vnd ir ock volmechtich sollichss van weghen der LXXIII steder van seyn f. g. zu erlanghen geschicht Szo schreibe Ich seiner forstelichen gnaden Euch forderlichen vnd gnedichlichen abczufertighen Dess glichen siene f. g. Schatzmayster vnd Canzler auch In glicher lawt geschrieben Euch forderlichen als vil an sie mith briffen vnd andern kompt zcu forderung Wie Ir ab hir an ligender copien vornemen werdenth vnd ob den LXXIII steden von Ro' keserlichen mayestaith vnserss aller gnedighisten herrn Noch etwas notdorfftichlichen zcu erlanghen Mir zceithlichen solchs wisslich zcu thun wil ich munthlichen mith Ir mayestath sso vil mir moglich zcu thun handeln Sunderlich der gutter halben Szo der g. f. den deutzen kofflewten genomen Wer atzmals Ro' k. m' guth An zcu beghereu wurd ir m' selbsth oder durch ir M' rath an Czwiwentlich mith des G. f. botschaft handeln da mith eyn sulches widdir zcu gestelt worde solhs habe ich euch als fulmechtich anwelt der LXXIII steth vnvorhalten nith lassen wollen dar nach zcu beschicken dan den LXXIII stetten In deme vnd merem gunstlich hulfflich zcu sien vnd zcu ersprissen bin ich frunthlich zcu thun borayth Datum plesskow Donrstages nach letari Anno etc. XIIII°

Jorg Schnitzenpamer van Soregg
Ritter Ro' K. M' Rath vnd houbtman zcu seln.

b.

Dorchluchtigister forst grossmechtigher keyser allergnedigister herre Ewer keserlichen maystat vnd gross maychticheith Entbieth ich myneu vndirtenigen willigen dinest alle zcaith mith vngesparter lieb vnd danck Ewer k. M' vnd Gorasmechtichheith zcuuor Allir gnaden gunst vnd gnedigher gaben verer allir gnedigistir herre meyn vndertenich Anbrenghen nach vnd Neben andern der LXXIII steth an Ewer k. M' In gnedichlichen zcuuorgunnen meth allerley kauffmanschaczen vnd waren Nichts aussgenomen In Ewer M' veterlich erblanth frey sicher wie vor alter gehandelt des sich Ewer k. M' gnedichlicken In Anbringhen gegen mir vorwilligth wu die LXXIII stet Ir volmechtighen mith irem hopt slaen zcu billigher massze bitlich sien wol Ewer k. M' sie gnedichlichen In solchen bitlichen sachen dorch meynem schrieben daneben gnedichlichen begnaden Nu haben die LXXIII stet nach sulchen meynen anczeghen szo ich In gethan dar mith sie ewer M' begnaden Ire volmechtig gewalthaber mith namen Johan hulck vnd Johan rothgers bede borgermestir aus der LXXXIII (*sic*) stet mith saumpt vil andern In Ewer M' lanth als volmechtich geschickt mith Ewer k. M' vndertenichlichen zcu handeln Ist auff solchs an Ewer k. M' meyn vndertenich bith Ewer M' wol sie nach mynen anbringhen vnd Iren vndertenighen bitten von meynem weghen gnedichlichen beuollen haben Dar mit sie meyner handelunghe vnd werbung Irthalb vndertenichlichen getan bie Ewer M' Ein pfand genossen szo gnedichlich vnd vorderthlichen abfordern dar mith sie mich zcu Ryghen erlangen Dan ich auff sie vor harren vnd Ewer M' wolle sich gegen In nach meynem vnd Irem vndertenigen vorhoffen gnedichlichen genegeth sien

Das wil ich gegen goth dem allemechtighen siener allir Rainisten Junckfrawen Motter vnd gebererin Marien mith mynem armeu vndirtenigen gebeth zcu langwieriger fristunghe gesuntheit vnd regirung Ewer k. M' bitlich sien Datum pleskow Mitwochen nach letari In der vasten Anno etc. XIIII

E. kay. M' vnderteniger vnd williger
Jorg Snitezenpamer von Soregg
ritter Ro' kay' M' Rat vnd Hauptman zcu sellen.

c.

Wolgebarner lieber herre vnd frundt meyn willighe dinst sinth Euch zcuuor vorer mir zcwyfelt nicht, Ir traget noch In guter ghedechtnisse meyn Inbryngheu bey key' M' der LXXIII stet der koffmans handelungh vnd werbungh dass sie key' M' welt gnedichlichen begnaden mit Iro waren vnd Allerley kauffmans handelunghe Nichts aussghenomen frey sicher da mith In Ir M' landt widdir wie van alter an alle hinderung zcu handeln Dar vff mir key' M' Durch euch vnd Ir gnediges zcuschreiben antwurdt gegeben wu die LXXIII stet Ir volmechtich gewalthaber zcu siner key' M' mit Iro hauptslaghen vndirtenichlichen schicken Szo wolt die LXXIII stet ir M' damit begnaden Solhs hab ich In wislich gethan haben dar auff Ir volmechtich gewalthhaber Mit namen Jan bolck vnd Jann Rotbers beyde borgermayster auss der LXXIII stet mit vil audern In key' M' lanth geschickt, nach gnediger vorwillung vnd anpringhen Solhs vndirtenichlichen volgeyn vnd zcu erlanghen Dar auff ist an euch als an mynen liben hern vnd frundt meyn fruntblich bit, Ir welt sie In solchim von meynen weghen beualhen haben vnd hulfflich zcu seyn damith da mith sie vorderlichen abgefertighet werden vnd mich zcu Ryghe erlanghen vnd welth sollis nith vndirlassen dar wil ich alle zceith vmme Euch vordynen willich sien Datum ....

Jorg Szchnitzenpamer von Soregg
Ritter Ro' key' M' Rath vnd haubtman zcu seln.

d.

Antwort des dorchluchtigisten Wasilien keysser vnd herser allir Rosschen vnd herczoch zcu Muskow etc. auff meyn werbung der LXXIII stet.

Du hast vnns gesayth van vnssern bruder Maximilian den Erwolts Ro' key' vnd hochsten konig von der LXX vnd III stet, dass wir wollen sie begnaden vnd hayssen In Ir vnser veterlich Erb kauffmanschafft triben nach alten Jarn mit allerley kauffmanschafft, an alle Irrunge vnd dass wir wollen vnsser geleythss briffe geben vnd die LXX vnd III stet, Sie haben geschickt zcu vnsseren Stathaltheren ghen gross Neugarten mit Iren houbtslaghen Dass vnnser Statholther willen vnns Ir hobtslaghen von Iren weghen vmme geletesbrieff Das wir wollen Sie begnaden vnd geben vnnser glaytsbrieff auff Ire batschafft, vnd sie wollen zcu vuns schicken Ire baten Nun haben wir sie nach Iren haubtslan begnadeth vnd gegeben vnsser glayts briff auff Ire bathen vnd wu die LXXIII stet werden schicken zcu vnns Ire baten mit haubtslaben vnd werden vnns bitten mit Iren haubtslaben nach billigher masse Alzo ist billich vnnser herschafft szo wir werden ansehn Ire haubtslaben vnd vnd van weghen vnssers bruders Maximilian des erwelther Romisschen keysers vnd hochsten konigs Die LXXIII stet wir werden begnaden vnd werden hayssen In kauffmanschafft treyben Nach alther zceth meth aller kauffmanschafft an bestheith vnd In vnnssern landen sollen sie kommen vnd widder zcichen gutwillichlichen on alle hindernisse.

e.

An h. w. herrn mester.

Hochwerdiger vnd grotmechtiger here Erer f. g. Sie vnsse willicheit In flitigher erbedonghe Stedes touorn hochwerdige vnd grot: here Szo wie denne vnssen Intoch vmme Eynen frede tobegripen mit dem g. f. tor muskow vor dy LXXIII stede vnuorwitlik nicht hebben gelaten Vorderth Nw Szo billich is vnsser affscheit wu wy gefaren sinth Jwe Grotmechticheit bie tho komen, fugen der haluen Eren f. g. tho weten dat wie In swaren arbeide Etlike weken lanck meth den afgeschickten heren baioren vnd oppirsten banceriren des g. f. von der muskow Des fredes haluen In langer vnd manichfoldiger beflitender handelinghe gewest sint, dess wy vnss wenigk weren vor muden Na des g. f. antwert Den LXXIII steden tho entbaden Die meth Eynem frede tho begnadighen dath wie anderss befunden In felen vndrechtliken Artikelen die vnss weder dath olde vorgeworpen worden Dar vmme am g. f. vpgegageth In der muskow Sunderlinghes dath syne andacht vnd meninghe wass die fflendisschen vnd alle hansestede van Erer g. aftosundern vnd van allen andern herren die siene vinde sin vnd tho kumfftichlichen werden muchten Noch meth gelde offte solke wedder en nicht tho sterken vnd ock vnss van vnsseren rechte Dar mede wie begnadet sinth afthodringen Denne wie solden nicht hogher Sine lude In den steden richten als bauen X stucken suluers Der wu wol merrer artikel haluen wol tho fiffmalen vpgegageth warth Dath wie sulkent nicht boliuen fele liuer sunder frede wu ermals geschyn wolden hebben affgetagen Szo dat mannichmal drupstunth Jodoch vth werkinghe dess hilligen gestes Eynen frede Der vnss tho fefftich ock sestich Jaren an gebaden warth Na vnsserem gefallen Nicht lenger begreppen den tho X Jaren van der hemmelfarth cristi vorgangen beth weder thor hemmelfarth Na vorlopenen X Jaren vp deth wie vnss nicht affsunderen wolden van Erer h. g. In welkem frede wie bodedinghet hebben vnsse kercke vnd houe frie tho gebrucken vn na dem olden tocopslan Meth allerleie ware ock mith solte frie aff vnd an tho kamen vnd tho foren vnuorbinderth Der geliken dath mehn In dessen beifrede sal spreken vmme dess kopmanss affgenamen gudt vnd andre clegelike sake des copmans van beden parthen zo wol den russen also den Dutzen tho richtende Na der cruskussinghe hebben ock vnsse recht boschermet In elker stat na oren rechten tho richtende Suss stan alle dinck vp guden reden allene dath wie Nw thor tith k. M^t tho polen nicht sollen sterken wedder den g. f. dess wie vnss denne musten bogeuen wolde wie Nicht sunder frede Dar dem copman vnde dissen landen nicht wenig angelegen iss affkamen forder gerughe Erer gnaden tho weten dath geruchte ginck bynnen Nogarden wu der k. tho polen meth merkelighen volcke wedder den Grotf. gerusteth sie Derhaluen beide houetlude van Neu an vnsses herren hemmelfardes daghe Meth krigescher geschicklicheith affthoghen, Wess forder In dissem pfal geborth wil der vthganck der veide wol na bringhen Deth wie Erer h. g. f. g. die wie gade dem Allemechtighen In langher gesunder Regiringhe bephelen vorEntholden Nicht wolden Gegeben thor Narue Dinstaghes na der hemmelfarth cristi etc. anno XIIII.

Radessendebaden der LXXIII steder
van Darpthe vnd Reuel Itzunder thor Narue.

Dem h. vnd grothmechtigen fursten vnd herrn herren Woltern van plettenborch etc.

№ CCCXXX.

Der Rath zu Narwa benachrichtigt den von Reval von der Rückkehr des dänischen Herolds und Abgesandten an den Grossfürsten von Russland, Meister David, zugleich mit russischen Botschaftern, und dass sie ihren Weg über Reval nehmen werden, bis wohin ihnen der narwasche Rath seinen Mitbürger Hans Munsterberg zum Geleitsmanne mitgegeben; ferner dass die Gesandten der Hansestädten den Frieden mit Russland nach dem Alten und den freien Handel dahin, besonders auch mit Salz, wieder erlangt haben; endlich dass die Revaler den Narwischen mit Zusendung einer grossen Schnellwage (punder) und Unterrichtung ihres Abgesandten im Wägergeschäft behülflich sein möchten, d. d. Narwa, am Donnerstage nach Kreuzes Erfindung (4. Mai) 1514. 1514

Pap. Orig. mit Siegelspur im rev. RA.

Vnsenn frantlickenn grot mit vormogen alles gudenn Iwen Ersambeyden to ǁ wettenn Ersamen vnnde vorsychtigen leuen hern vnnde guden frunde vogenn ǁ Jwen Ersambeyden fruntlick to wetten wo de grot forst meyster Dauid] des Durchluchtigen konyges herholt von Dennemarken affgeferdigetth weder vme an konycklick mayestat vnnde dar etlick syne boden mede by gesant hefft de alle yn samedenn an Jwe Ersamheyden reysen werden vnnde so vort na Dennemarckenn So hefft de grothforst an vnse enen oppenen breff geschreuen vnder synem seggel vnnde dar yn von vnse begerende wy de sulfften syne sendeboden na reuel solen belede sagen latten vnnde so hefft de grot forst enen vorboden vore vth gesant sülffte seste an Jwe Ersamheyden mit breuen welcker boden wy mede gedan hebben vnsen mede borger hanns Munsterberg vor enen lede sagen vnnde eme beuolen so he qweme tor ouersten mollen solde he de russen blyuen latten vnde vor hen yn de stat ryden vnnde Jwen Ersamheyden dat vor wyttlicken alsse dan mochte Jwe Ersambeyden den baden vnnder ogen senden vnde se yn de Stat hallen latten Wentte wy dussen ledsagen den baden na yn holde de Cruces breuess gegeuen hebben nene gelt: vnde vnse wordige her de Vogeth syck des nycht bekumeren wolde na den de grot forste des an syne werdicheit nycht bo gernde wass: vorfaren ock dat de boden der stede sollen eren wyllen boschafft hebben vnde den frede vpt olde vp genamen vnde alle kopmanschappe löss vpt olde vnde ock dat solt dat got geuen motte vorder Ersamen hern vnnde guden frunde synt wy fruntlickes flyttes bydden vnser stat vor sorgen wolden mit enem guden punder vor vnse gelt so wy Jwen Ersamheyden wol ermals geschreuen hebben vnde wolden ock dussen bo wyser latten vnderrychten don mit der wage ock mit dem punder wente wy an wegern grot gebrack hebben synt wy alle tydt geneget yn enem von grottern vorschuldende mit hulpe des almechtygen godes Deme wy Jwe Ersamhoyden yn langer gesunder wolffart to frystende bouellen gescreuen tor Narue vnnder vnnsen secret am donnerdage na des hylgen Cruces fyndynge Int iar XV^{c} vnnde XIIII.

Borgermester vnde Ratmanne
der Stat Narue.

In dorso: Denn Ersamenn vnnde vorsychtegenn Hernn Borgermeysternn vnde Radmanne der Stat Reuel fruntlicken gescreuen mit gancz Ersambeydt.

№ CCCXXXI.

(1514) Des Grossfürsten Wassilij (Iwanowitsch) Friedens- und Handels-Vertrag mit den 70 deutschen Seestädten, aufgerichtet auf zehn Jahre von Himmelfahrt 7022 (1514) bis Himmelfahrt 7032 (1524) durch die grossfürstlichen Statthalter zu Nowgorod Fürst Wassilij Wassiljewitsch (Schuiski) und Iwan Grigoriewitsch (Morosow), und die Sendboten der Städte, aus Dorpat Bürgermeister Johann Bulk, Rathmann Arend von Loen und Schreiber, Priester Matthias Lemke und aus Reval Bürgermeister Johann Viant (Feind) und Rathmann Johann Rotgers, im Juni des J. (der Welt) 7022 (n. Chr. 1514).

Abschrift nach einem im Reichsarchive zu Moskau befindlichen Exemplare bei der Gesellschaft für Geschichte der Ostsee-Provinzen zu Riga. S. oben p. 257. — Früher deutsch und in einer russischen Uebertragung abgedruckt in dem (nicht beendigten) 5. Bande der Собрание Госуд. Грам. и Договор., № 65, p. 55—61. Vgl. Karamsin, VII, прим. 103; D. Ueb. VII, 46.

Na Godes Willen unde nach des Groten Herren Geheite, Wassilie van Godes Genaden Keiser u. Herscher aller Russen unde Grotforste van Wolodiemer, u. van Muskow, u. van Neugarden, unde van Pleskow, unde van Twere, unde van Jugorsky, unde van Perme, unde van Wette, unde Bolgare, u. andere, unde Herscher aller Russen, unde Grotforste tho Neugarden van Nedderlant, u. van Zaringo, u. van Resanz u. Belsken, unde van Rostow, unde van Jereslawle, u. Bilosersken, unde Udorsken, u. Obdorsken, unde kundiesche Land u. andere. Wir Sendebaden van den seventich Steden: van Dorpte Johan Bulk Borgermeister, u. Arent van Lohn Ratman u. Prister Mathias Lemke, Schriwer van Darpte; u. van Rewell Johan Viant Borgermeister u. Johan Rotgers, Ratman, also von Lübeke, ok van Rige, ock van Dorpte, ock van Rewel, unde van allen sewentich Steden van dusser Siden der Sehe unde van der ander Siden der Awersche, sinth gekomen in des Groten Herren sein vederlike Erwe tho Grote Neugarden, tho des Groten Herren sien Statholderen van Neugarden: tho den Bojaren unde Statholder Forste Wassily Wassiliewitz u. Oculnitze u. Statholder Iwan Grigoriewitz u. tho den vederliken Erven des Groten Herschers tho grothe Neugarden, mith erren Hovetslage, darum deth der Grothe Herscher Wassilij, van Gades Gnaden Keyser u. Beherscher alle Russe u. Grotforste, Borgermeister, u. Rathmann, u. alle Coplude u. Coplude ere Kindere der sewentich Steden an disser Siden der Sebe, u. van der ander Siden Aversebe wolde begnadigen unde bevelen sinen Statholderen tho Neugarden unde sinen vederliken Erve tho grote Neugarden mit den Sewentich Steden tho enem einen Bifriede, unde ock tho copslagen sine vederliken Erven Lude tho grote Neugarden, meth den sewentich Steden wolde bephelen tho holden na dem olden, unde copslagen, so wolde befelen in sine vederliken Erve tho grote Neugarden, meth allerlei Ware, nicht utgenomen, u. mith Salte, u. ock Kerke unde Havestede olden Dutschen in sin vederlike Erve, in grote Neugarden, wolde begnaden bevelen uns wedder tho geven, unde die Have wolde begnadigen heiten uptosetten u. to gebruken na dem Olden. Unde der Grot Herre Wassilie van Gades Gnaden Keiser u. Herscher aller Russen u. Grotforste, na unsern Hovetslage, Borgermeister u. Ratmann u. Coplude, unde der Coplude Kindere der sewentich Stede, heth begnadiget befelet sinen Statholderen tho grote Naugarden: Bojar u. Statholder Forste Wassilie Wassiliewitz u. Oculnitz, unde Statholder Iwan Griegoriewitz, unde sinen vederliken Erven tho grote Neugarden, meth den seweutich Steden tho nemen einen Bifriede, unde ock Kopslagen sine vederlike Erve Lude meth seweutich Steden heth bevolen tho holden, u. copslagen uns in sien vederliken Erve in Grot Neugarden het bevolen meth allerlei Ware nicht utbescheiden, unde meth Salte, unde de Kerke u. Hovestede olde in sien vederlike Erve to grote Neugarden heth bevalen uns widder to geven; unde de Have uns heft bevaleu uptosette u. Bruken na dem Olden. Unde welkere rusche Kerken unde Ende in Dutsen Steden unde de Borgermeister u. Ratlude unde Copluden u. der Coplude Kindere salen de rusche Kerken unde Ende rein maken na dem Olden unde se nicht bestatten. Unde hebben tho vollen ere hovet geslaen wir Baden der Dutschen: van Dorpte Johan Bolk Borgermeister, unde Arent van Lohn Ratman unde Prester Mathias Lemke, Schriver tho Darpthe, unde van Revel Joan Viant Borgermeister, unde Joan Rotgers Rathman, alse van Lubeke, ock so van Rige, ock van Darpthe, ock van Revell, ock so van allen Seweutich steden, an disser siden der Sehe unde van de andre side aver Sehe unde van alle Koplude unde der Coplude Dutsche Kindern, hebben genomen einen Biefriede vor alle seweutich Steden der Dutschen meth des groten Herren rusche Keiseren Statholderen: meth dem Bajaren unde Statholder vorste Wassilie Vassiliewitz unde meth Okulnitzen unde Statholder Iwan Griegoriewitzen vor des Groten Herren Keiser der Russen vederlike Erve vor alle grote Nowgarden u. vor alle Nowgardische Beholdinge, upp tein Jare: van Dage der Hemelfart up Int jar sewen dussent unde in den twe unde twintigsten, Beth the dage der Himmelfart up Int jar sewendussent unde twe unde dorchtigsten Unde in dem Frede Koplude van Neugarden unde den Neugarden salen reisen in Dutsche Lande in russen Steden meth Ware tho lande unde tho Water; wech ein reine tho kamen u. wedderume reisen; u. kopslagen na dissen Biefriede, brive ahn alle Behendiheit, unde na dussen Cruskussinge, allerleie Ware nichtes utgenomen, unde meth Wasse. Unde kofte en Dutsche van den Neugarder Was, ist Was nicht rein: unde de Nougarder tsal det Was eme buten. Und begieth die Nougarder in Dutschen Steden tho copende ofte vorkopen de bie der Baste so is van en kein Wegegelt; begieth ock wath copen ofte vorkoppen thor Wichte, zo sal men van ein Wegegelt nemen. Dergelicken die Dutsche Koplude reisen tho grote Neugarden tho Lande unde tho Water, sallen hebben Wech an reine tho kamen unde wedderume tho reisen; u. kopslaghen na dussen Biefriede Brive unde na der Kruskussinge, ahn alle Behendicheit meth allerlei Ware, nichtes utbescheiden, u. meth Salte dergeliken, unde meth Sulver, unde Thin, unde meth Copper u. Blie unde Suevell; u. Verboth geinerlei Ware tho make. Unde gifft in Dutsche vor geinerlei Ware Sulver, u. ist nicht reine: vnde de Dutsche sal dat Sulver umebeuten. Unde begieth de Dutsche tho Nougarde tho vorkoppen Salt unde Herinck unde Honich bie der Last dar van gein Wegegelt; unde begieth vorkopen thor Wicht dar sal men van ein Wegegelt nemen. Unde deth Wegegelt sal men nemen na dem Olden, unde de last salen se vorkopen unde kopen na dem Olden nicht korchlike. Unde schuth waterleie quath up den Neugartsche Kopman up der Sehe van quade Luden, unde welkere sinth quaden Lude van seweutich Steden: de salmen suken uth den seweutich Steden; unde finden se die quaden Lude, zo sal men se pinigen to Dode unde de Ware der Neugarder wedderume geven den Koplude van Neugarder. Unde schut watterlei Quath van anderen quaden Lude unde kompt die Tidiuge tho den seweutich Steden: so sal men se socken die quaden Luden unde de Rovers, des Groten Herren des Ruschen Keysers Stadholderen van Nougarden unde vederlicke Erve des Groten Herren der Russen grote Neugarden na der Kruskussinge. Unde finde se de quaden Lude: so sal men se pinigen tho Dode, unde de Ware den Kopluden van Nougarden wedderume gewen. Unde geschut Vngelücke up den Nougarder Lande offte tho Water dem dutschen Kopman ofte Ware: so sal des groten Herren Keysers der Russen Stadtholdere unde die vederlicke erve des Groten Herren Keisers der Russen grote Neugarde sal me suken de quaden Lude. Und finden se de quaden Lude: so sal men se richten to Dode unde die Ware de Dutsche den Kopluden dutschen widerrume geven. Unde ime des quaden Menschen Rovers Copluden van Nougarde nicht besetten, nicht tho Lubeke, nicht to Rige, nicht tho Revell, nicht in allen sewentich Steden. Dergelicken dutschen Copluden vth den sewentich Steden vme des quaden mensche Rowers des groten Herren Keyser der Russen vederlicke Erve tho grote Neugarden vnde in alle Nougardische Lande nicht besetten. Unde will die Nougarder Ware leggen meth Dutschen in Lodigen oft in Schutten tho samen, und schut Ungeluke upp die Ware in der Sehe: sal se delen de Dutsche meth den Nougarden na der Ware wat averblifft, unde Behendicheit sal dar nicht sin na der Krusskussingen van beiden Siden aller wegen. Unde drifft in der Sehe Nougardische Scepe Windesbalven des Groten Herren Vassilien van Gades Gnaden Keyser u. Herscher aller Russen, sinen Copluden unde sleith an den Dutschen Stranth der sewentich Stede; Dergeliken drift up der Sehe der Dutschen Scepe Windesbalven unde sleith an des groten Herren Wassilie van Gades Gnaden Keisser u. Herscher aller Russen, u. Grotforste vederlike Erve an Nougartscher Lande Straut unde Scepe besucht sie sal men weddergeven an beiden Parten, sunder Behendigheit, na dussen Biefrede-Brive u. na der Krusskussinge. Vnd men sal nemen van den Scepen Berglan van tein Stucke ein Stucke; is dar mer Ware ofte weg, so sal men na Partal nemen. Unde in welkere Stadt in den seventich Steden begieth watterleie Sake den Nougarder, da sal men ein ok Recht geven in watterleie Sake eth sie, nach Rechte, unde na dussen Biefrede-Breve, unde na der Kruskussingen. Unde kumpt de Nougarder thor Straffingen in den seventich Steden: so sal men en nicht straffen, men sal besenden darume meth des Groten Herren Statholderen tho groten Neugarde. Unde des Groten Herren Statholdere sollen senden tho Rige, u. tho Dorpthe, unde tho Revell, Lude twe ofte drie die gut sinth; so salen wir vor den Lude dem Nougarder dar ock recht don, na dissen Biefrede Breve unde na der Kruskussinge. Unde in Nougartsche Lande watterleie Sake et sie den Dutschen der seventich Stede: so ein dergeliken dar ock Recht geven, ok in allen Saken nach Rechte, na dissem Biefrede Breve u. na der Kruskussinge. Unde kumpt de dutsche thor straffingen; so sal men en tho Nougarden u. in Nougarder Lande dergelicken ock nicht straffen, unde men sal besenden darume de Statholdere in Nougarden meth den seventich Steden; unde wir seventich Stede salen senden in des Grotte Herren vederlike Erve tho grote Neugarden, tho det Grote Herren Statholderen van Rige, u. van Dorpthe, unde van Revell, Menschen twe ofte drie ock de guth sin. Und des Groten Herren Wassilie, van Gades Gnaden Keyzer u. Herscher u. Grotforste, siuen Statholdern tho grote Neugarden, vor den Luden ock Recht den Dutschen salen don, na dissem Biefrede Breve u. na der Kruskussinge. Unde suchte de Nougarder up den Dutschen u. werth gerichtet tho der Kruskussinge; so sal kussen de Antworder de Dutsche unde suchte de Dutsche vp den Nougarder so sal kussen ock de Antworder der Nougarder. Unde in den Dutschen Steden sal men richten den Nougarder, alse eren Dutschen; u. tho Nougarden sal men richten den Dutschen alse eren Nougarder. Und ume alle Saken sal keinen Sakewolder Sakewolden na erem Rechte; unde besettigen darume sal nicht schen van beide Siden, onde Gewelde keinerleie Weiss up den Nougarder de Dutsche salen nicht don: nicht in Cleiten, nicht in Keller, de Nowgarder sunder Gerichte nicht setten, nicht besmeden, nicht pinigen, na dusser Kruskussinge. Dergeliken ock dess groten Herren Keyzer der Russen Statgolderen tho Nougarden Coplude der

Dutschen nicht besmeden, nicht pinigen, sunder Gerichte an beiden Parten, sunder Behendicheit, na der Kruskussinge. Unde in dem Frede, de hebben genanten wie dutsche Baden, welkere in dissen Brive die namen gescriven sinth van den seventich Steden, meth des groten Herren Keyser der Russen Statgolderen tho Novgarde meth Bajoren u. Statholder meth den Wassilien Wassiliewitz unde meth den Oculnitz u. Statholder Iwan Gregoriewitz, unde meth vederlike Erve dess groten Herren Keiser der Russen meth grote Novgarden die Baden sollen reisen in den Dutschen seventich Steden u. sollen se spreken vme alle clegelike Sake. Dergeliken in dess groten Herren Keyzer der Russen in sien vederlike Erve tho grote Nougarden salen reisen erlike Lude Dutsche Baden van der siden der Aversehe unde an disser Siden der Sehe van allen seventich Steden; unde alse gekamen sinth tho grote Nougarden salen spreken ume alle Saken der Coplude clagte. Unde de Baden salen hebben an beiden Siden reyne Wege; se salen kamen unde wedderrume reisen gutwillich ane alle Hindernisse, na dusse Biefrede Breve unde na der Kruskussinge. Dergeliken ume watterleie Sake werden senden die seventich Stede ere Baden meth Hovetslande tho den Groten Herren Wassilie van Godes Genade Keyzer unde Herscher aller Russen u. Grotforste: u. die Baden salen hebben na dess Groten Herren Wassilie van Gades Genade Keysser u. Herscher aller Russen u. des grotforstliche Steden unde Lande, tho Water u. tho Lande reine Wege tho kamen u. wederrume tho reisen gutwillich sunder allerleie Hindernisse na dussen Biefrede breve unde na der Kruskussinge. Dergeliken alse werden reisen des groten Herren Wassilie van Gades Genaden Keyzer u. Herscher aller Russen, unde des Grotforsten Baden, tho welkeren Herren sinen Brudern, u. tho andern Herren, ofte tho welkere et sie, ofte tho dess groten Herren Wassily, van Gades Genade Keyzer u. Herscher aller Russen u. Grotforste, van sinen Brudern u. ander Herren ofte van weme sie, reisen werden de Baden: u. den beiden Baden tho Lubek u. tho Rige, u. tho Darpte, unde tho Revell, u. in alle seventich Stede, tho Water, u. tho Lande reine Wege sunder allerleie Hindernisse; u. salen se bewaren sunder allerleie Behendicht, also deth up sie geinerleie Quat geschut, na dussen Biefrede Brive unde na der Kruskussinge. Unde wat des groten Herren Wassilie, van Gades genaden Keyzer u. Herscher aller Russen, unde des Grotforsten unfrunt Sigismunden, Konig van Polen: u. wir Burgermeister, u. Ratlude, u. Koplude, unde Koplude Kindere, u. alle seventich Stede, tho Sigismunden Konick, ock nicht Untersazen sinen Steden geinerleie Wise tho treden, ock Gulpe saln wir em nicht geven na disse Biefrede brive unde na der Kruskussinge, unde Watterleie Sake entsteit dess Groten Herrn Wassilie, van Gades Genaden Keyzer u. Herscher aller Russen u. Grotforste sinen vederlicken Erven tho grote Nougarden unde Pleskow meth den Liflentsche Dutschen u. mit den Schweden; unde dergleichen die Baden u. Koplude des Groten Herren in den seventich Steden nicht Besetten; Unde die Dutsche Koplude der seventich Stede tho Nougarden u. in alle Nougartsche Lande darume nicht besetten. Unde dem frede Holde nichte van beiden Siden, Beth up de Bestimede Jare, na dusse Biefrede Brive unde na der Kruskussinge. Und up dith up alle dusse Brive den groten Herren Wassilien van Godes gnade Keizer u. Herscher aller Russen, u. Grotforste Statholderen tho Neugarden: Bajoren u. Statholdern forste Wassilie Wassiliewitz u. Oculnitze u. Statholdere Iwan Gregoriewitz uth Bephelinge hebben gekusset det Krusse dess Groten Herren Keisers aller Russen Bajoren van Nougarden: Gregorie Petrowitz Misoluew unde Iwan Iwanewitz Puskin unde de Olderman der Koplude Wassily Nikitiz Torokanof, unde in des anderen Oldermanns stede de Copman van Nougarden Foedor Wolodiemerow ssoen Molkow. Dergelicken unde die Baden der Dutschen; van Dorpte Joann

Bulk, Borgermeister, u. Arenth van Loen, Ratman unde Prester Mathias Lemke, Schriver tho Darpte unde van Revell Joann Vianth, Borgermeister, u. Joahann Rotgers, Ratmann, uth Beveliken aller seventich Steden der Dutschen hebben gekusset det Krucze vor alle die Borgermeister, unde vor de Rathmane, u. vor alle ere Coplude u. vor de Coplude Kindere, u. vor alle de seventich Stede der Dutschen, an beiden Siden uprichtich sunder Behendicheit. Unde an dussen Brive des groten Herren Wassily, van Godes genaden Keyzer u. Herscher aller Russen u. Grotforste sine Statholdere tho Nougarden, Bajoren u. Statgoldere Forste Wassily Wassiliewitz, unde Okulnietzen u. Statholder Iwan Gregoriewitz, ere Segele angehangen; unde de Baden der Dutschen, Johann Bulk, Borgermeister, u. Arenth van Loen, Rathman, unde Prister Mathias Lemke, Schriver van Darpte, unde Joahn Viant, Borgermeister, u. Johan Rotgers Rathman, ere Segele an dussen Breve angehangen. Int Jar sevendussent u. in dem twe unde twintigesten in den Heymonde.

№ CCCXXXII.

1514 König Christiern von Dänemark dankt dem Rathe zu Reval für die guten Dienste, die dieser seinem Abgesandten nach Russland, dem Heroldmeister David, erwiesen, bittet ihn, demselben mit seinen Dienern und Mitfolgern und aller Habe ferner förderlich zu sein, und verspricht, solches mit Gunsten zu erwidern, d. d. Copenhagen, Mittewochen nach Visitationis Mariae (5. Jul.) 1514.

Pap. Orig. mit Resten des in roth Wachs aufgedruckten königlichen Siegels im rev. RA.
S. über diese Gesandtschaftsreise und den Heroldsm. David in den »Nya källor till Finlands Medeltidshistoria. Samlade och utgifna af Edward Grönblad. Första Samlingen. Köpenhamn, 1857«, Urk. № 320, 327, 344 u. 345. Vgl. unten № CCCLIII, p. 316.

Cristiern von godsgnaden to Dennemargken der Wende vnd gotten koningk, Gekoren to Sweden vnd Norwegen Hertoch to Sleswyk etc.

Vnnsse ssunderge gunst touorn Erssamen Leuen besunderen Wy hebben Jegenwardigen vnssen Herold vnd leuen getruwen dener Mester Dauid der Wapen koningk Itzundes na Russlandt ethliker vnser gewerue haluen to versende vorschicket Vnd de wy denne wy erfaren dat gy denssuluen vmme vnssentwillen, Ere, gutwillicheit vnd gude forderinge bewisset hebben, Des wy Jw hir myt gutliken bedangksagen, wedderumme gerne myt gnedigen gunstigen willen toerkennen, vnd bidden In flite begerende gy willen vns to ssundergen gefallen, den genanten Mester Dauid myt dem besten forderlich syn, alsso dat he myt synen deneren ock medefolgeren vnd aller Haue Vngehindert vnd vngesumet veyligen dorch komen möge, vnd Jw hir In alse wy vns gentzlich to Jw vorsehn gutwilligen bewissen, Daran don vns gy dangkbarlich to willen vnd wollen dat ock Im gelicken edder groteren vmme Jw vnd de juwen In ssunderge gunst vnd gnade alwege gerne erkennen Datum Copenhagen Middewekens negst nha Visitationis Marie Anno etc. XIIII vnder vnssen Signet.

In dorso: Denn Erssamenn Vnssenn leuen besunderen Borgermesterenn vnnd Radtmannen der Stadt Reuel.

№ CCCXXXIII.

Des römischen Kaisers Maximilian Erklärung an die Gesandten des HM., Markgrafen Albrecht, in Betreff des von ihnen beiden sammt dem Meister zu Livland, mit dem Könige von Dänemark, den Markgrafen Joachim und Friedrich und dem Hause Brandenburg, den Herzogen Friedrich und Johann von Sachsen, Namens des ganzen Hauses Sachsen, dem Fürsten der Wallachei und dem Grossfürsten von Russland Wassili Iwanowitsch, zu schliessenden geheimen Bündnisses gegen den König von Polen Sigismund I., d. d. Gmünd, den 17. Aug. 1514. 1514

Gleichzeitige Abschrift im GA. zu Kgsbg. Vgl. Index № 2636 und den am 4. Aug. 1514 in Gmünd abgeschlossenen, deutsch und russisch in d. Собранiе Госуд. Грам. и Догов. Ч. V, № 66, p. 62—65 (vgl. ebd. № 67) abgedruckten Vertrag zwischen dem Grossfürsten und dem Kaiser. Vgl. ausserdem besonders die oben S. 250 citirten Памятники (T. II, p. 1531 u. flgd.).

Romischer Kayserlicher Mayestat abschied den gesannten des Hochmaisters zu Prewssen gegeben.

Die Kayserlich Mayestat hat Irer M^{te} potschafft bey dem Grossfurstenn aller Rewssen gehabt vnnd an denselben ain puntnus wider den Konig zu Polenn vnnser liebenn Jungkfrawenn Marie zu Eren vnd Irem Loblichenn Teutschenn orden zu Handehabung vnnd auffnemen geworbenn Darauff hat der selb Gross Furst solch pundtnus angenomen vnnd gleich inn gegenwurt kaiserlicher Maiestat potschafft auffgericht das Crewtz geküsst, auch dagegen sein potschafft nebenn kayserlicher Maiestat potschafft zu Irer M^{t} geuertigt in beywesenn derselben Reusischenn potschafft hat Ir kay. M^{t} die pundtnus auch angenomen vnd gleicher Weyse das Crewtz gekusst Also das nu solch pundtnus beschlossen vnnd auffgericht ist

Dieweyll nu die kayserlich Mayestat inn solcher pundtnus allezeyt gemaynt vnd gemellt hat sich selbs mit Irer M^{t} pundsverwanntenn vnnd vnderthanen des hayligen Reichs die sein nemblich, der Hochmaister zu Preussenn mit sampt dem maister zu Leufflanndt mit gantzer macht des Tewtschen ordens

Item der kunig zu Tennemarckht

Item Marggraf Joachim vnnd fridrich vnnd das Haws Brandenburg

Item Hertzog Friderich vnnd Johanns vonn Sachssen inn Namen des Hawss von Sachssen

Vnnd der furst der Wallachey nach lawt eines Verstanndts so die kay. M^{t} vnnd derselb furst mit einander habenn den Ir kay. M^{t} ains tayls besolden wirdet,

Demnach erfordert die notturfft vnd ist kayserlicher Maiestat maynung das die gemelten Irer Maiestat pundtsverwanten all durch Ire volmechtig potschafften von stundan zusamen komen die pundtnus mit kayserlicher M^{t}, auch gegen einander eingeen annemen vnnd verbriefen, damit Sy wissenn was Hilff vnnd trosts sie sich inn ewig Zeyt gegen den Polacken so dem hailligen Romischenn Reych vnd Teutscher Nation zu abpruch vnd schimpf vnser liebenn Jungfrauenn Marie, teutsche Ordenn zu durch ächte zuerstöre vnd vnter sich zu dringen vndersteen zu einander versehenn vnnd getrostenn mugenn.

Vnnd darauff soll der Hochmaister von Prewssen fur sich vnnd den maister zu Lewfflandt auch den ganntze orden sein potschafft von stund an vnnd eyllend zu dem könig von Tennemarckht an sein Hof schicken Daselbst hin vertigt auch die kay. Maiestat Irer Maiestat potschafft vnnd beschaid die andere pundts Verwanten desgleichen dohin zuschickenn die pundtnus berurter maynung einzugeen, zuschliessenn vnnd sich eins yedenn macht zu dem krieg wider Polen zuuergleichen.

Verrer Nachdem die kay. M[t] furgenomen auch an den Grossen Fursten der Rewssen gelanngen lassen hat, das Ir M[t] mit sampt Irer Maiestat pundtsuerwanten Ire spruch, vnnd Vordrung, vnnd das sy furan inn künfftig zeyt inn friden vnnd Rue gestellt werdenn zu dem könig vonn polen vnd seinem konigreich vonn erstlich gutlich suechen wollenn vnnd so Inen das also gutlich nit volgenn mocht, das alsdann der Grossfurst aller Rewssen auch kay: Maiestat mit iren pundtsuerwandten mit aller macht auf Sannt Jorgen tag nechstkünfftig wider die Cron Polen zu Veld sein vnnd aynn muttigklich wider sie furnemen vnnd kriegenn vnnd nit auffhörenn sollen biss ein yeder seiner Vordrung vnnd beschwerung vorgnugt vnnd zufriedenn gestellt ist,

Demnach hat Ir kay. M[t] zu berurter guttlichenn Hanndlung einen tag, nemblich gein Lubeckh auff liechtmess nechstkunfftig furgenomen auch darauff den Konig vonn Polen durch sein potschafft mit sampt der Hungernschenn potschafft so bey Irer M gewest sein beschaidenn,

So wirdet die kay. M[t] Ir potschafft auch daselbs haben Dessgleichen bey den andern pundtuerwanten verordnen

Demnach soll der Hohmaister vonn Prewssenn vonn sein auch des maisters vonn Leufflannd vnd des gantzen ordens wegenn sein potschafft auff berurten liechtmesstag auch gein Lubeck schicken mit volmechtiger Gewalt vnd aller Vnderricht seiner Vordrung gerechtigkait vnd beschwerung gegen dem konig vnnd seiner Cron zu Polen,

Daneben soll sich auch der Hochmeister mit dem maister auss Leufflanndt vnd dem ganntzen Ordenn mit aller macht ruste ob gutliche Handlung vff berurten tag nit verfangen noch von dem König vonn Polenn bewilligt vnnd vollzogenn wurd, das er dann mit aller macht auff Sanct Jorgen tag neben dem Grossfursten vnnd andere obgenanten der sachen Verwanten in Veld sey vnnd ainmuetigklich mit der tat vnd dem schwert furzunemen vnnd aussznrichten vorhelffen,

Vnnd wiewol die kay: M[t] in der Pundtnus so Ir kay: M[t] mit dem grossen Fürsten der Rewssen angenomen vnnd auffgericht allweg gemelt hat Ir kay. M[t] mit Irer Maiestat pundtsuerwanten yeduch ob denselbenn obgemelten kay. M[t] pundtsuerwanten samentlich odir sonderlich geliebenn vnnd gemaint sein wollt sich zu solcher kay[r] M[t] pundtnus mit dem Grossen fursten selbs auch zuuerpinden So mugen sy das an den Grossen fursten der Rewssen oder sein potschafft so bey dem konig zu Tennemarckt oder die er gein Lübeckh zu der guetliche Hanndlung verordnen wirdet suechenn

So lasst die kayserlich M[t] durch Irer Maiestat potschafft so Ir Maiestat yetzt hinein inn Rewssen vertigt an den Grossen fursten werben sich guetwillig gegenn den pundtsuerwantenn zu erzaigen vnnd seiner potschafft darin beuelch zuthun, Gebenn zu Gmunden am Sybenzehenden tag des Monats Augusti Anno Domini etc. im Vierzehenden.

№ CCCXXXIV.

1514 Nachricht an den Comthur zu Memel von der Einnahme von Smolensk durch die Russen, vom Comthur dem HM. mitgetheilt am Sonntage nach Aegidii (3. Sept.) 1514. *D.*

Orig. im GA. zu Kgsbg.; Abdruck in dem Suppl. ad hist. Russiae monum. p. 361, № CXLVI. Vgl. Index № 2642 und Акты, относящіеся къ истор. Западной Россіи, II, № 88, p. 114.

CCCXXXV.

Der König von Polen antwortet dem HM., Markgrafen Albrecht, auf sein Entschuldigungsschreiben: er wolle dem Gerücht, dass er mit dem Grossfürsten von Moskau in ein Bündniss gegen ihn zu treten umgehe, keinen Glauben beimessen, und ermahnt ihn zur fernern Freundschaft, d. d. Wilna, den 25. Sept. 1514. *L.* 1514

Orig. im GA. zu Kgsbg.; Abdruck in dem Suppl. ad hist. Russiae monum. p. 362, № CXLVII. Vgl. Index № 2645.

CCCXXXVI.

Instruction der preussischen Gesandten nach Dänemark, wegen des vom Kaiser beschlossenen Bündnisses mit Moskau, Dänemark, Preussen etc. gegen Polen, im Oct. 1514. *D.* 1514

Abschrift im GA. zu Kgsbg.; Abdruck in den Suppl. ad hist. Russiae monum. p. 358, № CXLIV. Vgl. Index № 2646 und die oben (S. 250) citirten Hausmann, Tom. I, p. 173.

№ CCCXXXVII.

König Sigismund von Polen giebt dem HM., Markgrafen Albrecht, von seinen Siegen über die Russen Nachricht in zweien Schreiben, d. d. im Feldlager bei Borissow, am Tage der Kreuz-Erhebung (15. Sept.), und d. d. Wilna, am Sonntag vor Aller Heiligen-Tag (29. Oct.) 1514. *L.* 1514

Orig. im GA. zu Kgsbg.; Abdruck in dem Suppl. ad hist. Russiae monum. p. 363, № CXLVIII.

№ CCCXXXVIII.

Der Rath von Narwa benachrichtigt den von Reval, wie zu Pleskau und Woldow (etwa Waldai?) ein Verbot ausgerufen sei, Handelsgüter nach Narwa zu bringen, und wie der Hauptmann zu Iwangorod solches ausübe; wie es aber vermuthlich kein Befehl des Grossfürsten sei und daher durch Schriften des Meisters an den Grossfürsten die Abstellung bewirkt werden könne; äussert sich auch noch über den Gehalt, zu welchem Silber nach Russland einzuführen sein möchte, d. d. Narwa, am Abend Circumcisionis Domini (31. Dec.) 1514. 1514

Pap. Orig. mit Siegelspur im rev. RA.

Vnsenn fruntlicken groth myth vormoghe alles guden tho voren Ersamen wysen leuen heren vnde guden frunde fogen || Jwen Ersambeiden frunteliken to weten wy vornaren hebben dat tho plesskou ock tor woldowe vth geropen sall syn de pleskouwer nene gudere sollen tor Narue brengen besünder thu Iwanegoroth vnde sollen myt vns thor waghe nene gudere tholeueren sollen de myt vns vorkopen vnde vpp Iwanegoroth tholeueren, ock heflt de houetman van Iwanegoroth alle den herwest dat both also geholden vnde wyll ock nene nouwertsche kopplude hyr In de stadt komen laten myt wychtiger ware sollen all vp Iwanegoroth leueren de koplude wyllen ere was na darpte offte ryghe voren dorch den dwanck kumpt hyr nemant tho vns noch nouwerder noch pleskouwer ock hadden wy gedacht wolden dat was laten ontfangen vpp Iwanegoroth so befruchte wy vns en groth quadt dar vth gedyen solde vnser Stadt ock dem kopman so idt nw an gehauen worde moste so ewychliken blyuen vnde vele artikelle de wy dar Iune bewegen der wy Jw Er' alle nycht scr. konen hebben ock vorstan van ettliken russchen kopluden dyt sulue neen both des grotfforsten syn solle vnde so de grothfforste myt schryffte vorsocht worde vormenen sick idt solde gewandelt werden so idt Jwen Er' duchte geraden als nw de eren tho Ryghe thom landes daghe komende werden beuelen wolden dat vnss gnedigen heren dem Meister an thobryngende syne forstlicke gnade dem grotfforste schreuen wo dat de houetlude hyr vpp der grense de houetman van Iwanegoroth ock van der woldowe na dem olden nycht wolden In de narue de koplude myth erer kopenschopp theen laten vnde vorbynderden de koppenschop vpp der grense de grothfforste solde idt velichte anders maken dat Jenne dat he den steden gegeuen hefft alse dat olde vormoden vns he dat nycht vorkorten solde dyt sulue hebbe wy ock also vnssen gnedighen heren Meister gescr. dat idt hyr so gewant is mercket leuen heren vnde gude frunde wanner de plesskouwere vnse Stadt vormydende worden ock de nouwerder wo idt dan ock myt Jwen Er' stan wolde offte beduchte Jw geraden men hyr enen vth Jageden myt schryfften vnsers gnedigen heren de mochte kortlick wedder komen vpp Jegher perden Jaget men woll van hyr na der moskow vnde wedder vmme myth XXX mrc. hopenn Jw Er' werden hyr woll myth dem besten tho dencken. Vorder ersamen heren vnde guden frunde so alse dan der stede baden gelauet hebben den russen reyn suluer tho leuerende so wert doch dat suluer hyr noch anders nycht gebracht dan alse tho voren besunder dat myt Jw vppgeseth wert dar wert gebreck anne gefunden vnde hebben vorstann Jwe Er' sall gespraken hebben wo woll idt den russen reyn gelauet is so mach doch de kopman scheden wo he kan wo man de russen tho vreden syn etc. leuen heren vnde gude frunde dat konen woll aff nemen de wyle de kopman den wyllen hefft he scheden moge wo he kan so wert der klanyge geen ende all moth de russe hyr scheden vnde krycht neen suluer na loffte der baden vnde befynt idt tho nouwerden anders konen woll affnemen wat dar vth gedyet idt werth wedder beclaget duchte Juw geraden dat men dat men (*sic*) den wyllen dess kopmannes tho rugge stellede dat men dat suluer settetde vp XVI loth dar kan men mede leueren dat gynge auer enen Heren vnde vns beduchte dat gades rechte syn so worde de wylle des bedregers to rugge gestelt vnde mochten dem goltsmede by synem ede beuelen dat men dat suluer gelicke leuerde so hadde de klanyge en ende wente wy worden dar dorch van den russen hyr auer vallen dar Jwe er' hopen myt dem woll to denckende worden vpp alle dusse hydde wy vns en antwort tho beualende vorschulden vnde vordenen wy war vns dat tho donde steyt myt hulpe des Almechtigen gades dem wy Jw vakengemelten ersambeiden In langer glucksamer wolffart gesunt tho vrystende beuelen Gescr. tor Narue am Auende Circumcisionis domini anno XIIII.

Borgermeistere vnde Radt Manne
der Stadt Narue.

In dorso: Denn Ersamen vnde vorsichtigenn Herenn Borgermeisteren vnde Radt Mannen der stadt Reuall vnsen besunderen gunstygenn Guden Frunden.

№ CCCXXXIX.

Hartich Marschede, Knecht (Aufseher) des deutschen Hofes zu Nowgorod, schreibt 1515
dem revalschen Rathe, welche Antwort der Namestnik zu Nowgorod wegen des Rückhalts der Kaufleute von Narwa durch den Hauptmann zu Iwangorod gegeben. d. d. Nowgorod, am Tage Pauli Bekehrung (25. Jan.) 1515.

Pap. Orig. mit Siegelspur im rev. RA. Vgl. die vorherg. № CCCXXXVIII vom 31. Dec. 1514.

Mynen wyllyghen Denst nu vnd tho allen thydenn Ersame Vorsichtyghenn Leuenn Herenn Ick ‖ hebbe Juwenn breff entfanghen vnd In ouer lesende wol vorstan So Juw so Juw Ersami‖heyt dar schryfft wu de Narwerschenn Juw klegheliek angebrocht hebben dat de Houetman ‖ van Iwanyghord de koplude nycht wyll öuerstedenn na dem oldenn vnd begherenn wy dar vmme sollenn vor de older lude vnd Na Meste nycken ghenn vnd gheuen enen dût vor Sus wetet Ersamenn Wysen herenn dat Ick myt den suluen de hyr nu tor tyt myt my syn sy ghewesen vor den Namestnyken vnd hebben en dat vorgeuen na Juwen schryuen Sus befft he vns dyth vor eyn antwort ggeuen He wyll Id vorschrynenn an den Houetman tho Iwanegorod dat he dem kopmann geue Ern ffrieu velighen wech tho reyse myt oren guderenn In allen LXXIII steden wor en dat boqueme is vnd Is sunder syn bowyst ghescheen dat se dar tho Iwanegorod an gheboden syn Vorder vorsichtyghenn leuenn Herenn so ghy schryuenn wy ock spreken sollenn als vmme de süne aff tho breken so sy wy dar vmme vor de olderlude ghewesenn vnd hebben dar vmme gesproken So seggben se vns wy doruen dar vmme vor den Namestnyken nycht gan Dath wyl he woll vprichtich maken So wy bogynnen to buwen Sus nycht den Ick bouele Juwen ersamheyden gode dem heren ghescreuen In dem houe tho Nougarden vp den dach sunte pawels bokeryngbe Anno XV etc.

Hartich Marschede
boues Knecht tho Nougardenn.

In dorso: Denn Ersamenn Vorsychtyghenn Wysenn Herenn Borgermeisteren vnd ratmannen der stad reuell Denstlikenn ghescbreuen.

№ CCCXL.

Des Statthalters von Narwa, Rotger von Swansbol, und des Rathes der Stadt Narwa 1515
Botschaft an (den Hauptmann von Iwangorod) Iwan Mykititz:

1) kurz nach Lichtmess (2. Febr.) 1515 wegen Beobachtung der alten Handelsverhältnisse und Gewohnheiten, die ihm auseinander gesetzt werden;

2) vom Aschtage (21. Febr.) 1515 wegen der im Namen des livländischen OM. an ihn gerichteten Anfrage, ob er sich nach dem Beifrieden, der Kreutzküssung und dem Alten verhalten wolle oder nicht.

Alte Abschrift auf einem Bogen Papier im rev. RA.

a.

Werdige Iwann mykititz de werdige here her Rotger van Swansboel de Staetholder thor Narue ock de borgermeistere vnde Radt Manne tor Narue hebben geheten dy tho seggende So alse dann Jwe here de grothfforste keyser aller Russen de Stede van dusser syth der see ock an genner syth der see begnadiget hefft vnde hefft enn gegeuen enen byfrede vppt olde vnde ock alle Koppenschupp mit allerleye ware tho kopslagende vppt olde So was dyt dat olde Wanner des groth fforstenn syne koplude thor Narue quemen myt erer ware vnde wolden na reuall offte In ellike andere stede theen vnde ene dan quam tor Narue In de mothe een ouersehes kopman off vth den lyfflendesschen steden vnde so dan des grothfforsten kopman tor Narue kopslagede dat leuerden den des grotfforstenn kopman do vpp vnser waghe vnde ontfenck ock wedder vnses kopmannes ware vpp vnser waghe Dem geliken quam vnse kopman thor Narue vnde wolde na nouwerden wesenn. motede em dan tor narue des grothfforstenn kopman dar he mede kopslagedeu so ontfenck ock des grothfforsten kopman ock tholeuerde he vpp vnser waghe thor Narue de nycht tor narue kopslagen woldenn de togenn war idt en beleuede dess grothfforsten koplude Inn vnse stede de vnsenn In des grotfforsten vedderlicke Erue to grote nouwerden Dar entegen deystu Iwane mykititz dw vorkortest denn vrede vnde vorstrouwest dat olde als vnse kopman nw myt des grotfforsten kopmanne tor Narue na dem olden kopslaget So mach des grothfforsten kopman vnsem kopmanne vpp vnser wage na dem olden nycht tho leueren vnde dw dryngest vnsem kopman dar tho dat he sall komen vpp Iwanegoroth vnde ontfangen dar vpp Jwer waghe vnde dar en is dat olde nycht de dutsche kopmanne secht dar also tho vth der begnadinge des grothfforsten wyllen se nycht tredenn se wyllen kopslagen na dem cruce breue vpp dat olde In allen lyfflandesschen steden myt des grothfforsten kopluden vnde ock In dess grothfforsten vaderlicke Erue tho groten Nouwerden vnde sus nycht vpp genen by slotenn se hebben vann anbegynne dat Iwanegoroth gestann hefft vpp Iwanegoroth nycht gekopeslaget so wyllen se ock nw dar nycht kope slagenn besunder so ere older vadere grote vedere vnde ock ere vedere gekopslaget hebben so wyllen se noch kopslagenn So is de werdige here her Rotger van swansboel myt den borgermeisteren vnde dem Rade tor Narue bogerende dw deme Krutze breue genoch doen wuldest vnde dat nycht wuldest vorhinderen off en kopman dem anderen thor Narue mothede dat de kopman en dem anderen na dem olden leueren mochte

Vorder hefft dy de werdige here her Rotger van Swansboel vnde de borgermeistere ock de Radtmanne tor Narue vorhen seggen latenn vnde laten dy noch seggenn Alle de koplude des grotfforsten de tor Narue na dem Crutze breue vnde na dem olden myth eren guderen komenn vnde bogerende wordenn den wech na Ryge dorpte ock Reuall den sall de wech reyn syn tho theende In alle lyfflandeschen steden na dem olden de ock myth eren guderen thor Narue vpp dat olde nycht eue komen den sall ock de wech na dem olden nycht gegunt werden De werdige here her rotger van swansboel ock de borgermeistere syn bogerende dat dw dem krutze breff genoch doyst dem gelicken wyllen se alle tydt gerne wedder vmme doen vnde holden myth malckanderen gude naberschupp van beyden parteen na dem byfrede breue vnde na der krutzkussinghe ane behendicheit

Item dusse bodeschupp gynck auer kort na lichtmyssen anno XV.

b.

Werdige Iwane mykititz de werdige here her Rotger van Swansboel de Statholder thor Narue vnde de borgormeistere ock de Radt Manne thor Narue hebben bouahen dy tho seggende de hochwerdige vnde groth mechtige vnse Goedige Here fforste Wolter vann Plettenberghe Meister tho lyfflande befft dem werdigen Heren Vagede thor Narue gescr. wo dat dess dorchluchtigen groten Heren keysers Maximilianus baden van dem grothfforstenn keyser aller Russen an vnsen gnedigenn Heren Meister gekomen syn myth sampt den baden Jwes Herenn des grothfforstenn de dan vnsem gnedigen heren Ingebracht hebbenn In der tydt also se van Reuall thogenn ann den grotfforstenn hebben de koplude der dutschen stede ene tho Irkennende gegeuen wo du Houetman van Iwanegoroth den vrede des grothfforstenn den he den dutzen stedenn gegeuenn hefft vorkortest so dat du vnsem dutschenn kopman dar tho dwyngest wanner de ene kopman dem anderen thor Narue mothen vnde dar kopslagenn so dwyngestu de vnsen sollen komen vnde ontfangen van Jwer wage vpp Iwanegoroth dat dat olde nycht en is dar de grothfforste den baden des keysers tho geantwordet hefft allent dat he de dutschen stede mede begnadiget hefft dar wyl he se nycht anne vorkorten vnde hefft ock de synen begnadigeth vnde vororloueth dat se ere gudere mogen affleggen vorkopen vnde tholeueren In allenn lyfflandesschen steden na dem oldenn Dar ontegen hefstu gedan beth ann dusse tydt, deyst gewalt dem Crutze breue vnde neen recht So is de Hochwerdige vnde grothmechtige vnse gnedige here Meister bogerende des van dy en antworth off dw ock den gemakeden Vrede des grotfforsten den syne Stadtholdere na gebete vnde bouele des grothfforstenn myt den baden der dutzen stede gemaket hebben ock In dem artikel holden wult offte nycht dat de vue dem anderen thor Narue na dem olden leueren mocht So is vnse werdige Here de Vageth myth dem borgermeisterenn vnde Radt Mannen tor Narue bogeren gelick vorher vmme dusser suluen sake boghert hebben Dw myt en guden vrede vnde gude naberschupp holdenn wuldest vnde laten vnsen dutschen kopman vngedwungen wente se vth dem oldenn nycht treden wyllen wy wyllen vns alle tydt ock wedder geborliken tegen Jw holdenn na dem by vrede breue vnde na der krutzkussinghe vnde na dem oldenn.

Item dusse badeschupp gynck auer vp assche dach anno XV.

№ CCCXLI.

Der HM. ersucht den EB. von Riga, den Frieden mit dem Grossfürsten von Russland zu erhalten, weil die Zwietracht mit demselben den Unterhandlungen des Kaisers zum Besten des Ordens schädlich sein würde, d. d. am Montag nach Reminiscere (5. März) 1515. *D.* 1515

Abschrift im GA. zu Kgsbg.; Abdruck in dem Suppl. ad hist. Russiae monum. p. 364, № CXLIX. Vgl. Index № 2683.

№ CCCXLII.

Derselbe benachrichtigt den livländischen OM., dass die von Moskau zurückkehrenden Gesandten des Kaisers das sichere Geleit vom Hauptmann auf Marienburg erhalten haben, und überschickt ihm auf ihr Anrathen ein Schreiben an den Grossfürsten zur weitern Beförderung, d. d. am Freitag nach Oculi (16. März) 1515. *D.* 1515

Abschrift im GA. zu Kgsbg.; Abdruck in dem Suppl. etc. p. 365, № CL. Vgl. Index № 2687.

№ CCCXLIII.

1515 Der Rath der Stadt Narwa entschuldigt sich bei dem der Stadt Reval, dass er, was die Hansestädte mit Mühe und Geldaufwand zum Handelsvortheil erlanget, sollte haben verfallen lassen, und wie er ungeachtet aller Bemühung vom Hauptmanne zu Iwangorod keine Antwort wegen seiner Eigenmächtigkeiten gegen die Kaufleute erlangen könne, d. d. Narwa, Mittewochen nach Lätare (21. März) 1515.

Pap. Orig. mit dem unter einer Papierscheibe aufgedrückten weissen Wachssiegel im rev. RA.

Vnsenn fruntelicken groth myth vormoghe alles gudenn tho vorenn Ersamen vorsich|tige herenn vnde guden frunde Jwer Er' breue twe kort outfangen dar wy Jwer Er' bethe her tho geen antwort hebben konen scr. De erste breef begryppt also wes Jwe ersamht|vnde de stede der dutschen hense dorch moye vnde grote gelt spyllinge togude makeden dat sulue vorflomeden wy wedder etc. Sus leuen heren vnde guden frunde de Jwer Er' sulckent vorgebracht hefft de hefft Jwer Er' vnrecht vorgebracht vnde de warheit dar ane gesparet wente wy bethe her tho myth allem flythe dar na gearbeydet hebbenn dat de koppenschupp enen vortganck hebben mochte na dem oldenn besunder kondent dar henn nycht bringen Vorder So Jwer Er' In dem anderen breue bogheret wy vnses Rades Borgermeister Her ffrederick korne myt etlicken anderen vnses rades lethmaten dar tho vellich auer senden solden an den Houetman vpp Iwanegoroth tho sprekende vnd de kopenschupp dat alle dynck na dem oldenn geholdenn mochte werdenn etc. Dem is so gescheen tho velen male vnde de houet man hefft vns bethe her tho all myt lossen worden vpp geholdenn dat wy geen antwort van em krygen konden. Sus bogerede hee de werue Inn schryfften beyde vpp Dutz vnde vpp rusch vnde wy hebben em na synen wyllen de werue so vorberort schryfftlicken laten werden Do lauede he vns en kort antwort dar na tho geuen. Sus sande wy do tho velen male tho em vnme dat antwort men wy ene kondent van em nycht erlangen lut lateste dorch vnse vele bosendige ontboedt he vns tho he hedde tho donde myth dess grothfforstenn saakenn he ene kunde vnser nycht wachten wan he motych were so wolde he vns dat antwort In der Stadt tho ontbeden latenn wy ene solden dar nycht mher vmme senden also dat wy vann em geen antwort vormodende syn vnde so Jw er' doch Int lateste en antwort offte affscheit gedencket tho erlangen So vormoden wy vns dat Jw er' dat wyder besoken mothe latenn wente myth dussen houetman en is nycht tho handelende noch geen affscheet steyt van em tho koygenn hyr mach Jwe Er' vorder myt dem besten tho trachten wes wy sus Jwer Er' tho wolgeualle doen konenn wylle wy geneget befunden werden Hyr mede gade lange gesunt vnde sellich boualen Gegeuen thor Narue am mydweken na letare Jherusalem Anno etc. XV.

Borgermeistere vnde Radt Manne
der Stadt Narue.

In dorso: Denn Ersamenn vnde vorsichtigenn Herenn Borgermeisterenn vnde Radt Mannen der Stadt Reual vnsenn besunderen gunstigen guden frunden.

№ CCCXLIV.

Die Kaufleute zu Nowgorod schreiben dem Rathe zu Reval von der Nothwendigkeit, die 1515
Kirche unter Dach zu bringen, weil sonst die Gewölbe einfallen möchten, von den Han-
delsbedrückungen des Hauptmanns zu Iwangorod, und wie ihnen von guten Freunden und
den Obersten zu Nowgorod gerathen worden, zu bewirken, dass wegen der Handelsbe-
nachtheiligungen und der Neuerungen durch den Rath zu Reval und Dorpat direct an den
Grossfürsten geschrieben würde: weil sonst keine Aenderung zu erwarten, d. d. Nowgorod, auf unser lieben Frauen Botschaft (25. März) 1515.

Pap. Orig. mit dem unter einer Papierscheibe in grün Wachs gedrückten kleinen Siegel, ein Monogramm darstellend, im rev. RA.

Vnnsenn fruntlikenn groth stedes tho vorenn Ersamen vorsichtygen Wysenn Herenn wy doen Juwer Ersamheit wytlick dat It sere (se°) van Nöden Is de kerke vnder Dakes tho brynghenn wenthe steyt sie noch So Eyn korte tyd so Is It tho befruchtende dat de Welffte warden In fallen dat dann Eynenn grotteren Schadenn worde Iman brynghenn So Is vnse fruntlike bede tho Juwer Ersamen Wisheit dat gby hyr Inne denn bestenn wyllenn tho vordacht synn myd dem Ersamen rade van Dorpte dar et ock So an vorschreuen Is Vorder Ersamen Herenn De höuet Mann vp Iwanegorod de holt vnse göder ann So wy wyllen Int lant vnd ock wedder vt dem lande vnd he wyll gyffte vnd gaue vann vns hebbenn dat danne de vnsen hebbenn motheun ghenen woldenn se anders van dar wesen Vorsichtighen wysen heren Juwer Ersamheit kan woll aff nemen wat hyr van vp de lengede enstan mach Vorder Ersamen Wysenn hereon vns Is geraden vann ghuden frunden vnd van den vppersten van Nouwerden dat wy vnse gebreke vnd de nyeun ghefunde de Se vns vp leggenn dat vann oldynghes nycht gewest Is dat Juw Ersam Wisheit myt dem Ersam Rade vann Dorppte wyllenn dusse dynghe vorvorderen an den grotforsten vnnd nycht an de stadholders vann Nouwerden wo dem So nychten geschüt worde wy des anders gheynen wandel kryghenn Dar Juw Ersam heyt woll tho trachtende wart med den besten Sus nicht mer danne wy benelen Juwe Ersam Wisheiden gode dem heren In langher wollfart geschreuen Ion Nouwerden vp vnser leuen frouwen bodeschop anno XV.

De kopman tho Nouwerden
nu tor tyd.

In dorso: Denn Ersamen Vorsichtighenn Wysenn herenn borgermeysteren vnd ratmannenn der stad reuell fruntliken geschreuenn.

№ CCCXLV.

Die Kaufleute zu Nowgorod danken dem dorptschen Rath für den ihnen zugesandten 1515
Priester, den sie sobald sie konnten, wieder abgefertigt; melden ihm, dass von den nowgorodschen Hauptleuten keine Antwort auf den Brief des Raths zu erlangen sei, und
bitten, dafür zu sorgen, dass die Kirche unter Dach kommen möge, d. d. Nowgorod,
Freitag nach St. Marcus (27. Apr.) 1515.

Pap. Orig. mit aufgedrucktem kleinem Wachssiegel im rev. RA.

Vnseen vruntliken grut stedes to voren Ersamenn vn vorsichtigen ‖ wissen heren sunderges .u wette wy Jwer Ersamheyt nicht to schriuen ‖ de denn wy bedancken Jwer Ersamenheyden hochlickenn vor den ‖ prester gi vns gesant hebbenn so hebbe wy ene wedder vmme geferdyghet dat erste wy mochten vnde em synen willen gemacket dat he vns nicht mys danckend wert foder vorsychtige wissenn heren denn breff gi hyr schreuen an de houet lude thu nouwerden dar hebbe wy gen antwort vp erlanghen moghenn macket se des grot ffosten sacke so felle to donde hebbenn dat se vns kein antwort dar vp geuen offte schriuen konnen foder vorsichtighen vnd wissen heren wilt hyr mit den besten to vor dacht syn dat de kercke mochte vnder dackes kamen des ser van noden is sus nicht den wy beuellen Jwer Ersamcheit gade deme heren geschreuen In Nouwerden des fridages na sunte Marckus etc. XV^c^XV.

De kopman tho Nouwerden
nu tor tyt.

In dorso: Denn Ersamen vnd vorsychtighen wissen heren borger Mester vnd rat mannen der stat Dorptte fruntliken geschreuen.

№ CCCXLVI.

1515 Des Hauptmanns zu Iwangorod Erklärung gegen die Narwaschen in Absicht der gegenseitigen Handelsverhältnisse, und was unter dem Alten zu verstehen, wornach Alles gehalten werden solle, mit den Gegenerklärungen der Narwaschen, d. d. Dominica Cantate (6. Mai) 1515.

Gleichzeitige Abschrift im rev. RA.

Anno XV dominica Cantate hefft de houetman van Iwanegoroth her ffrederick korne In antworde gegeuen vpp de kopenschup vnd sprack aldus De koplude des grothfforsteen van nouwerden ock van pleskou sollen alle ere gudere dale leggen vp Iwanegoroth vnde sollen sick my bowysen alse dan hebben se van my orloff tho reysende In de Narue vnde dar myt Jwen Dutschen tho kopslagenn vnde alle de In de Narue kopslagen de sollen den Jwen alle wychtige ware leueren vp Iwanegoroth vnde de vnssen sollen wedder ontfangen tor Narue van Jwer wage na dem olden vnde alle de na Reual van den vnsen by sommer Daghe theen wyllen dat sy nouwerder offte plesskouwer de sollen ere gudere van Iwanegoroth aff schepen de narue vorby In de schepe vnde so mede na reuall lopen vun Isset dat Jemant auer laodt myt wasse na reuall wyll vnde kumpt eme en dutsch kopman tor narue tho motthe off vader wegen vnde kopslagen tho hope so mach de russe den dutschen vpp der naruesschen wage tho leueren besunder so dar en russe were vnde neme van my orloff dat he myt synen guderen na reuall syn wolde vnde brochte also syn gudt In de narue vnde doch nycht ene mende na reuall tho theende allene myt solcker behendicheit wolde tor Narue kopslagen so ick den vorfore den wolde ick straffen dat late ick nycht tho, Dar tho geantwordet wort de Grothfforst hadde den stede vp dat olde den frede gegeuen vnde dat plach dat olde to wesende dat de pleskouwers myt eren loddyen thom Valle quemen vnde vorden ere gudere In de Stadt funden se dar tor narue nenen kopman na erem wyllen so hadden se eren vryen veligen wech na reual tho theende tho water vnde to lande Dem gelicken de koplude van nouwerden leden ere loddyen an de naruessche syde vnde voreden ere gudere In de stat narue funden de ock neuen kopman na erem wyllen so mochten se theen In alle lyfflandessche stede war se wolden by dem suluen olden wyllen noch de koplude der LXX stede blyuen vnde wyllen nycht treden vth der begnadinge des grotfforsten vnde vth dem cruce breue wente se nw van anbegynne vp Iwanegoroth ontfangen hebben besunder wy naruesschen hebben idt dem kopman van beiden parten tho wyllen gedan dat se mochten to kopslagende komen vnde szo dat was ontfangen dar nw tho sprekende koplude der LXX stede nw se de grothfforste myt eren vrede na dem olden begnadiget hefft so wyllen se syn vaderlicke erue na dem olden bruken grote nouwerden vnde sus gene andere bystede. Dar vpp de houetman antworde dat was do er Iwanegoroth do was hyr en kleen dorp dat en gudt man nycht hadde syn perth war an tho byndende offt en nacht leger offte broth tho kopende tho ener maltydt gelauet sy got de Grothfforste hefft laten buwen ene Stadt In synem namen de wyl he vinnen Jwen wyllen nycht aff beten breken allent dat gescheen is de wyle Iwanegoroth gestan hefft dat is dat olde vnde dat wyll de grotfforste vor dat olde geholden hebben na deme gy do vpp vnser wage ontfangen hebben so sulle gy dat ock nw doen allent auer V Jare gescheen is dat is dat olde dar wylle wy ock nycht aff treden vnde mach ock nycht anders gescheen ick bogere nycht dat de Jwen ere gudere sullen bryngen vp Iwanegoroth besunder na dem olden sollen se kopslagen so se gedan hebben de wyle Iwanegoroth gestan hefft gy sollen ontfangen van des grotfforsten wage vpp Iwanegoroth alle wychtige ware vnde des grothforsten koplude sollen wedder alle wychtige ware ontfangen vp der naruesschen wage de tor narue kopslagen so synt vnde blyuen by gelicke beyde stede vnde synt beyde sat vnde suuerlick Dar vp geantwordet wort dyt wyll vnse werdige here de Staetholder tor narue vnde de Borgermeistere vnde radt manne tor narue also vorser. an den Hochwerdigen grotmechtygen vnsen gnedigen heren dem Meister vnde ock an de stede wes vns bogegent dat wylle wy dy ane antwort nycht inthelden, dar de houetman wedder tho antworde Dat moge gy doen dyt mach vnde sal anders nycht gescheen dan als ick gespraken hebbe.

№ CCCXLVII.

Der dörptsche Rath bittet den Revalschen, bei Uebersendung eines Briefes der Kaufleute zu Nowgorod, dafür sorgen zu wollen, dass zum Decken der Kirche (in Nowgorod) die Steine von Reval durch die Newa nach Nowgorod gesandt werden möchten, d. d. Dorpat, Donnerstag in den Pfingsten (31. Mai) 1515. 1515

Pap. Orig. mit dem aufgedruckten kleinern Stadtsiegel im rev. RA.

Vnnszenn fruntlikenn gruth meth thouendge aller Wolfart stedes thouorenn Erszame vorsichtige ‖ wisze herrenn gonstige gude frunde Der Copman van Nougarden heth vns disszenn vorslatenen breff gesanth ‖ Biddenn sinth wie denn stein hir nicht sin thobekamen Noch bequemligen van hir aftosenden gie willenn ‖ Jw hirynne beflitigenn deth die kercke tho decken die steyne vth Jwer Stadt dorch die Nuhe tegen Neugarden kamen mogenn Gade helpende dem wie Jwe E. gade gesunth thoentholdende bephelenn Geuen Derpthe Donnerdages in den pinxstenn Anno etc. XV.

Borgermeister vnd Rathmanne
Der Stadt Derpthe.

In dorso: Denn Erszamenn Vorsichtigenn Vnnd Wiszenn herrenn Borgermeisternn Vnnd Rathmannen der Stadt Reuell vnnsen gunstigen guden frunden.

№ CCCXLVIII.

1515 Der Rath zu Narwa ersucht den der Stadt Reval, über Land ziehende russische Kaufleute nicht ohne reitende Geleitsmänner, die immer bei ihnen zu bleiben haben, aus der Stadt zu lassen, d. d. Narwa, am Tage decem millium militum (22. Jun.) 1515.

Pap. Orig. mit dem unter einer Papierscheibe in gelb Wachs aufgedruckten Secret der Stadt, zeigend einen Fisch und die Umschrift SECRETVM CIVITATIS NARWIE, im rev. RA.

Vnseen fruntelickenn Groth myth allem vormoghe tho vorenn Ersamen vorsichtigen ‖ leuenn Hereen vnde gudenn Frunde fogenn Jwenn Ersambeiden fruntelickenn ‖ tho wetenn wo dat etlicke gude Manne vns tho erkennende gedann hebben dat enn ‖ kortlick vpp dem reuelschen weghe van Jwer Er' Stadt mothedeo vnde na der Narue reyseden etlicke Russenn sunder leitsagen den se dann by erem gude gelaten hadden vnde werenn woll ene myle weges vor vth geredeo van ereon guderen vnde ock van den leytsagenn vnde so dusse gude manne nycht tho mathen gekomen werenn hedden se etlicke anderenn tho grotem vngeualle bracht velichte lyff vnde gudt benamen dar dorch grote moye vordreeth vnde vngeualle entstann hedde wente wan se ere gudere vpp de kare leggen so nemen se desuluyge forlude vor leitsagen vnde wen se dann vth der Stadt komen so ryden de russen vor henn vnde de vorlude konen dann by enn nycht duren Hyr vmme is vnse anderbtige bede vnde bogher Jwe Er' myth dem besten hyr tho trachtenn wolden vnde genen Russenn vth Jwer Stadt stedenn sunder rydende leitsagenn ock denn suluygen ernstelickenn bouelen se by denn Russenn stedes to blyuende Dem gelickenn wille wy hyr ock doen vpp dat moye vnde vordreeth vnde ander vngelucke dar dorch vormeden mochte werdenn vordenena vnde vorschulden wy gerne alle tydt an Jwe Er' wedder vmme war vns dat geborenn mochte de wy ock gade Almechtich lange gesunt vnde sellich tho vristende bouelenn Geg. tor Narue am dage Decem Milium militum Anno etc. XV.

Borgermeistere vnde Radt Manne
der Stadt Narue.

In dorso: Denn Ersamenn vnde vorsichtigenn Herenn Borgermeisterenn vnde Radt Mannen der Stadt Reuall vnseon besunderenn Gunstigenn guden frunden.

№ CCCXLIX.

1515 OM. Wolter von Plettenberg überschickt dem HM., Markgrafen Albrecht, die Antwort des Grossfürsten von der Moskau, d. d. Moskau, den 22. Mai 7023, worin derselbe sich mit Albrecht wider den König von Polen verbindet, sowohl im russischen Original, als in deutscher Uebersetzung, d. d. Burtnick, am Tage Jacobi (25. Jul.) 1515.

Orig. im GA. zu Kgsbg. Vgl. Index № 2693.

Hochwirdigeste Durchleuchtige Hochgeborno Furste, vnnsernn pflichtigen gehorssam vnnd vnnsers vormogenns willighe dinsthe sseinn Euren Furstliche gnaden stetts vor ann bereith Genedigher Herre vnnd Oberste auf Eur. F. G. Schriffte Ane deme Grosfurstenn inn Reusszenn gethon die wir durch vnsernn Bothenn Gertt Ringenbergk Eur. g. zu gefallenn eyn geschickt, seynn vnss disse eynvorslossne anthwordt widerumb zu ghefertigth, Es haben Eur. f. g. Inn Irem schriebenn vonss anghemuett, vnnsernn Bothen weiter zu bouelhenn die anthwordt auff Latein ader Teutts, auss der Canntslie des Grosfurstenn furdernn vnnd beiseehenn solle, welchen Euern g. Bogerte wir ghehorsamlich gnugk getboenn, Aber de wiele, sy Inn Irenn Lande auff Irenn altbenn Sittheenn vnnd gewonthenn vorhardett dor vann sie stoilttakeith halbenn nicht zu Brenghenn, bott der bothe die anthwordt nicht anders dann auf Reussisch nach gewonth Irer Cantslye konnenn Irlanghen, vnnd auss deme Selbighenn Eur. g. bogertt wy oben berurtth haben wir Mangell vnnd nicht anders kunnen abenemhen Eur. g. nimanndes der sulchs Reusisch kunne Teuttzsschen vnnd auss settzenn bie Irenn g. habe, Der halbenn wir Eur. g. breff durch vnsernn hemlichenn geswornenn vnnd Getruenn Tolmetzenn habenn lassen teuttaschen vnnd inn aller mossenn vonn worthenn zu worthenn wie der Selb vormagk vnnd eynn helth, Losszenn auss Settzenn, Inn vngetzweinelter Hoffnunghe Euer F. g. disz gefallenn keynn vordriessen vnnd wir bie der tselbigenn Irenn g. keyne vngnade der mossen Irlangt, die wiele wirs im bestenn ghetonn, vnnd das disser breff sso lannghe bie vnns vorweileth vnnd vortzogenn, hath keyne ander vrsache wir vnsernn gheswornenn Tolmetzenn nicht zur Stelle bei vnns gehabth, wie woll wir mher tolmetzenn vnnd anderen die der Sproche vnnd schrifft irfarenn bie vnns habenn, Dennoch vmb vrsachen die Eur. g. abzunemen, vonn denn selbigenn nicht willenn denn brieff Teuttzschen lossenn, Wir habenn Eur. f. g. auff diessmael keine tzietunghe zu irinrenn, dann das dess Grossfurstenn leuthe widerumb vur III wochen vngeferlich vur Plosskow gewessenn myth Roube Brande auch wegkforunghe ettzlicher pferde nemptlig III^c schadenn gethann vnd der Reusszen seynn XV tausent gewessenn, Es haben de Littesschenn Herren Ire folck auch zu felde gehabtt, ab vnnd ann getzogenn, vnnd auch mytteynander sich zu ssanmde geslagenn, Diss alles ist vann Kauffleuthen ann denn Cumpthur zu Duneborgk vnnd vom Kumpthur weiter ann vnnss ghelangeth, kunnenn Euernn f. g. auss Swermotigheit auch nicht bergenn dissze arme Lande myth der grussame pflage der pestilentzie gar swerlich vmb gebenn, vnnd sich auff allenn Orttern vurbredt, dass wir der halbenn, vann wendenn vnnss auss bodencklicher noth habenn muessenn begehenn, God der almechtige myth syner Hochgebenedeyter mutter gebe vnss diss besszerunge vnnd wandell, wollenn Eure f. g. als vnsern g. H. demodigs fleiss habenn gebethenn wo tzeitunghe vorhanden de vnnss muglich zu wisszenn were, Eur. g. vnss de wolle myth deilen, dan wir nicht kleinenn vorlanghenn, vnsers Ordenns gelegenheit godt gebe zu wollfarenn tragenn, das wollenn wyr mith vnsernn vnderthenigen willighenn gehorssam vnnd geflissenn deinstenn vmb Eur. f. g. wir deme almechtigenn inn hogenn herschenden Regiment zu geluckseligo tzeidenn zugefristenn bouelhenn ghehorssamichlig vordienen, Gegeuen inn Lyfflandt auff vnsers Ordens Hausse Burtnick am taghe Jacobi apostoli Anno domini XV^c vnnd XV

Wolther vonn Plettenberghe
Teuttzschs Ordenns Meister zu Lyfflanndt.

Die in dem vorstehenden Schreiben erwähnte Uebersetzung des ebenfalls im GA. zu Kgsbg. beiliegenden, aber nicht copirten russischen Originalbriefes mit des Grossfürsten Wasiljewitsch Secret versehen, lautet, wie folgt:

Vonn dem Grothenn Herschope wassilienn vonn gods gnadenn keysser herscher vnnd Grothfurstenn tho Wolodimer, Muskow, Naugardenn, Pleskow, Smolensk, Othuerienn, Jugorsky, Peremsky, Wethsky, Bolgorsky, vnnd aonderer, ock eynn Herssceher ouer alle Russzen vnnd Grothfurste der nedder lannde tho syde Naugardenn Cernichow, Resami, Wolotecky, Irssewsky, Belsky, Rostowsky, Jaroslawsky, Belasszensky, Wdorsky, Obdorsky, Koondynsky, vnnd annderer.

Irluchtigester Albrecht Hoemeister Inn Prusszenn Marckgraue tho Branndennborgh eynn forste tho pomerenn kassubenn vnnd der Wenden vnnd Borchgraue tho Norennbergk, beuest vnns dynenn breyff gesanth by eynem Duthsschenn, Gerde, vnnd schryffst vnns inn dynem breue, dath myth dy gereth hebbenn vnnssers Broders des Edelstenn Maximilianus des erweldenn Romesschenn keysers vnnd hogestenn konnyges badenn, Doctor Jacob vnnd Mauricius, dath wy vnnsse guthdaeth vnnd begnadunge ouer dy holdenn wyllenn, des du vnns grothlick beylsam bedanckest, vnnd wyllest vnns guthlick myth grotherer thonegunge orenn deynst kundich makenn, vnnd vnns ane tydunge vann vnnssem vyannde deme konnyghe tho Polenn vnuorwythliket nicht holdenn, beuest ock nygelynges vnns geschreuenn vann vnssem Broder Maximiliano dem Erweldenn Romesschenn keysser vnnd hogestenn konnyghe, vnnd ock tydinge vonn vnnssem vyannde dem konnyghe tho Polenn dar dostu woll ann, dath du vnnsse ssake vorbodest, vnnd wes dar nach vann tydunghe vorlopet wyllest vnns vnuorwytliketh nicht latenn, vnnd wyllest vnus vorthann guthdedich myth groter thonegunge orenn deinst kundich makenn, ock vme tydunghe vonn vnnssem vyannde deme konnyghe tho Polenn allennth balnenn wyllest vnuorwytliketh nicht latenn, So wylle wy vnnsse guthdaeth vnnd begnadunge holdenn, Ock hefft tho vnns gesannth vnnsse Broder Maximilian de Erwelde Romessche keysser vnnd hogeste konnick syne badenn, vnnd hebbet vnns vonn syneuth wegen geworuen, dath vnnsse vyannth Sygismunth de konnick tho Polenn eme vnnd alle dem duthschenn ordenn groeth vorecht gedann hefft, aldermeist de Prusschenn Slothe vnnd Stede Ingenomenn vnnd besittelh myth vorerbte, So wyll he myth vnssem vnnd synem vyande dem konnighe tho Polenn vnnsse vnnd syne sake inn enegunghe forderenn semptlikenn vor enenn man vnnd wy sollenn der gelickenn myth eme semptlikenn vonn dem vyannde konnighe tho Polenn vnnsse vnnd syne sake forderenn ock inn enegunge vor enen man. De sulfftigenn baden Jacob vnnd Mauricius hebbet vnns syuenth baluenn geworuen dath gy vnssem Broder konnighe Maximiliano semptlikenn myth vnnssem vnnd synem vyannde dem konnighe tho Polenn vnnsse vnnd syne sake forderenn wyllenn vor enen man, alsse wy dann begunth hebbenn myth vnnssem vnnd vnnssers broders vyannde, myth dem konnighe tho Polenn vnnsse sake tho forderenn dem wy dann alsso donn, Ock wylle vorthann myth gades hulpe vonssenn vnnd vnnsers broders Maximilians des Erwelden Romesschenn Keyssers vnnd hogestenn konniges vyande dem konnighe tho Polenn semptlikenn vnnsse ssake forderenn Inn erwegunghe, vnnd wyllest der gelikenn myth vnns vnnd vnssem Broder Maximiliano dem Erweldenn Romesschenn Keysser vnssem Vyanth dem konnighe tho Polenn de sake forderenn semptlikenn vor enenn mann Geschreuenn Inn vnnsser Herschopye vp vnnssem Slotte thor Musskow Im seuendusenstenn vnnd dre vnnd twintigestenn des twe vnnd twintigestenn dages inn dem meye

Addresse: Deme Irleuchtigestenn Albrechte Hoemeister tho Prusszenn Marckgrauen Tho Branndennborgh Furstenn tho Pumern Cassubenn vnnd der Wenndenn Borchgrauenn tho Norennbergh.

Anm.: Das Siegel des Grossfürsten zeigt den heiligen Georg, unbedeckten Hauptes, aber mit Flügeln, zu Pferde, den Lindwurm stechend, mit der hier von dem Abschreiber vielleicht nicht ganz richtig aufgefassten Umschrift: ICIOHROMOOIИTIBCEN . CHEЄMIЯ-ИSИSRAIIACIЯ *

№ CCCL.

Der Rath der Stadt Narwa giebt dem der Stadt Reval, — bei Erwähnung des ihm von 1515
diesem gemachten Vorwurfes, als habe er selbst durch Verweigerung des freien Weges der Russen und grosse Weitläuftigkeiten bei der Ausfuhr den Hauptmann von Iwangorod zu dem Verbote, dass kein Russe nach Narwa kommen solle, veranlasst, — Nachricht von einem neuerdings erlassenen grossfürstlichen Befehl: es solle kein Nowgoroder noch Pleskower nach Narwa zum Handel kommen, sondern nach Reval gehen; und bittet denselben um Gegenmittel, damit Narwa nicht seine Nahrung verliere, d. d. Narwa, am Tage Jacobi (25. Jul.) 1515.

Pap. Orig. mit dem Secret der Stadt Narwa im rev. RA.

Vnsenn fruntlickenn groth myt vormoghe alles gudenn tho vorenn Ersamen vorsichtigenn ‖ leuenn herenn vnde gudenn Frunde als wy dann Jwer Er' woll ermals geschreuenn ‖ hebbenn wo dat de houetmann vann Iwanegoroth vorbadenn hadde dat de russenn gener- ‖ leye wyss tho vns soldenn komen myth erenn guderenn ock nycht tho leuerenn vpp vnser wage etc. dar Jwe Er' vns wedder vmme vpp schreeff dat de orsprunck van vns her queme als dar wy den russenn nicht gunnen woldenn erenn vryenn veligenn wech na reuall ock myth der vthfoer myth veler vmbstendicheit is nicht noth tho vorhalenn etc. Sus ersamen leuen herenn vnde gudenn frunde fogenn Jwer Er' fruntelicken tho weten dat de houetmann vpp Iwanegoroth nw vppt nye en both dess grothfforstenn gedann hefft dat noch nouwerder offte plesskouwer tho vns komen maghen myt erenn gudern myth vns tho handellende tho kopen vnde tho vorkopenn besunder sollen all vorby theen na Reuall vnde wy hebbenn Enn denn wech hethe her tho gegundt tho water vnde tho lande vnde noch gunnende werdenn besunder so dat lange durenn solde dat se all tho male vorby thogenn vnde nemant myt vns mocht handelen offte kopslagenn wat dar vth ontstan wolde kan Jwe Er' woll affnemen vnde so Jwe Er' hyr gene Remedia Inne vyndende worden als wy nycht ene hapen mosten als dann dar myth dem besten tho trachtenn wo vnde Inn wat wyse wy thor nerynge mochte komenn hebben woll vorstan vth vorschryfften sunderlickenn ock vann vnses rades borgermeister her Johann bussynge Jwe Er' geneget is hyr vmme tho sendende vnde kouen nycht ersporenn wanner Jo idt langer steyt Jo idt hyr myth vns slymmer werth de halue sommer myt dem wintere is vns ontgangen ane neryngе vnde befruchtenn vns noch lenck ane neryngе sytten moten der haluen is vnse fruntelicke bede Jwe Er' vns doch egentlick houalenn wolden In wo lange offte korter tydt Jwe Er' dar vmme sendende werth wy weten mochten vns war na tho richten Jwe vaken gedachte Er' wy ghade almechtigen lange gesunt tho vristende houelen gescr. tor narue am daghe Jacobi anno etc. XV.

Borgermeistere vnde Radt Manne
der Stadt Narue.

In dorso: Denn Ersamenn vnde vorsichtigenn Herenn Borgermeisterenn vnde Radt Mannen der Stadt Reuall vnsenn besunderen gunstigen gudenn Frundenn.

№ CCCLI.

1515 Beschwerliches Schreiben (des Rathes zu Reval) an den Grossfürstenn von Russland über die Eingriffe des Hauptmanns von Iwangorod in den freien Handel zu Narwa, d. d. die laurentii (10. Aug.) 1515.

Concept auf Papier im rev. RA.; es ist sehr schlecht geschrieben und seine Entzifferung hat nicht wenig Mühe gemacht.

Durchluchtigheste hochgheboren forste keysser aller russzen goedighe her Nach erbedinghe vonsses grutes dyner key. ma' boherlich voghe wy der soluest ghutlich to weten Szo dann dyne key. ma' de LXXIII stede vnd einen kopman myt enem frede vppet Nye In dynem vaderliken erue to groten Nowgharden Na deme olden to kopslaghende bogoadighet heft Des wy der soluesten Diner ma' .. aller mathe bodancken, hefft zick ones bogheuen van der tidt an alsso zodane frede dorch beyde parte is bokusset gheworden bette an disszen dach des wy vns myt alle nycht vorhapet hadden, dat Dyner Ma' bouetmann vp Iwaneghord den kopmann beyde russzes vnnd dudes de vth russzlandt na der Narue to reyszende gheeynnet is vnnd weddervmme nycht wil vor by staden yfte reyszen laten zunder wort dorch em baven rede vnnd recht myt synem ghode an wassze vnnd anderer ware vth der Nv bette Iwaneghord myt ghewaldt ghehalet, anghebolden ghetonet vnnd zyn ghut dar af to legghen ghedrunghen Dat solueste ghescbuth Jeghen Dyner key. ma' bokusseden frede vnd is Jeghen dat olde vnnd olde loflike herkomst dar wy nycht van ghetreden hebbenn yfte mogben zunder In dem frede alle dinck na deme olden to brukende vns bolauet is, dat de bouetman vp Iwaneghorde nycht boldt yfte holden wil zunder dyne key. ma' vnd einen bokusseden kristliken frede In deme dele vorachtet vnnd binderlistighen vmme ghifte vnnd gheue willen to erlanghende anders bedudet. Derhaluen wy vormals vp manghberhande klacht der vnszen czynt vororzaket gheworden van weghen der LXXIII stede des durchluchtighesten heren heren Romesschen keyssers vnszes gnedighesten heren szendebaden ame Junghesten an Dyne key. ma' gheschicket to bolastende vnnd so to langhende, zodannt der soluesten in to bringhende vnszenthalnen to boklachtende, vnnd wandel van Dyner ma' to bidden De vns In syner wedderkomst In dissze lande vorwitliket heft he zodanet von weghen der LXXIII stede ghewornen hebbe vnnd by Dyner key. ma' gnedichliken boholden de suluestе zodaner ghebreke haluen by deme houetmane van Iwaneghord vnd allen houetluden dusszen landen bogrentzet dem ghemenen kopmanne wandel vorschaffen wolde vnd dat de houetmene frede In aller mathe ernstlick vnd rechtferdich In al eynen puncten by werden solde gheholden werden. De kopman so wol russzen alsze dudesschen ere ghut voren vnd bringhen moghen Na eynes Jederen ghevalle, Sporen ouers by dem houetmanne van Iwaneghorde czodaner ghebreke halnen noch tor tidt nynen wandel de nu kortess eyn gheboth ghedan hefft Dat nyn russze Nowghoroder yfte pleskower tor Narue kamen mothe Dar vnsze kopman van olden her russessche ghuder tor waghe entfanghen heft, zick apenbar horen latende dat zodant Dyner key. ma' beth vnd bonel czy. Dar wy denne nynen ghelouen an stellen konen ock nummer vorhapen Derhaluen noch Dyne key. ma' wie ghemeldt demodighen vnd flitighen an vallende vnd biddende De houetman van Iwaneghorde strenghe vnderrichtunghe krighen moghe he zodanen dyner key. ma' frede by werden holde vnd nyne vorwlomynghe In make ock nycht anders dude alsze he In zyner werde steyt vnd bogrepen is wente ghants zere afsunich schynet dat dyner key. ma' wille vnd boleuinghe dorch eren vnderzaten zal gekrenket vnd vorachtet werden. Dat olde is vns bolang zo vns dat zal gheholden werden alszo wy nycht twiuelen, zo is mennighen wol bowust wo idt lmme lasten frede myt der kopenschop gheholden is van beyden parten Dat suluestc bogheren wy noch vnd nycht mer Nycht twiuelende dyne key. ma' dusze dinghe gnedighen vorwoghen wil vns dussze korte tidt lanck gheholden werde wes vns bolauet is Wente wy vnd vnsze kopman zodaner vorwlonynghe haluen des fredes vnd vorkortinghe des rechten de dachlick by dem houetmanne van Iwaneghorde Jo mer vnd mer anwasszet groth machtich misdunckennt krighen Dar vmme wat vnsze kopman vorczusset vnd wil zick nycht vordristen na Nowgharden to reyszen wente bofruchten zick In deme dat ene nycht gheholden wert dat In gheliker mathe by anderen bouetlnden zodanes ghelick ock gheboren mach Wes wy na vthganghe dusses fredes van Dyner key. ma' nycht lenck erlanghen konen mothen wy vns alszodenne by holden alszo idt de noth esschen wil wor wy dyner key. ma' wedder to willen vnd wolgbefalle irschenen moghen don wy In allem flite na vormoghe alle tidt gherne Des wy van Diner ma' vaken ghemeldt by teghenwardighen Jagheren eyn ghutlick vorhapet antwordt bidden vnd bogheren De wy hyr myt gade allemechtich etc. Datum die laurentij Anno XV.

№ CCCLII.

Der Rath der Stadt Dorpat spricht gegen den der Stadt Reval darüber seine Ansicht aus, 1515
dass eine Botschaft an den Grossfürsten wegen der durch den Hauptmann von Iwangorod gestörten Handelsverhältnisse keine Frucht bringen werde, und bittet ihn, zur Deckung der Kirche zu Nowgorod, welche zur Hälfte mit Brettern gedeckt worden, für Steine Rath zu schaffen, die zur See dahin gebracht werden könnten, d. d. Dorpat, Montags nach Bartholomaei (27. Aug.) 1515.

Pap. Orig. mit Resten des in gelb Wachs aufgedrückten Secrets im rev. RA.

Vnszenn fruntlikenn gruth stedes thouorenn Erszame vorsichtige wisze herrenn goostige gude frunde || Jwen briff der Narweschen haluen tege Jw erklagt des Houetmannes vpp Iwanegerodt kortes ein vorboth gedan || deth noch die Newgarder noch Pleskower thor Narue kamen ofte ere gudt thor wage bringen salen thor vnderuestybt || eres gedies deth vns nicht liff is thohorenn den gebreck wie ock alle dage vornemen vnde sin nicht tho wandelen nochtant die bouetlude vnszer schriffte ein wenigk oder gantz meth nichte achten des wie erfaracht hebben deth den Russen vorbaden is vnsze guder van der Naruen ahn vns thobringen derhaluen botscafft ahm groff. thodon befruchten keyne frucht darvan thokamende Nochtant die strate sterfnisses haluen in Ruslant geslaten so deth men geyne dutsche copludc ofte baden In noch vtste denn will vnszes bedunkens Jwen Copman zo wie den vnszen ock warnen willen deth sie nicht afertin beszunder na dem oldenn thor Narue ruten zo lange men ander fuge gdenke darmith der groff. In formiret werde Willen eren E. ock nicht vorswegen blyne deth vns der haueskneeht vorwilliket hefft deth die kerke die helffte meth brederen gdeckt sie den stein tho Neugarden tho brecken is gein Radt beszunderen van erem steyne der Jo wol upp Jwen husren ein Jar XV ader XX vnuordorfen licht meth Scepen die dorch die sehe van Jw aff beth tho Neugarden lopen konen deth wan hir nicht tholangt lichtliger den dackstein vorscaffen mogen des vngetwiuelt meth den besten hir up gedencken Gade helpende dem wie Jwe E[t] v. w. thor salicheit langhe gesuoth thoentholdende bephelen Geuen Derpthe Mondags nahe Bartholomey Anno etc. XV.

Borgermeistere vnd Rathmanne
Der Stadt Derpthe.

In dorso: Denn Erszamenn vnnde Vorsichtigenn Wiszenn herrenn Borgermeistereun vnnd Rathmannen der Stadt Reuell Vnnszenn bsondergonnstigenn gudenn Frundenn.

№ CCCLIII.

1515 Christiern's, Königs von Dänemark, Empfehlungsschreiben an den Rath zu Reval für seinen Gesandten nach Russland, seinen Herold und Wappenkönig, Meister David, dem er auch mündliche Anträge an den Rath zu machen aufgetragen, d. d. Copenhagen, Sonntag nach Egidii abbatis (2. Sept.) 1515.

Pap. Orig. mit den Ueberresten des in roth Wachs aufgedrückten königl. Siegels im rev. RA. Ueber den Heroldmeister Dawid, s. oben № CCCXXXII, p. 298.

Cristiern von gots gnaden to Denmargken Norwegen der Wende ‖ vnd Gotten konigk. Gekoren to Sweden, Hertoch to Slesswigk etc.

Vnnsze szunderge gunst touorn Erszamen leuen beszunderen. Wy hebben Jegenwardigen ‖ vnszen Herholt vnd leuen getrauwen dener mester Dauid der wapen konigk ‖ ytzundt nha Ruszlandt ethlicher Vnszer gewerue haluen toreyszende vorschickt, ‖ Vnnd de wyle denne wy erfaren dat gy den szuluen vme Vnszens wyllen ehre gutwilligheyt vnd gude forderinge beweszen hebben: Des wy Jw hyr myt gutlyken bedancken. Wedderumme alwege myt gunstigen gnedigen wyllen toerkennen, Hebben ock genanten vnszen herholt ethlyke vnsse gewerue an Jw muntlyck todragen in beuehll gegeuen, Gutlichs flyts begerende gy wollen ene gutlyck horen vnd dythmalen glyck vns szuluen, szo wy Jegenwardich weren syncs anbringens fullen gelouen geuen vnd gutwillich ertogen. Dat syndt wy alwege wedderumme myt beszunderen gunstigen gnedigen willen toerkennen gefiytiget Datum Copenhagen Sondages negst na Egidii abbatis Anno etc. Decimoquinto vnder vnnszem Signett.

In dorso: Denn Erszamenn Vnnszen leuen beszunderenn Borgermesteren vnnd Radtmannen der Stadt Reuell.

№ CCCLIV.

1515 Der Rath der Stadt Dorpat schreibt an den der Stadt Reval wegen der durch die Beschlussnahme zu Waue geänderten Handelsverhältnisse mit Russland, d. d. Freitag vor Mariae Geburt (7. Sept.) 1515.

Pap. Orig. mit schwacher Siegelspur im rev. RA. Obgleich darin das J. als (15)15 ganz deutlich geschrieben steht, hat doch ein Archivar auf die Rückseite geschrieben: «Ciuitatis Tarbatensis Anno XVI».

Vnszeen frundtlicken grot Myt alles gudenn erbedinghe stets touornn Erszame Vorsichtige vnnd Wyse Herenn | Beszunder frunde vnnd gonner Vns is bigekamen Wo dat vnsze frunde De Hernn van Lubic Dem gefang. || badenn vnde copmanne to troste. Dem beslute to Waue geschen der copmanscopp enthaluen myt den Russenn Nicht || touorbedende[1]) Mede consenterenn vnde boleuen Wor vpp se ock de schepe vnde guder alhyr ynt Landt Hebbenn gestadet Vnde der Haluenn szunder twiuell schrifft vnnd eyn antwort Van en an Juwe Ersamh' Vnde vns sprekende syn gekamen Bogernn wes Des geschen is Myt denn erstenn vns willen benalen Vnde Szo gy denne geyne guder vnde nemelikenn solt nicht vth Juwer stadt to vorenn Willen gestaden Des wy den tokamenden Heruest vnde nuw gebreck Hebbenn vnde krigen nichtenn Wor vmme Hebbe wy vorbaden geyn solt Den Russen touorcopende Vnde gedencken Dat antoholdende Wes nach alhyr tor stede is Beth tor tydt wy Van Juwenn Leuedenn eyn antwort irlangen Is Erszame Hernn vnnd guden frunde Vnsze frundtlicke boger Na dem beslute eyndrachtlikenn to Waue Vnde na to Wenden Van vnsen Radessendebaden Dem gefangen baden vnde copmanne to gude, ock vmme des gemenen besten willen yngegan, boleuet, vnde beslaten szo ock den van Lubic gescr. is Vnde wor vmme willen volgrafftich weszen Vnde genen De guder vrij vpp dat de copenscopp geholden mach werden Beth tor tydt men Dar anders to trachten wert Geschege Dem szo nicht Als gy vth des Hernn Meisters breue ock wall vorstanden Hebbnn Solde syner badescopp mercklikenn entegen Vnde Hinderlick weszen Bogern Dusses myt den allererstenn eyn schrifftlick antwordt Van Juwen Ersambeyden de wy gade almechtich zalichliken to entholdende benelenn Gescr. Anno etc. XV. Am Vrydage vor Natiuitatis Marie.

Borghermestere vnnd Radmanne
Der Stadt Darbte.

In dorso: Denn Erszamen Vorsichtigenn Vnnd Wiszen Mannen Hernn Borgermesternn Vnde Ratmannen Der Stadt Reuall Vnsen bszundern guden frunden.

1) Weder diesen Beschluss, noch den Ort, wo er gefasst worden, kennen unsre Geschichtschreiber. Der letztere wird in einem gleich näher zu bezeichnenden Document als »ynt middel tuschenn Darbte vnd Reuall« belegen angegeben; dort versammelten sich vor Johannis 1515 die Rathssendboten der Städte Dorpat und Reval, auch in Vollmacht für die von Riga, wegen der Gefangenschaft des (hanseatischen?) Boten und Kaufmanns (bei den Russen) und wegen der von den Hansestädten verlangten Einstellung des Handels zu Dorpat und Narwa, welche sie widerriethen, antragend auf eine Gesandtschaft des OM. an den Grossfürsten auf Kosten des gemeinen Kaufmanns: worüber ein Schreiben derselben — wahrscheinlich an dem lübeckschen Rath, d. i. Waue, des Sondages vor Johannis to midtsamer (17. Jun.) Anno etc. XV. und an den rigischen Rath, d. d. eod., im rev. RA. in Concept oder Copie vorhanden.

№ CCCLV.

Der Statthalter zu Pleskau, Knjas Iwan Wassiljewitsch, bescheinigt dem OM. Walter von Plettenberg, von ihm die durch den HM. besorgten Briefe des Kaisers Maximilian an den russischen Kaiser erhalten zu haben, und verspricht, diesem jene Briefe zuzusenden. D. D. in des grossen Kaisers und Herrn von ganz Russland väterlichem Erbe Pskow, am 10. Sept. 7025 (1516). (1516)

Das Original im geheimen Archiv zu Königsberg; hier nur nach einer der Abschriften, die bei der livländischen Ritterschaft aufbewahrt werden, und in Brotze's Syll. II, 291. Vgl. Index № 2740.

Великого государя Василія, Божіею милостію царя и государя всея Руси и великаго князя. Отъ намѣстника Псковскаго, отъ князя Ивана Васильевича Волтеру ван-Плетеньбергу, магистру Лифонскому. Присылалъ еси до насъ Алыстьского[1]) толмача Ивашка с своею грамотою, а писалъ еси к намъ в своей грамотѣ, что ты послалъ к намъ грамоты Максимиліяна, избранного Цесаря, за своею печатью, а намъ бы тѣ грамоты послать к великому государю Василію, Божіею милостію царю и государю всея Руси и великому князю, а тебѣ бы намъ о тѣхъ грамотахъ вѣдомо учинити, дошли ли до насъ тѣ грамоты, и Алыстьской толмачь Ивашко тѣ грамоты до насъ донесъ, и мы к великому государю Василію, Божіею милостію царю и государю всея Руси и великому князю тѣ грамоты послали. Писано в великого государя всея Руси отчинѣ во Псковѣ лѣта ,зкё Сентебря в ї день.

Die Addresse: Волтеру ван-Плетеньбергу, магистру Лифонскому.

1) Marienburgschen, nach dem lettischen Namen Marienburgs *Alluksne*.

Diesen Brief schickte der livländische OM. an den HM. Markgrafen Albrecht mit folgendem Begleitschreiben, datirt am Tage des Apost. Matthaeus (21. Sept.) des J. (15)16.

Hochwirdigeste durchleuchtige Hochgeborne Furst vnnsserun pflichtigenn gehorssam willige vnnd geflissene dinste myt alle vnnssers vermogens Irbietunghe seynn Euwrnn f. g. alle tzeidt vur ann bereith Gnediger herr vnnd Oberste Szo wie auff boger E. F. G. am negestenn die kaisserlikenn briue bey eynem Tolk vnnssers Cumpthurs zuw der Marienburgk diener nach Plesehouw vorferdigedenn Ist vnnss vann denn Stadtholdernn zuw Plesehouw sie die briue entpfangenn dissze ingelachte Anthwordt die wir hyr nebenn E. ff. G. zw schicken widder zuwgeschriebenn die E. ff. G. alsso vorlessenn vornemmen werdenn. nauwe tzeidungk seynn nu albie neyth, dann es ist kurtz eynn Reusische pothe myth eynem E. ff. G. zugegeben diener ader Tolck vber wassser widder vann kay. Ma' auss Teutzschenn Landenn widder vmb komen vnnd alsso in Reusslanndt vnns vorbey vnnd nicht angesprochenn seyne reisse genomen Es ist auch der selbige Reusische boet im Lannde zw Luneborch berowbet wordenn, Dis habenn wyr E. ff. G. Godt inn glucksaliger Regerungk bfollen inn gehorssamer wolmenunghe nicht wyllenn bergenn Gegebenn zuw Burtnick am tage Mathei Apostoli Anno etc. XVI.

Walther vom Plettenbergk
Meister Teutzsches Ordenns zuw leyfflanndt.

№ CCCLVI.

(1516) Schreiben der zarischen Statthalter zu Grossnowgorod, des Bojaren Fürsten Alexander Wolodimerowitsch und des Okolnitschi Iwan Grigorjewitsch, an den Rath zu Reval zur Beilegung gewisser von diesem in Folge des mit den 73 (Hanse-) Städten geschlossenen Friedens angebrachten Klagen d. d. Weliki Luki 7025 (1516) am 10. Sept.

Nach einem papiernen Original, das sich unter alten Papieren in einem Privatbesitze fand und sich jetzt in den Sammlungen der Gesellschaft für Geschichte und Alterthumskunde der Ostseeprovinzen befindet. Es ist aus zwei Blättern zusammengeklebt und hat eine Länge von 2 Fuss 4 Zoll engl. oder russ., bei einer Breite von nur 11 Zoll. Ein Siegel ist nicht daran, auch keine Spur eines solchen zu entdecken, wohl aber sind noch die Einschnitte zum Durchziehen des Siegelbandes zu erkennen.

Отъ великого государя Василья, Божьею милостью царя и государя всея Русии и великого князя, намѣсникоа Новгородскихъ боярина и намѣсника князя Александра Володимеровича и околничего и намѣсника Ивана Григорьевича в Колывань бергоместеромъ и ратманомъ. Прислали есте к намъ свою грамоту, а писали есте к намъ в своей грамоте, что есте присылали во государя нашего царя и государя всея Русии в вотчину в Великий Новгородъ к государьскимъ намѣсникомъ и к вотчине государя нашего царя всея Руси в Великому Новугороду о томъ, чтобы государя нашего царя всея Русии намѣсники и отчина государя нашего Великий Новгородъ с семьюдесятъ и трема городы взяли перемирье и купцомъ бы торговати волно на обе стороны всякимъ товаромъ безъ вывета, и солью, государя бы нашего купцомъ ѣздити торговати в вашю землю, а вашимъ бы купцомъ ѣздити торговати во государя нашего государства. И государя нашего намѣсники и отчина государя нашего Великий Новгородъ взяли с вами перемирье и торговати ослободили на обе стороны всякимъ товаромъ безъ вывета, и солью, государя нашего купцомъ ослободили ѣздити в вашю землю, а вашимъ купцомъ ослободили ѣздити во государя нашего государства. И будто нынѣ то перемирье и крестное целованье рушитъ государя нашего намѣсникъ Ивангородской Иванъ Микитичь Бутурлинъ и купцомъ на обе стороны торговати ѣздити не велитъ, государя нашего будто купцомъ в вашю землю ѣздити не велитъ, а вашимъ купцомъ во государя нашего государства ѣздити не велитъ. И какъ взяли перемирье намѣсники государя нашего царя всея Русии и отчина государя нашего Великий Новгородъ с семьюдесятъ и трема городы и купци государя нашего вотчины ѣздили в вашю землю торговати, а ваши купци ѣздили во государя нашего государства торговати на обе стороны безо всякие зацѣпки и торговали всякимъ товаромъ безъ вывета, и солью, а зацѣпки есмя никоторые не слыхали, чтобы которая зацѣпка была вашимъ людемъ отъ государя нашего царя всея Русии намѣсника Ивангородского, а то есмя слышели, что осенесь и на зимѣ сей в Немецкой землѣ было лихое повѣтрее: ино вы вѣдаете и сами, что въ вашихъ землях того берегутся. И государя нашего намѣсникъ Ивангородской Иванъ Микитичь Бутурлинъ того для тогды купцомъ государя нашего в вашю землю ѣздити не велѣлъ и вашимъ купцомъ во государя нашего государства ѣздити не велѣлъ дотоле, доколе то повѣтрее минулося. А какъ того довѣдался, что в Немецкой землѣ повѣтрея нѣтъ, и государя нашего намѣсникъ Ивангородской Иванъ Микитичь Бутурлинъ ослободилъ ѣздити государя нашего отчины людемъ с торгомъ в вашю землю, а вашимъ людемъ ослободилъ ѣздити во государя нашего отчину в Великий Новгородъ и на Иваньгородъ и во всѣ его государства и торговати велѣлъ по старинѣ всякимъ товаромъ безъ вывета, и солью; да и посылалъ о томъ в Ругодивъ ко князю и к бергоместеромъ, чтобы государя нашего купцовъ пропущали с торгомъ в вашю землю; а вашихъ бы купцовъ пропущали с торгомъ во государя нашего государства; которые похотятъ ваши купци ѣхати во государя нашего государства, и они ѣдутъ безо всякие зацѣпки; а в которомъ городе государя нашего ваши купци похотятъ торговати с купци государя нашего, и они тутъ и пошлину платятъ; а не похотятъ в которомъ городе торговати, и они ѣдутъ во государя нашего государства безо всякие зацѣпки: а государя нашего отчины купци также в которомъ в вашемъ городе похотятъ торговати, и они тутъ и пошлину платятъ; а не похочетъ в которомъ городе торговати, и государя нашего купцомъ ѣхати в вашю землю безо всякие зацѣпки и торговати всякимъ товаромъ без вывета. И Руголивской князь и бергоместеры и ратманы вставливаючи безлѣпичные речи да государя нашего гостей не пустятъ в вашю землю и торговати имъ в вашихъ земляхъ не велятъ, а велятъ имъ торговати силно в Руголиве, а вашимъ гостемъ также во государя нашего государства ѣздити не велятъ. Ино то не государя нашего царя всея Русии намѣсником Ивангородскимъ межъ государя нашего купця и вашими купци торгъ рушится; рушатъ торгъ межъ государя нашего купци да и вашими купци Руголивской князь и бергоместеры и ратманы. Ино и нынѣ вашимъ купцомъ во государя нашего отчину в Великой Новгородъ и на Ивангород и в ыные государя нашего государства приѣхати и от-ѣхати доброволно безо всякие зацѣпки и торговати доброволно всякимъ товаромъ без вывета, и солью: а государя бы нашего купцомъ также в вашю землю приѣхати и от-ѣхати доброволно безо всякие зацѣпки и торговати доброволно всякимъ товаромъ безъ вывета. А похотятъ ваши купци со государя нашего отчины купци торговати на Ивангороде, да туто и пошлину платятъ; а не похотятъ торговати на Ивангороде, и они ѣдутъ во государя нашего государства безо всякие зацѣпки и торгуютъ всякимъ товаромъ безъ вывета, и солью. А похотятъ ваши купци товаръ свой класти в Руголиве да торговати со государя нашего купци, и они товаръ свой вѣсятъ в Руголиве: а государя нашего купци вѣсятъ на Ивангороде да ваши купци емлютъ с Ивангородского вѣсу, а государя нашего отчинѣ купци емлютъ у вашихъ купцовъ с Руголивского вѣсу а пошлину вѣсчую платятъ государя нашего отчинѣ купци на Ивангороде, а ваши купци платятъ пошлину в Руголиве. Да в той же есте в своей грамоте писали к намъ, что вашимъ людемъ отъ государя нашего людей силы и обиды великие уч(и)н(и)л(и)ся, а государя нашего намѣсникъ Ивангородской Иванъ Микитичь Бутурлинъ будто вашимъ людемъ со государя нашего людми ни в чемъ управы не чинитъ: и вы бъ нынѣ своих людей посылали на Иваньгородъ ко государя нашего намѣснику к Ивану Микитичю Бутурлину и онъ имъ в обидныхъ дѣлехъ со государя нашего людми вашимъ людемъ управу чинитъ по перемирнымъ грамотамъ и по крестному целованью: а не учинитъ имъ Иванъ в чемъ управы, и вы бы своихъ людей присылали к намъ в Новгородъ, и мы вашимъ людемъ со государя нашего людми велимъ управу чинити в Новѣгороде по перемирнымъ грамотамъ и по крестному целованью. А какъ взяли государя нашего намѣсники Новгородские и отчина государя нашего Великий Новгородъ перемирье з семьюдесятъ и трема городы, и мы того перемирья не рушимъ, а и вперед то перемирье хотимъ с вами держати крѣпко на обе стороны по перемирнымъ грамотамъ и по крестному целованью до тѣхъ урочныхъ лѣтъ, а вы бы также с нами и с вотчиною государя нашего с Великимъ Новымъгородомъ того перемирья не рушили и то перемирье держали бы есте крѣпко до тѣхъ же урочныхъ лѣтъ про перемирнымъ грамотамъ и по крестному целованью. Писана на Лукахъ на Великихъ лѣта ,зке сентебря і день.

In dorso: Отъ великого государя Василья, Божьею милостью царя и государя всея Русии и великого князя, намѣсников Новгородскихъ боярина и намѣстника князя Александра Володимеровичя и околничего и намѣсника Ивана Григорьевичя в Колывань бергомистером и ратманомъ.

№ CCCLVII.

OM. Wolter von Plettenberg benachrichtigt, neben andern Sachen, den HM. davon, 1517
dass der Schaden zweier Edelleute an der Gränze mit Lithauen durch beiderseitige Commissarien werde untersucht, dabei aber zwei oder drei Gebietiger mit ungefähr 200 Pferden von seiner Seite an die Gränze geschickt werden, und dass die Tataren mit den Russen im Kriege begriffen seien, zwischen den Polen und Russen aber keine Feindseligkeiten vorfallen, d. d. Wenden, am Freitag nach Vincentii (23. Jan.) 1517. *D.*

Orig. im GA. zu Kgsbg.; Abdruck in dem Suppl. ad hist. Russiae monum. p. 366, № CLI. Vgl. Index № 2731.

№ CCCLVIII.

Bündniss des russischen Kaisers Basilius (Gabriel) mit dem HM., Markgrafen Albrecht, (1517)
wider Sigismund I., König von Polen, unter dem Kusse des Kreuzes geschlossen zu Moskau, den 10. März 7025 (1517).

Von diesem Vertrage hat sich im Reichsarchiv zu Moscau eine Redaction in russischer Sprache erhalten, die in dem V. Bande der Собраніе Государственныхъ Грамотъ и Договоровъ unter № 75 (p. 73—74) gedruckt worden ist und darnach hier (mit genauer Beobachtung der in der Собраніе befolgten Orthographie) wiederholt wird, da jener unbeendigt gebliebene Band nicht allgemein zugänglich ist. Ausserdem existirt jener Vertrag in zwei lateinischen Abschriften im GA. zu Kgsbg. Vgl. Index № 2755; Karamsin, VII, up. 158; D. Ueb. VII, 64—66; Voigt, IX, 536. — Nach jenen lateinischen Abschriften ist hier der unten folgende Text *a.* der Urkunde zusammengestellt worden: die eine derselben ist gleichzeitig, die andere von dem Archivar Görling, d. d. Cölln an der Spree, den 3. Oct. 1665, vidimirt und nach dem Original gemacht, welches aus dem Königsberger ins Berliner Archiv genommen wurde, wie folg., im GA. zu Kgsbg. asservirte Bescheinigung des grossen Churfürsten beweist: »Nachdem Seine Churfürstliche Durchleüchtigkeit zu Brandenburg, in Preussen, zu Magdeburg Jülich, Cleve, Berg, Stettin, Pommern etc. Hertzog etc. Unser gnädigster Herr, bei der letzten anwesenheit in Ihrem Hertzogthum Preussen im Jahr 1663, diejenige Allianz, welche zwischen dem damahligen Hohemeister in Preussen Herren Marggraff Albrechten zu Brandenburg etc. und dem Gross Fürsten in Mosskaw, Herren Basilio auffgericht und nach der Mosskowitischen Calculation Anno Mundi 7025 10. Martij: Und nach Christi geburt Anno 1516 (*sic*) eodem die 10 Martij datiret, Auch daran ein güldenes Mosskowitisches Siegel gehänget worden, auss der Registratur zu Königsberg abfordern, nachmals auch mit anhero bringen und im hiesigen Archivo reponiren lassen, Auch nochmals höchstgedachter Seiner Churfürstlichen Durchleüchtigkeit gnädigster Wille und Befehl ist, dass solch Original alhier ferner verwahrlich beybehalten werden soll; Alss wirdt denen Jezigen und künfftigen Registratoren zu Königsberg hierüber, zu Ihrem Verhalten und nachricht, dieser Schein, unter mehr höchstgemelter Seiner Churfürstlichen Durchleüchtigkeit eigenhändiger Unterschrifft und vorgedrucketem Insiegel ertheilt, zu Cölln an der Spree den 3. Octobris Anno 1665.

(L. S.) Friederich Wilhelm.

a.

Per dei voluntatem et per magni domini gratiam Nos magnus dominus Basilius dei gratia Imperator ac dominator tocius Russie et magnus dux Wolodimerie moscouie Nouvgradie plescouie Smolensky Tferie Ingorie Permie Wetchie Bolgarie etc. dominator ac magnus dux Nouogradie Inferioris terre et Zernigouie Rezanie Volotsky Rsenie Belouie Rostouie Jarosslauie Belozerie Vdorie Obdorie et Condonieque etc. dedimus hanc nostram litteram Alberto ordinis theotonicorum generali magistro prussie Marchgrabio Brandenborgiensi Stetinensi Pomeraniensi Cassubiensi et Vendeniensi duci Burggrabio Nurmbergensi principique Rugiensi super hoc quia misit ad nos suos nuntios nos rogare propterea quatinus nos vellemus sibi gratiam prestare et fouere ac contra nostrum Inimicum Regem Polonie in Vnitate ipsum nobiscum facere atque tueri eum et ipsius terras a nostro Inimico Rege polonie ac magno duce lituanie Nos autem magnus dominus Basilius dei gracia Imperator ac dominator tocius Russie et magnus dux Alberto ordinis theotonicorum generali magistro graciam nostram fecimus contra istum nostrum Inimicum Sigismundum Regem Polonie in vnitate ipsum nobiscum ordinauimus pro eo et pro terra ipsius volumus stare, et defendere eum et terras eius volumus ab Inimico nostro Rege polonie et magno duce lituanie ac iuuare sibi contra istum suum Inimicum quantum deus nobis iuuabit quando autem nos magnus dominus Basilius dei gracia Imperator ac dominator tocius Russie et magnus dux personaliter equum ascendemus et ibimus contra inimicum nostrum Regem polonie et magnum ducem lituanie aut principes ac duces nostros cum potencia nostra in ipsius terram mitteremus Alberto autem Ordinis theotonicorum generali magistro nunciabimus tunc ipse cum suis amicis ac cum tota sua potencia in nostri inimici Regis polonie ac magni ducis lituanie terram quam possidet eciam debet ire et agere illum nostrum actum cum isto nostro inimico Rege polonie vna

b.

По Божіей волѣ и по нашему жалованью мы Великій Государь Василій, Божіею милостію Царь и Государь всея Россіи и Великій Князь Владимірскій, Московскій, Новгородскій, Псковскій, Смоленскій, Тверскій, Югорскій, Пермскій, Вятскій, Болгарскій и иныхъ, и Государь и Великій Князь Новагорода Низовскія земли, и Черниговскій, и Рязанскій, и Волотскій, и Ржевскій, и Бѣльскій, и Ростовскій, и Ярославскій, и Бѣлозерскій, и Удорскій, и Обдорскій, и Кондинскій и иныхъ. Дали есьмы сію свою грамоту Албрехту, Нѣмецкого чина высокому Магистру Прусскому, Маркрабію Бранденбургскому, Статинскому, Поморскому, Кассубскому и Вендскому, Дука Бургравскому Нурберскому, Князю Руигенскому, на то, что къ намъ прислалъ своихъ пословъ бить челомъ о томъ, чтобы намъ его жаловать и беречь и на своего бы недруга, на Короля Польскаго и Великого Князя Литовскаго. И мы Великій Князь Василій, Божіею милостію Царь и Государь всея Россіи и Великій Князь, Албрехта, Нѣмецкаго чина высокаго Магистра, пожаловали на того на своего недруга на Жигимонта, Короля Польскаго, во единачествѣ есьмы его съ собою учинили, и за него и за его землю хотимъ стоять и боронить его и его землю хотимъ отъ своего недруга отъ Короля Польскаго и Великаго Князя Литовскаго и помогати ему на того на своего недруга хотимъ, сколько намъ Богъ поможетъ. А коли мы Великій Государь Василій, Божіею милостію Царь и Государь всея Россіи и Великій Князь, сами всядемъ на конь и пойдемъ на своего недруга на Короля Польскаго и Великаго Князя Литовскаго, или князей и воеводъ нашихъ съ нашею силою на его землю пошлемъ, и Албрехту, Нѣмецкаго чина высокому Магистру вѣсть пошлемъ, и ему съ своими пріятели и со всею своею силою на нашего недруга на Короля Польскаго и Великаго Князя Литов-

cum nostris principibus et ducibus in illa expedicione Et sy esset aliqua causa vobis alberto ordinis theotonicorum generali magistro cum illo nostro inimico Sigismundo Rege polonie et magno duce lituanie ibitisque contra ipsum personaliter cum vestris amicis ac cum tota vestra potencia et mitteretis ad nos magnum dominum nos rogando Tunc nos magnus dominus Basilius dei gracia Imperator ac dominator tocius Russie et magnus dux vobis generali magistro contra illum nostrum inimicum Sigismundum Regem Polonie et magnum ducem lituanie volumus iuuare vos et terram vestram defendere quantum deus nobis adiuuabit Principes et duces nostros in ipsius terram mitteremus et inimiciam nostram Regi polonie mandaremus facere quantum deus nobis adiuuabit Vos autem albertus Ordinis theotonicorum generalis magister contra istum nostrum inimicum in illa expedicione vna nobiscum, quos autem nostros oratores mitteremus nos magnus dominus Basilius dei gratia Imperator ac dominator tocius Russie et magnus dux ad fratrem nostrum Maximilianum electum Imperatorem Romanorum ac supremum eciam ad alios dominos per vestras terras aut sy ad nos a fratre nostro Maximiliano electo Imperatore Romanorum ac supremo rege transibunt nostri oratores per vestram terram tunc nostris oratoribus eciam fratris nostri Maximiliani electi Imperatoris Romanorum et supremi Regis atque aliorum dominorum oratoribus per vestram terram et aquam via munda sine omni impedimento simili modo eciam ad vos nostris oratoribus venire atque redire per terram et aquam via munda absque omni impedimento eciam nostris mercatoribus quos autem ad nos magnum dominum mitteretis Vos albertus Ordinis theotonicorum generalis magister vestros Nuncios tunc vestris nuncijs per nostra dominia per terram et aquam via munda sine omnj impedimento et venire ipsis ad nos atque redire libere absque omnj impedimento eciam vestris mercatoribus Ad maiorem autem confirmacionem Nos magnus dominus Ba-

скаго землю, которую за собою держитъ, также идти и дѣлати тебѣ то наше дѣло съ тѣмъ нашимъ недругомъ съ Королемъ Польскимъ съ нашими князьями и воеводами въ томъ дѣлѣ за одинъ. А каково будетъ дѣло тебѣ Албрехту, Нѣмецкаго чина высокому Магистру, съ тѣмъ съ нашимъ недругомъ съ Жигимонтомъ, съ Королемъ Польскимъ и съ Великимъ Княземъ Литовскимъ: а пойдешь на него самъ и съ своими съ приятельми и со всею своею силою, а пришлешь къ намъ Великому Государю бить челомъ, и мы Великій Государь Василій, Божіею милостію Царь и Государь всея Россіи и Великій Князь, тебѣ высокому Магистру на того на своего недруга на Жигимонта, Короля Польскаго и Великого Князя Литовскаго, хотимъ помогать, и тебя и земли твои боронить, сколько намъ Богъ поможетъ, и князей и воеводъ своихъ на его землю пошлемъ и недружбу свою Королю Польскому велимъ чинить, сколько намъ Богъ поможетъ. А тебѣ Албрехту, Нѣмецкаго чина высокому Магистру, на того на нашего недруга на Короля Польскаго стоять тебѣ крѣпко и твердо и быть тебѣ съ нами на того на нашего недруга въ томъ дѣлѣ за одинъ. А которыхъ своихъ пословъ пошлемъ мы Великій Государь Василій, Божіею милостію Царь и Государь всея Россіи и Великій Князь, къ брату своему къ Максимиліану, избранному Цесарю Римскому и навышшему Королю и къ инымъ Государамъ чрезъ твои земли, или къ намъ отъ брата нашего отъ Максимиліана, избраннаго Цесаря Римскаго и навышшего Короля, пойдутъ наши послы и его послы, и отъ иныхъ Государей пойдутъ къ намъ послы чрезъ твою землю, и нашимъ посламъ и брата нашего Максимиліана, избраннаго Цесаря Римскаго и навышшаго Короля и иныхъ Государей посламъ, чрезъ твою землю землею и водою путь честъ, безъ всякія зацѣпки, также и къ тебѣ нашимъ посламъ придти и отойти землею и водою путь честъ безъ всякія

silius dej gracia Imperator ac dominator tocius Russie et magnus dux ad nostram firmam litteram quam dedimus alberto ordinis theotonicorum generali magistro sigillum nostrum mandauimus ad eam appendi et conciliarijs nostris mandamus super hec littera Crucem osculari Conciliario nostro duci dmietreo Volodierowitzu eciam concyliario nostro gregorio theodorowitzu atque thesaurario nostro georgio dimitrowitzu Scriptum in nostro dominio in nostra ciuitate in Moscouia Anno septimo milesimo vicesimo quinto mensis Marcj decima die.

зацѣпки и нашемъ гостемъ. А коли къ намъ къ Великому Государю пошлешь ты Албрехтъ Нѣмецкаго чина высокій Магистръ своихъ пословъ, и твоимъ посламъ чрезъ наши Государства землею и водою путь чистъ безъ всякія зацѣпки и пріѣхати имъ къ намъ и отъѣхати добровольно безъ всякія зацѣпки. А на большее утвержденіе мы Великій Государь Василій, Божіею милостію Царь и Государь всея Россіи и Великіі Князь, къ сей нашей утвержденной грамотѣ, которую есми далъ Албрехту, Нѣмецкаго чина высокому Магистру, печать нашу велѣли есьмя къ ней привѣсити и бояромъ есьмя своимъ велѣли крестъ цѣловать: Боярину своему Князю Дмитрію Владимировичу и Боярину своему Григорью Θедоровичу, и Казначею своему Юрью Дмитріевичу. Писана въ нашемъ Государствѣ, въ нашемъ градѣ Москвѣ, лѣта ,зке, мѣсяца Марта въ і день.

№ CCCLIX.

1517 Instruction für Melchior Rabensteiner, hochmeisterlichen Gesandten nach Livland, zum Empfang der Botschaft aus Moskau, nebst einem Auszuge aus dem Schreiben des Bischofs von Reval an den HM., in Betreff der vom Könige von Polen dem päpstlichen Stuhle gemachten Anzeige, dass der HM. sich mit dem Grossfürsten von Moskau gegen ihn verbunden habe, d. d. Marienburg, am Sonnabend nach Aller Heiligen (7. Nov.) 1517. *D.*

Original-Concept im GA. zu Kgsbg.: Abdruck in dem Suppl. ad hist. Russiae monum. p. 387. № CLII. Vgl. Index № 2757.

№ CCCLX.

1520 Antwort des russischen Kaisers Basilius (Gabriel) bei der ersten Audienz des Georg von Klingenbeck, Gesandten des HM., Markgrafen Albrecht, wegen des vom Kaiser versprochenen Auxiliargeldes zum Kriege gegen König Sigismund I. von Polen, vom J. 1520.

Alte Uebersetzung im GA. zu Kgsbg., wo auch die altrussische Schrift beiliegt. Vgl. Index № 2793 und Собраніе Госуд. Грамотъ и Догов. V. № 91, p. 84. Georg von Klingenberg reiste am 12. Juli 1520 von Moskau nach Pskow ab.

Responsum Magni domini Basilij dei gracia Imperatoris ac dominatoris tocius Rucie et magni ducis Alberti generalis magistri domini prusie nuncio Georgio Clingenbek.

Magnus Dominus Basilius dei gracia Imperator ac dominator tocius rucie et magnus dux mandat dici vobis, retulisti nobis ex parte generalis magistri domini prusie. Quomodo ipse nunc cum nostro inimico rege polonie suum actum agit[1]) et militaris populus in via retardauit. ea de causa quia habuerunt impedimentum per duces scilicet brandeborgensem brunsswicensem et wirtenborgensem. Quoniam ipsi occupati fuerunt bellicis rebus. Nunc autem sui Capitanei per scripta certificauerunt ipsum. Quod illi stipendiarij sunt parati et in via. de die et in diem congregantur. Sed propter pecuniam nolunt venire. Ergo vos ex parte magistri rogastis quatinus nos vellemus generali magistro iuxta nostram permissionem graciam nostram facere mittere sibi in auxilium adhuc de nostra pecunia.

Magnus dominus Basilius dei gracia Imperator ac dominator tocius rucie et magnus dux mandat dici vobis: In superioribus diebus generalis magister habuit ad nos missum suum hominem theodoricum Schonberch ad petendum illa de causa. Quatinus nos generali magistro faceremus nostram graciam susciperemus ipsum in nostram confederacionem essemusque sibi fauorabilis. (sic) Nos autem generali magistro nostram graciam prebuimus in confederacionem nostram ipsum suscepimus. promisimusque sibi nostram graciam facere atque fauere. Eciam conscripsiones mandauimus conscribere. eodem tempore ex parte magistri rogauit nos suus famulus theodoricus Schonberch. vt nos generalimagistro eciam faceremus nostram graciam auxilium nostrum preberemus contra suum inimicum Sigismundum regem polonie cum nostro thesauro. Tunc nos mandauimus loqui cum eodem suo homine theodorico nostris consiliarijs. Qualiter nos debemus magistro contra suum inimicum Sigismundum regem polonie adiutorium facere cum nostro thesauro. et sic concluserunt tunc temporis nostri consiliarij cum suo homine theodorico Schonberch. Quod magister debet suum actum agere cum nostro inimico Sigismondo rege vna nobiscum. et si adeptus fuerit a rege suas Ciuitates. quas ciuitates prusie rex possidet iniuste. scilicet Gdanesk. torun. marienborch. gwoynitzu[1]) et ibit ad minorem[2]) ipsius Ciuitatem in polonia ad Kracow. tunc debemus sibi adiutorium nostrum facere cum nostro thesauro. mittere sibi ex nostra pecunia pro decem milia pedestres et pro duo milia equestres;

Magnus dominus mandat dici vobis. Postea autem generalis magister misit ad nos suum hominem eundem theodoricum rogare. quatinus nos generali magistro faceremus graciam ad incipiendum sui actus. quando ipse incipit cum rege suum actum agere. cum nostro thesauro adiutorium nostrum sibi faceremus. vt suis amicis et consangvineis. principibus atque electoribus. esset nota sibi nostra gracia. Nos autem faciendo graciam generali magistro vltra illud quam concluserunt consiliarij nostri cum ipsius homine theodorico Schonberch generali magistro fecimus graciam misimus sibi cum Secretario nostro Johanne charlamow nostram pecuniam.

Magnus dominus mandat dici vobis. nuper autem habuit missum ad nos generalis magister suum hominem melcherum cum peticione Quatinus nos sibi faceremus graciam adhuc mitteremus sibi in adiutorium cum nostro thesauro. Nos vero faciendo graciam generali magistro, mittimus sibi adhuc cum nostro thesauro ad illam pecuniam quam iam misimus ad ipsum cum nostro Secretario Johanne dedimus eciam in mandatis ad ipsum cum ipsius homine melchero. Similiter et cum nostro famulo alexandro referre hoc Quod nostrum thesaurum mittimus sibi cum nostro homine athanasio moclokow. ergo nunc nostrum hominem athanasium moclokow cum

1) actum agere, feindlich handeln.

1) Graudenz.

2) Leg. maiorem: maior ciuitas, Hauptstadt.

nostra pecunia ad generalem magistrum expedimus vna vobiscum vsque ad rigam. noster autem homo athanasius tardabit in riga. et si magister iam expediuit ad nos Secretarium nostrum Johannem et hominem nostrum alexandrum. tunc noster homo athanasius postquam viderit Secretarium nostrum Johannem, eciam nostrum hominem Alexandrum. tunc ibit ad magistrum ex riga sine omni mora cum pecunia. Si autem magister Secretarium nostrum Johannem. et nostrum hominem alexandrum ad nos adhuc non expediuit. tunc vos ex parte nostra dicetis magistro. vt Secretarium nostrum. eciam nostrum hominem expediat. et quando veniet Secretarius noster Johannes Charlamow ad rigam eciam noster homo alexander. noster autem homo athanasius moclokow postquam viderit ipsos in riga tunc ibit ad magistrum cum pecunia cito. Nos autem sicut promisimus generali magistro nostram graciam atque fauorem. eciam adiutorium nostrum cum thesauro dare contra suum inimicum regem polonie. et postquam magister adeptus fuerit a rege polonie suas Ciuitates in prusia. Quas Ciuitates ipsius nunc rex possidet iniuste. Gdanesk scilicet. torun. marienborch. chwoynitz. et ibit ad maiorem ipsius Ciuitatem in polonia ad Kracow. Tunc nos generali magistro adiutorium cum nostro thesauro faciemus pro decem milia homines pedestres et pro duo milia equestres.

Magnus dominus mandat dici vobis. Eciam rogastis nos ex parte generalis magistri Quatinus nos mitteremus in nostri inimici litwanie terram Capitaneos nostros. Nos autem commisimus ad generalem magistrum cum suo homine melchoro eciam cum nostro famulo alexandro. Quod nos misimus Capitaneos nostros nostrum Capitaneum theodorum Tzerewitz et consiliarium nostrum atque Capitaneum Ducem Michaelem danilowitz. Eciam alios nostros Capitaneos multos cum multis hominibus in nostri inimici litwanie terram. nunc autem nostris Capitaneis in nostri inimici terram mandauimus intrare. et sicut antea cum illo nostro inimico nostrum actum fecimus. et nunc agimus. eciam in futuro cum eo volumus nostrum actum agere prout nobis misericors deus adiuvabit. Eciam sicut promisimus generali magistrum (*sic*) nostram graciam atque fauorem. pro ipso et pro ipsius terra stare. ita et nunc et in futuro generali magistro volumus prebere graciam et fauorem. pro ipso et pro ipsius terra stare. et defendere ipsum. ac ipsius terram a nostro inimico rege polonie volumus. sicut nobis deus adjuvabit. generalis autem Magister sicut iam incepit cum illo nostro inimico suum actum agere. vt ita et nunc et in futuro cum illo nostro inimico vellet suum actum agere vna nobiscum. †

№ CCCLXI.

1520 Der HM. bittet den livländischen OM., ihn mit der nachgesuchten Geldhülfe nicht zu verlassen, um das Dienstvolk besolden zu können, bis das Geld aus Russland ankommen würde, d. d. am Sonnabend nach Petri Stuhlfeier (25. Febr.) 1520. *D.*

Abschrift im GA. zu Kgsbg.; Abdruck in dem Suppl. ad hist. Russiae monum. p. 369, № CLIII (wofür aber verdruckt steht № CXLIII). Vgl. Index № 2799.

№ CCCLXII.

Instruction für den Haus-Comthur Michael von Drahe, Abgeordneten an den Meister in Livland, um die baldige Zusendung von Reitern, Proviant und Geld, und die sichere Geleitung der russischen Botschafter bis Memel zu begehren, auch die Krankheit des HM. anzuzeigen, d. d. Königsberg, am Donnerstage nach dem Sonntag Judica (29. März) 1520. *D.* 1520

Original-Concept im GA. zu Kgsbg.; Abdruck in dem Suppl. ad hist. Russiae monum. p. 370. № CLIV. Vgl. Index № 2805.

№ CCCLXIII.

Antwort des livländischen OM. auf die Anträge des Haus-Comthurs Michael von Drahe, d. d. Wenden, am Tage des Evangelisten Marcus (25. Apr.) 1520. *D.* 1520

Orig. im GA. zu Kgsbg.; Abdruck in dem Suppl. ad hist. Russiae monum. p. 371. № CLV. Vgl. Index № 2806.

№ CCCLXIV.

Instruction für den Abgeordneten des HM. an den Meister in Livland (den Haus-Comthur zu Königsberg, Michael von Drahe), um zur Kriegsrüstung gegen Polen Geld und Proviant zu begehren, auch sich der freien und schnellen Communication mit Russland zu versichern, d. d. Königsberg, am Freitag nach Cantate (11. Mai) 1520. *D.* 1520

Original-Concept im GA. zu Kgsbg.; Abdruck in dem Suppl. ad hist. Russiae monum. p. 376. № CLVI. Vgl. Index № 2809.

№ CCCLXV.

Der hochmeisterliche Gesandte an den Grossfürsten von Moskau, Georg von Klingenbeck, klagt dem HM., wie schlecht es ihm in Pleskau ergehe, d. d. am Tage Oswaldi (5. Aug.) und Sonntag nach Laurentii (12. Aug.) 1520. *D.* 1520

Zwei Originalbriefe im GA. zu Kgsbg.; Abdruck in dem Suppl. ad hist. Russiae monum. p. 379. № CLVII. Vgl. Index № 2821 und oben № CCCLX.

CCCLXVI.

1520 Des HM. Empfehlungsschreiben für seinen Abgesandten nach Moskau, Albrecht von Schlieben, d. d. am Sonntag nach Andreae (30. Nov.) 1520. *D.*

Abschrift im GA. zu Kgsbg.; Abdruck in dem Suppl. ad hist. Russiae monum. p. 383, № CLVIII. Vgl. Index № 2850.

№ CCCLXVII.

1520 Der HM. bittet den Meister in Livland, die Schiffe, womit Sigmund von Sicha aus Dänemark angekommen, nicht absegeln zu lassen, auch das eigne Schiff des von Sicha zu Pernau mit Getraide beladen zu lassen und an den HM. abzuschicken, d. d. im Feldlager vor Heilsberg, am Sonnabend nach Luciae (15. Dec.) 1520. *D.*

Abschrift im GA. zu Kgsbg.; Abdruck in dem Suppl. ad hist. Russiae monum. p. 383, № CLIX. Vgl. Index № 2850.

№ CCCLXVIII.

1521 Des Raths von Polozk Dankschreiben an den von Riga wegen dessen Bemühungen für ihn, d. d. Polozk am Tage St. Antonii de Padua (13. Jan.) 1521.

Pap. Orig. im äussern rig. RA. mit einem unter einer Papierscheibe in Wachs aufgedrückten Siegel, welches, so viel man erkennen kann, ein Schiff mit vollem Segel und vieler Takelage darstellt und eine Umschrift hat, von der nur das erste Wort SIGILLVM deutlich zu lesen ist.

Wnseren fruntlycken grot myt Erbedynge lenes vnd gudes Jwer Ersame vorsychtyche || wysh' stetz tho vorenn Jwer Ersame vorsychtyge wissh' breff entffangen gelesen || vnd na vnser kranker vornoff didlycken vorstan so denne Jwer Ersame vorsychtyge || wyshet schreff hebbe wij mercklycken erkan J E W syck ser vnsent haluen bemoyet hebben des wij J E W hochlycken vnd demodyghen fruntlycken dancken vnd gerne wedder vorschulden vnd vordenen wij vnd vnse mede borgher wor wij konnen vnd moghen In so danen edder grotterem ock schreff der here chompthor tho düneborch neuen J E W syck entschuldyget syne werdych' van den vnsseren vnrecht vorgekomen vnd dar neuen schreff wy vnd de vnsse na dem olden vry vnd velych sollen aff senden vnd thin dar vp wij ock syne werdych' antworth geschreuen hebben got mach wetten woe de sake gewant ys besunder wij vnd dem gemenen volycke heleot groten schaden genamen ock bydde wij J. E. W. gy nycht wyllt tornen vp Jwern dener wer dat he na bouel J E W den breff nycht sulnen na wyttebeke gebracht heft wente wij hebbent auer vns genamen varlycht vnd soke haluen[1]) hijrmyt J E W gade almechtych frolyck vnd gesont myt sampt den Inwoners heualen dath. ploskau ame daghe sancte anthonij de paduwa Int Jar 1521.

Bormester vnd Radtmanne
der stadt ploskou.

In dorso: Deme Ersamen vorsychtyghen vnd wysen heren bormester vnd Radtmanen der stadt Ryge vnsseren gunstygen leuen frunden vnd nachber demodygen geschreuen.

1) Wegen Fährlichkeit und (herrschender) Seuche halben.

№ CCCLXIX.

Grossfürst Wassili (Iwanowitsch), Kaiser und Herrscher aller Reussen, schliesst mit 1521
dem OM. Wolter Plettenberg, dem rigischen EB. und allen Landsassen und Städten von Livland einen Beifrieden auf 10 Jahre, vom 1. Sept. oder dem Tage Egidii abbatis 7030 bis 7040 (1521—1531). D. D. Grossnowogrod, im Jahre 7030, n. Chr. 1521.

Von diesem Friedensvertrage stand uns eine Abschrift (in deutscher Sprache) zu Gebote, die der Gesellschaft für Geschichte und Alterthumskunde zu Riga aus dem Reichsarchiv zu Moskau (s. oben p. 257) zugestellt worden war: doch ist dieselbe am Schlusse unvollständig, wie aus dem Abdrucke des Vertrages hervorgeht, welcher in dem V. (nicht ausgegebenen) Theile der Собраніе Государственныхъ Грамотъ и Договоровъ (unter № 95, p. 87—95) zugleich mit einer älteren russischen Redaction steht. Da der erwähnte Theil der Собраніе nur wenigen Personen zugänglich ist, so haben wir hier nach ihr den Vertrag von 1521 vollständig in deutscher und russischer Sprache abdrucken lassen, womit man noch eine andere fast ganz übereinstimmende russische Redaction (abgedruckt in der Книга Посольская Метрики В. Кн. Литовскаго. Часть II. М. 1843, p. 157—163) vergleichen kann. Ausserdem existirt von diesem Vertrage eine (offenbar nicht ganz genaue) Abschrift nach einem mit den Siegeln des Grossfürsten, des EB. und des OM. versehenen Original bei Hiärn. Collect. p. 482—500; Auszug bei Brotze, Syll. I, 251. Da es sich als unausführbar zeigte, die Varianten dieser Abschrift unter den Text der moskauischen Abschrift zu setzen, so haben wir jene auch unter c. (p. 340—344) abdrucken lassen. Vgl. noch Index № 3489; Arndt II, 184; Gadebusch I, 2, S. 293; Karamsin VII, op. 262; Deutsche Uebers. VII, 94 u. 456, Anm. 87.

a.

Nha den Willen Gottes, und oha Bevell des Grothen Herschoppers Wassilien, van Godes Gnaden Keyssers aller Russen und Grotfürstes tho Wollodimer, Muskow, Nowgarden, Pleskow, Smolenske, Otwerienn, Jugorski, Permski, Wetzki, unnd Borborsky, unnd andere. D. f., Meister tho Lyff, Ertzbisshopp tho Rige, Bisschopp tho Derpte, unnd Bisshoppe unnd alle dat Lanndt tho Lyff, hebben gesant ere Boden tho deme Grote Herschopper Wassilienn, van Godes Guadenn Key. aller Russen unnd g. f., ere houet tho slande, vmme des willen, alsse de grote Herschopper sinen thoren gehort hefft ouer see, dat de f. Meiste Meister tho Lyff, Ertzbischoppe tho Righe, Bischopp tho Derpte, unnd Bisschoppe unnd alle dat Landt tho Lyff unnd deme grote Hers. Wasilien, van Godes Gnad Keyssers unnd Herschers aller Russen, unnd g. f. sinen Vederlik Eruen, grote Now. unnd Pleskow, afgetreden unnd tho getredenn sinn tho deme Ko. vann Pollenn unnd Grotfürst tho Littavenn: unnd dat de grote Her-

b.

По Божіей воли, и по Великого Государя велѣнью, Василья, Божіею милостью Царя и Государя всея Русіи, и Великого Князя Владимерскаго, и Московскаго, и Новогородцкаго, и Пьсковскаго, и Смоленскаго, и Тверскаго, и Югорскаго, и Пермьскаго, и Вятцкаго, и Болгарского, и иныхъ. Магистръ Ливоньскій, и Арцыбискупъ Ризскій, и Бискупъ Юрьевскій, и Бискупы, и вся земля Ливоньская, прислали своихъ пословъ къ Великому Государю Василью, Божіею милостью Царю и Государю всеи Русіи, и Великому Князю, бити челомъ о томъ, что держалъ на нихъ Великій Государь гнѣвъ свой про то, что Магистръ Ливоньскій, и Арцибискупъ Ризскій, и Бискупъ Юрьевскій, и Бискупы, и вся земли Ливоленьская, отъ Великого Государя Василья, Божіею милостью Царя и Государя всея Русіи и Великого Князя отчинъ, отъ великого Новагорода и отъ Пскова отстали, а пристали кКоролю къ Полскому и къ Великому Князю Литовскому.

scher de Mess. Meister tho Lyff, Ertzbisschopp tho Righe, Bisschopp tho Dorpte, unnd Bisschoppe, unnd van alle deme Lande tho Lyff. sinen thorenn vorleit, unnd he begnadenn wolde, unnd bevellenn sinen Stadth. tho Now. unnd sine vederlick. Erue, grote Now., unnd sinen Stadth: den f. tho Pleskow unnd sinen ve. Er. Ples. myt deme ss. Meister tho Lyff, Ertzbischopp tho Righe, Bisschopp tho Dorpte, unnd Bischoppe unnd alle deme Lande tho Lyff. up tho nemen einen Byfrede nha deme oldenn; unnd dat sze de Kopenschopp myt unssern veder. Eruen Luden myt en tho Holden up dat olde Beuellen, unnd de ff. Meister tho Lyff, Ertzbisschopp tho Righe, Bisschopp tho Dorpte, unnd Bischoppe, unnd alle dat Landt tho Lyff. sinn van deme Ko. tho Pollen unnd van deme g. f. tho Lettowern afgetredenn. Sze hefft de grote Herscher Wassilienn, van Godes gnaden Key. aller Russenn unnd g. f., vme eres houetslans willen, deme ss. Meister tho Lyff, Erzbisschopp, Bisschopp tho Dorpte, unnd Bisschoppe, unnd alle dat Landt tho Lyff. hefft begnadet unnd sinen Thorenn vorlat; unnd hefft beuollen sinen Stadth. tho Now. ff. Allexander Wollodimerowitz unnd f. Michaell Wassiliewitz, unnd sine Veder. Eruenn grote Now., unnd sinen Stadth. tho Ples.: f. Michaell Wassiliewitz unnd f. Peter Semeonowitz, unnd sinen Vr. Er. Ples. myt deme f. Meister tho Lyff., Ertzbisschopp, Bisschopp tho Dorpte unnd myt allenn Landt tho Lyff. up tho nemenn einen Byfrede up dat olde; ock de Kopenchopp vnszer vr. Er. Ludenn Befellenn myt den Landt tho Lyff. tho holdenn up dat olde. Vorder sall de f. Meister tho Lyff., Ertzbisschopp, Bisschopp tho Dorpte, unnd Bisschoppe unnd alle dat Landt tho Lyff. tho deme Ko. vann Polenn unnd g. f. tho Lettowenn nicht tho tredenn geinerleie wisz ahne Behendight; unnd offt da ein ander Ko. tho Polenn unnd G. f. tho Lettowenn gekomen worde, sall de f. Meister, Erzabisschopp, Bisschoppe unnd alle dat Landt tho Lyff. nicht to tredenn myt geinige Dinge. Off der welcke Sicke tho donde

И великій бы Государь, Магистра Лівоньского, и Арцибискупа Ризского, и Бискупа Юрьевского, и Бискупов, і всю землю Ливленскую пожаловалъ, тотъ имъ гнѣвъ свой отдалъ, и велѣлъ бы пожаловалъ своимъ намѣстникомъ Новгородцкимъ и своей отчине великому Новугороду, и намѣстникомъ своимъ, князем Псковскимъ и своей отчине Пскову, съ Магистромъ съ Ливонскимъ, и съ Арцибискупомъ съ Ризскимъ, и съ Бискупомъ съ Юрьевскимъ, и съ Бискупы и со всею землею Ливленскою, взяти перемирье по старинѣ; да и торгъ бы тѣхъ своихъ отчинъ людемъ велѣлъ съ ними держати по старине. А Магистръ Ливоньскій, и Арцибискупъ Ризскій, и Бискупъ Юрьевскій, и Бискупы и вься земля Ливленьская, отъ Короля Польского и отъ Великого Князя Литовского отстали. И Великій Государь Василей, Божіею милостью Царь и Государь всея Русіи и Великій Князь, по ихъ челобитью, Магистра Ливоньского, і Арцибискупа Ризского, и Бискупа Юрьевского, и Бискупов, и всю землю Ливленьскую пожаловалъ гнѣвъ свой имъ отдалъ, и велѣлъ своимъ намѣстникомъ Новогородцкимъ: князю Александру Володимеровичу Ростовскому, и Михайлу Васильевичу Морозову, и своей отчине великому Новугороду, и намѣстникомъ своимъ князем Псковскимъ: князю Михайлу Васильевичу, да князю Петру Семеновичу и своей отчине Пскову, съ Магистромъ съ Ливонскимъ, и съ Арцыбискупомъ съ Ризскимъ, и съ Бискупомъ съ Юрьевскимъ, и съ Бискупы, и со всею землею Ливленьскою, взяти перемирье по старине; да и торгъ тѣхъ своихъ отчинъ людемъ велѣлъ съ Ливленскою землею держати по старине. А впередь Магистру Ливонскому, и Арцибискупу Ризскому, и Бискупу Юрьевскому, и Бискупамъ, и всеи землѣ Ливленьской, къ Королю Полскому и къ Великому Князю Литовскому не приставати, ни которыми дѣлы, ни которою хитростію; или кто и иной будетъ на Полскомъ королевстве,

Heidde de Grote Herschopper Wassilienn, van Godes Gnaden Keysers unnd Herschers aller Russen unnd Grotfürst. myt deme Ko. tho Polenn unnd g. f. tho Lettowenn: sall de f. Meister, Ertsbisschopp, Bisschopp tho Dorpte, unnd Bisschoppe, unnd alle dat Landt tho Lyff. sollen myt geinen Dinge, off Behendight tho tredenn tho deme Ko. tho Polenn unnd Grotfürst tho Littowenn, nha dussenn frede Breuenn unnd Kruskussunge.

Unnd nha Bevell des grote Herschoppers Wassilienn, van Godes Gnadenn Kayser aller Russenn unnd Grotfürst, sinnt gekommen in des Grote Herschoppers Kay. aller Russen voderliche Erue, tho grot Now. tho des Grot. Herschoppers Stadth. tho Now., tho deme f. Allexander Wolldimerowitz unnd Michaell Wassiliewitz unnd tho denn Baiarenn, Inwonnern, Koplude unnd tho alle grote Now., tho den ve. Er. des groten Hers. Kay. aller Russen, de Duitzschen Bodenn van deme forst Hern. Woltbernn van Plettenberch, Duitzschen Ordens tho Lyff Meister, van sinen kumpturenn, van deme Ertzbischopp tho Rige, Bischopp tho Dorpte, Bischopp tho Oszell, Bischopp tho Curlande, unnd van deme Bischopp tho Revell, van den Borgermeister, Radtmannenn, van allen Stedenn, unnd gudenn Ludenn des f. Meisters Beholdinn, unnd der Bischoppe der Lande tho Lyff, hebben tho sollen ere houede geslage des g. Herschoppers Kay. aller Russz. Stadtholdernn tho Now.: f. Alexander Wollodimerowitz unnd Mechaell Wassiliewitz, Duitzschen Bodenn: Symen van der Borch, Ritter Iohan Lode, Iohan Ducker unnd Iurgenn Kauyer, hebben up genommenn einen Byfridenn myt des grote Hers. Kay. aller Russz, Stadtholdernn tho grot Now., vor des grot Herschoppers, Kay. aller Russz, vr. Er., vor alle dat Landt tho Now., tho thein Iarrenn van deme erstenn Dage Siptembris im Iarr seuen dusent unnd dortich biss men scriuend werdt seuen dusent unnd vertich, vor alle des f. Meisters Beholdinge, des Ertzbischopps, Bischopps tho Dorpte, vor alle Bischoppe unnd vor alle deme Landt tho

и на Великомъ Княжествѣ Литовскомъ, и Магистру, и Арцыбискупу, і Бискупомъ, и всей землѣ Лиоленьской, также къ нимъ не приставати ни какими дѣлы. А и дѣло будетъ Великому Государю Василью, Божіею милостью Царю и Государю всея Русіи, і великому Князю, съ Королемъ съ Полскимъ и съ Великимъ Княземъ Литовскимъ, и Магистру Лиовонскому, и Арцыбискупу Ризскому, і Бискупу Юрьевскому и Бискупомъ, і всей землѣ Лиолеинской, кКоролю къ Полскому и Великому Князю Литовскому ни какъ пе приставати, ни которыми дѣлы, ни которою хитростію, по сѣмъ перемирнымъ грамотамъ і по сему крестному целованью.

И повелѣньемъ Великого Государя Василья, Божіею милостью Царя и Государя всея Русіи и великого Князя, приѣхаша въ Великого Государя, Царя Рускаго, отчину въ великій Новгородъ, къ Великого Государя намѣстникомъ Новогородцкимъ: ко князю Александру Володимеровичу, и къ Михайлу Васильевичу, и къ бояромъ, и къ житиимъ, и хкупцомъ, и ко всему великому Новугороду, отчине Великого Государя Царя Рускаго, послове Неметцкіе, отъ Князя Волтеръ ванъ Плетенберга, Магистра Неметцкого закона, ижъ въ Лиоленте, и отъ его кумендеревъ, и отъ арцибискупа Ризского, и отъ Бискупа Юрьевского, и отъ Бискупа Островского, и отъ Бискупа Курского, и отъ Бискупа Колыванского, и отъ Бергомагистровъ, и отъ Ратмановъ, и отъ всее Месторомы дрьжавы, и отъ всѣхъ Его городовъ, и отъ всѣхъ добрыхъ людей, и отъ Бискупліихъ людей, и отъ всее Лиолеискіе земли; — и добиша челомъ Великого Государя Царя Руского намѣстникомъ Новогородцкимъ: Князю Алексанару Володимеровичу и Михайлу Васильевичу, послове Неметцкіе, Симанъ Ванъ Боргъ, да Иванъ Лодевъ, да Иванъ Дюкеръ, да Юрья Кавіеръ, и взяли перемирье съ великого Государя Царя Руского намѣстники съ

Lyff. Salmen in dussen thein Jarren duszt Byfrede festhicke holdenn van beiden Parten. Water unnd Lande twisschen grote Now. unnd f. Meister sall sinn de olde Grenssze: uth der estensche Szee des Stromes der Narue Becke unnd middenn ower denn Holm, de dar licht beneddenn Iwannogorodt in der Narue Becke, unnd fordt in dat solte Meher, oha denn olden Friede Brruenn dese f. Meisters unnd uha der Kruskussunge. Des grote Herschoppers, Kay. aller Russenn Lude de Now. sollen ower de Grensze, ower denn Stroem der Narue Becke, nicht tredenn op de helffte des Holmes, de der licht beneddenn Iwannogorodt unnd der Narue, up des f. Meisters sine Helffte up de lincke Side nicht treden, gein Grassz tho meiten, goin Busch tho bouernn, gein Landt tho plog, gein Fissche tho fangen. Dergelick, sall der f. Meister unnd sine Lude ower deme Strom der Narue Becke up des grot Herschoppers Wassilienn, van Godt gnadenn Kay. aller Russen unnd Grotfôrst, vr. Er. up de Now. Side ower de Helffte der Narue Beck up der rechter Handt de Helffte des Holmes, de der licht beneddenn Iwannogorodt unnd Narue, nicht ower tredenn myt geinen Dinge, noch Hay slage tho slande, Busch tho bouern, Landt tho ploen, geine Fissche tho fange. Ein eder sall sine Side Bekennenn, oha der Kruskussunge. Ock sollen uth des grote Herschers, Kay. aller Russz, vr. Er. de Lude der Lande tho Now. durch des f. Meisters, Ertzbisschopps, unnd der Bischoppe Lande unnd Beholdinge tho Dorpte, Narue, Righa, Revell, unnd in allen Stedenn der Lande tho Lyff. furthenn, kopenn unnd verkopenn deme Now. Kopman allerleye Ware, nichts Buthen Boscheden, up dat Olde; in desz f. Meisters tho Dorpte, Righe, Reuell, Narue, unnd in allen Steden unnd Beholdinn des f. Meisters, Ertzbisschoppes unnd der Bischoppe Stede. Szo dar ein Now. kopslagt myt einem Duitzschenn thor Narue, unnd hefft de Duitzche sine Ware in der Schute: szo sall de Now. van deme Duitzschenn gudtwillich de Ware nemenn uth der schutem ouer Bort in de Lod-

Новгородцкими за великого Государя отчину, за всю Новгородцкую землю, на десять лѣтъ, отъ перваго числа сентебря мѣсяца лѣта ,з. тритцатаго, до перваго дни сентабря мѣсяца лѣта седмь тысящъ четырадесятаго, И за всю Магистрову државу, и за арцыбискуплю, и за Бискупа Юрьевского државу, и за всѣхъ Бискуповъ, и за всю землю Лиоленскую. А въ тѣ десять лѣтъ весь миръ држати крѣпко на обе стороны. А землѣ и водѣ великому Новугороду со Княземъ Магистромъ старой рубежъ: и съ Чюдского озера стержнемъ Норовы реки, и поперекъ острова, что пониже Ивани города и Руголива, на рекѣ на Норове, да в солоное море, по старымъ грамотамъ по крестнымъ, по Князя Магистрове грамоте и по крестному целованью. А великого Государя, Руского Царя, людемъ, Новогородцемъ, черезъ тотъ рубежъ черезъ стержень Норовы рѣки и въ половину острова, что ниже Ивани города и Руголива, въ Магистрову половину, въ лѣвую сторону, не вступатися; ни пожень не косити, ни лѣса не сѣчи, ни земли не орати ни воды не ловити. Также Князю Магистру и Его людемъ черезъ стержень Норовы реки, въ великого Государя Василья, Божіею милостью Царя и Государя всея Русіи, и великого Князя, въ вотчину въ Новгородцкую, въ половину Норовы реки, въ правую сторону, и въ половину острова, что ниже Ивани города и Руголива, не вступатися ни чѣмъ, ни пожень не косити, ни лѣса не сѣчи, ни земли не орати, ни воды не ловити. Знати комуждо своя половина по крестному целованью. А изъ великого Государя Царя Руского отчины, изъ Новогородцкіе земли людемъ Его, по Магистрове државе и по арцибискуплѣ землѣ и по Бискуплимъ землямъ въ Юрьевъ и на Руголивъ, и на Ригу, и въ Колывань, и во всѣ городы Лиоленьскіе земли ѣздити добровольно, и купити и продати гостемъ Новогородцкіе земли добровольно всякой таваръ безъ вывета по старинѣ. А Маистру и Арцыбискупу

ding; dar sollen de w. der Narue geine Giffte sal nemenn, unnd van deme Now. sollenn de Deutzschenn gein Wassz afkloppen, sunder wesz sze afkloppenn tho besende nicht fell sollen sze wedder geuenn. De wassz wichte salmenn myt den Now. wichtlode tho samen lattenn; unnd men sall Recht ergenn nha der Kruskussinge. Men sall vor de dracht de wichte vor dre Denning schillinge nemenn, up dat Olde. Szo dar kumpt ein Now. thor Narue myt Wassze, Wercke, off myt wel ander Ware, unnd will theme nha Righe, Dorpte, Renell, oder in ander Stede unnd Landt sinn gudt up einem Wagenn off Karre: van der Ware sal menn geine wege gelt nemenn. Heiret ein Now., welcke forludt, de sall van einen Wagen up den ander ladenn. Ist ein Now. begerdt tho thende nha Righa, Revell, off in ander welck Stede, sall sine einen Tolck uth der Stadt off van deme Landt heirenn. Off ein Now. uth deme Wege osreine, darvmm sal men ein nicht beschuldige, dan in den rechtenn Wech wassem. Ock szo ein Now. ein Perdt tho kopenn benodiget wert in desz f. Meisters, Ertz., unnd Bisschoppe Stede unnd Beboldinge unnd in alle deme Landt tho Lyfflandt, sall de Nowgarder geuenn vor denn Breff einen ferdinck unnd sall deme Richtern thor Narue sick bewiszem, unnd vor de Uthsteding geuen einen denninck. Unnd welck Now. ein Perdt koff in des f. Meisters, Ertzbisschopps unnd der Bisschoppe, Beholt unnd fordt dat Perdt den Richternn tho besende, sall de Richter dat Perdt nicht nemenn unnd ock der Denning myt gewalt tho schefern. Der gelick sollen des f. Meisters Koplude in des grote Herchers Kay. aller Russz. unnd in siner vr. Er. in Now. Lande, hebbenn einenn freinn Wech, sho alle Upholding, tho Wather unnd tho Lande, unnd sollen frie Kopslagenn myt allerleie Ware, mehte nicht uth geschedenn; ock sollen sze up eren Houenn Kopslage, up dat Olde; de Duitzschenn sollen tho Now. off up den Byssloi in den Now. Land nicht krogen. Dergelick sollen de Bodenn des grote Herschoppers Wassilienn van

и Бискупу того товару не заповѣдывать во Князя Местерове державе, въ Юрьеве, и на Колывани, и въ Риге, и на Ругодиве, во всѣхъ ихъ городѣхъ, і въ Бискуплихъ городѣхъ. А сторгуетъ Ноугородецъ съ Немчиномъ на Ругодиве, а будетъ таваръ у Немчина въ бусе, ино Новгородцу тотъ таваръ у Немчина доброволно взяти изъ бусы черезъ край въ лодью; а отъ того Ругодивцемъ купъ неимати. А у купчинъ у Ноугородцкихъ Нѣмцомъ воску не колупати, опричь того, что уколупитъ на опытъ немного, да отдастъ назадъ ему же. А вощаной вѣсъ спустити съ Новгородцкими капми; а вѣсити напередъ по крестному целованью. А вѣсчее имати отъ пздыма отъ скалового и съ душкилы противу трехъ денегъ по старине. А приѣдетъ Новгородецъ на Ругодивъ съ воскомъ, или зъбѣлкою, или сыньимъ съ какимъ таваромъ, а похочетъ ѣхати на Ригу, или на Юрьевъ или на Колывань или вынои которой городъ, а положитъ таваръ на телѣгу: — ино отъ того товару вѣсчего неимати. А наймет Новгородецъ которого извозника, ино тому на телѣгу изъ телѣги класти. А похочетъ Новогородецъ на Ригу, или на Юрьевъ, или на Колывань ѣхати, или въ которой выной городъ, ино волно наняти, толко горожанина или селянина. А свернетъ Новогородецъ съ пути, ино втомъ Новогородцу пени нѣтъ, а путь указати. А понадобится Ноугородцу конь купити, въ Местерове дрьжаве, и въ арцыбискуплихъ, и въ бискуплихъ городѣхъ, и во всей ихъ землѣ: ино Новогородцу дати отъ грамоты вѣрникъ, а на Ругодиве судьѣ объявити, а выводного дати денга, а на пути Новогородцу конь купити доброволно, а въ Ругодиве дати вѣрникъ, а выводного дати денга. А которой Новогородецъ конь купитъ въ Местерове дрьжаве, и въ арцыбискупове, и въ бискуплихъ, а приведетъ того кони судьѣ объявити, ино судьѣ коня неотъимати, а денегъ силно неналметывати. А также Княжимъ Местеровымъ гостемъ по великого Государя Царя

Godes Gnadenn Kay. aller Russz. unnd g. f. unnd de Bodenn der Stadtholder tho Now. unnd des Stadtholders tho Iwannogord Bodenn, durch des f. Meisters, Ertzbisschoppe, Bisschoppe ere Lande unnd Beholdinnge hebben einen freien Wech tho Wather unnd tho Lande one Upholding, nha Righa, Revell, Dorpte, unnd Narue, unnd in alle ere Stede. Off des grote Herschoppers Wassilien van Godes G. Kay. unnd g. f. worde sine Bodenn tho andernn Herschopperenn ouer Meher sendenn, off tho deme grote Herschopper Wassilienn van God. Gnad. Kay. aller Rossz. unnd g. f. Boden togenn van anderno Herschernn: unnd de Beidenn Bodtschoppenn sollenn durch des f. Meisters, Ertzbisschoppes, Bischoppe, ere Lande tho Righa, Dorpte, Revell, Narwe unnd in allenn eren Stedenn, tho Lyff; tho Wather unnd tho Laude einen frien Wech durch ere Lande unnd Stede ohn Upholding hebben: unnd vor de Herberge, Vergellt, unnd Leytszag, sal menn gein gelt nemenn van beidenn Parte. Des sollen de Duitzschen des g. H. Waassilienn van God. Gnad. Kayszers aller Russenn unnd g. f. Bodenn der Stadtholder vann Now. unnd Iwannogorodt Ere Bodenn unnd alle de Lude, unnd Koplude des Landt. tho Now. sollenn sze in alle ere Stede, Lande, unnd up deme Mere beschermenn, ahne alle Behendiget, alszo ere Duitzschenn. Deme gelick des f. Meisters, Ertzbisschopps unnd der Bisschoppe Bodenn de tho deme grote Herschopper Wassilienn, van Godes gnadenn Kay. aller Russenn unnd g. f. in sine vr. Er. in alle sine Steden, tho sinenn Stedth. tho Now. unnd Iwannogorodt sollen sze hebbenn einen frienn Wech tho Water unnd tho Lande ahne alle Anholdinge unnd Hindernissze. Unnd men sall afferdige ane szmirenn (*leg.* sñmen) des sollen des grote Herschoppers Stadth. desz f. Meisters, Ertzbisschopps, Bisschoppe Ere Boden unnd Koplude uth alle deme Lande tho Lyff. in des grote Herschoppers Lande tho Wather unnd tho Lande beschermen, alszo erer Nowgard ohn alle Behendicht. Ock vme alle elegelick Sack sollenn des grote Herschoppers Stadtholdere tho Now. myt

Руского отчиве, Новогородцкой земли, горою и водою путь имъ чисть, безо всякихъ зацѣпокъ; и торговати имъ всякимъ таваромъ безъ вывета доброволно; а въ дворехъ имъ въ Новѣгородѣ въ своихъ торговати по старинѣ: а корчемъ Нѣмцомъ въ Новѣгородѣ ни по пригородомъ въ Новогородцкой землѣ не продавати. Також и посломъ Государевымъ Василья, Божіею милостью Царя и Государя всея Русіи и великого Князя, и посломъ намѣстниковъ Новогородцкихъ, и посломъ Ивангородцкого намѣстника, по Княже Местерове державе, и по арцибискупове землѣ, и по бискупливъ землямъ, горою и водою, путь имъ чисть, безо всякихъ зацѣпокъ: на Ригу, и на Юрьевъ, и на Колывань, і на Ругодивъ, и по всѣмъ ихъ городомъ. Или пойдутъ отъ великого Государя Василья, Божіею милостью Царя и Государя всея Русіи и великого Князя, послы Его къ инымъ Государемъ за море, или къ осподарю къ Василью, Божіею милостью Царю и Государю всея Русіи и великому Князю, пойдутъ отъ иныхъ Государей послы ихъ: и тѣмъ обоимъ посломъ черезъ Либоленьскую землю, по Княжей Местерове дрьжаве, и по арцыбискупове землѣ, и по бискупливъ землямъ, горою и водою, путь имъ чисть, безо всякихъ зацѣпокъ: на Ригу, и на Юрьевъ, и на Колывань, и на Ругодивъ и по всѣмъ ихъ городомъ, во всю землю Либоленьскую; и пословъ незадерживати; а постоялово, и перевозовъ, и проводного, неимати на обе стороны. А блюсти Нѣмцомъ великого Государя Василья, Божіею милостью Царя и Государя всея Русіи и великого Князя, пословъ, и намѣстниковъ Новогородцкихъ пословъ, и Ивангородцкого намѣстника пословъ, и людей, и гостей всѣхъ Новгородцкіе земли, на своихъ городѣхъ, и на землѣ, и на море, какъ своего Нѣмчина, безо всякіе хитрости. Также Маистровымъ Лювонского, і арцыбискуплю, и бискуплимъ посломъ, къ великому Государю къ Василью, Божіею милостью Царю и Госу-

deme f. Meister sick beseeden; dergelick sall de f. Meister vme alle clegeliche Sack salmenn sick besendenn myt des grothenn Stadtholderenn tho Now. ouer alle clegelick sack van beide Parte recht geuenn nha der Kruskussinge, unnd Warht ahne Behendigheit. Offt geinige Sack sick erhouenn einen Now. in des f. Meisters, des Ertzbisschopps, der Bisschoppe Stede unnd Beholt in alle deme Landt tho Lyff., dar sul erst salmenn richtenn nha Rechte unnd nha der Krusskussinge, nicht in grottern Sack dann thop Stuck Suluers Now. Ist dat sick eine Sack Bodenn thein Stucke Suluers, dreff, salmenn in dess ff. Meisters, Ertzbisschopps unnd Bisschoppe Stede den Now. myt denn Duitsschenn nicht richtenn, sso salmenn den Antworder den Nowgarder geuen up Borge Handt; unnd welck geine Borge gelange kann, salmenn in de feste haltenn; derhaluenn salmenn sick myt den Stadth. tho Now. besendenn. Dergelick off etewelck Sacke sick entstunde einenn Duitzschen uth Lyfflande in Nowgarder Lande: dergelick salmenn dar recht geuenn nha unnd nha der Kruskussing, nicht in grotterno dan tho thein Stucke Suluers Now. Ist de Sack hoger den X Stuck Sulvers, szo salmen tho Nowgardenn den Duitzschenn myt den Now. nicht richte. Men sall den Anthworder denn Duitzschenn donn up Borge Handt. Hefft he geine Borge: salmen in de Feste haltenn, vme dem sodan sollenn sick de Stadtholderr tho Now. myt deme f. Meister besenden, unnd ein Vorsamelinge beramenn van beyden Parte tho sende up den semptlick Holm, in der Narve Becke. Dar sollen de Stadth, tho Nowgarde, f. Meister, Ertzbisschoppe, Bisschoppe, Borgermeistere, Radtmanne, in welckerenn Beholde de Sacke bewant sinn, sollen sendenn tho der Vorsammeling ere Richtere; de Richter sollen de Sacke richtenn im semptlich Gerichte, unnd solleun allen den Sacke Recht geuenn myt Uthboring nha der Kruskussinge. Voruelt dar ein Duitzscher in Straff, in watterley Sacke dat edt sye, in Nowgarde Lande: den salmenn tho Now. nicht straffenn, derhaluenn sollen de Stadtholders

дарю всеа Русіи и великому Князю, по его отчине по всѣмъ городомъ, и къ его намѣстникомъ Ноугородцкимъ, и къ Нановгородцкому намѣстнику, горою и водою, путь чистъ, безо всякихъ зацѣпокъ; и посломъ не задерживати и отпущати безъ замешканья. А блюсти великого Государя намѣстникомъ Маистровыхъ, и арцыбискуплехъ, и бискуплихъ пословъ и гостей, и всей Ливоленскіе земли, на великого Государя землѣ и на водѣ, какъ своего Ноугородца, безо всякіе хитрости. А о обидныхъ дѣлехъ о всякихъ намѣстникомъ Новогородцкимъ великого Государя со Княземъ съ Местеромъ ссылатися послы; также и Князю Местеру о всякихъ обидныхъ дѣлехъ ссылатися послы съ великого Государя намѣстники Ноугородцкими; и управа давати всякимъ обиднымъ дѣломъ на обе стороны по крестному целованью, въ правду, безъ хитрости. А на которомъ городе почнется каково дѣло, Новгородцу въ Местерове державе, и въ арцыбискупове дрьжаве, и въ бискуплехъ дрьжавахъ, и по всей землѣ Ливоленьской: ино туто ему и управа дати, по исправе и по крестному целованью, не въ великихъ дѣлехъ до десяти рублевъ Новогородцкихъ. А выше десяти рублевъ будетъ каково дѣло: ино въ тѣхъ дѣлехъ въ Неметцкихъ городѣхъ, въ Местерове дрьжаве, и въ арцыбискуплихъ, и въ бискуплихъ городѣхъ Новогородца съ Немчиномъ несудити, а дати отвѣтчика Ноугородца на поруку; а по которому не будетъ поруки: ино его до толе держати на крепости до толе: да о томъ имъ сослатися съ намѣстники съ Ноугородцкими. А въ Новогородцкой землѣ каково дѣло будетъ Немчину Ливоленьскіе земли: ино также ему туто и управа дати, по исправе и по крестному целованью, не въ великихъ же дѣлехъ до десяти рублевъ Новогородцкихъ; а выше десяти рублевъ каково будетъ дѣло, ино въ Новѣгородѣ Немчина съ Новогородцомъ не судитиж, а дати отвѣтчика Немчина на поруку. А по которомъ не будетъ

tho Nowgarde myt deme f. Meister besenden, unnd beramenn ein Tydt, szo salmenn denn Duitzschenn stellen vor de semptlick Richtere. Unnd voruelt ein Nowgarder, in watterleye Sacke edt sye, in den Duitzschen Stedenn, in des f. Meisters, Ertzbisschopps, Bisschoppe Stede: sal menn den Now., dergelick in denn Duitzschenn Stedenn nicht richten, de f. Meister, Ertzbisschoppe, sollen sick myt den Stadtholdernn tho Now. besenden, unnd setten einen Dach; up den Dach salmenn stellen den Nowgard. vor de semptlicke Richternn. Unnd de semptlicke Richterr sollen den Sacke ein Ende macke myt Besoking up deme Dage nha der Kruskussinge. Szo de Nowgarder de Sacke ouer denn Duitzschen erfordert, unnd tho der Kruskussinge gerichtet werdt, szo sall de Antworder de Duitzsche dat Krus kussenn. Dergelick szo de Duitzsche de Sacke ouer deme Now. besocht unnd tho der Kruskussinge gerichtet werdt, szo sall de Antworderman de Now. dat Krus kussenn. Unnd men sall denn Duitzschenn richten. Alszo ein Now. de Sackewolde sall sinenn Sackewolde nha erenn Rechtenn erkennen, gein Anholdinge unnd Besettinge sall van beiden Parten gescheen. Alszo in den vorigenn Breuenn gescrevenn steit der Grot Herschernn Iwan, van Godes Gnadenn Kay. unnd Herschoppers aller Russen unnd g. f. unnd sines Szars (*leg.* Sons) Wassilienn, van Godes Gnadenn Kay. unnd Herschers aller Russenn unnd g. f. welckern Koplude van Now. in des f. Meisters, Ertzbischoppes, Bisschoppe tho Dorpte unnd alle deme Lande tho Lyff. gefangenn settenn, unnd ere Gudes genomenn; sall de f. Meister, Ertzbisschopp, Bisschopp tho Dorpte, unnd alle Bisschoppe de Koplude myt ere Ware lossgeuenn. Welckern Koplude in der Gefencknisse gestoruenn, off uth der Fencknisse vorlopenn sienn unnd ere Guder dar gebleuenn in dem f. Meisters, Ertzbisschopps, Bisschopp tho Dorpte, in der Bisschoppe Beholding, unnd in alle deme Lande tho Lyff, vor de Now. War gelatenn in eren Beholt, sall de f. Meister, Ertzbisschopp, Bisschopp tho Dorpt unnd alle Bisschoppe,

поруки: ино его до толе дрьжати на крепости: да о томъ намѣстникомъ Ноугородцкимъ сослатися съ Маистромъ; да срокъ учинити обоимъ истцомъ собѣихъ сторонъ стати на съѣзде, на Норове рекѣ на вопчемъ острове. А намѣстникомъ Ноугородцкимъ, и Маистру, и арцыбискупу, и бискупу, и бергаместеромъ, и ратманомъ, гдѣ будетъ то дѣло въ чьей дрьжаве сослати къ тому сроку на съѣздъ судей; и судьямъ тѣ дѣла судивши судомъ вопчимъ, да і управа имъ тѣмъ дѣломъ всѣмъ учинити съ обыскомъ, по крестному целованью. А дойдетъ которой Немчинъ до казни, въ какове дѣле ни буди, въ Новогородцкой землѣ: ино его въ Новѣгороде не казнити, а сослатися о томъ намѣстникомъ Новогородцкимъ съ Маистромъ, да срокъ учинивши, поставити того Немчина на съѣздѣ передъ судіями. А дойдетъ въ каковѣ дѣле ни буди, Ноугородецъ до казни въ Неметцкихъ городѣхъ, въ Местерове дрьжаве, и въ арцыбискуплихъ, і въ бискуплихъ городѣхъ: и того Ноугородца въ Неметцкихъ городѣхъ также не казнити, а обсылатися Маистру, и арцыбискупу и бискупомъ, съ намѣстники съ Новгородцкими, да срокъ учинити поставити того Ноугородца на съѣзде передъ вопчими судьями. А судьи вопчіе учинятъ тѣмъ дѣломъ конецъ на съѣзде собыскомъ, по крестному целованью. А взышетъ Новогородецъ на Немчинѣ, а досудятъ до целованья: ино целовати отвѣтчику Немчину. А взышетъ Немчинъ на Новогородце, а досудятъ до целованья: ино целовати отвѣтчику же Новгородцу. А судити Немчина, какъ своего Ноугородца. А знати истцу истца по своей исправе, а порубу въ томъ не быти на обе стороны. А что написано въ первыхъ перемирныхъ грамотахъ великихъ Государей Ивана, Божіею милостью Царя и Государя всея Русіи и великого Князя, і сына его Василья, Божьею милостью Царя и Государя всея Русіи и великого Князя, которые купцы Ноугородцкіе въ Юрьеве, и во Княжехъ Местеровыхъ городѣхъ, и

de War wedder kerenn den Nowgardschen Kopmenn. Unnd wes der Ware in den larenn ff. Meister, Ertzbischopp, Bisschopp tho Dorpte unnd Bisschoppe unnd ere Lude, oha deme Fride Breuenn nicht wedder gegewenn hebben deme Now. Kopmenn, alle der Sacke haluenn sollenn sick des grote Herschers Stadth. sick besendenn myt deme f. Meister, Ertzbisschopp, Bisschopp tho Dorpte, unnd Bisschoppe, unnd beramenn eine Vorsammeling; sollen de Nowgarder up der Vorsammeling kussen dat Krussz. Wesz eine der Ware nicht weddergegeuenn dat sullenn des f. Meisters, Ertzebisschoppes unnd Bisschoppe Lude betalenn. De Stadtholder tho Iwannogorodt sall dat Krussekussenn darup, watterleie Sack de Naruer hebbenn, tho donde myt den von Iwannogorodt; sall de Besock unnd Recht gewenn allen elegelick Sack up dat aller rechteste, unnd oha der Kruskussing. Dergelick sall de Stadtholder thor Narue unnd de Richter thor Narue dat Krus kussenn up ein so dan watterleye Sack de van Iwannogorodt tho den Naruenschen tho donde hebbenn, sollenn sze besoken unnd Recht gewen ouer alle schedelicke Sacke vp dat richteste, oha der Kruskussing. Einen Deff, Loper, Egenman unnd ein Egenwiff sal menn oha der Kruskussinge Besocke unnd Recht gewenn. Der Russchen Kercken Godes in desz f. Meister, Ertzbisschopp unnd Bisschoppe Beholdinge unnd war de sinn: de Kerck sal menn reinigen myt aller tho Behoringe unnd holdenn de oha deme oldenn unnd de nicht beschedenn. Unnd welckere Sack de de geschen sinn twisschenn des Grothenn Herschoppers Lande unnd vederlicke Er. Now. Lande, unnd denn Lande tho Lyff, vor dussem Byfrede, de Sack sollen dort sinn van beiden Parten, besunder de Sack, de in dussem Byfrede gescrewenn sinn. Unnd in welcke Stadt des f. Meisters, Ertzebisschoppes unnd Bisschoppe, ere Lande unnd Beholding ein Nowgarder sine Bart uthgerupet werdt, denn Duitschen salmenn myt den Now. up de Vorsammeling stellen vor de semptlicke Richtern, szo men em sodan ouer denn Duitz-

въ Арцыбискуплихъ, и въ Бискуплихъ, и во всей земле Лифленской, поимали, а таваръ у нихъ поотъимали: И Местеру, и Арцыбискупу, и Бискупу Юрьевскому, и всѣмъ Бискупомъ, тѣхъ купцовъ Ноугородцкихъ всѣхъ со всѣмъ ихъ таваромъ отпустити. А которыхъ будетъ купцовъ Ноугородцкихъ въ томъ нятостиѣ не стало, или которой утекъ истого нятъства, а таваръ ихъ остался въ Местерове дръжаве, и въ Арцыбискуплей, и въ Бискупа Юрьевского дръжаве, и иныхъ Бискуповъ дръжаве, и во всей земле Лифленской, или которой таваръ Новогородцкой у кого положенъ въ ихъ дръжавахъ: и Князю Местеру, и Арцыбискупу, и Бискупу Юрьевскому, и инымъ Бискупомъ, тотъ таваръ отдати Ноугородцкимъ купцомъ. И чего будетъ того тавару Маистръ, и Арцыбискупъ, и Бискупъ Юрьевскій, и всѣ Бискупы и ихъ люди, по тѣмъ перемирнымъ грамотамъ въ тѣ годы Ноугородцомъ неотдали: и тѣмъ дѣломъ всѣмъ, великого Государя намѣстникомъ Ноугородцкимъ обослався съ Маистромъ, и съ Арцыбискупомъ, и съ Бискупы, учинити срокъ на съѣзде; да Новогородцомъ на томъ съѣзде целовати крестъ, кому будетъ того тавару чего не отдали. И Маистровымъ людемъ, и Арцыбискуплимъ и Бискуплимъ людемъ, то платити. А намѣстнику Иваегородцкому целовати крестъ на томъ, каково будетъ дѣло Ругодивцемъ до Иваегородцовъ: и ему того обыскивати, и управа давати всякимъ обиднымъ дѣломъ на праве, по крестному целованью. Также и Ругодивскому Князю, и судьямъ Ругодивскимъ, крестъ целовати на томъ, каково дѣло будетъ и Иваегородцемъ до Ругодивцевъ; і имъ того обыскивати, и управа давати всякимъ дѣломъ обиднымъ по крестному целованью, на праве. А тати, і беглеца, и холопа, и робу, по крестному целованью, обыскавъ, по исправе выдати. А церкві Божіе Рускіе въ Местерове дръжаве, и въ Арцыбискупле, и въ Бискуплехъ дръжавахъ, гдѣ нибудя; и тѣ церкви очистити совсѣмъ, и дръ-

scheen vor denn semptlicke Richternn bringet myt Gerichte unnd nha Rechte sollenn de Richterr deme Duitšchenn settenn eine Brecke unnd Straff, nha deme Gerichte. Szo vormaless gewesenn, dat des Stadtholdernn tho Now., ere Boden getogenn sinn an den f. Meister, nha Righa, Reuell, hebbenn des f. Meisters Leytsagenn thor Narue van der Stadtholdernn Bodtschoppenn genomenn ein Stuck Suluers. Dergelick wanne des f. Meisters Bode toch tho deme grote Herschopper off tho sinen Stadtholdernn tho Now., do nam de Leytsage van Nowgard tho Iwannogorodt van des f. Meisters Botschoppenn ein Stucke Suluers. Dat Stucke Suluers salmenn van beiden Parten nicht nemenn, thor Narue van den Stadtholdernn Bodenn unnd tho Iwannogorodt van des f. Meisters Botschoppenn: men sall geuenn Leytsage van beide Parte ahne Gelt, thor Narwe des grote Herschoppers Bodenn, unnd der Stadtholdern tho Now. unnd des Iwannogorodts Stadth. Bodenn tho deme f. Meister, tho Righe, Reuell, unnd up Iwannogorodt, dergelick des f. Meisters Bodtschoppenn nha grote Now. Alszo her beuorenn de van Nowgarde hebbenn genommenn, van des f. Meisters sine Bodenn vor de Herberge Gelt, dergelick hebbenn szo van der Stadtholdernn Boden van Nowgard vor de Herberge genommenn ein sodan sall van beiden Parte nicht meher geschebenn. Van beiden Parten Herberg geuenn ahne Giffte. Ock van beyden Parteu sall geine Auholding gescben. Unnd geinerleie Sack offt dar geinige Sacke twisschenn des grote Herschoppers vederlicke Erwe, tho grote Nowgard unnd Pleskow, myt denn Lande tho Lyff. upstande: van beidenn Parten des grot Herschoppers Eruenn tho grote Nowgard unnd Pleskow unnd ock in allen Duitschen Stedenn de Fürste Meister, Ertzbisschopp, Bisschopp unnd Stede in alle deme Lande tho Lyff. sall menn de Boden unnd Koplude in den Sack nicht anholden unnd berouenn, ock geine Ware van den Kopluden nemen. Men sall de Bodenn unnd den Kopman myt alle deme Ervenn frie then lathenn van beiden Parte ahne

жати по старине, а ихъ необидѣти. А которые дѣла промежъ великого Государя отчины, Новогородцкие земли, съ Ливленскою землею дѣлалися до сего перемирья: и тѣмъ дѣломъ всѣмъ лерть на обе стороны, опричь тѣхъ дѣлъ, которые въ сей перемирной грамоте писаны. А въ которомъ городе въ Местерове държаве, и въ Арцыбискуплихъ землахъ, и въ Бискуплихъ землахъ, у Новогородца выдерутъ бороду: и того Немчина съ Ноугородцомъ поставитъ на съѣзде передъ судьями на вопчемъ судѣ: и доведутъ на того Немчина на вопчем судѣ передъ судьями судомъ и исправою: и судьямъ тому Немчину учинити вина и казнь по суду. А что было прежъ сего поѣдетъ намѣстниковъ Ноугородцкихъ посолъ ко Князю къ Местеру, или въ Ригу, или на Колывань: ино Местеровъ проводникъ въ Ругодиве имал на намѣстничихъ послѣхъ рубль. Также Местеровъ посолъ поѣдетъ къ великому Государю или къ его намѣстникомъ въ Новгородъ: ино Новгородцкой проводникъ, на Ямѣ[1]) городкѣ, имал у Местерова посла рубль. И того рубля неимати на обе половины, ни въ Ругодиве на намѣстничихъ послѣхъ, ни на Ивавегородѣ на Местеровыхъ послѣхъ, а проводники давати на обе стороны безкупно: въ Ругодиве великого Государя посломъ, и намѣстничимъ посломъ, и Ивангородцкаго намѣстника послу до Князя Местера, и до Риги, і до Колывани, а на Иване городе Княжь Местерову послу до Новагорода до великого. А что въ Новѣгороде въ великомъ имали на Маистровыхъ послѣхъ подворное, а въ Неметцкихъ городѣхъ во Княжь Местерове дръжаве, и въ Арцыбискуплихъ, и въ Бискуплихъ городѣхъ, имали подворное на послѣхъ Новогородцкихъ намѣстниковъ: и впередъ посломъ на обе стороны давати подворья, а подворного на послехъ неимати. А порубу не быти ни въ чемъ на обе стороны. А хотя будетъ

---

1) *Яма городка*, вѣроятно, поставлено по ошибкѣ; ибо въ Нѣмецкомъ текстѣ написано *Иванъ городъ*, да и въ Русскомъ текстѣ послѣ говорится о семъ посадникѣ.

Aupholding. Up alle dusse Sack unnd Breue nha Beuell des grot Herschoppers Wassilienn, van Godes Gnadenn Key. unnd Herschers aller Russenn unnd g. f. siner Stadtholdernn ff. Allexander Wollodemerowitz unnd f. Michaell Wassiliewitz, hebben dat Kruss gekusset de Baiarenn vann Neugard: Iwan Fodderowitz Szabolotzky unnd Tymofey Iwannowitz Kartmassow unnd de Older Lude. Der Koplude Wassilei Nikiutenesszoen Thorkanow, unnd Buchdan Symensszoen Krukow.

Unnd f. Allexander Wollodimerowitz unnd Iwan Constantinowitz Hoffmeister tho Nowgard, hebben an der andussen Breff ere Szegele gehangen unnd ere Hande gestrecket unnd van des ff Meisters, des Ertzebisschoppes tho Righe, Bisschopp tho Dorpte unnd Bisschoppe, wegen de in dussen Breff gescrevenn Stan unnd van alle deme Lande tho Lyff. unnd des f. Meisters Beholdinge hebben up dussenn Breff dat Kruss gekusset de Duitschen Bodenn Symen van der Borch, Ritter Johan Lode, Johan Ducker unnd Iurgenn Kauyer, hebben ere Szegell wader an dussen Breff gehengenn. Unnd wen ner des Russchen Kay. Stadtholder tho Nowgard werdenn sendenn ere Boden tho deme ff Meister tho Lyff. Szo sall de ff Meister in iegenwerdight der Boden up dussen Breff suluenn dat Krus kussenn unnd vor den Ertzbisschopp, Bischoppe unnd vor alle sine Stede unnd Beholt der Lande tho Lyff. sall sine Szegell de ff. Meister an dussen Breff doenn hangenn unnd

промежъ великого Государя отчинъ, великого Новагорода и Пскова, съ Лифляньскою землею и дѣло каково: ино въ обѣихъ сторонахъ въ великого Государя отчинахъ, въ великомъ Новѣгородѣ и во Пскове, и во всѣхъ городѣхъ, а въ Неметцкихъ, въ Маистрове дръжаве, и въ Арцыбискуплихъ и въ Бискуплихъ городѣхъ, и во всей землѣ Лифляньской, посла и гостя въ томъ не порубати і не грабити; и товару у гостей неотъимати, а отпускати пословъ и гостей со всѣмъ на обе стороны доброволно, безо всякіе зацѣпки. А на томъ на всемъ на сей грамоте повелѣньемъ великого Государя Василья, Божіею милостью Царя и Государя всея Русіи и великого Князя, намѣстниковъ Новогородцкихъ Князя Александра Володимеровича, и Михаила Васильевича, целовали крестъ Боаре Ноугородцкіе: Иванъ Өедоровичъ Заболотцкой, да Тимоѳѣй Ивановичъ Картмазовъ, да старосты купетцкіе: Василей Никитинъ сынъ Торakанова, да Богданъ Семеновъ сынъ Курюкова.

А Князь Александръ Володимеровичъ и дворетцкой великого Новагорода Иванъ Костянтиновичъ на сей перемирной грамоте руки дали и печати своя привѣсили. А отъ Князя Местера и отъ Арцыбискупа Рижского, и отъ Бискупа Юрьевского, и отъ всѣхъ Бискуповъ, которые въ сей грамоте писаны, и отъ всее земли Лифлянскіе Маистровы дръжавы, на сей грамоте целовали крестъ послы Неметцкіе Симанъ ванъ Боргъ, да Иванъ Лоденъ, да Иванъ Дюкеръ, да Юрьи Кавѣръ, да и печати свои къ ней привѣсили. А какъ великого Государя Царя Руского намѣстники Ноугородцкіе пошлютъ своего посла ко Князю къ Маистру: и Князю Маистру передъ тѣмъ посломъ на сей грамоте самому крестъ целовати, и за Арцыбискупа, и за всѣхъ Бискуповъ, и за всѣ свои городы, і за всю свою дръжаву, за Лифляньскую землю: и печать своя Маистру къ сей грамоте привѣ-

de Ertzbisschopp tho Righe, de Bisschopp tho Dorpte, sollen de Hande streckn vor alle ere Beholt vnnd ere Segell an dussen Breff doen hangn. Vnnd hebben dussen Frede geendiget in des grothen Herschoppers Kaysers aller Russen vederlick Erve tho Grote Nowgarden im Iare seuen dusent vnnd dorchtigestenn.

На оборотѣ грамоты написано слѣдующее:

Дѣлъ грамоты Лифлянскихъ Магистровъ перемирные ,за году съ Новгородскими намѣстниками со Княземъ Александромъ Ростовскимъ, да съ Михайломъ Морозовымъ на ї лѣтъ.

сити, и Арцибискупу Ризскому, и Бискупу Юрьевскому, руки дати за всѣ свои дръжавы, и печати свои къ сей грамоте привѣсити. А кончали перемирье въ великого Государя Царя Руского отчинѣ, въ великомъ Новѣгороде въ лѣто ,ѕ тритцатое.

Подлинная грамота писана на пергаминѣ: при концѣ грамоты мѣсяца и числа неозначено, и печатей нѣтъ, кои за ветхостію отгнили или оторвались.

e.

Nha dem Willen vnd nha beuell des grothen Herschoppes Wassilien van gades gnaden Keysers vnd Herschers aller Russen vnd Grothfursten tho Wollodemer Musko nowgarden Pleskow Smalenske Otuerne Jirporske Permski wetscky Voltgarsky vnd anders hir sint gekommen in des grotherschers Keysers aller Russen Vederlicke Erue tho Grote nowgarden tho des grotherschoppes Key: aller Russen Stadtholdern tho now:, tholf, Alexander Wolledimerowitz Rostowschko vnd Furst michale Wassilowitz morosou uth des grot: hern Keysers aller russen vederlick Erue van Plesskaw van deme Furst michall Wassilowitz Gorbathow vnd F. Peter Symmennewitz Debolowskobow vnd van alle g., Plesckow der Vtl. Erue des grothen Key: aller russen der Stadth. ere Boden van Pleskow de Olderlude des ve. Eru. Key: aller Russen Nassari misuno Peder Vlasye......: Fodos Steffenssoen Pipinn der gelick sie gekommen van demme Eddelen Fursten tho lyfflandt Woltherrn van Plettenberch meister duitzschen ordens sine boden Symen van der Borch ritter vnd Johan lode vnnd hebben geendiget Kaysicke mytt; ders Bodischop der Stadtholder, tho Pleskow des Vet. erue des groten hern Key: aller russen myt den Olderluden van Pleszkow tho thein iaren an tho gande des Ersten dagen des manten Septembris vnd dagen Egidij abbat in iar Seuen dusent vnd dertich bisz man schriuen wirdt seuendusent vndt vertich vor den forsten meister tho lyffl. Erzbischopp tho Rige vnd vor Ere herrn Ritterschopp vnd landtsatten vnd vor de Borgemeisters vnd Radmannen vor alle ere Stede des Forstenmeister Ertzbischoppes behaldinge salmen dussen thein iarigen Byfrede nha dussen breuen van beiden parten fastlicken holden des g: herschers Key:, aller Russen sine Stadthold: de forst tho Pless: vnd sine vederlicke Eruen, sollen in dussen thein Jaren des Forstemeisters Ertzbischoppes beholdinge nicht beseidenn vnnd hindringen up er, Water vnd landt sollen se nicht treden der gelicken soll de Forstmeister Ertzbischopp uth alle ere beholt in dussen thein Jaren des g: herschers Key: aller Russen vät. Eru. Plesskow landt nicht beseiden ock nergen nyt beschedigen, up Ere watter vnd lande .... tredenn, den watbern vnd lande tuchschen Pless, vnd Forstmeister Ertzbischop sall sin de olde grenze nha dem Olden breuen de grote Szee sollen de Plesz: fischen an ere side ouer de grote Szee sollenn des Plessckower nicht ferne fischenn up de duitzsche side Kumpt durch sunde effwinnacht baluen dat de wint vorfelt den Pleszck: vischer an de Duitzsche side Dar vmme salmen nicht schellenn der gelicken sollen de

Duitzschenn de grote Szee fischen an ere Oeuer, ouer de grote Szee sollen de Duitzschen nicht then tischen up de Plesz: side Kumpt dorch sunde off winnicht haluenn dat de wint vorset den duitzscher fischer an de Plesz: side dar vmme salmen nicht thornen in de Plesz: Szee sall de Duitzsche nicht fischen, up den holm Klytazar sollen de Duitzschen nicht treden, de grennsze tuischen deme forst meister vnd Plesz: is de Ström der nanebeck alsze dan uth des grot: bersz: Key: aller Russen Vet. Eru. de lude uth Ples: lande schlagen ere bouet Wassilien van godes gnaden Key: vnd herschers aller Russen vnd grothf: vmme so dant wo dat des F: meisters Ertzbischopp lude sint getreden in Pleszkower landt ouer de olde grensze der gelicken hebben ere houet geschlagen des F: meisters lude wo dat des g: h: Veder. Er: lude van plesz: sint getredenn in des F: meisters landt, vnd des groten herrn Stadth: van Now: sollen senden up dat landt ere rechtere up enne bestemmeden dach ock des g. h. Stadth. de. F. tho Plesk: vnd van des grot II. veder. Er. Plesk: sollen nigt deme F: meister Erbischop beramnen, eine tydt vnd senden vp dat landt Erwerdige lude van beiden parten, der gelicken sall der Forstmeister Erzbischop up den bestimmenden Dach senden ere Erwerdigen lude tho der Versamblinge vnd der richterr des groszen herschop vnnd de gude lude alsze de van beiden parten up dat landt tho sannen Kamen sollen sze besocken nach der Crutzkussinge vnd setten den landen vnd wattern eine Grentze nha dem frede brewenn vnd nha dusser Crutzkussinge vnd ock fort mer salmen up fremde wather vnd lande nicht tredenn van beiden parten Woll dede van beiden barten up fremde wather vnd Lande trecht deme sal men dat leuent nicht latenn ock uth des Groth. herr Kayser aller Russen vederlicke Erue uth Pleszckow lande de Koplude vnd geste sollen hebben in des Förstmeisters Ertzbischopp vnd Bischoppen ere Beholde vnd Lande nha Riga Reuell vnd narue in alle ere stede der Lande to lyfflande, hebben the wather vnd tho lande enen frien wech thokommen vnd tho thende ahne alle anholdingen vnd tho Kopen vnd tho verkopen allerleye ware frie nichts Butenn beschedenn vnd nyt solt, In der Embecke mogen de Pleszkower then Kopslegen up dat olde ock by portzelenn ock in der summe mogen se Err ware verkopen frie in allen Steden in lyfflandt ock mogen de Plesk: an der Embecke sin holt howen, in deme büsschen tho aller nottorft up dat olde nha der Crutzküssinge ock sal de Forstmeister vnd sine herrn Ertzbischopp tho Rige Bischoppe vnd Ere lude den Plesz: Kopmannern af geste erer ware geine werde setten vnd dar geine geste vornemen ock salmen des Plesz: Kopman gein toll der nachtleger setten vnd geine ronnebome sollen wege sin ock salmen van den Plesk: Kopman dar geine giffte van nemen der gelicken sall men van des f: meisters Ertz: lude vnd uth alle erem beholde sollen sze in des grot:, hern:, ved: Er: in Pleskower lande in alle Ere Stede tho water vnd tho lande hebben einen frien Weg to komen vnd tho thende ahn alle hindernisse frie tho Kopen vnd tho verkopen allerleie ware nichts nicht buthen bescheden, vnd nyd solt, vnd die Duitzschen sollen in Plesko, lande nicht kregen ock sollen de Plesk: deme Duitzschen Kopman sine ware nicht settenn ocke geine giffte darvan neme ock sallen de Duitzschen gein wass bekloppen van de Plesk: des nicht fell sin sall, wes sze afkloppen sollen sze en wedder vmme geuen wage gelt salmen nemmen van der Plesk: ware in den Duitzschen Steden van de Plesk: vnd van den Duitzschen in Plesk: lande, up dat olde van beiden parten ock szo dar geschreuen stett in den forigen freden breuen der groten hern Iwan van Gottes gnaden Kayser vnd Herschers aller Russen vnd Grothfurst vnd seines Sohnes Wassilien van Gottes gnaden Kayser vnd Herschers aller Russen vnd f: g: vnd welcke Koplude van Plesk: in des Förstmeister Erzbischoppes Stedde vnd in alle deme Lande tho lyffland vnd erem beholde gefangen werenn vnd Ere ware van En genomen de F: meister Ertzbischopp sallen alle de Koplude loss geuenn myt alle erem gude Welcker Koplude in der gefencknisse nicht geblewen efft verlopen sinn vnd Ere ware is gebleuen in des F: meisters Ertzbischoppes Stede oder welckere ware die Plesk: gelaten hebben in verwarungen in des F: meisters Erzbischoppes Stede sall de F: meister Ertzbischopp den Plesk: alle ere ware wedder geuen vnd was von der ware de F: meister Ertzbischopp vnd ere lude nha den frede breuenn in der Jaren nicht wedder gegeuenn hebben Alsze ock nha deme frede de Plesk: bode Jackowa Ansimotes tho wenden by deme F: meister bestroffet werdt vme alle der sacke willen, sollen des G, H. Stadtb: de F: van Pleszkow myt deme F: meister vnd Ertzbischopp sick besenden vnd beramen einen Dach off tydt der vorsammlingen vp der vorsamblinge sollen de Plesko dat Kruskussen den Ere ware nicht wedder gegeuen is, sallen des F: meisters lude sudan war betalen vnd wes deme Plesko, boden Jackowa genomen is sall de Pleskobode dat Krus up Kussen sal der F: meister eine betalenn ock forder in dussem thein Jahren vmme alle Klegelicker sake in wat stede de gescben einem Ples: in des F: meisters Erzbischops vnnd Bischoppe ere Stede vnd in alle deme landt to lyff: salmen dar suluest recht doenn nha rechte vnnd Krutzkussing nicht in groterem dan tho thein stucken suluers Ples. welcke sacke sick bouen 10 stucke sulvers triffende is, vnd wes bouen thein stucke suluers treff. salmen in den Duitzschen Steden in des F: meisters Ertzbischops vnd Bischoppes erem Steden den Ples:, myt einem Duitzeu nicht rechtenn, men sall den andtwordes man den Ples: geuen up borge handt, hefft he geine borge salmen Ene in de feste setten, vmme ein andant schalmen sick myt den Stadth: des G:, herr myt den F: tho Pleskow, vnd myt den V: Erue des grotbers:, Ples: besendenn ock hefft ein duitzscher uth lyffland genige sacke tho donde in Plesk. lande salmen dar suluest der gelicken recht geuen nha rechte vnd Krusskussinge nicht in grotheren dann tho thein stucke sulvers Ples: welcke sacke sick höger dan thein stucke dreff salmen einem Duitzschen tho Ples, myt einem Plesk: nicht richtenn den andtworder den Duitzschen salmen borgen hefft he geine borge sall in de Feste gesatt werden Der haluen sollen des G., H. Stadtb: de F: tho Plesk, sick besenden myt deme F: meister vnd setten ein tydt den beiden sacken wolde tho stande up den Dach vor den semptelicken richtern des sollen de Stadth, des G:, H:, de F: van Ples, myt deme F. meister Ertzbischoppe vnd Bischoppe Borgmeistern Radmannen uth welcher beholde de dar sacke tho donde hebben sollen senden up de tydt tho der Versammelinge ere richtere, alse de richtere up der Versammelinge semptlick gericht hebben sollen se semptlicken allen den sacken ein Ende macken myt besockinge up dat rechteste vnd na der Krutzkussinge voruelt ein Duitzsche in straffe in watterleie sacken idt sy in Plesk lande salmen tho Pleskow nicht richten sollen sick der sacke haluen des G:, H. Stadthold: de F: van tho Plesk, myt den F: meister besenden vnd beramen ein tydt vnd stellen den duitzsche up den berameden Dach vor de richte, voruelt ein Ples, watterlye sacke in straff in denn duitzschen Steden in des F: meisters Ertzbischops vnd Bischope beholt salmen der gelicken den Ples., in den Duitzschen Steden straffen nicht. Der sacke haluen sall sick de F: meister Ertzbischopp vnnd Bischoppe myt den G., herschoppes Stadtholdern myt den F: van Plesk: besenden vnd beramen einen dach, vnd stelle den Ples, up den Dach vor de semptlicken richtere vnd de samptlicke richters marken den sacken up deme dage ein Ende myt besocken up dat rechteste na der Krutzkussinge De Versamblinge sall sin vp der stede dar de semptlicke richtere den landen vnnd wathern ein grentze setten, fordert ein Pleszkouer eine Duitzschen vnd werdt gerichtet tho der Krutzkussinge so sall der andtworder de duitzsche Kussenn. Vordert ein Duitzscher ouer ein Plesk: vnd werdt gerichtet tho der Krutzkussinge so sall der andtworder de Ples: Kussen. Eine Duitzschen salmen in Ples: lande richten alse eine Plesk. In duitsschen landen salmen eine Pleskouer richten alse eren Duitzschen. Ein sackewolde sall sine sackewolde Erckennen, aha sinen rechtenn der sall geine anholdingen vnd besetten van beiden parten nicht geschen der F: von Plesk:, ere Stadth: tho Woldow vnnd de Borgemeister vnd gude lude van Woldow sallen dat Krutz darup Kussen watterleye sacke de lude des F: meisters van Zyrensko vnd van der narue tho donde hebben myt den Woldewern sollen sze vorhoru vnd recht geuen ouer alle Klegelicke sacken up dat rechteste aha der Krutzkussinge. Der gelicken sall de Stadtholder thor narue vnd van Zyrensko vnd Dhr richter thor narue vnd van Syrensko vnnd de gude lude sallen dat Krutz Kussen darup watterleye sacke do donde hebben de Woldower tho dem van Syrensky vnd tho narue dat sollen sze besocken vnd recht geuen ouer alle Klagelicken sacken up dat rechteste vnd Krutzkussinge, Enen deff, loper ein Egen man vnd ein Egen wiff salmen aha der Krutz kussinge besocken vnnd uth geuen vnd de Kerckegades der Russen vnd de Ruschenn stede in des F: meisters Ertzbischoppes vnd Bischoppe Erem beholde wor de syno de Kercken godes der Russen vnd de rushen endenn vor de sime Szall de F: meister Ertzbischop vnd Bischope reynigen vnd holden na dem oldenn, vnd nicht beschedinge. vnd dat genommene uth der Kercken salmen alszes rein wedder geuen aha der Kruskussinge. In welcke Stadt in des F: meisters Ertzbischoppes vnd Bischoppe ere lande vnd beholdinge einem Pleskower sinen barth uthrepet salmen den Duitzschen myt deme Plesk: stellen up denn Dach vor den semptlicken richtern. Ouertugen see deme duitzschen vor deme semptlicke gerichte vor den richtern myt gerichte vnnd gerechte vnd de richte sollen deme Duitzschen setten ein schult vnd straff aha deme gerichte, men sall van beiden Parten vme geinerleye sacke willen besettenn Off dar wercke sacken up stunde myt des groten herschop Ve: Er: tho grothnawgarden vnd Pleskow myt den lande tho lyfflande Sze sall men van beiden parten des G: herschers Ve: Er: tho G: now: vnde tho Plesk: vnd in allen Duitzschen Steden vnd landens in des F: meisters Ertzbischopes vnnd der Bischope Ere Stede vnd beholde, vnd in alle deme lande tho lyff: ener Boden Koplude vnd geste nicht besetten ock nicht berouen ock van deme gaste geine Ware nemen men sall de Boden vnnd Koplude gudtwillichlicken thenn laten myt alle deme erin van beiden Parten ihn up holdinge de Bode van Pleskow vnd des F: meisters Ertzbischops sollen vor de Herberge gein husbur geuen, dat hebben wy van beiden parten afgestalt, In dussen thein Jarenn sall de Bode der Stadth: tho Pleskow hebben einen frien wech nah Rige Reuell vnnd aha der narue tho water vnnd tho lande vnd in alle des F: meisters Ertzbischopes Stede vnd beholde für tho Komen vnd tho thein ahn alle upholdinge Szo sall des F: meisters Ertzbischoppes vnd Bischoppe der Ples: Boden in Eren steden tho water vnd tho lande beschermen alsze eren Duitzschen ahn alle Behendigheit der gelicken salmen des F: meisters Ertzbischopes vnd Bischoppe ere Bodenn in des groten Herschoppers Key: aller Russen Ve. Er. in Ples. lande bis tho Pleskow eine frienn wech vor gunnen the Kommen vnd the theinde ahne upholdinge vme aller Klegelicken sacke haluen salmen .... rechtes Koperende dre mall van beiden parten vnd giffe men worouer recht Godt geue dat idt geshen vnd gifft men ouer Klegelicken sacke gein recht so salmenn denn sacken setten ein tydt der Versambling so werden sacken ein ende macken de sembtlicken richtere aha der Crutzkussinge ock welcken sacke aha den freden breuens van beiden parten gein ende gemacket wirdt so hebben de Plesk: undermalen myt den Duitzschen sick beschediget, vnnd hebben vor dat ere genommen up de grendtze, och warumb in welckern sacken sze Vndermalckander geine ende kommen macken alle de lickes sollen sze stellen up den Dach vor de semptelicke rechternn Szollen de semptlicken richtern up deme Dagen allen den Sacken ein Ende macken myt besockinnge nha der Krutzkussing vnd nha die fredebreuen sall geine besettinge geschenn vmme geinerley van beidens parten In fall geine Krich offerlich geinerlige wisze off orsacke haluen van beiden parten anbegunnen ock Er fredebrefe in dussen besteninge Jahren afsenden an beiden parten Alle de Olden sacke sollen doet sinn besunder de in dussem breue geschrieuen sinn, dussen byfrede sall de F: meister Ertzbischopp festlick holden aho alle behendighet nha der Krutzkussinge vnnd nha dussem Fredebreue alsze dusse iar uth gande werden nha dussem frede skreue sall dat stann ein Mandt vm beiden parten in der Mandt salmen geine feide off orlog beginnen van beiden parten nha der Krutzkussing. In der Mandt sollen de Boden tho thende hebben eine frien wech van beiden parten nha der Krutzkussing, men sall den boden vnnd Kopman myt sine war vnne geinerlige sacken nicht besetteen nha der Krutzkussing, welcke part de de nicht richtig werdt holden de Crutzkussing ouer deme sy Godt vnd de Crutzkussing Stert, Smeht, vnd dat Swert, vnd szo dusse Jar uth gaenn so sollen wy lewenn nha deme olden frede Wanner des G. herschopers Stadth. van Pleskow nicht werdt beleuen the mynen F: meister vnd tho mynen herrn oder tho my F: meister vnnd ander myne herrn werden nicht beleuen des G: H: aller Russen Key:, Stadtholdern tho Pleskow szo methen wy den frede affenden dar nha vann ein handt ver weckenn vor ty sinn vann beiden parten salmenn fridenn vndt in der handt sall eine bode van beiden parthen nha alle behendigst vp dussen frede vnnd vp dussen frede bryff, hebben de bande gestrecket vnnd Ere Szegell darann gehangen des groten bern Keyser aller Russen Stadthold: tho Grossnowgard ff Allexander Wolledemerowitz vnnd Iwan Constantinowitz hermeister tho GrotNowgarden der gelicken sollen des groten hern Keysers aller Russen Stadtholde de Forst tho Plesk: de ff Michaele Wassilewitz vnd Forst Peter Symmenowitz de bande streckenn vnd ere Szegell an dussen bref hangen vnd de Olderlude van Pleskow Naszarr Onisemo, Fodor Flassyngew vnd ffodos Steffens Szoen ..... sollen dat Kruskussenn vnnd ander gude lude tho Pleskow vor alle Pleskowsche Stede vnnd landt des groten herschers Kayser aller Russen Vederlicke Erue der gelicken sall de Forstmeister dat Kruskussenn vnd sin Szegell dar andenn hangen vor alle sine Stede vor alle sine beholt up dussen fredebref hebben dat Krusgekusset tho Nowgarden de Olderlude van Pleskow vor alle dat landt tho Pleskow de Vederlicke Er. des groten herschoppers Key: aller russen vnd van wegen des Forstmeisters Ertzbischoppes tho Rige Bischoppe tho Dorpte vnd vor alle Bischopper de in dussen breue geschreuen sie van wegen alle der land tho lyffland, des Forstmeisters beholding up dussen bref hebben gekusset dat Krusz de duitzschen Boden Symen van der borch ritter vnnd Johan lode vnnd wanner des Groten herschers Kayser aller Russen Stadth: tho Now: Ere boden sendenn werdenn an den Förstmeister sall de Forstmeister up dussen breff dat Krusskussen in Kegenwerdigen des boden vor den Ertzbischopp vnd vor dhe Bischoppe vnd vor alle sine Stede vnd alle sine beholt vnd sine Szegell an denn breff doenn hangen dusse frede is geendiget in des groten herschers Key, aller Russens Vederlicke Erue tho Grotnowgarde im iarr Szeuen Dusent vnd dertich vnd nha Christi gebort Viffthein hundert vnd im ein vnd twintigestenn.

№ CCCLXX.

Joseph, Erzbischof zu Polozk und Witebsk, zeigt dem rigischen Rathe und der ganzen (15)21 Stadtgemeinde an, dass er an Stelle des abgesetzten Priesters Iwan an der (russischen) St. Nicolai-Kirche in Riga seinen Schwager, auch Iwan genannt, gesetzt habe, und empfiehlt ihn freundlich. D. D. Polozk, am Freitag vor der Geburt Marien (6. Sept.) (15)21.

Original auf Papier im Russ. rig. RA., worauf unter einer Papierscheibe das Siegel in Wachs gedruckt ist. — Nach der gewöhnlichen Annahme soll die St. Nicolai-Kirche in Riga, welche zu herrmeisterlichen Zeiten die dasige Kirche der griechischen Religionsverwandten war, unter dem EB. von Pleskow gestanden haben (s. Brotze in d. N. nord. Misc. XI. XII, 416); aber hier sehen wir, dass dieselbe dem EB. von Polozk untergeordnet war, und erkennen zugleich den Grund jener irrigen Annahme, weil nämlich »Ploskow«, womit nichts anders als Polozk gemeint ist, für Pleskau genommen wurde, wie denn auch auf diesem Schreiben ein alter Archivar *in dorso* aufgezeichnet hat: »Erzbischoff zur Plesskow bittet seinem Schwager den Schlüssel zur Reussischen Kirch zu vbergeben. 1321«.

Vnsen fruntliken groth vnd wyligenn denst Jwer ersamen Wisheyt stedes tovorn" ghesuntheyt vnd lveselige Wolvart hore wy von Jwer Ersamen Wysheyt myt sampt der ghemeynheyt alle tyt van herten gerne vort mer voghen wy Jwer Ersamen Wysheyt tho wetende myt sampt der Ersamen meynheyt dat wy den vorgen popen tho sancte nycolavs in Jwer stadt rige ywan ghebeten van der kerken dorch orsake halven aff ghesattet hebben vnd dessen bowyser vnsen swagher ock ywan ghenanth wedder dar mede vorlenth so ys vnse andachtichghe vnd de modyge bede tho Jwer Ersamen Wysheyde vnd den gantsen ghemeynen borgher vmme wedder vordenstes willen gy dessen vnsen swagher ywan Jnt göde vnde In vröntschop gutliken vp nemen vor eynen demodigen Dener vnde vorbidder Jwer allen In der kerken to rige tho sancte nycolaus den slotel awer antwerden vor dene wy an Jwer Ersamen Wysheytde Ir sodenghbeliken effte groteren wor wy konuen vnde mogen hyr myt Jwer Ersamen Wysheytde myt sampt Jwen mydeborgeren gade almechtych In syuen gotliken Densten lange vrolick vnd sunt bevelen ghescbreven tho ploskow am vrydaghe vor der ghebort Marien Int Jar XXI.

Josep artzse bysschop tho ploskow vnd vytebeke.

In dorso: Dem Ersamen vnd wysen heren borgemester vnd raidmanne vnde der gantsen ghemeynheyth der stadt ryge vnsen gvnstigen naber vnde leven frunden fruntliken ghescbreven.

№ CCCLXXI.

Antwort des HM. auf die Anträge der russischen Gesandtschaft, vom J. 1521. 1521

Gleichzeitige Copie im GA. zu Kgsbg. Vgl. Index № 2873.

Ewer antragen von wegen Kay. M^t aller Reussen vnssers g. h. haben wir allenthalben verstanden vnd inhalts vernommen vnd bedancken vns hochlich solches gnedigen Gruss vnd zu entbieten. Wir wern auch hochlich erfrewt sso wir seyner Kay. M^t willen vnd wolgefallen mechten alle Zeyt hören vnd erfaren etc.

In ewern antragen sso auss Kay. M^t aller

Reussen beuelich geschehen habt ir irstlich vermelt wie des in Kurz vergangner zeyt, nachdem wir Her Albrecht von Schlieben zu Kay. M' aller Reussen dieselbig vmb weytere Hilff, zu nutz vnd frummen vnserm Orden anzulangen geschickt haben, Jetz gedachter Her Albrecht sein M' der Kussung des Kreutz vnd gnedigen zusag, so vns vnd dem orden zuuorn offtmals durch seyner M' legaten vnd botten auch Dieterich von Schonberg geschehen, erinnert vnd ermanet Auch das vff solcher erinnerung Kay. M' aller Reussen sich gnediglich erbotten vnssern Orden mit aller Macht zu beschirmen, vnd sonderlich verheyssen vnd zu gesagt Als bald der Orden Marienburg vnd Gdanczik mit andern Landen vnd flecken die von dem Orden abgefallen widerum wurdt erlangen vnd erobern das alssdan sein M' zehen Tausent zu fuss vnd zweytausent zu ross, nach Cracow zu ziehen vnd den Poln anzugreyffen schicken woll etc.

Sein M' sey auch von gedachtem Her Albrecht von Schlieben verstendiget das Dieterich von Schönberg, den der Orden zu uorn in dissen sachen gen Moscha gesandt vnss bericht hab Wy der Orden ein oder mer stedt vnd schlösser, sso der Pol bissher aller Billikeit entgegen innen gehabt, erobern wurdt vnd bernochmals eynen Monat Gdantzick belegern vnd fort den Konig von Poln angreyffen des sein M' sich solt verbunden haben alssbald zehen Tausent zu fuss vnd zwey tausent zu ross zuschicken vnd in dem weru wir von Dieterich von Schenberg nicht alss es sich in der warheit hielt vnterricht worden Sunder das wer die warheyt wie dan Kay. M' aller Reussen noch bekentlich das Dieterich von Schenberg Kay. M' aller Reussen vmb Besoldung Tausent Knecht ein gans iar gebeten vnd angelangt vnd das beth sein M' zugesagt, vnd verwilligt ein Teyl disser besoldung mit Ern Johan Carlemowen zu senden vnd das ander bey athanasy moglogkoff doch mit angehangener bitt das der orden Keynen frid on bewusst seyner M' mitt den Poln machen welt wie dan sein M' sich auch verbinden vnd wie wol zuuorn durch ein gerucht ausskummen das Kay. M' aller Reussen mit dem Poln soll ein friden beschlossen haben Wer doch das allein geschehen Damit der Orden wider Kay. M' aller Reussen bewegt wurdt Dan Kay. M' mit seinem friedt (*leg.* Feindt) dem Poln inn Keynen frid eingangen etc.

Vff solchs wissen wir euch nicht zu uerhalten das wir vns genzlich versehen vnd nicht zweyfeln Kay. M' aller Reussen sey vnuerborgen was in solcher verbuntnuss allenthalben gehandelt vnd nemlich wie zum ersten sein Kay. M' dem orden zugesagt Nachdem der orden alle landt sso bissher der Pol wider pilligkeit ingehabt wurdt erobern vnd gegen Cracow wider den Poln ziehen das alssdan sein M' zu nuz dem orden zehen Tausent zu fuss vnd zwey Tausent zu ross zwey iar versolden wolt In welchem der Orden gross beschweringe gehabt den wo der orden alle landt sso der Pol mit gewalt ingehabt kent oder mecht erlangen das alssdan der orden von aller beschwerung die er von dem Poln entpfangen entledigt war, vnd derhalben solichs seiner M' anzuzeygen vnd vff andere mittel domit dem orden geholffen wer zu trachten, ist Dietr: von Schon: gen Moscha zu seiner M' geschickt vnd sein M' angelangt vmb besoldung vff tausend Knecht ein ganz iar vnd das solcher besoldung ganze summa im anfang des Kriegks vns vberreicht wurdt, das alles sein Kay. M' zugesagt welcher zusag wir vnd der orden zur selben zeyt hochlich erfrewet gewesst.

Uber die ganze summa gelts zu besoldung tausent Knecht ein gans iar ist von seiner M' im anfang des Kriegs der Zusag nach was nicht vberreicht worden etc.

Wir sind auch von Dieterich von Schon: bericht wie zum selben mal beschlossen, sso der orden etzlich Stedt vnd schlosser wider wurd erobern vnd ein monat Gdantzik belegen, er erlangts oder nicht sso welt doch sein M' nicht dester weniger zehen Tausent zu fuss vnd zwey Tausent zu ross dem Orden zu guf schicken, vnd zweyfeln nicht dies sey also gehandelt verhoffen auch sein Kay. M' habens in frischer gedechtnuss dan sichs alsso, in Dieterich von Schon. eigner Handschrift die er zur selben zeyt zu eynem entlichen Beschluss der Handlung in seiner M' Cantzley eingelegt clerlich befinden wirdt.

Solcher vertrostung vnd zusag nach das der Kussung des Kreuz genug geschech haben wir anderthalb gantzer iar mit vnsserm feindt dem Poln Kriegt In Trostlicher zuuersicht sein Kay. M' wurden vffs wenigst im Anfang des Kriegs besoldung vff Tausent Knecht bey Ern Carlemowen schicken vnd überreichen wie dan nicht geschehen vnd die weyl dan nicht allein das versciumbt, sunder auch sein M' vergangin summer den Poln nicht angriffen vnd bey einem iar in gutem friden lassen sitzen, sso doch wir vnd der orden alss die ibenigen die die Kussung des Kreutz nicht in vergessenheit gestelt, stetigs mit dem Poln gekrigt Auss dissem sein wir auch verursacht, damit wir vermerken ob sein M' den orden nicht ganz gedacht zuuerlassen, sein M' vmb alle Hilff vnd nemlich vmb die zehen Tausent zu fuss vnd zwey Tausent zu ross anzulangen. Aber mit disser vnd auderer Hilff seyner M' ist der orden alwege verzogen wiewol er sich des verzugs nicht bekummert sunder teglich gehofft sein M' wurdt menigfelliger zusag ingedenk sein vnd den orden on Hilff nicht lassen Solcher Hoffnung nach haben wir bey sechzehen tausent man versammelt vnd den Poln angriffen Gdantzik belegert schlosser vndt Stedt eingenommen vnd alzeyt sein M' wurdt sulchs gnedigklich behertigen vns vnd vnsserm orden zu hilff kummen Aber der ersten zusag nach ist vns solch volck nicht geschickt auch nach der andern zusag die summa gelts zu besoldung Tausent Knecht ein iar im anfang des Kriegs nicht ganz vberreybet vnd auss dissem allen haben Kay. M' aller Reussen wol abzunehmen was mhu vnd grossen schaden der orden erlitten hat, weyl auch zu worn sein Kay. M' durch Her Albrechts von Schlieben bericht wo sein M' seiner Zusag nicht wurden volg thun vnd wir vns solche vertrostung etwas vnterstunden wurdt vns vnd dem orden merchlicher schad daraus erwachsen die weyl dan sein Kay. M' das ganz wenig betracht, Sein wir durch den allerheyligsten vater den Pabst vnd Kayser: Romische M' welchen wir on mittel vnderworffen, gleich gezwungen ein vierierigen anstandt einzugehen damitt nicht, villeicht, wo wir allenthalben vnd sunderlich von Kay. M' aller Reussen wurden verlassen, vnser feindt der Pol auss gewalt den orden ganz mecht aussreuten Wo aber sein M' seiner zusag gnug gethan vnd dy gantzen summa geschickt wollen wir vnser verbuntnuss nach hinder seyner M' wissen solcher anstandt in Keynen weg haben vur genommen So aber sein M' mit zugesagter Hilff biss vff den heutigen Tag vns vnd den orden verzagen vnd vnser Kriegsknecht, mit grossem vnser vnd des ordens nachteyl zerstrouet, hatt vnss in Keynen weg, zu uerhutten grossern schaden wollen geburn Bobstlicher Hay. vnd Romischer Kay. M' gnediges ermanen vnd begern ausszuschlagen, Auch in sunderlicher betrachtung das vns furwar gesagt Kay. M' aller Reussen were willens mitt dem Poln vmb ein friden zu handeln vnd, auss disser vnd andern vrsachen haben wir wider vnsern willen den vierierigen anstandt gezwungen mussen eingehen

Doch wie dem allen damit wir Kay. M' gemut vnd willen gegen vns vnd den orden megen vernemen auch was sein M' in notten bey dem orden zuthun gesindt, weyl solcher vierieriger anstandt seyner M' nicht schedlich oder entgegen, bitten wir mitt hohem vnd vnterthenigem vleyss ssein M' wol vnss vff erst sein gnediges gemut schrifftlich zu erkennen geben vnd wo Kay. M' aller Reussen wider den Polonischen Konig nochmals zu kriegen gesindt vnd vns zehen Tausent zu fuss vnd zwey Tausent zu ross zu schicken vnd zwey iar zu uersolden willens doch dass solchs vor anfang des Kriegs geschech damit wir vns sicherer das bissher mogen enthalten So wollen wir vns mit dem orden alsso darzu richten das an vns kein mangel oder vergessenheit der Kussung des

Creutz soll erfunden vnd gespurt werden bitten auch derhalben euch wolt solchs Kay. M' aller Reussen anzeygen vnd erzeln vnd vns vff das erst ein antwurt zufertigen domit wir vns darnach wissen zu richten dan disser Handel lengern verzug in keynen weg leyden woll etc.

Die Brieff sso vnns Kay. M' aller Reussen zu geschickt Romischer Kay. M' zu vberantwurten wollen wir mit allem vleyss vff das erst verschaffen vnd so wir ein antwort daruff entpfangen derselben seiner M' on verzug zuschicken dan seiner Kay. M' vleissig zu dienen sein wir willig. Es soll auch an vnssern Diensten kein mangel gespurt werden vnd wiewol sich Kay. M' mocht lassen bedunken das wir derselben in annemung des vierierigen anstandes, etwas entgegen vnd zuwider gehandelt Wollen wir vns gegen seiner M' entschuldigt haben Weyl solchs wie oben vermeldt auss anliegender not geschehen dan wo wir von seiner M' nicht alsso verlassen wolten wir vns aller gebur wol haben wissen zu halten bitten derhalben nochmals mit vntertheniger vleyss sein M' woll vns vnd den Orden mitt Hilff vnd radt schutzen vnd schirmen Wie wir vns vntertheniglich zu seyner M' vorsehen das wollen wir mit sampt dem Orden allzeyt vleissig vnd williglich verdienen.

№ CCCLXXII.

1522 Antwort des russischen Kaisers Basilius (Gabriel) an die zweite Delegation des HM., Markgrafen Albrecht, wegen des versprochenen Hülfsgeldes zum Kriege des HM. wider König Sigismund von Polen, vom J. 1522.

Gleichzeitige Uebersetzung im GA. zu Kgsbg., wo auch die altrussische Schrift dabeiliegt. Vgl. Index № 2875.

Magnus dominus Basilius dei gracia Imperator ac dominator tocius rucie et magnus dux mandat dici vobis. misit ad nos generalis magister suam litteram. In qua scripsit. Quod a suis subditis militaribus. ac opidarijs coactus est ire in torun ad regem polonie, illa de causa quod redardatus est atque protractus per nos cum adiutorio pecuniarum. eciam nullum responsum a nobis habuit postquam misit ad nos suum morschalcum melcherum. eciam vos consiliarium suum georgium. Et nos forsan animum nostrum mutauimus. Nos autem sicut expediuimus ad magistrum ipsius morschalcum et vna cum ipso misimus ad eum nostrum hominem alexandrum. eciam nunc expedimus ad ipsum vos, et vna vobiscum mittimus ad eum nostrum hominem athanasium moclokow cum nostra pecunia. et de hoc iam scripsimus ad magistrum in nostra littera cum ipsius homine Stephano;

Magnus dominus mandat dici vobis. Quod autem scribit ad nos magister in sua littera. quod nos fortassis animum nostrum mutauimus et subditi ipsius cogerunt ipsum ire ad regem in torun propterea quod nos tardauimus cum nostra pecunia. Nos autem animum nostrum non mutauimus. sed sicut generali magistro fecimus graciam nostram suscepimus ipsum in nostram confederacionem, eciam conscripsiones super hoc scripsimus promisimus que magistro graciam facere atque fauorem pro ipso et pro ipsius terra stare. defendereque ipsum a nostro inimico rege polonie. ita et nunc generali magistro graciam atque fauorem. eciam in futuro generali magistro graciam atque fauorem pro ipso et ipsius terra volumus stare atque defendere ipsam a nostro inimico rege polonie. volumus sicut nobis misericors deus adjuvabit.

Magnus dominus mandat dici vobis. Quod autem scripsit ad nos magister. quod nos protraximus sibi nostrum adjutorium cum pecunia. vt generalis magister vellet ad memoriam suam reducere. Cum misit ad nos suum hominem theodoricum Schonberch nos petere. Quatinus nos acciperemus eum in nostram confederacionem contra nostrum inimicum Sigismundum regem polonie. eciam vt ipsum seruaremus. pro ipso et pro ipsius terra staremus. defendamusque ipsum et ipsius terram a nostro inimico Sigismundo rege. Nos vero generali magistro graciam fecimus in nostram confederacionem accepimus. et promisimus ipsum seruare pro ipso et pro ipsius terra stare. eciam mandauimus conscripsiones scribere. Quod nos debemus cum nostro inimico Sigismundo rege ex ista parte nostrum actum agere magister autem ex altera cum nostro inimico Sigismundo rege nostrum et suum actum debet agere vna nobiscum. Eciam tunc temporis ex parte magistri petiuit nos suus homo theodoricus Schonberch propterea quatinus nos faceremus magistro nostram graciam preberemusque sibi auxilium contra regem polonie cum nostro thesauro. vt daremus ipsi ex nostro thesauro pro decem milia homines pedestres. et pro duo milia equestres. tunc nos mandauimus tractare cum ipsius homine theodorico Schonberch nostris consiliarijs. Quo modo nos magistro contra ipsius inimicum Sigismundum regem auxilium nostrum debemus facere cum nostro thesauro concluserunt tunc temporis nostri consiliarij cum eodem theodorico. quod magister debet actum suum agere cum illo nostro inimico vna nobiscum. et debet adipiscere illas suas Ciuitates. quas rex possidet injuste, scilicet gdanesk. torun. marienborch. chwoynitz et ibit postea in terram polonie ad maiorem ipsius polonie ciuitatem Crakouiam. tunc nos debemus magistro graciam facere auxilium nostrum sibi cum nostro thesauro prebere. Mittereque ad ipsum tunc ex nostra pecunia pro decem milia homines pedestres. et pro duo milia equestres. isto modo tunc temporis nos ad magistrum cum ipsius homine theodorico notificauimus eciam cum nostro homine Dimetrio Zagrascan fecimus referre:

Magnus dominus mandat dici vobis: post hoc autem generalis magister dominus prusie misit ad nos eundem suum hominem theodoricum. regraciauit nobis ex parte generalis magistri theodoricus pro hoc Quod nos generali magistro promisimus graciam facere. eciam auxilium nostrum sibi prebere cum nostro thesauro postquam ipse adeptus fuerit a rege suas ciuitates quas possidet rex iniuste. et ibit ad Crakouiam. Eciam vt nos generali magistro faceremus graciam nostram pro incipiendo istius actus. quando incipiet cum rege polonie suum actum agere. vt mitteremus sibi ex nostra pecunia pro mille homines pedestres. vt amicis suis et consanguineis principibus et electoribus esset nota ad eum nostra gracia qualiter nos sibi facimus graciam!

Magnus dominus mandat dici vobis. Nos autem magistro renunciauimus per ipsius hominem theodoricum Schonberch. Quod nos generali magistro graciam nostram volumus ostendere vltra illud quam sibi promisimus volumus ad ipsum mittere nostram pecuniam cum nostro Secretario Johanne charlamow. et mandauimus Secretario nostro Johanni manere in nostro patrimonio in plescouia. ad magistrum autem vna cum theodorico misimus nostrum hominem Eleazarum Sergiew. commisimusque sibi referre cum nostro homine eleazaro. Quando ipse incipiet cum rege suum actum agere. et noster homo hoc viderit. ad[1]) rediet. Tunc Secretarius noster ex plescouia cum pecunia ad magistrum ibit cito. sed magister tunc temporis cum rege suum actum agere non incepit. et nostrum hominem eleazarum ad nos expediuit. eciam responsum super hoc dedit. Secretario autem nostro Johanni charlamow ad se venire non iussit. Tunc noster

1) Hier fehlt ein oder mehrere Worte.

Secretarius Johannes charlamow propter hoc ad magistrum cum pecunia non ivit: —

Magnus dominus mandat dici vobis. Anno autem Septimo millesimo vicesimo septimo[1]). generalis magister misit ad nos suum hominem Stephanum cum littera. et scripsit ad nos in sua littera Quod cum rege omnino vult incipere suum actum agere Quatinus nos ad inicium ipsius actus nostrum auxilium sibi cum nostro thesauro faceremus. Nos autem sicut promisimus ipsi graciam facere. et auxilium sibi cum nostro thesauro prebere et sicut concluserunt nostri consiliarij cum ipsius homine theodorico. et vltra hoc fecimus graciam magistro misimus ad ipsum nostram pecuniam cum Secretario nostro Johanne charlamow. Eciam nunc ad magistrum adhuc nostram pecuniam mittimus cum nostro homine Athanosio vna vobiscum: —

Magnus dominus mandat dici vobis. Dicatis ex parte nostra generali magistro. vt nullam sibi hesitacionem haberet in hoc quod nos nostrum animum mutaremus. sed sicut generali magistro prebuimus nostram graciam et in federacionem nostram ipsum suscepimus. Eciam promisimus sibi graciam facere atque fauere pro ipso et ipsius terra stare. defendereque ipsum et ipsius terram ab ipsius inimico rege polonie ita et nunc generali magistro facimus graciam atque fauemus. Eciam in futuro generali magistro volumus ostendere graciam atque fauorem pro ipso et pro ipsius terra volumus stare. defendereque ipsum et ipsius terram a nostro inimico volumus sicut nobis misericors deus adjuvabit. generalis autem magister iuxta suam promissionem sicut nobis promisit et crucem osculavit vt vellet in illo iureiurando firmiter stare. et cum illo nostro inimico rege polonie suum actum vellet agere vna nobiscum. et quando adeptus fuerit a rege suas ciuitates in prucia quas ciuitates rex possidet nunc iniuste. Et ibit ad maiorem Ciuitatem polonie ad Crakow. tunc nos secundum nostram promissionem adhuc magistro adjutorium faciemus cum nostro thesauro ad decem milia homines pedestres. et ad duo milia equestres.

1) Das Septemberjahr 7027 geht vom 1. Septbr. 1518 bis 31. August 1519.

№ CCCLXXIII.

1522 Instruction des hochmeisterlichen Abgesandten an den Kaiser aller Reussen:

1) zu seinen offenen Anträgen;

2) zu den geheimen wegen Schliessung eines Bündnisses gegen Polen, wobei ein Antrag wegen des vertriebenen Fürsten von der Moldau, vom J. 1522.

Orig. im GA. zu Kgsbg. Vgl. Index № 2901, 2902.

a.

Was an den Keyser aller Rewssen von wegen meins genedigisten Hern des Hochmeysters getragen soll werden.

Erstlich nach gewondlichem vnd dinstlichem zuentpieten Auch vberantwortung der Credentz sol angezeigt vnd vorgetragen werden, das seiner M' vnuerborgen wie vnd welicher gestalt sich mein gnedigster herr der Hochmeyster zu behuff der Launde zu prewssen mit seiner M' in Ainigung vnnd puntnuss gegeben, In sonderheit das sein M' sol sten fur das erdtreich vnd daselbig. auch meinen gnedigsten herrn den Hohmeyster schutzen vnd hanthaben, das auch sein M' also angenommen vnd mit der kreutzkussung beuestiget vnd in allen seinen potschafftern bekrefftiget Also zu halten alsweit Ine der Barmherzig got helffen thete,

Zum andern hetten sein M^t meinen gnedigsten herrn den Hohmeyster zum anfang des kriegs wo es sich begebe, damit sein f. g. seiner M^t geneigten willen destpas Irspuren ain tausent knecht ain gantz Jarlang oder souil geldes ain Jar daruf nach teutscher gewondtlicher besoldung lauffen thete, zu handen zustellen zugesagt Dieweil aber mein gnedigster herr nicht im anfang sonder den krig Anderhalb Jarlang hartigelich mit Raub mort vnd Brant ausgestanden vnd aber zu dreyen malen von seiner M^t nicht mer an sylber denn vngeuerlich bis in dy vier vnd dreyssig tausent gulden Rl. vbergeschickt das dan seiner M^t geschickhten alzeit mit Iren selbs wichten oder derselben mit der hande fur gewagen oder zu Handen gestelt, demnach meines gnedigsten Herrn des Hochmeysters gantz dinstlich bethe sein M^t wolle nochmaln das vbrig welches sich bis in dy Sechs vnd zwanzig tausent gulden Rl. lauft seinen f. g. bey gegenwurtiger seiner gnaden potschafft genediglich vnd Ins erste vbersenden volgen vnd zusten lassen

Zum Dritten were seiner kay M^t vnuerporgen wie sich dy handlung der Hulf so lang verzogen, dardurch mein gnedigster Herr der Hohmeyster In mereun vnd grosseron schaden von ko. Ir aus pollen ye Lenger vnd herter eingefurt, der seiner f. g. in derselben vnd Ordens Lande gezogen. Dasselbig verhert vnd verprant Hierauf mein gnedigster Herr verhofft sein M^t wurde vf seiner f. g. er Inderung vnd mermolen Embsig anhalten fur seiner f. g. person vnd lande steen, vnd daselbig beschutzen wie denn der Vertrag mitbringt auch sein f. g. mit seiner M^t schatz wie abgeredt nicht verlassen, vnd van Litthauen wider den konig von pollen mer dan ye mit Heres kraft handln welliches aber alles vermiten betyben: wie dann dasselbig sein M^t vorhin durch Ir eigen potschaft auch meines genedigsten herrn des Hohmeysters gesanten verstannden vnd vngezweyfelt seiner M^t genugsam eingebracht auch nicht verhalten haben,

Zum Vierden das mein gnedigster Herr der Hohmeyster aus dem verzug der Hulf in einen vier Jerigen anstant gedrungen darob etzliche seiner gnaden vnd Ordens Lande vnd Leut verloren das ander tayl hart verbrant Es haben auch sein f. g. ein gewaldig volks nach teutscher gewondheit vor dantzge vnd In ko. Ir. von pollen lande gehabt als nemblich zwölf tausent mann zefuss vnd drey tausent gewapnet zu Ross neben dem geschotz vnd anderm so Ins velde gehorig Weliches alles sein f. g. mit erster vfbringung auch letzter bezalong bis In dy dreymal Hundert tausent gulden Rl. gestanden Soliche aber alle der nicht bezalung halben vnd vorzug seiner Mt Hulf aus dem Velde abgezogen, vnd seiner M^t auch meinen gnedigsten herrn den Hohmeyster vnd Orden wider Ir beder Veinde dem konig von palln nichts fruchtpers aussgericht

Zum funften Nachdem dan mein gnedigster Herr der Hohmeyster nicht aus seiner f. g. willen sonder aus erzelten Vrsachen seiner M^t verzug halben, einen vier Jerigen anstant angenommen, vnd darzue aus vilerley vrsachen wie der potschafter wo der gefragt gute vnderricht zuthun von seinen f. g. beuelich gedrungen bitten sein f. g. desselben kein misfallen zutragen sonder anderm schuld beyzemessen, auch das sein M^t seiner f. g. solicher harter beschedigung dy do am meysten aus seiner M^t verzug wie erzelt dargeflossen, mit kayserlichen gnaden wolt ergetzen, vnd das ausgelegt gelde, genedigelichen bezalen wolde, In betrachtung des andern erlitenen schadens, daneben ansehen das ye kain verseumbnuss bey meins gnedigsten Herrn person, vnd dartegen gewest Wer auch seinen f. g. noch ain neuers[1] zuthun moglich dieselb sein f. g. hetten weder leyb nach anders wie dann an das geschehen nicht gesport sonder mer dy puntnuss Einigung vnd kreutzkussenn betracht,

[1] *Leg.* meres.

Zum Sechsten Dieweil aber kay. M[t] aller Rewssen Auch meinem gnedigsten herrn dem hochmeyster nicht gering an derselben handlung gelegen, damit aber sein f. g. sich aldaussen der Lande, bey yetziger Bebst. hey. Romischer kay. Ma[t], etzlichen konigen kurfursten fursten vnd andern stenden des heyligen Romischen Reichs wider vſs New zmb Verner auch Statlicher hilf dann bishere beschechen zu bewerben, Auch Irer f. g. begegnete handlung so derhalben von der kron zu polln nicht allein yetz sonder vorhere zugestanden deste scheinlicher an den tag vorgenanten heubtern vnd stenden bringen mochte, So wollen sich sein f. g. in aigner person der sachen zur furdrung vnd besten, Hinaus in dy Lande kurtzlich vorfugen, in trostlicher hofnung vnd zuuersicht, Ir f. g. wollen dy handlung dohin bringen dardurch kay M[t] aller Rewssen meinen gnedigsten herrn vnd Orden, Rum nutz vnd Ere daraus eruolgen solle,

Zum Sybenden damit aber mein gnedigster herr der hohmeyster destatlicher aldaussen in den Landen bey dem erzelten hochen Houbtmann vnd Stenden sich zu bearbeiten, Auch dieselb handlung mit mererrn grunde zutreyben vnd furzenemen So ist seiner f. g. dinstlich vleyssig bethe dy kay M[t] wolde doch meinen gnedigsten Herrn den Hohmeyster wie dieselb dorzeit gegen derselben Veinde dem konig von polnn vnd seine lande stunde, Auch was sein M[t] furter gegen Ine furzenemen willens genedigelich vnd keyserlich versteendigen, wi wol solich bethe vnd bogerenn vileicht kay. M[t] etwas diserzeit beswerlich, oder verdrisslich. Dieweil aber mein gnedigster herr, der hohmeyster vorhin vnd yetz key M[t] aller Rewssen alles thuns so seinen f. g. gegen der kron pollen furnemens Werkh vnd that samt dem yetzigen anstant vnd Hinauszug an den tag vnverporgen gelegt, als dem Jhenigen dem sein f. g. mit der kreutzkussung verwanndt verhoft mein gnedigster herr widerumb, auch nichts weniger kay M[t] werde sich hierinne wie sein f. g. thun genedigelich vnd kayserlich auch gleicher massen erzaigen vnd beweysen, damit sein f. g. disem Handel welicher auch in albeg[1]) bey seinem f. g. in aller geheimb vnd vertrauter weyss behalten sol werden destfuglicher bey Ro: kay. M[t], Bebst: Heylicheit vnd allen vorerzolten stenden sich dest fruchtbarer zu halden vnd zu schicken weste, dardurch auch der kay. M[t] aller Rewsen meinem gnedigsten herrn dem Hohmeyster vnd Orden merer Nutz vnd frommen Auch Rumb Er vnd lob erwachsen, vnd hieraus eruolgen mochte, dan sein f. g. wollen sich in albeg also halten erzeigen vnd darein schickhen daran der keyser aller Rewssen dancknemigs guts genedigs vnd keyserlichs gefallen tragen solle,

Zum Achten hat mein gnedigster Herr der Hohmeyster nicht von geringen sonder wichtigen personen gehort von andernn meren vernomen, Als solten der kay M[t] vnterthanen, Ains oder merers tayls sich offentlich mit bosen nachreden oder Schentworten gegen meinen gnedigsten herrn horen vnd vernemen lassen etc. So aber wissentlich an tag vnnd offen ware, das sein f. g. nichts anders dan forstlicher vnnerweyslicher gebur nach vnd in all ander wege wie gepurlich sich vngesparts seiner gnaden selbs leybs vnd vermogens gehalten, darober seiner f. g. vnd Ordens Landt vnd leut sambt andernn so Ime got der Almechtig verliehen, zugesetzt, Wie dann solichs alles offentlich am tag wiewol sein f. g. zuuorn an kay M[t] person Auch in ander seiner M[t] vnterthanen so verstendig gar keinen Zweifel setzen, Solichs vnd gar vil ain geringers seinen f. g. nach Reden liessen, damit dann gemelt Schelt oder Schentwort dest fuglicher hinfurt vermiden bliben, So ist meins gnedigsten herrn des Hochmeysters gantz vnterthenigs dinstlichs bitten Sein kay M[t] wollen in diser sachen ein General Mandat in derselben Landen genediglich lassen ausgeen, mit vermog das sich Niemants Ainigerley ausser der Ohrigkeit zuuorn seiner kay M[t] beuelich scheltens Nach Redens oder verungelimpfens gegen meins gnedigsten herrn des Hoch-

1) In alle Wege.

meysters person vnd Orden wolten vntersten oder an massen, bey vermeydung swerer straf vnd vngenaden wie dann solichem vnd yedem dy kay. M[t] am besten nach gebrauch vnd Herkomen seiner M[t] Regirung vnd gewondheiten form zu geben wissen, dann wo soliches nicht geschehe, konde kay M[t] als ein Hochuerstendiger vnd ander mer abnemen, vnd Erkennen, Dieweil menig frembde kaufmann vnd ander In Irer Mt Landen vnd steten van allerley Nacionen Herkomen, handln vnd soliche nach Reden schend oder schellwordt anhoren Auch veruer also in andern gegneten Landen vnd steten nachsagen vnd ausbreiten möchten daraus dann meinem gnedigsten herrn dem Hochmeyster nicht Ringer hon Schimpf vnd Spot sambt andern wie sein kay M[t] vnd ein yeder verstendiger zu bedenckhen vnd erkennen erwachsen wurde, welichen yeden oder kainss teyls dy kay M[t] on allen zweifel meinen gnedigsten herrnn nicht gonnen wurden, dan sein f. g. konnen auch gantz vnnerschuld wie oben here erzalt vnd offentlich an den tag gelegt etc. In solichen allen vnd yeden wollen sich sein kay. M[t] gegen meinen gnedigsten herrnn dem Hohemeyster vnd den seinen keyserlich vnde genedigelich erzeigen vnd beweysen, das wollen sein f. g. sambt derselben ordens vermog widerum gegen seiner kay M[t] gantz vntertheuigelich zuuerdienen alzeit willig vngesparter Mühe vnd vleis bis in seiner f. g. grub erfunden vnd gespurt werdenn Sich auch seiner keyserlichen begnadigung allenthalben gegen Romischer kay: M[t] andern konigen kurfursten fursten vnd andern Stenden Hochloblichen beruemen vnd in aller Diemut nachsagen.

b.

In der heimblichen Instruction vnd vf dieselb Credentz sol dem Keyser aller Rewssen vnd grosfursten etc. von wegen meines gnedigsten Herrn des Hochmeysters etc. durch den Erbarn vnd vesten Jorgen Klingenbeckhen furgetragen werden als Nemblich

Zum ersten Ist meins gnedigsten Herrn des Hochmeysters gantz vntertheuig vleyssig bethe dy kay: Mt. aller Rewssen wolde soliche heimblich furslege vfs heimblichest den verhorenn ainen yeden besonnder, bey sich zu behalten Kayserlichen vnd Ernstlichen beuelich thun.

Dieweil dann mein gnedigster Herr der Hohmeister in albeg[1]) den Krig wider den Konig von polln, widervmb anzefachen gesindt sich auch yetzunt vmb hulf bey anderna etzlichen Konigen vor seiner f. g. hinauszug durch ander bearbeiten thut, verhofft entlich etzlich derselben Konig gegen den Konig von Polen in hulf zu bewegen vnd sonderlich. Nachdem der Konig aus frankhreich meinen gnedigsten hern Marggrauen Joachim dem Kurfursten von brandenburg etc. dan meins gnedigsten hernn des Hochmeysters Nacher gesibter[2]) freundt vnd vetter, mit fruntschaft durch heirat, auch in ander wege durch puntnuss mit statlicher hulf verwandt vnd zugethan, dweyl dan mein gnedigster Herr der Kurfurst den polln nachent gesessen, der auch mermale durch dy cron von polln betrauet, vmb der hulf vnnd furschub willen meinen gnedigsten Hern dem Hohmeyster gethan, vnd in vergangener vehde mer dan yemants anders erzeigt, So macht villeicht der Konig aus frankhReich wo solichs dem Kayser aller Rewssen gefellig Sich sambt meines gnedigsten herrn dem hochmeyster gegen seiner Kay. Mt in hulf puntnuss vnd Ainigung geben, vnd wo solches Kay. Mt. annemblich wurde villeicht der Konig aus franckhreich den Kayser aller Rewssen mit eigener potschaft besuchen vnd dy puntnuss entlich abreden vnd besliessen lassen

Das aber sein Kay. Mt. den Krig wider den Konig von Polen vnd Lithawen volfuren vnd harter denn vor ye beschechen fornemen wolt, auch ander wider Ine bewegen damit derselb Konig

1) alle wege.

2) durch Sippschaft verbundener.

von Polln die zeit des anstants nicht widerumb zu Krefften komen mochte, So wolt mein gnedigster Herr der Hohemeyster so erst der anstant verloffen oder das sein f. g. mit vrsachen vnd fugen zum Krig komen mochten, dasselben Krig in gottes Namen widerumb anheben, yedoch das sein f. g. kein verzug vnd versaumbnus von seiner Kay. Mt. befunden, vnd aber in albeg das sein Kay. Mt. das gelde sso zu solichem Krig gehort vnd eemalen dauon geredt in der erste erlegt, des auch der potschafter zu endung von meinen gnedigsten Hern dem Hohmeyster gruntlich zu besliessen beuelich hatten damit hinfuren nicht weiter Irthumb oder zwirede der expedicion entstunde oder zu schaden Reichen mochte.

Ydoch das entlich soliche abrede vnnd puntnuss dohin gestalt, alspald mein gnedigster Herr der Hohmeyster dem Konig von Polen mit gewald in sein Lande ziehen wurde das alsdann des Kaysers aller Rewssen hulf Schatz oder besoldung, wie dann der yetz nach volgents vertrag vnd abrede entlich mit bringt zestunden angehe, vnd wie gemelt vorhin bey der hande sey

Vnd solle dy wal In albeg bey meinen gnedigsten Hern dem hohmeyster sein ob sich sein f. g. Erstlich vmb dy stete oder letzlich Anemen wolle dann sein f. g. gedenckhen soliche stete wie dy In ersten vertrag vnd puntnuss gemeiit oder gemelt Necher vnd leichter mit der hilf gottes dann mit harter belegerung zu erobern etc. Domit aber soliche puntnuss wider vfs Neue bekrefliget So ist meins gnedigsten Hern des Hochmeysters wolmeynuug das sein Kay Mt vf verner anregung vnd zueschreybung ein Kayserliche potschaft zu meinen gnedigsten Hern schickhen wolle, den Eyde oder Kreutzkussung von seiner f. g. selbs personn zu nemen yedoch wie dy zeit des Krigs beslossen das in albeg vnd die verner vfhalt oder verzug das gelde meinen gnedigsten hern dem hohmeyster vf ain benente Zeit entlich zugeschickht wurde,

Dieweil dann diss vf den vorigen Vertrag ein verneuerung mit bringt, damit auch der Inhalt diser Renonacion abermals mit der Kreutzkussung bey seiner key. M[t] bestetiget vnd bekreftiget werde, So ist meins gnedigsten Hern des Hohmeysters vnterthenig dinstlich bitten, wo soliches Irer kay. M[t] nicht entgegen, dieselb wolde soliche Kreutzkussung in Aigener person thun

Vnd so das alles beschechen solle der potschaffter beuelich haben den vorschlag vnd anzaigung zethun der Teutschen besoldung Reuter vnd Knecht, was hieruber vf einen Monat oder Jar lang Laut der ersten puntnuss als vf zehen tausent man zefuss Auch zwey tausent Raysiger vnd pferde daneben auch das geschutz puluer Kugel puchsen pferde geschirr vnd besoldung der puchsenmeyster furleut vnd ander der Artlerry vnd veldzugs Diner nach lengs lauffen thut, Alsdann mit dem Kayser aller Rewssen entlich zu besliessen, damit das sylber oder seiner Kay M[t] begnadigung vnd schatz albeg in liflandt an ain gelegen ort, vf ain Jarlang des Kreusvolks vnd Municion besolden, vnd erhalden, wie yetz oder vor nach der lenge benent, vorhin den anfang des Krigs gelegt, volgents vf ain benente zeit, vf etlich Monat, Ee der erste anginge Im Lande zu prewssen, sein solle, damit solichs vor der zeit gemunzt vnd gefertiget wurde dardurch der wil des Krigsuolks dest leichter zu erhalden vnd in albeg destpas vnd stattelicher zobrauchen weren,

Welliches alles vnd yedes mein gnedigster herr der Hohmeister seiner Kay. Mt in aller vnterthänigkeit auch diemutigs dinstlichs vleiss vnd Im besten Kains wegs bergen wolte, mit angehengter bethe sein Kay: Mt: wolle sich hierinne allen vnd yeden Kayserlich vnd gnedigelich erzeigen vnd beweysen, das wil mein gnedigster Herr der Hohemeyster vngesparts seiner f. g. leybs vnd vermogens sambt seiner f. g. hern vnd frunden zu uerdinen alzeit vnterthenigelich vnd willig erfunden werden sich aus solicher Kayserlichen begnadigung hulf trost vnd beystant, vfs hochst verhoffen vnd trosten. Auch solichs alles seiner Kay. Mt. bey seiner f. g. hernn vnd frunden ganz vnterthenigliches vnd dinstlichen vnd in aller diemut nachsagen wollen.

Hierin befand sich eine Einlage des Inhalts:

Volgents Nachdem Jancku Woywode vnd vertriben furst zu molda aus der walochey meinen gnedigsten herrn den Hohmeyster gebeten Ime widerumb zu seinen vaterlichen vnd naturlichen Erbe vnd furstenthumb zu helffen weyss mein gnedigster h. yetz zur zeit nicht in kurzen wege zuthun dan ob der Kayser aller Rewssen des einen vortayl west der seiner Mt. zcu besten gedeyen möchte dardurch derselb maldausch woywod wider zu seinen Rechten vaterlichen Erb mocht einkomen was dan Kay Mt hierinn zuthun oder zu lassen gesindt soliches m gnedigsten herrn bey dem potschafter hiemit verstendigen dem Jancku widerumb seiner Kay. Mt gemut vnd vornemen anzuzeigen habe, welches alles vnd ydes m. g. h. der hoh. Kay. Mt aller Reussen in aller vntherthenigkeit auch diemutigs dinstlichs vleiss vnd im besten Kains wegs bergen wolle, mit angehefter bethe Kay. Mt. wolle sich hierinn allen vnd yeden Kayserlich vnd genellich erzeigen vnd beweysen.

№ CCCLXXIV.

Die Stadt Polozk empfiehlt dem Rathe und der Stadt zu Riga, den bei der dasigen St. Nicolai-Kirche «für ihren Glauben» angestellten Priester Matwei Jacobsohn und bittet, ihm die Schlüssel der Kirche auszureichen. D. D. Polozk, am Tage der Geburt Mariae (8. Sept.) 1523. 1523

Schwer zu lesendes Original auf Papier mit dem unter einer Papierscheibe aufgedruckten Wachssiegel, im äuss. rig. RA. Auf der Rückseite ist von anderer Hand die Jahrzahl unrichtig als 1522 aufgezeichnet und von einem Archivar das Versehen begangen worden, die Aussteller zu Pleskowern zu machen.

Es befinden sich im rig. Rathsarchive noch manche auf die St. Nicolai-Kirche und deren Priester bezügliche Schreiben, besonders der EBR. zu Polozk, um Priester abzuberufen oder einzusetzen, die aber für diese Sammlung nicht weiter berücksichtigt worden, da sie sonst eben weiter kein Interesse gewähren. Merkwürdig ist aber, dass die Rechnung über die Einkünfte der russischen St. Nicolai-Kirche von einem rigischen Bürger geführt wurde, wie sich denn noch eine solche erhalten hat in einem papiernen Hefte in Quartformat, unter der Aufschrift: «Jaspar vam Haue Rechenschaft von der Reussischen Kirchen von A° (15)60 biess auff A° 70», wozu eine spätere Hand beigeschrieben: «Reuschesche Kirchen Rechnung von heren Jasper vom Hone gethan». Der Rechnungsführer war denn wohl nach dem ihm beigelegten Prädicate her ein Glied des rigischen Rathes *) und hat die Summe der Kircheneinnahmen in den genannten Jahren («bis a° 71. den 8 Maj»), welche meistens aus Hausmiethen flossen, am Schlusse berechnet auf 627½ Mrk. VI ss. (Schillinge), wovon 200 Mark auf eines Bürgers Thomas Wulner Haus belegt waren und mit 6% verzinset wurden; das übrige Geld ward vom Rechnungsführer baar übergeben, doch wahrscheinlich der Stadtcasse.

*) Schon früher, in den Policeiordnungen vom 9. Dec. 1502 (Mon. Liv. ant. T. IV. p. CCLVI, № 148) findet sich ein Mann dieses Namens, der mit der russischen Geistlichkeit in Beziehungen stand, indem es in den Verordnungen wegen ungesetzlich erbaueter Gebäude daselbst heisst: «Item Clauwes vam hane aff to rumende dat russesche klost by III mck.».

Vnseren demodyghen vnd wyllyghen denst myt Erbedynghe alless goden Jwer || Ersamen wyshet stits tho voren Jwer Ersamen wyshde gesonth vnd langhe glück || selyghe wolnort here wy alle tyd van hertle gerne etc. Ersamen vnd wysen heren Jartze vocht borghemesters vnd Ratmannen der stadt Ryghe vnd die gansse gemenht vnse demodyghe bede vnd andechtyghe begher ys an Jwer Ersamene Wyshede vnd an alle Jwe medeborger der Ersamen stadt Ryghe alse an vnssen günstighen guden vrunden vnd nachberen wyllen dussem vnserem mede borgher In gebornes kynt vppnemen vor enen vorbedder Jwer vnd ock anderen mir[1]) tho enem kirckhrrin vnd diener deme byllyghen heren sancte nykolas der kercken tho Ryghe vnser gelouen vnd deme sulnen pryster by namen mathfee Jacow syn sone den dotel auer antworden vnd de kercke Im geuen wente wy hapen tho ghode he nutte vnd gudt dar tho sy vnd Jwer Ersamen wysheyde vnd der ganssen gemenht der stadt Ryghe gevallen warth hope wy Jwer Ersamen wysheyden vmme vnser bede wylle don warden vordene wy war myt wy konnen vnd moghen In sodanen glyckin oder Im grotteren hyr myt Jwer Ersamen wysheyde myt sampt den Ersamen medeborgher gode almechtychtyghen langhe gesont beualen In synem gotlycken denste Dato In Ploskou amme daghe der geborth marija Int Jar 1523.

Bormester Radtmanne vnd scheppen der stadt ploskou vnd de gansse ghemenht frunllychen dinstl.

In dorso: Deme Ersamen vnd wolwysen heren borghemesteren vnd ratmannen der stadt Ryghe vnd der ganssen gemenhet vnssen gunstinghen leuen heren nachberen demodighen g....

[1]) mehr.

CCCLXXV.

1526 Instruction für den livländischen Gesandten, Heinrich von Galen, Vogt zu Kandau, an den Herzog von Preussen, Markgrafen Albrecht, um demselben von dem Bündnisse des rigischen EB. Johann Blankenfeld mit den Russen Nachricht zu geben und ihn zu Gestellung von Hülfstruppen aufzufordern, d. d. Wenden, Dienstag nach der Beschneidung (2. Jan.) 1526. *D.*

Orig. im GA. zu Kgsbg.; Abdruck in den Monum. Liv. ant. Tom. V, p. IV—VII, in der Anm. Vgl. Index № 2932.

№ CCCLXXVI.

1526 Schreiben des EB. Johann von Riga an die preussischen Gesandten, Wolf Freiherrn zu Heideck und Georg von Klingebeck, worin er seine vermeintc Verbindung mit den Russen ganz abläugnet und ein Schulddocument über 3000 Mark an den Herzog von Preussen ausstellt, d. d. Ronneburg, Mittwoch nach Palmarum (28. März) 1526.

Orig. im GA. zu Kgsbg. Vgl. Index № 2937.

Von gots gnaden Johannes Ertzbischoff zeu Riga Bisschoff zu Derbt.

Vnnsernn gunstlichen grus zcuuorn Edler vnnd Erbar liben besundern wiewol wyr ewr beeder Personen vnnd sunderlich in dissen vnsern vnuerschulten beschwerunge Vnser alten kundt nach, gern gesehen vnd angered betten, Welchs yr aber vermeydung halbenn verdechtlicheit sso euch vnd vns darauss entsteen mochte zcu undirlassen geursacht, Bedanken wyr vns der guden zcuneigung vnd erbiedung die wyr auch, so vyl an vns in aller gunst vnnd guden zcubeschulden geneigt. Gutlich begerende, Wollet dem Hochgebornen Forsten vnserm gnedigen Hern dem Hertzogen in Prussen freuntlich vnnd Dienstlich vnsert halben bedancken der gnedigen mytleydung vnnd trosts in vnsern beschwerden, Auch der gunstigen forderung vnser sachen vnsert halben, euch an den Hochwirdigen Hern Meyster vnsern Hern vnnd freund auffgelecht Vnd dieweyl yre Gnad grundlichen bericht dusser sachen begerd, erforderte wol vnsere hohe notturfft den nach der lange yren gnaden vnd euch zu eroffnen das wir yetzt eyle halben ewers zcugs nicht thun konnen Wyr seynd aus neyd vnd hass hey dem Hochwerdigen Hern Meister vnd sunst angegeben worden Als solten wyr eine Bundnuss mit den Reussen aufgericht vnnd yre hylff begert haben, widder die Stadt so vns hier im land gewaldt gethan Welchs an ihm selbst in betrachtung vnser Person stands vnd alle vnser gelegenheit vnglaublich, Vnd wir zcuthon nye in vnser wenigste gedancken genomen Vnnd wie wol solchs, als ein Ding das nye gescheen vnd sich nymmer befynden soll Sso wissen wir doch, so vnd wann von noten wie zcu allen eren vnd rechten gnugsam zcu bewysen, Das vns von den Reussen hilff angeboten, die wyr abgeslagen mit anczeygung, Das wyr der nicht notturfftigh, Man hat vns auch vordechtlicheit aufgelegt als solden wir van Lettawen oder andern widder die sso vns gewalt gethon hylff begert haben, Welchs sich auch in der warheit nymmer also befynden soll, Dan wir alle vnsere sachen zcu gutlicher vnd rechtlicher forderung gestalt, Vnnd betten gern gesehen, das wyr auff yetzt negst gehaltem Landstage vnser vnschuld auff begerte versycherung vnnd vnbeschwerlich vor menigklichen hetten eroffnen mogen Ire gnade vnd allermenigklich sollen nicht anders befynden, dan das wyr in dem vnnd anderen auffrichtig ehrlich vnd vorsichtigklich gehandelt, Bidden derhalnen wollet bey yren g. vnd aller menigklich vnserer vnschuld berycht thun, Wie wyr hoffen der Hochwirdige Herre Meister vnd wyr bey seiner gnaden vnd aller menigklich nach eroffenter vnser vnschuld auch mit erstem thun werden.

Als vns auch yre g. etzwann tausent vngerische gulden in vnserm anlyggen zu der confirmation vnsers stiffts Derbt gelyhen, Seyn wyr vngetzweyfelt yre g. durch seligen Dyterych Schenbeck auch Cristoffer Gattenhouer berycht erlangt das vns die zceyt noch ein Jar sold als vierhundert Ducaten vnd dartzu Zierung vnsers zcugs aus der Margk gen Rohm vnnd wyderumb an syne g. aufstunden Wyr haben yrer g. ein hundert leest rockens zcugesagdt welcher in das viert Jar zcu Reual gelegen vnd so wyr im negsten Sommer Herrn Lorentzen Volkersam vnser kyrchen zcu Darbt Dumbern den rocken zcuuerkauffen gen Rewel geschickt Ist der rocke zcum deyl verkaufft, Der hinderstellige, auch etzlicher vnser ander rocken geldschuldt, Prowiant vnd anders zcu vnserm besten gekaufft, ane alle vnsere schuldt vnd verursachung bekummert vnnd angehaltenn, Haben der vnnd dusser vnser beschwerung halben, das geldt nicht bey einander bryngen konnen vnnd dieweyl vns sust auch dusses zcufalls halben allerley vnradt auffgewachsen, Ist vnser gutlich beger, yr wollet vns entschuldigen das wyr yren g. das geldt yetzunder nicht schicken dan schicken hierbey eynen schuldbrieff auff drey Dausend margk rygisch vor solchen rocken, Wie wol des geldts, auch eyn deyl an Hawszcyns da der rocken gelegen vnd andern vncosten derhalben auffgeloffen, vnd wyr einhundert vnd etlick vnd XXX margk rygisch von orer g. wegen vp yrer g. schrifftlichen beuel hyer ym land ausgegeben, Wollen vns bevleyssigen mit erstem solch geld von Rewel zcu erlangen vnd den hinderstelligen rocken verkauffen lassen, Dormit yre g. der drey dausent margk gude becaalung erlange. Woe mit wyr auch sunst yrer g. dienstlichen wyllen wysaen zcuerzceygen solle yre g. vns gutwillig befynden Synd auch vngetzweyfelt yrer g. alter gnediger vnd gunstiger wyll gegen vns sey bey yr noch vnuerruckt. Wer mit wir auch ewer personen gunst vnd forderung zcuerzeygen wissen sollen yr vns guttwillig befynden Datum Ronneborch mitwochen nach Palmarum Anno etc. XXVI[to]

Joannes
Archiepiscopus Rigensis subscripsit.

Schuldbrief des Ertzbisschoffs zcu Riga.

Wir Johannes von gottes gnaden Ertz Bischoff zcu Riga Bischoff zu Terbt thun kunt vnnd bekennen Vor Vns vnd Vnser nachkommen, das Wir dem Durchleuchtigen Hochgebornen fursten vnd hern Hern Albrechten Marggrauen zu Brandenburg, Hertzogen in Preussen, zu Stettin Pomern etc. Vnserm gnedigen hern, Drey Tausendt mark Rigisch, schuldig sein, welche Wir oder Vnsere nachkomende Irer gnaden vff Ir ansuchen gutlich bezalen sollen vnd wollen Des zu Vrkund der warheit haben Wir disen Brieff mit vnserm gewonlichen Secret vnnd Handschrifft beuestigen lassen, Geben zu Ronneburck, Mittwochen nach Palmarum nach Christi geburt Tausent funff hundert im Sechs vnnd zwantzigsten Jare.

№ CCCLXXVII.

1531 **Beifrieden auf zwanzig Jahre zwischen Russland und Livland, geschlossen im J. der Welt 7040 oder 1531 nach Chr. Geburt.**

In dem V. (unbeendigt gebliebenen) Theile der Собрание Государственныхъ Грамотъ и Договоровъ ist dieser Beifrieden in zwei Redactionen (№ 105, S. 109—116 und № 106, S. 116—123) und noch dazu in deutscher und russischer Sprache abgedruckt. Das unter № 105 abgedruckte Document hat aber so sehr gelitten, dass sowohl der russische wie der deutsche Text viele Lücken bietet. Nicht minder lückenhaft ist der deutsche Text von № 106, doch hat sich davon die russische Abfassung vollständig erhalten. Auch im GA. zu Königsberg wird von diesem Beifrieden eine gleichzeitige Abschrift aufbewahrt. Vgl. Index № 3012. In demselben Archive befindet sich noch eine gleichzeitige kurze Inhaltsanzeige dieses Beifriedens (Index № 3013), welche abgedruckt ist in C. A. Kortzenbaum's Programm: Kurtze Darstellung der Regierung des OM. Wolter von Plettenberg. 1. Abschn. (Riga 1836, 4°) S. 12.

Wir geben hier den Friedensvertrag nach der in Königsberg befindlichen Copie, die am meisten mit dem unter № 105 abgedruckten Texte der Rumjanzow'schen Sammlung, dem sogenannten zweiten Vertrage (Второй Договоръ) übereinstimmt und fügen einen Abdruck des russischen Textes von № 106 hinzu.

a.

Na dem willen godes vnnd na beuell des groten Herschops Wasylten von godes genaden Keysser vnnd Herschop aller Russenn vnnd Grotfursten tho Walodomir Mustkaw Nowgarden Plestkaw Smalentzky, Otpherien Juharssky, Peremssky, Wetzky, Wolhassky vnnd anderer Die Furst meister tho Lyfflandt, vnnd Ertzbischop tho

b.

По Божiей воле, и по великого Государя веленью Руского Царя Василья Божьею милостiю Царя и Государя всея Русiи, и великого Князя Володимерского, Московского, Новгородского, Псковского, и Смоленского, и Тверского, и Югорского, и Пермского, и Вятского и Болгарского и иныхъ. Се приѣхавъ въ

Riga Bischop tho Darbt vnnd Bischope, vnnd dat gantze Lande tho Lifflandt, hebben ere bode gesandt, to dem groten Herschop Wasily von gottes genaden Keysser vnnd Herschaft ouer alle Russen vnnd grotfurste vmb sodane orhe bouede toschlaende, Also die grote Herschop siuen torn ouer sie gehat heft, Derhaluen dat die Fursten Meister tho Lyfflandt, Ertsbischop to Riga, Bischop to Darbt, vnd Bischope vnnd alle dat gantz landt tho Lyfflandt von dem grot herschope Wassylten von godes genaden Keysser vnnd Herschops ouer alle Russen, vnnd grotfurst sinen vederlicken Eruen von grotenewgarden vnnd plestkaw afgetredenn sindt, vnnd sindt tho dem Kunig von Polen grotfursten tho Lyttawen togen treden, vnd die grote Herschop wolde den F. Meister vnnd Ertzbischop to Riga, vnnd Bischop to Darbt, vnd Bischope vnd dat gantze Landt tho Lyfflandt bognadigen, vnd synen thorn ehn verlaten vnnd sye begnadigen, Bouelende siuen Statholderen to Nowgarden vnd to synen vederlicken erue grote Nowogarden, vnd siuen Statholderen den F. to Plestkaw vnd sinen vederlicken Erue plestkaw mit deme F. meister tho Lyfflandt, vnnd deme Ertsbischop tho Riga, Bischop tho Darbt vnd Bischope, vnnd mit alle dem Lande tho Lyfflandt, vptonemende den byfrede vpt olde, vnd ock die kopmanschop siner vederlicken Eruen luide bofelen, mit den Landen tho Lyfflandt to holden vpt olde, So sollen die Fursten Meister to Lyflandt Ertsbischop to Riga Bischop to Darbt, vnd Bischop vnnd alle dat Lande to Lyflandt von dem Konig tho Polen, vnd grotfursten tho Lyttawen affgetreden, vnd die grote Her Wassily von goddes genaden Keysser vnd Her ouer alle Russen vnnd grotfurst na orem bouetslandt, deme F. Meister to Lyflandt, Ertsbischop to Riga vnd Bischop to Darbt, vnnd Bischope vnd alle dat Landt tho Lyfflandt begnadiget, vnd ehn sinen thorn verlaten, vnd befelen sinen Statholdern tho Neuegarden F. veder Mechilderowitz vnd F. Michel Wasilewitz vnd sinen veder Erue grot Newgarden vnnd sinen Statholdern F. to Plest-

великого Государя и Царя Руского отчину въ великій Новгородъ, къ великого Государя и Царя Руского къ намѣстникомъ къ Новгородцкимъ ко Князю Өедору Мелегдайровичу, и ко Князю къ Михайлу къ Васильевичу Горбатому, іль великого Государя и Царя Руского отчины изо Пскова отъ его намѣстника Князя Псковского Князь Ивана Даниловича Щѣяково и отъ всего великого Искова отчины великого Государя и Царя Руского послы намѣстниковъ Псковскихъ старосты отчины Царя всея Русіи Семенъ Захарьинъ сынъ Преподобовъ, да Назарей Оонсимовъ сынъ Глазатой. А также пріехаша отъ честнаго Князя Лиолевского отъ Волтеръ ванъ Плетенбергъ послы Иванъ Бонгорстъ, да Тебекъ Патинъ, да Лебрехтъ Каверъ, да Леонардъ Салисъ. И приконьчаша перемирье съ послы намѣстниковъ Псковскихъ отчины великого Государя и Царя Руского съ старостами на 20 лѣтъ, отъ Покрова святыя Богородицы лѣта сѣмь тысящь четыредесятого, до Покрова святыя Богородици лѣта ,з шестьдесятого, за Князь Местеря Лиолевского, и за Арцибискупа Рижского. и за Князи, и за ихъ золотоносци, и за ихъ земныхъ бояръ и за посадниковъ, и за ратманов, и за всѣ ихъ городы, и за всю Мастерову державу. А въ ту двадцать лѣтъ, по сей перемирной грамотѣ, сесь миръ держати крѣпко на обе стороны. А великого Государя и Царя Руского намѣстникомъ Княземъ Псковскимъ, и отчинѣ его Пскову въ ту двадцать лѣтъ Князь Местеровы державы, и Арцибискуповы не воевати земли, и не вступати. Также Князю Местеру, и Арцибискупу, и за всѣ ихъ державы, вту двадцать лѣтъ, великого Государя и Царя Руского отчины Псковскіе земли не воевати, ни зацеплятй ни чемъ, ни на земли, ни на воды, не наступати. А землѣ и водѣ промежъ Пскова и Князь Местеря старой рубежъ по старымъ грамотамъ. А озеро Великое ловити Псковичомъ къ своему берегу.

kaw Iwan Dalilawitz vnd sinen vederlicken Erue to pleskaw mit dem F. Meister to Lyfflandt Ertzbischop to Riga vnnd mit dem Bischop to Darbt vnnd mit den Bischopen, vnd mit dem gantzen Lande to Lyfflandt, einenn byfrede vptonemen vpt olde, vnd die kopmanschop densuluigen vnsem veder Eruen Luiden bopbelen, mit dem Lande tho Lyflandt, thoholden vpt olde, ock furder soll die Furst Meister to Lyffland Ertzbischop to Riga, vnd Bischop to Darbt vnd Bischope vnnd alle dat Lanndt tho Lyflandt, to dem Kunig vonn Polen grotfursten to Lyttawen nicht to treden, mit keinerley Dingen vnd keiner behendigt, effte ehn an der Kunig in Polen keme, vnnd in grotfurstendom to Lyttawen, soll die F. Meister Ertzbischop to Riga vnnd Bischop to Derbt, vnnd Bischope vnd alle dat Lanndt to Lyfflandt, mit keinerley dingen to ehnen nicht totreden, effte dar yenige sacke, die grot Herschop Wassyly von godes gnaden Keysser vnd Her ouer alle Russen, vnd grotfurst mid dem Konige to Polen grotfursten to Lyttawen erboue, soll die Meister to Lyflandt Ertzbischop to Riga Bischop to Darbt, vnd Bischope vnd alle dat Landt to Lyflandt to deme Konige von polen vnd grotfursten to Lyttawen mit yenen dingen oder mit keyner behendigheit totreten, na dissem fredebrieue vnd nach der Krutzkussung Vnd nach beuell des groten Herschops Wassily von godes gnaden Keisser vnd Herscher aller Russen vnd grotfursten sind gekomen in des groten Herschops des Russischen Keissers vederlicke Erue to grot Newgarden Statholdere to Neugarden to F. veddern Melchilderewitz vnd F. Michel Wasilewitz vnd to den Boarn Inwonern vnd Kopluden vnd to allen den von groten Newgarden der veder Eruen des groten Herschops des Ruschen Keissers die duitschen boden von dem F. Walter von Plettenberg, Meister to Lyflandt des duitschen ordens tho Lyflandt vnd von sinen Cumpturen vnd von dem Ertzbischop to Riga Bischop to Darbt Bischope to Ossell Bischop to Curlandt Bischop to Reuwell vnd von den Burgermeistern Rathluden

А за озеро Великое Псковичемъ ловити не ѣздити на Неметцкую сторону. А станетъ по грѣхомъ изнеможенье, занесетъ вѣтромъ Псковскаго ловца на Неметцкую сторону, ино въ томъ пѣни нѣтъ. Также и Нѣмцомъ озеро Великое ловити къ своему берегу. А за озеро Великое Нѣмцомъ ловити не ѣздити на Псковскую сторону. А по грѣхомъ станетъ изнеможенье, занесетъ вѣтромъ Неметцкого ловца на Псковскую сторону; ино втомъ пени нѣтъ. А во Псковское озеро Немцомъ ловити не ѣздити. А на Клицкой островъ Нѣмцомъ не наступатижь. А межа промежъ Пскова и Князь Местера по Норове рекѣ стержнемъ. А что отчинъ великого Государя Царя всеа Русіи люди Псковскіе земли били челомъ Василью Божіею милостію Царю и Государю всеа Русіи и великому Князю о томъ, что де Магистровы и Арцибискуповы люди вступались во Псковскіе земли чрезъ старой рубежъ. Также били челомъ Магистровы державы люди, что будто великого Государя люди его отчины Пскова вступаются въ Магистрову землю, и великого Государя намѣстникомъ Новгородцкимъ на ту землю послати судей на съѣздъ. А великого Государя намѣстникомъ Псковскимъ и отчинѣ великого Государя Пскову, съ Магистромъ и съ Арцибискупомъ учинивши срокъ, да на ту землю послати людей честныхъ на съѣздъ. А Магистру и Арцибискупу ктому сроку на ту землю послати своихъ людей честныхъ на съѣздъ. И тѣ судьи великого Государя и люди добрые собѣихъ сторонъ на ту землю съѣхався, да обыскавъ по крестному цѣлованью учинятъ землѣ и водѣ рубежъ по старымъ перемирнымъ грамотамъ, и по сему крестному целованью. А впередъ на чюжую землю и воду неполѣсти на обе стороны. А кто скоторой стороны полѣзетъ на чюжую землю, или на воду, ино тому живота не дати. А изъ великого Государя Царя Руского отчины, изо Псковской земли, гостемъ и купцомъ по Магистровѣ державѣ, и по Арцибискупле земле, и по Би-

vnd von allen des fursten Meisters beholden vnnd Stende, vnd von allen den gudemans und von der Bischopen eren Luden vnd von dem gantzen Lande to Lyfflandt hebben to volle ore bouede geschlagen des groten Herschops des Russischen Keissers Statholdern to Nowgarden F. veddere Melcherdarowitz F. Michel Wasilewitz die duitsch Botschaft Johan von Bockhorst, vnd lewes Palmer, Lubrecht Cauwr vnd Reinolt Salis hebben eynen byfrede vpgenomen vnd des groten Herschers die Russischeun Keyserlichen Statheldern to Nowgarden vor des groten herschers vederlicken Erue vor alle dat Land to Nowgarden to tweintig Jaren antogaende, von dem ersten tag Octobris im Jare die seuendusent vnnd vertig beth to den Jare seuendusent vnd Sesstigk beth vp den ersten dag Octobris vnd vor alle des fursten Meisters Ertzbischops vnnd Bischop to Darbt, vnnd der Bischope, ehre behold vnd vor alle dat Land to Lyfflandt, vnnd in dussen twintig Jaren sall man den frede von beyden parten fest holden, vnnd dem Lande vnd Water twischen grot Newgarden, vnd dem F. Meister is die alde grenitze, vth der esthischen Seehe, den Strom der Neruebecke, vnd mitten ouer den holm die dar benedden Iwanogroth, vnd der Nerue an der Neruebecke, wenthe in dat salthene mhere, na den olden Kruitzbreuen na des F. Meisters bryfe vnnd na der Kruitzkussung des groten herschers des Russischen Keisser Lude die Newgarder sollen auer die grenitze ouer den strom der Neruebecke, vnnd vp die helffte des holmes de dar benedden Iwaniagroth vnnd der nerue vp des F. Meisters seine helfte vp der luchter syde nicht ouer treden, hoyschlege toschlaende, den busch nicht hawen, Land nicht plugen, vnd dat watter nicht fischen, Demgleicken soll die furste Meister vnd sine luide nicht auer den strom der nerue becke, vp des groten Herschopen Wassily von godes gnaden Keisser vnd herscher aller Ruissen, in sein vederlick erue vp die Newgarder syede vp die Rechten hand der Naruebecke ouer helffte des holms die dar

скуплимъ землямъ, на Ригу, и на Колывань, и на Ругодивъ, и во все городы Лиѳленскіе земли, горою и водою путь имъ чисть, приѣхати и отъѣхати безъ всякіе зачепки, и купити, и продати доброволно всякой товаръ безъ вывѣта, и соль, да и на Матерую реку Псковичемъ торговати ѣздити по старинѣ. И нарозницу или вмѣсте товаръ свой Псковичемъ продавати доброволно во всехъ городехъ Лиѳленскіе земли. И дрова Псковичемъ на Матерой рекѣ въ лѣсе, и всякой запасъ, что понадобѣ, сѣчи доброволно же по старинѣ, и крестному целованью. А Магистру Князю, и его Княземъ, и Арцибискупу і Бископомъ и ихъ людемъ, у Псковскихъ гостей и у купцовъ товару цены неуставливати, и гостинцовъ оттого неимати, и числа ночемъ надъ Псковичи неуставливати, и колодамъ по дорогамъ не быти, и гостинцовъ оттого у Псковскихъ гостей и у купцовъ не имати. Также и Магистровымъ людемъ, и Арцибискуплимъ, и Бискуплимъ людемъ, и всѣхъ городовъ ихъ державы, въ великого Государя отчину во Псковскую землю во всѣ городы горою и водою путь чисть, приѣхати и отъѣхати безъ всякіе зачепки, и купити, и продати доброволно всякой товаръ безъ вывѣта, и соль. А корчмы Нѣмцомъ во Псковской земле не продавати. А цены тавару у Немѣтцкихъ гостей і у купцовъ Псковичемъ неуставливати, и гостинцовъ оттого неимати. А воску у Псковскихъ гостей Нѣмцомъ не колупати, опричь того, что уколупивъ немного на опытъ, да емужъ отдати назадъ. А вѣсчее имати стовару у гостей и у купцовъ у Псковичь въ Неметцкой землѣ, а у Немецъ въ Псковской земле, на обе стороны по старинѣ. А что написано въ перемирныхъ грамотахъ великихъ Государей Ивана Божіею милостью Царя и Государя, всея Русіи, и великого Князя, и Государя Василья Божіею милостію Царя и Государя всеа Русіи, и великого Князя, которые купци Псковскіе въ Месторовыхъ городехъ и въ Арцибискуповыхъ,

benedden Iwanagroth vnd der Narue is nergent in ouertreden, keine beyschlege toschlaende, keinen busch tobawen, kein Land toplugen, kein watter tolischen ein yder soll ein helffte bekomen, na der Krutzkussunge vnnd ock in des groten herschers des Russischen Keyssers veder erue sinen luiden vth Newgarden Land sollen hebben in des F. Meisters beholdunge des Ertzbischops Land vnd in der Bischope Land na Darpte na der Narue na Riga vnd na Reuwell in allen den Steden der Lande to Lyfflandt thothyende, frywilligen tokopen vnd touorkopende dem Kopman vth Newgarden Land frywilligen allerley whare, one vthbescheydt, vpt olde, vnd man soll der ware, in des F. Meisters Ertzbischop vnd Bischop to Derbt oren Steden to Darbt, to Reuwell, to Riga, thor Narua in allen stenden to Lyfflandt von beyden parten nicht vorbyeden, So ein Newgarder mit einem Duitschen gekopschlaget heft, thor Narue, vnd heft sine Wahre in der schuten soll die Newgart die Whare von dem duitschen gutwillig vth der schuten nemen, auer bordt in die lodige, Daruon sollen die Naruischen keine gaue nemen, ock sollen die Duitschen des Newgarder Kopmans wag nicht belopen, besonder wat he afgeklopet tobesehennde, nicht woll, datsulftige soll he eme wedder geuen, vnd die wagwichte soll man vorglicken mit der Neugarder Luden vnnd sollen Recht wegen, nach der Krutzkussinge, vnnd man soll fur die dracht der wagen wicht nemen, schillinge vor drey dennig, vpt olde, Ock kombt die Newgarder to der Narue mit was graewerck oder er mit anderer Whare vnd will thyen na Riga, oder to Darbt, effte to Reuwell oder in welckerer anderer Stete, vnnd lecht sine whare vp einen Karren, so soll man von der ware kein weggelt nemen, huret ein Neugarder einen furman die sol dat gut von der einen Karren vp die ander laden, Will ein Neugarder na Riga, na Darbt, na Reuwell effte in welckerer anderer Stede Reyssen, so mag he frywilligen huren einen tolck vth der stad effte vth dem dorpe, wendet ein Newgarder vth dem weghe soll man ehn dar-

и во всей ихъ державѣ поймины, а товаръ ихъ у нихъ поотнималъ, и Местеру и Арцибискупу тѣхъ купцовъ всѣхъ отпустити со всѣми ихъ животы. А которыхъ будетъ купцовъ въ томъ натствѣ не стало, или которые мстого натства утекли, а товаръ ихъ остался въ Местеровыхъ городехъ, или въ Арцибискуплихъ, или которой товаръ Псковской положенъ у кого въ Местеровыхъ городехъ и въ Арцибискуповыхъ, и Князю Местеру, и Арцибискупу тѣхъ купцовъ всѣхъ животы отдати Псковичемъ, и чего будетъ того товару Магистръ, и Арцибискупъ, и ихъ люди, по тѣмъ перемирнымъ грамотамъ въ тѣ годы Псковичемъ неотдали, и что послѣ того перемирья Псковского посла Якова Оненмова въ Кеси у Местера ограбили, и тѣмъ дѣломъ всѣмъ великого Государя намѣстникомъ Княземъ Псковскимъ обослався съ Магистромъ и съ Арцибискупомъ учинити срокъ на съѣздѣ. А Псковичемъ на съѣзде на томъ целовати крестъ кому будетъ того товару чего неотдали. И Магистровымъ людемъ, и Арцибискуплимъ, то платити. И что у Якова у посла грабежу взято, и послу Псковскому на томъ целоватикъ, что у него грабежу взято, а Магистру ему заплатити. А въ передъ вту дватцать лѣтъ о обидныхъ делѣхъ въ которомъ городѣ почнется какою дѣло, Псковитину въ Местеровѣ державѣ и въ Арцибискуповѣ державѣ, и въ Бискуплихъ державахъ, и во всей землѣ Лифленской, ино туто ему и управа дати по исправѣ и по крестному цѣлованью, не въ великихъ дѣлехъ до десяти рублевъ Псковскихъ, а выше десяти рублевъ будетъ какою дѣло, ино въ тѣхъ въ Нѣмецкихъ городехъ въ Местеровѣ державѣ, и во Арцибискуплихъ и въ Бискуплихъ городехъ, Псковитина съ Немчиномъ не судити, а дати отвѣтчика Псковитина на поруку, а по которомъ не будетъ поруки, ино его держати на крѣпости, да о томъ имъ сослатись съ намѣстника великого Государя съ Князми Псковскими и со отчиною великого Государя со

umb nicht beschuldigen, vnd wedder in den wegh wyssen. Wirdt ein Neugarder behofen ein perdt tokopen in des Fursten Meisters Ertzbischops vnd der Bischoue stede vnd in allen oren Landen so sall die Neugarder von dem breue geuen einen ferding vnd vor vthstading einen Dhening Welcker Newgarder vnd sall yd deme vogede thor Narue bewissen vnd geuen einen Dening vor der vthstadung vp dem weghe, mag eine Newgard frywilligen ein perd kopen vnd soll tor Narue geuen einen ferding vnd vor die vthstadunge einen Denningh Welcker Neugarder ein perdt kopet in des F. meisters Ertzbischop vnd der Bischope behold unge vnd bringet dat perdt dem Vogede to bewyssen so soll eme die vogede dat perdt nicht nemen, vnnd die Dennig mit gewalt weder towerpen Demegleichen sollen des F. Meisters geste longs des grotherschers des Russischen Keysers vederlicke erue in Nowgarden lande to water vnd to Lande Reyssen one alle verhinderunge vnd mogen kopslagen mit allerley whare guitwillig one vthbeschreydt vnd mogen ock kopslagen to Newgarden in den duitschen bouen na dem olden vnd sollen to Newgarden vnnd in den bysteden in Neugarder Lande nicht kregen Demegleicken mogen des groten hern Wassily von gotes genaden Keisser auer alle Russen vnd des groten Boden vnnd die bode der Statholder von Newgarden vnd des Statholder von Iwengroth lengs des F. Meisters Ertzbischop vnd der Bischope behold vnd Lande to wather vnd to lande Reissen one alle verhinderunge na Riga na Darbt vnd Rewell vnd thor Nerua vnd in alle ehren steden efte die grote Herschop Keisser aller Russen vnd grotfurste wurde sine boden to anderen Herschopen ouer mher senden efte to deme groten Herschope Wassily von gotes genaden Keisser aller Russen vnd grotfursten togen boden von den andern Herschoppen vnd die beden bodtschaft sollen durch des F. Meisters Ertzbischop ore lande to Riga Renwell Darbt Nerue vnd in allen oren Steden to Wather vnd to Lande in Lyfflandt hebben einen fryen wegh. an allerley vpholding vnd

Псковомъ. А во Псковской землѣ каково дѣло будетъ Немчину Лиолевской земли, ино также ему туто и управа дати по исправѣ и по крестному целованью, не въ великихъ же дѣлехъ до десяти рублевъ Псковскихъ, а выше десяти рублевъ каково будетъ дѣло, ино во Псковѣ Нѣмчина со Псковитиномъ не судити ихъ, а дати отвѣтчика Немчина на поруку, а по которомъ не будетъ поруки, ино его до толе держати на крѣпости, да о томъ великого Государя намѣстникомъ Княземъ Пьсковскимъ сослатись съ Магистромъ, да срокъ учинити обоимъ истцомъ собѣихъ сторонъ стати на съѣздѣ. А намѣстникомъ великого Государя Княземъ Пьсковскимъ, и Магистру, и Арцибискупу, и Біскупомъ, и Бергоместеромъ, и Ратманомъ, где будетъ то дѣло въ чьей державе, сослатись ктому сроку на съѣздъ судей, а судьямъ тѣ дѣла судивши на съѣзде судомъ вопчимъ, да и управа имъ тѣмъ дѣломъ всѣмъ чинити съ обыскомъ на прямѣ по крестному цѣлованью. А дойдетъ которой Немчинъ до казни въ каковѣ дѣле ни буди во Псковской земле, ино его въ Псковѣ не казнити, а сослатись о томъ великого Государя намѣстникомъ Княземъ Псковскимъ съ Магистромъ, да срокъ учинивши поставити того Немчина на съѣзде передъ судьями. А дойдетъ которой Псковитинъ до казни въ Неметцкихъ городехъ въ Магистровѣ державе и въ Арцибискуплихъ і въ Бискуплихъ городехъ, и того Псковитина въ Неметцкихъ городехъ, также не казнити, а обослатись Магистру, или Арцибискупу и Бискупомъ, своликого Государя намѣстники со Князьми Псковскими, да срокъ учинивши поставити того Псковитина на съѣзде передъ вопчими судьями. А судьи вопчіе учинятъ тѣмъ деломъ конецъ на съѣзде собыскомъ на пряме по крестному цѣлованью. А съѣзду быти на томъ мѣсте, гдѣ судьи вопчіе землѣ и волѣ межу учинятъ. А взыщетъ Псковитинъ на Немчинѣ, а досудятъ до целованья, ино целовати отвѣтчику Немчину. А взыщетъ

vor die herberg vor gelt vnnd verleytsagunge soll man kein gelt nemen, von beyden Parten des sollen die Duitschen des groten herschops Wassily von gotes genaden Kreissers aller Russen vnd grotfursten boden, der Statholdere to Neugarden vnd Iwangroth, ere boden vnd alle die Lude vnd Koplude des Landes to Newgarden in allen oren steden Landen vnd vp dem Mhere beschermen one alle behendigheit also ohren duitschen Demegleichen des F. Meisters Ertzbischops vnnd der bischope boden die to dem groten Herschop Wassilien von gotes gnaden Keisser aller Russen vnd grotfursten in seine vederlicke eruen vnd alle sinen Steden vnd ock to sinen Statholder to Newgarden Iwangroth thien, sollen hebben einen fryen wegh to watter vnd to Lande, one anholdinge vnd hinderung vnd man sall der boden nicht anholden vnd affertigen ane sumendt. Ock sollen des groten hern Statholders des F. Meister Ertzbischop Bischof ohre boden vnnd koplude vth alle dem Lande to Lyfland in des groten Herschops land to Wather vnd to Lande beschermen als oren Newgarden one alle behendigkeit, ock vmb aller kleglichen sacken sollen des groten herschops Statholder to Newgarden sich mit dem F. Meister durch Bodtschaft besenden Dergliecken soll die F. Meister vmb aller kleglichen sachen haluen besenden mit des grossen Statholderen to Newgarden auer alle klegliche sacken von beyden parten Recht togeuende, nach der Krutzkussunge vnd na Recht one behendigheit Of yenige sacke sich erhoue einem Newgarden in des F. Meisters Ertzbischops vnd der Bischoue stede vnd beholt in alle den Landen to Lyflandt, darsuluest soll man Richten nach Recht vnd der Krutzkussinge nicht in grotern sacken, dan to tehen stucken syluers Nowg. Is dat sick ehne sacke bouen theen stucke suluers verlopet, soll men in den sacken in des F. Meisters Ertzbischops vnd Bischops steden den Nowgarden mit einem Duitschen nicht Richten so soll man den Antworter den Newgarden geuen vp borge handt, welcker keine burgen erlangen kann, sall man in die

Немчинъ на Пьсковитинѣ, а досудятъ до цѣлованья, ино цѣловати отвѣтчикужъ Пьсковитину. А судити Немчина во Пьсковской землѣ, какъ своего Пьсковитина. А въ Нѣмцехъ судити Пьсковитина, какъ своего Немчина. А знати истцу истца по своей исправѣ, а порубу въ томъ не быти на обе стороны. А намѣстнику Вдовскому Князей Пьсковскихъ, и посаднику, и людемъ добрымъ Вдовскимъ, цѣловати крестъ на томъ, каково дѣло будетъ Сыренца городка Магистровымъ людемъ и Руголивцомъ до Вдовлянъ, и имъ того обыскивати и управа давати всякимъ дѣломъ обиднымъ на прямѣ по крестному целованью. Также и Руготивскому Князю иСыренца городка Князю и судьямъ Руголивскимъ, и Сыренскимъ, и людемъ добрымъ, крестъ цѣловати на томъ, каково дѣло будетъ Вдовляномъ до Сыренскихъ людей и до Руголивцовъ, и имъ того обыскивати, и управа давати всякимъ дѣломъ обиднымъ на праме по крестному целованью. А татя и беглеца и холопа и робу по крестному целованью обыскати и по исправѣ выдати. А церкви Божіи Руские и концы Руские въ Местеровѣ державѣ, и въ Арцибискупли, и въ Бискуплихъ державахъ где нибудь, и тѣ церкви Божьи Руские, и концы Руские Магистру, и Арцибискупу и Бискупомъ очистити, и держати по старинѣ, а ихъ не обидити, а взятое церковное отдати по крестному целованью. А въ которомъ городѣ въ Магистровѣ державѣ, и въ Арцибискуплихъ, и въ Бискуплихъ земляхъ у Псковитина бороду выдерутъ, ино того Немчина поставити со Псковитиномъ на съѣздѣ передъ судьями на вопчемъ судѣ. А доведутъ до того Нѣмчина на вопчемъ судѣ передъ судьями судомъ и исправою, и судьямъ тому Немчину учинити вина і казнь по суду. А порубу не быти ни вчемъ на обе стороны. А хотя будетъ промежъ великого Государя отчинъ великого Новогорода, и Пскова съ Ливленскою землею, и дѣло каково ино въ обоихъ сторонахъ, въ не-

vesthe setben, Derbaluen sall man sich mit den Statholder to Newgarden besenden derglicken of etwelcke sacken sich entstunden einem Duitschen vth Lyffland in Neugarder Lande, derglicken sall man dersuluest Recht geuen na Recht vnnd Krutzkussinge, nichts in grotern sacken dan thein stuck siluers Newg: Watterley sacken sich bouen thein stuck syluers erhouen sall men to Newgarden den Dutschen mit dem Newgarden nicht Richten, dan den antworter den Duitschen doen vp borge handt, heft he keine borgen sall man ehn in de veste setben, vmb sodant sollen sich die statholder vnd Newgarder mit dem F. Meister Ertzbischop Burgermeistern vnd Rathmannen in welckerem beholde die sacken bewanth sind senden, to der versamlinge, ohne Richtere vp die gesatte tydt vnd die Richter sollen die sacke Richten in semptlicken gericht, vnd sollen allen den sacken Recht geuen mit vtbuerborunge na der Krutzkussinge vorfelt ein Duitscher in straf, in watterley sacke id sy in Newgarder Lande den sall man to Newgarden nicht strafen Derhalben sollen die Stadholder to Newgarden mit dem F. Meister besenden vnd beramen ein tydt so soll man den dutschen stellen vor die semptlichen Richtere, vnd verfellet ein Newgarder in watterley sacken yd sy in die straf in den duitschen steden nicht strafen, die F. Meister Ertzbischop Bischop sollen sich mit dem Statholder to Newgarden besenden vnd setten eine tydt, vp die tydt sall men stellen den Newgarder vor die semptlichen Richter, die semptlicken Richter sollen den sacken ein ende macken vp der versamnung mit verhorunge na der Krutzkussung, so die Newgarder die sack ouer den Duitschen erfordern vnd to der Krutzkussung gerichtet werdt, so soll die antworter die Duitsche dat Krutz kussen, derglicken so die Duitsche die sacken ouer den Neugarder erfordert vnd to deme Krutze gericht werdt So soll die antwordtsman die Newgarder dat Kruts kussen Man sall richten einen Dutschen als einen Newgarder die sacken wolde, sall synen sacken wolden na oren Rechten bekomen, keine anholdung vnd be-

ликого Государя отчинахъ въ великомъ Новѣгородѣ и во Псковѣ и во всехъ городехъ, а въ Немцехъ въ Магистровѣ державѣ, и въ Арцибискуплихъ, и въ Бискуплихъ городехъ и во всей землѣ въ Ліфлянской, посла и гостя не порубити и не грабити, и товару у гостей не отимати, а отпускати пословъ и гостей со всемъ на обе стороны доброволно безъ всякіе зацепки. А послу Псковскому, и Княжъ Местерову, и Арцибискупову, отъ подворья найму не платити, то отложиковъ на обе стороны. А ету 17 лѣтъ послу намѣстниковъ Псковскихъ путь чистъ горою и водою, и на Ригу, и на Колывань, и на Руголивъ, и во всѣ городы Княжъ Местеровы, і Арцибискуповы, и во всю Княжъ Местерову державу, и Арцибискупову приѣхати имъ и отъѣхати доброволно безо всякіе зацепки. А блюсти Князю Местеру и Арцибискупу Псковского посла на своихъ городехъ на земле и на водѣ, какъ своего Немчина, безо всякіе хитрости. Также и Княжъ местерову послу, и Арцибискупову, по великого Государя и Царя Руского отчине по Псковской земле, и до Пскова путь чистъ: приехати имъ и отъехати доброволно безо всякихъ зацепокъ. А о обидныхъ делехъ о всякихъ посылати управы просити до трижды на обе стороны, и дадутъ чему управу, ино дай Богъ такъ. А не дадутъ ичемъ управы обидънымъ дѣломъ, и тѣмъ дѣломъ срокъ учинити на съездѣ, да учинятъ тѣмъ дѣломъ конецъ судьи на съѣзде по крестному целованью. А что по первымъ перемирнымъ грамотамъ, которымъ дѣломъ скоторые стороны конца не учинятъ, и Псковичи съ Немцы этомъ промежъ себя порубалися, а имали за свое на рубежѣ, и впредъ которымъ дѣломъ скоторые стороны сами конца не учинятъ, и тѣмъ дѣломъ всемъ быти на съѣзде передъ вопчими судьями. А судьямъ вопчимъ на съѣзде всѣмъ дѣломъ чинити конецъ собыскомъ по крестному целованью, и по сей перемирной грамоте, а порубу не быти ни ичемъ на обе сторо-

settung sall von beyden parten gescheen, als in vorigen bryfen geschreuen stet Der groten Herscher Iuane von gotes gnaden Keisser aller Ruissen vnd grotfurst vnd sines sons Wassilien von gotes gnaden Keisser vnd Herschops aller Russen vnd grotfursten Koplude von Newgarden in des F. meisters Ertzbischop vnd Bischop to Darbt vnd in alle den Landen to Lyflandt gefangen setten, vnd ore guter genomen, soll de F. meister Ertzbischop vnd Bischop to Darbt vnd alle Bischop de Koplude mit orer Whare loess geuen, welcher Koplude von Newgarden in der gefengknus gestoruen, efte vth der gefengnis verlopen sin, vnd ehre guder dar gebleuen, in des F. Meisters Ertzbischops, Bischops to Darbt vnd der bischope beholdung vnd in alle dem Lande to Lyflandt oder wohe die Newgarder war gebleuen is in orem beholde, sall die F. Meister Ertzbischop Bischop to Darbt vnd alle die Bischope die wore alle widerkeren dem Nowgarder Kopman vnd wes der Ware in den Jarn F. Meister Ertzbischop Bischop to Darbt vnd Bischop vnd ore Lude na den frede bryfen nicht widdergeuen hebben den Newgarden alle der sacken haluen sollen des groten Herschops statheldere von Newgarden mit dem F. Meister Ertzbischop Bischop tho Darbt vnd Bischope sich besenden, vnd beramen eine versamlunge vp der Versamlunge sollen die Neugarder dat Krutze kussen, wes ehne der Whare nicht wedder geuen is, dat sollen des F. Meisters Ertzbischop vnd Bischope lude betalen, die Statholder to Iwengrot soll dat Krutz kussen, dorup watterley sacken die Naruischen hebben, to den Iwangrotischen, soll he vtuerhoren vnd Recht geuen allen cleglichen sacken, vpt aller Rechte vnd die Krutzkussung. Derglicken sollen die Statholder vnd Richter tor Nerue dat Krutze kussen, darup watterley sacken die von Iwengroth to den Neruischen to doen hebben, sollen se vthsporen vnd Recht geuen auer alle cleglichen sacken, vp dat Rechtigiste na der Krutzkussinge, einen Dyef einen loper einen eigen man vnd eigen wyf, sall man na der Krutzkussung vthoren vnd mit Recht

ны. А рати и войны не вчинати ни которою нужею на обѣ стороны, ни грамотъ перемирныхъ сѣ лѣта не отсылати на обе стороны. А старымъ дѣломъ всѣмъ дерть опричь сѣхъ лѣтъ, которые въ сей перемирной грамоте писано. А се перемирье Князю Местеру и Арцибискупу издержати крѣпко безъ всякіе хитрости по крестному целованью, и по сей перемирной грамоте. А какъ отойдутъ сѣ лѣта, по сей перемирной грамоте, ино быти мѣсяцу на обе стороны, а томъ мѣсяце рати и войны не подыймати на обе стороны по крестному целованью. А посломъ втомъ мѣсяце ездити путь чистъ на обѣ стороны по крестному целованью, а не порубати ни посла ни гостя, и съ ихъ товаромъ, ни въ великомъ дѣле ни въ маломъ ни которою нужею по крестному целованью. А скоторые стороны не учнутъ правити крестново цѣлованья: ино на того Богъ, и крестное целованье, и моръ, и голодъ и огнь и мечь. А отойдутъ лѣта, и намъ жити въ старомъ миру. А коли будетъ нелюбовь великого Государя Царя всея Русіи намѣстникомъ Псковскихъ до меня Князь Местера, и до моихъ Князей, или мнѣ Князю местеру или моимъ Княземъ коли будетъ нелюбовь великого Государя Царя всея Русіи намѣстниковъ Псковскихъ, ино намъ миръ отослати. А потомъ олижъ мѣсяцъ четырѣ недѣли пройдетъ на обе стороны тоже ся воевати. А втотъ мѣсяцъ послу ѣздити на обе стороны безо всякіе хитрости. А на семъ перемирье, и на сей перемирной грамотѣ руки дали, и печати свои приложили великого Государя и Царя Руского намѣстники великого Новагорода Князь Өедоръ Мелигдайровичь, и Князь Михайло Васильевичь Горбатой. Такъ же великого Государя Царя Руского намѣстникъ Псковской Князь Иванъ Даниловичь Пѣнской руки дали, и печати свои приложили. А старостамъ Псковскимъ Семену Захарьину сыну Преполобову, да Назарью Онисимову сыну Глазатому, да Өедору Власьеву крестъ

vthantworten. Die Russischen Kercken godes in des F. Meisters Ertzbischops vnd Bischops behöldunge vnd war die sindt die sall man Renagen mit aller tobehoringen vnd holden die nach dem olden vnd die nicht beschedigen vnd welcke sacken die gescheen sindt twischen des groten Herschops vederlicken Eruen Newgarder Land vnd den Landen tho Lyffland, von dussem byfrede, die sacken sollen tod sin von beyden parten, Besunder die sacken die in dussem byfrede geschreuen staen vnd in welckerer gestalt des F. Meisters vnd der Bischope Lande vnd beholding einen Newgarder sin perdt vthgeropet werdt, denn Duitschen soll man mit dem Newgarder vp die versamlung stellen, vor die samptlichen Richter, vnd man sodant auer den Duitschen semptlichen Richten bringet mit gerichte vnd Rechte, sallen die Richtere dem Duitschen ein broicke vnd straf doen, na deme gericht so vormals gewessen, Dat der Stadholder boden to Newgarden getogen sindt an den F. Meister to Riga vnd Reuwell hebben des F. Meisters leytsagen thor Narue von der Statholder boden ein stuck suluers genomen Derglicken van des F. Meisters boden thoigen to dem groten Herschop efte to sinen Statholdern to Newgarden do Narwe die leytsage von Iwanegroth von des Fursten Meisters bodtschaft ein stuck suluers soll man von beyden Partten nicht mer nemen, thor Narue von der Statholder wegen vnd to Janegroth von de F. Meisters Botschaft Man soll geuen leitsagen von beyden parten one gelt tor Narue des groten herschops vnd der Statholder to Newgarden vnd des Iwanagroth, der Statholder boden to deme F. Meister to Riga vnd Rewell vnd vp Iwanagroth Dergleichen des F. Meisters bodtschaft, na grot Newgarden alse hir beuorn die von grot Newgarden hebben genomen von des Meisters seinen boden vor der Herbergh Derglicken hebben sye in den Duitschen Steden des F. Meisters Ertzbischops vnd der Bischoue ehren steden von der Statholder boden von Newgarden vor de Herberg genomen, sodan sall von beyden Parten nit meer gescheen Man sall von beyden Parten geuen

цѣловати и людемъ добрымъ за Псковъ, и за все Псковскіе городы, и за всю Псковскую землю за отчину великого Государя и Царя Руского. Также Князю Местеру крестъ целовати, и печать свою приложити за всѣ свои городы, и за всю свою державу. А на семъ перемирье крестъ целовали старосты Псковскіе въ великомъ Новѣгородѣ Семенъ Захарьинъ сынъ Преподобовъ, да Назарей Онисимовъ сынъ Глазатой, да Өедоръ Власьевъ и за всю Псковскую землю великого Государя Царя Руского отчину. А отъ Князя местера и отъ Арцибискупа Ризского, и отъ Бискупа Юрьевского, и отъ всѣхъ Бискуповъ, кои въ сей грамотѣ писаны, и отъ всее Ифлянскіе земли местеровы державы, на сей грамоте целовали крестъ послы Немецкіе Иванъ Бокгорстъ, да Матиосъ Патинъ, да Любрехтъ Каверъ, да Леонардъ Салисъ. А какъ пришлютъ великого Государя и Царя Руского намѣстники Новгородскіе своего посла ко Князю Местеру, ино Князю Местеру на сей грамоте самому крестъ целовати передъ тѣмъ посломъ, и за Арцибискупа, и за Бискуповъ, и за всѣ свои городы, и за всю свою державу, и печать своя Князю Местеру къ сей грамоте привѣсити. А Арцибискупу Ризскому рука дати за свою державу, и печать своя къ сей грамоте привѣсити. А кончали перемирье въ великого Государя и Царя Руского отчине въ великомъ Новѣгородѣ, въ лѣте седмь тысящь четыредесятомъ.

one gyfte, vnd von beyden Parten soll kein anholding gescheen, vmb yenerley sacken, af der yenige sacken dar twischen des groten Herschops vederlicken eruen to Newgarden vnd Plestkaw mit den landen to Lyfflandt vpstunde, vnd von beyden Parten des groten herschops vedderlicken Erue to grot Newgarden vnd Plestkaw ock in allen Duitschen steden des F. Meisters Ertzbischops, Bischope, stede vnd in alle dem Lande to Lyflandt sall man die boden vnd Koplude mit allem dem ohrem fry thyen laten, von beyden Parten, one vpholdung Darenbouen vp alle na dussem bryf na bouell des groten Herschops Wassilien von gotes gnaden Keyssers vnd Herschops aller Russen vnd grotfurst vnd der Statholder to Newgarden F. Fedder Melchildrawitz vnd F. Michel Wasiliewitz hebben dat Krutze gekusset die Beiarn to Newgarden Jacob Illitz Quassquiun Wassilie Micheeliowitz thuskin vnd die alderluide von groten Newgarden Wasily Niktengschin Lorakonaw vnd Dymitter Iuanschin Szirkoua vnd die F. feddern Melchilderewitz vnd F. Michel Wassiliebitz hebben ouer die fredebryfe urhe handt gestreckt, vnd ore seggell doran gehangen, vnd von des Fursten Meisters Ertzbischops to Riga vnd des Bischops to Darbt vnd von allen den Bischopen die in dussem bryf geschreuen staen, vnd von alle dem Lande to Lyflandt vnd des F. Meisters beholdunge hebben vp dussen bryf dat Krutze gekusset die duitschen boden Johan von Bockhorst, tewes Patmer Lubrecht Cauwer Reinolt Salis hebben an dissen bryf ore Sygel gehangen, vnd wanner des groten Herschops des Russischen Keissers Statholder von Newgarden werden obre boden senden to deme F. Meister tho Lyfflandt, sall de Furst Meister in gegenwertigheit der boden vp dussen bryf sulues dat Krutz kussen vnd vor deme Ertzbischop vnd Bischop vnd vor alle sine Stede vnd beholt der Lande to Lyflaudt, vnd sall sein sigell an dussen bryf doen hangen, vnd die Ertzbischop to Riga vnd die Bischop to Darbt sollen die Hand strecken vor alle ohre beholdinge, vnd ore Sygel an dyssen bryf doen hangen vnd hebben dussen byfrede geendigeth in des groten Herschops des Russischen Keysser vetterliche Erue groten Newgarden im Jare Seuendusent vnd vertig vnd na christi geburth vyfftehundert vnd im einvndertigisten Jare.

№ CCCLXXVIII.

1531 Der rigische EB. Coadjutor, Markgraf Wilhelm, giebt seinem Bruder, dem Markgrafen Albrecht, Herzog von Preussen, Nachricht von dem Frieden zwischen Plettenberg und den Russen, d. d. Lemsal, am Montag in der Fastnacht (21. Febr.) 1531.

Orig. im GA. zu Kgsbg. Vgl. Index № 3016.

Was wir aus sonderlichen bruderlichen trewen mehr libs vnd guts vormugen beuorn Hochgeborner Furst, bsonder freuntlicher liber Her vnd Bruder, Wir konnen e. l. hertzlicher vnd bruderlicher meinung nicht bergen, Das vns der Hochwirdigst In got vnser bsonder liber Her vnd vater, Her Thomas Ertzbischoff zu Righa vorstendigt, was massen der hochwirdige her Meister durch seine geschickten einen beyfriede vf zwentzig Jar, bey dem Muskowiter hat erwerben vnd ausbrengen lassen, Des wir e. l. eyne Copey bey kegenwertigem beweiser zuschicken doraus e. l. die meynung aus hogem vorstande wol haben zuuornehmen, Dorbenehen lest vns vnser liber Her vnd vater anlangen, Das wir die Reusche botschaft, welche In kurtz In Eyflandt denselben angefangenen fride zu vorsigeln vnd vullentzihen werde ankommen, vf vnserm Hause Ronenborgk entfangen, vnd neben seiner l. vorhoren vnd mit vnsern vnkosten pflegen, vnd ausbalten solten, Dieweil vns dan dorzu vil zu bedencken, vnd vf vnserm Hause Ronenborgk in vnser ersten ankunft auch dornach In der tagleistung, welche in den sachen so zwuschen dem Hern zu Curlandt vnd Bastian von Elten gewant, gehalten, gros vnkost vnd Zcerung gescheen, also das wir In sonderlichem vorrathe nicht sein, einen sollichen treflichen botben doselbest antzunehmen vnd zu pflegen, wolten wir e. l. rade gerne hirinne gebrauchen. Bitten derhalben gantz freuntlichs Fleiss e. l. wolde vns Iren hochuerstendigen Rath mit dem aller ersten mitteilen, was vns In diesem Falle zu thun wolde geburen, Domit wir vnserm liben hern vnd vnsern dem Ertzstifft vnd vnser person einrettig sein, mochten, Das wollen wir vmb e. l. Die wir dem Almechtigen sampt derselben elichen liben gemahl vnd tochter vnser freuntlichen liben Swestern zu langweriger gesuntheit vnd glugseligem regimente entfelen, freuntlichen vnd bruderlichen gerne vorschulden, Datum vf vnserm Slosse Lemsel, Montags In der fastnacht Im XXXI^ten Jare.

Von gots gnaden Wilhelm Coadiutor des Ertzstiffts Righa Marggraf zw Brandenburgk zu Stetin Pomern der Cassuben vnd Wenden Hertzogk Burggraf zu Nurmbergk vnd Furst zw Rugen.

№ CCCLXXIX.

Der livländische OM. Johann von der Recke bevollmächtigt Johann Wrangel von Weidema, Otto Grothusen und Jürgen Pipenstock, Richtvogt der Stadt Wenden, zur Friedensunterhandlung mit dem Grossfürsten Iwan Wassiljewitsch, nachdem die Zeit des von OM. Hermann von Brüggeney, genannt Hasenkamp, geschlossenen Beifriedens abgelaufen, d. d. Fellin, am Sonntage Jubilate (27. Apr.) 1550. *D.* 1550

Nach dem perg. Orig. mit des Meisters Siegel abschriftlich bei Brotze, Syll. I, 293^b; Abdruck in den Mittheil. V, 381. Vgl. Index № 3535.

№ CCCLXXX.

Des Zaren Iwan Wassiljewitsch, Kaisers und Herrschers aller Reussen, Beifriede mit den livländischen Landen auf ein Jahr, aufgerichtet durch die grossfürstlichen Statthalter zu Nowgorod Iwan Gregorjewitsch Morosow und Fürst Dmitri Iwanowitsch Obolensky, zu Pleskau Fedor Iwanowitsch Schuisky in Gemeinschaft der pleskauschen Älterleute, und durch die Boten des livländischen OM. Johann von der Recke, Johann Wrangell, Otto Grothus und Georg Piepenstock, und des Bischofs von Dorpat Friedrich Dücker, Reinhold Dumpian und Heinrich von Affelen, in Gross-Nowgorod am 23. Aug. im J. (der Welt) 7058, nach Chr. 1550. 1550

Abschrift, nach einem Exemplare im Reichs-Archive zu Moskau, bei der Gesellschaft für Geschichte und Alterthumskunde der Ostsee-Provinzen zu Riga.

Nha dem Willen Gades und nha des groten Herschers Bonell Kaiser der Russen Iwan von gots gnaden Kaiser u. Herscher aller Russen u. Grodtfürst tho Woldimer, Moskow, Nowgarden, Pleskow, Schmalenski, Otverien, Juhorski, Permski, Wetsski, Bolcherotsski, u. anderer: Hir sin gekomen In des groten Herschers, des Russischen Kaisers Vederliche Erue, tho Grot N: tho Groten Hers: des Russisch: Kai: Bojaren u. Stadtholter tho Nowgorod tho Iwan Gregoriwitz Morosoff u. tho dem F. Dimitri Iwanowitz Obolensky vth des groten Hers: des Russisch: Kai: vederliche Erue van Plesskow van sinen Bojaren u. Stadtholdern, van .... Födder Iwanowitz Suisskin, u. van alle grot: Pless: de vederliche Erue, des groten Hers: des Rus. Kai: der Stadtholder ehre Boden van Pless: de olderluide van Plesskow Simon Sachariesen Prepodowo Iwan Poffanisin Solobuichin Iwan Fördorosin Saitzen derglich sind gekomen van den Edlen Fürsten Johan van der Reck sine Botschaft Johann Wrangell Otto Grothus u. Georg Pipenstock, Frederich Duikar Reinolt Dumpian u. Hindrich van Affelen Setzen u. hebben geendiget den Bifrede mith den Baden van Pleskow des veder: Erue, des groten Hers: des Rus: Kai: mith den Olderluiden van Plesskow: vp ein Jahr van Michaelis ahn Im Jar seuen dusent u. sostich Beth tho Michaelis vpt Jar souen dusent u. ein u. sostich vor den Edlen Fürsten tho Liff: ErtzB: tho Riga, u. vor sine Gebediger Ritterschaft u. Landtsaten, u. vor de Börgermeister u. Radmanne vor all ehre stede des Meis: ErtzB: Beholdunge Darup de Loffliche Kai: u. Grodtf: Iwan Wasiliwitz aller Russen, dath he sinen torn hefft vp se gelecht, vp den Edlen F: tho Liff: u. vp den ErtzB: u. vp all ehre Beholdung vmb .... grense willen, u. vmb der kopluide van Now: u. Ples: ehre Vnrechfrodicheit u. schaden, de ehn geschen Is, u. vmb der geste ehre Benamen guder haluen, u. vmb der Vnrechtferdicheit der Kopmannschop willen u. vmb des Denstuolks willen u. vmb allerlei Meister willen, de vth Letthaven, u. vth Duitzlandt kamen do hebben se nicht willen tho uns lathen. Derhaluen hebbe Ich nicht willen Bouellen, meinen Stadthol: vth meinen veder: Erue van Grodt N: u. Pless: Jie tho gewen einen frede. u. so hefft des F. Meis: sin Bade Johan Wrangell, Otto Grothus u. Georg Pipenstock u. des B. tho Derpt sin Bade Fredorich Duiker Reinolt Dumpian u. Henrich van Affelen .... hebben ehre houet geschlagen dem Loffichen Kai: u. Hers: der Russ: u. Grodtf: Iwan Wasiliwitz aller Russen, u. so hebben sine Bojaren vor den Edlen Fürst tho Liff: ErtzB: tho Riga und vor de Gebedigers, u. vor der Ritterschaft, vnd vor de Bürgermeist: u. Radtluide, u. vor alle ehre stede, u. vor des Mest: u. ErtzB: Beholdung, dath de Grotf: se wolde Bognadigen u. sinen torn affwenden, u. wolde Bouelen sinen veder: Er: den F: tho Ples: tho geuen einen frede eine tidtlangk, u. so sall de Meist: ErtzB: u. all ehre Beholdung, In den Jahren nha dem fredebreue u. nha der Crutzkussung In allen sachen Recht geuen, u. de Loffliche Kaiser u. ein Grotf: Iwan Wasiliwitz aller Russen vmb siner Bojaren u. ehrer Bode[1]) willen heben wi den F. M. Ertzb. vnd alle ehre Beholdung begnadiget u. hebben vnsern torn affgeendet, vnd hebben Bo-ualen vnsern Bojaren vnd Stadthol: tho Pless: tho geuen einen frede tho dem olden frede noch ein Jar u. de Meist: ErtzB: u. all ehre Beholdungluide sollen nha dem fredebreue u. nha der Crutzkussung In allen sachen vp de auerandtworde Clacht, tho richten vp dem gemeine Richteldag vor de gemeinen Richters u. geuen se Recht, dem Forst: Meist: ErtzB: u. alle ehre Beholdung In allen sacken nha dem Frede Breue u. nha der Crutzkussung dar de Bojaren u. diaken vmme geredet hebben u. de Loffliche Kai:

1) Leg. Bede.

n. grotf: hefft Begnadiget v. hefft Beuelen sinen Stadtholter tho dem .... fredes thouormhören den frede, vp viff Jar tan S. Michaelis aff van Jar souendusent ein u. sostich Beth vp S. Michaelis, Beth vp dat Jahr souendusent sess und sostich .... des ...... In allen sacken nha dem Rechte u. diese viff Jar der Vermerung des frides, des Loffliehen Kai: u. des Grotf: sine Begnadigung, umb des f: Meis: ErtzB: tho Riga .... ode willen nha dissen Breue sal men veste holden van Beiden parten u. des groten Herrn kais: der Russ: stadthol: u. först van Ples: u. sin voder: Er: Pless: .... In den ..... fredes vor des M: sine Beholdung ErtzB: sall men nicht veiden u. ermandes verhindern irgens mede u. tho water u. tho Lande nicht Interden se hande F: M: ErtzB: vth an ehr .... In dersuluigen Jaren des fredes, des groten Herrn Kai: der Russ: veder: Erue Pless: Lande sall men nicht veide u. nicht vorhinderen nirgens wide nicht Int Landt u. watter thu treden, tho lande u. water tuischen Pless: u. dem F: Meis: u. ErtzB: de olde grentze nha den olden Breuen u. de grote sehe sollen vischen de Pless: an ehren ouer, u. ouer de grote sehe sollen de Ples: nicht vischen vp der duitschen siden: kumpt es vnuerwandes dat de windt den Ples: Vischen ahn de Duitschen siden vorsatte darumb sall mhe ihn nicht Beschuldigen, dergliken sollen de duitschen de grotte sehe ahn ehrem ouer vischen vp der Pless: siden kumpt unverwandes, dath de winth den duitschen vischer ahn de Pless: side vorsettet darumb sall mhe ihn nicht Beschuldigen, u. In der Pless: sehe sollen de Duitschen nicht vischen vp de holm Klitzar sollen de Duitschen nicht treden, de grentze duitschen Ples: u. den F: Meis: Is de strom der Narue Becke als vth des groten Herschers Kai: aller Russen vederliche Erue de luide vth Ples: lande schligen ehre houede Iwan van Gots gnaden Kai: u. Herscher aller Russen u. grotf: ..... sodant dath des Meis: ErtzB: luide sin in Ples: lande auer de olden grentze getreden dergliech sallen ehre Houede geschlagen des M: Beholdung luide dath des groten Herrn veder: Erue luide van Ples: sind In des M: lande getreden u. des groten hers: Stadthold: van Now: sollen vp dat landt sinden Richters vp Bostembte tidt Ock des groten Hers: Stadtholder de F: tho Pless: u. van des groten Hern vederliche Erue Pless: sollen mit dem M: ErtzB: eine tidt Beramen u. ehre werdige luide vp dat landt vp de Versamlung senden: Dergliech sollen de M: ErtzB: vp den Bostambden dach ehre werdige luide tho der Versamlung senden u. de Richtere des groten Herrn u. de guden Luide als de van Beiden parten vp dat landt tho samende kamen sollen so Befolen nach der Crutzkussung u. werden macken tho Lande u. water eine grentze nach den olden frede Breuen u. nach dieser Crutzkussung u. vordann sall man vp fremde Lande u. wathere nicht treden van Beiden parten wer van Beiden parten vp fremde Lande u. water tredt, dene sal man dath Leuent nicht Laten ock der groten Hers: Russ: Kai: veder: Erue vth Pless: Lande de kopluide u. geste sollen In des Meis: ErtzB: u. B: ehre Beholde u. Lande nha Riga Reuel u. Narue. In all ehre Stede der Lande tho Liff. tho water u. tho Lande hebben einen freien wech thu komende u. tho thende aue alle anhuldung tho kopen u. tho uorkopen allerlei war nichts Buten Bescheden u. mit solte In der Einbecke mogen de Pless: kopschlagen than vp dath olde wagen ehre war ock bi portzolen u. sumen vorkopen fri in all ehren steden In Liff Ock mogen Ples: an der Embecke frei Holt bawen Im Busch tho aller Notturfft vp dat olde nach der Crutzkuss: Ock sollen des M: u. sine Herrn ErtzB: tho Riga B: u. ehre luide dem Ples: Kopman offt gaste ehrer war keine werde setten u. dar keine giffte vor nhemen ock sall man dem Ples: kopman keinen toll setten u. underwegen sollen keine schlat Boeme wesen u. man soll auch geine giffte u. geue van den Ples: geste nhemen. Dergliech des Meis: ErtzB: u. B: luide u. in all ehre stede u. Beholdung des groten H: vederliche Erue In Ples: Lande In allen steden tho water u. tho Lande hebben einen fries wech tho komende u. tho thende one alle Hindernisse, frei tho kopen u. tho verkopen allerlei ware nichts Buten bescheden u. mit solte u. die Duitschen sollen In Ples: Lande nicht krogen, ock sollen de Ples: dem duitschen kopman u. geste de werde siner war nicht setten u. geine gifften darvornbemen: Ock sollen de Duitschen kein was beklop-pen van den Ples: gesten sunder ein weinich tho Besende Dath suluige sollen se ehme weddergeuen Wagegelt sall man nhmen van den Ples: kopluide u. geste ehre whare In den duitschen Landen u. van den Duitschen in Ples: Lande van beiden parten vpt olde ock so dar geschreuen steit In den vorigen fredebreuen des groten H: Iwan van gots gnaden Kai: u. Hers: aller Russen u. grotf: Welcher Ples: kopluide In des Meis: ErtzB: stede u. all ehre Beholde gefangen waren, u. ehren war van ehn genamen de M: ErtzB: sollen all de kopluide lossgeuen mit all ehrem gude, welche kopluide In der geuenkhnisse gestoruen oder deruth verlopen sindt, u. ehre war gebleuen In des M: ErtzB: stede, edder welche ware de Ples: gelaten hebben In Verwarung In des ErtzB: steden sall de F: M: ErtzB: dem kopman all ehre ware weddergeuen dem Ples: u. was van der ware de M: ErtzB: u. ehre luide nach de fredebreuen In den Jahren den Ples: nicht weddergegeuen hebben, also ock nach dem frede de Pless: Bade Jacob Anphimowa tho wenden Bi dem Meis: Bestropet wort vmb all diese sache willen des groten Herrn stadtholder de Fürst van Ples: sollen sich mit dem M: u. ErtzB: Besenden u. Berhamen einen Dach offt tidt vp dem Richteldage sollen de Ples: dat Krutze kussung was der war nicht weddergegeuen sollen des M: ErtzB: luide sodan war Betalen u. was enn Baden Jares genamen Is dar sall de Pless: Bade dat Krutze kussen was ehne genamen, to sall de M: Bethalen Ock verben In diesen Jahren des fredes viel Clegliche sachen In wath stede eine im Ples: de geschen in des F: M: ErtzB: u. B: ehren steden u. in all dem Laude tho Liff sall man der suluist Recht don ohn Rechte u. Crutzekussung Nicht in groten sachen den tho thein stücke suluers Ples: welche sache sich Bauen thein stücke suluers treffendt sall man In den duitschen steden des M: ErtzB: u. B: steden den Ples: mith einem Duitschen nicht richten man sall den andworter nhemen den Ples: geuen vp Borge Handt hefft he keine Borgen so sall nhen ehne In de veste setzen u. sodant sall man sich mit dem stadtholt: des groten Herrn, mith den F: tho Ples: u. mit der vederlichen Erue des groten Herrn tho Ples: besenden. Ock hefft ein Duitscher vth Liff: Jenige sache In Ples: Lande tho thende, sal man derglich Rechte geuen nach Rechte u. Crutze kussung nicht groten sachen den tho thein stücke suluers Ples: welche sache sich boger den thein stücke suluers trifft, sal men einen Duitschen tho Pless: mit einem Pless: nicht richten den andworder den duitschen sal in vp Borge Handt den hefft he keine Borgen sell me ehn In de veste setten. Derhaluen sollen sich des groten Hers: Stadhold: de F: tho Pless: Besenden mith dem M: u. setten den Beiden sachwalden eine tidt vp den dach vor den samtlichen Richtern tho stande des sollen de Stadt: des groten Herrn, de F: van Pless: mit dem M: ErtzB: u. Bis: Bürgerm: u. Radm: vth welcher Beholde dan de Sache tho dende sollen vp de tidt der Versamlung ehre Richter senden, de richter vp der Versamlung de Sache semptlich gerichtet werden vpt rechteste sollen, so sollen se semptlich den sachen ein ende macken mit Besockung vpt rechteste u. nach der Crutze kussung: vorfelt ein duitsche In watterlei sache Idt si In Pless: Lande In streffe sall man in Ples: nicht strafen, sollen sich der sachen haluen des groten Herrn stadtholder de F: van Ples: mit dem M. Besenden u. Berhamen eine tidt vnd den Duitschen vp de Vorsamlung .... Richtern stellen vorfelt ein Pless: In waterlei sache den duitsch steden In des M: ErtzB: u. Bis: Beholde In strafe sall men den Ples: In duitschen steden nicht richten der .... eru sall siche de M: ErtzB: u. B: mith des groten

II: Stattholder mith den F: van Ples: eine tidt Berhamen u. stellen den Pless: vor den semptlichen Richtern u. de semptlich Rich: sollen .... der Versamlung den sacken machen ein ende mith Besockung vp rechteste nach der Crutzkussung de Versamlung sal sin vp der stede dar de semptliche Richter den Lande u. water ei.... is setten fordert ein Pless: einen duitschen u. wert gericht tho der Crutze kussen so sall andtworder de duitsche kussen: fordert ein duitsche einen Ples: u. wert gerichtet tho der .... so sall de andtworder de Pless: dat Krutze kussen Einen Duitschen sall man In Ples: Lande richten, als einem Pless: Einen Ples: sall man richten In den duitschen steden als: ..... duitschen. Ein sackewolde sal den sackewolde Botamen (?) noch seinem Richtig der sal keine anholdung u. Besettinge van Beiden parten geschen; de stadtholder tho Woldow fürsten van .... Bürgermeisters u. gude lude van Woldow sollen dat Krutze kussung, darup vatterlei sache de lude des Meis: van dem Nienschlaten u. van der Narue tho thende hebben mith den Woldowschen so vorhoren, u. auer Clegliche sachen Recht genen vp dat Rechteste nach der Crutzekussung derglich sall der Stadthol: thor Narue vnd van dem Nienschlate de Richter thor Narue v.... Nienschlate u. de guden Lude sollen dat Crutzekussung darup watterlei sache de Woldower tho den van Nienschlate u. thor Narue tho thende hebben dath sollen se Besocken u. auer n....liche sachen Recht geuen vp dat rechteste u. Crutzekussung: Einen deff einen loger einen egen man u. eigen wiff, sal men nach der Crutzekussung Besocken u. nach Rechte vp geuen u. ..... gordos der Russen u. der Ruschesch Ende, In des F: M: ErtzB. u. Bis: Beholde werde sindt u. de Ruschen Karken gades u. ehre Ende sal de M: ErtzB: u. B: reinigen u. holden nach dem ......, nicht Beschedigen u. dat genommen vth den kerken weddergeuen nach der Crutze kussung In welcher Stadt In des M: ErtzB: u. Bis: ehre Lande u. Beholdung einem Pless: sein Bardt vth gero.... sall men den Duitschen mit dem Ples: stellen vp de Versamlung vor de semptlichen Richter auertuigen soden den duitschen vor dem semptlichen Gerichte, vor den Richtern, mit richte u. Rechte sollen de Richtere dem duitschen setten eine straffe Nach den gerichte men sall van Beiden parten vmb keinerlei Sache willen anholden, vff der tusch des groten Herrn vederl. Erue tho Grot: N: u. Ples: mit den Landen tho Liff etwelche sache vp stunden, so sall men van Beiden parten des groten Herrn vederl: Erue tho Grot: N: u. Ples: In allen duitschen steden, In des M: ErtzB: u. bis: steden u. Beholde u. alle dem Lande tho Liff: einen Baden kopluide u. geste nicht anholden ock nicht Berouen, ock van dem gaste kein whar nhemen, Man sall de Baden u. kopluide gadtwillich then laten mit all dem ehren van Beiden parten ane vpholdung de baden van Pless: u. des F: M: ErtzB: sollen vor de Herberge keinen Hiue[1]) geuen, dath hebben wi van beiden parten affgestelt, In diesen fredejaren sal de Bade der Stadtholder tho Ples: hebben einen frien wech tho water u. tho Lande, nach Riga Reuel u. nach de Narue u. In all des F: M: ErtzB: stede frig to komende u. tho thende ahne vpholdung, so sall de F: M: ErtzB: de Ples: Baden In ehren steden tho water u. tho Lande Boschirmen als ehren duitschen ahne alle Bohendigheit: Derglich sollen des F: M: ErtzB: ehre Baden In des groten Hers: kai: der Russ: veder: Erue In Pless: Lande, Beth tho Pless: einen frien reinen wech hebben tho komende u. tho thende frigwillig ane allerlei vpholdung vmb allerlei cleglich sachen baluen, sall man sich van Beiden parten dre mal Recht tho begerende Bosenden, u. gifft man dar oner Recht, Godt gene dat Idt so sie u. gifft man auer de Cleglich sachen kein Recht so sal man den sacken setten eine tidt vp de Vorsamlung den sachen sollen de semptliche Richter ein ende machen nach der Crutzekussung offt welche Sache an den fredebreuen, van Beiden parten gein ende gemakt wurde so hebben de Pless: onder malkander mit dem duitsch. sich

1) Leg. Buire, Hever oder Miethe.

Beschediget u. hebben vor dat ehre genhomen vp de grense vor en In welchen sachen so ondermalkander, kein ende konen macken, so sollen se all de Sachen, vp den dach vor de semptlichen Richter stellen sollen de semptlich Richter vp der Vorsamlung olden[1]) sachen ende machen mith Besockung nach der Crutzekussung, u. nach diesen fredebreuen sal keine Besettinge geschen umb keinerlei Dinge van Beiden parten. Man sall Krich oder Vride keinerlei wise van Beiden parten Beginnen ock alle de olde sachen sollen dat sin Besonder de In diesem frede Breff geschreuen sin, dusen frede sall de F: M: ErtzB: vastichlich ahne alle Bohendigheit Nach der Crutzekussung u. nach diesem fredebreue. Als diese Jahr vth gande werden nach diesen fredebreuen, sal stan ein Monat van Beiden parten In der suluigen Mont sal man keine Vride oder Krich beginnen van Beiden parten der Crutzekussung In der Mont sollen de Baden tho thende hebben einen frien wech van Beiden parten Man sall den Baden u. Kopman mit seiner war noch In groten oder kleinen sachen vmb keinerlei Dinge ... anholden nha der Krutzkuss, van welcher siden nicht uert gebolden Richtich de Crutzekussung auer denn si Got u. de Crutzekuss strafft schmat für u. dath schwert u. so diese Jar vor bi so sollen wi leben in dem olden frede ..... des groten Hers: Stadtholt: van Ples: nicht wirt Boleuen tho mi den F: M: u. tho sinen Herrn oder de F: M: u. sine herrn tho des groten Hers: Kai: aller Russ: tho Ples: so mogen wi den frede auersenden .... wenn ein Mont vehr wecken vorbi sint so sall men van Beiden parten teiden[2]). In der Mont sullen de Baden reisen van Beiden parten ahn alle Bohendicheit vp disen Frede u. Fredebreff hebben de handt gestrecket u. ehre segell darahn gehangen, des groten Hers: u. Rusisch: Kai: Bojaren u. Stadthol: tho grot Naug Iwan Grigoriwitz u. F: Dmitri Iwanowitz derglich des groten Hers: der Russen Bojaren u. Stadtholt: först Foeder Iwanowitz hefft handt gegeuen u. sin segell darum gehangen u. de olderluide van Ples: Simon Sacharinsin Prepodowo Iwan Paffomosin Zolotuchina, Iwan Foedorosin Znitsa sollen dath Crutze kussen, u. andere gude Lude van Ples: u. van alle Ples: stede u. van alle Ples: Landt u. vor des groten Herrn vederl: Erue Kai: der Russen so sall ock de F: M: dath Crutze kussen u. sin segell darauf gehangen vor alle sine stede u. vor all sine Beholdung u. vp diesen frede hebben dath Crutze kussen de olderlude von Ples: tho Now: Simon Sacharinsin Prepodowo Iwan Pachomosin Zalutuchin Iwan Foedrosin Znitsa u. ... Landt tho Ples: vor des groten Herrn, Kai: der Russ: veder: Erue u. vor den F: M: u. vor dem ErtzB: tho Riga u. vor den B. tho Derpt u. vor alle B: welche (in) diesem fredebreue sten geschreuen ..... ganzen Lande tho Liff: des Meis: sine Behold: vp diesen Breff hebben gekusset dath Crutze de duitschen Baden Johann Wrangell Otto Grothus u. Georg Pipenstock Frederich ducker, Reinolt Dumpian u. hinrich van Affelen Setzen u. ..... des groten Herrn Kaiser der Russ: sine stadtholder werden sendenn ehren Baden tho den F: M: so sall de F: M: vp diese Breffe suluest dath Crutze kussen ...... de Baden vor den ErtzB: den Bis: u. vor alle sine stede u. Beholdung, u. de F: M: sall sin segell vor diese Breue hangen u. de ErtzB: van Riga sall de handt geuen vor sine Beholdung u. sin segel vor diese Breue hangen u. diese frede Is geendiget In des groten Herrn Kaiser der Russen veder: Erue tho Grot N: Im Jare seuendusent acht u. vofftich. Welches ist nha Christi v ..... gebort dusent vifl (hundert) u. vofftich den dreundthwintigsten dach Augusti.

[1]) *Forts:* all den.

[2]) *Leg.* beiden d. i. warten.

№ CCCLXXXI.

OM. Johann von der Recke theilt dem rigischen Rathe die Klage der Russen über die Rigischen wegen einzelner Uebervortheilungen im Handel u. s. w. zu einem künftig anzusetzenden Gerichtstage mit. d. d. Wenden, den 8. Nov. 1550. 1550

Abschrift nach dem Original bei Brotze Syll. I, 306, 307. Vgl. Index № 3537. — Laut dem Friedensbriefe vom 25. März 1509 sollten die zwischen Russen und Deutschen vorfallenden Streitigkeiten zu einer bestimmten Zeit von dazu geordneten Richtern abgethan werden: wegen eines solchen Gerichtstages schreibt hier der Meister, indem er meldet: «wess vnns die Erntuesten vnd Erbarn, vnsere Rette vnnd lieben getrewen, so wyr hiebeuorn In Russland abgefertigt, vor Clacht, so Russen von euch widerfarn sein soll, widerumb anss Ruslandt zurugk gebracht, habt Ihr allenthalben Inliegend zu ersehnde, Weilnn dann ein gemeiner Richtelag, der dan kunftiglich woll sall ausgeschrieben werden, von beidenn parten bowilliget, Als begern wir Ihr all diese Clacht einnhemen, Einem Jedern auch die seine darvber Sie clagenn, Insonderheit vberhandtreichenn mit ernstlicher vormanung, ein Jeder sich zur andtwordt Jegenn die Zeit sate, Insonderheit, wie wir dan auch hiebeuorn geschrieben, begernn wir nochmals, she aldar etzliche Glacht, wider vnnd vber die Russen, die glaubwirdich, vorhandenn, Ihr dieselben zusamen fordern, vnnd vns mit dem ersten vberschicken, welcher wir dann ferner denn Russschen boden wollen zustellen, wornach Ihr euch ferner zu richten — —». Die beiliegende Klageschrift war folgende:

De gemeine clacht auer de Rigischen van des Grosfurst keiser aller Russen, vnderdanen van synen gesten vnd kopliuden.

Idt hebben sich beclaget, vnse geste vnd kopliude van grossenowgarden vnnd Pleskow, vnnd alle die vnsen die tho Riga handeln, dat Jwe Borgermeister vnd Stadtliude ehne sollen vorentholden die hillige Christlichen kerken sampt aller thobehoringe, vnd alle dat gelt wat sie sammelen In der Kercken, nhemen die Vormündere tho sick, vnd bwen vp der kerckstede ehre egene husere, vnnd nhemen die Rente ock tho sick ock muth kein Nowgardischer pape oder Pleskower tho Riga In der kercken singen duth geschut alles wedder den fredebref vnnd kruskussinge.

Ock clagen vnss vnse geste vnd koplude, dat Sie tho keinem rechten konnen kommen, vnd werden numer gerichtet nha dem fredebreue vnd krusskussinge vnd wen vnse geste vnd kopliude begeren recht nha dem fredebreue vnd cruskussinge, So seggen die Borgermeister vnnd Raedtliude, se weten van dem fredebreue vnd Cruskussinge nicht, Sie hebben ehr egen Recht, ok hebben sie dat Crutze nicht gekusset.

Noch hebben vns geclagt vnse vnderdanen, dat ehne grodt vnrecht geschiut vp der wage, vnnd anderer kopenschop, vnnd wen vnse geste vnd kopliüde, mit den Borgers tho Riga kopschlagen, vnde wen idt koep iss van beiden parten, so deit eine dem andern synen slotel, vnd wen darnha dem Rigischen borger ducht, dat he sick vorseho heft In der kopenschop, so nimpt he van vnsen gesten vnd kopliuden syne ware weddervmb mit gewalt, vnd helt den kop nicht, darmit vnse geste vnd kopliude groten schaden liden.

Ock clagt vnnss vnser vnderdan van der Pleskow, genant Terente Jaclowitz, dat ehr heft gekofft van einem Dietschen vp dem markede XXII selen sulen, vnd II armboste, vnd II winden, tho den beiden armbosten, Solcks heft ehme genamen her Johan Butte, kostet LXVII marck.

Noch heft vnns geclaget der sulue Terente Jaclowitz, dat ehme her Johan Butte soll genamen hebben dussent rode hude, kosten vif hundert marck.

Noch claget vnser vnderdane van der Pleskow genant Mechail Nadom, dat ehme ein Raedt von Riga sal genamen hebben 8 seke hoppen kosten XXXIIII Rubbeln.

Noch claget dersulffte Mechailcke, dat ehm der stadtvogt van Riga Peter Benninckhusen sal In den torn gesatt hebben, der vrsake haluen dat he heft willen oha huss schicken, vnd heft ehm geschattet X Rubbeln myn eine mark.

Noch claget vns vnser vnderdan Andre omcopoff dat ehme de vogt van Riga her Johan Spenckhusen sal In den torn gesatt hebben, vnd ehme afgeschattet anderthalff hundert marck Rigisch vnd er satt in dem torn XIIII dage, vnd dho he ehme vth den torne leth, schattede he ehme aff X krosaten.

Noch claget vnse vnderdan Andreas antipoff auer einen borger tho Riga genant Sibrecht, dat he van ehme sall hebben entfangen dusent rode hude, kosten LXVI Rubeln hefft he ehme beth her noch nicht betalet.

Noch claget vns vnse vnderdan Michaell Stepanhoff, auer einen Diutschen, genant kleine pawell, die sal Ihme affgekofft hebben III^{m} ellen wathmunt, kosten LXVI Ruhbeln, heft he ehme noch nicht betalt.

Noch clagtt vnser vnderdan van Pleskow, Soltan das ehr vor etlichen Jaren tho Riga ist gewesen vnd heft dar etliche dusent grawercke gehat. Diesuluigen Grawercke soll Ihm ein bürger tho Riga afgekofft hebben genant Jordan Pleskow, der sulfte Jordan heft Ihm gelauet, vor die grawerck thor Narne solt tho bringen, we ehr dat solt thor Narne heft willen schicken, heft idt ehme die olde Meister tho Liflandt genamen darvmb dat dar twe Russische Jungen vp dem schepe weren, vnnd der sulffte Jordan heft vnsem Gaste dem Soltan dat solt nicht geleuert, vnnd wy hebben vormals an den seligen hern vnd Jw vor densuluen Soltan geschreuen, dat ghi ehne solden helpen tho synen rechtenn, vnnd ghi hebben ehne begnadiget vmb vnser vorschrift willen, vnnd hebben ehme breue gegeuen an die Borgermeisters vnd Raedtliude tho Riga, vnd se hebben Jwe breue nicht geachtet, vnd ehm kein recht beth hertho gedan, So begere wy demnach dat he muge tho synen rechten kommen.

Noch heft vns geclaget vnser vnderdan van Pleskow genant Phedor Aleskof, auer einen Diutschen tho Riga genant Pawell, die sall mit ehme gekopschlaget hebben, dess ist ehm Pawel schuldich gebleuen hundert vnnd XXV mck. Rigisch, vund vor hundert marck sypollen saeth vnnd dersuluen sake haluen ist he oft vnd vaken vor den Vogeden gewesen vnd de Vogede hebben ehm dat gelt vnd Sypollen thoerkandt, Ock heft he wol hundert mck. darvmb vorteret, vnd he heft den Vogeden grothe gift vnd gaue gegeuen, dess heft he vom demsuluen diutschen nicht konnen erlangen beth her tho.

Noch hefft vnns geclaget vnser vnderdan Dimitter Schwehe auer einen Diutschen genandt der Droge Gertt dat he heft by ehme Im huse liggen laten III last solte vnnd einen packen mit wande, vnnd heft gebeden, he ehme dat herbergen solde beth vp syne ankumpst, wie he weddervmb gekommen iss, hefft he idt nicht konnen wedder erlangen, vnnd soll noch by ehme liggen.

Noch cleget vnnss vnser vnderdan van Pleskow genant Pheteke Simenofsyn auer einen Diutschen, de schal mit Johan schnellen tho huss syn, vnd schall heten de hinckende frederich die schall ehm hebben afgekoft III^{m} ell watmuth, vor IIII^{c} marck vnd X marck, Dess heft Johan schnelle vor den Diutschen gudt gesecht, vor her Johan Spenckhusen vnd vor Michaell schulten, dess heft vnse vnderdan Johan Spenckhusen geschenket L mck., dess heft Ihm Spenckhusen weddervmb gelauet, he wolde Ihm tho synen rechten helpen, dat heft geduert II Jar lanck, dat vnse vnderdan tho keinen rechten heft konnen kommen, vnd heft dar hundert mck. vmb vortheret. Des kumpt Ihm tho V^{c} vnd X marck.

Noch heft vnns geclaget vnser vnderdan van Pleskow genant Iwan pochom, dat Ihm ein borger von Riga genant hans Mnnster schal schuldig syn gebleuen liudt syner handtschrift II^{m} mck.

vnd II^c vnnd XXII laken punpucian, vnnd ein ider Lacken steit XX Rubbeln, vnnd L ell gelen Dammasch die ell tho IIII sck. dess ist die Summe In all VII^c Rubeln vnd XXXVI Rubbeln Muschowesch Dess heft vnnser vaderdan dat gelt vorrentet beth her tho, vnnd heft gegeuen III^c Rubbeln vor die Rentte So hebben wy oft vnnd vaken an Jwen vorfaren darauer geschreuen vnd recht bogeret auerst kein recht hefft he konnen erlangen.

So begeren wy dat vnnser vnderdan muge tho rechte kommen lioth Munsters syner gegenen handtschrift, auer den Jennen de syne frowen heft vnnd syne giuder besyth.

Auer alle diese clachtsacken sall men recht geuen oha dem frodebreue vnd Criutzkussing, vnnd alle diese Diutschen darauer geclaget is, sollen vp den Richtell Dag vor die semptlichen Richters, vnnd die semptlichen richter sollen von beiden parten recht richten oha der Criutzkussinge vnd sollen einen Jden recht dhan.

№ CCCLXXXII.

Philipps von der Brüggen, Gesandten des livländischen OM. Hans von der Recke, 1551
Supplication an den römisch-deutschen Kaiser um dessen Rath und Hülfe bei der von Iwan Wassiljewitsch II. unter Bedrohung mit Krieg an den Orden in Livland gemachten Forderung, den Moskowitern einen Freihandel in Livland und den fremden Colonisten einen freien Durchzug nach Russland zu gestatten, vom J. 1551.

Gleichzeitige Abschrift im GA. zu Kgsbg. Vgl. Index № 3159.

Allerdurchleuchtigster grosmechtigster Vnüberwindlichster Romischer kayser allergnedigster Herr

Wiewol Eur Ro. Kays. Mat: sonst mit grosmechtigen gescheffteu daran dem heiligen Romischen Reich vnd gemeiner Christenheit zum hochsten gelegen gnugsam beladen Deshalben der Hochwirdig E. Kay. Mat. vnd des heiligen Reichs vnderthenigster gehorsamer furst her hans von der Recke, Meister teutsches Ordens jn Leifflande mein gnedigster Herr E: Kay: Mat: gants vngern thut bemühen, Dieweil aber jre gnaden Derselben Orden vnd die lande jn Leifflande des Moscobiters halben jtzo jn grosser gefhar ewigs verderbenus vnd vntergangs stehn So hat sein gnade doch solchs E: Röm: Kay: Mat: als seiner hochsten weltlichen von got verordneten Obrigkeit, Dero dan vnd dem heiligen Reich Leifflandt vnterworffen, Diemütiglich anzuzeigen, scholdiger Pflicht halben, auch kunfftige beschuldigung zu uermeiden nit konnen verschweigen,

Eur: Ro: Kay. Mat: hat hiebeuor aus etlichen meines gnedigen Hern Maysters zu Leifflaud vbergebnen Supplicationen auff jungst gehaltenen alhiegem Reichstag vnd volgendts zu Brüssel aller gnedigst vernommen wie der anstandt oder biefrede so Ir gnade Dero Orden vnd die lande zu Leifflande mit Irem Erbfeinde dem grossen Herscher aller Reussen vnd gros fursten zur Moscaw etc. ein zeit hero gehabt sich zum ende nahert Deswegen vnd furnemblich jn betrachtung dieser itziger geschwinden leufft vnd zeiten meinen g. h. Maister zu Leifflandt für ratsam nütz vnd notig angesehen denselben anstand mit gedachtem Moscowiter so viel müglich widerzuerstrecken, Vnd hierumb jre potschafft an gemelten grosfursten jn die Moscaw abgefertigt Die contra jus gentium sehr vbel alda gehalten vnd nach vielen vnterhandlungen dieser beharlich meinung wie in kurtzer Summa hernach uolgt antwort bekommen

Nach Gottes beuelch Der grosser herscher Iban von gottes gnaden Kayser aller Reussen vnd gro: Furst zur Moscau hat beuholen euch des Meisters zu Leifflandt gesandten anzusagen, So der Maister zu Leifflandt etc. jren leuten mit allerley ware zu handlen nicht ausgeschieden es sey mit Silber Kupffer Blej. Zin, pantzer vnd auch allerley maysters handtwercks krigs vnd Dinstleuten vnd volck aus Littawen vnd teutschlande durch gestatten vnd jren freien vnuerhinderten weg jn die Moscau nit vergonnen werden

So wollen wir befhelen vnsern Stathalternn zu gros Nogerten vnd plesgow das sie dem Maister zu Leifflande keinen friden sollen geben oder mit Ime vffrichten vnd auch vnsern Gästen vnd kauffleutten das sie mit keinerley whar sollen zu euch ziehen, etc.

Doch jst allergnedigster Her Kayser auff der gesandten weiter diemutig anhalten ein benante zeit nachgeben In dero sich mein gnediger Her Mayster zu Leifflande zubedenckenn habe ob jren gnaden vnd den Landen ein zeitlicher frieden mit vor erzelten Conditionen annemblich oder die feindtschafft lieber sey, Derhalben Ire gnaden jtzo jn schweren sorgen steen,

Des Moscobitters gewalt vnd macht ist sehr gros vnnd dermassen erschrecklich Das auch alle angrentzende kunig vnd grosfursten Cristliche namens Ire häupter gegen Ime nidderslagen vnd den frieden diemutig von Ime bitten müssen.

Vnd der Moscobiter hat für vnd fur mit gantzem ernst vnd vleis darnach getracht wie er Leifflandt gemainer Christenhait vnd dem heiligen Reich Teutscher Nation abziben vnd vnter seinen grausamen gewalt vnd vnglauben bringen mochte, Der hoffnung, Wo er Leifflandt erobert vnd dardurch der Ostsehe mechtig wurde, Die andern nagelegenen anstossenden Lande als Littawen polen preussen vnd Schweden desto schleuniger auch vnter sein gehorsam zubringen.

Vnd deswegen die arme weit abgelegene landt zu mehr malo mit heeres krafft grausam vbertzogen', mit fewr vnd schwerdt verwustet Kirchen vnd Clausen zerrissen, vnd auch der Kinder in der Wigen nit verschonet, vnd solchen schaden gethan, Den die Lande noch in langer zeit nit werden vberwinden,

So ist der jtzige Muscobiter ein Junger Man vnd deswegen zum Krig vnd plutuergiessen, desto hitziger vnd geneigter Hierumb sehr hart zubesorgen, Do Ime diese seine beschwerliche vorertzelte anmutunge abgeschlagen, Er werde einen fast grossen pluetigen verderblichen krieg kegen meinen g. h. Maister zu Leifland vnd den armen weit abgelegenen landen furnemen

Daraus aller jriger gelegenhait nach der armen trostlosenn Lande vnd sonderlich des Ritterlichen teutschen Ordens Ewig verderben vnd vntergang Das dan der almechtig gnediglich abwenden wolle, kunte erfolgen,

Solte Ime dem Moscobiter dann auch solche beschwerliche Inn gemeinen Rechten so wol als E. Kay: Mat: auff jungst alhie gehaltenem Reichstag mit rath vnd verwilligung aller Churfursten Fursten vnd gemeiner Stende des h. Reichs ausgekündten Mandaten sehr hart verbottene Newerung nachgeben werden, So wil das mein g. fursten vnd herrn fur sein person zu thuen nit allein nit gehuren Besonder hochbeschwerlich sein vnd fallen

Zu dem seindt es solche ding wo die einmal eingereumbt das daraus der armen Landt ewiger verderb folgen wurde

Dan das Ritterlich teutsch Orden die Landt vor den Moscobiter grausam gewalt (wiewol nit ohne gros plutuergiessen) so lang erhalten

Darumb ist furs erst die hohe gotliche Mat. die sonderliche gnad dartzu verlihen hat aller meist zu dancken vnd zu loben

Hat auch sonderlich dartzu geholffen Das die Moscobiter mit geschutz vnd anderer Kriegsrustung nit gnugsam versehen vnd der Kriegs handel vnd vbung nit erfaren gewesen sein,

Solt aber itzigem Moscobiter die angemelte

beschwerliche anmuetunge vorgonnt vnd nachgegeben vnd dardurch alle diese mengel erfullet vnd also sein grausamer gewalt so viel desto mercklicher gesterckt vnd Leifflandt dergestalt entploest werden, So wurde daraus nichts gewissers entspringen Dan das hinfort nit wol muglich oder yo zum hochsten beschwerlich sein die Lande vor Ime zu uerthedigen

Vnnd hangt dieser beschwerung weiter an das vnter dem schein der handtwercksleute Krigs vnd Dinstvolcks allerley verdampte Secten vnd Rotten, als Sacramentirer; Widdertheuffer vnd dergleichen die nirgent sicher zuhausen wissen sich dahin jn grosser antzal worden begeben, Daselbst der Moscobiter wüste Religion gar verwuesten vnd gemainer Christenhait pluetige tragedien wie derselben art vnd gebrauch ist anrichten

Aus welchem allem nit der Landt zu Leifflandt sonder auch der andern angrentzenden Christlichs Namens potentaten sterben vnd veringen, wie sich das nichts gewissers zuuertrösten wurde folgen,

Es ist auch jn Leifflandt ein gemein gerücht vnd sage wie gleichwol der Moscobiter entschlossen sein sol Impetration halben des Jhenen ohangezogen an E. Kay: Mat: ein potschafft abzufertigen

Dieweil aber allergnedigster Kayser diese vorerzelte vnd dergleich mehr vnd hohe Beschwerung daraus zuerwarten vnd Leifflandt vber meer In Sarmatia an ende der Cristenheit gelegen allein von allen Sarmatischen Landen vnter E. Kay: Mat: vnd des h. Reichs gehorsam vnterworffen ein Spital des Teutschen adels ein Ruk vnd vormauer gemainer christenhait vnd beuorab teutscher Nation jst, Vnd do das verloren volgen wurde Das man des orts mit den Scithis vnd Sarmatis wie an dieser seiten mit dem turck eleglich zuthon vnd zustreitten haben wurde,

Ist dem allem nach an E. Ro: Kay: M. meins gnedigen Herrn Maisters zu Leifflandt von wegen der gantzen Lande aller vnderthenigst vnd diemutigst bit E. Ro: Kay: Mat: wollenn allergnedigst bedencken was an vnterhaltung vielbenenter Lande gemainer Christenhait E. Röm. Kay. Mat vnd dem h. Reich teutscher Nation vnd sonderlich E. Ro: Kay: Mat: Nidder erblanden die der Landen (wie sie selbst bekennen müssen) vbel entraten konnen, vnd sein f. g. vnd solche Landt jetzt in jren hochtringenden nöten nit trostlos lassen, Sonder rath vnd hilff aller gnedigst mit thailen, was sich uff solche gantz geferliche vnd schwerliche des Moscobiters furschleg zuhalten, vnd zu handlen Was sie sich auch jm fal der noth zu E. Kay: Mat: vnd dem h. Reich zugetrösten haben vnd sollen

Daran thut E. Kay. Mat: ein recht gotselig Kayserlich werck gemainer Christenhait nutz vnd nottig, Vnd ist solchs vmb E. Kay: Mat: vnd Churfursten fursten vnd Stende des Reichs mein gnediger furst vnd her sampt Irem Ordenn mit Darstreckung leibs vnd guts hochsts vermogens jnn aller vnderthenigkeit dinstlich vnd freuntlich zuuerdienen, vnd zubeschulden, stets begirig,

E. Ro: Kay: Mat:

Aller vnderthenigster schuldiger gehorsamer
des Herrn Maisters Teutsch Ordens zu Leifflandt etc. obgenant Gesandter
Philips van der pruggen.

Darunter ist noch geschrieben:

Exhibitum Statibus Imperij anno MDLI. XX Januarij.

Darauff ist ein antwordt gefallen das das Reich itzt nicht furschubliche hülffe konne Eifflandt leisten Kais. Mat. aber wolle Ire potschafften an den Moscobiter schicken vnd handlen lassen das fride alda lenger mochte erhalten werden, So solle auch der Eifflandische teutsche meister im fal der noth seine nachbaren vmb hulffe anruffn welche des Moscobiters grausam geweldt nicht winniger schedlich sein wurde, do sie vberhandt neme als den Inwonern in Lifflandt.

№ CCCLXXXIII.

1552 EB. Wilhelm von Riga schreibt dem rigischen Rathe, dass die zu Simon Judae an den Grossfürsten von Russland abgefertigte Botschaft von Pleskau zurückgeschickt und bis auf heilige drei Könige ausgesetzt worden sei, und befiehlt ihm sich bis zu der Zeit gerüstet zu halten, d. d. Schwaneburg, Mittewoch nach Jacobi (27. Jul.) 1552. *D.*

Nach dem Orig. abschriftlich bei Brotze, Syll. I, 308; Abdruck in den Monum. Liv. ant. V, 502. № 162. Vgl. Index № 3342.

№ CCCLXXXIV.

1553 Der Rath von Polozk schreibt dem rigischen über die vom dünaburgschen Comthur erfahrenen Kränkungen und Drohungen wegen seiner bei Polozk laut königlichen Befehls nicht durchgelassenen Waaren, und dass er dafür polozkische Kaufleute in Dünaburg angehalten habe, mit der Bitte, ihre deshalb mit einem königlichen Briefe an den Herrmeister gesandten Rathsglieder zu unterstützen, d. d. Polozk, den 19. Febr. 1553.

Pap. Orig. mit der Spur eines grossen in Wachs aufgedrückt gewesenen Siegels im äussern rig. RA. Auf der Rückseite hat ein Archivar Folgendes geschrieben: »Die Polotzker schicken bey ihren gesandten des Königs Sigismundi schreiben an den Liefländischen Herrmeister wegen des Komptors zu Dunenborgh, welcher den Polotzkern abgesagt, auss vrsach, das sie seine wahren vber Polotzko in die Moscau zu fueren nicht gestattet etc., bitten, E. Erb. Raht der Stadt Riga wolle solchen ihren gesandten behulfflich sein etc. damitt ihnen frey sein möchte nach Riga zu reisen etc. 19 februarij Anno 53«.

Вельможнымъ и врожонымъ и добродѣемъ нашимъ паномъ бурмистромъ и радцемъ ихъ милости слонутного ‖ места Рызского здоровье со всимъ добрымъ щастье и размноженье вашеи милости зычимъ. ‖ Ознаймуемъ вашеи милости, яко суседомъ и приятелемъ нашимъ, ижъ тыхъ недавно ‖ прошлыхъ часовъ князь кунторъ Невгинскии[1]) до насъ бурмистромъ и радецъ и до всего посполъства места государьского Полоцкого листъ свои писати рачилъ з великою отповедью и обтяжливостью своею, абыхмо товары его властные мимо замокъ нашъ государьскии Полоцкии до Смоленска до Москвы черезъ служебника его Симона Кгижу пропустили, чого быхмо надъ приказанье свое вчинити николи не смели, што намъ государь нашъ милостивыи король Жикгимонтъ Августъ описати рачилъ: што немаемъ з Риги купцовъ мимо Полтескъ с товары и со всякими речми до Смоленска и везде за границу до Москвы пускати, кромъ тутъ в Полоцку з мещаны Полоцкими торговати, и которую отповедь намъ его милость князь Невгинскии рачилъ черезъ листъ свои дати, и люди государьскии Полоцкии безвинне у Невгине становити, або ихъ гамовати мелъ; о таковомъ

1) Mit diesem sonst nicht gewöhnlichen Namen *Nevgina* ist nichts anderes, als *Dünaburg* bezeichnet: denn es ist das die alte litthauische Benennung Невгинь (oder Невгина?) für die Gegend von Dünaburg, welche um 1255 als Nowene (s. oben № XV.) und in der Pax et Concordia d. d. Brzest in vigilia circumcis. Domini 1436 als Nowyna vorkommt (s. Dogiel's Cod. dipl. Pol. IV, 130 b.). Vgl. oben p. 235, Anm. 1 und p. 241, Anm. 1.

нашомъ жале великомъ и в таковыхъ отповедяхъ мусели осмо государю нашему, милостивому королю, жаловати и оповедати; на которую нашу жалобу и на отповедь князя кунтора Певгинского государь нашъ, милостивыи король Жикгимонтъ, листъ свои государьскии до князя мистера его милости въ тыхъ кривдахъ и отповедяхъ казати писати рачилъ, с которымъ листомъ государя нашего милостивого послали осмо братью свою Еска Скорину а Гаврила Олексеевича, двухъ радцей, до князя мистера его милости, и вашеи милости за то жодаемъ, якото приятелеи и суседовъ нашихъ, абы ваша милость намъ в тыхъ посланцомъ нашимъ помоцни были, ижъ быхмо до васъ до Риги доброволную дорогу мели, а затымъ мы также хочемъ напротивъ васъ чинити, в чомъ можемысь придати. Писано в Полоцку лета Божьего Нароженья ,афнг мѣсяца февраля ві дня, индикта а҃і.

Бурмистры и радцы места Полоцкого.

In dorso: Вельможнымъ и мудрымъ опатренымъ и добродѣемъ нашимъ паномъ бурмистромъ и радцемъ ихъ милости славутного места Рызкого.

№ CCCLXXXV.

Verwendung des römisch-deutschen Kaisers Carl V. bei dem Grossfürsten von Moskau um die Fortdauer des Friedens mit dem DO. in Livland, d. d. Brüssel, den 15. Jun. 1553. 1553

Abschrift im GA. zu Kgsbg. Vgl. Index № 3160.

Carolus diuina fauente clementia Christianorum et Romanorum Imperator Semper Augustus ac Germaniae, Hispaniarum, vtriusque Siciliae Hierusalem, Hungariae, Dalmatiae, Croatiae etc. Rex, Archidux Austriae, Dux Burgundiae etc. Comes Habspurgi, Flandriae Tirolis, etc. Serenissimo ac Potentissimo Domino Joanni filio Wasilij Magno Duci Russiae Volodomeriae Moscouiae, Nouogradiae, Plescouiae, Smoleskiae, Iferiae, Jugariae, Penniae, Vetchiae Bolgariae, Nouogrodiae Terre inferioris Tsernigoviae Rezamiae, Voloschiae, Rhesmae, Beleskiae, Rostouiae, Jaraslauoniae, Belozeriae, Vdoriae, Obdoriae, Condiuiae etc. Amico nostro charissimo, Salutem et mutui amoris continuum incrementum, Serenissime ac Potentissime Princeps, Amice charissime. Quanta iam olim tam diuo quondam Caesari Maximiliano, Auo et Domino nostro Colendissimo Augustae memoriae Cum Serenissimo quondam Domino Basilio, Magno Duce Russiae etc. Stis V. Progenitore preclarae memoriae quam nobis et Serenissimo ac Potentissimo Principi, Domino Ferdinando, Romanorum, Hungariae et Bohemiae Regi etc. Fratri nostro charissimo, Sacroque Romano Imperio et inclitae Domui nostrae Austriae, cum praefato Stis V. progenitore primum deinde etiam cum serenitate V. tot iam annis foederis et amicitiae necessitudo intercesserit, et cum Sti V. adhuc hodie intercedat haud ita obscurum esse Sti V. Arbitramur. Quamquidem amicitiam non nobis solum sanctissime semper colendam existimauimus, Sed etiam alios nostros et Sacri Romanj Imperij Principes et precipue illos qui Stis V. Dominijs viciniores sunt ad idem retinendae conseruandaeque cum Ste V. necessitudinis, et mutuae beneuolentiae studium, saepe inuitamus cohortatique sumus, vnde etiam sequutum esse intelligimus, vt venerabiles nostri et Imperij sacri Principes et deuoti dilecti, Magister Ordinis Teutonici in Liuonia, Archiepiscopus Rigensis Nec non Tarbatensis et Osiliensis Episcopi, vt qui ditiones suas, cum

Dominijs S^{tis} V. contiguas habent inito superioribus annis cum S^{tis} V. progenitoribus, et ab vno in alium successiue multis continuato foedere, osculo crucis, et alijs solennitatibus iusiurando[1]) etiam, et datis vtrinque literis obfirmatas certorum annorum inducias, et mutuam amicitiam hactenus, quantum in ipsis fuerit, sincera et optima fide conseruandae adhuc hodie studiosissimi sint, nec S^{ti} V. uiolandae amicitiae causam ullam praebuerint, quin imo S^{tis} V. subditis Jus petentibus, semper administrauerint, In eaque libenter illis satisfecerint Tamen cum tempus pactarum induciarum iamiam elapsum sit, et S^{tas} V. pacis et antiqui foederis conseruandi rationibus nonnihil abhorrere, et Alienior facta esse uideatur, ipsi propediem internuncios suos ad S^{tem} V. ablegare decreuerint, qui de nouo foedere, aut certorum annorum inducijs, aut quod omnium maxime cuperent de instauranda et concilianda constanti, et perpetua pace, cum Ste V. agant, Ad quam impetrandam, cum nostram intercessionem plurimum authoritatis apud S^{tem} V. habituram sibi persuadeant a nobis humiliter petierunt, vt quo facilius uotj sui compotes fieri ac speratae pacis, aut induciarum aequiores conditiones apud S^{tem} V. gratiose impartiri dignaremur, Nos uero qui huiusmodi illorum studium, et ad pacem et tranquillitatem publicam inclinatos animos, non modo probandos, uerum etiam magis, magisque accendendos et confirmandos duximus, vltro illis recepimus, nos ea de re ad S^{tem} V. literas daturos, idque eo libentius illis polliciti sumus, quod certo nobis persuasum est, S^{tis} V. animum non usque adeo a pace alienum fore quin nobis, qui ueteri amicitiae, et necessitudinis uinculo, S^{ti} V. coniuncti sumus, morem gerere nostramque amicitiam priuatis affectib. postponere uelit, Qua propter a Ste V. amanter et officiose petimus, vt praefatorum nostrorum et Imperij Sacri Principum Legatos, quos ad S^{tem} V. feriendi foederis, aut continuendarum induciarum causa, aut iam ablegauerunt, aut mox missuri sunt, benigne recipere et audire, et in ijs quae pro renouando cum Ste V. foedere, uel prorogandis certorum annorum inducijs acturi sunt, ita aequam et facilem sese erga illos exhibere uelit, ne frustra ad S^{tem} V. profecti, Sed multo magis speratam pacem, aut inducias reportantes, hanc nostram commendationem magno sibi apud S^{tem} V. usui fuisse, re ipsa intelligant, nec vnquam eo se adducj sinat, vt armis, quam mutuae beneuolentiae, et amicitiae officijs, cum illis certare malit, qui nobis et Sacro Romano Imperio, utj membra, et nos uicissim illis, ut nostris et imperij ordinibus arctissimo uinculo obstricti sumus. Caeterum, siquid S^{ti} V. cum quoque praefatorum principum controuersiae fuerit, aut si qua ab aliquo illorum iniuria, aut contumelia sese affectam existimat, Nos vicissim S^{ti} V. recipimus et pollicemur, paratos nos esse, illos, uel illum, qui S^{ti} V. causam belli gerendi, praebuerit quibuscunque poterimus rationibus eo adducere, vt cum Ste V. uel amanter componant, uel illatam iniuriam, prout iustitiae, et aequitatis ratio postulauerit, resarciant et compensent, Etsi autem S^{tem} V. Jus rationibus, quas illi proposuimus, facile acquieturam confidimus, Tamen quo magis ea res nobis curae est, eo maiori etiam studio a Serenitate V. contendimus, vt dictis nostris, et Imperij Sacri principibus et membris, pacem et inducias apud S^{tem} V. quaerentibus et depraecantibus, locum dare et pro ueteri more, osculo crucis, et alijs solennitatibus antiquitus inter S^{tis} V. praedecessores, et dictos principes nostros, in stabilienda pace, rite obseruari solitis aut nouo foederi faciendo, aut certis inducijs, ad aliquot tempus prorogandis, benigniter consentire nec Arma paci, hostes Amicis anteferre et christiano sanguini effundendo, causam praebere uelit, In eo S^{tas} V. procul dubio rebus suis recte consuluerit, et rem Christiano principe dignam, publicae tranquillitati commodam, et necessariam et nobis adprime gratam fecerit, Nosque hac ratione, sibi ad paria officia et studia paratissimos reddiderit, et perpetuo deuinxerit, Eandem Serenitatem Vestram recte ualere, feli-

1) *Leg.* iureiurando.

citerque regnare optamus Datum in oppido nostro Bruxellis Brabantiae die XV Mensis Junij Anno Domini M. D. LIII. Imperii nostri XXXIII et regnorum nostrorum XXXVIII.

Collationata et ausculata est presens copia, cum ipsis literis originalibus, et concordat cum illis, in omnibus et de uerbo ad uerbum quod attestor ego Sacratiss^ae cae^ae M^tis etc. Sec. infrascriptus, hac manus meae subscriptione

Haller mppr.

Serenissimo ac potentissimo principi Domino Joanni filio Basilij, Magno Ducj Russiae, Volodomeriae, Moscouiae, Nouogradiae, Pleskouiae, Smolenskiae, Iferiae, Jugariae, Penniae, Vetchiae, Bulgariae, Nouogradiae, Terrae inferioris Tsernigouiae, Rezaniae, Volotschine Rhesmae, Beleskiae, Roskoniae, Jarasclauoniae, Belozeriae, Vdoriae, Obdoriae, Condiniae etc. Amico nostro Charissimo.

№ CCCLXXXVI.

Des Zaren Iwan Wassiljewitsch Friedensschluss mit dem livländischen OM. Heinrich 1554
von Galen, dem EB. zu Riga und B. Hermann zu Dorpat auf 15 Jahre, d. d. Grossnowogrod, im Monat Juni 7062, n. Chr. 1554. *D.*

Abschrift in Hiaern's Collect. p. 456—80 und daraus Auszug bei Brotze, Syll. I, 262; Abdruck in den Monum. Liv. ant. V. 508, № 184. Vgl. Arndt II, 217; Gadebusch I. 2. S. 430 ff.; Karamsin. VIII, anm. 480; D. Ueb. VII, 401; Index № 3167, Beil. (Bd. II, S. 252), 3551, 3557.

№ CCCLXXXVII.

EB. Wilhelm meldet dem rigischen Rathe, unter welchen Bedingungen, namentlich in 1554
Betreff des Zinses oder Tributs vom Stifte Dorpat, der Grossfürst von Russland den Frieden gewähren wolle, und setzt zur Berathung darüber eine Zusammenkunft auf den 13. Jan. zu Lemsal an, wozu er sechs Personen von den Seinen delegiren werde und wozu auch die Stadt Riga ihre Abgeordneten schicken solle, d. d. Sesswegen, den 10. Dec. 1554. *D.*

Nach dem Orig. abschriftlich bei Brotze, Syll. I, 309 Abdruck in den Monum. Liv. ant. V. 515, № 185. Vgl. Index № 3553.

№ CCCLXXXVIII.

Erklärung der schwedischen Gesandten wegen der dem Orden in Livland zu leistenden 1555
Hülfe gegen die Russen, übergeben zu Wenden den Dienstag nach Lucie (17. Dec.) 1555.

Gleichzeitige Abschrift im GA. zu Kgsbg. Vgl. Index № 3161.

Nach geburlicher freundtlicher Nachparlicher begrussungk mehr anderer wolmeinender Zuentpittungk vnd vberreichten Credenzbrieffen etc.

Hochwirdiger Grosmechtiger Furst gnediger Herr. Wann sich dann die Ko^{e} Ma^{t} zu Schwebden vnser gnedigster Herr, freundtlich vnd Nachparlich zu erinnern Das E. f. g. ohne einigen Zweiffel aws trawherziger freundtlicher wolmeinungk korz verlauffener Zeit, Ire gesantenn Inn Sachenn den gemeinen Erbfeindt der Christenheit den Muscowibter oder Rewssenn betreffent, bey Ir gehabett vnd vmb eine Vorbuntnus wieder denselben, Doch auff einen zukunftigen fahll vnd Condicionen gerichtet, welche jtzo zuuerholen vorgeblich, vnd vmb liebe der kurtz willen wol vnnoetigk, freundtlich vnd Nachparlich haben handlen lassenn, Als wollenn Ir Ko^{e} Mt Inn keinen Zweiffell stellenn, Es werden E. f. g. derselbenn gemuts meinungk, vnd war Ir Dorauff zu thun gewehsen von gedachten Herun gesantenn, freundtlich widerumb verstanden, vnd sonder einigen verdacht nicht anderst dann Im besten freuntlich vnd Nachparlich vermergkett habenn.

Dann obwol Ir ko^{e} M^{t} zu der zeitt genzlich verhoffent vnd zuuorlehsigk gewehsenn Es wurden sich E. f. g. vnangesehen denn aufgerichtenn, baufelligen beyfriede Allen benachbarten vnd ganczer Christenheit zu Trost vnd bestem, Inn eine vollkommene vorbuntnus, Sonder einigen fahll, als haldt eingelassenn, vnd die vorfengkliche vnbilliche Conditionen des gemachten friedens, so mitt einer vnuorbuntlichen Protestation angenommen Dorann nichts habenn vorhindern lassen, vnd vielmehr zu gemutt gefuhrett, Das Ir ko^{e} M^{t} auff E. f. g. geschebnes erstes ansuchen, derselben Landen vnd Leutten zum vortreglichsten Inen dem Muscowibter, mitt mehrem ernest, als sonst geschehen wer ohne einrubmungk einiges friedes dorzu Ir ko^{e} M^{t} die weiln er, von Im erstlich gebrochen leichtlich hetten kommen moegen, angegriffen, vnd aus solcher freundtlicher gegen E. f. g. zuuerlass, zu einem ernstlichen kriegk vnd entpoehrungk gerahten, So habenn jedoch Ir ko^{e} M^{t} nichts trostliches, So kunftigklich zu nucz vnnd frohmenn, auch errettungk der benachbarten hett reichenn moegen, domahles vormergken konnenn, Besondern zum mehrern mahl von Inen denn hern gesantenn, Das E. f. g. den gemachten friede zu vbertrehten nicht gebühren wolt vernohmmen wurden, Derwegen es Ir M^{t} vor dasselbie mahl also habenn müssen beruhen lassen, Wie dem allem, dieweiln gleichwol Ir ko^{e} M^{t} bey vielgedachten Hern gesantenn, ausserhalb vnd vber Ire gethane entschuldungk, das sie angezogen, das sie von E. f. g. als Irem gnedigen Hern vnd Landesfursten keinen weitern befehlich, sich vber die vbergebene Instruction einzulassen hetten, auf mehren grundt vnd volnziihungk der gesuchten vorein angehalten, vnd dorauff von Inen vormeldet, Das sie sich versehenn wolten, Do E. f. g. der ernest den Ir ko^{e} M^{t} wieder den Muscowither verhandenn, bewust gewehsenn Es würden E. f. g. mitt Ir ko^{e} M^{t} sonder Zweiffell, die handlungk auff entliche wege gebracht vnd gebürliche volnzihungk den Sachen haben geben lassen, Sich auch erbothen solchs alles E. f. g. sich haben dorein zu schickken anheim zu bringgen vnd trewlichen zu eroffenen, vnd also kein entlicher beschlus oder abschit dorin geschehn, So haben doranf Ir ko^{e} Mt E. f. g. nochmales nachbarlich vnd freuntlich zu ersuchen keinen vmbgangk haben moegen.

Nicht zweiffelnde, wan E. f. g. die Sachenn weiter zu gemutt führen, vnd freundtlich behertzigen Do die Reich zu Schweden von dem Muscowibter etwan In Bedraugk oder gefahr, do Gott der Almechtige gnedigk vnd Ir ko^{e} M^{t} mitt Ernest doruor sein wollenn, gesetzett, was E. f. g. vnd denn Stenden zu Eifflandt dornehst vor gefahr, vnd alsdann allen vmbliegendenn, doraus erfolgen, vnd der feint mitt vorhengknus vnd stilsitzung eines Nachparn den andern zuuorgewaltigen Rewhm, vnd also Je lenger je mehr nichts weniger als der Türck gethan zuzugrieffen die Christenheit zuuerschmehlern, vnd sein Landt zuuor breitern occasion vnd gute gelegenheit haben wurde, dobeinebem freundtlich vnd Nachparlich jugedenk sein werden, das E. f. g. Anno 53 an Ir M' wie zum mehren mahl hiebevorn dornon meldungk gethan haben gelanggen lassen, das sie sich wolten erklehren, was sie bey E. f. g Im fall der not wieder den Muscowither zuzusetzen bedacht wehren vnd wiewol solchs mitt kurtzen worten angezogen wordenn, So haben sie sich doch darauff dermasen eroffnett, auch durch Iren gesanten so wol sonst schrifftlich vmb entliche volnzihungk angehalten, das Zweifels ohn E. f. g. doran ersehtiget gewehsen, vnd Ir M' nicht anders dan hierinne den lauteren ernst gesuchet vnd gemeinet, vnd weiln sich dan domahles E. f. g. ohne bedingguugk die gleicheit vnd das Reciprocum zu halten auch erbohten, vnd Ir ko' M' zu den wegen das sie E. f. g. des freuntlich vnd Nachparlichen erinnern müssen gerahten Es werden sich E. f. g als der getrewe freundtliche Nachpar hierinne diesen lande so wol als der ko' M' zum besten wol zuuerhalten vnd zuschickken wissen. Derwegen zu vortstellungk Christlichs vornehmens vnd verhuttungk besorgkliches vbels, gesinnen Ir ko' M' vnd bitten freuntlich vnd Nachparlich E. f. g. sich hierinne als der hochuorstendige Furst wol bedeackken, die gelegenheit so itzo vorhanden, vnd künftiglich wol fehlen kont nicht so gar ausschlagen, Sondernn mitt gleichem ernst vnd hulffe den gemeinen feindt, Inn Itziger gelegenheit, vnangesehn den gemachten nichtigen beifriede, der jederzeit vnuorweislich wol zu brechen stehet thetlich vberzihen, vnd angreiffen vnd Ir M' trewlich vnd Nachbarlich beistehen wollen, Des wollen sich Ir ko' M' alle Ir vermoegen nach dem Euserstenn neben E. f. g. darzusetzen ernstlich vnd trewlich, Auch ohne derselben Consent vnd willen (gleichst Ir M' auch begehren) nicht abzulassen erbothen haben, vnd bitten Ir ko' M' hirauff E. f. g. entliche zuuerlesige meinungk, was sie sich hierinne gegen sie vnd derselben Ritterlichen Ordenn schirkunftigk genslich zuuorsehn verhoffen vnd zugetrosten habe, Ob E. f. g. den schedlichen beyfriede mitt dem Muscowihter zu halten oder aufzukundigen willens vnd entschlossen sey. Gar nicht zweiffelnde, So solchs mitt einem ernest vorgenommen, er der feindt werde nicht alleine zu einem ewigen bestendigen friede erstahtung aller erlittenen vnkosten Iniurien vnd zugefuegten schadten zu einreumungk dienlicher vnd nützlicher mittell vnd dorauff genugsame Assecuration gedrungen sondern entlich ganz vnd gahr ausgerottet vnd getilget werden Domit diese vmliegende Reich vnd Lande, eins vor alle eines gewissen friedens versichertt vieler beschickkungk vnd friede suchens, den er doch nicht zu halten pflegett entlhoben vnd gefreiett, vnd er vormittelst goetlicher hulff vnd gnade zu geburlicher straff gebracht werden möge Und thun sich sonst Ir ko' M' gegen E. f. g., derselben Loeblichen Ritterlichen Ordenn vnd ganzen Landen zu Eiflandtt Inn allem Nachbarlichen Willen vnd wolmeinungk freuntlich vnd trewlich erbitten. Vnd seint hierauff einer bestendiger gutter endtwortt freuntlich erwartend.

№ CCCLXXXIX.

Aufforderungsschreiben des Fürsten Peter Iwanowitsch Schuiski an den Bischof von Reval, Moritz Wrangel, sich und die Stadt Reval dem Kaiser von Russland zu ergeben, d. d. Dorpat, den 21. Jul. 7066 (1558). *D.* (1558)

Alte Abschrift im meklenburg-schwerinschen Archive zu Schwerin; davon eine Copie im gräfl. Romanzow'schen Museum zu St. Petersburg; Abdruck in den Mittheil. aus d. livl. Gesch. II, 127.

№ CCCXC.

1558 Kaiser Ferdinand I. empfiehlt dem König Gustav von Schweden das verlassene Livland und dessen OM. Wilhelm von Fürstenberg in seinen Schutz gegen die Russen zu nehmen, d. d. Wien, den 11. Sept. 1558.

Abschriftlich in Hiaern's Collect. p. 162—165. Vgl. Gadebusch I, 2, S. 523, wo das Datum falsch. Index № 3571.

Wir Ferdinand von Gottess gnaden Erwelter Romischer Keyser, zu allen Zeitten Mehrer dess Reichs, in Germanien, zu Hungern vnd Behmen, Delmatien, Croatien vnd Schlawonien etc. Kunig etc. Infandt in Hisspanien, Ertzhertzog zu Oesterreich, Hertzog zu Burgundj, Steyr, Karndt, Crain vnd Wirthenberg etc., Graffwe zu Tiroll etc. Embieten dem Durchleuchtigisten Fursten, Herrn Gustaffen, Kunigen zu Schweden, Wenden etc., Vnsern lieben Brueder, Vnser freundtschafft lieb vnd alles guets. Durchleuchtigster Furst, lieber Brueder, Vnss hatt der Erwirdig Vnser vnd der Reichs Furst, Vndt lieber andechtiger Willhelm Furstenbergh, dess Ritterlichen Teutschen ordens Meistir zu Liefflandt Vnderthenigclichen zu erkennen geben, Welcher gestallt sich der Muschowiter als der Liefflandt anstossende Erbfeindt von wegen eines vermeinten auss dem Stifft Dorpt geforderten Zinss, zu denselben seiner andacht, vnnd Ihres Ritterlichen ordenns Landenn, vncristlicher weiss genöthigiet, vnd die anzuferhten vnderstanden, vnd ob woll sein andacht auff einhelligen Rhatt sambtlicher seiner andacht Prelaten vnd landh Stende, Verschines Jharss, auff des Muschowiters stattlichs vberschichtes glait, ein ansehenliche Bodtschafft, zu Vndernemung vnd hinlegung obberuerter vnbefuegter anforderung, darin sich sein andacht aller Christlichen billichen vnnd vnuerweislichen mitt erbotten abgeferttigdt. So hatte doch bemelter Muschowiter, gedachtem seinem vberschickten Glait zuwider den handl mit der Bodschafft auffgehelten, vnnd mitler weill gantz vncristenlicher Tirannischer vnnd volöblicher weiss, vnuerwarnnder sachen, dass bemelt Stifft Dorpt, auch andere, seiner andacht vndt Ihres ordens Lande an etlichen ortten viendtlich vberzogen, mit Prandt, Rauh vndt Mort zum huchsten erbarmlich beschedigt vnd betrubt, auch nach verbrachter That einer Feindtbrieff vbersandt, doch alls bald Er die gegenwehr vermerckt, sich widerumb nach seinen Landen gewendet, Khurtz hernach aber hette Er seiner andacht zuuersteen geben, dass Er sich nochmals mit seiner andacht vndt derselben Landen in guetliche handlung zubegeben vnd Einzulassen bedacht were, auch zum andern mahl auf ein Bodtschafft welche sein andacht vnd Ihr Ritterlicher orden vnd land Stende, zu beforderung vnd auffnehmung fridens an Ihne abfertigen solle, Glait vbersendet, mit angelobung in solcher steender werenden handlung still zu helten, dem auch also von seiner andacht nachgesetzt, vnd vber mahls ein Bodtschafft mit einer ahnsehnlichen Summa gellts, zu veroffenlicher erhaltungh dess lieben friedens, an Ihne abgeferttigdt werden Vber diss alles aber Er der Muschowiter betrueglich vnd felschlicher weiss, etliche seiner andacht vndt Ihres Ritter ordens Grentzheusser vnd befestigungen anfallen beengstigen vnd Einnemen lassen, die Bodtschafft auch mit dem gelt, wider versprochenen glauben vnd aller Volcher Recht biss zu disser zeit aufgehalten, vermeinende die Lifflande durch sein macht der Christenhait zuendtwenden, vnd vnder seinen Barbarisch Joch zutzwingen. Als aber sein andacht solche vncristenliche list, falschheit vndt betrueg gespueret, hette sein andacht gegen disem volöblichen Heidnischen furnemen Ihr Vermugen so uill sy des in Eill zubekohmen aufbringen muessen, solche Tyranney, Vertillgung vnnd Vndertruchouss der

Christen mit hilff vndt Bystand dess Almechtigen so viel Ihmer Mennischlich vnd muglich zu verhuetten vnd zuuerhindtern, Es hette aber gleichwoll sein andacht nit vnderlassen mussen der Liefflandt Vermugen gegen der trefflichen macht dieses Feindts zuvberslagen, Seitmahll aber nach Mennschlicher Vernunfft, da von zu reden nicht woll muglich were mit seiner andacht vndt Ihrer Lande Innerlichen macht dem gewelltigen Feind zu widersteen etc. So hat Vnss sein andacht in Vndertbenigkeitt abngesugt vndt gebetten, dass Wir in betragtung, wass nit allein denn heilligen Reich, sondern gantzer gemeiner Christenheit hieran gelegen, in diesser seiner andacht vndt Ihres ordens Landen hochen Nodt vnd bedrankhnuss, auff glegne fuegeliche vnd erspriesschliche mittel vnd weg bedacht sein, vnd die in dass werck bringen helffen wolten, dardurch denselben landen alss des heilligen Reichs vndt gemeiner Christenheit eingeliebte ortter vnd Eckhstain, mit furderlichster gelegenheit Rettung, hilff vndt trost widerfarin, sy vor dess Muschowiters gewalt vnd Tyranney errettet vnnd bey der Christenheit vngeschmelert erhalten werden möchten. Die weill nun berürte Lifflande Vnnss vnd dem heilligen Reich der massen Verrendt legen, dass Ihnen dis orts in dissen ihren obligenden nöten, fuernemblich yetztmallen in Eill khein sondern hilff nit getrillt werden kan, vnnd dan Eur lieb selbst vernunfftigelich zuermessen haben, wo der Muschowiter mit seinen Macht furbrechen, die Liefflandt ferrer vergwelltigen, vnd auss vngenuegsamer vnd zu schwacher gegenwehr in sein gewellt vnd dienstbarkheit (welches der almechtig mit gnaden verhuetten welte) zwingen, vnd also der Christenheit endtziechen wurde, wass hier auss Eur lieb vnd andere negst anwohnende Christlichen Potenthaten vndt Stenden, auch derselben aller seitz Khungreich, Land vnd leuth von diesem Veindt fur gefähr, schaden, Vnrot vnd Verderben zugewartten haben wurden, wie dan woll zuuermuetten dass sein gemuet vnd Meinung nit dahin gestellt, dass Er sich an Vergeubten gewallt vnd beschedigung, auch einnemung etlich Granitz heusser benuegen lassen welle, Sondern sein Intent dahin egentlich gerichtet, die gantz Liefflandt, wo in nit geburenden Ernst begegnet, Vnder sein gehorsam zu bringen. Da mitt er also der ost See auch mechtigh wurde, vnnd hernach mahls zu seiner gelegenheitt Eur lieb vnd andere, negst anstossende Potentaten vndt Volcher gleichfalls viendtlich angrieffen, vnd bekriegen möchte, her wiederumb aber gar nit zu zweiffeln, Wann mehrgedachte Liefflandt (alls dess orths ein Vormaur gemeiner Christenheit) mit hilff dess Allmechtigen vnd der genachperten Christlichen Potentaten vndt Cornunon getrewen dar thuen vndt beystandt, vor disem Veindt dem Muschowiter errettett vnd in dess heilligen Reichs vnd der Christenheit bannden vndt gewalt erhallten, dass dardurch Eur lieb, Landt vnd Leuth auch in desto mehrer sicherheit rue vnd frieden beleiben vnd vor schaden vnd nachteil verhuettet, dartzue auch wo der Feindt solch Ernstlich zusamensetzen vnd Tapffern widerstandt spurn vnd sehen, vmb so viell ebend zu bewegen sein wirdet, sein gnucht vnnd gewallt thättlich Vorhaben zuuerandern, vnd sich in einen Leidlichen friden mit den Lyfflanden zubegeben. Dem allem nach Ersuchen Wir Eur lieb hiemit gantz freundtlich begerendt, Sy welle in betrachtung aller obuermelter Versachen vnd sonderlich wass Eur lieb vnd andern nachentrainenden Potentaten vnd Völchern fur gefar vnd nachteill (im fall da die Liefflandt der Christenhait, dar vor Gott mitt gnaden sein welle, Wie vor gemeldet enwendet werden solten) darauss ervolgen möchte, ermelten Vnsern Fursten den Maister in Liefflandt, seinen Ritterlichen orden vnd Land Stende, auff Ihr ersuechten in diser Ihrer anligenden bedrangknuss, mit hilff Rhadt, Trost, vndt beystandt nit verlassen, sondern sich hier inn gegen ihnen zu Ihrer rettung mitt Leidtlich vnd Christlich erzeigen, dass wirdet, wie obsteet, Eur lieb vnd ihren Khungreichen, Landen vndt Leuthen selbst auch zu nutz fromlen vndt alle guetten khomen. Wo auch Eur lieb sampt andern negst anraimenden Potentaten dise entstandene Kriegshandlung auff leidenliche mitl vndt weeg, zu einen fridlich anstandt oder zu genutzlichen bestendigem Vertrag vnd friden bethadigen vnd bringen möchte, dass were Vnss auch nit zuwider, sondern Wir weren solches viell mehr gleichss faals durch die Vnsere Versuchen zu lassen, wol bedacht, Vnnd an dem thuet Eur lieb Gott dem Almechtigen ein angenems vnnd gemainer Christenhait nutzlichs guts werck, Auch Vnnss sondern freundtlichs guts gefallen. Welches Wir gegen Eur lieb mit aller freundtschafft zu erkennen vnnd zu beschulden, gantz freundtlich wolgeneiht sein. Geben in Vnser Stadt Wienn den eilfften tagh Septembr. A° etc. Ihn acht vndt Funfftzigisten, Vnserer Reich dess Römischen in acht vndt zwantzigisten Vnd der andern im zwey vndh dreyssigisten.

Ferdinandus.

№ CCCXCI.

1559 Schreiben der dänischen Gesandten an den livländischen OM. Wilhelm v. Fürstenberg wegen des für denselben vom Grossfürsten Iwan Wassiljewitsch auf sechs Monate erlangten Waffenstillstandes, d. d. Nowgorod, den 25. Apr. 1559, nebst dem Waffenstillstande selbst d. d. 11. Apr. 7067 (1559).

Abschrift im GA. zu Kgsbg. Vgl. Index № 3207.

Dem hochwirdigen Grossmechtigen Fursten vnnd herrn, herrn Wilhelmen Furstenberck Deutsches Ordens Meistern zu Lifflanndt vnserm gnedigen herren

Nach dem gruss

Gnediger herr. Wir haben bei dem Keiser vnd Grosfursten aller Reussen etc. zu der Restitution des Jenigen so erobert vnd folgents zur friedenshandlung nichts treglichs erheben können, sondern die sachen ann E. f. g. vnd die andere Stende hinwiderumb zuruck vorweisen mussen, Wiewol doch der Koniglichen vorbieth halben, vf sechs Monat stilstandt zugesagt vnd darauff schrifftlich vhrkundt ausgegeben worden, deren vordeutschte abschrifft E. f. g. wir hirInne vorschlossen zuschicken, Vnd do bernocher Innerhalh der ernenten zeith e. f. g. personnlich selber, Darauff dann vast gedrungen oder aber durch stadtliche botschafft den Keiser mith demuth ersuchen vnd sich Reussischem erfordern nach ertzeigen wurden, Ist erbitten gescheen hochst gemeltber koniglicher vorbieth halber, friden nachzugeben vnnd zu erstatten, Was aber vornemblich vff diselb Friedeshandlung begeret, vnd sonst allerseits vorhandelt worden seindt wir Inn erster vnser ankunfft zu Reuhell durch etslich schreiben e. f. g. ferner zu berichten erpotick, Vnd haben sich e. f. g. Inn dem Irer gelegenheit nach zuuorhalten, Welchs e. f. g. wir hiemit vnuortzuglich vnd In vndertheinigkeit vormelden wollen etc. Datum Gross Neugarden den 25. Aprilis A° LIX

E. F. G.

vnderthenige

der Königlichen M[t] zu Dennemarcken verordnete Rethe vnd gesanthe Inn Reusslandt.

Von gottes gnaden Keiser vnd Grosfurste Iwan Wassilowitz aller Reussen. Es hat zu vns geschickt vor euch zu bitten Fridrich Konig zu Dennemarchen seine gesanthen Claus

Vhrne Biltebergischen Wobissloff (*sic*), Wobisser, Pother Bilden vnd hieronimum Thenner, Das wir vmb Ire bitte welche vor euch gescheen, euch begnadigen solten, vnser Zorn vnd schwert von euch abhalthen, Vnd geben euch einen stilstandt als sich gebüren magk, Das Ir mitlerzeit euer heupt schlagen muget, friden zu machen, vnd euer sachen gentzlichen zuuorrichten, So haben wir vmb Friderichs Konigs willen euch begnadigt vnd euch gegeben ein stilstandt vf sechs Monath von dem ersten tag Maj an bis vf den ersten tag Nouembris, In denselben Monatten haben wir beuolen eure Lande nicht zu bekrigen, Das auch von euer seithen vnsern Derptischen vnd Wesenbergischen vnd allen vnsern einwhoners Stedten, vnd den vndeutschen, vnd auch den leuthen hinwiderumb keine vberlast geschee, vnd das Inn den benenthen Monatten Ir Meister zu vnns kommet vnd eur heupt schlagen vor euere schuldt oder an euere städte eure Obersten gesanthen die besten leuthe zu vns schicken, das dieselben mugen vor euch die sachen zur ewigen bestendigkeit vorhandlen, vnd auff diesen vnsern gnadebrieff, habet Ir Wilhelm Meister oder eure grosse bothen die vornhemsten Leuthe vf dis Passport zu vns zu kommen vnd widerumb zuruck zu reysen freywillig ohne alle vorhinderung vnd schaden, vnd niemandes soll Irgents wo etwas widerfaren Zu dessen bestettigung haben wir vnser Siegel hirundern angedruckt Im Jare sieben tausent sechtzick vnd sieben den 11 Aprillis.

№ CCCXCII.

Summarischer Bericht über den livländisch-moskowitischen Krieg, betreffend den Zeitraum vom J. 1557 bis zum Schlusse des J. 1560. 1560

Im GA. zu Kgsbg. Vgl. Index № 3265.

Nachdem aus götlicher verleihung A° 57. durch des heilgen Ro^s Reichs abgesandte Botschafter die innerliche empörung der Lande Leiflandt so zwischen den stenden doselbst sich erhoben, dorin der her Ertzbischoff vnd Coadjutor zu Riga etc. gefangen worden widerumb gestillet, In Ruhe vnd friede, auch treue vnd rechte zuuersicht gesatzt worden, haben die h. der lande Leifflandt auf des Muscowitters domals selbst eigenes anfordern vnd zugeschickten Gleitsbrief, auch der Zerzegaleien obersten kriegsherren schreiben, Ire botschafter vmb einen neuen frieden dem alten vnd damahls noch wehrenden beschwornen friede gleichformig zu behandeln abgefertigt,

Als nhun die botschafter abgereiset, hat der Muscowitter über alles christliches vnd billiges erbieten, ganz vnuerschulter vnd vnuorhorter sachen wider die beschworne kreutzküssung auch domals wie obgemelt zugeschickter gleidt, Vnd jn die dritte wochen vor ankunft des feindtbriefs jn harrien vnd Wirlandt grausamlich Tirannisiret, das stift Derpt sowol auch des h. Ertzbischofs vnd Meister lande. Nemlich das gebiete Marienhausen, Marienburgk, Rossitten, Onerpal Lais, vnd andere merh vnvermudtlich mit grosser macht überzogen, verbrandt verwustet, vnd mit gar erschreklichem morden etzlich vil meilen treflichen vnd grossen schaden gethan, Sonderlich aber ann dem frauenvolk beide Deutsch vnd vndeutsch mit notbzichtung vnd abschneiden der brüste, Sowol auch etzlichen viel kleinen Kindlein, die er eines theils zerhauen, eines theils gespist etc. solche Tyrannei gebraucht, Das auch kein Türk grausamere ader grössere Tyrannei üben ader gebrauchen könte,

Derhalben dan der h. Ertzbischof, sowol die samptliche Herren der Lande Leiflandt der kays. M' auch etzlichen steuden des Reichs solchen einfhal der ko' M' zu Polen etc. aber als des Ertzstifts Riga von keysern vnd königen gesatztem protectorj des grausamen feindes vornhemen vormelden, vnd allerseytz vmb trost rath vnd hülf anlangen lassen,

Vnd obwol Ire ko' M' den armen bedrükten landen Leiflandt gerne mit trost vnd hülf zu steuer zu kommen nicht vngeneigt gewesen, So haben doch Ire ko' M' den beeideten vnd beschwornen frieden tzwischen Irer ko' M' zu Polen vnd dem Muscowihter, als das derselbe vest vnd vnuerbrüchlich zu halten, zum höchsten angezogen, Der ursachen auch den armen landen gerathen sich mit gedachtem Muscowitter in einen frieden zu begeben vnd einzulassen, Solte auch derselbe mit untreglichenn mitteln ja schaden der lande erhalten werden

Welchem königlichen Radt alle gemeine herren vnd Stende der lande Leiflandt jn gemeinem Landtage auf des Muscowitters angebotenen friedlichen anstandt, vnd hoher erbieten, auch aufs neue wider zugesandte christliche gleitsbriefe nicht allein nachgesatzt vnd darauf Ire stadliche anseliche legaten an den grosfürsten zum andern mhal geschickt, Sonder über einige pflicht vnd verursachung Sechzig tausent thaler zu erkauffung vnd erhaltung des zugesagten vnd versicherten friedens mit groser beschwer zusammen gebracht, vnd jn die Moscau den friede vmb so vil ehr vnd leichter dardurch zu erhalten geschikt

Daneben vermelden lassen, Nachdem der h. Meister sambt dem h. Bischofe zu Derpt vnlangst auf des Muscowitters zugeschiktes gleidt, Ire gesandten vmb den neuen friede abgeschikt, bette sich der h. Meister zum wenigsten verseben, das seine key: Gross[m] über bescbene zusage die lande feintlich überziehen, vnd in stehender handlung so jemerlich verderben sollen,

Anmerkende, das des h. Meisters vnd Bischofs zu Derpt erste gesandten allerlei handlung zu theil ohne vorwissen vnd willen Irer herschaft mit seiner gross: gepflogen, auch allerseits eingangen vnd gewilligt, Vnd solchs keiner anderen ursach halben dan dos die lande zu leiflandt, unüberzogen, vnd vnschuldig christlich blut vnuorgossen bleiben möchte,

Vnd obwol durch dieselben vormals alda gehapten gesandten, vmb friedens willen, von wegen des angemasten zinses aus der Derptischen behaltung jerlich tausent Vngrische fl. oder die werde dafür ohne wissen vnd willen des h. Meisters sowol auch des h. Bischofs zu eDrpt, eingangen,

So bette doch des h. Meisters land zu keiner zeit mit dem Derptischen zinse zu thuen gehabt, vnd sich derhalben aller gebür vnd rechtfertikeit erbötet,

Dieweil aber über alle gutte hofnung solche lande überzogen, verheret, spoliret, verbrandt vnd In den grund verterben, dardurch der angemaste zins leider mer als zuvil erholet, Vnd sonderlich In erlangtem raub vnd plünderung, des so aus den landen Leiflandt weggenommen vnd weggefürt worden, Wolte sich der h. Meister vnd die gantze lande zu Leiflandt zu Irer key: gross: als einem berumbtem christlichen vnd friedliebendem keyser versehen, Dieselbe wurden aus angezogenen gantz beschwerlicher vnd erbermlicher vrsachen Ir zorniges vornhemen abwenden, Vnd die Lande zu Leiflandt über Ir vermögen vnd högst erliedenem schaden nicht dringen noch beschweren, Vnd die gefaste ansprache des zinses nicht allein lindern, besonder auch denselben gantz vnd garb christlichen sinken vnd fallen lassen, vnd widerumb mit dem h. Ertzbischofe Meister vnd Bischofe zu Derpt, vnd den gantzen landen zu Leiflandt einen neuen vnbefachten bestendigen beifrieden nach dem alten aufrichten, vnd den gebürlichen befestigen lassen, etc. mit hohem erbieten,

Dieses alles ist bei dem Tirannen Muscowitter weniger dan nichts, wegen jemerlicher verreterei, gewesen, Sondern er hat jn diesem zum andern mhal gegebenen gleidte, vnd dieser stehenden handlung vnd bewilligtem anstande, Die Deutsche Narua so sich 14 tage vor der eroberung vnther des Muscowitters schutz, vnd befreihung vorgeslich durch jnnerliche verretherey ergeben, vnd befreiben lassen sowol die Stadt als das schlos, Vnd volgendes das Neuehaus vnd Neuschlos eingenommen vnd erobert,

Dornach seint erst die gesandten von dem feinde aus der Moskau mit spöttlichem hoen vnd belachen gelassen, vnd hat der feindt den frieden gantz vnd garh abgeschlagen. Mit dem begeren, Er wolle die Stadt haben, Vnd soll der her Ertzbischof zu Riga, der h. Meister, als wol der Bischof zu Derpt persönlich an Inen den Grosfürsten verreisen vnd Ime Ire heupter schlaen, Alsdan so wolt er erstlich wan er die Stedte, so Ime nicht entstehen könten, hinwegk hette, frieden geben, Wie er Ime gelegen vnd billich sein möchte, Wie aus den beiliegenden Copien A. B. C. D. E. zuersehen

Mittlerweile hat der feindt durch freiwillige übergebung das haus Kirrhenpee welches der h. Meister selbst ausgebrandt vnd das geschütz darauf gesprengt einbekommen,

Volgendes auch als der her Meister sich einer auslendischen hülf hoch getrostett darauf getrotzt vnd die Inlendischen Reuter einen jdern jn sicherung zu uerreisen erleubt, hat der feindt die Stadt Derpt, Schlos vnd gantzes stift, sambt dem h. Bischoffe so Ime eidpflichtig worden, In seine macht bekommen vnd eingenommen,

Vnd obwol der h. Ertzbischof sambt s. f. g. Ehrwirdigen thumcapitel, rethen vnd ritterschafft zu gemüt gefürt, wie gantz geferlich es vmb das Ertzstift vnd die lande Leiflandt, Ja die arme christenheit darinnen sein wolte auf des h. Meisters bestelletes kriegsuolk, deren ankunft doch noch vngewiss, zu warten, vnd donach die armen lande nicht von der christenheit vnther den blutdürstigen erbfeindt Christi vnd seines worts kommen, der her Meister auch seine lande retten möchte, hat der h. Ertzbischof dem herrn Meister treulich rathen lassen, In dieser eiligen geschwinden, hochbeschwerlichen noth vnd Bedrückung, die ko^e M^t zu Polen abermals als den Protectorn des Ertzstifts vnd negst benachparten potentaten vmb hülf anzuruffen

Worauf der Her Meister sich ercleret, dass er sich weiter jn nichts wuste einzulassen, noch ko^e M^t zu Polen etc. hülf anzuruffen, Sonder het albereit eine stadliche anzall reuter vnd knechte In seiner bestellung auch dorauf mit freuden gerhumet, wie albereit etlich fenlein knechte zu Riga ankommen wheren, so doch das widerspil hernach befunden.

So ist auch diese zeit über jn vielen Schlössern, Stedten vnd landschaften durch den feindt allerlei verreterei angestellet vnd in schwung kommen, Als aber die gesambte Stende der lande Leiflandt die grosse verreterei, auch plötzliches überfallen vnd seltsame list des feindes, vnd auf sein hinterlistiges grosses verheissen der vnderthanen gutwillige selbst vndergebung, Auch die grausame vnd vnmenschliche tirannei so er wider sein viel vnd stadliches verheissen jn den aufgegebenen Stedten vnd schlossern der todten Cörper, welche billich in got rhuen solten nicht verschonende, geschwiegen an dere übertirannische gewalt geübt, erfaren. Haben sie aus einbelligem rathe dem feinde souil in eile gescheen mögen widerstandt zu thun geschlossen, vnd durch gottes verleihung etzlich schlosser aus des feindes händen wider eingenommen, vnd Inen weil er domals zu keiner schlacht oder standt gebracht werden können, hinder Derpt jn sein vortheil getrieben, Darin er dan eine ebene zeit verharret sich stille gehalten, vnd nichts ferneres vnderfangen, darob man wol gehoft, er solt wo nicht gar zurück gewandt, doch bis auf kommenden frueling ferners tirannisirens vnd einfals enthalten haben, Domit die arme lande zu Leiflandt als die dem grossen feindt mit Irer einzigen entsetzung vil zu schwach, sich mitler zeit auch vmb entsetzung, hülf, rath vnnd trost vmbthuen vnd bewerben mögen

Dem allen zuwider hat sichs zugetragen, weil die Stende zu Leiflandt, wegen des harten winters vnd grosser kälte, jre festungen heuser vnd Stedte besetzt, das kriegsuolck so übrig gewesen, jns winterlager gelegt vnd vmb merh entsetzung sich umzuthuen vorhabens, das der feindt wider vnuorsehens In das Erzstift Riga eingefallen, vnd gleiche Tirannei, wie oben erzelt, grausamlich mit mort, brandt, schenden, wegtreiben der armen vnderthanen geübt,

In solchem hat der feindt auch die Stadt Riga dauor er dan zuuorn gewesen, aber wider seinen abzug genommen, beengstiget, vnd das gantze Ertzstift in grund verterbet, Hernacher hat die ko^e^ M^t^ zu Dennemarken Ire anseliche botschaft an den Muscowitter den landen zu Leiflandt zu gut einen frieden ader zum wenigsten einen anstandt zu behandeln abgeschickt, Dieselben haben nicht mer als ein anstandt auf 6 monat lang erhalten, doch mit der angehaften Condition, das der h. Meister vnd Bischofe zu Leiflandt jn solcher frist entweder persönlich, ader durch ansehliche bothen dem Muscowitter Ir haupt schlaen solten,

Als nun die gemeinen Stende der lande zu Leiflandt sich gegen den gewaltigen feindt mit der Inlendischen hülf vil zu wenig befunden, vnd daneben betrachtet do der feindt die lande Liflandt (welche alwege als ein fürmauer gewesen, darob er der Schepesse nicht geweldig, vnd also nicht allein den nahe gelegenen landen, Sonder gantzer Deutscher Nation högstes verterben, vnd vnrhue erregen möchte) vnder sein Tyrannisch Joch bringen solte, dem hey: Ro^e^ reiche nit geringe beschwer, schaden vnd zerrüttung geberen könte vnd würde, Ist aus beförderung des h. Ertzbischofs zu Riga, durch den cum titulo Hertzog Johans Albrechten zu Mekelburgk der key M^t^ vnd den Stenden des hey: Ro^e^ reichs die vorstehende geuerlikeit mit allen fernern vmbstenden auf dem Reichstag zu Augspurgk endecket vnd abermals vmb eilichten trost, hülf vnd rettung gebeten worden, Als aber keine entsetzung geuolgt, der feindt nach endung des gegebenen anstands mit grosser gewalt wider jn die lande zu Leiflandt, welche über alle bedrangnus jn höchster noth wegen manglung allerlei profiandes gestanden, feintlich eingefallen, vnd ja so grausamlich als zuuorn darin Tyrannisirt, Seint die Stende zu Leiflandt aus solcher hoher bedraugnus vnd jn Irer eusersten not vnd do sie aus dem Reich nichts erlangen konten, abermals die ko^e^ M^t^ zu Polen etc. vmb hulf vnd entsatzung anzufallen geursacht,

Vnd so dan Ire ko^e^ M^t^ wegen des friedens mit dem Muscowitter, auch des grossen kriegskostens halben sich jn etwas einzulassen allerlei bedenken gehabt, So seint doch Ire ko^e^ M^t^ In Betrachtung des erbermlichen Jamers, vnd christlichen blutuergiessens zu der hülf letzlich bewogen worden

Dagegen seint Irer ko^e^ M^t^ vor den schutz vnd kriegskosten, sowol vom h. Ertzbischofe als dem h. Meister auf vorgehende vilfeltige vnderhandlung etzliche schlosser vnd empter auf gewisse mass vnd Condition eingethan worden, Welche die ko^e^ M^t^ mit kriegsuolk beides zu ros vnd fus besetzt auch volgig etzlich tausent zu rettung der lande vnd abtreibung des feinds an gewisse örter Ins landt gelegt, Doch wegen des noch tzweijerigen wherenden friedens des feindes lande noch auch den feind nicht angreiffen lassen Es hat auch der feindt an denselben örtern do die ko^e^ presidia hingelegt nichts feintlichs gethan

Das aber der feindt des hauses Marienburgk vnd anderer mechtig worden, Ist aus gut williger übergebung der Ordnischen gescheen, Volgends als der cum titulo hertzogk Magnus von holstein etc. in Eiflandt ankommen, seine Bistumbe Osel vnd Cuwerland eingenommen, hat der feindt gegen s. f. g. sich etzlich zeit friedlich verhalten, Entlich aber seiner tirannischen art nach s. f. g. auch überzogen, landt vnd leut geplündert, gemordet, verbrandt vnd weggeführt vnd hat wenig gefelt der feindt hette s. f. g. auch eigener person ergriffen.

Was für grausame Tirannei der feindt auch

an den Lantmarschalk, dem Comptur von Goldingen, vnd andern des ordens gebietigern vnd vom Adel welche er In einer niderlage bei vierhundert pferden stark gefangen geübt, ist jemerlich zu schreiben. Dan als dieselben hart verwundet vnd gepeinigt, gegen Derpt nakt vnd blos gebracht worden, Seint sie von den Deutschen etzlich widrumb bekleidet. Aber solche Kleidung Inen nicht allein wider genommen, Sonder sie jemerlich nach der Moskau gefürt vnd in das ergste gefengknus welches man den Tatterisch thorm nennet geworfen worden. Dornach über drei tage aufs nene wider gepeinigt vnd In der Muscau vast eine kleine halbe meil weges lang gepeitschet worden, hernacher wie sie an der Deutschen begrebnus kommen, hat man sie alle mit einer achsen für die köpfe vnd also todt geschlagen.

Demnach in Betrachtung dieser unerhörten grossen tirannei vnd das aus mangelung der entsetzung, vnd gutwillige übergebung der feindt wie gedocht vieler heuser wie gleicher gestalt mit eroberung des hauses Vellin welchs auch ane noth aufgeben worden dorauf der alte Meister welcher nhumer nach grossem erlittenen hon vnd spot jn der muscau gefenklich gehalten vnd mit mer als in dreien tagen wie man sagen wil mit einem stük schwarzes brotes vnd wasser gespeist wirt, bescheen mechtig worden, haben hochgedachte ko^r M^t zu Polen etc. mit beliebung gemeiner Stende zu Eiflandt die anderen furnembsten überbliebenden heuser vnd Stedte zu besetzen entschlossen. Doch das man nach endung des krieges einem jdern das seine wider eingebe vnd keinem an seinem doran habenden rechte solchs schedlich oder verkürtzlich sein solte.

Als nhun der bewilligte schutz von der ko^r M^t dem feindt kunt worden, hat er seine botschaft an S. ko^r M^t geschikt. Mit dieser vngeheuerlichen werbung. Das er Ire ko^r M^t erstlich des gethanen eides auf den beschwornen frieden erjnnert, vnd sich derjenigen welche (wie er anzeigt) seinen voreltern zugehörig vnd vndertenig gewesen, nit anmassen oder sie jn Irem vngehorsam sterken solten

Die heuser so s. ko^r M^t von Inen einbekommen, wolt er auf die gelt summa wie sie S^r M^t eingethan selbst ablösen, oder seiner ko^r M^t ein nhamhaftig gemachtes stuk landes wegen gutter nachparschaft einreumen. Dan er wüste die Leiflender wurden S^r ko^r M^t keinen glauben halten. hette auch den bericht, das der Adel jn den landen des ordens müde, wolten Ire selbst eigene Herren sein

Wo nun die ko^r M^t friede mit Ime dem Muscowitter haben vnd halten wolte, where er bedacht, einen ewig wherenden friede mit S^r M^t aufzurichten, vnd des zu fester haltung, S^r M^t schwester zum gemahl zu nhemen. Do aber S. Mt Ime dieselbe zu geben, vnd friede mit Ime zu haben nicht gewilligt, wurden andere könige vnd fursten Ja die ho: keys. M^t selbst solchs nicht ausschlaen.

Worauf Inen von der ko^r M^t dieses zur antwort worden. Es solte der Muscowitter seine kriegsrustung einstellen, alsdann wolten Ire ko^r M^t ein botschaft von dem obermeltem mit Ime zu handeln an Inen fertigen.

Nach diesem hat der Muscowitter offentlich ausruffen lassen, die Eiflender bis auf weitern bescheidt nicht zu beschedigen. Nichtsweniger aber die heuser vnd vestung, so er jnbekommen, wol besatzt vnd profiandirt, sol auch vil brots backen lassen, vnd der meinung sein, wo ko^r M^t zu polen nach seinem willen den frieden nicht eingehen wirt wöllen, mit aller macht, die lande wider anzugreiffen, vnd das gar aus mit Inen zu spielen. Was nhun dieselbe handlung beschaffen wirt, gibt die zeit etc.

So vil hat sich bis hieher in den Eyflendischen handlungen zugetragen vnd begeben

№ CCCXCIII.

(1560) Bekenntniss eines Weibes über die ihr und Anderen vom russischen Obersten (Befehlshaber) zu Weissenstein aufgetragene und ausgerichtete Kundschaft oder Spionage in Livland (1560).

Alte Abschrift in einem Folianten der rigischen Stadtbibliothek, welcher auf dem Rücken die Bezeichnung hat: Manuscripta ad histor. Livon. Tom. XII. № 39. In dorso der Abschrift steht »Kundtschafft des Moscowiters A° 1560«. Diese Jahresanzeige wird bestätigt durch die in dieser Aussage enthaltene Angabe: dass der Streifzug der Russen auf Sesswegen und weiter nach Riga gehn solle »wie vorm Jahre«, d. i. 1559 im Februar, da das russische Kriegsvolk durch ganz Livland, bei Riga vorbei, bis in Kurland hinein streifte, was sich, nur nicht in gleicher Ausdehnung, im Anfange des folg. Jahres wiederholte. Vgl. Hiaern in Monum. Liv. ant. I. 220, 224.

Bekente Das ir der Oberste zum Wittenstenn ein Reus gelt gegebenn vngeferlich for aller Heiligen tagk das sie das Landt vor Speiern solte, ob auch volck vorhandenn vnnd welche heuser vnnd Stette man mibt volck besetze vnnd zu haltenn gedencke, Sonderlich ob mann Wendenn Riga vnnd Ronnenburgk halten wolte, vnnd widerstandt thun, Nach ein Weib drei kerll der eine heist Jacab ist einn kurlendisch kerl vonn Dublin einer vonn Schwanenburgk der Dritte ein Rigisch derselbenn Nhamen weiss sie nicht. Derselbe Jacob hat mit ir bei Wendenn sprach gehalten Inn einem gesinde dess namenn wisse sie nicht, sie habe die nacht gelegenn mit Ladon Bauwerenn Sirinek gnant Vnnd hat sich vonn dem kerl gescheiden Sie hat Irenn wegk genohmmen vf Serben Inn meinung vf Pebalgenn Sesswegenn Schwanenborg zu gebenn vnnd widder Inn Reusslandt zukommenn. Vonn Wittensten ist sie abgereiset vf Pernaw vonn Pernaw genn Sales vann Saless genn Riga alle langst der Landtstrassenn Zu Riga hat sie zwei nacht gelegenn vnnd da gebadet Ir herberge ist vor der Stadt gewest vfm Schlos grabenn, Vonn Riga ist sie vf Sewaldt van Segwalt vf Wendenn vann Wendenn vf Serben kommen Die kuntschaft die sie Inn Reusslant brengen wolte ist diese. dass sie gehort dass mann Ronnenburgk vnnd Wendenn haltenn wolte vnnd das die Rositschenn knecht saltenn genn Wenden kommenn Zu Riga habe sie aber gehordt dass man Im Landt kein widerstandt thun wirdt sonder dass Volck wirde alles nach Riga fligenn, Sie wisse aber nicht ob er geredt auf sey oder der kuntschaft vorwartlenn wirde, Der kerl Jacob ist vber die A vnder Wendenn gegangenn soll lange vnabgeschorenn har habenn vnnd sonst gancz vf vndeutz gekledett seinn Vnnd allen dreien kerln habenn die Russenn Brieffe gegebenn die sein Irenn Hembdern vnder denn forderen[1]) Arm genhebet Die brieffe sollenn sie weissenn wann sie widder ann die Reussenn kommenn, Dass man sie kent Dem weib habenn sie kein brief oder zeigen gegeben sonder gelt vnnd Russische kleider, Ann gelde ist bei dieser beschlagenn XXXI mrk. dass vbrige habe sie vorzeret Dann ir sei viel gelt gegebenn sie habs nicht gezelet Denn kerlen aber viel mher Derselbe kerll wolle widder vf Wolmer Trikatenn vnnd nach dem Leger vf vorspeiern ziehen Es habe auch der Russe mit In vorschlossenn dass er der kuntschaft wartenn wolle bis vf rechtenn gutenn wegk Wo sie aber dann nicht kommenn wolle er Irer nicht harrenn sonder mit dem geschutz vortziehenn, Der zug soll aber sein vff Sesswegenn vnnd so vort nach Riga Wie vorm Jar, Der kerll hat gesaget dass er vormuten sei er wolle etwa bei einem Bawerenn ein tagk oder zwei Rubenn Sie bekendt auch dass der Reus dieselbenn vor Speier mit barnisch vnnd Pantzer bekledenn will, dass sie sollenn vor dem her ziehen vnnd denn wegk weissenn wie sie vorkuntschaft habenn etc.

1) rechten.

№ CCCXCIV.

Des zarischen Wojewoden zu Narwa, Fedor Iwanowitsch Tscholkow, Schreiben an den Rath zu Reval wegen Behinderung der Waarenausfuhr aus Narwa und deren Abstellung. D. D. Narwa, am 16. October 7074 (1565). (1565)

Von einem papiernen Original, das sich unter alten Papieren in einem Privatbesitz fand und jetzt den Sammlungen der Gesellschaft für Geschichte und Alterthumskunde einverleibt ist. Dasselbe ist aus drei Blättern zusammengeklebt, welche eine Länge von 3 Fuss 1 Zoll engl. oder russ. haben, aber nur 1 Fuss ½ Zoll breit sind. Ein Siegel ist nicht daran oder darauf, auch keine Spur eines solchen zu finden; wohl aber gehen durch das zusammengelegte Papier die Einschnitte durch, in welche der Streifen Papier oder Pergament oder die Schnur gezogen gewesen, woran oder worüber das Siegel befestigt gewesen sein kann.

Божьею милостью, царя и государя великаго князя Ивана Васильевича, всея Русии, Владимерскаго, Московскаго, Ноугородцкаго, и царя Казанскаго, и царя Асьтороханскаго, и государя Пьсковскаго и великаго князя Смоленскаго и великаго князя Тверскаго, Югорскаго, Пермьскаго, Ватцкаго, Болгарскаго, и великаго князя Новагорода Низовские земли, Черниговскаго, Резанского, Вологотцкаго, Ржевскаго, Белскаго, Ростовскаго, Ярославскаго и Белозерскаго, Удорскаго, Обдорскаго, Ковденскаго, и Сиберские земли, и Северские страны повелителю, и государя Лифлянские земли и града Юрева и Полоцкаго и иныхъ. Изъ Ругодива отъ воеводе отъ Федора Ивановича Чолкова, Свейскаго, Готцкаго и Венденскаго короля в городъ в Колывань бунистромъ, и посадникомъ, и ратманомъ и полатникомъ города Колывани. Били намъ челомъ государевы цареви великаго князя Ивана Васильевича всея Руси Ругодивские Немцы: ратманъ Захари Дадинъ, да полатникъ Родивонъ Литборхъ и все Ругодивские Немцы: посылали дѣй они сего лѣта ,зог карабли свои с товары за море, и ваши дѣй города Колывани Колыванские воинские люди тѣ ихъ карабли с товары имали и товары грабили, и в Колывань, а иныхъ и въ Стеколно водили. А нонеча Ругодивские Немцы били намъ челомъ, что они посылаютъ из Ругодива за море своихъ четыре ка(ра)бля с своими товары, да а тѣхъ жо дѣй въ четырехъ караблехъ Голяньскихъ да Любарскихъ Нѣмецъ товаръ. Ино дей слухъ дошолъ, что Колыванские Нѣмцы стоятъ заставою на море и хотятъ дей на тѣ ихъ карабли приходити, и товары ихъ грабити, а за море дей они тѣхъ Ругодивскихъ Нѣмецъ на караблехъ и с товары не хотятъ пропустити. И то вы чините не горазно, что государя нашего царя и великаго князя Ивана Васильевича всея Руси Ругодивскихъ Нѣмецъ Колыванские воинские люди на море карабли имаютъ и товаръ грабятъ и въ заморские ихъ городы торговати не пропущаютъ. А мы по государя своего царя и великого князя Ивана Васильевича всея Руси наказу, вашимъ Колыванскимъ Нѣмцомъ торговымъ людемъ даемъ в Ругодиве торгъ поволной всякими товары торговати, и ихъ в Колывань отпущаемъ безо всякаго задержанья, и шкоты имъ и обиды не чинимъ никоторые, и управу имъ даемъ во всякихъ дѣлехъ безъволокитно. И вы бъ такоже государя нашего царя и великаго князя Ивана Васильевича всея Руси Ругодивскихъ Нѣмецъ карабли и съ ихъ товары за море пропущали безо всякого задержанья с нашими воеводцкими проѣзжими грамотами и за нашими печатми, шкоты бъ имъ и обиды не чинили никоторые. А которые и иные карабли заморскихъ городовъ из государевы царевы великаго князя Ивана Васильевича всея Руси вотчине из города из Ругодива поидут за море, а у них будут наши воеводцкие проѣзжые грамоты с нашими печатми, и наши бъ Колыванские воинские люди в тѣх заморских городов торговых людей и съ их товары на караблех в заморские городы пропущали безо всякого задержанья, у которых наши грамоты проѣзжые будут, штоты бъ и обиды не чинили некоторые, ни в чом, да и нам бы есте о том отписали с темжо с Ругодивским Латышем съ Юркою часа сего, чтоб нам было о том известно. Писана въ государя царя и великаго князя Ивана Василевича всея Руси в отчине в городе в Ругодиве в Ливонском, лѣта ,зод, октибря в 5і день.

In dorso: Въ Колывань, буймистром, и посадником и ратманом и полатником.

№ CCCXCV.

1572 Schreiben der beiden, sechs Jahre zu Moskau gefangen gehaltenen livländischen Edelleute Johann Taube und Elert Kruse an den Herzog von Kurland Gotthard Kettler, worin sie die Grausamkeiten des Zaren Iwan IV. Wassiljewitsch schildern, vom J. 1572. *D.*

Gleichzeitige Copie im GA. zu Kgsbg.: Abdruck in G. Ewers und M. v. Engelbardt's Beiträgen zur Kenntniss Russl. und seiner Gesch. (auch: Samml. russ. Gesch. Bd. X. Dorpat 1818, 8°) S. 185—238. Vgl. Index № 3277.

№ CCCXCVI.

(1578) Schreiben des russischen Statthalters auf Pürkel, Wasilie Andrewitz Kwaschnin, an den rigischen Rath wegen Auslösung des von Caspar Buddenbrock zwischen Lennewaden und Riga gefangenen Bojarensohns Andrei Gregoriewitz Samarin, der nach Dubumuis (Eichenangern) gesandt werden möchte, und wegen anderer Gefangenen. D. D. in unsers Herrn Kaisers und Grossfürsten, Sr. Zarischen Majestät väterlichen Erbe in der Stadt (auf dem Hause) Pürkel, den 23. August 7086 (1578).

Alte, nicht ganz genaue Abschrift nach dem papiernen, ehmals auf dem Rathhause zu Riga befindlich gewesenen Original bei Brotze, Syll. II. 211, 212. Vgl. Index № 3628. — Die Jahrzahl wurde in Riga, als der Brief ankam, 7087 (1579) gelesen; es scheint aber damals in der mit slavonischen Buchstaben ausgedrückten Jahrzahl statt 5 (6) gelesen worden zu sein 3 (7): denn 1578 belagerten die Rigischen das von Russen besetzte Schloss Lennewaden, mussten aber die Belagerung kurz vor Ostern aufgeben, bei welcher Gelegenheit Samarin gefangen sein mochte.

Божьею милостію, великого государя царя и великаго князя Ивана Василевича, всея Руси, его царского величества отъ намѣсника и воеводы Церколсково Василья Ондрѣевича Квашнина в Ригу державцу Рискому, хто на се время есть. Взяли Риские Нѣмцы межъ Леневарден и Риге сына боярсково Ондрѣя Григорьева сына Самарина, а взялъ его

Немчина Кашпиръ Буленбругъ, а жыветъ на торговой улицы у водяныхъ воротъ: и вы к намъ отпишите, чево за него хотите окупу, и буде захотите за него окупу помѣрно, и мы бъ ево прислали в Дубу мызу, и мы за него окупъ заплотимъ часа того. Да отпишите ко мнѣ о Сапуне о Дубровскомъ, да о Романе о Оникиевемъ, да о Иване о Давыдовемъ, есть ли онѣ у васъ и чево за нѣхо хотите окупу, и отписали бъ есте к намъ с нашимъ жо посланкомъ часа того. Писан(а) в государя нашего царя и великого князя его царского величества в отчине в городе в Пиркоде, лѣта ,зпѕ г., августа въ кг день.

Проведайте про Супона про Друбовского, и мы вамъ дадимъ на обмену Немчина Рейна отъ Ругена, да Яка Црусного Немчина, а взяты ка (?) бы на дороге и буде коны ины вамъ надобе на обмено, и мы дадимъ. А вы отпишите к намъ с темъ посланцомъ, которой вамъ сю грамоту принесетъ.

Aeussere Aufschrift:

Дати са грамоту в Риге державцу Рискову, кто есть на се време.

№ CCCXCVII.

Schreiben des grossfürstlichen Statthalters zu Pleskau, Fürsten Nikita Romanowitsch Trubezkoi, an den Rath zu Riga wegen eines Kaufmanns Timofeï, welcher zur Betreibung gewisser Forderungen des grossfürstlichen Stallmeisters und Statthalters zu Kasan, Bojaren Boris Feodorowitsch Godunow, an einen lübeckschen Bürger Caspar Kron nach Lübeck gesandt, aber in Riga angehalten, auf Geld gestraft, seiner Sachen beraubt und in den Thurm gesetzt war, dass derselbe frei gelassen, ihm alles erstattet und er nach Lübeck entlassen werde, widrigenfalls mit Repressalien gedroht wird, d. d. Pleskau, den 25. Junii 7096 (n. Chr. 1588). (1588)

Pap. Orig. ohne Siegel, aber mit den Einschnitten zum Einziehen des Siegelbandes, auf einem grossen Patentbogen geschrieben, im äussern rig. RA. Dabei lag eine alte deutsche Uebersetzung, die wir ebenfalls abdrucken lassen. — Eine archivalische Aufschrift auf der Rückseite des Originals giebt etwas Aufschluss über die Veranlassung der harten Behandlung des Kaufmann Timofeï; sie lautet: «Des Statthalters von der Pleschkow Knias Mikita Romanowicz Trubetski schreiben an E. Erb. Raht der Statt Riga, wegen Tymochwiey welcher von dem Grossfursten auss der Moscaw vnnd von seinem die Zeit gewesenem Stallmarschalck Boris Fiedorowitz Hodunow, nach Lubeck geschickt, vnnd zu Riga auff der koniglichen Commissarien, vnnd darnach ihrer Maytt. selbst bevehlicht angehalten. A° 7096 datiret. Gelesen aber den 5. Julii A° 88». Wahrscheinlich ist dieser Timofeï jener Handelsgast Timofeï, welcher noch zur Zeit des Zaren Boris Godunow als geheimer Unterhändler gebraucht wurde. Siehe Bulletin de la Classe historico-philologique de l'Acad. des sc., Tome VIII, Sp. 376 und 378 (= Mélanges Russes, Tome I, p. 715. 719). Vgl. die folgende Urkunde.

Божiею милостiю, великого государя царя и великого князя Феодора Ивановича, всея Русiи, Владимерского, Московского, Новгородцкого, царя Казанского, царя Асторахансково, государя Псковского и великого князя

Vonn godess gennadenn dess grossmechtygenn herenn keisers vnnd furstenn kness Vedor Ywanowitz, grossfurst vnnd herr vber Wladimer vnnd Musskouw, keiser vber Kasann vnnd Astrogann, grossmechtyger herr vber Plesskouw,

Смоленского, Тверскаго, Югорского, Пермьского, Вятцкого, Болгарского и иныхъ, государя и великого князя Новагорода Низовские земли, Черниговского, Рязанского, Ростовского, Ярославского, Белоозерского, Лифлянского, Удорского, Обдорского, Кондинского, и всея Сибирскіе земли и сѣверные страны повелителя и иныхъ многихъ земель государя, его царского величества отъ боярина и намѣсника Псковскаго отъ князя Никиты Романовича Трубетцкого, в Ригу бурмистромъ и ратманомъ и полатникомъ. С повелѣнья государя нашего великого государя царя и великого князя Өедора Ивановича, всеа Русіи, прислана к намъ грамота государская в Любокъ, бурмистромъ и ратманомъ и полатникомъ, а писана о государскомъ человѣке о торговомъ о Тимохе, что ему взяти иимика на Любчанехъ, на торговыхъ людехъ: и ему бы бурмистры и ратманы управу дали, а именно: тому Тимохе писано отъ государя нашего отъ боярина и конюшего и намѣсника Казанского отъ Бориса Федоровича Годунова, что взялъ Любской Немчинъ Кашпиръ Кронъ у боярина и конюшего и намѣсника Казанского, у Бориса Өедоровича Годунова многое золото и серебро, а хотѣлъ здѣлати на четыре седла серебряные оболуки, да конские наряды, и чіпи поводные болшие здѣлати, да анагиль золоту, да два става блюдъ серебряныхъ здѣлать; да Кашпиру жъ Крону велено купить два косяка бархату чубарого, а деньги ему даны жъ. А в грамоте написано глухо про долгъ про Тимохинъ, для тоѣ посылки, чтобъ Кронъ с Тимохою, то здѣлавъ, прислалъ той долгъ, что Кашпиръ поималъ у боярина и конюшего у Бориса Өедоровича Годунова; а не отдастъ Кашпиръ Кронъ того и а не пришлетъ с Тимохою, или самъ не повезетъ, и на немъ Тимохе просить того велено, и у бурмистровъ управы на него просити. И слухъ меня дошолъ, что вы бурмистры и ратманы того государского человѣка

Grossfurstenn vber Smolensky, Twersky, Yugorsky, Permssky, Wattky, Bollgarsky vnnd anderer orter, grossmechtyger furst vnnd herr vber Nougardenn im syner lannde, Zernygoffsky, Rostoffsky, Resannsky, Jaroslaffsky, Belo oersky, Lifflannsky, Vdorsky, Obdorsky, Konndinsky vnnd auch dess ganntsenn siverschenn lanndess vnnd viller annderer orderr vnnd lennder grossmechtyger furst vnnd herr seiner grossmechtyheitt

Vonn denn Boyarenn, Woywodenn vnnd arffgesesenenn zur Plesskouw, vonn knees Nykytte Romanowytz Trubettsky ionn Riga denn borgemeisterenn vnnd Radessvorwanntenn der statt, auss byuell vnseres grossmechtygenn herenn keisers vnnd grossfurstenn Vedor Ywanowitz ist zu vnnss geschykett wordenn ein breff, wellcher geschreuenn ist ann denn borgemeisterenn vnnd Radessvorwanntenn der statt Lupke, vnnd wirtt darselbst inn vormolldett wegenn vnseress grossmechtygenn herenn sinem koffmann Tymofey, dass er soll vorderenn mitt Rechte vonn denn Lupschenn koffluthenn, dass genyge, so enntfanngenn hatt einn borger vonn Lupke vnnd dass de borgemeisters vnnd Radessvorwanntenn der statt Lupke dessenn vnssenn kopmann Tymouey wollenn recht werdenn lassenn, vnnd ist auch nomenlich dissenn koffmann Tymouey vonn vnnsess grossmechtygenn herenn seinenn boyarenn stallmarschalck vnnd arffgesesenenn zu Kasann vonn Boriss Vedorowitz zugeschreuenn wordenn dass genomenn hett einn lupscher borger mitt namenn kasper kronn vonn vnnses grossmechtygenn herenn seinem stallmarschallck vonn boriss vedorowitz godunouw vill golldess vnnd selber dass er dauonn hatt machenn sollenn zu ver sedelenn selberenn Derklesse vnnd sunstenn annder gesmucks zu perdenn vnnd Etzliche selberenn kedenn de zemlich gross seinn scholenn vnnd einn gesmuck vonn klarenn golde dass zum gebilltt nyssgebranchett wirtt vnnd zwo dosinn selberenn uathe vnnd hatt ouch gelltt enntfangenn dass er kopenn soll zwe lakenn vor blemedenn sampt wass anlanngett der schultt

торговогo Тимоху изымали и животъ многои у него поимали и в тюрму его посадили сь его детиною; а Рисского Немчинове Юрикове женѣ не вѣдомо за что доправили на томъ Тимоке тритцать свинковъ. И вы бъ о томъ ко мнѣ отписали, за что вы такое бесчестье надъ государя нашего торговомъ человѣке учинили, и ограбя в тюрму всадили? Торговымъ людемъ с обе стороны ѣздить и торговать воля: ваши люди у насъ во Пскове какъ торгують и ѣздять повольно, и какое имъ береженье у насъ живетъ! А будетъ нашего государя человѣкъ торговое Тимоха у васъ посаженъ в тюрму, и вы бъ, бурмистры и ратманы и полатники, того государя нашего торговогo человѣка Тимоху отпустили в Любокъ или назадъ во Псковъ[1]), и животы его ему отдали; а грамоту государеву в Любку и приказъ боярина и конюшего Бориса Өедоровича Годунова, что у него поималъ Любчанинъ Кашпиръ Кронъ, братья Тимохины, торговые люди, послали к Тимохе в Ригу, а онъ торговолъ в Риге; и вы государского человѣка торговаго Тимоху, а нынѣшнее в перемирье напрасно изымавъ, в тюрму всадили: и вы бъ тотъ часъ Тимоху выпустили и в Любокъ его пропустили со всѣмъ его животомъ. А не отпустите Тимохи в Любокъ, и азъ о томъ буду писать до государя своего, до великого государя царя и великого князя, и а то Тимохино мѣсто Рижанъ и всѣхъ Неметцкихъ городовъ лутчихъ торговыхъ Нѣмець[2]) аво Пскова не отпущу, и впередъ торгъ Рижскимъ и всѣхъ Неметцкихъ городовъ во Пскове за то не будетъ. А будетъ вы того государя нашего торговогo человѣка Тимоху со всѣмъ его животомъ в Любокъ отпустите часа того, и вашимъ торговымъ людемъ в государя нашего в отчине во Пскове торгъ будетъ повольной, и по государя своего указу вашимъ Рижскимъ и иныхъ городовъ Нѣмцомъ береженье учнемъ держати по преж-

wirtt inn dessenn breue de summa nicht vormellit Derenn wegenn ist disser vnnser koffmann tymouey affgeschickett das kasper kronn dass selbyge soll uardich machenn lassenn vnnd im ouer anntwordenn vnnd ouch wann wegenn der schulltt wellches er genomenn hatt vonn vnnseress grossmechtygenn herenn seinenn stallmarschallck boriss vedorowits Wo aber kasper kronn dasselbyge nicht vonn sich gebenn wirtt oder selbenn bringenn soll er tymouey mitt Recht vorderenn dass selbyge vnnd denn borgemeisterenn vnnd Radessvorwanntbenn Recht bygerenn Mir ober ist vorgekomenn dass ir borgemeister vnnde Ratt dissenn vnnsenn koffmann tymouey habenn gefangenn genomenn von vill von seiner war ym auch genomenn vnnd darneuest inn dem Tor gesetzett im selbenn mitt sinem Jungenn Dem nach ist auch dess Risschen borgerss Jurgenn siner frouwenn vnnbywust wasser orsachenn ir vonn em genomenn habenn Dreisich Daler wollenn derenn wegenn mich dorch eur schreibenn zu wissenn donn wasserley orsachen ir vnnseres grossmechtygenn herenn seinenn koffmann denn spitt gedann habenn dass ir em dass sine genomenn vnnd em selbenn inn gesetzett habenn itzlicher zeitt ober ist denn kofflothenn beider sides fry zu reisenn auch zu hanndelenn eur vollick ist hir by vnnss zur plesksuwse Reisenn vnnd hanndelenn frig vnnd wir habenn se inn guther acht, wo oberst vnseress grossmechtygenn herenn koffmann tymouey by euch noch inn gesetzett ist so wollenn ir borgemeister vnnd Ratt denn selbygenn vnnseress herenn seinenn koffmann zenn lassenn nach Lupke oder hir her zu Ruge nach der plesskouw vnnd wollenn im dass genyge weder genenn wass ir im genomenn habenn vnnd denn breff wellches ir em genomenn habenn welches geborett nach Lupke vonn wegenn vnnseres grossmechtygenn herenn seinenn stallmarschalckess boriss vedorowits siner Timouey sine broder hatenn zu im geschickett nach Rige dass er dar solthe kopslagenn ir ober habenn gar vnnschuldich inn disser frede-

1) или назадъ во Псковъ steht in dem Original zwei Mal.
2) Im Original steht: нѣмецъ.

ному. Писана в государя нашего отчине во Пскове, лѣта ,ЗЧS-го, Июня въ ке день.

In dorso: В Ригу, бурмистромъ и ратманомъ и полатникомъ.

semenn zeitt denn selbygenn inn gesetzett Ir wollenn ouerst itsunt vonn stonndt ann nach dissem vnnsenn schreibenn Denn selbigenn kopmann tymouey vortt senn lassenn nach Lopke mitt alle seinem gude Vnnd wo ir denn selbygenn nicht vortt werdenn zenn lassenn nach Lupke so will ich vonn desswegenn ann minenn grossmechtygenn keiser vnnd grossfurstenn schreibenn vnnd will dem nach ouch lan dess timouey seine stelle hir anholldenn de Risschen vnnd annderer steder bestenn koffiude ann Dutschenn, vnnd schollenn ouch vordann de Risschenn ock keiner vonn Dutschenn hir keinenn hanndell mer habenn Ir wollenn ouerst dessenn vnseres grossmechtygenn herenn koffmann von stundt ann vortt zenn lassenn nach Lopke Da dasselbyge geschitt das ir inn vortt zenn lattett mitt alle sinem gude allse denn schollenn de Risschenn ouch anderer stedenn koffleuthe inn vnnseres grossmechtygenn herenn gebede zur plesskouw ir handelennt habenn schollenn vnnd will se ock nach byuell meiness grossmechtygenn herenn inn guther acht holldenn we mich byuolenn wordenn ist Geschrenenn Ian vnseres grossmechtygenn herenn arffstatt zur plesskouw Anno souen Dusendt sos vnn negentych denn XXV yuny.

In dorso: Des Stadthalters zur Plesskow schreiben in sachen des kauffmanns Timewey Gelesen den 5 Julii A° 88.

№ CCCXCVIII.

(1588) Timofeĭ, Semens Sohn, aus Nowgorod, verspricht, dass er dafür, dass er in Riga vier Wochen lang von der Bestellung eines grossfürstlichen Briefes nach Lübeck ab- und zurückgehalten worden, keine Vergeltung an Rigischen in Pleskow nehmen, sondern ihnen zu ihren seinethalben vielleicht zurückgehaltenen Waaren wieder verhelfen wolle, d. d. 26. Juni 7096 (n. Chr. 1588).

Pap. Orig. ohne Siegel im äuss. rig. RA. Auf der Rückseite steht von eines Archivars Hand: »Tymoffe Nouagorodez seine vorschribing dass seiner auffhaltung halber de vnsern nicht Sollen beswert werden«. — Ueber den Handelsgast Timofeĭ s. die vorherg. №.

Се язъ Тимоееи Семеновъ сынъ Навгородецъ. Што прислалъ государь грамоту || в Рѣгу и велилъ мне с нею ѣхати до Любьки, и меня || Рѣжане з господаревою грамотою воротили с карабля || и доржали меня в Риги четырѣ недѣли и топеро меня пропустили до Любки. И в томъ язъ, Тимоееи Семеновъ, далъ на собя запись, што мни во Пьскове на Рискихъ Нимцахъ того не пытать, а што для моего дела шкоты бы Рѣскимъ Нимцамъ не нарядѣли бы и впреть, а што станетъ во Пьскове шкота Рѣскимъ Нимьцамъ в убытокъ, и мнѣ Тимоееею ихъ убытокъ потянути, а товаръ ихъ поотдати, што будеть доръжали для моего дела и ѣхъ поопростати. В томъ язъ далъ на собя запись. А запись писалъ Назарка Семеновъ, Тимоееевъ человѣкъ, лѣта ,зрѕ Июня в кѕ день.

№ CCCXCIX.

Des Zaren Boris Fedorowitsch (Godunow) auf Ansuchen seines Arztes, des Dr. Caspar Fiedler, ertheilter Gnadenbrief für den rigischen Rath zum freien Handel der Rigischen in Russland, d. d. Moskau, im Monat März 7109 (1601). (1601)

Im äussern rig. RA. befinden sich von diesem Gnadenbriefe zwey Abschriften, eine auf Pergament, die andere auf Papier, welche ausser in der Aufschrift nur noch in der Orthographie Abweichungen von einander zeigen. Wir geben hier die pergamentne Abschrift wieder mit Anzeige der Verschiedenheit der papiernen, und bemerken über den Dr. Caspar Fiedler, dass derselbe, nachdem er zuerst beim deutschen Kaiser und bei der Königin von Frankreich in Diensten gestanden, dem Rufe seines Landesfürsten, des Herzogs von Preussen, Folge leisten und in sein Vaterland zurückkehren musste, nach Verlauf von sechs Dienstjahren als preussischer Hofarzt aber, mit Genehmigung seines Fürsten, auf vier Jahre beim Herzog von Kurland in Dienst trat, und darnach sich auf die Einladung des Zaren Boris Godunow durch Reinhold Beckmann und auf einen vom Zaren erhaltenen förmlichen Sicherheitsbrief (опасная грамота) vom Dec. 1600 von Riga aus in dessen Dienste begab, in denen es ihm wohl gegangen und worauf er noch längere Zeit in Russland geblieben sein muss (Vgl. Richter's Gesch. der Medicin in Russland I, 377—383, 439—441, Livl. Schriftst. Lex. I, 558). Richter a. a. O. hat aus Versehen für den Fiedler'schen Schutzbrief den Dec. 1601, anstatt Dec. 1600 angesetzt, unter welchem Datum er in der Собр. Госуд. Грамотъ и Договоровъ. (Часть II, 159) abgedruckt ist. Sollten vielleicht diese Abschriften nur Entwürfe, und der Gnadenbrief vielleicht nie wirklich ausgestellt worden sein? Noch kennt man das Original nicht.

Списокъ грамоты[1]). Божею милостію мы великій государь царь и великій князь Борисъ Федоровичъ, всеа Русіи самодер||жецъ, Владимерскій, Московскій, Новгородцкій, царь Казанскій, царь Астараханскій, царь Сибирскій, государь Псковскій || и великій князь Смоленскій, Тверскій, Югорскій, Пермскій, Вятцкій, Болгарскій и иныхъ, государь и великій князь Новаго||рода Низовскіе земли, Черниговскій, Резанскій, Ростовскій, Ярославскій, Белоозерскій, Лифляндскій, Удорскій, Обдорскій, Кондинскій и всея сѣверныя страны повелитель, и государь Иверскіе земли и Грузинскихъ царей и Кабардинскіе земли, Черкаскихъ и Горскихъ князей и иныхъ мн(о)гихъ государствъ государь и обладатель, и сынъ нашъ великій государь царевичь князь Θедоръ Борисовичъ всеа

1) In der pap. Abschr.: Списокъ з государевы царевы и великого князя Бориса Федоровича всеа Русіи жалованные грамоты.

Русіи, пожаловали есмя города Риги бурмистровъ и ратмановъ и полатниковъ: что билъ намъ челомъ дохторъ нашъ Кашпиръ Өедлеръ[1]) чтобъ намъ великому государю царю и великому князю Борису Федоровичю, всеа Русіи самодержцу, и сыну нашему великому государю царевичю князю Федору Борисовичю всеа Русіи Рижскихъ бурмистровъ и ратмановъ и полатниковъ пожаловати, вѣлети пріѣзжати въ наши в великіе государства со всякими товары и торговати поволною торговлею и наша царская жаловалная грамота вѣлети имъ дати. И мы великій государь царь и великій князь Борисъ Федоровичъ, всеа Русіи самодержецъ и многихъ государствъ государь и обладатель и сынъ нашъ великій государь царевичъ князь Федоръ Борисовичъ, всеа Русіи, города Риги, бурмистровъ и ратмановъ и полатниковъ пожаловали, велѣли имъ пріезжати въ наши в великіе государства, а великій Новгородъ и во Псковъ и въ Ивавьгородъ и въ царствующій нашъ градъ Москву со всякими товары, и торговати с нашими гостми и с торговыми людми на всякой товаръ поволною торговлею, опричь заповедныхъ товаровъ: а какъ, исторговався, похотятъ ѣхати изъ нашихъ государствъ к себѣ в Ригу, и имъ изъ нашихъ государствъ ѣхати к себѣ волно со всѣми своими животы и с товары, безо всякого задержанья и зацѣпки, по сей нашей царской жаловалной грамоте. Дана са наша царская жаловалная грамота въ государствіе нашего дворѣ въ царствующемъ градѣ Москвѣ лѣта отъ созданія миру ,зрі҃. марта мѣсяца.

1) In der gop. Abschr.: Феденоръ.

№ CD.

(1603) Des Zaren Boriss Fedorowitsch (Godunow) Empfehlungsschreiben an den rigischen Rath für seinen Gesandten an den dänischen König Christian, den Diak Afonassei Wlassew, zur ungehinderten Reise und zur Unterstützung desselben, d. d. Moskau, im J. der Welt 7111 (1603 n. Chr.) im Juli Monat.

Das Original — ein grosser Patentbogen starken Papieres, worauf die Schrift, deren erste Zeile mit Gold geschrieben, nur einen kleinen Raum einnimmt, mit dem in roth Wachs unter einer Papierscheibe gedrückten, grossen Reichssiegel unterhalb der Schrift besiegelt — befindet sich im äussern rig. RA. Es enthält keine Tagesangabe.

Божіею милостію, отъ великого государя царя и великого князя Бориса Федоровича всеа Русіи самодержца, || Владимерского, Московского, Новгородцкого, царя Казанского, царя Астараханского||, царя Сибирского, государя Псковскаго и великого князя Смоленскаго, Тверскаго, Юго||рского, Пермского, Вятцкого, Болгарского и иныхъ, государя и великого князя Новагорода Низовские земли, Черниговского, Резанского, Ростовского, Ярославского, Белоозерского, Удорского, Обдорского, Кондинского, и всея сѣверные страны повелителя, и государя Иверские земли, Грузинскихъ царей и Кабардинские земли, Черкаскихъ и Горскихъ князей и иныхъ многихъ государствъ государя и обладателя, города Риги бурмистромъ и ратманомъ и полатникомъ. Послали есмя к Датцкому Христьяусу королю посланника нашего и ближние нашие думы посолского діака Оѳонасья Власьева, и гдѣ ему лучитца вашею землею ѣхати, и вы бъ того нашего посланника черезъ свои земли велѣли пропущати без задержанья, и кормъ ему и подводы и провожатыхъ по своей землѣ давали. Писана в государствіи нашего дворѣ, в царствующемъ граде Москвѣ, лѣта отъ созданія миру ,зрі҃а, июля мѣсяца.

ANHANG.

№ I.

Handelsvertrag des Fürsten Mstislaw II. Dawydowitsch von Smolensk mit Riga und der niederdeutschen Handelsgesellschaft auf Gothland im J. 1229. Nach drei Redactionen. 1229

Die Düna bildete schon während der normanischen Periode der russischen Geschichte eine natürliche Verkehrsstrasse für die Städte Polozk, Witebsk und Smolensk. Aus einer Stelle der Chronik von Kiew, nach welcher Fürst Rostislaw Mstislawitsch von Smolensk, der Grossvater von Mstislaw II. Dawydowitsch, i. J. 1167 seinen Bruder, den Fürsten von Kiew mit warjagischen Waaren oder Producten (и Ростиславъ да дары Всеславу что отъ верьхнихъ земль и отъ Варягъ) beschenkte, und aus andern Nachrichten ersehen wir, dass auch im 12. Jahrhundert der Verkehr der obern Dneprgegenden mit Scandinavien und namentlich Gothland fortbestand und dass Kaufleute aus dem nordwestlichen Russland nach jener Insel schifften. Auf ihr liessen sich im 12. Jahrhundert auch Kaufleute niederdeutscher Zunge nieder, welche anfangs sich an die städtische Gemeinde in Wisby anschlossen, später aber eine eigene Handelsassociation bildeten, deren Mitglieder nach dem Vorgange der Gothländer bis nach Russland drangen, wo sie in Nowgorod neben dem gothländischen Kaufhofe auch einen deutschen errichteten. Weniger seit der Ankunft niederdeutscher Kaufleute an der Düna i. J. 1159, als vielmehr seit der Gründung von Riga i. J. 1200 und besonders seit der Stiftung des Schwertbrüderordens (Fratres militiae Christi, Gottesritter), um dieselbe Zeit, musste der Verkehr von Polozk und Smolensk mit Gothland Störungen erleiden, die zu beseitigen eben so im Interesse der russischen Fürsten wie der deutschen Kaufmannschaft lag. Der erste Einigungsvertrag der Art scheint i. J. 1210 zu Stande gekommen zu sein. Damals wurden nach der Chronik Heinrich's von Lettland von Seiten Rigas an den Fürsten Wladimir (Borissowitsch?) von Polozk Gesandte geschickt, um zu erfahren, ob er geneigt wäre, Frieden zu schliessen und den deutschen Kaufleuten den Handel in seinem Fürstenthum zu gestatten (si forte pacem recipiat, et mercatoribus rigensibus viam suam in terram aperiat). Wladimir schickte nach Riga als Unterhändler einen gewissen *Ludolf von Smolensk* (misit cum eis Ludolphum, virum prudentem et praedivitem de Smolensko, ut is Rigam veniens, quae iusta sunt et pacifica retractet), der, seinem Namen nach zu urtheilen, wohl ein in Smolensk ansässiger deutscher Handelsgast war. Der damals abgeschlossene Friede (pax perpetua) hatte keinen festen Bestand, aber bereits im Sommer 1212 überliess vermittelst eines neuen Friedensvertrages Wladimir v. Polozk dem Bischofe Albert v. Riga das ganze Livenland (Livoniam totam reliquit sine tributo), wobei auch freie Handelsschifffahrt auf der Düna ausbedungen wurde (.. ut via mercatoribus in Duna semper aperta praestaretur). In den letzten Regierungsjahren Wladimir's von Polozk († nach Ostern 1216) ist aller Wahrscheinlichkeit nach kein neuer Vertrag zwischen ihm und Riga abgeschlossen worden. Bekanntlich wurden die Waaren, welche die Düna hinabgeschifft wurden, über einen Tragplatz (волокъ) in den obern Dnepr gebracht und erreichten so Smolensk. In Folge dessen war es sehr natürlich, dass die Fürsten von Smolensk sich mit denen von Witebsk und Polozk über die Bedingungen verständigten, unter denen Handelsverträge mit Riga abgeschlossen wurden. Im J. 1229 schloss der Fürst Mstislaw II. Dawydowitsch seine Verträge mit Riga ausdrücklich auch im Namen der Fürsten von Polozk und

Witebsk ab. Was die Verträge von 1210 und 1212 anbetrifft, so haben wir keine bestimmte Nachrichten darüber, ob dieselben zugleich im Namen des Fürsten von Smolensk abgeschlossen wurden. Geschah dies nicht, so bleibt nur die Annahme übrig, dass noch vor dem J. 1213 eine besondere Uebereinkunft zwischen Riga und Mstislaw I. Romanowitsch von Smolensk zu Stande kam, der im Jahre 1212 Smolensk verliess und spätestens Anfangs 1213 (s. Ученыя Записки И. Академіи Наукъ по I и III Отдѣленіямъ. Томъ II. СПб. 1854, стр. 808) den Thron von Kiew einnahm. Einer solchen Uebereinkunft zwischen Mstislaw I. von Smolensk und Riga geschieht ausdrücklich in dem Vertrage, welchen ein Sohn von Mstislaw I. Romanowitsch nach dem J. 1230 mit Riga und Gothland abschloss, Erwähnung und auch eine Stelle in der Chronik Heinrich's von Lettland unter dem J. 1222, die wir sogleich anführen werden, scheint eine Anspielung darauf zu enthalten. An dem Zuge Mstislaw I. Romanowitsch von Smolensk nach Kiew nahm auch Wladimir Rurikowitsch, gleichfalls ein Enkel von Rostislaw Mstislawitsch (reg. in Smolensk von 1127—1159), Antheil. Ihm fiel wahrscheinlich damals Smolensk zu; wenigstens tritt er als Fürst davon bereits im J. 1216 (s. I Chron. v. Nowg. a. 6724; Троицк. Лѣтоп.) auf. In der Schlacht an der Kalka, die nach russischen und orientalischen Nachrichten im Juni 1223, nach Heinrich von Lettland und dem Franciscaner Lesemeister Detmar aber im J. 1222 geschlagen wurde, rettete er sich durch die Flucht und vertauschte unmittelbar darauf den Thron von Smolensk mit dem von Kiew.

Es ist unbekannt, wie sich unter ihm das Verhältniss von Smolensk zu Riga gestaltet hatte; wahrscheinlich waren Zwistigkeiten eingetreten. Wenigstens berichtet Heinrich von Lettland unter dem J. 1222 unmittelbar nach der Erzählung der Schlacht an der Kalka und der Flucht der Russen, dass die Fürsten von Smolensk und Polozk Gesandte nach Riga schickten, um den Frieden nach der alten Satzung erneuern zu lassen (... et ceteri fugerunt. Et misit rex de Smolensko et rex de Plescekow et quidam alii reges de Russia nuncios suos in Rigam, petentes ea quae pacis sunt. Et renovata est pax per omnia, quae *iam dudum ante* facta fuerat).

Ganz dürftig sind die Nachrichten der russischen Chroniken über einen dritten Enkel von Rostislaw Mstislawitsch, nämlich über Mstislaw II. Dawydowitsch. Wir erfahren nur, dass er als Fürst von Smolensk (im Interesse von Jaroslaw Wsewolodowitsch, Fürsten von Nowgorod), im Frühjahr 1229 (s. I. Chron. v. Nowgorod a. 6736) in seiner Residenz die Abgeordneten der Nowgoroder anhielt, welche an Michael von Tschernigow geschickt worden, und dass er im J. 1230 oder spätestens in den ersten Monaten des J. 1231 starb (Троицк. Лѣтоп. a. 6738: Того же лѣта преставися боголюбивый князь великій Мстиславъ Давыдовичь смоленьскій). Die Geschlechtsregister führen noch an (Кар. III, прим. 365), dass er den kirchlichen Beinamen Feodor führte.

Während der Regierung des Fürsten Mstislaw II. Dawydowitsch war ein neuer Zwist (розмирье) zwischen Smolensk und Riga ausgebrochen, dessen ausdrücklich in dem Vertrage von 1229 Erwähnung geschieht. Es lag offenbar im Interesse beider Parteien, denselben beizulegen. Russischer Seits war man nicht nur gewohnt, die Erzeugnisse abendländischer Industrie und verschiedene Waaren gegen Rohstoffe einzutauschen, sondern man bedurfte auch zur Zeit eines Misswachses der Getreidezufuhr von jenseits der See, wie dies z. B. im J. 1231 der Fall war, wo die Zufuhren von Getreide und Mehl der grossen Noth ein Ende machten, nachdem in Smolensk angeblich über 30,000 Menschen in die Beerdigungsgruben geworfen waren und die Bevölkerung von Nowgorod dem Aussterben nahe war. Für die deutsche Kaufmannschaft aber war der Handel mit Russland ein so ergiebiger Erwerbszweig, dass eine momentane Stockung des Verkehrs den hansischen Contoren die grössten Verluste verursachte.

Zur Zeit von Mstislaw Dawydowitsch bestand allerdings noch nicht der sogenannte *städtische Hansabund* *), allein auf der Insel Gothland hatte sein Vorläufer, die Gesellschaft des *gemeinen deutschen Kaufmanns* (communis mercator, communes, universi mercatores, communes Theutonici),

*) Das Wort *hansa* kommt bereits im J. 1126 in einer flandrischen Urkunde in dem Sinne eines Vereins vor, dessen Glieder Beiträge zu gemeinschaftlichen Zwecken entrichteten. Der Einfluss der vlämischen Hansa auf den eigentlichen Hansabund, der in der zweiten Hälfte des 13. Jahrhunderts und später namentlich unter Lübecks Vorrang sich im Nordosten Europas ein Handelsmonopol zu erringen suchte, ist noch nicht näher untersucht worden.

sich bereits so organisirt, dass diese in gewisser Hinsicht das Directorium in Sachen des Handels mit Nowgorod und dem westlichen Russland führte. Zur richtigen Würdigung der Theilnahme mehrerer Städte am Abschlusse des Vertrages von Smolensk ist es nicht überflüssig, anzuführen, dass nach der ältesten nowgorod'schen Sera, die vielleicht zwischen 1225 und 1230 abgefasst wurde, der jährliche Ueberschuss der Contoreinkünfte des deutschen Hofes zu Nowgorod nach Gothland geschickt werden sollte, wo er in der Marienkirche zu Wisby in die Kasten gelegt wurde, zu denen der Olderman von *Wisby*, der von *Lübeck* und die zwei Olderleute der westphälischen Städte *Sosat* (Soest) und *Dortmund* die Schlüssel hatten. Es war demnach sehr natürlich, dass der Fürst von Smolensk zum Behuf einer Verständigung mit den Hansen und der Feststellung der gegenseitigen Rechte und Pflichten sich dazu verstehen musste, seine Abgeordneten nach Riga und von da nach Wisby zu schicken. Es geschah dies nach dem Text A der Urkunde in demselben Jahre, in welchem der Bischof Albert von Livland starb und die Abschliessung des Vertrages auf Gothland selbst wird gegen den Schluss der Urkunde A ausdrücklich in das Jahr gesetzt, welches auf das bereits *verflossene* Jahr 1228 folgte, und dabei wird der Bischofssitz von Riga als noch nicht wiederbesetzt angesehen. Da der Tod Albrecht's nach anderweitigen Quellen am 17. Januar des julianischen Januarjahres 1229 erfolgte, so muss das J. 1228 der Urkunde als ein Marienjahr aufgefasst werden, welches als solches die Zeit vom 25. März 1228 bis 24. März 1229 nach julianischer Jahresrechnung umfasste. Der Gebrauch des Marienjahres in der Urkunde selbst fällt nicht auf, da die unter den Auspicien des Bischofs Albrecht abgefasste livländische Chronik stets nach Marienjahren rechnet und die von Albrecht selbst ausgestellten Urkunden dieselbe Jahresrechnung zeigen. Zum ersten Mal wurde jenes Jahr 1228 der Urkunde (im J. 1855) richtig aufgefasst von August Engelmann in dem Bulletin historico-philologique de l'Acad. Imp. des sciences, Tome XII, p. 349 (oder Mélanges russes tirés du Bulletin, Tome II, p. 571) und dann in s. Schrift: Хронологическія изслѣдованія въ области русской и ливонской исторіи, въ XIII и XIV столѣтіяхъ. СПб. 1858, стр. 150*). Zu derselben Ansicht war schon früher E. Bonnell gelangt; s. seine unter der Presse befindliche »Russisch-Livländische Chronographie« (p. 66 und 70 des Commentars). Diese beiden Forscher nehmen an, dass der Fürst von Smolensk seine Abgesandten schon im J. 1228 während der Sommerschifffahrt nach Riga gesandt habe, dass dieselben von da nach Gothland noch vor dem Schluss der Schifffahrt abgereist und von da im nächsten Frühsommer (1229) mit dem unterschriebenen Vertrage zurückgekommen seien. Demnach hätten dieselben im Voraus beschlossen, den langen Winter auf Gothland zuzubringen! Indessen wäre es auch denkbar, dass der Fürst Mstislaw seine Gesandtschaft erst in den ersten Monaten des Januarjahres 1229 (jedenfalls aber vor dem 25. März) nach Riga gesandt habe und dass diese von da erst nach Verlauf einiger Zeit nach Gothland abgesegelt sei. Im Eingange des Vertrages wird ausdrücklich hervorgehoben, dass die Redaction desselben (Ritter) Rolf von Kassel und Tumasch von Smolensk (als Vertreter der beiden Hauptcontrahenten), besorgt hätten. Wahrscheinlich geschah dies noch, vor deren Abreise nach Gothland, in Riga selbst, wo man allerdings am besten mit den localen Verhältnissen und den bisherigen Uebelständen vertraut war. Auch verstand es sich von selbst, dass die beiden Hauptcontrahenten sich über alle wesentlichen Punkte des abzuschliessenden Vertrages vorher verständigen mussten, ehe derselbe der Handelsgesellschaft in Gothland zur Begutachtung vorgelegt wurde. Nachdem dann auf Gothland alles zum Abschluss gebracht war, wurde er von allen betheiligten Parteien unterschrieben und besiegelt. Die Zeit, wann dies geschah, wird in der Urkunde A ausdrücklich so — Ewers hat diese Stelle zum Theil nach dem Text D übersetzt — angegeben: »*Als* (wahrscheinlich wohl eine Uebersetzung des niederdeutschen wanne oder wan) *diese Urkunde geschrieben ward, waren verflossen von der Geburt des Herrn bis zu diesem Jahre 1000 Jahre und 200 Jahre und 8 Jahre und 20*«. Es ist also kein triftiger Grund zur Annahme vorhanden, dass der Vertrag in Gothland schon im April 1229 unterschrieben wurde.

*) Chronologische Forschungen auf dem Gebiete der russischen und livländischen Geschichte des XIII und XIV Jahrhunderts, verfasst von August Engelmann. (Aus dem Russischen übersetzt.) — (Besonders abgedruckt aus den Mittheilungen aus der livl. Geschichte. Bd. IX. Heft 3.) Riga, 1860; s. Seite 156.

Die Frage, in welcher Sprache der Vertrag ursprünglich aufgesetzt wurde, lässt sich nicht mit völliger Sicherheit bestimmen. Das auf uns gekommene russische Exemplar der gothländischen Redaction kann seiner ganzen Fassung nach durchaus nicht als Original im eigentlichen Sinne betrachtet werden, sondern erweist sich offenbar als eine zum Theil sehr unbeholfene Uebersetzung aus einer andern Sprache. Arndt, der erste Verdeutscher der Chronik Heinrich's von Lettland hat des Vertrages zuerst in der historischen Literatur mit folgenden Worten (Der Liefländischen Chronik Andrer Theil. Von Joh. Gottf. Arndt. Halle 1753, p. 23) unter dem J. 1228 gedacht:

»In diesem Jahre erhielt die Stadt Riga in russischer und lateinischer Sprache ein herlich »Handelsprivilegium, welches des Königs David in Smolensko Sohn Mcislaus im Namen der Könige »von Polocz und der Russen in Witebsck unterzeichnet hatte«.

Woher hat Arndt seine Nachricht von der Existenz eines *lateinischen* Textes? Im äussern Archiv der Stadt Riga hat sich bis jetzt ein Register von Urkunden erhalten, das schon von Tobien (p. 46), wenn auch in nicht recht verständlicher Weise angezogen worden ist. Wir lassen hier den Anfang jenes Registers, das wohl, wie die auch von Arndt gebrauchte Form »Mcislaus« und die Schreibart »Alexandrowicz« zeigt, während oder nach der polnischen Herrschaft über Livland aufgesetzt wurde, abdrucken und fügen unter jeder Nummer einige Worte zur Erklärung bei.

»Registratur Russischer Handlungen«.
»№ 8a«. »Ruthenica«.
»Alte Verträge«.

Anno 1228. Smolensker Recht mitt der Stadt Riga und Gottlandt vffgericht vff Pergamen, zwey exemplar »mitt hangenden Siegeln vnd eine Copey, Reussisch, nebst zweyen Versionen vff Teutsch«.

Unter jenen »zwei Exemplaren« sind offenbar Text A und B des Vertrages und unter der russischen »Copey« Text C zu verstehen. Die zwei deutschen »Versionen« (oder niederdeutschen Originalentwürfe?) sind wohl schon seit längerer Zeit verschwunden.

»Anno 1229. Item Smolensker Recht vnd Vertragk mitt der Stadt Riga vnd Gothlandt, in originali mitt »anhangenden Siegell, sambt einer Copey desselben vff Pergamen etc. Reussisch«.

Darunter sind Text D und E des Vertrages zu verstehen.

»Smolensker Fürsten des Mcislawy Sohns wiederholetes Recht mitt den Rigischen vnd »Gothländern, etwas kurzer den das erste, vnd ein wenig geendert, vff Pergamen, mit han»genden Siegell etc. Reussisch«.

Darunter ist die Urkunde eines Sohnes von Mstislaw I. Romanowitsch zu verstehen. S. unten № II.

»Anderweit Friedens Vertragk vnd Recht, zwischen Smolensko, Riga vnd Gothlandt, wornach »man sich allerseits zu richten vnd mitt den Zöllen zu halten, vff Pergamen, mitt vier anhan»genden Siegelln etc. Lateinisch«.

Diese Urkunde hat sich im Archiv nicht erhalten.

»Des Smolensker Fürsten Iwan Alexandrowicz kurtze Confirmation der Alten Verträge »mitt Liefländischen Herrn Meister vnd den Rigischen, vff Papier vnd zween hengenden »Siegelln. Reussisch«.

Darunter ist der bekannte und in den Russisch-Livländischen Urkunden unter № LXXIII (p. 52) erwähnte Vertrag zu verstehen.

»Copey des zwischen Polotzko vnnd Herrn Meister, auch seinen Unterthanen, insonderheit »der Stadt Riga, wegen freyer Handlungk etc. auffgerichteten Vertrages etc. Reussisch«.

»Der Polotzker Statthalters vnd gantzen Gemeine Erinnerung des gemachten Vertrages mitt »Vermahnung denselben zu halten etc.«

Es folgen darauf Inhaltsanzeigen von Verträgen mit folgenden Jahrzahlen am Rande 1264, 1328, 1402, 1405, 1406, 1407 etc.

In diesem Register ist also nur von einem in lateinischer Sprache abgefassten Vertrage Rigas mit Smolensk die Rede, der, wenn die Anordnung sämmtlicher Urkunden von Smolensk streng chronologisch zu nehmen wäre, in die Zeit zwischen 1250 und 1330 zu setzen wäre. Angenommen auch dass Arndt's Angabe nicht auf blosser Combination beruht, so ist es doch sehr zweifelhaft, dass sein lateinischer Vertrag mit dem des Registers, in welchem ausdrücklich von Zöllen die Rede ist, identisch sei. Aber auch noch aus einem andern Grunde lassen sich gegen die Annahme, als sei der Vertrag von 1229 zuerst lateinisch aufgesetzt worden, Bedenken erheben.

Zur Zeit von Mstislaw Dawydowitsch war in den livländischen Städten das Niederdeutsche und näher das sog. Mittelsächsische (de sassesche sprake, dat sassesche dudesch) die Hauptverkehrssprache und die Dolmetscher der Nowgoroder und der Fürsten des westlichen Russlands mussten dieser Mundart mächtig sein. Jener Tumasch (Thomas) von Smolensk (Тумашь Смольнянинъ) war schwerlich ein Russe, da sein Name sonst nach byzantinisch russischer Weise Θома (= Фома) geschrieben sein würde, sondern wohl nur der deutsche Dolmetscher oder Unterhändler (vgl. oben das Seite 405 über »Ludolphus de Smolensko« Gesagte) des Fürsten von Smolensk. Der Schwertritter Rolf war zwar seinem Namen nach zu urtheilen aus dem Stamme der hochdeutschen Hessen, allein das Niederdeutsche konnte ihm, in beständigem Umgange mit den norddeutschen und westphälischen Mitgliedern des Ordens schwerlich unbekannt sein.

Jedenfalls lässt sich die ehemalige Existenz einer lateinischen Urschrift des Vertrages von 1229 aus der Beschaffenheit des russischen Textes **A** nicht mit Sicherheit nachweisen. Eher sprechen manche darin vorkommende Ausdrücke zu Gunsten der Annahme einer Uebersetzung des russischen Textes aus dem Niederdeutschen, wie der zur Benennung der Brüder des Schwertritterordens oder der Ritterschaft Christi gebrauchte Ausdruck Божии дворяне (Einl. *d* und Schluss *c*), der eine wörtliche Uebertragung des damals üblichen Ausdrucks: »Ridder Gots« oder »Gottesridder« ist, während die Schwertritter im Lateinischen gewöhnlich »fratres militiae Christi« genannt werden, wie denn auch Rolf selbst in einer Urkunde vom J. 1230 als Zeuge einfach genannt wird: Rudolphus de Cassele, frater militiae. Im Texte **A** (Schluss *d*) heisst der rigaische »Advocatus« Albrecht — воитъ, was nur eine Umschreibung des niederdeutschen »vogel« ist, während der Text **D** dafür schon судья (Richter) setzt. Zu diesen von Bunge (I, p. 27 Reg.) bereits angeführten Beispielen kann man noch auf die buchstäbliche Uebertragung von »Ostsee« durch »остромо море« in der Handschrift des Textes **A** (Einl. *c*) hinweisen, wofür die Handschrift **D** schon das richtigere »восточное море« gebraucht. Auch die Schreibweise einzelner Namen, wie z. B. die Uebertragung von Konrad Scheel durch Конрадъ Крювыи, und andere Namensformen deuten vielleicht darauf hin, dass die Uebersetzer einen niederdeutschen Originalentwurf vor sich hatten. Die Jahresbezeichnung: »1000 Jahr und 200 Jahr und 8 Jahr und 20« scheint auf den deutschen Gebrauch, wornach man *achtundzwanzig* (achtevndetwintich in einer lüb. Urk. vom J. 1328) schreibt, hinzuweisen, da im Lateinischen nur selten »octo et viginti« für »duodetriginta« gebraucht wurde. Indessen scheint im Text **D** der Ausdruck: *30 Jahr ohne ein Jahr* dem lateinischen »undetriginta« zu entsprechen, wenn sich dies nicht etwa aus dem Einfluss des Lateinischen auf die niederdeutschen Schreiber oder sonst irgendwie erklären lässt.

An ein Wiederauffinden des niederdeutschen Originalentwurfs, der besonders zur richtigen Auffassung altrussischer Werthverhältnisse verhelfen würde, ist schwerlich zu denken, obgleich wahrscheinlich ein Exemplar desselben den Hauptvertretern der Gesellschaft des gemeinen Kaufmanns, die des Russischen wenig oder gar nicht mächtig waren, eingehändigt worden ist. Wisby ist längst zerstört und die Archive von Lübeck, Soest und Dortmund enthalten nach eingezogenen Erkundigungen durchaus kein Actenstück der Art. Befremdend bleibt es aber, dass einzelne städtische Archive in Westphalen noch nicht geordnet sind. Auch das Archiv der Stadt Bremen ist wenig oder gar nicht bekannt. Durch Prof. K. Schirren wurden im J. 1860 in Stockholm beträchtliche Ueberreste von den Archiven wiederaufgefunden, welche die Schweden im 17. Jahrhundert in den Ostseeprovinzen erbeutet hatten. In einem alten in Stockholm befindlichen Verzeichnisse der im J. 1621 aus Mitau nach Schweden fortgeführten Urkunden fand der erwähnte Forscher (s. Nachricht von Quellen zur Geschichte Russlands, vornehmlich aus schwedischen Archiven und Bibliotheken.

Aus dem Bulletin de l'Acad. Imp. des sc. T. II. p. 466—501. St.-Pét. 1860 in-8°) folgende schwedisch abgefasste Regeste: «Een lagh eller Commercie Stadga emillan Ryssarne, dhe Rigiske och Gothlandh, hwaruthi och finnes beskrifwat huru allehanda Criminalsaker affstraffade blifwa emillan samme lands inbyggiare. dat. Wisby. 1228». Vielleicht ist darunter das in dem ehemaligen Ordensarchiv aufbewahrt gewesene Exemplar des Vertrages von 1229 zu verstehen; doch darf man als sicher anzunehmen, dass dasselbe sich in Stockholm nicht erhalten hat.

Was die auf uns gekommenen 6 russischen Exemplare der Urkunde von Mstislaw II. Dawydowitsch, Riga und der Handelsassociation niederdeutscher Kaufleute auf Gothland anbetrifft, so enthalten sie sämmtlich nur *einen* Vertrag, jedoch ist dieser in drei Abfassungen auf uns gekommen, die man auf zwei *Grundredactionen*, die *gothländische* und die *rigaische*, zurückführen kann. Beide wurden in demselben Jahre 1229 abgefasst und unterscheiden sich von einander mehr in formeller als in materieller Hinsicht. Welche Motive noch im Laufe des J. 1229 (vgl. unten **D**. p. 414) zur Ausarbeitung eines neuen Textes Veranlassung gaben, lässt sich nicht mehr genau ermitteln. Schwerlich reicht zur Erklärung davon die Annahme aus, dass man den unbeholfenen Stil der gothländischen Redaction verbessern und die einzelnen Satzungen genauer systematisiren wollte, obgleich man einräumen muss, dass in jener die Aufeinanderfolge einiger Artikel etwas unnatürlich ist. Die Vermuthung aber, als sei die gothländische Redaction nur ein Project gewesen, muss man ganz aufgeben, da dieselbe 70 Jahre später noch einmal ausdrücklich vom Fürsten Alexander Glebowitsch bestätigt wurde (s. unten p. 413 und **B**. 420), obgleich mittlerweile ein neuer Vertrag zwischen einem Sohne von Mstislaw I. Romanowitsch und Riga und den Kaufleuten auf Gothland (s. unten Anh. № II.) zu Stande gekommen war.

Um das Verhältniss der verschiedenen *Handschriften* des Textes des Vertrages von 1229 und deren Ausgaben zu einander klar zu machen, bezeichnen wir jene mit den Buchstaben **A**, **B**, **C**, **D**, **E**, **F** und **G** und besprechen jede derselben einzeln unter dieser Bezeichnung.

Aus einer näheren Vergleichung dieser sieben Texte hat sich ergeben, dass sie alle mehr oder minder von einander abweichen. Bei einigen reducirt sich die Verschiedenheit allerdings nur auf orthographische Eigenthümlichkeiten, allein, abgesehen davon dass das Verzeichniss dieser Varianten, wenn es unterhalb des Textes von zwei Handschriften gedruckt werden sollte, sehr umfangreich werden und so die Vergleichung der Handschriften selbst sehr erschweren würde, ist in Erwägung zu ziehen, dass es noch nicht nachgewiesen ist, wie eigentlich der russische Text jeder der beiden *Grundredactionen* ursprünglich beschaffen war. Bis jetzt hat man zu viel Gewicht auf den Umstand gelegt, dass die Urkunden **A** und **D** mit Siegeln versehen sind. Allein diese Siegel könnten in späterer Zeit von älteren Exemplaren losgetrennt und neu gemachten Copien angehängt worden sein. Eine Annahme der Art ist im vorliegenden Falle nicht ganz unerlaubt, da wir aus der Geschichte des Verkehrs Rigas mit Smolensk wissen, dass im Laufe des 13. Jahrhunderts die früheren Verträge erneuert wurden und dass sogar die gothländische Redaction des Vertrages von 1229 — und wahrscheinlich auch die rigaische — noch um 1300 vom Fürsten Alexander Glebowitsch (s. Text **B**) bestätigt wurden ist. Wie wenig von dem Vorhandensein von Siegeln an der einen oder andern dieser Handschriften auf die Alterthümlichkeit derselben zu schliessen sei, ersieht man besonders aus der Vergleichung der Texte **D** und **E**. Letzterer war bis jetzt noch nicht untersucht, ist aber von den früheren Archivaren nur für eine Copie (der rigaischen Redaction) ausgegeben worden. Zu welchem Zwecke auch das Exemplar **E** angefertigt sein möge, — es ist wenigstens keine Copie des Textes **D**, dem es in gewisser Hinsicht sogar vorzuziehen ist.

Aus allen angeführten Gründen haben wir bei dem gegenwärtigen Zustande der Forschung es für nothwendig gehalten, die sechs handschriftlich vorhandenen Texte in einer synoptischen Ausgabe vollständig und genau abzudrucken. Damit ist künftigen Forschern die Möglichkeit gegeben, den Text der beiden Redactionen in seiner ursprünglichen Beschaffenheit wiederherzustellen. Die Vergleichung anderer russischen Schriftstücke, wie der Русская Правда, des Vertrages der Nowgoroder mit den Kaufleuten auf Gothland (um 1199 oder bald darauf), des Vertrages eines Sohnes von Mstislaw I. Romanowitsch mit Riga (s. unt. № II.) und der späteren russischen Verträge

Rigas mit Polosk 's. Russisch-Livl. Urk. p. 119 u. flgd. u. p. 209), so wie niederdeutscher Actenstücke jener Zeit mit den Urkunden von 1229 u. s. w. darf bei einer umfassenden Erläuterung der letzteren nicht ganz ausser Acht gelassen werden.

A.

Der Text **A** enthält den Vertrag in der Fassung, wie sie schliesslich auf der Insel Gothland festgestellt worden war, und ist uns auf einem grossen Pergamentblatt erhalten, auf welches aber der Text erst in Riga oder in Smolensk aufgetragen wurde. Dies erhellt schon aus der Art und Weise, wie bei den Namen der niederdeutschen Zeugen deren Heimath angegeben ist. Zur Vermeidung von Missverständnissen bei der Vergleichung der Beschreibungen früherer Herausgeber des Textes lassen wir hier die auf das Pergament selbst geschriebenen Angaben der früheren Archivare abdrucken.

Von einer Hand des 16. oder 17. Jahrhunderts ist aufgeschrieben:

»Smolensker Recht vund vertragk || mitt der Stadt Riga vund Goth landt vffgericht A° 1228«. Von einer jüngeren Hand ist an einer andern Stelle bemerkt: »Smolensker Recht, und Vertrag mit »der || Stadt Riga, u Gottlandt aufgerichtet de || A° 1228«. Ausserdem liest man die archivalische Notiz: »№ 14 caps: a. archivi secret:«.

Der Text selbst ist auf zwei Seiten in Einer Columne geschrieben. Die erste Seite enthält Zeile 1 bis 79 (bis § 31 = *28*) und die zweite Zeile 80 bis Zeile 102 (von § 32 = *29* an). Die letzte Zeile der ersten Seite ist zur Hälfte nicht ausgefüllt, so dass die zweite Seite (§ 32. Аже кън etc.) mit einer neuen Periode beginnt.

Die Schrift ist sog. grosse Fracturschrift (Большой уставъ). Die Abkürzungen sind nicht zahlreich, bisweilen sind die Bogen (титла) weggelassen. Die Beschreibung gewisser orthographischen Eigenthümlichkeiten würde, da zur Veranschaulichung derselben auch die übrigen Handschriften herbeigezogen werden müssten, hier zu weit führen.

Das eine Siegel zeigt auf der ersten Seite ein auch sonst auf russischen Denkmälern vorkommendes Thier und auf der andern Seite die Inschrift:

Вели|кого || княз.. || Θедо.. || печать..

Auf der einen Seite des zweiten Siegels liest man: пча | нрье, und auf der andern: Вѣкъ || . молвн||ско. Das erste Siegel ist also das des Grossfürsten Mstislaw-Feodor und das zweite vielleicht das des Bischofs Perfilij (владыка Перфилій) von Smolensk. Von einem dritten Siegel ist keine sichere Spur vorhanden, denn der zwischen den beiden Siegeln gemachte Einschnitt scheint misslungen zu sein.

Nachdem Arndt (s. oben p. 408) im J. 1753 im Allgemeinen des Vertrages zwischen Riga und Smolensk gedacht hatte, verging mehr als ein halbes Jahrhundert, ehe von der Existenz der Urkunde selbst in der Literatur die Rede war. Es ist zwar von Köppen nach Hörensagen berichtet worden, dass Berens in seinen »Bonhomien. Geschrieben bei Eröffnung der neuerbauten Rigischen Stadtbibliothek. Erstes Profil. Mitau 1792 in 8°« eine Uebersetzung des Vertrages veröffentlicht habe, allein in dieser Schrift finden sich (p. 194) nur einige wenige Worte zur Vertheidigung der Aechtheit der Urkunde des Fürsten Iwan Alexandrowitsch von Smolensk, welche Berens in s. »Bombe Peters des Gr.« zum ersten Mal bekannt gemacht hatte. Erst 60 Jahre nach Arndt gelangte einige nähere Kunde über den Text **A** ins Publicum: es erschien davon ein Auszug in deutscher Sprache in den Rigischen Stadtblättern für 1814, p. 121, 125—127. Bald darauf erhielt Ewers vom Conrector Brotze eine (nicht ganz genaue) Copie des russischen Textes, wovon er eine deutsche Uebersetzung mittheilte. (S. Beiträge zur Kenntniss Russlands und seiner Geschichte. Herausgegeben von Gustav Ewers und Moritz von Engelhardt. Ersten Bande erste Hälfte, Dorpat, 1816, p. 327—335). Die Mängel seiner Uebersetzung suchte er mit Hülfe des moskauer Abdrucks von 1819 in der zweiten Hälfte der Beiträge (Dorpat 1818, p. 703—706), so gut er vermochte, zu verbessern. Später wurde diese Uebersetzung unverändert wieder abgedruckt im »Urkundenbuche der Stadt Lübeck. Erster Theil, Lübeck 1843«, p. 689—694. Hier sei noch darauf aufmerksam gemacht, dass Ewers die gegen den Schluss der Urkunde vorkommende Datumsangabe ganz frei übersetzt und dadurch Andern in dem Glauben bestärkt hat, als sei der Vertrag im J. 1228 abgeschlossen worden *).

Um 1817 verschaffte sich der Graf Rumjanzow ein Facsimile von der Handschrift **A**, das jetzt im Staatsarchiv zu Moskau unter den Urkunden der Theilfürsten aufbewahrt wird. Ein zweites Facsimile der Art nebst einer deutschen Uebersetzung des Textes befindet sich im Rumjanzowschen Museum (s. Описанie Русскихъ и Словенскихъ Рукописей Румянцовскаго Музеума, составленное А. Востоковымъ, № XLV, p. 63). Der verstorbene Kaufmann Яковлевъ liess eines dieser Facsimile in einer beträchtlichen Anzahl von Exemplaren lithographiren, die aber nicht in Umlauf gekommen sind. Ein Exemplar davon besitzt die archäographische Commission. Ein zweites Facsimile von der Handschrift **A** ist im Besitze des Fürsten M. A. Obolenski in Moskau. Nach dem in Moskau aufbewahrten Exemplare wurde der Text abgedruckt in der Собранiе Государственныхъ Грамотъ и Договоровъ. Часть II. Москва 1819, № 1 (Seite 1—5) und zugleich eine übrigens nicht ganz genaue Abbildung der beiden Siegel beigegeben.

Der Abdruck von 1819 wurde bald darauf vollständig von einem polnischen Gelehrten wiederholt, mit Hinzufügung einer polnischen Uebersetzung. S. Prawda Ruska ... tudzież Traktaty Olga ... y Mścisława Dawidowicza X. Smoleńskiego z Rygą zawarte.. Przez J. B. Rakowieckiego. Tom II. W Warszawie, 1822, p. 19—38; ср. стр. 130. Später lieferte einen Wiederabdruck desselben Textes nach der Ausgabe von 1819 Tobien, der das Original für verloren ansah. (S. die ältesten Tractate Russlands, nach allen bisher entdeckten und herausgegebenen Handschriften verglichen, verdeutscht und erläutert durch E. S. Tobien. I. Dorpat 1844, p. 45—72. — Die deutsche Uebersetzung und der Commentar ist nie erschienen). Nach der Ausgabe von Tobien wurde der Text **A** wiederholt von Georg v. Bunge (Liv-, Esth- und Curländisches Urkundenbuch nebst Regesten. Erster Band. Reval 1853, p. 120 u. flgd. Text II; Regesten p. 27 und vgl. Band III, Reg. p. 18) und in der Ausgabe von I. Lasarewski und Utin (Собранiе важнѣйшихъ памятниковъ по исторiи древняго Русскаго права. СПб. 1859, p. 17 u. flgd. Text I.).

In der vorliegenden Ausgabe ist der Text **A** genau nach dem Original abgedruckt; jedoch ist an der Stelle des im Original ausschliesslich vorkommenden в das heutige в gesetzt und von den Buchstabenzeichen sind nur die zwei Punkte über ϊ und i beibehalten, die über к, ц und у aber weggelassen worden, weil sie ganz bedeutungslos sind und es hier nicht darauf ankommt, den Text paläographisch zu reproduciren. Dagegen kann der neue Abdruck mit Sicherheit auch zu philologischen Zwecken benutzt werden. Des leichteren Verständnisses wegen ist die dürftige Interpunction des Originals mit einer modernen vertauscht worden. Ausserdem ist der Text nicht in unmittelbarer Folge gedruckt, sondern derselbe nach dem Vorgange von Karamsin, Rakowiecki und Tobien in §§ zerlegt worden, wodurch das Verhältniss sämmtlicher Texte zu einander übersichtlicher und das Citiren erleichtert wird. Diese Eintheilung des eigentlichen Textes der «Prawda» in einzelne Abschnitte ergiebt sich schon aus der Urkunde selbst. Die *Einleitung* und der *Schluss* lassen sich leicht von der eigentlichen Prawda abtrennen, deren einzelne Sätze im Original selbst zum Theil durch ·:· von einander getrennt sind. Wo dies nicht geschehen ist, ergiebt sich die Selbstständigkeit der einzelnen Artikel theils aus dem Inhalt, theils aus ihrem Eingange und aus dem fast identisch lautenden Schluss, wobei die Reciprocität der Rechte der beiden contrahirenden Parteien ausdrücklich hervorgehoben wird. Es ist für zweckmässig gehalten worden, die schon zwei Mal wiederholte Bezeichnungsweise der einzelnen §§, wie sie Tobien für Text **D** aufgestellt hat, beizubehalten, besonders da sie allen wesentlichen Forderungen hinlänglich entspricht. Tobien aber hat aus practischen Gründen die Aufeinanderfolge der §§ im Texte **A** verrückt, d. h. sie in Uebereinstimmung zu bringen gesucht mit der mehr natürlichen Aufeinanderfolge der einzelnen Abschnitte in der rigaischen Redaction (Text **D**). In derselben (Text **D**, **E**), wie im Text **F** und **G** schliesst

*) Oben S. 407, wurde vermuthet, dass Ewers die am Schlusse befindliche chronologische Angabe (s. unten S. 440) nach Text D wiedergegeben habe, was unter andern das Wort «[illegible]» anstatt «[illegible]» anzudeuten scheint; allein man darf annehmen, dass Ewers, wie er auch selbst (pag. 703) sagt, eine ungenaue Copie des russischen Textes vor sich hatte, in welcher sogar (in § 35 = 37) das tatarisch-russische Wort [illegible] vorkommt.

sich § 16 ganz natürlich an den vorhergehenden § 15 an, während der Inhalt dieses § 16 im Text A, B und C eigentlich erst § 33 angebracht ist, gleichsam als wäre man erst spät zu der Ueberzeugung gekommen, dass § 15 noch eine weitere Bestimmung verlange. Demnach sind auch in der vorliegenden Ausgabe nach Tobien's Vorgange von § 16 an die einzelnen §§ der Texte A, B und C von einander getrennt worden, um sie dem verbesserten Texte D gegenüberstellen zu können. Damit aber auch zugleich der Leser die ursprüngliche Reihenfolge der §§ der Texte A—C übersehen könne, so ist dieselbe von § 16 an durch die mit gewöhnlicher Schrift gesetzten Zahlen angedeutet worden, während die unter A, B und C cursiv gedruckten Zahlen die Reihenfolge der §§ der zweiten Redaction (Text D und flgd.) bezeichnen. Die §§ 23 und 35 fehlen in sämmtlichen Handschriften der gothländischen Redaction und sind allem Anschein nach erst in die rigaische eingeschaltet worden. Zur leichteren Uebersicht sind hier die §§ der beiden Hauptredactionen der eigentlichen Prawda einander gegenübergestellt.

Gothländische Redaction nach Text A, B und C.		*Rigaische Redaction* nach Text D und E.
§ 1—15 (pag. 422—430).	=	§ 1—15.
§ 16—20 (p. 432, 434).	=	§ 18—22.
§ 20*) fehlt.		§ 23.
§ 21 (p. 436).	=	§ 30.
§ 22—24 (p. 438).	=	§ 32—34.
(§ 24*) fehlt.		§ 35.
§ 25 (p. 430).	=	§ 31.
§ 26 (lex erratica, p. 430).	=	§ 17.
§ 27—32 (p. 434, 436).	=	§ 24—29.
§ 33 (lex erratica, p. 430).	=	§ 16.
§ 34—35 (p. 438, 440).	=	§ 36—37.

Somit stellt sich heraus, dass die zweite Redaction eigentlich nur um zwei Artikel, § 23 und § 35, vermehrt ist, von denen der erstere einen Zusatz zu dem vorhergehenden § 22 enthält. Dagegen ist § 35 nicht ganz geschickt hinter § 34 eingeschoben. Die Lücken, welche in den verschiedenen Handschriften der rigaischen Redaction und des von ihr ausgegangenen smolensker Textes, so wie bei B und C durch die Nachlässigkeit der Schreiber entstanden sind, haben wir in der vorliegenden Ausgabe durch Punkte angedeutet.

B.

Diese bis jetzt ganz unbenutzt gebliebene Abschrift ist auf Pergament mit ziemlich grosser Fracturschrift und auf Linien geschrieben. In der Mitte ist dasselbe gebrochen, so dass es auf der Hauptseite in zwei Columnen beschrieben werden konnte, von denen die erste (Zeile 1—64 (bis § 10), die andere (Zeile 65 bis 128 (von § 10 bis § 29) enthält. Der Rest (Zeile 129—179) ist auf Columne 3 angebracht, und geht von § 29 an. Die 4. Columne ist leer, jedoch mit Bemerkungen der Archivare versehen. Zuerst ist darauf mit einer, der Urkunde wohl ziemlich gleichzeitigen Schrift angebracht: »Smolenske«. Ein Archivar der späteren Zeit hat dann bemerkt: »Smolensker Recht vnnd vertragk || mitt der Stadt Riga vnnd Gottlandt vffgericht A° 1228«. Dasselbe hat ein Archivar etwa des 16. Jahrhunderts mit den Worten wiederholt: »Schmolensker Recht und Vertrag mit der || Stadt Riga, und Gottland aufgerichtet A° 1228. || № 15 Caps: a. archivi secret.«.

Diese archivalischen Angaben mögen wohl die Ursache davon gewesen sein, dass man die Urkunde nicht näher untersuchte, auf deren ersten Seite ganz oben mit etwas blasser Dinte und mit etwas kleinerer Schrift geschrieben steht:

»Ich Fürst von Smolensk Alexander habe mich schliesslich mit den Deutschen vertragen nach der alten Uebereinkunft, so wie übereingekommen waren unsere Väter, unsere Ahnen. Dieselben Urkunden habe ich beschworen und dies ist mein Siegel«. Das Blechsiegel, welches unten am

Bruch des Pergaments angebracht ist, enthält auf der einen Seite einen nach rechts sprengenden, in der rechten Hand eine Lanze haltenden und mit einer Heiligenglorie versehenen Reiter. (Abgebildet wurde diese Seite des Siegels in dem Werke: О русско-византійскихъ монетахъ Ярослава I Владиміровича, съ изображеніемъ св. Георгія Побѣдоносца. Историко-нумизматическое изслѣдованіе А. Куника. СПб. 1860, стр. 135.) Von den eingravirten Buchstaben sind nur vier (..ѯанд..) zu entziffern, so dass man an den h. Alexander Newski denken möchte. Auf der andern Seite erblickt man ebenfalls einen mit einem Heiligenscheine versehenen Krieger (en face) zu Fuss, der in der rechten Hand ein Schwert und mit der linken Hand den Schild hält. Dieselben Abbildungen kommen auch auf einem Siegel von Wachs vor, das einer Urkunde des Fürsten »Alexander Glebowitsch« angehängt ist und in welcher die Rigaer (s. den Abdruck in den Russisch-Livländischen Urkunden № XLVII, p. 23) ersucht werden, »mit ihm in Frieden zu leben, wie sie mit seinem Vater Gleb Rostislawitsch († 1277) und mit seinem Oheim Feodor Rostislawitsch (s. Russ.-Livl. U. p. 18) gelebt hätten. Aus dem Schlusse dieses kurzen Schreibens: »Lasst die Handelsgäste zu mir ziehen, und der Weg für sie (sei) rein (frei). Und meine Mannen fahren zu Euch, und der Weg (sei) für sie rein«, darf man vielleicht folgern, dass es dem Fürsten Alexander Glebowitsch nach dem Tode seines Oheims Feodor daran gelegen war, sich mit Riga über gegenseitigen Handelsverkehr zu verständigen und dass es in Folge dessen zu einer Bestätigung der zwei im J. 1229 ausgestellten Vertragsurkunden kam. Man kann also die Erneuerung des Vertrages um das J. 1300 setzen, obgleich Alexander selbst erst i. J. 1313 starb. Noch um 1400 ist in den Verhandlungen Rigas mit dem Könige Witold (s. Russ.-Livl. Urk. p. 97) die Rede von den Briefen von Smolensk und dem alten Recht der russischen Kaufleute, von Gothland nach Lübeck zu segeln (dat die Russen moghen segelen van Gotlande in die Travene). Damals aber war es schon ein feststehender Grundsatz der egoistischen Handelspolitik der Hansa, die Russen vom Activhandel auszuschliessen, was im nordöstlichen Russland keinen starken Unwillen erregte, besonders da die Russen selbst aufgehört hatten, ein Seevolk zu sein.

Hinsichtlich der Orthographie weicht der Text B wesentlich von der des Textes A ab. Nicht nur sind fast alle Punkte über den einzelnen Buchstaben weggelassen, sondern hin und wieder ist auch die Ausdrucksweise verändert. Das Nähere ergiebt sich aus der Vergleichung des ganz genauen Abdrucks des Textes B mit Text A.

Die Reihenfolge der einzelnen Artikel stimmt ganz mit der in Text A, doch ist bei dem Abdruck dasselbe Verfahren wie bei dem Abdruck des Textes A beobachtet worden.

C.

Dieser Text ist eine blosse Copie der gothländischen Redaction auf einem ungewöhnlich langen Pergamentblatte. Er besteht aus 72 Zeilen und ist in Einer Columne geschrieben. Die Schriftzüge stimmen in gewisser Hinsicht zu denen des Textes B, gegen Ende aber ist die Schrift sehr zusammengedrängt, weil es sonst dem Schreiber nicht gelungen wäre, das Ganze auf einer Seite anzubringen. Am Anfange ist ein Christusbild mit einem Evangelium in der Hand ganz roh gezeichnet. Am untern Ende scheinen zwei Einschnitte für die Siegel angebracht zu sein.

Die Orthographie stimmt zu keiner der im Text A und B beobachteten, so dass man aus ihrer Beschaffenheit folgern möchte, dass die Copie später als der Text B angefertigt wurde.

Auf der Rückseite ist in niederdeutscher Sprache geschrieben: »Dit is en vtbescryfft der breue van Smollesche«. Ein späterer Archivar hat bemerkt: »Copey || Des Smolensker Recht || vnnd vertrages, mitt der || Stadt Riga vnnd Gott||landt vffgericht A° 1228«. In neuerer Zeit ist noch hinzugeschrieben: »Ruthenica || Fasc. 1. Ca 1«.

D.

Die hier zu besprechende Urkunde enthält den Text der sog. rigaischen Redaction, der auf ein grosses Pergamentblatt in zwei Columnen geschrieben worden ist. Die erste Columne enthält

70 Zeilen (bis § 14), die 2. geht von Zeile 71 bis Zeile 151 (oder von § 14 bis § Schluss *d*) und die letzten 7 Zeilen (152—158) wurden aus Mangel an Raum auf die Rückseite des Blattes geschrieben. Der Text selbst beginnt auf der linken Seite mit einem Kreuze. Die ersten drei Zeilen sind mit Ausnahme der drei letzten Buchstaben (ъко) mit unverwüstlichem Zinnober ausgemahlt, ebenso der Buchstabe A, mit welchem die Ueberschrift der eigentlichen Prawda beginnt, und dann die zur Verzierung dienenden Zeichen am Schlusse des Zeugenverzeichnisses. Die Urkunde selbst hat ein gewisses calligraphisches Aussehen. Die einzelnen Zeilen sind auf Linien aufgetragen.

In dem Mittelbruche des Blattes ist ein Silberblechsiegel — das zweite ist abgerissen — angebracht, auf dessen beiden Seiten man je einen Heiligen stehend erblickt. Zu beiden Seiten derselben sind einige Buchstaben eingravirt, aus denen sich Nichts mit Sicherheit entziffern lässt.

Hinsichtlich der Orthographie und stilistischen Fassung weicht die rigaische Redaction in vielfacher Hinsicht von der gothländischen ab. Einzelne Wörter sind hie und da ausgelassen, wie namentlich die Verbindungspartikel и zwischen «Рига» und «Готскій берегъ». Andere Stellen des Textes der gothländischen Redaction sind stilistisch verbessert. Der § 26 fehlt ganz, aber jedenfalls nur in Folge der Nachlässigkeit des Copisten, was sich daraus erklärt, dass § 25 gerade so endigt, wie § 26. Dagegen findet sich am Schlusse (Zeile 159—165) ein Zusatz, wo von den Tataren die Rede ist. Uebrigens ist dieser Zusatz von einer andern Hand, wohl erst in der 2. Hälfte des 13. Jahrhunderts, oder noch etwas später geschrieben. In der um 1300 abgefassten Bestätigungsurkunde **B**, so wie in dem in oder für Smolensk geschriebenen Texte **F** fehlt er ebenfalls.

Man hat versucht, die Angabe der rigaischen Redaction über die Ausstellung der Urkunde mit den sonst überlieferten Nachrichten vom Bischofe Nicolai in Uebereinstimmung zu bringen. Im Texte heisst es:

«Und diese Urkunde wurde abgefasst, seit der Kreuzigung waren es 1000 Jahr und 200 Jahr «und 30 Jahre weniger eins (wörtlich: ohne ein Jahr) und bei (unter, zur Zeit) dem Bischofe von «Riga Nicolai und dem Popen Johann, dem Meister Folkun...»

Engelmann und Bonnell haben am angeführten Orte (s. oben p. 407; vgl. Russ.-Livl. Urk. p. 6) sich dahin entschieden, dass die neue Redaction noch im Januarjahr 1229 ausgestellt worden sei. Was ist aber unter dem Jahre der *Kreuzigung* zu verstehen? Hat sich der russische Uebersetzer kein Versehen zu Schulden kommen lassen, so dürfte man an den freilich in den Ostseeprovinzen nicht gewöhnlichen Gebrauch eines Osterjahres denken und das Osterjahr 1229 würde, da Ostern im J. 1229 am 15. April und im J. 1230 am 7. April gefeiert wurde, so ziemlich mit dem Marienjahr 1229 zusammenfallen. Vielleicht aber hat sich der russische Uebersetzer geirrt, da die niederdeutschen Wortformen für *Christi* Geburt und *Kreuz* eine gewisse Aehnlichkeit haben. Vergleicht man die hinsichtlich der chronologischen Ausdrucksweise ziemlich unter einander übereinstimmenden Texte **A** und **D** mit einander und namentlich die Angabe im Text **A**: *es waren verflossen bis zu diesem Jahre* mit den Worten im Text **D**: *es waren*..., so scheint es, als wenn auch bei der Abfassung der rigaischen Redaction 1229 Jahre bereits als verflossen gedacht wurden und die Urkunde also im (laufenden) Jahre 1230 geschrieben wurde. Damit sind wir aber der Zeit etwas näher gerückt, wo auf die Vorstellung des Legaten Otto der Domherr Nicolaus von Magdeburg vom Pabste Gregor IX. als designirter Bischof von Riga am 8. April 1231 bestätigt wurde. Ob Nicolaus seine Pontificatsjahre von diesem Tage an, wie er dies wahrscheinlich in der Urkunde vom 9. Aug. 1231 thut, oder von einem etwas früheren Datum an zählte, wirft auf die Aechtheit der russischen Urkunde keinen Schatten. Offenbar wurde Nicolaus nicht lange nach dem Tode Albert's († 17. Jan. 1229) vom rigaischen Domcapitel zum Bischof designirt, so dass er während des Streites zwischen den Capiteln von Riga und Bremen als Suffraganbischoff zu betrachten sein dürfte.

Auf der Rückseite der Urkunde stehen einige archivalische Notizen, die indessen keinen sichern Aufschluss über dessen Abfassungszeit geben. Mit älterer deutscher Schrift wurde zuerst geschrieben: «Smolensko». Im 16. oder 17. Jahrhundert wurde bemerkt: «Smolensker Recht || vnnd vertragk || mitt der Stadt Rii||ga vnnd Gott„landt vffgericht || A° 1229». Aus noch jüngerer Zeit stammt: «Schmolensker Recht und Vertrag || der Stadt Riga, aufgerichtet A° 1229 || № 17. Caps: a archivi secret.»

Die erste Kunde über das Vorhandensein der Urkunde des Textes **D** erlangte man durch P. Köppen (Списокъ Русскимъ памятникамъ. Москва 1822, p. 51—54), welcher im J. 1821 sich davon ein Facsimile auf Glaspapier gemacht hatte, das jetzt im Besitz der 2. Abtheilung der Kaiserlichen Academie der Wissenschaften ist. Ein zweites Facsimile besitzt (aus dem Jakowlew'schen Nachlasse) die archäographische Commission. Die in der Urkunde vorkommenden Schriftzeichen machte Köppen i. J. 1848 in alphabetischer Ordnung in der lithographirten Beilage zu seinen «Erläuterungen der paläographischen Tabelle...» bekannt. S. Bulletin de la Classe historico-philologique, Tome V, p. 38.

Zum ersten Mal wurde der Text **D** von Tobien (die ältesten Tractate Russlands. Dorpat 1844, p. 55 u. flgd. Text II.) mit Beibehaltung der Interpunction des Originals herausgegeben. Seiner Ausgabe fügte Tobien ein Facsimile bei, welches die ersten $4^1/_2$ und die letzten drei Zeilen nebst dem späteren Zusatze und der Abbildung des Siegels wiedergiebt. Nach dieser Ausgabe, in welcher auch die Artikel durch § von einander gesondert wurden, wurde der Text von Bunge (Livl. Urkundenbuch. Reval 1853. Theil I. p. 119, Text I) und von J. Lasarewski und Utin (Собраніе памятниковъ по исторіи древняго Русскаго права. СПб. 1859, p. 17, Text II) wiederholt. Hier ist der Text aufs Neue nach dem Original abgedruckt, mit Beibehaltung der Paragrapheneintheilung Tobien's und mit Veränderung der alten Interpunction.

E.

Diese ebenfalls im rigaischen Archiv aufbewahrte Handschrift auf Pergament wurde auf der Rückseite von einem alten Archivar folgendermaassen bezeichnet: «Copey des || Smolensker Rechts || vnnd vertrags mitt || der Stadt Riga vnd || Gottlandt vffgericht || A° 1229». In neuerer Zeit hat man noch hinzugesetzt: «Ruthenica. || Fasc. 1. C. 1».

Diese bis jetzt unbenutzt gebliebene Handschrift wurde gewiss nicht zu dem Zwecke einer blossen Copie angefertigt. Wie MS. **D**, so ist auch hier das Pergament liniirt und die ersten zwei Zeilen sind ganz und die dritte grösstentheils (bis zu den Buchstaben иза) mit glänzendem Zinnober ausgemalt. Auch der erste Buchstabe in der Ueberschrift der Prawda (А се поминокъ), so wie die am Schluss (vor dem Zusatz über die Tataren) sich findenden Verzierungen sind mit Zinnober ausgemalt.

Das Ganze ist sehr sauber in zwei Columnen — die erste schliesst mit Zeile 89 oder § 22 und die zweite geht von Zeile 90 (§ 22) bis Zeile 141 — mit Buchstaben geschrieben, die zwischen sog. Gross- und Klein-Fractur stehen. Von einer andern Hand ist der Zusatz über die Tataren (Z. 142—146) geschrieben. Text **D** kann dem Schreiber nicht als Original vorgelegen haben, da im Text **E** sich der in jenem Text fehlende § 26 so findet, wie er in allen übrigen Handschriften steht. Von Siegeleinschnitten ist zwar eine Spur zu bemerken, doch ist nie ein Siegel angehängt gewesen.

F.

Die historische Gesellschaft zu Moskau besass einen auf Pergament geschriebenen, jetzt im Archiv des Ministeriums der auswärtigen Angelegenheiten aufbewahrten Сборникъ (Sammelwerk), der etwa gegen Ende des 13. Jahrhunderts geschrieben wurde und unter andern altrussischen Rechtsdenkmälern auf S. 97 bis 117 eine Abschrift des Vertrages enthält. Sie stammt von einem Exemplar der rigaischen Redaction ab, wurde aber wahrscheinlich von dem in Smolensk aufbewahrten Exemplare derselben abgeschrieben, enthält jedoch einige Lücken und verschiedene Fehler. Punkt *c* und *d* von § 12 sind durch Nachlässigkeit des Schreibers ausgelassen worden, der die gleichlautenden Punkte *b* und *e* mit einander verwechselte. Auch fehlt § 13 und 14, was sich auch nur daraus erklären lässt, dass der Schreiber durch den gleichlautenden Schluss von § 12 und 14 irregeführt mehrere Zeilen übersprang. Der Zusatz über die Tataren fehlt. Dagegen findet sich im Eingange der Urkunde zwischen den Zeilen ... временемъ будущимъ und ... къ кому ся ein Zusatz eingeschoben, der in die Urkunde selbst nicht gehört. Den Ursprung dieses Zusatzes hat Dubenski (in s. Ausg. pag. 246, Note *i*) zu erklären versucht.

Herausgegeben wurde diese Handschrift auf Verfügung der historischen Gesellschaft von D. Dubenski (Русскія Достопамятности, издаваемыя И. Обществомъ Исторіи и Древностей Россійскихъ. Часть II., M. 1843, стр. 245—286; 314) mit verschiedenen Varianten und einigen Erläuterungen. Die Schreibweise und die Interpunctionszeichen der Originalhandschrift sind beibehalten; doch ist das kirchenslawische ѧ beständig durch я etc. wiedergegeben. Der Fleiss, den Dubenski auf seine Ausgabe verwandt hat, verdient alle Anerkennung, indessen war es vergebene Mühe, so verschiedenartige Redactionen eines und desselben Textes durch blosse Varianten unterhalb desselben anschaulich zu machen. Auch wird bei ihm wie bei Tobien die Benutzung der Varianten sehr erschwert, weil dieselben in fortlaufender Zeile und nicht in Spalten gedruckt sind.

Bei dem folgenden Abdruck ist der Text ebenfalls in §§ zerlegt worden und die durch die Nachlässigkeit des Schreibers entstandenen Lücken sind, wie bei den andern Texten, durch Punkte ausgefüllt worden. Nur auf eine Eigenthümlichkeit in der Rechtschreibung des Textes F muss hier besonders aufmerksam gemacht werden. Wie in andern Manuscripten des 14. Jahrhunderts, so wird auch in dem Texte F bisweilen eine besondere Form des kirchenslawischen Form є, die nach oben zu etwas geschwänzt ist, gebraucht. Offenbar wollten die damaligen Schriftgelehrten dadurch anzeigen, dass das geschwänzte є nicht wie ein einfaches, sondern wie ein sogenanntes jotirtes — ѥ — zu lesen wäre. Deshalb ist auch in der Einleitung Artik. *c* (роздобын), ferner in § 4 (ѥго), 9 (ѥго), 11 (своѥя), 15 (бываѥть) etc. dasselbe durch ѥ wiedergegeben worden.

G.

Durch das Erscheinen des Vertrags (im J. 1819) in der Sammlung der Staatsverträge sah sich auch Karamsin veranlasst, in der zweiten Ausgabe seiner Geschichte (Томъ III, M. 1818, прим. 248) den Text des Vertrages nach einer Pergamenthandschrift abzudrucken, die er in der i. J. 1812 grössentheils verbrannten Bibliothek des Grafen Alex. Iwan. Mussin-Puschkin entdeckt hatte. Leider sagt Karamsin nicht, ob der von ihm veröffentlichte Text auf einem einzelnen Pergamentblatte geschrieben oder einem andern Manuscript entlehnt war. Jedenfalls steht fest, dass Text **F** und **G** in einem näheren Verwandtschaftsverhältniss stehen, sei es dass sie von einem und demselben früher in Smolensk aufbewahrten Exemplare copirt wurden oder dass Karamsin, was sehr wahrscheinlich ist, denselben Codex vor sich hatte, welcher durch Kalaidowitsch an die historische Gesellschaft kam und bei dem Druck unsrer Ausgabe des Textes **F** benutzt wurde.

Für die Identität der Texte **F** und **G** spricht weniger der Umstand, dass in ihnen die durch die Nachlässigkeit des Schreibers im Text **D** entstandene Lücke nicht existirt, sondern vielmehr die Thatsache, dass in beiden durch das Versehen des Copisten die Punkte *c* und *d* von § 12, so wie § 13 und 14, welche in der rigaischen Redaction erhalten sind, ausgelassen sind. Auch in kleineren Auslassungen oder Zusätzen stimmen die beiden moskauischen Texte überein. Gegen die Identität der Texte **F** u. **G** scheint auf den ersten Blick zu sprechen, dass in dem von Karamsin gedruckten Texte die Eingangsworte fehlen, allein es wäre doch denkbar, dass Karamsin diese absichtlich weggelassen hat. Die Eingangsworte sind nämlich in sämmtlichen sechs Texten fast unverständlich und Karamsin liess vielleicht aus diesem Grunde dieselben weg, eben so wie er mit richtigem Tacte erkannt zu haben scheint, dass das von Dubenski noch abgedruckte Einschiebsel (s. oben unter **F**) nur durch ein reines Missverständniss des Copisten eingeschwärzt worden ist. Lehrberg (Untersuchungen, 1816, p. 263, Anm. 1; russ. Uebers. стр. 215) hatte indessen schon erkannt, dass den russischen Eingangsworten eine Phrase zu Grunde liegt, wie etwa die häufig vorkommende: «Quum ea, quae fiunt in tempore, labuntur in tempore». Später verwies Tobien (p. 30) noch auf andere in lateinischen Urkunden vorkommende Phrasen, wie: «Si quid memorabile temporaliter agitur, ad successive posteritatis memoriam scriptorum testimonio transferatur». Wie die Eingangsworte im niederdeutschen Original gelautet haben mögen, bleibe hier unerörtert, doch sei noch auf eine für die lübecker Kaufleute von der Stadt Riga ausgestellte Urkunde vom J. 1231 (Bunge I, p. 146) hingewiesen, weil sie derselben Zeit, wie der Vertrag von 1229 angehört und in ihr ein Zeuge »Fredericus de Lubeke« erwähnt wird, der auch in dem Vertrage vorkommt. Jene Urkunde beginnt mit den Worten: Universis Christi fidelibus, presentem paginam inspecturis, consules et cives rigenses perpetua pace gaudere. Quoniam ea, que aguntur in tempore, labuntur cum tempore et, nisi scriptis et testimonio roborentur, memoriis hominum facillime excidunt et mutantur: unde notum esse uolimus presentibus et futuris, quod nos etc.

Gewiss darf man Karamsin's Angabe, dass er den Text wörtlich (отъ слова до слова) habe abdrucken lassen, nicht gar zu genau nehmen, besonders da er auch die in andern Handschriften vorkommenden Abkürzungen (титлы) aufgelöst und die Rechtschreibung modernisirt hat.

Karamsins Abdruck ist nach der 2. Ausgabe seines Geschichtswerkes zuletzt in der compacten Ausgabe von Einerling (Томъ III, СПб. 1842. Прим. 248, стр. 100—103) wiederholt worden. Obgleich die Uebersetzer von Karamsin die von ihm seiner Arbeit beigegebenen reichhaltigen und werthvollen Noten über alle Gebühr verkürzt haben, so haben sie doch sämmtlich den Vertrag von 1229 mehr oder minder gut so übersetzt, wie sie ihn vorfanden. Zuerst erschien die französische (Histoire de l'Empire de Russie, par M. Karamsin; traduite par MM. St.-Thomas et Jauffret. Tome troisième. Paris 1819, Note 24, p. 378—385), dann die italienische (Istoria dell' Impero di Russia del Consigliere Karamsin. Traduzione di G. Moschini. Vol. III. Venezia 1821, Note 24, p. 367—374), die deutsche (Geschichte des russischen Reiches. Nach der zweiten Original-Ausgabe übersetzt von Fr. v. Hauenschild. Dritter Band. Riga 1823, Anm. 119, p. 304—309), die polnische (Historya państwa Rossyjskiego M. Karamzina. Przełożona na język polski przez G. Buczyńskiego. Tom III. Warszawa 1825. Note 248, p. 125—129) und endlich die griechische Uebersetzung (N. Καραμζινου ἱστορια της αὐτοκρατοριας της Ῥωσσιας, ἐξελληνισθεισα ἐκ του Γαλλικου, παραβληθεντος προς το Ῥωσσικον πρωτοτυπον, ὑπο Κ. Κροκιδα. Τομος τριτος. Ἀθηνησι, 1857, σημ. 24, p. 287—291). — In Betreff sämmtlicher Uebersetzungen des Karamsin'schen Textes des Vortrages dürfte die Bemerkung nicht überflüssig sein, dass die Uebersetzer die im Originaltexte vorkommenden Ausdrucke für Münzen und Werthzeichen überhaupt fast durchgängig missverstanden haben. Neuere Forschungen haben dargethan, dass Benennungen, die ursprünglich Ledergeld oder Felle als Werthzeichen bezeichneten, schon vor dem 13. Jahrhundert im Sinne von Geld überhaupt, ferner von gegossenen, ein bestimmtes Gewicht habenden Silberstangen und endlich von Rechnungsmünzen gebraucht wurden. Für die Auffassung der Pluralform »куны« (vom Sing.: kuna = Marder) als »Geld« spricht auch die Glosse пѣнязи (Text D und E, § 1), welche lautlich und begrifflich ganz den noch üblichen polnischen und böhmischen Ausdrücken pieniądze und peníze (= Geld) entspricht.

In der vorliegenden Ausgabe ist (p. 444) Karamsin's Text genau nach dem Abdruck von 1819 wiederholt worden, doch sind die von ihm in Parenthesen angebrachten Conjecturen und Erklärungen der Deutlichkeit halber mit Cursivschrift gedruckt worden. Die ohne Zweifel von Karamsin selbst herrührende Paragraphenbezeichnung ist beibehalten worden, jedoch sind die Zahlenüberschriften des vollständigen Textes des Vertrages da, wo Abweichungen vorkommen, cursiv gedruckt worden. Die Lücken sind durch Punkte ausgefüllt.

Da zur Veranschaulichung des innigen Zusammenhanges, der zwischen dem Vertrage von Mstislaw II. Dawydowitsch und dem Vertrage eines Sohnes von Mstislaw I. Romanowitsch besteht, eine Geschlechtstafel der Rostislawitschen unumgänglich ist, so wird eine solche in revidirter und erweiterter Gestalt hier beigelegt. Diejenigen, welche mit den von П. Строевъ ausgearbeiteten genealogischen Tabellen zu Karamsin's Geschichte (Росписъ IX), so wie mit der Родословная Картина Русскихъ Царей и Князей Рюрикова рода (als Beilage zu dem Werke: Исторія древнаго Галичско-Русскаго Княжества. Сочиненіе Дениса Зубрицкаго. Львовъ 1852—1855), dem 6. Bande der Изслѣдованія М. Погодина, (Москва 1855, pag. XLVII), der Исторія Россіи С. Соловьева (Томъ II, № 4a; Томъ III, № 3, 1) und den Quellen vertraut sind, werden zugeben, dass eine neue Untersuchung der genealogischen Verhältnisse der Rostislawitschen nicht überflüssig war. Leider sind aber bei der Dürftigkeit der Quellen zur Geschichte des Fürstenthums Smolensk während des 13. Jahrhunderts manche genealogische Beziehungen des rostislawischen Fürstenstammes nach wie vor dunkel und ungewiss geblieben. Die Fürsten, welche auf Iwan Alexandrowitsch († 1359) folgten, sind auf der Tabelle übergangen, weil ihre genealogischen Beziehungen zu den lithauischen Fürsten noch nicht hinlänglich aufgehellt sind.

GESCHLECHTSTAFEL DES FÜRSTENHAUSES DER ROSTISLAWITSCHEN

IN SMOLENSK, TOROPEZ, PSKOW UND NOWGOROD.

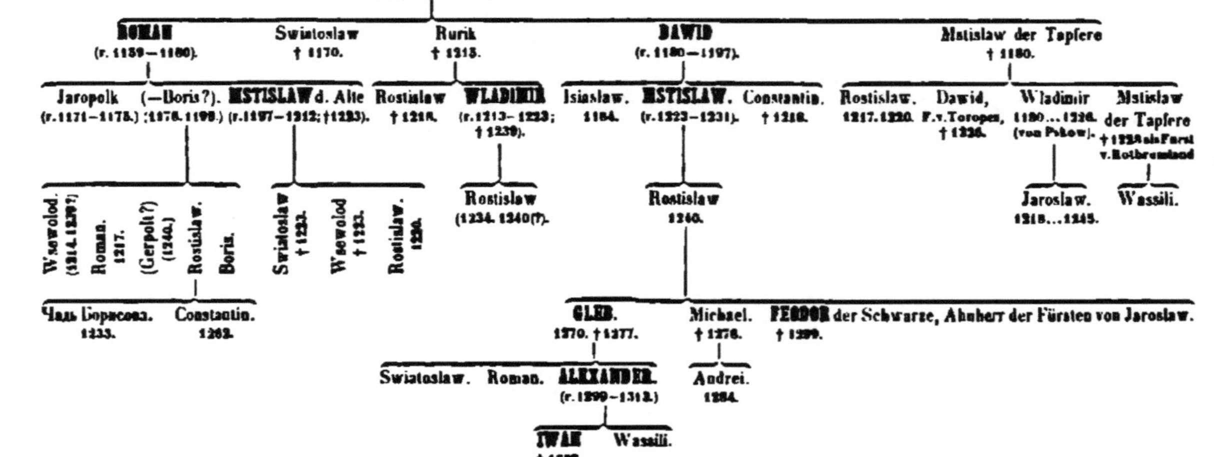

A.

a) Что са дѣетѣ по времьнемь, то ѿиде то по вѣрьмьнемь; приказано боудѣте добрыимъ людѣмъ, а любо грамо||тою оутвѣрдать, како то боудѣте всемъ вѣдомъ, или кто посль живый шстанѣтьса.

b) Того лѣ, коли Алъ||брахтъ, влдка Ризкий, оумьрлъ, Ѹздоумалъ князѣ Смольнескъій Мьстиславъ, Дѣдѣвъ сйнъ, прислалъ въ Риг||оу своего лоучьшего попа Ерьмея ѝ съ нимь оумьна моужа Пантелья и своего горда Смольнеска: та|| два была послъмь оу Ризѣ, из Ригы ехали на Гочкый берьго, тамо твердити миръ.

c) Оутвьрдили миръ,|| чтобыль не мирно промьжю Смольньска ѝ Ригы, ѝ Готскымь берьгомь всемъ коупчемъ.

d) Про сей миръ|| троудилиса дьбрий людие: Ролфо ис Кашела, Би дворанинъ, Тоумаше Смолнанинъ, ажбы миро былъ ѝ|| дъ вѣка; оурадили пакъ миръ, како бы любо Рѹси ѝ всѣмоу Латинескомоу языкоу, кто то оу Роусе гостить.||

e) На томь мироу, ажбы миръ твьрдъ былъ, тако былъ князю

B.

Се азъ князь Смоленьскии Александръ доканчалъ есмь с Немьци || по давному доканчанью, како то доканчали штци наши, дѣди наши. || На тоже грамотѣ цѣловалъ есмь креста, а се моя печать.

—

a) Что дѣеть по временомъ, то ѿиде по временомъ; при|казано боудеть добрыимъ людемъ, а любо грамо||тою оутвердать, како боудеть всѣмъ вѣдомо, или кто|| послѣ живыи шстанеть.

b) Того лѣ, коли Альбрахтъ, [в]лка Рижьскии, оумерлъ, съдумавъ князь Смоленьсьскии Мьстиславъ, Дѣдѣвъ сйнъ, и присла в Ригоу своего лоу||чьшего попа Еремѣа и с нимь оумна моужа Пантѣлѣа [.. своего города Смоленьска: та два была послом в Ризѣ, и з Риги ехали на Готьскии берегъ, тамо твердити миръ.

c) Оу||твердили миръ, што было не мирно промежи Смоленьска и [Риги, и Готьскимь берегомь всѣмъ коупцемъ.

d) Про сеи ми||ръ троудилиса добрии людьи: Ролъфъ ис Кашела, Бин|| дворанинъ, Тоумашь Смольнянинъ, ажьбы миръ былъ|| и до вѣка; и оурадили пакъ миръ, како было Роусьи любо и|| всемоу Латиньскомоу языкоу, кто в Роусь гостить.

e) На т||мь мироу, ажьбы тверд миръ былъ, тако было

C.

a) Что са деетъ по веременемь, то ѿидеть по веременемь; приказано будеть добрыимъ людѣмъ, а любо грамотою оутвьрдать, како то буде||ть всемъ водомо, или кто после живыи шстанеться.

b) Того лѣ, коли Альбрахтъ, влдка Рижьскии оумерлъ, оуздумалъ князь См||леньскыи Мстиславъ, Дѣдѣвъ сйнъ, прислалъ оу Ригу своего луцшего попа Еремьа и с нимь оумна мужа Пантелѣа из|| своего города Смольньска: та два была посломъ оу Ризѣ, из Ригы ехали на Гочкыи берегъ, тамо твьрдити миръ.

c) Оутвьрдили|| миръ, что было не мирно промежю Смольньска и Ригы, и Готскымь берегомь всем купцемъ.

d) Про сеи миръ троудилиса добрии|| людие: Ролфъ ис Кашла, Бин дворанинъ, Тумашь Смолнянинъ, ажебы миръ былъ и до века; оурадили пакъ миръ, как|| было Руси и любо и всему Латиньскому языку, кто оу Русь гостить.

e) На томь миру, ажбы твьрдъ былъ миръ, тако было кн||зю

D.	E.	F.
a) † Что са въ которое вѣрема начнеть дѣıати, то оутвьржаютъ‖ грамотою; а бъıша са не забъıли, познаите, не памать де‖ржите нъıнѣшнии и по сѣмь веремени боудоучи, къ ко‖моу си грамота придеть.	*a*) † Что са въ которок вѣрѣма начнеть дѣıати, то оутвьрживають гра‖мотою; а бъıша са не забъıли, познаите, и на памать дьржите нъı‖нѣшнии и по семь врѣмѣни боудоучи, къ комоу си гра‖мота придеть.	*a*) А что са вре начне ‖ дѣıати, то оутвержаваите ‖ грамою, да бъıша са не за‖бъıвалй, познаите и пома‖держите нъıнѣшнии и по ‖ семь времени будущии, ‖ къ кому си грамота придеть. ‖
b) Того лѣта, коли епп Альбрахтъ Ри‖жьскъıи мьртвъ, кназь Мьстиславъ Давдвчь послалъ свое моу‖же Геремеа попа, Пантелеа сотьского, ѿ Смолнанъ въ Ригоу, ‖ а из Ригъı на Готьскъıи берегъ, оутвьрживати миръ.	*b*) Того лѣта, коли кппъ Альбрахтъ Рижьскъıи мьртвъ ‖. кназь Мьстиславъ Давдвчь послалъ свок моуже Геремѣа попа, Па‖нтѣлѣа сътьского, ѿ Смолнанъ въ Ригоу, а из Ригъı на Готьскъıи бе‖регъ, оутвьржиаати миръ.	*b*) Того лѣта, коли пп Альбра‖хтъ Рижьскъıи мр҃твъ, кнзь ‖ Мьстиславъ Давдвиць посла‖лъ свои мужй Іеремѣя попа, ‖ Пантелѣа сотьского, ѿ Смо‖лнанъ в Ригу, а из Ригъı на ‖ Готьскъıй берегъ, оутвержі‖вати миръ.
c) Розлю‖бье на. сторонoу: ѿвѣречи, которое бъıло межю Немця и Смолна‖нъı.	*c*) Розлюбик на сторонoу ѿвѣрѣчи, кото‖рок бъıло мѣжи Немця и Смолнанъı.	*c*) А розлюбьк на сто‖рону ѿверечй, которок бъıло ‖ межи Нѣмцй и Смолнанъı. ‖
d) А за тотъ миръ страдалъ Роулфъ ис Кашла и Тоумашь Ми‖халевичь, абъı добросердье межю ихъ бъıло, абъı Роусьскъıмъ ‖ коупцомъ въ Ризѣ и на Готьскомь березѣ, а Немецьскъıмъ ‖ коупцомъ въ Смоленьскои волости любо бъıло, како миръ оу‖тверьжонъ и добросердье.	*d*) А за тотъ миръ страдалъ: Роу‖лъфъ ис Кашла и Тоумашь Михалѣвичь, абъı добросьрдик мѣжи‖ихъ бъıло, абъı Роусьскъıмъ коупьцемъ въ Ризѣ и на Готьскомь березѣ ‖, а Нѣмѣцьскъıмъ коупцемъ въ Смоленьскои волости любо бъıло, како ‖ миръ оутвьрженъ и добросьрдии.	*d*) А за тотъ миръ стралъ: Рулфъ ‖ ис Кашла й Тумашь Миха‖иловн, абъı добросердьк ме ‖ ихъ бъıло, абъı Рускъıмъ ‖ купцемь в Ризѣ и на Готь‖скомъ березѣ, а Нѣмѣчкъı ‖ купцемь въ Смоленьском во‖лости любо бъıло, какъ миръ ‖ оутверженъ и добросердьк. ‖
e) Абъı въ вѣкъı стояло и кназю любо ‖ бъı и всѣмъ Смол-	*e*) Абъı въ вѣкъı стояло и кназю любо ‖ бъı и всѣмъ Смол-	*e*) Абъı въ вѣкъı стояло и кнзю ‖ любо бъı и всѣмъ Смол-

A.	B.	C.
любо и Рижанъмъ всемъ и всемоу Латинеско‖моу азыкоу и всемь темь, кто то на Оустоко мора ходить, ажбы нальзлъ правдоу, то написати, како то де‖ржати Роуси съ Латинескъıмь азыкомѣ, и Латинескомоу азыкоу съ Роусию то держати, ажбыхъмъ‖что тако оучинили. Того Бг҃ не дай, ажбы промьжю нами бои быль, а любо члв҃ка оубиють до смр҃ти, како‖члв҃ка, то Ѡплатити, ажбы миръ не рьздроушенъ быль : такъ платити, како то бы ѡбоимъ любо былъ.	кназю‖любо и Рижанамъ всѣмъ и всемоу Латиньскомоу азыку‖и всѣмъ тѣмъ, кто то на Въстокъ мора ходить, ажебы на‖лѣзли правдоу, то написати то написати, како то дерьжати‖Роусьи с Латиньскимь азыкомь правдоу, а Латиньскомоу‖азыкоу съ Роусью дерьжати правдоу, ажьбыхомъ то та‖ко оучинили. То Богови любо, а неправду дѣюче промежи то‖го бои бываеть и члв҃ка оубьють до смерти, како того чло‖вѣка Ѡплатити, ажьбы миръ не разроушенъ былъ: то та‖ко платити, како то ѡбоимъ любо было.	любо и Рижаномъ всемъ и всему Латинскому азыку и всемъ темъ, кто на Оустокъ мора ходить, ажбыналезлъ праеду то написати‖, како то держати Руси со Латинскъıмь азыкомь, и Латинскому азыку со Русию то держати, ажбыхомъ что тако оучинили. Тог‖Бгъ не дай, ажбы промежи нами бои былъ, а любо члвка оубиють до смрти, како члвка, то Ѡплатити, ажбы миръ не розрушенъ былъ‖: тако плати, како то бы ѡбоимъ любо было.
Здѣ починаеться Правда:	Здѣ починаетьс‖Правда:	Здо починается Правда:
1.	1.	1.
a) Аже боудѣть свободѣныи члвкъ оубитъ, ї. гривенъ серебра за голъвоу.	*a*) Аже боудеть свободьныи члвкъ оубитъ, ї. гри се‖ребра за головоу.	*a*) Аже будеть свободныи члвкъ оубитъ, ї. гривенъ серебра за голо‖.
b) Аже‖боудѣте холъпъ оубитъ, а҃. гривна серьбра заплатити : оу Смольнѣскь.	*b*) Аже боудеть холопъ оубитъ, ѡдина гри сере‖бра заплатити и въ Смоленьсцѣ.	*b*) Аже будеть котолъ погубити, а҃. гривна с..ебра платити оу Смоленске.
c) Тако платити и оу Ризе и на Го‖тскомь берьзѣ.	*c*) Тако платити и в Ризѣ и на Го‖тьскомь березѣ.	*c*) Тако платити и оу Ризѣ и на Гоцкомъ березѣ.
2.	2.	2.
Ѡко, роука, нъга, или инъ что любо, по пати гривьнъ серьбра Ѡ всакого платити :‖ за ѡкъ г҃. серьбра, за роукоу г҃. серьбра, за нъгоу г҃. серьбра, и за всакый соуставъ пать гривьнъ серебра:‖за зоубъ г҃. гривенъ серебра: и Смольньскъ и оу Ризѣ и на Гочкомь березѣ.	А за ѡко г҃. серебра, за рукоу г҃. серебра, за но‖гоу г҃. серебра, за всакии ставъ по г҃. серебра; а за зоубъ г҃. гри‖серебра: то правда есть межи насъ с вами.	Око, руна, нога‖, или що что любо, по пати гривенъ серебра Ѡ всакого платити: за ѡко г҃. серебра, за руку г҃. серебр., за ногу г҃. серебра, и за всакыи суста г҃. себр;‖за зубъ г҃. серебра: и Смоленске и оу Ризѣ и на Гочкомь березѣ.

D.

нaномъ и Рижаномъ и всемъ Немцомъ || по Въсточноиоу морю ходащимъ, оже такоую правдоу на||сали, которою правдою быти Роусиноу въ Ризѣ и на Готьско||мь береѕе, тоюже правдою Немцомъ въ Смоленьскѣ, абыша са || той правде дьржали въ въ вѣкы. Б҃ъ того не дай, оже розбои.. гре||хомь пригодить-са межи Немци и мѣжи Роуси, что за что || платити, абы миръ неразроушонъ, абы Роусиноу и Немчи||чю любо было.

А се починокъ Правдѣ:

1.

a) Оже бьють волного ч҃лвка, || платити за головоу і҃. гривенъ серебра, а за гривноу серебра по д҃. || гривны коунами, или пенази.

b) А за холопа гривна серебра.

c) Аже || кто холопа оударить, то гривна коунъ.

d) Тажо правда боуди.. Смо-|| леньскѣ, и въ Ризѣ, на Готьскомь березѣ.

2.

a) Аще око выбьють, или || роукоу ѿтноуть, или ногоу, или иная хромота которая на те||лѣ.., г҃. грвнъ серебра, а за зоубъ в҃ грвны серебра.

b) Тажо правда боуди || Смоленьскѣ, въ Ризѣ, на Готьскомь березе.

E.

нaномъ и Рижаномъ и всѣмъ Немцемъ по Въсто||чноиоу морю ходащимъ, аже такоую правдоу написали, которою || правдою быти Роусиноу въ Ризѣ и на Готьскомь березѣ, тоюже пра||вдою Немцемъ въ Смоленьске, абыша са той правдѣ дьржали въ вѣ||кы. Б҃ъ того не дай, оже розбои.. грѣхъмь пригодитьса межи Немци и || межи Роуси, что за что платити, абы миръ неразроушенъ, абы Роу||синоу и Немчичю любо было.

А се починокъ Правдѣ:

1.

a) Ѡжо биють воль||ного ч҃лвка, платитити за головоу і҃. гривенъ серебра, а за гривноу сере||бра по д҃. гривны коунами, или пенази.

b) А за холопа грвна серебра. ||

c) Аже кто холопа оударить, то гривна коунъ.

d) Тажо правда боуди.. Смоленьс||ке, и въ Ризѣ, и на Готьскомь березѣ.

2.

a) Аще бо око выбьють, или роукоу || ѿтноуть, или ногоу, или иная хромота которая на телѣ.., і҃. гривенъ || серебра, а за зоубъ в҃ гривны серебра.

b) Таже правда боуди оу Смоленьске, || и въ Ризѣ, и на Готьскомь березѣ.

F.

нaномъ || и Рижаномъ и всимъ Нѣмче || по Въсточьному морю ходащи||мъ, оже такую правду въписа||лй, которою правдою быти || Русину в Ризѣ и на Готьско || березѣ, ... абыша .. той правды держалѣ и в вѣкы. Б҃ъ того || не дай, оже розбои по грѣхомъ || пригодить мѣжи Нѣмци и Русй, что за что платитй, абы || миръ не раздрушенъ, абы ... Нѣ||мчичю любо былю.

А се почи||нокъ Правдѣ:

1.

a) Ѡже оубьють во||лного ч҃лвка, платити за го||лову і҃. гривне серебра, ... по д҃. гри||вны кунами, или пѣназѣ. ||

b) А за холопа гривна серебра.

c) А||же кто холопа оударить, гри||вна кунъ.

d) Таже правда буді||и въ Смолѣнскѣ, и в Ризѣ, и на || Готьскомъ березѣ.

2.

a) Аще око || выбьють, или руку ѿтътну, || или ногу, или иная котора||а хромота на тѣлѣ явитса, і҃. гривенъ серебра, а за зубъ в҃ || гривны серебра.

b) Таже правда || буди въ Смолѣньскѣ, .. и на Готь||скомъ берегу.

A.

3.

a) Кто бикть дроуга дѣре-въ‖мь, а боудѣте синь, любо кровавъ, полоуторъ гривнъі серебра платити кмоу.

b) По оухоу оударите, г. ‖ четвѣрти серебра.

c) Послоу и пꙋ что оучинать, за двои того оузати, два платежа.

d) Аже кого оурана‖ть, полоуторъ гривнъі серебра, аже боудѣте без вѣка: тако платити оу Смолѣнеске ӥ оу Ризѣ ӥ на Гочкомь берьзѣ.

4.

a) Аже извиниться Роусинъ оу Ризе, или на Гочкъмь береже, оу дъібоу кго не сажати: ‖

b) Аже извиниться Латининъ оу Смольнѣскѣ, не мьтати кго оу погрѣбъ; аже не боудѣтѣ порукъі, ‖ то оу жельза оусадить.

5.

a) Аже Латининъ дасть Роусиноу товаръ свой оу дълго оу Смольнске, заплати‖ти Немчиноу пьрвѣк, хота бъі йнъмоу койоу виноватъ бъілъ Русиноу.

b) Тако оузати Роусиоу оу‖ Ризѣ ӥ на Готскомь березѣ.

6.

a) Аже розгнѣвакться кназѣ на свокго члвка, а боудѣте ви-

B.

3.

a) Кто боудеть ‖ дроуга билъ деревомь, а боудуть сини ранъі, или кръ‖вь, полоуторъі гри серебра платити кмоу.

b) А по оухоу оу‖дарить, г. четверти серебра.

c) А послоу и попоу что оучинаа‖ть, за двои того взати, два платежа.

d) Аже кого оура‖нать, полоуторъі гри серебра, аже боудеть без вѣка: ‖ тако платити и въ Смолеснѣ и в Ризѣ и на Готьском б‖резѣ.

4.

a) Аже извинить Роусинъ в Ризѣ, или на Готьском ‖ березѣ, въ дъібоу кго не сажати.

b) Аже извинить Латини‖нъ въ Смоленьснѣ не метати кго въ погребъ; аже не боуде‖ть пороуки, всадити кго въ желѣза.

5.

a) Аже Латининъ да‖сть Роусиноу товаръ свои въ долъгъ оу Смолесцѣ, запла‖тити Нѣмьчиноу первок, хота бъі иномоу виноватъ ‖ бълъ Роусиноу.

b) Тако взати Роусиноу в Ризѣ и на Готь‖ском береге.

6.

a) Аже розъгнѣвакть кназь на свокго чело‖вѣка, а бодеть

C.

3.

a) Кто биеть друга деревомь, а будеть синь, любо кровавъ, полъторъі серебра плати ‖ ему.

b) По оуху оударить, г. чтвьрти серебра.

c) Послу и попу что оупинать, за двое того оузати, два платежа.

d) Аже кого оурапать, полъторъі гривнъі ‖ серебра, аже будеть без века: то платити оу Ризѣ и оу Смоленске и на Гочкомь березе.

4.

a) Аже извинитса Русинъ оу Ризѣ, или на Гочкомь ‖ березе, оу дъібу его не сажати.

b) Аже извинитса Латининъ оу Смоленске, не метати его оу погребъ; аже не будеть порукъі, то оу зельза ‖ оусадите.

5.

a) Аже Латининъ дасть Русину оу долоґъ товаръ свои оу Смоленске, заплатити Немчину первое, хота бъі иному кому ‖ виноватъ бълъ Русину.

b) Тако оузати Русину оу Ризе и на Гоцкомь березе.

6.

a) Аже розгнѣваетса кназь на своего члвка, а будеть вино‖-

D.

3.

a) Аще кто деревомь оу|дарить члвка до кръви, полоуторъ грвны серебра.

b) Аще оудари|ть по лицю, или за волосъ иметь, или батогомь шибеть, плати|ти безъ четвьрти грвна серебрв.

c) Аще послови пригодиться па|костъ или попови въсакои обиде, за два члвка платити|за нь.

d) Аще кто дроуга ранить, а хромотъ на теле не боудеть,|полоуторъ грвнъ серебра платити.

4.

a) Аще Роусьскъıи гость .. въ| Ризе, или на Готьскомь березе изманится, никакоже его въ|садити въ дыбоу. Оже боудеть пороука по нь, то дати на пороукоу;| не боудетли пороукы, то лзе и въ железа въсадити.

b) Или Немечь|скъıи гость изманится Смоленьске, не лзе его въвеpечи въ|погребъ; оже не боудеть по нь пороукы, лзе его въ железа въса|дити.

5.

a) Оже Немецьскъıи гость дасть свои товаръ въ долгъ| Смоленьскѣ, а Роусинъ боудеть должонъ Роуси, .. Немчичю на|передъ взяти.

b) Таже правда и Роусиноу боуди въ Ризе, на Готь|скомь березе.

6.

a) Аще кназь възвержеть гнѣвъ на Роусина, повели|ть его

E.

3.

a) Аще кто деревомь оударить члвка до кръ|ви, полоуторъ гривнъı серебра.

b) Аже оударить по лицю, или за волосъı и|меть, или батогомь шибеть, платити бесъ четверти гривна сере|бра.

c) Аще послови пригодиться пакость или попови въсакое|обидѣ, за дъва члвка платити за нь.

d) Аще кто дроуга ранить, а хромоты на телѣ не боудеть, полоуторъ гривнъ серебра платити.

4.

a) Аще Роусь|скъıи гость .. въ Ризе, или на Готьскомь березѣ изманиться, никакоже кго въсадити въ дыбоу. Оже боудеть пороука по нь, то дати на по|роукоу; не боудѣтли пороукы, то лзе и въ железа въсадити.

b) Или Не|мѣцьскъıи гость изманиться Смоленьске, не лзѣ кго въвеpечи въ по|гребъ; аже не боудеть по нь пороукы, лзѣ кго въ желѣза въсадити.

5.

a) О|же Немѣцьскъıи гость дасть свои товаръ въ долгъ Смоленьске, а Роусинъ| боудеть долженъ Роуси, .. Немчичю напередъ взяти.

b) Таже правда и Роу|синоу боуди въ Ризѣ и на Готьскомь березѣ.

6.

a) Аще кназь възвѣржеть гнѣ|въ на Роусина, и повѣлить|

F.

3.

a) А.. кто деревомъ| ударить члвка до крови, полъ|торы гривны серебра.

b) Аже оу|дарить по лицю, или за волосы| иметь, или батогомъ шибеть,| платить бес четверти гривна| серебра.

c) Аже послови пригоді|тся пакость или попови вса|кое обидѣ, за два члвка пла|тити за нь.

d) Аще кто друга ра|нить, а хромоты на тѣлѣ не| будеть, полторъ гривнъ сере|бра платити.

4.

a) Аще Руский гость|| или в Ризѣ, или на Готьскомъ|березѣ изманиться, никако|же кго всадити в дыбу. Оже| будеть порука по нь, . . . ; не буде|ть л и о.рукы по нь, то лзѣ вса|дити .. в желѣза.

b) Или Нѣмець|кые гость изманится .. , нѣ лзѣ|| кго верещи в погребъ; аже не|| будеть по нь порукы, лзѣ кго всадити в желѣза.

5.

c) Оже Нѣ|мѣчкыи гость дасть свой|| товаръ в долгъ въ Смолѣньскѣ.|| а Русинъ будеть долженъ Ру|сй, ино Нѣмцичю напереді|| взяти.

b) Таже правда буди Ру|сину в Ризѣ и на Гостьскомъ| березѣ.

6.

a) Аще кназь възвѣрь||жеть .. на Русина, и повелить|| кго

A.

възвать Немчицю Роусинъ, а ѿймьть князѣ все, женоу и дѣти оу холъпство, пѣрвое платити кмоу Латинину, а потомь князю какъ любо съ своймь члвкмь.

b) Такоу правдоу възяти Роусиноу оу Ризѣ й на Готскъмь березѣ.

7.

a) Аже Латининъ дасть князю хълопоу въ заимъ, йли йнъмоу доброу члвкоу, а оумреть не заплативъ, а кто имьть иго ѡстатъкъ, томоу платити Немчиноу.

b) Такова правда оувзяти Роусиноу оу Ризѣ й на Гочкомь березѣ.

8.

a) Роусиноу не оупирати Латинина ѡдинемь послухомь; аже не боудѣтѣ двою послоухоу, ѡдиного Немчича, а дроугого Роусина, добръıхъ людии.

b) Тако Латининоу не пьрьпрети Роусина, аже не боудѣть послоуха Роусина, а дроугого Немчина оу Ризѣ и на Гочкомь березѣ.

9.

a) Роусиноу не вѣсти Латинина ко желъзоу горачемоу, аже самъ въсхочетѣ.

b) А Латининоу тако Роусина не вести, аже самъ въсхочете....

10.

a) Роусиноу не звати Латина на полѣ битъся оу Роуской земли; а Латининоу не звати Роу-

B.

виноватъ Немьчиноу Русинъ, а ѡтопиетъ князь все, и женоу и дѣти въ холопьство, первое платити кмоу Латининоу, а потомь князю како любо съ своимь члвкомь.

b) Таку правдоу взяти Русиноу в Ризѣ и на Готьскомь березе.

7.

a) Аже Латининъ дасть князю холопоу въ заимъ, или иноmоу доброу члвкоу, а оумреть не заплативъ, а кто имать иго ѡстанокъ, томоу платити Нѣмьчиноу.

b) Така правда взяти Роусиноу в Ризѣ и на Готьскомь березѣ.

8.

a) Роусиноу не оупирати Латинина ѡдиномь послоухомь; аже не боудеть двою послоухоу, Роусина же Немьчина, добрыхъ людии.

b) Такоже и Латининоу дѣяти в Ризѣ и на Готьскомь березѣ.

9.

a) Роусиноу не вести Латинина къ горячемоу желѣзоу, аже самъ въсхочеть.

b) А Латининоу Русина не вести, ...

10.

a) А Латининоу не звати Роусина на поле битъся, ни Русиноу Латинина звати в Ризѣ и на Готьскомь березѣ.

C.

ватъ Немчицю Русинъ, а ѿпиметъ князь все, жену и дѣти оу холопство, первое платити ему Латинину, а потомъ князю какъ любо своимь члвкомъ.

b) Таку правду взяти Русину оу Ризе и на Готскомь березе.

7.

a) Аже Латининъ дасть князю холопу во заимъ, или иному добру члвку, а оумрть не заплативъ, а кто имлеть его ѡстанокъ, тому платити Немчину.

b) Такова правда оузяти Русину оу Ризе и на Готскомъ березе.

8.

a) Русину не оупирати Латинина ѡднемь послухомь; аже не будеть двою послуху, одного Немчича, а другого Русина, добрыхъ людии.

b) Тако Латинину не перепрети Русина, аже не будеть послуха Русина, а другого Немчина оу Ризе и на Готскомь березе.

9.

a) Русину не вести Латинина ко железу горячему, аже самъ восхочеть.

b) А Латинину тако Русина не вести, аже самъ восхочеть....

10.

a) Русину не звати Латинина на поле бится оу Русьской земли; а Латинину не звати Русина на [illegible]

D.

розграбити съ жоною, съ дѣтми, а Роусинъ должонъ боудеть. Немчичю напередѣ взяти, а потомь како Бгви любо и князю.

b) Таже правда боуди Роусиноу въ Ризѣ, на Готьскомь березѣ.

7.

a) Или Немѣчьскыи гость дасть холопоу княжю или боярьскоу, а кто его задницю возметь, то в того Немчичю товаръ взяти.

b) Тажо правда боуди Роусиноу въ Ризѣ, на Готьскомь березе.

8.

a) Роусиноу же не лзѣ въвѣсти одиного Роусина въ послоушьство; нъ поставити Роусина же Немчича въ послушьство.

b) Таже правда боуди Немцомъ Смоленьскѣ.

9.

a) Роусиноу же не лзѣ имати Немчича на железо, такоже и Немчичю Роусина.

b) Аже возлюбить самъ своею волею, то его вола.

10.

a) Роусиноу же не лзѣ позвати Немчича на поле Смоленьске, ни Немчичю въ Ризѣ, на Готьскомь березе.

E.

кго розграбити съ женою и съ дѣтми, а Роусинъ должень боудеть, Немчичю наперѣдѣ взяти, а потомь како Бгви любо и князю.

b) Таже правда боуди Роусиноу въ Ризѣ и на Готьскомь березѣ.

7.

a) Или Немецьскыи гость дасть холопоу княжю или боярьскоу, а кто кго задницю возметь, то въ того Немчичю товаръ взати.

b) Тажо правда боуди Роусиноу въ Ризѣ и на Готьскомь березѣ.

8.

a) Роусиноу же не лзѣ възвѣсти въ послушьство ωдиного Роусина; нъ поставити Роусина же Немчича въ послушьство.

b) Таже правда боуди Немцемъ Смоленьске.

9.

a) Роусиноу же не лзе имати Немчича на желѣзо, такоже и Немчичю Роусина.

b) Аже въслюбить самъ своею волею, ть ть кго вола.

10.

a) Роусиноу же не лзе позвати Немчича на поле Смоленьске, ни Нѣмчичю въ Ризѣ и на Готьскомь березѣ.

F.

розграбити с женою и въ дѣтми, а Руснвъ будеть должень. Нѣмчичю напередъ взятй, а потомъ како Бгви любо и князю.

b) Таже правда буди Русину в Ригѣ и на Готьскомъ берегу.

7.

a) Или Нѣмѣчкыи гость дасть холопу князю или боярьску, а кто задницю кго возметь, то оу того Нѣмцичю товаръ взятй.

b) Таже правда буди Русину в Ригѣ и на Готьскомъ березѣ.

8.

a) Русину же не лзѣ вести ωдиного Русина в послушьство; ни двою.

b) Таже правда буди Нѣмцемъ въ Смоленьскѣ.

9.

a) Русину же не лзѣ имати Нѣмчина на желѣзо, такоже и Нѣмци Русина.

b) Аже возлюбить самъ своею волею, то ти кго вола.

10.

a) Русину же нѣ лзѣ позвати Нѣмцича на поле въ Смоленьскѣ, ни Нѣмцичю в Ригѣ и на Готьскомъ березѣ.

A.

сина на полѣ битося оу Ризѣ ӥ на Готском березѣ.

b) Аже Латинескии гость биніъся мьжю съботю оу Роусной земли любо мьчемь, а любо дѣревъмь, кнлзю то не надобе, мьжю съботю соудити.

c) Тако, аже Роуский гость биться оу Ризѣ ӥли на Гочкомь березе, Латине то не надъбѣ, ате .. промьжю съботю оурадате ся.

11.

a) Аже застанете Роусинъ Латинеского чл̃ка своню женъю, за то платити гривьнъ ӏ̃. серебра.

b) Тако оучинити Роусиноу оу Ризѣ ӥ на Гочкомь березѣ платити.

12.

a) Аже Латинескъи чл̃къ оучинить насилин свободнѣ жене, а боудѣть пьреже на ней не былъ сорома, за то платити гривьнъ ӏ̃. серебра.

b) Тал правда оузати Роусиноу оу Ризѣ ӥ на Готескомь березе.

c) Аже боудѣте пьрвѣи на нѣй съромъ былъ, взати кй гривна серьбра за насилин.

d) Аже насилоуить робѣ, а боудоуть на на него послоуси, дати кмоу гривна серебра.

e) Такова правда оузати Роусиноу оу Ризѣ и на Гочкомь березѣ.

13.

Аже мьжю Роусиномь ӥ Латинескъмь свяжеть дроугъ дроуга без вины, за то платити ӗ. гривнъ сербра.

B.

b) Аже Латьскии гость быть межи собою в Роуьской земли любо мечемь, или деревомь, кнлзю то не надобѣ, межю собою соудать.

c) Також и Росьскии гость быть въ ваших городѣхъ, Немьцемъ не надобѣ, ать сами ся оурада межи собою.

11.

a) Аже застанеть Роусинъ Немьчина съ своню женою, за то платити ӏ̃. гри серебре.

b) Такоже и Роусинъ оучинить в Ризѣ или на Готьскомь березѣ, такоже платити.

12.

a) Аже Латьскии чл̃къ оучинить насильк свободьнѣ женѣ, а боудеть переже на ней не было сорома, за то платити ӏ̃. гри серебра.

b) Также правда взяти к Роусиноу и а Ризѣ и на Готьскомь березе.

c) Аже бѹдеть на нем перкок сором былъ, взати ки гри серебра за насильк.

d) Аже насилоуктъ робѣ, а боудоуть на нь послоуси, дати кмоу гри себра.

e) Таика правда взати Русиноу в Ризѣ и на Гостьскомь березѣ.

13.

Аже межи Русином и Латиским свяжеть другъ друга без вины, за то платити ӗ. серебра.

C.

поле битея оу Ризе и на Готском березе.

b) Аже Латинскъıи гость биется межи собою оу Роуской земли а любо мечемь, или деревомь, кнѧзю то не надобе, сами межю собою судити.

c) Тако, аже Рускъıи гость биется оу Ризе или на Гочкомь березе, Латине то не надобе, ать сами промежи оурадатся.

11.

a) Аже застанеть Русинъ Латинского чл̃ка оу своее женъı, за то платити ӏ̃. серебра.

b) Тал правда дати Русину оу Ризе и на Готском березе платити.

12.

a) Аже Латинскъıи чл̃къ оучинить насилие свободне жене, а будеть переже на неи сорома не было, за то платити ӏ̃. серебра.

b) Тал правда Ругину взати оу Ризе и на Гочкомь березе.

c) Аже будеть первее на нем сором былъ, взати е гривна серба за насилие.

d) Аже насилуеть робе, а будуть послуси, дати ему гривна серебра.

e) ....

13.

Аже межю Русином и Латинском свяжеть другъ друга без вины, за то платити гривны ӗ серебра.

D.	E.	F.
b) Или Немѣчьскыи гость иметьсѧ бити межю собою мѣчи в Роуси, или соулицами, кнѧзю то не надобе, ниинакомоу Роусиноу, ать правѧтьсѧ сами по своемоу соудоу.	*b*) Или Немѣцьскыи гость имѣтьсѧ бити межи собою мечи в Роуси, или соулицами, кнѧзю то не надобѣ, ниинакомоу Роусиноу, ать правѧтьсѧ сами по своимоу соудоу.	*b*) Или Нѣмѣчкыи гость битисѧ в Руси межи собою мѣчи, или сулицами, кнѧзю то не надобѣ и инакому Русину, а.. правѧтсѧ сами по своиму суду.
c) Таже правда боуди Роуси въ Ризе, на Готьскомь березе, ать правѧтсѧ сами по своемоу соудоу.	*c*) Таже правда боуди Роуси въ Ригѣ и на Готьскомь березѣ, ать правѧтсѧ сами по своимоу соудоу.	*c*) ....
11.	**11.**	**11.**
a) А иже иметь Роусинъ Немчича оу своеи жены, .. за соромъ і̃. гривнъ серебра.	*a*) Аже иметь Роусинъ Немчича оу своеи жены, .. за соромъ і̃. гривнъ серебра.	*a*) А.. иметь Русинъ Нѣмчича оу своеи жены, ино за соромъ і̃. .. серебра.
b) Таже правда боуди Роусиноу въ Ризе и на Готьскомь березе.	*b*) Таже правда боуди Роусиноу въ Ригѣ и на Готьскомь березѣ.	*b*) Такоже .. Русину а Ригѣ и на Готьскомъ берегу.
12.	**12.**	**12.**
a) Аще которыи Немчичь оучинить насилье надъ волною женою Смоленьскѣ, а дотолѣ не слышати было блѧдне ее, ѓ. гривнъ серебра за соромъ.	*a*) Аще которыи Немчичь оучинить насилье надъ волною женою Смоленске, а дотолѣ не слышати было блѧдне ее, ѓ. гривнъ серебра за соромъ.	*a*) Аще которыи Нѣмчичь оучинить насилье надъ волною женою въ Смоленьскѣ, а дотолѣ было не слышати блѧднѣ ее, ѓ. гривенъ серебра за соромъ.
b) Таже правда боуди Роусиноу въ Ризе, на Готьскомь березѣ.	*b*) Таже правда боуди Роусиноу въ Ригѣ и на Готьскомь березѣ.	*b*) Таже правда буди Русину в Ригѣ и на Готьскомъ березѣ.
c) Боудетли дотолѣ блѧда, гривна серебра за соромъ.	*c*) Боудетли дотолѣ блѧда, гривна серебра за соромъ.	*c*) ....
d) Аще которыи Немчичь оучинить насилье надъ робою, гривна серебра за соромъ.	*d*) Аще которыи Немчичь оучинить насилье надъ робою, гривна серебра за соромъ.	*d*) ....
13.	**13.**	**13.**
Аще Роусинъ или Немчичь дроугъ дроуга свѧжеть без винъ, ѕ. гривны серебра за соромъ.	Аще Роусинъ или Немчичь дроугъ дроуга свѧжеть без вины, ѕ. гривны серебра за соромъ.	....

A.	B.	C.
14.	**14.**	**14.**
a) Аже боудѣте Роусиноу платити Латинескомоу, а не въсхъчеть платити, тоть Латинескомоу просити дѣтского оу тиоуна.	a) Аже боудеть Роусиноу плати Немьчиноу, а не въсхочеть платити, тоть Немьчиноу просити дѣтьского оу тивоуна.	a) Аже будеть Русину платити Латинескому, а не восхочеть плати, тоть Латинескому просити детского оу тиуна.
b) Аже дасть пакимъ дѣтьскомоу, а не исправить за й. дний товара оу Роусина, тоть дати кмоу на събѣ пороука.	b) Аже дасть пакимъ дѣтьскомоу, а не исправить за й. дни товара оу Роу..., тоть дати кмѣ на собѣ пороука.	b) Аже дасть паемъ детскому, а не исправить товара оу Русина за й. дним, тъть дати ему на собе порука.
c) Аже Смолнане не дадоуть кмоу воль, Смолнанъмь платити самымь, дългъ платити.	c) Аже Смолнане не въдадоуть воли, самѣмъ Смольнаномъ долъго кго платити.	c) Аже Смолнане не дадуть ему воле, Смолнаномъ самымъ платити долгъ тъ.
d) Тая правда оузяти Роусиноу оу Ризѣ и на Гочкомь березе.	d) Таже правда взяти Русиноу в Ризѣ и на Готьскомь березѣ.	d) Тая правда оузяти Русину оу Ризе и на Гоцкомь березе.
15.	**15.**	**15.**
Аже тиоунъ оуслъшить, Латинескыи гость пришелъ, послати кмоу люди с колы пьревѣсти товаръ, а не оудѣржати кмоу; аже оудѣржить, оу томь ся можете оучинити пагоуба.	Аже тивоунъ оуслышить, Немецьскии гость пришелъ, послати кмоу люди с колы перевести товаръ, а не оудерьжати кмоу; аже оудерьжить, въ томь можеть оучинити пагоуба.	Аже тиоунъ оуслышить, Латинескыи гость пришелъ, послати ему люди с колы перевести товаръ, а не оудержати ему; аже оудержить, оу том ся можеть оучинити пагуба.
33 (16).	**33 (16).**	**33 (16).**
a) Аже Латинескъий гость Смолняны приидѣть на Вълъкъ, тоть мьтати жеребѣи, кого напьрьдъ вѣсти ко Смольнскоу.	a) Аже Латиньскии гость съ Смольняны приидеть на Волокъ, метати жеребии, кого напередъ вести къ Смоленьскy.	a) Аже Латинескыи гость Смолняны приедеть на Волокъ, тоть метати жеребие, кого наперед вести ко Смоленску.
b) Аже боудоуть людик иззынок земль, тѣхъ после вѣсти.	b) Аже боудоуть людьк изоиок земли, тѣхъ послѣ вести.	b) Аже будуть людие изъиное земле, техъ после вести.
c) Тая правда оузяти Роуси оу Ризѣ и на Гочкомь березѣ.	c) Такаже правда взяти Роуси в Ризѣ и на Готьскомь березѣ.	c) Тая правда оузяти Руси оу Ризѣ и на Гоцкомь березе.
26 (17).	**26 (17).**	**26 (17).**
Како тако боудѣте, како приидоуть Латинескии гость оу городъ с Волока, дати йимъ кня-	А како приидеть Латиньскии гость въ городъ с Волока, дати имъ княгини постав частыни,	Како то будеть, како придуть Латинескыи гость оу городъ с Волока, дати имъ княгини по-

D.	E.	F.
14.	14.	14.
a) Или Роусинъ должьнъ боудеть Неньчичю, а не хочеться платити емоу, то просити детьского оу ‖ кназа, ли оу тивоуна.	a) Или Роусинъ должен боудеть ‖ Немчичю, а не хочеться платити емоу, то просити дьцьского оу кназа ‖, или оу тивоуна.	a) . . . .
b) А детьскии возма по что, уже не испра‖вить за недѣлю, дѣ емоу Роусина поити домовь.	b) А децьскыи возма по что, уже не исправить за неделю, дѣ ‖ емоу Роусина поити домовь.	b) . . . .
c) Аже ли кто оу наси‖лье поиметь, томоу товаръ платити.	c) Аже ли кто оу насильи поиметь, томоу товаръ ‖ платити.	c) . . . .
d) Таже правда боуди Роуси въ ‖ Ризѣ и на Готьскомь березе.	d) Таже правда боуди Роуси въ Ризѣ и на Готьскомь березѣ.	d) . . . .
15.	15.	15.
А како оуслышить Волочьскыи ти‖воунъ, оже гость Немечьскыи съ Смолняны приехалъ на Воло‖къ, послати емоу члвка своего въ боръ къ Волочаномъ, ать пере‖везоуть Немецьскии гость и Смолняны с товаромь, а никтоже ‖ иметь имъ пакостити, зане.. в том пакости велика пагоуба бы‖ваеть ѿ Погани Смолняномъ и Немцомъ.	А како оу‖слышить Волоцьскыи тивоунъ, оже гость Немецьскыи съ Смолняны прие‖халъ на Волокъ, послати емоу члвка своего въ боръ къ Волочаномъ, ать пе‖ревезоуть Немецьскыи гость и Смолняны с товаромь, а никтоже иметь ‖ имъ пакостити, занеже в том пакости велика пагоуба бываеть ѿ Пога‖ни Смолняномъ и Немцемъ.	А како оу‖слышить Вочкыи тиоунъ, оже гость Нѣмѣчкый при‖ѣхалъ съ Смолняны на Воло, ‖ послати ему своего члка‖ в боръ к Волочаномъ, ать ‖ перевезуть Нѣмѣчкый ‖ гость … с товаромъ, а никто ‖ иметь имъ пакостити, ‖ занеже в том пакости ве‖лика пагубуба бываеть Смолняномъ ѿ Поганъ, ‖ и Нѣмцѣмъ.
16.	16.	16.
a) Метали же жеребии, ‖ комоу поити черес Волокъ напередъ.	a) Метали же жеребии, комоу поити чересъ Во‖локъ напередъ.	a) Метали . . жере'бьи, кому поити . . напередъ. ‖
b) Аже иньти боудеть гость ‖ Роускыи, томоу поити позадоу.	b) Аже иныи гость боудеть Роусьскыи, томоу поити позадоу ‖.	b) Аже иныи гость будеть ‖ Руській, тому поити поза‖дій.
17.	17.	17.
А како боудеть гость Немецьс‖кыи въ городѣ, дати имъ кнагыни поставъ частины, а ти‖воу-	А како боудеть гость Немецьскыи въ городѣ, дати же имъ кнагыни поста‖въ частины, а	А како будеть гость Нѣ‖мѣчкыи в городѣ, дати имъ ‖ кнагини поставъ частинъ, ‖ а

A.	B.	C.
гиии постав частины, тиоуноу на Вълцѣ дати роукавицѣ, ажбы товаръ перевьлъ без дѣржании.	а тивоуну на Волоцѣ роукавици дати, ажебы товаръ перевез.. .. дерьжанья.	ставъ цестины, тоуну на Волоче дати рукавице, ажбы товаръ перевезлъ безъ держаниа.
16 (*18*).	**16 (*18*).**	**16 (*18*).**
a) Который Вълчанинъ възьметь Латиньскый товаръ чересъ Вълкъ вѣсти, а что погыметь от того товара, что кмоу приказано, ть платити всемъ Вълчанъмь.	*a*) Которыи Волочанинъ возметь Немескии товаръ чересъ Волокъ вести, а што погыметь от того товара, что кмоу приказана, то платити всѣмъ Волочанъ.	*a*) Которыи Волочанинъ возметь Латинскыи товаръ чересъ Волокъ вести, а что погыбметь от того товара, что ему приказано, то платити всемъ Волочаномъ.
b) Таа правда Роуси оузати оу Ризѣ й на Гочкомь березѣ.	*b*) Таже правда Роуси взати и в Ризѣ и на Готьскомь.	*b*) Та правда оузати Руси оу Ризе и на Гоцкомь березе.
17 (*19*).	**17 (*19*).**	**17 (*19*).**
a) Аже Латинескый придѣть къ городоу, свободно кмоу продавати, а противоу того не мълвити никомоуже.	*a*) Аже Латиньскии придеть къ городоу, свободно кмоу продавати, а противоу того не молвити никомоуже.	*a*) Аже Латинскы придеть ко городу, свободно ему продавати, а противу того не молвити никомуже.
b) Тако дѣлати Роуси оу Ризѣ й на Гочкомь березе.	*b*) Тако дѣлати Роусьи и в Ризѣ и на Готьскомь.	*b*) Тако делати Руси оу Ризе и на Гочкомь березе.
18 (*20*).	**18 (*20*).**	**18 (*20*).**
a) Аже Латинеский оусхочеть кхати и-Смольнеска .. своймь товаромь въ йноу сторомоу, про то кго кназю не дѣржати, ни иноноу никомоуже.	*a*) Аже Латиньскии въсхочеть кхати и-Смоленьска съ своимь товаромь . . ., про то кго кназю не держати, ни иноноу никоможе.	*a*) Аже Латинскыи оусхоцеть ехати и-Смоленска со своимъ товаромь во ину сторону, про то его кназю не держати, ни иному никомужь.
b) Тако Роусиноу кхати йзъ Гочкого бѣрѣга дъ Травиъ.	*b*) Тако Роусину кхати изъ Готьского берега до Травиъ.	*b*) Тако Русину ехати из Гоцкого берега до Травиъ.
19 (*21*).	**19 (*21*).**	**19 (*21*).**
a) Аже Роусинъ коупить оу Латинеского члвка товаръ, а възмьть к собѣ, тоть Латинескомоу не взати товара наоуспать, Роусиноу томоу платити.	*a*) Аже Роусинъ купить оу Нѣмьчина товаръ, а возметь к собѣ, тоть Латиньскомоу не взати то възати того товара навъспать, Роусину томоу платити.	*a*) Аже Русинъ купить оу Латинского члвка товаръ, а возметь к собе, тоть Латинскому не взати товара наспать, Русину тому платити.
b) Тако Роусиноу не оузати оу Латинеского товара своего шпать, платити кмоу.	*b*) Тако Роусиноу не взати оу Немьчина това.. своего назадъ, платити кмоу.	*b*) Тако Русину не взати товара своего у Латинского опать, платити ему.
c) Роусиноу не звати Латинеского на йного кнаѕа соудъ,	*c*) Русиноу не звати Немьчина на иного кнаѕа соудъ, лише	*c*) Русину не звати Латинского на иного кнаѕа судъ, лише

D.

ноу Волочьскомоу роуканицѣ перстаты Готьские.

18.

a) А которыи Волочанинъ въскладъıвать товаръ Немецьскии или ¦ Смоленьскии на кола своя черес Волокъ вѣсти, а што погыне¦ть то..вара, тото всѣмъ Волочаномъ платити.

b) Тажо правда ¦ боуди Роуси въ Ризѣ, на Готьскомъ березе.

19.

a) А како Немецьскии ¦ гость боудеть Смоленьскѣ городе, тако емоу продати свои това¦ръ безъ всякое борони.

b) А како боудеть Роусьскъıи гость в Ризе, ¦ .ли на Готьскомь березе, волно же имъ продати свои товаръ ¦ безъ всякое борони.

20.

a) Аще которыи Немчичь хочеть ити съ ¦ своимь товаромь в-ыимъ городъ, кназю не боронити, ни Смо¦.лнаномъ.

b) Али которыи Роусинъ хочеть поити съ Готьского бе¦рега въ Немецьскоую землю въ Любекъ, Немцомъ не боронити ¦ имъ того поуте.

21.

a¦ Аще которыи товаръ възметь Роусинъ оу Немчи¦ча, а понесеть .. из двора, тыи товаръ не ворочается.

b; .. Которыи Не¦мчичь товаръ коупилъ оу Роусина, из двора понеслъ ......

c) Роусиноу ¦ не лзѣ позвати Немчича на обчии соудъ, разве на Смоленьского ¦ кназа; аже

E.

твоуноу Волоцьскомоу роуканицѣ перъстаты Готьскъıи. ¦

18.

a) А которыи Волочанинъ въскладъıваеть товаръ Немѣцьскъıи или Смоленьскъıи на кола своя чересъ Волокъ вѣсти, а што погыиеть то..вара, тото вс¦ѣмъ Волочаномъ платити.

b) Таже правда боуди Роусьи въ Ризѣ и на Готьско¦мь березѣ.

19.

a) А како Немецьскъıи гость боудеть Смоленьске городѣ, тако ¦ кмоу продати свои товаръ безъ всякои борони.

b) А како боудеть Роусьскъı¦и гость въ Ризѣ, ¦ или на Готьскомь березѣ, волно же имъ продати свои то¦варъ безъ всякои борони.

20.

a) Аще которы Немчичь хочеть поити съ своимь ¦ товаромь в-ыимъ городъ, кнаsю же не боронити, ни Смолнаномъ.

b) Али которы и Роусинъ хощеть поити съ Готьского берега въ Немецьскоую землю въ Любе¦къ, Немцемъ не боронити имъ того поуте.

21.

a) Аще которыи Роусинъ возметь ¦ товаръ оу Немчича, а понесѣть товаръ из двора, тыи товаръ не ворочаеться ¦.

b) .. Которыи Немчичь купилъ товаръ оу Роусина, из двора понеслъ ......

c) Роусиноу же ¦ не лзѣ позвати Немчича на обчии соудъ, разѣ на Смоленьского кназа;

F.

тивуну Волочкому рукани ¦ перьстатый Готьскый.

18.

a) А ко¦търый Волочанинъ въскла¦дъıваеть товаръ Нѣмѣчкы¦ или Смоленьскый на кола ¦ своя чересъ Волокъ вестй, а ¦ что погынеть того товара, ¦.. всимъ Волочаномъ платиті. ¦

b) Таже правда буди Русину ¦ ..и на Готьскомъ березѣ.

19.

a) А ка¦ко будеть Нѣмѣчкый гость ¦ въ Смоленьскѣ городѣ, тако ¦ кму продати свои товаръ бе¦зъ всякыя бороні.

b) А какъ ¦ будеть Рускъıи гость в Ризѣ, ¦ и.. на Готьскомъ березѣ, воль¦но же кму продати .. безъ вся кои борони.

20.

a) Аще которыи Нѣ¦мчиць хочеть поитй съ свої¦мъ товаромъ в-ъıиныи горо¦дъ, князю не боронити, .. Смолна¦номъ.

b) Или который Русинъ ¦ въсхочеть .. с Готьского бере¦га и Нѣмѣчкую землю в Лю¦бокъ, Нѣмцемъ не боронитi ¦ .. пути того.

21.

a) Аще которыи Ру¦синъ возметь товаръ оу Нѣ¦мчица, а поне..ть товаръ изъ ¦ двора, тыи товаръ не вороча¦ктьса.

b) Или который .. това¦ръ купилъ оу Русина и поне¦сеть изъ двора, тыи товаръ ¦ не ворочаитьса

c) Русину же ¦ нѣ лзѣ позвати .. на опщий ¦ судъ, разѣи

A.	B.	C.
лише предъ Смольнеского князя; аже самъ въсхочете, тъть идѣть.	прѣдъ Смолеского князя: аже самъ въсъхочеть, тоть идеть.	предъ Смоленского князя; аже самъ восхочеть, то идеть.
d) Тако Латинескоу не звати Роусина на Латыи соудъ, лише оу Ригоу и на Гочкый берего.	d) Тако Немескомоу не звати Роусина на ихъ соудъ, лише в Ригоу же на Готьскии берегъ.	d) Тако Латинскому не звати Русина на иныи судъ, лише оу Ригу и на Гочкыи берегъ.
20 (22).	20 (22).	20 (22).
a) Роусиноу не ставити на Латинеского дѣтьского, не инымъ ше старость Латинескомоу; аже не слоушаеть старосты, тоть можеть на него дѣткого приставити.	a) Роусиноу не ставити дѣтьского на Нѣмьчина, не доложивше старостъ Немецьского: аже не оуслоушаеть старосты, можеть на него дѣтьского приставити.	a) Русину не ставити на Латинского детского, не доложивше старосте Латинскому; аже не слоушаеть старосты, тоть можеть на него детского приставити.
b) Тако Латинескомоу на Роусина не ставити бирица оу Ризѣ, ни на Гочкомь березѣ.	b) Тако Латиньскомоу на Роусина не ставити бирича в Ризѣ и на Готьскомь березѣ.	b) Тако Латинскому не ставити бирица оу Ризе и на Гоцко.. березѣ.
27 (24).	27 (24).	27 (24).
Латинескомоу дати ѿ двою капию въсу вѣсцю коуна Смольнеская.	Латиньскомоу дати ѿ двою капью воскоу вѣсцю куна Смоленьская.	Латинскому дати ѿ двою капию воску весцю куна Смоленская.
28 (25).	28 (25).	28 (25).
a) Коупить Латинескъıи гривноу золъта, дасть вѣсити, дати кмоу вѣсцѣ ногата Смольнеская.	a) Купить Немьчинъ гривноу золота, дасть вѣсити, а вѣсьцю ногата Смоленьская.	a) Купить Латинскъıи гривну золота, дасть весити, дати вѣсцѣви ногата Смоленская.
b) Аже продасть, не дати ничегоже.	b) Аже продасть, не дати кмоу ничегоже.	b) Аже продасть, не дати ничегожь.
29 (26).	29 (26).	29 (26).
a) Аже Латинский коупить	a) Аже Немьчинъ коупить	a) Аже Латинскъıи купить су-

D.

влюбить Немчичь на обчии соудъ, то его вола.

d) Немь|чичю же не лзѣ звати Роусина въ Ризе, на Готьскомь березе..; въ|схочеть ли Роусинъ на обчии соудъ, его вола в томь.

22.

a) Роусиноу .. не | лзе приставити детьского на Немчича Смоленьскѣ, нъ переже | обестити емоу старейшомоу; ожо старейшии его не оумолвить, то | лзѣ емоу детьскии приставити.

b) Тако.. и Немчичю въ Ризѣ и на | Готьскомь березѣ, не лзѣ емоу приставити детьского.

23.

Аже боу|деть Роусиноу товаръ имати на Немчичи, ли въ Ризѣ, ли на Го|тьскомь березе, ли въ которомь городѣ въ .. Немецьскомь, нъ ити | истьцю к-ъистьцю и взати емоу та правда, которая то в томь го|родѣ, а роубежа .. не дѣяти; а Немчичю таже правда взати в Роуси |.

24.

А Немчичю платити вѣсцю ѿ двою капью коуна Смоленьская. |

25.

a) Аже Немчичь крьнеть грѣвноу золота, платити емоу могата вѣ|сцю.

b) Или продасть, не дати емоу ни векше.

26.

. . . . |

E.

аже | влюбить Немчичь на ѡбчии соудъ, то его вола.

d) Немчичю же не лзе позвати | Роусина въ Ризѣ, в на Готьскомь березѣ..; въсхочетли Роусинъ на ѡбчии соудъ |, его вола в томь.

22.

a) Роусиноу же не лзѣ приставити децьского на Немчича Смоле|ньске, нъ переже ѡбестити емоу старейшеному; ѡже старейшии его не оумолвить |, то лзѣ емоу децьскыи приставити.

b) Такоже и Немчичю въ Ризѣ и на Готьскомь бе|резѣ, не лзѣ емоу на Русина приставити дьцьского.

23.

Аже боудеть Роусиноу товаръ | имати на Немчичи, или въ Ризѣ, или на Готьскомь березѣ, или въ которомь городѣ | въ .. Немецьскомь, нъ ити истьцю к-ъистьцю и взати емоу та правда, которая то в то|мь городѣ, а роубѣжа , не дѣяти; а Немчичю таже правда взати въ Роуси.

24.

А Немчи|чю платити вѣсцю ѿ дъвою капию коуна Смоленьская.

25.

a) Аже Немчичь крьнѣть | гривноу золота, плати.. емоу могата вѣсцю.

b) Или продасть, не дати емоу ни вѣкьше |.

26.

a) Или которыи Немчичь коу-

F.

на Смоленьска|го киба; аще возлюбить .. Нѣ|мчичь , на ѡбьчии судъ, то его || вола.

d) А Нѣмчицю нѣ лзѣ по|звати Русина . . . или на Готьскы|и березѣ на ѡпчии судъ; въ|схочеть ли Русинъ на ѡпчи||и су, то его вола.

22.

a) Русину же || нѣ лзѣ приставити дѣчко||го к Нѣмцичю въ Смоленьскѣ, но преже ѡбѣстити ста|рѣишому их; ѡже старѣ|ишина его не оумолвить, то || лзѣ ему .. приставити.

b) Тако|же и Нѣмчичю в Рагѣ и на || Готьскомъ березѣ, нѣ лзѣ ||ему приставити дѣтьско||го.

23.

Оже будеть Русину това||ръ имати на Нѣмчичи, или | в Ригѣ, или на Готьскомъ || березѣ, .. в которомъ городѣ || в-ынномъ Нѣмѣчкомъ, || но ити истьцю к-ъистьчю|и взати ему тая правда, || которая .. в томъ городѣ, а ру|беже иих не дѣяти; а Нѣ||мчицю таже правда взаті || в Руси.

24.

А Нѣмчичю платиті || вѣсцю ѿ двою капью куна || Смоленьская.

25.

a) Оже купи||та Нѣмцичю гривну золо||та, дати ему погата вѣсцю. ||

b) Или продас ь, не дати ему || ни вѣкша.

26.

a) Или которыи Нѣ|мчичь

A.	B.	C.
соудъı серебреными, дати кмоу вѣсцю ѿ гривнъı се‖ребра по ногатѣ Смольнеской.	соудъ серебрьнъıи, дати кмоу вѣсьцю ѿ‖гривнъı серебра по ногатѣ Смолеской.	лъı сребреньıе, дати ему весцю ѿ гривнъı сребра по ногите Смоленской.
b) Аже продасть, не дати ничегоже.	*b*) Аже продасть, не‖дати кмоу ничего.	*b*) Аже продасть, не дати ничегожь.
30 (*27*).	30 (*27*).	30 (*27*).
a) Аже Латинескии коупить гривнꙋ серобра, дати кмоу вѣ‖сцю двѣ векши.	*a*) Аже Немьчичь коупить гри̃ серебра,‖дати кмоу вѣсцю в̃. вѣкшю.	*a*) Аже Латинскъıи купить гривну серебра, дати ему весцю двѣ векши.
b) Аже продасть, не дати .. ничегоже.	*b*) Аже продасть, не дати кмоу‖ничегожь.	*b*) Аже продасть, не дати .. ничегоже.
31 (*28*).	31 (*28*).	31 (*28*).
Аже Латинеский дасть серебро пожигати, дати кмоу ѿ гривнъı сере‖бра коуна Смольнеская.‖	Аже Немьчичь дастьсть серебро пожигати,‖дати кмоу ѿ гри̃ себра куна Смоленьская.	Аже Лати‖нскъıи дасть серебро пожигати, дати ему ѿ гривнъı серебра куна Смоленская.
32 (*29*).	32 (*29*).	32 (*29*).
Аже капь, чимь то весатѣ, йалъмльна боудѣте, а любо льгче боудѣть, тоть споускати ωбѣ в-ъдино мьсто,‖что лѣжить оу ст҃ои Бц҃е на горе, а дроугая оу Латинеской ц҃кви, ωбѣ ровнати.	Аже капь‖а изломле боудеть, али легъчен боудеть, то споускати‖ωбѣ в олино мѣсто, что лежить оу ст҃ои Бц҃и на горѣ, а дрꙋ‖гая в Латиньское церькъви, ωбѣ ровнати.	Аже капь, чимь то весать, изломлена будеть, а любо лѣгче‖будеть, тоть спускивати обѣ во олино место, что лѣзить оу ст҃ое Бц҃е на горе, а другаа оу Латинское ц҃кви, обѣ ровнати.
21 (*30*).	21 (*30*).	21 (*30*).
a) Латине‖скомоу кеть вълио оу Смольнеске, которъıи товаръ хъчьть коупити, бес пакости.	*a*) Ла‖тиньскомоу кеть коупити въ Смоленьсцѣ то волно, которо‖го въсхочеть, бес пакости.	*a*) Латинскому волно есть оу Смоленске, которъıи товаръ хочеть тоть купить, безъ пакости.
b) Тако дѣлаїти Роуси оу‖Ризѣ и на Гочкомь березѣ.	*b*) Тако дѣлати и Роуси в Ризѣ и на‖Готьскомь.	*b*) Та‖ко делати Русину оу Ризе и на Гоцкомь березе.
25 (*31*).	25 (*31*).	23 (*31*).
a) Всякому‖Латинескомоу члвкоу свободѣнъ путе йз Гочкого берега до Смольнески без мыта.	*a*) Вся‖комоу Латиньскомоу языкоу из Риги, из Готьского берега‖до Смоленьска без мыта.	*a*) Всякому Латинскому члвку свободнъ путь‖из Гочкого берега и до Смоленска без мыта.
b) Тая правда кеть Роуси изъ Смольнеска до‖Гочкого берега.	*b*) Тако правда кеть и Руси и-Смо‖леньска до вашихъ городовъ.	*b*) Тая правда есть Руси и-Смоленска до Гочкого берега.

D.	E.	F.
. . . .	пить съсоудъ серебрьныи, дати кмоу ѿ грйвы кѹна вѣсцю.	купитъ ..судъ сере брявый, да.. кму ѿ гривнѣ куна вѣсцю.
. . . .	*b*) Или продасть, не дати кмоу ни вѣкше.	*b*) Или продесть, ‖ не дати кму ни вѣкшю.
27.	**27.**	**27.**
a) Аще кръпеть Немчичь гривноу серебра, дати емоу весцю ѣ. вѣкши.	*a*) Аще кръпеть Немчичь гривноу ‖ серебра, платити кмоу вѣсцю ѣ. векши.	*a*) Аще ‖ купить Нѣмчичь гривну ‖ серебра, дати .. вѣсцю ѣ. вѣкши.
b) Или продасть, не дати кмоу.	*b*) Или продасть, не дати кмоу.	*b*) Или продасть, не дати ‖ кму.
28.	**28.**	**28.**
Ожо Немчичь дасть серебро плавити, дати емоу коуна Смоле‖ньская ѿ гривны.	Оже Не‖мчичь дасть серебро плавити, дати кмоу коуна Смоленьская ѿ гривны.	Оже Нѣмчичь дасть ‖ серебро плати, дати кму ‖ куна Смоленьская . . гривн. ‖
29.	**29.**	**29.**
a) Аще савоицьныи поудъ искавить, лежить капь ‖ въ стое Бце на горѣ, а дроугая въ Немецьской Бци, то темь поудъ и‖зверяче, право оучинити.	*a*) Аще са во‖щиныи поудъ искавить, лежить же капь въ стои Бце на горѣ, а дроугая капь ‖ въ Немецьской Бци, то тѣмь поудъ и‖звѣряче, право оучинити.	*a*) Аще вошныи пудь иска‖зитьса, лежить капь въ ‖ стѣи Бци на горѣ, а друга‖я в Нѣмѣчкои Бци, то ты‖мъ пудъ извѣряче, право ‖ оучинити.
b) Таже правда боуди Роусь въ Ризѣ, на Готь‖скомь березе.	*b*) Таже правда ‖ боуди Роусьи въ Ризѣ и на Готьскомь березѣ.	*b*) Таже правда ‖ буди Русину в Ризѣ и на ‖ Готьскомъ березѣ.
30.	**30.**	**30.**
a) Немчичю же волно коупити всякыи товаръ Смолень‖ске, без борони.	*a*) Немчичю же волно коупити всякы‖и товаръ Смоленьске, без борони.	*a*) Нѣмь‖чичю же всякыи товаръ во‖лно купити безъ борони въ ‖ Смолѣньскѣ.
b) Также и Роусиноу волно коупити всякыи товаръ ‖ без борони в Ризѣ и на Готьскомь береле.	*b*) Также и Роусиноу волно коупити всякыи то‖варъ без борони въ Ризѣ и на Готьскомь березѣ.	*b*) Также и Ру‖сину волно купи.. всякыи ‖ товаръ безъ борони в Ризѣ ‖ и на Готьскомъ березѣ.
31.	**31.**	**31.**
a) Немчичю же не надобѣ ни‖какое мыто и-Смоленьска и до Ригы, а из Ригы и до Смоленьска.	*a*) Немчичю же не надобѣ никако‖е мыто исъ Смоленьска и до Ригы, а из Ригы и до Смоленьска.	*a*) Нѣ‖мчичю же не надобѣ нико‖е мыто и-Смоленьска .. до‖ Ригѣ, а из Ригѣ .. до Смолень‖ска.
b) Та‖кожe .. Роусиноу не надобѣ мыто з Готьского берега .. до Ригы, .. из Ригы .. до Смоленьска.	*b*) Также и Роусиноу‖ не надобѣ мыто из Готьского берега и до Ригы, а из Ригы и до Смоленьска.	*b*) Также и Русину не надобѣ мыто с Готьского ‖ берега и до Ригѣ, а из Ригы ‖ .. до Смоленьска.

A.

22 (32).

a) Латинїскоу не кхати на войноу съ кназемь, ни съ Роусию: аже самъ хочеть, тоть кдеть.

b) Тако Роусиноу не кхати съ Латинескымь на войноу, ни оу Ризѣ, ни на Гочкомь березѣ; аже хочеть самъ, тъть кдѣть.

23 (33).

Который Роусинъ, йли Латинескый йметь тата, надъ тѣмь кмоу своя вола, камь кго хочеть, тамъ дѣжеть.

24 (34).

a) Ни шдиномоу же Роусиноу не дати пересоуда оу Ризѣ, ни на Гочкомь березѣ: тако Латинескомоу оу Роуской земли не дати пересоуда никомоуже.

b) Которое шроудие доконьчано боудѣть оу Смольнеськыню Роусию й меню Латинескимь языкомь, перьдъ соудиями й перьдъ добрыми людми, боль того не почината оу Ризѣ и на Гочкомь березѣ; а что боудѣть доконьчано оу Ризѣ й на Гочкомь берьзе, перьдъ соудиями й перьдъ добрыми людми, того оу Смольнѣскѣ не почината.

B.

22 (32).

a) Латиньскомоу не кхати на войноу съ кназемь, ни съ Роусью; аже самъ хочеть, оть кдеть.

b) Тако в Роуси не кхати съ Латиньскомь на войноу, ни в Ризѣ, ни Готьскомь ..; аже хочеть, по воли кхати.

23 (33).

Которыи Роусинъ, или Немчинъ имеѣть тата, ... како кмоу любо над нимь.

24 (34).

a) Ни шдиномоу же Роусиноу не дати пересоуда в Ризѣ, ни на Гостьском: тако в Латиньскомоу в Роуской земли не дати пересоуда никомоуже.

b) Котороѣ шроудье доконьчано боудеть въ Смольнскѣ межи Роуси и межи Немьци передъ добрыми судья.. или людьми, боле того не почината в Ризѣ и на Готьскомь березѣ; а што боудеть доконьчано в Ризѣ и на Готьскомь, передъ соудиями и передъ добрыми людьми, того въ Смоленьскѣ не починати.

C.

22 (32).

a) Латинскому не ехати на воину с кназемь, ни со Русью: аже самъ хочеть, тоть идеть.

b) Тако Русину не ехати с Латинескымъ на воину, ни оу Ризе, ни на Гоцкомь березе; аже хочеть самъ, тоть едеть.

23 (33).

Которыи Русинъ, али Латинескыи иметь тата, надъ тимь ему с.. вола, како его хочеть, тамо его диеть.

24 (34).

a) Ни шдиному же Русину не дати пересуда оу Ризе, ни на Гоцкомь березе: тако Латинскому оу Руской земли не дати пересуда никомуже.

b) Которое шрудие доконцано будеть оу Смоленске межю Русию и межи Латинескымь азыкомь, предъ судьями и предъ добрыми людми, боле того не почината оу Ризе ни на Гочкомь березѣ: а что будеть доконцано оу Ризе и на Готскомь березѣ, предъ судьями и предъ добрыми людми, того оу Смоленске не почината.

A.

34 (36).

Пискоупъ Ризкии, мастеръ Бж҃ихъ дворянъ, и вси земледѣржици, ти дають Двиноу свобод-

B.

34 (36).

Пискупъ Рижьскии, месторъ Божьихъ дворянъ, и вси землеберьжьци, ти дають Двиноу

C.

34 (36).

Пескупъ Ризкии, мастеръ Бжи дворянъ, и вси землеберьжици, ти дають Двину свободну, ѿ верху

D.

32.

a) Аще Смоленьскии кназь поедеть на воиноу, не надо|бѣ же Немецьскомоу гостьи; оже въсхочеть съ кназемь ехати, то своа к|ноу вола.

b) Такоже .. и Роусиноу вола въ Ризе, на Готьскомь березе.

33.

Аще | Роусинъ или Немчичь иметь тате въ своего товара, и томь его вола.... |

34.

a) Роусиноу же не дати пересоуда ни въ Ризе, ни на Готьскомь березе, | ни Немчичю .. платити пересоуда Смоленьске.

b) Котораа си тажа | боудеть соужона Смоленьскѣ, или оу кназа, или оу тивоуна, или | оурадили боудоуть добрии моужи, боле же не поминати того ни | въ Ризе, ни на Готьскомь березе; таже правда боуди Немецьскомоу | гостьи Смоленьскѣ.

35.

А поудъ дали Немци Волочаномъ, иже то имь | товаръ возити на Волоце всакомоу гостьи, то ци.. даколи исказиться, а подроугъ его лежить въ Немецьскои божиции, а дроу|гъıи ковати, изверивши темь.

36.

Кппъ же Рижьскыи, Фолкоунъ, | мастеръ Бж҇ихъ дворанъ, и вси волостелеве по Рижь-

E.

32.

a) Аще | Смоленьскъıи кназь поидеть на воиноу, не надобѣ же Немецьскомоу гостьи; оже | въсхочеть съ кназемь поихати, то своя кноу вола.

b) Такоже боуди .. Роусиноу вола въ | Ризѣ и на Готьскомь березѣ.

33.

Аже Роусинъ или Немчичь иметь тате оу своего то|вара, а в томь кго вола, што хочеть, то кго вола.

34.

a) Роусиноу же не дати пересоуда ни | въ Ризѣ, ни на Готьскомь березѣ, ни Немчичю .. платити пересоуда Смоленьске. |

b) Котораа си тажа боудеть соужена Смоленьске, или оу кназа, или оу ти|воуна, или оурадили боудоуть добрии моужи, боле же не поминати то|го ни въ Ризе, ни на Готьскомь березе; таже правда боуди Немецьскомоу | гостьи Смоленьскѣ.

35.

А поудъ дали Немци Волочаномъ, оже то имь товаръ | возити на Волоцѣ всакомоу гостьи, то ци.. даколи исказиться, а подроугъ | кго лежить въ Немецьскои божиции, а дроугъıи ковати, извѣривъши тѣ|мь.

36.

Кппъ же Рижьскыи, Фолкоунъ, мастеръ Бж҇ихъ дворанъ, и вси воло|стелеве по

F.

32.

a) Аще Смоле||ньскъıй кнѧзь поидеть на || воину, не надобѣ кмоу || ѣхати; аже въсхочеть || с кнѧземь, то своя кну вола. ||

b) Такоже буди и Русину вола || в Ризѣ и на Готьскомъ бе||резѣ.

33.

Аже Русинъ или Нѣмчи || иметь тата оу своего това||ра, и томъ кго вола, что хоче||ть оучинити.

34.

a) Русину же || не дати пересуда ни в Ригѣ, || ни на Готьскомъ березѣ, || ни Нѣмчичю же платиті || пересуда въ Смолѣньскѣ. ||

b) . . . . . . или оу кнѧзя, или оу тиоуна, || или оурядилѣ будуть до||брии мужи, боле же || того не поми..ти ни в Рі||гѣ, ни ..Готьскомъ березѣ; || таже правда буди Нѣмѣчь|кому гости въ Смоленьскѣ. |

35.

А пудъ далѣ Нѣмци Воло||чаномъ, иже.. имъ товаръ || возити .. всякому гостий, || то чи ж даколи исказиtь, || а подругъ кго лежить въ || . . мѣчкои божницѣ, а другъı||и ковати, изъѣривше тимі. ||

36.

Кппъ же Рижьскъıй, Фолку||нъ, мастеръ Бж҇ихъ даровъ, || и вси волосте..ви по Рижеско||и

A.	B.	C.
воу,‖ ѿ върхоу и до низоу въ мъре, й по въдѣ и по бѣрегоу, всемоу Латинескомоу языкоу й Роуси, кто правы‖и кѹпьць есть. ѿ мора днкно свободно, кто хочете по Двине нхати оу върхъ или оу низъ.	сво‖бодьну, ѿ верьхоу до низоу в море, и по водѣ и по бере‖гоу, все Латиньскомоу языкоу и Роусьскомоу, кто‖ правыи коупець, ѿ мора даиъ свободьно, кто хочеть‖ горѣ нхати или в низъ по Двинѣ.	и до низу оу море, и по воде и по земли, всему Латинскому языку и Руси, кто правыи купець есть. ѿ мора свобоно дано‖ есть, кто хочеть по Двине ехати оу верхъ и оу низъ.
35 (37).	35 (37).	35 (37).
a) Оу кого са избиеть‖ оучанъ, в любо челнъ, Бъ того не дам, йли оу Роусина, йли оу Латинеского, оу тѣхъ въласти, кто сю свободоу‖ далъ, товаръ его свобонъ на въдѣ й на березѣ бес пакости всякомоу; товаръ, иж то потоплъ, брати оу‖ мьсто своею дроужиною йз воды на берего.	a) А оу кого са оучанъ и‖зъбьеть, или челнъ. Бъ того не дав, или оу Роусина, и‖ оу Немьчина, въ тѣхъ волости, кто сю свободу далъ,‖ товаръ его своденъ на водѣ и на березѣ бес пако‖сти всякомоу; товаръ, иже потоплъ, брати въ мѣ‖сто съ своею дроужиною из воды на берегъ.	a) Оу кого са избиеть оучанъ, или члънъ, Бгъ того не дав, или оу Русина, или оу Неме‖цкого, оу техъ волости, кто сю свободу далъ, товаръ его свобонъ и на воде и на березѣ бес пакости всякому; товаръ, иж то потополъ‖, брате оу место своею дружиною из воды на берегъ.
b) Аже надобѣ кмоу болше помъчи, тоть наимоуй при послоусѣхъ:‖ кто былъ тоу, то боудѣте послоухъ; что йиъ посоулишь, то дай, а болѣ не дай.	b) Аже надобѣ кмоу больше помочи, тотъ наимоуи при послусѣхъ:‖ кто былъ тоутъ, то боудеть послоухъ: что имъ посоули‖шь, то дай‖ а боле не дай.	b) Аже надобе ему болше помочи, тоть наимуи при послусехъ; кто былъ ту, то буде‖ть послухъ; что имъ посулишь, то имъ дай, а боле не дай.
c) Тая правда Латинескомоу‖ възати оу Роуской земли оу въласти кнаэа Смольнеского, й оу Полотьского кнаэа въласти, й оу Витьбеско‖го кнаэа въласти.	c) Та правда Латиньскому въ‖зати в Роусьской земли в въ лости кнаэа Смоленьск‖го, в въ Полотьского кнаэа волости, и въ Витебьского‖ кнаэа волости.	c) Тая правда Латинскому взяти оу Руской земли оу волосте кнаэа Смоленског‖, и оу Полотского кнаэа волосте, и оу Витьбского кна.. волости.
———	———	———
a) Коли са грамота псана, йшлъ былъ ѿ Ржтва Гна до сего лѣта ,а҃. лѣ й с҃. лѣ й и҃. лѣ й к҃.,‖ подъ пискоупомь Ризкимь, провстъ Яганъ, мастьръ Въл‑квинъ. Бжий дворанинъ, й подъ горожаны Ризѣ‖скими, прѣдъ всеми Латинескими коупци.	a) Коли са грамота писано, ишло бы‖ло ѿ Ржтва Гна до сего лѣта ,а҃. лѣ и с҃. лѣ и и҃. лѣ‖ и к҃., подъ пискоупомь Рижьскимь, провстъ Яганъ,‖ Волъквинъ, Бжии дворанинъ, и подъ горожаны Рижьск‖ими и подъ всѣми Латиньскими коупьци.	a) Коли са грамоте псано, ишлъ было ѿ Ржтва Гна до сего лѣ ,а҃. лѣ и с҃. лѣ‖ и к҃., подъ пскпмь Рижкимь, проустъ Яганъ, мастеръ Волквинъ, Бжи дворанинъ, и подъ горожаны Рижкими, предъ всеми Латинскыми купци‖.

D.	E.	F.
свои зе[мли, дали Двиноу вол-ноу Ѿ оустья до вырхоу, по водѣ и по бе[регоу, всякомоу гостьи Роусьскомоу и Немецьскомоу, ходя[щим въ низъ, въ вырхъ.	Рижьскои земле, дали Двиноу волноу Ѿ оустия до вырхоу, и по во[дѣ и по берегоу, всякомоу гостьи Роусьскомоу и Немець-скомоу, ходящим[и въ низъ и въ верхъ.	землй, дали Двину воле[ну Ѿ оустья до вѣрху[, по водѣ и по берегу, вся[кому гости Рижь-скомоу [] и Нѣмѣчкому, ходя-щим [] в низъ и вѣрхъ.
37.	37.	37.
a) Бѫ того не дая, аче кого притча при[иметь, ли лодья оу-разитсѧ, ли Роусьская, ли Не-мецьска[я, волно емоу свои то-варъ .. безъ всякое борони къ берегоу.	*a*) Бѫ того не дая, аче кого притъча приметъ, ли лодья оура[зитсѧ, или Роусьская, или Немецьская, волно кмоу свои товаръ привести безъ[всякои борони къ берегоу.	*a*) Бѫ того не [] дай, аще кого притца при[иметь, или лодья оуразн[тсѧ, .. Руская или Нѣ-мѣчка[я, волно кмоу свои то-варъ [привести к берегу безъ вся[кои боронй.
b) Аже кмоу [въ пособленье людии мало боудеть, а к томоу принаяти людии [боудеть емоу въ помочь, .. што боудеть соу-лилъ имъ наима, черес то [имъ боле не взяти.	*b*) Аже кмоу въ пособлении людии мало боудеть, а к то[моу боудеть кмоу приняти людии въ помочь, .. што боудеть имъ соу[лилъ наима, черес то имъ боле не взяти.	*b*) Аже, будеть, в по[собленик людии мало бу[ть, а к тому .. при-наиматй [людии в помочь, то что бу[деть .. сулилъ наима, че[ресъ то .. боле не взятй.
c) Тажо правда боули Роуси-ноу..... и Немчичю по Смо[леньскои волости, по Полотьскои, по Витьбьскои.	*c*) Таже правда боули Роуси-ноу [..... и Немчичю по Смо[леньскои волости, и по Полоцьскои, и по Витьбьскои].	*c*) Таже [] правда буди Руси-ну в Ри[зѣ и на Готьскомъ бе-резѣ, [] и Нѣмчичю въ Смолѣнь-[ской волостй, и въ По..тьской, [] и въ Витебьской.
a) А се грамота [написана бы^{с} Ѿ распатья было ,а҃. лѣ^{т} и с҃. лѣ^{т} и л҃. лѣ^{т} безъ] лета; а при епп҃ѣ Рижьском Николаи, и при по-пѣ Иоанѣ, .. при [мастере Фол-коуие, .. при Рижьскыхъ моу-жихъ, .. при многыхъ [коупцихъ Римьскаго цртва^{с}.	*a*) А се грамота написана бы^{с} Ѿ распатия было ,а҃. лѣ^{т} и с҃. лѣ^{т} и л҃. [лѣ^{т} без лѣта; а при еппѣ^{с} Рижьском Николаи, и при попѣ Иоанѣ, и [при мастере Фолкоуие, и при Рижьскыхъ моужихъ, и при многыхъ къ[о-пцихъ Римьскаго цртва^{с}.	*a*) А си грамо[та написана бы^{с} Ѿ распа[тия было ,а҃. лѣ^{т} и с҃. .. и л҃. бе[зъ лѣ^{т}; .. при епп҃ѣ^{с} Рижьско[мъ Николай, .. при попѣ Іоа[, и при мастерѣ Фул-кинѣ, [] и при Рижьскыхъ му-жѣ^{с}, [и при многыхъ купчѣхъ Рижьскаго цртва^{с}.

A.

b) Са грамота оутвържена всего коупьче пьчатию.

c) Се ѡроудии исправили оумнии коупчи: Регибодѣ, Дѣтартъ, Адамъ, то были горожане на Гочковь березе;

d) Мьмьбернь, Вредрикъ Доумбѣ, ти были из Любка; Гиидрикъ Готь, Илдигърь, та два была исъ Жата; Конрать Шхель ѡдѣ Яганть Кинть, та два была из Мюньстьра; Бернарь ѡдѣ Вълкерь, та два была изъ Грюнигъ; Крьмьбрьхть ѡдѣ Албрахтъ, та два была из Дортмьна; Гиидрикъ Цижикъ из Бремьнь; Албрахтъ Слоукъ, Бернартъ, ѡдѣ Валтьрь, ѡдѣ Албрахтъ фоготь, то были горожане оу Ризѣ, и инехъ много оумныхъ добрыхъ людьи.

e) Которъй Роусинъ, или Латинескъи противоу сеи правды мълвить, того почьсти за лихии моужь.

f) Са грамота кеть въдана на Гочковь берьзѣ пьрьдъ Роусиимь посломь и пьрьдъ всеми Латиньскими коупци.

B.

b) Са грамота оутверьжена всѣхъ коупець печатью.

c) Се ѡроудьи исправили оумнии коупци: Регибоде, Детартъ, Адамъ, то были горожане на Готьском березѣ;

d) Мемьбернь, Врѣдрикъ Доумьбе, ти были из Любъка; Гииьдрикъ Готь, Ильдигорь, та два была исъ Жата; Конъдрат Шьхель ѡдѣ Яганьть Киньть, та два была из Мюньстра; Бернарь ѡдѣ Волькѣрь, та два была изъ Груниггь; Юрмьбрехте ѡдѣ Альбрахтъ, та два была из Доротьмна; Гиньдрикъ Чижикъ из Беремень; Альбрахтъ Слѫкъ, Бернартъ, ѡдѣ Валъторь, ѡдѣ Альбрахтъ фоготь, а ти были горожане в Ризѣ, и инѣхъ было много оумныхъ добрыхъ людии.

e) И которыи Роусинъ, или Латиньскии противоу сеи Правды молвити иметь, того почисти за лихии моужь.

f) Са грамота кеть въдана на Готьском березѣ передъ Русьскимь посломь и передо всѣми Латиньскими коупци.

C.

b) . . . .

c) . . . . Регибодъ, Детардъ, Адамъ, то были горожане на Готском березе;

d) Мьмьбернь, Фредрикъ Думбѣ, ти были из Любка; Индрикъ Готь, Илдигърь, та два была исо Жата; Конрать Шхелѣ оде Яганть Кентить, та два была из Муньстрьо; Бернарь де Волъкерь, та два была внзъ Грюнигъ; Ермебрехтъ ѡдѣ Албрахтъ, та два была из Дортмана; Гиидрикъ Цижикъ из Бремень; Албрахтъ Слукъ, Бернартъ, ѡдѣ Валтоторь, оде Алъбрахтъ фоготь, что были горожане оу Ризе, инехъ много оумныхъ добрыхъ люди.

e) Которыи Роусинъ, или Латинескъи противу сее правды .. попиеть, того почисти за лихии мужь.

f) Са грамота есть въдана на Гоцкомь березѣ предъ Рускымь посломь и предъ всеми Латинскими купци.

D.

b) Еже есть техъ печать на грамоте | сьи.

c) А се же соуть послоуси томоу: Регемъбодъ, Тетартъ, Адамъ, | горожане на Готьскомь березе;

d) Мѣмберь, Вередрикъ Доумо||мь, из Любка ти соуть; Андрикъ Готъ, Илмерь, ти же соуть и||зъ Жюжажата; Кондратъ Кривыи, Еганъ Кинотъ, ти же соу||ть из Моуньстера; Берникъ, Фолкырь, ти соуть из Гроули; Яре|мъбрахтъ и Альбрахтъ, ти же соуть из Дротмины; Индри||къ Чижикъ, ти же из Брамь; Альбракъ, Слоукъ, Берьнаръ, Ва||лтѣрь, Алберь, соудия Рижьскыи, тоже соуть Рижане.

e) Аще къ||торыи Роусинъ или Немчичь противити.. въсхочеть сеи|| правде, да тъ.. противенъ Бзу и сьи правдѣ.

E.

b) Юже ксть тѣхъ печать на грамотѣ сеи.

c) А се же| соуть послоуси томоу: Регемъбодъ, Тетартъ, Адамъ, горожане на Го||тьскомь березѣ;

d) Мѣмбѣрь, Верѣдрикъ Доумомѣ, из Любка ти соуть||; Андрикъ Готъ, Илмѣрь, тиже соуть изъ Жюжажата; Кондратъ Кривыи||и, Еганъ Кинотъ, тиже соуть из Моуньстѣра; Берникъ и Фолкырь, ти|| же соуть из Гроули. Ярѣмъбрахтъ и Альбрахтъ, тиже соуть из Дротми||ны; Индрикъ Чижикъ, тиже из Брамь; Альбрахъ, Слоукъ, Берьнаръ, Валь||тѣрь, Албѣрь, соудия Рижьскыи, тоже соуть Рижане.

e) Аще которыи Роу||синъ или Немчичь противитися въсхочеть сеи правдѣ, да тъ.. противенъ|| Бзу и сеи правдѣ.

F.

b) Юже ксть || тѣхъ печать на сеи грамо||тѣ.

c) А се.. суть сему послусѝ :|| Регембодъ, Тетартъ, Ад||амъ, горожанѣ а на Готьско||мъ березѣ;

d) Мемебѣрь, Ве||редрикъ Домомѣ из Лю||лка..; Индрикъ ..то, Илмиръ, || тиже суть и Жюжажата;|| Ковдратъ Кривый, Юганъ || Кинотъ, ти.. суть из Муль||стера; Берникъ и Фолкирь, || тиже суть из Глуглй; Яре||...брахтъ, тиже суть из Дро||тмины; Индрикъ Чижи||къ, тиже из Драмь; Аль||брахъ, Слукъ, Берьнарь, || Велѣтрѣ, Алеберь, судь||я Рижьскый, тоже суть || Рижанѣ.

e) Аще которыи Ру||синъ или Нѣмчиць про||тивитися въсхочеть се||и правдѣ, да тотъ проти||венъ Бу и сей правдѣ.

Што Немѣцьскы дворищь и дворищь Смоленьскѣ|| коуплѣнины и цр҃кве ихъ мѣсто, не надобѣ ни||комоуже, комоу дадать ли, посадать ли кого|| Немци, то по своиѣ воли; а на которомь подво||рьи стоять Немци, или

А что Немечкыхъ дворовъ и дворищь оу Смолѣнске коуплѣнъхъ и||цр҃кве ихъ мѣсто, не надобе никомоуже, комоу дадать или посе||дать кого Немци, то по своии воли; а на которомь подворьи стоять|| Немци, или

G.

. . . .

. . . .

Князь Мстиславъ Давыдовицъ послалъ свои мужи, Еремѣя Попа, Пантелѣя Сотьского, отъ Смольнянъ въ Ригу, а изъ Риги на Готьскый берегъ, утверживати миръ, а розлюбье на сторону отвеpечи, которое было межи Нѣмци и Смольняны; а за тотъ миръ страдалъ (*старался*) Рулофъ изъ Кашля (*Касселя?*) и Тумашъ Михайловичь, абы добросердье межь ихъ было, абы Рускымъ купцемъ въ Ризѣ и на Готьскомъ березѣ, а Нѣмечкымъ купцемъ въ Смоленьской волости любо было, какъ миръ утверженъ, и добросердье абы въ вѣкы стояло, и Князю любо бы и всимъ Смольняномъ и Рижаномъ и всимъ Нѣмчемъ, по Всточному морю ходячимъ, оже такую правду въписали, которою правдою быти Русину въ Ризѣ и на Готьскомъ березѣ, ... абыше тоя правды держали и въ вѣкы.

Богъ того не дей, оже розбой по грѣхомъ приходитьсь межи Нѣмци и Руси, что за что платити, абы миръ не раздрушенъ, абы .. Нѣмичичю любо было. — А се почнокъ правдѣ:

1.

Оже убьють вольнаго человѣка, платити за голову 10 гривенъ серебра .... по 4 гривны купами или пѣнязи, а за холопа гривна серебра; аже кто холопа ударить, гривна кунъ. Та же правда буди и въ Смоленскѣ, и въ Ризѣ, и на Готьскомъ березѣ.

2.

Аще око выбьють или руку отътнуть, или ногу, или иная которая храмота на тѣлѣ явиться, 5 гривенъ серебра, а за зубъ 3 гривны серебра. Таже правда буди въ Смоленскѣ.. и на Готьскомъ берегу.

3.

А.. кто деревомъ ударить человѣка до крови, полторы гривны серебра; аже ударить по лицю или за волосы иметъ, или батогомъ шибеть, платить безъ четверти гривна серебра; аже послови (*послу*) пригодится пакость или Попови, въ всякой обидѣ за два человѣка платити дань.

4 (*3^a^*).

Аще кто друга ранить, а хромоты на тѣлѣ не будеть, полторы гривны серебра платити.

5 (*4*).

Аще Рускый гость или въ Ризѣ, или на Готьскомъ березѣ извинится (*будетъ виноватъ*), никакоже его всадити въ дыбу (*колодку*), оже будеть порука понь...; не будеть ли порукы понь, то лзѣ всадити въ желѣза. Или Нѣмецкый гость извинится.., не лзѣ его верещи въ погребъ; оже не будеть понь порукы, лзѣ его всадити въ желѣза.

6 (*5*).

Оже Нѣмечкый гость дасть свой товаръ въ долгъ въ Смоленьскѣ, а Русинъ будеть доложенъ Руси, ино Нѣмцичю напереди взяти. Таже правда буди Русину въ Ризѣ и на Готьскомъ березѣ.

7 (*6*).

Аще Князь гнѣвъ вверьжеть (*гнѣвъ*) на Русина, и повелить его розграбити съ женою и съ дѣтьми, а Русинъ будеть доложенъ Нѣмцичю, (*то Нѣмцичю*) напередъ взяти, а потомъ како Богови любо и Князю. Таже правда буди Русину въ Ризѣ и на Готьскомъ берегу.

D.	E.
гость Немьцьскин, | непоставити на томь дворѣ князю ни Та|тарина, ни иного которого посла.	гость Немьцкъıи, не поставити на томь дворе князю ни Татарина|, ни иного которого послѣ.

8 (*7*).

Или Нѣмечкый гость дасть холопу Княжю или Боярьску, а кто задницю (*наслѣдіе*) его возметь, то у того Нѣмцичю товаръ взяти. Таже правда буди Русину въ Ригѣ и на Готьском березѣ.

9 (*8*).

Русину же не лзѣ ..вести одиного Русина въ послушьство, ни двою. Таже правда буди Нѣмцемъ въ Смоленскѣ.

10 (*9*).

Русину же не лзѣ имати Нѣмчина на желѣзо (*испытаніе посредствомъ раскаленнаго желѣза*) такоже и Нѣмцичу Русина; аже возлюбить самъ своею волею, то .. его воля.

11 (*10*).

Русину же не лзѣ позвати Нѣмцича на поле (*поединокъ*) въ Смоленскѣ, ни Нѣмцичю въ Ригѣ и на Готьском березѣ, или Нѣмечкый гость битися въ Руси межи собою меци или сулицами, Князю то ненадобѣ и никакому Русину, а.. правится сами по своему суду........

12 (*11*).

А.. иметь Русинъ Нѣмчица у своей жены, ино за соромъ 10 гривенъ серебра: такоже .. Русину въ Ригѣ и на Готьском берегу.

13 (*12*).

Аще которой Нѣмцичь учинить насилье надъ вольною женою въ Смоленскѣ, а дотолѣ было не слышати блядѣ ей, 10 гривенъ серебра за соромъ; таже правда буди Русину въ Ригѣ и на Готьском березѣ ....

14 (*15. 16.*)

А како услышить Волоскый Тіунъ, еже гость Нѣмечкый пріѣхалъ въ Смолняны на Волокъ, послати ему своего человѣка вборзѣ къ Волочаномъ, атъ перевезуть Нѣмечкый гость ... съ товаромъ; а никтожь иметь имъ пакостити, занеже въ той пакости велика пагуба бываеть Смолняномъ отъ поганыхъ. И Нѣмцемъ метати .. жеребья, кому пойти ..напередъ. Аще иный гость будеть Рускый, тому пойти позади.

15 (*17*).

А како будеть гость Нѣмечкый въ городѣ, дати имъ Княгини поставъ частины, а Тивуну Волочному рукавичь перьстатый Готьскый (*рукавицы съ перстами или перчатки*).

16 (*18*).

А который Волочанинъ вскладываетъ товаръ Нѣмечкый или Смоленскый на кола своя черезъ Волокъ везти, а что погынеть того товара, ..всимъ Волочаномъ платити. Таже правда буди Русину . . . и на Готьском березѣ.

17 (*19*).

А како будеть Нѣмечкый гость въ Смоленьскѣ городѣ, тако ему продати свой товаръ безо всякія бороны (*препятствія*); а какъ будеть Рускый гость въ Ризѣ и.. на Готьском березѣ, вольножъ ему продати .. безо всякой бороны.

18 (*20*).

Аще который Нѣмчиць хочеть пойти съ своимъ товаромъ въ иный городъ, Князю не боронити, ни Смолняномъ; или который Русинъ всхочеть .. съ Готьскаго берега въ Нѣмечкую землю въ Любокъ (*Любекъ*), Нѣмцемъ не боронити .. пути того.

19 (*21*).

Аще который Русинъ возметь товаръ у Нѣмчица, о понесеть товаръ изъ двора, тый товаръ не ворочаеться; или который .. товаръ купилъ у Русина и понесеть изъ двора, тый товаръ не ворочаеться.

20 (*21*).

Русину же не лзѣ позвати .. на опиі (*общій*)

судъ, развѣе на Смоленскаго Князя; аже возлюбить Нѣмичь на опьчій судъ, то его воля. А Нѣмцичю не лзѣ позвати Русина въ Ригѣ или на Готьскомъ берегѣ на опчій судъ: всхочеть ли Русинъ на обчій судъ, то его воля.

21 (*22.*)

Руспну же не лзѣ приставити Дѣчкаго (*Дьтскаго, Отрока, военнаго пристава*) къ Нѣмцичю въ Смоленьскѣ, но преже обсвѣтить старѣйшему ихъ: оже старѣйшина его не уволить, то лзѣ ему .. приставити. Такоже и Нѣмчичю въ Ригѣ и на Готьскомъ березѣ, не лзѣ ему приставити Дѣтьского.

22 (*23*).

Оже будеть Руспну товаръ имати на Нѣмчичи или въ Ригѣ, или на Готьскомъ березѣ, .. въ которомъ городѣ въ иномъ Нѣмечкомъ: пойти истьцю къ истьчю, и взяти ему тая правда, которая .. въ томъ городѣ; а рубежа имъ не дѣяти; а Нѣмчицю таже правда взяти въ Руси. (*Слово* рубежъ *употреблено здѣсь въ смыслѣ насильственнаго захваченія; см.* Т. *IV*, *прим. 213.*)

23.

А Нѣмчичю платити вѣсцю отъ двою капьѣ (*съ 24 пудъ*) куна Смоленьская.

24 (*25*).

Оже купити Нѣмцичю гривну золота, дати ему ногата вѣсцю, или продасть, не дати ему ни векши.

25 (*26*).

Или который Нѣмцичь купить ..судъ (*сосудъ*) серебряный, дати ему отъ гривнѣ куна вѣсцю, или продасть, не дати ему ни векши.

26 (*27*).

Аще купить Нѣмцичь гривну серебра, дати ..вѣсцю 2 векши, или продасть, не дати ему.

27 (*28*).

Оже Нѣмчинъ дасть серебро платить, дати ему куна Смоленьская . . гривень (*съ гривны*).

28 (*29*).

Аще вощный пудъ (*вощаной вѣсъ или 12 пудъ*) исказиться, лежить кань во святій Богородици на горѣ, а другая въ Нѣмечкой Богородици: то тымъ пудъ извѣрраче, право учинити. Таже правда буди Руспну въ Ризѣ и на Готьскомъ березѣ.

29 (*30*).

Нѣмчичю же всякой товаръ вольно купити безъ борони въ Смоленьскѣ, такоже и Руспну вольно купити всякый товаръ безъ борони въ Ризѣ и на Готьскомъ березѣ.

30 (*31*).

Нѣмчичю же не надобѣ никое мыто изъ Смоленьска . до Ригѣ, а изъ Ригы .. до Смоленьска; такоже и Русину не надобѣ мыто съ Готьскаго берега и до Ригѣ, а изъ Риги .. до Смоленьска.

31 (*32*).

Аще Смоленьскый Князь пойдеть на войну, не надобѣ ему (*Нѣмцу*) ѣхати; оже всхочеть съ Княземъ, то своя ему воля; такоже буди и Руспну воля въ Ризѣ и на Готьскомъ березѣ.

32 (*33*).

Аже Русинъ или Нѣмчичь иметь татя у своего товара, въ томъ его воля, что хочеть учинити.

33 (*34*).

Руспну же не дати пересуда (*судной пошлины*) ни въ Ригѣ, ни на Готьскомъ берегѣ, ни Нѣмчичю же платити пересуда въ Смоленьскѣ
. . . .
или у Князя, или у Тіуна, или урядили будуть добріи мужи; болѣ же того не поимати ни въ Ригѣ, ни на Готьскомъ березѣ. Таже правда буди Нѣмечкому гостю въ Смоленьскѣ.

34 (*35*).

А пудъ (*вѣсъ*) дали Нѣмчи Волочаномъ, иже .. имъ товаръ возити ..всякому гостю, и коли исказиться, а подругъ (*такой же*) его лежить въ Нѣмечькой божницѣ, а другый ковати извѣриния тими.

35 (*36*).

Епископъ же Рижьскый, Фолкунъ Мастеръ Божіихъ Дворянъ (*Рыцарей Христовыхъ*), и вси волостели по Рижеской земли дали Двину волену отъ о устья доверху по водѣ, и по берегу вся кому гостю Рижьскому и Нѣмечькому ходящимъ внизъ и верхъ.

37.

Богъ того не дай, аще кого притпа прiиметь, или ладья уразиться .. Руская, или Нѣмечькая, вольно ему свой товаръ привезти къ берегу безъ всякой борони. Аще будеть въ пособленiе людiй мало будеть, а къ тому .. принаймати людiй въ помочь; то, что будеть сулилъ .. найма, черезъ то .. болѣ не взяти. Таже правда буди Русину въ Ризѣ и на Готьскомъ березѣ, и Нѣмчичю въ Смоленьской волости и въ Полтьской и въ Витебьской.

А си грамота написана бысть .... при Попѣ Иванѣ и при Мастерѣ Фулкимѣ и при Рижьскихъ мужехъ, и при многыхъ купчехъ Рижьскаго Царства, еже есть тѣхъ печать на сей грамотѣ. А се .. суть сему послуси (*свидѣтели*) Регембодъ, Тетартъ, Адамъ, горожане на Готьскомъ березѣ; Мемеберъ, Вередрикъ Домомъ изъ Люпка (*Любека*)..; Индрикъ, .. Тонлiеръ: таже суть изъ Южата (*Данцига*?) — Кондратъ кривый, Еганъ Кипотъ: ти.. суть изъ Мунстера (*Минстера*) — Берникъ и Фолкирь, тиже суть изъ Глугли (*Гренингена*?) — Яремъ, .. Брахтъ: тиже суть изъ Дротмины (*Дортмунда*) — Индрикъ, Чижикъ: тиже изъ Драмъ (*Бремена*?) — Альбрахъ Слукъ, Бернаръ Велетерь. Алеберъ судья Рижскiй: тоже суть Рижане. Аще который Русинъ или Нѣмчицъ противитися всхочеть сей правдѣ, да тотъ противенъ Богу и сей правдѣ.

№ II.

Erneuerter Handelsvertrag eines Fürsten von Smolensk mit Riga und Gothland, in welchem die gegenseitigen Rechte und Pflichten russischer und deutscher Kaufleute auf Grundlage des Vertrages von Mstislaw Dawydowitsch festgestellt werden. (Ohne Datum, zwischen 1230—1270, vielleicht von einem Fürsten Rostislaw zwischen 1240—1250 abgefasst.)

Diese auf einem 82 Zeilen langen Pergamentblatte sauber geschriebene Vertragsurkunde war bis auf die neueste Zeit gänzlich unbekannt, wo sie bei einer neuen Untersuchung der rigaischen Handschriften des Vertrages von 1229 (s. Bulletin de l'Acad. Imp. des sciences, Tome I, pag. 135; Журналъ Мин. Нар. Просв. Ч. CIV, Отд. III, 26) entdeckt wurde. Die äussere Seite des Pergamentblattes war ursprünglich ganz leer gelassen und wurde später mit archivalischen Notizen versehen. Zuerst wurde auf derselben das Wort: «Smolenske» angebracht. In späterer Zeit wurde darauf geschrieben «Smolensker Fürsten des Mecislawy Sohnes, wiederholetes Recht ‖ mitt den Rigischen vnnd Gottlendern, etwas kortzer dan ‖ das erste, auch ein wenigk geendert, ohne Dat.» Wahrscheinlich im 18. Jahrhundert wurde noch hinzugefügt. «A° 1228 ‖ Schmolenskischen Fürsten Mecislavy ‖ Sohns mit der Stadt Riga, und Gottland aufgerichteter Vertrag. ‖ №. 16. Caps. a. archivi secret.» Die Jahreszahl ist eine blosse Erfindung des Schreibers dieser letzten Zeilen.

Kein Zweifel, dass dieses Pergamentblatt die Originalurkunde selbst ist, welche von einem unbekannten Fürsten von Smolensk ausgestellt ist. An derselben ist in der Mitte am untern Ende ein an rother Flockseide hängendes Blechsiegel angebracht, das aber nur noch lose am Pergament hing. Auf jeder Seite des aus zwei Stücken zusammengelötheten Siegels bemerkt man eine aufrechtstehende Person mit einem Heiligenscheine und zu deren beiden Seiten eine slawonische Aufschrift in perpendiculärer Richtung. Die Buchstabenzeichen auf der Rückseite des Siegels sind sehr schwach ausgeprägt; doch bemerkt man an der rechten Seite des Heiligen 5 auf einander folgende Zeichen und an der linken den Ueberrest eines Buchstabens und unmittelbar unter ihm zwei neben einander stehende Buchstaben. Die Vorderseite des Siegels ist jetzt noch mit 11 ziemlich scharf ausgeprägten Buchstaben bedeckt, von denen 5 an der linken Seite des Heiligen in perpendiculärer Richtung, 6 an der rechten Seite in drei Zeilen angebracht sind. Die einzelnen Buchstaben der Aufschriften sind theils so sonderbar ausgeführt, theils so abgerieben, dass bis jetzt jeder Versuch einer Deutung derselben als misslungen zu betrachten ist. Uebrigens wurde aller Wahrscheinlichkeit nach die Inschrift selbst keinen Aufschluss über den Namen des fürstlichen Ausstellers der Urkunde geben: die perpendiculäre Richtung der Inschrift selbst weist auf die alte byzantinische Sitte hin, nach welcher auf Heiligenbildern und Siegeln die Namen der Heiligen in perpendiculärer Richtung geschrieben wurden.

Leider gewährt auch der Text der Urkunde selbst keine ganz genaue Angabe über den fürstlichen Aussteller derselben. Zeile 65—67 bemerkt derselbe ausdrücklich, dass, wenn ein deutscher Handelsgast in Smolensk nach einem andern Lande zu ziehen beabsichtige, es dann so gehalten werden solle, «*wie es war zur Zeit meines Vaters Mstislaw Romanowitsch, und zur Zeit meines Bruders Mstislaw*», d. h. der Gast habe sich selbst an den Fürsten bittweise zu wenden, der nach seinem

Gutdünken ihn abzureisen gestatte. Beachtungswerth sind auch noch die Schlussworte (Zeile 76—82): »Also habe ich meinen Vertrag mit euch abgeschlossen für *meine* Mannen und *meine* Smolensker. Wenn (aber) einer *meiner* Brüder in Smolensk einzieht und sich ein Zwist erhebt zwischen euch und deren Mannen, so habt ihr euch mit ihnen selbst abzufinden; oder (wenn) Handelsgäste (гость als Collectivum) aus irgend einem Lande nach *meinem* Smolensk kommen und es erhebt sich zwischen euch und ihnen ein Streit, so habt ihr euch mit ihnen selbst abzufinden«.

Wenn ungeachtet aller Bemühungen die Genealogie des Fürstenhauses von Smolensk in der 1. Hälfte des 13. Jahrhunderts (s. oben p. 618 u. 619) nicht so, wie es namentlich zur Aufhellung unserer Urkunde wünschenswerth wäre, aufgeklärt werden konnte, so muss man in Betracht ziehen, dass gerade für die Geschichte der smolensker Fürsten jener Zeit die Quellen äusserst spärlich fliessen. Auch ist schwerlich eine Bereicherung derselben aus handschriftlichen Schätzen zu erwarten, nachdem es als ziemlich sicher angesehen werden kann, dass die unedirten russisch-lithauischen Chroniken in jener Periode des Fürstenthums Smolensk wenig gedenken.

Die oben angeführten zwei Stellen der Urkunde selbst sind der Art, dass aus ihnen kein ganz sicherer Schluss in Betreff der Abkunft des fürstlichen Ausstellers der Urkunde gezogen werden kann. Die Ausdrücke: »Vater« und »Bruder« haben in den russischen Chroniken und Urkunden bisweilen einen unbestimmten Sinn. Es möge hier daran erinnert werden, dass in der heutigen Umgangssprache das Wort »brat« nicht selten in dem Sinne von »cousin germain«, bisweilen auch in dem Sinne von »Schwager« gebraucht wird. Keinem Zweifel kann es unterliegen, dass der am Schlusse des Vertrages vorkommende Ausdruck: »Brüder« nicht im eigentlichen Sinne zu nehmen ist, sondern dass darunter entweder nahe Verwandte oder befreundete Fürsten zu verstehen sind. Der Fürst Iwan Alexandrowitsch von Smolensk nennt in dem hundert Jahre später abgefassten Vertrag (s. oben S. 20) den lithauischen Grossfürsten Gedimin geradezu seinen älteren Bruder (братъ мой старѣйшій Кедимонъ) und bezeugt, dass er mit seinem Bruder, dem livländischen Herrmeister (доконцалъ іесмь с братомъ своимъ, с мѣстерьмъ с Рижскимъ) sich vertragen habe. Es fragt sich aber, ob auch an der Stelle, wo der Aussteller der Urkunde den zweiten Mstislaw seinen »Bruder« nennt, das Wort »brat« im eigentlichen oder uneigentlichen Sinne zu nehmen sei. Man könnte unter diesem »Bruder« den im J. 1231 verstorbenen Fürsten Mstislaw II. Dawydowitsch verstehen, da in dem erneuerten Handelsvertrage manche Sätze vorkommen, die wörtlich dem Vertrage von 1229 entnommen und nur etwas besser stilisirt sind. Da aber ein leiblicher Bruder von Mstislaw II. Dawydowitsch nicht zugleich ein Sohn von Mstislaw Romanowitsch, sondern nur dessen Cousin gewesen sein kann, so folgt zunächst daraus, dass der Aussteller der Urkunde den Fürsten Mstislaw II. Dawidowitsch nur im uneigentlichen Sinne seinen »Bruder« nannte. Das Patronymicum aber wurde bei »Mstislaw« vielleicht deswegen ausgelassen, weil die Persönlichkeit desselben allgemein bekannt war und noch in der Erinnerung der Zeitgenossen fortlebte.

Von den Söhnen des Fürsten Mstislaw Romanowitsch, der bereits i. J. 1195 eine Tochter verheirathete, sind zwei uns näher aus den russischen Jahrbüchern und aus der Chronik Heinrich's von Lettland bekannt. Beide fielen aber i. J. 1223 in der Schlacht an der Kalka, wie i. J. 1856 (Ученыя Записки И. Акад. Наукъ по I и III Отдѣленіямъ, pag. 830 und 840; früher kurz im Bulletin historico-philologique de l'Acad. Imp. des sciences, Tome XI, № 9 oder Mélanges Russes tirés du Bulletin, Tome II, p. 369) überzeugend nachgewiesen worden ist. — Ein »Andrei Mstislawitsch«, welcher im J. 1245 von den Tataren getödtet wurde, ist bis jetzt mit Unrecht für einen Sohn von Mstislaw Romanowitsch ausgegeben worden, da er nach Plano Carpini aus dem Hause der Fürsten von Tschernigow (Andreas dux de Chernegloue) war. — Durch Dlugosz († 1480), welcher entweder die russische wolhynische Chronik, jedoch in einer vollständigeren Redaction, als wir sie besitzen, oder eine verloren gegangene Fortsetzung der Chronik von Kiew benutzt hat, lernen wir aus einem Bericht über den Feldzug der russischen Fürsten gegen die vereinigten Ungarn und Polen (a. 1219 und 1220) einen Rostislaw Dawydowitsch (I, p. 606: Roscislaus Dauidovic et alter Roscislaus Mscislavic) und zugleich einen Rostislaw Mstislawitsch kennen, der möglicher Weise ein Sohn Mstislaws Romanowitsch gewesen sein könnte. — I. J. 1239 oder 1240 schwang sich auf den Thron von Kiew, kurze Zeit vor dessen Einäscherung durch die Tataren, ein Rostislaw Mstislawitsch aus dem smolensker Fürstenhause, der indessen bald von Daniel Romanowitsch gefangen genommen wurde. Pogodin (p. 362) möchte ihn für einen Sohn von Mstislaw Romanowitsch halten, weil auch sein Vater in Kiew gefürstet hatte; allein dem steht nur entgegen, dass die Воскр. лѣт. (Полное Собр. Русск. лѣт. VII. 144) ihn ausdrücklich für einen Enkel von Dawyd ausgiebt. Die Rostislawitschen glaubten überhaupt ein Anrecht auf den Besitz von Kiew zu haben.

Welcher von den beiden Fürsten, Namens Rostislaw, oder welcher andere Fürst den Vertrag mit Riga erneuert hat, bleibt also ungewiss. Die Zeit dieser Erneuerung ist ebenfalls sehr schwierig zu bestimmen. An sich ist es nicht wahrscheinlich, dass dies kurze Zeit nach dem Tode von Mstislaw Dawydowitsch geschah, da während seiner Regierung die Vertragsurkunde von 1229 ohnehin mehr als Eine Redaction erfahren hatte. Auch lässt sich nicht mit Sicherheit nachweisen, dass in Smolensk zwischen 1231—1240 ein Fürst Namens Rostislaw geherrscht habe. Im J. 1232 nahm Smolensk ein Fürst Namens Swiatoslaw, als Führer einer aus Polozkern bestehenden Heerschaar, mit stürmender Hand ein (Новг. I. лѣт. г. 6740) und wüthete mit dem Schwert gegen die Smolensker. Wahrscheinlich war dies ein nicht längst getaufter lithauischer Fürst und vielleicht derselbe, welchen der Grossfürst von Susdal Jaroslaw Wsewolodowitsch, der Vater von Alexander Newski, im J. 1239 entthronte und an dessen Stelle er Wsewolod einsetzte, worunter wir wohl Wsewolod Borissowitsch zu verstehen haben. Wie lange der letztere in Smolensk herrschte, ist unbekannt; eben so verscholl Rostislaw Mstislawitsch, der angebliche Enkel von Dawyd Rostislawitsch, nachdem er nicht lange vor der Verwüstung Kiews durch die Tataren, welche am 6. Dec. 1240 erfolgte, sich dort zum Fürsten aufgeworfen, um bald darauf von Daniel Romanowitsch von Galizien ergriffen zu werden.

Nach der Verwüstung des südlichen Russlands durch die Tataren war das Fürstenthum Smolensk mehr als je den Einfällen und dem Annexionssysteme der lithauischen Fürsten ausgesetzt; doch scheint es nicht, dass zwischen 1240 und 1270 die Dawydowitschen von einer lithauischen Dynastie verdrängt wurden. Aller Vermuthung nach wurde ihr Thronrecht theils durch die Tataren theils durch den mächtigen Alexander Newski gestützt. An ihn schloss sich nicht nur Constantin an, der ein Sohn von Rostislaw-Boris Mstislawitsch und Schwiegersohn von Alexander genannt wird, sondern wir finden auch im J. 1270 (Новг. лѣт. 6778) den Fürsten Gleb Rostislawitsch, den Enkel von Mstislaw II. Dawydowitsch, bereit, die Ansprüche von Jaroslaw Jaroslawitsch, des jüngern Bruders von Alexander Newski, auf den nowgorod'schen Fürstentheil mit bewaffneter Hand zu unterstützen.

Um 1250 musste sowohl Rostislaw Mstislawitsch, der angebliche Sohn von Mstislaw Romanowitsch, als auch Rostislaw Dawydowitsch, ein ziemlich hohes Alter erreicht haben, wenn sie überhaupt damals noch am Leben waren. Zu welcher Zeit und von wem auch der Handelsvertrag von 1229 erneuert wurde, — er gehört zur Zahl der werthvollsten altrussischen Documente, ungeachtet dass er zu seiner Voraussetzung den Vertrag von Mstislaw Dawydowitsch hat. Vor dem letzteren zeichnet er sich, wenn auch nur im Ganzen, durch eine reinere Diction aus; auch sieht man deutlich in ihm das Bestreben, die Interesse der Unterthanen des Fürsten besser und bestimmter wahrzunehmen, als dies in dem Vertrage von 1229 geschehen war.

Von nicht geringem Interesse ist die Nachricht, dass schon unter Mstislaw Romanowitsch (1197—1212) ein geregelter Verkehr zwischen Smolensk und der deutschen Kaufmannschaft bestand. Dadurch erlangt der bis dahin vereinzelt dastehende Bericht Heinrich's von Lettland (s. oben p. 405) über Ludolf von Smolensk, als Unterhändler des Fürsten von Smolensk im J. 1210, die erwünschte Bestätigung und auch die Nachricht bei Heinrich, dass noch vor der Erbauung Rigas, — wahrscheinlich in dem letzten Jahrzehend des 12. Jahrhunderts — deutsche Kaufleute auf ihrer Fahrt nach Polozk von einem estnischen Stamme ausgeplündert wurden, führt auf die Vermuthung, dass Smolensk schon im 12. Jahrhundert von Dünafahrern besucht wurde. Damit ist aber ein Weg nachgewiesen, auf welchem in das deutsche Epos, namentlich aber in die norwegische oder isländische

Redaction der (niederdeutschen) Dietrichsage noch vor Alexander Newski der russische Sagenkreis von Woldemar (Владиміръ) nebst den Namen von Ilia (Илья Муромскій), Ostassia (Настасья) verwebt wurde. (S. Müllenhoff in Haupt's Zeitschr. für deutsches Alterthum, XII, p. 344—354) Der nordische Redactor führt als seine Quellen besonders die Erzählungen deutscher Männer aus *Soest*, *Bremen* und *Münster* (vgl. oben S. 418, 442) an, die, man sieht deutlich, in Polozk und Smolensk selbst sich aufgehalten hatten, was hier nicht näher erörtert werden kann.

Bei der Wichtigkeit der Urkunde Rostislaw's ist dieselbe hier buchstäblich genau abgedruckt worden, was um so leichter möglich war, als dieselbe wenig Abkürzungen enthält. Die hin und wieder vorkommenden corrumpirten Stellen fallen dem Schreiber zur Last, der auch einzelne Abkürzungszeichen (титла) ausgelassen hat. Hinter den abgekürzten Wörtern steht in der Handschrift fast durchgängig ein Punct. — Von den auf dem Siegel (s. oben p. 448) vorkommenden Buchstaben sind bei schärferer Beleuchtung noch einige erkannt worden, doch lässt sich kein Name feststellen.

Unterhalb des Textes sind zur Vergleichung desselben mit dem Vertrage von 1229 einige §§ des letzteren nach der Reihenfolge in den Texten D—F angeführt worden. Aus der Vergleichung der einzelnen Paragraphen ergiebt sich leicht, worauf man im neuen Vertrage besonders Gewicht legte und wie man es für nöthig hielt, einzelne Bestimmungen schärfer und umständlicher abzufassen, als es früher geschehen war. Es sei schliesslich nur noch bemerkt, dass die oben (p. 405) aufgestellte Annahme von der Existenz dreier Redactionen des Vertrages von Mstislaw Dawydowitsch schwerlich zulässig ist. Diese Annahme von der Existenz einer dritten Redaction stützt sich vorzugsweise auf die Beschaffenheit der moskauer Handschrift (F) und des Karamsin'schen Druckes; allein das nähere Verhältniss desselben zu der Handschrift F ist wohl oben (p. 417. 418) richtig bestimmt worden.

А рядъ мои съ Немьци таковъ: Аже боудоуть мои Смолнане въ Ризѣ, ‖ вольное търгование имъ въ Ризѣ. Аже боудоуть Смолнане на Гътьскомь бѣрѣзѣ, вольное търгование имъ на Гътьскомь бѣрѣзѣ. Аже боудоу‖ть Немьци въ моемь Смольскѣ, вольное имъ търгование въ моемь Смо‖льньскѣ. А мѣста на корабли вольная, како Немѣчичю, тако и Смолня‖нинոу. Аже[1]) оубьють моужа вольного, гъ выдати розбоиникы, колико то‖ихъ боудѣть было; не боудѣть розбоиников, то дати за голоноу і. грив. сѣ‖рѣбра. Аже[2]) оубьють посла или попа, то двое того дати за голову; аже не бѫ‖дѣть розбоиников, боудоуть розбоиници, выдати е. Или[3]) кто вызбиеть Око чл҃вкоу, или ногоу ототнеть, или роукоу ѿтотьнеть, или иноую хромо‖тоу въ тѣлѣ оучинить, е҃. грив. сѣрѣбра платити, а за зоубъ г҃. грив. сѣрѣ‖бра. Или[4]) чл҃вкъ чл҃вка дѣрѣвъмь оударить до кръви, или[5]) по лицю оударить, а дати ‖ емоу г҃. грив. сѣрѣбра. Или[6]) чл҃вкъ ранить мечемь или ножемь, а хромоты на тѣ‖лѣ его не боудѣть, дати емоу г҃. грив. сѣрѣбра. Или[7]) Роусьскомоу гъстьи притьча‖ся пригодить въ Ризѣ или на Гътьскомь бѣрѣзѣ, никакоже его въ дыбоу въ‖садити. Аже боудѣть пороука по нь, на пороуцѣ его дати; или не боудѣть по‖роукы, а въ желѣза и въсадити. Или[8]) Русьскыи гъсть свои тъварь дасть въ дъгъ или въ Ризѣ или на Гътьскомь бѣрѣ. Немьчичю, а нъ дъдължень боуде‖ть инемъ, Роусьскомоу же гъстьи наперѣдѣ възати. Или Немьчьскыи гъсть ‖ въ дългъ дасть Смолѣньскѣ свои тъваръ Роусиноу, аче дълженъ боудѣть инѣ‖мъ, Немѣчьскомоу гъстьи напѣрѣдѣ възати. Аже[9]) боудѣть вѣдцѣ или масте‖рови или которомоу соудьи гнѣвъ на которого Немьчица, а въсхочети и казні‖ти, а боудѣть тотъ дълженъ

---

[1]) § 1, a.
[2]) § 2.
[3]) § 3, c.
[4]) § 3, a.
[5]) § 3, b.
[6]) § 3, d.
[7]) § 4.
[8]) § 5.
[9]) § 6.

Немьчиць Смолнянинοу, перѣже дати емоу тъваіръ Смолнянинοу, а въ проче его вола. Аже[10]) Смолнянинъ тъваръ дасть въ Ризѣ || или на Гътьскомь бѣрѣзѣ, и не росплатився са поидѣть въ Бѣи, а кто его задь||ницю възьметь, тъть и гостинъіи тъваръ дасть. Аже[11]) боудѣть търговати || Смолнянинοу съ Немьчицемь, Смолнянинοу одинѣхъ Смолнянъ на послоушь-|| ство не въіводити. Также и Нѣмьчицю своихъ Немѣчь одинѣхъ на послоу||шьство не въіводити; ставити имъ на послоушьство Роусина же Нѣмьчица, || также и въ всѣхъ тяжахъ радъ Смолнянинοу съ Немьчицемь про послоушь-|| ство. Немьчичю[12]) же въ Ризѣ и на Гътьскомь бѣрѣзѣ Смолнянина на желѣзо || безъ его воле не лзѣ имати; оулюбить своею волею нести желѣзо, тъ ть его вола, виноватъ ли боудѣть, своя емоу вола, или правъ боудѣть, а і҃. гри. сѣрѣ||бри за соромъ емоу възяти. Немьчичю[13]) же не лзѣ позвати на поле Роусина || битъ са въ Ризѣ и на Гътьскомь бѣрѣзѣ, Роусиноу же не лзѣ позвати Не||мьчича на поле битъ са Смоленьскѣ. Тако межи себе оустановимъ. Оже и||моуть са бити Роусь въ Ризѣ и на Гътьскомь берѣзѣ мечи или соуличами, || или иная тяжа оучинить са межи самѣми, не надобѣ то віадцѣ, ни иномоу || соудьи Немьчьскомоу, атъ оуправать са сами по своемоу соудоу; также и Немьчемъ Смольньскѣ. Оже[14]) которъіи Немьчиць въ Ризѣ или на Гътьско||мь бѣрѣзѣ свяжеть Смолнянина, или въ желѣза въсадить, за соромъ емȣ платити г҃. гри. сѣрѣбра; также и Немьчицю Смольньскѣ. Аже[15]) боудѣ||ть Смолнянинοу Немьчичь дължьнъ въ Ризѣ или на Гътьскомь берѣзѣ, || правити емоу, поемъше дѣтьскъіи оу соудье. Тъть ли дѣтьскъіи не исправи||ть, возма мьздоу, приставити на нь дроугого, тъть ли иметь хъітрити, а по||ставити и передъ соудьею, атъ въідасть и соудья. Также и Немьчицю Смо-|| льньскѣ поставить и передъ княземь, атъ въідасть и князь. Аже кто почь||неть дългъ бити оу Смолнянина въ Ризѣ или на Гътьскомь бѣрѣзѣ, то || томоу за нь платити, кто и заметалъ; также и Нѣмьчемъ Смольньскѣ. А[16]) ѿ Смоленьска чистъіи поуть до Ригы, а не надобѣ имъ ни вощець ни мъі||то, а[17]) на Волоце, како то есть пошло. А[18]) моимъ Смолняномъ въ Ризѣ и на Гъть||скомь бѣрѣзѣ не надобѣ имъ ни вощець ни мъіто. Аже[19]) Немьчиць коупить || въ Ризѣ и на Гътьскомь бѣрѣзѣ оу Смолнянина товаръ, понесеть его домо||вь, а въсхочеть воротити, Смолнянинοу же тъть тъваръ не надобе боле; та||кожe и Немьчичю Смоленьскѣ. Оже[20]) боудѣть Смолнянинοу съ Немьчичемь тяжа въ Ризѣ, тоу са тяжють передъ Рижьскъімь соудьею; боудѣть || ли тяжа Смолнянинοу съ Немьчицемь на Гътьскъмь березѣ, а соуди||ти и Гътьскъимъ соудьямъ, тоу то и тяжи и коньць; боудѣть ли тяжа || Смоленьскѣ Немьчицю съ Смолнянином, соудити я Смоленьскомоу || князю, тоуже то и тяжи и коньць. Аже[21]) кто оуръветь бороды Смолнянинȣ || въ Ризѣ или на Гътьскомь бѣрѣзѣ, или Смолнянинъ Немьчицю, томоу оурокъ г҃. гри. сѣрѣбра. Оже оуръвѣть Немьчиць бороды Смолнянинοу || Смольньскѣ, дати емоу г҃. гри. сѣрѣбра. Оже оуръвѣть бороды Немьчиць || боярину, или коупосмьчи, дати емоу в҃. гри. сѣрѣбра. А[22]) како боудѣть Не||мьчьскъіи гъсть Смоленьскѣ, а почьнѣть са кто ѿ нихъ просити въіноу||ю землю, то како то было при моемь оц҃и, при Мьстиславѣ при Романовиці, || и при моемь братѣ, при Мьстиславѣ, о немъ са прашати, а мнѣ е по доумѣ || поущати. Аже оубьють тиоуна княжа, городьского, и҃. гри. сѣрѣбра,

---

10) § 7.
11) § 8.
12) § 9.
13) § 10.
14) § 13.
15) § 14.
16) § 36.
17) § 15.
18) § 30, b. 31.
19) § 21.
20) § 34.
21) § 3, b.
22) § 20.

каков̾и послоу. (Оже[23]) имоуть Роусина вольного оу вольное жены въ Ризѣ или на|| Гътьскомь бѣрѣзѣ, оже оубьють, и тъть оубить; паки ли не оубьють, | платити емў ї. гри. сѣрѣбра; такоже и Немьчицю Смолиньскѣ. Аже[24]) оучи||нить Роусинъ насилье въ Ризѣ или на Гътьскомь бѣрѣзѣ надъ вольною| женою, а дотоле не слышати было до нее лихого, оурока за то ї. гри. сѣрѣ|бра; такоже и Немьчицю Смоленьскѣ. Аже оучинить Роусинъ насилье на||дъ робою въ Ризѣ или на Гътьскомь бѣрѣзѣ, платити емоу за соромъ | гри. сѣрѣбра; такоже и Нѣмьчицю Смоленьскѣ. Тоже есмь с вами радъ | свои доконьчалъ про свое моужи и про свое Смолняны. Аже въедеть | братъ мои которыи въ Смольнескъ, а оучинится вамъ свада съ ихъ | моужьми, вамъ ся вѣдати с ними самѣмъ; или гость не которое зе||мле приедеть въ мои Смольнескъ, а боудеть вы с нимь свада, а вѣдаи||те ся с ними сами.

[23]) § 11.

[24]) § 12.

Zur Urkunde № XXVI (pag. 13).

Der oben S. 13 nach einer Copie abgedruckte Geleitsbrief von Jaroslaw Jaroslawitsch kann hier nach dem nur aus 8 Zeilen bestehenden Originaldocument berichtigt werden. Nach demselben lautet der Text, wie folgt:

Менгу Темерево слово къ Ярославу кня|зю: дан путь Немецкому гости на свою| волость. Отъ князя Ярослава ко Рижа||номъ и к болшимъ и к молодымъ, и кто||гостить, и ко всѣмъ: путь вашь чистъ*)||исть по моеи волости. А кто мнѣ ра||тныи, с тѣмъ ся самъ вѣдаю. А гостю| чистъ путь по моеи волости.

*) Ursprünglich hatte der alte (rigaische?) Copist des verlorenen Originals чиста geschrieben, jedoch dann das а so umgestaltet, dass es einem ъ ähnlich wurde.

Ueber den Text der zwei polotzkischen Urkunden von 1399 und 1405 (s. oben № 122, p. 94 und № 154, p. 120) und ihr Verhältniss zu andern damit verwandten russischen und niederdeutschen Texten wird Näheres an einem andern Orte mitgetheilt werden.

ПЕРЕЧЕНЬ АКТОВЪ.

VERZEICHNISS DER URKUNDEN.

Настоящій Сборникъ состоитъ изъ документовъ на разныхъ языкахъ, обнимающихъ 500-лѣтній періодъ времени и касающихся областей, различныхъ въ географическомъ, а прежде и въ политическомъ отношеніяхъ. По этому не безполезно будетъ, распредѣлить по разрядамъ всѣ здѣсь напечатанные документы соотвѣтственно различному мѣстному интересу, который они имѣютъ для русскаго историка, что и исполнено въ предлагаемомъ спискѣ. Тѣ документы, которые относятся къ разнымъ областямъ нынѣшней Россіи, приведены по этому нѣсколько разъ.

Звѣздочка *предъ нумерами* означаетъ что документы вошли въ составъ собранія только въ видѣ регестовъ. Звѣздочка же *предъ числомъ года* означаетъ, что годъ или время акта поставлено только приблизительно.

Какъ въ Перечнѣ, такъ и въ Регестахъ буква *R* означаетъ Russisch (на русск. яз.), *D* — Deutsch (на нѣм. яз.), *L* — Lateinisch (на лат. яз.). — Изъ другихъ сокращеній должно еще отмѣтить:

GA. — Секретный Архивъ.
HM. — Гохмейстеръ Нѣмецкаго ордена.
O. J. — Безъ года.
OM. — Ливонскій Мейстеръ или Геррмейстеръ.
O. O. — Безъ означенія мѣста.
O. T. — Безъ означенія дня.
RA. — Архивъ магистрата.

Сами документы распредѣлены въ семи категоріяхъ.

I. Акты, относящіеся къ Новгороду.
II. « « « Пскову.
III. « « « Смоленску.
IV. « « « Полоцку.
V. « « « Витебску.
VI. « « « Великому Княжеству Литовскому.
VII. « « « Великому Княжеству Московскому и къ Россіи вообще.

Die vorliegende Sammlung von Urkunden besteht aus Documenten, die in verschiedenen Sprachen abgefasst sind, einen Zeitraum von fünf Jahrhunderten umfassen und mehrere geographisch und früher auch politisch von einander getrennte Gebiete betreffen. Es dürfte daher nicht unzweckmässig sein, sämmtliche hier abgedruckte Urkunden nach dem Interesse, welches sie für den russischen Historiker haben, zu classificiren, was hier in dem folgenden Verzeichniss geschieht. Diejenigen Urkunden, welche sich auf verschiedene Gegenden des heutigen Russlands zugleich beziehen, sind daher auch hier an mehr als einer Stelle angeführt worden.

Der *vor den Nummern* stehende Stern bezeichnet die Documente, welche in die Sammlung nur in Form von Regesten aufgenommen worden sind. Der *vor der Jahrzahl* stehende Stern deutet an, dass das Jahr oder die Zeit der Abfassung der Urkunde nur approximativ angegeben ist.

Sowohl im Verzeichniss als in den Regesten bedeutet *R* — russisch, *D* — deutsch, *L* — lateinisch.

Von den Abkürzungen sind noch anzuführen:

GA. — Geheimes Archiv.
HM. — Hochmeister.
O. J. — Ohne Jahr.
OM. — Herrmeister (dominus magister) oder der Ordensmeister in Livland.
O. O. — Ohne Ort.
O. T. — Ohne Tag.
RA. — Rathsarchiv.

Die Urkunden selbst sind unter folgende 7 Rubriken vertheilt:

I. Urkunden, welche sich auf Nowgorod beziehen.
II. « « « « Pskow (Pleskau) beziehen.
III. « « « « Smolensk beziehen.
IV. « « « « Witebsk beziehen.
V. « « « « Polozk beziehen.
VI. « « « « das Grossfürstenthum Litauen beziehen.
VII. « « « « das Grossfürstenthum Moskau und Russland überhaupt beziehen.

I.

Новгородъ. Nowgorod.

Годы Jahre	На какомъ языкѣ.	In welcher Sprache	№	Стр. Seite
1197—1199	на р.	R.	1	1
	на н.	D.	*3	4
1257—1263	на р.	R.	16	8, 174
1266—1272	на р.	R.	26	13, 453
1268	на л.	L.	*28	15
1269	на л.	L.	*29	15
1269	на л.	L.	*30	15
1270	на н.	D.	*31	16
1279	на л.	L.	*33	16
1282	на л.	L.	*35	18
1292	на л.	L.	*42	21
1294—1304	на р.	R.	43	21
*1295	на л.	L.	*44	22
1298	на л.	L.	*46	23
*1301	на р.	R.	48	24
1299—1307	на р.	R.	50	28
1323	на н.	D.	*55	33
1323	на л.	L.	57	34
1324	на л.	L.	62	38
1324	на л.	L.	*65	41
1331	на н.	D.	75	55
*1335	на л.	L.	*77	62
1338	на н.	D.	*80	63
1338	на л.	L.	81	63
*1338	на н.	D.	82	64
*1340	на л.	L.	*84	69
1345—1360	на л.	L.	*86	70
1345	на л.	L.	*87	70
1346	на н.	D.	88	71
1350	на л.	L.	*89	74
*1350	на л.	L.	*90	74
*1350	на н.	D.	*91	74
1366	на л.	L.	*92	75
1370	на н.	D.	93	75
1373	на р.	R.	96	76
1392	на р. н.	R. D.	115	84
1396	на н.	D.	118	90
*1400	на л.	L.	128	99
*1400	на н.	D.	129	100
*1400	на н.	D.	130	101
*1400	на л.	L.	131	102
*1400	на н.	D.	133	103
1402	на н.	D.	*138	111, 153
1405	на н.	D.	155	121
1405	на н.	D.	156	121
1406	на н.	D.	158	123
1406	на н.	D.	*159	123
1406	на н.	D.	162	128
1407	на н.	D.	166	132
1408	на н.	D.	168	133
1409	на н.	D.	*169	134
1409	на н.	D.	170	134
1409	на н.	D.	*173	139
1411	на н.	D.	177	140
1412	на н.	D.	179	144
1412	на н.	D.	181	148
1414	на н.	D.	185	152
1417	на н.	D.	205	166
1420	на н.	D.	210	171
1420	на н.	D.	211	172
1420	на н.	D.	213	174
1424	на н.	D.	222	183
1425	на н.	D.	223	183
1425	на н.	D.	224	184
1425	на н.	D.	225	185
1432	на н.	D.	*232	192
1447	на н.	D.	*245	198
1473	на н.	D.	281	243
1473	на н.	D.	282	244
1487	на н.	D.	*274	238
1509	на н.	D.	306	267
1509	на н.	D.	308	268
1511	на н.	D.	314	274
1512	на н.	D.	316	276
1513	на н.	D.	322	284

Годы. Jahre.	На какомъ языкѣ.	In welcher Sprache.	№	Стр. Seite.
1514	на н.	D.	329	289
1514	на н.	D.	331	294
1515	на н.	D.	339	303
1515	на н.	D.	344	307
1515	на н.	D.	345	307
1515	на н.	D.	347	309
1515	на н.	D.	350	313
1515	на н.	D.	352	315
1516	на р.	R.	356	318
1521	на н. р.	D. R.	369	329

II.

Псковъ. Pskow (Pleskau).

Годы. Jahre.	На какомъ языкѣ.	In welcher Sprache.	№	Стр. Seite.
1269	на л.	L.	*30	15
*1270	на р.	R.	27	14
*1323	на л.	L.	53	30
1328	на н.	D.	*55	33
*1335	на л.	L.	*77	62
1370	на н.	D.	93	75
*1400	на л.	L.	132	103
1402	на л. н.	L. D.	138	109
1406	на н.	D.	158	123
1408	на н.	D.	167	133
1411	на н.	D.	176	140
1417	на н.	D.	*204	166, 168
1417	на н.	D.	205	166
1417	на н.	D.	206	168
1473	на н.	D.	262	228
1473	на н.	D.	281	243
1480	на н.	D.	*270	237
1480	на н.	D.	*271	237
1481	на н.	D.	*272	237
1487	на н.	D.	*274	238
1503	на н.	D.	*286	249
1509	на н.	D.	307	263
1510	на н.	D.	311	272
1513	на н.	D.	322	284
1514	на н.	D.	338	301
1515	на н.	D.	350	313
1521	на н. р.	D. R.	369	329
1550	на н.	D.	380	369

III.

Смоленскъ. Smolensk.

Годы. Jahre.	На какомъ языкѣ.	In welcher Sprache.	№	Стр. Seite.
1229	на р.	R.	*2a	2
1229	на р.	R.	Anh. I.	405, 420, 87
1229	на р.	R.	*2b	3
1229	на р.	R.	Anh. I.	405, 421
*1240	на р.	R.	Anh. II.	448
1281—1297	на р.	R.	34	17
1284	на р.	R.	*36	18
1284	на р.	R.	37	19
*1300	на р.	R.	47	28
1330—1359	на р.	R.	*73	52
*1400	на н.	D.	126	96
	на н.	D.	248	202

IV.

Витебскъ. Witebsk.

Годы. Jahre.	На какомъ языкѣ.	In welcher Sprache.	№	Стр. Seite.
1229	на р.	R.	*2a	2
1229	на р.	R.	Anh. I.	405, 420
1229	на р.	R.	*2b	3
1229	на р.	R.	Anh. I.	405, 421
1264	на р.	R.	25a	11
*1265	на р.	R.	25b	12
1281—1297	на р.	R.	34	17
*1300	на р.	R.	48	25
1338	на н.	D.	83	67
	на н.	D.	248	202

V.

Полоцкъ. Polozk.

Годы. Jahre.	На какомъ языкѣ.	In welcher Sprache.	№	Стр. Seite.
1229	на р.	R.	*2a	2
1229	на р.	R.	Anh. I.	405, 420
1229	на р.	R.	*2b	3
1229	на р.	R.	Anh. I.	405, 421
1254	на л.	L.	*8	6
1264	на л.	L.	*24	11
1264	на р.	R.	25a	11
*1265	на р.	R.	25b	12
*1270	на р.	R.	27	14
*1300	на р.	R.	38	19
*1330	на н. р.	D. R.	74	52
1338	на н.	D.	83	67
1385	на л.	L.	*106	81
1393	на н.	D.	117	89
1399	на р.	R.	122	94, 453
*1400	на н.	D.	127	93
*1400	на р.	R.	134	104, 162
*1400	на н.	D.	135	105
1401	на н.	D.	136	106
1402	на н.	D.	137	106
1403	на л.	L.	140	111
*1404	на н.	D.	143	113

Годы. Jahre.	На какомъ языкѣ.	In welcher Sprache.	№	Стр. Seite.
1404	на р.	R.	152	118
1405	на р.	R.	153	119
1405	на р.	R.	154	120 458
1406	на н.	D.	*157	122
1406	на н. л.	D. L.	160	124 196 209 214
*1406	на н.	D.	161	126
1407	на р.	R.	164	129
1407	на р.	R.	165	131
1409	на н.	D.	171	136
1409	на р.	R.	172	137
1412	на н. л.	D. L.	180	146
	на н.	D.	182	149
1413	на н.	D.	184	151
	на н.	D.	192	159
	на н.	D.	193	159
	на н.	D.	194	160
	на н.	D.	195	160
	на н.	D.	196	161
	на н.	D.	197	162
	на н.	D.	198	162
1439	на н.	D.	242	198 209
1447	на н.	D.	246	199 209
	на н.	D.	248	202
1465	на р.	R.	249	203
1465	на р.	R.	250	203
1466	на н.	D.	251	204
1466	на н.	D.	252	205
1466	на н.	D.	253	206
1466	на л.	L.	254	208
1467	на н. л.	D. L.	255	209 196 206
1468	на н.	D.	256	212
1470	на н. л.	D. L.	257	214
1470	на н.	D.	258	224
1470	на р.	R.	259	225
1471	на н.	D.	260	226
1471	на н.	D.	261	227
1475	на р.	R.	263	231
1476	на р. н.	R. D.	264	232
1478	на р.	R.	265	233
	на р.	R.	266	235
	на р.	R.	278	240
	на р.	R.	279	241
	на р.	R.	280	242
1521	на н.	D.	368	328
1521	на н.	D.	370	345
1523	на н.	D.	374	355
1553	на р.	R.	384	380

———

VI.

Великое Княжество Литовское. Grossfürstenthum Litauen.

Годы. Jahre.	На какомъ языкѣ.	In welcher Sprache.	№	Стр. Seite.
1253	на л.	L.	*4	5
1253	на л.	L.	*5	5
1254	на л.	L.	*6	5
1254	на л.	L.	*7	7
1254	на л.	L.	*9	6
1254	на л.	L.	*10	6
1254	на л.	L.	*11	6
1255	на л.	L.	*12	7
1255	на л.	L.	*13	7
1255	на л.	L.	*14	7
1255	на л.	L.	*15	7
1257	на л.	L.	*17	8
1257	на л.	L.	*18	9
1257	на л.	L.	*19	10
1259	на л.	L.	*20	10
1260	на л.	L.	*21	*10
1260	на л.	L.	*23	*11
1264	на р.	R.	25^a	11
*1265	на р.	R.	25^b	12
*1300	на р.	R.	38	19
1286—1294	на л.	L.	*39	20
1289	на л.	L.	*40	21
1290	на л.	L.	*41	21
1298	на л.	L.	*45	22
1313	на л.	L.	*51	29
*1323	на л.	L.	53	30
1323	на л.	L.	54	31
1323	на н.	D.	*55	33
1323	на л.	L.	*56	33
1323	на н.	D.	58	35
1323	на л.	L.	*59	37
1323	на л.	L.	*60	38
1324	на л.	L.	*61	38
1324	на л.	L.	62	39
1324	на л.	L.	*63	41
1324	на л.	L.	*64	41
1324	на л.	L.	*66	42
1324	на л.	L.	67	42
1325	на л.	L.	69	48
*1326	на л.	L.	*70	50
1326	на л.	L.	71	50
1337	на л.	L.	*79	62
1338	на н.	D.	83	67
1343	на л.	L.	85	70
1371	на л.	L.	*94	75
1371	на л.	L.	95	76
1379	на н.	D.	*97	79
1380	на н.	D.	*98	79
*1382	на л.	L.	*99	79
1382	на н.	D.	*100	79
1382	на н.	D.	*101	80
1382	на н.	D.	*102	80
1383	на н.	D.	*103	80

Годы. Jahre.	На какомъ языкѣ.	In welcher Sprache.	№	Стр. Seite.
1383	на н.	D.	*104	80
1384	на н.	D.	*105	81
1385	на л.	L.	*106	81
1388	на н.	D.	*107	82
1390	на н.	D.	*108	82
1390	на н.	D.	*109	82
1390	на н.	D.	*110	82
1390	на н.	D.	*111	83
1390	на н.	D.	*112	83
1391	на н.	D.	*113	83
1391	на л.	L.	*114	83
1392	на н.	D.	*116	88
1396	на н.	D.	*119	91
1396	на н.	D.	*120	92
1396	на н.	D.	121	92
1399	на р.	R.	122	94
*1400	на н.	D.	123	95
*1400	на л.	L.	*124	96
*1400	на н.	D.	125	96
*1400	на н.	D.	126	96
*1400	на н.	D.	127	98
*1400	на р.	R.	134	104, 162
*1400	на н.	D.	135	105
*1401	на н.	D.	136	106
1402	на н.	D.	137	106
1402	на л. н.	L. D.	138	109
1403	на л.	L.	140	111
1403	на н.	D.	*141	112
1403	на л.	L.	*142	112
*1403	на н.	D.	143	113
1404	на н.	D.	*144	113
1404	на н.	D.	145	114
1404	на л.	L.	*146	115
1404	на н.	D.	147	115
1404	на л.	L.	*148	116
1404	на л.	L.	*149	117
1404	на н.	D.	151	117
1404	на р.	R.	152	118
1405	на н.	D.	155	121
1406	на н.	D.	158	123
1406	на н. л.	D. L.	160	124, 198, 209
*1406	на н.	D.	161	126
1407	на н.	D.	*163	126
1407	на р.	R.	164	129
1408	на н.	D.	167	133
1411	на л.	L.	*174	133
1411	на л.	L.	*175	139
1411	на н.	D.	177	140
1412	на л.	L.	178	141
	на н.	D.	182	149
1413	на н.	D.	183	150
1413	на н.	D.	184	151
1414	на л.	L.	*186	153
1414	на л.	L.	187	154
1414	на л.	L.	188	155
1414	на н.	D.	189	157
1415	на н.	D.	190	157
1415	на н.	D.	191	158
	на н.	D.	192	159
	на н.	D.	193	159
	на н.	D.	194	160
	на н.	D.	196	161
	на н.	D.	197	162
	на н.	D.	198	162
	на н.	D.	199	163
	на н.	D.	200	165
1415	на н.	D.	*201	165
1416	на л.	L.	*202	165
1416	на л.	L.	*203	166
1418	на л.	L.	*207	169
1418	на л.	L.	208	170
1419	на н.	D.	209	171
1420	на н.	D.	*212	173
1421	на л.	L.	214	176
1421	на л.	L.	215	177
1421	на н.	L.	*216	178
1421	на л.	L.	217	178
1422	на л.	L.	*218	179
1422	на л.	L.	219	180
1423	на н.	D.	221	182
1425, 1427	на н.	D.	226	186
1426	на л.	L.	227	188
1431	на н.	D.	*228	188
1431	на л.	L.	*229	189
1431	на л.	L.	*230	189
1432	на н.	D.	231	189
1432	на н.	D.	*232	192
1433	на л.	L.	*233	193
1433	на л.	L.	234	193
1434	на н.	D.	*235	195
1434	на л.	L.	*236	195
	на л.	L.	*237	195
	на л.	L.	*238	195
1435	на л.	L.	*239	196
1435	на н.	D.	*240	196
1439	на л.	L.	*241	196
1439	на н.	D.	242	196, 209
1439	на н.	D.	243	198
	на н.	D.	244	199
	на н.	D.	246	202
1466	на н.	D.	251	204
1466	на л.	L.	254	208
1468	на н.	D.	256	212
1470	на н. л.	D. L.	257	214
1470	на н.	D.	258	224
1471	на н.	D.	260	226
1471	на н.	D.	261	227
1475	на р.	R.	263	231
1480	на н.	D.	*267	236
1500	на н.	D.	*283	246
1501	на л.	L.	*284	246

Годы. Jahre.	На какомъ языкѣ.	In welcher Sprache.	№	Стр. Seite.
1501	на л.	L.	*285	246
1501	на л.	L.	*286	246
1502	на н.	D.	*294	248
1509	на н.	D.	304	251
1513	на л.	L.	317	278
1513	на н.	D.	*318	281
1514	на н.	D.	333	299
1517	на н.	D.	*357	321
1553	на р.	R.	384	380

VII.

Великое Княжество Московское.

Grossfürstenthum Moskau und Russland überhaupt.

Годы. Jahre.	На какомъ языкѣ.	In welcher Sprache.	№	Стр. Seite.
1470	на н.	D.	*163	128
1417	на н.	D.	206	168
1420	на н.	D.	211	172
1420	на н.	D.	213	174
1480	на н.	D.	*267	236
1480	на н.	D.	*268	236
1480	на н.	D.	*269	236
1480	на н.	D.	*270	237
1481	на н.	D.	*272	237
1483	на н.	D.	*273	237
1487	на н.	D.	*274	238
1498	на н.	D.	*275	238
1498	на н.	D.	*276	238
1499	на н.	D.	277	239
1500	на н.	D.	*283	246
1501	на л.	L.	*285	246
1501	на л.	L.	*287	247
1502	на н.	D.	*288	247
1502	на н.	D.	*289	247
1502	на н.	D.	*290	247
1502	на н.	D.	*291	248
1502	на н.	D.	*292	248
1502	на л.	L.	*293	248
1502	на н.	D.	*294	248
1502	на н.	D.	*295	249
1503	на н.	D.	*296	249
1503	на н.	D.	*297	249
1503	на н.	D.	298	249
1507	на н. л.	D. L.	*299	250
1507	на н.	D.	*300	250
1508	на н.	D.	*301	251
1508	на н.	D.	*302	251
1509	на н.	D.	*303	251
1509	на н.	D.	304	251
1509	на н.	D.	*305	257
1509	на н.	D.	306	257
1509	на н.	D.	307	263
1509	на н.	D.	308	268
1509	на н.	D.	*309	270
1510	на л. н.	L. D.	310	270
1510	на н.	D.	311	272
1511	на н.	D.	*312	273
1511	на н.	D.	313	273
1511	на н.	D.	314	274
1511	на н.	D.	315	276
1512	на н.	D.	316	276
1513	на л. н.	L. D.	317	278
1513	на н.	D.	*318	281
1513	на н.	D.	319	281
1513	на н.	D.	320	282
1513	на н.	D.	321	283
1513	на н.	D.	322	284
1513	на н.	D.	323	285
1513	на н.	D.	*324	286
1513	на н.	D.	325	286
1514	на н.	D.	326	287
1514	на н.	D.	327	288
1514	на н.	D.	*328	289
1514	на н.	D.	329	289
1514	на н.	D.	330	293
1514	на н.	D.	331	294
1514	на н.	D.	332	298
1514	на н.	D.	333	299
1514	на н.	D.	*334	300
1514	на л.	L.	*335	301
1514	на н.	D.	*336	301
1514	на л.	L.	*337	301
1514	на н.	D.	*338	301
1515	на н.	D.	339	303
1515	на н.	D.	340	303
1515	на н.	D.	*341	305
1515	на н.	D.	*342	305
1515	на н.	D.	343	306
1515	на н.	D.	344	307
1515	на н.	D.	346	308
1515	на н.	D.	348	310
1515	на н.	D.	349	310
1515	на н.	D.	350	313
1515	на н.	D.	351	314
1515	на н.	D.	352	315
1515	на н.	D.	353	316
1515	на н.	D.	354	316
1516	на р. н.	R. D.	355	317
1516	на р.	R.	356	318
1517	на л. р.	L. R.	358	321
1517	на н.	D.	*359	324
1520	на л.	L.	360	324
1520	на н.	D.	*361	326
1520	на н.	D.	*362	327
1520	на н.	D.	*363	327
1520	на н.	D.	*364	327
1520	на н.	D.	*365	327
1520	на н.	D.	*366	328
1521	на н. р.	D. R.	369	329
1521	на н.	D.	371	345
1522	на л.	L.	372	348
1522	на н.	D.	373	350
1526	на н.	D.	*375	356
1526	на н.	D.	376	356

Годы. Jahre.	На какомъ языкѣ.	In welcher Sprache	№	Стр. Seite.
1531	на н. р.	D. R.	377	358
1531	на н.	D.	378	368
1550	на н.	D.	*379	369
1550	на н.	D.	380	369
1550	на н.	D.	381	375
1551	на н.	D.	382	377
1552	на н.	D.	*383	380
1553	на л.	L.	385	381
1554	на н.	D.	*386	383
1554	на н.	D.	*387	383
1555	на н.	D.	388	383
1558	на н.	D.	*389	385
1558	на н.	D.	390	386
1559	на н.	D.	391	388
1560	на н.	D.	392	389
1560	на н.	D.	393	394
1565	на р.	R.	394	395
1572	на н.	D.	*395	396
1578	на р.	R.	396	396
1588	на р. н.	R. D.	397	397
1598	на р.	R.	398	400
1601	на р.	R.	399	401
1603	на р.	R.	400	402
—				
1260	на л.	L.	*22	10
1266—1272	на р.	R.	26	18, 453
1270	на л.	L.	*32	16
1279	на л.	L.	*33	16
1316	на л.	L.	*52	30
1325	на л.	L.	*68	48
1327	на л.	L.	*72	52
1334	на л.	L.	*76	62
1335	на л.	L.	*78	62
1404	на н.	D.	*150	117
1422	на н.	D.	220	181
1448	на л.	L.	247	201